温州市地方志丛书

温州市公路志

温州市公路志编纂委员会　编

刘晓华　主编

方志出版社
Publishing House of Local Records

图书在版编目（C I P）数据

温州市公路志 / 《温州市公路志》编纂委员会编
. -- 北京：方志出版社，2017.9
ISBN 978-7-5144-2556-7

Ⅰ. ①温… Ⅱ. ①温… Ⅲ. ①公路运输—交通运输史—温州 Ⅳ. ①F542.9

中国版本图书馆CIP数据核字（2017）第244797号

温州市公路志

编　　者：《温州市公路志》编纂委员会
主　　编：刘晓华

责任编辑：刘方圆
出 版 人：冀祥德
出 版 者：方志出版社
　　地址　北京市朝阳区潘家园东里9号（国家方志馆4层）
　　邮编　100021
　　网址　http://www.fzph.org
发　　行:方志出版社发行中心
　　（010）67110500
经　　销:各地新华书店
印　　刷:温州市北大方印务有限公司

开　　本:889×1194　1/16
印　　张:40.25
字　　数:1000千字
版　　次:2017年10月第1版　2017年10月第1次印刷
印　　数:0001～3000册

ISBN 978-7-5144-2556-7　定价：198.00元

《温州市公路志》编纂委员会

《温州市公路志》修编室

凡　例

一、本志以马克思列宁主义、毛泽东思想、邓小平理论和“三个代表”重要思想、科学发展观为指导，深入贯彻习近平总书记系列重要讲话精神和治国理政新理念新思想新战略，坚持辩证唯物主义和历史唯物主义的立场、观点和方法，客观、全面、系统地记载温州公路建设和养护管理发展的历程，突出时代特色、行业特色和区域特点，力求思想性、科学性和资料性的统一。

二、本志是一部纵贯古今的行业专志，以明古详今为原则，上溯事物发端，下限为2015年12月31日，必要时做适当下延。

三、本志采用纪事本末体编著，按横排竖写之法，横列古代道路、干线公路、农村公路、交通绿道、桥梁隧道、机构管理、养护管理、路政管理、公路安全、文明建设、科技教育等十一大门类，以年代时序竖写记事。

四、本志采取述、志、记、传、图、表、录诸体并用，以志为主。分章、节、目排列，章首设综述以提挈全章，节前酌设引言以引领提纲。全志共设11章46节，事以类从，横排综述，随文列表，酌情附图，互为照应、补充，彩图则集中分类排列于正文之前。“大事记”单列，采用编年体和纪事本末体相结合的手法记述。另设附录于书末，辑存部分补充具有参考价值的文字资料。

五、根据“生不立传，但生可入志”的原则，本志对不在世的劳模先进人物，采用“传略”的形式入传，叙述其生平事迹；对于业绩卓著的在世人物，采用“专记”的形式，记述其生平事迹。先进模范集体和先进个人，录记授奖单位为省、厅（局）级以上者，劳动模范统计为市级以上。

六、本志公路编号采用国家最新代码及书写格式：“国道”以“国”字拼音首个字母大写“G”代表，加写代码。省道、县道以此类推。“乡道”字母与县道相同，故采用排列在“X”后面的“Y”代替。桩号标注方法，采用勘测的“勘”字首个拼音字母“K”为头，其后为公里数加余数“米”，如“桩号K1+501”。公路里程计量单位为“公里”；桥梁、隧道的净长以“米”、全长以“延米”标记，其座数与长度之间用“／”隔开；书中表格数据的截止时间，除有标明外，其余均截至2015年底。

七、本志资料大部分取自正史、旧志、年鉴、档案、书籍、报刊，主要有浙江省公路局1993年编纂出版的《浙江公路史（现代公路）》、温州市交通局1994年编纂出版的《温州市交通志》、市公路管理局档案室，以及全市公路系统各单位提供的史料。还有部分资料来自于市档案馆和各县（市、区）交通志，书中一般不注出处。

八、本志原则上坚持“述而不论”，寓观点于史实的记述之中，但必要时也作相应的提示及说明。

九、本志对中华人民共和国之前的各朝代，均采用朝代年号纪年，括注公元年份；中华人民共和国成立后采用公元纪年。

十、本志书文体为语体文、记述体，文字采用规范的简体汉字。

序　一

洪秀敏

温州，古称东瓯，地处浙江省东南部，毗邻福建，境内三面环山、一面临海，地理环境相对封闭。历史上，温州交通以瓯江、飞云江及鳌江的水运为主，公路发展相对滞后，严重制约着地区经济发展与对外交流。

中华人民共和国成立后，温州公路在艰难中起步，经历了一段极不平凡的发展历程。尤其是改革开放以来，温州公路迎来了大建设大发展的历史机遇。启动“四自”工程，实施“六大工程”，创建美丽公路，公路建设管理成绩斐然：从肩挑背驮的温州古道到纵横交错、四通八达的现代路网体系，从单一的公路管养到建、管、养兼备的工作职能，从温州公路总段、温州市公路管理处到温州市公路管理局的管理机构沿革。全市 1060 公里国省道（其中，297 公里高速公路、763 公里普通国省道），构建了市区到各县“两小时交通圈”、全省“四小时交通圈”。公路通行能力和服务水平不断提升，显著改善了温州交通的闭塞状态，地方物产运销更加畅通、城市经济腹地大幅拓展，为闻名遐迩的温州市场经济注入了新的活力，发挥了“赶超发展、再创辉煌”的“先行官”作用。

修志问道，以启未来。修编公路志是记录历史、服务现在、开拓未来的重要事业。《温州市公路志》是贯通古今、综览历史的资料工具书。它全面记载了温州公路的发展轨迹，翔实反映了温州公路的历史和现状。它既能为决策提供历史借鉴和现实依据，又有助于人们了解、认识温州公路，宣传温州公路，也提醒着当代公路人正视温州公路发展存在的差距和不足，不忘初心、砥砺奋进，续写温州公路新路史，再创美丽公路新辉煌。

《温州市公路志》内容翔实，其时间跨度远、收集资料多、工作难度大。在温州市公路管理局的高度重视下，编纂人员以对历史对后人高度负责的态度，辛勤笔耕、精心雕琢，历时三年而成，在此表示崇高的敬意。

愿《温州市公路志》明鉴温州公路发展史，弘扬公路文化，凝聚公路人文精神，存世致用。

是为序。

二〇一七年九月

（浙江省交通运输厅党组成员、省公路管理局局长、党委书记）

序　二

连真毅

温州，是中国民营经济发展的先发地区与改革开放的前沿阵地，也是历史源远流长、瓯越文化丰富的国家历史文化名城。在温州公路建设和养护管理工作不断取得新突破之时，历经编纂人员三年又六个月的辛勤努力，《温州市公路志》终于付梓出版。这是温州公路文化建设的一大硕果，值得庆贺！

公路交通历来在经济社会发展中占有重要地位。由于地理、战争等原因，历史上的温州，陆路交通相当落后。自从1922年温州诞生第一条现代公路后，因连年战争，或废路为田，或拆毁殆尽，或停滞不前。中华人民共和国成立后，温州公路建设进入第一次飞跃发展时期，杭温、温丽、温分等重点线路陆续恢复通车。以机耕路为重点的农村公路得到空前的发展。“文化大革命”期间，温州公路建设虽受到重大影响，但仍然在曲折中求发展。实行改革开放以来，温州发动社会力量建设公路交通，公路建设进入新一轮的飞跃发展时期。进入21世纪，通过建设“六大工程”“五型公路”和美丽公路“五个一万”工程，温州公路开始进入交通网络快速道的时代，先后实现了市区到各县“两小时交通圈”、全省“四小时交通圈”的目标。至2015年底，全市公路总里程达到14684公里，路网不断完善，管理日益优化，公路通行能力和服务水平显著提高。与此同时，温州公路十分重视行业文明创建工作，涌现出一批国家、省、市、县级文明单位以及文明公路、美丽公路，实现从量的变化开始向质的跨越，其成就有目共睹。

盛世修志，志以资治。温州公路建设和管理所取得的辉煌成就，应归功于中国共产党的正确领导和几代公路人的顽强拼搏。《温州市公路志》是记载温州公路发展历程的行业专志。它详今略古，以翔实的史料，真实、客观地记述温州自第一条现代公路至2015年近百年公路发展的曲折而深刻的变化，记载温州公路人在不同历史时期躬身铺路、砥砺前行的铿锵足迹，诠释了几代公路人艰苦奋斗、甘于奉献的创业精神。无疑，志书将成为全市公路系统的资治史书、信息宝库、学习教材和发展镜子。当前，在巩固提升温州在浙江的“铁三角”地位的新形势下，期待这部志书在慰藉前辈、启迪后人的同时，为谱写温州公路发展新篇章，起到承前启后、继往开来的作用。

本志编纂过程中，数易其稿，迭经增删，修编人员付出了艰辛的劳动。值本志付梓出版之际，谨向所有关心、支持和参与编纂工作的单位和同志们表示衷心的感谢。

今年是温州市公路管理机构诞生六十甲子年，五年后将是温州公路百年大庆。在此，让我们心怀谦恭，献上《温州市公路志》这份厚重的礼物！

二〇一七年九月

（温州市公路管理局党委书记、局长，温州市公路志编纂委员会主任）

温州市公路管理局领导班子 （2017 年 10 月）

温州市公路图

金华市
丽水市
莲都区
云和县
景宁畲族自治县
青田县
文成县
泰顺县
苍南县
寿宁县
福鼎市
柘荣县
福安市
福建省
太姥山
洞宫山
雁荡山
丽水市
濂竹乡
雅溪镇
胡源
大源镇
溪港
大青山
方溪
大洋镇
石笕
西屏镇
板桥畲族乡
季宅
竹源乡
高湖镇
东源镇
黄垟
插旗脑
巽宅镇
碧莲镇
茗岙乡
祯旺
石塘镇
石塘水库
紧水滩水库
紧水滩镇
吴坑
小舟山
金溪镇
桥头镇
阜山
巨浦
温溪镇
山福镇
安福乡
安仁镇
九龙
北山镇
仁宫
崇头镇
渤海镇
任庄镇
山口镇
龙娘山
藤桥镇
泽雅镇
瞿溪
方山
汤垟
云丰乡
大均乡
万阜
澄照
梅岐
芳庄乡
林川镇
南田镇
二源镇
大坳头
玉壶镇
鸬鹚乡
铜铃山镇
西坑畲族镇
百丈漈
湖岭镇
英川镇
沙湾镇
杨顶峰
石垟
百丈漈水库
周壤镇
陶山镇
大漈
东坑镇
黄坦镇
大峃镇
西雁荡山
马屿镇
仙降
瑞安站
毛垟乡
雁溪
家地
白云尖
峰门尖
竹里畲族乡
珊溪水库
飞云湖
巨屿镇
周山畲族乡
高楼镇
平和乡
公阳乡
双桂乡
峃口镇
曹村镇
张村乡
乌岩岭
司前畲族镇
百丈镇
珊溪镇
腾蛟镇
凤卧镇
怀溪镇
山门镇
左溪镇
南雁荡山
南雁镇
水头镇
麻步镇
荷地镇
坑底
天关山
筱村镇
天开尖
桂山乡
顺溪镇
青街畲族乡
闹村乡
玉苍山
罗阳镇
九峰尖
莒溪镇
钱库镇
龙港镇
宜山镇
灵溪镇
托溪乡
犀溪
泗溪镇
彭溪镇
桥墩镇
望里镇
藻溪镇
三魁镇
青山
南阳镇
贯岭镇
南宋镇
仕阳镇
雅阳镇
白海顶
平溪乡
斜滩镇
矾山镇
凤阳畲族乡
赤溪镇
范坑
鹤顶山
前岐镇
岱岭畲族乡
马站镇
乍洋
管阳镇
点头镇
沿浦镇
社口镇
潭头镇
富溪镇
白琳镇
店下镇
沙埕镇
霞关镇
南关岛
太姥山镇
冬瓜屿
北关岛
G25
G15
G104
G1513
S330
S333
S220
S222
S33
S328
S228
S230
S331
S232

路桥区
台州市
温岭市
玉环县
乐清市
永嘉县
温州市
龙湾区
洞头区
瑞安市
脚桶洋
台州列岛
积谷洋
上大陈
屏风山
宁溪镇
沙埠镇
院桥镇
泽国镇
金清镇
新河镇
箬横镇
温峤镇
松门镇
石桥头镇
坞根镇
城南镇
石塘镇
隘顽湾
楚门镇
干江镇
大麦屿
坎门
披山岛
乐清湾
雁荡山
北雁荡山
太湖山
智仁乡
仙溪镇
大荆镇
湖雾镇
龙西乡
雁荡镇
雁荡站
芙蓉镇
岭底乡
清江镇
淡溪镇
南塘镇
虹桥镇
绅坊站
石帆
天成
南岳镇
蒲岐镇
城东
乐成
城南
白石
乐清站
盐盆
北白象镇
柳市镇
翁垟
磐石镇
七里港
永嘉站
乌牛
七都
蒲州
状元
灵昆
瑶溪
海滨
永中
永兴
沙城
天河
星海
茶山
仙岩
塘下镇
海城
汀田
上望
八十届
海西镇
老步尾屿
炎亭镇
温州龙湾国际机场
鹤盛镇
岩头镇
枫林镇
渠口
沙头镇
北城
东城
岩坦镇
云岭乡
罗岗尖
四海山
上垟
小门岛
鹿西乡
东臼
北爿山岛
南爿山岛
鹿西岛
大门镇
大门岛
观音礁
洞头列岛
青山岛
状元岙岛
元觉
大三盘岛
霓屿
霓屿岛
洞头岛
北岙
东屏
虎头屿岛
大竹屿岛
半屏岛
大瞿岛
南策岛
北策岛
洞头洋
崎头洋
长大山岛
凤凰山岛
大北列岛
齿头山岛
北龙山岛
大明甫岛
北麂乡
北麂岛
北麂列岛
大檑山岛
南麂列岛
南麂镇
南麂岛
柴屿岛
七星列岛
东海
S26
S223
S226
G15
G330
图例
设区市政府驻地
县(市、区)政府驻地
乡(镇)政府 街道办事处驻地
行政村
国家级、省级风景名胜区
国家级、省级森林公园
国家级文物保护单位
重要旅游点
山峰
机场
省界
设区市界
县(市、区)界
铁路及车站
高速公路 互通、服务区
规划高速公路
国道及编号
省道及编号
县道
街区路
河流
比例尺：1:66万
温州市勘察测绘研究院 编制
审图号：浙S(2016)140号
本图界线不作为划界依据，基础地理底图资料由
浙江省测绘与地理信息局、温州市测绘与地理信息局提供

领导重视

时任浙江省长吕祖善（右）指导温州高速公路建设（2008 年） 资料图片

浙江省政协主席乔传秀（左）督查温州“两路两侧”整治情况（2015 年 10 月） 资料图片

时任浙江省委常委、温州市委书记陈德荣（右）调研交通绿道网建设（2013 年） 资料图片

时任浙江省副省长王建满（中）指导 S331 分泰线泰顺段连接线工程建设（2009 年） 资料图片

时任温州市委书记李强（左二）在高速公路建设工地听取时任温州市交通局局长陈宏峰（右二）的工作汇报（2000年）

资料图片

时任温州市长钱兴中（中）慰问因公殉职的市劳模施世贵的家属（1994年）　朱劲松摄

时任温州市长刘奇（左二）灾后检查公路受灾情况（2007 年） 资料图片

时任温州市长邵占维（右）慰问公路抢险人员（2009 年） 资料图片

时任温州市长赵一德（右二）调研鳌江流域跨江桥梁建设 （2010 年） 资料图片

时任温州市长陈金彪（中）主持绿道现场会（2012 年 9 月） 刘晓华摄

温州市委常委、常务副市长陈作荣（前左）调研指导公路工作（2015 年） 刘晓华摄

温州市委常委、宣传部长胡剑谨（左二）督查公路边“三化”工作（2013 年） 资料图片

温州市副市长陈浩（右二）检查 S330 瑞东线文成花园至西坑段改建工程（2013 年） 资料图片

温州市副市长陈建明（左）指导温州公路工作（2015 年） 刘晓华摄

时任交通部部长黄镇东（右二）视察温州大桥（1998 年） 资料图片

时任浙江省交通厅厅长郭学焕（左二）指导 S228 云寿线泰顺段改建工程（2000 年） 资料图片

浙江省交通运输厅厅长郭剑彪（前左）检查指导泰顺山区公路工作（2009年） 资料图片

时任浙江省交通厅副厅长、省公路管理局局长郑黎明（中）指导温州公路工作（2005年） 刘晓华摄

时任浙江省交通运输厅副厅长、省公路管理局局长李良福（右二）指导温州公路工作（2013年） 章娴摄

浙江省公路管理局局长洪秀敏（左二）现场检查S330瑞东线南田连接线工程建设（2015年） 刘晓华摄

时任温州市交通运输局局长朱铁山（右）高温慰问路政执法人员（2009 年） 资料图片

时任温州市交通运输局局长黄荣定（中）踏勘龙丽温高速公路泰顺段线路走向（2010 年） 资料图片

温州市交通运输局局长董庆华（中）督查雁楠公路工程（2013 年）　资料图片

温州市公路管理局党委书记、局长连真毅（左二）督查“两路两侧”整治工作　刘晓华摄

路网构建

甬台温高速公路温州段贯通仪式（2003年12月） 林庭松摄

金丽温高速公路温州段全线贯通暨永鹿段通车典礼（2005年10月） 刘晓华摄

跨山越水　资料图片

逢涧架桥　资料图片

遇山凿隧　资料图片

双龙共舞的甬台温高速公路乐清段

林信权摄

沿江逶迤的金丽温高速公路温州段

林庭松摄

环网相连的温州绕城高速公路永嘉枢纽　资料图片

融入自然的诸永高速公路永嘉段　资料图片

文明宽敞的 G104 京福线苍南段　　曾振国摄

公铁齐驱的 G330 温寿线鹿城段　　吴卫平摄

春暖花开的 S331 分泰线泰顺段　　刘晓华摄

绿意盎然的 S223 仙清线永嘉段　　叶迈峰摄

串珠成链的洞头环岛公路　　刘晓华摄

赛车飞驰的市级 5 号绿道泰顺段　　胡黎明摄

稻谷飘香的 S232 水霞线观美段　　曾振国摄

瓯江大桥通车情形（1984 年） 资料图片

飞云江大桥通车情形（1989 年） 管陶摄

瓯南大桥通车情形（2007 年） 资料图片

温州（洞头）半岛工程建成通车（2006 年） 资料图片

瓯越大桥（2014 年） 张品金摄

温州大桥（建于 1998 年） 吴卫平摄

省、市主管部门领导指导康庄工程留影　　刘晓华摄

乡村康庄工程办公室主任例会　　刘晓华摄

康庄工程建设现场　　刘晓华摄

农村公路路政管理工作现场会　　朱劲松摄

泰顺企业家为康庄工程捐资　　刘晓华摄

市人大、政协组织视察康庄工程　　刘晓华摄

瓯海西部山区康庄公路　　刘晓华摄

乐清山区康庄公路　　章娴摄

永嘉山区康庄公路　　叶迈峰摄

泰顺山区康庄公路　　刘晓华摄

养护管理

砂石路养护（20 世纪 80 年代） 朱劲松摄

G104 线温州段养护作业（20 世纪 90 年代） 陈励平摄

养护技术规范竞赛（20 世纪 80 年代） 朱劲松摄

沥青路面大修工程（21 世纪初期） 陈励平摄

部署全市迎接全国干线公路检查工作（2010 年） 刘晓华摄

全省公路预防性养护现场会观摩现场（G104 线瓯海段）（2014 年） 刘晓华摄

实施大中修工程（S230 青岱线） 资料图片

大修工程施工现场（G104 线瑞安段） 刘晓华摄

路面防晒保养（G104 线苍南段） 曾振国摄

大中修工程应用纤维碎石封层技术（S223 仙清线） 叶迈峰摄

更换里程碑（G104 线乐清段） 章娴摄

养护作业　　王卫国摄

路面灌缝　　叶迈峰摄

养护行道树　　叶迈峰摄

建设公路林（S333 六东线桥下段）　　叶迈峰摄

沥青摊铺机（S223 仙清线） 叶迈峰摄

沥青拌合楼 叶迈峰摄

护栏抢修车 叶迈峰摄

路面冷铣刨机 章娴摄

道路清洗车 叶迈峰摄

温州市公路大楼（建于 1997 年 11 月） 朱劲松摄

泰顺司前公路管理站（建于 2006 年） 夏克升摄

泰顺县公路管理局办公大楼（建于 2006 年） 夏克升摄

苍南马路公路管理站（建于 2011 年） 曾振国摄

平阳县公路管理局办公大楼（建于 2012 年） 郭小孩摄

乐清乐成公路管理所（建于 2005 年） 章娴摄

路政执法

检查超限运输情况（20 世纪 90 年代） 朱劲松摄

培训执法礼仪（20 世纪 90 年代） 朱劲松摄

路政知识竞赛 资料图片

参加全省汇报表演（20 世纪 90 年代） 朱劲松摄

温州市公路管理局、温州市公路路政支队揭牌仪式（2013 年 3 月） 刘晓华摄

公路法规教育进学校 资料图片

向市民开展公路边“三化”宣传活动 刘晓华摄

路政宣传进社区 陈慧玲摄

为驾驶员热情宣传公路法规 刘晓华摄

开展《争做文明市民 共建美丽公路》活动 刘晓华摄

全国七部委统一开展治超大行动首日（甬台温高速公路浙闽治超站，2014 年 6 月 20 日）　刘晓华摄

规范执法行为　李璐瑶摄

拆除违章广告　资料图片

公路边“三化”整治现场　资料图片

路政、交警联合开展夜间治超大行动　资料图片

温州公路路政管理支队接受检阅　资料图片

积极参与“规范化大队”创建　资料图片

参加抢险演练　夏克升摄

威武的高速路政执法队伍　刘晓华摄

开展全员培训打造路政铁军　资料图片

安全保畅

钢质护栏（S331 分泰线泰顺段） 刘晓华摄

墙式护栏（S228 云寿线泰顺段） 郭建飞摄

缆索护栏（雁楠公路） 刘晓华摄

防护墩（苍南环海公路） 曾振国摄

高边坡整治（岱院线文成段） 胡悦斌摄

温馨提示（老 58 省道） 夏克升摄

兄弟单位支援抢险　曾振国摄

清理坍塌物　曾振国摄

抢修乡道　刘晓华摄

清理路面冰雪　叶迈峰摄

台风过后挑灯清理路面淤泥　郭小孩摄

战备钢桥架设应急演练　　刘晓华摄

公路塌方应急演练　　刘晓华摄

公路应急救援保障演练　　刘晓华摄

桥梁安全检测　　资料图片

桥梁定期维护　　刘晓华摄

灾后架设战备钢桥（2005年） 刘晓华摄

灾后抢险现场（2004年） 刘晓华摄

第一时间抢通S232水霞线矾山段（2006年） 刘晓华摄

S232水霞线灾后中断情形（2006年） 刘晓华摄

灾后重建乐清清溪大桥（2004年） 刘晓华摄

文明建设

温州市公路管理局（左二）被授予全国文明单位荣誉牌匾（2015 年） 刘晓华摄

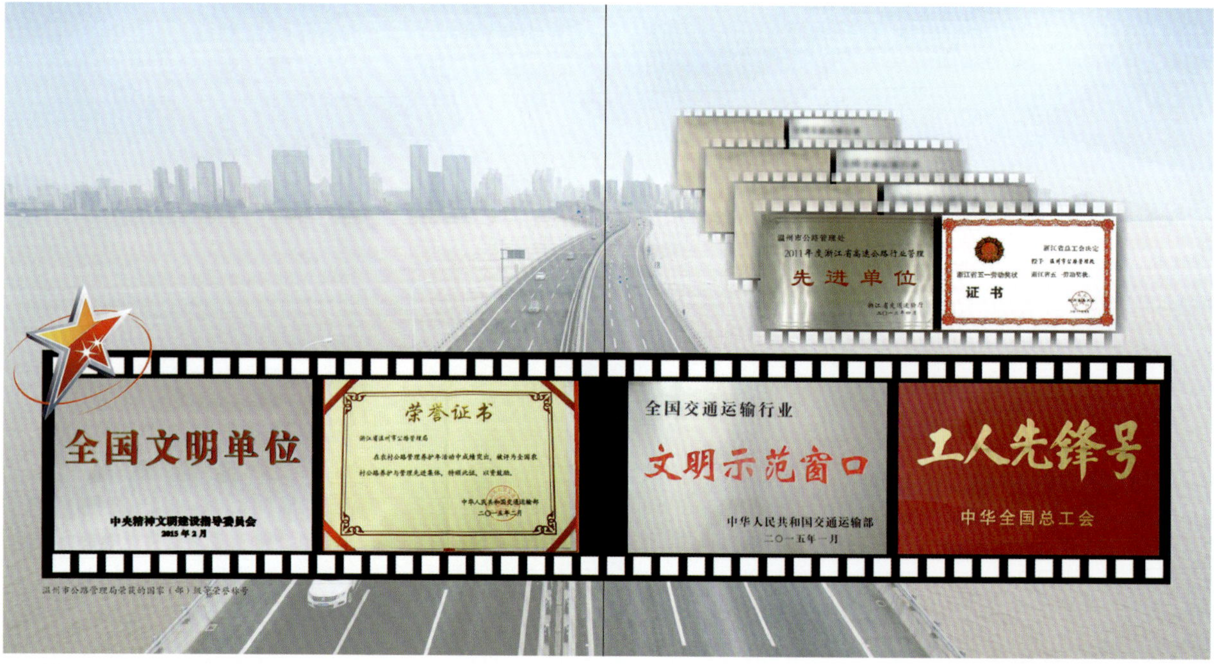

“十二五”期间，温州市公路管理局（直属单位）荣获的国、部级荣誉 资料图片

第一届“十佳公路标兵”（1996 年）
朱劲松摄

第二届“十佳公路标兵”（2001 年）
朱劲松摄

第一届“十佳养护工”（2006 年）
刘晓华摄

第二届“十佳养护工”合影（2008 年） 资料图片

第二届“十佳路政员”（2008 年） 资料图片

第三届“十佳养护工”（2010 年） 刘晓华摄

第三届“十佳路政员”（2010 年） 刘晓华摄

“五一”授奖合影（2014 年） 资料图片

荣获全国“工人先锋号”（2008 年） 胡悦斌摄

文明创建动员大会　　刘晓华摄

“最美公路人”先进事迹报告会　　刘晓华摄

欢送苍南公路养护女工郑月兰上京授奖（1998）　资料图片

公路系统文化建设现场会　　资料图片

设立“6·19”公路人节　　刘晓华摄

举办首届职工体育比赛大会（1984） 朱劲松摄

踊跃参加文体活动 夏克升摄

“6·19”公路人节高唱《公路人之歌》 刘晓华摄

“新世纪之路”迎春联欢会（2000年） 朱劲松摄

浙江首部农村公路题材微电影《路缘》开机仪式（2014年） 叶迈峰摄

退休老职工参观公路发展历程展示厅 刘晓华摄

与欠发达乡村结对帮扶　　刘晓华摄

捐资救助患白血病小女孩　　刘晓华摄

公路系统为“春泥计划”募捐 8 万元　　刘晓华摄

积极参加无偿献血　　刘晓华摄

路政行政审批优质服务受好评　　资料图片

收费窗口微笑服务　　资料图片

热烈祝贺温州市公路管理局荣膺“全国文

温州市公路管理局办公大楼（建于 2002 年）　　刘晓华摄

《温州市公路志》终审部署会合影（2017 年 7 月） 叶迈峰摄

《温州市公路史》评审会（2016 年 8 月） 连政摄

温州交通序列志书主编合影：《温州市交通志》主编黄吕萍（中）、《温州市邮电志》主编黄兴龙（左）、《温州市公路志》主编刘晓华（右）（2017 年 6 月）

汤锡曼摄

概 述

温州，浙江省辖地级市，浙江省三大中心城市之一，中国民营经济发展的先发地区与改革开放的前沿阵地，改革开放初期以“南有吴川，北有温州”享誉全国。

温州历史悠久，古称瓯越，也称东瓯，有2000余年的建置历史。唐高宗上元二年（675），处州析置温州，此为温州得名之始。1949年5月7日，温州和平解放，设温州市。2015年，全市辖4个市辖区（鹿城、龙湾、瓯海、洞头）、5个县（永嘉、文成、平阳、泰顺、苍南），代管2个县级市（乐清、瑞安）。

温州市位于浙江省东南部，东濒东海，南与福建省宁德地区的福鼎、柘荣、寿宁3个县毗邻，西及西北部与丽水市的缙云、青田、景宁3个县相连，北及东北方与台州市的仙居、黄岩、温岭、玉环4个县（市）接壤。

温州三面环山，一面临海，境内地势从西南向东北呈梯形倾斜，绵亘有洞宫、括苍、雁荡诸山脉。陆域面积12065平方公里，海域面积8649余平方公里。山区面积9212平方公里，平原面积2059平方公里，岛屿面积177平方公里，江河面积340平方公里。2015年末，温州市常住人口911.7万人。

温州市地处中亚热带内部亚地带南缘，属中亚热带季风气候区，具有气候温暖、雨量充沛、光亮丰富、四季分明的气候特点。据《浙江通志》引《图经》：“温州其地自温峤山西，民多火耕，虽隆冬恒燠。”年平均气温18℃，年平均降水量1404.5～2047.5毫米，年平均无霜期250～322天。夏秋之交台风活动较为频繁，台风带来的暴雨和洪灾，对公路设施造成严重的损毁。

温州文化属瓯越文化，历史上以造纸、造船、鞋革、绣品、漆器著称，亦是中国青瓷的发源地之一。温州是中国数学家的摇篮、中国南戏的故乡。2016年4月22日，被国务院批准列为国家历史文化名城。

一

温州素有“江南水乡”之称，古时出行以水路交通为主，素有“水路一条”之说。在浙江八大水系中，温州境内就有瓯江、飞云江、鳌江三大水系，以及楠溪江、清江流域，拥有大小江河150余条。北宋时温州成为当时的港口重镇，被朝廷辟为对外贸易口岸。南宋时海上贸易尤其发达，是四大海港之一，南宋诗人杨蟠诗称“一片繁华海上头，从来唤作小杭州”。现仍为浙南、闽北货物进出的咽喉。

历史上，温州一直被中原视为蛮荒之地。山脉逶迤、峰峦绵亘的地理环境，致使温州陆路交通严重闭塞。温州第一条公路，始建于民国11年（1922）8月，基本上是在原有的明清官马大道基础上拓建而成。至民国23年（1934）12月，温州已拓建成杭福线（今G104线乐清湖雾岭至温州港头段80公里）、龙丽温线（今G330线永嘉花岩头至瓯北段38.5公里）、雁荡山支线（今白溪至雁荡山段3.30公里）、鳌江支线（今钱仓至古鳌头段2.70公里）、永嘉至龙湾段（今温州市区至状元桥15公里路基）。至民国26年（1937）6月，又建成温分线（今G104线温州至分水关段94公里）。至此，温州公路总里程达233.5公里，但真正能通车的公路只有218.5公里。

民国27年（1938），为阻滞日寇进犯，国民党第三战区下令破毁浙江境内公路，废路为田，桥梁也拆毁殆尽，温州公路几乎归零。民国 34 年（1945）8 月 15 日，日本宣布无条件投降。当月，浙江省交通、驿运管理处派员前往接收，并组织力量开始抢修“复员”路线。但因内战不断，资金不足，所有工程均断断续续，进展缓慢。直至民国 38 年（1949 年 9 月 30 日止）4 月国民政府败北台湾，温州域内仅完成乐清县三界桥至乐清县城一段路基的修复。

二

1949 年 5 月 7 日，温州解放。为了支援解放尚被国民党残部盘踞的沿海岛屿，11 月 5 日，杭温线、丽温线、温分线等公路全线动工修复。至 1950 年 11 月，杭温线温州段基本竣工通车；1953 年 8 月，丽温线温州段恢复通车；1955 年 10 月，温州全市通车里程达 253.09 公里。1956 年 4 月，恢复温分线通车。这一时期，中华人民共和国掀起建设社会主义高潮，在修复旧公路的同时，陆续开始测绘、兴建省道干线公路和县乡镇支线公路。1958 年 7 月 1 日，通往偏僻山区泰顺县的第一条公路——分泰线全线通车。该时期，农业机械化普及和“大跃进”运动，为公路的发展特别是农村公路的建设发挥了助推作用，农村机耕路发展最快。

20 世纪 50 年代末 60 年代初，温州公路里程有了翻倍的发展，但公路设施建设却严重滞后。主要原因是，温州与台湾隔海相望，盘踞台湾的蒋介石叫嚣反攻大陆，温州成了海防前沿城市。在计划经济年代，国家从战备角度考虑，对温州的交通基本设施建设实行控制性投资。该时期，为了备战蒋介石的反攻大陆，温州的国防公路得到了重视。按照战备公路的要求，先后建成 52 省道泰顺段、78 省道水霞线。

1966 年 6 月，“文化大革命”爆发。1967 年 1 月，“造反派”进入全面夺权阶段。从 1967 年 3 月至 1968 年 12 月，温州公路系统领导班子被“革命造反派”接管，成立温州市养路总段革命委员会。1979 年 4 月，革委会解体。

十年“文化大革命”时期，温州公路事业受到了严重的干扰，破坏最严重的是公路管理机构的体制、规章制度，受害最甚的是公路养护工作。在经受重大挫折的情况下，温州公路仍取得了一定的成绩。至 1978 年 12 月，除了一些老路得以修复，全市通车总里程 1454 公里，其中国省道 770 公里、农村公路 684 公里（大部分为新建机耕路）。

三

1978 年，中共十一届三中全会之后，温州的民营企业得到迅速发展，同时也加快了公路改造和建设。在“民办公助、民工建勤”的方针指引下，县乡公路继大跃进之后再一次得到了较大的发展。从 1989 年起，公路管理部门由“以建为主、建养结合”转为“以养为主”。至 1990 年底，全市公路通车总里程 3333.27 公里，其中国道 2 条（段）251.9 公里，省道 7 条（段）565.39 公里，县乡公路 2439.53 公里，专用公路 76.45 公里。有 442 个乡镇铺通公路，占全市乡镇总数的 87%，改造新建沥青次高级路面或水泥混凝土高级路面 540.19 公里。

1994 年，浙江省政府《关于加快交通基础设施建设的通知》提出，要积极利用外资、多渠道筹集内资，支持鼓励地方政府实施“四自”工程（自行贷款、自行建设、自行收费、自行还贷）。“四自”工程政策激发了民资投入公路建设的热情，被称为中国公路继增加里程、提高质量之后的“第三次飞跃”。1984—2002 年，温州域内普通公路先后建成“四自”工程 16 个点段，经浙江省政府批准，按“四自”工程项目的规定收取车辆通行费。至 2012 年 4 月 1 日，温州全部普通公路“四自”工程停止收费。

“八五”期间（1990—1995），温州市根据东南沿海大商港的定位，以市区为枢纽，以G104线、G330线和八条省道干线为主骨架，乡乡通公路的城乡公路网络已具雏形。五年时间共投入公路建设资金18.58亿元，公路通车总里程4128公里。

温州多山多水、山水并存、地形复杂。三大水系和纵横交错的河流水网，把温州从北向南隔成五块。千百年来，“过江摇橹、出门摆渡”是温州交通的形象写照。改革开放初期，当域外公路延伸至温州境内，经此而过的车辆，因江河阻隔需排队待渡，运输货车甚至要昼夜待渡，故公路运输有“走遍天下路，最怕飞云渡”之说。

从20世纪80年代开始，温州陆路交通开始着手突破桥梁与隧道两大瓶颈。1984年9月25日，温州历史上第一座跨越瓯江的瓯江大桥竣工通车，当时车流量最高峰一天达4000多辆。1986年3月，地处三江口的楠溪江大桥竣工；1988年12月，龙港至鳌江大桥竣工；1989年4月，瑞安飞云江大桥竣工；1992年6月，乐清清江大桥竣工；1998年5月26日，温州大桥顺利建成通车，被喻为世纪大桥。温州大桥的建成，破解了温州融入浙江省“四小时交通圈”的最大瓶颈，尤为温州陆、海、空立体交通连成一体奠定了基础。

1995年11月，温州（洞头）半岛工程重要组成部分的五岛相连工程立项。2006年5月30日，总投资5.43亿元的五岛相连工程竣工通车，助推温州大公路网建设和温州走向“东海时代”和“海洋经济时代”。

在温州的西北部，受洞宫、括苍、雁荡诸山脉的围堵和封阻，公路在崇山峻岭中艰难穿越。1972年，温州境内首条超百米公路隧道永嘉仙清线渡头隧道开掘成功，全长126.53米。至90年代，温州的公路隧道工程不但有了量的飞跃，而且在技术革新上有了质的发展和提高。1995年，鹿城区瓯娄线景山隧道左、右洞同时开掘成功，各长770米，此为温州域内第一条双向两车道隧道。是年4月8日，甬台温高速公路乐清段湖雾岭隧道开工，全长4116米。它是中国自行设计、施工并以采用国产材料设备为主的现代化大型隧道。湖雾岭隧道的开通，证明温州公路隧道的科技含量已达全国先进水平，部分技术已达世界水平。

随着瓯江、楠溪江、清江、飞云江、鳌江诸大桥的建成，温州汽车过江靠轮渡的历史宣告结束，温州公路交通面貌发生了划时代的巨变。而大量公路隧道的开通，则使山区公路缩短、平坦、安全和快捷，为温州公路的提速、联网创造了条件。

四

进入21世纪，温州市着重推进高速公路、瓯江过江隧道、绕城高速公路建设，实行乡村公路和城市快速交通网络建设相结合，为实现全市“两小时交通圈”和都市区“半小时交通圈”奠定基础。

加快高速公路建设，开启交通网络快速道时代。2003年12月31日，全长63.29公里的浙江甬台温线温州段全线建成通车，沈海高速公路全线通车。2007年之后，温州高速公路建设确立“两纵两横三连一绕”的网络格局。“两纵”：甬台温高速公路及甬台温高速公路复线；“两横”：金丽温、龙丽温高速公路；“三连”：诸永高速公路、龙丽温高速公路泰顺支线和洞头疏港高速公路；“一绕”：温州绕城高速公路。2010年开始，温州的高速公路网进入大建设时期。诸永高速公路温州段建成通车，温州至浙江省会杭州的距离缩短近50公里，成为直通沪杭的主通道之一，极大地改善了温州西北部的交通状况，推动了西北部山区生态、旅游、效益农业的发展。温州绕城高速公路北段建成通车，甬台温高速公路与金丽温高速公路之间的里程缩短约20公里。

加快路网改建改造，基本形成市域大路网布局。“十一五”期间（2006—2010），以“建设大路网，打造五型路”为目标，全力推进大路网建设，完成了一批改建、新建公路工程项目。G104线乐清湖雾至清江段、永嘉乌牛至张堡段改建工程、平阳绕城改道工程等圆满完成，且大部分线位达到二级及以上技术等级；S331分泰线建成通车，泰顺融入温州“两小时交通圈”；S232水霞线、S223仙清线改建工程、瑞枫公路等干线工程相继建成通车，开工建设飞云江三桥北延伸线南金公路、雁楠公路等系列干支线公路，公路网布局进一步完善。“十二五”期间（2011—2015），加快建设大路网步伐，以高速公路为主骨架，国省道及区域支线公路为次骨架，公路建设总投资约950亿元。以发展综合交通枢纽型城市为契机，建设一批集疏运公路，协调综合交通发展。重点建设高铁温州站至丽岙连接线公路工程、瓯海丽岙至龙湾上岙公路和S230延伸线。温州公路进入提速提质的新阶段。

加快农村公路建设，解决百万农民出行难题。2003年，根据浙江省政府和交通部门的部署，温州市抓住机遇，把乡村康庄工程列为实施“139富民攻坚计划”的重要交通建设项目，在全市范围内全面发动实施。截至2009年，全市完成投资32.3亿元，通村公路建设、路基改造、路面硬化11347公里；5771个行政村通上等级公路，5641个行政村路面得到硬化，通村率、硬化率分别达到95.4%和93.2%。全市11个县（市、区）均实现“双百”目标（通村公路等级化、路面硬化均达到100%）。投入资金2.7亿元，698.2公里通乡公路的砂石路面全部改造为水泥路面。2005年，根据全省交通厅提出用一年时间完成县道以上砂石路面硬化工程的要求，温州大打“砂改油”攻坚战，投入资金3亿多元，全部完成1069公里砂石路面县道的“硬化”。与此同时，市、县（市、区）政府出台农村公路管理办法，安全设施日益完善，路政管理纳入辖区管理，基本形成乡镇政府、行政村和公路管理部门共管的网络，农村公路养护管理得到前所未有的突破。

截至2015年末，温州公路总里程达14684.46公里，公路网密度达121.74公里／百平方公里；在建和拟建的五大高速公路总长340公里，总投资约910亿元。

五

21世纪以来，温州公路养护和大中修工程，普遍推广和应用乳化沥青纤维封层等“四新”技术，依靠科技进步，实施精细化、规范化养护，公路管养和服务水平得到实质性的提升。2014年6月，浙江省公路管理局在温州召开全省公路预防性养护现场会介绍“温州经验”。通过开展创建活动，涌现出一批涵盖农村公路的文明公路、美丽公路，S331分泰线文明公路创建工作被称为“开创了浙江文明公路创建的温州·泰顺模式”。大力创新发展ETC用户，提倡低碳、绿色出行。2010—2015年，ETC发行量达到336224户，位居全省前列。建设以“互联网+”为依托的智慧公路，二期项目被列入温州市政府投资信息化建设项目计划表和温州市建设信息惠民国家试点城市三年行动计划。建成后的温州智慧公路应急抢险指挥中心，履行路网运行监测、应急处置、信息服务三个核心职能职责。温州公路人实现了从过去的“扫路人”“补路匠”，到走在管理与服务创新前沿的新型公路人、智慧公路人的蜕变。

2013年1月，温州市公路管理处实现“处改局”，机构职能从原来的养护管理上升到建、管、养兼具，并增设公路建设（农村公路）管理处、公路安全处、高速公路不停车收费管理处、应急抢险指挥中心等内设机构。全系统11个县（市、区）公路管理机构全部实现“段改局”。

站在新起点上，温州市公路系统以科学的态度、创新的思维、开拓的精神，迎接新挑战，全力建设美丽公路，努力开创新常态下温州公路先行示范发展新局面，为温州“赶超发展、再创辉煌”提供强有力的公路交通保障，用实际行动诠释“心路相融 惠泽四方”的温州公路核心价值观。

目 录

第四章 交通绿道

第五章 桥梁隧道

第六章 机构管理

第七章 养护管理

第八章 路政管理

第九章 安全保畅

第十章 文明建设

第十一章 科技教育

大事记

史前时期

新石器时期　据近年在文成县珊溪鲤鱼山出土的新石器时期文物证明，飞云江两岸是文成文化的发祥地。由此推之，后来出现的泰文瑞古道，即由此拓展出去。

秦

秦始皇二十六年（前221）　秦始皇命下属屠睢率师50万平百越，秦军开辟了由江西余干县沿余干水（今信江）东进，越武夷山入闽（今福建）境内浦城，折向龙泉、丽水至温州瓯北的行军道路。时东瓯（今温州）除海道外，此为唯一与域外相通的陆路交通。

西汉

元鼎六年（前111）　汉武帝派越将戈船、下濑从乐清经瑞安、平阳，攻闽越之东北。后辟东瓯（今温州）至句章（今宁波）沿海道路，以东瓯至闽越一段较早，即由今温州，经瑞安、平阳、福鼎至福州。“东越王居保泉山（大罗山），一人守除，千人不能上。”（《汉书·朱买臣传》）此路为当时沿海一带军事要道。

东晋

司马睿九年（325）　据《瑞安县地名志》记载，温瑞塘河东岸为叠砌陡直的石路，高2～2.5米，故称石塘。温籍学者吴松弟认为，综合史料，估计南塘在东晋时已初步形成。南宋淳熙十四年（1187），知州沈枢组织修筑，形成“八十里荷塘”依河筑堤，旧称南塘驿站。周大章《重筑南塘记》载：“瓯城南达瑞安八十里，故有塘，即郡志所载南塘驿路。”

南朝

宋元嘉五至八年（428—431）　据“《南史》卷十九《列传》第九　谢灵运”记载，永嘉太守谢灵运辞官回剡县（今嵊县）老家后，组织家丁百余人伐木、凿山开道，开通剡县经始丰（今天台）至回浦（今临海）的古道。此古道为今G104线的基础线路。

唐

贞观年间（627—649）　三魁（今泰顺县罗阳镇洲岭境内）三条桥建成。该桥为温州市现存最古老的民间木廊桥。

开元年间（713—741）　温州至台州驿道上设置上浦馆（今永嘉县乌牛）。

天复四年（904）　唐末著名诗人罗隐自瑞安乘小舟至今泰顺交溪，然后弃舟步行至白云山下寻访谏议大夫吴畦。

北宋

治平年间（1064—1067）　平阳县城南乡平塔村夹屿桥建成。

元祐二年（1087）　乐清赤水港海滨万规（今乐清市天成乡万桥村），有万姓村人于当地建桥。因桥基建于滩涂湍流之地，屡建屡塌，历经7年建成，时人取名“万桥”，以示纪念。

南宋

绍兴二年（1132）　乐清知县刘默捐俸，修筑城西迎恩门至琯头官塘，长约50里，名“刘公塘”。

绍兴十五年（1145）　乐清知县赵敦临沿县城东西溪而下至望来桥、迎恩桥，用石块砌堤塘，名“赵公塘”。

绍兴二十八年（1158）　著名诗人陆游入闽

赴任宁德县主簿时，自瑞安乘小舟取道今泰顺，作《泛瑞安江风涛帖然》。

庆元二年（1197） 永嘉岩头永庆桥建成。

嘉定六年（1213） 文成县岳梅乡武阳村单孔石板桥建成。该桥为文成县现存最古老的桥梁。

元

至正二十二年（1267） 苍南赤溪过溪村建成五洞桥。该桥为横阳古道从赤溪通往龙沙的主要石桥，现为县级文物。

大德十年（1306） 平阳县提控滕天骥捐修平安渡（鳌江江口渡）。该渡口为县城通往江南、马站、福建沙埕等地的要津。

明

洪武二十年（1387） 信国公汤和在横阳古道上岭山东南溪畔设站，供过往兵马歇息，故称马站（现今苍南马站）。

景泰四年（1453） 瑞安至泰顺驿道设驿铺，泰顺境内设置10个铺，置司兵29名。同年，泰顺仙居桥建成。该桥为通向“温州大道”的主要桥梁。

嘉靖三十六年(1558） 永嘉岩头丽水桥建成。

隆庆二年（1569） 乡绅朱东光为首捐资，沿河修筑从苍南城南至江口抵金乡道路，方便沿河一带行人。

万历年间（1573—1619） 乐清县推官王允麟督民开辟馆头（今乐清琯头）经乌牛越胜美尖北长界岭、罗溪抵港头新路，建港头渡口，过江至温州市内。

清

乾隆五十四年（1789） 苍南莒溪四厅村蔚文石拱桥建成，桥面建有桥亭五间。

嘉庆二十五年（1820） 泰顺县汤正现砌造仕水碇步，长133米 / 223齿，为浙江省现存最长碇步。

道光年间（1821—1850） 文成县大峃镇潭岭根潭岭桥建成。该桥为文成县最著名的一座屋式木拱桥，1967年2月拆除改建。

同治六年（1867） 永嘉县石染村村民开始修筑永嘉至缙云古道避水岭段。

同治七年（1868） 文成县大峃镇徐村泰亨桥建成。该桥是文景大道上的交通纽带。

光绪二年（1876） 永嘉岩坦戴慎等12人发起修筑永仙干路（今永嘉至仙居），杳岙大沸头石板桥同建。

中华民国

民国5年（1916） 8月9日，孙中山到浙江省会杭县（今杭州）。在浙江都督兼省长吕公望召开的欢迎大会上，孙中山作题为《道路为建设着手的第一端》的演讲，提出道路对于国计民生的重要性，勉励浙江再接再厉，努力修筑道路。10月，吕公望提出根据清时期主要驿道的走向，修建以省会杭县为起点的6条省道干线公路的议案。经省会议讨论审议通过，由省长筹备实行。

民国9年（1920） 12月，浙江省议会通过，新设省道筹备处。

民国10年（1921） 省道筹备处制定六大干线图，此为浙江省最早的省道建设计划。该六大干线为浙赣线、浙闽正线、浙闽副线、浙皖正线、浙皖副线、浙苏线，总长3672里。其中浙闽正线始于省会（杭县）经萧山、绍兴、上虞、余姚、鄞县（今宁波市）奉化、宁海、临海、永嘉（今温州市）、瑞安、平阳等县至福建福鼎县界，共长583公里。省道筹备处按照计划对浙闽正线（杭温线、温分线）进行查勘测量。

民国11年（1922） 3月，省道筹备处改为省道局，直属省长公署，筹备省道（杭温线）建设，周凤岐升任局长。因经费无着，周凤岐提出卷烟特税充作省道经费，经督军省长及省议会通过，但遭英、美阻扰。经多次交涉，终于次年3月开始征收。6月，省道局发动兵工修筑浙闽正线路基，设绍兴、临海、永嘉（今温州）三工区。后因兵工未到，改招灾工。永嘉（今温州市区）南门至龙湾状元支线路基建成，长12公里。此为温州历史上第一段真正意义的现代公路。

民国13年（1924） 9月，齐卢战争（江苏、浙江军阀之战）爆发，浙闽正线路基工程停工。但清江至琯头路基建成，长49.48公里。是年，温州城区飞霞桥建成。此为温州市首座石拱公路桥。

民国17年（1928） 4月10日，浙江省道局改名为浙江省公路局，仍隶属建设厅，兼管县道（公路）建设事宜。浙江早期的道路计划，是在原驿道的基础上提出来的，故仍称道路。省公路局诞生之后，规定凡通行汽车的省道和县道（当时没有乡村公路）统称公路。公路的名称自此开始。

民国21年（1932） 12月，浙江省公路局局长陈体诚（字子博，福建省福州市人，1893—1942年。早年毕业于上海交通部工业专业学校土木工程专业，交通部保送赴美留学，专攻桥梁土木工程。1929—1934年任浙江省公路局局长期间，致力于推进浙江公路网建设，被誉为“浙江公路的奠基人”，是“最早把中国公路建设情况介绍到国外，又把国外公路发展情况传播给国内的人”）赴丽水参加处属各县筑路会议，后在温州召开温属永嘉至乐清，永嘉至瑞安、平阳，永嘉至状元桥等公路会议。

民国22年（1933） 1月，龙游至永嘉清水埠公路开建。

民国23年（1934） 10月，龙（游）丽（水）线（现今龙丽温线）永嘉花岩头至清水埠段公路建成。同月，杭温公路永嘉港头至乌牛段建成。11月，青田至清水埠通车。该路段的开通，为温州公路客运开通之始。12月，泽国至港头公路通车。至此，杭福线杭州至温州贯通（经绍兴、曹娥、嵊县、天台、临海、黄岩、乐清）。泽国至港头公路由浙江省公路局五区（设临海县城）管理处接管养护，后改为丽（水）泽（国）工务段统一管理养护。

民国24年（1935） 3月，温州境内公路开始种植行道树。

民国26年（1937） 浙江省公路工程处派员勘测平阳（今苍南县）桥墩门至泰顺公路线（今老58省道），随后动工修建，并在泰顺月湖垟开挖路基，因日本侵华战争全面爆发停建。6月27日，杭福线永瑞平公路建成，永嘉、瑞安、平阳三县政府各设县总队、区乡分队、村（保甲）班接管养护。同时建成的有鳌江至下河支线。1938年租与肖绍公司经营。

民国27年（1938） 3月，因日本侵华战争影响，平（阳）至泰（顺）线第一分段工程停工。6月11日，为防日寇进犯，国民党第三战区下令破坏公路。温台防守司令部派工兵和地方当局一起，将泽（国）清（乐清）温（州）、永（嘉）瑞（安）平（阳）、龙（泉）永（嘉）等公路全线破坏。专业和民众养护组织均解散。

民国31年（1942） 5月，日寇沿浙赣铁路侵占诸暨、义乌、金华。7月进犯衢县、兰溪，同时侵占嵊县、东阳、丽水、温州等地。所有新建、改建公路工程均停建。

民国35年（1946） 1月，国民政府交通部公路总局成立。5月，浙江省政府会议通过《浙江省工赈筑路办法》。6月，交通部公路总局转发行政院核准的第一期国道网计划及分区接管路线表，与温州有关的国道有永嘉（今清水埠）至龙游线。11月，根据全省水利交通会议决定，预定分配面粉：省道6000吨、县道3000吨，发动工赈筑路。12月，永嘉（今清水埠）至龙游线路抢通，同时修复杭福线乌牛至港头公路部分路基。

民国36年（1947） 1月，浙江省政府决定，各县县道一律把工赈筑路改为义务劳动，省道工赈修筑路基（土方工程）于2—3月结束。

民国37年（1948） 3月，国防部核定“绥靖八线”中的一至五线为浙江省“剿匪路线”（当时国民党所指的“匪”，即中国共产党领导的军队）。6月，行政院核复沿海及临永线列入所谓“戡乱军事筑路拨款计划”，款由交通部统一分配，不足由省自筹。部定补助路线为衢常路、杭温线新（昌）温（州）段及丽温路。12月，杭温线天台至泽国段初步抢通。

民国38年（1949年9月30日止） 2月，浙江省公路局在温州召开沿海公路赶工会议，决定按紧急抢修工程加紧沿海公路施工。后因国民党败退而停工。

中华人民共和国

1949 年

5 月 7 日　温州和平解放。

5 月 10 日　乐清县城解放，县人民政府接管水涨和清江渡口，并在清江区成立支前运输委员会，配合中国人民解放军第 21 军工兵营抢修境内公路。

7 月　旧浙江省公路局机关及分布各地的下属机构按系统接管完毕。

8 月 12 日　撤销旧第一区局和旧浙江省公路局，整编成立浙江省交通管理局（军管会交通处并入），隶属省实业厅，管理全省水陆交通。

9 月　永嘉县人民政府设立实业科，兼管交通工作。

11 月 5 日　杭温公路全线动工修复，永嘉段清水埠和港头汽车轮渡码头投入抢修，1950 年 4 月竣工。翌年 11 月，杭温公路全线修复基本竣工通车。

1950 年

3 月　中央人民政府政务院发布《1950 年公路工作的决定》，实行重点整修恢复公路，并规定公路建、养及公路业务的组织领导原则和办法。

4 月 3 日　浙江省人民政府交通厅（下称省交通厅）成立。

7 月　杭州至温州公路第一期修复工程——蔫坝至港头段工程完工，全长 461.31 公里，时为全省最长公路干线。同月，交通部公布《公路养路费征收暂行办法》，此为中华人民共和国成立后的第一个全国性的养路费征收办法。

11 月　省交通管理局召开第一次养路会议，提出“以路养路，养路为运输服务”的方针。

12 月　全省公路路况调查结束，全省共 50 条路线 3675 公里。为贯彻养路责任制，养路道班普遍建立基层民主管理组织。此为浙江省养路工人参加管理的开端。

1951 年

1 月　永嘉清水埠至梅岙段公路修复通车。

2 月　浙江省交通管理局改称浙江省人民政府交通厅公路局（下称省公路局）。

3 月 15 日　杭温线乐清湖雾岭三界桥至港头通车。省交通管理局第 5 工程队与乐清县人民政府建设科共同组建白溪、中村（今永嘉境内）等道渡班养护，后改由 2 个工务段接养，公路养护被正式列入专业养护。

8 月 15 日　清江汽车渡口码头建成，杭州至温州公路第二期重点改建的临海至温州段工程完工。

12 月　交通部召开第一届全国养路会议。

是年　平阳县人民政府拨款和群众乐助，修建平瑞塘路和昆鳌路，全长 3.8 公里，其中桥梁 5 座。

1952 年

11 月　华东交通部核定的主要国防干线丽青温公路修建工程正式开工。

12 月 14 日　苍南矾山区埔坪乡群众自筹稻谷 608 担，修建桥头桥。

1953 年

5 月 12 日　泰顺县人民政府设交通建设科。

6 月 10 日　洞头批准设县，县府设有建设科，分管气象水利、交通运输。

10 月 1 日　丽青温公路梅岙汽车轮渡码头建成，丽青温公路全线通车（渔渡至市区永川码头段为新建线），金华至温州客车可直达温州市区。丽水养路段组建梅岙、朱涂等养路工区接养，管辖 4 个道班。

12 月　永嘉县中村道班被评为浙江省先进道班，占匡希、金齐鸿并列先进班长。中村道班成为温州公路养护史首个被评为省级先进的班组。

1954 年

1 月　温丽金线永嘉梅岙至花岩头段公路修复通车。

3 月 20 日　温州市交通运输管理局正式成立。

4 月　温州专署交通运输管理局成立。洞头北岙搬运站修建第一条简易公路，由北岙后码道延伸至粮食加工厂，全长1200多米。

5月11日　交通部发出《关于公路工作的指示》指出："首先适应国防需要，新建国防公路，特别是边防海防公路。其次是重点地发展经济干线，然后是地方交通线。"

9月　浙江省公路局改为浙江省交通厅工程局。

12月12日　温州市交通运输管理局和温州专署交通运输管理局合署。

1955年

2月　梅岙、朱涂、青田等工区开始利用瓯江和各支流的砂、石资源，铺设路面磨耗层和保护层，首建中国公路第二代砂石路面。

2月26日　乐清县成立柳市至黄华公路修建委员会。3月15日修建完成。

3月　《浙江交通报》创刊。

5月14日　温州至分水关公路全线动工修复。11月10日，温州至平阳段竣工，12月1日通车，飞云汽车轮渡同时通渡。翌年1月1日，平阳至分水关路段建成通车。

6月　杭温线黄岩大桥竣工，桥长184.3米，为中华人民共和国成立后浙江首座大型桥梁。

11月　国务院发出《关于改进民工建勤养护公路和修建地方道路的指示》。

12月14日　温丽线朱涂大桥竣工。该桥于1953年1月开工，1955年9月竣工，工期从10个月延至33个月，工程投资预算从14.8万元增至55.8万元，为浙江省有史以来在同等规模工程中耗钱物最多、工期最长的工程。原因：设计时疏忽了瓯江上游流沙沉积层粉砂黏土垆坶的特殊软土基础。

1956年

1月1日　温分线、下鳌线修复通车。丽水养路段（时温州养路归丽水段管辖）组建茶堂（瑞安境内）、灵溪工区接养该线。

2月　分水关至泰顺公路动工修建。

3月　文成大峃镇至瑞安平阳坑公路开始修建，全长38公里，1958年1月14日建成通车。该线路为文成县第一条公路。

4月1日　平阳县（今苍南县）动工修建南水头至矾山公路。翌年4月15日，全线竣工通车。

1957年

春节　泰分线分水关至彭坑段19公里建成通车。此为泰顺县最早通汽车的一段公路。

3月　修复温州至分水关公路，全长104.37公里。平阳岱口至山门公路动工，12月竣工，全长29公里。

7月　浙江省交通厅工程局丽水养路段部分人员迁至温州，成立浙江省交通厅工程局温州养路段。黄岩、温岭、乐清县境内公路和永嘉中村至港头段，移交温州段，临海段建制撤销，人员并入温州段。

12月　新建瑞安至文成公路竣工，全长68.86公里。

1958年

1月20日　浙江省交通厅撤销温州养路段、运输处、监理所，合并重组温州地区公路运输局。3月10日挂牌，实行运养合一体制。各工区分别为区局所属鳌江、丽水、龙泉运输段管辖；永嘉、乐清县各工区及郑桥班，由区局直辖。

7月1日　分水关至泰顺罗阳公路全线竣工通车，全长104.08公里（其中分水关至雅中段42公里，1957年6月竣工）。

11月　永嘉县公路养路队成立，驻梅岙渡口。

12月12日　台州专员公署撤销，仙居、临海、黄岩、温岭等县改由温州专署直辖，所属管养公路同时划入温州区局。

1959年

1月28日　温州专员公署交通运输管理局与区局合署（两块牌子、一套人马），从运养合一扩至政企事合一。

2月26日　北岙至燕子山老码头公路开工建设，1960年4月竣工通车。

6月　平阳（今苍南县）动工修建矾山至马站

公路，1961年9月竣工。

7月　永嘉县交通运输工程队建立，1960年冬改称公路工程队。

8月　永嘉清水埠至上塘公路竣工通车。

1960年

5月　平阳（现苍南县）动工修建坑门岭至鹤顶山国防公路，翌年9月竣工通车。

6月　永仙公路（今S223线）指挥部双庙前材料库发生爆炸，死3人，损失资金2万元。

8月10日　受台风暴雨袭击，平阳桥墩（今苍南境内）水库决堤，洪水水位高出公路1米以上，温分线、水下线23公里及12座桥梁被冲毁（包括桥墩公路大桥），鳌江、江南等地水陆交通中断半月之久。区局急调施工组和道班工人投入日夜抢修。

10月　杭温线坳桥竣工。此工程为省内软土修建1孔15米净跨中型石拱桥的研究项目，编有《坳桥砂桩砂垫层基础石拱桥技术总结》。

1961年

4月　浙江省交通厅调整组织机构，恢复浙江省交通厅工程局。文成县公路管理站成立。

8月　温分公路南水头段300米砂石路面改建为水泥混凝土路面。此为温州改建高级路面公路之始。

12月　永嘉公路运输管理站建立，归属温州地区公路运输管理局。

1962年

6月　国务院发出《关于加强公路养护和管理工作的指示》，提出“切实整顿、加强养护、积极恢复、逐步改善”的公路工作方针。

7月7日　台湾国民党叫嚣反攻大陆，温州专署指令区局在当月底完成梅岙、瑞安的渡船修理，清理瑞安、清江渡口周边淤泥，加固桥梁8座、改建21座，整修温丽、温分两线路面，进入临战状态。解放军与地县公安机关及渡口组成梅岙、瑞安渡口指挥部。此局势持续5个月。

1963年

1月1日　平阳县人民委员会根据国务院〔62〕305号文件精神，发布《关于制止破坏公路违反交通规则保障行车安全的通知》，在平阳境内开展退耕还路行动，共清除种植农作物的路基、路肩总计341.7公里。此为中华人民共和国成立后温州地区政府直接介入路政管理的开端。

4月　瓯江梅岙渡码头改建工程竣工。

7月　温州专署把公路绿化纳入政府造林总体计划下达到县，开展公路绿化种、管体制的全面改革。

9月　为了解决实施运养合一养路体制带来的路况问题，全省决定成立杭州、宁波、温州、金华、丽水5个养路总段。

11月　温州专署召开公路绿化专业会议，各县公路、林业部门负责人到会，温州地委书记李铁峰作重要讲话，并布置下一年绿化任务。

1964年

1月1日　浙江省交通厅温州养路总段成立，高国璋任总段长，各县设立养路工区。根据交通部平战结合原则，考虑温州战备任务繁重的实际，参照半军事化组织在机关设政治工作部门的做法，工区、队、厂设政治指导员（后改支部书记），并设主任工程师，统管工程技术事宜。

3月12日　温州地委书记李铁峰率领养路总段党委书记、总段长高国璋和林业局等部门负责人，到温丽线40公里处花岩头种植行道树。同月，温州市党政军机关干部和永嘉、乐清、平阳、瑞安各县在温杭、温丽、温分、瑞文等线植树。共植行道树270公里，计14.5万株，成活率90%。

6月　温州公路总段在温丽线桥头道班召开有402人参加的现场交流会，实验筑建温州第三代砂石路面（罗定式）0.6公里。是年，全市共建成“罗定式”路面91.6公里，“福厦式”路面180.45公里。

7月　温州公路总段建立路材试验室，规定所有砂石泥料、水泥钢材、钢筋水泥混凝土物件，经取样试验合格后方可使用。

10月　浙江省交通厅设立丽水养路总段，青田的公路养护工作从温州划归丽水管养，自 1965 年 1 月 1 日起正式执行。

1965 年

5 月 14 日　梅岙等四大渡口开征非机动车和人畜过渡费。

5 月　泰顺县百丈桥建成，全长 103.5 米，时为浙江省最长的空腹式民间石拱桥。后毁于 1990 年 8 月 20 日特大山洪。

10 月 1 日　云和至瑞安公路建成通车。该公路为省内最长、隐蔽性最佳、最内陆的国防公路。

10 月　文成县峃口公路大桥开始架设，全长 126.8 米，1966 年 4 月 15 日竣工。

10 月 22 日　交通部特邀温州公路总段参加在武汉召开的全国各省（市、自治区）交通厅局长公路绿化会议，温州公路总段副段长孙效荣在会上介绍温州公路绿化种管模式和经验。

12 月 15—19 日　浙江省林业厅、交通厅在温州召开治山造林公路绿化会议，决定从 1966 年起全面推行温州经验，后因“文化大革命”爆发未果。

12 月　洞头养路道班建立，接养洞头岛公路 32.8 公里。

1966 年

4 月 13 日　温州市开展第三个公路绿化运动月，共种植行道树 856.5 公里，计 40.6 万株，成活率 70%。

8 月 13 日　造反派和社会闲杂人员冲进温州公路总段，砸毁总段办公室内的柜、桌，造成部分文书、技术档案散失。

8 月 14 日　两派群众组织爆发武斗，梅岙渡口停渡 8 个半月，翌年 4 月 1 日复渡。

12 月　泰顺莲筱公路泗溪至筱村路段开工修建，全长 24.1 公里。

12 月　文成县石垟至下垟公路建成通车。此为文成县第一条乡道公路。

12 月　平阳养路工区成立，驻鳌江汽车中心站。

是年　“革命造反派”接管总段党政工团一切权力。

1967 年

5 月　泰顺罗阳至童岭头工程再次开工，全长 30 公里。至 1968 年 8 月，工程基本完工。

1968 年

1 月　文成县公路段成立。

6 月　温州养路总段改称公路总段，养路工区改称公路段。

8 月　泰景公路竣工。9 月，该路线有 30 公里路段被洪水冲毁，通车时间延迟。泰顺县革命委员会和县国防公路修建领导小组发动沿线群众抢修。至 1970 年 6 月始告竣工，6 月通过验收，温州公路总段安排落实养护。至此，历时建设 10 年之久的泰顺至景宁公路全线贯通，全长 124.07 公里。

1969 年

3 月 8 日　文成县樟台至玉壶公路动工修建，1973 年 9 月 1 日正式通车。

9 月 18 日　泰顺至福建寿宁公路罗阳至东溪头段 5.04 公里动工修建，翌年 2 月建成。至此，泰寿线全线通车。

1970 年

11 月　瑞安石龙至平阳腾蛟公路动工，全长 16 公里。

1971 年

5 月　温州公路总段所属公路段下放到县，改称县公路段。

6 月 25 日　温丽线 K3+340 ～ K10+500 砂石路面，开工改建为沥青油面。此为温州改建次高级路面之始。

6 月 27 日　G330 线清明桥至双屿段 7.4 公里砂石路面改建为沥青油面。

10 月　暴雨造成 58 省道分泰线半路垟段大塌方，交通中断达数月。

10 月 18 日　平阳（今苍南县）灵溪至金乡、马站至霞关、岱岭至半山三条公路同时开工建设，1973 年 11 月竣工。

11月　永嘉县首个公路隧道41省道仙清线培山岭脚隧道建成。

11月　平阳（今苍南县）马站至霞关公路动工兴建，1972年12月竣工，全长17.65公里。

是年　养路费实行差额预算管理，养路费征收以地区为单位，支出按省年度计划指标结算。

1972年

3月　41省道仙清线福佑至大寺基公路竣工通车。至此，永嘉至仙居省道全线通车，全长76.81公里。

4月　浙江省财政金融局、省交邮局联合通知，在养路费收入中拨5%给各地区交通局用于公路建设。

7月1日　省财政、交邮两局印发通知，规定养路费交温州监理所征收。

1973年

5月　永嘉黄南石拱桥建成，全长125米，为永嘉县民间最长石拱桥。

8月　9号台风造成41省道仙清线永嘉三角岩、九丈渡口全毁，停渡。文成峃口至珊溪公路动工修建，后因经费短缺停工。1977年续建，1978年1月竣工通车。

1974年

4月4日　温州公路行道树遭乱砍滥伐，为温州公路史上最严重的特大侵权盗产事件。

1975年

3月25日　重建平阳（今苍南县）桥墩公路大桥，1977年12月30日竣工。

8月12日　因遭4号台风袭击，永嘉三角岩汽车轮渡码头被山洪冲毁，大量砂石堆积，阻车达90余天。

9月　国务院颁发《公路养护管理暂行规定》，提出“全面养护、加强管理、统一规划”的方针。

1976年

1月　温州地区在泰顺县大安区大安公社召开公路建设现场会，推广该公社贯彻“民办公助、民工建勤”方针修筑公路的经验。

6月7日　因战备需要，在横阳支江的渡龙乡（今苍南县）桥头突击架桥一周，15日竣工即通军车。该桥系10孔木结构，全长45米，桥面宽4米，国家投资19943元。

12月　雅中至氡泉公路动工，全长7.55公里。1979年7月建成通车。

是年　温州机械化养护里程320公里。

1977年

3月　交通部召开全国交通会议，对公路建设提出“三个面向”，即面向边远区、面向老区、面向山区。

7月　永嘉县革委会发布《关于加强公路路政管理的通告》（永革〔77〕74号），规定仙清线、清梅线、杭温线、温丽线永嘉段的路基宽度，在规定范围内的建筑物、障碍物，限期拆迁和清除。

9月　温州地委、地革委会在永嘉召开治路现场会，推广永嘉经验。

9月13日　泰顺县交通局成立。

1978年

1月　平阳（现苍南县）桥墩至莒溪公路开始修建，1979年12月竣工通车。

10月1日　泰顺县最长的公路桥——仕阳公路桥建成。

10月　G104线平阳段恢复路基和铺设沥青路面工程动工，全程32公里。

12月　浙江省交通局实施调整全省交通管理体制方案，成立浙江省交通局工程管理局。各地、市同步建立健全公路总段，养路机构实行双重领导。

12月24日　温州地区革委会授予文成县公路段“大庆式企（事）业单位”称号，省交通厅奖给一辆解放牌大卡车。

1979年

1月1日　公路养护恢复以条为主、条块结合体制，人、财、物权收回交通厅统一管理。同日，永嘉九丈改线工程竣工。

2月26日　文成县朱阳至金朱林场公路开工，1980年10月竣工。

4月　撤销温州公路总段及所属各段、队、厂、所革命委员会，恢复段、队、厂、所长制。

5月　洞头县公路段成立。

10月1日　泰顺县雪溪石拱桥竣工，长103米、宽7米、高14米，主孔净跨60米，时为浙江省内单跨最大的空腹式石拱桥。

11月1日　41省道仙清线塘湾大桥竣工，为温州地区首座现代公路大桥。三角岩、九丈渡口关闭。

1980年

1月　泰顺县金竹坑至乌岩岭自然保护区公路建成。

3月　浙江省工程管理局对公路专业养护道班进行定额管理，制定《小修保养年公里成本计划定额管理（试行）》，并印发《公路大修、改建工程管理暂行规定》。

5月　浙江省交通局改称浙江省交通厅，厅直属单位相应冠以厅名。

1981年

6月18日　经国务院批准，原平阳县分置平阳、苍南两县。苍南县管辖灵溪、桥墩、矾山、马站、宜山、钱库、金乡7个区和矾山镇。

7月　泰顺县龙溪桥建成，泰顺籍著名书法家方介堪题写桥名。

9月　温州市首次成立专业公路路政队伍。

1982年

1月1日　浙江省温州公路总段苍南县公路段正式成立。

5月　温州地区公路总段改称温州公路总段。

8月16日　据《浙南日报》报道，泰顺县人均公路里程居全省第一。

9月　交通部颁发《公路养护工程分类范围暂行规定》和《公路养护工程管理办法》。

9月15日　永嘉渡头大桥和隧道同时建成通车，渡头汽车渡口撤销。

9月28日　特大暴雨冲毁永嘉部分公路设施，珍溪口渡口汽车轮渡船被冲至上塘，船体散架报废。

1983年

1月16日　新建14号钢质渡轮，在清水埠客运渡口下水营运。此船为永嘉县第一艘钢质渡轮。

3月　泰顺县玉西至革命老区九峰（中共闽浙边临时省委成立所在地）公路动工修建，全长9公里。

4月12日　苍南县舥艚乡东魁大桥动工兴建，1984年1月竣工。该桥为苍南县最长的民间大桥。

6月25日　地处海拔558米的乐清县乐成城北公路验收通车，全长15公里，路基宽6.5米。

7月　瑞安飞云江公路渡口发生渡船翻沉事故，三辆载重汽车坠入江中。

1984年

1月　浙江省工程管理局改为浙江省交通厅公路管理局。

2月7日　文成县玉壶东头公路桥开工，桥长103米，当年12月竣工。此为文成县首次负责施工、长度最长、规模最大的公路桥。

4月11日　洞头县交通管理局改称交通局。

6月13日　苍南县岱头渡至龙港公路开工建设，9月底竣工。全长4.1公里，投资53万元。

7月17日　洞头大门岛第一条四级公路竣工。线路自潭头港至黄岙镇，总长4.5公里，1982年10月开工，总投资14.5万元。

9月　浙江省提出向世界银行贷款644.8万美元（偿还期20年），修建11条农村公路，其中泰顺县争取到一条。

9月25日　瓯江第一座大桥温州瓯江大桥建成通车，全长735.4米。梅岙渡口关闭。

10月1日　瓯江大桥开征车辆过桥费。此为浙江省对贷款集资建造公路桥梁、隧道征收通行费之始。

1985 年

3 月　温州遭遇 35 年一遇的严重连续降雨，全月降雨 28 天，仅 33.9 小时有日照，公路路面湿度达 89%，致使平原低标高路基路面软化，发生大面积积水、沉陷、翻浆，严重影响车辆运行。

6 月 1 日　调整养路费征收标准：载重汽车每月每吨 80 元调整为 105 元，专业营运汽车按营运收入总额 14% 调整为 15%，拖拉机每月每台 20 元调整为 30 元，每月每吨 32 元调整为 42 元。

10 月　文成县玉壶东溪公路桥落成，桥长 57 米，单孔跨径 40 米。时为文成县跨径最长的公路桥。

11 月　乐清方江屿围垦大坝过境公路建成通车，G104 清江车渡停渡。

1986 年

3 月 15 日　楠溪江大桥建成通车，桥长 448.07 米，主孔两跨 51 米，预应力混凝土 T 梁结构。港头至清水埠车渡关闭。

7 月　浙江省境内营业性客车按每人公里 0.003 元计征附加费，用于客运站、场建设。此为开征公路建设基金之始。

9 月　文泰公路第二期下洪至五蒲路段竣工。

10 月　国务院决定改革道路交通管理体制，由公安部门统一管理城乡道路的交通安全工作。

1987 年

2 月　永缙公路石染至界坑段工程动工，当年 12 月 27 日竣工通车。至此，永嘉至缙云公路全线开通。

2 月 28 日　龙港公路大桥设计方案通过会审。确定桥长 270 米，宽 8 米，桥梁荷载汽 -20，挂 -100。工程总投资 425 万元，其中省拨款 100 万元，温州市拨款 15 万元，其余由苍南县自筹。

3 月 2 日　世界银行公路专家卡斯特罗实地考察文泰公路珊溪至毛山段，称赞该路段施工质量高，并同意给予无息贷款。

10 月 13 日　国务院发布《中华人民共和国公路管理条例》。

11 月 11 日　温州市运管处瓯江大桥过桥费征收所，改属温州市公路总段建制。

12 月 3 日　省、市拨款共计 25 万元，动工兴建文成鹤川大桥。

12 月　大荆镇、雁东乡开工共建新溪大桥，全长 167 米，宽 8 米。时为乐清县最长的公路桥梁。

12 月　国道里程丈量结束，省境内国道按国家干线公路网里程碑统一桩号。

是年　推广应用阳离子乳化沥青。

1988 年

7 月　浙江省政府批准开征公路养路费附加费，同时批准营业性货车按每吨公里 0.01 元计征，营业性客车按每人公里 0.007 元计征，征收的附加费将作为高等级公路建设专项基金。

12 月 1 日　文（成）泰（顺）公路全线通车。

12 月 31 日　瑞安飞云江大桥建成通车，桥长 1721 米，时为浙江省最长桥梁。飞云江车渡管理所建制撤销，改设大桥征收所。至此，温州专业养护的所有公路机轮渡、非机轮渡口和过水路面，均已建桥代替。

1989 年

1 月 11 日　浙江省政府下达《浙江省公路管理体制改革方案》，将省、市（地）双重领导的体制调整为条块结合，以市（地）为主的体制。市（地）公路总段更名为公路管理处。

是年　养护经费采取实用数和收入数双挂钩，定比率切块市（地）包干使用。

1990 年

2 月　温州市公路管理处增设安全科。

5 月 1 日　永嘉公路段金竹溪道班荣获 1989 年度全国“五一劳动奖状”，班长黄崇星获 1989 年度浙江省劳动模范及 1990 年度交通部全国劳动模范。

6 月 30 日　温州市公路路政大队挂牌成立。

11 月 27 日　平阳县公路段设计发明的多功能自动调温沥青撒播机，获广州第二届国际专利新技术新产品展览会铜奖。

12月28日　乐清清江大桥开工，桥长869米、宽12米，总投资2238万元。1992年8月竣工，10月通车。浙江路桥工程公司承建。

是年　温州公路管理处增设监察室、路政公安科（合并原有的公安职能）。

1991年

5月15日　由机械化工程队承建的温州机场大道道肩拓宽工程竣工验收。

8月9日　温州市公路管理处将温强线、雪山线、鹿城路、三板桥至过境公路等工程施工图纸复印件移交市政工程处。

8月26日　G104线瑞安段公路改建工程指挥部成立，9月3日工程动工。该项目自飞云江大桥北端至温州交界的帆游，全程23.966公里，总投资2000余万元。

12月31日　温州市公路全年规费征收首次突破亿元大关，达到1.22亿元。

1992年

1月19日　G104线温州清江以北路段改建工程竣工。

2月1日　温州市公路管理处无线电通讯网络总台安装完毕，无线手机开通使用。

2月29日　永嘉县公路段金竹溪道班被授予浙江省“七五”劳模集体光荣称号。

3月　58省道分泰线改造工程启动。

4月6日　温州市公路管理处机务管理工作经全省机务工作检查，被评为一级机务管理工作单位。

4月27日　各县（市）公路段、公路道班分别更名为公路管理段、公路养护公路站。

6月9日　藤泽公路砂改油工程进场施工，总投资175万元，全长12.3公里。10月13日竣工通车。

6月25日　乐清清江大桥竣工验收。7月17日，大桥征费管理所成立。10月1日，大桥正式通车。清江大桥的通车，结束了温州汽车过江依靠轮渡的历史。

6月26日　灵昆公路建成通车。此为温州海岛第一条公路。

8月20—23日　浙江省公路管理局在泰顺县氡泉主持召开分泰线改建工程图纸会审会议。

11月30日　温州市疏港过境公路开工典礼在梧埏上田村举行。1994年12月29日，建成通车。全长13.23公里，新建大中型桥梁15座，总投资6100万元。

1993年

1月14日　国务院、中央军委交通战备领导小组颁发温州市公路管理处“交通战备工作正规化建设合格证”。

2月25日　浙江省人民政府〔1993〕44号文批复，将G104线平阳县城过境段列为全省交通基础设施第一批“四自”工程。

3月1日　由原沥青油库、材料站合并成立的“温州市公路物资供应公司”正式挂牌，投标中标人徐振有出任总经理。

3月23日　经批准，原温州市公路管理处机械化工程队更名为“温州市路桥公司”，陈爱道出任总经理。

4月21日　“乐清县人民法院执行庭驻公路管理段执行站”在乐清公路管理段正式挂牌。

5月　永嘉县瓯北码头建成投用。

5月24日　永梅公路改建工程破土动工，全长11.85公里，预计工程总投资2000万元，二级公路标准，高级混凝土路面。

7月20日　为解决G104线瑞安段改建工程的资金缺口，温州市政府报经省有关部门批准，飞云江、瓯江、清江三座大桥开征建设附加费。

11月15日　温州市区城南大道动工建设。全长6.27公里，宽50米，总投资约1亿元。时为中华人民共和国成立以来温州投资最多、规模最大、档次最高的城市道路工程。其中，城南大道与G104线交叉口互通式立交桥，总投资3000多万元，占地6.4公顷。1996年10月竣工投用。

1994年

1月4日　交通部批准甬台温高速公路首段临

海至乐清湖雾岭工程建设项目，计划投资16亿元。

2月5日　温州市区第一座分离式立交桥“三维桥”建成通车。全长622米，总投资733万元。

8月21日　17号台风在瑞安梅头登陆，时值天文大潮，台风携暴雨引发百年未遇的洪涝灾害。G104线、G330线及6条省道中断。

12月8日　时为全国最长的公路桥温州大桥（瓯江二桥）动工兴建。1997年12月16日合龙架通，1998年5月26日建成通车。大桥全长17.1公里，主桥长6977米，总投资12.53亿元。该大桥系温州市第一个“四自”工程。

1995年

2月25日　交通部确定温州市为全国45个公路主枢纽城市之一。

4月8日　湖雾岭隧道开工建设。1998年12月26日建成，时为国内长度最长、规模最大、设施最全的高速公路隧道。隧道左洞长4114米，右洞长4116米，乐清境内2.05公里。经省交通主管部门质量鉴定及交工验收，被评定为优良工程。

7月　温州市县级路政队改称路政大队。

8月　雁鹤公路开工。1998年6月2日通过验收。线路从乐清雁湖至永嘉鹤盛，全长13公里，投资600万元。该公路是乐清市第一条旅游公路。

10月18日　藤泽公路管理站办公楼落成乔迁。建筑面积553平方米，占地1350平方米，总造价近100万元，时为瓯海区投资最大、规模最大、设施最全的基层公路管理站。

11月1日　经批准，永嘉县三角岩大桥开始对机动车辆收取通行费。收取的通行费除安排征收机构的经费开支和收费路段的维修费用外，全部用于归还贷款。

11月24日　G104线温州段文明样板路通过交通部验收。

12月18日　鹿城区至机场新建公路建成通车。全长18.4公里，宽50米，总投资2.86亿元。

1996年

1月8日　温州机场大道建成通车，全长18.4公里，宽50米，10车道，总投资2.86亿元。

1月17日　温州至永嘉瓯北小车渡开通，市区至永嘉的距离缩短30多公里。

2月14日　瓯海区交通骨干工程瓯海大道梧田至瞿溪段竣工通车。全长14.5公里，宽30米，一期工程造价5000万元。

3月18日　瓯海区新桥镇“鞋城路”道路署名权公开拍卖，温州市国鼎鞋业公司以10万元拍得，取名“国鼎路”。此为中国农村集镇首条道路署名权拍卖。中央电视台、人民日报、浙江日报、温州日报等多家重要媒体对此做了报道。

5月8日　温州市当时最长的“四自”公路、省重点工程瓯青公路（G330复线瓯海段）工程正式动工。1998年6月29日建成通车。工程全长40公里，其中瓯海段25.641公里，总投资1.3亿元。

7月4日　茶罗公路竣工通车。全长14.2公里，投资750万元，时为温州市设施最齐全的标准盘山公路。

10月　全长410米的瓯北高架桥建成通车。

12月29日　温州（洞头）半岛工程的重要组成部分——洞头五岛相连工程动工建设。工程全长13.1公里，由7座跨海桥梁连接8个海岛，桥梁总长3.1公里，总投资2.43亿元。2002年5月30日全线竣工通车。

是年　温州市公路管理处表彰第一届“十佳公路标兵”。

1997年

1月8日　58省道分泰线改建完成，总投资6074万元。同日举行通车典礼。

2月18日　52省道云寿线泰顺段改建工程开工，按二级标准建设，长34.85公里。

7月3日　《中华人民共和国公路法》颁布。共9章88条，1998年1月1日起施行。

10月2日　温金大道建成通车。东起G104线，西至筹建的瓯江三桥，全长4.02公里，宽40米。

10月27日　浙江省代省长柴松岳视察G330复线（瓯青公路）官岭隧道及藤江大桥建设情况。

11月　温州市公路大楼竣工（牛山北路23-1

号），鹿城、瓯海三家公路段统一办公。

12月29日　温州（洞头）半岛前期工程开工。该工程由灵霓海堤、灵昆大桥、温州浅滩围垦、深水港口和洞头五岛相连等五大部分组成。

1998年

4月　中共中央政治局常委、国家政协主席李瑞环视察温州大桥。

5月18日　瓯江三桥（东瓯大桥）动工兴建。北起永嘉瓯北，南与温州过境公路相连，全长5.173公里，宽21.4米。2005年5月25日建成通车。

8月20日　交通部部长黄镇东视察温州大桥和湖雾岭隧道工程情况。

8月31日　甬台温高速公路温州段动工建设。

10月6日　洞头大桥开工兴建，2002年12月建成。该桥是五岛相连工程建设规模最大、施工难度最高的外海特大桥，总长1500米，宽9.5米，总投资9500万元。

12月　温州市公路路政管理支队甬台温高速公路大队正式成立。

1999年

6月12日　甬台温高速公路温州段南白象立交桥工程开工建设。工程占地约1000公顷，时为浙江省高速公路最大的立交桥。

7月　公路管理体制由市、县以条为主，改为条块结合、以块为主、属地管理。

12月28日　金丽温高速公路温州段一期工程正式通车。全长6.77公里，1997年5月9日开工。

2000年

2月25日　交通部部长黄镇东考察温州高速公路。

4月20日　G104线瑞安凤山段改建工程开工建设。全长8.22公里，总投资1.23亿元。

6月　瓯江三桥建成通车。全长5.173公里，桥宽21.4米，总投资3.94亿元。

2001年

1月19日　甬台温高速公路清江大桥架通，全长11074米。

7月25日　温州市公路管理处增设“温州市公路路政管理支队”牌子。温州市公路路政管理支队甬台温高速公路大队变更为温州市公路路政管理支队高速公路大队，大队下设若干中队。

10月29日　温州第二次公路普查结束。据普查，全市公路里程达13801.387公里，乡道以上公路桥梁1880座，其中特大桥17座，隧道61座，总长25.2公里。

2002年

6月23日　金丽温高速公路西过境段通车。

9月29日　金丽温高速公路永嘉、鹿城段开工兴建。全长21.9公里，总投资15.68亿元。该线路是全省公路主骨架“两纵两横十连一绕两通道”中的重要一段。

10月29日　甬台温高速公路乐清段全线通车。全长63.3公里，总投资26.69亿元。

12月28日　甬台温高速公路温州南白象至飞云段建成通车。全长23.68公里，工程总投资14.47亿元。

12月20日　瓯海大道东段（永强国际机场—温瑞大道）开工兴建。2007年12月11日建成通车。全长18.18公里，宽112米，总投资近30亿元。

12月30日　灵昆大桥建成通车。大桥全长3548米，总投资9928.5万元。

是年　温州市公路管理处大楼竣工（牛山北路56号）。

2003年

4月29日　2003年4月，灵霓海堤公路开工。2006年4月29日，建成正式通车。全长14.5公里，时为全国最长的跨海连岛大堤。堤高51.3米，堤基最大宽度210米。

5月1日　瑞安大桥（飞云江三桥）开工建设。2009年1月13日建成通车。全长2956米，宽33米，双向六车道，属独塔双素面斜拉桥，塔高166米，总预算5亿元。

6月　浙江省政府作出实施乡村康庄工程的重大决策。8月5日，温州市政府成立乡村康庄工程办公室。10月，出台乡村康庄工程以奖代补政策。

7月6日　瓯南大桥动工兴建。2007年4月29日建成试通车。大桥位于龙港与鳌江之间，系垂直提升开启式城市主干道特大型桥梁，总长881米，概算总投资1.65亿元。

10月21日　温州公路门户网站创办。2007、2013年先后进行两次改版，

10月26日　56省道复线一期工程开工建设。翌年11月26日，二期工程开工建设。2007年4月18日，全线建成通车。

12月31日　甬台温高速公路全线建成通车。全长134公里，历时9年，投入138亿元。自此，温州实现高速公路零的突破。

2004年

5月8日　甬台温高速公路苍南、观美收费站对出高速公路车辆单项代征“四自”工程通行费。

6月10日　永缙复线巽宅至界坑段改建工程开工建设。全长20.34公里，路基宽为7.5米，概算总投资11383万元。

12月11日　22时20分许，甬台温高速公路乐清柳市镇荷岙村地段南侧发生山体崩塌，约1.5万立方米的坍塌岩石填塞公路路面，长约60米，交通中断，幸无车辆和人员损失。

12月28日　诸永高速公路和绕城高速公路北向工程开工仪式在永嘉瓯北镇芦田村举行。该工程概算总投资52.6亿元。

2005年

3月18日　G104线永嘉乌牛至张堡段改建工程开工。全长19.039公里，总投资57081万元，按一级公路标准设计。

4月30日　诸永高速公路温州段全线动工兴建。同日，甬台温高速公路分水关互通开通。

6月30日　温州绕城高速公路北线工程在永嘉瓯北黄田开工，工程总投资33.11亿。

10月31日　金丽温高速公路永鹿段全线建成通车。全长21.9公里，概算总投资15.68亿元。

11月3日　甬台温高速公路浙闽主线收费所被评为全国用户满意服务明星单位。

12月23日　金丽温高速公路全线建成通车。

12月28日　温州七都大桥动工兴建。主桥长2067米，宽34米，双向六车道，设计时速60公里。

12月　温州全市实现全部乡道公路硬化。

2006年

1月21日　交通部副部长黄先耀一行到温州检查春运和治超工作。

4月29日　灵霓海堤建成正式通车。2003年4月9日，作为温州（洞头）半岛工程重要组成部分的灵霓海堤正式开工建设。该海堤全长14.5公里，时为全国最长的跨海连岛大堤。该海堤的建成，实现了温州市区和洞头陆岛相连的梦想。

7月25日　第5号台风“格美”给温州公路设施造成巨大损失，总损失约1.73亿元。

7月29日　S223线永嘉段三期改建工程开工，总长17.1公里，概算总投资为9690万元。

8月11日　超强台风“桑美”在苍南县马站登陆，造成116条公路严重受损，其中63条公路完全中断。马站公路养护工陈再新抢险时因公殉职。

2007年

2月9日　全市公路工作会议表彰第一届“十佳养护工”。

2月13日　市高速公路路政管理大队查获首例高速公路车上人员向外抛撒物品的违法行为，对抛撒者处以3000元罚款。

2月18日　除夕零时开始，77省道（温州机场路）温州收费站撤销。77省道改建工程是经省政府批准的“四自”工程，1996年1月建成通车，是年8月正式开始收费，批准收费年限为20年。

3月24日　市高速公路路政管理大队举行创建规范化大队动员大会暨大队新大楼落成仪式。大队新大楼位于瓯海区南白象街道鹅湖东路1号。

4月29日　七都大桥建成试通车。

10月　58省道复线（S331）建成。12月18日正式通车，全长59.3公里。该线路的建成，标志着温州市“两小时交通圈”正式形成。

2008年

2月1日　我国南方大部分地区遭受罕见的雨雪冰冻灾害，永嘉县公路管理段养护人员汪国杰、林圣巧巡路时，因道路结冰、车轮打滑而发生翻车事故，两人因公殉职。

2月5日　温州高速公路应急救援中心成立。

5月1日　文成县百丈漈公路站获中华总工会授予的全国“工人先锋号”称号。

12月18日　G104线飞云江大桥拼宽新桥开工建设。2011年6月28日，新桥建成通车。主桥长1799.94米，宽13.75米，总投资3.19亿元。2012年5月29日，完成老桥大修。新老桥实现双向通行。

2009年

1月1日　“费改税”启动，燃油税开始征收，包括公路养路费在内的各项公路规费停止征收。

4月3日　浙江省政府确定甬台温高速公路温州段收费年限为28年9个月，即自2002年1月1日起至2030年9月30日止。

6月19日　泰顺县交通局、泰顺县公路管理段举办全省交通公路系统首个“6•19”公路文化节。

8月17日　41省道（S223）永嘉三角岩大桥收费站停止收费。

9月6日　温州市公路管理处承担的“养护工程中对国省道已建桥梁桥头基础的处理技术研究”和“天然岩沥青在重载沥青路面中的应用研究”科研课题，通过浙江省交通运输厅组织的专家组鉴定，研究成果达到国际先进水平。

12月3日　乐清雁荡山至永嘉楠溪江公路工程正式动工建设。2013年11月30日建成通车。工程全长约45公里，总投资9.013亿元。

2010年

2月4日　浙江省重点工程项目大门大桥工程开工。全长约10.14公里，主桥及引线7.49公里，为国内首座集通水、通电、通车三通功能的特大型跨海大桥，规模为温州之最。

2月4日　77省道（S332）延伸线龙湾至洞头疏港公路海堤试验段工程开建。全长40.4公里，主线长约36.7公里，按照四车道一级公路标准设计，设计时速80公里，概算总投资33.5亿元。

2月13日　温州绕城高速公路北线永嘉瓯北至乐清北白象段通车。全长23.6公里，设计行车时速100公里，双向六车道，时为温州境内最宽的高速公路。

4月8日　温州市公路管理处内设机构温州市高速公路不停车收费服务筹备处成立，境内高速公路收费站开始建设ETC系统。4月16日零时起，浙江省高速公路试行计重收费和不停车收费。

7月17日　浙江省最南端公路苍南新78省道（S232）举行全线通车典礼。该工程全长54.5公里，其中主线长约47.7公里，两条支线长约6.8公里。

7月22日　诸永高速公路全线建成通车。该工程全长225公里，温州段长64.8公里，在永嘉境内设有5个出入口。

9月29日　金丽温高速公路古岸头互通开工建设。

11月22日　甬台温高速公路浙闽交界长下坡避险车道开建。2012年4月完工，同年8月通过验收交付使用。

12月24日　瓯江过江通道和77省道（S332）洞头延伸线两大工程正式开工。瓯江过江通道项目投资概算26.4亿元，计划建设工期36个月。

2011年

4月　瑞安市建成全国首个在平原交通通道两侧实施的碳汇造林项目。该项目投资7522.5万元，在干线公路等交通通道造林4255.9公顷。

4月29日　温州市公路管理处获浙江“五一劳动奖状”荣誉。

5月　330国道延伸线项目灵霓海堤段开工建设。2017年1月24日建成通车。灵霓海堤段全长14.5公里，是330国道工程重要路段，按双向四车道一级公路标准建设，设计时速为80公里，路基宽度24.5米，总投资约5亿元。新海堤还专设了骑行道。

7月1日　温州绕城高速公路北线全线通车。

7月6日　平阳昆宋公路改建工程开工建设。全长11.12公里，总投资6.9002亿元。

10月12日　温州瓯江北口大桥“三桥合一”论证会召开。“三桥合一”，即甬台温高速公路复线、滨海大道和市域铁路S2线合用过江大桥。该设计在国内外尚无先例。“三桥合建”共走一个通道跨江，将达到既充分利用瓯江岸线资源，又节约建设成本的目的。2016年11月30日，大桥主体工程正式开工。总投资约88.36亿元，工期60个月。

11月3日　甬台温高速公路复线温州段动工仪式在瑞安飞云江南岸举行。工程全长135.69公里，设计行车时速100公里。

11月23日　被称为“华东第一坡”的沈海高速公路浙闽交界的9公里长下坡的避险车道开工建设。翌年8月22日建成投用。该车道全长245米，由制动坡床、服务车道组成。

12月1日　S223南复线永嘉岩头至大若岩公路开工。全长15.165公里，总投资8.89亿元。2015年1月主体工程完工。

12月20日　甬台温高速公路温州东收费站停止代收外地车辆城市道路“四自”工程通行费。

12月　G104线西过境公路瑞安段、永嘉段先后开工建设。

2012年

2月　温州市公路路政管理支队高速公路大队被评为“2011年全国交通运输行政执法评议考核优秀单位”。

3月　文成百丈漈公路养护站被交通运输部授予“全国模范道班”称号。

3月5日　温州市委、市政府决定用三年时间建成总长2200公里的交通绿道2200公里。

5月1日　零时起，温州普通公路收费站点全部停止收费。

5月15日　全省高速公路实行按实际行驶路径收费。

8月9日　浙江省委常委、温州市委书记陈德荣调研泰顺S331线至雪溪公路工程。

9月30日—10月7日　高速公路首个重大节假日小型客车免费通行。

12月　泰顺县交通局副局长兼公路管理段段长董晓华荣获“2010—2011年度全国交通运输行业文明职工标兵”荣誉称号。

2013年

1月6日　经温州市机构编制委员会批准，温州市公路管理处更名为温州市公路管理局。负责全市公路建设、养护管理等8项主要职责，内设机构9个，人员事业编制增至196人。

1月10—11日　省公路管理局对温州市公路管理局进行2012年度规范化管理工作考核，省交通运输厅副厅长、省公路管理局局长李良福充分肯定了新调整的局领导班子在公路体制改革、公路队伍建设等方面取得的成绩。

3月6日　温州市公路管理局举行揭牌仪式。省交通运输厅副厅长、省公路局局长李良福，市政府副市长陈浩，市交通运输局党委书记董庆华等领导出席仪式。市政府副秘书长赵典霖主持。市公路局党委书记、局长、路政支队长、政委连真毅致辞。李良福和陈浩揭牌。

3月7日　浙江省委常委、温州市委书记陈德荣调研泰顺绿道网建设时认为，泰顺绿道做得精细、标准高、品位高。泰顺县从2012年开始实施交通绿道建设，共建有市级交通绿道147公里、县级交通绿道8条307公里。

6月12日　市公路管理局与武汉理工大学政治与行政学院签约，合作开展公路文化课题研究。

6月25日　温州高速公路收费站实现ETC车道全覆盖。全市26个高速公路收费站已建成ETC车道56条，ETC专用车道的收费站覆盖率达100%。

8月　中央宣传部、中央文明办联合推出“我推荐，我评议身边好人”活动，经过网络投票，文成公路养护工胡建立从676名候选人中脱颖而出，跻身“中国好人榜”。

是年　温州公路系统管养投资10亿元，为历年来投资最大的一年。

2014年

1月　S331分泰线和乐清县道白岭线成功入选首届“浙江最美公路”；永嘉公路职工董平西入选浙江“最美公路人”。白岭线为此届“浙江最美公路”唯一入选的农村公路。

1月　市公路管理局在全省公路系统2013年度考核中获规范化管理第一名、路况第二名。

2月18日　市公路管理局召开ISO 9001：2008质量认证体系培训会，全面启动温州公路管理ISO 9001质量认证体系建设项目。

3月　温州市委、市政府两办发文命名表彰第16批温州市文明单位，鹿城、乐清、瑞安、永嘉、苍南等5家县（市、区）公路局榜上有名。至此，全市公路系统共有省级文明单位3家、市级文明单位7家、县（区）级文明单位1家。

4月18日　温州市公路管理局战备仓库被评为“国防交通物资储备优秀仓库”。

4月29日　甬台温高速公路苍南超限运输检测站获“全国工人先锋号”荣誉；文成县公路管理局获浙江省模范集体荣誉。

5月　G104线乐清段大修工程全面开工。工程投资7500万元，工期6个月。工程对城东街道新塘至坝头段、城南街道万岙至北白象段、北白象镇沙门至白鹭屿等路段采用“白改黑”碎石化技术进行大修。

6月20日　据全市农村公路建设资金专项审计，2003—2014年，温州农村公路里程13908.89公里，中央、省、市共投入资金21.85亿元。

6月　温州交通（公路）廉政传统教育基地在泰顺启动。该基地建设以“为民、务实、清廉”为主题，以“一条公路、一个公路站、一个当地红色教育基地”为依托，通过文字化、图片化、实物化的展示，凸显交通（公路）特色及廉政要素。

7月　温州市公路系统ISO 9001质量管理体系正式运行。该管理体系的运行，将实现温州公路“行政管理规范化、内部管理制度化、队伍管理标准化、规章建设法制化”。

9月　温州市政府出台《温州市农村公路管理办法》，明确并落实地方政府承担农村公路管养的主体责任。

10月14日　平阳昆鳌快速联系通道工程通过交工验收。全长4.9公里，整体式路基宽度44米，双向6车道，行车时速60公里，项目总工期46个月。

10月17日　温州市政府出台《关于进一步加强公路车辆超限超载综合治理的实施意见》。“实施意见”建立治超违法责任追究机制，明确县（市、区）人民政府为公路车辆超限超载综合治理的责任主体。“实施意见”首次把三类对象列入车辆超限超载运输“黑名单”。

11月20日　浙江交通第二届文学艺术“梅花奖”揭晓，温州公路系统7人获奖。

11月22日　由市公路管理局拍摄的浙江省首部农村公路题材微电影《路缘》正式开机，12月10日举行首映式。中共温州市委常委、宣传部部长胡剑谨批示予以充分肯定，获首届全国公路微视频大赛三等奖。

12月2日　泰顺黄桥至文成铜铃山公路工程交工，泰顺和文成县域之间路程缩短了35公里，泰顺县乌岩岭国家级自然保护区、飞云湖风景名胜区、文成铜铃山国家森林公园三景区连成一片。

2015年

1月9日　雁荡山旅游环线全线通车。全长5.61公里，路基宽10米，总投资1.51亿元。

1月　温州公路发展历程展示厅建成开放。

2月28日　全国精神文明建设工作表彰暨学雷锋志愿服务大会在北京召开，市公路管理局荣膺“全国文明单位”称号，成为浙江省公路系统唯一的一家全国文明单位。

2月　市公路管理局荣获2012—2014年全国农村公路养护与管理先进集体；市高速公路路政大队被交通运输部评为“全国交通运输行业文明示范窗口”。

4月24日　市公路管理局工会在全系统发起“真情献爱心　公路更温馨”捐助活动，为苍南公路职工陈如敏的女儿捐资19万元。2014年5月，7岁的女儿陈玥被诊断为急性淋巴白血病（高危）T型ALL1。

4月29日　温州市委、市政府举行纪念“五一”国际劳动节暨劳动模范表彰大会，市高速公路路政管理大队被授予温州市劳动模范集体荣誉称号。

5月　全市公路系统围绕美丽公路创建、迎国检、公路边“三化”、路域环境综合整治和公路综合治超五大重点，开展全国首个“路政宣传月”活动。宣传月期间，召开各类路政座谈会36次，现场接待路政咨询6636人，分发宣传资料28713份。市公路管理局推出了全省公路系统首部路政教育微动画《超限运输的危害》和《我们是公路卫士》。

7月8日　第9号台风“灿鸿”造成公路设施局部中断93条，全市公路系统及时启动防台风Ⅵ应急响应，组建应急抢险队伍30支、钢桥架设队1支，投入应急抢险设备240台套，第一时间抢通公路。

7月　温州4条高速公路的“96266”路政管理电话标志，全部更换成全国统一的交通运输服务监督电话号码“12328”。该服务监督电话主要功能包括交通运输行业的服务监督、投诉举报、咨询服务等。

7月15日　温州市政府召开全市交通建设推进会，具体部署迎“国检”工作。市委副书记、代市长徐立毅出席会议并作重要讲话。

8月14日　甬台温高速公路苍南超限运输检测站站房建成投用，结束了建站十四年来无站房的历史。站房位于G15（沈海高速）浙闽主线收费站旁，用地面积15213平方米，总建筑面积2611平方米，工程造价2454.5万元。

9月20日　上午8点30分，瓯北大桥正式通车。该项目总投资5.5亿元，是温州市第一个实行BT模式进行建设施工的省重点工程。全长1075米，总宽35米，双向六车道，桥型为独塔双索面斜拉桥、主跨275米，桥型设计与龟、蛇两山相辉映。该桥允许行人和车辆同时通行。

9月28日　全国高速公路电子不停车收费实现全国联网。本年度，温州ETC用户发展10万户，超过杭州而位居全省第一，这是继2012年获得全省第一后再次位居全省第一。至此，温州ETC发行总量达到20万户。

9月　国家规划G330线温州洞头至鹿城段的组成部分—环山东路经开区段开建。全长约7公里，按一级公路技术标准设计，兼顾城市道路功能，设计时速80公里。此为浙江首条按PPP模式建设的无收费公路，将采用“道路+政府购买服务”的途径建设。

10月13日　浙江省政协主席乔传秀视察龙丽温高速公路文成樟台互通建设项目。

10月29日　市公路管理局和长沙理工大学合作，开展《温州地区公路沥青路面老化演变规律及预防性养护研究》课题的研究。

11月18日　市公路管理局和洞头区19家单位联合举办公路塌方应急抢险处置演练。这是温州公路系统组织的最大规模的应急抢险综合演练。本次演练，首次实现车载视频现场影像远程传送、单兵与数字集成对讲机现场指挥、演练现场与指挥中心远程化的有效对接，各县应急抢险指挥中心视频实时观摩演练情况。

12月　全国公路系统党委书记工作座谈会暨全国公路政研会第26届年会在江西南昌召开，市公路管理局应邀交流全国文明单位创建经验。

12月12—15日　全市国省道干线全面启用“12328”标志标牌。

12月29日　温州智慧交通数字公共平台（智慧公路二期）通过评审，被列入温州市政府投资信息化建设项目计划表和温州市建设信息惠民国家试点城市三年行动计划（2015—2017）。该项目的建成应用，将初步实现温州主要公路的可视、可测、可控，有效提升温州公路运行效率和管控能力。

是年　浙江省全面实施农村公路改造提升工程的第一年，省、市政府把该工程列入了年度的十大民生实事之一。温州市各县（市、区）均以政府名义出台农村公路改造提升工程实施方案，明确资金补助政策。市公路管理局出台全省首个规范农村公路提升工程技术指导性文件《温州市农村公路提升工程技术指南（试行）》。

第一章　古代道路

综 述

温州古时是蛮荒之地。在以中原文明为主导的漫长一段时期，这片土地离王朝统治中心遥远，且道路不便，人迹罕至。春秋时期，温州为吴越领地。诸侯国的主体民族为百越人，闽越国是该地区最早由百越族人建立的地方政权。司马迁《史记 · 东越列传》、班固《汉书 · 闽粤传》均记述了闽越国从战国后期建立至汉武帝时期衰亡的历史。闽越国开基王无诸，姓驺，是越王勾践之后。自越灭吴后，越国于公元前 334 年为楚国所灭，诸越王子孙辗转迁移至江南海滨一带，各据一方。至战国晚期，无诸占有福建及浙西南周边地区，自称闽越王。由此推之，温州最早的道路，是从战国时期的大迁移开始出现的。

温州第一条能与外界联系的道路与战争有关。公元前 221 年，秦始皇命部下屠睢率师 50 万人平百越，开辟了一条由今江西余干县沿信江东进，越武夷山入闽境蒲城，折向龙泉、丽水至温州的行军道，距今 2236 年。此后，温州历代因生产、生活、迁移等各种需要，渐次开辟出更多的民间古道。据 2013 年 2 月普查统计，温州境内除洞头县外的 10 个县（市、区），现存古道 570 条，计 3016.9 公里。这些古道，风格迥异，各具风情，穿山越岭，蜿蜒盘旋在瓯越大地，记载着瓯越先人和温州人历经沧海桑田的历史。

古代的驿道，即古代官道，是各政区之间传递文书、军事情报的交通干线。一般宽约 2—3 米，沿路每隔十里左右设一驿站，以供行旅途中歇脚。驿道由政府出资修建和管养，是中国古代陆地交通主通道，同时也属于重要的军事设施之一，主要用于传输政府公函、军用粮草及物资，传递军令军情。在温州，最著名的有泰顺的“温州大路”、温州的“南塘大道”和台温门户必经之路“台温驿道”。

沧海桑田，岁月荏苒。在现代社会中，古道、驿道，作为一种主要交通设施的功能已成为历史。然而，古道根植于这块祖先赖以生存的土地上，承载了深厚的历史文明，成为一笔留给后人的璀璨文化遗产。

作为古代交通工具，古廊桥是古代桥梁独具匠心的一种创造。泰顺古廊桥数量众多，结构类型多种多样，故有“中国廊桥之乡”之称。据《泰顺县交通志》1987 年底统计，全县现存明清廊桥 30 多座，其中在世界桥梁史上占有重要地位的木拱廊桥 6 座，即北涧桥、溪东桥、薛宅桥、仙居桥、文兴桥、三条桥。全县有 19 座廊桥被列为省级文物保护单位（2005），15 座廊桥被列为全国重点文物保护单位（2008）。2012 年 11 月，泰顺等浙闽七县联合申遗的“浙闽木拱廊桥”，被正式列入更新的“中国世界文化遗产预备名单”。

此外，在古代道路中，还有栈道、碇步、石拱桥、漫水桥等多种不同的交通形式，以及驿站、路亭、古津渡等古道设施。

第一节　古道　驿道　栈道

一、古道

由于现代交通设施的不断拓展和完善，以及新农村建设，各地古道都存在不同程度的荒废和损毁。2013 年 2 月，温州市成立全市古道普查与整修、规划与编制工作小组，开启古道的普查保护工作。据普查统计，除洞头县外，10 个县（市、区），现存古道 570 条，计 3016.9 公里。仍然保持生态环境良好、景观优美、路型完整，历史人文悠久、影响较大、有修复和开发价值的古道 128 条，计 835 公里。这些古道，也成为当今古道游、野外徒步游的好去处。

【鹿城·石垟古道】 位于鹿城区藤桥镇境内，西起石垟村，东至埭马村，北靠龙娘山，全长 8.6 公里，宽 2.5 米，是鹿城区东西横向通往温州市区距离最近的一条民间古通道。据记载，古道建于元皇庆二年（1313），虽历经 700 多年，依然保存完好，风情依旧。

【鹿城·东坑古道】 位于鹿城区藤桥镇双潮社区，接壤一县二区，起始于瓯海区泽雅镇岭雪村，横跨白脚坳、东坑、茅垟、朱下、荫溪潮埠等村，直抵瓯江。古道由条石、夯土、卵石铺成，最高海拔 644 米。据记载，古道建于明洪武年间（1368—1398）。当时村民沿山崖峭壁开凿山路，并在潮埠建造潮埠码头，繁荣一时。古道所处山区土产丰富，但地理位置偏僻，时人肩挑手提农产品至今永嘉，交换生活、生产物资。古道久经沧桑，沿途的古庙、路亭基本保持着原貌。

【龙湾·茅竹岭古道】 横穿大罗山的古驿道，东西走向，条石板铺就，是永嘉盐场通往温州城内的主要通道，建于唐天宝元年（742）。据清光绪《永嘉县志》载，茅竹岭又名丁公岭，宋代八行丁廉夫所居，有禅寺。茅竹岭海拔约 100 米，位于龙湾区状元茅竹岭桥东面，与瑶溪街道白楼下村西交界，北临瓯江，南与前岩交界，西靠茅竹桥和茅竹山。据志书记载，此山是温州历代重要的海防基地，清康熙元年（1662）筑城驻防。山坪有平山寺、茅川精舍、便止亭遗址、碑刻、海防哨所、海军信号台、炮台遗址等古迹。周围植被深厚，气候宜人，因多植毛竹而得名。明王瓒过茅竹岭时曾咏：“茅竹岭西千树竹，繁荫如盖坐多时。”永嘉盐场的开发，造就了千年驿道茅竹岭的辉煌。明清以来，仅 600 米的古道，从此走出了一批批名臣政要、文人大儒，如王瓒、张璁、项乔等，仅是蛰居英桥的王氏一族，便出 13 名进士。

【龙湾·瑶溪岭古道】 位于龙湾区瑶溪街道境内，从岭脚瑶池开始，沿瑶溪上山公路经洗足潭至瑶湖，右道南行，随溪边山路蜿蜒而上至瑶溪五都董界、景香亭。古道长约 5 公里，老路宽约 1.2 米。瑶溪山以溪得名，岭亦以溪为名。溪与古道相映成趣，造就瑶溪风景区。瑶溪全长 10 多公里，发源于大罗山东谷，经沙河，注入瓯江。瑶溪旧名“姚川”，以“溪石皆玉色”而易名“瑶溪”。明朝内阁首辅张璁曾读书讲学于溪滨。瑶溪山主要由门前山、石壁山、倒垄坑山、屯山背、水库头山、路前山、路亭山等山体组成。1991 年 5 月 3 日，被浙江省人民政府公布为第二批省级风景名胜区。1993 年春节，时任国务院总理朱镕基视察瑶溪街道时题“瑶溪”两字。瑶溪岭古道除有绝美的自然景观外，还有烟雨亭、迎风亭、仰心亭、老路亭、景香亭、瑶溪桥、瑶湖桥、无名桥、玄真观古井等人文景观，以及双龙寺、张氏宗祠、贞义书院、李阶墓神道门坊、摩崖题刻等历史文化遗产。

【瓯海·大罗山龙脊古道】 位于瓯海区茶山境内大罗山西麓，全长约4.2公里，东西走向，路宽1.5～3米，起点海拔22米，终点海拔512米。其中，石竹至龙脊为新建木栈道。古道起于五美园景区入口，沿卧龙峡谷，经龙王寺水库、石竹村至龙脊，途有实际寺、五美园、洪岩殿、龙王寺及红枫群等著名人文自然景观，终于大罗山著名景点“龙脊”，古道因此而得名。大罗山，古名泉山，南宋郑缉之《永嘉郡记》载：“山北有泉，天旱，此泉不干，故以名山。”龙脊古道有两个入口，分别为五美园入口和洪岩殿入口，在龙王寺水库汇合。“龙脊”是大罗山一处神奇景观，由23块大小各异的岩石组成，远望之如龙脊椎骨，故名。它深藏山中，踪迹难觅，为大罗山景区核心。2011年，大罗山国家登山健身步道建成，自石竹村新建木栈道，直达“龙脊”观景台。

大罗山龙脊古道　资料图片

【瓯海·天长岭古道】 起于瓯海区泽雅镇天长村，止于郭溪街道郑山头村，全长约2.64公里，路宽1.2～2米，均为原始块石台阶。天长岭，古时是藤桥、泽雅等地通往上河乡（郭溪、潘桥、瞿溪、新桥等地）的重要通道，也是温州府北上京府的重要官道。天长岭与附近的钟铜岭，过去同为温州西向军事要道，有谚语云“铜浇岭，铁铸场”，故名铁场岭。明弘治《温州府志》载：“铁场岭，昔人驻兵之所。”后依方言谐音改为天长岭。宋宣和年间，方腊起义军自处州越天长岭攻打温州城。清同治年间，太平军也走此岭攻打温州城。抗战时期温州的第三次沦陷，日军从金华、丽水南下，兵分三路入侵温州，其中有一路日军经此岭入侵温州城。途中所经岭头堂，有著名的“九龙抢珠”一景，此山故名九龙山。始于唐时的“九龙灯”民俗，被列入瓯海区第四批非物质文化遗产保护项目。岭头村有一著名寺庙景德寺，始建于宋代，民国14年（1925）由国民党浙江独立第一师长潘鉴宗出资重建，民国16年（1927）弘一法师曾在寺内小住。1949年，浙南游击纵队与温州国民党守军在景德寺内谈判，促成温州和平解放。2009年，景德寺被命名为温州爱国主义教育基地，成为温州著名的红色旅游景点。

【乐清·白箬岭古道】 位于乐清雁荡山东谷口外，南北走向，北起大荆镇的白箬村，南止雁荡镇选坑村，山岭全长约1.5公里，最高处海拔157米，南北山坡各800余级台阶，石块路面，宽3米，盘曲18弯，平坦可行，旧时适宜于肩舆和马车过岭。古道相传在东晋时已开通。明永乐《乐清县志》记载，此岭是谢灵运（385—433）“从斤竹涧越岭溪行”之岭。《永乐志·卷二·山川·斤竹涧》载：“宋谢灵运渡工而上斤竹涧过白箬岭，越岭溪行。”若从北宋太平兴国元年（967）已建白溪驿道算起，至2015年已有1048年历史。古道起点在选坑村东面永安亭，沿途有一长达800余级的白箬岭。宋绍兴二十二年（1152）秋，王十朋第五次赴太学时写下的《过白岭》诗：“朝离黄塘憩乌石，暮宿清江过白溪。岭上回头观赤水，山川五色望中迷”，即是对岭南景色的描述。途中还有“浙闽通衢”石门洞，白箬岙作拱袖迎客状巨岩“迎客僧”。

【乐清·盘山古道】 横亘于乐清市大荆镇黄村与温岭市大溪镇陈洋村之间，东北至西南走向。岭背海拔450米，全长3.3公里，其中乐清境内1.37公里。古道路面由石头铺筑而成，宽约2米，最宽处有3米。山脚石路蜿蜒于田野阡陌之中，与山溪相随。山岭石路顺山势倾斜，盘旋而上，道中石块被行人磨得光滑透亮，多数地段长满苔藓。经考证，盘山古道唐宋时已贯通，为古时台州、温州之间的门户，也是往来闽浙的官道、商道。从乐清往温岭方向登盘山古道，起点为大荆镇的盘黄村。途有古老的路廊，温、台“界碑井”，还有碇步、石拱桥、石板桥。明万历四十一年（1613）农历四月十一，大旅行家徐霞客首登盘山岭时，在《游雁荡山日记》写道：“登盘山岭，望雁山诸峰，芙蓉插天，片片扑人眉宇。”此为《徐霞客游记》卷首之作。《游雁荡山后记》，徐霞客再次提到盘山岭：“上盘山岭，西南云雾中，隐隐露芙蓉一簇，雁山也。”

【瑞安·白山岭古道】 起于瑞安湖岭镇芳庄社区侯垟村，自东向西攀登，止于奇云山荸荠嶂山麓与青田、瓯海交界处的“荸荠嶂岛”垭口，海拔970多米。古道以块石为主要构筑物，有的路段砌简易驳坎和护墙，石阶似烟熏的墨黑色，台阶很高，崎岖难行。全长2.5公里，路宽1.2米。宋时在岭上筑城防止方腊入侵，清时太平军将领白承恩带兵越此岭至瑞安支援金钱会，民国时33师残部由此岭败退出境。据《瑞安市志》卷《古寨堠》篇记载：“白山岭，瑶庄经此通永嘉（今瓯海）瞿溪。”古道地处金潮港支流三十二溪上游发源地，水源充沛，竹林茂盛，梯田层叠，保存着典型的小农经济山乡田园特色。古道途经“系船崖”巨石、白山岭关隘遗址。过白山岭古寨堠，即是三县的交汇处，从奇云山和荸荠嶂高处流出的溪水在此汇合。古道青田交界的山顶南侧为海拔1164.8米的奇云山，瑞安奇云林场所在地，属南雁荡山脉，适宜避暑休闲、生态旅游。

【瑞安·瞿湖岭古道】 瞿湖岭古道瑞安段，又名分水城古道。起于瑞安湖岭镇林溪社区的林源村，止于瑞安市与瓯海瞿溪镇交界的分水城尖，海拔454米，全长5.6公里，路宽1.5米。经分水城向北下山通往瞿溪、温州市区为温州段。古道历史悠久，可追溯到公元五世纪。东晋宋永初三年（422）谢灵运任永嘉太守，作《过瞿溪石室饭僧》。途有天然遮风避雨的“石崖屋”，久负盛名的造纸作坊，顺溪而筑的下庵亭，峰回路转的“十二盘”，遮天蔽日的百株“香枫”，硝烟散去的古炮台、碉楼遗址分水城。据史载，明嘉靖年间（1522—1566），倭寇从福建一带流窜至浙江，瑞安沿海城乡备受倭寇掳掠之苦。永嘉府和瑞安县下令在永瑞边境的山头关隘驻兵，以抗倭寇。瞿湖岭古道扼守分水城要塞。1943年，日本侵略军攻陷温州，驻守温州的国民党军队33师部分官兵败退至分水城一带，遭炮击和扫射，死伤数百。

【永嘉·芙蓉岭古道】 始建于清朝，起于永嘉大若岩镇龙垟村茅垟自然村（大洲坑），经芙蓉岭，至岩头镇郑岙村。东西走向，全长约7公里。古道曾经连接大、小楠溪的交通要道，因深藏山间，孤寂孓然，行人罕至，保存完整。大若岩镇龙垟村萧王石殿至芙蓉岭古道为栈道，石块砌成，T形。道路依山林，傍峭壁，谷中有小溪逶迤而来。古道有清溪、龙潭、岩柱峰、园岩洞等景观。古道亦名护王岭。传说西汉末年王莽篡权，汉室刘秀逃难至永嘉岩头，被王兵追逃至大若岩镇龙垟村东坑，被当地农民萧明所救。刘秀平乱复汉室后，感念萧明救驾有功，封萧明为王，建石殿纪念，取名萧王石殿。芙蓉岭历来为兵家战略要地。北宋卢璿保护乡民抗击俞道安起义军，南宋陈虞之、卢焕龙据守芙蓉山抗击元兵。古道地理位置优越，

芙蓉岭古道　资料图片

西邻崖下库、埭头古村、小若岩景区，东与芙蓉村、丽水街毗邻，同时可达狮子岩、石桅岩等景区，南北与大若岩陶公洞、十二峰、石门台毗邻，为大小楠溪之枢纽，吸引不少户外运动爱好者前往寻访、探幽。

【永嘉·垟坑岭古道】 起于永嘉县大若岩镇垟坑村，经下寮八里山、朱寮、江坑村，至十二盘村，南北走向，全长约 11 公里，平均道宽 1 米，由条石、乱石筑成。古道隐没于大山深处，今存留垟坑岭亭、垟坑岙亭、珠岩岙亭、下寮坑亭、水晶佛亭、三官爷亭、凉水亭等七座古亭，与纯净的自然山景互为映衬，相得益彰。古道接近终点时，有上下皆十二道山弯的十二盘岭。

【文成·大会岭古道】 位于文成县大峃镇北，东起于大峃镇岭脚村，西至百丈漈镇富垟村岭头，西北走向，旧时是文成县境北通青田县、景宁县、

大会岭古道　资料图片

云和县、龙泉市，南达瑞安市、平阳县的重要交通要道。古道始建于元代，全长 4.8 公里，4500 多级台阶，平均宽 1.2 米左右，古道最高海拔 710 米。大会岭从岭脚到岭头足有 4700 步，均为花岗岩砌成。古道两侧遍布多种名木古树，有枫树 80 余株，平均胸径 85 厘米左右，数百年树龄，从岭头贯穿到岭脚。夏天浓荫蔽日，秋日丹枫似火，故有“红枫古道第一岭”之誉。大会岭人文景观众多，相传明开国元勋刘基曾从此古道经过。途有会吉桥、岭脚亭、半岭亭、会云庵、云顶寺，以及元末吴成七农民起义时建造的白杨寨遗址等。2009 年 1 月，大会岭古道被列为县级文保单位。每至秋末冬初，游客络绎不绝，其繁盛远胜古时。

【文成·松龙岭古道】 位于文成县大峃镇沙垟村至里阳社区垟外村猫狸塘，南北走向，始建于明代。古道上通里阳，下达大峃、玉壶镇及泰顺、平阳县，全程约 2.5 公里，平均道宽 1.3 米左右，最高海拔 610 米。路面主要以块石铺砌，后期部分用花岗岩条石修缮，两旁遍布名木古树，以香枫树为主。途有高山民居、徐三公庙、龙儿头路亭、金畔相公殿等人文景观。环境优美，景色宜人，是距县城大峃镇最近的一条红枫古道。2009 年 1 月，松龙岭古道被列为文成县第六批县级文保单位。

【平阳·南雁古道】 位于国家级风景名胜区南雁荡山东西洞景区的西山。始辟于唐代，重修于民国，今为游人前往著名景点西洞（仙姑洞）的交通要道。古道呈南北走向，顺着蜿蜒曲折的山势而建，平坦的山路用不规则的块石铺砌而成，陡峭的山坡则用石板砌成，“为级七百有奇”。

南雁古道　张奋摄

古道宽约1.5～1.7米，长约1.5公里。南雁古道如今基本上保存旧时原貌，对研究古代南雁荡山旅游开发、民间交通等方面提供了珍贵的历史佐证。南雁古道地处南雁荡山风景区的核心区，沿途风光优美，人文景观丰富，有爱山亭、锦屏峰、观山亭、云关、仙姑洞、怡心院等。南雁东西洞景区开发于晚唐时期，此时北雁荡山尚未被人发现。唐懿宗乾符二年（875），温州的邵太守率随从前来南雁浏览，时山阴人吴畦曾一同来游，并留下《陪邵太守游雁山记》。文中说，“去治西南二百里，有雁荡山，隐于榛莽。”由此推之，当时的雁荡山专指南雁荡山。仙姑洞在唐时称石室，时有羽士在此修炼。洞内，清同治七年（1868）所立《南雁荡碑志》载有仙姑洞的来历。至清后期，仙姑洞道人创立全真道“仙姑派”。今南雁荡仙姑已成东瓯著名道教圣地，香火终年不息。

【平阳 · 风门岭古道】　位于平阳万全镇宋埠社区仙口村至鳌江镇西湾社区头沙村的仙口山中。始建年代不可考。据史料记载，风门岭古道作为仙口和外界联系的重要道路，三国西晋时期已建成，可谓平阳历史最悠久的古道。古道呈西北至东南走向，西北与仙口村相连，东南通鳌江镇西湾社区，为古时当地交通要道，绝大部分路段至今保存完好。古道用不规则块石铺设，顺山势而建，全长约4公里，宽0.8～2.2米。其中仙口至山顶隘口处的部分路段，道路宽敞，且铺设尤为精心齐整。古道四周风景优美，有神山寺、助福亭、风门头宫、伏龙寺（三官堂）、龙王禅寺、樟木潭、明代烽火台等众多文化遗迹。三国东吴赤乌二年（239），孙权在古道所在地仙口山设置船屯，驻扎水兵训练水军，并聚集停泊众多的船舶，北联沪宁，南通闽粤。元至正二十七年（1209），著名爱国诗人林景熙为了逃避战乱，沿风门岭古道至仙口，所作《过风门岭》为风门岭古道最早的文字记载：“客来自风门，飕飕憾两袖。溪回众峰新，畈绝一岭又。行行春日微，怪禽啼白昼。流年感花稀，古道表松秀。聊此寄小酌，余酣掬山溜。”

【泰顺 · 状元岭古道】　古官道“温州大路”路段之一。起于罗阳镇石龟背岭脚宫（原址），经三垟村、岭下村、水尾石板桥至仙居古村落，呈东西走向。全长约6公里，宽1.5米，最高海拔585.2米。始建于唐代，修建于清康熙年间（1662—1722），清时亦叫“康熙古道”。早期路面用不规则的块石铺砌而成，至今仍保存完好。唐代诗人顾况在其名篇《仙游记》中写道：“温州人李庭等，唐大历六年（771）入山斫树，迷不知路，遥见水，中有人烟鸡犬之候。寻声渡水，忽到一处，约在瓯、闽之间，云古莽然之墟。”据考证，李庭等人所遇村落即今罗阳镇仙居村。至明代泰顺置县，泰顺始有铺舍和驿道，时称“温州大路”。状元岭古道是泰顺县第一条古官道，相传因宋代温州首位状元徐奭曾多次往返于此而得名。沿途仍存有石亭、“状元井”、仙居桥等古迹。泰顺清代文人张天树曾作长诗《仙陵古意》描绘古道：“罗山日暖春花吐，迎春门接仙源路。三阳过处是石亭，杨柳湾深锁炎雾。高低岭尽见清溪，长空一道飞虹度。松林隐隐隔烟村，此中应有就人住……”途有始建于明正德十年（1515）的罗阳石亭（浙江省省级文物保护单位），横跨溪间的仙居古廊桥，保留着宋代村落布局的仙居古村落。清代诗人张天树的《长桥夕虹》，即描写当时廊桥外、古道边的山乡景色：“凌虚千尺驾飞桥，势控长虹挂碧霄。返照入川波泛泛，暮云拥树路迢迢。晴光缥缈岸空阔，石色参差影动摇。断霭残阳横两岸，苍茫落日见渔樵。”

【泰顺 · 三滩岭古道】　起于泰顺罗阳镇沙堤村上庄，止于三滩村半岭亭，由西南往东北方向，全长约10公里，平均道宽1.5米，最高海拔580米，与司前畲族镇筱条岭古道及百丈镇叶山寮古道相连。始建于明景泰年间（1450—1457），早期路面用不规则块石铺砌而成。清中叶之后，因百丈口飞云江水路运输的兴起，该古道成为县内最为繁忙的交通线路，成为浙南闽北泰顺、寿宁、福安、柘荣、福鼎5县来往和下温州的陆路主干道。因古道两侧栽有大量枫树，有500多年树龄，宛若长龙蜿蜒盘旋于群山之中，蔚为壮观，与文成大会岭红枫古道有异曲同工之美。其中泰顺最负

三滩岭古道　资料图片

盛名的大岗岭红枫带就在此古道上，故又名红枫古道。沿途有建于清道光二十七年（1847）的“清奉政大夫刘开仪和妻妾合葬墓”，盘旋于悬崖峭壁之上的“百步峻”，三滩古廊桥桥址。据《泰顺县交通志》记载，泰顺碑排大岗背人敕嗣燕（1890—1961）曾三建三滩桥，令人感动。

【苍南·矾藻挑矾古道】　矾藻挑矾古道共有两条，均南北走向。一条起点为矾山镇古路下村，终点至藻溪镇九堡村九堡宫，全程约20公里，平均道宽约1.6米。路面早期用不规则卵石铺设，中晚期则用明矾石铺设。路经矾山水尾、尖家坑、坪蓬岭、昌禅树脚、华楼内、华岭头、三条溪、山茶园、洞桥、滴水岩、险口、吴家园、潘庄、将军脚、九堡宫。另一条起点为南宋溪光，终点亦为藻溪镇九堡村九堡宫，全程约23公里，平均道宽约1.7米。路经溪光矴步、升平人瑞牌坊、南宋清泗桥、南宋北山街、周宅（棋杆内）、大园、鸡鸣岭、半垟宫（五间亭）、柴林脚后背隔，至三条溪与古路下至藻溪古道相接。两路挑矾客在三条溪合成一路，同往九堡宫。岁月更替，百年古道今已人迹罕见，破残不堪，唯坪蓬岭、华岭头至险口洞桥路段保存较为完整。途有古桥、古亭、古树、古民居、古碑刻。两条荒芜古道，终因矾山申报世界文化遗产而重现生机。主道华岭有1280多级台阶，十二道大弯，道道险峻，惊心动魄。挑矾古道沿途，分布有古桥梁、古神庙和名木古树。人文景观密集，有溪光矴步、明代石佛像、矾窑遗址、“昴平人瑞”牌坊［为村中百岁老人欧阳吉所建，清乾隆二十七年（1762）三月，由时任平阳县令徐恕禀请清皇下旨赐建］等。挑矾歌谣、骚客咏诗，则见证了古道承载的历史文化底蕴。

挑矾古道　资料图片

二、驿道

驿道也被称为古驿道，中国古代陆地交通主通道，兼属重要的军事设施之一，主要用于运输军用粮草物资、传递军令军情。温州驿道主要有贯通泰、文、瑞、温四县市的“温州大路”，温、瑞、平运河塘驿道“南塘大道”，台温门户必经之路“台温驿道”。

【温州大路】　始建于何时无从考证。明至清朝中期，时为泰顺至温州的唯一官道。泰顺古道主要有两类，一为官马大路，称之官道；二为乡

温州大路泰顺起始点　刘晓华摄

间小路，称之民道。温州大路属于前者，全长185公里，是泰顺以及文成乡民走出大山的唯一官道。明景泰元年（1450），朝廷在今泰顺下稔、莒江两地设塘铺，由塘兵传递公文。明景泰三年（1453）置泰顺县，翌年即设瑞泰驿道（今瑞安至泰顺），县境内共设10铺，司兵29名。从县前铺东北行经岭下铺、洋岫铺（今垟畴）、冲洋铺（今春阳）、洪口铺、周坑铺（今周坑）、莒冈铺（今莒江）、新塘铺、新亭铺、龙门铺，进入瑞安县界（今文成县）。每铺相距各10里。清代中叶以后，飞云江水运兴起，温州大路走向发生了根本性的改变，由原先的罗阳经岭下、岭头铺、下稔、洪口、新塘垟进入文成到温州，改为罗阳经三滩、垟坑头、章坑、南峰、朱岭头抵百丈，再乘船至瑞安、温州。清代泰顺进士董正扬有《百丈谣》诗："百丈百滩，一滩一丈。迢迢罗阳，如在天上。"大岗岭是一段路面保存完整、古树品种多样的古道。下大岗岭，过三垟坪，林木荫护处有一古石亭名"罗阳石亭"。下山至山涧便见仙居廊桥。据《分疆录》记载，仙居廊桥为明知县郭显宗所建，从明景泰年间始建至清康熙年间，历经四次修建。洪口渡是温州大路上官办的主要渡口。据记载，平时水面宽42米，大水时宽80多米，商旅往来频繁，渡运兴盛。20世纪70年代后，随着陆路交通的发展，过渡行人日渐减少，渡运渐趋萧条。直到因珊溪水利枢纽工程建设洪口举乡搬迁，洪口村和温州大路一起消失于水库之下。现今，这条当年贯通泰、文、瑞、温四地的交通要道，或被新建公路截断，或被荒草野藤淹没，或被山洪滚石冲毁，或被围坝水库吞噬，断断续续，无法贯通。今在泰顺县罗阳镇东门街旁，还保留有上刻"温州大路"的石碑。

【南塘大道】　亦称南塘驿路。据《瑞安市邮电志·驿道》记载，明洪武三年（1370）前，全县驿道两条，以飞云江为界，分为江北驿道和江南驿道。自两汉东吴时始，平阳、瑞安至温州府的驿道大致有三条，西路傍山驿道（温瑞驿道，又称江北驿道），东路为沿海驿道，中路为温、瑞、平运河塘驿道（南宋淳熙年间，永嘉郡守沈枢修筑温州至瑞安塘路）。中路运河塘驿道最重要一段，始于温州市区小南门，终于瑞安市区东门的益民水闸，史称南塘驿路。温瑞塘河古称南塘，俗称七铺塘河。古通漕运，河边堤塘为驿路，南宋后为浙南重要航道，系古代海滩港湾淤积后形成的泻河，历经各代人工疏浚、开凿、拓宽。南宋陈傅良《重修南塘碑记》："石塘百里，巨石纵横鳞萃而已。"当时塘河沿岸已有巨石驳坎。南宋淳熙十四年（1187），郡守沈枢再次浚筑南塘70里。此后，自明至清，南塘驿路曾多次修筑。清道光二十四年（1844）邑人洪守一捐资并发起修筑瑞安东门至帆游沿河堤塘20多公里，修建桥梁50余座，规模恢弘。随着清光绪年间新式邮政机构的出现，延亘了数千年的驿递制度开始瓦解，驿站设置日渐废弃，但驿站所在地仍多为村镇要枢，而驿路走向则奠定了近现代交通路线的雏形。据《瑞安县地名志》记载：温瑞塘河东岸为叠砌陡直的石路，高2～2.5米，故称石塘。作为温州历史上一条非常重要的古道，综合一些史料，估计南塘在东晋时已初步形成，形成的具体时间已无从考证。宋代温州著名学者陈傅良《止斋集》卷39《温州重修南塘记》记载："州城外，南达瑞安，有石塘百里所，不知起何时。"

【台温驿道】　古时台州黄岩县是浙东的门户，唐代便开辟台温驿道，曾是温台门户、商旅要道。古驿道自院桥柏岙入秀岭，盘山至乐清大荆古驿道，蜿蜒山间，树木夹道，沿途磴古苔老，有“盘山盘半日，绣岭走半年”之说。宋、元时置有驿铺。北宋年间（960—1127），自盘山岭经石坦、溪坦、大荆、石门潭、白箬岭、白溪驿，逾筋竹岭、芙蓉、瑶岙岭至瑶岙驿，再经虹桥过芳林岭、白沙，抵县城的西皋驿，后过岭头堂、沙岙桥至琯头驿，渡江至温州府城止。南宋初年（1127—1279），北段驿道改从雁荡山中入，自雁东乡折桥东头经谢公岭、灵岩、马鞍岭、能仁寺，过丹芳岭（四十九盘岭），再经芙蓉、瑶岙岭至瑶岙驿。南宋末年，山中驿路废去，仍由大荆经白箬、筋竹二岭而至芙蓉，过瑶岙岭经虹桥、白沙至县城。南段驿道自县城起，改走刘公塘（官塘），经下马桥、万岙、峡门、湖横、方斗岩、湖头、万家，过廿里桥，沙门、高岙、白鹭屿至琯头。明永乐年间（1403—1424），驿道铺设，每铺相距10里。自盘山铺至大荆铺、驿头铺、黄山铺、圣岗铺、石榛铺、揽屿铺、乌石铺、新市铺、大林铺、白沙铺至县前总铺。自县前总铺南行经添仙铺、湖横铺、塘下铺、石船铺、琯头铺至磐石卫前铺，共长170里。僻路自大林铺分路经蒲岐所前铺、长山铺、三江铺、屏峰铺、芁岙铺、跳头铺、小圣岗铺、小黄山铺、湖雾铺、小球铺、武溪铺、大乌铺、九眼陡门铺、清港铺、隘山铺、张家井铺至芦殊铺，长170里。清咸丰、道光年间，驿道拓建，平原地段均建成1.5米宽的乱石路面，山岭地段的白箬岭和盘山岭建成宽2.5米的石阶路面，留存至今。清光绪年间（1875—1908），驿道铺间距离不等，从黄岩县的岩前铺至乐清的石坦铺20里，石坦铺至东里铺20里，东里铺至白溪铺17里，白溪铺至芙蓉铺20里，芙蓉铺至虹桥铺30里，虹桥铺、蒲岐铺至竹屿铺各10里，竹屿铺至县前总铺30里，从县前总铺南行至沙岙铺20里，沙岙铺至琯头铺30里，琯头铺水路30里至温州府城，共长237里。今由周山头铺至经湖雾通达太平（今温岭县）界15里，自蒲岐铺至华锹渡头铺10里，华锹渡头铺水路至玉环30里，僻路万岙铺至长林场30里。千年古驿道，曾有台州、温州段挑夫长年累月奔走，他们两头相接，成群结队，形成一条漫长的运输线。明万历四十一年（1613）、崇祯五年（1632），大旅行家徐霞客经秀岭、盘山岭古驿道两次造访雁荡山，在《徐霞客游记》中均有记载。乐清籍状元王十朋，盘桓古道，留下《过盘山》诗，发出“一岭迢遥十里赊，行人半日踏烟霞”之感慨。宋末，黄岩杜浒保护天文祥，乘舟至黄岩，然后徒步沿驿道去温州招兵抗元。宋末元兵大举南下之时，乐清鲍叔廉义军在盘山岭聚族人扼险设防，抗元事迹存于台温地方史。清初著名思想家黄宗羲从黄岩经驿道去雁荡，撰《台荡纪游》名篇。民国13年（1924）3月，康有为到黄岩访友、题诗作记后，乘轿从驿道游雁荡。古驿道还记录着中日两国文化的交往，唐代鉴真大师一行30多人，赴温州准备第四次东渡日本，日本高僧空海从温州沿驿道北上到黄岩办理“公验”（入境证明书）。民国23年（1934），黄岩至泽国公路南延至乐清县馆头路段建成。民国25年（1936）1月，临海城关到温州的客运通车。台温驿道商旅日渐减少，渐成乡村小道，鲜有行人踪迹。

三、栈道

栈道原指沿悬崖峭壁用木桩修建的一种道路，又称阁道、复道。栈道盘旋于高山峡谷之间，因地制宜采用不同的工程技术措施，或凿山为道，或修桥渡水，或依山傍崖，构筑用木柱支撑于危岩深壑之上的木构道路。栈道是川陕间的交通干线，在经济文化交流和战略方面发挥了重要作用。温州修建栈道，大多与旅游开发有关。

【瓯海·大罗山龙脊栈道】 位于大罗山罗胜村，系大罗山国家登山健身步道系统的重要组成部分，目前华东地区规格最高的木栈道之一。道面宽1.5米，全长约1200米，用美国进口南方松木铺设而成。拾阶而上，移步换景，可欣赏大罗山“龙脊”景点的奇异岩石。

【瓯海·大罗山龙潭栈道】 位于大罗山龙潭景区，系大罗山国家登山健身步道精品线路的重要组成部分。绕沿山鸡坑天池水库而建，长约260米，2012年4月开工，6月底主体工程完工。

【乐清·灵岩悬崖栈道】 位于雁荡山灵岩风景区玉屏峰下嶂岩峭壁中。东邻天柱峰、灵岩寺，西接大龙湫景区。在天然屏障上由人工凿出一条悬崖栈道，长近2公里，把“一瀑”（珍珠瀑）、“一湖”（仰天湖）、“两桥”（云天桥、铁索桥）、“三阁”（凌霄阁、东仙阁、聚仙阁）、“四洞”（方洞、关刀洞、花瓶洞、会仙洞）以及其他50多个景观连接起来，融奇峰异洞、栈道楼阁、瀑布平湖于一体。辟有悬崖洞饶游乐园，坐北朝南，冬暖夏凉。居高临下，可俯瞰灵岩诸景，且有恍若飞仙之感。

【乐清·永乐古栈道】 位于雁楠公路乐清段庵岭隧道边，系石构古栈道，为永乐古道的一段。因雁楠公路建设，连接栈道的部分古道断损，但凌空架设的石板栈道仍旧完好。当年建道时，在临涧的绝壁间开凿上下两排卯孔，立柱插入下卯，梁和桥面条石嵌于上卯，榫卯间灌以铁生凝固，故当地称之“铁生桥”。据考证，栈道建于明崇祯年间，距今已有360年的历史。栈道现存全长124米，为明末芙蓉乡绅林一羽、林明世父子捐资建造。

【乐清·凤凰山栈道】 位于乐清白石街道凤凰村的凤凰山景区。凤凰山为新开发的中雁荡山外围景区，自然景观以奇峰、石林为胜，人文景观以宗教建筑为特色。景区栈道悬空于峭壁之上，每一级台阶空隙处可见脚底深谷。沿峭壁扶沿而上，山下景色尽收眼底。

【永嘉·龙瀑仙洞栈道】 位于永嘉岩头镇岙底村的龙瀑仙洞景区。景区由水帘洞、龙宫、飞龙瀑、天池、观景亭组成，古洞幽深、涧瀑飞泻、环境清幽。自洞中隧道向上，便见悬崖栈道、长廊、龙吟潭亭、凌云亭。

【永嘉·龙湾潭悬空栈道】 位于永嘉龙湾潭国家森林公园，为高空玻璃观景台。投资500多万元，全长1088米，距地高300米。建于2006年11月30日，并建游步道3000米，构成公园环形观景路线。

【永嘉·芙蓉岭古栈道】 位于永嘉大若岩镇龙垟村萧王石殿至芙蓉岭古道，石构，T型。道路依山林，傍峭壁，谷中有小溪逶迤而来，明澈清透，四季长流。在溪床上抬头而望，古栈道若矫健长龙轻舞。高处俯瞰，古栈道若迂回曲折长廊，没入万壑之间。

【文成·铜铃山铁栈道】 位于文成国家森林公园铜铃山景区。景区有“天然氧吧”之称，最为神奇的是全国独有的壶穴瀑布，系铜铃峡洪水急流经千万年旋转冲刷而成。景区内建有森林栈道，分钢条焊接栈道和钢筋水泥浇制栈道两部分，长500多米。栈道蜿蜒于悬崖峭壁间，忽上忽下，弯弯曲曲。漫步栈道，举头而望，陡峭悬岩、瀑布深潭、奇岩秀滩，目不暇接。

【苍南·玉苍山栈道】 位于苍南玉苍山风景区。景区总面积74平方公里，主峰大玉苍海拔921.5米，为苍南西部“众山之祖”，是一个集奇、幽、秀、野于一体的国家森林公园和省级旅游胜地。玉苍山栈道建在绝壁岩石之上，其下完全悬空，为玉苍山风景区一景点。

【苍南·莒溪步峡谷栈道】 位于苍南莒溪的岘山石洞景区。石洞原称“显光洞”，有莒溪人、书法家林剑丹书的“显光洞”匾额和风景名胜楹联。2012年，莒溪群众筹资30多万元，在景区修建游步栈道，漫步栈道，岘山石洞峡谷自然风光尽收眼底。

第二节　古代桥梁

桥，即跨水或凌空的道路。根据温州市第三次全国文物普查数据统计，全市共有古桥梁637座。按分布区域统计，泰顺142座，苍南94座，文成85座，平阳69座，瓯海61座，永嘉52座，乐清44座，瑞安41座，龙湾26座，鹿城20座，洞头3座。

一、碇步

今人所称的“碇步”“过水梁”“过水明桥”，是桥梁的原始形态，学术上称堤梁桥，因其形状酷似琴键，故又名“琴桥”。“碇步”，多见于泰顺、永嘉、文成、苍南等山中溪涧，至今保留最多当属泰顺、永嘉。温州最早的碇步是建于唐代的泰顺莒江仁石碇步。据1987年调查，温州留存的碇步有900多条，尤以三都湾水系为多。仅泰顺县10齿以上的有245条，200齿以上的有60多条。最著名的碇步，是修建于清嘉庆年间的泰顺仕水碇步。永嘉约有碇步200多条，其中100齿以上的有39条，为全市之最。平阳、苍南两县各有碇步100多条。作为原始的一种水上交通工具，碇步曾发挥了独特的作用。

【永嘉·小溪碇步】　位于永嘉巽宅镇小溪村，建于清道光年间（1821—1850），1923年重建。全长152米，280步，石碇间距0.27米，顶面尺寸为0.20米×0.40米，埋置深度约1.05米。上游弹石底6.50米，下游弹石底11.90米。每隔16步，石碇外侧增设一碇，以便行人交会。中段留有1～2米宽的缺口，可通舟筏。泰顺的碇步不留缺口，此为两者的不同之处。

【永嘉·东皋碇步】　位于永嘉县东皋乡东皋村，南北横贯鹤盛港。该碇步始建于清咸丰三年（1853），宣统三年（1911）毁于洪水。村民周方隆、周明春倡建，乡里集银重建。方位呈南北走向，全长126.8米，211步，一边埠头又造5步，代表金木水火土，合计216步。石碇间距0.45米，每碇两侧用抱石斜撑。顶面尺寸约0.20米×0.40米，埋置深度约1米。上游弹石底7.20米，下游弹石底11.2米。每隔六七个石碇旁增设一碇，以便行人交会。在石矴27步至28步之间，留有通道约宽2米，上铺踏板，便于舟筏通航。

【文成·三板桥碇步】　位于文成岭后乡三板桥村，跨下庄坑。此处原为木梁搭架桥，桥面木板分三节，故名三板桥。后来木桥毁于水灾，重建成石板桥，民国16年（1927）夏，石桥毁于洪水，改建碇步48齿代桥。岩门通下庄的必经之路。

【文成·东溪碇步】　位于文成东背乡东溪村，共93齿，建于民国元年（1912），玉壶镇通东溪及瑞安湖岭的必经之路。

【平阳·大岙底碇步】　位于平阳鳌江镇西塘大岙底，溪床全长约5～6公里，共设3座碇步，分为上、中、下碇步，总长110米，始建时间不详。1980年，下碇步改为钢筋混凝土闸门桥，长11米，宽3米，桥上可行人。

【平阳·顺溪碇步】　位于平阳顺溪镇，建于清道光24年（1844）。全长48.7米，73齿，是北港通往南港的山区主要交通设施。建造者陈昌在。

【泰顺·仕水碇步】　位于泰顺仕阳镇溪东村，一字型凌波延伸，蔚为壮观。据考证，仕水碇步始建于明代，选址为溪东宫前滩至对岸夏宅港，即在现存碇步下游200米处，共360齿。明朝中叶毁于一场特大洪灾。后村民选址上游“济渡”处即现碇步上游100米处再造碇步，后又毁于洪

仕水矴步　苏为超摄

水。至清乾隆末年，有乡贤重新选址修建碇步，乾隆五十九年（1795）建成，嘉庆年间又损于洪水。嘉庆二十四年（1820）重修，共223齿，全长136米。新碇步系双层结构，考虑两人相向并行、水位涨落等因素，简约而不简单。并在碇根部及上下滩以卵石密砌滩基，以井字形松木架框定，加固滩基。碇步采取高低两层的技术，使碇步历久不毁，被列入《桥梁史话》。仕水碇步是浙南最长、最好的碇步，具有很高的工程技术价值、艺术价值和观赏价值。2006年，仕水碇步（编号Ⅲ-262）与泰顺廊桥（编号Ⅲ-261）一同被列入第6批全国重点文物保护单位。

【苍南·碗窑碇步】　位于苍南碗窑碇步头，始建于清朝康熙年间，桥墩来往莒溪的必经之路，苍南县最长最知名碇步。全长110米，共165齿，有高低两排，便于行人行走。

【苍南·三条溪碇步】　位于苍南矾山镇三条溪，始建于清道光年间。由高矮两组石碇步组成，两组碇步间隔0.65米，每组碇步共69米，全长55米。每步由两块同高条石构成，高约0.8米，宽0.15米，距水面约0.4米。碇步迎水面侧脚处用卵石砌成护坎，以保持稳固性。

【苍南·溪光碇步】　位于苍南南宋溪，温州唯一一座有较为确切纪年的碇步桥，也是苍南境内现存最长的碇步桥。两端连接盛产矾矿石的大龙山和溪光村庄，大龙山矾石运往溪光煅烧的必经之路。由高矮两组碇步组成，两组碇步间隔0.35米，每组碇步有87米，长43.52米。每步由长形天然石构成。两组碇步可供两人在碇步上自如并行。碇步上下游两侧用鹅卵石砌成护坦，以保持稳固性，减少山洪对碇步的冲击力。碇步西岸立有刻于明嘉靖二十一年（1542）的石佛像。

二、石桥

桥者，架于河上便民通行之梁也。《说文解字》注释“梁”字：“用木跨水，今之桥也。”瓯越先民为了出行方便，用自己的智慧创造了许多大小不一、风格各异的桥梁。这些古桥或古朴，或精美，或简约实用，或华丽似虹，可谓桥梁棋布，一街一渠。据记载，温州最早的民间桥梁是坐落在市区飞霞南路的三板桥，约建于东晋永昌二年（323）。至清光绪八年（1882），有记载的石结构桥梁有185座。

（一）石拱桥

【龙湾·榜眼桥】　位于龙湾永中街道殿前村中部，跨中路河，东西走向。据桥两侧阴刻的“榜眼桥”“弘治戊午推官何鼎书王道立”“共和辛酉冬月重建”，此桥建于明弘治戊午年（1498），1981年冬重建。三孔微拱石桥，长18米，宽2米，尚保存完整。桥上有雕花刻龙的白石栏杆，桥西端新建有榜眼及第坊，两侧书有“礼部尚书”和“榜眼及第”字样。榜眼桥之南百米又新建经元及第、会魁及第坊，牌坊上有“明旨赠礼部尚书谥文定王瓒”“恩荣”“榜眼”等大字，其中碑石“文定王瓒”为古物。2003年维修时，在桥面两侧增设石质栏杆，桥端西北侧增设花岗岩台阶。

【龙湾·监桥】　位于龙湾永兴街道康一村，始建于北宋绍圣四年（1097）。据载，应是龙湾区目前留存的石桥年代最久远的。因位于永嘉盐监院（旧址在今永兴街道莺芳农副产品贸易市场）的南首，故俗称南桥。此桥原为单孔石桥，由乾元寺僧人募资建造，南北走向，连接下垟街，是一处交通要道。1998年，康一村民集资重修，将石桥改建为混凝土结构。

【乐清·桥头桥】 位于乐清赵家硐村，三孔石梁桥，东西走向。全长12米，宽2.46米，造型古朴。桥梁石板两侧均阴刻有字，因风化严重，有些字迹已较难辨认。据普查队考证，确定该桥建于南宋庆元五年（1199），距今已有800多年，是至今乐清境内发现最早的桥梁，比市级文物保护单位慈济桥（1250）还要早50多年。

【乐清·万桥】 位于乐清天成街道万桥村，横跨白龙江，建于北宋元祐二年（1087）。邑绅万规因所居海滨有赤水港，渡者每苦覆溺，于是倾献家资，率领乡民运石筑堤，肇造大桥。因水深流急，冲塌桥基、桥柱。万规坚韧不拔，屡塌屡建。北宋元祐八年（1093）竣工。当地乡民为传颂万规此举，命之“万桥”。明宣德八年（1433），遭受火灾，梁木化为灰烬。时任蒲歧千户的魏迪继万规的遗志，带头捐银80余两倡导修桥，并派军士广募众缘，化四柱为五洞，树栏楯于两旁，化了九年时间，修成五跨五窦的石拱桥，比宋时更加坚固壮观。清光绪二十年（1894）再次重修。1984年乐清县府拨款维修。四墩五孔石拱桥，长57.8米。石质多呈绀红色。每当日照映射，恰如“长虹饮涧”，十分壮丽，是乐清现存的著名古桥。1983年，被列为乐清首批重点文物保护单位。20世纪90年代中期，桥身、桥面原貌被破坏。2009年7月，周边三村筹资40万元，进行维护性恢复原貌施工。另筹资60多万元，在桥南约200米处

乐清万桥 资料图片

新建万南桥，供两岸村民通行，减轻古桥的负担。万桥恢复原貌后，禁止车辆通行。2011年被列为浙江省第六批文物保护单位。

【乐清·智广桥】 位于乐清柳市镇智广村，明万历己卯（1579）屯黄沛妻吴氏建，僧本惠徒，慈文高助建，乐清现存规模较大的古桥之一。梁式石桥，南北向，长33.5米，宽3米，共9间，桥面铺七根石板。20世纪70年代曾修缮时，中间三间的桥面石板改为水泥桥面，栏杆改为水泥栏杆。

【瑞安·戈溪桥】 位于瑞安平阳坑镇江边村，东西相向横跨戈溪，七跨石梁桥。全长22.70米，净跨22..10米，桥面宽1.67米，每跨铺设三条桥面板。河中筑有六排桥柱，其桥墩柱结构与飞虹桥相仿。桥面中跨跨度最大，两则六跨递减，中跨桥面高于两侧（高3.17米），使全桥略呈拱弧状，增强了桥的排洪功能和美感。中跨桥面板北侧阴刻楷书“大清光绪癸未岁冬日穀旦重建”，南侧阴刻楷书“戈溪桥”。戈溪桥设计合理，造型优美，且有确切的建造纪年，有一定的历史、艺术和科学价值。

【瑞安·大桥】 位于瑞安仙降林烊乡大桥村，建于北宋崇宁4年（1105），出资者吴三十九娘。二孔梁式石构桥，跨度11.6米，桥面阔1.6米，中孔长4.2米，东西两孔各长3.7米，每孔上铺桥板石四条，其上又铺石阶七级，中孔南北桥板石侧面刻有始建年月和出资者题记，桥墩每缝各立方形石柱四根，有侧脚。

【永嘉·永安桥】 位于永嘉潘坑乡潘坑村水口，始建于清嘉庆11年（1806），重建于1961年。拱形石桥，跨越潘溪，长30米，宽4米，离溪水面高30米。东西走向，桥孔用块石拱砌，其余均为山弹石叠砌。桥面两侧各设13组栏杆。

【泰顺·回澜桥】 位于司前镇司前村，三墩四孔石拱桥，全长85米，宽6米，高水面13米，每初净跨12.5米，自西南至东北走向横跨于水上。桥两侧的石栏杆，共32根望柱，每个柱头都被饰

泰顺回澜桥　苏为超摄

刻成不同的瑞兽祥物，有狮子、荷花、蟠桃。回澜桥桥墩均用规整条石垒砌，桥体在承重方面表现出色。1966年修建52省道云寿线泰景段时，被利用为公路桥梁，沿用至今。1988年被列为泰顺县第三批文物保护单位。在当地，世代传颂着一个陶家祖孙三代人呕心沥血接力建造回澜桥的轶闻佳话。司前古名池村，是浙南一处关塞要地，北接丽水，南连县城罗阳，东沿飞云江可直通温州。里光溪、左溪在此交汇，每逢春夏，流水湍急，船渡凶险。清道光二十三年（1843），邑绅陶化龙不顾家境渐落，决心筑桥济渡。为筹集建桥资金，他向亲戚借款借粮，还将自家山林的大片树木砍伐出售。岂料心愿未竟，却因年迈加之操劳过度，于道光三十年（1850）谢世。陶化龙之子陶琳秉承父亲临终嘱托，携诸子续力造桥。大桥次年竣工，岂料未及数月便毁于山洪，陶琳抱憾离世。同治十一年（1872），陶琳次子陶鹤年决心完成祖辈遗愿。为能建造一座坚实的桥梁，他亲赴缙云、金华等地，费尽心思取得了金华“通济桥”桥样，并把桥址改在了水流相对平缓的君子潭上侧。正当建桥工程如火如荼之时，陶鹤年却积劳成疾，于同治十二年（1873）去世。工程剩余部分落在体弱多病的哥哥陶鸿年身上。清光绪二年（1876），前后历经33年，回澜桥终于竣工，耗钱14500贯。回澜桥为温州最长的一座石拱桥，石料用量大，人工消耗多，砌石精细，时为造桥工艺水平的完美体现，兼具科学、历史与艺术价值。

【泰顺·窑学桥】　位于泰顺黄坑乡项坑村，建于清光绪十三年（1887）。因桥面山上有古窑址，故当地人称窑桥，碑名则刻“窑学桥”，黄坑乡通司前、里光的唯一桥梁。桥长13.3米，宽2.7米，高5.6米，跨径8米。

【泰顺·百丈桥】　位于飞云江上游的泰顺百丈口镇，桥址处原是通衢渡口，每日舟不停渡。1965年5月，建桥以代津渡。桥长103.5米，宽4.5米，高16.5米，4墩5孔，中两孔跨径各22米，边两孔各18米，两端一边孔是干孔，跨径2.5米，有大路通过，主孔之上还有腹孔24个，形成5组，中央3组各6孔，两端2组各3孔，都用粗料石浆砌，桥面铺水泥混凝土，两边为砼栏杆，桥两端有石级与大路相联，东端连接百丈镇街道。该桥是浙江省民间桥中第一座最长的空腹式悬链线形石拱桥，造价5.8万元，其中公助4.5万元，地方筹募1.3万元。后毁于1990年8月20日洪灾。

【文成·玉环桥】　坐落在文成南田镇梅树村，建于清咸丰五年（1855）。文成最早石拱桥。

【文成·周济桥】　位于文成百丈漈镇西段、镇头两村间的水库内，东北至西南走向，连接镇头村和西段村。三孔石拱桥，全长40.4米，宽3.70米，桥身皆由不规整块石砌筑，拱券用规整块石横联砌筑而成，净跨东北向西南依次为9米、7.5米和4米，矢高依次为4米、4米和2米。桥面与分水尖的块石在1958年建水库大坝时被拆除，大部分用于修坝，已残缺不全，现桥面呈拱形状，无踏步。1960年水库开始蓄水时桥被淹。从清咸丰六年（1856）所刻桥碑得知，此桥为周济桥，古时是青（田）瑞（安）两邑之通衢，清咸丰五年（1855），西坑敖底村周作典（字开宗，号金峰，武庠生，钦授千总衔）独自输金700余两所建。始建时，周公即辞世，其子承父志，力以成之。

【苍南·通福桥】　位于苍南龙沙乡石塘村的卵石滩南侧，建于清光绪十七年（1891）。单孔石拱桥，桥下溪河直入海口，南北走向，长30米，高7米，桥拱券半圆形，用条石错缝砌筑。格局通道由石桥拾级铺就，两侧护墩用不规则块石砌筑。桥上设置石栏，并置望柱，柱头雕饰霞莲纹。孔栏板内侧题刻造桥年月和桥名。造型优美，结构精巧，是古代浙江通往福建的重要通道——梅风古道的一座桥梁。明朝戚继光、郑成功曾带兵自此南下北上。据传，清朝姚启圣平定台湾的千里捷报是从此传递至京城的。

【苍南·年糕桥】 苍南境内第一古桥，位于龙港镇芦浦社区芦浦村报恩院旁，因形状而名。桥板局部有干裂痕，形似开裂的年糕，本地人称糢糍桥。据《苍南县志》载，年糕桥是至今苍南县境内发现最早的一座桥梁。单孔石梁桥，长16.6米，宽1.6米。桥面以三条石板并排直铺（现为四条石板），两侧桥墩以不规则块石砌筑。桥沿刻有“大宋嘉祐七年”（1063）字样。1988年，被列为苍南县第二批文物保护单位。

（二）石坪桥

【鹿城·万里桥】 又名万利桥，位于鹿城区万里巷北端，南北向跨架蝉河，温州市区现存同类桥梁中最长的一座，旧城中桥位最高的一座古式人行石桥。始建于清朝中期。民国11年(1922)，当地人集资重建，竣工后取名万利桥，意为万事吉利，后谐音为万里桥，并以桥命巷。三孔石梁柱桥，长21.1米。两端桥台用规整粗白花岗岩叠砌而成，桥墩每缝置方形石柱4根，上置帽梁承托桥面。各孔桥面均铺石板6条。两侧设青石栏杆，莲蓬望柱。中孔桥板东侧由北而南楷书阴刻有民国十一年和万里桥的题刻。2000年，被列为温州市第四批文物保护单位。

【龙湾·上合桥】 又称姜合桥，位于龙湾永中街道郑宅村天柱路北侧，三孔梁柱式花岗岩石桥。全长12.1米，宽1.58米，矢高2.65米，南北跨白水前河。旧时出入天柱瀑泉寺必经之地。据弘治《温州府志·桥梁》记载，宋元祐四年(1089)8月，寺僧善辉与居住此地的姜氏家族同建此桥，以方便信众出入。现存桥为清乾隆间重修。据考证，上合桥是龙湾区境内发现的有明确纪年的迄今最早的古桥，距今已有900多年，具有较高的历史、艺术和科学价值。

【龙湾·横塘桥】 位于永中街道城北村与衙前村交界处，东西走向，五孔石板桥，永强塘河目前唯一保留下来的明代桥梁。因此桥桥石凿刻精细，各接头细密，无缝隙，桥面可晾晒芝麻不漏，故永嘉场乡民称之“芝麻桥”。该桥因位于横塘河南段，故称南横塘桥，又名姐妹桥。桥宽约3米，长约40米，高出水面4米，桥面凿刻细腻，花纹清晰可见。北侧有石狮护栏，造型精致，技艺精湛。桥北首梁正方刻有“横塘桥”三个字，南首桥梁正方刻有“明诰封通政使司右通政王谿桥建”十四字，字迹清楚，历历在目。桥西岸约3米，有两棵榕树相距约25米，相对而生，树龄约150年。2003年6月12日，有叶姓者开铁板船碰撞横塘桥，造成桥面全部塌落，部分桥面条石沉入河底，支撑桥面的两根桥墩被拦腰截断。后有关部门决定重建该桥，恢复其原貌。

【瓯海·将军桥】 原名介福桥，因桥邻河边将军庙而俗称将军桥，位于瓯海区景山街道，跨勤奋河。宋咸通元年（860），浙江裘甫起义兵一部攻打温州城，守将龚炳将军被杀于城西南（今将军桥畔），后郡人即在其身亡之地立祠从祀。将军庙后因建设过境公路时被拆除。将军桥历史悠久，具体建造时间不详。宋叶适《赠孙十五道人》诗有“将军桥畔女仙家”之句，可证宋嘉定年间（1208—1224）将军桥已建。桥以东北至西南走向，原系石板桥。1971年，改建为三孔钢筋混凝土结构，全长37.96米，桥面长29.4米，宽7米，距常年水位高5.8米，负载20吨，拖挂量100吨。1991年秋重新改建，温州市工程设防处设计处设计，温州市城建处承建，“将军桥”三字由金盛华书额。改建后的桥梁，长38米，宽10米。

【瓯海·任桥】 位于郭溪镇任桥村，跨曹埭河。按桥柱镌刻“十二真娘”文字考证，桥始建于宋代。南北向，石结构，四孔。桥中一侧长有一棵树，树根紧扎于桥板和桥墩的夹缝里。树高不过1米，树叶屈指可数，但树龄不小。据桥边一七旬老人介绍，孩时此树皆如此。当地有个习俗，每年端午划龙舟时，龙舟下水首日都要划到桥下摘几片树叶，传说小树既能保龙舟划得快，又能保龙舟平平安安。被摘光叶子的小树不久又会长出新叶子。村人把桥上小老树视为神奇，在它身上祈祝平安、吉祥。

【瓯海·潘桥】 原名仁寿桥，位于瓯海潘桥镇潘桥村，跨潘桥河，瓯海保存较为完整的宋代古桥梁。东西向，石结构，三孔。桥两旁用青石板及青石柱结合做成栏杆，桥中段栏杆柱上有四只雕刻精美、造型生动的石狮子。可惜的是石猴子已经略有残缺了。桥西端有两棵古榕，枝叶繁茂，十分壮观。

【乐清·慈济桥】 位于乐清石帆镇大桥头村，系乐清保存最完好的宋桥，梁架构件系700多年前肇建时的原物。宋咸淳十年（1274）吏部尚书刘黻母解氏捐建。四墩三跨石梁桥，两侧不设栏杆，桥长11.6米，宽2.8米。

【乐清·沙岙大桥】 位于乐清柳市镇沙岙，为温州市规模最大的一座石梁桥。南宋淳熙十一年（1184）赵伯药建。石构，抬梁式桥墩12架，墩上铺设桥板，共11间，全长60多米，宽2.5米。清道光十六年（1836）重修，增置青石栏杆。

【瑞安·永圣桥】 位于瑞安大南许峰村坑底垟，建于清咸丰十年（1860），东北至西南走向。跨架在坑底垟溪涧上，单跨石伸臂梁桥，全长12.50米，宽1.68米，高4.50米。桥面用五条花岗岩阶条石铺设，两端桥台用花岗岩条石叠垒，共分四层挑出，即每层由桥台向外挑出五根条石，向上略斜。各层横石和挑石之间空隙用小石块填充。桥面石板和挑石形成一个拱形，使桥面荷载均匀传递。因条石性脆，抗剪强度低，设计者使下层挑出35厘米，到上层挑出45厘米，稳步增加出挑长度，合理利用石材的性能，使桥面板跨度减小。

【瑞安·陶山八卦桥】 位于瑞安陶山镇陶峰村陶溪，南北相向，系多孔石梁柱桥中造型最奇特的一座。五孔梁式石桥，跨度25.4米，桥面阔2.35米。各孔跨度：中孔6.42米，南北两孔跨度相同，均为5.20米和3.13米，各孔均铺刻五条有花纹的桥板。四座桥墩各缝并排竖立五根方形石柱，外两根石柱采用侧脚做法，斜度较大。在中孔左右两缝桥墩两侧，又各立有一排形同桥墩结构的石柱，每排五根石柱，其上架搭帽梁石。此做法即为分流桥水，避免水流直接冲击桥墩。此桥的确切建造年代不详，但具宋代石桥风格，应建于南宋。该桥跨度大，结构独特，保存较好，对研究古代桥梁建筑有着重要作用。2013年，被列为第七批全国重点文物保护单位。

【瑞安·戈溪桥】 位于瑞安平阳坑镇江边村戈溪，七跨石梁桥，东西走向。始建于何时无从考证。据史料记载，重建于清光绪九年（1883），全长22.75米，桥面宽1.67米。中孔桥板两侧有“大清光绪癸未岁冬日穀旦重建”和“戈溪桥”等题记。中孔桥面略高，两侧六孔依次递减，立面略呈拱弧状，使桥型显得轻盈美观。桥身六排墩柱的逆溪流方向，立有两根护墩石柱，减弱溪流冲击墩柱，增强牢固性。顺流方向采用戗柱支顶，使桥墩承受逆溪流的冲力。戈溪桥设计合理，造型优美，且有确切的建造纪年，有一定的历史、艺术、科学价值。目前仍是村人过河的主要要道。

【永嘉·丽水桥】 位于永嘉岩头镇下村，东西相向，架于丽水河上，建于明嘉靖三十七年（1558）。三孔拱券式结构，由48根条石筑成，暗含地属“四十八都”。桥长12.3米，宽3.8米。桥分3段，净跨4米，每段9条石板，下由14根石柱磴支撑。桥的两侧石条上分别刻有“丽水桥”“仲秋吉旦金氏建”字样。1997年，被列为浙江省第四批文物保护单位。

【永嘉·巽宅石板桥】 位于永嘉巽宅镇巽宅村，始建于清乾隆年间（1736—1796）。东西走向，全长约89米，面宽约1米，桥底设19个桥墩，相邻两桥墩间用三根阶条石铺面，每个桥墩用三根石柱支撑桥面。桥墩左右两侧设立斜形抱条石，借以加固桥基。

【文成·桂溪桥】 位于文成金垟乡溪口村，东北至西南走向，横跨桂溪，建于清光绪十五年（1889）。九孔石梁桥，全长31米，宽1.50米，桥面每跨由五根花岗岩石板并列铺设，每个桥墩用五根并排直立的石柱支撑桥面，桥面与桥墩之间为榫卯结构。同时，在桥墩的下游另设条石斜撑石柱，借以固定桥基。桥头东南端立有清光绪十五年（1889）桥碑一座。

【文成·接龙桥】 位于文成龙川乡中林村双对岩自然村，始建于清咸丰八年(1858)。单孔石梁桥。两侧桥墩都系在天然崖石上用条石隔层横竖叠筑向河道挑出，四根并列条石做桥面。桥面两边各有六根望柱，望柱用石栏条连接。桥长2.2米，宽2米，离水面高10.8米，跨16.2米。桥东侧设有底座的桥志碑一块。

【平阳·普济桥】 位于平阳南湖乡普美、华明、横山三村交界地。始建于北宋熙宁八年（1075）。东西走向，横跨牛角湾河，整体呈微拱券形，由桥墩、桥柱和桥面三部分组成。桥墩呈八字形，用花岗岩条石纵横紧密砌筑而成。桥柱用三根花岗岩条石呈侧脚并立，增强桥梁稳固性。其上置帽梁，桥柱将桥梁分用八孔洞，每孔跨度均不同。桥面用四根花岗岩条石并铺，宽1.47米，长30多米，净跨24.2米，桥面至水面高2.37米，条石板厚度一致为0.25米。桥梁南北两侧及部分帽梁上阴刻楷书，保留着历代维修记录及捐建者情况。现桥梁已废弃，2004年在南侧建造新桥。据《宋帝亭碑志》载：普济桥始建于北宋第六帝神宗赵顼，即焉宁帝在位八年十月初三，由薛楚善拾钱造，又经宋、元、明、清、民国五个朝代维修重建。该桥梁建造久远，年代确凿，为平阳古桥梁史上唯一发现。且桥梁文字记载丰富，为研究平阳历代桥梁建筑、交通演变、文化发展等提供珍贵的范本。

【平阳·南雁第一桥】 位于平阳钱仓镇钱仓村，三孔石梁柱桥，建于清代。桥面每跨并排平铺七条长条石板。河中桥墩由横截面呈方形的三条石柱成排状构筑，两岸桥墩由规则块石垒砌而成。桥的三孔为中孔大，两侧孔略小。在桥的中孔桥面板北侧阴刻楷体“南雁第一桥”等字样。桥墩兼作陡门，通常夏天启用。1994年，被列入平阳县第一批文物保护点。

【泰顺·底厝垟桥】 位于泰顺南院乡上棠坪村底厝垟，伸臂式石板桥，造型为当地罕见。长12米，宽1.6米，高4.4米，跨径10米。采用多层伸臂，使三节跨梁（桥板）连成一体，不用柱桩而悬跨溪面。在两台脚贴墙处先竖三根短石柱，柱顶置短横梁，梁上搁伸臂（条石），臂的一端插入桥台，如梁臂交叉，共四层横梁皆置于臂梢，使伸臂以横内梁为支点，层层递长。最上层长2.4米，桥面由三节四块并排的桥板组成；中节长5.4米，两端一节各长2.4米。桥身自重及荷载分散于伸臂和桥台上，造型独具一格。

【泰顺·太平桥】 位于泰顺县城罗阳镇东大街，今新华书店之旁，为城关著名津梁。始建于明正德十四年（1519)，明嘉靖二十九年（1550）重修，尔后几经修缮，皆为屋式木平桥。知县潘仲兰撰《重建太平桥记》，称该桥造型之美，为一县之巨观。1957年，石块街道改为砖块路时，拆去旧木桥，改建成钢筋混凝土T型梁桥，长10.1米，宽11米，高2.77米，跨径9.2米，桥两旁设花边砼质护栏。

【苍南·雁齿桥】 位于苍南龙港镇平等社区施良村，建于南宋嘉熙年间（1237—1240)。桥三孔梁式，南北走向，长12.8米，宽2米。桥面每节由五块厚石板铺设，两桥墩各由五根方形石柱并列，上横帽梁石构成。中孔桥板外侧刻有“大宋嘉熙丁酉（1237）”题记。两端桥码头用规则块石砌筑，结构稳固。桥面微呈拱形，略高于路面，两首设置台阶数级。造型优美，保存完整。1988年，被列为苍南县第二批文物保护单位。

【苍南·护法寺桥】 位于苍南望里镇护法寺村内河，建于北宋元祐三年（1088），三孔梁式石桥。呈东西走向，长10.3米，宽2.3米，通高3.9米。中孔净跨3.75米，左右两孔净跨2.25米。桥面以石板铺成，中孔北侧石板上刻有“时元佑三年岁次戊辰十二月癸酉朔初二日建”题记。全桥造型古朴，结构完整，风格突出，是浙南山区宋代早期石桥建筑的典型。

【苍南·大魁桥】 位于苍南钱库镇龙金运河，建于清嘉庆三年（1798），五孔梁式石桥。呈东西走向，全长22.3米，宽4.5米。桥面两侧各立23组栏杆，栏杆采用透雕、浮雕、线雕等多种手法，雕刻有人物故事、花草、禽兽等图案。细部刻画纤细、雕刻技法娴熟，形象栩栩如生。桥栏望柱上置有24只坐狮，或仰或眺或瞻，或张牙露齿或闭目养神，表现了浙南清代石雕技艺水平。全桥造型美观，结构稳固，保存完整，具有较高的建筑艺术水平。

三、漫水桥

漫水桥一般建在山区较宽阔的江河溪流，桥面与桥墩结构与多孔石梁柱桥基本相似。桥身大多50米左右，桥墩多，桥跨在10～20跨之间。桥墩立柱呈侧脚状，墩的上下游均用护柱或戗柱石支撑，桥柱底部用巨石抵压。桥身不高，中跨与两端跨落差不大，呈微弧状。桥面较狭窄，一般在1～2米间，桥面不设栏杆扶手。山区发洪时，急水流可漫桥面而过，随急流带来的大件杂物从桥面无阻冲过，不会造成对桥身的影响。桥面狭窄，亦能减少洪水的冲击阻力。桥下河底表面铺卵石作为缓冲，降低洪水通过时的流速，释放部分洪水动量。漫水桥质朴的结构蕴藏着科学性。

【瑞安·永安桥】 位于瑞安陶山镇陶北村沙门溪，温州现存漫水桥中水位最高的一座，瑞安第二长古桥。建于民国4年（1915），十跨石梁柱桥，当地人称之“十间桥”。全长42.8米，宽1.76米，中跨桥面高3.15米。中跨跨度最大，两侧递减。河中所筑九排墩柱，每排用三根横截面呈正方形的石柱构筑，墩柱前方（迎流方向）立一根高1.2米的护墩石柱，墩柱后方（顺流方向）斜撑一根夹角约50毅的斜柱，起加固桥梁的作用。三立柱上横置锁柱石，每跨锁柱石上铺设桥面板五条，全桥共用长条形桥面板50条。中孔桥面略高，立面略呈拱形。中孔桥面板西侧刻有“仙门永安桥民国四年建造”题记。

【瑞安·飞虹桥】 位于瑞安高楼镇高二、溪口两村交界处的高楼溪，现存漫水桥中跨数最多的一座。建于清光绪十三年（1887），十五跨梁式石桥。全长49.24米，宽1.7米，中跨高2.68米。中跨桥面略高，立面略呈拱形。中跨桥面板北侧刻有“大清光绪十三年岁在丁亥应钟月中干吉旦鼎建”题记，“丁亥”两字之间刻太极图案，南侧刻有“飞虹桥”三字。像飞虹桥如此建造奇特的古桥，与顺泰大坟脚村博爱桥、马屿河岙底村永乐桥等的存在，使这一石梁柱桥分支的珍贵类型得以延续。

四、古廊桥

廊桥，即有屋檐的走廊桥梁。温州古廊桥主要集中在“中国廊桥之乡”泰顺县。该县古廊桥式样齐全，有编梁式木拱廊桥、八字撑木拱廊桥、伸臂梁木平廊桥、木平廊桥、石拱廊桥、石平廊桥等，其中编木拱梁结构的廊桥最为珍贵，当地人称之“蜈蚣桥”。20世纪70年代，著名的桥梁专家茅以升先生组织科学家对浙南叠梁木拱桥进行实地考察与比较研究，确定大量留存于浙南山区的叠梁木拱桥，就是《清明上河图》中所绘的北宋时期盛行于中原、至今失传900年的虹桥结构。20世纪90年代，随着媒体的宣传，泰顺古廊桥引起了国内外的广泛重视，泰顺民间兴建廊桥蔚然成风。据统计，2003—2014年，共新建廊桥13座。

【泰顺·北涧桥】 位于泰顺泗溪镇下桥村，叠梁式木拱廊桥，被誉为“世界最美廊桥”，与溪东桥合称“姊妹桥”。因桥跨北而上，故名“北涧桥”。北涧桥原建在现桥上游约50米处，为木平廊桥。现桥始建于清康熙十三年（1674），嘉庆八年（1803）修建，道光二十九年（1849）重修。桥长51.87米，宽5.39米，净跨29米，桥屋20间，桥柱84根，桥面地板全由一寸厚木板两层加固。桥的东首当地人称“桥头”，地势较高，有石阶16级；西首称“桥尾”，地势较低，石阶26步。横跨北溪之上的北涧桥整体结构合理，气势如虹，桥屋灰瓦红身，飞檐走兽，桥旁古树掩映，桥下二水交汇。青山、碧水、虹桥、古树，相互辉映。国家文物管理局桥梁专家杨道明教授考察时感叹：“四百多年前中国劳动人民就知道运用力学原理建造这种叠梁式木拱桥，这是中国劳动人民的智慧结晶，是中国桥梁史中的‘双碧’”，并亲题“古建文物，民族精粹”八个大字。

北涧桥 苏为超摄

【泰顺·溪东桥】 位于泰顺泗溪镇下桥村，叠梁式木拱廊桥，与北涧桥相隔数百米，合称“姊妹桥”。始建于明隆庆四年（1570）。清乾隆十年（1745）、道光七年（1827）重修。桥长41.7米，宽4.86米，净跨25.7米，距水面9.5米。桥拱上建有廊屋15间，当中几间高起为楼阁。屋檐翼角飞挑，屋脊青龙绕虚，颇有吞云吐雾之势。当地人称溪东桥处于“将军逗狮”的风水模式，“虹气临虚，影摇波月”。此桥无桥墩，由粗木架成八字形伸臂木拱，颇为罕见。东溪早时以碇步渡水，津道多阻，林正绪首倡建造蜈蚣桥（溪东桥）。林正绪生平端方正直，好行义举，清乾隆癸亥年（1743）邑侯张考首书“达尊有二”匾相赠。此桥修建者为北涧桥工匠之徒，故有人称两桥为“师徒桥”。该桥外型美观，被称为“最美的廊桥”。

溪东桥 苏为超摄

【泰顺·薛宅桥】 又称锦溪桥，位于泰顺三魁镇薛外村。此桥跨梁长而斜度大，桥头坡度30度，是泰顺县内桥面坡度最大的木拱廊桥，被载入《中国桥梁史话》。薛宅桥始建于明正德七年（1512），后多次重建均毁于水患。现桥建于清咸丰六年（1856）。1986年，村人集资1.3万元、省文物局补助1.3万元、泰顺县交通局补助1000元进行重修。灰色叠梁拱式木廊桥，长51米，宽5.2米，距水面高10.5米，单跨29米，桥屋14间。薛宅桥挺拔辉宏，大红桥身高高耸起，凌架于锦溪之上，灰色挑檐直指兰天。溪旁有千年大樟树，

薛宅桥 苏为超摄

粗可几围，枝繁叶茂，盘根虬节。2008 年被列为全国重点文物保护单位。2016 年 9 月 16 日毁于洪灾，现今在重建中。距薛宅桥约 1 公里处有刘宅桥（又名仙洞虹桥），明永乐三年（1405）建，为泰顺众多屋式木平桥中造型最为精巧别致的一座。

【泰顺 · 仙居桥】 位于泰顺仙稔乡仙居村水尾，系贯木拱廊桥，始建于明景泰四年（1453 年），弘治四年（1491）、嘉靖四十二年（1563）重建，今桥为清康熙十二年（1673）重建。桥屋十八间，80 柱，单檐，长 42.83 米，宽 5.30 米，距水面高 12.6 米，净跨 34.50 米，为跨径最大及现桥历史最长的木拱桥。据《分疆录》记载，“明知县郭显宗建，成化十九年（1483）元月洪水冲毁，弘治四年（1491）知县范勉重建，嘉靖三十年（1650）崩圮，四十二年（1653）知县区益重建，今康熙十二年（1673）正月里人复建造之。”建在“温州大路”上的仙居桥，“外达温州，洵为要津”，若桥梁毁坏，则“临流病涉，行者苦之”。从明景泰年间始建开始至清康熙年间，历经四次重建。桥毁之因，皆罹水患。2002 年 3 月进行维修，用

仙居桥　苏为超摄

时四个多月。为防洪，桥墩、桥身抬高 1.5 米。修复后的仙居桥气势恢宏、风格古朴，重现往昔神韵。2006 年，作为泰顺廊桥的 15 座单体之一，成为第六批全国重点文物保护单位。

【泰顺 · 文兴桥】 位于泰顺筱村镇坑边村，横跨玉溪之上，始建于清咸丰七年（1857）。全桥长 46.2 米，宽 5 米，单孔净跨 29.6 米，距水面高 11.5 米，桥屋 16 间 76 柱，中间三间突起，

微电影《路缘》在文兴桥拍摄　刘晓华摄

设三个神龛，供奉桃园结义三兄弟。案上放有签筒，供行人抽签问吉。桥屋高低起伏，曲线优美，为叠梁式木拱廊桥。据说建造此桥捐资时原有 6 人，后退捐 5 人，唯有名叫王光奕的乡人坚持捐建。卖光自家 18 公顷良田，7 个儿子离乡谋生，最后本人靠乞讨维持生活。民国 19 年（1930）文兴桥重修。文兴桥的结构奇特，左右不对称的结构使该桥在泰顺众多廊桥中倍受关注。传说建桥时王光奕请来两位师傅分别从两岸同建。两师傅对造桥方案各执己见，互不让步。合拢时，才发现两边高度不一，便留下如今结构奇特的桥型。2008 年，被列为全国重点文物保护单位。2016 年 9 月 16 日毁于洪灾，2017 年启动重建。

【泰顺 · 三条桥】 位于泰顺洲岭、垟溪两乡交界溪，由原先三条巨木跨河为桥而得名。建于宋绍兴七年（1137）九月十三日，重建于清道光二十三年（1843），叠梁拱式木廊桥。长 26.63 米，

三条桥　苏为超摄

宽4米，距水面高10米，建桥屋11间，明间五架柱梁，柱头有蝶形莲花瓣头拱座。桥的风雨板上题有一首让人产生无限遐想的无名氏词作《点绛唇》：“常忆五月，与君依依解笑趣。山青水碧，人面何处去？人自多情，吟吟水边立。千万缕，溪水难寄，任是东流去？”该桥起源较早，据泰顺《分疆录》记载，清道光修建时曾发现唐“贞观”旧瓦，是该县文献记载历史最早的桥梁。该桥精巧秀丽，历史悠久，被编入《中国古代科技成就》。

【泰顺·文重桥】 位于泰顺筱村镇东垟村口，故又名东垟桥。始建于清乾隆十年（1745），屡建屡毁，民国10年（1921）重建。清雍正年间，林晴霁的九世祖林应赐最初在现桥上游几十米的西岸垒起石礅，准备架桥以互通两岸，后因经济不济而未建，石礅因年长月久而毁于洪水。清咸丰年间，林应赐的五世孙林桂山重建木桥，不久毁圯。后重建，又于清光绪年间连同桥墩漂毁于洪水。其六世孙林井东重建，四年后木桥连同桥墩漂毁。至民国8年（1919）夏，林晴霁便将玉溪上游曾祖父种植的樟树林砍伐出卖，得300两银子，加之林氏宗祠拨助，于旧址下游建造此桥。文重桥廊屋11开间，46支柱，桥面宽4.7米，全长26.2米，净跨22.4米，为伸臂梁木枰、一墩两孔式、重檐歇山顶廊桥。桥身横跨玉溪，东桥头搭在一座小山腰上，西桥头面临田野，架在蛮石堆砌的桥墩之上，南折的石阶缓缓延伸到防洪堤坝。文重桥环境清幽，古朴典雅。廊屋北面正中板壁上书有《文重桥序》，为当年知县黄丽中及建桥首事林晴霁的一首五言排律，书法端庄遒劲。2008年，被列为全国重点文物保护单位。2016年9月16日毁于洪灾，现今在重建中。

文重桥 苏为超摄

【泰顺·永庆桥】 位于泰顺三魁镇下溪坪，始建于清朝（具体时间无从考证），是泰顺屋式木平桥中造型较为优美的廊桥。桥长36米，宽5米，高5.2米，二孔跨径19.12米，桥中设有神龛。伸臂式木廊桥，桥墩青石砌筑，上置二层直角相交的挑梁木，面铺行道桥板。有廊屋12间，明间为二层重檐楼阁，内设扶梯上下，屋面回翼角高翘，造型雅朴。

永庆桥 苏为超摄

【泰顺·毓文桥】 位于泰顺洲岭乡洲边村水尾，始建于清道光十九年（1839），为今存造型最丰富优美的石拱木屋桥。全长23米，宽4.15米，高3.25米，单跨7.6米，有桥屋6间32柱。三屋楼阁，皆飞檐翘角，下层两首在纵檐上竖起二小阁，横脊与纵檐成垂直的工字形。二楼为文

毓文桥 苏为超摄

昌阁，原有文昌帝君塑像，“文化大革命”期间被毁。桥身拱券，青石筑砌，呈半月状，与周围古松、溪水融为一体。

【泰顺·乌岩岭廊桥】 位于泰顺乌岩岭国家级自然保护区内，为2011年新建廊桥。横跨溪涧，独藏于深山密林之中。建筑造型运用了传统的民居风格，青瓦古朴，飞檐翘角，彩龙缠绕，为清幽的原始森林增添了几分情趣。造价30多万元，桥长26米，跨度18米。建造时实行巡防护道工程与保护区景观建设相结合。桥身共有两层桥屋，一层为保护区日常巡防和游客行走的要道，二层设计为茶室，游客可上阁楼茶座品茗观景。

【文成·桂库木廊桥】 位于文成桂山乡桂库村水口，南北呈一字横跨鳌江支流桂库溪面。单孔木平梁廊桥，始建于清康熙五十六年（1717）。桥长23米，宽5.94米，净跨10米，距水面高4米。桥台用花岗岩块石垒砌筑于两岸山崖，上建长廊式桥屋七间，悬山顶屋面，明间五架梁带前后单步梁，明间设有神龛。桥面用木质桥板平铺，东西两侧设有木质鸭颈椅。南侧桥首立有青石碑，上刻一通清道光十三年（1835）反腐禁约内容告示的“二都一志”。该桥为古时通往泰顺、瑞安、平阳以及闽福的交通要道，也是鳌江源头第一座桥梁。

【平阳·戈场廊桥】 位于平阳吴垟乡戈场村，原名永安桥，始建于清康熙四十年（1701），木廊桥。清道光年间（1821—1850），重修时改为石拱廊桥。全长约23米，宽5米，1962年春再次重修。因廊内整日香火缭绕，常致火灾。上世纪九十年代初桥上建筑毁于火灾，1993年重建。2007年受强台风严重毁坏。2008年，在各方支持下，

戈场廊桥　刘晓华摄

委托北京古代建筑设计研究院杭州分所编制维修方案，2009年由平阳雁荡山园林建筑公司负责修缮，2010年3月完工。廊桥对峙于两山之间，气势非凡：桥身横跨沟壑，飞岩走廊；桥下潭深水幽，流水潺潺；桥旁山林秀丽，重枝遮屋。桥身中段设有神龛，供奉五显神、菩萨。北桥头设有碑亭，置有“永安桥修建碑记”“重修戈场桥碑记”。北桥头连着“千步岭”古道，现已青草漫道。

【苍南·清泗桥】 位于苍南南宋镇育英路，与莒溪镇蔚文桥是苍南境内仅存的两座廊桥。石拱廊桥，始建于清代，为矾藻挑矾古道必经之路。据清光绪丙戌年编修的南宋《陇西李氏宗谱》中的《信斋公事实》和《毅菴公事实》载，原名叫“青石桥”，为李信斋（字士林）募建。桥面有三开间的桥廊，前后廊围有靠栏，供行人休息。廊顶拱藻井，梁架和棚顶板面绘有花卉、戏曲人物和传说故事等图案。桥上有廊亭，亭内有神龛，亭、桥、庙结合。桥下溪流潺潺，桥上亭如长廊。桥边建有供祀马仙娘娘的永福宫。桥于1963年重建，今存清泗桥为青石桥旧址修建的新桥。

第三节　古道设施

一、驿站

驿站，古代接待传递公文的差役和来访官员途中休憩、换马的处所。随着历史的发展，其功能逐步有所扩展，最后被新生事物取代。宋人著《五经总要》曾提到过唐营州道上所设的驿站。至元朝，由于疆域辽阔，发展交通，强化了驿站制度。驿

站管理至清代已臻于完善，且管理极严，违反规定，均要治罪。至清末，因有文报局的设立开始与驿站相辅而行，继而废除驿站，由文报局专司其事。后又设邮政，文报局也逐渐被废止。

【驿头】 位于鹿城区临江镇驿头村，距温州市区20多公里。该村背倚青山，面朝瓯江，整片村落处于山峦与古木的环抱之中，一条长年不竭的溪流穿村而过。20世纪80年代初，瓯江翻水站在此兴建时，曾经出土唐代墓志，表明驿头在唐时已形成规模村落。由于此地是南北交通要道，宋代始设驿站。当时这里风光宜人，村前的江边有白沙滩一片，故取名为“白沙驿”。光绪《永嘉县志》载：“宋时，白沙驿在西北，路接括苍界。”据《温州邮电志》记载：“宋代温州驿道分西北、东北、南向三路，西北路到白沙驿可抵青田。”由此可见，此地也是古代通邮要道。

【东安馆驿】 南塘大路驿站之一，属瑞安站。东安馆驿曾遭火灾、迁移等变故，现今地址位于瑞安市解放东路244号的东安寺。据《乾隆瑞安县志》卷二《建置志•邮置》：东安馆驿，“在大东门外，东安寺后，宣德壬子建。先是外国贡方物寓城中，扰民。何守文渊奏建馆驿于此地处之。廨宇久废，址存。”县志上说的宣德壬子年即明宣德七年（1432）。之前，原驿馆建于温州市区第一巷。是年，温州知府何文渊上奏朝廷称，外方贡使都住在瑞安城里，甚是扰民。于是，东安馆驿新建，搬至县城东门之外，此处正是南塘驿路瑞安站的终点。据《重筑瓯南塘路记》记载：“瓯城南达瑞安八十里，故有塘，即郡志所载南塘驿路，陈止斋所谓‘石塘百里，巨石纵横鳞萃’是已。塘属永嘉者三之一，属瑞安者三之二，实闽越孔道。元季修筑城垣，悉毁之。承平少兵旅，使客至瑞有东安馆驿，亦废革，惟设埠头船夫以备供应。”此处的“闽越孔道”正指南塘驿路，即古时从浙江到福建，有驿道沿温瑞塘河前行，而东安馆驿修建之地正在南塘驿路的瑞安站。

二、路亭

路亭又称凉亭。在温州境内古驿道和一些主要大路上，每隔十里八里便建有路亭，专供行人歇肩、躲雨、乘凉。村人还在亭内设置茶水，免费供饮，俗称“施茶”，故路亭亦叫茶亭。温州古道、驿道开通后，行善事者纷纷建造路亭。瑞安寺前的下马亭、伏虎亭、浮舟亭，均建于宋绍兴至咸淳年间。明、清两代建亭更盛，清乾隆、道光年间尤多。中华人民共和国成立后，人民政府将建路亭列为民间交通设施项目，民建公助造路亭。温州路亭建筑分布广，遍及山区、平原、海岛。种类亦多，如路亭、凉亭、湖心亭、井亭、碑亭等。至1990年底，全市尚有路亭、路廊2000余座。

【龙湾·童公亭】 位于龙湾灵昆镇海思村码道边，砖木结构，面积约40平方米，为纪念时任温州道台的童兆蓉救灾事迹而建。清光绪二十七年（1902）农历六月十八，台风携浪，冲决灵昆大堤，雨水吞没海思村和新塘段，淹没田园，冲毁屋宇，百姓流离失所，饿死20余人。台风过后，温州道台童兆蓉接到当地乡绅李兆西、郑嘉周的灾情报告，即赴灵昆查看灾情，并拨款赈粮，修筑堤坝。光绪三十年（1905）夏，当地人为感谢童道台，建“童公亭”，亭内塑童公像，亭旁立“深思碑”，记载童道台功绩。亭内楹联“追思辛丑六望天降风雨潮淹灵昆遭大害，纪念清时童公职掌道台周济殃民报洪恩”。童公亭几经沧桑，1994年被17号台风冲毁。现重建的纪念亭，无联，唯剥蚀碑文尚在。

【龙湾·颖桥亭】 位于龙湾永中上京村东南，建于1983年，由上京村华侨陈继春出资建造。陈氏出颖川郡，故名。钢筋混凝土结构。六角飞檐尖顶，顶立一鹤。上层朝南，层顶六瓣，绘有古代名人剧画，下层朝北，外方左右各设铁栏杆盘梯而上。后因建造永中工业街道而被拆除。

【乐清·清江渡头亭】 位于乐清清江渡口边，建于清咸丰十年（1860）。

【瑞安·东源亭】 位于瑞安平阳坑与东源之间的“垟角垟”，故又称“垟角垟八角亭”，为瑞安至文成、平阳水头，马屿与大南乡之间交通线上一个重要驿站。亭顶为四坡面的歇山顶，四角上挑成飞檐翘角。亭内约9平方米，抬梁式构架。四根石制的正柱支撑起整座亭子，每根石柱外侧有三根木柱，其上部用以支起上挑的檐角，腰部当年原建有供人落座歇息的栏槛，槛上格栅、花板制作精巧，令人赏心悦目。石柱内侧顶端构筑成八角藻井作为亭的内顶，为全亭最具匠心、现今保留最为完整的部分。东源亭始建于民国30年（1941），由当地人谢公浦出资建造。据其孙谢炳珍介绍，当时东源一带田野空旷，无遮无拦，行人无站身歇脚之地。其祖父见状，决定在垟心建一座路亭。这一善举得到田主谢钦楷的积极响应，即捐田地一块作为亭基。亭建成后，谢家后人悉心维护，每隔五六年修缮一次。

【瑞安·待渡亭】 位于瑞安飞云江渡北岸，建于清光绪三十一年（1905）八月。有亭联：“少住为佳，看南浦飞云，西山雨卷”“请君快渡，趁一帆风正，两岸潮平”。

【永嘉·赤水亭】 位于永嘉白泉乡大箬坑村，建于清光绪十八年（1892），民国25年（1936）由村民陈永任、陈明轩首事重修。木结构，共22柱，分两进，呈凸形。前进为台，供农闲时演戏，长5.8米，宽4.7米，计27.2平方米；后进为憩场，长10.6米，宽4.8米，计50.8平方米。全亭雕梁画栋，升斗飞檐，板壁古画，人物栩栩如生，民间传为“文笔妙绝、图画精绝、建筑巧绝”的“三绝”亭。1985年，被列为永嘉县文保单位。

【永嘉·西源八角亭】 位于永嘉西源乡政府隔壁，建于宋绍熙五年（1194）。先后经多次维修，最后一次修理为1993年。两层木质结构，每层面积约40平方米。下层为茶亭，二楼设三官爷，一、二楼周边均设有美人靠。亭子为石子铺设，原亭子周边用卵石铺砌。旧时，西源乡为通往仙居、黄岩及乐清的交通要道，各路行商经过在此喝茶休憩。农历初一、十五，二楼香火旺盛。

【文成·乌岩亭】 俗称岩头亭，位于文成公阳乡上岳头村雷公寨与降头山之间山口，南北走向。始建于清乾隆五十一年（1786），后因年久失修倒塌，20世纪70年代重建。亭面阔三开间，四周规整花岗岩质块石砌筑，水泥勾缝，进深五柱九檩，前后双步梁带前三步梁后单步梁，硬山顶，小青瓦屋面，南、北面各设门，作为主要通道。明间后壁设神龛，供奉观音娘娘、土地爷等塑像。次间设灶台，可为过往行人烧茶水。亭外尚存清代功德碑二通，青石质地，折边方形。

【文成·泉台茶亭】 位于文成樟台乡樟台村泉台自然村泗溪河边，俗称“新亭”。清光绪十五年（1889）始建，民国14年（1925）民间集资重建。建筑坐东朝西，占地233平方米，面阔三开间带两披，明间进深四柱十一檩，单檐悬山顶，小青瓦屋面，清水脊，脊吻作花卉状，围墙卵石垒筑。亭内设神龛，供奉观音娘娘。古时大峃通往瑞安需经此泗溪河和茶亭，故村人集资雇人看管茶亭和泉台桥，并为过路行人烧茶供水。现泗溪河内仍存碇步和泉台桥遗址。

【平阳·门洞亭】 位于平阳凤巢乡与鹤溪镇交界的白岩岭头，建于民国16年（1927），当地人称城门洞。该亭破岗而建，为古道过路凉亭。古道用块石构筑，向西通往凤巢乡，向东通往鹤溪镇蔡垟村。城门洞整体用规则青石构筑，呈单孔石拱桥状，东西走向，桥洞用青石砌成拱券形，拱券外侧用石相当规整。长5.86米，宽3.06米，矢高3.50米，拱券底端至路面高3.00米。南侧墙壁内辟土地庙，两壁柱分别刻“民安还阜物、土厚即生金”的对联。土地庙两侧置青石碑，记载捐资建造者的姓名与金额，落款为“民国丁卯年春月”。亭内左右两侧置不规则的条石作凳，供过往行人避风纳凉。原城门洞洞口两侧保留有两对旗杆石，以遮避雨水和烈日。城门洞整个建筑构件均用石料打制和雕刻而成，建筑工艺较讲究，是平阳县目前发现的唯一一处保存较完整的石构路亭建筑，且造型独特、结构坚固、建造年代确凿，具有较高的文物保护价值。

【泰顺·白粉墙亭】 位于泰顺泗溪镇老街丁字形街口，骑路修建。面积21平方米，木柱瓦顶，结构简单，四根圆柱与二、三层梁檩交联，近乎正方形，柱脚各装座凳，民国16年（1927）重修。亭后有一堵白墙，因清代全村民房遭兵焚毁，独剩此墙，故以白粉墙为村名，该亭也被命名为“白粉墙亭”。

【苍南·丰乐亭】 位于苍南县金乡镇，始建于明永乐元年（1403），由牛卧龙著名木匠张殿元精心设计建造，取名“后消夏亭”。清顺治、咸丰年间曾重建，改名“丰乐亭”。1984年4月群众集资2.6万元重修。该亭为木质结构，三层，每层均为飞檐翘角，龙脊朱柱，顶部为葫芦形。亭舍面积36平方米，总高17米，底层高7米，呈正四边形，每边长9米，由16根圆柱支撑。柱、梁、桁都凿孔作榫，加工精细，满亭梁柱均为浮雕。县级文物保护单位。

二、古津渡

津，渡口码头之意。津渡，则有两个解释：其一为渡口之意；其二为渡河之意。津渡应解释为供人或船等待渡水的码头，古津渡则为古代的渡船码头。

【瑞安·飞云渡】 位于瑞安港中段，北岸码头位于玉海街道南门，南岸码头位于飞云街道码道村，南北渡距离约1000米，自古为浙闽交通的要津。据史料记载，元延祐六年（1319），暴风覆舟，溺死多人。郡守赵凤仪祭江后，督造渡船10只，两岸对开，飞云渡的安全有所改观。至明弘治年间（1488—1505），飞云渡尚有渡夫20名。明嘉靖元年（1522），飞云渡由民渡改为官渡。官府雇用渡夫，渡费收入用以渡夫工食钱及渡船修造，不足部分由官府补贴。后因倭寇骚扰等原因，官府补贴难以兑现，致使渡船年久失修，仅存4只。嘉靖二十九年（1550），瑞安县令刘畿为恢复渡口秩序，复造渡船10只，编上号数，并将渡夫落实至各渡船，规定每日每船各来回10次，天明则行，黄昏则止。又聘请12名正直负责的耆民专事稽查。明后期，连年战争，政局混乱，飞云渡因经费短缺而中止官渡。天启六年（1626），县令沈龙跃恢复官渡，勉强维持五年。崇祯五年（1632），继任县令李灿箕继前任的官渡做法。清康熙十六年（1677），官府决定改官渡为义渡，免费渡客。陈克受倡募捐款，副将刘顺复捐俸，置渡船38只。后因经费难以为继，康熙十九年（1680）复民渡，渡费每人铜板3～5枚。1915年，项湘藻等人创办的瑞安通济轮船公司将永瑞河轮引用于飞云渡，称之轮渡，从而结束了飞云渡千年木船摆渡的历史，开创了动力摆渡的新纪元。新中国建立后，1952年10月1日，招商局轮船公司温州公司和瑞安通济轮船公司经营飞云渡。1958年10月，瑞安轮船公司成立。其时轮渡和船渡并航，后专航轮渡，一直延续至今。至1985年，飞云渡3艘客轮对开，每5分钟一班，日渡旅客3～4万人，比新中国成立初期增长30倍，渡费由50年代的每人3分提至8分。诞生公路交通后，南来北往的过江车辆，过渡候渡时间长者达一天一夜，公路运输业中故有“跑遍天下路，最怕飞云渡”之说。1989年飞云江大桥建成通车后，车辆上桥过江，每日渡客有所减少。1993—2007年，日渡渡客约2.8万人，渡费提至5角。因瑞安城市防洪工程建设需要，2012年飞云客运码头西迁150米，新建飞云江客运码头及其站房。同年11月8日上午5时30分，新码头启用。新码头面积大于老码头两倍，还在出入口处设置了现代化涵闸，提高了安全系数。现今飞云渡虽不见繁荣景象，但日客流量仍有4000～5000人次。为了循环利用，节约制票成本，始于中华人民共和国成立之初的竹签当渡船票传统仍被保留着。如今，千年飞云渡已成为时代进步与城市变迁的见证。

【瑞安·中洲渡】 又名横山渡，是飞云江

下游瑞安最古老的古渡口。南岸中洲埠在今飞云中洲村，北岸为今锦湖街道小横山村，渡口在飞云渡向西约四公里处。据《万历温州府志》载：“中洲为渡古矣”“其视飞云也形势减五分之一，湍涛杀十之二”“邑令刘畿重建”“甲寅（1554年）冬季告成”，北岸“建亭三间”“巨石筑面路十数丈”。志中所记“中洲渡”即古代瑞安县城的渡口。据史志记载，唐代以前，瑞安建有中洲渡。据明嘉靖年间石城教授林桴所撰《中洲渡济涉亭记》，在瑞安县城“迤西上游二里许，地名中洲亦有小渡”。渡口北岸近县城西门，南岸地名中洲，故名中洲渡。“是渡南达平阳，西抵泰顺，远达闽粤，近则乡之隶邑者，十之七八大率往来江上津渡之处，利害之所关重焉。”由此推之，唐代之前，中洲渡是沟通南北两岸的要冲。时飞云江入东海喇叭口尚未东移，站在隆山便可见到东海，今飞云江姊妹桥一带正处喇叭口附近。至唐代，瑞安县城南门又辟飞云渡。自此，上下二渡共同肩负沟通南北两岸的重任。清代以后，飞云渡在地理位置、航渡设施上，远远优于中洲渡。中洲渡因地处偏僻荒野，交通不便而逐渐衰落，最后停渡废弃。

【瑞安·马屿渡】 瑞安马屿霞岙村到对岸马岩、岩头山之间的津渡。因飞云江马屿江段古称月云江，旧称月云渡。清同治九年（1870）所立《奉宪》石碑云：“月云江之名，留传久矣。”其实，马屿渡称霞岙渡更确切，因霞岙渡为附近渡口渡客量最大，属浙闽两省的交通要津。石碑上刻有：“岸分南北，源接东西，既远货之皆通，亦近人之必渡。过此江者，每视为闽浙两省之通衢焉。”马屿渡曾是个大渡。清光绪年间（1875—1908），渡船最多时达十多只，十分繁忙。为了保证横渡的安全有序，特制订章程，对轮流值渡的期限、人员、渡费等均作具体规定，刻在《奉宪》石碑上，强调“总依旧例”，不能“自我另创新规”。新中国成立到马屿大桥通车前，这里仍是交通要道，平均日渡量达1400多人，最多时达2300人。据瑞安市交通局统计，霞岙渡的客流量为飞云江上仅次于飞云渡的第二大渡，属交通局规定的飞云江上三大交通渡（飞云渡、霞岙渡、营前渡）之一，由交通局直接管理。1996年2月马屿大桥建成通车，曾经辉煌的马屿渡冷落、荒芜了，但作为温州的津渡文化将永载史册。

【文成·鱼局渡】 位于文成峃口乡鱼局村飞云江边，建于清嘉庆年间（1796—1820）。渡口两岸分别为鱼局村和新联村。水面宽100米，木质人力船1只，船长7.1米、宽1.8米、深0.45米。载重1.29吨，客位17人，系农渡，平均每天渡运100人次。

【平阳·青龙渡】 平阳鳌江口第一个渡口埠头，为“横阳古道上第一渡”，浙闽南北交通必经之处。据《苍南县交通志》载，“横阳古道三国时期开始形成。从平阳万全仙口村至蒲门，长150里。途经头沙、二沙、三沙、四沙、墨城到江口北岸，渡横阳江，由江口南岸经白沙路过金乡，越梅岭过赤溪到蒲城（今苍南境内），然后通往福建。”至清乾隆年间（1735—1796），设渡口处的江面仍宽为1800多米。由于江宽风大流急、客流量大，加上地理位置十分显要，历代官府和民间士绅、百姓屡经修缮，变化更叠。北岸码道建在鳌江下垟埠（现名三大厂），南岸建在江口村。据考，500多年前原址在今址约200米的“筝排头”，清朝中期移至今址。

【平阳·钱仓渡】 又名平澜渡，位于平阳钱仓镇上埠至龙港瓦窑头，渡程1900米。清乾隆二十二年（1757），平阳知县徐恕断拨十四都鹤浦村（今梅浦村）涂涨田44公顷2分2厘，为修船和渡夫工食用。1987年尚有木质“平航232”渡运，15匹马力，核定乘客28人，日渡运量500人次。

第二章　干线公路

综 述

干线公路一般指国道和省道，可分为高速干线与普通干线两种。

温州干线公路发端于民国 11 年（1922）的杭温线乐清段。至民国 23 年（1934）底，建成现代公路里程 139.5 公里，可通行汽车里程 124.5 公里。民国 27 年（1938），为阻滞日寇进犯，废路为田，桥梁拆毁殆尽，刚刚起步的温州公路被迫归零。民国 38 年（1949 年 9 月 30 日止）4 月国民政府败北台湾，温州域内仅完成三界桥至乐清一段路基的修复。

1949 年 5 月 7 日温州和平解放时，不通公路已有十多年。根据浙江省人民政府关于重要沿海干线公路建设的布置，杭温、温丽、温分等被毁线路逐渐得到修复并恢复通车。此后，以杭温、温丽线为基础的 G104 线、G330 线温州段得到修复、改建和改造，开始发挥公路交通大动脉的作用。1958—1966 年，温州公路网中的国省道干线建设，在艰难中求发展，学罗定、赶福厦，狠抓技术革新。41 省道仙清线、77 省道温强线、56 省道瑞东线、57 省道岱青线、78 省道南霞线、58 省道分泰线先后开建或建成，全市公路网骨架基本形成。国防公路建设得到重视，修复、修建、贯通的有浙江主要国防公路丽（水）温（州）线、浙江境内通往沿海最主要国防迂回路线龙（游）南（山）丽（水）瑞（安）线，以及 52 省道云寿线泰顺段和 78 省道南霞线。发生于 1966—1976 年的“文化大革命”，严重干扰了温州公路事业的发展，干线公路建设基本处于停滞或半停滞状态。至 1978 年底，境内国省道干线公路 770 公里。

中共十一届三中全会之后，浙江省首次要求干线公路技术改造必须达到二、三级的标准。温州境内 2 条国道、7 条省道被列入国家、全省干线公路网。12 年时间，104 国道温州境内大溪至清江段、温州市南进出口公路（温分段），按二级公路标准进行改建；改建 330 国道温州境内进出口公路，新建温州过境公路；修通和改造 57 省道青岱线、77 省道温强线。从 1984 年开始，温州突破公路建设完全依靠政府的单一投资体制，开始实行贷款造路（桥）和“四自”工程政策，形成公路交通建设的新一轮热潮。全市干线公路“四自”工程设有收费站点 16 处。至 2012 年 4 月 1 日，全部收费站点停止收费。

1997 年 4 月，温州市委、市政府提出市区到各县“两小时交通圈”的战略目标，开始规划建设“两纵两横两连一绕”高速公路网。“十一五”期末，先后建成甬台温、金丽温、诸永高速公路温州段共计 249.357 公里。至“十二五”，温州高速公路在建的有甬台温高速公路复线、绕城北线、绕城西南线、龙丽温高速公路瑞文段。

21 世纪以来，温州国省道干线公路进入改造提升和大中修时期，路况水平得到大幅提高。至 2010 年，境内 2 条国道基本达到一级公路标准，省道 90% 达到二级以上公路标准。“十二五”期间，通过建设“五型公路”、美丽公路“五个一万”工程，干线公路在管理、质量、安全、路景等方面，都有了质的发展和提升。截至 2015 年底，全市公路总里程 14684 公里，其中干线公路 983 公里（国道 429 公里，省道 554 公里）。

第一节　高速干线公路

截至2015年底，温州境内共有高速干线公路9条（段），其中高速国道3条：甬台温高速公路（G15）、金丽温高速公路（G1513）、龙丽温高速泰顺支线（G4012，在建）；高速省道6条：诸永高速公路（S26）、诸永高速公路延伸线（S26a）、温州绕城高速公路北线（S10）、温州绕城高速公路西南线（S10，在建）、甬台温高速公路复线（S15W3，在建）、龙丽温高速公路瑞文线（G4012，在建）。

一、高速公路建设

根据交通部《公路工程技术标准》，高速公路指“能适应年平均昼夜小客车交通量为25000辆以上、专供汽车分道高速行驶、并全部控制出入的公路”。一般来说，高速公路专指有4车道以上、两向分隔行驶、完全控制出入口、全部采用立体交叉、标志标线和信号及照明装置齐全、禁止行人和非机动车上路的公路。

温州高速公路建设发端于1994年的项目策划。1995年1月25日，温州市政府第十次市长办公会议确定甬台温高速公路节点（枢纽）位置设在瓯海区南白象镇。1996年6月，甬台温高速公路乐清湖雾街至白鹭屿段工程开工建设。这是沈海高速公路浙江境内甬台温线温州首段高速公路，全长63.29公里。1997年5月，温州第二条高速公路金丽温高速公路温州段动工建设，全长25.15公里。1997年6月，甬台温高速公路温州段南白象至瑞安段工程开工，全长23.677公里。1998年12月，甬台温高速公路瑞安至苍南分水关段工程开工，全长50.94公里。

1998年11月27日，温州市高速公路工程建设总指挥部成立，时任市长钱兴中任总指挥，市交通局局长陈宏峰任常务副总指挥，王晓铮等9人任副总指挥。2001年，温州首次建成49公里高速公路，其中，甬台温高速公路温州段39公里，金丽温高速公路温州段10公里。为了完成甬台温高速公路乐清段30公里的通车任务，市高速公路总指挥部迁至乐清现场办公。是年，完成三都岭隧道双洞贯通工程，飞云江瑞安大桥半幅架通。至2001年底，甬台温高速公路温州段完成征地1.52万余公顷，拆迁房屋45万余平方米，迁移坟墓近5万穴。

2002年，全市完成高速公路建设投资22.39亿元，建成匝道25公里，互通8个，服务区2个，房建3万平方米，绿化200万平方米；完成高速公路里程53公里。是年10月，乐清湖雾街至白鹭屿段建成通车，11月1日，全线投入营运。12月，瓯海南白象至瑞安龙头段20公里建成通车，2003年1月1日零时正式投入营运。金丽温高速公路温州西过境25公里连线建成通车。是年9月30日永嘉鹿城段举行开工仪式，瑞安龙头至苍南分水关段软基处理全部完成。

截至2003年12月，新建高速公路55公里，互通4个，主线收费站1个，隧道管理站1个，服务区1个，养护工区1个，绿化100万平方米，房建2.3万平方米，竣工验收工程均被评为优良工程。是年12月31日，甬台温高速公路温州段全线建成通车。至此，沈海高速公路全程通车。

2004年，金丽温高速公路温州段通过竣工验收。12月28日，诸永高速公路永嘉段、温州绕城高速公路北线工程同时动工兴建。2005年4月，苍南分水关互通工程竣工，并通过交工验收。6月，甬台温高速公路乐清段通过竣工验收。10月31日，金丽温高速公路永鹿段竣工。是年，完成投资20.50亿元，其中诸永高速公路温州段完成11.90亿元，温州绕城高速公路北线5.01亿元。温州疏港（机场）高速公路完成预可行性研究报告，甬台温高速公路复线温州段、龙丽温高速公路温州段均完成线位论证报告。

2006年，完成高速公路建设投资25.6083亿元，其中金丽温高速公路永鹿段1783万元，诸永高速公路永嘉段15.08亿元，温州绕城高速公路北线10.35亿元。2007年，金丽温高速公路永鹿段完成16个合同段的工程结算、审价工作，12月通过工程竣工验收；温州绕城高速公路北线完成投资8.26亿元。2008年，诸永高速公路温州延伸工程完成“预可”和“工可”，并获规划选址、土地预审等11项专项论证批复。11月13日，金丽温高速公路永鹿段桥头服务区进场施工。温州绕城高速公路北线完成投资7.8亿元。2009年，诸永高速公路温州延伸工程因南引桥附近“香榭丽小区”居民就交通噪音问题持续上访，造成“工可”审批严重受阻。甬台温高速公路复线工程完成11个专题批复，5个专题报告上报待审，6个专题报告在编。7月2日，瑞安阁港至苍南马站段预可报告，通过省发改委、省交通厅的预审查。绕城高速公路北线工程完成4.89亿元。

至2007年，温州高速公路逐步形成“两纵两横三连一绕”网络。

2010年2月13日12时整，温州绕城高速公路北线一期工程（瓯北至北白象段）建成正式通车。8月3日，浙江温州沈海高速公路有限公司注册成立。沈海高速公路温州段（甬台温高速）扩建工程，全线由四车道改为六车道，预计工程概算由212亿元增至288亿元。9月17日，诸永高速公路温州延伸工程经省发改委核准同意实施。11月8日，获省发改委批复，批准投资概算为26.47亿元，工期36个月。12月24日工程正式动工。温州绕城高速公路西南线（二期工程）开始线路勘测、现场调研等前期工作。

2011年6月，瓯江特大桥开工建设。7月，温州绕城高速公路北线一期工程全线建成通车。10月16日，温州绕城高速公路西南线工程获省发改委批复。11月3日，甬台温高速公路复线乐清至瑞安段工程动工。12月22日，甬台温高速公路复线瑞安至苍南段工程动工，温州绕城高速公路北线二期工程动工。是年，诸永高速公路温州延伸线工程完成投资额5.57亿元，龙丽温高速公路温州段工程可行性研究报告推荐线位基本明确。

2012年，整体完成高速公路投资41亿元，其中，诸永高速公路温州延伸线9.1亿元，甬台温高速公路复线乐清至瑞安段6.6亿元，温州绕城高速公路西南线23.1亿元，金丽温高速公路古岸头互通0.6亿元。龙丽温高速公路温州段项目建议书获批复。瓯江北口“三桥合一”项目建议书获省发改委批复。

2014年7月18日，龙丽温高速公路文瑞段工程开工建设，全长40.8公里，估算总投资约74.14亿元，预计2019年底竣工。2016年12月15日，龙丽温高速公路文泰段项目开工建设，全长57.445公里，总投资109亿元，预计2020年底竣工。

截至2015年12月，建成通车的高速公路：甬台温高速公路温州段，金丽温高速公路温州段，温州绕城高速公路，诸永高速公路温州段和诸永高速公路温州延伸线共5条，总里程378.285公里，总投资335.99亿元（不含诸永高速公路）。在建的高速公路有：甬台温高速公路复线温州段，龙丽温高速公路温州段及泰顺支线（延长线），预计总里程275公里，总投资 529.14亿元。

软黏土地基处理是“国际级”难题，在温州尤为突出。甬台温高速公路温州段137.907公里，需处理软地基达62公里，其中平（阳）苍（南）段软基厚度最深处达60多米，且土质含水量达70%。在技术难题攻关过程中，温州市组织河海大学和浙江省交通设计院专家进行会诊。对瑞平苍段的23处桥头路段，通过真空堆载预压法处治软基沉降，有效地缩短了预压期。对瓯海区南白象枢纽立交工程，采用预应力管桩和粉煤灰进行处理，效果明显。乐清段部分桥梁路段软基深厚，采取桩底压浆技术取得成功。

在甬台温高速公路乐清段工程建设后期，建设指挥部提出“抢后续，缓软基”的工作思路，提前抢抓房建、绿化、标志标线等后续工程的施工，让软基有足够的时间沉降和技术处理，为保证工期和质量赢得了时间。

高速公路温州段工程情况表

表 2-1-1

编号	名称	起讫点	里程（公里）	服务区	投资（亿元）	开工时间	竣工时间
G15	甬台温温州段	乐清湖雾岭至苍南分水关	139.437	乐清服务区、温州南白象服务区、苍南服务区	84.23	1996.6	2003.12
G1513	金丽温温州段	南白象枢纽至永嘉青田交界	45.12	永嘉桥头	15.68	1997.5	2005.9
S26	诸永温州段	仙居交界至永嘉枢纽	64.80	永嘉服务区	52.6	2004.12	2010.7
S15W3	甬台温复线温州段	乐清南塘镇至苍南南山尖隧道	134.3	乐清、瑞安、苍南服务区	343.11	2011.11	在建
S26a	诸永温州延伸	永嘉枢纽至温州民航路	8.065	—	26.47	2011.6	2014.6
S10	温州绕城	乐清北白象枢纽至瑞安南金公路	97.213	—	197.58	2005.6	在建
G4012	龙丽温瑞文段	文景交界枢纽至瑞安江溪枢纽	40.8	文成服务区	75.31	2014.7	在建
	龙丽温泰顺支线	文成樟台枢纽至泰景交界友谊桥	57	—	109	2016.12	在建

高速公路温州段里程情况表

表 2-1-2

线路名称	线路编号	起讫地点	起点桩号	止点桩号	总里程（公里）	四车道（公里）	六车道（公里）
甬台温温州段	G15	湖雾岭隧道洞口－苍南分水关	K1674+749	K1830+885	156.136	156.136	—
金丽温温州段	G1513	沈海高速匝道－花岩头	K0	K45+608	45.608	45.608	—
温州绕城北线	S10	仰义－乐清北白象下安村	K0	K26+4	26.4	—	26.4
诸永温州段	S26	括苍山隧道出口－永嘉罗东	K163+17	K223+802	60.632	60.632	—
诸永温州延伸	S26a	罗西－民航路	K0	K8+138	8.138	8.138	—
合　计	—	—	—	—	296.914	—	—

建设史话

最长的大桥　温州大桥，1998 年 5 月 26 日建成，时为浙江省高速公路大桥最长桥梁，也是温州市高速公路的启动工程。大桥北起乐清市北白象琯头西侧，经七都岛、龙湾状元至瓯海南白象，全长 17.1 公里，总投资 11.79 亿元。

最长的隧道　湖雾岭隧道，2000 年 1 月建成，时为浙江省最长隧道。隧道从台州温岭大溪岭至温州乐清市湖雾岭。1995 年上半年开工，1998 年底建成通车。隧道总长 4116 米，总投资 1.81 亿元。

最大的立交　瓯海区南白象枢纽立交，2003 年 12 月建成，时为浙江省最大的立交桥。交汇城市主干道南塘大道和甬台温、金丽温两条高速公路。工程总里程 14 公里，工程建设用地 1000 公顷。

最长的高架桥　乐清湾高架桥，2003 年 6 月 30 日建成，时为浙江省最长的高架桥。起于乐清市乐成石马嘴头山，止于蒲岐狮子山，全长 8777 米，总投资 3.2 亿元。

最高的高架桥　分水关高架桥，2003年12月建成，时为浙江省高等级公路中最高的高架桥。起于下寮，止于分水关，全长600米，高53米。

二、高速国道

【甬台温高速公路温州段】　甬台温高速公路是沈海高速公路途经浙江省的一段。沈海高速公路现为国家高速公路统一规划中的沈阳至海口路线，是唯一一条贯通中国东南沿海地区的高速公路，国家统一编号为G15，全长3710公里。宁波市北仑主收费站至姜山枢纽一段，为浙江省高速公路（编号S1）。甬台温高速公路北起宁波（甬），经台州（台），止于苍南县与福建省福鼎交界的分水关，简称“甬台温”，全长252.7公里。甬台温高速公路共设35个互通出入口和枢纽，6对服务区。

甬台温高速公路温州段是沈海高速公路的重要组成部分。北起乐清与台州交界处的湖雾岭隧道，南至苍南与福建省交界的分水关，沿线经乐清、永嘉、龙湾、鹿城、瓯海、瑞安、平阳、苍南等8个县（市、区），全长139.437公里，其中软基路段56.4公里。路基占地12087公顷，大小桥梁

甬台温高速温州段　资料图片

223座/60200延米，隧道8座/9037米，涵洞、通道387道，高边坡53处，高挡墙、高路堤36处。公路技术设计时速分别为80公里、100公里、120公里，总投资84亿元。境内设有雁荡、蒲岐、乐清、温州南、塘下、瑞安、飞云、平阳、萧江、苍南、观美、浙闽主线计12个收费（站）所，清江、温州南白象、苍南三个服务区及加油站，以及雁荡山、蒲岐、北白象、温州大桥北、七都、温州东、南白象、温州南、塘下、瑞安、飞云、平阳、岱口、苍南、观美、浙闽收费站、分水关计17个互通出口。互通枢纽有乐清北白象（S10温州绕城高速公路）、温州南白象（G1513温丽金高速公路）2个。

甬台温高速公路温州段工程分前后两个阶段实施，前期主要为温州大桥工程和乐清湖雾岭隧道工程。1995年1月11日，甬台温高速公路温州段第一个关键工程——温州大桥工程开工。温州大桥工程是国务院批准兴建的同三线重要组成部分，是交通部与浙江省的重点工程。起于乐清市白象镇琯头西，经永嘉乌牛、鹿城七都、龙湾状元，止于瓯海南白象。大桥整体工程组成有：双塔双索面斜拉桥、七都高架桥2座，北白象、七都岛、状元混凝土简支架3座、双喇叭互通式立交桥，以及状元至南白象连接线。温州大桥全长17100延米，其中桥梁净长6977米，桥面宽30米，双向六车道，总投资11.79亿元。1997年12月16日，温州大桥合龙。1998年5月28日，大桥主体部分竣工。1999年11月28日，接线工程（二期）正式通车。温州大桥通车典礼在南白象收费处举行，此为温州市首段高速公路通车。湖雾岭隧道是甬台温高速公路温州段第二个关键工程，分温州段和台州段两个工区。温州段于1995年4月28日开工。隧道左右洞各长4116米，洞内净宽11米，高7.08米，时为中国最长的高速公路隧道。左线隧道于1999年9月建成通车，右线隧道于2000年1月建成通车。

甬台温高速公路温州段后期工程分三段实施。1996年6月，第一段工程乐清市湖雾岭至白鹭屿

段启动，全长63.29公里，总投资25亿元。其中湖雾街至田垄段14.71公里，蒲岐至大湾河段14.83公里。2001年12月31日竣工并投入试运行。2002年10月25日通过交工验收，被评为优良工程，当月29日正式投入试运行。甬台温高速公路清江大桥工程归属第一段工程项目。大桥位于甬台温高速公路乐清段（桩号K1693+368），跨清江下游，为甬台温高速公路温州境内第五长公路大桥，1999年3月开工建设。桥长1180米，共36跨，由浙江省交通工程建设集团承建，工程累计投资8839万元。2002年10月29日大桥合龙，2003年6月工程竣工。至此，甬台温高速公路温州段第一段工程全线竣工。1997年6月，甬台温高速公路温州段第二段工程瓯海区南白象至瑞安龙头工程开工，全长23.677公里，其中南白象互通至瑞安飞云江互通为20.66公里，总投资14.47亿元。工程于2002年12月28日竣工通车。2000年3月，甬台温高速公路温州段第三段工程组成部分的瑞安飞云江大桥陆上引桥部分开工。是年6月，水上主桥开工。2002年2月大桥竣工，全长2502 延米，其中主桥328米，桥宽28米，为双幅双向六车道。主桥结构上部采用五跨连续梁，跨径为44米＋3×80米＋44 米。引桥上部结构分别采用30米和20 米跨径的预应力空心板，按照先简支后连续设计和施工。主桥下部结构采用高桩承台，主墩基础采用7根1.80 米直径的灌注桩（摩擦桩），边墩基础采用4根1.50 米的摩擦桩。引桥的下部结构采用双柱式墩台，基础根据地质情况采用了摩擦桩和嵌岩桩两种类型的钻孔灌注桩，桩径分为1.80米、1.50米和1.20米三种。2001年2月，甬台温高速公路温州段第三段工程组成部分的平阳段工程开工。平阳段工程共征地3000公顷，拆迁房屋14万平方米。工程地形地质条件复杂，其中有24.7公里路段由软基、隧洞、大桥组成。为防止路基沉陷，采用钢筋水泥筑成桥墩，其桩基最深达61米，最浅达10米。按照常规处理软地基，路基填筑到标准高度后，

甬台温高速温州南白象互通立交 吴卫平摄

须经半年至一年的时间沉降才能保证路基稳定，而工程实际限定完成工期只有两年半时间。在建设过程中，一般路基采用塑料排水板，复杂地段进行粉喷桩处理，中、小桥梁的桥头采用国内先进的真空预压联合堆载技术，解决了软基难题。2002年12月，甬台温高速公路温州段第三段工程瑞安龙头至苍南分水关全线开工，全长54.76公里，其中瑞安飞云至龙头段3.68公里，龙头至苍南段51.08公里。路基宽度分别采用28米和24.5米，按四车道高速公路技术标准设计，设计行车时速分别为80公里和120公里，工程总投资27.55亿元。2003年12月31日，甬台温高速公路平阳段比原计划提前一年半开通，实现高速公路南北互通。平阳段全长27.388公里，双向六车道，有昆阳、萧江2个出口，总投资约17亿元。工程质量合格率达到100%，综合评定为优良。

分水关是甬台温高速公路的终点，又是温福高速公路入闽的起点。甬台温高速公路苍南至浙

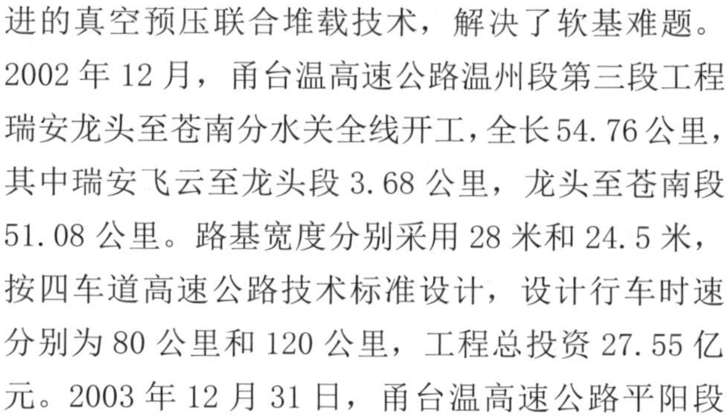
甬台温高速公路苍南段 曾振国摄

闽主线收费站段全长约 14.6 公里，设计路基宽 24.5 米，双向四车道。2003 年 12 月 25 日，工程竣工并通过交工验收，工程质量被评为优良。12 月 30 日举行通车典礼，12 月 31 日正式通车。至此，全长 134 公里的甬台温高速公路温州段全线建成通车，沈海高速公路全线贯通。

甬台温高速公路温州段是温州市第一条高速公路。在建设过程中，为体现节能、减排、低碳，在清江大桥及雁荡山隧道出口等风源充足路段，设置风能互补路灯。在白溪路口狮子山段，计 5000 余立方米土石方工程量，本应采用开山放炮施工，因该处紧挨原 G104 线，临近居民区，改爆破为采用绳锯切割法的新工艺。施工后，把剩余的山体改造成优美的景观点，对沿线闲置地和空旷地进行绿化、美化。在雁荡山风景区主入口狮子山隧道进出洞口处，投资 100 多万元设置了塑石（名人题词），工艺复杂，庄重大方。2011 年，委托浙江省交通规划设计院编制方案，设计将甬台温高速公路平阳互通迁至昆阳镇万金村。同时迁址的有甬台温高速公路平阳收费所、清障施救中心、高速交警、高速路政等单位用房。连接线工程西接 G104 线西过境公路，东接 G104 线，全长约 3500 米，路面宽 32 米。

自从甬台温高速公路温州段开通后，2008—2012 年，温州南白象至平阳段 33 公里，因车流量过大，交通事故频发，事故总量达到 4421 起，绝对事故率高达 27 起 / 公里 / 年。2012 年，被列入全省事故多发路段。2014 年 3 月，该路段整治工程正式启动。第一阶段（3—5 月），对沿路增设 7 个港湾式紧急停车带。其中温州南至三都岭隧道双向共设置 5 个，飞云至平阳段双向安排 2 个。第二阶段（6—8 月），实施路面改造提升工程，主要完成四脚亭高架桥至三都岭隧道路段的硬路肩部分，加装 LED 标志牌，变身应急可变车道。此次重点整治，有效缓解了温州南至平阳段巨大的通行压力，但要从根本上治堵还需甬台温高速公路复线的投用。

甬台温高速公路温州段，是温州有史以来投资规模最大的基础设施建设项目之一，总投资约 84.23 亿元。资金来源为交通部 7.14 亿元，地方配套 7.45 亿元，国债 1.5 亿元，银行贷款 17.78 亿元，其余由地方自筹。

甬台温高速公路温州段互通、出口及服务区设置情况表

表 2-1-3

序号	名　称	桩号	链接高速公路	链接普通公路
1	雁荡互通出口	K215	—	G104
2	清江加油站服务区	K222	—	—
3	蒲歧互通出口	K237	—	—
4	乐清互通出口	K250	—	G104
5	北白象互通枢纽互通出口	K264	S10 温州绕城高速	G104
6	温州大桥北互通出口	K269	—	G104
7	温州七都互通出口	K272	—	—
8	温州东状元出口	K276	—	S332
9	南白象加油站服务区	K283	—	—
10	温州南互通枢纽互通出口	K284	G1513 温丽高速	G104
11	塘下互通出口	K294	—	G104
12	瑞安互通出口	K302	—	瑞枫公路
13	飞云大桥南互通出口	K304	—	S330
14	平阳互通出口	K317	—	G104
15	岱口互通出口	K330	—	G104
16	苍南互通出口	K336	—	G104
17	苍南加油站服务区	K342	—	—
18	观美互通出口	K346	—	S232
19	浙闽收费站	K350	—	—
20	分水关互通出口	K358	—	S331

甬台温高速公路温州境内桥梁工程情况表

表 2-1-4

序号	桥　名	桩　号	长度（米）	桥梁结构类型	开工年月	竣工年月
1	乐清湾高架桥	K1714+988	8777	箱梁、柱式桩基础	1999.3	2003.6
2	四角亭高架桥	K1761+215	4231	钢筋砼板梁、T 梁、箱梁；灌注桩墩台	2002.2	2003.12
3	飞云江特大桥	K1774+079	2518	砼空心板梁、箱梁；灌注桩墩台	2002.2	2003.12
4	罗凤高架桥	K1765+610	1680	砼箱梁、板梁、灌注桩墩台	2002.2	2003.12
5	清江大桥	K1693+958	1180	砼 T 梁；灌注桩墩台	1999.3	2003.12
6	凤池特大桥	K1812+470	1100	钢筋砼板梁、灌注桩墩台	2002.2	2003.12
7	金丽温高架桥	温州南互通 K17+000	1010	砼空心板 + 异形板 + 钢筋砼箱梁；埋置式桥 + 桩基础；柱式桥墩 + 桩基础	2002.2	2003.12
8	塘中溪分离式立交桥	K1796+685	900	砼空心板、灌注桩墩台	2002.2	2003.12
9	金宕大桥	K172+590	840	砼空心板、灌注桩墩台	2002.2	2003.12
10	横阳支江特大桥	K1820+480	800	箱梁、砼 T 梁；灌注桩墩台	2002.2	2003.12
11	张家湾高架桥	K1732+603	786	箱梁、柱式桩基础	1999.3	2003.6
12	岱口特大桥	K1801+480	755	板梁、T 梁、灌注桩墩台	2002.2	2003.12
13	张家山分离立交桥	K1805+047	704	砼空心板梁、灌注桩墩台	2002.2	2003.12
14	茶白高架桥	K1756 ＋ 740	685	砼空心板梁、灌注桩墩台、	2002.2	2003.12
15	扬州特大桥	K198 ＋ 154	682	砼空心板梁、灌注桩墩台	2002.2	2003.6
16	刘宅高架桥	K1725 ＋ 230	664	箱梁、柱式桩基础	1999.3	2003.6
17	湖东高架桥	K1731 ＋ 069	612	箱梁、柱式桩基础	1999.3	2003.6
18	鲍岱分离式立交桥	K1787 ＋ 070	600	砼空心板梁、灌注桩墩台	2002.2	2003.12
19	环山高架桥	K1758 ＋ 038	588	预应力砼箱梁灌注桩墩台	2002.2	2003.12
20	下寮 1 号桥	K1830 ＋ 520	586	砼 T 梁、灌注桩墩台	2002.2	2003.12
21	大湖 1 号桥	K1825+830	570	砼 T 梁、灌注桩墩台	2002.2	2003.12
22	高岙大桥	K1738 ＋ 053	546	砼空心板梁、灌注桩墩台	1999.3	2003.6
23	西岙高架桥	K1772 ＋ 300	539	砼板梁、砼空心板梁、灌注桩墩台、轻型桥台	2002.2	2003.12
24	东塘河大桥	K1696 ＋ 719	515	砼空心板梁、灌注桩墩台	2002.2	2003.12
25	岙底特大桥	K1824 ＋ 660	510	砼 T 梁、灌注桩墩台	2002.2	2003.12
26	C 线高架桥	温州南互通 CK0 ＋ 331	506	砼空心板梁、灌注桩墩台	2002.2	2003.12
27	新居高架桥	K1768 ＋ 228	500	砼空心板梁、灌注桩墩台	2002.2	2003.12
28	白鹭屿大桥	K1739 ＋ 621	490	砼空心板梁、灌注桩墩台	1993.3	2003.6
29	B 线高架桥	温州南互通 BK1 ＋ 181M	486	钢筋砼连续箱梁、柱式桩基础	2002.2	2003.12
30	石陈分离桥	K1691 ＋ 078	480	砼空心板梁、灌注桩墩台	1999.3	2003.6
31	同排屋分离式立交桥	K1806 ＋ 090	480	砼空心板梁、灌注桩墩台	2002.2	2003.12
32	靖底施分离桥	K1688 ＋ 924	458	砼空心板梁、灌注桩墩台	1999.3	2003.6
33	钱梅分离式立交桥	K1798 ＋ 858	453	砼空心板梁、灌注桩墩台	2002.2	2003.12
34	F 线高架桥	塘下互通 FK0 ＋ 548	440	钢筋砼连续箱梁、柱式桩基础	2002.2	2003.12
35	漳浦大桥	K1814 ＋ 200	420	钢筋砼连续箱梁、柱式桩基础	2002.2	2003.12
36	高黎分离式立交桥	K1807 ＋ 058	416	砼空心板梁、灌注桩墩台	2002.2	2003.12
37	湾坑 4 号桥	K1829 ＋ 856	410	砼 T 梁、灌注桩墩台	2002.2	2003.12
38	山下大桥	K1822 ＋ 860	390	砼 T 梁、灌注桩墩台	2002.2	2003.12
39	里岙大桥	K1703 ＋ 772	384	砼空心板梁、灌注桩墩台	1999.3	2003.6
40	A 线高架桥	瑞安互通 AK0 ＋ 537M	370	钢筋砼连续箱梁、柱式桩基础	2002.2	2003.12
41	白鹭屿跨主线桥	K1740 ＋ 045	366	砼空心板梁、桩柱式桥墩	1999.3	2003.6
42	A 线高架桥	塘下互通 AK0 ＋ 233	365	预应力砼箱梁灌注桩墩	2002.2	2003.12
43	A 线高架桥	飞云互通 AK0 ＋ 668	361	砼空心板梁、箱梁、灌注桩墩台	2002.2	2003.12
44	状元溪大桥	K1818 ＋ 205	360	钢筋砼箱梁、灌注桩基础	2002.2	2003.12

续表 2-1-4

序号	桥 名	桩 号	长度（米）	桥梁结构类型	开工年月	竣工年月
45	上米岙高架桥	K1724 ＋ 212	356	箱梁、柱式桩基础	1999.3	2003.6
46	高中高架桥	K1738 ＋ 847	350	砼空心板梁、桩柱式桥墩	1999.3	2003.6
47	小嵩大桥	K1702 ＋ 134	345	砼空心板梁、灌注桩墩台	1999.3	2003.6
48	C 匝道桥	苍南互通	345	钢筋砼箱梁、灌注桩基础	2002.2	2003.12
49	观美互通 1 号桥	K1819 ＋ 120	340	钢筋砼箱梁、灌注桩基础	2002.2	2003.12
50	湾坑 1 号桥	K1829 ＋ 160	340	砼 T 梁、灌注桩墩台	2002.2	2003.12
51	萧江互通 A 匝道桥	萧江互通	335	砼空心板梁、灌注桩墩台	2002.2	2003.12
52	对务山大桥	K1813 ＋ 516	332	钢筋砼箱梁、灌注桩基础	2002.2	2003.12
53	南岙大桥	K1734 ＋ 811	326	箱梁、柱式桩基础	1999.3	2003.6
54	A 匝道桥	分水关互通	323	钢筋砼箱梁、灌注桩基础	2002.2	2003.12
55	上庄大桥	K1705 ＋ 812	312	砼空心板梁、灌注桩墩台	1999.3	2003.6
56	蒲岐大桥	K1708 ＋ 131	312	砼 T 梁、灌注桩墩台	1999.3	2003.6
57	大桥北互通匝道桥	跨码道 G104	298	砼空心板梁、灌注桩墩台	1999.3	2003.6
58	平阳互通 3 号桥	平阳互通	288	砼空心板梁、灌注桩墩台	2002.2	2003.12
59	水涨桥	K1679 ＋ 495	284	砼空心板梁、灌注桩墩台	1999.3	2003.6
60	荷岙大桥	K1729 ＋ 630	280	箱梁、柱式桩基础	1999.3	2003.6
61	凤头大桥	K1827 ＋ 958	270	砼 T 梁、灌注桩墩台	2002.2	2003.12
62	平阳互通 1 号桥	K1788 ＋ 040	260	砼空心板梁、灌注桩墩台	2002.2	2003.12
63	大岙底桥	K1792 ＋ 790	260	砼空心板梁、灌注桩墩台	2002.2	2003.12
64	黄山头大桥	K1799 ＋ 780	259	砼空心板梁、灌注桩墩台	2002.2	2003.12
65	下塘河大桥	K1688 ＋ 429	250	砼空心板梁、灌注桩墩台	1999.3	2003.6
66	后隆 1 号桥	K1823 ＋ 695	250	砼 T 梁、灌注桩墩台	2002.2	2003.12
67	雁荡互通	K1686 ＋ 149	249	砼空心板梁、箱梁、灌注桩墩台	1999.3	2003.6
68	珠南立交桥	K1700 ＋ 030	244	砼空心板梁、灌注桩墩台	1999.3	2003.6
69	塘边 2 号桥	K1781 ＋ 528	240	钢筋砼箱梁、灌注桩基础	2002.2	2003.12
70	屿山高架桥	K1795 ＋ 200	240	钢筋砼箱梁、灌注桩基础	2002.2	2003.12
71	乌岩大桥	K1825 ＋ 155	240	砼 T 梁、灌注桩墩台	2002.2	2003.12
72	大嵩大桥	K1701 ＋ 006	234	砼空心板梁、灌注桩墩台	1999.3	2003.6
73	后隆 2 号桥	K1824 ＋ 045	230	砼 T 梁、灌注桩墩台	2002.2	2003.12
74	石北山 2 号桥	K1828 ＋ 640	230	砼 T 梁、灌注桩墩台	2002.2	2003.12
75	E 线高架桥	温州南互通 EK0 ＋ 113	226	砼空心板梁、灌注桩墩台	2002.2	2003.12
76	大荆溪桥	K1680 ＋ 497	224	砼空心板梁、灌注桩墩台	1999.3	2003.6
77	乐清互通匝道桥	K1721 ＋ 200	213	砼空心板梁、灌注桩墩台	1999.3	2003.6
78	大湖 2 号桥	K1826 ＋ 276	210	砼 T 梁、灌注桩墩台	2002.2	2003.12
79	土地公坪 1 号桥	K1827 ＋ 048	210	砼 T 梁、灌注桩墩台	2002.2	2003.12
80	E 匝道桥	分水关互通	208	钢筋砼箱梁、灌注桩基础	2002.2	2003.12
81	A 线高架桥	温州南互通 AK0 ＋ 246	203	砼空心板梁＋钢筋砼箱梁、柱式桩墩台	2002.2	2003.12
82	W 线高架桥	温州南互通 AK0 ＋ 246	200	钢筋砼箱梁、灌注桩基础	2002.2	2003.12
83	新屋大桥	K1800 ＋ 650	200	砼空心板梁、灌注桩墩台	2002.2	2003.12
84	白溪大桥	K1684 ＋ 662	180	砼空心板梁、灌注桩墩台	1999.3	2003.6
85	山东大桥	K1810 ＋ 360	180	钢筋砼箱梁、灌注桩基础	2002.2	2003.12
86	泗塘一桥	K1695 ＋ 508	164	砼空心板梁、灌注桩墩台	1999.3	2003.6
87	H 线高架桥	温州南互通 HK0 ＋ 079	160	钢筋砼箱梁、灌注桩基础	2002.2	2003.12
88	莲南高架桥	K1797 ＋ 790	160	砼空心板梁、灌注桩墩台	2002.2	2003.12
89	江边肖 1 号桥	K1802 ＋ 830	160	砼空心板梁、灌注桩墩台	2002.2	2003.12
90	灵峰水厂大桥	K1810 ＋ 790	160	钢筋砼箱梁、灌注桩基础	2002.2	2003.12
91	B 匝道桥	分水关互通	158	钢筋砼箱梁、灌注桩基础	2002.2	2003.12

续表 2-1-4

序号	桥　名	桩　号	长度（米）	桥梁结构类型	开工年月	竣工年月
92	E 线高架桥	瑞安互通 EK0 + 172	150	砼空心板梁、灌注桩墩台	2002.2	2003.12
93	石北山 1 号桥	K1828 + 215	150	砼 T 梁、灌注桩墩台	2002.2	2003.12
94	G 线高架桥	温州南互通 GK0 + 200	140	砼空心板梁、灌注桩墩台	2002.2	2003.12
95	新路溪大桥	K1821 + 785	140	钢筋砼箱梁、灌注桩基础	2002.2	2003.12
96	寨下桥	K1789 + 552	135	砼空心板梁、灌注桩墩台	2002.2	2003.12
97	湖雾立交桥	K1677 + 363	124	砼空心板梁、灌注桩墩台	1999.3	2003.6
98	下庄桥	K1681 + 074	124	砼空心板梁、灌注桩墩台	1999.3	2003.6
99	万全大桥	K1786 + 005	123	砼空心板梁、灌注桩墩台	2002.2	2003.12
100	F 线高架桥	温州南互通 FK0 + 222M	120	砼空心板梁、灌注桩墩台	2002.2	2003.12
101	R 线大桥	温州南互通 RK0 + 244	120	砼空心板梁、灌注桩墩台	2002.2	2003.12
102	C 线高架桥	瑞安互通 CK0 + 351	120	钢筋砼箱梁、灌注桩墩台	2002.2	2003.12
103	土地公坪 2 号桥	K1827 + 240	120	砼 T 梁、灌注桩墩台	2002.2	2003.12
104	A 线大桥（一）	温州南互通 AK0 + 561	118	砼空心板梁、灌注桩墩台	2002.2	2003.12
105	A 线大桥（二）	温州南互通 AK1 + 308	118	砼空心板梁、灌注桩墩台	2002.2	2003.12
106	B 线大桥	温州南互通 BK0 + 314	118	砼空心板梁、灌注桩墩台	2002.2	2003.12
107	A 线大桥	塘下互通 AK0 + 882	112	钢筋砼箱梁、T 梁、箱梁、灌注桩基础	2002.2	2003.12
108	I 线高架桥	塘下互通 IK0 + 098	112	钢筋砼箱梁、重力式墩台	2002.2	2003.12
109	大湾河大桥	K1722 + 209	108	砼 T 梁、柱式桩基础	1999.3	2003.6
110	G 匝道桥	苍南互通	106	钢筋砼箱梁、灌注桩墩台	2002.2	2003.12
111	G 线大桥	塘下互通 GK0 + 285	105	砼空心板梁、灌注桩墩台	2002.2	2003.12
112	门前墩大桥	K1703 + 078	104	砼空心板梁、灌注桩墩台	1999.3	2003.6
113	C 线匝道桥	瑞安互通 CK0 + 607	104	钢筋砼箱梁、灌注桩墩台	1999.3	2003.6
114	树桥头中桥	K1698 + 866M	100	砼空心板梁、灌注桩墩台	1999.3	2003.6
115	M 线大桥	温州南互通 MK0 + 095	100	砼空心板梁、柱式桩基础	2002.2	2003.12
116	P 线中桥	温州南互通 PK0 + 250	91	砼空心板梁、柱式桩基础	2002.2	2003.12
117	塘下中桥	K1733 + 957	90	箱梁、柱式桩基础	1999.3	2003.6
118	湾坑 3 号桥	K1829 + 585	90	砼 T 梁、灌注桩墩台	2002.2	2003.12
119	机耕通道桥	K1789 + 980	85	砼空心板梁、灌注桩墩台	2002.2	2003.12
120	机耕通道桥	K1790 + 820	85	砼空心板梁、灌注桩墩台	2002.2	2003.12
121	田垄中桥	K1691 + 589	84	砼空心板梁、灌注桩墩台	1999.3	2003.6
122	南塘河中桥	K1697 + 301	84	砼空心板梁、灌注桩墩台	1999.3	2003.6
123	吴桥	K1777 + 563	83	钢筋砼箱梁、灌注桩墩台	2002.2	2003.12
124	D 线中桥	温州南互通 DK0 + 356	80	砼空心板梁、柱式桩基础	2002.2	2003.12
125	白马庙桥	K1783 + 955	80	砼空心板梁、灌注桩墩台	2002.2	2003.12
126	茶宕桥	K1785 + 080	80	砼空心板梁、灌注桩墩台	2002.2	2003.12
127	后林桥	K1785 + 620	80	砼空心板梁、灌注桩墩台	2002.2	2003.12
128	下厝陈中桥	K1811 + 695	80	砼空心板梁、灌注桩墩台	2002.2	2003.12
129	下寮 2 号桥	K1830 + 892	80	砼 T 梁、灌注桩墩台	2002.2	2003.12

续表 2-1-4

序号	桥　名	桩　号	长度（米）	桥梁结构类型	开工年月	竣工年月
130	霞荡桥	K1778 ＋ 346	70	砼空心板梁、灌注桩墩台	2002.2	2003.12
131	平阳互通 5 号桥	平阳互通	68	砼空心板梁、灌注桩墩台	2002.2	2003.12
132	西西分离桥	K1726 ＋ 762	66	空心板梁、柱式桩基础	1999.3	2003.6
133	柳市互通立交桥	K1728 ＋ 856	66	空心板、柱式桩基础	1999.3	2003.6
134	新厝中桥	K1809 ＋ 958	65	钢筋砼箱梁、灌注桩墩	2002.2	2003.12
135	田垄立交桥	K1691 ＋ 792	64	砼空心板梁、灌注桩墩台	1999.3	2003.6
136	五通庙桥	K1692 ＋ 344	64	砼空心板梁、灌注桩墩台	1999.3	2003.6
137	清江服务区匝道桥	K1692 ＋ 348	64	砼空心板梁、灌注桩墩台	1999.3	2003.6
138	蔡岙桥	K1693 ＋ 062	64	砼空心板梁、灌注桩墩台	1999.3	2003.6
139	汇底一中桥	K1699 ＋ 546	64	砼空心板梁、灌注桩墩台	1999.3	2003.6
140	浦前桥	K1780 ＋ 150	64	砼空心板梁、灌注桩墩台	2002.2	2003.12
141	直上河桥	K1783 ＋ 230	64	砼空心板梁、灌注桩墩台	2002.2	2003.12
142	坑口中桥	K1815 ＋ 490	64	砼空心板梁、灌注桩墩台	2002.2	2003.12
143	合作桥	K1686 ＋ 967	60	砼空心板梁、灌注桩墩台	1999.3	2003.6
144	泗塘二桥	K1695 ＋ 869	60	砼空心板梁、灌注桩墩台	1999.3	2003.6
145	河逮桥	K1771 ＋ 600	60	砼空心板梁、灌注桩墩台	2002.2	2003.12
146	梅浦桥	K1799 ＋ 455	60	砼空心板梁、钢筋砼箱梁、灌注桩墩台	2002.2	2003.12
147	观美互通 2 号桥	K1819 ＋ 550	60	砼空心板梁、灌注桩墩台	2002.2	2003.12
148	湾坑 2 号桥	K1829 ＋ 385	60	砼 T 梁、灌注桩墩	1999.3	2003.6
149	下塘河中桥	K1687 ＋ 898	58	砼空心板梁、灌注桩墩台	2002.2	2003.12
150	玄檀桥	K1767 ＋ 734	58	砼空心板梁、灌注桩墩台	1999.3	2003.6
151	田东立交桥	K1683 ＋ 606	56	砼空心板梁、灌注桩墩台	2002.2	2003.12
152	A 线中桥	飞云互通 AK0 ＋ 398	56	钢筋砼箱梁、灌注桩墩台	2002.2	2003.12
153	大嵩中桥	K1700 ＋ 766	53	砼空心板梁、灌注桩墩台	1999.3	2003.6
154	愚溪 2 号桥	K1770 ＋ 560	52	钢筋砼箱梁、灌注桩墩台	2002.2	2003.12
155	断头河桥	K1783 ＋ 480	52	砼空心板梁、灌注桩墩台	2002.2	2003.12
156	萧江互通 E 匝道桥	萧江互通	52	砼空心板梁、灌注桩墩台	2002.2	2003.12
157	西岙中桥	K1725 ＋ 848	50	箱梁、柱式桩基础	1999.3	2003.6
158	福安塘桥	K1694 ＋ 699	48	砼空心板梁、灌注桩墩台	1999.3	2003.6
159	竹溪桥	K1763 ＋ 736	48	砼空心板梁、灌注桩墩台	2002.2	2003.12
160	沈岙桥	K1764 ＋ 340	48	钢筋砼箱梁、灌注桩墩台	2002.2	2003.12
161	门前桥	K1799 ＋ 489	48	钢筋砼箱梁、灌注桩墩台	2002.2	2003.12
162	温家桥	K1803 ＋ 885	48	砼空心板梁、灌注桩墩台	2002.2	2003.12
163	八字桥	K1804 ＋ 295	48	砼空心板梁、灌注桩墩台	2002.2	2003.12
164	后林桥	K1805 ＋ 570	48	砼空心板梁、灌注桩墩台	2002.2	2003.12
165	雁荡路中桥	K1684 ＋ 064	44	砼空心板梁、灌注桩墩台	2002.2	2003.12
166	汇底二中桥	K1699 ＋ 772	44	砼空心板梁、灌注桩墩台	199903	2003.6
167	杏湾立交桥	K1705 ＋ 172	44	砼空心板梁、灌注桩墩台	1999.3	2003.6
168	南岳中桥	K1705 ＋ 332	44	砼空心板梁、灌注桩墩台	1999.3	2003.6
169	旺林分离桥	K1736 ＋ 307	44	空心板、柱式桩基础	1999.3	2003.6
170	新旺河桥	K1776 ＋ 250	44	钢筋砼箱梁、灌注桩墩台	2002.2	2003.12
171	泽前中桥	K1685 ＋ 216	43	砼空心板梁、灌注桩墩台	1999.03	2003.6
172	平阳互通 4 号桥	平阳互通	43	砼空心板梁、灌注桩墩台	2002.2	2003.12
173	塘边 1 号桥	K1781 ＋ 127	42	砼空心板梁、灌注桩墩台	2002.2	2003.12
174	沪山分离式立交桥	K1808 ＋ 471	42	钢筋砼箱梁、灌注桩墩台	2002.2	2003.12
175	D 线中桥	瑞安互通 DK0 ＋ 302	40	钢筋砼箱梁、灌注桩墩台	2002.2	2003.12
176	南岳桥	K1791 ＋ 220	40	砼空心板梁、灌注桩墩台	2002.2	2003.12
177	乌岩中桥	K1825 ＋ 500	40	空心板、柱式桩基础	2002.2	2003.12
178	Y 线中桥	温州南互通 YK0 ＋ 508	39	空心板、柱式桩基础	2002.2	2003.12

续表 2-1-4

序号	桥　名	桩　号	长度（米）	桥梁结构类型	开工年月	竣工年月
179	新居中桥	K1767 ＋ 280	39	砼空心板梁、灌注桩墩台	2002.2	2003.12
180	莲岙桥	K1797 ＋ 420	39	钢筋砼箱梁、灌注桩墩台	2002.2	2003.12
181	山南中桥	K1808 ＋ 120	39	钢筋砼箱梁、灌注桩墩台	2002.2	2003.12

甬台温高速公路温州段隧道情况表

表 2-1-5

序号	隧道名	桩　号		结构断面形式	长度（米）	开工年月	竣工年月	承建单位
		起点	终点					
1	三都岭	K1768+636	K1770+342	双洞四车道、28 米宽、净高 5 米	1756	1999.11	2002.2	福建第一公路工程公司
2	雁荡南	K1689+252	K1690+803	双洞四车道、22.6 米宽、净高 5 米	1615	1999.4	2001.8	铁道部隧道工程局一部
3	仙　岩	K1793+285	K1794+928	双洞四车道、28 米宽、净高 5 米	1587	2001.8	2003.7	中铁二十、十八工程局
4	雁荡山	K1681+804	K1683+194	双洞四车道、22 米宽、净高 5 米	1396	1999.4	2001.8	中铁一局
5	外笼山	K1791+260	K1792+545	双洞四车道、28 米宽、净高 5 米	1322	2001.8	2003.7	中铁二十工程局
6	箭　岙	K1798+035	K1798+596	双洞四车道、28 米宽、净高 5 米	580	2001.8	2003.7	中铁十八工程局
7	金　山	K1702+330	K1702+760	双洞四车道、24.5 米宽、净高 5 米	430	1999.3	2002.7	核工业华东建设集团
8	杏湾山	K1704+187	K1704+517	双洞四车道、24.4 米宽、净高 5 米	332	1999.3	2002.7	核工业华东建设集团

【金丽温高速公路温州段】　金丽温高速公路是国家沿海干线公路网的重要组成部分，也是浙江省公路网主骨架“二横”中的一横。起点位于杭金衢高速公路仙桥枢纽，途经金华市、武义县、永康市、缙云县、丽水市、青田县、永嘉县，止于温州市瓯海区南白象街道（桩号 K0+435 ～ K10+762），全长 234 公里，总投资约 127 亿元，国家统一编号 G1513。金丽温高速公路温州段起点位于永嘉县与青田交界的花岩头，途经永嘉县桥头镇、桥下镇和鹿城区仰义乡，止于瓯海区南白象互通立交桥，全长 45.12 公里。该线路采用双向四车道，路基宽度 24.5 米，设计时速 80 公里（后提速为 100 公里），总投资 27.71 亿元。后延伸经瓯海区古岸头至南白象，与甬台温高速公路相连，全长 21.9 公里，总投资 15.68 亿元，2003 年 2 月 23 日正式开工建设。沿线设有桥头、梅岙、双屿 3 个收费所，桥头、梅岙、瓯北、温州西 4 个互通出口，桥头 1 个服务区。工程初建设计，分西过境和永（嘉）鹿（城）两段。

西过境段　起于瓯海区南白象枢纽，止于鹿城区双屿镇后京村，全长 25.15 公里（含匝道），主线长 23.34 公里。1995 年工程通过“工可”，由中交第二勘察设计研究院和温州市交通工程设计院负责设计。工程分三期，金丽温高速公路西过境段指挥部承建。一期工程，鹿城区双屿镇牛岭村至瓯海区古岸头村止（桩号 K10+762 ～ K16+188），全程 6.78 公里，总投资 2.08 亿元，1997 年 5 月开工，1999 年 11 月竣工。二期工程，鹿城区后京村至双屿镇牛岭村止（桩号 K16+188 ～ K23+692），全程 7.89 公里，总投资 3.6 亿元，1998 年 5 月开工，2000 年 11 月竣工。三期工程，瓯海区古岸头至南白象镇止，全程 10.48 公里，总投资 6.35 亿元，1999 年 5 月开工，2001 年 11 月竣工。三期工程主要工程量：路基土石方开挖 108 万立方米，软基处理 7.158 公里，桥梁

金丽温高速公路花岩头段　吴卫平摄

29 座（单幅长 26.61 公里），隧道 4 座（单洞长 4.17 公里），各类通道 10 处，涵洞 30 道，设有 1 处互通立交。工程总投资 12.03 亿元。

永鹿段　起自永嘉县与青田县交界的花岩头村，止于鹿城区双屿镇后京村，全长 21.96 公里。2001 年 11 月通过“工可”，由浙江省交通规划设计研究院负责设计，金丽温高速公路永鹿段指挥部承建。2002 年 9 月 30 日，在永嘉梅岙村举行开工典礼，2003 年 2 月 23 日正式动工兴建。工程涉及 2 个县、3 个乡镇、21 个行政村，全长 21.96 公里，按四车道高速公路技术标准设计。主要工程量：路基土石方开挖 158 万立方米，软基处理 4 公里，桥梁 27 座 /11.8 公里，隧道 4 座 /1.17 公里，各类通道 19 处，涵洞 35 道，设有桥头、梅岙 2 处互通立交，8 座分离式立交。总投资 15.68 亿元。2005 年 9 月 11 日工程全线竣工，标志着金丽温高速公路全线贯通，10 月 31 日正式通车。工程质量评定等级为优良。

2007 年 10 月，金丽温高速公路温州段实行交通管理联动机制，在桥头（2 个）、桥下、双屿 4 个路段安装德产固定雷达测速仪。是年底，因温州绕城高速公路建设需要，金丽温高速公路仰义、周岙底两段路基改造为两座桥梁，各 45 米长，金丽温高速公路温州段桥梁增至 58 座，单幅长 51.51 公里。2011 年 4 月，金丽温高速公路温州段古岸头互通工程开工。工程将金丽温高速公路与瓯海大道相连，增加一个收费站。工程包括 3.139 公里的互通桥和四进九出高速公路收费站。总投资约 1.72 亿元。2014 年 10 月，金丽温高速古岸头互通正式通车并投用。2006 年，金丽温高速温州段日均通行车辆数 11000 辆次。后车流量每年以 15% 递增。至 2012 年，日均通行车辆数达 26600 辆。

金丽温高速公路温州段桥梁情况表

表 2-1-6

序号	桥梁	位 置	孔数	跨径（米）	全长（米）	开工年月	竣工年月
（一）主 线 桥							
1	金竹高架桥	瓯海金竹村	90	1774.8	1780.88	1999.5	2001.11
			90	1774.8	1780.88		
2	南村高架桥	瓯海南村	87	1638.037	1644.037		
			87	1630.007	1633.026		
3	娄桥高架桥	瓯海娄桥	64	1295.1	1301.18		
			64	1295.1	1301.18		
4	上汇高架桥	瓯海上汇村	56	1120	1126.08		
			56	1120	1126.08		
5	双屿立交桥	鹿城箬笠岙村	52	1045	1061	1997.5	1999.11
			53	1057	1073		
6	屿头温化立交桥	鹿城双屿镇	151	2951	2956.44	1998.5	2000.10
			151	2951	2956.44		
7	梅岙大桥	永嘉梅岙村	89	1039	1081.84	2003.2	2005.10
			89	1039	1081.84		
8	路礁高架桥	永嘉埠头村	87	1714.5	1743.54		
			87	1714.5	743.54		

续表 2-1-6

序号	桥梁	位 置	孔数	跨径（米）	全长（米）	开工年月	竣工年月
9	互通主线桥	永嘉朱涂村	82	1629	1633.04	2003.2	2005.10
			82	1589	1593.04		
10	沿江高架桥	永嘉白沙村	97	3394.96	3401.96		
			96	3343.96	3350.96		
11	前园高架桥	瓯海前园村	34	680	686.08	1999.5	2001.11
			34	34×20	686.08		
12	前园河大桥	瓯海前园村	7	140	146.08		
			7	7×20	146.08		
13	古岸头高架桥	瓯海古岸头村	36	722.2	728.28		
			36	722.2	728.28		
14	古岸岸头大桥	瓯海古岸头村	10	200	206.06	1997.5	1999.11
			10	10×20	206.06		
15	仙门河大桥	瓯海古岸头村	8	128	134.04		
			8	8×16	134.04		
16	高殿立交桥	瓯海梅屿村	15	198.5	203.94		
			15	198.5	203.94		
17	仰义高架桥	鹿城澄沙村	29	580	585.4	1998.5	2000.10
			29	580	585.4		
18	木西岙分离立交桥	鹿城后京村	22	440	444.04	2003.2	2005.10
			22	440	444.04		
19	天龙高架桥	鹿城渔渡村	11	176	179.74		
			10	160	163.74		
20	坦头高架桥	永嘉西岙村	50	990	994.04	—	—
			50	990	994.04		
21	下白山高架桥	永嘉下白山村	13	260	267.04		
			13	260	267.04		
22	桃湾高架桥	永嘉桃湾村	22	450	454.04		
			22	450	454.04		
23	白下村高架桥	永嘉白下村	38	760	764.04		
			38	760	764.04		
24	白垟桥	永嘉白垟村	5	100	104.04		
			5	100	104.04		
25	林福高架桥	永嘉林福村	18	360	364.04		
			18	360	364.04		
26	前庄河中桥	瓯海梅屿村	3	48	52	1997.5	1999.11
			3	48	52		
27	梅屿村水管护桥	瓯海梅屿村	1	20	25.6		
			1	20	25.6		
28	风门河中桥	鹿城牛岭村	3	48	53.44	1998.5	2000.10
			3	48	53.44		
29	风门河小桥	鹿城牛岭村	1	20	25.34		
			1	20	25.34		
30	周岙底 1 号通道	鹿城前京村	2	40	45.04	2007.5	2008.2
			2	40	45.04		
31	周岙底 2 号通道	鹿城前京村	2	40	45.04		
			2	40	45.04		
32	红枫桥	鹿城渔渡村	4	64	68	2003.2	2005.10
			6	96	86.865		
33	西溪桥	永嘉上村村	3	60	64.04		
			3	60	64.04		

续表 2-1-6

序号	桥梁	位置	孔数	跨径（米）	全长（米）	开工年月	竣工年月
34	古岸头通道桥	瓯海古岸头村	1	13	29	1997.5	1999.11
			1	13	29		
35	通道桥	瓯海古岸头村	1	6	15.4		
			1	6	15.4		
36	浦北村水管护桥	瓯海浦北村	1	13	13.6		
			1	13	13.6		
37	通道桥	瓯海浦北村	1	6	15.4		
			1	6	15.4		
38	通道桥	鹿城牛岭村	1	6	15.46	1998.5	2000.10
			1	6	15.46		
39	通道桥	鹿城前京村	1	5.5	15.4		
			1	5.5	15.4		
40	通道桥	鹿城前京村	1	6	15.34		
			1	6	15.34		
41	通道桥	鹿城前京村	1	6	15.6		
			1	6	15.6		
42	通道桥	鹿城前京村	1	6	15.25		
			1	6	15.25		
43	下村通道桥	鹿城渔渡村	3	30	33.04	2003.2	2005.10
			3	30	33.04		
44	上村通道桥	鹿城渔渡村	3	30	33.04	—	—
			3	30	33.04		
45	白垟 1 号桥	永嘉白垟村	3	30	33.04		
			3	30	33.04		
46	林福 2 号桥	永嘉林下村	3	30	33.04		
			3	30	33.04		
47	林福 1 号桥	永嘉林下村	3	30	33.04		
			3	30	33.04		
48	下山田 2 号桥	永嘉林下村	3	30	33.04		
			3	30	33.04		
49	下山田 1 号桥	永嘉林下村	3	30	33.04		
			3	30	33.04		
（二）匝道桥							
1	T 匝道高架桥	鹿城牛岭村	15	300	306.08	1999.5	2001.11
2	M 匝道高架桥	鹿城牛岭村	7	140	143.04		
3	X 匝道高架桥	鹿城牛岭村	6	120	123.04		
4	B 匝道桥	永嘉壬田村	8	104	118.87	2003.02	2005.10
5	C 匝道桥	永嘉壬田村	10	164	166.17		
6	D 匝道桥	永嘉壬田村	9	180.246	182.29		
7	E 匝道桥	永嘉壬田村	9	151.77	153.66		
8	1 号桥	永嘉梅岙村	15	258	261.89		
9	2 号桥	永嘉梅岙村	3	33	38.04		

金丽温高速公路温州段隧道情况表

表 2-1-7

序号	隧道名称	位置	全长	隧道形式	洞口形式	开工年月	竣工年月
1	慈湖岭隧道（中）	金华方向	883	分离式	端墙式	1999.5	2001.11
		温州方向	820	分离式	端墙式	1999.5	2001.1
2	梅岭隧道（中）	金华方向	638	分离式	端墙式	1997.5	1999.11
		温州方向	534	分离式	端墙式	1997.5	1999.11
3	西湾隧道（短）	金华方向	346	分离式	端墙式	1998.5	2000.10
		温州方向	320	分离式	端墙式	1998.5	2000.10
4	洞桥山隧道（短）	金华方向	306	分离式	端墙式	1998.5	2000.10
		温州方向	326	分离式	端墙式	1998.5	2000.10
5	木西岙隧道（短）	金华方向	463	连拱式	端墙式	2003.2	2005.10
		温州方向	463	连拱式	端墙式	2003.2	2005.10
6	红枫隧道 （段）	金华方向	230	连拱式	端墙式	2003.2	2005.10
		温州方向	230	连拱式	端墙式	2003.2	2005.10
7	上村隧道（短）	金华方向	300	连拱式	端墙式	2003.2	2005.10
		温州方向	300	连拱式	端墙式	2003.2	2005.10
8	垟湾隧道（短）	金华方向	181	连拱式	倒削竹式	2003.2	2005.10
		温州方向	181	连拱式	倒削竹式	2003.2	2005.10

建设史话

天价之路　金丽温高速公路全长 234 公里，总投资 127 亿元。丽青、永鹿两段造价尤为惊人，其中，丽青段平均造价 7500 万元 / 公里，永鹿段平均造价 7100 万元 / 公里，堪比天价。

桥隧之路　金丽温高速公路拥有大量的桥梁与隧道。位于海口至青田西路段的跨江大桥，长度达 10.296 公里。全线桥梁总里程数达 70 多公里，隧道总里程数超过 40 公里，两者相加达 110 多公里，有“桥隧俱乐部”之称。

生态之路　金丽温高速公路建时，按照“沿江不占江、沿山少开山”的设计理念，增加造价，多选隧道，最短隧道仅 190 多米，避免了深挖方式带来的植被破坏，最大限度地保护了沿线生态。

标志之路　金丽温高速公路全线贯通后，从温州到丽水只需一小时，到金华只需两小时，而从温州经金丽温、杭金衢高速公路到杭州只需四小时，标志着浙江“四小时交通圈”正式建成。同时，金丽温高速公路与已通车的甬台温、沪杭甬、杭金衢高速公路形成浙江省第一个高速公路大环网。

【龙丽温高速公路泰顺支线（在建）】　龙丽温高速公路泰顺支线是龙丽温高速公路项目的重要组成部分。2013 年 5 月，国家发改委下发《国家公路网规划（2013—2030）》，龙丽温高速公路景宁至文成至泰顺段，被列入国家高速公路江苏省溧阳至福建宁德（G4012）中的一段。2016 年 6 月，溧宁高速公路文成至泰顺段“工可”报告正式获国家发改委批复。是年 12 月 15 日，在泰顺县筱村镇徐岙村举行开工仪式。该路线起于文成县樟台枢纽与主线相接（桩号 K0+000），经金垟、飞云江、巨屿、珊溪、西山、仰山、新浦、筱村、洪溪、罗阳、友谊桥附近的浙闽界，顺接在建的溧阳至宁德高速公路福建境内福安至寿宁段，全长 57.445 公里（其中泰顺境内 34.03 公里），总投资 109 亿元。设互通立交 5 处（其中独立互通立交 3 处，互通与枢纽合建 1 处，互通与服务区合建 1 处），主线收费站 1 处（与泰顺互通合建）。设桥梁 32.5 座 9.189 公里，特大桥 2 座，特长隧道 4 座。最长隧道 4250 余米，最高桥墩 161 米，拱桥最长跨径 270 米。桥隧总长 39.29 公里，占路线总长的 68.4%。该工程预计 2020 年竣工。

该工程项目的建设，对于完善国家和区域高速公路网、改善区域交通条件、促进沿线优势资源开发和经济社会发展等，均具有重要意义。该工程的建成通车，还将为“十三五”期末浙江省实现内陆县“县县通高速”目标画上句号；对于改善文泰两地的交通基础设施条件，促进区域旅游资源的开发利用，具有特殊的意义。

三、高速省道

【诸永高速公路温州段】 诸暨至永嘉高速公路简称诸永高速，是浙江省公路水路交通规划“两纵两横十八连三绕三通道”中的“一连”，统一编号为S26。线路自北与绍兴市诸暨境内的直埠镇与杭金衢高速公路相连接，贯穿绍兴、金华、台州、温州四市，途经诸暨、东阳、磐安、仙居、永嘉5县（市）42乡镇，沟通杭金衢、甬金、台金、温州绕城高速公路北线4条高速公路，止于永嘉枢纽互通与温州绕城高速公路接线。主线全长约225公里，设收费站20个，服务区5个，总投资166亿元。S26温州段，是目前温州至杭州行车距离最短的线路。S26温州段全线基本在永嘉境内。永嘉段北起黄南与仙居交界的括苍山隧道内，与S26台州段相接，贯穿永嘉10个乡镇、81个行政村，全长约64.8公里，概算投资52.6亿元，其中建安费39.98亿元。

2004年11月29日，浙江省发改委批复同意建设S26温州段，12月28日正式开工。工程征用土地359.82公顷，拆除房屋135591.79平方米，搬迁厂矿企业12家，祠堂、庙宇等26座，迁移坟墓5531穴，改迁电力、通信等传输杆线1791根，总长89.56公里，架设施工电力缆线总长127公里，修建施工便道62条计82公里，施工临时用地818公顷，弃土场586公顷，炸药库12座，使用炸药5997吨。2005年8月15日，S26线的控制性工程括苍山隧道开工建设。括苍山隧道位于永嘉与仙居交界的崇山峻岭之中，全长7.93公里，其中永嘉段2.13公里，仙居境内5.8公里，由中铁16局集团三公司承建。当年累计完成工程投资额11.90亿元，占总工程的25%。2009年12月，主体工程完成。其中，S26北线工程诸暨至磐安段于2008年1月2日通车，总长119公里。这是浙江省内修建时间最长的一条高速公路，也是通车时间变更最多的一条高速公路。S26南线工程因地质结构复杂，加上仙居段发生山体滑坡等因素，全线通车时间数次推迟。

S26线从温州往诸暨方向，沿楠溪江而行，跨越16道深谷，穿透17座高山，途经神仙居，抵西施故里，一路风光旖旎。全段路线弯道多、桥梁多、落差高，大多处在山岭重丘区。沿途有大小隧道54个，其中括苍山隧道是华东地区最长且深埋最深（690米）的特长隧道，有“华东第一隧”之称；有大小桥梁100多座，其中张家坦大桥桥墩高72米，为全省最高的高架桥桥墩；有高落差、临水临崖路段290多处，大部分落差在10米以上，最高落差近百米。主线为双向四车道，设计行车时速80公里。境内共设有岩坦、枫林、花坦、古庙、永嘉南互通出口5个，枢纽和服务区各1个，互通连接线长12.45公里，属二级公路。全线软基处理2400米。为提高行车的安全性实施新技术新工艺，在永嘉县岩坦镇源头村路段（温州方向K177）设置避险车道，为温州境内高速公路首条避险车道。括苍山隧道架设两台大型“抽油烟机”，从山顶直排，保障隧道内的能见度和空气流通。

2010年7月22日零时，S26线温州段通车。至此，S26全线通车。通车后，温州到杭州的距离缩短约50公里，两城间行车时间缩为3个半小时。2011年12月20日，S26线进行大提速，全线取消时速60公里的最高限速，原限速时速80公里的路段，全部提至限速时速100公里（除隧道）。

诸永高速公路永嘉黄屿段　资料图片

诸永高速公路永嘉段隧道情况表

表 2-1-8

序号	隧道名称	入口桩号	长度（米）	宽（米）	类　别
1	小东尖隧道	（左）K163+236	1421	8.5	长隧道
		（右）K163+245			
2	树路隧道	（左）K165+668	396		短隧道
		（右）K165+678			
3	大学岭隧道	（左）K172+285	489		
		（右）K172+295			
4	张福寺隧道	（左）K176+709	548		中隧道
		（右）K176+719			
5	三条岭隧道	（左）K179+383	567		中隧道
		（右）K179+393			
6	跳远隧道	（左）K182+857	3242	8.8	特长隧道
		（右）K182+867			
7	东升隧道	（左）K191+756	313		短隧道
		（右）K191+756			
8	大门台隧道	（左）K192+107	1565		长隧道
		（右）K192+117			
9	包岙 1 号隧道	（左）K196+772	759		中隧道
		（右）K196+782			
10	包岙 2 号隧道	（左）K197+617	1315		长隧道
		（右）K197+627			
11	降山垅隧道	（左）K200+972	335	9.75	短隧道
		（右）K200+982			
12	龙前山 1 号隧道	（左）K201+907	2699		长隧道
		（右）K201+917			
13	龙前山 2 号隧道	（左）K204+644	218		短隧道
		（右）K204+654			
14	南岙隧道	（左）K205+957	1091	8	长隧道
		（右）K205+967			
15	龙岩头隧道	（左）K207+337	2280		短隧道
		（右）K207+347			
16	下嶂岙隧道	（左）K215+998	1161		长隧道
		（右）K216+008			
17	括苍山隧道	（左）K155+103	7880.3	10.76	
		（右）K155+160	7842.0		
18	启灶小净距隧道	（左）诸永延伸线	195	14.25	短隧道
		（右）诸永延伸线	453.5	10.25	
19	后江隧道	诸永延伸线	230	230	

建设史话

诸永之最　诸永高速公路是当年浙江省投资最大的高速公路工程。双向四车道，高速连接线长 48 公里，互通立交 23 座，服务区 5 处。诸永高速公路进入山区后，在括苍群峰中穿行，许多路段桥隧相连，张家坦大桥桥墩高 72 米，为全省最高的高架桥桥墩，高度接近 30 层高楼。

连接枢纽　诸永高速公路的建成，改写了从杭州到东阳需从郑家坞绕行的历史，结束了磐安无高速公路的历史，使原先僻居浙中的磐安、仙居、东阳等县（市）的山区，成为连接整个浙江高速公路网络的枢纽。

“五多三难”　“五多”：一是隧道多。温州段共有隧道 17 座，其中最长的括苍山隧道长达 7.9 公里。二是桥梁多。温州段共有桥梁 49 座，总长 26 公里，占总里程的 40.2%。三是长坡多。

长下坡与长隧道相结合，其中括苍山隧道至枫林互通34公里均为坡道路段。四是弯道多。温州段共有弯道37处，且多为坡道、隧道相结合路段，最小转弯半径仅500米。五是高落差、临水临崖路段多。高落差路段共计49处，大部分落差在10米以上，最高落差近百米。“三难”：一是日常管控难。温州段险情多，给管控带来了一定的难度。二是交通分流难。沿线道路通行能力较差，且部分路段交通已趋饱和；沿线国省道路面较窄，弯道多且急；连接高速公路桥梁最大限载低，无法满足四轴以上货车通行。三是应急救援难。温州段沿线医疗、急救、消防、抢险力量主要集中在永嘉县城区内，距离括苍山隧道50多公里，难以辐射满足北段抢险需求。

【诸永高速公路温州延伸线】 北起诸永高速公路永嘉三江复合枢纽，连接温州绕城高速公路北线，沿楠溪江东侧向南经三江，跨瓯越大桥，至南岸经鹿城江滨路，止于温州市区矮凳桥路北侧，与民航路北段连接，全长8.065公里，工程投资26.47亿元。沿线设瓯江过江通道特大桥4707.9延米/1座、大桥426.8米/2座，隧道678.5米/2座，永嘉复合式枢纽1处，三江和江滨路互通2处，温州北主线收费站1处，管理分中心1处。永嘉枢纽至三江互通段为双向四车道，整体式路基宽度24.5米。三江互通至温州市区段为双向六车道，路基宽度32米。全线三江时速为80公里，项目总投资26.47亿元。

诸永高速公路延伸线瓯越大桥　叶迈峰摄

该工程于2003年启动前期工作，2007年7月立项。2008年，工程完成“预可”和“工可”审查，并获除环评外的规划选址、土地预审、铁路交叉、水保、水利、防洪、通航、地震、地质灾害、环评等12个专题论证的批复。2009年，南引桥附近“香榭丽小区”居民就交通噪音问题持续上访，“工可”审批严重受阻。2010年9月17日，省发改委发“工可”核准意见（浙发改函〔2010〕321号），同意工程分两个标段建设。项目法人为温州瓯江通道建设有限公司，承担工程建设管理任务。11月8日，项目初步设计获省发改委批复，投资概算26.47亿元，工程预期36个月。12月24日，举行瓯江过江通道特大桥栈桥工程动工仪式。2011年6月1日，第二标段率先开工建设。起点为瓯江过江通道特大桥后江段与瓯江段交叉墩处，终点为鹿城区矮凳桥路北侧，与民航路相接，全长3.59公里，主要工程为路基、部分路面、瓯江过江通道特大桥。瓯江过江通道特大桥长3457.9米，2013年5月19日合龙。2012年7月1日，工程第一标段开工建设。起点为诸永高速公路永嘉三江复合枢纽，终点为瓯江过江通道特大桥后江段南引桥39号墩处，路线全长4.48公里，主要工程为路基、桥涵、隧道等。工程涉及永嘉三江街道11个行政村、黄田街道1个行政村，征地708.1公顷（其中耕地398.08公顷），拆迁建筑物18215平方米，迁移坟墓208穴，迁改杆线总长28.8公里。

2014年6月24日，经网络推选、专家评定、部门批复，瓯江过江通道特大桥被正式命名为“瓯越大桥”。6月30日，永嘉三江互通至温州江滨路互通段试通车成功。2015年1月1日，诸永高速公路温州延伸段正式通车。

【甬台温高速复线温州段（在建）】 甬台温高速公路复线又称浙江沿海高速公路，统一编号为G15W3。工程起于宁波绕城高速公路，途经象山、宁海、三门、临海、椒江、乐清、温州、瑞安、平阳、苍南等14个县（市、区），在苍南

甬台温高速公路复线温州段动工仪式　刘晓华摄

马站镇进入福建省福鼎市境内。线路全长约378公里，跨越三门湾、台州湾及乐清湾，设计时速100～120公里，工期约4年。甬台温高速公路复线温州段起于乐清南塘镇，经乐清、七都、龙湾、瑞安、平阳、苍南，止于浙闽交界的苍南岱岭南山尖隧道。工程分三段实施：第一段工程从乐清南塘至玉环并入台州段，具体由台州市负责审批和实施，乐清市负责政策处理和建设管理的配合工作。第二段工程起于乐清南塘，止于瑞安阁港，全长89.59公里，总投资约185.9亿元。其中乐清南塘枢纽至乐清互通段与沈海（甬台温）高速公路共线，采用老路拓宽至8车道，拓宽段长度约23.65公里，路基宽度41米，其余路段均采用双向六车道，路基宽度33.5米。第三段工程从瑞安阁港至浙闽交界的苍南马站，全长57.67公里，总投资96.18亿元。根据“工可”报告，温州段境内计划设4个枢纽、11个互通和3个服务区。从北至南顺序为：乐清南塘枢纽、乐清蒲岐互通、乐清互通、乐清枢纽、乐清服务区、乐清黄华枢纽、龙湾灵昆互通、温州机场互通、龙湾滨海互通、瑞安服务区、瑞安东互通、平阳阁巷枢纽、平阳鳌江互通、苍南龙港互通、苍南钱库互通、苍南龙沙互通、苍南服务区、苍南马站互通。

2003年甬台温高速公路温州段全线开通后，车流量逐年大增。通车当年，日均车流量5000辆，两年时间迅速增至3万～4万辆，温州大桥日均车流量达到约5万辆。2004年6—11月，温州市交通运输局委托浙江省交通规划设计研究院，对甬台温复线乐清至瑞安段进行线位论证研究和预可研究。2006年3月28日，省发改委、省交通运输厅在温州市主持召开乐清至瑞安段工程预可行性研究报告预评审会。2007年11月，省交通运输厅委托省交通规划设计研究院编制工程可行性研究报告。2008年12月9日，2009年7月1日，省发改委、省交通运输厅在温州先后主持召开乐清至瑞安段“工可”评审会、瑞安至苍南段工程评审会。省交通运输厅要求将乐清至瑞安段和瑞安至苍南段合并，并完成两段“预可”的合并工作。经5年的反复探讨论证，获温州市人民政府发文批准（温政函〔2009〕109号文）。2010年8月3日，温州市人民政府成立浙江省温州市沈海高速公路有限公司（简称“沈海公司”），并在温州市工商行政管理局注册，负责实施该工程。根据要求，沈海公司是由温州市交通投资集团有限公司控股（持股比例47.73%），联合沿途相关县（市、区）共同组建的股份有限公司，注册资本金为3亿元。

2010年11月，省交通规划设计研究院根据专家组意见和建议，按照《公路建设项目可行性研究报告编制办法》，编制温州乐清至瑞安段“工可”报告。12月24日，省发改委对乐清至瑞安段、瑞安至苍南段两个项目予以立项批复（浙发改办交通函〔2010〕82号、85号项目联系单）。12月25日，省交通运输厅主持召开两段“预可”评审会。2011年1月17—20日，省交通运输厅在温州主持召开乐清至瑞安段“工可”评审会。因瓯江北口“三桥合一”的影响，将乐清至瑞安段工程分为南塘至黄华段、黄华至灵昆段、灵昆至阁巷段三段实施。2011年5月9—10日，省交通运输厅在温州主持召开瑞安至苍南段“工可”评审会。2011年3月，甬台温高速复线平阳段工程建设指挥部成立。指挥部承担甬台温高速复线平阳段工程，龙丽温、甬台温高速公路复线联络线工程，甬台温高速公路复线鳌江互通至瓯南大桥连接线工程，甬台温高速公路平阳互通迁建及接线工程的建设指挥任务。

平阳段主线起点为万全镇宋埠海涂分厂，穿过古盘山隧道（长3680米），终点为鳌江墨城海城村，总投资28.94亿元。设鳌江墨城互通立交1处，匝道收费站1处。鳌江墨城互通胜利路连接线项目，起点为鳌江墨城互通，穿过青山头隧道（2200米），终点为鳌江镇下厂村，连接瓯南大桥，连接线长5.5公里。工程主线采用双向六车道高速公路技术等级标准建设，路基宽度33.5米，设计时速100公里，2013年5月动工。2011年11月4日，乐清段前期工程正式动工。工程起点位于清江镇亨乾口，途经清江、虹桥、天成、城东、城南、盐盆、翁垟、柳市8个镇、街共64个村庄，终点位于柳市镇沪屿村附近的黄华枢纽。线路总长30.9公里，设计时速100公里。2012年6月，省交通规划设计研究院完成“工可”补充报告，编制完成项目申请报告。2012年9月，省发改委分别对项目进行核准（浙发改函〔2012〕338号）：南塘到黄华段全长约31.5公里，投资约56.39亿元；灵昆到阁巷段全长约38.52公里，投资约129.92亿，按双向六车道高速公路标准建设，设计时速100公里。2013年7月23日，温州瑞安至苍南段工程项目初步设计获省交通运输厅批复。该工程北接甬台温高速公路复线温州灵昆至阁巷段工程，经平阳县宋埠高架桥，穿古盘山隧道，经墨城水闸跨越鳌江至苍南县龙港镇，设龙港互通接龙港规划道路、钱库互通接龙金大道，向西南延伸，在龙沙乡东设龙沙互通（接灵溪龙沙一级公路），后穿安峰隧道，跨赤溪港进入渔寮隧道，止于浙闽交界的苍南岱岭隧道。2014年12月29日，灵昆至阁巷段飞云江跨海特大桥工程正式开工。该特大桥是甬台温高速公路复线的控制性工程，全长4.816公里，大桥主跨380米，将建成双塔双索面的钢混叠合梁斜拉桥，为温州斜拉桥中跨径最大。灵昆至阁巷段平苍段是省、市重点工程。该工程的建设，对加快温州从滨江时代走向滨海时代，加快温台沿海产业带开发和建设，尽快融入海西经济圈，提升温州港口城市综合实力和辐射能力，为温州发展注入新的动力，具有十分重要的意义。瑞安至苍南段桥隧比高达83%，且互通和枢纽特别多。主线长约56.87公里，双向六车道，其中鳌江互通连接线约5.5公里双向四车道。总投资概算约156.8亿元。该段线路共设鳌江互通、龙港互通、钱库互通、龙沙互通和马站互通，另设鳌江连接线。该段关键控制性工程鳌江特大桥，于2015年2月7日正式开工。2015年6月2日，甬台温高速公路复线灵昆至阁巷段获90亿元贷款，成为温州市金额最大的银团贷款项目。

甬台温高速公路复线温州段，是温州市自主投资、自主建设、规模最大的高速公路建设项目，也是浙江省历史上投资额第二大的独立公路工程项目。2020年整体工程建成通车后，温州域内将实现一小时交通圈。

【温州绕城高速公路】 浙江省公路主骨架“两纵两横十八连三绕三通道”中的“一绕”，也是温州对外连接甬台温、金丽温、诸永高速公路及G104线、G330线、甬台温高速公路复线、S333线等，对内连接瓯海大道、高桐公路、S223线、永强大道等的重要通道，统一编号为S10。环绕温州都市中心区，连接乐清、永嘉、鹿城、瓯海、瑞安、平阳、龙湾、瓯江口新区等。工程分绕城北线一期、绕城北线二期和绕城西南线三大工程段，全长154公里，采用六车道高速公路标准设计，设计行车时速100公里，整体式路基宽度33.5米，分离式路基宽度16.75米。2003年7月，温州市交通局

温州绕城高速公路永嘉进口　　资料图片

委托省交通规划设计院承担温州绕城高速公路线路走向勘察设计工作。9月22日，温州市绕城高速公路工程建设指挥部成立，副市长陈宏峰为指挥，市交通局局长朱铁山等6人为副指挥。2004年3月至2012年12月，先后调整为朱铁山、宋海良、史海峰任指挥。2010年，温州发展集团有限公司（是年12月更名为温州市交通投资集团有限公司）开始温州绕城北线二期工程、温州绕城西南线工程线路勘测、现场调研等前期工作，并与环保、土地预审、文物调查、水土保持、防洪影响等10个专题研究编制单位建立沟通联络机制。

2004年12月，省交通规划设计研究院着手组织项目组进行温州绕城高速公路前期准备工作。2008年12月底，省交通运输厅正式委托省交通规划设计研究院编制本项目的“预可”“工可”研究报告，组建“预可”“工可”项目组。2010年10月25日，甬台温高速公路复线乐清至瑞安段、瑞安至苍南段工程“预可”报告通过审查。是年12月，本项目“预可”报告编制完成。

绕城北线一期工程 绕城北线工程涉及鹿城、永嘉和乐清3个县（市、区）、6个乡镇、39个行政村，征用工程建设用地和拆迁安置用地总计247.9956公顷，其中耕地面积174.58公顷，拆迁总面积23.16万平方米，搬迁农户950户，拆迁厂矿企事业单位11家，拆迁宗教寺庙祠堂7座，砍伐树木约18万棵，迁移坟墓6110穴，迁移光缆和各种杆线管道56.213公里，改造农田水利渠道13.62公里，农业田间道路12.1公里，农业灌溉机埠7座。绕城北线工程政策处理费用，由温州市政府分别与鹿城区、永嘉县和乐清市政府签订征地拆迁承包责任书，由三县（市、区）包干实施。2007年6月、2008年3月，乐清段和永嘉段政策处理分别完成主线工程用地范围内的拆迁工作。鹿城段因地处温州城市规划区域内，政策处理难度相当大，于2009年3月完成主线工程用地范围内拆迁工作。2004年，绕城北线一期工程前期工作开始实施。该工程起于鹿城区仰义乡前京村，设仰义枢纽与金丽温高速公路相接，往东穿过鹿城工业园区跨瓯江，进入永嘉县瓯北镇和一村，沿隧道经上白岩村，跨楠溪江，在罗溪村与诸永高速相接。之后路线折向东偏南方向，经罗溪村进入乌牛镇马岙村，跨永乐河至乐清市北白象枢纽，与甬台温高速公路相接。绕城北线工程总投资33.11亿元，其中温州绕城公司投资12亿元，其母公司温州市交通投资集团有限公司贷款22.4亿元。2005年6月，工程正式开工建设。2007年11月19日，国土资源部批准246.86公顷土地，作为温州绕城高速公路北线工程建设用地。北线一期工程原计划2008年6月建成通车，因受政策处理等制约，2008年7月市交通运输局向省交通运输厅要求延长建设工期，获批复同意（浙交复〔2008〕85号）。2010年2月14日12时，乐清北白象枢纽至永嘉瓯北互通段建成通车，2011年7月，工程全线通车。绕城北线一期工程主线长26.602公里，采用交通部颁发《公路工程技术标准》（JTGB01.2003）规定的双向六车道高速公路设计标准，计算行车时速100公里，整体式路基宽度33.5米，分离式路基宽度16.75米。主线共有桥梁19座/8900.14延米，其中特大桥5座/7110.2延米，大桥3座/1249延米，中小桥11座/540.94延米。主线隧道5座/8669延米，其中中长隧道4座/8387延米，短隧道1座/282延米。连接线隧道1座/1720延米，各类通道37道，涵洞17道。设枢纽互通3处、一般互通2处、预留互通1处、分离立交1处。全线设收费站3个、管理处1个。

绕城北线二期工程 温州绕城高速北线一期工程往东延伸段。2011年1月27日，市交通运输局和市交通投资集团牵头，组织市规划局、乐清交通局和规划局、七里港规划局、白象镇、七里港镇、黄华镇及省交通规划设计研究院等相关单位，召开温州绕城高速北线二期工程协调会，结合“预可”审查会专家意见，进一步确定线位及基本方案。3月29—31日，浙江省交通运输厅在温州主持召开温州绕城高速公路北线二期工程可行性研究报告评审会。2011 年 9 月，完成土地预审、环境评估、水土保持和规划选址等所有专题的研究和批复。因受瓯江北口“三桥合一”工程位置等多因素的影响，对原“工可”方案进行相应调整。省交通规划设计研究院于 2012 年 4 月完成项目“工可”补充报告。至 2012 年 12 月，完成了土地预审、水土保持、规划选址、环境评估等所有专题的重新研究和审查。2013 年 6 月 21—22 日，省交通运输厅和省发改委组织召开绕北二期初步设计审查会。7 月 30 日，温州市人民政府向省交通运输厅发《关于要求调整温州绕城高速公路北线二期工程七里港互通设置方案的函》（温政函〔2013〕140 号），要求把七里港菱形互通加设服务区方案变更为单喇叭互通方案，取消服务区设置。10 月 15 日，省发改委批复绕北二期项目初步设计（浙发改设计〔2013〕176 号）。11 月 25 日，绕北二期项目完成施工图设计送审稿编制。2014 年 12 月 11 日，绕城北线二期工程全面进入实体工程开工建设。工程起点位于甬台温高速公路乐清北白象枢纽，路线由西向东，经乐清北白象镇，设七里港互通，连接进港大道，与甬台温高速公路复线成互通立体交叉，最终汇合于北移后的黄华枢纽互通。黄华枢纽北移主要是受甬台温复线瓯江北汊“三桥合一”的影响。黄华枢纽终点北移约 1.5 公里后，绕北二期最后一段约 3.6 公里长的高速公路线位也作相应的调整。工程全长约 13.4 公里。工程设计双向六车道，路基宽度 33.5 米，设计时速 100 公里。全线共设收费站 2 个（黄华收费站、七里港收费站），枢纽 3 个（北白象枢纽、七里港互通、黄华枢纽），养护工区 1 个，特大桥 5 座 /7101 米（乐琯运河桥、双庙高架桥、前黄高架桥、小港高架桥、金光岙高架桥）、大桥 2 座 /530 米（柳黄高架桥、排岩头高架桥），分离式长隧道左洞 1225 米、右洞 1166 米（南山隧道），分离式中隧道左洞 720 米、右洞 679 米（金光岙隧道）。总投资约 58 亿元，项目资本金（占总投资的 25%）约 14.5 亿元，由项目法人自筹，其余资金申请银行贷款。项目性质为企业经营性高速公路项目。绕北二期新的建设方案将增设七里港互通兼服务区。该服务区规划采用新型服务区的建设方案，即将传统服务区和高速互通融合，并增添物流功能。此为温州市为推进城市化建设而创新的服务区建设新理念，不仅国内首创，在世界其他地方也无先例。

绕城西南线工程　2011 年 3 月，温州绕城高速公路西南线平阳段工程建设指挥部成立。2011 年 12 月 6 日，在平阳县万全镇举行温州绕城高速西南线工程动工仪式。路线起于鹿城仰义枢纽，接温州绕城北线高速公路和金丽温高速公路。沿途设桥梁 45 座（含立交主线桥）/29.919 公里，通道、涵洞 17 道，隧道 10 座 /11235 米，互通立交 8 处（不含预留的江溪枢纽互通和宋桥互通，其中枢纽 3 处），分离式立交 12 处（计入高架桥和大中桥梁）。设绕城全线管理中心 1 处，服务区 1 处，养护工区 1 处，匝道收费站 5 处，交警、路政管理用房各 1 处。全长 57.229 公里，核定概算 149.97 亿元。平阳段起点为万全镇宋桥办事处岭下村，终点为万全镇宋埠办事处陡北村，至瑞安市南滨街道阁一村交界，与已建的温州绕城北线、规划的绕城北线二期、绕城东线（与甬台温高速复线复合），共同构成闭合的温州绕城高速公路。路线全长 10.892 公里，设万全（陈岙村）互通立交 1 处，匝道收费站 1 处，养护工区 1 处。工程采用双向六车道高速公路技术等级标准建设，路基宽度 33.5 米，设计时速 100 公里。温州绕城高速公路项目法人为温州绕城高速公路有限公司，委托温州市绕城高速公路工程建设指挥部实施代建。绕城北线工程勘察设计单位为浙江省交通规划设计研究院，施工监理单位有北京路桥通国际工程咨询有限公司等 4 家；施工单位有中铁十五局集团第一工程有限公司等 13 家。2014 年 5 月，温州绕城高速公路西南线平阳万全段工程 5 个标段全线进场施工，横塘大桥桩基、湖岭背隧道同时开工。

温州绕城高速公路西南线主线桥梁情况表

表 2-1-9

序号	桥　名	路面净宽（米）	孔数 × 跨径（孔 × 米）	长度（米）
1	乌岩山右线桥	15.25	3×25	76.6
2	瞿溪互通 A 匝道桥	—	6×16	99.3
3	瞿溪互通 F 匝道 1 号桥	—	1×25	33.2
4	瞿溪互通 H 匝道桥	—	3×16	54
5	桐岭互通 A 匝道 1 号桥	—	5×16	84.54
6	陶山服务区主线 1 号桥	变宽	3×20	66.6
7	陶山互通 A 匝道 4 号桥	—	3×16	51.30
8	K32+218 小桥	2×15.25	2×13	32.04
9	K32+960 小桥	2×15.25	2×13	32.04
10	荆谷互通 C 匝道桥	—	3×10	35.04
11	陶山服务区主线 1 号桥	—	3×20	66.60
12	陶山服务区主线 2 号桥	—	3×13	44.04
13	陶山服务区 A 匝道 2 号桥	—	3×13	44.04
14	陶山服务区 B 匝道 1 号桥	—	3×13	44.04
15	A 匝道桥	49.0	3×16	52.00
16	改线桥	6.0	3×13	43.00
17	下穿温福高铁桥（右）	19.25	3×25	82.4
18	下穿温福高铁桥（左）	19.25	3×25	82.4
19	浦前匝道桥	变宽	4×16	67.74
20	浦前桥	变宽	4×16	67.74
21	塘边 1 号桥	变宽	13+16+13	45.74
22	K55+118,5 小桥	2X15.25	1×13	19.02
23	K55+410 小桥	2X15.25	1×10	16.02
24	K55+597 机耕通道桥	2X15.25	1×10	16.02
25	阁港互通 A 匝道桥	10.5	3×20	66.60
26	阁港枢纽 A 匝道 2 号桥	变宽	3×13	43.04
27	阁港枢纽 B 匝道 1 号桥	变宽	3×13	43,04
28	阁港枢纽 C 匝道桥	变宽	3×13	43.04
29	阁港枢纽 A 匝道 3 号桥	16.75	1×10	16.02
30	阁港枢纽 B 匝道 2 号桥	10.5	1×10	16.02

建设史话

最宽桥梁　绕城高速公路北线架设大小桥梁 12 座，楠溪江大桥的长度为各桥之最。该桥全长 2630 米，江面跨度 500 米，总投资约 2.4 亿元。跨瓯江高速桥全长 1800 米，江面跨度 900 米，为北线第二大桥。该桥西起鹿城仰义前京村，东接永嘉瓯北桥下村，桥身主体为三个 125 米跨弧，预计投入超 2 亿元，将成瓯江又一雄伟大桥。绕城高速公路北线所有的高速桥梁均为双向六车道，是目前温州最宽的高速桥。

最贵隧道　永嘉境内多山，绕城高速公路 26 公里路程有 5 条隧道，其中 3 条长度均约 2500 米，马林头隧道总长 2640 米。隧道建设高标准、分离式、三车道，每个隧道单体三排灯，双通风，每 400 米设监控。由于地质构造复杂，隧道造价高达 14 万元 / 米，马林头隧道总造价约 3.5 亿元，全线隧道工程投资约 10 亿元。

最大瓶颈　绕城高速公路穿越 3 个县（市、区）的 4 个经济重镇，共需征地 5070 公顷。沿线建筑物密集，线路走廊资源狭窄，土地资源紧张。甬台温铁路与绕城公路北线线位交织，问题错综复杂。此系列难题，成为工程建设最大的瓶颈。在省、市有关部门的高度重视下，经过当地政府艰苦细致的工作，这些瓶颈一一得到破解。

最惠居民　绕城高速公路北线工程建成后，可缩短金丽温、甬台温两条高速公路之间的里程

20 公里，大大促进“环温州”速度，并缩短了未来市区到杭州等方向的路程。绕城高速公路途经鹿城仰义乡、永嘉瓯北镇、乌牛镇和乐清北白象镇等 4 个乡镇 15 个行政村，最直接地惠及沿线百姓 40 万人。

【*龙丽温高速瑞文段（在建）*】 龙丽温高速公路北起龙游县吕塘角枢纽互通立交，接杭金衢高速公路和杭新景高速公路龙游支线，途经遂昌、松阳、莲都，与丽龙高速公路相接，经云和、景宁、文成、瑞安，再经温州绕城高速公路接甬台温高速公路。在文成设樟台枢纽（另建支线接樟台枢纽至泰顺，与福建寿宁高速公路相接）。根据《国家公路网规划（2013—2030）》，该线被列入浙江省“两纵两横十八连三饶”高速公路网总体布局规划中的“十八连”之“二连”。

龙丽温高速公路瑞安至文成段，以景宁县云景高速公路为起点，即与文成县交界的三插溪附近（桩号 K46+870），经文成西坑、大峃、峃口、瑞安高楼、马屿等地，至瑞安江溪，终点与温州绕城西南线高速公路相接于江溪枢纽位置（桩号 K122+812）。龙丽温高速公路瑞文段，是温州、丽水两市的公路交通“十一五”规划拟建项目。它的建设，将实现高速公路在温州市西部的贯通，同时也将成为温州沿海港口和机场拓展腹地向西延伸的重要通道。全线设置文成樟台枢纽、瑞安江溪枢纽等 5 处互通式立交，全线呈“Y”字形结构。瑞文段从 2004 年开始着手前期工作。2009 年 1 月《龙丽温高速公路瑞文段线位论证报告》通过省交通运输厅审查，2012 年 4 月 16 日项目建议书获省发改委批复，2012 年 10 月 25 日通过省发改委、省交通运输厅“工可”审查。其中地震专题于 2013 年 2 月 2 日通过省地震安评委审查，地灾专题于 2013 年 3 月 24 日在温州审查。完成的专题还有通航、矿产压覆、环评、水保、规划选址、土地预审、防洪、气象、文物、林地等专题。完成全线 1 ：2000 地形图测量地面控制和航拍等外业工作。2014 年 7 月通过省发改委“工可”批复。

2014 年 7 月 18 日，在文成峃口镇东方村举行瑞文段开工仪式。瑞文段全长 40.8 公里，其中文成段 12.1 公里，瑞安段 28.7 公里。线路按双向四车道高速公路技术标准设计，时速为 80 公里，路基宽 24.5 米。估算总投资约 74.14 亿元（文成段 21.96 亿元、瑞安段 52.18 亿元），项目业主为温州市瑞文高速公路有限公司。2014 年 12 月 20 日，项目进入实质性开工建设。2015 年 9 月 18 日，主体土建工程施工队进场施工。瑞文段工程全线设置文成、江溪枢纽 2 处（其中文成枢纽预留双喇叭形式），设瑞安高楼、瑞安平阳坑、瑞安马屿互通立交 3 处，停车区 1 处（与高楼互通合并设置），匝道收费站 4 处，隧道管理站、养护工区、交警用房、路政用房各 1 处。为了保护沿线生态环境，瑞文段桥隧比达到 72.5%。主线设有特大桥 2 座、大桥 14 座、中小桥 3 座，桥梁合计长 9418.5 米（含分离立交）；隧道 8 座，其中最长隧道为文成境内尖山隧道，长 4865 米。

2015 年底，开工建设龙丽温・甬台温复线高速公路联络线。建成后，龙丽温、甬台温、甬台温复线三条高速公路实现相连。

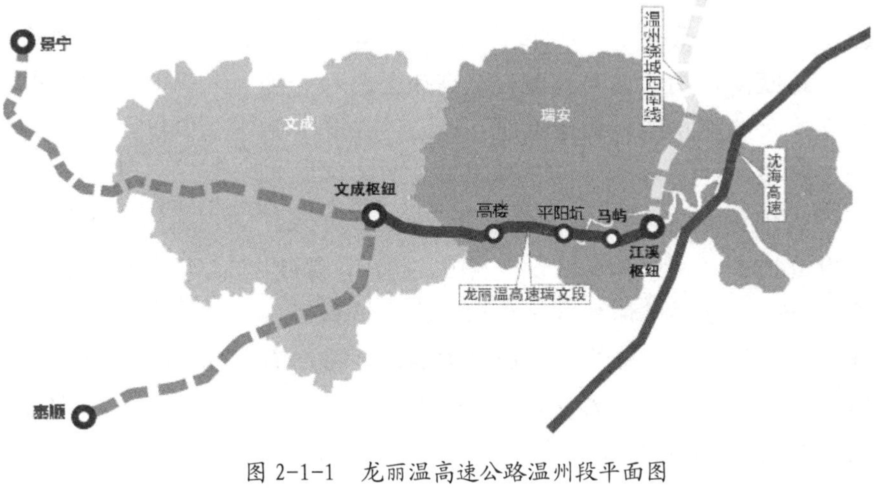

图 2-1-1 *龙丽温高速公路温州段平面图*

建设史话

十年“上书”　2004年，温州市第十届人大代表、文成县林业局副局长池文锋，与十多位文成县的市人大代表首次提出要求提前建设龙丽温高速公路瑞文段的议案。温州市人大代表、文成县交通局副局长叶李林，在温州市第十一届人大会议上再次提出修建龙丽温高速公路的议案。此后，叶李林连续八年坚持“上书”。龙丽温高速公路瑞文段指挥部常务副指挥叶飞是提议案最多的代表。自当选为温州市第十届人大代表，他就开始提要求加快龙丽温高速公路前期工作的议案，时间长达十年。文成的人大代表还和泰顺、庆元、景宁等地代表联名向省人代会提议案。从2004年开始，该县人大代表几乎每年都联名“上书”。

高速公路省道温州段情况表

表2-1-10

编号	名称	起讫点	里程（公里）	服务区	投资（亿元）	开工日期	竣工日期
S22	诸永	仙居交界至永嘉枢纽	64.8	永嘉服务区	—	200412	20100722
S19	甬台温复线	乐清南塘镇至苍南南山尖隧道	134.3	乐清、瑞安、苍南	343.11	20111104	
S26a	诸永温州延伸线	永嘉枢纽至温州民航路	8.065	—	26.47	20110601	20140630
S10	温州绕城	乐清北白象枢纽至瑞安南金公路	97.213	—	197.58	200506	在建
G4012	龙丽温温州段	文景交界枢纽至瑞安江溪枢纽	84	—	74.14	20140708	在建

四、配套服务设施

【清江服务区（加油站）】　位于甬台温高速公路乐清清江段，三星级文明服务区。1996年6月动工建设，2003年6月竣工。服务项目比较齐全，设有宾馆、停车场、加油站、餐厅、超市等。超市实行24小时营业制，出售饮料类、休闲类、烟草类、糕饼类、糖果类等。餐厅建筑面积1600平方米，停车场占地13000平方米，拥有中小车位21个、客车位6个、货车位30个、危险品车位2个。加油站可提供92#、95#、98#汽油和0#柴油。设有车辆维修项目，以提供车辆急救。附近有雁荡山国家级风景区等。

【南白象服务区（加油站）】　位于甬台温高速公路瓯海南白象段，为甬台温高速公路和金丽温高速公路交接的南白象枢纽互通。1997年6月动工建设，2002年12月28日竣工。服务区一期工程占地约45公顷，建筑面积近2000平方米，总投资2323万元。服务区设有宾馆、超市、餐厅、停车场、加油站等服务设施。超市出售饮料类、休闲类、烟草类、糕饼类、糖果类等，土特产有鱼丸汤、嘉兴粽子、关东煮、茶叶蛋。餐厅面积630平方米，可同时容纳280人就餐。停车场有大货车位40位，轿车位60位，危险品车位2位。加油站可供应95#、98#汽油和0#柴油。附近有温州乐园、三垟湿地、大罗山风景区、梅雨潭风景区。

【苍南服务区（加油站）】位于甬台温高速公路苍南段，三星级文明服务区。1997年6月动工建设，2003年12月竣工。设有餐厅面积600平方米，停车场面积18000平方米，其中货车车位80个，小车位34个，大客车位16个。加油站可供应93#、97#汽油和0#柴油。设有维修、补胎等项目，实行24小时营业服务。服务区集休息、文娱、住宿、餐饮、停车、加油、维修和医疗急救等多功能为一体，是一处设施装备水平先进、管理科学高效的综合性高速公路服务区。附近有玉苍山国家森林公园、南雁荡景区国家级风景名胜区。

【永嘉桥头服务区】　位于金丽温高速公路温州段永嘉桥头镇段，三星级文明服务区。距甬台温高速公路南白象服务区36公里，距金丽温高速公路青田服务区46公里。2008年6月正式动工，2009年6月竣工。服务区分南、北区，占地109.76公顷。其中南区用地面积约46.72公顷，建筑面积3553平方米；北区用地面积约49.30公顷，建筑面积3965平方米。南、北两区共有停车区、房建、绿化等用地面积89.74公顷，可容纳300多辆汽车停泊。集休息、文娱、住宿、停车、加油、维修和医疗急救等多功能为一体，是一处装备水平先进、管理科学高效的综合性高速服务区。2015年，获“全国优秀服务区”称号。

温州高速公路服务区设置情况表

表2-1-11

线路代码	线路名称	桩 号	位 置	服务区		
				区 名	经营者	服务内容
G15	沈海高速	1692.634	上行	清江服务区	浙江温州甬台温高速公路有限公司	加油、餐饮
		1756.273	上行	南白象服务区		餐饮、超市
		1814.517	上下行	苍南服务区		餐饮、超市
G1513	温丽高速	35.293	上下行	桥头服务区	金丽温高速公路公司温州管理处	停车、餐饮
S26	诸永高速	187.939	上下行	永嘉服务区	诸永高速公路有限公司	餐饮、加油

【瑞安收费站】 2002年12月28日竣工。2010年10月，经交通量调查，该站日均车流量2.1万车次，比2009年的1.2万车次增长近1倍。每日下午14时左右开始堵车，傍晚高峰时段，高速出口车辆经常会排到匝道上，节假日拥堵现象更为严重。为了缓解拥堵现象，2011年1月，投资约100万元，动工扩建甬台温高速公路瑞安收费站入口道，增设1条4米多宽的ETC(不停车收费)入口车道，长约170米、宽4.5米。2011年2月15日扩建完成后，瑞安收费站由原来的三进五出八车道增加为四进五出九车道。

【温州大桥收费站】 温州大桥是沈海高速公路的重要控制性工程之一，属浙江省人民政府批准的浙江及温州首批“四自”工程，于1998年5月建成通车，省交通厅发文设立温州大桥收费站（浙交函〔1998〕2151号）。是年6月，省政府办公厅发文核准对过往车辆收取通行费，温州大桥正式设站收费。温州大桥及接线全长17.1公里，总投资11.936亿元，为高速公路特大桥，每次收费25元，其中5元属委托代收的温州各地牌号和外市牌号车辆城市道路“四自”工程通行费（该项收费，温州各地牌号的车辆于2009年11月28日取消，外市牌号的车辆于2011年12月20日取消）。

第二节 普通干线公路

普通国道和普通省道合称普通干线公路。

1981年，国务院批准的交通部《关于划定国家干线公路网的报告》明确规定，国道即国家干线公路，主要包括：（1）首都北京通向各省、直辖市、自治区政治经济中心和30万人口以上城市的干线公路；（2）通向各大港口、铁路枢纽、重要工农业生产基地的干线公路；（3）大、中城市通向对外口岸、开放城市、历史名城、重要风景区的干线公路；（4）国际公路。国道在国家公路网中具有全国性的政治、经济、国防意义。中国国道编号（用G表示）分为三类：（1）以北京为中心的放射性国道11条，编号为1字头的三位数，如G104线；（2）南北纵向线国道28条，编号为2字头的三位数；（3）东西横向线国道30条，编号为3字头的三位数，如G330线。截至2015年，温州市管养国道2条227.466公里：G104线196.584公里，G330线30.882公里（不包括划入城市道路和与G104重复路段）。

省道干线是全国各省、自治区和直辖市内部的干线公路系统公路网，也称为“省道”。“省道”以各地省会、自治区首府和直辖市城区为中心，连接各地区所在城市、州府、盟府以及重要的工矿企业、港航、城镇，同时也是省内各地互学连通的干线公路。从省会、自治区首府和直辖市城市向各地干线为放射线，编号为1字头的三位数；南北干线为纵线，编号为2字头的三位数；东西干线为横线，编号为3字头的三位数。在编号之前标以字母“S”（省道的拼音缩写）。在公路的里程碑上，省道编号及里程数字的颜色为蓝色，以区别于国道的红色和县乡道路的黑色。截至2015年，温州管养省道8条：S223仙清线、S228云寿线、S230青岱线、S232水霞线、S330瑞东线、S331分泰线、S332温强线、S333六东线。

一、普通国道

温州辖内有普通国道3条，即G104京福线温州段、G330温寿线温州鹿城段和规划中的G228线。

【G104京福线温州段】 北京至福州国家级普通公路，简称京福线，线路编号G104。G104以北京永定门桥为起点，沿途主要经过天津、河北、山东、江苏、安徽；浙江的湖州、杭州、绍兴、临海、乐清、温州、瑞安、平阳、苍南；福建的福鼎、福安、宁德，到福州的鼓山下院止，全程2420公里。G104线温州段，自原乐清市湖雾乡三界桥起，由北向南贯穿乐清市区、永嘉瓯北、鹿城、瓯海，瑞安、平阳、苍南等7县（市、区），全程196.584公里。G104线温州段最早由原温杭线和温分线延续而来。1985年，国家对全国范围内的干线公路进行统一编选，1986年正式实施统一编号，并布设里程碑。1990年5月，省交通厅印发《浙江省国家省级干线公路网（国省道）线路名称、编号、主要控制点、里程表》。根据统一编号，原杭温线、温分线合并，统一编制代码为G104。

104国道养护作业（20世纪80年代） 朱劲松摄

杭温线和温分线（1916—1985）

杭温线的开辟，最早可以追溯至南朝宋元嘉年间，谢灵运辞官回到家乡剡溪（今嵊县）闲居。他召集数百家丁，开始修凿一条从剡溪通往临海的通道。后经历史演变，因生活、生产、商贸等因素，沿线各地对此路不断加以延伸拓展。至唐，古道改成驿道。明万历年间（1573—1619），乐清县推官王允麟督民开辟馆头（今琯头），经乌牛翻越胜美尖北长界岭、罗溪至港头新路，建港头渡口，渡船过江直抵温州市区，杭州至温州的驿道全线贯通。明清时，该路又有较大的发展，朝廷将驿道改为官马大路，可供车马行驶，并由官府专人管理养护。

民国5年（1916）10月27日，时任国民政府浙江省长吕公望提出修筑浙江省道的议案，计划由省会（杭县）经萧山、绍兴、上虞、余姚、鄞县（今宁波）、奉化、宁海、临海、永嘉（温州）、瑞安、平阳至福建福鼎县界，全长1013里，即583.488公里，称浙闽正线，预计投资281.2148万元（当时货币），工程计划16个月完成。民国10年（1921）1月，浙江省道筹备处派员测量浙闽正线并做修正，将上述线路改为由省会（余杭县）经绍兴、嵊县、新昌、天台、临海、黄岩、温岭、乐清、永嘉（温州）、瑞安、平阳至福建福鼎县界，计897里（合448.2公里）。此线路和谢灵运当年开辟的古道基本相同，比原计划线路缩短58.3 公里。为解决筑路经费，民国11年（1922）3月，省道局局长周凤岐（省道筹备处处长升任）提出征收卷烟特税，以其收入充作省道建设经费，但遭卷烟输入国的英、美阻挠。后改向烟民征收，并于次年3月10日开征。从民国12年至民国15年（1923—1926），总计收入烟税572万元（时币）。自此，省道建设有了经费来源，工程正式开展起来。民国11年（1922），浙江开展规模较大的兵工筑路，第三工区设在永嘉（今温州）。是年6月，因时局动荡，兵工未到，改招灾工600余人。动工建造永嘉（今温州）南门至龙湾状元桥支线路基20里（合11.57公里），路基宽2.5丈（合8米）。民国13年（1924），第三工区完成飞霞路（石拱桥）和状元桥支线5.28公里路基土方。9月，浙江督军卢永祥与江苏督军齐燮元发生战争，兵工筑路被迫停止。民国18年（1929），浙江省国民政府推行以工代赈筑路，曾修复泽国至乐清段路基。4月，浙江省建设厅制定公路路线网计划，将该线列入唯一的沿海线路。5月7日，经浙江省国民政府第224次会议通过。民国21年（1932）11月，国民党军事委员会武汉行营下令限期修建京闽干线。翌年1月，浙江省公路局局长陈体诚到温州召开温州境内公路修建会议。5月，乐清县成立筑路委员会，规定凡地方特产商品照售价加税8%，以充筑路经费，桥梁工程由商办中南公司承包。国民政府强抽壮丁充当民工，县建设科和警察局派出大批督工、技佐和警察监督施工。民国22年（1933），全省生产建设会议认为，马寅初提出发展旅游事业，增加交通收入的办法是可取的。于是，建设厅指定包括温州雁荡山在内的17个景点，设导游局兴办旅游事业，所需经费及人员由浙赣铁路

公路料场（20世纪90年代） 朱劲松摄

局和省公路管理局承担。因此，在投入建设乐清清江至港头线路的同时，乐清雁荡山支线也投入建设。民国23年（1934）10月，清江至港头线路64.05公里及乐清雁荡山支线建成通车。11月，清江以北32公里竣工。路基宽7～7.5米，泥结碎石路面宽5米。桥梁大多为半永久性石台木面或石台木排架木面，荷载标准8吨，沿线设有水涨人力渡、清江机轮渡和港头机轮渡。12月，杭温公路泽国、清江、温州段通车。至此，杭温线全线贯通，途经绍兴、曹娥、嵊县、天台、临海、黄岩、乐清至温州港头，旅客在港头过渡至温州城区永川码头（今安澜亭）。此时，温州至分水关路段尚未动工修筑。民国24年（1935），浙江省国民政府准备筹建温福公路永嘉、瑞安、平阳段，从温州至桥墩门（今苍南县境内）全长93.75公里。民国25年（1936）7月1日，全国公路交通委员会通过七省公路联络干线计划和专线计划，京闽公路（今G104线）定为干线之一。浙江境内自浙江与安徽交界的父子岭起，经长兴、吴兴、武康、杭州、曹娥、嵊县、天台、临海、黄岩、温州、瑞安、平阳至分水关止，全长1669公里。民国26年（1937）6月27日，永（嘉）瑞（安）平（阳）公路建成，路基宽7～8米，沿途有瑞安南门飞云江、平阳岱口两处汽车渡口。当年7月7日，抗日战争爆发，后续工程暂停。民国27年（1938）6月，为防日寇进犯，国民党第三战区下令破坏公路。温州境内公路实行隔一段掘一段，废路为田，桥梁拆毁殆尽。抗战胜利后，国民政府组织民工准备以工代赈修复泽国、乐清至温州段公路。民国37年（1948）冬，国民政府交通部核拨经费，首先修复被毁桥梁。至民国38年（1949年9月30日止）4月，基本完成泽国至乐清段路基。5月，人民解放军南下，国民党政府撤退台湾，温州修复工程基本未动。

中华人民共和国成立初期，由于受战争及三年困难时期的影响，杭州至温州段基本全线瘫痪，无法通车。为了支援解放沿海岛屿，省军管会交通处

提出："解放军前进到哪里，就把公路交通恢复到哪里。"1949年11月5日，省交通管理局成立第一工程总队，负责杭温线全线的修复工程。要求路基照原式修复，桥梁载重7.5～10吨，路面先简修通车。工程分三段施工：第一段整修蒿坝至天台段115.86公里，第二段恢复天台至泽国126.31公里，第三段修复泽国至港头115.57公里。第三段工程量最大，发动民工填筑路基土方，其余工程发包施工。较大的柳市、仙垟、白象三桥采用"贝雷式钢架桥"修复，水涨、清江两渡先恢复人力过渡。至1950年7月，杭温线全线初步贯通。1950年10月间，华东交通部拨出工款，用于临海至港头段择要翻修路面和加强载重不足的少数桥梁。1951年1月，省政府指定出售温州地区部分"死角粮"（因交通不便无法运出的公粮）换币，用于该路改善。要求平原修足7.5米，山岭除个别困难地段外，一般均拓宽至6.5米，路面厚度一般做足15厘米。同时改善渡口、修配码头、渡船，添建渡工宿舍，改清江渡为机动渡，更换14座桥梁木面，达到载重10吨的标准。是年8月15日，乐清清江渡建成锯齿型码头。至此，第二期工程全部完工，总投资34.48亿元（旧人民币）。会墅岭、关岭、猫狸岭、长石岭、杨梅岭、黄土岭、湖雾岭等8处大岭线路仍属不合标准。1953年4月，温分线平阳岭脚（县城）至岱口段路面局部沉陷，后林至桥墩段因丽水运输处温福运粮大队运送军粮至福建连江口，日车辆密度超过100辆次，致使路基大面积沉陷，经数月抢修才恢复原状。此为温州特殊的软土地基未作科学处理造成。在抢修过程中，路基加宽至9米，路面7米。是年，温杭线乐清水涨渡改建为过水路面。1954年1月20日，梅岙至清水埠公路改建成功。1955年5月14日，省公路局第二工程局对温分线进行重新测设，由交通部公路局第三工程局施工。是年11月10日，温分线温州至平阳段竣工，翌年1月1日全线通车，总投资2.6962亿元（旧人民币）。新建的温分线全长99.9公里，路基宽7.8～8.5米，路面宽3.5～5.5米，桥梁大多为木结构或石台木面桥。飞云江南、北岸建有汽车渡口码头。1959年9—11月，温杭线乐清湖雾岭段实行改建。1960年8月10日，温分线平阳桥墩水库（现苍南县境内）出险，桥墩公路桥被冲毁，临时抢修简易木面桥。翌年8月，温分线平阳南水头段300米公路由砂石路面改为水泥混凝土路面，此为平阳县内最早铺设水泥路面的公路。1965年12月至翌年4月，温杭线乐清水涨桥建成，其他临时桥陆续改建成永久性桥梁。从1966年开始，温分线平阳段木桥逐年改造为钢筋混凝土桥，至1975年全线木桥改造完毕。1971年，省交通厅、水利厅与乐清县革命委员会协议，决定把方江屿围垦大坝作为公路，暂时撤销温杭线清江车渡。1972—1973年间，先建成乐清小芙陡门以南公路。1978年，当方江屿围垦大坝合龙后，再建成乐清小芙陡门以北公路。1983年3月16日，该线段投入使用，汽车弃渡绕道行驶。该线段全长9.78公里，比原线路长5.43公里，但节省了车辆等渡的时间。1978年6月19日，温分线瑞安帆游至南岸孙桥按二级公路标准改建渣油路面，1982年12月竣工。1979年2月，温州市区安澜车渡停渡，乐清方向车辆改道港头过渡至清水埠，再经梅岙过渡迂回至温州市区。1979年2月，温分线平阳段K55+100～K62+000路段计6.9公里，实施油路改建工程。工程标准：路面宽度9.0米，投入资金30.5万元，当年完成。此举揭开温分线油路改造的序幕。1983—1986年，按二级公路标准，全部完成平阳段高级和次高级路面的拓宽与改建工程。苍南县从平阳县析出建县后，温分线平阳管辖路段调整为31.0公里，苍南管辖24.9公里。从1981年开始，温杭线乐清、永嘉段按二级公路标准实施拓宽改造，路基由7米拓宽至13.2米，桥梁拓宽9～12米，并逐段铺筑沥青或水泥路面。1984年9月25日，温州瓯江大桥建成通车，梅岙渡口停渡。1985年，温杭线永嘉乌牛另建一座永久性公路桥，不再走陡门闸桥，缩短里程0.5公里。线路由原梅园岭山路改为沿江平原路线，二级公路。

温分线部分路段改造情况统计表（1979—1986）

表 2-2-1

改造项目	桩　号	公里数（公里）	投资金额（万元）	完成年限
油路改建	K55+100 ～ K62+000	6.9	30.5	1979
恢复路基	K44+000 ～ K70+070	26.07	19.0	1980
油路改建	K50 ＋ 000 ～ K54+000 K62 ＋ 000 ～ K63 ＋ 000	5.0	25.0	1980
降坡截弯取直	K54+000 ～ K55+100	1.1	18.6	1981
路面改造	K54+000 ～ K55+100	1.1	32.3	1982
路面改造	K47 ～ K49	2	12.5	1982
油路改造	K47+000 ～ K49+000	2	15.5	1983
块石路面	K63+000 ～ K64+000	1	14.15	1983
路基拓宽改建	K44+000 ～ K54+000	10	30.5	1984
路面中修	K61+000 ～ K62+000 K62+700 ～ K63+000	1.3	2.92	1984
油路改建	K64+000 ～ K75+000	11	159.79	1986

G104 京福线温州段（1985—2015）

1981 年 11 月，经国务院批准，正式使用国家干线公路网，简称国道网。国道采用数字编号，北京至福建省福州市公路简称京福线，统一线路编号为 104 国道，简称 G104。浙江段取消杭温线、温分线、清（清水埠）梅（梅岙）线名称，三线连接归属于 G104 线。1985 年，按国道统一编号统称为 G104 线温州段。

乐清段　G104 线最早进入温州境内的是乐清市。从乐清境内原湖雾乡三界桥起，经水涨、雁荡、清江、虹桥、乐清市区、柳市，一路南下至北白象琯头村与永嘉乌牛交界止，全长 73 公里，其中桥梁 101 座共计 8610.82 米，隧道 7 座共计 2048 米，加固安全钢质护栏 101.8 公里，公路绿化中央隔离带 56.9 公里，照明路灯 28.9 公里。1989 年，清江以北公路改线工程（湖雾三界桥至清江三塘）开工，先后建成白箬岭隧道 328 米、朴头岭隧道 227 米，1992 年 1 月 19 日竣工。1990 年 12 月 28 日，清江大桥动工建设，1992 年 8 月 1 日竣工，10 月 1 日正式通车。桥长 869 米，总投资 2238 万元。至此，温州域内普通国道汽车过江依靠轮渡的历史结束。1993 年 3 月，清江至琯头（清江三塘至北白象琯头，老桩号 K1816+700 ～ K1861+968）改建工程开工，全长 45.268 公里。改建后，因交通流量骤增造成路面破损严重，对局部路段进行大修。按二级公路技术标准设计，双向四车道，路基宽度 41 米，水泥砼路面，总投资 26000 万元，1997 年 10 月竣工。该工程属“四自”工程，于 1998 年 6 月设立乐清收费站（乐成镇万岙）。2000 年 9 月 11 日，柳市过境改建工程（张瞿村至北白象镇桥下村，老桩号 K1849+700 ～ K1862+097）正式开工，全长 6.031 公里。工程分为两个合同段：第一合同段由杭州交通集团公司中标承建，长 3.385 公里，中标价为 3297.9904 万元。第二合同段由杭州路达公路工程总公司中标承建，中标价为 2433.3375 万元。工程按二级公路标准，设计时速 80 公里，双向四车道，路基宽 30.5 米，主车道 2×8.5 米。全线桥梁 7 座共计 792.04 米，征地 329.754 公顷，工程总投资 8860.89 万元。2002 年 5 月底竣工，6 月 28 日通过交工验收。2000 年 10 月，乐成过境（老桩号 K1842+990 ～ K1848+638）改建工程开工。工程起点为现城东街道坝头村，终点为城南街道万岙村，全长 5.648 公里。工程分为两个合同段：第一合同段（原桩号 K1842+990 ～ K1845+975）由温州顺吉公路建设有限公司中标承建；第二合同段（原桩号 K1845+975 ～ K1848+638）由温州交通建设集团中标承建。按二级公路技术标准设计，双向4车道，路基宽度40米，水泥砼路面。设计时速80公里。工程共征地410公顷，总投资9466万元，2004年12月完工。2004年3月，湖雾至清江段（桩号K1788+917～K1816+700）改建工程开工。该项目被列为省、市重点工程，全长28公里，途经大荆、雁荡、清江3个乡镇35个行政村。按二级公路（加宽）技术标准设计，双向四车道，沥青砼、水泥砼路面，整体式路基宽度为25.5～30.5米。桥梁、隧道与路基同宽。工程主要结构物有大中桥5座、小桥14座、隧道5座、涵洞62道，总投资5.5亿元。2004年2月26日，清江大桥等控制性工程开工。改建后清江大桥由双向二车道改为双向四车道。由于国家土地政策原因，工程全面开工推迟至2008年6月。沿线共拆迁民房1020间，迁移南京军区等18家军用、民用光缆单位管线计50多公里，迁移电力、通讯、广播、农业等地上线柱计5300根。2012年12月交工验收，2013年11月全线建成通车。工程途经清江、雁荡、大荆3个镇39个行政村。在G104线雁荡高速公路出口段，路面两侧设置绿色环保产品风力路灯。经长期使用观察，风力路灯经受住台风的考验，发挥着独特的优势。2010年9月19日，虹桥过境公路改线工程开工。起点虹桥南阳龙泽村，终点石帆上河头村（桩号K1822+543～K1830+580），途经3个镇（街）21个行政村。路基工程分为5个合同段，路面工程2个合同段，绿化工程2个合同段，隧道及机电照明工程1个合同段，安全设施1个合同段。全长8.03公里，按一级公路技术标准设计，双向四车道。桥梁30座（左右桥），其中大桥2座。工程总投资4.8亿元，于2014年6月30日底全线贯通。2014年1月，虹桥至乐成段改建工程开工，合计建设里程约19.532公里。工程项目采用《公路工程技术标准》（JTG B01-2003）中的四车道一级公路标准兼具城市道路功能设计，设计时速80公里。主线起点至乐清湾疏港公路连接线段，采用32米路幅横断面（桩号K0+000～K2+800），乐清湾疏港公路连接线至终点段（桩号K2+800～K19+322），

G104线瑞安高架桥　朱劲松摄

G104线乐清段　朱劲松摄

G104线苍南分水关段　陈励平摄

G104线瓯海段大修之　刘晓华摄

同步改建宁康西路连接线约 0.21 公里。路基宽度为 37.0 米，桥梁设计荷载等级为公路—Ⅰ级。全线设大桥 3 座 /1272 米，中小桥 20 座 /1260 米，隧道 2 座 /914 米，养护管理用房 1 处。主线起点位于虹桥龙泽南侧，利用在建的 G104 线乐清虹桥过境公路与现 G104 线连接，利用段长 2 公里，起点桩号为 K0+000，终点与 G104 线老路改建工程乐成—柳市段顺接，终点桩号为 K19+322。工程总投资 28.4 亿元，计划于 2019 年竣工。2015 年，G104 线乐清段列入省年度普通干线公路路面大中修计划，是年 4 月 17 日全面开工。G104 线乐清段由于运行时间长，设施老化，加之重型车辆往返碾压，道路受损严重。但因资金需求大，一直没有实施大修。本次大中修里程合计约 11.7 公里，预防性养护 18.3 公里。投入资金共计 1.066 亿元，是 G104 线温州段历年来大中修投入资金最多的一次。主要涉及三条路段：泗塘村至龙泽村（桩号 K1816+865 ～ K1822+730）、前山村至桥下村（桩号 K1843+800 ～ K1854+110）路段，主要采用碎石化“四新”技术，对路面进行“白改黑”大修，即将行车道原破损水泥路面，采用多锤头破碎机实行碎石化，再加铺沥青路面。中街村至泗塘村（桩号 K1793+755 ～ K1816+865）路段，采用纤维碎石封层技术进行预防性养护。这两种新技术，能充分利用废物，节约路面大修成本，且施工、通车两不误，既省时又环保。

永嘉段 G104 线永嘉境内自北白象与乐清交界起，途经乌牛、瓯北，至瓯江大桥与温州市区交界止，全长 26.564 公里（桩号 K1861+968 ～ K1888+532）。现有桥梁 15 座，隧道 8 座（双幅隧道计两座）计 3318.5 米，加固安全钢质护栏 92 公里，公路绿化中央隔离带 13.042 公里，照明路灯 19.6 公里。1986 年 3 月 15 日，楠溪江大桥建成通车，清梅线（清水埠至梅岙）并入 G104 线。G104 线从楠溪江大桥经清水埠至六岙，过瓯江大桥进入温州市区。1991 年六岙段改建工程启动，全长 14.09 公里，分二期施工：一期为避开城镇闹市地段，从瓯北山背（桩号 K1884+700）至西头张堡（桩号 K1890+000），新建一座 400 余米长高架桥，1996 年 10 月底竣工。二期工程从张堡（桩号 K1890+000）新老接线开始，沿老路拓宽至终点六岙（桩号 K1894+735）。工程按平原微丘区二级（加宽）公路标准改建，路基宽 18 米，行车道宽 15 米，工程总投资 3000 万元，1997 年 12 月底竣工。1998 年，永嘉乌牛段穿镇改线工程启动，线路全长 3.95 公里。其中，开凿牛岭（左）、东蒙（右）两座分离式隧道，实施单向通行。隧道分别为右 199 米、左 187.5 米，高 5 米，宽 9 米。车辆穿越隧道后回到 G104 线原路。工程于 2000 年 9 月 15 日竣工，10 月 1 日通过交工质量鉴定，12 月 28 日验收通车。2004 年 6 月 10 日，省发改委批复乌牛镇至张堡改建工程初步设计方案。G104 线永嘉段改建工程是省重点工程、永嘉县实施交通百亿工程“干线畅通工程”的重要项目，总投资 6.7 亿元，2005 年 3 月 18 日动工。工程起点为永嘉乌牛镇永东桥桥头（桩号 K1863+225），路线基本沿老路，经乌牛码道、瓯北挂彩、梅园、长岙至瓯北三江，跨楠溪江至瓯北黄田，沿楠溪江北岸向西与 S223 交叉，穿双龙山隧道至花岙，从瓯北塘头村北侧与现 G104 线连接，全长 19.039 公里。该改建项目由“104 国道永嘉段改建工程建设指挥部”负责实施。工程分三个标段同时开工，分别由温州市顺吉公路建设有限公司、中国路桥集团总公司和福建路桥建设有限公司中标。监理单位为温州市交通工程咨询有限公司，设计单位为温州市交通规划设计研究院。工程采用一级公路四车道标准建设，路基宽 25.5 米。全程设桥梁 8 座 /1931 米，其中楠溪江大桥 1123 米。隧道 3 座 /1470 米，其中双龙山隧道 1037 米。全线设千石互通立交。工程开挖路基土石方 61.26 万立方米，土石填筑 52.29 万立方米。工程于 2008 年 12 月底建成通车。工程改建后，原三江至塘头 6.6 公里国道改为县道三塘线。G104 线瓯北至乌牛路段是进出永嘉县的门面道路，改建时共安装664套节能环保路灯，17台美式箱变（变压器），总投资880万元，全部采取无人自动化管理。然改建工程通车后，盗窃路灯电缆事件频发。2010年5月，该路段发生电缆盗窃事件4次，共有8处地埋电缆被盗，累计长度8000多米。2011年4月、5月间，楠溪江特大桥路灯地埋电缆被盗1000余米，乌牛隧道口两头路灯地埋电缆被盗2600余米，沿线新建村至塘头村路段路灯地埋电缆被盗8000米，累计被盗电缆11600米，相当于工程全长的1/2长度。要修复被盗电缆，需要投入资金150万元左右。严重的火灾事件也对桥梁造成了很大的安全隐患。2011年5月24日，中村桥桥下发生火灾，乌牛至瓯北方向车道第二个桥洞被严重烧焦，9片桥梁底板混凝土脱落，一些粗大的钢筋裸露在外。发生火灾的原因是在桥洞下人为堆积稻草和芦苇。2010年12月，G104温州西过境永嘉段改建工程指挥部成立。改建工程永嘉境内主线长约3公里，按双向六车道一级公路标准，兼顾部分城市道路功能设计建设。设计行车时速80公里，路基宽为50米。其中，瓯江特大桥一座，设计采用三塔矮塔斜拉桥结构，桥长1330米，宽36米。同步建设瓯北连接线，起点东瓯街道礁下村，沿G104线向西北延伸至桥下镇六岙村，接原瓯江大桥北桥头止，路基宽度32米，长4.2公里。G104线温州西过境永嘉段主线与连接工程全长7.23公里，总投资15.86亿元。2011年12月31日，瓯江特大桥栈桥开始施工，2012年6月完成。大桥主体工程于2014年4月10日开工，计划2016年竣工。2012年4月29日，G104线永嘉三江至李浦接线工程进场施工。工程起点自G104线K1873+760处，下穿瓯越大桥，过后江隧道，沿瓯越大桥东侧并行至罗溪，下穿甬温铁路，利用已建的绕城高速公路虹三互通分离桥上跨温州绕城高速公路，经观下线，止于南城街道李浦村，与越江大桥李浦侧接线平面交叉，全长15.3公里。工程按双车道二级公路标准建设，附加大桥1座/480米、中桥5座/170米、小桥6座/138米，隧道1座/478米。设计时速60公里。工程总投资3.26亿元，2015年5月竣工。

鹿城段　G104线鹿城境内自瓯江大桥中段南侧起，途经仰义，止于双屿梅屿隧道进口，全长8.487公里。全线沥青路面，其中桩号K1888+532～K1895+905为二级公路，路基宽17米，路面宽14米；桩号K1895+905～K1897+019为一级公路，路基宽50米，路面宽45米。现有桥梁3座/151米。1993年，G104线温州景山段拓宽改造，建“三维立交桥”，桥长450米，宽8米，1994年2月5日竣工通车。该桥是温州第一座公路分离式立交桥，也是第一座采取拍卖形式用企业名称命名的桥梁。从2003 年下半年开始，温州“中国鞋都”生产基地落户G104线双屿段两侧后，该路段开始出现不同程度的交通堵塞现象。2005年5月30日，G104线过境公路西延线（鹿城路至“中国鞋都”）拓宽改建工程正式开工。该工程位于双屿镇至金丽温高速公路入口处（桩号为K0+380～K1+920），全长1.540公里。原路面宽14米，双向二车道，日车流量达到2.8万多辆。工程分两期施工：第一期（桩号K0+380～K1+140）工程全长0.760公里，鹿城路至箬笠岙路段宽度50米，箬笠岙路至金丽温高速公路出入口宽度70米(远期预留跨线桥空间位置)，本次实施60米，2005年8月28日竣工。第二期工程全长0.780公里，2005年10月5日开工，道路规划宽度50米。山后路长100米，宽度26.8米。桥梁一座单跨16米，桥宽15米。两期总投资2200.2576万元，2007年7月18日竣工交付使用。2011年12月27日，G104线鹿城段西过境公路改建工程启动。同日，瓯江特大桥举行栈桥工程动工仪式。工程全程起点自鹿城仰义街道十里村，经澄沙桥、龙川、陈村，双屿街道潘岙、正岙、上伊至嵇师，终点位于双岙村，主线长9.7公里。工程采用六车道一级公路标准，路基宽32米，设计时速80公里。工程总投资28亿元。

瓯海段　G104线瓯海段原线位为北接鹿城区

南郊乡东方村，经北湾、南堡、金竹、南白象、鹅湖至瑞安市界帆游止，另加景山段，共计8.978公里。经1990年改建后，路基宽16.2米，路面宽12米。北村桥至帆游为沥青碎石路面，北村往鹿城方向为水泥混凝土路面。2000年底，因G104线改线和区划调整，瓯海段线路有微调。2001年全国第二次公路普查时，G104线瓯海段改线，北接金丽温高速梅屿隧道南出口，经温丽高速、南白象高速枢纽、南塘大道，与改建后的G104线南白象至凤山段连接。2001年2月13日，G104线瓯海南白象段改建工程开工。该工程经省政府批准为“四自”工程项目（浙政发〔1998〕225号），工程总投资1.45亿元，瑞安段由浙江瑞安商城集团出资1.23亿元，瓯海段由瓯海国道建设有限公司出资0.22亿元。2001年7月，G104线瓯海段南白象至瑞安凤山改建工程开工。工程起点为瓯海区南白象高速公路枢纽互通出口处，沿老路两侧拼宽，从下川线路左拐走新线，至凤胜华侨啤酒厂，沿老路拼宽至终点凤山温瑞加油站，全长10.26公里，其中瓯海段2.04公里，瑞安境内8.22公里。连接线改建1.16公里（设计为0.6公里）。工程按平原微丘一级公路标准设计，行车时速100公里，路基宽度25.5米。路面设计标准轴载BZZ-100，桥涵设计荷载标准为汽—20，挂—100。瓯海段、瑞安段均于2001年12月底竣工。工程由浙江交通勘察设计有限公司设计。G104线瓯海段收费站设在瑞安凤山，2002年1月1日开始收费，2012年3月28日终止。2001年7月27日，国务院批准温州市部分区（市）区划调整方案，瑞安市仙岩镇和丽岙镇划入瓯海区，G104线瓯海段延伸至仙岩街道沈岙村与瑞安交界，增加8.529公里。G104线瓯海收费路段交通流量大，道路一直处于超负荷运转状态，加上业主经营不善，长期亏损，致使出现路面破损严重、排水不畅、桥头跳车、路基沉陷等严重问题。2009年12月，公路部门对岳湖桥、鹅湖桥、下墩桥等13座桥梁的桥头跳车进行处置施工，总投资1113万元。浙江杭州金泰建设工程有限公司负责施工，工程于2010年8月30日完工。2010年7月9日，成立G104瓯海段路面大修工程指挥部。该大修工程起点接于南白象南塘大道，终点连于瑞安交界的沈岙，全长9.621公里，按一级公路标准设计，设计时速100公里，设计荷载BZZ—100。一般路段路基宽度25.5米，路幅布置采用三车道。总投资3753万元。工程质量由温州市公路交通工程质量监督站负责监督，建设单位为瓯海区公路管理段，监理单位为台州市恒通监理有限公司，设计单位为温州市公路工程设计事务所，施工单位为温州市瓯海区公路养护工程公司。工程于2010年12月31日完工。2011年3月10日，为迎接全国干线公路检查，公路部门投入350余万元，对南白象高速枢纽出口至鹅湖连接线0.95公里进行路面应急修复，4月中旬完工。是年12月，主线长18.9公里（瓯海段6.2公里）G104线温州西过境公路工程开建。

瑞安段　G104线瑞安段起自帆游与瓯海交界，经塘下、汀田至飞云、孙桥止，共计18.9公里。其中，桥梁23座/5800米，钢质防幢护栏双向里程共18公里，绿化中央隔离带9.5公里，照明路灯4.4公里。1991年8月26日，G104线瑞安段改建工程指挥部成立，9月5日工程动工。帆游至飞云江北岸老路加宽，全程23.866公里，投资2000万元。新建桥梁2座/62.6米，加宽改造老桥22座，投资3176万元。对G104线红庙村至岱头村段实行拓宽改建，总投资41.2万元。总体改建工程于1994年6月15日竣工。1993年8月20日，G104线瑞安段（桩号K1971+000～K1972+346.5）改建工程开工。为解决资金缺口，经温州市人民政府研究，报请省有关部门核批，自1993年7月20日起，对飞云江大桥、瓯江大桥、清江大桥的过往车辆开征建设附加费，用于工程支出，实行以路养路。工程采用沥青渣油路改建水泥路，全长1.396公里，水泥路面宽12米，两边油路2×5米。该工程为1993年度省公路局改建计划，工程总投入163.22万元，其中县财政补助50万元，

1994年1月25日竣工，1995年底开始实行收费。自2007年7月23日起，其收费改由甬台温高速公路代征。根据省政府决定（浙政办函〔2008〕46号），2008年10月1日撤销高速公路代征，公路养护经费由公路部门重新安排。1994年12月，G104线周湖加油站至飞云江大桥北岸改建工程开工（桩号K1946+400～K1948+700），1995年3月3日竣工。1995—2005年，G104线瑞安段经历了多次部分路段改建拓宽和路面改造工程。1995年5月，瑞安市第一个“四自工程”G104线凤山至飞云江大桥北岸段改建工程完成拆迁工作，9月28日进场开工，1996年12月24日竣工。该工程改建里程14.4公里，利用原路基拓宽，路基全宽23.2米，行车道宽12米，两边设防撞护栏及非机动车道，实行机动车道与非机动车道部分隔离。工程总投资1.31亿元，具体由温州财团、上海中侨股份有限公司投资8000万元，地方政府向省财政厅和省建设银行借贷3000万元。这种采用非集体部门投资和政府借贷的办法，在瑞安市开创了社会基础工程建设走产业化路子的先例。1995年11月24日，G104线瑞安市区高架桥工程开工。跨径总长1889米，全长2055米，桥高8.7米，桥宽11米，桥体上部结构采用单悬臂加挂T梁，系杆拱，空心板梁，下部结构为桩柱式墩台。工程于1996年12月31日竣工。1996年，G104线南白象至凤山（桩号K1923+600～K1934+600）和飞云江大桥以南至平阳交界(K1950+500～K1953)，实行二级公路加宽改建工程。总投资10634万元，1997年2月竣工。1997年6月21日，G104线飞云江大桥改建工程开工。桥面铺装18400平方米，改建栏杆3470米，更换伸缩缝38条计380米，设置配电设备和桥灯104根。总投资650万元，1997年9月20日竣工。1998年3月，飞云江南岸至平阳段（桩号K1950+500～K1953+010）拓宽改建工程开工。工程全长0.513公里，1998年7月底竣工。2000年4月20日，G104线瑞安凤山段改建工程开工建设。工程全长8.22公里，总投资1.23亿元。按平原微丘一级公路标准设计，行车时速100公里，路基宽25.5米，连接线路基按现有道路线形拼宽至18米，路面宽15米，桥梁与路基同宽。路面设计标准轴载BZZ-100，桥涵设计荷载标准为汽—20，挂—100。该工程属“四自工程”项目，2001年12月25日竣工。2006年11月8日，G104线瑞安段瑞祥大道二期续建工程开工。起点为G104线（桩号K1941+700）汀八村，终点为G104线（桩号K1943+440）上三根村，共计1.74公里。设计路幅宽60米。工程按平原微丘二级（加宽）公路标准设计，设计时速80公里，桥梁设计荷载汽-20，挂-100。桥梁与路基同宽。路面设计标准轴载为BZZ-100。总投资7975万元，2010年1月30日竣工。2009年2月10日，G104线瑞安飞云江大桥新拼桥梁工程开工。起点位于G104线与瑞光大道交叉处，终点位于G104线与S330线交叉点附近，路线全长约3.49公里。其中新建单幅拼宽桥梁长约1800米，改造老桥长约1760米。新建桥梁按一级公路技术标准设计，设计时速60公里，老桥与新拼桥梁车道分布采用六车道形式，分离式路基及新拼桥梁宽13.75米，老桥大修后宽13米。总投资31939万元，2011年6月28日竣工。老桥大修于2011年8月3日动工，2012年5月29日竣工。2010年12月17日，G104线瑞安段改建工程开工。起点为与塘梅公路交叉口北侧（桩号K1939+320），终点为汀田路口（桩号K1941+700），路线全长为2.38公里，按一级公路技术标准设计，设计时速80公里。总投资15216万元，2013年6月16日竣工。2011年4月，瑞安市投资7522.5万元，在G104线等交通通道造林4255.9公顷，建成全国首个在平原交通通道两侧实施的碳汇造林项目。2011年12月16日，G104线西过境公路瑞安段开工建设。

平阳段　G104线平阳境内起点，从万全镇孙桥（桩号K1945＋334）经宋桥、西浦、郭庄、九凰山隧道、流水坑、长山、贵德、钱仓、西炉、雅迴，至蔡家垟（桩号K1975＋949），全长30.615公里。该段线路，水泥路面30.615公里，路肩硬化29.302公里，桥梁36座/1090.4延米，九凰山隧道2座，波形钢质防幢护栏双向里程共44.787公里，公路绿化中央隔离带25.791公里，照明路灯27.104公里。1987年6月，G104线平阳段（桩号K55+000～K56+000、K57+000～K56+000、K59+000～K 62+000），共5公里路段实施油路中修，投入资金10.0万元。1987年9月，G104线（桩号K44+000～K75+000）计31公里埋设悬臂标志61根。10月，G104线（桩号K47+650）潘楼桥因桥台基础利用1944年修造时的老桥台，经多年使用沉陷变形严重，桥台严重错位。平阳县公路段组织危桥抢修领导小组，温州公路总段派员现场指导，落实修复计划，当月底完成抢修。11月，实施G104线（桩号K72+627）八字桥改造工程。12月，温分线平阳县境内（桩号K44+000～K75+000）公路进行重新丈量，统一编入北京至福州国道104线。1988年，G104线平阳段进入大中修年。5月，投入资金73.55万元，分别对G104章桥段（桩号K43+355）、俞郎桥（桩号K47+233）、下垟桥（桩号K47+981）、高桥小桥（桩号K48+340）、潘楼桥（桩号K47+655）、高桥大桥（桩号K48+475）进行大中修，各项工程于11月底全部完工。1993年2月25日，省政府批复（〔1993〕44号），将G104线平阳城关过境段（包括隧道）列为全省25项交通基础设施第一批“四自”工程。平阳县政府成立县重点工程领导小组，县长王擎峰任组长；成立G104平阳县城段改造工程指挥部，副县长李海清任总指挥，交通局领导任副总指挥，指挥部成员由昆阳、万全、务垟等乡镇及计委、土地、规划、供电、财税、建行、交通等部门领导组成。通过专家考察会审，工程采用打隧道改线过境方案。工程位于原G104线以西，线路起点K1961+920，绕开县城，止于K1967+993，全长5.534公里，其中九凰山隧道长1313米，宽11米，车行道9.0米，两侧各1.0米人行道，设计时速80公里。改线后比原线路缩短0.538公里，概算投资4185.69万元。路线按新建平原微丘二级公路标准建设，设计桥涵荷载—20，挂—100。新建线路路基宽度24米，路面宽度快车道2×7.5米，两侧各段4米慢车道，硬路肩2×0.5米，全部采用20厘米水泥稳定土基层，22厘米水泥混凝土面层。工程由平阳县交通开发总公司组织设计，省交通设计院审核，中外合作平阳海达交通开发有限公司担任工程业主，平阳县交通工程公司和温州井巷工程公司承建。核定工程造价6151.602万元，其中沪瓯钢铁厂投资3200万元，香港鸿达有限公司投资1700万元，县内几家民办企业集资270万元。1993年12月28日工程动工，1995年9月 7日竣工，1995年9月25—26日通过省交通厅公路局组织的交工验收。1994年10月，省交通厅批复“四自工程”延伸进行改建，工程列为一、二期，分两步实施。1996年6月，省交通厅批复“四自”延伸工程（改建一期）。工程分南、北两段，北段起点为K1959+515，经万全乡至终点K1962+000，长2.018公里；南段起点K1968+267，经务垟乡、鳌江镇、钱仓镇至终点K1977+267，长9公里，两段共计11.018公里。工程按平原微丘二级（加宽）公路技术标准，其线形和路幅采用一级公路标准，设计行车时速80公里。路基宽25米，路面主车道宽为2×7.5米，两侧路缘带宽2×0.5米，中间设2米宽中央分隔带，主车道两侧各设3.25米辅车道，主辅车道间设2×0.25米波形钢质防幢护栏，桥涵荷载汽—20，挂—100，设计洪水频率1/100，桥涵与路基同宽，全线平面交叉16处。工程核定造价6622.525万元，1996年7月开工，1997年4月完工。G104线平阳段二期公路改建工程，为省政府批准（浙政发〔1996〕82号）的“四自”工程延伸项目。工程分两段：第一段起点为K1953+1000（与瑞安市交界），终点为K1959+515（一期工程起点）；第二段起点K1977+267（一期工程终点），终点为K1984+815（与苍南县交界），改建长度为14.1公里。工程按二级公路标准建设，设计行车时速80公里。除利用岱口桥宽18米外，全线按一级公路标准施工，路基宽25米，路面布设2米宽中央分隔带，主车道宽2×7.5米，钢质防撞护栏2×0.25米，辅车道2×3.25米。沿线桥涵与路基同宽，桥涵荷载汽—20，挂—100。工程共完成工程量：路基土石方361416立方米，挡墙43199立方米，沥青路面126798平方米，水泥砼路面183909平方，中桥5座/236.8米延米，小桥16座/225.5延米，涵洞25 道，钢质波形护栏27公里，中央分隔带13.5公里。全线征用土地135.2公顷，拆迁房屋23500平方米。工程核定总造价10588.3万元，1998年4月开工，1999年8月竣工，1999年9月28日通过交工验收。接管后，由平阳县公路管理段负责日常维护、路政管理。每年安排维护管理费48万元，由“四自工程”收费处支出。至此，平阳境内G104线基本完成改造。1995年，投资433万元，开展G104线平阳段文明样板路创建，并通过交通部验收。经省政府批准（浙政办发〔1995〕217号），九凰山隧道作为“四自”工程，从1995年11月1日起开始征收车辆通行费。收费工作由中外合作平阳海达交通开发有限公司负责实施，平阳县交通局负责行业管理，平阳县编委核定收费人员85人。收费站设陈夹垟（桩号K1959＋200）。2007年7月23日，省政府发文（浙政办函〔2007〕33号）撤销九凰山隧道收费点，改由甬台温高速公路平阳收费点代征。2008年，省政府发文（浙政办函〔2008〕46号）决定，从2008年10月1日起，撤销九凰山隧道收费点在高速公路代征。此后，公路养护经费由温州市公路管理处安排。2010年12月30日，G104线郭庄至陈峡垟段改建工程开工。该工程属于省重点工程，项目起点位于平阳郭庄，经新欣、雅里、象口村，与甬台温高速平阳收费站站前道路相交，沿线将G104线拼宽至终点鳌江镇陈峡垟村附近，全长约9.31公里，其中大桥1座/331米，中桥6座/409米。2011年6月，新九凰山隧道工程开工。隧道单幅长1625米，净宽12.5米，按单向双车道设计。同步修复旧九凰山隧道单幅长1331米，建设陈峡垟连接线0.6公里。总投资6.02亿元。工程于2013年11月13日竣工。9月23日，G104线瑞安仙降至平阳萧江段改造可行性研究报告评审会在平阳县召开。工程主线起于仙降镇南侧顺接G104线温州过境段改建工程（瓯海桐岭至瑞安仙降段），与S330线相交（桩号K0+000），经平阳万全、昆阳、鳌江、麻步、萧江等镇，终点于萧江镇叶段村西北侧，与苍南段线位相接（桩号K29+390），全长29.39公里，其中瑞安段2.26公里，平阳段27.13公里。工程设有两条连接线，其中昆阳连接线起于主线（桩号K12+229）平交口处，终点于后垟村后与老G104线相接，全长约3.808公里；水头连接线起于主线（桩号K19+620），止于平阳水头镇接S230线，全长13.668公里。总投资32亿元。2012年1月进入施工，2015年竣工并通车。

苍南段　G104线苍南段起于灵溪镇王宅村东侧，经观美、桥墩，在分水关与G104线福鼎段相连，全长24.872公里。桥梁16座/总长761.1米，加固安全钢质护栏20.755公里，公路绿化中央隔离带14.999公里。1981年苍南置县，苍南公路管理机构组建。1983年4月，为适应日益增长的交通量，开始对辖区内G104线实施路基拓宽、线型改善工程。工程按国家二级公路标准设计，对路面实施水泥及渣油铺设。工程恢复驳坎28754米计21225立方米，驳坎封顶27725米计554立方米，路基填方73464立方米，泥灰结碎石144立方米。投资110万元扩建沿线桥梁17座/总长426米，行车道由9米拓宽至12米，改建接长涵洞50处/3961米。灵溪、南水头、桥墩三处共铺设水泥路面3.5公里，总投资59万元。1985年10月，开始实施铺设油路工程，分五个阶段施工。全线共长17.340公里（桩号K75～K92+340），工程总造价258.74万元。1986年1月3日，工程竣工并验收。1986年8月，G104线桥墩五里亭至分水关段拓宽改线工程动工。桥墩至分水关（桩号 K94 ～ K99+900）段因弯多坡陡，将原沿水平溪东边山腰走向改为沿溪西边山腰走向。改线后路线延长 480 米，最大纵坡 7%，工程总投资 400 万元。整体工程于 1990 年 1 月 1 日竣工。1999 年 12 月 20 日，G104 线苍南段一期改建工程（灵溪至桥墩）开工。工程全长 11.275 公里，按一级公路标准设计。其中灵溪过境段属新建工程，长 6.15 公里，路基设计宽度 25.5 米；南水头至桥墩段为老路改建，长 5.125 公里（其中柳垟至桥墩段 2.125 公里为二级公路），路基设计宽度为 24 米，沥青混凝土路面。工程总投资 1.4 亿元，2002 年 12 月 15 日竣工。二期改建工程（平阳界至桥墩）由省交通厅批准（浙交复〔2002〕61 号）实施修建。工程由路港集团有限公司承建，2003 年 8 月 14 日开工。工程全长 6.539 公里，按双四车道一级公路设计，其中平阳界至灵溪段为新建 3.731 公里，路基设计宽度 25.5 米，为水泥砼路面，2008 年 10 月 1 日竣工。2008 年 9 月 30 日，灵溪至南水头段老路改建工程开工。全长 2.808 公里，路基宽度 24 米，沥青混凝土路面。总投资 1.07 亿元。浙江交工建设工程有限公司承建，2009 年 1 月 16 日竣工。苍南与福建福鼎交界，因地理原因，G104 线福建段罗源水古下坡路段为连续 3.3 公里长下坡路段，纵坡大于 7% 的陡坡有 5 处，其中 2 处达到 9% 极限坡度。2000 年改建后，交通事故连续不断。据 2003—2012 年统计，该路段共发生交通事故 198 起，造成人员死亡 78 人、伤 243 人，直接经济损失 400 余万元，被列为福建省级事故“黑点”。实行限速 30 公里 / 小时，设置提示牌 14 面，避险车道 2 处。2012 年 4 月，浙闽双方经协商，决定对 G104 线福鼎分水关路段进行改造。G104 线苍南段改建的设计标准为双向四车道一级公路，设计时速 60 公里。分水关段线位采用隧道方案连接浙闽两省。2014 年 6 月 13 日，省发改委批复 G104 线苍南段改建工程可行性研究报告（浙发改函〔2014〕190 号），同意建设 G104 线苍南段改建工程。总投资约 31.5 亿元，其中省交通运输厅投资补助约 8.4 亿元。该工程起点位于苍南县灵溪镇新溪村东侧，与 G104 线瑞安仙降至平阳萧江段改建工程相接，途经浦亭、桥墩，终点为苍南桥墩镇分水关隧道浙闽界，与 G104 线福鼎段改建工程相接。合计建设里程约 36.3 公里，主线长约 23.7 公里，同步建设灵溪连接线约 3.8 公里，观美连接线约 7.3 公里，桥墩连接线约 1.5 公里。主线采用双向四车道一级公路技术标准，设计行车时速 80 公里，其中观美至终点段设计时速 60 公里。

G104 线温州段桥梁情况表

表 2-2-2

桥　名	所在地	桩　号	桥　长（米）	桥面宽（米）	桥　高（米）	跨径（米）	总投资（万元）	开工年份	竣工年份
湖雾桥	乐清	K1791+718	18	7	4.15	12.96	5.94	1981	1982
舟山头桥		K1794+895	15.4	10	2.75	7	48.17	1983	1984
水涨小桥		K1796+336	7.72	7.5	3.14	6.6	—	—	—
水涨大桥		K1796+485	100.94	4.5	5.2	12.6	—	1966	1967
白溪桥		K1803+165	22.68	5.9	2.42	5.9	—	1956	—
三垟桥		K1805+906	9.6	4.5	4.3	6.6	—	1960	—
破陡门桥		K1807+793	11.2	4.5	3.2	6.6	—	1927 年建 1957 年重修	—
新塘陡闸桥		K1816+600	17.7	10.5	7.1	13	—	1985	—
大芙陡闸桥		K1818+015	36.15	5.6	7.55	4.05	—	1986	—
上埠头桥		K1818+350	14.4	16	7.3	6.8	—	1984	—
小芙陡闸桥		K1818+570	13.4	6	6.9	3.7	—	1986	—

续表 2-2-2

桥 名	所在地	桩 号	桥 长（米）	桥面宽（米）	桥 高（米）	跨径（米）	总投资（万元）	开工年份	竣工年份
石坪桥	乐清	K1823+500	13.85	12	2.7	3.55	—	—	—
钱家垟桥		K1830+770	26	12	4.51	10.22/8.72	13.69	1987	1987
东垟桥		K1831+751	21.66	12	5.75	8.96/8.10	13.4	1987	1988
虹桥一		K1832+540	23	7	4.8	13.3	1.36	1971	1971
虹桥二		K1832+872	36.85	10	6	8.8×3	7.18	1961 年建 1985 年改建	1985
杏庄桥		K1834+266	16.7	9	4.1	8.96	5.27	1984	1984
朴湖桥		K1835+795	15.9	12	4.1	6.7	3.46	1980	1981
上河头桥		K1836+403	13.5	12	3.65	5.69	2.81	1980	1980
大林桥		K1837+067	15.9	12	3.8	8.3	2.89	1980	1980
竹屿一桥		K1838+078	39	9	5.8	3×8.96	10.75	1980	1980
竹屿二桥		K1838+760	17.9	6	4.7	13.3	1.88	1972	1972
牛鼻洞一桥		K1840+346	21.44	9	4	12.96	6.71	1984	1984
牛鼻洞二桥		K1840+746	26.62	13.4	4.4	3×5.98	8.13	1984	1985
三眼陡门桥		K1840+992	23.51	12	4.4	30/16.66	15.99	1986	1987
麻袋桥		K1843+084	20.2	9	3.9	10	10.07	1982	1982
白沙河头桥		K1844+245	21.64	9	5.1	40/2×7.6	6.58	1981	1981
郑家垟桥		K1846+500	17.66	12	4.2	11.6	4.24	1981	1982
文龙桥		K1847+250	40	7	5.5	12.8/12.85	10.72	1877	1978
和尚桥		K1847+600	19.15	12	4	4/8	2.01	1983	1983
所家庄桥		K1848+300	22.6	12	3.6	2×7.55	5	1982	1983
狭门桥		K1854+050	30	9	4.8	2×6.05/10.05	9.15	1980	1980
西岙桥		K1854+500	15.58	7	4	7.12	3.05	1977	1978
吕岙桥		K1855+060	12.5	12	4.2	6.4	2.26	1980	1980
后垟桥		K1857+200	35.22	9	6.5	10/2×8.8	10.41	1979	1979
西头桥		K1858+070	72.4	6	7.5	6×10.6		1964	—
上金垟桥		K1859+075	14.9	12	4.3	6.44	2.46	1978	1978
露庄桥		K1859+680	20.26	9	4.2	13		1972	1979 年改建
仙垟小桥		K1860+568	15	12	4.2	6.76	4.66	1978	1978
仙垟大桥		K1862+340	57.81	6	7.7	4×12.6		建于中华人民共和国成立前，1950 年重建	1965 年改建
河浃桥		K1862+850	15	12	3.7	6.76	4.26	1978	1978
白象大桥		K1863+860	44.75	6	7	4×9.1		建于中华人民共和国成立前，1950 年重建	1965 年改建
白象小桥		K1864+400	16.45	12	3.3	7.35	4.98	1983	1983
高岙桥		K1867+190	17.62	6	4.5	13.36		1972	1972
白露屿桥		K1868+845	19.2	6	4.6	2×7.3		1969	1969
乌牛桥	永嘉	K1870+560	98.44	9	5.5	6×13.36/8.1/6.6	44.6	1985	1986
挂彩一桥		K1875+160	8.7	12	3.1	4.8		—	—
挂彩二桥		K1875+820	11.5	12	3.4	6.8		—	—
梅园岭桥		K1877+922	28.02	12	5.4	2×6/10	15.8	1986	1986
梅园小憩桥		K1879+259	14.5	12	3.1	8		1986	1986
楠溪江大桥		K1882+500	448.07	9	23	16×442	747.62	1984	1986
大桥配立交桥		K1882+750	23	9	9.3	15		1984	1986
大桥配立交桥		K1883+280	33.5	12.7	13.7	16.1		1984	1986
大桥配立交桥		K1984+780	25.5	10.4	13.4	17.4		1984	1986
罗浮桥		K1885+967	13	12	2.9	6.8	3.77	1986	1986
塘头桥		K1886+862	10.9	12.2	36	6.8	3.84	1986	1986
芦桥		K1887+400	7.9	12	2.8	4.8	3.11	1952 年建、1969 年改建、1986 年拓宽	1986

续表 2-2-2

桥　名	所在地	桩　号	桥　长（米）	桥面宽（米）	桥　高（米）	跨径（米）	总投资（万元）	开工年份	竣工年份
后垟桥	永嘉	K1888+290	10.84	12	3.5	6.8	3.98	1981 改建 1986 拓宽	1986
赵宅桥		K1890+200	7.6	12	2.6	5	—	1985	1985
马溪桥		K1890+400	10.9	12.2	3.1	6.8	—	1985	1985
坝桥		K1891+675	15	12.3	3.2	10	5.13	1986	1986
六岙桥		K1894+050	20.54	12	4.6	12.5	6.97	1981	1982
瓯江大桥		K1896+208	735.368	9	31	18×725.368	1190	1982	1984
桐桥山桥	温州市区	K1900+368	31.8	16.5	3.8	2×7.96/13.36	24	1988	1988
岩门桥		K1901+560	11.5	18	4.24	5.6	8.8	1987	1988
郑桥一		K1906+250	7.2	12	3	6	—	1985	—
郑桥二		K1908+274	7.5	12	4.4	6	—	1985	—
过境桥三		K1908+500	9.3	12	3.7	8	—	1985	—
过境桥四		K1909+316	9.1	12	3.2	8.6	—	1985	—
将军桥		K1909+865	39.1	9	6.5	2×11.2/13	—	1985	—
民主桥		K1911+150	66	9	7.2	5×13	—	1985	—
里垟桥		K1912+350	39.9	9	6.8	3×13	—	1985	—
十里亭桥		K1913+240	18	15	4.4	9.3	—	1988	—
门前垟桥		K1914+015	15	12	4.7	8.6	—	1984	—
沙门桥		K1915+870	14.64	15	3.6	8.6	6.44	1987	1987
北庄桥		K1917+330	50.59	12	7	4×10.6	18.24	1988	1988
东庄桥		K1918+200	11.19	15	3	6.75	3.5	1988	1988
下打桥	瑞安	K1923+130	13.2	12.5	4.5	8.6	4.86	1986	1986
泊岙桥		K1924+360	10	12	1.8	6.9	3.81	1986	—
台头桥		K1926+516	21.91	9	4	8.9	1.74	1980	1981
台桥		K1926+650	26.66	10.5	5.1	6.6/8.1	2.91	1980	1981
河头桥		K1928+175	14.84	12	3.8	8.3	3	1980	1980
五屿桥		K1928+785	16.14	12	4.2	6.8	1.97	1972 年建 1988 年改建	1988
朱静桥		K1932+950	9.51	14.46	2.6	8.7	5.33	1987	1987
风士桥		K1933+740	8.74	6	3.2	5.12		1969	1969
凤头桥		K1934+625	14.95	12	4.3	8.7	3.1	1979	1980
新垟一桥		K1935+435	14.71	12	4.1	9.1	2.6	1980	1981
双垟桥		K1936+965	15.05	12	4.3	8.8	3.89	1980	1980
金岙一桥		K1940+325	12.36	12	4.7	5.76	4.28	1978	1979
金岙二桥		K1940+520	12	12	4	5.76	3.65	1978	1979
凤岙桥		K1941+104	12.9	12	4.2	6.26	3.55	1979	1979
仙桥		K1944+640	10.7	12	4.2	5.6	—	1988	1988
周扬桥		K1945+467	15.14	12	3.9	9.6	9	1988	—
周湖桥		K1946+609	6.7	14	3.9	5.3	—	1986	1987
塘河桥		K1947+046	90	12	8.8	3×20/2×13	—	1986	1987
立交桥		K1948+724	15.20	12.5	5	13	—	1986	1988
飞云江大桥		K1949+594	1720.793	10	—	37×1718	4000.91	1986	1989
飞云大桥引桥		K1950+480	48	15	5.2	6×47.9	—	1986	1987
飞云接线桥		K1951+013	25	15	5.1	2×5/13	—	1986	1987
牛栏桥		K1951+630	12	7	4.2	5.8	2.9	1974	1975
金间桥		K1951+830	7	7	2.8	6.1	—	—	—
章桥		K1952+450	12	12	3.5	7	3.34	1988	1988
涂垟桥		K1953+045	13.6	12	4.1	6.58	3.18	198	1981
孙楼一桥	平阳	K1953+990	13.95	12	5	8.3	5.52	1980	198105
下宋桥		K1954+230	12.64	12	3.4	6.6	3.42	1982	198211
潘垟桥		K1954+840	46.9	9	7.2	5×40.73	9.57	1982	198305
后巷桥		K1955+100	10.9	12	3.35	6.95	2.78	1981	198204
宋桥		K1955+300	32	9	5.1	3×25.1	7.02	1981	198206

续表 2-2-2

桥 名	所在地	桩 号	桥 长（米）	桥面宽（米）	桥 高（米）	跨径（米）	总投资（万元）	开工年份	竣工年份
姜桥	平阳	K1955+625	15	12	3.5	8.8	4.56	1982	198212
西黄桥		K1956+110	12.2	12	3.3	5.9	3.39	1977	197812
俞郎桥		K1956+352	11.26	12	3.4	6.63	3.03	1988	—
潘楼桥		K1956+770	48.95	12	6.9	3×13.61	38.65	1988	198812
下垟桥		K1957+100	11.5	12	3.3	6.2	—	1988	1988
高楼小桥		K1957+467	13.6	12	3.5	8.9	—	1988	1988
高楼大桥		K1957+600	40.87	12	6.2	5×40.85	26.33	1988	—
西浦桥		K1958+200	43.7	6.1	6.5	5×8.3	—	20 世纪 60 年代	—
郭庄桥		K1959+120	12.96	12	3.7	5.76	3.69	1978	1978
西垟黄桥		K1960+100	16	6	5.2	10.7	—	1969	1970
东门后庄桥		K1962+425	19.8	9	4.5	12.67	—	1978	1979
塔下桥		K1966+331	16.3	12	3.2	6.5	3.56	1979	1980
长山桥		K1967+680	11.7	12	3.1	5.9	3.93	1978	1979
鹤巢桥		K1968+400	55	6.1	7.1	8.8/4×8/8.5	—	20 世纪 60 年代	—
和莲村桥		K1968+886	9.7	7	3.4	5.3	2.45	1974	1974
骗黎头桥		K1969+292	9.99	7	3.4	8.1	—	1978	1978
陈家殿桥		K1969+736	17.5	12	3.3	10	6.8	1985	1986
下河桥		K1970+600	27.26	6.6	5.3	2×9.6	3.62	1964	1965
西川桥		K1972+340	33.32	6	5.5	2×12.6	4.34	1964	1965
垂阳桥		K1973+745	14.8	6.1	3.1	4.55/4.7	0.74	1967	1967
朱塘桥		K1974+520	12	7	3.65	8.2	—	1973	1973
城村桥		K1975+970	12.23	12	3.5	6.6	4.92	1986	1986
钱仓一桥		K1976+816	9.2	7	3.2	5.5	—	1970	1971
钱仓二桥		K1976+925	13.06	7.0	3.2	5.7	—	1970	1971
茶亭桥		K1977+275	14	7	3.7	8.2	6.49	1973	1973
梅浦桥		K1978+090	56.88	7	9	34.78	—	1973	1973
岱口大桥		K1980+200	151.80	7	10.1	16.88/3×32 16/2×20.1	—	1967	1969
新开河桥		K1981+240	8.88	12	2.9	4.7	—	1987	1987
八字桥		K1982+664	12.3	12	2.7	6.7	7.62	1987	1987
后林桥		K1983+400	22.4	12	3	3*5.9	—	1987	1988
雅廻一桥		K1984+665	13.57	12	3	6.8	5.16	1986	1986
雅廻二桥	苍南	K1985+120	15.28	12	3.6	4.9/4.7	—	1986	1986
沈塘桥		K1986+640	13.43	12	3.6	6.81	5.63	1985	1986
金家垟桥		K1987+570	14	12.9	3,5	6.9	3.73	1985	1986
百丈桥		K1988+373	33.6	12	5.6	7.3/2×8.5	16.11	1986	1987
蔡家垟桥		K1989+130	13.43	12	3.7	6.8	4.83	1985	1985
东仓桥		K1989+800	16.15	12	3.7	8.7	5.18	1985	1985
龙峰桥		K1990+376	16.34	12	4	8.74	5.64	1986	1986
上林桥		K1990+940	16.34	12	3.6	8.74	5.57	1986	1986
灵溪一桥		K1992+644	15.6	12	4	8.74	—	1983	1984
灵溪二桥		K1993+400	12.66	12	3.3	6.98	3.12	1983	1983
东燕一桥		K1994+325	15.01	12	3.3	8.7	3.78	1984	1984
东燕二桥		K1994+834	11.5	12	3.2	5.1	4.14	1984	1984
水头桥		K1996+558	12.87	12	2.9	7	4.24	1984	1984
桥墩接线桥		K2002+480	20	11.3	3.5	11.7	—	1976	1976
桥墩桥		K2002+550	110.12	8	8.9	5×16	64.22	1975	1977
桥墩小桥		K2003+180	11.6	9.8	3	5.6	—	1976	1976
五里亭桥		K2004+500	46.7	13	4.9	3×13.4	—	1987	1988
树枫桥		K2008+068	24.3	12.5	5.9	7/6	2.5	1986	1986

说明：G104 线温州段几经拓宽改道改造，桥梁情况变化大，或已不属于线路，或已被拆消失，此表作史料保存。

【G330温寿线温州段】 浙江温州至浙江建德市寿昌镇公路，简称温寿线。起点为温州老汽车西站，往北过瓯江大桥，经永嘉桥头镇、青田、丽水、缙云、永康、金华、兰溪，至终点建德市寿昌镇陈家村，由温丽、金丽、金兰、杭兰等四条干线组成，在建德寿昌与G320线相接，全长327公里，2000年调整为299.65公里。G330线温州段起于温州老汽车西站，止于桥头镇花岩头村与青田交界处，总长38.378公里（其中7.496公里为城市道路，双屿至瓯江大桥段10.6公里与G104线重复），实际管养30.882公里。1988年，由交通部正式编号命名为330国道，简称G330。

该线路最早可追溯到唐朝，从建德经兰溪、金华、永康、缙云、丽水、青田至永嘉，分段建有驿道。至清，全程已达685里。清时所定温州官路，即衢州经龙游、遂昌、松阳至丽水，再至永嘉，未设驿站。丽水至永嘉段，沿瓯江北岸依山而行。因道路崎岖险峻，一般驿道以水路为主，兼用陆路。民国17年（1928）4月，浙江省国民政府110次会议通过了浙江省公路公债券条例，发行公路公债250万元（旧币），充作公路建设经费，永嘉至青田、丽水段公路得以修建。民国18年（1929）4月，省建设厅制定浙江省公路路线网计划，5月7日经省政府224次会议通过。计划列有干线10条，其中经线6条、纬线3条、沿海线1条。3条纬线温州占有1条，即永嘉至龙游线路，全长180公里。民国22年（1933）1月，省公路局组织对青田至永嘉段进行勘测、施工。该路段均是沿江傍山路线，工程艰巨。施工时，有陆军二十一师二旅工兵3000人参加，并从北方招雇熟练开山工数百人配合使用开山机施工。开山机开凿坚石每立方米1.216元（当时币值），比人工略高，但工程进度快。此为浙江省公路史上使用机械筑路之始。永嘉境内朱涂、垟湾等桥均为石台墩工字梁木面桥，涵洞多为石拱涵。民国23年（1934）10月，工程全部竣工。民国25年（1936）7月，全国公路交通委员会将该线定为浙江省12条支线之一，改从龙游经金华、永康、丽水至永嘉。后因寿昌至龙游段未建，该线以兰溪为起点。民国27年（1938）6月，为阻日军进犯，国民党第三战区下令破坏公路。次年，再次下令废路为田，朱涂、垟湾等桥梁全部拆毁。民国35年（1946）6月，国民政府交通部公路总局转发行政院核准的第一期国道网计划及分区接管国道路线表，其中与浙江有关的国道有5条，与温州有关的国道有1条，即永嘉龙游线，编号G127。民国36年（1947），省公路局根据以上国道网路线计划，重订《浙江省公路路线网计划》（即第三次公路路线网计划），将部定5条国道，以杭州为中心分为7线，其中温州龙温线（即永嘉至龙游线）将G127改编为G206。

G330线温州鹿城段　陈慧玲摄

中华人民共和国成立后，1950年，华东交通部勘定正线自金华经丽水、青田，由梅岙设轮渡过瓯江至温州市区，全长132.41公里。支线由梅岙至清水埠长14.08公里，施工里程共146.49公里。该计划从1951年3月开始测量。8月，华东交通部派工程师实地查勘，对梅岙码头的选址地点、16座主要桥梁的桥型提出修改意见。12月完成野外勘测，1952年4月完成初步设计。1951年1月8日，省政府从中央拨给温州地区的“死角粮”中拨出一部分作为修路经费。省公路局利用该笔经费，修建了永嘉福林至温州的30公里（包括新建瓯江南岸永川码头起经九山、半腰桥、越太平岭、郑桥、双屿至渔渡接线，全长17.80公里）和梅岙至清水埠支线的路基工程，投资23.32亿元（旧人民币），1951年8月5日竣工。9月，因闽北公路有600多名熟练工人回浙，省公路局决定垫款修建丽水至高沙岭一段。该段工程是开山路基、驳磡及涵沟工程，全长38公里。至1952年6月，因资金不足停工。

丽青温线的修复工程，是浙江省解放后第一条较为艰巨的公路工程。主要工程有路基土石方81.6万立方米，级配路面54.4万平方米，新建大小桥梁51座/1069米，其中永久式桥梁长度占66%。同步完成防护工程、安全号志、电信设备、道渡班房等配套设施。为迎接新中国大建设的到来，培养施工技术人员，该线在修建过程中加倍配置工地施工人员。至1953年4月，共有252人，平均每公里1.72人，其中工程技术人员占51%。1952年9月，省公路局成立丽青温工程队，筹备再次对丽青温线实施修建。1953年3月，该线路技术设计始由华东公路局负责，并拨工程款5亿余元（指当时人民币值，下同），工程改由华东公路局第二工程总队负责施工。至10月1日，梅岙轮渡码头建成。至此，除朱涂桥先建便桥代用外，全线竣工。工程决算总额449.08万元，包括新建朱涂桥50.334万元，平均每公里修复费34360元。1954年1月组织验收认为，该段工程的永久式桥梁除采用苏联先进经验外，就地取材修建了跨径5.0～8.90米的石拱桥3座，木桥面均用砺灰三合土盖面。但由于工程前期调研欠详，加上技术设计未经审批即行全面施工等原因，施工过程中出现返工现象。如桥梁中途变更设计的有4座。朱涂桥位于距温州33公里的瓯江支流朱涂浦上，系二台四墩五孔钢筋混凝土双挑悬臂梁结构，全长87.4米。1953年1月开工，至1954年1月，因华东公路局第二工程总队撤销，浙江省公路局成立朱涂桥施工队接办。该桥河床土壤为海洋性沉积层，属粉砂质黏土垆坶，潮汐水位高低差4米左右。由于前期测试时未经实地钻探地质，也未试桩，且盲目套用苏联技术，造成设计变更6次，工期长达三年之久。后向北京丰台钢筋水泥预制厂购进22米长桩作基桩，才于1955年12月14日完工。工程预算经费14.8万元，实用经费55.8万元，超预算41万元。1960年下半年，鉴于国民经济出现困难，浙江省把基本建设方针调整为“保粮、保煤、保钢”。温州除部分山区外，主要公路工程几无发展。1977年6月，G330线温州段开始启动路面改造工程。清明桥至双屿前陈7.4公里，前陈至洞桥山3公里，洞桥山至梅岙渡口5.58公里，梅岙渡口至朱涂10公里，朱涂至福林、花岩头8公里，逐段改泥碎石路面为渣油路面，至1982年初全线竣工。工程由温州公路总段工程队和永嘉县公路管理段负责施工。1984年9月25日，温州瓯江大桥建成通车，路线改由梅岙至六岙过瓯江大桥至温州市区，梅岙汽车轮渡封渡。1995年，瓯青公路被列为浙江省第五批“四自工程”项目（浙政发〔1996〕82号）。瓯青线属G330复线，全长25.641公里（桩号为K0+000～K26+050），投资总额1.3242亿元，其中省交通厅出资60%，地方出资40%。1996年5月8日，G330复线温州段（原330国道瓯青复线瓯海段）工程正式开工。该工程是省、市重点工程，由瓯海区政府与浙江省公路管理局共同出资建设（瓯海区政府出资40%，省公路管理局出资60%）。该工程全长26.05公里，项目实际筹集建设资金14983.72万元，其中省公路局实际出资8649.26万元，其余部分由瓯海区政府负责筹集。线路东起G104线至仰义乡后京加油站，后分道向南下穿温丽高速，进官岭隧道，沿瓯江南岸与金温铁路平行布线，向西经双潮乡沈

G330线温州鹿城与青田交界处　陈慧玲摄

岙村门岙与G330线青田段相接。

沿线设有大中小桥梁17座/946.1米，其中大桥2座/443.3米，中桥8座/365.8米，小桥7座/137米；隧道2座/1145.4米，其中官岭隧道1050.4米，庄岩隧道95米；涵洞161道。工程按国家平原微丘二级公路技术标准进行测试，最小平曲线半径250米，最大平曲线半径为2055米，最大纵坡3%。路基宽度为13.2米，其中行车道宽度9米，路肩宽度2×1.5米，挡墙2×0.6米；桥梁及涵洞与路基同宽。路面采用沥青混凝土，设计时速80公里。工程共征用土地737.9公顷，拆迁房屋6570平方米。路基开挖土石方166.9万立方米，填筑路堤85.3万立方米，砌石工程13.8万立方米，软基特殊路基处理4处计878米。1997年3月25日，控制性工程官岭隧道贯通。1997年12月20日工程全线竣工。

该路段从1998年6月10日开始批准收费，2010年2月5日停止收费。2001年7月27日，根据温州市市区行政区划调整情况，G330复线（瓯青公路）正式移交鹿城区养护。2002年10月16日，交通部正式公布浙江省G330线经调整后的路线走向（交规划发〔2002〕52号），G330线温州段和G104线合道至仰义乡后京加油站，后分道改走瓯青线，至青田县交界处重归G330线。原经瓯江大桥北岸的永嘉六岙至青田交界花岩头的G330线改为S333线。

2004年8月12日，G330线温州段畅通工程建设项目开工。工程全长25.6公里，路面设双向二车道，行车道9米。建设内容包括全线路面大修和中修，官岭隧道、庄岩隧道修复、补漏和增加照明，边坡修复，全线标识标线的规范、设置。总投资3716万元，2005年元旦竣工。2009年5月，G330线仰义后京至双屿嵇师段改建工程开工。本工程改建线段为G330线、G104线在鹿城区的共用线段，全长6.5公里，设计时速60公里。双向六车道，路基宽40～50米，征用土地629公顷，拆迁房屋69536平方米，总投资约12亿元，2011年竣工通车。2011年6月25日，G330线仰义至双屿段第二次改建工程开工。改建后的双屿段按双向六车道一级公路标准结合城市道路功能设计，设计时速60公里。工程起点位于仰义街道后京村，接G104线与G330线交叉口，与已建的G104线西排大桥相连。沿线经过后京河、前京河、河岙河、仰义河，三次跨越丰门河，下穿绕城高速公路北线主线桥、仰义枢纽匝道和中国鞋都三期出入口立交。工程于2014年建成通车。2012年12月19日，G330线东向延伸线（龙湾永中至海城段工程）在龙湾永中郑宅破土动工。该工程是G330线延伸温州鹿城至洞头段的重要组成部分，总体走向起于鹿城，利用G104线温州西过境鹿城段，沿线经过瓯海区温州铁路南站、吹台山、丽岙、瑞安塘下、龙湾海城、沙城、永中，借S332延伸线龙湾经洞头疏港公路，终点至洞头县城。

G330线温州鹿城至洞头段公路同时分段建设，在建里程74.9公里。其中，G104线温州西过境鹿城至高铁温州南站段约17.1公里，瓯海潘桥至丽岙公路约9.3公里，温瑞大道约4.7公里，灵昆大道约4.2公里，S332延伸线龙湾至洞头疏港公路约39.6公里。同时，温州丽岙至仙岩公路约3公里，环山南路约5.1公里，环山东路约11公里合计19.1公里被划入G330线范围。龙湾永中至海城段工程项目按双向六车道一级公路兼顾城市道路功能标准建设。主线起点位于龙江路与环山北路交叉口，终点位于龙湾与瑞安交界处，与规划G330线环山南路线路相接，总长12.835公里。其中，主线长11.03公里，支线长1.805公里，路宽44米，设计时速为80公里。全线建桥梁18座/594米，隧道2座/2425米。工程总投资26.854亿元，其中建安费13.47亿元，其他费用（含征地拆迁费）13.384亿元。G330线温州段东延伸线建成后，全长约94公里，比原路增加56公里。全线设公路养护管理用房1处。2011年5月，G330线灵霓海堤段工程开工建设，2017年1月23日正式通过交工验收，1月25日通车。灵霓海堤段工程包含三个标段，全长14.5公里，是G330工程重要路段，按双向四车道一级公路标准建设，设计时速80公里，路基宽度24.5米，总投资约

5亿元。2012年12月18日，G330线龙湾永中至海城段工程，在龙湾永中街道郑宅村破土动工。G330延伸线项目总投资约40.2亿元，工程全线计划在2017年底贯通。

普通国道温州段情况表

表2-2-3

线路名称	线路编号	起讫地点	起点桩号	止点桩号	合计	二车道	四车道	六车道	八车道及以上
京福线	G104	大溪岭—分水关	1788.917	2001.046	196.586	12.599	187.977	7.678	4.333
温寿线	G330	温州西站—鹿城青田界	0	38.378	30.882	25.652	11.612	1.114	0

说明：G330总公里数含城市道路7.496公里

【G104线温州西过境公路（在建）】 G104线温州西过境公路工程，分永嘉张堡至瓯海桐岭段（含鹿城段）、瓯海桐岭至瑞安仙降段，总里程约41公里，概算投资约80.07亿元。按双向六车道一级公路标准兼顾部分城市道路功能设计，设计行车时速80公里，路基宽50米。永嘉张堡至瓯海桐岭段改建工程，全长24.9公里，经瓯北、仰义、双屿、郭溪、潘桥，至桐岭，概算投资61.97亿元。2010年12月，G104线温州西过境永嘉段改建工程指挥部成立。改建工程设计瓯江特大桥1座，采取三塔矮塔斜拉桥结构，桥长1330米，宽36米。同步建设瓯北连接线。永嘉段主线与连接工程全长7.23公里（其中主线长约3公里），总投资15.86亿元。2011年12月31日，瓯江特大桥栈桥工程开工。同日，鹿城段改建工程开建。鹿城段全长9.7公里，投资约28亿元。大桥7座/4990米；隧道4座/1660米。瓯海桐岭至瑞安仙降段改建工程，全长约17.06公里（其中瑞安段路线全长约14.895公里），总投资18.1亿元。经瓯海区潘桥镇与规划南过境路交叉，沿已建高桐公路拼宽向南布线，在坎下山新建隧道穿越桐岭山至瑞安市桐浦镇陶岙村，并延伸经岭南、凤社、浦东，在高桐公路终点与老瑞枫公路平交。后建新线沿飞云江西岸继续向南布线，至涂厂村东南侧新建桥梁跨越飞云江，至仙降街道下西垟东侧，于仙降鹤屿山西南侧接S330线。远期规划从瑞安仙降延伸至平阳萧江段。飞云江六桥推荐方案全长1245米，主跨采用65+100+65m预应力砼变截面连续箱梁方案。

在建的G104线瓯江特大桥（2017年） 包仕淳摄

G104线温州西过境公路的建成，将为完善温州国省道干线公路网布局，促进区域经济发展，打造温州国家级综合运输枢纽奠定基础，并为高速公路充分发挥主骨架作用提供强有力的支撑与保障。永嘉张堡至瓯海桐岭段的新过境公路，将替代温州市区现有的过境公路，成为温州市区西部交通网最重要的纵向大通道。

【G228线温州段（规划）】 辽宁丹东至广西东兴公路，是《国家公路网规划（2013—2030）》新增国道干线公路，中国沿海高等级公路，线路编号G228。G228线从辽宁丹东出发，一路沿东部海岸线前行，串联沿海城市大连、天津、烟台、青岛、连云港、盐城、南通、上海、宁波、台州、温州、宁德、福州、泉州、厦门、汕头、深圳。后跨越珠江口，经中山、珠海、阳江、湛江等城市，继续沿海岸线西行，进入广西，途经北海、防城港，止于广西东兴。G228线温州段设计南北走向，由北自乐清，向南经龙湾、瑞安、平阳，至苍南马站南的浙闽交界处，与福建省相关道路连接。乐清段是G228全线国家指定控制点之一。

龙湾段 瓯江南口大桥南接线工程，为龙湾综合交通规划中的滨海大道的一段，即今后的G228线段。项目起点为已建滨海大道与瓯海大道的交叉口，途经海滨街道沙北、教新、北新、城东、宁村等5个村，终点与南口大桥南互通匝道相接，总长2.525公里，红线宽72米，按一级公路兼顾市政功能标准设计，双向六车道，设计时速80公里，概算总投资约6.14亿元。瓯海大道东延及枢纽集散系统工程（滨海大道北段），即为滨海大道上部高架桥梁，建成后是联系龙湾区与瓯江口新区的重要通道。项目起点为枢纽互通北侧，终点为南口大桥预留跳水平台。全线长约2.76公里，设平行匝道2处，主线宽度26米，平行匝道宽度8.5米，按一级公路兼顾市政功能标准设计，双向六车道，设计主线时速80公里，平行匝道时速≥40公里。项目估算总投资约7.8亿元，其中建安费约6亿元。

瑞安段 塘下场桥至南滨街道的林垟，即现在的滨海大道（飞云江三桥及南北延伸线），全长19.8公里。

平阳段 2015年1月6日，温州市交通规划设计研究院牵头，就G228线平阳榆垟至鳌江段公路工程项目召开“工可”审查会议。平阳段总里程11.3公里，起点位于平阳万全榆垟接昆宋公路三桥连接线，设隧道穿越荆溪山，终点位于鳌江镇接鳌江五桥。沿线经过万全榆垟、昆阳坡南、鳌江滨江新区，采用一级公路双向六车道技术标准，设计时速100公里。沿线设有隧道2座/3370米，大桥2座/360米，公路养护管理用房1处，总投资约17.4亿元。

苍南段 G228线苍南段与浙江省省道网规划的原S220线苍南段控制点及走廊基本一致，S220线被调整为G228国道。2015年8月19—20日，浙江省公路管理局在苍南县组织召开G228苍南段工程可行性研究报告评审会议，由省交通规划设计研究院负责编制《新增G228苍南段工程可行性研究报告》。G228线苍南段是该县公路交通规划主骨架“两高两纵三横八连”的一纵，项目总投资63.81亿元，其中建安费38.4亿元。主线全长47.98公里，并建炎亭连接线3.16公里，核电连接线7.60公里。沿线与甬台温高速公路复线、灵海公路、龙金大道、灵沙公路、S232线等县域内重要公路干线相交。主线采用双向六车道/四车道一级公路技术标准，龙港至金乡段设计时速80公里，路基宽度32米；金乡至马站段设计时速60公里，路基宽度23米。2017年8月，G228线苍南龙港至龙沙段工程开工建设，项目主线全长21.02公里，同步建设炎亭连接线，核定概算26.92亿元。

二、普通省道

温州境内有7条（段）省道，分别为仙居至清水埠（41省道）、云和至（福建）寿宁（52省道）、瑞安至东坑（56省道）、岱口至青田（57省道）、分水关至泰顺（58省道）、温州至永强（77省道）、南水头至霞关（78省道）。2002年10月16日，交通部正式公布浙江省G330线经调整后的路线走向（交规划发〔2002〕52号），原经瓯江大桥北岸的永嘉六岙至青田交界花岩头的G330线老路段改为省道，连接至缙云东渡镇公路，即永嘉六岙至缙云东渡镇公路（S333）。因此温州境内又增加一条省道，代码为49省道。2009年，国家对省道公路编号进行了统一调整，是年4月，公路路政管理部门完成标志牌的更换工作。自此，原省道线路编号从两位数上升为三位数：41省道调整为S223线，49省道调整为S333线，52省道调整为S228线，56省道调整为S330线，57省道调整为S230线，58省道调整为S331线，77省道调整为S332线，78省道调整为S232线。

2012年之后，浙江省新规划两条省道公路，其中一条是布设在温州域内的省道。该省道起自苍南县马站镇西侧与S232接线，经楼下村、八公顷后村、新利村、分水关，止于泰顺县与S331相接，线路代码为S327；第二条是起自缙云，经丽水、永嘉、温州、瑞安、平阳、苍南，在苍南县境内与时代大桥起点重合，经龙港、金乡、赤溪，止于马站南浙闽交界处，线路编号为S220。目前，该两条省道待建。

普通省道温州段起讫情况表

表 2-2-4

编号		名称	所在地	起点	讫点	公里	开通年月
旧	新						
S41	S223	仙清线	永嘉	永嘉仙居交界	永嘉清水埠	101.77	1956.2
		仙清线南复线	永嘉	岩头	瓯北	38	2015.6
S52	S228	云寿线	泰顺	景泰界龙井隧道	寿宁泰顺交界友谊桥	36.174	1970.2
S57	S230	青岱线	平阳 文成 瑞安	文成青田界十字路口	平阳岱口桥北	72.62	1957.3
S78	S232	水霞线	苍南	南水头与G104接线	霞关镇	48.365	1956.3
S56	S330	瑞东线	瑞安文成	瑞安飞云江大桥南与G104交叉口	文成景宁交界干坑坳	121.96	1958.1
S58	S331	分泰线	泰顺	浙闽交界分水关	泰顺罗阳镇	64.124	1958.7
S77	S332	温强线	龙湾	温州市区	飞机场入口	18.399	1961
S49	S333	六东线	永嘉	永嘉六岙	永嘉青田交界	23.016	2002.10
—	S220	缙苍线	永嘉 温州 瑞安 平阳 苍南	永嘉丽水交界处	浙闽交界分水关	—	调整为G228
—	S327	苍泰线	苍南	马站西侧S232	泰顺接S331	—	在建
合计（公里）						583.839	—

普通省道温州段情况表

表 2-2-5

线路名称	线路编号	原编号	起讫点	起点桩号	止点桩号	总里程（公里）	二车道	四车道	六车道	八车道及以上
仙清线	S223	S41	仙永隧道—楠溪江大桥头	35.378	130.681	90.936	64.065	12.303	14.568	—
云寿线	S228	S52	龙井隧道—友谊桥	63.784	99.958	36.174	36.174	—	—	—
青岱线	S230	S57	李林—岱口G104交叉口	38.813	107.602	68.789	43.421	25.368	—	—
水霞线	S232	S78	灵溪南水头与G104交叉口—霞关	0	48.365	48.365	48.365	—	—	—
瑞东线	S330	S56	瑞安（桥里）—干坑坳	0	100.576	100.576	70.015	30.561	—	—
分泰线	S331	S58	分水关—育才中学	0	64.124	64.124	59.227	4.897	—	—
温强线	S332	S77	温州西站—永强机场	0	26.697	26.697	—	6.397	13.01	7.29
六东线	S333	S49	六岙—花岩头	0	23.016	23.016	23.016	—	—	—

【S223仙清线】 台州市仙居县至温州市永嘉清水埠干线公路，简称仙清线，线路编号为S612，后改为S41，现为S223。该线路自永嘉清水埠起，沿楠溪江向北逆流而上，经上塘、沙头、九丈、岩头、福佑、岩坦、张溪至仙永隧道出境，全长101.766公里。1990年后，线路经改建缩短为97.881公里，其中二级路面58.44公里，三级路面34.285公里，四级路面5.156公里。

仙清线的开发，最早可追溯至清光绪二年（1876）。当时永嘉岩坦戴慎等12人发起修筑永仙干路（今永嘉至仙居），为泥结石乡间小路。1956年2月至1962年4月，国家投资18万元，采取民办公助、民工建勤等形式，先后修筑成四段公路，即沙头至岩头段31.66公里，沙头至上塘段12公里，上塘至清水埠段13.8公里，岩头至福佑段12.2公里。沿线设三角岩渡口和九丈渡口，均由人力渡运。1964年，省交通厅拨款将已建公路改为碎石级配路面，桥梁改为钢筋混凝土板梁桥。1971年2月至1972年4月，国家出资180.5万元，采取民办公助的方针，建成福佑至大寺基段32.11公里。至此，仙清线全线竣工通车。沿线设九丈、三角岩、渡头汽车渡口3处，隧道1座。1977年5月，沙头至岩头路段由稠树改道经福利、塘湾至坦下，撤销九丈、三角岩两处汽车渡口轮渡，

S223仙清线永嘉九丈大桥　叶迈峰摄

并建塘湾大桥、胜利隧道各1座，1979年1月1日竣工通车。1980年1月建渡头大桥，桥头接线建渡头隧道1座。1982年9月建成通车，同时撤销渡头渡口轮渡。1980年，清水埠至上塘段路基拓宽至10～12米。1985年起，改砂石路面为沥青路面，桥梁改为永久式。1986年3月，楠溪江大桥建成通车后，仙清公路从楠溪江大桥西端桥下通过，形成桥路立交，并与G104线形成迂回路线。1988年，清水埠泥结碎石路面改建为水泥混凝土路面。1990年 6月，上塘至沙头段按二级山岭重丘线技术标准拓宽路基，铺筑沥青路面。1991年，沙头至三角岩地段改造为油渣路面。1992年改建拓宽为三级公路，路基宽10米，行车道宽7米。

1993年9月，三角岩至九丈岭下段拓宽改建工程启动，永嘉首个"四自"工程项目。11月16日，三角岩大桥和九丈大桥同时动工。1994年，因遭受第17号强台风袭击，工程推延至1995年6月25日竣工。桥梁按荷载汽—20、挂—100技术标准设计，两端接线按山岭重丘二级公路技术标准设计。全长5.522公里，其中两桥共长606.8米，两端接线4.915公里（包括复线1公里）。该线路由三角岩原经泰石至坦下段改建，改建后三角岩经三角岩大桥和九丈大桥至坦下，原坦下经泰石至三角岩段变更为县道坦三线，长10.7公里。三角岩至九丈岭下段拓宽改建后，比原路缩短8公里，设双车道，路基宽度10.5米，行车道9米。工程总投资1921.21万元，其中省交通厅拨款480万元，永嘉县交通局拨款1442万元，浮村自筹1万元。1993年，九丈至福佑段拓宽工程开工。工程分设为二、三级路面施工。下家岙至岩头路基为10.5～12米，其他路基为7.5米，1994年竣工。1994年11月，千石至上塘拓宽改建工程启动。按二级公路设计标准施工，路基宽18米，主车道15米，1996年11月竣工。1999年，经省交通厅批准，福佑至仙永隧道段改线拓宽工程启动。该工程属国防战备公路，起点为仙永隧道（仙居界），经双坑口，穿发洪坑隧道、黄山溪隧道、横潭隧道后，经黄南口、双合岩、闪坑、岩坦、溪口，沿原道南下至福佑，全长37.354公里，总投资2.0866亿元。按山岭重丘二级公路技术标准建设，桥梁设计荷载汽—20、挂—100。路基宽度8.5米，隧道宽度7米+2×0.75米，桥梁与路基同宽，设计时速40公里。路基工程分仙永隧道至王山桥头段、王山桥头至黄南乡大学村段、黄南乡大学村至鲤溪乡福佑村段三期实施。2008年12月10日全线竣工验收通车，比老路缩短16公里。改线后，仙清线过福佑改变走向，从福佑左拐过岩坦、黄南、乌龙坑至仙居，避开大寺基山岭，原福佑至金竹溪到大寺基32.2公里改为县道福大线。2004年，千石至上塘道路实施二次拓宽工程。工程分二期施工：一期千石至岭下，全长11公里，拓宽为路基34.5～41米，路面宽30米，实施双向六车道，一级公路，总投资2.03亿元，工程于当年竣工通车。二期岭下至上塘，全长6.338公里，拓宽为路基34.5～41米，路面宽30米，双向六车道，一级公路，总投资1.27亿元。工程于2007年12月25日开工，2010年9月底竣工通车。2005年11月，黄南乡大学至鲤溪乡福佑三期改建工程实行公开招投标，分一、二、三标段。工程于2006年7月29日开工。路线总长为17.1公里，批复概算总投资为9690万元。路基宽为8.5米，按二级公路设计标准。2011年3月5日，沙头（九丈）至上塘段改线拓宽工程开工。按一级公路设计标准建设，路基宽30米，实施双向分离，双向六车道，设计时速60公里。项目包括大桥4座/1748.4米，中桥2座/150米，小桥4座/80.29米，涵洞42道，分离式长隧道1座（左洞长1755米，右洞长1637米），连拱隧道1座/465米，半互通立交1处。工程全长15.068公里，总投资7.61亿元，2013年8月竣工。

2014年7月31日，S223线永嘉福佑至沙头段改建工程开工。本工程是省重点交通建设项目，由北往南穿越楠溪江核心景区，起点为岩头镇福佑村，途经鹤盛、岩头和沙头镇，跨楠溪江岭下段与S223线永嘉沙头至上塘段改建工程起点连接，全长23.53公里，总投资约22亿元，建设工期36个月。其中福佑—岩头段11.84公里，采用二级公路技术标准，岩头—沙头段11.69公里，采用一级公路技术标准，设计时速60公里。

【S228云寿线】 丽水市云和县经泰顺县至福建省寿宁县干线公路，简称云寿线，原线路编号为S621，后改为S52，现为S228。S228线始建于1958年，线路起点在云和县，过景宁、泰顺后，延伸至福建省寿宁县城，是一条省际公路。S228线在泰顺分为二段，即“泰景线”和“泰寿线”。

泰景线 泰顺至景宁干线公路。自罗阳起经仙居、下稔、拳头岭头、花坪、台石、叶山寮、水碓坑、司前、台边、里光、三支岗、杨寮、金竹坑至泰顺与景宁交界童岭头止，全长68.72公里。1958年11月中旬，泰顺县城汽车站至司前段开工建设。由于受“大跃进”冒进、浮夸思潮的影响，急于求成，施工面铺开达60多公里。至1960年11月，耗资70万元，投工50万工（日），仅修通县城至花坪段24公里。后段花坪至童岭头长44.72公里路段，于1965年4月3日重新开工续建，1968年8月竣工。9月27日遭特大洪水冲击，桩号K39～K68路段有34处被冲毁，致使一些路段改线。直至1970年4月全线竣工，5月交付运营。该路当时按国防公路标准建设，路基宽6.5米，泥结碎石路面，路面宽5.5米，最大纵坡8%，最小平曲线半径18米，投工126万工（日），耗资115万元。

S228云寿线泰顺段改建工程通车　资料图片

泰寿线 泰顺至寿宁干线公路。该线属泰景公路的延伸线，自罗阳向西南行至泰顺和福建省寿宁交界地磨米潭止。1963年7月，福建省交通厅公路局派测量队勘测。1965年8月，经浙江省交通厅设计室复测，选定路线由双港渡口闽岸跨磨米潭，经登云桥西岸到泰顺县车站，线路全长5.04公里，1969年9月18日开工建设，翌年1月竣工，2月验收通车。该路路基宽6.5米，泥结碎石路面宽5.5米（其中K32+816～K33+040段，于1981年9月改为水泥混凝土路面）。最大纵坡7%，最小平曲线半径20米，工程填挖土石方14.6万立方米，驳坎3098立方米，石砌挡土墙10道长191米，建石结涵沟36个，石拱桥2座，其中一座位于泰顺与寿宁交界的寿泰溪上游双港，由福建省投资建成，命名“友谊桥”。荷载汽—13级，拖—60，总投资22.34万元。同时，建成的还有立于泰顺一侧桥头的“友谊亭”。

1996年，省交通厅批准立项改建云寿线，并列入省交通扶贫建设重点工程。1997年5月30日，云寿线泰顺城关段过境公路改建工程动工，全长3公里，总投资300万元。同年9月，泰顺县成立改建工程指挥部，改建工程全面启动。工程按山岭重丘二级公路技术标准，路基宽8.5米，一般路面宽7米，县城过境段路面宽12米，三滩、司前段路面9米。全线有隧道5座，大中桥梁5座，设计行车时速40公里。工程分三期实施，一、二期工程为友谊桥至司前左溪大桥南岸，长19.3

公里，沿线设三滩桥1座/73米，红岩隧道1座/2510米。工程总投资9358万元（其中省交通厅拨款6956万元），2000年8月29日竣工并试通车。三期工程起点为左溪大桥，终于龙井隧道景宁交界处，长17.6公里，全线为沥青表处路面，总投资9000万元。三期工程分三个合同段，2001年5月1日开工，2003年3月底竣工。改建后，泰顺至景宁段里程为70公里，比原路缩短了56公里。泰顺至丽水行车时间缩短3个多小时，实现了5小时到达省城的目标。改建后，原童岭头至东溪头段改为县道，称童东线。

2006年8月，云寿线泰顺段实施大修工程。实施路面大修整治25.449公里，其中水泥砼路面13.5公里，沥青路面9公里，中修路面3公里，属二级公路。公路路基宽8.5米（村镇路段12米），路面宽7米（村镇路段9米）。有桥梁9座/822米，隧道4.5座/4700米，总投资2462万元。2007年5月，泰顺段大修后，被列为文明公路创建计划，12月通过省交通厅验收。

【S230青岱线】 青田至平阳岱口干线公路，简称青岱线，原线路编号为S626，后改为S57，现为S230。S230线温州段起于文成青田交界的十字岙口，经文成、瑞安，沿鳌江北岸，止于平阳岱口大桥，全长72.62公里。主要国防战备公路。

平阳段 由瑞安石龙向南，经张基岭隧道、腾蛟、詹家埠、麻步、岱口，接G104线。青岱线平阳境内桩号K82+234～K107+602，全线长25.368公里，其中桥梁14座/536.45延米，公路绿化里程23.87公里。1972年1月，岱口至詹家埠线16.50公里，詹家埠至腾蛟线5.4公里，编入省道岱口至青田线建设。20世纪90年代初，该段属平阳境内公路，称岱山线（岱口至山门），全长29公里，第二次全国公路普查后改称为石詹线（瑞安石龙至平阳詹家埠）。1990年7月10日，文成十字岙口至青田公路建成全线通车，改为57省道岱青线。青岱线的建成，沟通了平阳北港、麻步、水头、腾蛟、山门等区镇，对扩大鳌江港腹地起了很大作用。该线也是当时主要国防战备公路。

S230青岱线文成段 王卫国摄

青岱线平阳境内实施二次大改造。第一次改造是1988—1995年，主要是以改造路面为主，将砂石路面改为油路路面，恢复加宽路基为12.0米，加强路基基层，对事故多发地段桃源岭实施降坡并截弯取直，提高标准和通行能力，降低公路养护劳动强度。第二次改造是1998—2008年，全线实施路基加宽，路线改造取直，避开市区实施过境公路，山岭上坡地段采用隧道通过，油路路面全部改造为水泥混凝土路面。

第一次改造 1988—1991年，青岱线岱口至詹家埠路段共计16.5公里，砂石路改油路15.8公里，砂石路改水泥路0.7公里。路基宽12.0米，路面宽7.0米。该段路共征用土地26.57公顷，人工挖土方20895立方米，人工挖石方149321立方米，干砌块石驳坎14140立方米，涵洞拼宽改造42道，桥梁拼宽2座，路基基层调平补强142960平方米，15厘米水泥稳定层118856平方米，沥青表面处治106790平方米。投入资金316.4463万元，其中地方集资补助70.0万元。1992—1995年，S230线詹家埠至腾蛟张基岭路段共计13.4公里，其中砂石路改油路13.0公里，砂石路改水泥路0.4公里。全线路基原则上按老路低标准改造，路面宽5.5～7.0米，投入资金176.72万元，其中地方集资补助20.44万元。

第二次改造 1997年3月11日，省交通厅公路局主持青岱线詹家埠至岱口段公路改造工程可行性研究评估。工程共分二期实施：一期工程（原桩号K109+150～K112+000、K121+000～K125+281），共计16.131公里，设计标准为平原微丘二级公路，行车时速80公里，路基宽度19.0米。1998年7月20日工程正式开工。2000年，一期工程竣工通过省交通厅交通质量工程监督站组织的交工质量鉴定，被评为优良工程。2001年，工程全线完工。共计投资8700万元。二期工程：2002年8月15日，青岱线张基岭至詹家埠段二级公路（战备公路）改建工程开工。全长17.882公里，其中平阳县境内全长10.702公里。分两个合同段施工，第一合同段长7.022公里（桩号K10+860～K17＋882），第二合同段长3.680公里（桩号K7＋180～K10＋860）。整个工程采用二级公路技术标准设计。张基岭隧道及越岭段（桩号K6＋265～K10＋860）设计行车时速40公里，路基宽10.5米，路面宽9米；路线桩号K10＋860～K17＋882路段设计行车时速80公里，路基18米，路面宽15米。张基岭隧道净宽9＋2×0.75米，净高5米。桥梁与路基同宽，桥涵设计车辆荷载标准为汽—20，挂—100。路面设计标准轴载BZZ—100，采用24厘米厚水泥砼路面。大中桥设计洪水频率1/100，路基、小桥、涵洞设计洪水频率1/50。道路交叉均为平面交叉，工程分两个合同段，分别于2002年8月15日、2004年9月8日开工。全部工程于2008年5月24日竣工，是年8月30完成交工验收，总投资1.17亿元。

省重点工程S230复线工程于2012年4月开工，2016年11月完工，2017年1月1日通车。路线经麻园、南湖、渔塘、麻步，终点为萧江镇张家山村，与G104线相接。路线长18.261公里，设计时速80公里，路基宽度12米，路面宽7.5米，双向双车道。该复线连接平阳水头镇和萧江镇，向西连接文成至平阳公路，为青岱线水头至G104线连接段增加东西向复线通道，分流交通压力，提高青岱线的整体通行能力。

瑞安段　自高楼与平阳交界处起，与文成交界处止，全长40.433公里。路基宽度8～10.8米，路面为水泥路面或沥青路面。1972年开始，青岱线瑞安段工程起步筹建。该工程系世界银行农村公路贷款项目。1979年起，先后由省交通厅设计院、瑞安县交通局对高楼至枫岭段进行测量、设计，1983年12月分期动工建设。全线建有桥梁13座，湖石汽车渡口1个。1986年12月10日竣工。1987年开始，建设枫岭至后坑垭口段。该段地处海拔570米，道路曲折多弯，盘旋而上，工程艰巨。沿途建中小石拱桥各1座，工程于次年竣工。1993年6月7日，青岱线瑞安段31.6公里路段，正式移交瑞安市公路管理段接养。1995年，瑞安市投入资金83万元，完成最后一段6.5公里的砂石路面改油路工程。

2008年3月，瑞安石龙至平阳詹家埠段改建工程开工。工程起点位于瑞安高楼大桥桥头（桩号K0+000），沿飞云江南侧布线，经湖石、西村、下龙等村至张基村，穿张基岭跨入平阳境内（桩号K7+180）。路线全长7.18公里，沥青砼路面。桥梁工程5座/184.26米，桥台采用重力式U型桥台，扩大基础，桥墩采用柱式墩，钻孔灌注桩基础。隧道1座/970米。桩号K0+000～K3+650段路基宽度为12米（行车道2×4.5米，土路肩2×1.5米）；桩号K3+710～K7+180段路基宽度为10.5米（行车道2×4.5米，土路肩2×0.75米）。其中桩号K3+650～K3+710段为路基变宽过渡段。项目采用《公路工程技术标准》（JTGB01-2003）中的二级公路标准，设计行车时速60公里，路面标准轴载BZZ—100，桥梁设计荷载公路—II级。工程于2010年8月竣工。2014年5月中旬，S230线瑞安宁益至龙湖段改建工程可行性报告通过省发改委批复。该项目起于瑞安宁益，顺接新S230线，终于瑞安龙湖，全长约9.1公里，总投资约3.54亿元，省交通运输厅投资补助6000万元。项目采用《公路工程技术标准》（JTGB01—2003）中的二级公路标准，设计时速80公里。

2015年 8月13日，受强降雨的影响，高楼镇石龙溪水位暴涨，新S230寨寮溪中桥东侧桥台被冲毁，桥梁一孔坍塌损坏，坍塌面积达30平方米。事故发生后，瑞安公路部门及时进行了抢修。

文成段　南与瑞安交界，向北绕暗坑尖山经文成玉壶镇李林社区，至青田交界的炭窑岗止，全长4.35公里。1989年12月30日，后坑垭口至炭窑岗建成通车。该段路属文成管辖，全长4.35公里。因丽水尚未动工接线，该线暂为断头线。1990年7月10日，自文成炭窑岗至青田22.8公里建成通车，青岱线全线通车。青岱线的建成，沟通了青、文、瑞、平四县（市），对扩大鳌江港腹地起了很大作用，使从文成至金华、杭州比绕道温州缩短了70公里。

【S232水霞线】　苍南南水头至霞关公路，简称水霞线，原线路编号为S711，后改为S78，现为S232。水霞线起于G104线苍南段（桩号K1989+000）与南水头接线处，经观美、南宋、矾山，穿鹤顶山隧道，经岱岭、马站、沿浦，至霞关镇，全长48.365公里。该线是苍南县公路网规划“二高三纵五横三连”主干线的组成部分，是苍南南部乡镇与县城及甬台温高速公路、G104线连接的主要公路。

1956年3月，省交通厅对水霞线进行勘测设计。南水头至马站段为山岭路，马站至霞关段地势平坦，工程分四期开工建设。南水头至溪光段工程于1957年1月竣工并通车。5月修建至矾山，完成工程27.2公里。1959年6月，工程再次开工，线路从矾山延伸至马站，全长23.2公里，1961年9月竣工并通过验收。1971年9～11月，完成马站至霞关段，全长17公里。全线设有桥梁15座/333.7米，均系钢筋混凝土石结构，涵洞82道，泥结碎石路面，砾石基础，最大纵坡9%。南水头至马站段（坑门岭海拔为543米），路基宽7米，路面宽4.5米。马站至霞关段地势平坦，路基宽6.8米，路面宽 3.5米。工程总造价120万元。至1971年底，依次建成南水头至溪光、溪光至矾山、矾山至马站、马站至霞关段。其中南水头至观美建成4公里沥青路面和水泥混凝土路面。由于受资金、技术以及地形限制，工程实际为四级公路，1998年完成全线路面硬化工程。老水霞线建于20世纪70年代，从矾山到马站，经鹤顶山盘旋而过，有“十八弯”之称。

2005年3月，水霞线改建工程被列为省重点工程并正式开工。该工程全长54.5公里，总投资概算7亿多元，二级公路设计标准，设计行车时速60公里，路基宽度10米。工程经过8个乡镇，其中主线起点为G104线与甬台温高速公路苍南观美互通连接相交处，经观美、南宋、矾山，设隧道穿越鹤顶山，再经岱岭、马站、沿浦，终点为霞关镇。为了有利于渔寮省级风景名胜区的开发，将渔寮支线纳入本项目范围。渔寮支线起点为马站镇双叉港附近，与老水霞线相接，设隧道穿越顶魁山，终点为渔寮乡，与苍南环海公路相连。渔寮支线长约5.731公里，岱岭连接线长约0.928公里。水霞线改建工程沿途设隧道4座/5815米，其中鹤顶山隧道为该线路最长公路隧道，全长2955米。大桥8座/1440.48米，中桥17座/668米，小桥10座/133米，涵洞253道，桥梁与路基同宽。总投资5.76亿元，其中省公路管理局投资3.99亿元，苍南县财政拨款1.77亿万元。鉴于矾山镇附近的废弃矿山地带出现多条裂缝，2009年2月23日，省交通厅批复同意对水霞线矾山段（桩号

S232水霞线矾山段　曾振国摄

改建后的S232水霞线　许益跃摄

K22＋600～K23＋370）实施滑坡治理工程，工程投资1795.1532万元。2010年7月17日，S232水霞线改建工程全线建成通车。改建之后，主线比原线缩短18公里，新建两条支线总长6.659公里。

2014年，S232水霞线列入省公路绿化专项工程计划，边坡复绿总面积7545平方米，总造价73.4万元，是年4月完工，9月实施文明示范路创建。工程建设范围：桩号K0+000～K48+365路段，全长48.365公里。其中桩号K0+000～K47+355路段，公路等级为二级；桩号K47+355～K48+365路段，公路等级为三级。工程主要内容：整修路基路面，完善排水边沟，整治路口接坡与桥头跳车。是年12月工程竣工。2015年7月，经省公路局批准（浙公路复〔2015〕81号），列入畅安舒美示范路创建。是年，启动S232线美丽公路精细化管养示范路段创建。2016年2月，创建工作通过验收。

新S232水霞线沿线乡镇资源丰富，有“中国席草之乡”观美，“世界矾都”矾山，“中国四季柚之乡”“中国蘑菇之乡”马站，“中国紫菜之乡”沿浦，“浙江虾皮之乡”霞关，“东方夏威夷”渔寮风景区。新S232水霞线的开通，对推动苍南南片区的农业、山区、海洋经济以及旅游业的发展具有重要作用。

【S330瑞东线】　瑞安至景宁东坑干线公路，简称瑞东线，原线路编号为S625，后改为S56，现为S330。S330线自G104线瑞安飞云江大桥南端（桩号K41+000）接线起，迂回大桥下过立交桥，经瑞安仙降、马屿、湖石、文成峃口、大峃、百丈漈、西坑至景宁东坑叉口，接云寿线（桩号K74+540），全长122.383公里，为山岭重丘四级公路。瑞东线温州段长100.576公里，分为两段：瑞安段自飞云江大桥南岸接线起至营前石溪，长44.01公里；文成段自石溪至碇步坑交界处，长56.561公里。现有旧线及新线（复线）两条。

瑞安段　瑞东线瑞安境内马道村至营前石溪段，全长49.96公里。1956年9月，瑞安营前至平阳坑段工程开工。线路全长19.96公里，共投入劳力11.7万工，总投资22.67万元，工程于1957年11月14日竣工。1957年7月，平阳坑至马道（瑞安渡口）工程动工，全长30公里。线路从平阳坑经大南、马屿、江溪、仙降、云周至飞云马道，与G104线相连接，属平原地带，最大纵坡5.6%，路基宽6.5米，泥碎石路面宽3米，投入劳力15万工日，总投资26万元。工程按三级公路标准设计，路基宽平原为6.5米，山区为4.5米，路面宽3米，根据土质不同，分别采用不等厚度的泥碎石路面。沿线设桥梁9座，分永久式和半永久式两种：永久式桥梁设计荷载汽—10，拖—60，桥面净宽6米；半永久式桥梁设计荷载汽—10，拖—30，桥面净宽4.5米。其中，大脚桥、外墙桥、干陷桥、新安桥利用老石拱桥加固而成，涵洞均为木面明涵，永久式石沟。1958年7月27日，工程竣工。

1986—1990年，瑞安渡口南岸马道至高楼段实施整修，拓宽路基至12米，2处险弯改直线，改造砂石路面，铺筑沥青路面和水泥路面，新建桥梁2座。截至2015年底，S330瑞东线瑞安段有二级公路7.109公里，三级公路32.833公里，四级公路10.018公里；水泥路面5.650公里，沥青路面44.310公里，桥梁31座/631延米，涵洞112道。

文成段　文成县历史上第一条现代公路，全长50.62公里。起点位于峃口镇城东村，终点至铜铃

S330瑞东线文成段　王卫国摄

山镇干坑坳。文成段分四期建造，历时9年，总投资370余万元。一期工程于1956年2月开工，线路为大峃至瑞安平阳坑段，全长38公里。因资金原因先后分五段建造，1958年1月14日竣工。二期工程于1958年4月动工，线路为大峃至十八公里（地名）、百丈漈水电站，全长20.26公里，总投资42.3万元，投工17.9万工日，是年8月竣工。此为文成为建设百丈漈水电站赶建的专用公路。1958年，对一、二期路段进行降坡、拓宽、加固等统一整修，是年3月7日竣工。为适应百丈漈水电工程装运特重件车辆通行的需要，1958年9月，温州专署交通局成立施工小组，负责公路改善工作。1959年2月，瑞安县成立瑞百公路建设指挥部，先后经过四次测设，概算总投资44.62万元。三期工程于1960年开工，线路为十八公里至西坑叶岸段。继续实行民工建勤，当年完成全长16公里的工程量建设。四期工程于1963年4月开工。省交通厅根据"平战结合"的方针，决定由省投资并测设，打通景宁东坑至文成叶岸段。由于该段路线山高峰陡、涧深弯多、地势险峻，工程施工异常艰难、复杂，解放军工程兵8813部队投入施工。1963年4月开工，1964年8月5日竣工。至此，瑞东公路全线贯通，比原来绕道丽水至温州缩短80～120公里，而且成为当时东南沿海最隐蔽的战备公路。

1972年8月、1973年10月，受两次台风影响，瑞安、文成路段局部损坏严重。两县养护人员联合行动，以最短时间完成抢修。1990年8—9月，连续遭受五次特大洪灾的袭击，峃口公路桥端台被冲垮，平阳坑、高楼等路段被洪水全线淹没。

1998年，瑞东线文成段飞云至大峃段改建，改道于飞云江北岸（即原瑞东线对岸），称S330复线。是年12月2日，通过"工可"会审。2000年4月，定为瑞东线文成段改建工程，通过设计会审。2001年4月正式开工建设。2003年，列入浙江省"干线畅通工程"重点建设项目。改建工程全长60公里，文成境内占14.83公里，从瑞安营前乡石溪村入境，止于龙川乡花园村，按山岭重丘二级加宽公路技术标准设计。路基宽10.5米，路面宽9米，其中县城过境段路基宽25米，路面宽15米，总投资19353万元。工程于2005年5月26日竣工。瑞东线改建后，比原路缩短10.585公里，行车时速从40公里提高为60公里，实现县城至温州市区1小时通达目标。

2002年7月，瑞东线瑞安段新线动工。全线二级公路7.449公里，三级公路32.833公里，四级公路10.291公里；水泥路面5.185公里，沥青路面45.388公里。工程投资为5.582亿元。2004年12月建成，2005年2月1日通过交工验收。新线起点在飞云镇乔里与G104线连接，终点至瑞安与文成交界处营前黄岙，全长45.706公里。其中飞云乔里至马屿一甲段，加1.76公里高速连接线为一级公路，路基宽25.5米，为沥青砼路面，设计行车时速100公里。沿线有隧道3座，桥梁29座，设计荷载汽—20，挂—00。马屿一甲至营前黄岙段为二级公路，路基宽10.5米，沥青砼路面，设计行车时速60公里。沿线有隧道3座，桥梁9座，设计荷载汽—20，挂—100。整个工程，分路基工程、路面工程和附属设施工程三个阶段实施。

2012年8月31日，文成花园—西坑段改建工程开工。工程原概算投资4.1866亿元，后调整为4.72亿元。主线全长19.785公里，六段连接线全长3.016公里。建有各类桥梁11座，隧道4座，其中，王宅隧道2240米，周岙底1号隧道180米，周岙底2号隧道2100米，敖里隧道1460米。主线采用二级公路设计标准，沥青砼路面，设计时速60公里。黄坦、西坑、南田连接线采用二级公路设计标准，沥青砼路面；马垟、让川、富岙等连接线按地方道路、准二级公路设计标准，水泥砼路面。工程于2013年底竣工并通过交工验收。

【S331分泰线】 浙闽省际交界处分水关至泰顺县城干线公路，简称分泰线，原线路编号为S627，后改为S58，现为S331。分泰线是泰顺交通史上第一条公路。从G104线浙闽交界的分水关接线起，经月湖、彭溪、雅中、三魁、峡屿、老鹰岩、南院、交垟至县城罗阳镇，全程104.5公里。

民国26年（1937）6月，民国政府浙江省公路工程处着手测量平阳桥墩门至泰顺公路。泰顺境内分水关至外富垟间10公里处，曾挖过几段路基，不久因抗日战争爆发而停建。1955年底，省交通厅公路局测设组开始测设该线，自分水关与G104线接出，经月湖、富垟、彭溪、五里牌、叠石（属福鼎县辖）、莲头、沐峰、雅中、墩头、秀溪、碇步头、大垅口、益门、三魁、峡屿、竹林头、外西坑、竹底、老鹰岩、半路垟、南院、毓秀坑、豆腐岭、川山垟、交垟，至泰顺县城，由东向西北横贯泰顺南部。

1956年1月，泰顺县人民代表大会决定：在全县范围内动员民工修筑公路。2月，成立建设泰分公路指挥部，县长张育青、副县长修忠明兼任正副指挥。当月26日，集中全县6万民工动工修建。工程分两期进行，首期工程原计划从分水关至三魁，后因资金不足改为分水关至雅中段，长42公里，其中4.55公里（烂头尾至家头坑）属闽辖，由福鼎县修建。至1957年春节，分水关至彭溪段19公里修通，随即投入通车运行。7月16日，彭溪至雅中23公里竣工通车。10月，二期工程动工，修建雅中至县城罗阳段，全长64公里，分三个工区。时值农忙季节，从各区乡抽调民工600人实行“民工建勤”。因人工不足，先修建雅中至三魁段24公里，1958年2月25日竣工通车。农忙过后，抽调3200名固定民工，并外雇技术人员，继修三魁至罗阳段。该段40公里设四个工区施工。3月4日，中国人民解放军3061部队和独立一分

S331分泰线泰顺段通车仪式 刘晓华摄

S331分泰线泰顺段 夏克升摄

老58省道分泰线矴步头路段 资料图片

队共387人支援建路，在海拔950米的老鹰崖施工，投工9600工日，月底完成老鹰崖段路基。1958年7月1日，全线竣工通车。

分泰线工程按简易公路标准测设施工，路基按单车道加宽至6.5米，路面铺泥结碎石（其中K103～K104段改建为水泥混凝土路面），宽3.5米，平曲线最小半径15米，回头曲线半径12米，最大纵坡9%，桥涵荷负为汽车—10级，履—50。工程共填挖土方84.6万立方米，石方60.3万立方米，新建桥梁18座/331米。总投资132万元，群众义务劳动65.5万工/日，军工9600工/日。该路段工程大、投资少、进度快，但标准质量低，路窄道弯，仅纵坡超限有30处，平曲线半径低标有44处，路宽不足6米有7处。线路定位在海拔500米的高山上，最高处海拔950米。全线共有弯道1569个，仅彭溪至五里牌5公里就有12个回头弯。沿途设有彭溪、雅中、三魁区级站。

生态公路　夏克升摄

花园式公路　刘晓华摄

20世纪80年代，原本等级不高的分泰线，经历三十来年的负荷运载，早已不堪重负。1991年3月23日，省交通厅厅长邵尧定、副厅长蔡体楞一行14人视察泰顺公路交通。1992年4月初，浙江省交通厅将分泰线改造工程列入投资计划。泰顺县人民政府成立分泰公路改造工程指挥部，抽调30多名干部和技术人员具体负责工程实施。1993年3月12日，分泰线改造工程破土动工。工程分两个部分，第一部分由G104线分水关（福建省福鼎市贯岭）分道插入，经月湖乡、富垟乡、彭溪镇、福鼎市叠石乡、雅阳镇、柳峰乡、东溪乡、三魁镇、西旸镇、大安乡、下洪乡、罗阳镇接云寿线，穿隘门隧道，跨越彭溪、莲头、东溪、大龙口、三魁5座公路桥梁。其中叠石、雅阳、柳峰、三魁、罗阳等五个乡（镇）所在地的过境公路改铺水泥混凝土路面，计6公里多。设置富垟、柳峰、院口3个公路油路养护站。改造后的分泰线达到山岭重丘三级油路标准，全长89.7公里，比原线缩短14.6公里。第二部分是舍弃峡屿经南院至交垟路段，利用和拓宽西旸至院口段以及下洪至交垟段（属文泰公路），打通交垟山隧道。改造后为公路路基宽8.5米、路面宽7米的柏油路。从分水关至西旸的改造路段长57.5公里，全线隧道1座/375米，大小桥梁14座，涵洞、石沟357座，开挖土石方1404407立方米，砌纵向排水沟墙16354立方米，总投资6075.3万元。工程于1996年底完成，翌年1月8日举行通车典礼。

2001年5月，省交通厅将新分泰线工程（58省道复线）列入全省“十五”交通建设前期工作计划。从2001年3月至2002年7月，省交通规划设计研究院编制完成新分泰线工程的可行性研究报告。2002年8月24—25日，省交通厅在泰顺县组织召开该项目的可行性研究报告评审会。2003年1月，省发展计划委员会发文对新分泰线的工程方案作出批复。新分泰线起于分水关，与甬台温高速公路分水关互通相接，经月湖、富洋、伙爬岭、叶婆坑、上仁垟、南溪、下桥、曲尺潭、罗汉、贝谷、下彩、下察溪，终于罗阳芝麻坦，与云寿线、分泰线连接线（新城大道）相接，全长59.35公里。工程按二级公路设计标准建设，路基宽度为10～12米，隧道宽度为9米。共有隧道10座/13275米，桥梁27座/1775米，总投资为7.222亿元。工程分两期建设，先期工程于2003年12月9日动工。2004年3月首先对杨家岭隧道（3300米）实施洞身掘进工程，2006年7月竣工。2004年12月，开始富垟隧道（2445米）洞身掘进施工，2007年4月竣工。2005年2月，开始对淡竹垟隧道（2390米）洞身掘进施工，2006年12月竣工。2004年1月，县城过境段正式开工。该段是与S228的连接线，是泰顺新城区主要道路，全长4.698公里，宽38米（局部26米）。2006年11月1日，路面工程全面开工。2007年5月15日，启动交通安全设施、隧道机电、绿化工程。2007年10月30日，路面工程全线贯通。2007年12月26日正式通车。总投资约1.1亿元。

2008年春，新分泰线被省公路管理局列入文明公路创建计划，工程总投资4262万元。

新S331是泰顺县交通连接甬台温高速公路、G104、S228的主要通道。新S331开通后，泰顺至温州总里程缩至136.3公里（包括分水关高速至温州77公里），实现温州市“两小时交通圈”。

【S332温强线】 温州市区至永强干线公路，简称温强线，原线路编号为S710，后改为S77，现为S332。温强线是温州城市东向一条十分重要的交通要道，也是龙湾区境内首条公路，最早建成真正能通车的是在1961年。该线路起点自汤家桥（桩号K8+298），途经状元、白楼下，终点为温州永强机场（桩号K26+697），全长18.399公里，其中瑶溪至永中段改建于古道阁老路基础上。民国13年（1924）6月，曾筑成永嘉（现温州市）南门至状元桥支线路基17.28公里。此后因战乱不断、时局动荡而停建，路废。

1958年，温州要求建设状元桥至白楼下（龙湾）新港区，决定兴建温州市区至白楼下公路，作为新港区建设的配套设施。1959年第二季度，省人民委员会核准在建港工程准备费中拨款10万元。在“大跃进”形势的鼓动下，温州按照“民办公助”方针，发动群众先开工建设原温州汽车南站（现东方大厦）至杨府山3公里，当年12月竣工。建设杨府山至白楼下11公里时，有沿瓯江边970米长的开山工程。因当时生产工具及工程技术条件限制，工程非常艰巨，交由温州港务委员会办公室主持施工，共开石方达2.2万立方米，是年10月建成通车。1960年11月开始修建白楼下向西经青山至永中镇寺前街，共计9.5公里，1961年竣工。至此，完成共计23.5公里的砂石路面公路。由于资金紧缺，全线25座桥梁均为木桥结构。60年代后，所有桥梁均逐步被改建为钢筋混凝土桥。

1982—1987年，温州灰桥至杨府山段截弯取直，拓宽路基，拼宽桥梁而后铺筑沥青路面至状元桥，杨府山至白楼下按二级公路标准改建。1986—1987年，从白楼下接线建机场公路，并贯通永梅公路。1991年5月15日，借道温强线的机场大道拓宽工程竣工。1994年，经省政府批准同意，该线路被列为“四自”工程，按一级公路标准建设。1995年8月18日，线路控制性工程白楼下高架桥、茅竹岭隧道建成通车。1996年1月8日，机场大道全线建成通车。在汤家桥大转盘东出口设立收费站，由温州市机场路管理处负责日常养护，养护经费由车辆通行费中支出。是年8月10日，在茅竹岭隧道北进出口处设置S332收费站。2007年2月17日凌晨零点终止收费。

2005年5—8月，总投资约1亿元，实施东进

S332 温强线（机场大道） 王梅摄

城口整治两大工程：机场大道（汤家桥至茅竹岭隧道）改造工程，茅竹岭至机场沿线整治。整个工程包括道路改造、给排水工程、路灯、绿化、管线入地改造等。改造后的机场大道，增加了公交车专用车道，原非机动车道改为人行道，路灯采用智能监控系统，每隔500米左右设置斑马线。

2007年5月，温州市政府召开专题会议（纪要〔2007〕56号）决定将温强线龙湾段管养权划归市政部门，按城市道路的要求进行管理维护，但保留省道公路的性质，以争取省补养护资金。2010年12月24日，为状元岙深水港区提供重要集疏运通道的S332延伸线龙湾至洞头疏港公路开工。工程起点位于龙湾上岙，往东方向过灵昆大桥，在灵昆岛上沿灵昆线南侧拼宽半幅，下穿规划滨海大道及沿海高速公路（甬台温高速复线），与灵霓海堤南侧并行穿越浅滩，经下社、桐岙、浅门、深门，终点为状元岙深水港一期工程。路线全长36.7公里，主线工程按双向四车道一级公路标准，设计时速80公里，路基宽度24.5米。洞头连接线3.7公里，采用双向二车道一级公路标准，设计时速80公里，路基宽12米。概算总投资40.2亿元，项目法人为温州市瓯江口开发建设总指挥部。2014年9月19日竣工。2011年下半年，龙湾区政府就机场路管养问题召开协商会，明确由龙湾区交通部门负责S332的日常养护工作。

S332线是贯穿鹿城、龙湾、瓯江口新区、经济开发区等行政功能区的重要纽带。自2007年机场大道取消收费后，道路状况持续恶化，社会反响强烈。省公路管理局对机场大道道路属性进行重新定义，确定为S332温强线并纳入2013年全省大修计划，明确了道路建设资金补助拼盘。其中，主车道路面部分建设资金由省补助，辅道和人行道等市政配套设施建设由温州地方财政自行解决，工程总投资约3613万元，其中上级补助1807余万元，总里程9.354公里。2013年春节前，龙湾区公路部门修复道路东段（茅竹岭以东）沥青路面6.6万平方米，投入资金600多万元。2013年3月，完成S332西段应急抢修任务，共修复沥青路面7.5万平方米。是年6月，茅永段综合治理工程正式开工，增加人行道、路灯，实施绿化带改建和提升。工程于2014年7月底竣工。S332改为机场大道之后，瑶溪至永中段改为县道龙永路。

【S333六东线】 永嘉六岙至缙云东渡镇公路，简称六东线，原线路编号为S49，现改为S333。2000年11月，G330复线（瓯青线）建成通车。2002年10月，根据交通部交规划发〔2002〕52号规定，G330线改道走瓯青线。原经瓯江大桥北岸六岙至青田方向的G330线永嘉段改为省道，接青田至缙云，编号S49，现为S333。

六东线永嘉段，自六岙村开始，由梅岙、坦头、垟湾、桥下、朱涂、桥头，经花岩头与青田县交界处，线路全长23.016公里，属二级公路，路基宽12米，路面宽9米，设计时速80公里。该公路为20世纪50年代建成，设计要求为二车道。时属国道但弯道多，路面狭窄，车流通量大，沿线村庄、人

S333 六东线永嘉段 叶迈峰摄

口密布，经常发生路阻，且每年因车祸伤亡人数高达数十人。2005年7月12日，六东线永嘉段畅通工程开始启动。根据工程设计，路基宽12米，按二级公路设计标准实施。2005年11月、2007年7月20，分别对一、二期工程项目实行公开招投标。工程由六东线露礁桥段改建工程建设指挥部负责实施，2008年底完工。

2013年7月1日，S333永嘉梅岙高速出口至桥头朱涂进行路面维修。该畅通工程东起瓯江大桥北岸六岙，西至桥头镇花岩头村，全长22.17公里，实施里程5.9公里，其中桥梁、隧道共长529.5米。工程分两期进行，一期实施段（桩号K3+400～K3+700、K4+300～K8+000、K13+000～K13+791.5、K14+093～K14+323），计5.021公里。二期实施段（桩号K14+323～K15+205.6），计0.88公里。项目总投资约1346万元，2013年12月底前完工。

【S327马分线（规划）】 苍南马站至泰顺分水关线，公路代码为S327。该线路是浙江省国省道调整规划中的一条区域干线公路，是苍南交通规划中“三高五纵五横”中的一横。东起苍南县马站镇西侧与S232接线，经楼下、八亩后、新利村至分水关，止于S331线。该线路在规划设计中。

【S220缙云至苍南线（规划）】 缙云至苍南线，公路代码为S220。该线路是浙江省新规划省道，苍南境内线位系国家规划新增的国道纵线——辽宁丹东至广西东兴的其中一段（G228）。线路起自缙云，经丽水、永嘉、温州、瑞安、平阳、苍南，终于苍南马站南浙闽交界处，与福建省相关道路连接。苍南段起点与时代大桥重合，经龙港、钱库、金乡、赤溪、马站、岱岭等乡镇，终点位于苍南岱岭浙闽界处。苍南段全长约53.853公里，其中利用段2.88公里，新建段50.973公里。估算总投资约50亿元，其中建安费为29.1亿元。该线道路等级为双向六车道及四车道一级公路。龙港至金乡段设计时速80公里，双向六车道一级公路，路基宽度32米；金乡至马站段设计时速60公里，双向四车道一级公路，路基宽度23米。因S220线苍南段控制点及走廊与规划的G228线苍南段基本一致，被调整为G228线。

第三章　农村公路

综 述

农村公路一般指县道和乡村公路。县道是指连接县城内各主要乡镇，以及跨县而不属于国、省道的县际公路；乡村公路是链接县际及境内乡镇、村庄之间的主要交通设施，在辖内公路交通网中占有不可或缺的重要地位。

温州多山，有“七山一水二分田”的地理特点，中华人民共和国成立前农村公路里程数为零。中华人民共和国成立后，1952 年，浙江省订颁《浙江省县道建设试行准则（草案）》。国家第一个五年建设计划明确指出了交通建设在整个经济建设中的先行作用。浙江确定了地方道路建设面向山区、面向老根据地，为发展农业生产服务的方针，贯彻“民用、民建、民养与国家适当补助”的原则，进行山区公路建设。1956—1957 年农业合作化时期，温州开始修建县道和乡镇公路。1958 年“大跃进”期间，开始修建文（成）泰（顺）等乡村及山区公路。这一时期，由于农村机械化的发展和普及，机耕路得到空前的发展。至 1987 年底，全市 9 个县（市）共有机耕路 526 条，1322 公里。

1966—1976 年，“文化大革命”严重干扰了农村公路事业的发展。至 1978 年底，全市有农村公路 684 公里。中共十一届三中全会之后，推行“民办公助、民工建勤”的方针，民众捐资筑路掀起热潮，继“大跃进”之后形成第二波农村公路大发展。1984—1987 年，全市共建农村公路 738.9 公里。1989 年起，由“以建为主，建养结合”转为“以养为主”，每年以建造 100 多公里的速度发展。至 1990 年，全市有县乡公路 2439.53 公里，有 442 个乡镇通公路，占全市乡镇总数的 87%。

由于历史、资金等原因，温州境内所建公路大多技术等级低、路况质量差。21 世纪初开始，温州农村公路进入改造、提升的新阶段。2003—2007 年，以乡村康庄工程为标志的农村公路建设进入历史最好的发展时期，五年时间完成通村公路路基改造、路面硬化 11260.1 公里，5747 个行政村通上等级公路，5626 个行政村路面得到硬化。鹿城、龙湾、瓯海、洞头、乐清、瑞安、平阳、苍南 8 个县（市、区）实现“双百”。2005 年，抓住省交通厅提出用一年时间实施县道以上砂石路面硬化工程的机遇，完成县道砂石路面“砂改油”1069 公里，涉及全市 68 个乡镇 63 条线路 698.2 公里砂石路面。至此，温州境内全部县、乡道路面均实现硬化。

农村公路建管养机制建设取得重大突破。“十二五”期间，温州市政府出台《温州农村公路管理办法》，首次明确政府的农村公路主体责任，并把农村公路工作列入各级政府的目标考核。制定《温州市农村公路三年行动计划（2015—2017）》，各县（市、区）政府均出台《农村公路改造提升工程实施方案》，掀起建设“四好农村路”（建好、管好、护好、运营好）的热潮。截至 2015 年底，全市有县道 179 条计 3589.851 公里（包括县际联网公路），乡道 268 条计 1433.544 公里，村道（不含拟建数）3724 条计 8601.615 公里，专用公路 18 条计 76.393 公里。

第一节　县道

一、鹿城县道

旧属永嘉县地，相传东晋太宁元年（323）置永嘉郡，筑城时有白鹿御花之瑞，故名。民国13年（1924）6月，开建永嘉（现温州市）南门（今飞霞桥老南站）至状元桥支线路基17.28公里，为温州境内最早公路。尚未完成路面铺设，即因时局动乱而停建，路废。直到1958年，政府采用民办公助形式，先后建成温州市区至杨府山3公里。以市政道路为主，公路比例甚少。鹿城区原有7条县道，2002年之后，瓯娄线（X104，2.909公里）、十状线鹿城段（X272，4.058公里）、双南线（X273，8.255公里）3条县道划转城市道路。

二、龙湾县道

古属瓯越、东瓯，民国时期属永嘉县。1984年12月，经国务院批准建区。龙湾区为温州市东大门，机场大道、温州大道、瓯海大道横穿东西。龙湾区又是浙南闽北的海陆空立体交通枢纽。区内有永强机场、温州港万吨级码头、金温铁路货运终点站等，甬台温高速公路和建设中的甬台温高速公路复线均纵贯其间。至2015年12月，区内有县级公路7条，共计42.012公里，其中县际联网公路3条。

【茅永线】　茅竹岭至永中公路，线路编号X851。全长10.553公里，分属二级双车道沥青混凝土路面、二级四车道沥青混凝土路面和四级双车道水泥混凝土路面。可绿化里程10.553公里，已绿化里程为9.072公里。工程最早建于1952年，1991年之前曾多次修建，均为四级公路。1991年之后，路面宽度由原来的6米拓宽为13～18米，公路等级由原来四级变为二级，路面由简易沥青表处路面提升为沥青混凝土路面。2005年实施改建。

【瑶永线】　瑶溪至永中公路，线路编号X853。自瑶溪经王宅、青龙路口、瓯海大道交叉口，至永中止，全长4.027公里。按四级公路双车道设计，水泥混凝土路面，其中K0+000～K1+000为沥青混凝土路面，宽6.5米，路基宽8米。

【圆河线】　圆桥头至河头龙公路，线路编号X854。从圆桥头起，至河头龙止，建于20世纪80年代，2005年改建。全长4.933公里，属四级单车道公路。水泥混凝土路面，其中K0+000～K0+800为沥青混凝土路面，宽5米，路基宽6米。

【瑶李线】　瑶溪至李部寺公路，线路编号X855。自瑶溪桥起，经瑶溪交叉路口、瑶溪风景区售票亭，至李部寺止，全长2.478公里。全线除瑶溪风景区售票亭至李部寺段为四级单车道，水泥混凝土路面，宽3.5米，路基宽4.5米，其余均为四级双车道公路，沥青混凝土路面宽8米，路基宽9米。

三、瓯海县道

上古时代属“瓯”地。据《山海经·海内南经》载：“瓯居海中”，故名。1981年12月12日，经国务院批准设县。1992年3月撤县设区。最早的公路始建于民国24年（1935），即G104线瓯海段，民国26年（1937）6月建成。至2015年底，共有县道16条，计210.897公里，其中县际联网公路10条。

【梧白线】　梧田至白象村公路，也称南塘大道，线路编号X201。线路自梧田经白象后，至鹅湖与茶白公路接线，全长4.214公里。工程于1994年开始动工，按二级公路技术标准设计，路基宽13米，水泥混凝土路面宽8米，双向双车道。

最小平曲线半径600米，最大纵坡5%，沿线有桥梁12座/712.3米。工程于1995年5月竣工通车。2001年2月，白象后至鹅湖段作为G104线瓯海段连接线进行改造，全长0.623公里，是年12月竣工。改建后该路段为沥青混凝土路面宽15米，路基宽18米，双向四车道，最小平曲线半径125米，最大纵坡1.2%。2005年，梧田寮东至南白象鹅湖段实施路面拓宽改建，改建后为一级公路，双向六车道，铺设沥青混凝土路面宽32米，梧田至白象后段路基宽60米，白象后至鹅湖段路基宽70米，全程时速设定80公里。工程于2006年1月20日竣工。2007年8月，南塘大道仙岩段正式开工。南塘大道是温州市内快速路网规划“二横六纵”中的一纵，仙岩段全长5.2公里，路基宽50米。工程总投资4.3亿元，2009年12月竣工。

【梧蒲线】 梧田新街至蒲州经纬集团公路，线路编号X202。1986年12月30日，梧蒲线正式开工。工程按四级单车道公路技术标准设计。线路从梧田新街和梧慈线接线，经三垟街道横港头，至龙湾区蒲州经纬集团止，全长7.791公里。沿线有桥梁17座/807.9米，其中蒲州至三垟路口段6.821公里属水泥混凝土路面，路基宽7.6米，路面宽6.4米，最小平曲线半径18米，最大纵坡7%。梧田至老殿后1.72公里，属水泥混凝土路面宽6.4米，路基宽7.6米，最小平曲线半径30米，最大纵坡7%。工程于1991年1月竣工。

【梧慈线】 梧田蟠凤村至慈湖公路，线路编号X203。线路从瓯海大道梧田蟠凤村，至慈湖山脚止，全长3.04公里。工程于1990年10月开始改建，其中瓯海大道至北村长1.55公里，按四级公路双车道设计，路基宽7.50米，水泥混凝土路面宽7米，时速20公里；北村至中村段长1.092公里，按四级单车道设计，路基宽7米，水泥混凝土路面宽6米，行车时速20公里；中村至慈湖段长0.398公里，路基宽7.50米，水泥混凝土路面宽6米，行车时速20公里。改建工程于1991年1月竣工。

【南大线】 南白象至大罗山雷达站山脚公路，线路编号X204。1992年，南白象至茶山公路延伸线工程开工。线路在南白象至茶山公路的基础上，经舜岙、茶山、京山村，止于大罗山雷达站，全长16.179公里。其中延伸线长3公里，总投资170余万元，工程达到三级公路技术标准，路面为水泥混凝土结构，1993年7月31日竣工。南大线属旅游线路，分段设计：⑴南白象至茶山街道段长0.602公里，按三级双车道设计，行车时速30公里，路基宽7米，水泥混凝土路面宽6米，已全程绿化。⑵茶山街道至茶山老街段长1.605公里，按二级四车道标准设计，行车时速60公里，路基宽16米，水泥混凝土路面宽14米，可绿化里程1.605公里，已绿化0.028公里。⑶茶山老街至舜岙段长4.17公里，按三级双车道标准设计，行车时速30公里，路基宽7.50米，水泥混凝土路面宽7米，可绿化里程4.17公里，已绿化里程3.738公里。⑷舜岙至茶山段长0.407公里，按公路四级双车道标准设计，行车时速30公里，路基宽7.50米，沥青贯入式路面宽6米，该段路已全部绿化。⑸茶山（桩号K6+784～K6+890）段长0.106公里，按四级双车道公路标准建设，路基宽7米，水泥混凝土路面宽6米，行车时速30公里，已完成全部绿化。⑹茶山（桩号K6+890～K12+529）段长5.639公里，按四级双车道公路标准设计，路基宽7米，沥青贯入式路面宽6米，行车时速30公里，全段完成绿化工程。⑺茶山至京山村段长0.123公里，按四级公路标准双车道设计，行车时速30公里，路基宽7米，水泥混凝土路面宽6米，全段完成绿化工程。⑻京山村至雷达站脚段长3.527公里，工程按四级双车道设计，行车时速30公里，路基宽7米，沥青贯入式路面宽6米，全段已完成绿化工程。

【桐新线】 桐岭至新桥公路，线路编号X207。1992年3月，桐新线砂改油扩建工程正式动工，线路自桐岭与高桐线联网，经安下、东岳、娄桥街道，至半塘连接瓯海大道止，按四级公路技术标准双车道设计，全长 9.824 公里。沿线设有桥梁 6 座 /82 米，设计行车时速 20 公里。1992 年 10 月 1 日建成通车。

【下沈线】 下川至沈岙公路，线路编号 X301。1993 年 3 月，下沈公路工程开工建设，全长 9.721 公里，按二级公路技术标准双车道设计，路基宽 14 米，水泥混凝土路面宽 12 米，设计行车时速 60 公里。1994 年 8 月竣工。

【温源线】 温州至源口公路，线路编号 X205。线路自温州市鹿城区清明桥起，经新桥、旸岙、瞿溪、大同村、泽雅、小源、南周岙上村、北周岙下村，至瓯海区源口止，全长 32.914 公里。工程以民工建勤的形式始建于 1957 年，历时三年，至 1960 年建成温州至旸桥 5.004 公里、旸桥至瞿溪 8.082 公里。1961 年 7 月正式开通公共汽车。1964 年起对该线路进行大中修，先后将该线路全部木桥改为钢筋混凝土永久性桥梁，拉直陡坡弯道。1970 年开始建设瞿溪至源口段公路。因资金等诸多问题，工程时建时停，九年时间只建成瞿溪至源口段公路 19.828 公里。1982 年，投资 76 万元，将温州至梅屿 8 公里改建为沥青路面，改建、拼宽 5 座桥梁。1984 年，将瞿溪至源口部分路段拓宽路面至 6 米，1988 年 8 月动工改建永久式钢筋混凝土桥梁。1989 年，梅屿至瞿溪段改建为渣油路。经修建与改造，温源线有了新的发展。截至 2012 年 12 月，其中温州至新桥段长 2.177 公里，工程按二级公路技术标准四车道设计，行车时速 60 公里；新桥至旸岙段长 2.827 公里，工程按二级公路技术标准四车道设计，行车时速 60 公里；旸岙至瞿溪汽车站段长 8.082，按一级公路技术标准四车道设计，行车时速 70 公里；瞿溪汽车站至大同村段长 9.103 公里，工程按四级公路技术标准双车道设计，行车时速 20 公里；大同村至小源段长 5.493 公里，工程按四级公路技术标准单车道设计，行车时速 20 公里；小源至南周岙上村段长 3.027 公里，工程按四级公路技术标准单车道设计，行车时速 20 公里；南周岙上村至北周岙下村段长 0.565 公里，工程按四级公路技术标准双车道设计，行车时速 20 公里；北周岙下村至源口段长 1.64 公里，工程按四级公路技术标准单车道设计，行车时速 20 公里。温源线贯穿三溪、泽雅，通过瓯湖线连接 G330 线，形成环形联网线。

四、洞头县道

由 168 个岛屿和 259 座岛礁组成，总面积 892 平方公里，其中陆地面积 100.3 平方公里。2015 年 6 月，经国务院批准撤县改区。1953 年始建公路，至 1990 年底，建成公路总通车里程 48.46 公里。公路主要分布在洞头岛和大门岛，其中洞头岛 38.33 公里、大门岛 10.13 公里。2002 年 4 月，五岛相连公路建成通车。2004 年 12 月始，兴建温州（洞头）半岛工程之霓屿岛内接线公路。2006 年 4 月完成。截至 2015 年底，有县道 9 条，计 131.571 公里，其中 1 条为县际联网公路。

【鸽隔线】 鸽尾礁至隔头公路，线路编号 X801。线路起于洞头岛东北部的鸽尾礁村部，向西南经海霞、柴岙村与岭背东路并线，至岭背南路交叉，与烈士路并路，经东屏公园、小三盘、东郊村、九仙村至隔头村止，全长 12.07 公里。该路建于 1988 年，原先分为岭背至鸽尾礁公路和北岙至梅花礁公路，工程设计为泥结碎石路面，1991 年后逐步改造为砼路面，2002 年全国第二次公路普查时合并而成鸽尾礁至梅花礁公路。2006 年，因隔头至梅花礁路段车流量少，不具县道意义，遂降为村道，线路调整为鸽尾礁至隔头公路。

【风洞线】 风打岙至洞头码头公路，线路代码 X803。2002 年全国第二次公路普查时，1997 年建成的二级公路海滨大道与岭背至洞头码头公路，合并而成客运码头至洞头码头公路，全长 5.172 公里。2013 年，因环岛公路路网调整，将海滨大道路段划并到环岛公路西线，起点由客运码头调整到风打岙，全长 2.23 公里。

【连港环岛公路】 三盘大桥至白迭村，线路代码 X804。起点三盘大桥，经燕子山隧道、杨文工业区、岙仔村、惠头辽、洞头村、南塘工业区、长坑村，终点白迭村，全长 12.856 公里。温州半岛工程开建后，岛内交通开始筹建连港环岛公路。2002 年 8 月，环岛公路杨文隧道段开工建设。工程设计为二级公路，沥青混凝土路面，长 0.717 公里，路基宽 8.5 米，路面宽 7 米，其中杨文隧道长 288 米。2003 年 9 月竣工。同月，洞头码头至双垅路段动工。工程设计为二级公路，沥青混凝土路面，长 4.098 公里，路基宽 8.5 米，路面宽 7.5 米，其中垄头隧道长 30 米，岙仔隧道长 338 米。至 2004 年 12 月，连港环岛公路初步建成通车。2010 年，长坑至白迭段开工建设。路线起点位于南塘工业区，自东向西沿海岸线布线，以隧道穿越鼻下尾、大贡山两座山体，终点位于白迭村，线路全长 2.9 公里，其中鼻下尾隧道长 409 米，大贡山隧道长 395 米，按二级公路技术标准建设，2011 年 11 月建成通车。2011 年，因路线延伸，半屏大桥至长坑段动工。工程设计为二级公路，沥青混凝土路面，长 2.722 公里，路基宽 19 米，路面宽 10 米，其中铜山河桥长 33 米。连港环岛公路全线长 7.537 公里，沿该路绕洞头本岛一圈仅需 15 分钟。

【马观线】 马岙潭至观音礁公路，线路代码 X805。2002 年由原沙岩至马岙潭公路和沙岩至观音礁公路合并而成，全长 29.394 公里。沙岩至马岙潭公路，线路自镇政府驻地沙岩起，至马岙潭度假村止，呈“C”形，全长 18 公里，宽 5～6 米，砼路面，1991 年建成通车。沙岩至观音礁公路，线路自沙岩起，至大门岛观音礁村，呈“V”形，全长 11.56 公里，路面宽 5～6.5 米，1992 年建成通车。曾更名为马岙潭至沙岙公路。

【环岛西线】 三盘大桥至南塘工业区公路，线路代码 X807。经风打岙、大朴，通过双朴隧道接大长坑，终点于南塘工业区铁炉头处接环岛公路。按二级公路技术标准建设。

【深大线】 深门至大朴公路，线路代码 X810。该线路系 77 省道延伸线龙湾至洞头疏港公路的洞头本岛连接线，全长 4.75 公里，2015 年建成，二级公路技术标准。起点与五岛相连公路相接，总长 2635 米的特大桥跨过洞头峡后，终点于大朴村接市政道路。

【五岛相连公路】 洞头三盘港至灵霓大堤南侧坝头公路，线路编号原 X806，后调整为 X857。2011 年，因路线延伸，灵霓北堤纳入五岛公路范围。2012 年起，与原龙湾区灵昆岛主干公路连成跨县际联网公路，路线起点调整到灵昆大桥南侧龙湾机场大道路口，终点至洞头三盘港三盘大桥燕子山侧，路线名称调整为灵昆至北岙，简称仍为五岛相连公路，全长 42.981 公里，属二级公路，双车道。主要路段路面宽 7 米，路基宽 8.5 米，路面为沥青混凝土。

从 1992 年开始，洞头县把建设温州（洞头）半岛工程作为洞头海岛经济社会发展的希望工程开展宣传、策划。1996 年 3 月 29 日，洞头县第九届人民代表大会第四次会议通过《关于兴建洞头五岛相连工程的决议》。1997 年 3 月，五岛相连工程之一的深门造桥率先开工，标志着五岛相连工程建设的正式启动。深门大桥长 213 米，1998 年 7 月竣工。1997 年 12 月 29 日，温州市在洞头县霓屿岛网寮鼻举行温州（洞头）半岛工程前期暨灵霓海堤工程试验堤建设开工仪式，三盘大桥同时动工建设。三盘大桥桥长 763 米，工程于 2000 年 12 月竣工。1998 年 3 月，窄门大桥动工，桥长 126 米，1999 年 8 月竣工。1998 年 6 月，花岗大桥、浅门大桥同时动工。花岗大桥长 149 米，2001 年 8 月竣工；浅门大桥长 130 米，1999 年 11 月竣工。1999 年 1 月，状元大桥、洞头大桥同时开工。状元大桥长 161 米，2000 年 12 月竣工；洞头大桥长 1500 米，2002 年 3 月竣工。洞头大桥的开工，标志着五岛相连工程已进入路面全面实施阶段。2001 年 1 月，三盘隧道开工，隧道长 106 米，是年 12 月竣工。2001 年 3 月，五岛相连公路状霓工程全面开工，其中沙岗一号隧道长203.7米，外深门隧道长40米，2002年4月竣工。至此，五岛相连公路全线竣工，全长25.266公里，总投资2.43亿元。至2002年5月28日，历时近六年半，建成七座跨海大桥及接线公路，五岛相连工程正式通车。但因灵霓海堤、灵昆大桥两大工程尚未完工，洞头和大陆温州还暂时隔海相望。2000年6月28日，温州半岛工程的重要组成部分——灵昆大桥建设工程正式开工。大桥起点在龙湾区瑶溪镇黄山村，终点为灵昆镇双昆村，全长3548延米。其中桥梁净长2534米，引道长1014米，桥宽12米，设计标准为二级公路，工程总投资9928.5万元，历时两年半，2002年12月30日正式通车。2002年4月5日，温州市政府第504次专题会议决定，集中财力物力建设灵霓海堤，并提高原设计标准，以杨府山围区土地抵押，筹措工程建设资金。2006年4月9日，灵霓海堤全线完工，历时八年又三个月。灵霓海堤，坝身整体按50年一遇风浪标准设计，坝底基础层最大宽度210米，最窄处40米；堤顶高层5.13米，堤顶宽10.5米，支撑10米宽的路面。整个工程累计投资近7亿元，累计抛填石方526万立方米，铺设土工布101万平方米，插设塑料排水板960万米，浇筑堤顶防浪墙1.7万立方米。五岛相连公路自1996年12月开始规划，至2006年5月建成通车，历时十年。该工程七座跨海大桥，将洞头中南片的八个岛屿连接起来，因有三个属无人岛，故称五岛相连工程。

五岛相连工程的完成，使洞头岛由24平方公里扩至52平方公里，打开了县域对乡村经济的辐射，加快了城市化进程，而且促进了旅游业的发展，也为温州城市东移，从滨江城市成为滨海城市，从瓯江时代走向东海时代打下基础。

建设史话

“温州半岛工程”设计第一人 1978年12月，温州一些有识之士提出“堵塞灵昆港，垦地十万公顷”的瓯江南口垦涂建议。为此，有关方面进行了灵昆南口围垦大堤全线抛石施工，不久工程因资金、技术等诸多原因而搁浅。1985年，在宁波召开的全国海洋开发工作会议上，工程地质及水文地质学专家谢庆道，从中国整个沿海港口布局的战略高度，提出建设洞头大港和半岛工程的设想。他明确指出，可在原来瓯江‘南口工程’设想的基础上，建设灵昆至洞头霓屿海上路堤，再建大小四座桥梁联结洞五个列岛，形成洞头半岛、温州大港。这个大胆设想，若能实现，孤悬在大海之中的洞头便纳入温州大都市区。不仅使洞头岛的面积增加了一倍多，全县的73%的人口直接受益，而且从根本上解决了岛际交通的困难，促进了海岛资源的综合开发。而对于温州，则拓展了发展空间，真正成为港口城市。此即温州半岛工程最初的设想理念。温州（洞头）半岛工程，既是连接洞头县中南片岛屿、龙湾区的灵昆岛和温州（龙湾）的岛陆相连道路交通建设工程，也是温州瓯江南口围涂促淤的浅滩建设工程。该工程跨越洞头、龙湾两个行政区域，由连接温州（龙湾）和灵昆岛的灵昆大桥（龙湾境内）、连接灵昆岛和霓屿岛的灵霓海堤（又称灵霓北堤）、洞头五岛相连工程及其接线公路三大部分组成。这个大胆设想，引起了政府与百姓的高度关注。而提出这个设想的洞头人谢庆道，成为当之无愧的温州半岛工程设计第一人。

谢庆道，温州市洞头县鹿西人，1953年毕业于吉林大学，后在湖南大学土木系任教。1979年调任中国国家海洋局第二海洋研究所（杭州）地球物理研究室主任，后担任第二海洋研究所总工程师。20世纪80年代，曾带着一批专家对温州沿海进行了大量的勘察调查。1993年退休。

集资热情最高的工程 1996年12月，五岛相连工程计划率先在深门造桥。而当年洞头全县的财政收入仅3660万元，可谓杯水车薪。海岛人不等不靠，他们通过县委定决策、人大作决议、政府巧运筹、政协出主意、群众踊跃捐资、省市大力支持等方法开展集资活动。1998年3月23

日，洞头县第十届人民代表大会第一次会议作出《关于自力更生、艰苦奋斗、集资投劳建设五岛相连工程的决议》。全县广大干部群众热情高涨，捐资造桥的热潮一浪高过一浪。大婶大嫂拿出珍藏的金戒指、金手镯，小学生献出压岁钱，在上海创业的郑生华夫妇一次性捐出30万元。机关、事业单位的干部职工每人每年捐出一个月的基本工资，连续坚持捐献五年。一个参加过解放洞头的外地老战友，慷慨解囊捐款并附信一封：“钱比大海一滴水，不要为我查姓名，只等岛陆早连成，带我儿孙汽车直通达，再次回岛赏美景。”1997年3月，五岛相连工程深门大桥终于开工。1997年10月始，经省财政厅、物价局批准，征收“洞头—乐清—温州”海上客运航线五岛相连专项建设经费，每人8元，实际收费至2006年4月29日止。

领导视察最多的工程　据不完全统计，从1996年12月29日五岛相连工程第一座桥梁深门大桥举行开工仪式开始，至2006年4月29日温州（洞头）半岛工程建成正式通车，先后视察五岛相连工程的国家、省、市的各级领导约34批次，其中有全国人大常委会、全国政协、中央纪律检查委员会、国土资源部、交通部、国家海洋局，浙江省委、省人大常委会、省人民政府，省政法委、省委宣传部、省公安厅、省交通厅、省公路局、省围垦局、省工商联，温州市委、市人大常委会、市政府、市政协、市纪委、温州军分区、市委宣传部等。

国内最长的跨海大堤　灵霓海堤是当时国内最长的跨海大堤。全长14.5公里，呈东南至西北走向，东南起于洞头县霓屿岛之网寮鼻，西北至龙湾区灵昆岛之最东端。1997年12月29日，灵霓海堤工程试验堤建设开工。1999年8月18日，首块3Ｔ／Ｍ土工布预铺成功，标志着试验堤主体工程建设进入实质性施工。1999年8月23日，平抛下第一船碎石垫层料。经过五年多时间的建设，试验堤伸展2000余米。期间，施工建设经历了软基、海潮、台风的考验。2003年4月9日，温州（洞头）半岛工程暨灵霓海堤建设正式开工，施工实行双向同时推进。2004年11月15日，灵霓海堤全线贯通。2006年4月9日，灵霓海堤堤顶工程（防浪墙和砼路面）全面完工。

五、乐清县道

东晋宁康二年（374）建县，始称乐成。五代开平二年（908）改称乐清。20世纪80年代改革开放初期，是温台模式的发源地。1993年撤县设市。乐清公路建设始于民国10年（1921）1月，时浙江省策划建设杭温线湖雾至琯头段。民国23年（1934）12月，清江至港头段64.05公里公路建成。截至2015年，共有县道28条计369.726公里，其中县际联网公路6条。

【湖江线】　湖雾至（温岭）江厦公路，起点自湖雾乡隔溪村与G104线接线，至温岭县江厦乡止，线路编号X001。该路线是乐清当年第二条县际联网公路。县辖内路段自隔溪至干岭头，全长2.782公里。由乐清县县乡公路养护所管养。1958年，为配合“大跃进”运动，工程勘测时定位为机耕路，建设速度很快，但质量差。1978年，湖雾公社自筹资金对该路段进行路面整修和涵洞改建，每年拨专款养护，基本保证通行手扶拖拉机和小吨位货车。1985年，对老路进行拓宽改造，并新建湖雾街桥和隔溪接线段新线。1986年6月竣工并验收通车。改建后，全线路基净宽6.5米，泥结碎石路面，宽3.5米，最大纵坡6%，最小平曲半径15米。湖雾街桥长28.2米，净宽4.5米，设计荷载汽—13，挂—60，四级公路技术标准。20世纪90年代初，因交通量剧增，原砂石路面根本无法满足运输市场的要求。1994年9月实施改造工程，1995年9月完工。改造后，水泥砼段路面宽7米，沥青砼段路面宽5.5米，总造价70.2万元。2011年10月23日，因路面破损严重，湖江线（K0+000～K0+351.75）再次实施路面改造工程。工程起点接G104线，终点接湖雾桥，全长351.75米。2012年3月13日完工。改造后，水泥混凝土路面宽为12.5米，工程中标价为66.388万元。

【水白线】　水涨至白溪公路，线路编号X002。1991年，G104线大荆至雁荡段改线后，原保留下来的G104线路段6.837公里改为县道。路基净宽8.5米，路面宽6.5米，最大纵坡115，最小半径15米，有桥梁2座/107.6延米，涵洞21道。原水白线大部分为泥结碎石路面。2005年4月，该线4.805公里（桩号K0+800～K5+605)的砂石路面改造成水泥砼路面，于2005年12月完工。

【白芙线】　白溪至芙蓉公路，起点为白溪，终点为西塍桥，线路编号X004。路线全长21.722公里。原自G104线白溪车站，经响岭头至灵岩，是通向雁荡山风景区的唯一公路，1933年始建，次年建成白溪至响岭头公路。1958年，陆续建成响岭头至灵峰、灵岩公路。1980—1981年改建响岭头至灵岩段为水泥混凝土路面，1983年建成响岭头至灵峰段块石路面，1984年拓宽白溪至响岭头段路基为12米（后筑成9米宽块石路面），1985年11月竣工验收。1994年实施芙雁公路（白芙线后一段）改造工程，全长3.9公里，改建为水泥砼路面和沥青表处路面，1995年12月30日竣工验收。

【石清线】　石阵至清江公路，线路编号X005。自石阵村与G104线连接，经麻车东殿、坎头下、建新村，过方江屿大坝南下，经上埠头、西角头村，至泗塘村与G104线连接，路面为泥结碎石路面。1988年，该路线改建成沥青路面，拓延至9.976公里，路基宽12米，路面宽7米。工程由温州市公路处工程队施工，总投资104万元。

【虹南线】　虹桥至南塘公路，线路编号X006。自虹桥镇东街村与老G104线（现为龙上线）接线，经长山前、埭下村，穿过甬台温高速公路，沿下候宅、东门街、华一、垟步桥村，南岳乡杏湾三村大转盘，经杏一村，从前塘至双南隧道一段与双南路合道，后沿陡门头村、殿山，至北山重与G104线接线，全长18.649公里。1984年，乐清县交通局会同虹桥区、乡政府定线测量设计。1986年组成工程指挥部，计划采取先建桥梁后建路堤的施工方法，桥梁工程实行招标发包，路基工程取填挖平衡的自然段为区间段，实行招标发包，决算造价147.52万元，比计划造价降低近30万元。资金由国家补助74万元，地方自筹73.52万元（虹桥镇13.47万元，东联乡21.17万元，蒲岐镇15.67万元，南岳乡23.21万元）。该路共占用土地161.4公顷，拆迁民房2783平方米。工程按三级公路技术标准施工，路基净宽8.5米，两边加驳坎1.2米，总宽9.7米，泥结碎石路面宽5米，最大纵坡5%，最小平曲线半径60米，桥梁14座/220米，设计荷载汽—15，挂—80。路两侧预留用地各5米，1987年春季栽植行道树予以全部绿化。1988年12月，杏港公路作为虹南线延伸工程竣工验收，长2.35公里，路基净宽7.5米，共投资13.5万元。20世纪90年代初，虹南线作为虹桥地区交通主动脉，昼夜交通量300辆次。1992年3月25日对该路实施路面油路改造，当年10月17日竣工。改造后路基净宽6.5米。1992年10月，虹南线（桩号K0+730～K3+155）水泥混凝土路面改造工程开工，1994年3月竣工验收，总投资70.5万元。1993年，虹南线南岳至三江延伸公路开工建设。工程按四级山岭重丘公路标准设计，全长8.7公里，路基宽4.5～6.5米。1994年6月竣工。

【乐北线】　乐成至城北公路，重点山老区联线，线路编号X008。自乐成街道南大街路口与老G104线（今乐成线）接线，经南大街、人民路、环城西路、蜈蚣桥，至城北乡政府所在地里章村，全长14.333公里。1978年，乐清公路部门开始对该线进行测量设计。线路从乐成镇北门经八金田、上敖、城北乡垟下、后步坐、林山、黄底等村，终点里章设一车站。线路按四级公路技术标准设计，路基净宽6.5米，过镇地段宽8.5米，水泥路面，其余为泥结碎石路面，最大纵坡9%，最小平曲线半径15米。沿线有桥梁2座/53.74米，过水路面3处/60米，设计荷载汽—10，履—50。蜈蚣桥上段公路于1983年6月26日竣工验收。1984年12月27日，乐成环城西路和蜈蚣桥落成，全线正式通车。工程全线投工12.5万工，完成填挖土石方量36.8万立方米，总造价63,5万元，其中国家补助54万元。该线路属乐清县最高山路。该路线的建成，改变了历代山民“天光一担八月柴，黄昏三条臭咸带（指咸带鱼）”的生活状态。1998年，乐北线后步坐至里章段设计方案会审通过。路线起点为后步坐村（桩号K11+700），至新城北乡政府大门口，全长4.065公里，按山岭重丘四级公路标准设计，路基宽度6.5米，路面宽度6.5米。工程于1999年动工。1999年，乐成至金溪段、金溪至城北段实施路面硬化工程。全长15.310公里，路基宽7～7.5米，路面宽5.5～6.5米，全部铺设水泥混凝土路面。2008年白岭线建成后，乐北线全长调整为14.333公里。

【乐柳线】 乐成至柳市公路，线路编号X009。自乐成街道乐成线起，经白石至柳市镇横穿G104线，终点为柳市镇金炉村，全长18.1公里。1967年，因乐清县火力发电厂运煤需要，开始建造一条1.25公里电厂专用公路，工程于1970年竣工。1983年初，潘家垟村群众自发筹资筑路，拟将电厂专用公路人行道改为公路，乐清县交通局按四级公路技术标准进行测设，同年5月工程动工。因资金短缺及设备落后，采用民办公助方式，由乐成镇负责施工，1987年 12月30日竣工，历时四年。路基净宽8米，泥结碎石路面均宽4米，县城过境地段为水泥路面。该路线建成后，原路距离延长至5.1公里。路基净宽6.5米，其中3.4公里为泥结碎石路面，1.7公里为水泥砼路面，最大纵坡5%，最小半径15米，桥梁2座/19.2延米，涵洞15处。

【柳黄线】 柳市至黄华公路，线路编号X010。起点为柳市车站，终点为黄华码头，全长9.27公里。1955年2月26日，因海防战备需要，乐清县交通局组织力量，仅用20天时间，抢修成功柳市至黄华的军用公路。该线路自柳市镇上园村与G104线接线，至黄华镇山外军用码头。时路面宽度8.5米，两边水田各设取土坑3米，桥梁为临时性木结构。20世纪60年代，因道路失管，木质桥梁先后倒塌，部分路基返作耕田，全线基本报废。1980年，省交通厅同意修复柳黄线，拨款14万元，重建1～4号桥，后因资金不足停建。1986年9月，区、乡（镇）政府组织群众投入抢修工程，重建5～9号桥梁，并修复全线路面。工程于1987年7月23日竣工。两期修复工程，合计土石方工程量2.37万立方米，总投资89.51万元。修建后，该路线路基走向、宽度均不变，泥结碎石路面，宽5.5米，最大纵坡4%，最小平曲线半径125米，沿线有桥梁9座/223.4米，涵洞14处，设计荷载汽—15，挂—80。1990年10月，乐清县县乡养护管理所对该路线实施路面改造，柳市镇过镇路段（K0+000～K0+718）铺设水泥混凝土路面。工程于1991年4月24日竣工。

【柳翁线】 柳市至翁垟公路，线路编号X011。1984年，乐清县交通局按三级公路技术标准进行测量设计。该路线自茗东乡三里村（三里转盘）起，经象阳乡荷盛村，至翁垟镇塘下桥，全长7.65公里。工程于1985年10月破土动工，沿线群众6000多人参与修建。1986—1987年上半年，招来外地民工，继续分段铺筑基层和面层。该线段路基净宽8.5米，翁垟过境路段分别加宽至12～15米，泥结碎石路面宽5米，部分路段为混凝土路面，最大纵坡3%，最小平曲线半径125米，桥梁净宽6米，设计荷载汽—15，挂—80。沿线建成桥梁8座/267.5米，涵沟24道/189米。工程共投工5.8万工，完成填挖土石方总量10.76万立方米。工程总造价155.53万元，其中国家补助57万元。工程历时21个月，于1987年7月25日竣工验收。1987年春季，该路段栽种行道树4500株。1991年7月，对翁垟段实施油路工程，是年11月完工，全长2.2公里。改造后路基宽6.5米，沥青路面，宽6米。1992年6月 对象阳段（桩号K1+827～K5+369）实施改造，其中油路长3.042公里（过境水泥路0.5公里），1992年10月完工。2006年6月14日，翁垟段改建工程开工，工程起点为翁垟镇与象阳镇交界处，终点为黄翁公路岔口，路线长2.804公里，为平原微丘二级，并结合城市主干道三级技术标准。工程总投资2100万元，2007年11月16日完工。

【大太线】 大荆至太湖公路，原称大石线，线路编号X012。路线自大荆镇荆东路口接线，经东林乡李宅基村，越芃界山至石坦村，全长7.052公里。该路原为老路（古道），大块卵石铺设路面。1958年，大荆公社镇安、东林两管理区发动群众将老路拓宽改建为大车路，并在新开路上增添两座小溪桥。1977年5月，乐清县交通局对该路按四级公路技术标准重新测量设计。再次发动群众建路，1978年5月15日验收通车。改建后的路基净宽6.5米（荆东路至东林乡街里路段宽4.5米），泥结碎石路面宽3.5米，最大纵坡10.9%，最小平曲线半径15米，小溪桥3座，过水路面1处净宽4.5米，设计荷载汽—10，履—50。路基稍窄，线型顺直，路容路况良好，由县乡公路养护所接养。改建时，根据“社社通公路”的方针实行“民办公助”，群众投工约2万工，完成填挖土石方3.03万立方米，国家补助1.31万元（平均每公里补助1666元），是乐清县乡公路建设中国家补助最少的公路。

【双店线】 双峰至店头公路，线路编号X013。起点自双峰加油站与水下线连接，向西北经水碓舟、湖口、长垟村，在智仁乡下岙村分两路，一条向蒋家村，经利条回头，另一条向大台门村与十岙线同线，经小岭、青坑村在太湖山庄与台州院岙线相接，全长17.189公里。2005年经公路普查，利条段调整为村道。双店线最早为双峰至旸谷岙段公路，简称双谷线。路线自双峰乡龙避岙桥头至旸谷岙乡大台门村，全长10.4公里。1956年，当地群众自愿投劳修建机耕路，后因线路要跨三条大溪、无力建桥而停工。1973年，结合治理双峰溪，再次启动建路工程。不久，“批林批孔”运动开始，工程再度停工。1977年冬，工程第三次上马。工程技术人员精心选线，避开两条大溪，最后方案定位龙避岙至新坊段。新坊、小坑岙、寺前等村社员热情高涨，自带被子和干粮，露宿工地，日夜苦战。工程共投工9.3万工，完成填挖土方总量8.55万立方米，总造价22.24万元。其中，群众自筹资金16.74万元，以义务工形式兑现。国家补助5.5万元，平均每公里补助3270元。工程于1978年5月15日正式验收通车。此为乐清县依靠群众力量，以最短的工期建成的县乡公路。该线路按四级公路技术标准建设，路基净宽6.5米，泥结碎石路面宽3.5米，最大纵坡5.5%，最小平曲线半径15米。沿途有桥梁一座长32米，设计荷载汽—10，履—50。该线路建成后，沿线山区人民彻底摆脱了昔日“生囡勿嫁小坑岙，脚踏石子两头翘”的困境。2006年9月15日智仁乡智黄公路开工。工程起点为双店线，终点为黄岩交界处，总长7.917公里，按四级公路技术标准，设计行车时速20公里，路基宽6.5米，路面宽6米，中标价442万元。工程于2008年8月14日完工，双店线全长调整为17.189公里。

【高福线】 高塘至福溪公路，线路编号X014。1957年，为配合福溪水库的建设，始建水库工地专用公路。路线从仙溪镇高塘村开始，至福溪水库大坝头，长3.58公里，工程技术含量相当于原六级（乙）公路技术标准。时因选线不当，线型差，公路上山至阳滩村后再降坡至大坝头，造成坡陡路弯，交通隐患严重。故次年从小衣岩起改线，沿溪至福溪电站对面山上坡，于溢洪道背开凿隧道，至终点大坝头。1982年，乐清县交通局和福溪电站合资0.8万元，改善线路弯道，疏通涵沟，重做路面，在隧道北洞口设置回车场。线路沿溪路段路基净宽5.5米，越岭线净宽4.5米，增加弯道，加宽避车道，符合四级公路技术标准。是年10月19日工程竣工验收，开通客货汽车。1986年7月，高福线延伸至福溪乡政府所在地胡岙村止，全长6公里。1989年12月竣工验收，历时三年。竣工后全线长8.764公里。工程按山岭重丘四级公路标准测量施工，路基净宽4.5～6.2米，最小平曲线半径15米，最大纵坡6%。2003年9月，福黄（福溪—黄岩）公路实施改建工程。工程西起接高福公路，途经御营村，终点接黄岩交界。路基宽度7.5米，路面宽度6米，路面结构采用厚20厘米厚水泥混凝土面层。工程采用四级公路工程技术标准。工程造价为187.6万元。工程于2006年11月完成竣工验收后，高福线全长为11.747。2013年7月20日，高福线（K0+000～K8+766）进行大中修，实施里程8.766公路。该路段由水泥路面和沥青路面组成，路基宽度4～5米，路面宽度3.5～4.5米，路肩宽0.5米。对水泥路面进行破板修复，将原沥青路面改为水泥混凝土路面。工程造价305.8万元，2013年11月20日完工。

【白沙线】 白溪至沙门岛公路，线路编号X016。大部分路段位于沙门岛上，20世纪80年代开始动工建设。线路自白溪乡开始，跨沙门岛大桥，进入沙门岛，经上马道娘娘庙，终点至南岙村，全长7.412公里。后该路段调整为村道。

【南嗌线】 南坑口至嗌崒公路，线路编号X017。1987年11月26日正式动工，工程从上埠头至花坦公路（桩号K19+700）南溪坑桥头接线，1989年9月建成。路基净宽6.5米，平曲线最小半径15米，路线最大纵坡8%，总投资36.8万元。1991年10月初，湖上垟公路延伸工程正式开工。路线从湖上垟延伸至嗌崒村，全长5公里，属国营岭底林场通往外界的唯一运输要道。1993年10月竣工验收，工程造价78万元。路基净宽5～6.5米，最小平曲线半径15米，最大纵坡9%，泥结碎石路面宽3.5米。1993年10月，湖上垟至嗌崒公路竣工验收。至此，南嗌线全长8.431公里。

【万黄线】 万岙至黄华公路，线路编号X019。起点自万岙乐清互通红绿灯起，经山根村，绕大转盘向东南至翁垟、地团、岐头，终于黄华。1985年10月，盐盘镇作为城区唯一不通车的一个镇，组织建设万（岙）盐（盆）公路。由于资金压力，对工程实行分段分期施工。1988年，万岙至翁垟镇公路开工建设。首先开工的万盐段，对路基路面进行改造，原砂石路面改为混凝土路面，拉钩地段进行降坡加宽。1989年12月，万盐段2.5公里竣工验收，路基净宽6.5米，过境地段加宽至8.5米，总投资64.35万元。1993年10月，盐盆至翁垟段改建工程开工，全长7.953公里，总投资210万元。1994年，万黄线最后一段路线开工建设。起点为翁垟镇万翁线（桩号K9+296），终点为柳黄线（桩号K8+700），全长6.6公里，1995年12月竣工验收。万黄线全长15.902公里，全线按三级公路标准设计施工，路基净宽8.5米，工程总造价132万元。其中万岙到翁垟段10.3公里，按四级公路技术标准设计修建，路基净宽7.5米，路面宽6米。万翁公路盐盘段改建工程，长2.54公里，总投资8172万元，按二级公路加宽结合城市主干道技术标准，设计行车时速60公里。一期于2002年3月3日开工，2003年8月16日完工，建成右幅行车道，路基宽18米，水泥混凝土路面宽15米。二期于2005年7月18日开工，2008年3月25日完工。2009年2月26日工程竣（交）工验收。

【白中线】 白石至中雁公路，线路编号X020。线路起点为白石镇街口白石环岛，向北经岐元村，穿过中雁荡山隧道、中雁荡山风景区、钰鼎山庄，终点为赤水垟村，全长11.408公里。1989年7月动工，路基净宽6～6.5米，有隧道一座长303米，宽7.5米；中桥一座长70米，小桥一座长13米。工程总投资182万元，于1995年12月29日竣工验收。工程按山岭重丘四级公路标准进行测设。

【排七线】 排岩头至七里公路，线路编号X021。线路长1.824公里。1986年，因七里港区开发前期工程需要，工程破土动工，1987年7月23日竣工验收。全线填挖土石方总量1.4万立方米，总投资25万元，均由慎江乡自筹解决。全线路基净宽8米，泥结碎石路面，宽5.5米，最大纵坡4%，最小竖曲线半径1500米，最小平曲线半径60米，有桥一座，设计荷载汽—15，挂—80，三级公路技术标准。2005年，因七里港扩展建设，路面拓宽至14米，水泥砼路面，二级公路。

【象石线】 北白象至磐石公路，线路编号X022。线路起点北白象车站，终点南门桥。1974年12月，象石公路工程开工。该线路自北白象镇樟湾村山脚，经茗屿乡瑞里村至磐石镇，与磐石港装卸区衔接，全长6.235公里。由于资金不足，加之“文化大革命”的影响，工程失管，工期延期三年之久。1975、1976年，省交通厅两次追加投资6万元（累计投资27万元），1977年又借用清江改线工程费5万元。至年底，工程基本完工，但路基强度不足，首次验收未获通过。由于该路瑞里桥以南路段，全部在水田中通过，修建时因资金不足和工程技术欠缺，道路软基没有得到处理，造成路基松软。1978年春，出现大面积沉陷翻浆，几近瘫痪。时乐清县交通局又拨款3万元，组织交通系统职工130多人，工程汽车59辆，开展义务劳动。工程于当年5月15日全线竣工，并通过验收。该线路工程按三级公路技术标准设计，路基净宽平原段8.5米，沿山段7.5米，大部分为泥结碎石路面宽3.5米，最大纵坡5%，最小平曲线半径20米，全线弯道22个，平均每公里3.5个。沿线有桥梁7座/109.27米，其中瑞里桥为钢筋混凝土双曲拱桥。工程总造价239.335万元。

【乐成线】 坝头至万岙公路，原G104老线乐成段，线路编号X023。起点坝头，终点万岙，全长6.675公里。其线路由三段组成：第一段蛎白段，起点蛎灰窑村，终点白沙村，长0.906公里，路基宽29米，路面宽16米，为水泥砼路面。第二段白宋段，起点白沙河头村，终点宋湖，长4.694公里，路基宽40米，路面宽15米，水泥混凝土路面。第三段宋万段，起点宋湖，终点万岙，长1.075公里，路基宽29米，路面宽16米，路面为水泥砼路面。根据乐清市政府〔2010〕14号专题会议纪要，G104线乐成段管养主体由乐清市交通局变更为乐清市市政园林局。

【柳七线】 柳市至七里港公路，线路编号X024。线路自柳市夏威夷大酒店至海关基地，全长5.622公里。按照一级公路技术标准设计，个别指标参照《城市道路设计规范》。水泥混凝土路面，路基宽度过村段为50米，非过村段为41.5米，路面宽度22.5米，中央分隔带3米，两侧分隔带2×2米，非机动车道2×5米，过村路段两侧人行道2×4.75米，全程设计行车时速80公里。工程于1999年4月开工，2002年1月完工，总造价7844万元。

【白岭线】 白石镇至岭底乡公路，线路编号X025。该线是乐清市山、老区联线公路改造工程的一段，工程起点位于山、老区最南面的中雁荡山白石镇，途经城北、四都、淡溪，止于岭底乡，全长36.031公里。2002年3月17日，乐清山、老区联线公路工程开工，总投资2.7亿元，按山岭重丘三级公路技术标准设计（其中隧道按二级公路标准设计），设计行车时速30公里，水泥混凝土路面，路基路面宽度分别为7.5米、6.0米，双向单行道。白石中雁至岭底夏岭头段公路地势险要，地质情况复杂，工程历时六年九个月，至2008年12月30日全部完工。鉴于技术安全及进度因素，原设计为拱桥的龙台头大桥改成桥梁，对桩号K10+500～K11+380路段进行改线变更，增设175米长的龙台头隧道，缩短里程1.61公里。全线峰雄嶂险峡深，山路蜿蜒，路况良好。途经城北、凤凰山景区、玉甑景区、双秦景区、灵山顶景区、黄坦洞古村落、王十朋纪念馆、淡溪水库、永乐抗日纪念馆等风景点。2010年3月，白岭线被列入市级2号绿道的重要组成部分。2013年，省公路管理局首次开展“浙江最美公路”评选活动，白岭线成为唯一入选的浙江农村公路。

六、瑞安县道

东瓯古邑。三国吴赤乌二年（239）始建罗阳县，唐天复二年（902）改为瑞安县。20世纪80年代改革开放初期，是“温州模式”的重要发祥地。境内G104线和甬台温高速公路横贯南北，S330线沿飞云江东西走向通至丽水市景宁县，S230线由南向北抵达青田县。截至2015年底，有县道26条，计380.72公里，其中县际联网公路13条。

【周滨线】 安阳街道周湖村至飞云江北公路，原为G104线瑞安市区过境段，线路编号X304。1996年10月，G104线瑞安市区过境高架桥竣工通车后，过境国道改为高架，原2.196公里国道降级为县道，更名为周滨线。

【瑞枫线】 瑞安至枫岭公路，瑞安西北地区重要陆路交通线，线路编号X305。自瑞安玉海街道经锦湖、潘岱、桐浦、碧山、陶山、湖岭、桂峰，至高楼镇枫岭，全长67.241公里。线路始建于1958年9月，1971年10月竣工。通车前，湖岭屏纸、木材等特产出售要肩挑至岩头港装船中转，通车后可直接装车外运。1982年12月，玉海、锦湖段改造为混凝土路面，路基拓宽至8.5米。1986年，群众集资，西门至礁石段1.7公里铺筑为沥青渣油路面，路基拓宽至12米。1987年9月开始改建城关段2.82公里。该段线路自G104线瑞安车站经岭下、东勇、北门至西站。工程按平原微丘三级公路技术标准，建有永久式桥梁3座，1988年12月竣工。1996～1998年两次对瑞枫公路瑞安城区过境段进行拓宽改建，路面改筑混凝土，路基拓宽至34.6米，车道路面宽度14米。因瑞枫公路车辆直接进入瑞安市区造成严重交通堵塞，2001年动工修建瑞枫公路瑞安市区东门过境新线（即阳光北路），长0.871公里，路基宽36米，水泥混凝土路面，2002年1月竣工通车。

2003年3月，省发改委批准立项瑞枫公路改建工程项目。瑞枫公路改建工程系省重点工程和国家东南沿海战备项目，起自莘塍街道民工社区上山根村，东接G104线，向西经双奥岙、西岙、进星、白象、白莲、下湾、江边宅、东林禅寺、桐浦、金山桥、陶山、河西、大岭脚，止于湖岭镇盐店村，与原瑞枫公路相连，全长37.84公里。工程技术按平原微丘二级公路标准设计，双向四车道，设计行车时速80公里。路基按沿线各段车流量状况，设计为24.5米、19.5米、12米不等。建大桥4座，中小桥梁50座，隧道4座。工程总投资6.45亿元（后增至9亿元），涉及道路主体征地71个村，拆迁民房1148.5间、企业工厂63家，迁移坟墓近3000穴，总拆迁面积13.5万平方米。2005年12月28日，瑞枫公路改建工程在湖岭松坦村举行动工仪式。工程分二期实施：一期工程上山根至桐浦段，长18.1公里；二期工程桐浦至湖岭段，长19.8公里。2008年完成主体工程，2009年12月31日全线贯通。2010年1月13日举行通车仪式，9月17日组织交工验收。建成后，从瑞安市区至陶山镇仅需20分钟，至湖岭仅需30分钟。至此，瑞安西部半小时经济交通圈形成。2006年8月，瑞枫线实行大中修，实施路段：K6～K7+200，K15+200～K16，K19+600～K21+600，K27+200～K28+800，K30～K32+400，K38～K40，合计10公里，总投资617.009万元，其中省补220万元。

【瑞八线】 瑞安三圣门村至八十公顷东山新村，线路编号X306。该线路原为军用战备公路，后改地方管辖。线路起自周滨线隆山三圣门村向东延伸，经东山街道、飞云江农场，至肖宅，终于东山新村。1958年11月动工兴建，1959年12月竣工通车，砂石路面。线路全长9.245公里，路面宽3.5米，路基宽6.5米。全线设有水闸陡门桥梁3座，涵洞12道。1994年实施改建，1996年完工，路面改为混凝土或沥青路面，路基宽度增至6.3～31.4米，路面宽度增至4.5～19.4米。

【东新线】 东山经济开发区至新华路口，又名人民路或机场路，线路编号X307。线路始于塘下镇新华路口，终于瑞安东山经济开发区，途经塘下、汀田、莘塍、东山等镇（街道）39个村，全长9.348公里。原建于20世纪90年代初，沥青路面，宽度10米。2003年，东新公路改建工程获省交通厅批准，时为瑞安7项重点工程项目之一。按一级公路标准设计，路面宽30米，设计行车时速60公里，桥梁设计荷载汽—20、挂—100，沥青混凝土路面，道路中间设有绿化隔离带。总投资1.9297亿元。2004年，东新公路改建工程升格为省重点工程，当年5月开工建设。工程对原公路实施翻新改造，涉及39个村的土地征用，相关自来水厂、各类管道、供电设备的拆除迁移。2008年1月2日完成改建，是年8月14日通过竣工验收。

【马陶线】 马屿镇至陶山镇公路，线路编号X309。1991年，马陶线工程开工建设，线路北在国策主题公园处，连接瑞枫线，向南经陶山镇及霞林，南口、马中、宫后、杨巷、石牌村，与S330线接线，全长9.348公里。全线铺设沥青路面，设桥梁7座，其中马屿飞云江大桥长395米，涵洞21道，路基宽度9.5～12米，路面宽度6.5～8米。工程于1996年2月竣工。

【京屿线】 大京至梅屿公路，线路编号X312。飞云江中游北岸连接高楼、马屿镇的重要线路。起于高楼大京，终于梅屿，途经高楼、平阳坑、顺泰、荆谷、梅屿等地，全长21.298公里。2013年，小净水、塔石等路段实施绿道建设工程，属温州交通绿道4号线路段。

【陶金线】 陶溪至金山公路，线路编号X313。建于20世纪80年代末，自陶溪起，经陶林、林下、叶庄、金岩头、平齐，止于金山，全长24.212公里。陶溪至溪坦、金岩头至平齐两段为双车道，其余为单车道。平齐至金山段为山岭，其余为平原路况。2005年年底，开始对陶溪至金岩头段实施改建。2006年年底对金岩头至平齐段进行改造。沿途环境复杂，路况差异较大。路基宽4.5～8.5米，路面宽3.5～7米，全线铺盖水泥混凝土路面。

【岩松线】 岩头至松坦公路，线路编号X314。始于岩头，经岩头桥、下林坳、花草垟，至松坦，全长10.628公里。工程竣工于1999年之前，2006年曾进行大规模的改建及路面硬化。工程除岩头桥至下林坳一段为四级公路外，全线按三级公路技术标准设计，路基宽7～10米，路面为水泥混凝土结构，宽6～7米。

【飞马线】 飞云江大桥到马屿河头公路，线路编号X315。从飞云江大桥开始，经可望桥、铁炉、高园、塘下、翁垟村、江溪、团社、马北桥、九甲村、垟下，至河头，全长20.28公里。工程建于1987年11月，2006年实施改建及路面硬化。改建后路基宽9～42米，路面宽6～19.5米。飞云江大桥至可望桥段为六车道，可望桥至铁炉段、高园至塘下段、江溪至团社等三段为四车道，其余均为二车道，路面结构为水泥混凝土和沥青混凝土混搭。

【瑞高线】 S330线与甬台温高速公路连接公路，线路代码X318。起于S330线，止于甬台温高速公路飞云出口，2003年1月与高速公路同时建成通车，全长1.742公里。

【瑞湖线】 瑞安至湖岭公路，线路编号X319。起于安阳周湖，终于湖岭盐店村，全长30.366公里。为原瑞枫公路改建后留下的老路，历史沿革参见瑞枫公路。

【汀飞线】 汀田街道至飞云街道孙桥村，线路编号X320。起于汀田街道汀八村，与G104线交叉口，止于飞云街道孙桥村与S330线交界，全长17.754公里。该线原为瑞安大桥及接线一期工程，瑞安自行投资的浙江“十五”计划重点工程建设项目，总投资9.0亿元。2003年7月动工建设，2008年12月竣工，2009年1月13日通车。瑞安大桥建通后，汀飞线有效缓解了G104线飞云至汀田段的交通压力，并作为滨海大道组成部分，使瑞安市区与温州永强机场通车时间缩短为半小时。

【滨海大道】 场桥浦至东安公路，线路编号X321，全长8.347公里。

七、永嘉县道

汉顺帝永和三年（138）始建永宁县，隋开皇九年（589）改称永嘉县，取"水长而美"之意，温州地区文化的起源地。1949年5月，以瓯江为界南置温州市，北置双溪县，9月复称永嘉县。永嘉史上第一条公路，为永嘉梅岙至青田段公路，始建于民国17年（1928）4月。民国23年（1934）10月，乐清清江至港头段64.05公里建成，其中乐清琯头至港头段为永嘉第二条公路。该两条公路都在永嘉县城的外围。1956年2月仙清线动工建设，永嘉县有了一条真正南北贯通、走出县城的公路。至2015年底，永嘉县道有27条共计553.869公里，其中县际联网公路6条。

【垟下线】 垟湾至桥下镇坑口公路，线路编号X105。途经桥下镇龙口、西溪下村、西溪社区、湖庄，全长20.617公里。工程由二、三、四级公路分段设计，铺设水泥混凝土路面，沿途建有小桥3座/47.8米。工程于1999年动工建设，2012年改建竣工。

【白桥线】 白泉至桥下公路，线路编号X106。线路途经大若岩镇白泉、吊坑、岭根、桥下镇徐岙、桥下，全长18.96公里。工程由三、四级公路分段设计，全线铺设水泥混凝土路面，沿途建有桥梁9座/406.7米，其中大桥2座/256米，中桥1座/54米，小桥6座/96.7米，长隧道1座/1800米。工程修建于1999年，2001年底竣工。

【壬黄线】 壬田至黄坦公路，线路编号X107。线路自壬田起，经桥头镇桥西、梨村，止于黄坦，全长12.467公里。工程按二、四级公路分段设计，铺设水泥混凝土路面，沿途建有桥梁4座/283米，大桥2座/265米，小桥2座/18米。工程于1998年动工建设，2002年竣工。

【黄里线】 黄南至里思坑公路，线路编号X109。自黄田起，经岩坦镇，止于里思坑，全长11.208公里。按四级公路等级设计，全线分段铺设水泥混凝土路面、沥青贯入式路面。沿途建有桥梁2座/134米，其中中桥1座/112米，小桥1座/22米。工程修建于1997年，1998年竣工，2009年12月实施改建。

【珍下线】 珍溪口至下家岙公路，线路编号X110。自珍溪口起，经枫林镇凤岙、包岙、外档、内档、汤岙、新村、兆潭和鹤盛镇上日川，止于鹤盛镇下家岙，全长9.832公里。工程按二、四级公路标准分段设计，全线铺设水泥混凝土路面。沿途建有桥梁2座/241.4米，大桥1座/225米，小桥1座/16.4米。工程修建于1989年，1990年竣工，2012年11月再次实施改建。

【枫岩线】 枫林镇至岩头公路，线路编号X111。线路全长2.429公里。按二级公路设计，水泥混凝土路面。沿途建有桥梁4座/702.1米，其中大桥1座（岩枫大桥，也称楠溪江二桥）/658.5米，宽12米，中桥1座/154米，小桥2座/43.6米。工程修建于1992年，1994年竣工，2012年10月实施改建。

【狮北线】 狮子岩至北坑公路，线路编号X112。线路途经岩头镇狮子岩、垟山头和枫林镇枫一、枫五、北坑，全长9.692公里。工程按二、四级公路标准分段设计，全线铺设水泥混凝土路面，沿途建有小桥6座/109.8米。工程修建于1987年，1988年竣工，2012年12月实施改建。

【岩表线】 岩头至表山公路，线路编号X113。线路途经岩头镇，全长18.435公里，属四级公路，水泥混凝土路面。桥梁5座/101.8米，其中中桥1座/55米，小桥4座/46.8米。工程修建于1999年，2012年12月实施改建。

【坦五线】 坦下至五里牌公路，属跨区跨县县道，丽水段线路编号X508，永嘉段线路编号X115。自永嘉坦下与S223线（桩号K131）接线，向西北部延伸，经渠口、珠岸岭、桐州、白泉、碧莲、巽宅、下嵊、石染、西岙、界坑至缙云县界，与缙云县南溪来的公路衔接，全长66.582公里，其中二级公路8.354公里、三级公路26.331、四级公路31.897，水泥混凝土路面35.276公里，沥青混凝土路面31.306公里。建桥梁23座/560.7米，其中，中桥4座/309.9米，小桥19座/250.8米。线路经多年分段建设而成。1964年5月1日，坦五线缙云段动工建设。工程沿线动员一万名民工，用一年时间，投入13万工日，采用分段包干的形式开展施工。国家总投资29万元，其中省建设厅补助12万元，县财政补助17万元。1970年12月工程全线竣工。之后，永嘉县实施该工程的延接建设，由于资金紧缺，将工程分四期实施修建。最先建成小箬口至碧莲段22.25公里，属于简易公路。1979年3月，碧莲至巽宅段动工建设，工程全长14.6公里，按四级公路标准设计，路基宽4.5～6.5米，泥结碎石路面宽3.5米。沿途有桥梁3座/39.6米。工程采用民办公助的形式，群众义务投工20万工日，国家投资34万元，1971年8月1日工程竣工。1979年12月，开始修建巽宅至石染段14.5公里，按四级标准公路施工，路基宽4.5至6.5米，泥结碎石路面宽3.5米。沿途计划建桥梁4座/123.4米。工程采用民办公助的形式建设。1983年，工程因经费拮据而停工。1985年，得到世界银行贷款和国家“以工代赈”补助投资，工程得以续建。工程资金由国家投资58万元，其中23万元用于修建长94米的麻埠中型桥梁一座。工程于1986年12月竣工并通车。1987年2月，利用世界银行贷款和“以工代赈”补助投资，修建石染至界坑上董段17.8公里。工程按四级公路技术标准设计，路基宽6.5～10米，泥结碎石路面宽4～6米。沿途有小桥5座/44米，桥和路基同宽，均为重力式桥台。该段工程盘山越岭，路基总挖方为41.1万立方米，路基总填方12.7万立方米，耗用钢材12吨，水泥100吨，木材10立方米，炸药56吨，开山用钢钎4.5吨，总投入（民技工）22万工日，总造价179万元，是年12月29日通过验收。后因永嘉、缙云交界两地村民发生山林权属纠纷，正式投入运行的只有17.4公里。1989年3月14日，山林权属纠纷终得解决。1990年8月，经两县友好磋商复工。是年10月25日，永缙公路全线贯通，两县、乡、村结为“友好县”“友好乡”“友好村”。

1999—2005年，坦下至界坑五里牌全线进行拓宽，并改造成水泥路面或沥青路面。2004年1月，经温州市计委批准，对巽宅至界坑段进行改道，称之永缙复线，总投资2.38亿元。巽宅经金溪至界坑段，始于巽宅镇麻埠村桥头，经小溪村、金溪电站，在西岙乡横彭村与原永缙线相接。工程全长20.4公里，路面宽7.5米，三级公路。全线有桥梁12座/822米，隧道2座/420米。工程于2015年12月完工，通车后比原公路缩短9.1公里。

【坦三线】 坦下至三角岩公路，线路编号X116。途经沙头镇，全长10.958公里，属四级公路，水泥混凝土路面。沿途建有桥梁4座/337米，其中塘湾大桥，1979年6月19日建成通车，是温州公路史上第一座真正意义上的现代公路桥；短隧道1座/38米。2006年12月实施改建。

【上桥线】 上塘至桥下镇公路，线路编号X117。1999年，上塘至桥下镇公路工程开工建设。该线全长11.345公里，自上塘起，途经上塘镇百货前、前一、前二、桥下镇垟京、韩埠，止于桥下镇政府。公路等级分段按二、三级设计，全线分段铺设混凝土路面及水泥混凝土路面。沿线建有桥梁12座/438.2米，长隧道1座/2400米。2009年12月，该路线实施较大规模的改建。

【上下线】 上塘至坦三线公路，线路编号X118。途经北城街道三元堂、朱岙店、下寮，止于坦三线。全长13.546公里，公路等级按二、四级公路分段设计，水泥混凝土路面。沿线建有桥梁3座/82.5米，中隧道1座/700米。2009年12月实施改建。

【铁金线】 铁坑至金山桥公路，线路编

号X119。途经岩坦镇铁坑、碧莲镇金山桥，全长36.988公里，公路等级四级，水泥混凝土路面。沿线建有桥梁8座/297.9米，其中中桥2座/182.2米，小桥6座/115.7米。2006年12月实施等级提升改建。

【山黄线】 山坑口至黄皮公路，线路编号X120。途经碧莲镇、岩坦镇，全长56.928，属四级公路，水泥混凝土路面。沿线建有桥梁20座/521.1米，其中中桥5座/211.8米，小桥15座/309.3米；短隧道1座/50米。工程修建于1999年，2007年12月实施改建。

【石茅线】 石染至茅山公路，线路编号X121。途经巽宅镇，最终通往青田，全长15.592公里，属四级公路，水泥混凝土公路。沿线建有桥梁共3座/119.7米，其中中桥1座/85.2米，小桥2座/34.5米。工程修建于1999年之前，2005年12月实施改建。

【福大线】 福佑至大寺基公路，线路编号X122。途经岩头镇、岩坦镇，属三级公路，路面分段铺有沥青混凝土路面、水泥混凝土路面。沿线建有桥梁4座/96.2米，其中中桥1座/54米，小桥3座/42.2米；短隧道1座/29米。线路原属省道仙清线，最早修建于1958年，1960年12月完工。1991年起，线路多次实施拓宽改建。1996年，改建S223线时，工程将原线路过金竹溪一段改道走向，从福佑左拐过岩坦、黄南、乌龙坑至仙居，避开大寺基山岭。2003年12月改建竣工。2005年7月1日，新223全线路面施工开工，2007年6月15日完工，2008年12月10日竣工验收通车。原仙清线福佑至金竹溪到大寺基32.379公里改为县道福大线。

【界坟线】 界坑至坟山公路，线路编号X123。途经巽宅镇，全长6.536公里，属四级公路，水泥混凝土路面。沿线建有桥梁3座/80米，其中中桥1座/53米，小桥2座/27米。工程修建于1971年8月，2005年12月实施改建。

【碧徐线】 碧莲至徐岙公路，线路编号X124。途经桥下镇，全长33.405，属四级公路，水泥混凝土路面。沿线建有桥梁6座/180米，其中大桥1座/113米，小桥5座/67米。工程修建于1999年8月，2005年12月实施改建。

【白石线】 白马殿至底坑庵公路，线路编号X125。途经鹤盛镇，全长14.205公里，属四级公路，路面分段铺设为沥青混凝土路面和水泥混凝土路面。沿线建有桥梁8座/224.1米，其中大桥1座/82米，中桥1座/71米，小桥6座/71.1米；短隧道2座/101米。工程修建于1971年8月，2008年12月实施改建。

【S223南复线】 楠溪江二桥至大若村，线路编号X127。2011年经省发改委、省交通厅批准建设。S223线南复线工程东起诸永高速公路枫林互通连接线楠溪江二桥桥头，经岩头镇河一、溪南、芙蓉、郑岙、小若岩、九房、大若共19个行政村，终点在大若岩镇政府门口，全长15.246公里，路基宽23米，按四车道一级公路标准建设。沿线建有大桥3座/725米，中桥5座/136米，特长隧道1座/3285米，短隧道1座/493米。2009年6月，永嘉县政府成立指挥部，省公路管理局挂职干部、永嘉县副县长胡嘉临任指挥。2011年12月1日开工，2014年12月完工，总投资9亿元。工程总征用土地52.84公顷，拆除永久性建筑8000平方米，拆除临时性建筑7500平方米，涉及两个镇4个村。该线路通车后，从岩头风景区到大若岩风景区的公路里程13公里，比从岩头经坦下到大若岩的里程缩短12公里。

【三沙线】 三角岩大桥至沙头（北），线路编号X128。线路全长5.456公里，三级公路，沥青混凝土路面。2013年8月，S223线上塘至沙头段改道后，原三角岩大桥至沙头（北）5.456公里省道改为县道三沙线。

附：2014年变更为城市街道的县道

【琯牛线】 琯头至乌牛公路，线路编号X101。线路全长2.326公里，属三级公路，沥青混凝土路面，路基宽 12 米，路面宽 9 米。沿途建有中桥 1 座 /98.5 延米。琯牛线最早属杭温线的一段，由此上溯至明万历年间（1573 ～ 1619），乐清县推官王允麟督民开辟馆头（今琯头）经乌牛翻越胜美尖北长界岭、罗溪至港头新路，建港头渡口，船渡过江直达温州市区。民国 23 年（1934 年）10 月，清江至港头段 64.05 公里建成。12 月，杭福公路温州段通车。旅客在港头过渡至城区永川码头（今温州安澜亭）。1951 年 1 月，省政府从温州地区“死角粮”中指定一部分出售换币，就近用于整修黄岩路桥至港头段。主要加宽路基，平原修足 7.5 米，山岭除个别困难地段外，一般均拓宽 6.5 米，路面厚度做足 15 厘米。同时，改善渡口、修配码头、渡船，添建渡工宿舍，改清江渡为机动车渡；更换 14 座桥梁木面达到载重 10 吨的标准等。1981 年开始，乐清、永嘉段按二级公路标准全面拓宽改造，路基由 7 米拓宽至 13.2 米，桥梁拓宽 9 ～ 12 米，并逐段铺筑沥青或水泥路面。2008 年 12 月底，G104 线永嘉境内改道通车，琯头至乌牛公路因 G104 线改道后降为县道。2010 年 12 月，该段公路路面改建竣工。2014 年 12 月底，永嘉县决定改为街道。

【罗礁线】 罗浮至礁堡段公路，线路编号 X102。1999 年因 G104 线改道，罗浮至礁堡段公路改称县道。线路途经江北街、东瓯街，全长 5.582 公里，属三级公路。罗浮至林垟段为沥青混凝土路面，路基宽 12 米，路面宽 10 米；林垟至礁堡段为沥青贯入式路面，路基宽 12 米，路面宽 9 米，沿途建有小桥 4 座 /60.3 米。2010 年 12 月，该路改建竣工。2014 年 12 月底，永嘉县决定改为街道。

【港头支线】 G104 接线至港头，途经三江街道，全长 0.735 公里，属三级公路，水泥混凝土路面，路基宽 12 米，路面宽 10 米。该线原属 G104 线的一段，1986 年 3 月 15 日楠溪江大桥竣工通车，G104 线改道，该线转为县道。2008 年 12 月该路段实施改建。2014 年 12 月底，永嘉县决定改为街道。

【瓯娄线】 瓯北至东瓯大桥公路，线路编号 X104。途经江北街道，全长 4.146 公里，一级公路，水泥混凝土路面，路基宽 52 米，路面宽 24 米。沿途建有瓯江特大桥（东瓯大桥）1 座 /2068 延米。工程于 2000 年开始修建，2011 年竣工。2014 年 12 月底，永嘉县决定改为街道。

【三塘线】 三江至塘头公路，线路编号 X126。2005 年 3 月，G104 线永嘉乌牛至张堡段改建工程开工。起点为乌牛镇永东桥桥头（桩号 K1863+225），路线基本沿老路，经乌牛码道、瓯北挂彩、梅园、长岙至瓯北三江，于后江跨楠溪江至瓯北黄田，沿楠溪江北岸向西与 S223 线交叉，经千石穿双龙山隧道至花岙，从瓯北塘头村北侧与现 G104 线连接，后沿今 G104 线拓宽至张堡（瓯江三桥接线交叉口处），全长 19.039 公里。2008 年 12 月底建成通车。G104 线乌牛段改道后，原三江至塘头 6.6 公里国道改为县道三塘线。沿线有桥梁 5 座 /932.5 米，其中大桥 2 座 /881 米，小桥 3 座 /51.5 米。2014 年 12 月底，永嘉县决定改为街道。

八、文成县道

民国 35 年（1946），从瑞安、青田、泰顺三县边区析置而成，县名取自明朝开国元勋刘基（字伯温）的谥号“文成”，取意“经纬天地为文，安民立政为成”。境内为典型的山地地貌，交通比较落后。1956 年 2 月，文成大峃至瑞安平阳坑工程开工，全长 38 公里，1958 年 1 月 14 日竣工，此为文成县历史上第一条现代公路。2014 年 7 月 18 日，龙丽温高速公路瑞安至文成段动工。截至 2015 年底，共有县道 21 条，计 471.965 公里，其中 6 条县际联网公路。

【太十线】 文成樟台至青田公路，简称文青线。该线属跨区县道，文成段简称太十线，大峃至玉壶镇李林社区十字路口，线路编号 X602，青田辖内线路编号 X219。太十线起于文成县城东大桥，与 S330 线接线，经坪头、滦佑、苔湖山、岩庵、驮垄，穿越大峃岭隧道，经顶山、呑底、周壤、周墩、岭呑、五岭、底村、陈地坟，至太场开始分两路铺设。西线过和垟坑桥，经岭脚、李林乡穿光明隧道、李山隧道，接S230 线进入青田县境。东线走长丰、板厂岭、外林龙、叶坪，至玉壶李林十字路口与S230线相接。1969 年 11 月，太十线开工建设。时线路自原樟台乡与 S330 线接线，到玉壶止，全长 25.1 公里，路面宽 5 米，始称樟玉线。1988 年 1 月，续建玉壶至后坑坳段 17.17 公里，接 S230 线于玉壶镇李林社区十字路口，改称大十线。国家投资 160 万元，荷兰华侨胡志光先生为首集资 1.5 万元。1996 年 11 月 28 日，文青线文成段一期改建工程开工。工程共分八个合同段，即一标为城东大桥，1997 年 5 月 10 日完成。二至四标段（桩号 K0+100 ～ K6+810）为路基工程，1997 年 1 月 5 日开工，1997 年 8 月 5 日完工。五、六标段（桩号 K6+810 ～ K10+900）为大学岭隧道及接线工程，分别于 1997 年 5 月 1 日和 6 月 18 日开工建设，1998 年 5 月 18 日隧道贯通，11 月 10 日全工程完工。七标段（桩号 K10+900 ～ K18+700）为路基工程，1999 年 9 月 15 日开工，2000 年 9 月底完成。2000 年 7 月八标段开工，全长 18.7 公里。10 月底完成县城至大学岭隧道段 6.7 公里路面工程。2001 年 10 月全线工程完成。2004 年 2 月 5 日，文青公路文成段二期改建工程开工。自玉壶镇栋头桥（桩号 K18+500），经山背村、炭场沿东溪东侧山坡，经八角潭、炉基坑、祭下坑，止于石良坎（桩号 K29+669.45）和 S223 线（桩号 K36+057），全长 11.2 公里（其中文青公路一期已完成三级公路 3.6 公里；二期完成二级公路 7.569 公里）。设计行车时速 40 公里，路基宽 8.5 米，路面宽 7.0 米，桥涵与路基同宽。工程总投资约 22924.16 万元。2009 年 11 月全线完工。二期工程全面完工后，原樟台至周壤南坑村段与南坑至里阳乡枫林公路并线后改称樟里线，原太场至十字路口段改称太十线。至此，太十线全长 12.42 公里。

【双珊线】 双垟至珊溪公路，线路编号 X603。起点大峃镇双垟栖霞路（桩号 K00），途经凤垟、岚岩、赵龙坟、花竹岭、方前，止于珊溪镇新建东路（桩号 K29+330）。全长 29.33 公里，其中城管里程 1.75 公里。工程于 1987 年底开工建设，按四级公路标准建设。1988 年 12 月，建成大峃至黄降岭脚 2.3 公里砂石路，至 1989 年全线竣工。2004 年改砂石路面为水泥路面。

【花支线】 花园至支山公路，线路编号 X604。从龙川乡花园与 S330 线接线，向西南经龙川、林坑、黄坦镇、黄垟、林山、东山头，至云湖乡支山飞云湖码头止，全长 38.16 公里。1980 年 11 月，工程正式开工。1981 年 12 月，建成花园至支垟 25.4 公里。1997 年，为安置珊溪水库移民，特建黄垟至河背岭头移民公路 6.348 公里。1998 年 6 月，建成河背岭头至云湖支山 16.6 公里通乡公路，是年底竣工投入使用。至此，花支线全线通车。

【岚沙线】 岚岩至沙垟公路，线路编号 X605。自沙垟与花支线接线，经稽垟、金炉，至岚岩与双珊公路连接。1989 年，建造岚岩至金炉 6 公里通乡公路。2002 年，建成稽垟至金炉段 6 公里。至此，原沙垟至稽垟 6 公里花稽线并入岚岩至稽垟段，合称岚沙线，全长 18.5 公里，属四级公路，为大峃、黄坦联网公路。

【十黄线】 十八公里（地名）至黄寮公路，系原文南线和南黄线连接而成，线路编号 X606。自百丈漈与 S330 线接线始，经东山、曲龙底、二源、久久亭、店岭村、南田镇、旁垄、言山村、景田、底垟、富头村，止于黄寮乡政府，全长 35.6 公里。1958 年 4 月，百丈漈至南田公路开始测设。设定线路时，建设里程 17 公里。因该方案要经过百丈漈水库大坝和小坝，百丈漈水电站予以否决，双方曾发生争议，最后由温州地区领导协调并决定线路从大坝上通过。同年 8 月，工程分两期进行修建。第一期国家拨款 1.5 万元。修建时，民工最多时每天达 5000 人，少则 2000 多人。第二期国家拨款 0.6 万元，工程总投工 12 万工，工程技术设定泥结碎石路面。该线路竣工后简称文南线。工程总投资4.1万元，于1959年11月29日竣工验收。此为文成县投资最省、质量最好、修建速度最快的第一条“民办公助”县道。1985年6月，南田至黄寮公路动工，首先完成南田至岳梅段3.3公里。此段工程属浙江省第一批扶贫以工代赈的公路项目，国家拨款16万元，实际开支15.4万元，是年12月16日竣工。1986年续建岳梅至黄寮17公里，预算资金115万元，省交通厅、财政厅批拨补助85万元。1987年12月8日，完成岳梅至言山景田段5.6公里。1988年12月，南田至黄寮公路竣工通车，全长20.3公里，简称南黄线。南黄公路按部颁重丘四级公路标准测设，路基宽6.5米，桥涵为永久式结构与路基同宽。南田至岳梅段、岳梅至言山景田段，共填土方17.89万立方米，驳坎2.34万立方米，修筑涵洞58孔（其中双孔涵一座），铺筑泥结碎石路面3.5万平方米，设置防护栏、行车标志416支。至此，文南线与南黄线两线连接统称十黄线。2004年该线完成砂石路面硬化工程，其中7.53公里为沥青铺装，28.47公里为水泥混凝土路面。2006年，该路大中修工程（桩号K8～K16）动工，路基宽7米，路面宽6米，水泥砼路面厚20厘米，路面工程量48平方公里。工程总投资400万元，其中省补助176万元。

【盖黄线】 盖后至黄坦公路，由原黄西线（盖后至山后）、黄雷线（黄坦至雷官岩）两段连接而来，线路编号X607。由北起于富岙乡盖后连接老S330线，途经冷水湾、富银地、石竹龙村、富岙、五步桥、山林、南山坑、后山、吴车，至石亭连接石驮线（桩号K23+84）。工程按四级公路标准设计，路面净宽4.5～6米。1988年12月建成黄坦至山后公路13.70公里砂石路，1990年6月开通山后至雷官岩公路。后两条线路连接为一条线路，共19.555公里，更名为盖黄线。2004年，全线完成砂石改水泥路面工程。

【石角线】 石垟至石角公路，线路编号X608。从石垟林区连接S330线，经火烧桥、水牛塘，至石角林区，全长15.55公里，路面宽4.5～6.5米。工程于1981年12月竣工通车，2003年完成路面硬化改建。

【石驮线】 石垟林场至驮岙公路，线路编号X609。北起石垟林场吴垟与S330线连接，经田窑、漈胡垟、驮加、涂山、四方坑、铜铃山国家森林公园（叶胜林场）、云湖乡岩门大桥、陈盘岭，止于黄坦镇驮岙，与兴华路连接（桩号K53+08），全长53.08公里，工程设定为“通景”四级公路。1982年11月，首先建成石垟林场至胜坑叶胜林场段21.5公里砂石路。1996年12月，投资55.13万元，新建胜坑至驮加砂石路9.2公里。2003年开始，实施砂石路面改造。至2007年，分别铺设石垟林场至叶胜林场湖头林区段沥青路面11公里、湖头至驮加段水泥路面19.4公里。

【樟里线】 樟台至里阳公路，系原文玉线樟台至周壤段向西拓展至里阳的延伸线，线路编号X612。1988年1月，樟玉线开工建设。线路从樟台乡与S330线接线起，经岩头下、马路山下、毛山底、底龙、双东、桂山、麻山、回岩、南坑、岩井、大壤、周南、湖岙、半岭，止于玉壶，全长25.1公里，路面宽5米。1990年5月，从南坑村向西延伸工程开工建设，途经山茶花、西山岩头村、外垟底村，至里阳乡枫林村，长10.684公里。2004年2月5日，文青公路（即原樟玉线）文成段一期改建工程开工。线路改走大峃镇岩奄岭脚，穿大峃岭隧道至大壤，与原樟玉线即文青公路一期改建工程大壤段相接，原樟玉线樟台至周壤南坑村段并入南坑至里阳乡枫林公里，改称樟里线。两线连接后比原线缩短，总长24.7公里，工程均按四级公路标准设计。

【双坑线】 双垟至坑口公路，新建公路，全长2.29公里，线路编号X613。

【二金线】 二源至金珠林场，线路编号X614。在二源乡宫前村连接十黄线，经上塘、白水岭脚、双丘、垟湾底、新村垄、师公坦、山后坪、朱山、芝麻湾，止于金珠林场。全长11.35公里，泥结碎石路面宽4.5～6.5米。线路最早修建于1978年10月，由文成县交通局和百一电厂共同投资8.45万元，修建二源经山头水库至朱阳6公里公路，1979年8月7日竣工验收。1979年4月，由林业局出资10.8万元，续修朱阳至金珠林场段5.3公里，1980年10月2日竣工通车。2003年实施路面硬化工程。

【二新线】 二源至新东公路，线路编号X615。原属乡村公路，改建于1989年12月。改建工程起点从二源村连接二金线，经糯米缸、谢桥头、陈村、坑门底，止于新东。2003年路面硬化之后改为县道，全长6.40公里。

【南山线】 南田至山头公路，线路编号X616。从南田镇坑边垟村连接十黄线，经朱垄、龙上、桥头、呈段、金竹垟、垟公岙、百步岭脚、驮房、十源、利民、前岗、新富、垟山底、瓦厂，在山头村连接二金线。1978年，百丈漈一级电站动工建设，为解决建造二源山头水库引水工程原材料的运输问题，是年9月5日，温州交通部门对该线路进行测设，水电、交通部门对线路走向产生分歧，后经温州地委专员诸汉亭、文成县长陈延炮及双方技术人员实地踏勘，决定线路走向。是年11月18日，二源乡山头至十源乡段开工建设，总投资2.6万元，其中百丈漈电站投入材料费1.8万元，民众集资0.8万元，1979年12月29日竣工验收。南田至十源乡段工程，由交通部门投资28万元，1980年10月25日竣工，1981年元旦正式通车，全长18.1公里，泥结碎石路面。2003年，全线完成路面硬化改建工程。

九、平阳县道

三国吴赤乌元年（283）建县，属浙闽太平洋沿海基底隆起带地质，丘陵、谷地、平原、河海俱全。素有“东南小邹鲁”之誉。最早的公路为永（嘉）瑞（安）平（阳）公路，建于民国26年（1937），即今G104线的前身。截至2015年底，有县道21条，计307.689公里，其中10条县际联网公路。

【宋湖线】 宋桥至湖岭公路，线路编号X401。由姜桥连接G104线，向西北经上林、万全浦、三都王村，至湖岭乡与昆江线连接，全长3.036公里，建于1986年5月。

【城新线】 城东至新河公路，线路编号X403。自昆阳镇城东与G104接线，向东经练川、榆垟、象山、宋埠，后向南经海滨、跳头、西湾、西谷仓、二沙、三沙、塘古外、海防、横河，止于G104线接线，全长46.386公里。1989年10月，改建工程首次动工。线路自昆阳镇城东与G104线接线，向东经白垟、光山、半路寮、潘楼、前艽、宋界垟至宋埠，全长11.1公里，路基宽6.5米，泥结碎石路面宽3.5米。沿线桥梁7座/108米，荷载汽—15、挂—80，属四级公路。总投资95万元，其中国家出资70万元，当地自筹资金25万元。1987年12月工程竣工，交由平阳县交通局管养。1992年，城新线拓展工程开工，从宋埠镇向南，沿派田、里岙、大湾、西湾、白岩、牛背、三沙、仙人岩、狮子口、塘外、横河至G104线接线，全长35.286公里。1999年9月11日，城新线（桩号K1+000～K4+700）路段大中修工程开工。全线长3.7公里，其中桩号K3+700～K3+900处为20厘米水泥混凝土路面，其余为3厘米沥青表面处治。拓宽改造涵洞2道，新建涵洞1道，浆砌碎石挡墙及压顶，路面宽6.0米，路基宽6.5米，投入资金57.5120万元。工程于2000年1月12日完工。2001年5月1日，城新线（桩号K11+255～K18+096）路段（西湾段）技改工程开工。线路起于西湾乡与宋埠镇交界处，止于西湾乡政府，途经海滨、跳头、北山、后山4个行政村，是西湾连接县城的主要交通要道。全线长6.9公里，路面宽6.0米，路基宽7.0米，最小半径18米，最大纵坡7.11%。是年11月15日工程完工。

2004年，城新线（桩号K9＋019～K11＋319）路段（宋埠段）改建工程开工。全线长2.3公里，采用沥青路面，路面宽6.0米，路基宽7.0米，投入资金65.0万元，是年8月竣工。2005年9月28日，城新线陆续实施路面硬化工程（砂改油）。城新线K0＋987～K4＋615路段，总投资185.03万元；宋埠K6+940～K8+100路段，投资33.980万元，榆垟K4+700～K6+580路段，投资54.4260万元。以上项目均于同年11月20日前陆续完工。2007年8月，城新线K4+615～K9+019路段3.42公里，因路面20520平方米水泥板块大面积破损，投资132.7万元实施路面大修，是年12月30日完工。2008年，K11+000～K17+994路段实施沥青路面大修7公里，路面宽6米，投入资金341.7万元，是年7月竣工。2009年，再次投入资金73.4万元，对K6+445～K7+475、K36+000～K38+000路段实施大修，2010年初竣工。

2012年，城新线改建绿道工程启动。该段绿道属温州市级2号绿道经平阳县的一段。工程南起平阳县墨城新城村，北至西湾跳头村，长17公里。其中，红色沥青路面长3公里，分设墨城新城村至西湾四沙村和西湾跳头村两段，沿线设置了以“仁、义、礼、智、信”和以台风登陆点为主题的多个观景平台，还有依山体建造、长达80米的《富春山居图》浮雕、黄公望雕像，以及寓意祥和的太平钟等。

【下鳌线】 下河至鳌江公路，线路编号X406。平阳县历史上第一条现代公路，起于下河处与G104线接线，从下河叉口至鳌江老车站，全长2.17公里。民国26年（1937）6月，该支线是在修建浙江省主干线永（嘉）瑞（安）平（阳）公路时建成。时资金短缺，时局动荡，在建好支线下鳌线时，主干线永瑞平公路才建好路基，后因日本侵华战争全面爆发而停建。民国27年（1938）6月，因抗战需要，支干线均被破坏。1954年10月，重修永瑞平公路时，下鳌线得到修复。路基净宽12米，泥结碎石路面净宽9米，最大纵坡0.6%，最小曲线半径55米。沿线有单孔桥梁1座/13.4米，桥面宽8米，荷载汽—13，拖—60。工程于1955年11月竣工。下鳌线连接鳌江港，交通量大，是鳌江镇的主要进出口公路。1979年，该段路线实施改造，按二级公路标准铺设沥青路面，国家投资15.72万元。1992年，投资119.53 万元对该线实施水泥混凝土路面改建工程和两座桥梁改建拼宽工程。

【后南线】 后林至南湖公路，线路编号X408。从鹏山村与灵内线相接，经塘尾、斗门头、合坑、鱼塘、前垟、傲寒、华亭，至后林与G104线接线，全长13.964公里。后南线最早建于1968年8月，线路由萧江镇向西至大同与G104线接线。20世纪80年代初期，萧江成为塑料编织市场，原机耕路已无法适应经济的发展。1985年，开始拓建麻步至鱼塘段。线路自麻步大桥头过桥，与S230线接线，全长3.65公里，路基宽6.5米，泥结碎石路面宽3.5米。沿线设桥梁1座/16米，桥面宽6米，属四级公路。总投资12万元，其中国家投资10万元，当地政府自筹资金2万元。工程于1987年2月竣工。1986年，采取“民办公助”方针，当地自筹资金15.5万元，国家补助2.0万元，将机耕路拓宽加高建成三级公路，并延伸完成后南线建设。2005年，后南线实施路面硬化工程。首先完成后南线K8＋350～K14＋500路段，工程量5.4公里，计27000平方米，投资220.0万元。2007年8月，K1+65～K5+100路段实施路面大修3.45公里，计20700平方米，投资266.1万元，是年12月30日完工。2009年，K1+684～K5+119路段实施大修3.435公里，投资332.0万元，2010年初完工。

【显腾线】 显桥至腾蛟公路，线路编号X409。从显桥村接S230线，向北经岭脚、南山、岭下亭、缸窑、石牌、凤巢，至藤桥接线S230线，全长12.813公里。1978年，计划建设显腾公路。因资金问题，该线路分两期实施：第一期工程从鹤溪至腾蛟段，1978年7月动工，1979年10月竣工。线路长8公里，路基宽6.5米，泥结碎石路面宽3.5米，沿线桥梁2座/31米，荷载汽—10，挂—50。工程由国家补助4万元，其余由地方自筹。第二期工程于1985年10月开工，1987年3月竣工。线路从显桥至鹤溪段，全长4.8公里，路基宽6.5米，泥结碎石路面宽3.5米，沿线建有桥梁3座/41米，荷载汽—10，挂—50。总投资27万元，其中国家投资23.5万元，当地自筹资金3.5万元。1994年，显腾线K0+000～K3+000路段实施砂石路改油路工程。全长3公里，路面宽6.0米，路基宽7.0米，投入资金63.7万元。2006年，K5+605～K8+610路段实施沥青路面中修，投入资金179.57万元。2008年，K9+391～K12+813路段实施水泥砼路面大修0.5公里，投资30.0万元，是年9月竣工。2009年，K0+000～K4+947路段实施大修4.947公里，投资375.0万元；K8+443～K9+391路段实施大修0.5公里，投资31.0万元，2010年初竣工。

【詹山线】 詹家埠至山门公路，线路编号X410。1957年初，为开发平阳西部山区，决定修建北港公路，即从岱口至山门公路，后将岱口至詹家埠段改为S230线。是年3月，詹家埠（江屿）至山门段开工建设，9月竣工。线路从詹家埠与S230线接线，向西经云岭、梅尾村，穿梅岭隧道至山门镇与X507接线，全长12.102公里。按每昼夜150辆车交通量设计施工，路基宽7.5米，泥结碎石路面宽4.5米。桥梁6座/77.04米，涵洞41座，桥涵荷载汽—13，拖-60。工程共完成土石方2820立方米，驳坎748立方米，民工用工10.05万工。工程总投资2.79万元，全部由国家出资，平均每公里造价2232元。1990年，詹山线K28+040～K28+365路段实施砂石路改水泥砼路面，长325米，路面宽6.0米，路基宽6.5米，总投资7.08万元，其中国家投资2.72万元，地方集资4.36万元。1991年11月1日，詹山线（桩号K0+000～K1+803）砂改工程开工。该路段是平阳县境内通往北港山区的主要线路。工程采用6厘米混合料调平层13704平方米，15厘米水泥稳定碎石基层13162平方米，20厘米厚水泥砖板块12250平方米，路肩填方3122立方米。总投资63.7679万元，其中县财政补助25.88万元。工程于1992年4月1日竣工。1992年，K9+000～K10+000路段实施改建工程，全线长1公里，采用砂石路中修，投入资金2.0万元。1993年，K4+000～K6+000路段实施砂石路中修工程，投入资金4.0万元。1994年，K7+000～K9+000路段实施改建工程，全线长2公里，采用砂石路中修，投入资金5.0万元。1995年，K3+700～K4+700路段实施中修，全线长1公里，投入资金2.5万元。1997年，对K3+550～K7+100路段实施砂改油工程，全线长3公里（街道部分不计），投入资金57.0万元。詹山线K6+700～800、K7+650～750路段计200米属傍山陡坡地段，纵坡超过9%，路面损坏严重，采用砂石路改块石路工程，路石宽6米，投入资金4.8847万元。詹山线K2+940～K3+660路段计720米属水头镇街道延伸公路，已成街道化道路，采用砂石路改水泥混凝土路面，投资30.6136万元。2001年之后，詹山线分段实施大中修工程逐渐频繁。K9+000～K11+200路段全线2.2公里，采用油路中修，投入资金19万元；K4+700～K4+850路段150米，采用路面弹簧处理工程，投入资金10.0万元。2002年，油路中修2公里，投入资金18.0万元。2006年，K3+791～K6+805路段实施沥青路面中修。2008年，K7+352～K10+773路段实施沥青路面大修3.4公里，路面宽度6.2～7.0米，投资188.2万元，是年8月竣工。2009年，K3+902～K5+730路段实施大修1.828公里，投资118.6万元；K3+000～K3+902路段实施大修0.7公里，投资38.8万元；K10+773～K12+102路段实施大修0.7公里，投资38.8万元。工程陆续于2009年底至2010年初完工。

【苔顺线】 苔湖至顺溪公路，线路编号X412。1984年5月，苔顺公路开工建设。该线路自上顺西村接仰矾线，经后山垟、顺溪、垟头坪、朱山、田里、新湾、新田、旱田、维新、十二阵、岳溪、岭街，至苔湖村连接仰矾线，全长27.286公里。工程于1985年竣工。2005年，苔顺线（桩号K9＋790～K27＋700）实施路面硬化工程。全线工程量17.91公里/80595平方米，投资686.62万元；K4＋000～K9＋790路段，工程量5.79公里/25920平方米，投资240.0万元，工程分别于同年9月至12月竣工。2015年8月8日，台风“苏迪罗”造成苔顺线山体塌方达二三十处，桥梁受损严重。平阳县组织14个公路抢险小组、20多台车辆设备投入抢险。通过连续奋战50余小时，8月11日凌晨4点30分，苔顺线抢通。当日中午，苔顺线再次发生涵洞塌陷，路基被掏空，13日凌晨抢通。

【上岙线】 上周至岙底公路，线路编号X413。全长3.293公里，工程建于1997年。

【梅下线】 梅岭至下路堡公路，线路编号X414。自梅岭下村与詹山线连接后，向西偏南经李厝、三进厝、红军楼，过山门二桥，至下路堡村接灵溪线，全长3.45公里。工程建于1986年。

【凤马线】 凤林至马头公路，线路编号X416。从凤林与灵内线连接，向西南方经满垟、大崎，至马头岗，全长7.063公里。工程建于2011年。

【郭雅线】 郭庄至雅山公路，线路编号为X417，全长5.328公里。

十、泰顺县道

明景泰三年（1452年）置县，寓“国泰民安，人心归顺”之意。境内山脉属南雁荡和洞宫山脉，交通比较落后。民国26年（1937）6月，民国政府曾在分水关至外富垟间10公里处，挖过几段路基，因抗战而停建。1956年2月26日，动员6万民工动工修建泰顺历史上第一条公路——分水关至泰顺公路。1958年7月1日，全线竣工通车。截至2015年底，共有县道23条，计583.5公里，其中县际联网公路2条。

【莲筱线】 莲头至筱村公路，线路编号X701。自分泰线（桩号K35+400）处接线，经东安、松垟、南溪、泗溪、凤垟、筱村等6个乡镇，至筱村乡的竹园，与文泰线相接，全长40.114公里。工程分三段进行。1958年4月，由泗溪区负责建造莲头至泗溪段，长16.3公里，投资20万元，其中国家拨款14万元。1959年8月竣工。1966年6月，开始对泗溪至筱村东垟段测设，12月开始动工。该段原设计路基宽为4.5米，在施工中将纯土地段及村庄地段改为6.5米，弯道按单车道加宽，路面宽3.5～5.5米，最大纵坡7.5%，最小平曲线半径15米。总投资41.308万元，其中地方财政拨款40.685万元，群众投工20万工（日）。工程共挖土石方228.987万立方米，填方13.816万立方米，建石沟81道，涵沟6座，桥梁9座。1976年2月，东垟至竹园段开工。线路长3公里，国家补助2万元，1979年7月竣工。至此，莲筱线全线通车。1982年8月竣工验收。2002年投入346万元对路面实施硬化工程，硬化后全长43.979公里。

【雅氡线】 雅中至氡泉公路，通往疗养胜地氡泉的公路通道，也称雅承线，线路编号X702。自老分泰线K41+700雅中接线，经中村、埠下、承天至氡泉。1976年1月开始测量设计，是年12月按四级公路技术标准开工兴建。路基宽4.5～6.5米，泥结碎石路面宽3.5米。1976年6月30日竣工，7月1日正式通车。全长7.521公里，总投资25.35万元。自20世纪70年代氡泉处于初步开发阶段，雅氡线属于等外级公路，已无法适应需求。1997年12月，雅氡线拓宽改造工程动工。1998年底完成路基、桥梁、涵洞工程。1999年8月，完成路面基层工程。同年9月，完成路面沥青表处工程，总投资290万元。2013年，雅氡线再次动工改建。工程起点位于雅阳镇内老S331线交叉口处，终点止于承天氡泉景区入口，全长6.3公里，总投资6277.9万元。

【李平线】 李垟至平溪公路，路线编号X704。从莲筱线28公里处的李垟村接线，蜿蜒北上，经梧桐垟、梨垟至翁山，再延至泰顺与文成交界点平溪止，全长20.097公里。其中李垟至翁山的9公里建于1976年，工程按四级公路技术标准修建，造价25.067万元，包括国家拨款19.200万元，乡政府自筹3.195万元，民工建勤折算计2.672万元。

【玉九线】 玉西至九峰公路，亦称红军路，线路编号X706。泰顺境内九峰、松洋、峰文乡，是第二次国内革命战争时期红军挺进师、红十三军革命活动的中心地带。1949年5月泰顺解放后，全国政协委员郑丹甫曾在全国政协会议上提出修建九峰等乡公路的议案。玉九线设计线路自玉西乡政府驻地的西地起，经路下、古庵、前坪仔至九峰，全长8.86公里。当时因工程资金难以全额到位，故分两段实施：1983年3月，先建西地至前坪仔硑石矿7公里，1985年12月竣工验收。1986年9月，修建硑石矿至九峰路段2公里，1987年7月竣工验收。两段工程均按四级公路标准施工，路基宽4.5～6.5米，路面宽3.5米，最大纵坡8%，最小平曲线半径15米，全长11.317公里。工程总投资46万元，其中除群众少量集资外，其余均由省政府分别列入扶贫和以工代赈项目。20世纪80年代，当地群众要求兴建前坪仔至峰文和湾头至峰文公路。时任浙江省副省长刘锡荣多次批转省交通厅给予立项。1990年，该工程正式动工。1996年6月，南京军区原副司令员张文碧为该路命名“红军路”。2002年红军路竣工通车。玉九线自分泰公路富垟起，经峰文、双溪口、小南山、古洞坑、灵家山、白柯垮，止于前坪仔，全程贯通九峰、松垟和峰文3个乡，将中共闽浙边临时省委成立旧址白柯垮、红军挺进师纪念馆、中共浙南特委成立旧址小南山、双溪口红军山洞医院、峰文大战遗址、红色堡垒村等连接在一起，也成为九峰省级风景区的便捷通道。

【东交线】 东溪至交溪公路，线路编号X707。泰顺县公路网“三纵二横”文（成）福（安）公路的一部分，全长41.947公里。线路由原大龟线自分泰线大龙口接线，经雪溪、仕阳、章成、后章至龟湖，连贯当时5个乡，泰顺县辖内全长30公里。该线路经20多年分段建设连接而成。1959年，建成大龙口至仕阳9.1公里。1974年，仕阳至龟湖开工建设，长20.9公里，于1980年2月竣工。该线路的建成，对开采龟湖叶腊矿资源作用甚大。2001年6月8日，文福线东溪至仕阳公路改建工程开工，全长8.983公里，路基宽8.5米，总投资260万元，2003年8月10日竣工。2001年11月6日，龟湖交溪大桥开工，桥长150米，宽7米+2×0.5米，设计荷载汽—20，挂—100。桥梁上部结构采用7×20预应力空心板梁，下部结构采用双柱式墩，挖孔灌注桩基础，重力式U形桥台。总投资250万元，2003年3月5日竣工。

【西交线】 西旸至交垟公路，线路编号X710。S331线改造工程1996年底竣工通车后，西旸经南院至交垟段（原属S331路段）由省道降为县道。该线路初建于1958年，是泰顺县第一条公路58省道分泰线的重要一段，全长30.175公里。始建时，工程按简易公路标准设计施工，泥结碎石路面4.5米，路基宽6.5米，工程艰巨地段宽仅4.5米，最小平曲线半径15米，最大纵坡9%，回头曲线12米。后路段均硬化。

【竹西线】 竹林头至西浦公路，线路编号X711。线路全长28.101公里，由西旸镇竹林头至彭坑垟、彭坑垟至洲岭、洲岭至西浦三段路线连接构成。洲岭头至垟溪公路从西交线（原分泰公路）竹林头接线，经叶瑞旸、彭坑垟、安下至垟溪乡垟边村，长9.8公里。1974年动工，1977年10月竣工，路基宽4.5～6.5米。彭坑垟至洲岭公路从彭坑垟起，经可溪、龙溪、长坑、下舟垟至洲岭乡洲边村，长12.8公里。1976年10月动工，不久因工程款难以到位而停工。1978年乡政府再次组织200多民工续建，并利用农闲季节发动全乡民工义务劳动。工程于1982年竣工并通车。总造价37.351万元，其中国家补助17.597万元。彭坑洋至洲岭公路竣工后，竹林头至彭坑洋公路连接，称竹洲线。洲岭至西浦公路竣工后，将前两段连接，合称为竹西线。

【童东线】 童岭头至东溪头公路，线路编

号 X712。S228 线泰顺段改建工程竣工通车后，原童岭头至东溪头段由省道调整为县道，改称童东线。童东线分为泰景线和泰寿线的连接线，初建时总里程近 75 公里。泰景线自罗阳起，经仙居、下稔、花坪、台石、叶山寮、水碓坑、司前、台边、里光、三支岗、杨寮、金竹坑，至景宁交界地童岭头止，全长 65.71 公里。该线分两期建造：前期工程于 1958 年 11 月中旬动工，1960 年 11 月开通县城至花坪 22 公里；后期工程花坪至童岭头，长 43.71 公里，于 1965 年 4 月动工，1968 年 8 月竣工。1968 年 9 月遭遇洪水，被冲垮近 30 公里路段，1970 年 5 月经修复后正式投入使用，总投资 115 万元，投工 126 万工。童东线设定技术标准为路基宽 6.5 米，泥结碎石路面宽为 5.5 米，最小平曲线半径 18 米，最大纵坡 8%。泰寿线自县城罗阳至寿宁县交界友谊桥止，长 5 公里。1965 年，该路段由省交通厅设计院设计，1969 年 9 月中旬开始动工兴建。路基宽 6.5 米，最小平曲线半径 20 米，最大纵坡 7%，总投资 22.34 万元。工程于 1970 年 1 月建成，2 月正式通车。泰寿线建成连接泰景线后成为 52 省道泰顺段，共长 70.71 公里。

【花金线】 花坪至金坑公路，线路编号 X713。自泰景线（桩号 K22）处的花坪村接线，经南坑垟至金坑大桥止，全长 10.403 公里。1970 年 8 月，对花坪至金坑段进行测设，11 月 6 日正式动工，按四级公路标准修建，1971 年 8 月竣工通车。修建此条公路的目的，是为了开采金坑石煤。1973 年春，开始修建金坑至百丈的延伸线，按四级公路标准修建，路基宽 4.5 米，泥结碎石路面宽 3.5 米，总投资 82 万元，其中国家拨款 55 万元，1974 年 12 月竣工通车。2000 年珊溪水库蓄水后，金坑至百丈段被淹，剩余 10.403 公里路段称花金线。

【司筱线】【司峰线】 司前至筱村公路，全长 28.333 公里，线路编号 X714；司前至峰文公路，全长 15.729 公里，线路编号 X715。飞云湖库区路桥复建工程完工后，经重整而产生的两条新路。珊溪水库蓄水后，原百丈、莒江等地公路和桥梁被淹。1998 年 8 月，库区公路开始复建。根据《关于珊溪水库泰顺库区公路复建资金问题的批复》（温政办〔1998〕96 号）等文件，珊溪水库泰顺库区路桥复建工程，由珊溪水库泰顺库区路桥复建工程指挥部实施建设，分两期进行。1999 年 1 月 29 日，复建一期工程开工。工程按山岭重丘四级公路标准设计，桩号为百司线 K0+000 ～ K11 ＋ 520、司峰线 K0+000 ～ K6 ＋ 583。百司线路基宽 5.5+2×0.5 米，司峰线路基宽 3.5+2×0.5 米，桥涵设计荷载为汽—20，挂—100。工程于 1999 年 12 月 20 日竣工，总投资 541.9 万元。该线路的建成，解决了百丈新镇及峰门乡因水库蓄水后造成的交通出路问题，并与云寿线连接，使两乡镇至县城的里程缩短 10 多公里。2000 年 2 月，由泰顺县公路管理部门接养。第二期复建的公路有百丈至筱村竹园 19 公里、金坑至黄坑公路 2.4 公里、司前至白鹤渡 4 公里、新浦至孙坪 4 公里、新浦至岭头垟 9 公里、文泰线南浦段 1.8 公里、沙坑至洪口大桥 2.4 公里，共计 42.6 公里。复建的库区大桥有新浦、朱塆、金坑、洪口等 4 座。2002 年 1 月，飞云湖库区白鹤渡、百丈、新浦共 3 个码头工程开工建设，总投资 340 万元。两期工程累计完成 60.703 公里（其中大桥 4 座 /530 米、中桥 2 座 /156 米、隧道 1 座 /427 米），50 吨级港埠 3 座，总投资 881.9 万元。百司线和百筱线连接后，称司筱线，再与莲筱线连接，成为泰顺县“三横三纵”公路网中的重要公路。

【台黄线】 台边至黄桥公路，线路编号 X716。自泰景线台边村（桩号 K43+300）接线，经竹里、黄泥岱、乌石头、五叶莲花、石角坑、小燕、横路、库竹井至黄桥乡政府驻地园桥村，全长 38.006 公里。按四级公路标准施工，路基宽 4.5 ～ 6.5 米，路面宽 3.5 米，最大纵坡 8%，最小平曲线半径 15 米。1971 年 12 月，为开发竹垟、黄桥两乡的竹木资源，台黄线动工建设。1972 年底，修通至五叶莲花村计 12 公里。后因经费困难，工程几度停工。直到1978年10月，台边至横路30公里才建成通车。1979年12月30日，建成横路至库竹井段2公里。1983年12月18日，至终点3公里建成通车。台黄线地处高山峻岭，工程异常艰巨，仅“九曲岭”便绕7个回头弯。工程共挖土石方49.341万立方米，填土方22.164万立方米，清理塌方33.613万立方米，建涵沟137道，防护工程7071立方米，其它工程592立方米，桥梁2座。总造价110万元，其中省土产公司出资80万元，泰顺县地方财政拨款15万元，县林业部门补助2万元，县交通部门拨款9万元，民工建勤折计4万元。20世纪90年代，兴建三插溪水利工程专用公路，即司前至三插水库大坝公路。后台黄线延长至三插水库大坝，称台三线。

【金芳线】 金竹坑至上芳香公路，线路编号X717。1978年8月，省林业局拨款兴建金竹坑至乌岩岭林场公路，开发乌岩岭及周边乡镇林业资源和旅游资源。工程由泰顺县交通局设计，林场负责施工。自景泰线金竹坑村（桩号K62）接线，经犁头厝、坑头至乌岩岭林场，长5.3公里。总造价24.75万元，其中林场投资1.25万元。1984年10月，乌岩岭至芳香坪林场公路动工。该段线路总长9.337公里，造价52.5万元，1985年11月竣工。该两条公路合称金芳线。1996年S228线改建时，建排头至乌岩岭（童东线交叉口）公路，长3.1公里，资金由省林业局拨款21万元，泰顺县财政拨款2.5万元。至此，金芳线全长17.737公里。

【泗雅线】 新S331线泗溪连接雅阳公路，线路编号X718。2006年11月全线改造S331线时，泗雅线工程动工建设。工程起点为老S331线莲头村（桩号K28+780），经东安、松垟、上仁垟等村与新S331线（桩号K24+245）连接，全长8.256公里，总投资4523万元。工程采用二级公路标准建设，设计行车时速40公里，路基宽8.5米，隧道宽9米，桥涵与路基同宽。桥涵设计荷载采用公路二级标准，设计洪水频率采用大中桥1/100，小桥1/50；路面结构为3厘米细粒式沥青混凝土+4厘米中粒式沥青混凝土+20厘米水泥稳定碎石+15厘米级配碎石；隧道路面为24厘米水泥混凝土。工程于2008年6月14日竣工。

十一、苍南县道

1981年6月从平阳县析出置县，因地处玉苍山之南，故名。2007年，提出“三纵四横五连”的公路交通规划：“三纵”即甬台温高速公路、G104线、沿海高速公路（甬台温复线），构成对外交通的主骨架；“四横”即世纪大道、灵海公路、苍南大道、S232线，将“三纵”紧密相连；“五连”即用龙金大道、湖矾公路、藻芦公路、矾赤公路、莒沪公路等5条大道，连接“三纵”“四横”，将全县36个乡镇818个行政村连在一起，形成对外方便快捷、对内通达顺畅的公路交通网。截至2015年底，共有县道29条，计484.315公里，其中县际联网公路4条。

【埭金线】 埭头至金乡公路，线路编号X501。起自平阳县埭头村与G104线（桩号K65+020）相连接，向南越龙港大桥进入苍南县内，经龙港大道、西一路、徐家庄、陈华垟、苏家堡、半河沽、浃底、灵峰、彭家堡，在东店包村与龙魁路同线，一直向南，至金乡大转盘与灵炎线相交，全长26.629公里。该线路最早动工于1957年，时发动沿线群众用三天三夜时间突击建成路基，称方金公路。后因资金以及桥梁原材料短缺等原因而停建。直至1984年，在方金公路路基的基础上重建。工程分三期进行：第一期1984年6—10月，修建咸园渡口至龙港段，全长4.1公里。第二期1985年6月动工，线路从龙港至钱库段，全长15.5公里。工程采取分区包干、统一验收的方法，1986年11月4日工程竣工。第三期从钱库至金乡段，全长6公里。1986年6月动工，同年12月23日竣工。三期工程基本按三级公路技术标准设计，路基宽8.5米，泥结碎石路面宽7米，建有桥梁31座/1060.7米。总造价586万元，其中国家投资413万元，地方自筹173万元。工程建成后，从温州到金乡的里程，比此前走灵金公路缩短34.4公里。

【百麻线】 百丈至麻步公路，属跨县县道，线路编号X503。起点连接G104线，经沪山，止于台溪。苍南百丈至沪山段于1979年4月动工建设，1980年1月完工；2001年10月，线路延伸至平阳麻步。工程按四级公路技术设计建设，全长5.511公里。

【灵宜线】 灵溪至宜山公路，线路编号X504。起点位于灵溪镇建兴路，经渎浦、灵江、云岩，止于宜山。1986年开工建设，1991年建成通车，技术等级为二级公路，全长14.975公里。

【灵炎线】 灵溪至炎亭公路，线路编号X505。起点位于灵溪接G104（桩号K82+300）处，经渡龙、藻溪、繁枝、溪头埠、河边堂、望里、括山、金乡，止于炎亭。1971年11月动工兴建，线路沿望州山麓走向，路线平坦，沿线有大小桥梁28座，涵洞60道，砾石基础路基宽6.5米，泥结碎石路面4.5米，按四级公路技术标准设计。因属于国防公路，由南京军区全额投资127万元建设，1973年11月竣工，技术等级为四级公路，全长42.984公里。2005年完成路面硬化改造。

【桥玉线】 桥墩至玉苍山公路，线路编号X508。起点为桥墩镇卅六村，终点在玉苍山景区。1986年建成桥墩至凤岭段，1991年7月延伸至玉苍山景区。2003年改建为沥青路面，技术等级为四级公路，全长18.959公里。

【碗天线】 碗窑至天井公路，线路编号X510。起点在桥墩镇碗窑村，经莒溪，止于坳下村。碗窑至莒溪段于1978年1月动工建设，1979年12月竣工；莒溪至天井段于1990年动工建设，1991年建成通车。2005年全线路面改建为沥青路面，2010年碗窑至莒溪段路面改建为水泥路面，四级公路，全长22.049公里。

【马分线】 马家垟至分水关公路，线路编号X511。起点在观美社区马家垟村，经八亩后、五凤，止于分水关。1981年开建马家垟至五凤段，1987年7月开建五凤至分水关段。2002年全线改造为沥青路面，四级公路，全长13.414公里。

【甘岗线】 甘岐至岗头公路，线路编号X512。起点从水头至霞关（老线）甘岐村接线，至岗头越过福建省界，连接福建省福鼎市前岐镇止。该线最早建于1956年，2000年全线改造为沥青路面，四级公路，苍南境内全长2.776公里。

【矾赤线】 矾山至赤溪公路，线路编号X513。起点在矾山镇南下村，经白岩、凤阳，止于龙魁线过海村，工程分二期实施：第一期于1977年4月开工，1980年11月竣工。由水霞线矾山段（老线桩号K26+800）接线，修建延伸线至凤阳段，全长7.1公里。按四级公路技术标准设计，路基宽6.5米，路面宽4.5米，总造价6万元。第二期于1983年6月开工，1984年1月建成凤阳至赤溪段，长9.1公里，总造价43万元。1998年完成全线砂石路面改沥青路面，四级公路，全长16.003公里。

【岱半线】 岱岭至半山公路，线路编号X514。起点在岱岭乡福掌村，连接水霞线（老线）与福建省福鼎至沙埕公路，在半山村与福建省交界通至福建省福鼎市沙埕镇。1971年9月动工建设，1973年11月竣工验收。属于海防军事公路，由南京军区投资建造。2001年由砂石路面改建为沥青路面，四级公路，全长3.517公里。

【马沙线】 马站至沙埕公路，线路编号X515。起点在马站镇山边村，连接水霞线（老线）经蒲城、下在、木林、福建省福鼎市沙埕镇虎头鼻交界，通至沙埕镇。1981年5月建成马站至蒲城段，1990年12月27日全线通车，2005年全线路面改建为沥青路面。四级公路，苍南境内全长17.825公里。

【藻龙线】 藻溪至龙沙公路，线路编号X516。起点在藻溪镇九堡村，经丁埠头、东溪、加针坑，止于龙沙石塘村。1997年4月建成通车，

2005年全线改建为沥青路面，四级公路，全长14.727公里。

【南云线】 南山至云岩公路，线路编号X517。起点在藻溪镇坡南村，经繁枝，止于龙港镇云岩村。1989年5月开工建设，1990年1月建成通车，2005年全线改建为水泥砼路面，四级公路，全长7.776公里。

【瓦海线】 瓦窑头至海城公路，线路编号X518。起点在钱库镇祺临村，经望里、宜山，止于龙港镇海城。1990年建成望里至宜山段，1992年建成宜山至海城段，四级公路，全长13公里。

【河舥线】 河边堂至舥艚公路，线路编号X519。起点在钱库镇村，经望里、宜山，止于龙港镇海城。1990年建成望里至宜山段，1992年建成宜山至海城段，四级公路，全长8.239公里。

【金石线】 金乡至石坪公路，线路编号X520。起点在金乡镇湖里村，经珠梅岭，止于石砰。1984年动工建设，1986年建成通车。2012年全线改建为水泥砼路面，四级公路，全长7.063公里。

【咸云线】 咸园至云岩公路，线路编号X521。起点在龙港镇咸园村，经湖前、凤江，止于云岩。1986年11月，动工建设咸园至湖前段，1987年7月建成通车。1987年10月动工建设湖前至凤浦段，1988年5月完成。2004年建成凤浦至云岩段。四级公路，全长9.605公里。

【湖振线】 湖前至振棋公路，线路编号X522。起点在龙港镇湖前，经江山，止于振棋村。1991年建成通车，2000改建为水泥砼路面，四级公路，全长5.651公里。

【龙魁线】 龙港至魁里公路，线路编号X523。起点在龙港镇沿江，经白沙、海城、舥艚、金乡、湖里、大渔、龙沙、中墩、赤溪、信智、渔寮，止于魁里。1983年6月修建金乡至大渔段。该段线路从灵金公路（桩号K36）接线，全长6.2公里，总造价39.2万元，其中国家补助24.2万元，地方自筹15万元。全线有桥梁2座，涵洞10个，路基宽6.5米，泥结碎石路面宽4.5米，最小半径15米，道路平坦，系四级公路。1984年1月竣工。1984年9月修建中墩至赤溪段，1985年9月竣工。1985年11月修建龙沙至中墩段，1986年12月竣工。1986年12月修建大渔至龙沙段，1987年7月竣工。1987年建成渔寮至魁里段。1988年全线改建为沥青路面，全长84.18公里。1999年2月2日，苍南环海公路工程开工。起点位于金乡镇金发路与龙金大道衔接处，途经大渔、龙沙、中墩、赤溪等乡镇，止于渔寮海滩支线。线路全长55.8公里，路基宽7.5米，路面宽6米，按三级公路标准建设。该工程为当时苍南建县以来县乡公路建设规模最大的工程，总投资9000万元。工程由苍南县兴华路桥工程有限公司、平阳县交通工程公司、苍南县交通建设工程有限公司等合作承建，2003年11月竣工。2012年下半年，为了配合建设温州市级绿道2号线，苍南县投资1600余万元，选择环海公路作为温州市绿道2号线经苍南的一段，并在沿线或风景点路段兴建观景平台。这些观景台均标有指示路标，撰有周边自然和人文景观介绍，并建有停车场、风景栏杆等设施。

【宜夹线】 宜山至夹底公路，线路编号X524。起点在宜山镇张南村，止于夹底村。1987年建成通车，二级公路，全长1.772公里。

【钱龙线】 钱库至龙沙公路，线路编号X525。起点在钱库镇，止于括山。1987年建成通车，四级公路，全长4.591公里。

【矾藻线】 矾山至藻溪公路，线路编号X526。起点在矾山镇，止于昌禅。1985年10月开工建设，1986年12月建成通车，2003年改建为沥青路面，四级公路，全长7.033公里。

【龙金大道】 龙港至金乡公路，按一级公路标准实施的县级道路，线路编号X527。1999年7月1日，龙金公路开工建设。工程分五个标段，由九家工程施工单位承建。工程于2002年1月23日竣工，2月5日正式通车。龙金大道建成通车后，车流量逐年递增，加上沿线交叉口较多，安全隐患十分严重。2009年1月6日，启动龙金大道改建工程。工程设计公路技术等级标准为双向四车道一级公路，全长20.13公里，路基宽28米，总投资2.85亿元。

2014年7月15日，龙金大道再次实施改造工程（K2+761～K20+129），浙江省交通工程建设集团承建。改造工程起点位于龙金大道与世纪大道交叉环岛处（桩号K2+761），终于龙金大道与金乡镇金发西路的交叉环岛（桩号K20+129），全长17.368公里。工程技术标准按交通部颁双向四车道一级公路加人非混行道的技术标准设计，设计行车时速80公里，标准路基宽度28米。主要工程为旧路路面铣刨维修、行车道路面加铺罩面、非机动车道补强改造、平交口改善、标志标线恢复、护栏拆建、新建港湾式公交停靠站等。总投资15584万元，其中建筑安装工程费13832万元。工程于2015年2月15日竣工。本次改造，有效改善了该片区交通环境，提高行车安全性和舒适性。

【水霞线（老线）】 水头至霞关公路，原S232线，线路编号X528。起点在南水头，经观美、华阳、南宋、埔坪、矾山、南堡、岱岭、马站、沿浦，止于霞关。分四期建成：1956年3月，动工修建南水头至溪光段，1957年1月竣工通车；2—5月再修建至矾山，长27.2公里；1959年6月修建矾山至马站段，至1961年9月验收通车，长23.2公里；1971年9—11月续建马站至霞关段，长17公里。1998年全线由砂石路面改建为沥青路面。2010年11月新S232建成通车后，水霞线老线由省道调整为县道。四级公路，全长65.196公里。

【灵龙大道】 灵溪至龙港公路，线路编号X529。灵龙大道工程系浙江省重点建设项目，总长15.809公里，起点位于苍南灵溪镇郑家垟村玉苍大道与苍南大道相交处，起点桩号K0+000，经前垟村至仓基桥与灵宜公路平交，经河口叶村、江苏村后设横阳支江大桥跨横阳支江，经三大庙至后垟村设龙金大道分离上跨龙金大道，并在本节点设置宜山互通，前至严处与龙金公路平交，经余南村至章良与龙巴公路平交，项目终点与时代大道相接，终点桩号K15+813，路线总体呈西东走向。线路设宜山互通1座，大桥3座/1225延米，中小桥17座/853米。按《公路工程技术标准》（JTGB01—2003）一级公路标准设计，路面设计标准轴载BZZ—100，设计行车时速80公里，路基宽32米，桥涵与路基同宽，桥涵设计荷载标准公路Ⅰ级，设计洪水频率1/100。工程总造价8.8亿元，2012年6月12日开工，2015年1月1日建成通车。

温州市县道统计表（2015）

表3-1-1

所在区域	序号	线路编号	线路名称	起 点	讫 点	总里程（公里）	备注
鹿城区	1	X108	壬临线	西洲	临江	1.562	跨县
	2	X208	石林环线	石埠	林岙 田塘头	21.19	
	3	X209	瓯海大道	戈恬	雅漾	1.236	
	4	X271	瓯湖线	瓯江大桥	雅漾南	14.377	
	小 计					38.365	—
龙湾区	1	X272	十状线	经纬集团	状元	4.018	跨县
	2	X302	罗梅线	陈岙村	梅头	1.167	
	3	X303	塘永线	场桥变电所	机场路	14.836	
	4	X851	茅永线	茅竹岭	永中	10.553	—
	5	X853	瑶永线	瑶溪	永中	4.027	—

续表 3-1-1

所在区域	序号	线路编号	线路名称	起 点	讫 点	总里程（公里）	备注
龙湾区	6	X854	圆河线	圆桥头	河头龙	4.933	—
	7	X855	瑶李线	瑶溪桥	李部寺	2.478	—
	小　计					42.012	—
瓯海区	1	X104	瓯娄线	景山隧道出口	瓯海大道	3.287	跨县
	2	X201	南塘大道	梧田	鹅湖	4.214	—
	3	X202	梧蒲线	梧田新街	经纬集团	7.791	—
	4	X203	梧慈线	瓯海大道	无量寺	9.701	—
	5	X204	南大线	南白象	雷达站	23.663	—
	6	X205	温源线	温州	源口	32.914	—
	7	X206	高桐线	郭溪	桐岭	13.581	跨县
	8	X207	桐新线	桐岭	瓯海大道	9.824	—
	9	X208	石林环线	岭雪	林岙	25.572	跨县
	10	X209	瓯海大道	南塘大道口	戈恬	24.08	
	11	X271	瓯湖线	雅漾村南	和尚岭	27.314	
	12	X272	十状线	梅宅	经纬集团	2.278	
	13	X273	双南线	德政工业区	南白象	6.551	跨县
	14	X275	桐浦线	桐岭	桐岭隧道	2.652	
	15	X276	瞿高线	岩门角	分水城	7.754	
	16	X301	下沈线	下川	沈岙	9.721	—
	小　计					210.897	—
洞头区	1	X801	鸽隔线	鸽尾礁	隔头	12.07	—
	2	X803	风洞线	公路段	洞头码头	2.236	—
	3	X804	连港环岛	三盘桥头	白迭	12.856	—
	4	X805	马观线	马岙潭	观音礁	29.394	—
	5	X807	环岛西线	三盘大桥	南塘	5.55	—
	6	X808	鹿东线	鹿西码头	东臼	9.126	—
	7	X809	大翁线	长沙	大门大桥北	12.603	跨县
	8	X810	深大线	内深门	大朴	4.755	—
	9	X857	五岛相连	灵昆大桥北	三盘港	42.981	—
	小　计					131.571	—
乐清市	1	X001	湖江线	湖雾 G104 线	江厦	2.782	—
	2	X002	水白线	水涨	白溪	6.837	—
	3	X003	水下线	大荆	后林	29.392	跨县
	4	X004	白芙线	白溪	西塍桥	21.722	—
	5	X005	石清线	石陈	104 线	9.976	—
	6	X006	虹南线	虹丰路口	三江	18.649	—
	7	X007	虹三线	振兴路	玛瑙	26.637	跨县
	8	X008	乐北线	南大街	山老区联线	14.333	—
	9	X009	乐柳线	长乐路口	柳市	18.1	—
	10	X010	柳黄线	柳市车站	黄华码头	9.27	—
	11	X011	柳翁线	三里转盘	翁垟	8.08	—
	12	X012	大太线	大荆	石坦	7.052	—
	13	X013	双店线	双峰	太湖山庄	17.189	—
	14	X014	高福线	高塘	福溪	11.474	—
	15	X016	白沙线	白溪中桥	南岙山村	7.412	—
	16	X017	南嗌线	南坑口	嗌嶂	8.431	—
	17	X018	淡下线	淡溪镇政府	永乐分界	16.111	跨县
	18	X019	万黄线	万岙红绿灯	黄华	15.902	—
	19	X020	白中线	白石环岛	清水洋	11.408	—
	20	X021	排七线	七里港码头	排岩头	1.824	—
	21	X022	象石线	北白象车站	南门桥	6.235	—

续表 3-1-1

所在区域	序号	线路编号	线路名称	起 点	讫 点	总里程（公里）	备注
乐清市	22	X023	乐成线	坝头	万呑	6.675	—
	23	X024	柳七线	夏威夷大酒店	海关基地	5.622	—
	24	X025	白岭线	白中线	夏岭头	36.031	—
	25	X026	雁楠线	雁荡山	巨坑庵	20.04	跨县
	26	X027	龙上线	清江	三眼桥	8.441	—
	27	X114	珍上线	白水漈瀑	上埠头	22.357	跨县
	28	X809	大翁线	大门岛	翁垟	1.744	
	小 计					369.726	—
瑞安市	1	X206	高桐线	桐岭	桐浦	7.951	跨县
	2	X271	瓯湖线	和尚岭	湖岭	18.904	
	3	X275	桐浦线	桐岭隧道	浦西	5.764	
	4	X276	瞿高线	分水城	林溪	9.539	
	5	X302	罗梅线	罗凤	陈呑	8.903	
	6	X303	塘永线	塘下	场桥变电所	7.523	
	7	X304	周滨线	周湖	滨江	2.196	—
	8	X305	瑞枫线	瑞安上山根	大藏	67.241	—
	9	X306	瑞八线	瑞安	新村	9.245	—
	10	X307	东新线	东山	新华	9.348	—
	11	X308	飞宋线	铁炉	阁一	12.821	跨县
	12	X309	马陶线	马屿	瑞枫线（瓷窑）	11.419	—
	13	X310	平鹤线	平阳坑	大南	16.018	跨县
	14	X311	营朱线	营前	寨下	9	
	15	X312	京屿线	大京	梅屿	21.298	—
	16	X313	陶金线	陶溪	金山	24.212	—
	17	X314	岩松线	岩头	松坦	10.628	—
	18	X315	飞马线	飞云江大桥	河头	20.28	—
	19	X316	高水线	石龙口	岭门	7.302	跨县
	20	X317	一花线	一甲	大垟口	23.078	
	21	X318	瑞高线	瑞东线	高速公路	1.742	—
	22	X319	瑞湖线	周湖	盐店	30.366	—
	23	X320	汀飞线	汀田	飞云	17.754	—
	24	X321	滨海大道	场桥浦	东安	8.347	—
	25	X404	昆江线	小湖岭	翁样	5.062	跨县
	26	X407	钱马线	南坪	马屿	14.779	
	小 计					380.72	—
永嘉县	1	X003	水鹤线	后林	鹤盛	27.121	跨县
	2	X007	虹三线	玛瑙	后江	37.939	
	3	X018	淡下线	永乐分界	仙清线	18.81	
	4	X026	雁楠线	巨坑庵	枫林	25.486	
	5	X105	垟下线	垟湾	坑口	20.617	—
	6	X106	白桥线	白泉	桥下	18.96	—
	7	X107	壬黄线	壬田	黄坦	12.467	—
	8	X108	壬临线	壬田	西洲	0.855	跨县
	9	X109	黄里线	黄南	里思坑	11.208	—
	10	X110	珍下线	珍溪口	兆潭	9.832	—
	11	X111	枫岩线	枫林镇	岩头	2.429	—
	12	X112	狮北线	狮子岩	北坑	9.692	—
	13	X113	岩表线	岩头	表山	18.435	—
	14	X114	珍上线	珍溪口	白水漈瀑	20.852	跨县
	15	X115	坦五线	坦下	五里牌	66.582	—
	16	X116	坦三线	坦下	三角岩	10.958	—
	17	X117	上桥线	前二	六东线	11.345	—

续表 3-1-1

所在区域	序号	线路编号	线路名称	起 点	讫 点	总里程（公里）	备注
永嘉县	18	X118	上下线	三元堂	坦三线	13.546	—
	19	X119	铁金线	铁坑	金山桥	36.988	—
	20	X120	山黄线	山坑口	黄皮	56.928	—
	21	X121	石茅线	石染	茅山	15.592	—
	22	X122	福大线	福佑	大寺基	32.379	—
	23	X123	界坟线	界坑	坟山	6.536	—
	24	X124	碧徐线	碧莲	徐岙	33.405	—
	25	X125	白石线	水下线	炉山桥	14.205	—
	26	X127	南复线	楠溪江二桥	大若	15.246	—
	27	X128	三沙线	三角岩大桥	沙头（北）	5.456	—
	小 计					553.869	—
文成县	1	X311	营朱线	寨下	朱雅	36.23	跨县
	2	X317	一花线	大垟口	西坑	49.97	
	3	X507	灵溪线	摇岭	溪口	9.55	
	4	X601	峃院线	峃口	松源	31.7	跨县
	5	X602	太十线	太场	十字路口	12.42	—
	6	X603	双珊线	大学	珊溪	29.33	—
	7	X604	花支线	乌岩岭	排前	38.16	—
	8	X605	岚沙线	岚岩	沙洋	18.5	—
	9	X606	十黄线	十八公里	黄寮	35.6	—
	10	X607	盖黄线	盖后	黄坦	19.555	—
	11	X608	石角线	坳门	石角	15.5	—
	12	X609	石驮线	石垟	驮岙	53.08	—
	13	X610	仰矾线	仰山	下村水库	23.99	跨县
	14	X611	桂凤线	桂山	凤狮	1.82	—
	15	X612	樟里线	南坑	里阳	24.7	—
	16	X613	双坑线	双垟	坑口	2.29	—
	17	X614	二金线	二源	金珠林场	11.35	—
	18	X615	二新线	二源	陈村	6.32	—
	19	X616	南山线	南田	山头	18.1	—
	20	X617	文青公路	大峃	李山	32.1	—
	21	X705	东桂线	古伏垟	桂库	1.7	跨县
	小 计					471.965	—
平阳县	1	X308	飞宋线	阁一	宋埠	2.268	跨县
	2	X310	平鹤线	大南	占江	16.542	
	3	X316	高水线	岭门	水头	12.552	
	4	X401	宋湖线	宋桥	湖岭	3.036	—
	5	X403	城新线	城东	新河	41.386	—
	6	X404	昆江线	昆阳	小湖岭	19.318	跨县
	7	X406	下敖线	下河	敖江	2.121	—
	8	X407	钱马线	钱仓	南坪	15.642	跨县
	9	X408	后南线	后林	南湖	13.964	—
	10	X409	显腾线	显桥	腾蛟	12.813	—
	11	X410	占山线	占家埠	山门	12.102	—
	12	X412	萏顺线	萏湖	顺溪	27.286	—
	13	X413	上岙线	上周	岙底	3.293	—
	14	X414	梅下线	梅岭	下路堡	3.45	—
	15	X415	萧龙线	萧江	山下垟	3.8	跨县
	16	X416	凤马线	凤林	马头岗	7.063	—
	17	X417	郭雅线	郭庄	雅山	5.328	—
	18	X506	灵内线	渔池	内塘	33.794	跨县
	19	X507	灵溪线	岭头	摇岭	29.269	
	20	X509	桥南线	垟半岭	南雁	13.86	
	21	X610	仰矾线	下村水库	矾岩	28.802	
	小 计					307.689	—

续表 3-1-1

所在区域	序号	线路编号	线路名称	起 点	讫 点	总里程（公里）	备注
泰顺县	1	X601	峃院线	松源	院口	41.212	跨县
	2	X701	莲筱线	莲头	竹园	40.114	—
	3	X702	雅氡线	雅阳	下承天	7.521	—
	4	X703	埠排线	埠下	排岭	2.517	—
	5	X704	李平线	李垟	平溪	20.097	—
	6	X705	东桂线	东溪大桥桥头	古伏垟	30.687	跨县
	7	X706	玉九线	玉西	九峰	8.86	—
	8	X707	东交线	东溪仔	交溪	41.947	—
	9	X708	仕底线	仕阳	仕阳大桥	27.31	—
	10	X709	富察线	富垟	芝麻潭	74.666	—
	11	X710	西交线	西旸	交阳	30.175	—
	12	X711	竹西线	竹林头	甲家渡	28.101	—
	13	X712	童东线	童岭头	殡仪馆	70.71	—
	14	X713	花金线	金坑大桥	花坪	10.403	—
	15	X714	司筱线	左溪	筱村	28.333	—
	16	X715	司峰线	馒头石	峰门	15.729	—
	17	X716	台三线	台边	三插溪大坝	38.006	—
	18	X717	金芳线	金竹坑	芳香坪林场	17.737	—
	19	X718	上雅线	上仁路口	雅中	8.256	—
	20	X719	交罗线	交垟上村	罗阳	4.133	—
	21	X720	分雨线	分水关	雨伞丘	4.542	—
	22	X721	戬雪线	戬州	雪溪	8.566	—
	23	X722	司三线	司前	童岭头	23.878	—
	小 计					583.5	—
苍南县	1	X415	萧龙线	山下垟	龙港	3.965	跨县
	2	X501	埭金线	埭头	灵炎线	26.629	—
	3	X503	百麻线	百丈	双溪	5.511	—
	4	X504	灵宜线	建兴路	宜二	14.975	—
	5	X505	灵炎线	金乡路口	炎亭	42.984	—
	6	X506	灵内线	樟浦	渔池	6.409	跨县
	7	X507	灵溪线	灵溪	岭头	9.614	
	8	X508	桥玉线	桥墩	玉苍山	18.959	—
	9	X509	桥南线	桥墩	垟半岭	20.256	跨县
	10	X510	碗天线	碗窑	坳下	22.049	—
	11	X511	马分线	马加垟	分水关	13.414	—
	12	X512	甘岗线	甘岐	岗头	2.776	—
	13	X513	矾赤线	南下	过海	16.003	—
	14	X514	岱半线	福掌	半山	3.517	—
	15	X515	马沙线	山边	虎头鼻	17.825	—
	16	X516	藻龙线	藻溪	龙沙	14.727	—
	17	X517	南云线	南山	云岩	7.776	—
	18	X518	瓦海线	瓦窑头	海城	12.973	—
	19	X519	河肥线	河边堂	龙魁线	8.239	—
	20	X520	金石线	金乡	石砰	7.063	—
	21	X521	咸云线	咸园	灵宜线	9.605	—
	22	X522	湖振线	湖前	振棋	5.651	—
	23	X523	龙魁线	埭金线	魁里	84.18	—
	24	X524	宜夹线	灵宜路	埭金线	1.772	—
	25	X525	钱龙线	河巴线	括山	4.591	—
	26	X526	矾藻线	白岩	昌禅	7.033	—
	27	X527	龙金线	埭金线	南门	20.914	—
	28	X528	水霞线	水头	霞关	59.096	老线
	29	X529	灵龙大道	灵溪	海城	15.809	—
	小 计					484.315	—
合 计						3574.629	—

十二、县道联网公路

【水下线】 （乐清）水涨至（永嘉）下家岙公路，又称永乐公路，永嘉段称水鹤线，乐清段称水下线，线路编号 X003。永乐公路系永嘉连接乐清的跨县公路，为乐清县第一条也是温州域内第一条县际联网公路。自乐清县水涨接线 G104 线，经大荆、仙溪、甸岭乡后林村，跨县界与永嘉岭头、西源、鹤盛、东皋至下家岙、徐家湾与雁楠公路接线。原线路全长 64.900 公里，其中永嘉段 34.580 公里，乐清段 30.320 公里。后线路调整为 56.513 公里，其中永嘉段 27.121 公里，乐清段 29.392 公里。

乐清段水涨至仙溪段工程，1951 年 11 月投入施工，因资金问题，工程建建停停，直至 1956 年 3 月才完成全程 12.80 公里。1979 年 7 月，开始启动乐清仙溪至甸岭乡后林段工程。工程分三期进行：一期工程从仙溪镇北合村至甸岭村，长 7.82 公里，1980 年 7 月 29 日竣工。二期工程从甸岭下村至双坑口，长 3.35 公里，1982 年 10 月 20 日竣工。三期工程从双坑口至后林村垭口与永嘉岭头乡公路接线，长 6.357 公里。该线路均为越岭线路，始点至终点绝对高差 195.65 米，有 13 个回头弯，地质复杂，工程难度极大，砌筑的路堤最高达 21 米，总造价 31.7 万元，1984 年 12 月竣工。仙溪至后林段公路路基净宽 6.5 米，泥结碎石路面宽 3.5 米，最大纵坡 8%，越岭段最小平曲线半径 15 米。永嘉段于 1959 年动工建造，工程分四期修建：⑴下家岙至鹤盛段。为开采西源锰矿，1958 年，永嘉县交通局测量队按简易公路标准测设，1959 年动工开挖部分路基石方，因经费拮据而停建。1971 年 12 月重新开建，1973 年 3 月完成路基工程，1977 年当地政府发动沿线社员分段包干整修，国家投资 18 万元。是年 8 月 15 日经验收确定为四级公路，全长 8.8 公里，并由县公路养护部门接养，8 月 20 日正式通车。⑵鹤盛至西源段。1977 年 11 月动工建设，全长 6.6 公里。按四级公路技术标准建设，路基宽 4.5～6.5 米，泥结碎石路面宽 3.5 米。沿途有桥梁 1 座 /13.5 米，荷载汽—10。全段工程由当地农民建勤负责路基土方和路面，桥涵和驳坎由技工组按工程量包干结算，工程于 1978 年 7 月竣工。⑶西源至岭头段。1979 年 11 月开工，途经垟京、梅坦，全长 13.2 公里。公路按四级公路建设标准施工，路基宽 4.5～6.5 米，泥结碎石路面宽 3.5 米。沿途有桥梁 4 座 /121.1 米，荷载汽 -10。国家投资 26 万元，1982 年 1 月竣工。⑷岭头至乐清后林垭口段。1983 年 5 月开工建设，线路经中堡、南陈至乐清后林，全长 7.2 公里。工程按四级公路建设标准施工，路基宽 4.5～米 6.5 米，泥结碎石路面宽 3.5 米。后林垭口段是该线路最高点，海拔 546.2 米。沿途有桥梁 2 座 /23 米，荷载汽—10。工程由国家投资 25 万元，1984 年 6 月竣工并验收通车。至此，水下线全线通车，全长 27.121 公里，属四级公路。该线路的建成，使乐清大荆和永嘉岩头两个毗邻区之间缩短营运里程 81 公里，改变了以往甸山岭“九溪十八滩，走路难上难”的状况。

1999 年，水下线进行拓宽并改造为水泥路面或沥青路面，双车道，按四级公路技术标准设计，路基宽 7 米，路面宽 6 米。桥梁 13 座 /277.7 米，其中，中桥 2 座 /119.2 米，小桥 11 座 /158.5 米。2005 年，西源至岭头段实施改建。

【虹三线】（乐清）虹桥至（永嘉）三江公路，线路编号 X007。线路在乐清虹桥镇与 G104 线接线，经淡溪、四都、柏岩、玛瑙，越县界经山溪头、陡门、大岙坦、山仓、东岸、芦田、缪北，至三江与 G104 线衔接。全长 64.576 公里，其中永嘉境内 37.939 公里，乐清境内 26.637 公里。属四级公路，水泥混凝土路面，路基宽 7 米，路面宽 6 米。1958 年，乐清县政府在龙川开办钢铁厂，修建由新市街延伸至倪宅、孝顺桥的简易公路。1959 年建淡溪水库时，又修建孝顺桥至淡溪乡高桥的简易公路。1960 年改线，修建了高桥至湖边简易公路。1978 年，四都、淡溪两乡联合建路，拓宽改造倪宅至湖边的老路，新建湖边至四都乡樟岙的全部路基。按四级公路技术标准设计，路基净宽6.5米，大部分为泥结碎石路面，宽3.5米，最大纵坡3%，最小平曲线半径30米，桥梁2座/21.2米。1979年7月28日竣工验收，同年10月9日正式通车，全长11公里。因车流量剧增，路面负荷过大，1985年孝顺桥桥头段铺筑混凝土路面。虹三线永嘉段建设初期，因资金拮据，工程采取分段建设。1979年12月建成敬仁（峙口）至大溪段15公里；1987年12月建成三江至李浦段18.5公里；1993年建成李浦至峙口段6.5公里。1999年全线拓宽改造为水泥路面，全长40公里。该段线路建有桥梁16座/351米，其中大桥1座/99.4米，中桥2座/67米，小桥13座/184.6米。

1993年6月，虹三线乐清虹淡段路面改造工程开工，全长6.456公里。按四级平原微丘标准，路基宽8.5米，水泥混凝土路面宽6米。1994年4月完工，共投资320万元。1993年12月，虹三线乐清西岭至杨川段实施路面改造（桩号K7+528～K9+528）工程，长2公里。按四级加宽平原微丘公路技术标准设计施工，路基净宽7.5米，水泥砼路面宽6米，总投资82.1万元，1994年12月竣工验收。1994年，虹三线乐清四都段实施路面改造工程，长4.9公里。1994—1995年完成改造2.7公里，1996年完成改造2.2公里。按平原四级标准施工，路基净宽6.5米，路面宽6米，工程造价95万元。1985年11月，虹三线乐清樟岙至大溪段工程开工，全长16.22公里，造价341万元，历时11年才完工。1996年12月20日，玛瑙村口至永嘉大溪接线长3.12公里通过验收。2008年10月下旬，虹三线陡门段发生较大面积岩石坍塌，道路严重损坏，永嘉县投入200多万元，对该路段（桩号K33+715～K33+810）进行抢修，对山体采取锚杆+锚墩加固上边坡、修复挡墙等综合边坡整治措施。

【淡下线】（乐清）淡溪至（永嘉）下川公路，线路编号X018。线路自乐清淡溪镇与G104线接线，向西经石龙头、砩垟、岩上厂，越县界进入永嘉，经岭窟、乌龙川、北山、古庙，至下川与S223线衔接，全长34.921公里。其中永嘉境内18.81公里（包括二级公路0.313公里，三级公路3.829公里，四级公路14.668公里；水泥混凝土路面16.797公里，沥青混凝土路面2.013公里），乐清境内16.111公里。1958年，因建设淡溪水库需要，修建湖边村至石龙头村简易公路。水库建成后，水利部门将水库周边建造的机耕路和简易公路接通，供溪港片区群众通行。线路自淡溪乡湖边村供销社至砩垟乡龙顺坑村，全长6.3公里。后因二十多年失管，路面损毁严重。1982年，乐清县交通局以老路为基础进行测设重修。工程于1985年9月正式开工，1986年11月30日建成通车。永乐分界至岭窟桥段，按四级公路技术标准设计，为水泥混凝土路面；岭窟桥至乌龙村段，按四级公路技术标准设计，为沥青混凝土路面；乌龙村至下川段，为水泥混凝土路面。永嘉段沿途设桥梁4座/203米，其中中桥2座/167米，小桥2座/36米；短隧道1座/431米。2012年8月12日，受台风“苏拉”影响，淡下线乌龙川路段（桩号K19+300～K19+400）发生大面积山体坍塌，塌方量约1500立方米，次日抢修时再次发生3000余立方米的大面积塌方。永嘉邀请专家组对该路段进行实地勘测，制定边坡整治方案。2013年4月整治工程竣工。

【雁楠公路】（乐清）雁荡山至（永嘉）楠溪江公路，浙江省公路交通“十一五”规划建设项目，连接雁荡山和楠溪江两大国家级风景区，线路编号X026。起始于乐清上塘村G104接线，向西经筋竹涧、芙蓉镇、雁湖景区、巨坑庵，进入永嘉县境，沿石桅岩景区，经鹤盛、龙湾潭森林公园、东皋、徐家湾，至终点永嘉枫林镇，与诸永高速公路枫林互通连接线及S223线相连。

雁楠公路工程为省、市重点建设工程，也是由市公路管理局首次主管的公路建设工程。2009年，该局成立雁楠公路建设指挥部，下设办公室，具体负责指挥工程施工。在工程建设中，雁楠办组织全线各施工、监理单位，设计单位及乐清、永嘉两段指挥部，先后发起雁楠公路工程“百日攻坚”、“克难攻坚”、立功竞赛等行动，破解工程进度、施工质量等瓶颈，并邀请专家把脉工程施工难点，先后破解了土地报批、政策处理、资金筹措等一系列难题。2013年，雁楠公路工程建设进入“攻坚决战”的冲刺阶段，建设者、管理者节假日不放假，发扬“5+2”、“白加黑”的精神，全力以赴。

雁楠公路全长45.526公里，其中永嘉境内25.486公里，乐清境内20.04公里，属二级公路，沥青混凝土路面，路基宽12米（部分山区越岭地段，设计车速40公里，路基宽度8.5米），路面宽9米，设计行车时速60公里。同步建设石桅岩和龙湾潭两条支线，共计7.168 公里，按三级公路标准建设，设计行车时速30公里。总投资9.013亿元，其中乐清段约3.75亿元。项目用地96.7531公顷，由乐清、永嘉两县（市）以划拨方式提供。永嘉段征地拆迁涉及鹤盛、岩头、枫林3个镇26个行政村，征用土地867公顷，拆迁房屋91户/156间，永久性建筑20400平方米，临时性建筑2567平方米。2009年12月3日，乐清段工程正式开工。时任浙江省副省长王建满发来贺电，温州市市长赵一德发布开工令。2010年3月30日，工程全面开工建设。2011年底，交通公路部门开始规划雁楠公路绿道景观设计，实行景观和公路建设同步推进。按照“做足山水文章，打造集交通与旅游休憩于一体的温州最美公路”的要求和公路绿道景观规划，沿线设立观景台、戏水区、驿站、农家乐、漫步道、露营地等设施。2013年10月4日，雁楠公路全线贯通，11月30日正式通车。2016年12月28日，通过竣工验收。

雁楠公路的建成，使原来从雁荡山到楠溪江的路程缩短了80公里，沟通甬台温高速公路、诸永高速公路、甬台温高速公路复线、G104线等重要干线公路，进一步完善了温州公路运输网络。

建设史话

造路生地　雁楠公路建设过程中，非常重视环境保护，充分利用两大国家级景区里的荒山、荒坡地、废弃地、劣质地，通过变更局部设计，采取弃方回填、削坡改河、老路截弯取直等多种办法“生地”。如霞岭根村利用该村的一块山坡，通过局部设计变更，河道截弯取直，工程线路也在此改道拉直，同时对山坡进行削坡整平处理，山体上挖出来的石料全部用于工程建设。这样，既缩短176米路程，又减少工程投资，还为当地村民新增31公顷土地。据统计，整个工程建设“生地”共计131多公顷，其中霞岭根村段31公顷，谷庄村段55公顷，箬袅村段20多公顷，巨坑庵村段15公顷，兰樟田村段10公顷。工程结束后，这些“生”出来的土地均移交当地政府。

绿道创意　雁楠公路的建设过程是绿道创意同步推进的过程。具体体现在：一是变废为宝。雁楠公路建成后，失去交通效用的原白雁线部分路段，设立自行车慢行道，废弃之路成为一条别具风情的游览路线，游客可以骑车游名山、赏名水、玩古村。在永嘉段上日川桥边，峭壁篆刻“永乐古道”，空地建驿站，让游客在此体味古道风韵。在兰樟田二桥，山谷间填出空地可植草种树，建立露营基地。在巨坑庵村，秀丽小溪边平整出空地可修建古建筑，建立水街。二是路景协调。在石桅岩景区和龙湾潭森林公园区域路段，按设计要求建成混凝土挡墙后，发现跟周边的风景不符。为了改变挡墙结构，把建好的混凝土结构墙面再贴上块石，效果尤佳。鹤盛镇霞岭根村段处石桅岩风景区核心区，考虑到路基部分和景区的协调，花1000万元购进美观的面石，对公路路基挡墙关键部位进行美化。雁楠公路终点枫林镇段，路基挡墙均采用面石镶嵌。三是保护生态。主动优化设计方案，尽量减少高填深挖路基和对山体的开挖，增加桥梁和隧洞的数量，最大限度地保护原始生态植被。开挖四标段村庄道路时，发现有一棵百年古枫挡路。为减少对原始生态的破坏，改变原施工方案，多投资几十万元，将路线向另一边扩展，把古枫保下来。四是创新挡墙。雁楠公路起点段乐清雁荡镇小岙村，用石笼挡墙代替水泥挡墙。该项小创新，可降低建设成本，在质量安全同等的条件下更生态。雁楠公路沿线的防撞墩均由六根钢丝连接，让山涧的美景变得通透起来。

【瓯娄线】（鹿城）东瓯大桥至（瓯海）娄桥公路，线路编号X104。从鹿城东瓯大桥南开始，经景山隧道出口进入瓯海区，往南经旸岙至娄桥瓯海大道，全长6.196公里，其中鹿城2.909公里，瓯海3.287公里。沿线有桥梁2座/492米。从旸岙至瓯海大道段（桩号K8+897～K10+342），属娄桥街道，全长1.445公里。该线路建于1988年12月30日，路基宽21米，水泥混凝土路面宽17米。最小平曲线半径300米，最大纵坡6.3%。工程设计为二级公路，双向四车道，行车时速60公里。工程于1994年3月竣工。1996年，景山隧道出口至旸岙段工程开工。景山隧道南出口（桩号K7+055）至娄桥玕东（桩号K8+897）段，属新桥街道。工程设计为二级公路双向四车道，路基宽43.60米，沥青混凝土路面宽16米，最小平曲线半径250米，最大纵坡4%。设计行车时速60公里。全长1.842公里，工程于1998年12月30日竣工。2012年，娄东大街拓宽改建工程启动，改建后路基宽42米，路面宽32米，为双向六车道。

【壬临线】（永嘉）壬田至（鹿城）临江公路，线路编号X108。起点自永嘉壬田村，经鹿城西洲至临江。总里程2.417公里，其中鹿城1.562公里，永嘉0.855公里。永嘉段于1997年开工，1999年竣工。沿途建有桥梁2座/300米。鹿城段于2000年建成通车。该路段为永嘉县与鹿城区的联网公路。2012年，鹿城区西洲村至临江办事处任地村与G330线交叉口（桩号K0+870～K2+500）路段实施大中修，投资216.2万元。永嘉段按一、二级公路等级分段设计，全线铺设水泥混凝土路面。

【珍上线】（永嘉）珍溪口至（乐清）上埠头公路，线路编号X114。珍上线乐清段自上埠头经芙蓉镇、夏林头村，至永嘉交界；永嘉段自珍溪口起，途经沙头镇珍岙、花坦、廊下，止于白水漈瀑。全长43.209公里，其中乐清段22.357公里，永嘉段20.852公里。珍上线始建于乐清上埠头至泽基公路。该段路线简称白泽段，旧称上泽线。上泽线自清江镇上埠头村经芙蓉至岭底乡泽基村，全长18.5公里。1955年，芙蓉至岭底段延接至畜牧场工程开建。工程按老公路标准六级修筑，全长2公里。1958年，该路段延伸到夏林头山脚，长4公里。1977年，乐清县交通局组织力量对上芙段重新进行测量设计并施工。路线跨越三条大溪，至芙蓉镇，全长5.1公里。芙蓉镇及雁芙、小芙、岭底三乡群众，完成填挖土石方总量4万立方米，1978年12月25日验收通车。是年，县交通局按四级公路技术标准对芙岭段再次测量设计，工程分二期实施：一期重点开凿风斗岩隧道；二期工程历时三年，方案修订六次，最后选定线路走向。工程于1984年2月22日竣工通车。该路段路基净宽6.5米，泥结碎石路面宽3.5米，最大纵坡8%，最小平曲线半径15米。全线填挖土石方总量16万立方米，国家补助资金45.2万元。1985年乐清县交通局按四级公路技术标准设计，拨款12万元，改造扩建岭底乡至泽基村公路，全长4.3公里，总投工24万工，完成土石方总量3.01万立方米，沿线设有桥梁1座，1987年1月26日竣工验收通车。至此，上埠头至泽基村公路全线改造完成并通车。1978年，上埠头至南溪坑段工程开工。该线全长18.84公里，由乐清县交通局组织测设，当地政府组织分期施工，1987年1月通达泽基村，总投资200万元。路基净宽6.5米，泥结碎石路面，最大纵坡10%，最小曲面半径10米。其间，有桥梁5座/101.2米，隧道1处/37.6米，涵洞125处。1988年10月，杨家田至小岭坑段公路工程开工。该线全长5.12

公里（包括两县交界处拱桥的全长），按山岭重丘四级标准设计施工，路基净宽6.5米，最小平曲线半径15米，最大纵坡9%，路面宽3.5米。其间，工程曾因建设经费不足而一度停工。1992年2月26日竣工验收，历时五年。至此，珍上线全线通车。

据2000年公路普查路段登记卡片记载，乐清白水漈瀑至泽基段长6.04公里，路基宽度6.5米，路面宽度3.5米，泥结碎石路面；泽基至上垟段长8.443公里，路基宽6.5米，路面5.5米，为水泥混凝土路面；上垟至芙蓉段长1.5公里，路基宽7米，路面宽6米，水泥混凝土路面；芙珠至珠屿段长4.78公里，路基宽8米，路面宽7米，为水泥混凝土路面；珠屿至上埠头段长2.15公里，路基宽6.5米，路面宽5米，为块石路面。永嘉段全线分段铺设沥青混凝土路面和水泥混凝土路面。沿途建有桥梁7座/510米，其中大桥1座/210米，中桥4座/262.6米，小桥2座/37.4米。2012年12月，该线路实施改建。

【高桐线】（瓯海）郭溪至（瑞安）桐浦公路，线路编号X206。1999年11月1日建成通车，全长21.532公里，其中瓯海13.581公里，瑞安段7.951公里。工程设计为公路四级，单车道，路基宽7米，沥青混凝土路面宽5米，行车时速20公里。2012年11月1日，对桐岭至桐溪段进行大修，大修里程3.277公里，实施绿化3.119公里。2013年11月1日，对桐溪至桐浦段4.674公里开展中修，完成全部绿化工作。

【石林环线】（鹿城）石埠至（瓯海）林岙公路，线路编号X208。线路全长46.762公里，其中鹿城段21.19公里，瓯海段25.572公里。线路最早建于1984年12月，五凤垟至西山段修建完工。该路段长8.669 公里，路基宽8米，路面宽6.5米，为山岭重丘四级沥青混凝土路面。后经两头延伸，从岭雪村经包岙、金子坑、五凤垟、西山，至林岙止，全长26.25公里。其中，藤桥至岙底9.33公里，泽雅至五凤垟16.92公里。1994年5月13日，五凤垟乡包岙至黄降坑公路竣工通车。该路段长8.4公里，路基宽6.50米，水泥混凝土路面宽4.5米；包岙至金子坑段长4.331公里，按四级公路技术标准双车道设计，行车时速20公里，路基宽8.00米，沥青混凝土路面宽6.50米；金子坑至五凤垟段长0.329公里，按四级公路技术标准双车道设计，行车时速20公里，路基宽8.00米，水泥混凝土路面宽6.50米；五凤垟至西山段长8.669公里，按四级公路技术标准双车道设计，行车时速20公里，路基宽8.00米，沥青贯入式路面宽6.50米；西山至林岙段长6.812公里，按三级公路技术标准双车道设计，行车时速30公里，路基宽9.00米，水泥混凝土路面宽7.00米，总造价70万元。1995年，因修建泽雅水库，石林环线西山至泽雅段改线，从西山沿水库延伸至林岙接线瓯湖线。工程于1997年2月开工，1998年5月竣工。路基宽8.7米，泥结碎石路面宽6米。1998年1月9日，泽雅水库至五凤垟乡包岙公路“砂改油”工程竣工，总投资400万元，长13.39公里。2001年11月，投资900万元对泽雅水库环湖公路进行“砂改砼”改造。因招标失误，出现工程质量问题。工程实行二次招投标，2003年2月底竣工。砂改砼后，西山至林岙段长6.812公里，为山岭重丘三级水泥混凝土路面，路基宽9米，路面宽7米。2002年因行政区划调整，藤桥镇段划归鹿城区，境内石埠村至白脚坳村总计21.190公里路段（桩号K0+000～K21+190），由鹿城区公路管理段管养。

石林环线是鹿城区西部地区的主要通村公路。2013年、2014年，投资158.5万元和157万元，分别对石林环线K14+000～K17+500路段、K17+500～K21+190路段实施路面大中修。

【瓯海大道】东起（龙湾）温州永强机场，西至（鹿城）藤桥，线路编号X209。瓯海大道被称为“温州市门第一路”，横亘温州市区东西方向的主干道，市区唯一的城市高架快速路。瓯海大道从龙湾区温州机场经瓯海区，至鹿城区临江与G330线连接，是穿越龙湾、瓯海、鹿城三区的跨区县道。全线半封闭，不设红绿灯，不设平交口。线路全长42.46公里，基本属城市道路，其中归属公路部门管理的有：鹿城段戈恬至雅漾1.236公里，瓯海段包括天长岭隧道24.08公里。1997年3月28日，瓯海大道一期工程竣工。由瞿溪镇向东，至南塘大道和疏港公路相交处，全长19.5公里，路面宽30米，双向六车道，总投资1.4亿元。4月9日正式通车。1998年9月21日，瓯海大道二期控制性工程郭溪至泽雅的天长岭隧道开工建设，全长2610米，净高5米，宽10.5米，是双向通行隧道，天长岭隧道及连接线总投资3500万元。2000年11月10日竣工。随着经济的高速发展，投入使用不久的瓯海大道陷入路阻的窘境，温州决定拓宽改建瓯海大道为瓯海快速大道。2002年12月，瓯海快速大道东段如期开工。线路起于温州永强国际机场，终于温瑞大道。主线双向八车道，60%采用高架桥，设计行车时速80公里，总投资29.9亿元。2007年12月11日，瓯海大道东段建成通车，全长18.18公里，路幅宽度112米。

2009年2月18日，瓯海快速大道西段工程在娄桥街道古岸村举行开工奠基仪式。工程西起临近温州火车南站的福州路，东至温瑞大道接已通车的瓯海大道东段，途经梧田、新桥、娄桥、潘桥四个街道，全长约11.5公里，路宽112米。主线全线高架，按城市快速道标准建设，旁设匝道，无交叉路口和红绿灯，设计行车时速80公里，双向六车道，投资34.6亿元。主线高架桥工程于2012年4月28日建成通车。瓯海快速大道西段的高架桥，是温州第一座现浇箱梁的高架桥。桥梁建设采用现浇式，与在预制场制作箱梁再架设的做法相比，具有桥梁结构美观、桥墩占地面积小、桥梁无接缝等优点。整个工程需要现浇箱梁99联，匝道有44联。2014年4月23日，瓯海快速大道东延及枢纽集散系统项目正式开工，预计投资32.7362亿元。主要包括瓯海快速大道段、瓯海快速大道至滨海大道互通式立交、滨海大道（互通立交以南段）三个部分，其中主线高架总长2.872公里，主线宽26米，设平行匝道2处，宽8.5米。高架道路设计行车时速80公里，地面道路设计行车时速50公里。瓯海大道东延及枢纽集散系统项目，是温州市重点实施的五条城市主干道之一。项目的建成，对提升温州城市形象、建立温州东片区域交通大网络、龙湾国际机场T2航站楼建成投用、加快发展临空经济、缓解当地交通拥堵和市民出行等，具有重要的意义。

【瓯湖线】 （鹿城）渔渡瓯江大桥南桥头至（瑞安）湖岭公路，线路编号X271。线路自鹿城区瓯江大桥南端与G104接线起，跨越鹿城、瓯海、瑞安三地，全长61.018公里，属山岭重丘四级公路。其中，鹿城区14.8公里，瓯海区27.314公里，瑞安市18.904公里。1959年开始筹建，至1965年5月，先后建成渔渡至源口段15.5公里，源口至泽雅段7.6公里。1975年9月动工建造泽雅经林垟至破岩岭段15.45公里。1979年浙江省公路局补助投资3.6万元，改造石钟山险路，1981年3月竣工。瑞安境内湖岭至和尚岭段20.75公里，系山岭重丘线，从1982年12月开始，先后建成湖岭至瑶庄段8.3公里、五垟坑和尚岭段12.45公里，与瓯海境内路段接线。2003年5月，启动渔渡至藤桥公路改造工程。该工程按二级（加宽）公路技术标准，全长9.61公里，总投资1.6亿元，道路设计行车时速80公里，路基宽15米，路面宽12米。全线采用沥青混凝土路面，沿线共有大小桥梁12座，涵洞28个。2006年1月，改造工程全线通车。

【十状线】 （鹿城）十里亭至（龙湾）状元公路，线路编号X272。1992年7月，十状线工程正式开工，全长10.354公里。其中鹿城区4.058公里，瓯海区2.278公里，龙湾区4.018公里（经纬集团至上庄段属温州大道重复路段，长2.680公里，属一级公路八车道，路基宽45米，沥青混凝土路面30米，设计行车时速60公里。上庄至状元段长1.338公里，属二级公路2车道，路基宽16米，水泥混凝土路面14米，设计行车时速

60 公里）。整体线路按一级公路技术标准四车道设计，路基宽 58 米，沥青混凝土路面宽 30 米，设计行车时速 60 公里。工程于 1993 年 2 月建成部分路段，1996 年 8 月完成整个工程，2005 年实施大规模改建。

【双南线】（鹿城）双屿至（瓯海）南白象公路，线路编号 X273。该工程于 1992 年 5 月开工，1993 年 8 月建成通车。按二级公路技术标准双车道设计，行车时速 60 公里。其中德政工业区至慈湖段长 3.14 公里，路基宽 17 米，水泥混凝土路面宽 16 米；慈湖至南白象段长 3.411 公里，路基宽 16 米，沥青混凝土路面宽 14 米。线路全长 14.806 公里，其中鹿城区 8.255 公里，瓯海区 6.551 公里。

【桐浦线】（瓯海）桐岭至（瑞安）浦西公路，线路编号 X275。2009 年，桐浦线瓯海段开工建设，全线长 2.652 公里。工程按二级公路技术标准双车道设计，路基宽 12 米，沥青混凝土路面宽 7.50 米。行车时速 60 公里，是年 12 月 1 日建成通车。瑞安段原为瑞枫公路一段，2010 年新瑞枫公路建成通车后，原瑞枫公路桐浦段划为新县道，全长 5.764 公里，并与瓯海段相接，全长 8.416 公里。

【瞿高线】（瓯海）岩门角至（瑞安）林溪公路，线路编号 X276。2008 年，瞿高线工程开工建设。工程全长 7.754 公里，按四级公路技术标准双车道设计，路基宽 7 米，水泥混凝土路面宽 6 米，行车时速 20 公里，2009 年建成通车。瑞安段从分水城起，经吴坑、林源、至林溪，全长 9.539 公里，工程于 1999 年 11 月 1 日竣工。2006 年 11 月，对林溪至林源 3.284 公里路段实施改造，按四级公路技术标准设计单车道，路基宽 7 米，水泥混凝土路面宽 6 米，设定行车时速 20 公里。2011 年 12 月，对林源至吴坑 3.622 公里路段进行大修，拓展道路为四级双车道。2012 年 6 月，对吴坑至分水城 2.633 公里路段实施大修。

【罗梅线】（瑞安）罗凤至（龙湾）梅头，线路编号 X302。瑞安段工程从 1989 年开始，建成罗凤至梅头线路，全长 8.903 公里，公路技术设计等级为二级，行车时速 60 公里。龙湾段工程建于 1995 年，线路自陈岙村起至梅头，全长 1.167 公里。属二级公路双车道，路基宽 10.5 米，水泥混凝土路面宽 9 米，设计行车时速 60 公里。2005 年，实施改建。两线连接共长 10.07 公里。

【塘永线】（瑞安）塘下至（龙湾）永中公路，系原塘梅公路延伸公路，线路代码 X303，线路从瑞安下金村与 G104 线接线，向东北方经梅头至龙湾区，经天河、沙城、永兴、永中、海滨至永中镇，与 S332 接线连接机场公路，全长 22.359 公里，其中瑞安段 7.523 公里，龙湾段 14.836 公里。20 世纪 70 年代，塘下尚未公路，交通以水运为主。1977 年 4 月，塘下区计划建设塘梅公路（时称塘梅机耕路）。工程开工前，塘下区调剂好全区各村用地，因工程启动资金匮缺，故实行“一个生产队建一米”挑泥石填路的做法。民工出勤以计公分为酬劳。一个多月时间，率先建成瑞安境内塘下至梅头段 9.6 公里。1980 年，塘梅公路建成，1981 年 12 月竣工并通车，路面宽 6 米，时为塘下最宽大道。1986 年 1 月，建成龙湾区（原瓯海县）永中至长沙岗段 11.85 公里。1987 年开始修建梅头至两县交界的长沙岗段 2.9 公里，1989 年底建成。1997 年，永强大道永中至梅头段实施改建。北起机场路口，南经海滨、永中、永兴、永昌、沙城、天河镇，连接瑞安塘（下）梅（头）公路接 G104 线，全长 14.836 公里。线路改建后比原来线路缩短 9.314 公里，按城市二级主干道设计，总投资 7000 多万元，1997 年 9 月 8 日建成通车。2000 年，塘梅公路再次实施修建，路面从原 7 米加宽至 32 米，并增设绿化带，线路全长 7.523 公里。2001 年，温州行政区划调整，原瑞安市梅头镇、海安镇划归瓯海，塘梅公路更名为塘永公路。2004 年，瑞安塘下至梅头公路扩建工程开工。改建后公路全长 8.5 公里，路基宽 36 米，水泥混凝土路面宽 15 米。沿线建有大小桥梁共 12 座，涵洞 17 道。2010 年，瑞安塘下经龙湾永中公路至梅头段整治工程开工。

按一级公路标准设计，梅头至永中段13.073公里为沥青混凝土路面，永中至机场路接线段1.763公里为水泥混凝土路面，设计行车时速60公里，总投资3.55亿元，工程于2013年初完工。至此，瑞安塘下至龙湾永中，线路全长23.32公里。

【飞宋线】（瑞安）飞云至（平阳）阁一接城新线公路，线路编号X308。飞宋线平阳段起于飞云街道铁炉村，止于南滨街道阁一村，全长2.268公里；瑞安段全长12.821公里，合计长15.089公里，始建于1999年8月。飞云段2.939公里为原S330线。新S330线建成通车后，老S330线飞云段并入原林阁线，合称飞宋线。

【平鹤线】（瑞安）平阳坑至（平阳）鹤溪公路，线路代码X310。起于瑞安S330线平阳坑段外垟村，经坪岭、蛟池至平阳项山村下山矿区止，全长32.56公里，其中平阳段16.542公里，瑞安段16.018公里，原名平大线。1978年5月动工，初为运送矾山明矾石至瑞安钾氮肥厂的矿山专用公路，由化工部和浙江省石化局资助建设，投资95万元，1979年10月建成。线路有石拱桥2座，涵洞102道。平鹤公路多为海拔300～500米高山重丘，其中外垟至岭头段高差279.37米，平均纵坡2.37%；许峰至蛟池段高差202.17米。平大线瑞安段于2005年4月实施路面改造，是年11月完成。完成改造后的平大公路起于平阳坑东源，终于大南，全长16.018公里，其中部分路段与乡道中圣线重合，全线设桥梁2座，涵洞33道，水泥砼或沥青路面。平鹤线平阳段线路由鹤溪镇向东北方向，经岭根、鹤巢、岳峰岭头、鹤垟、东联、蔡垟、速成、内村、门前岩、蛟池，最后与瑞安平大线相连接，始建于1988年。

【营朱线】（瑞安）营前至（文成）朱雅公路，由原来玉东线、东上线连接延伸而成，线路编号X311。营朱线全长45.23公里，路基宽6米，路面宽5.5米。其中，文成境内从朱雅乡至上林寨下村，全长36.23公里。1988年11月，建成玉壶至东头11.2公里通乡公路，包括上林寨下至木湾3.6公里专用公路。1992年，建成东头至朱雅公路25.03公里。1990年瑞安段建成9公里。至此，全线统一按县道编制。2004年，该线路全程完成水泥路面铺装。2014年，营朱线K9+000～K20+500路段进入大修期。工程采用破板修复路段结构，技术按20cm厚水泥砼面层+平均10cm厚C10素砼垫层。

【高水线】（平阳）腾蛟岭门至（瑞安）石龙口公路，线路编号X316。线路全长19.854公里。平阳段线路从水头镇与詹山线接线，向北经凤三、青湾口、青湾、带溪、塘溪，与青岱线相连接，全长12.552公里，建于1997年。瑞安段线路自石龙口开始，经上龙、岩头嘴、张基，止于岭门，全长7.302公里。石龙口至上龙村段为三级公路，其余路段均为四级。张基至岭门段为单车道，其余路段均为双车道。张基至岭门段为山岭，其余均为微丘地貌。路基宽6～10米，路面宽5.5～7米，其中石龙口至岩头嘴段为水泥混凝土路面，岩头嘴至张基段为沥青混凝土路面，张基至岭门段为水泥混凝土路面。

【一花线】（文成）一甲至花园公路，延伸至（瑞安）营前，由原S330线改道后的大垟口至花园段拓宽而成，线路编号X317。线路全长73.048公里，其中文成段49.97公里，瑞安段23.078公里。1991年，一花线路面改造工程启动，文成段大垟口至县城段改铺沥青路面1.509公里，水泥混凝土路面3.058公里，块石路面3.618公里，总投资37.41万元。1993年，投资1300万元对该线路进行改建和路面拓宽，工程按山岭重丘三级公路技术标准设计，将县城至大垟口段21.855公里路面拓宽为7.5米，其中县城至峃口新联段14.32公里改建为水泥路面，新联至大垟口段7.535公里铺装沥青路面，工程于1996年竣工。2005年5月，S330线改道工程竣工后，原线路沿旧S330线延长至瑞安营前，与田了路、洪地路三线连接，总里程28.855公里。2014年7月10日，一花线启动灾害防治工程，对花园大桥等桥梁实施维修改造，对路面实施大中修，总投资500万元，工程于10月全部竣工。

【昆江线】（平阳）昆阳至（瑞安）江溪公路，线路代码X404。线路自瑞安江溪镇接入S330线，向东南经寺东、山皇、湖岭背，进入平阳县境内，继续经岭下、山头外、瑶山、湖岭、东村、宝兴、垟教、溪岙、山下大、西桥头、老各、北山下、白岩、水亭、黄岙，至垟坑村接通G104线。工程始建于1987年5月，全长24.380公里，其中瑞安段5.062公里，平阳段19.318公里。2005年，昆江线实施道路路面硬化工程，工程分路段实施：桩号K18+914～K21+214路段，工程量为2.3公里/10305平方米，投入资金88.55万元；桩号K14+914～K18+914路段，工程量为4.0公里/18000平方米，投入资金153.35万元。是年12月工程竣工。2007年8月20日，昆江线K11+000～K19+000路段，实施水泥砼路面大修1公里，计6000平方米，投入资金141.0万元。是年12月30日工程完工。

【钱马线】（平阳）钱仓至（瑞安）马屿公路，线路编号X407。线路自平阳钱仓接G104线，向西北经马犁河、方家、金庄、下园、梅溪乡、凤尾山、潘家垟跨越县界，进入瑞安南堡、三大屋、岗山头、西前、北阁亭、石山外、许南至马屿镇接S330线，全长30.421公里，其中平阳段15.642公里，瑞安段14.779公里。1978年9月，马屿至曹村段公路开建，工程设桥梁8座，涵洞23道，路面分段铺设水泥混凝土和沥青路面，路基宽8～13米，路面宽5～9米。因资金匮缺，工程拖延至1980年10月竣工。2005年10月，完成南堡段砂改油3.57公里。平阳段工程建于1987年10月，全长15.642公里。2005年，钱马线K11＋080～K15＋820路段实施路肩硬化，投资203.35万元，是年12月30日竣工。2009年，钱马线K12+101～K16+136路段实施路面大修4.035公里，投资242.0万元，2010年初完工。

【萧龙线】（平阳）萧江至（苍南）龙港公路，线路编号X415。起点在平阳后立村与萧江互通连接处，向东经萧江塘河桥、跨越县界进入苍南龙港镇凰浦、凤江、水深垟，止于杨家宅，全长7.765公里，其中平阳段3.800公里，苍南段3.965公里。工程始建于2003年。

【灵内线】（苍南）灵溪至（平阳）内塘公路，线路编号X506。线路与G104线苍南灵溪过境段接线，经樟浦、双益，在凤池社区白水村与平阳交界，进入平阳境内经谢田、龙船头、大坪、溪边、李家舍、朝阳乡、双峰、大岭头、旗尾、鹏山、南湖、坎头、路下、前街、水尾凤、金山、路下、后山、凤安，至内塘村止，全长40.230公里，其中苍南段6.409公里，平阳段33.794公里。1979年8月，水头至内塘村公路投入施工，全长7.2公里，1980年11月竣工。公路按四级标准设计，路基宽6.5米、泥结碎石路面宽3.5米，沿线设桥梁1座/13.4米。工程总投资12.25万元，其中国家补助11.5万元，自筹资金0.75万元。1984年5月，水头至南湖公路进入施工，全长7.60米。工程按四级公路技术设计，路基宽6.5米，泥结碎石路面宽3.5米，沿线建3座桥梁/135米。工程总投资36万元，其中国家补助27.4万元，自筹资金8.6万元。1985年12月竣工。苍南段于1985年1月开工建设，1985年12月通车，按四级公路技术设计。2005年，灵内线两个路段实施路面硬化工程，其中K22+130～K25+200段投资130.0万元，是年10月竣工；K6+400～K15+130段投资187.31万元，是年12月竣工。

【灵溪线】（苍南）灵溪至（文成）溪口公路，连接苍南、平阳、文成三县，线路编号X507。自苍南灵溪镇古礤起，向北经樟浦、罗溪、南树弯、岭头，越县界进入平阳境内，经上浪、南垟、埭头、晓坑村，穿越摇岭隧道，进入文成境内，经城底村，至峃口镇溪口村与峃院线连接，全长48.433公里。其中文成境内摇岭隧道至溪口大桥9.55公里，平阳境内29.269公里，苍南境内9.614公里。工程最早建于1981年，当时因资金有限，先改建埭头至苍南段。1988年11月，建成溪口至双桂城底9.2公里公路。1995年，文成、平阳两县共同开通瑶岭隧道，总投资300万元。1997年8月，溪口至岙底段改建工程开工，工程按三级加宽公路标准设计，全长9.4公里，总投资1220万元。1998年12月30日通过竣工验收。2002年实施路面“白改黑”工程，其中灵溪线（桩号K25+550～K26+050）计5.4公里，投入资金63.0万元，当年8月竣工。2005年，灵溪线平阳段（桩号K9+700～K15+500）实施路面硬化工程，工程量5.8公里，计31900平方米，投资223.3万元，是年12月30日竣工。2007年，平阳境内灵溪线（桩号K25+550～K28+200）因路基沉陷、沥青路面严重破损，实施路面大修2.65公里，计15900平方米。投入资金166.8万元，是年12月30日完工。

【桥南线】 （苍南）桥墩至（平阳）南雁公路，线路编号X509。线路自苍南桥墩镇与G104线连接，向西北经仙堂、正觉禅寺、鲤鱼山、七亩田、石井村、车塆，跨越县界进入平阳王神洞、南朱山、桥坑、青街、睦源、黄垄背、周岙、矾岩、五十丈、河头，至南雁镇与灵溪线连接，全长34.116公里，其中苍南段20.256公里，平阳段13.860公里。1978年6月工程进入施工，1979年10月竣工。2002年，矾岩至青街路段因多年运行路面破损严重，苍南县交通局补助资金5万元进行抢修，桥墩至南雁线两段路面（桩号K29+600～K30+200、K30+400～K34+700），采用3厘米沥青表面处治，是年9月竣工。2003年，桥南线（桩号K26+150～K29+400）实施油路中修。全长3.25公里，路面宽5.5米，工程采用局部沥青贯入式调拱2000平方米，加3厘米沥青表面处治17875平方米。投入资金25万元，是年8月竣工。2005年，桥南线部分路段实行路面硬化改造。K20+700～K25+630路段，投资173.54万元，是年12月竣工。2007年8月20日，K32+000～K34+420路段，投资144.4万元，是年12月30日完工。2008年，K25+869～K32+000路段，投资275.9万元，是年9月竣工。

【峃院线】 （泰顺）院口至（文成）峃口公路，也称文泰公路，线路编号X601。线路泰顺段自县城罗阳起，经上交垟、下察溪、陈坑、下彩、上洪、院口、下洪、章前垟、翁家山、五浦、竹园、大里垟、潘垟、新山、黄山、陈思垟、箬垟，至文成县交界。文成段在仰山乡松源接泰顺段，经珊溪、巨屿，至峃口大桥南端与S330接线。全长72.282公里，其中文成段31.7公里，泰顺段41.212公里，包括罗阳至上交垟3公里与S331线重复。

泰顺段工程由浙江省交通厅设计院第一测量队与泰顺县交通局测设。上交垟至下洪段按山岭重丘三级公路设计施工，路基宽7.5米，路面宽6米，平曲线最小半径30米，最大纵坡7%。下洪至文成交界段按四级公路设计（其中葛垟至竹园段按三级），路基宽6.5米，路面宽3.5～5.5米，平曲线最小半径20米，最大纵坡7%。该段线型好，纵坡平稳，路面平整。1972年，泰顺县成立泰文公路指挥部，县长兼任指挥，工程分三期进行：1979年2月，第一期工程兴建五浦至新山段，设计里程15.7公里，投资100万元，资金由省、地、县分担投资，1984年6月竣工。1984年7月，第二期工程建成下洪至五浦14.4公里，投资105万元，其中世界银行贷款66万元，市、县公路建设拨款各5万元，省拨“以工代赈”29万元，1986年9月竣工。1985年4月，第三期工程分设筱村、罗阳、三魁3个工区。筱村工区负责新山至松源10.78公里，于1987年12月竣工，总造价128万元，均属世界银行贷款和山区扶贫项目。罗阳和三魁工区负责上交垟和下洪段20公里，造价270万元，属省以工代赈项目。该段上洪至下洪段3公里系乡道升级。全工程共开挖土方40.01万立方米，石方110.68万立方米，填方80.52立方米，筑挡土墙7.86万立方米，路面32.02万平方米，桥梁13座/267米、涵洞24座。国家共投资603万元，1988年11月竣工。该线的建成，沟通了泰顺全县的中心地域，使分泰线的两条主要支线莲头至筱村线（含莲泗线）、峡屿至下洪线汇合沟通，并使泰顺至文成缩短里程 51 公里，罗阳至筱村缩短 7.4 公里，县城至温州比经分泰线缩短 9 公里。线路经过的最高点比分泰线的老鹰岩海拔低 200 米。1990 年 8 月 20 日发生特大洪灾，该线坡头坑段塌方 7 万多立方米，葛垟、联云等路段多处被冲毁，至次年 8 月修复通车。1997 年 1 月 8 日，泰顺段交垟至下洪段改建工程竣工。工程按三级公路设计，路基宽 6 米。2001 年全省公路普查，经省交通厅核定，将县道西旸至院口公路和文泰线交洋至下洪段划归分泰公路，原分泰公路西旸经西坑、南院至交洋段划归县道公路。原文泰公路院口至文成峃口段称峃院线。

文成段最早建于 1958 年“大办钢铁”时期。时因珊溪坛岐村炼钢和百丈漈电站工程用沙的运输需要，决定建造峃口至珊溪坛岐公路。该路由峃口大桥北端接线，沿飞云江北岸向西，经郑山岭脚、渡渎、潘岙、方前至坛岐，全长 15 公里，国家拨款 15.8 万元，投入民工 9.4 万工日，工程当年竣工。1959 年 9 月上旬，该路路基因被山洪冲毁而废弃。1974 年 3 月，重新测设峃口至珊溪线路走向，将原线路改为由峃口大桥南端接线向西，经飞云江南岸的溪口、孔岙、孔龙、李井到珊溪镇，全长 16.1 公里。路面设计为泥结碎石路面，路基宽 4.5 ～ 6.5 米，是年 8 月工程动工修建。因设计标准过高，至 1976 年仅修 5 公里，耗资达 42 万元，省、地交通部门停止拨款，工程被迫停工。后决定降低孔龙至珊溪段工程技术标准，并发动民工建勤。温州地区配合珊溪水电站工程建设，再拨款 39 万元。1976 年 5 月重新开工修建，1978 年 12 月竣工通车。工程共开挖土石方 21 万立方米，填方 7.1 万立方米，驳坎 3.2 万立方米，铺筑砂石路面 6.2 万平方米，建筑桥梁 12 座，涵洞 114 道，过水路面 2 处，总投资 81 万元。1985 年 6 月 27 日，珊溪至毛山段工程破土动工。全长 12.3 公里，路基平均宽 8 米，泥结碎石路面宽 4.5 米，1986 年 12 月 21 日竣工。1987 年 3 月，续建毛山至松源桥段 3.6 公里，是年 12 月竣工。至此，文成段全线开通，并与泰顺段相接。文成段共填挖土石方 48.8 万立方米，驳坎 2.6 万立方米，建排水石拱、石盖板涵 109 道 /1156.7 延米，桥梁 2 座 /93 米，拆迁民房 73 间 /5774 平方米。工程总投资 170 万元，其中世界银行贷款 84 万元，省交通厅养路费补助 9 万元，省山区建设补助 50 万元，市交通委员会借款 10 万元，省交通厅补助 20 万元。2003 年，峃口至珊溪段改建工程立项通过，2004 年 7 月 19 日改建路基工程开工。工程起于新联对面 S330 线瑞安至文成段改建工程上岙岭东隧道口（K48+642），在峃口乡新联村建桥横跨飞云江，沿飞云江南岸布线，经峃口、溪口、孔岙、东垟，利用前期改建的巨屿过境公路，接李井沿江布线至珊溪镇新车站，全长 17.324 公里。2008 年 2 月 28 日工程完工。原概算总投资 9900 万元，实际完成投资 9580 万元，节省概算总投资 3.7%。

【仰矾线】　（文成）仰山至（平阳）矾岩公路，线路编号 X610。线路从平阳矾岩大桥南桥头与桥南线连接，向西经苔湖、上顺溪、内苏山、石门、桑基潭、八股、高山岭、王宅，至吴垟乡顺垟村，跨县界进入文成县域向北，经岩头、陈岸、福全、岩脚下、对面山、吴地、岩门外、平溪、培下源、中心寨、呈池、坳背，至毛山村连接峃院线。全长 52.792 公里，其中平阳段 28.802 公里，文成段 23.99 公里。1989 年 12 月，仰矾线文成毛山至吴地段开工建设，全长 13.06 公里，1990 年底竣工。工程按四级公路技术准建设，路基宽 5 ～ 6.5 米，泥结碎石路面宽 4.5 ～ 6 米。最小弯道半径 20 米，最大纵坡 8%，设计负荷汽车 15 吨，挂车 80 吨。1991 年 2 月，吴地村至桂山镇工程开工建设，全长 10.9 公里，1992 年 5 月竣工。是年，桂山镇至平阳县矾岩路段工程动工，全长 27 公里，1994 年竣工。至此，该跨县县道全线竣工并验收通车。2003 年矾桂线（桩号 K0+000 ～ K4+720）实施沥青路面中修。工程全长 4.72 公里，投入资金 19.0 万元，是年 10 月竣工。2004 年文成段实施砂石路改建，完成水泥路路面铺设。2005年，矾桂线（桩号K27＋660～K31＋300）实施道路路面硬化，工程量3.64公里/16380平方米，投资155.46万元，是年底竣工。

【东桂线】（泰顺）东溪大桥至（文成）桂库公路，线路编号X705。原泰顺县东泗线和泗横线连接后，延伸至文泰线交接点桂库止，取泰顺东溪至文成桂库段为东桂线。该线全长32.819公里，其中文成境内1.7公里，泰顺境内30.689公里，是泰顺县公路网“三纵二横”文（成）福（安）公路的组成部分。泗横线自莲筱线在泗溪接线，经岩头底、高畲垟、西地、沙岭、霞垟至夹边村，全长16.4公里。工程分两段实施：1976年泗溪至西地开工，全长8.4公里，国家投资18.83万元，群众投工12.42万工，1980年7月1日竣工。1980年西地至夹边段动工，全长8公里，1982年因经费困难而停工。1986年被列入以工代赈项目重启修建，1987年7月15日竣工。东泗公路于1995年3月12日动工，全长14.287公里，2001年6月8日竣工通车。该段线路为山岭重丘三级公路，路基宽7.5米，最小平曲线半径30米，最大纵坡5%。线路建成后，仕阳和三魁至泗溪方向缩短里程26公里。

【大翁线】（洞头）大门岛至（乐清）翁垟公路，线路编号X809。起点为洞头大门岛车站，经小岩山景区、大荆、乌仙头、营盘基、岩咀头、划船坑、流潭岩、虞家底、仁前途村，过小门大桥、小门村，再过大门大桥进入乐清市翁垟止。全长14.347公里，其中洞头段12.603公里，乐清段1.744公里。

【黄铜线】（泰顺）黄桥至（文成）铜铃山公路，起点为泰顺黄桥水库大坝，终点为文成石驼公路，通过大源坑隧道与泰顺相接。工程全长5.27公里，其中泰顺段3.872公里、文成段1.395公里，按三级公路标准建设，设计行车时速30公里。该公路的贯通，泰顺和文成县域之间里程缩短35公里，将原相对独立的泰顺乌岩岭国家级自然保护区、飞云湖风景名胜区、文成铜铃山国家森林公园三个景区连成一片。2012年3月开工，2014年12月2日泰顺段工程交工验收，2017年7月3日文成段工程通过验收。

【温州滨海大道（在建）】 北起（乐清湾）南岳港区，南至（苍南）金乡，也名南金公路，即飞云江三桥南北延伸线工程。沿线经过乐清、龙湾、瑞安、平阳、苍南五个县（市、区），全长120公里，一级公路，六车道，设计行车时速拟定80公里以上。作为温州市沿海产业带建设的交通主动脉，滨海大道贯通温州南北，沿线涉及10多个重要城镇群、9个工业产业集聚区，是温州未来城市发展的基础性、战略性项目。根据温州市政府专题会议精神，温州滨海大道建设工程建设由市政府牵头，实行统一协调、统一规划、统一设计、分头实施，沿线5个县（市、区）政府作为各自路段建设主体，分头筹资。工程共分五段建设，协同推进。

乐清段　即乐清湾疏港公路，线路主线起点在南塘附近与G104线相接，起点桩号K0+000，终点与霖霄路相接（桩号K22+298），主线全长约22.298公里。连接线起点在北港区接主线（桩号K12+705），终点与虹南公路相接（桩号LK4+117），连接线全长约4.117公里。主线及连接线共计线路长度26.42公里。沿线隧道1座/572米，大桥6座/1625.92米，中桥10座/613.28米，设分离立交2座/1296米，处理并建设滨海软土路堤约22公里。该段工程主线及连接线均按部颁《公路工程技术标准》（JTG B01—2003）一级公路技术标准设计，主线整体式路基宽32米，双向六车道；连接线整体式路基宽24.50米，双向四车道，设计行车时速80公里，桥涵设计汽车荷载等级为公路—I级，桥涵与路基设计洪水频率1/50，特大桥设计洪水频率1/300。

龙湾段　北起温州经济技术开发区滨海大道终点，南与飞云江三桥（瑞安大桥）北接线相连，双向六车道，设计行车时速100公里，全长约12公里，其中开发区段3.702公里，有桥梁

7座，箱涵3座，隧道1座/280米。投资概算4.0862亿元。2009年12月29日龙湾段开始建设，建设单位为龙湾工程指挥部。该工程是滨海大道与飞云江三桥接线之间的延伸连接线，北接滨海大道四期终点，向南经后岗山南侧山麓，穿越前岗山，跨场浦河桥接至飞云江三桥北接线瑞安段起点，线路全长3.702公里，工程征用土地397公顷，涉及天河镇、海城街道10个行政村。按照规划，接线道路近期定位城镇群级快速路，远期规划回归城市快速路，路面宽48.5米，其中中央分隔带宽18米（远期预留城市轻轨），行车道宽2×11.25米，按双向六车道一级公路标准建设，设计行车时速100公里，投资概算4.0862亿元。龙湾段是《温州公路水路交通“十一五”规划（2006—2010）》的重要建设项目，也是龙湾区“十一五”交通规划和“三纵二横”公路网主骨架的重要组成部分。该工程完工后，与在建的飞云江三桥及接线构成温州东部地区的南北快速交通主动脉，主要承担瑞安至龙湾机场的交通流，同时承担温州南部县市平阳、苍南向北与龙湾机场、龙湾、洞头、乐清等地的交通联系，为甬台温高速公路、塘永公路和正在建设中的沈海高速公路复线的分流起着重要作用，瑞安到温州机场的时间也将缩短15～20分钟。

瑞安段　由飞云江三桥北延伸线及南延伸线两部分组成。北延伸线起点位于龙湾梅头镇与瑞安塘下镇交界处的场桥浦（桩号K1+204），接龙湾滨海大道。向南经鲍垟村、瑞安市东方砖瓦厂，在华表浦跨中塘河后（桩号K9+913），经莘塍、东安与G104线飞云江三桥北接线相接，长8.347公里。沿线有大桥1座/185米、中桥9座/227米、小桥21座/321米，涵洞24道、平面交叉10处。南线自飞云镇塘渔村起，与G104线飞云三桥相接，途经下车头、前宋、下郑后，至瑞安与平阳交界处（桩号K4+235），全长4.235公里。沿途有大桥3座/1035.5米、中桥4座/240米，涵洞10道、平面交叉口3处。北段路基宽48.5米，南段路基宽33.5米。全线为沥青混凝土路面，设定行车时速100公里。该工程分三个区段实施：2008年，飞云江三桥及接线工程建成通车。2010年1月12日，南延伸线工程开工。工程投资约8.6亿元，按一级公路技术标准设计，2015年1月1日竣工。2013年3月，北延伸线工程开工。全长8.5公里，投资概算5.9亿元，按一级公路技术标准建设，路基宽48.5米，双向六车道，设计行车时速100公里。瑞安段工程建成后，将成为瑞安通往温州市区和相邻各县的交通大动脉，加速瑞安全面接轨、融入温州大都市建设。

平阳段　平阳段工程是飞云江三桥的重要补充（飞云江三桥系“四自”工程，2003年7月开工建设），平阳县“十一五”期间计划建设的项目之一。该项目起点为飞云江三桥南延伸线接瑞安段的终点，经吴桥头、前宋、下郑、上岙、下伴、下埕，止于平阳鳌江镇瓯南大桥，线路长约15公里。工程按部颁《公路工程技术标准》（JTGB012003）一级公路技术标准设计，设计行车时速100公里。南延伸线路基宽26米。隧道采用双洞，单洞净宽10.5米，净高5米。投资估算总额6.5亿元，投资回收期12年，内部收益率13.5%。

苍南段　苍南段系鳌江至巴曹疏港公路，贯穿于苍南沿海产业带，是沿海产业带建设的控制性工程。起点位于平阳鳌江镇河滨村，接温州滨海大道平阳段终点，跨鳌江至苍南龙港镇新美洲村，沿规划中的时代大道布线至苍南临港产业基地，终点在巴曹镇与规划的港滨路相接，在巴曹镇泮河西侧金乡支线与龙金大道相接。项目全长20.555公里，其中主线长14.534公里，金乡支线长6.021公里。工程估算总投资17.8亿元，其中主线投资12.1亿元，金乡支线投资5.7亿元。

县道基本情况统计表

表 3-1-2

线路编号	路线							桥梁										隧道									
	路线名称	起点名称	止点名称	里程	技术等级	路面类型	途经乡镇（街道）	合计		特大桥		大桥		中桥		小桥		合计		特长隧道		长隧道		中隧道		短隧道	
								座	延米	座	延米	座	延米	座	延米	座	延米	道	延米	道	延米	道	延米	道	延米	道	延米
1	2	3	4	5	6	7	8	9	10	11	12	13	14	15	16	17	18	19	20	21	22	23	24	25	26	27	28
县道小计				3589.851				1581	80898.04	7	18530.5	105	22682.64	365	19050.88	1104	20634.02	77	45371.1	0	0	11	23902	12	8648	54	12821.1
X001330382	湖江线	湖雾 G104	江厦	2.782	四级	水泥混凝土	大荆	1	28.2	0	0	0	0	0	0	1	28.2	0	0	0	0	0	0	0	0	0	0
X002330382	水白线	水涨	白溪	6.837	四级	水泥混凝土	大荆 雁荡	2	146.6	0	0	1	104	1	42.6		0	0	0	0	0	0	0	0	0	0	0
X003330324	水鹤线	后林	鹤盛	27.121	四级	水泥混凝土、沥青贯入式	鹤盛	13	277.7	0	0	0	0	2	119.2	11	158.5	0	0	0	0	0	0	0	0	0	0
X003330382	水下线	大荆	后林	29.392	二级 四级	沥青混凝土、水泥混凝土	大荆 仙溪	12	400.3	0	0	1	106	3	180.3	8	114	0	0	0	0	0	0	0	0	0	0
X004330382	白芙线	白溪	西塍桥	21.722	四级	沥青混凝土、水泥混凝土、弹石路面（半整齐块石）	雁荡 芙蓉	10	228	0	0	0	0	3	112.6	7	115.4	1	345	0	0	0	0	0	0	1	345
X005330382	石清线	石陈	104 线	9.976	三级	沥青混凝土、水泥混凝土	清江	4	96.9	0	0	0	0	0	0	4	96.9	0	0	0	0	0	0	0	0	0	0
X006330382	虹南线	虹丰路口	三江	18.649	一级 二级 四级	沥青混凝土、水泥混凝土	虹桥	24	505.18	0	0	0	0	2	89.64	22	415.54	1	150	0	0	0	0	0	0	1	150
X007330324	虹三线	玛瑙	后江	37.939	二级 四级	沥青混凝土、水泥混凝土	东城 南城 三江	24	1554.3	0	0	5	1057.4	9	302	10	194.9	1	488	0	0	0	0	0	0	1	488
X007330382	虹三线	振兴路	玛瑙	26.637	二级 四级	水泥混凝土	虹桥 淡溪	6	146.7	0	0	0	0	0	0	6	146.7	0	0	0	0	0	0	0	0	0	0
X008330382	乐北线	南大街	山老区联线	14.333	四级	水泥混凝土	乐成	4	122.64	0	0	0	0	2	102.14	2	20.5	0	0	0	0	0	0	0	0	0	0
X009330382	乐柳线	长乐路口	柳市	18.1	一级 二级 三级 四级	水泥混凝土	乐成 白石 柳市	12	315	0	0	0	0	4	193.2	8	121.8	0	0	0	0	0	0	0	0	0	0
X010330382	柳黄线	柳市车站	黄华码头	9.27	二级 四级	水泥混凝土	柳市	8	244.43	0	0	0	0	4	151.53	4	92.9	0	0	0	0	0	0	0	0	0	0
X011330382	柳翁线	三里转盘	翁垟	8.08	二级 四级	水泥混凝土	柳市	8	296.8	0	0	0	0	3	164	5	132.8	0	0	0	0	0	0	0	0	0	0
X012330382	大太线	大荆	石坦	7.052	四级	水泥混凝土	大荆	2	21	0	0	0	0	0	0	2	21	1	532	0	0	0	0	1	532	0	0
X013330382	双店线	双峰	太湖山庄	17.189	四级	水泥混凝土	大荆	8	166.6	0	0	0	0	1	65.7	7	100.9	0	0	0	0	0	0	0	0	0	0
X014330382	高福线	高塘	福溪	11.474	四级	水泥混凝土	仙溪	3	163.2	0	0	1	62.7	2	100.5	0	0	2	57	0	0	0	0	0	0	2	57
X016330382	白沙线	白溪中桥	南岙山	7.412	三级 四级	水泥混凝土	雁荡	2	621.74	0	0	1	540.74	1	81	0	0	0	0	0	0	0	0	0	0	0	0
X017330382	南嗌线	南坑口	嗌岼	8.431	四级	水泥混凝土	芙蓉	2	22.4	0	0	0	0	0	0	2	22.4	0	0	0	0	0	0	0	0	0	0
X018330324	淡下线	永乐分界	仙清线	18.81	二级 三级 四级	沥青混凝土、水泥混凝土	沙头	4	203	0	0	0	0	2	167	2	36	1	432	0	0	0	0	0	0	1	432

续表 3-1-2

线路编号	路线							桥梁										隧道											
	路线名称	起点名称	止点名称	里程	技术等级	路面类型	途经乡镇（街道）	合计		特大桥		大桥		中桥		小桥		合计		特长隧道		长隧道		中隧道		短隧道	
								座	延米	座	延米	座	延米	座	延米	座	延米	道	延米	道	延米	道	延米	道	延米	道	延米
X018330382	淡下线	淡溪镇	永乐分界	16.111	四级	水泥混凝土、弹石路面（半整齐块石）	淡溪	13	166.8	0	0	0	0	0	0	13	166.8	1	170.8	0	0	0	0	0	0	1	170.8
X019330382	万黄线	万岙红绿灯	黄华	15.902	一级 二级 三级 四级	沥青混凝土、水泥混凝土	城南 盐盆 翁垟 柳市	18	765.21	0	0	1	315	7	248.64	10	201.57	0	0	0	0	0	0	0	0	0	0
X020330382	白中线	白石环岛	清水洋	11.408	四级	水泥混凝土	白石	3	103.8	0	0	0	0	1	70	2	33.8	1	306	0	0	0	0	0	0	1	306
X021330382	排七线	七里港码头	排岩头	1.824	二级	水泥混凝土	柳市	1	22	0	0	0	0		0	1	22	0	0	0	0	0	0	0	0	0	0
X022330382	象石线	北白象车站	南门桥	6.235	三级 四级	水泥混凝土	北白象	6	128.5	0	0	0	0	2	66	4	62.5	0	0	0	0	0	0	0	0	0	0
X023330382	乐成线	坝头	万岙	6.675	二级	水泥混凝土	乐成	6	156	0	0	0	0	1	45	5	111	0	0	0	0	0	0	0	0	0	0
X024330382	柳七线	夏威夷大酒店	海关基地	5.622	一级	水泥混凝土	柳镇	12	564	0	0	0	0	4	340	8	224	0	0	0	0	0	0	0	0	0	0
X025330382	白岭线	白中线	夏岭头	36.031	三级	水泥混凝土	乐成 白石 芙蓉 淡溪	9	389	0	0	1	110	6	254	2	25	3	1680	0	0	0	0	2	1505	1	175
X026330324	雁楠线	巨坑庵	枫林	25.486	二级	沥青混凝土	鹤盛	13	1132	0	0	3	670	4	276	6	186	6	2878.5	0	0	1	1492		0	5	1386.5
X026330382	雁楠线	雁荡山	巨坑庵	20.04	二级	沥青混凝土	雁荡 芙蓉	10	1153.15	0	0	3	796.96	4	252.66	3	103.53	2	1410	0	0	0	0	2	1410	0	0
X027330382	龙上线	清江	三眼桥	8.441	二级	水泥混凝土	虹桥	10	239.8	0	0	0	0	2	80	8	159.8		0	0	0	0	0		0	0	0
X104330302	瓯娄线	东瓯大桥	景山隧道出口	2.909	一级	沥青混凝土	双屿	3	58	0	0	0	0	1	22	2	36	2	1540	0	0	0	0	2	1540	0	0
X104330304	瓯娄线	景山隧道出口	瓯海大道	3.287	二级	沥青混凝土、水泥混凝土	娄桥 新桥	2	492	0	0	1	402	1	90	0	0	0	0	0	0	0	0	0	0	0	0
X105330324	垟下线	垟湾	坑口	20.617	二级 三级 四级	水泥混凝土	桥下	3	47.8	0	0	0	0	0	0	3	47.8	0	0	0	0	0	0	0	0	0	0
X106330324	白桥线	白泉	桥下	18.96	三级 四级	水泥混凝土	桥下 大若岩	9	406.7	0	0	2	256	1	54	6	96.7	1	1800	0	0	1	1800	0	0	0	0
X107330324	壬黄线	壬田	黄坦	12.467	二级 四级	水泥混凝土	桥镇	4	283	0	0	2	265	0	0	2	18	0	0	0	0	0	0	0	0	0	0
X108330302	壬临线	西洲	临江	1.562	二级	沥青混凝土	藤镇	1	407.4	0	0	1	407.4	0	0		0	0	0	0	0	0	0	0	0	0	0
X108330324	壬临线	壬田	西洲	0.855	一级 二级	水泥混凝土	桥头	2	303	0	0	1	287	0	0	1	16	0	0	0	0	0	0	0	0	0	0
X109330324	黄里线	黄南	里思坑	11.208	四级	水泥混凝土、沥青贯入式	岩坦	2	134	0	0	0	0	1	112	1	22	0	0	0	0	0	0	0	0	0	0
X110330324	珍枫线	珍溪口	兆潭	9.832	二级 四级	水泥混凝土	枫林	2	241.4	0	0	1	225	0	0	1	16.4	0	0	0	0	0	0	0	0	0	0
X111330324	枫岩线	枫林镇	岩头	2.429	二级	水泥混凝土	岩头 枫林	4	702.1	0	0	1	504.5	1	154	2	43.6	0	0	0	0	0	0	0	0	0	0
X112330324	狮北线	狮子岩	北坑	9.692	二级 四级	水泥混凝土	枫林	6	109.8	0	0	0	0	0	0	6	109.8	0	0	0	0	0	0	0	0	0	0
X113330324	岩表线	岩头	表山	18.435	四级	水泥混凝土	岩头	5	101.8	0	0	0	0	1	55	4	46.8	0	0	0	0	0	0	0	0	0	0

续表 3-1-2

线路编号	路线							桥梁										隧道									
	路线名称	起点名称	止点名称	里程	技术等级	路面类型	途经乡镇（街道）	合计		特大桥		大桥		中桥		小桥		合计		特长隧道		长隧道		中隧道		短隧道	
								座	延米	座	延米	座	延米	座	延米	座	延米	道	延米	道	延米	道	延米	道	延米	道	延米
X114330324	珍上线	珍溪口	白水漈瀑	20.852	三级	沥青混凝土、水泥混凝土	沙头	7	510	0	0	1	210	4	262.6	2	37.4	0	0	0	0	0	0	0	0	0	0
X114330382	珍上线	白水漈瀑	上埠头	22.357	四级	水泥混凝土	芙蓉 清江	6	126.5	0	0	0	0	0	0	6	126.5	1	37.6	0	0	0	0	0	0	1	37.6
X115330324	坦五线	坦下	五里牌	66.582	二级 三级 四级	沥青混凝土、水泥混凝土	大若岩 碧莲 巽宅	23	548.7	0	0	0	0	4	297.9	19	250.8	2	620	0	0	0	0	0	0	2	620
X116330324	坦三线	坦下	三角岩	10.958	四级	水泥混凝土	沙头	4	337	0	0	1	273	1	30.5	2	33.5	1	38	0	0	0	0	0	0	1	38
X117330324	上桥线	前二	六东线	11.345	三级	沥青混凝土、水泥混凝土	南城 桥下	8	262.6	0	0	1	77	3	108.6	4	77	1	2400	0	0	1	2400	0	0	0	0
X118330324	上下线	三元堂	坦三线	13.546	四级	水泥混凝土	北城	4	127.5	0	0	0	0	2	96	2	31.5	1	700	0	0	0	0	1	700	0	0
X119330324	铁金线	铁坑	金山桥	36.988	四级	水泥混凝土	碧莲 岩坦	8	297.9	0	0	2	182.2	0	0	6	115.7	0	0	0	0	0	0	0	0	0	0
X120330324	山黄线	山坑口	黄皮	56.928	四级	水泥混凝土	碧莲 岩坦	20	521.1	0	0	0	0	5	211.8	15	309.3	1	50	0	0	0	0	0	0	1	50
X121330324	石茅线	石染	茅山	15.592	四级	水泥混凝土	巽宅	3	119.7	0	0	0	0	1	85.2	2	34.5	0	0	0	0	0	0	0	0	0	0
X122330324	福大线	福佑	大寺基	32.379	三级	沥青混凝土、水泥混凝土	岩头 岩坦	4	96.2	0	0	0	0	1	54	3	42.2	1	29	0	0	0	0	0	0	1	29
X123330324	界坟线	界坑	坟山	6.536	四级	水泥混凝土	巽宅	3	80	0	0	0	0	1	53	2	27	0	0	0	0	0	0	0	0	0	0
X124330324	碧徐线	碧莲	徐岙	33.405	四级	水泥混凝土	桥下	6	180	0	0	1	113	0	0	5	67	0	0	0	0	0	0	0	0	0	0
X125330324	白石线	水下线	炉山桥	14.205	四级	沥青混凝土、水泥混凝土	鹤盛	8	224.1	0	0	1	71	1	82	6	71.1	2	101	0	0	0	0	0	0	2	101
X127330324	南复线	楠溪江二桥	大若	15.246	一级	沥青混凝土	大若岩 岩头	8	862	0	0	2	645	1	86	5	131	4	6973	0	0	2	5976	0	0	2	997
X128330324	三沙线	九丈	沙头（北）	5.456	二级 三级	沥青混凝土	沙头	1	374.5	0	0	1	374.5	0	0	0	0	2	63	0	0	0	0	0	0	2	63
X201330304	南塘大道	梧田	鹅湖	4.214	一级	沥青混凝土	南白象	12	712.3	0	0	1	105.1	11	607.2	0	0	0	0	0	0	0	0	0	0	0	0
X202330304	梧蒲线	梧田新街	经纬集团	7.791	四级	水泥混凝土	梧田 三垟	17	807.9	0	0	2	282.9	6	339	9	186	0	0	0	0	0	0	0	0	0	0
X203330304	梧慈线	瓯海大道	无量寺	9.701	四级	水泥混凝土	梧田	1	28	0	0	0	0		0	1	28	0	0	0	0	0	0	0	0	0	0
X204330304	南大线	南白象	雷达镇	23.663	二级 三级 四级	水泥混凝土、沥青贯入式	茶山	7	155	0	0	0	0	2	98	5	57	0	0	0	0	0	0	0	0	0	0
X205330304	温源线	温州	源口	32.914	一级 二级 四级	沥青混凝土、水泥混凝土、沥青贯入式	景山 新桥 瞿溪 郭溪 泽雅	17	502	0	0	1	136	5	197	11	169	0	0	0	0	0	0	0	0	0	0
X206330304	高桐线	郭溪	桐岭	13.581	四级	水泥混凝土、沥青贯入式	郭溪 潘桥	7	252	0	0	0	0	4	217	3	35	0	0	0	0	0	0	0	0	0	0

续表 3-1-2

线路编号	路线							桥梁										隧道									
	路线名称	起点名称	止点名称	里程	技术等级	路面类型	途经乡镇（街道）	合计		特大桥		大桥		中桥		小桥		合计		特长隧道		长隧道		中隧道		短隧道	
								座	延米	座	延米	座	延米	座	延米	座	延米	道	延米	道	延米	道	延米	道	延米	道	延米
X206330381	高桐线	桐岭	桐浦	7.951	四级	沥青混凝土、水泥混凝土	陶山	3	32.34	0	0	0	0	0	0	3	32.34	0	0	0	0	0	0	0	0	0	0
X207330304	桐新线	桐岭	瓯海大道	9.824	四级	水泥混凝土、沥青贯入式	娄桥	6	82	0	0	0	0	0	0	6	82	0	0	0	0	0	0	0	0	0	0
X208330302	石林环线	石埠村	田塘头	21.19	四级	沥青混凝土、水泥混凝土	藤桥	16	290	0	0	0	0	2	102	14	188	0	0	0	0	0	0	0	0	0	0
X208330304	石林环线	岭雪村	林岙	25.572	三级 四级	沥青混凝土、水泥混凝土、沥青贯入式	泽雅	10	135	0	0	0	0	1	35	9	100	0	0	0	0	0	0	0	0	0	0
X209330302	瓯海大道	戈恬	雅漾	1.236	二级	沥青混凝土	藤桥	1	21	0	0	0	0	0	0	1	21	0	0	0	0	0	0	0	0	0	0
X209330304	瓯海大道	南塘大道口	戈恬	24.08	一级 二级	沥青混凝土、水泥混凝土	梧田 娄桥 瞿溪 郭溪 泽雅	4	298	0	0	1	202	1	60	2	36	1	2610	0	0	1	2610	0	0	0	0
X271330302	瓯江大桥—湖岭	瓯江大桥	雅漾南	14.377	二级 四级	沥青混凝土、沥青贯入式	仰义 藤桥	12	654.6	0	0	2	349	3	153	7	152.6	0	0	0	0	0	0	0	0	0	0
X271330304	瓯湖线	雅漾村南	和尚岭	27.314	四级	沥青混凝土、水泥混凝土、沥青贯入式	泽雅	11	334.6	0	0	1	75	3	162	7	97.6	0	0	0	0	0	0	0	0	0	0
X271330381	瓯湖线	和尚岭	湖岭	18.904	四级	沥青混凝土、水泥混凝土	湖岭	5	102	0	0	0	0	1	47.4	4	54.6	0	0	0	0	0	0	0	0	0	0
X272330302	十里亭—状元	十里亭桥	梅宅	4.058	一级	沥青混凝土	南汇	5	390	0	0	2	246	3	144	0	0	0	0	0	0	0	0	0	0	0	0
X272330303	十里亭—状元	经纬集团	状元	4.018	一级 二级	沥青混凝土、水泥混凝土	蒲州 状元	1	46.3	0	0	0	0	1	46.3	0	0	0	0	0	0	0	0	0	0	0	0
X272330304	十状线	梅宅	经纬集团	2.278	一级	沥青混凝土	三垟	4	164	0	0	0	0	2	104	2	60	0	0	0	0	0	0	0	0	0	0
X273330302	双屿—南白象	双屿	德政工业区	8.255	一级	沥青混凝土	南汇 松台 双屿	1	8	0	0	0	0	0	0	1	8	0	0	0	0	0	0	0	0	0	0
X273330304	双南线	德政工业区	南白象	6.551	二级	沥青混凝土、水泥混凝土	梧田 南白象	2	58	0	0	0	0	1	45	1	13	0	0	0	0	0	0	0	0	0	0
X275330304	桐浦线	桐岭	桐岭隧道	2.652	二级	沥青混凝土	潘桥	2	292.72	0	0	1	245.04	1	47.68	0	0	1	1195	0	0	1	1195	0	0	0	0
X275330381	桐浦线	桐岭隧道	浦西	5.764	二级	沥青混凝土、水泥混凝土	陶山	7	660.12	0	0	1	510.04	1	44.04	5	106.04	0	0	0	0	0	0	0	0	0	0

续表 3-1-2

线路编号	路线							桥梁										隧道									
	路线名称	起点名称	止点名称	里程	技术等级	路面类型	途经乡镇（街道）	合计		特大桥		大桥		中桥		小桥		合计		特长隧道		长隧道		中隧道		短隧道	
								座	延米	座	延米	座	延米	座	延米	座	延米	道	延米	道	延米	道	延米	道	延米	道	延米
X276330304	瞿高公路	岩门角	分水城	7.754	四级	水泥混凝土	瞿溪	2	64	0	0	0	0	1	30	1	34	0	0	0	0	0	0	0	0	0	0
X276330381	瞿高线	分水城	林溪	9.539	四级	水泥混凝土	湖岭	5	100.1	0	0	0	0	0	0	5	100.1	0	0	0	0	0	0	0	0	0	0
X301330304	下沈线	下川	沈岙	9.721	二级	水泥混凝土	丽岙	6	91.6	0	0	0	0	0	0	6	91.6	0	0	0	0	0	0	0	0	0	0
X302330303	罗凤—梅头	陈岙	梅头	1.167	二级	水泥混凝土	海城	2	29	0	0	0	0	0	0	2	29	0	0	0	0	0	0	0	0	0	0
X302330381	罗梅线	罗凤	陈岙	8.903	二级	水泥混凝土	塘下	4	102.2	0	0	0	0	1	58.2	3	44	0	0	0	0	0	0	0	0	0	0
X303330303	塘下—永中	场桥变电所	机场路	14.836	一级	沥青混凝土、水泥混凝土	永中 海滨 永兴 海城 沙城 天河	12	343	0	0	0	0	5	244	7	99	0	0	0	0	0	0	0	0	0	0
X303330381	塘永线	塘下	场桥变电所	7.523	二级	水泥混凝土	塘下	10	193.9	0	0	0	0	2	101	8	92.9	0	0	0	0	0	0	0	0	0	0
X304330381	周滨线	周湖	滨江	2.196	二级	水泥混凝土	安阳	1	90.1	0	0	0	0	1	90.1		0	0	0	0	0	0	0	0	0	0	0
X305330381	瑞枫线	瑞安（上山根）	大藏	67.241	二级 四级	沥青混凝土、水泥混凝土、沥青贯入式、沥青碎石	锦湖 莘塍 陶山 湖岭 高楼	56	3426.04	0	0	7	2097.06	24	860.02	25	468.96	6	2470	0	0	0	0	1	510	5	1960
X306330381	瑞八线	瑞安	新村	9.245	二级 四级	水泥混凝土、沥青贯入式	东山 上望	3	63	0	0	0	0	0	0	3	63	0	0	0	0	0	0	0	0	0	0
X307330381	东新线	东山	新华	9.348	一级	水泥混凝土	东山 上望 莘塍 汀田 塘下	44	936.4	0	0	0	0	4	118.4	40	818	0	0	0	0	0	0	0	0	0	0
X308330326	飞宋线	阁一	宋埠	2.268	三级	水泥混凝土	万全	4	51.14	0	0	0	0	0	0	4	51.14	0	0	0	0	0	0	0	0	0	0
X308330381	飞宋线	铁炉	阁一	12.821	二级 三级	沥青混凝土、水泥混凝土	飞云 南滨	11	209.4	0	0	0	0	0	0	11	209.4	0	0	0	0	0	0	0	0	0	0
X309330381	马陶线	马屿	瑞枫线（瓷窑）	11.419	二级 三级	沥青混凝土、水泥混凝土	马屿 陶山	10	771.18	0	0	2	580.6	2	88.14	6	102.44	0	0	0	0	0	0	0	0	0	0
X310330326	平鹤线	大南	占江	16.542	四级	水泥混凝土	水头	4	80.98	0	0	0	0	1	24.74	3	56.24	0	0	0	0	0	0	0	0	0	0
X310330381	平鹤线	平阳坑	大南	16.018	四级	沥青混凝土、水泥混凝土、沥青贯入式、沥青碎石	马屿	2	78.5	0	0	0	0	0	0	2	78.5	0	0	0	0	0	0	0	0	0	0
X311330328	营朱线	寨下	朱雅	36.23	三级 四级	水泥混凝土	玉壶	9	250.7	0	0	0	0	3	175	6	75.7	0	0		0		0	0	0	0	0
X311330381	营朱线	营前	寨下	9	四级	沥青混凝土、水泥混凝土、沥青贯入式	高楼	0	0	0	0	0	0	0	0	0	0	0	0	0	0	0	0	0	0	0	0
X312330381	京屿线	大京	梅屿	21.298	二级 四级	沥青混凝土、水泥混凝土、沥青贯入式	马屿 高楼	9	192.4	0	0	0	0	0	0	9	192.4	0	0		0		0	0	0	0	0

续表 3-1-2

线路编号	路线							桥梁										隧道									
	路线名称	起点名称	止点名称	里程	技术等级	路面类型	途经乡镇（街道）	合计		特大桥		大桥		中桥		小桥		合计		特长隧道		长隧道		中隧道		短隧道	
								座	延米	座	延米	座	延米	座	延米	座	延米	道	延米	道	延米	道	延米	道	延米	道	延米
X313330381	陶金线	陶溪	金山	24.212	四级	水泥混凝土	湖岭	8	220.4	0	0		0	2	138	6	82.4	0	0	0	0	0	0	0	0	0	0
X314330381	岩松线	岩头	松坦	10.628	三级 四级	水泥混凝土	湖岭	7	339	0	0	1	127.2	1	83.1	5	128.7	0	0	0	0	0	0	0	0	0	0
X315330381	飞马线	飞云江大桥	河头	20.28	一级 二级 三级	沥青混凝土、水泥混凝土	飞云 仙降 马屿	18	833.8	0	0	1	445	2	116	15	272.8	0	0	0	0	0	0	0	0	0	0
X316330326	高水线	岭门	水头	12.552	二级 四级	水泥混凝土、沥青表面处治	水头 腾蛟	5	120.4	0	0	0	0	1	56.2	4	64.2	0	0	0	0	0	0	0	0	0	0
X316330381	高水线	石龙口	岭门	7.302	三级 四级	沥青混凝土、水泥混凝土	高楼	0	0	0	0	0	0	0	0	0	0	0	0	0	0	0	0	0	0	0	0
X317330328	一花线	大垟口	西坑	49.97	二级 三级 四级	沥青混凝土、水泥混凝土	大岴 百丈漈 西坑 岴口	8	393.2	0	0	1	130	5	232.2	2	31	1	195	0	0	0	0	0	0	1	195
X317330381	一花线	一甲	大垟口	23.078	三级 四级	沥青混凝土、水泥混凝土、沥青贯入式	马屿 高楼	10	238.6	0	0	0	0	1	52	9	186.6	0	0	0	0	0	0	0	0	0	0
X318330381	瑞高线	瑞东线	高速公路	1.742	一级	沥青混凝土	飞云	0	0	0	0	0	0	0	0	0	0	0	0	0	0	0	0	0	0	0	0
X319330381	瑞湖线	周湖	盐店	30.366	二级 三级 四级	沥青混凝土、水泥混凝土、沥青贯入式、沥青碎石	锦湖 陶山 湖岭	23	618.2	0	0	1	114	2	155.5	20	348.7	1	323	0	0	0	0	0	0	1	323
X320330381	汀飞线	汀田	飞云	17.754	一级 二级	沥青混凝土	上望 莘塍 汀田 飞云 南滨	30	4999.46	1	2956	2	953.1	14	706.79	13	383.57	0	0	0	0	0	0	0	0	0	0
X321330381	滨海大道	场桥浦	东安	8.347	一级	沥青混凝土	塘下	54	1980.64	0	0	2	211.36	4	184.16	48	1585.12	0	0	0	0	0	0	0	0	0	0
X401330326	宋湖线	宋桥	湖岭	3.036	四级	水泥混凝土	万全	4	71.6	0	0	0	0	0	0	4	71.6	0	0	0	0	0	0	0	0	0	0
X403330326	城新线	城东	新河	41.386	二级 三级 四级	水泥混凝土、沥青贯入式	昆阳 鳌江 万全	26	548.54	0	0	0	0	3	154	23	394.54	0	0	0	0	0	0	0	0	0	0
X404330326	昆江线	昆阳	小湖岭	19.318	四级	水泥混凝土	昆阳 万全	9	141.5	0	0	0	0	0	0	9	141.5	0	0	0	0	0	0	0	0	0	0
X404330381	昆江线	小湖岭	翁样	5.062	三级 四级	水泥混凝土	仙降	1	47	0	0	0	0	1	47	0	0	0	0	0	0	0	0	0	0	0	0
X406330326	下敖线	下河	敖江	2.121	三级	水泥混凝土	鳌江	1	13.4	0	0	0	0	0	0	1	13.4	0	0	0	0	0	0	0	0	0	0
X407330326	钱马线	钱仓	南坪	15.642	四级	水泥混凝土、沥青贯入式	鳌江	4	70.8	0	0	0	0	0	0	4	70.8	0	0	0	0	0	0	0	0	0	0
X407330381	钱马线	南坪	马屿	14.779	二级 三级 四级	水泥混凝土	马屿	8	106.1	0	0	0	0	0	0	8	106.1	0	0	0	0	0	0	0	0	0	0
X408330326	后南线	后林	南湖	13.964	四级	水泥混凝土	水头 萧江	4	116.2	0	0	0	0	1	71	3	45.2	0	0	0	0	0	0	0	0	0	0

续表 3-1-2

线路编号	路线							桥梁										隧道									
	路线名称	起点名称	止点名称	里程	技术等级	路面类型	途经乡镇（街道）	合计		特大桥		大桥		中桥		小桥		合计		特长隧道		长隧道		中隧道		短隧道	
								座	延米	座	延米	座	延米	座	延米	座	延米	道	延米	道	延米	道	延米	道	延米	道	延米
X409330326	显腾线	显桥	腾蛟	12.813	四级	水泥混凝土、沥青贯入式	水头 萧江 腾蛟	7	222.2	0	0	0	0	2	131	5	91.2	0	0	0	0	0	0	0	0	0	0
X410330326	占山线	占家埠	山门	12.102	二级 三级 四级	水泥混凝土、沥青贯入式	水头 山门	4	244.1	0	0	1	173	1	53.1	2	18	1	378	0	0	0	0	0	0	1	378
X412330326	苔顺线	苔湖	顺溪	27.286	四级	水泥混凝土	顺溪 南雁	8	270.1	0	0	1	120	3	101.2	4	48.9	0	0	0	0	0	0	0	0	0	0
X413330326	上岙线	上周	岙底	3.293	三级	水泥混凝土	萧江	2	40.64	0	0		0	0	0	2	40.64	0	0	0	0	0	0	0	0	0	0
X414330326	梅下线	梅岭	下路堡	3.45	三级	水泥混凝土	山门	5	182	0	0	1	150	0	0	4	32	0	0	0	0	0	0	0	0	0	0
X415330326	萧龙线	萧江	山下垟	3.8	二级	沥青混凝土	萧江	7	333	0	0	1	145	3	104	3	84	0	0	0	0	0	0	0	0	0	0
X415330327	萧龙线	山下垟	龙港	3.965	一级 二级	沥青混凝土	龙港	5	221.1	0	0	0	0	4	188.1	1	33	0	0	0	0	0	0	0	0	0	0
X416330326	凤马线	凤林	马头岗	7.063	四级	水泥混凝土	水头	1	35.6	0	0	0	0	0	0	1	35.6	0	0	0	0	0	0	0	0	0	0
X417330326	郭雅线	郭庄	雅山	5.328	一级	沥青混凝土、水泥混凝土	昆阳	4	178.1	0	0	1	117	0	0	3	61.1	0	0	0	0	0	0	0	0	0	0
X501330327	埭金线	埭头	灵炎线	26.629	三级	水泥混凝土	龙港 宜山 钱库 金乡	25	1123.5	0	0	1	395.2	7	285.6	17	442.7	0	0	0	0	0	0	0	0	0	0
X503330327	百麻线	百丈	双溪	5.511	四级	水泥混凝土	灵溪	3	78.1	0	0	0	0	1	42.1	2	36	0	0	0	0	0	0	0	0	0	0
X504330327	灵宜线	建兴路	宜二	14.975	二级 四级	水泥混凝土	灵溪 龙港 宜山	17	478.55	0	0	1	108	2	73.4	14	297.15	0	0	0	0	0	0	0	0	0	0
X505330327	灵炎线	金乡路口	炎亭	42.984	四级	水泥混凝土、沥青碎石	灵溪 钱库 金乡 藻溪	11	361.5	0	0	0	0	3	206.3	8	155.2	0	0	0	0	0	0	0	0	0	0
X506330326	灵内线	渔池	内塘	33.794	二级 四级	水泥混凝土	水头	10	258.16	0	0	0	0	1	96.6	9	161.56	0	0	0	0	0	0	0	0	0	0
X506330327	灵内线	樟浦	渔池	6.409	四级	水泥混凝土	灵溪	3	99.5	0	0	0	0	1	44	2	55.5	0	0	0	0	0	0	0	0	0	0
X507330326	灵溪线	岭头	摇岭	29.269	三级 四级	水泥混凝土、沥青贯入式	水头 山门 南雁	11	657.7	0	0	3	448	1	57	7	152.7	1	715	0	0	0	0	1	715	0	0
X507330327	灵溪线	灵溪	岭头	9.614	四级	水泥混凝土	灵溪	6	127.7	0	0	0	0	1	43.4	5	84.3	0	0	0	0	0	0	0	0	0	0
X507330328	灵溪线	摇岭	溪口	9.55	三级	沥青混凝土、水泥混凝土	岱口	6	62.5	0	0	0	0	0	0	6	62.5	0	0	0	0	0	0	0	0	0	0
X508330327	桥玉线	桥墩	玉苍山	18.959	四级	水泥混凝土、沥青碎石	桥墩	0	0	0	0	0	0	0	0	0	0	0	0	0	0	0	0	0	0	0	0
X509330326	桥南线	垟半岭	南雁	13.86	四级	水泥混凝土、沥青贯入式	南雁 青街	5	175.7	0	0	0	0	1	113	4	62.7	0	0	0	0	0	0	0	0	0	0
X509330327	桥南线	桥墩	垟半岭	20.256	四级	水泥混凝土、沥青碎石	桥墩	3	84	0	0	0	0	1	65.2	2	18.8	0	0	0	0	0	0	0	0	0	0
X510330327	碗天线	碗窑	坳下	22.049	四级	水泥混凝土、沥青碎石	桥墩	4	52.8	0	0	0	0	0	0	4	52.8	0	0	0	0	0	0	0	0	0	0

续表 3-1-2

线路编号	路线							桥梁										隧道									
	路线名称	起点名称	止点名称	里程	技术等级	路面类型	途经乡镇（街道）	合计		特大桥		大桥		中桥		小桥		合计		特长隧道		长隧道		中隧道		短隧道	
								座	延米	座	延米	座	延米	座	延米	座	延米	道	延米	道	延米	道	延米	道	延米	道	延米
X511330327	马分线	马加垟	分水关	13.414	四级	水泥混凝土、沥青碎石	灵溪桥墩	2	68	0	0	0	0	1	56	1	12	0	0	0	0	0	0	0	0	0	0
X512330327	甘岗线	甘岐	岗头	2.776	四级	沥青碎石	矾山	1	45	0	0	0	0	1	45		0	0	0	0	0	0	0	0	0	0	0
X513330327	矾赤线	南下	过海	16.003	四级	水泥混凝土、沥青碎石	矾山赤溪凤阳	4	117.4	0	0	0	0	1	70.4	3	47	0	0	0	0	0	0	0	0	0	0
X514330327	岱半线	福掌	半山	3.517	四级	沥青碎石	岱岭		0	0	0	0	0	0	0		0	0	0	0	0	0	0	0	0	0	0
X515330327	马沙线	山边	虎头鼻	17.825	四级	水泥混凝土、沥青碎石	马站	6	66.7	0	0	0	0	0	0	6	66.7	0	0	0	0	0	0	0	0	0	0
X516330327	藻龙线	藻溪	龙沙	14.727	四级	水泥混凝土、沥青碎石	藻溪赤溪	6	268.5	0	0	1	127	1	55.5	4	86	0	0	0	0	0	0	0	0	0	0
X517330327	南云线	南山	云岩	7.776	四级	水泥混凝土	龙港藻溪	6	63.9	0	0	0	0	0	0	6	63.9	0	0	0	0	0	0	0	0	0	0
X518330327	瓦海线	瓦窑头	海城	12.973	四级	水泥混凝土	龙港宜山钱库	17	411.1	0	0	0	0	3	137.7	14	273.4	0	0	0	0	0	0	0	0	0	0
X519330327	河肥线	河边堂	龙魁线	8.239	三级四级	水泥混凝土	龙港钱库	9	256.74	0	0	0	0	3	142.94	6	113.8	0	0	0	0	0	0	0	0	0	0
X520330327	金石线	金乡	石砰	7.063	四级	水泥混凝土	金乡		0	0	0	0	0	0	0		0	0	0	0	0	0	0	0	0	0	0
X521330327	咸云线	咸园	灵宜线	9.605	四级	水泥混凝土	龙港	11	235.4	0	0	0	0	0	0	11	235.4	0	0	0	0	0	0	0	0	0	0
X522330327	湖振线	湖前	振棋	5.651	四级	水泥混凝土	龙港	10	256.7	0	0	0	0	1	38.2	9	218.5	0	0	0	0	0	0	0	0	0	0
X523330327	龙魁线	埭金线	魁里	84.18	三级四级	水泥混凝土、沥青碎石	龙港金乡赤溪马站	50	894.6	0	0	0	0	4	265.2	46	629.4	0	0	0	0	0	0	0	0	0	0
X524330327	宜夹线	灵宜路	埭金线	1.772	二级	水泥混凝土	宜山	3	131	0	0	0	0	1	56	2	75	0	0	0	0	0	0	0	0	0	0
X525330327	钱龙线	河巴线	括山	4.591	四级	水泥混凝土	钱库	7	187.8	0	0	0	0	1	43	6	144.8	0	0	0	0	0	0	0	0	0	0
X526330327	矾藻线	白岩	昌禅	7.033	四级	沥青碎石	矾山	1	11	0	0	0	0		0	1	11	0	0	0	0	0	0	0	0	0	0
X527330327	龙金线	埭金线	南门	20.914	一级	沥青混凝土、水泥混凝土	龙港宜山钱库金乡	62	2950.8	0	0	4	693.6	28	1435.2	30	822	0	0	0	0	0	0	0	0	0	0
X528330327	水霞线（老线）	水头	霞关	59.096	二级三级	沥青混凝土、水泥混凝土、沥青碎石	灵溪矾山马站岱岭	11	294.54	0	0	0	0	2	114.74	9	179.8	0	0	0	0	0	0	0	0	0	0
X529330327	灵龙大道	灵溪	海城	15.809	一级	沥青混凝土	灵溪龙港宜山	20	2170.24	0	0	3	1220	15	911.16	2	39.08	0	0	0	0	0	0	0	0	0	0
X601330328	峃院线	峃口	松源	31.7	二级三级四级	沥青混凝土、水泥混凝土	珊溪巨屿峃口	9	412.94	0	0	1	136.04	3	175.38	5	101.52	0	0	0	0	0	0	0	0	0	0
X601330329	峃院线	松源	院口	41.212	四级	沥青混凝土、水泥混凝土	罗阳筱村	11	338	0	0	1	115	3	130	7	93	0	0	0	0	0	0	0	0	0	0
X602330328	太十线	太场	十字路口	12.42	四级	沥青混凝土、水泥混凝土	玉壶	1	16.5	0	0	0	0	0	0	1	16.5	0	0	0	0	0	0	0	0	0	0

续表 3-1-2

线路编号	路线							桥梁										隧道									
	路线名称	起点名称	止点名称	里程	技术等级	路面类型	途经乡镇（街道）	合计		特大桥		大桥		中桥		小桥		合计		特长隧道		长隧道		中隧道		短隧道	
								座	延米	座	延米	座	延米	座	延米	座	延米	道	延米	道	延米	道	延米	道	延米	道	延米
X603330328	双珊线	大学	珊溪	29.33	三级 四级	水泥混凝土	大峃 珊溪 巨屿	5	348.9	0	0	1	280	0	0	4	68.9	0	0	0	0	0	0	0	0	0	0
X604330328	花支线	乌岩岭	排前	38.16	四级	水泥混凝土	大峃 黄坦	9	152.84	0	0	0	0	1	35	8	117.84	0	0	0	0	0	0	0	0	0	0
X605330328	岚沙线	岚岩	沙垟	18.5	四级	水泥混凝土	大峃 黄坦	2	32.04	0	0	0	0	0	0	2	32.04	0	0	0	0	0	0	0	0	0	0
X606330328	十黄线	十八公里	黄寮	35.6	四级	沥青混凝土、水泥混凝土	百丈漈 南田	7	166.06	0	0	0	0	1	54.4	6	111.66	0	0	0	0	0	0	0	0	0	0
X607330328	盖黄线	盖后	黄坦	19.555	二级 四级	沥青混凝土、水泥混凝土	百丈漈 黄坦	3	35	0	0	0	0	0	0	3	35	0	0	0	0	0	0	0	0	0	0
X608330328	石角线	坳门	石角	15.5	四级	水泥混凝土	西坑	1	7.8	0	0	0	0	0	0	1	7.8	0	0	0	0	0	0	0	0	0	0
X609330328	石驮线	石垟	驮岙	53.08	四级	沥青混凝土、水泥混凝土	西坑 黄坦	6	227.3	0	0	1	134	0	0	5	93.3	0	0	0	0	0	0	0	0	0	0
X610330326	仰矾线	下村水库	矾岩	28.802	四级	水泥混凝土、沥青贯入式	顺溪 南雁	5	175.2	0	0	0	0	2	122	3	53.2	0	0	0	0	0	0	0	0	0	0
X610330328	仰矾线	仰山	下村水库	23.99	四级	水泥混凝土	珊溪	3	26.5	0	0	0	0	0	0	3	26.5	0	0	0	0	0	0	0	0	0	0
X611330328	桂凤线	桂山	凤狮	1.82	四级	水泥混凝土	珊溪		0	0	0	0	0	0	0		0	0	0	0	0	0	0	0	0	0	0
X612330328	樟里线	南坑	里阳	24.7	四级	水泥混凝土	大峃	3	82.9	0	0	0	0	1	66	2	16.9	0	0	0	0	0	0	0	0	0	0
X613330328	双坑线	双垟	坑口	2.29	四级	水泥混凝土	大峃	1	19	0	0	0	0	0	0	1	19	0	0	0	0	0	0	0	0	0	0
X614330328	二金线	二源	金珠林场	11.35	四级	水泥混凝土	百丈漈	2	22	0	0	0	0	0	0	2	22	0	0	0	0	0	0	0	0	0	0
X615330328	二新线	二源	陈村	6.32	四级	水泥混凝土	百丈漈	3	36	0	0	0	0	0	0	3	36	0	0	0	0	0	0	0	0	0	0
X616330328	南山线	南田	山头	18.1	四级	水泥混凝土	南田	4	38	0	0	0	0	0	0	4	38	0	0	0	0	0	0	0	0	0	0
X617330328	文青公路	大峃	李山	32.1	二级 三级	沥青混凝土、水泥混凝土	大峃 玉壶	19	865.5	0	0	2	185	6	489.7	11	190.8	5	4914.5	0	0	2	4304	0	0	3	610.5
X701330329	莲筱线	莲头	竹园	40.114	二级 四级	沥青混凝土、水泥混凝土、沥青贯入式	筱村 泗溪 雅阳	13	234.1	0	0	0	0	0	0	13	234.1	0	0	0	0	0	0	0	0	0	0
X702330329	雅氡线	雅阳	下承天	7.521	四级	沥青混凝土	雅阳	4	64.6	0	0	0	0	0	0	4	64.6	0	0	0	0	0	0	0	0	0	0
X703330329	埠排线	埠下	排岭	2.517	四级	水泥混凝土	雅阳	1	7.9	0	0	0	0	0	0	1	7.9	0	0	0	0	0	0	0	0	0	0
X704330329	李平线	李垟	平溪	20.097	四级	水泥混凝土	筱村 泗溪	5	105	0	0	0	0	0	0	5	105	0	0	0	0	0	0	0	0	0	0
X705330328	东桂线	古伏垟	桂库	1.7	四级	水泥混凝土	珊溪		0	0	0	0	0	0	0		0	0	0	0	0	0	0	0	0	0	0
X705330329	东桂线	东溪大桥	古伏垟	30.687	四级	沥青混凝土、水泥混凝土	泗溪	8	312.6	0	0	0	0	3	234.5	5	78.1	0	0	0	0	0	0	0	0	0	0
X706330329	玉九线	玉西	九峰	8.86	四级	水泥混凝土、沥青贯入式	泗溪	2	75		0	0	0	1	46	1	29	0	0	0	0	0	0		0	0	0

续表 3-1-2

线路编号	路线							桥梁										隧道									
	路线名称	起点名称	止点名称	里程	技术等级	路面类型	途经乡镇（街道）	合计		特大桥		大桥		中桥		小桥		合计		特长隧道		长隧道		中隧道		短隧道	
								座	延米	座	延米	座	延米	座	延米	座	延米	道	延米	道	延米	道	延米	道	延米	道	延米
X707330329	东交线	东溪仔	交溪	41.947	二级 四级	沥青混凝土、水泥混凝土	仕阳	8	347.2	0	0	2	268.2	0	0	6	79	0	0	0	0	0	0	0	0	0	0
X708330329	仕底线	仕阳	仕阳大桥	27.31	四级	沥青混凝土、水泥混凝土、沥青贯入式	仕阳	5	190	0	0	0	0	1	132	4	58	0	0	0	0	0	0	0	0	0	0
X709330329	富察线	富垟	芝麻潭	74.666	三级 四级	沥青混凝土、水泥混凝土、沥青表面处治	罗阳 泗溪 彭溪 雅阳 三魁	19	590.9	0	0	2	223.4	2	106.7	15	260.8	0	0	0	0	0	0	0	0	0	0
X710330329	西交线	西旸	交垟	30.175	四级	沥青混凝土、水泥混凝土	罗阳 三魁	2	33.2	0	0	0	0	0	0	2	33.2	0	0	0	0	0	0	0	0	0	0
X711330329	竹西线	竹林头	甲家渡	28.101	四级	水泥混凝土	罗阳 三魁	8	155.3	0	0	0	0	2	78	6	77.3	0	0	0	0	0	0	0	0	0	0
X712330329	童东线	童岭头	火葬场	70.71	二级 四级	沥青混凝土、水泥混凝土	罗阳 司前 百丈	14	318.4	0	0	0	0	2	118.5	12	199.9	0	0	0	0	0	0	0	0	0	0
X713330329	花金线	金坑大桥	花坪	10.403	四级	沥青混凝土、水泥混凝土	百丈	0	0	0	0	0	0	0	0	0	0	0	0	0	0	0	0	0	0	0	0
X714330329	司筱线	左溪	筱村	28.333	四级	沥青混凝土、水泥混凝土、沥青贯入式	司前 百丈 筱村	5	319.5	0	0	2	257	1	34	2	28.5	1	472	0	0	0	0	0	0	1	472
X715330329	司峰线	馒头石	峰门	15.729	四级	水泥混凝土	司前	1	120	0	0	1	120	0	0		0	0	0	0	0	0	0	0	0	0	0
X716330329	台三线	台边	三插溪大坝	38.006	四级	水泥混凝土	司前 竹里	3	41.6	0	0	0	0	0	0	3	41.6	0	0	0	0	0	0	0	0	0	0
X717330329	金芳线	金竹坑	芳香坪林场	17.737	四级	沥青混凝土、水泥混凝土	司前	2	26	0	0	0	0	0	0	2	26	0	0	0	0	0	0	0	0	0	0
X718330329	上雅线	上仁路口	雅中	8.256	二级 三级	沥青混凝土、水泥混凝土	雅阳	3	86.01	0	0	0	0	2	73.01	1	13	1	500	0	0	0	0	0	0	1	500
X719330329	交罗线	交垟上村	罗阳	4.133	三级	沥青混凝土、水泥混凝土	罗阳	0	0	0	0	0	0	0	0	0	0	0	0	0	0	0	0	0	0	0	0
X720330329	分雨线	分水关	雨伞丘	4.542	三级	沥青混凝土	彭溪	0	0	0	0	0	0	0	0	0	0	0	0	0	0	0	0	0	0	0	0
X721330329	戬雪线	戬州	雪溪	8.566	二级	沥青混凝土	仕阳 三魁	2	170	0	0	1	105	1	65	0	0	2	1091	0	0	0	0	1	866	1	225
X722330329	司三线	司前	童岭头	23.878	三级 四级	沥青混凝土、水泥混凝土	司前	5	183.8	0	0	1	72	2	98	2	13.8	3	2368	0	0	1	2170	0	0	2	198
X801330322	鸽隔线	鸽尾礁	隔头	12.07	四级	水泥混凝土	北香	0	0	0	0	0	0	0	0	0	0	0	0	0	0	0	0	0	0	0	0

续表 3-1-2

线路编号	路线							桥梁										隧道									
	路线名称	起点名称	止点名称	里程	技术等级	路面类型	途经乡镇（街道）	合计		特大桥		大桥		中桥		小桥		合计		特长隧道		长隧道		中隧道		短隧道	
								座	延米	座	延米	座	延米	座	延米	座	延米	道	延米	道	延米	道	延米	道	延米	道	延米
X803330322	风洞线	公路段	洞头码头	2.236	四级等外	水泥混凝土	北岙东屏	0	0	0	0	0	0	0	0	0	0	1	148	0	0	0	0	0	0	1	148
X804330322	连港环岛公路	三盘桥头	白迭	12.856	二级	沥青混凝土、水泥混凝土	北岙东屏	1	33.17	0	0	0	0	1	33.17	0	0	6	1646	0	0	0	0	0	0	6	1646
X805330322	马观线	马岙潭	观音礁	29.394	三级四级	水泥混凝土	大门	0	0	0	0	0	0	0	0	0	0	0	0	0	0	0	0	0	0	0	0
X807330322	环岛公路西线	三盘大桥	南塘	5.55	二级	沥青混凝土	北岙	0	0	0	0	0	0	0	0	0	0	1	870	0	0	0	0	1	870	0	0
X808330322	鹿东线	鹿西码头	东臼	9.126	四级	水泥混凝土	鹿西	0	0	0	0	0	0	0	0	0	0	0	0	0	0	0	0		0	0	0
X809330322	大翁线	长沙	大门大桥北	12.603	一级二级	沥青混凝土、水泥混凝土	大门	2	7006	1	6158	1	848	0	0	0	0	1	1955	0	0	1	1955	0	0	0	0
X809330382	大翁线	大门岛	翁垟	1.744	一级	沥青混凝土	翁垟		0		0	0	0	0	0	0	0	0	0	0	0	0	0	0	0	0	0
X810330322	深大线	内深门	大朴	4.755	二级	沥青混凝土	北岙	1	2635	1	2635	0	0	0	0	0	0	0	0	0	0	0	0	0	0	0	0
X851330303	茅竹岭—永中	茅竹岭	永中	10.553	二级四级	沥青混凝土、水泥混凝土	永中瑶溪	6	213.7	0	0	0	0	2	140	4	73.7	0	0	0	0	0	0	0	0	0	0
X853330303	瑶溪—永中	瑶溪	永中	4.027	四级	水泥混凝土	永中瑶溪	3	95	0	0	0	0	0	0	3	95	0	0	0	0	0	0	0	0	0	0
X854330303	圆桥头—河头龙	圆桥头	河头龙	4.933	四级	水泥混凝土	瑶溪	0	0	0	0	0	0	0	0	0	0	0	0	0	0	0	0	0	0	0	0
X855330303	瑶溪—李部寺	瑶溪桥	李部寺	2.478	四级	沥青混凝土	瑶溪	3	102.6	0	0	1	49	0	0	2	53.6	0	0	0	0	0	0	0	0	0	0
X857330322	五岛相连公路	灵昆大桥北	三盘港	42.981	一级二级	沥青混凝土、水泥混凝土	北岙元觉霓屿	17	8418.9	4	6781.5	5	1328.4	5	252	3	57	5	719.7	0	0	0	0	0	0	5	719.7

县道联网公路统计表

表 3-1-3

序号	线路编号	线路名称	起 点	讫 点	总里程(公里)	备 注
1	X003	水鹤线（永嘉）	后林	鹤盛	27.121	—
		水下线（乐清）	大荆	后林	29.392	—
2	X007	虹三线（永嘉）	玛瑙	后江	37.939	—
		虹三线（乐清）	振兴路	玛瑙	26.637	—
3	X018	淡下线（永嘉）	永乐分界	仙清线	18.81	—
		淡下线（乐清）	淡溪镇政府	永乐分界	16.111	—
4	X026	雁楠线（永嘉）	巨坑庵	枫林	25.486	—
		雁楠线（乐清）	雁荡山	巨坑庵	20.04	—
5	X104	瓯娄线（鹿城）	东瓯大桥南	景山隧道出口	2.909	转城市道路
		瓯娄线（瓯海）	景山隧道出口	娄桥瓯海大道	3.287	—
6	X108	壬临线（鹿城）	西洲	临江	1.562	—
		壬临线（永嘉）	壬田	西洲	0.855	—
7	X114	珍上线（永嘉）	珍溪口	白水漈瀑	20.852	—
		珍上线（乐清）	白水漈瀑	上埠头	22.357	—
8	X206	高桐线（瓯海）	郭溪	桐岭	13.581	—
		高桐线（瑞安）	桐岭	桐浦	7.951	
9	X208	石林环线（鹿城）	石埠	田塘头	21.19	转城市道路
		石林环线（瓯海）	岭雪	林岙	25.572	—
10	X209	瓯海大道（鹿城）	戈恬	雅漾	1.236	—
		瓯海大道（瓯海）	南塘大道口	戈恬	24.08	—
11	X271	瓯湖线（鹿城）	瓯江大桥	雅漾南	14.377	—
		瓯湖线（瓯海）	雅漾村南	和尚岭	27.314	—
		瓯湖线（瑞安）	和尚岭	湖岭	18.904	—
12	X272	十状线（鹿城）	十里亭桥	梅宅	4.058	转城市道路
		十状线（龙湾）	经纬集团	状元	4.018	—
		十状线（瓯海）	梅宅	经纬集团	2.278	—
13	X273	双南线（鹿城）	双屿	德政工业区	8.255	转城市道路
		双南线（瓯海）	德政工业区	南白象	6.551	—
14	X275	桐浦线（瓯海）	桐岭	桐岭隧道	2.652	—
		桐浦线（瑞安）	桐岭隧道	浦西	5.764	—
15	X276	瞿高线（瓯海）	岩门角	分水城	7.754	—
		瞿高线（瑞安）	分水城	林溪	9.539	—
16	X302	罗梅线（龙湾）	陈岙	梅头	1.167	—
		罗梅线（瑞安）	罗凤	陈岙	8.903	—
17	X303	塘永线（龙湾）	场桥变电所	机场路	14.836	—
		塘永线（瑞安）	塘下	场桥变电所	7.523	—
18	X308	飞宋线（平阳）	阁一	宋埠	2.268	—
		飞宋线（瑞安）	铁炉	阁一	12.821	—
19	X310	平鹤线（平阳）	大南	占江	16.542	—
		平鹤线（瑞安）	平阳坑	大南	16.018	—
20	X311	营朱线（文成）	寨下	朱雅	36.23	—
		营朱线（瑞安）	营前	寨下	9	—
21	X316	高水线（平阳）	岭门	水头	12.552	—
		高水线（瑞安）	石龙口	岭门	7.302	—
22	X317	一花线（文成）	大垟口	西坑	49.97	—
		一花线（瑞安）	一甲	大垟口	23.078	—
23	X404	昆江线（平阳）	昆阳	小湖岭	19.318	—
		昆江线（瑞安）	小湖岭	翁样	5.062	—
24	X407	钱马线（平阳）	钱仓	南坪	15.642	—
		钱马线（瑞安）	南坪	马屿	14.779	—

续表 3-1-3

序号	线路编号	线路名称	起 点	讫 点	总里程(公里)	备 注
25	X415	萧龙线（平阳）	萧江	山下垟	3.8	—
		萧龙线（苍南）	山下垟	龙港	3.965	—
26	X506	灵内线（平阳）	渔池	内塘	33.794	—
		灵内线（苍南）	樟浦	渔池	6.409	—
27	X507	灵溪线（平阳）	岭头	摇岭	29.269	—
		灵溪线（苍南）	灵溪	岭头	9.614	—
		灵溪线（文成）	摇岭	溪口	9.55	—
28	X509	桥南线（平阳）	垟半岭	南雁	13.86	—
		桥南线（苍南）	桥墩	垟半岭	20.256	—
29	X601	峃院线（文成）	峃口	松源	31.7	—
		峃院线（泰顺）	松源	院口	41.212	—
30	X610	仰矾线（平阳）	下村水库	矾岩	28.802	—
		仰矾线（文成）	仰山	下村水库	23.99	—
31	X705	东桂线（文成）	古伏垟	桂库	1.7	—
		东桂线（泰顺）	东溪大桥桥头	古伏垟	30.687	—
32	X809	大翁线（洞头）	长沙	大门大桥北	12.603	—
		大翁线（乐清）	大门岛	翁垟	1.744	—
合 计					1034.398	—

第二节 乡村公路

一、乡村公路建设沿革

中华人民共和国成立初期，国家百业待兴，却又资金短缺，乡、村道路建设举步维艰，多数村庄的交通只靠适合步行和肩挑背扛的羊肠小道。1957 年，由于“大跃进”的推进，以及农业机械化的普及，温州农村掀起中华人民共和国成立后第一波筑路高潮，开始建设以机耕道路为主的乡村道路。截至 1978 年底，温州辖内共建机耕道路 684 公里。由于受当时冒进思潮的影响，加之资金不足、科技缺乏等因素，所修道路一般路基宽度 5 ～ 7 米，最窄的仅 3.5 米；路面 4.5 ～ 5.5 米，最窄 2.5 米，且路面多为泥石或砂石结构。

1966—1976 年“文化大革命”，是温州农村公路天灾人祸互相影响、互为因果、恶性循环的时期。无政府主义思潮泛滥，路政管理松弛，人为破坏公路设施的事件屡禁不止，加剧了农村公路路况的普遍下降。人为破坏公路设施的主要表现：挖路为田、占路修渠、公路作市场、盗伐公路行道树。温州地区本是浙江省公路绿化先进地区，1967—1975 年，公路行道树遭到空前砍伐，成为浙江省最惨重的地区之一。1966 年，除干线 569.38 公里外，还有支线 308.48 公里，总计 877.86 公里绿化成荫，桉树胸径在 30 厘米以上，盗伐后仅留 100 公里残缺不全的老树，许多参加当时公路绿化的工作人员痛心地说：“打倒李铁峰（原温州地委书记，在任时重视公路绿化），温州公路绿化一场空。”“文化大革命”期间，乡村道路建设基本处于停滞状态，已建公路严重失养。台风暴雨袭击也造成乡村公路大面积损毁。1972 年 7 月、8 月第 7、9 号台风在温州南部登陆，时间短，雨量集中。特别是第 9 号台风，温州是浙江七个地区公路损毁最严重的地区，其中以平阳、瑞安、乐清、泰顺四县最为严重。平阳、泰顺被冲坍驳磡 51 处计 1.5 万立方米，塌方 2.9 万立方米。

中共十一届三中全会之后，随着改革开放政策带来的温州区域经济的迅猛发展，农村公路建设提出“民办公助、民工助勤”的方针，即农村建一公里公路，国家补助 5000 ～ 7000 元，不足部分通过义务投劳。这一方针，调动了地方政府建路的积极性。本时期，国家对农村公路建设实行扶贫政策，各级政府着力于促进区域交通一体化、城乡交通一体化的建设，乡村道路骨干网络逐步形成，断头路陆续接通，机耕路路面开始逐步硬化，乡村道路的质量、数量都达到历史新高。到 1990 年，全市 10 年共建乡村道路 3333.27 公里，比前 20 年增加近 4 倍。

2003 年 6 月，浙江省委、省政府作出实施乡村康庄工程的重大决策，计划五年投资 140 亿元建设 55000 公里通乡通村等级公路，让 3000 多万浙江农民兄弟真正走上油路、水泥路。“康庄工程”较之以前的“村村通公路”，从简易公路上升为等级公路，从砂石路面上升为水泥混凝土或沥青路面。无论从技术含量上，还是在促进当地经济发展上均有重大的突破。2003 年 8 月 5 日，温州成立了由副市长挂帅的温州市乡村康庄工程建设领导小组，温州市交通局成立温州市乡村康庄工程建设办公室（简称康庄办），把康庄工程建设列入为民办实事和“139 富民攻坚计划”的重要举措。10 月 18 日，全市乡村康庄工程动员大会召开，标志着温州乡村康庄工程全面启动。各地层层成立乡村康庄工程建设领导小组，召开动员大会，各县（市、区）、乡（镇）村按照“政府推动、部门联动、社会参与”的总体思路，形成共识，上下联动，全面铺开。工程实施过程中，各地均出台了一系列优惠政策。

温州市乡村康庄工程建设办公室在加强协调、上下联动的同时，对进度和质量紧抓不懈。建立月通报、季度主任例会制度，加强督导，同时实行社会监理制度，一旦发现质量问题排除阻力，责令整改、返工，不留情面。

到 2006 年 6 月底，全市乡村康庄工程用三年时间完成五年改造和硬化通村公路 7700 公里的计划，等级公路通村率达到 88%，路面硬化率达到 80%，提前一年半时间完成了 2003 年提出的通村率 85%、硬化率 72% 的目标。2003 ～ 2007 年，完成乡村康庄工程投资 29 亿多元，温州市政府配套 2.61 亿元作为以奖代补资金，温州市交通局为贫困县康庄工程贴息 400 多万元。对乡村公路投入如此巨额的建设资金、配套资金和贴息资金，在温州农村公路建设史上绝无仅有。五年时间，完成通村公路实施路基改造、路面硬化 11260.1 公

未通公路前农村婚嫁情形　胡激勇摄

机耕路和乡村道初步改变了农村交通状况　胡激勇摄

乡村实现通公路　资料图片

永嘉县康庄公路　刘晓华摄

里，鹿城、龙湾、瓯海、洞头、乐清、瑞安、平阳、苍南8个县（市、区）实现“双百”（通村公路等级化和路面硬化两项指标均达到100%），5747个行政村通上等级公路，5626个行政村路面得到硬化，通村率、硬化率分别达到95.0%和93.0%。到2007年，县乡养护公路年平均好路率65.25%。

乡村康庄工程是浙江省“五大百亿”工程和“六大交通工程”之一，是关乎统筹城乡科学发展、推进新农村建设的一项关键性的基础工程。在乡村康庄工程建设过程中，各级党委、政府和交通部门在多渠道筹措资金、加强工程管理、狠抓廉政建设方面，积累了许多宝贵的经验。同时，社会各界积极捐助，农民群众主动参与，广大建设者团结奋战，涌现出大量生动感人的事迹。

按照经济学理论，农村公路属于一种“社会先行资本”，它为把劳动果实转化为商品价值铺平了道路。乡村康庄工程促进了农村经济的发展和客运网络的建设。据统计，2006年，全市139个欠发达乡镇农民人均纯收入指标已超过全国平均水平，提前一年实现浙江省确定的80%欠发达乡镇“上线”的目标。

乡村康庄工程给广大农村农民带来了巨大的效益。永嘉县乌牛镇十八垄村庄，是典型的通路不通车的穷山村。2003年下半年该村被列入浙江省乡村康庄工程试点项目，2004年初建成浙江省第一条乡村康庄公路，带动了当地的茶叶销路。仰山乡是文成县的杨梅之乡，通康庄公路前杨梅出运难。成为该县第一个实现村村通水泥路乡后，仅杨梅一项人均收入达到2500元。瑞安市营前乡康庄公路建成后，各村的茶叶基地相连成片，形成了茶叶产业化格局。苍南县中魁村是温州唯一的生产荔枝村，拥有荔枝基地2000多公顷，公路不通，荔枝贱卖。通康庄公路后，荔枝效益突显，还办起荔枝旅游节，发展观光农业。

大规模的乡村康庄工程结束后，农村公路建设进入联网和提升阶段。2009年，温州市农村公路建设采取以奖代补激励机制，完成总投资1.31亿元，实施农村公路路面大中修工程298公里，完成通村公路210公里，完成农村联网公路84.7公里。2010年，温州农村公路建设总投资3亿元，除脱贫村和海岛村外，通行政村道路实现100%通达，路面硬化100%。全市11个县（市、区）完成建设通村公路350公里，路面大中修303.7公里。创建市级农村文明公路11条100.061公里。

2012年以来，习近平总书记就农村公路发展作出“建好、管好、护好、运营好”的重要指示。2015年5月，交通运输部下发《关于推进“四好农村路”建设的意见》（交公路发〔2015〕73号），要求建立健全“县为主体、行业指导、部门协作、社会参与”的养护工作机制。

实施农村公路改造提升工程是建设“四好”农村公路的有力保障。2015年是浙江省实施农村公路改造提升工程的第一年。省、市政府把该项

泰顺县康庄公路　刘晓华摄

文成县乡村公路　李武摄

工作列入年度十大民生实事之一。全市各县（市、区）政府均出台了《农村公路改造提升工程实施方案》，明确本辖区农村公路改造提升工程的补助办法，制约农村公路工程建设的资金配套与政策机制问题开始得到全面破解。农村公路工作由原先的交通行业行为转到政府行为和社会行为，形成了农村公路政府办、社会办、全民办的格局。是年8月18日，市交通运输局发布《温州市农村公路三年行动实施意见》，提出实施以农村公路改造提升为主要内容的“农村公路三年行动”（2015—2017），在农村公路联网通达、改造提升、科学养护、安保提速、规范管理、均等服务等六个方面实现重大突破，达到提升通行能力、提升管养水平、提升安保能力、提升服务水平的目的。计划总投资20亿元，完成改造提升公路1500公里，新建联网公路300公里，大中修1500公里，安保工程1000公里，港湾式停靠站600个。同时，根据《浙江省农村公路改造提升技术指导手册》，结合温州实际，提出技术要求。改造提升公路分3个类型：⑴对交通量较大、通乡镇、中心村或风景区，具备拓宽条件的路线原则上按四级公路双车道标准建设，路基路面宽度分别不小于6.5米、6.0米；⑵对交通量相对较小、具备拓宽条件的通乡镇、中心村或风景点的路线，路基路面宽度不小于5.5米、5.0米，且拓宽宽度不小于1.0米；⑶对受地形限制不具备全线拓宽条件的路线宜采取局部改善措施，如路肩硬化、局部拓宽、降低纵坡、弯道改善、边沟硬化等处治措施，错车道设置原则上每公里不少于3个，且满足通行和通视要求。新建联网公路，原则上按不低于四级公路技术标准建设，双车道路基路面宽度不小于6.5米、6.0米；单车道路基路面宽度不小于4.5米、3.5米，且必须按规定设置错车道，满足农村客运班线的基本要求。是年9月，省交通运输厅印发《浙江省农村公路改造提升工程考核管理办法》。市公路管理局成立农村公路建设管理处，在全省率先把县（区）级农村公路建管养机构统一设在县（区）级公路部门。根据全市农村公路改造提升工程的实际情况，结合《浙江省准四级公路工程技术标准》《农村公路建设暂行技术要求》等有关标准和规范，出台浙江省首个《农村公路提升工程技术指南（试行）》。“指南”对农村公路改造提升工程提出了具体的设计原则和技术要求，对受限路段的技术要求和配套措施也更加明确，为各县（市、区）农村公路提升工程的设计与技术等方面提供指导作用。2015年，完成投资11亿元，创历史最高水平，完成农村公路提升等级535公里，农村联网公路149公里，路面大中修585公里，安保工程490公里。经省交通运输厅考核，温州市获本年度浙江省农村公路改造提升工程考核第一名。

乡道基本情况统计表

表 3-2-1

线路编号	路线							桥梁										隧道									
	线路名称	起点名称	止点名称	里程	技术等级	路面类型	途经乡镇	合计		特大桥		大桥		中桥		小桥		合计		特长隧道		长隧道		中隧道		短隧道	
								座	延米	座	延米	座	延米	座	延米	座	延米	道	延米	道	延米	道	延米	道	延米	道	延米
1	2	3	4	5	6	7	8	9	10	11	12	13	14	15	16	17	18	19	20	21	22	23	24	25	26	27	28
乡道小计				1433.544				534	14739.75	0	0	14	2544.34	94	4793.53	426	7401.88	8	4805.3		0	2	3395	1	520	5	890.3
Y002330382	淡东线	淡下线	白龙山	13.894	四级	水泥混凝土	芙蓉 淡溪	4	155	0	0	0	0	2	136	2	19	0	0	0	0	0	0	0	0	0	0
Y003330382	智平线	西滩桥	平田	7.733	四级	水泥混凝土	大荆	10	284	0	0	0	0	3	156	7	128	0	0	0	0	0	0	0	0	0	0
Y004330382	万岙线	万岙东	万岙西	0.988	三级	沥青混凝土	城南	0	0	0	0	0	0	0	0	0	0	0	0	0	0	0	0	0	0	0	0
Y005330382	湖里线	湖雾	里窍	7.074	四级	水泥混凝土	大荆	1	9	0	0	0	0	0	0	1	9	0	0	0	0	0	0	0	0	0	0
Y007330382	亨东线	亨乾口	东山	3.921	四级	水泥混凝土	清江	0	0	0	0	0	0	0	0		0	0	0	0	0	0	0	0	0	0	0
Y008330382	虹芙线	虹桥	芙蓉	9.065	二级 四级	水泥混凝土	芙蓉 虹桥	9	205.08	0	0	0	0	3	105.24	6	99.84	1	1200	0	0	1	1200	0	0	0	0
Y009330382	虹溪线	虹桥 东站	瑶岙	4.821	二级 四级	水泥混凝土	虹桥	7	157	0	0	0	0	2	84	5	73	0	0	0	0	0	0	0	0	0	0
Y010330382	朴岩线	朴湖	岩宕	8.523	四级	水泥混凝土	石帆	6	135.65	0	0	0	0	1	50	5	85.65	0	0	0	0	0	0	0	0	0	0
Y011330382	上蒲线	上河头	蒲歧	3.874	四级	水泥混凝土	天成 虹桥	7	102.1	0	0	0	0	1	42	6	60.1	0	0	0	0	0	0	0	0	0	0
Y012330382	巉虹线	蒲歧	竹屿	3.774	四级	水泥混凝土	天成	7	149.5	0	0	0	0	1	50	6	99.5	0	0	0	0	0	0	0	0	0	0
Y013330382	慎蒲线	慎海	蒲歧	4.751	四级	水泥混凝土	城东 天成 虹桥	6	113.1	0	0	0	0	1	60	5	53.1	0	0	0	0	0	0	0	0	0	0
Y014330382	桥万线	桥下	合湖 环岛	4.063	四级	水泥混凝土	白石 北白象	2	47	0	0	0	0	0	0	2	47	0	0	0	0	0	0	0	0	0	0
Y015330382	白白线	下印	塘下	3.808	四级	水泥混凝土	北白象	3	499	0	0	1	456	0	0	2	43	0	0	0	0	0	0	0	0	0	0
Y016330382	沙洪线	沙门	洪渡桥	2.526	四级	水泥混凝土	北白象	1	24	0	0	0	0	1	24		0	0	0	0	0	0	0	0	0	0	0
Y017330382	大外线	湖雾	外林	3.813	四级	水泥混凝土	大荆	1	18	0	0	0	0	0	0	1	18	0	0	0	0	0	0	0	0	0	0
Y018330382	双叶线	双峰	大岩头	8.316	四级	水泥混凝土	大荆	3	110	0	0	0	0	2	103.4	1	6.6	0	0	0	0	0	0	0	0	0	0
Y019330382	卓庄线	卓屿	庄屋	11.919	四级	水泥混凝土	仙溪	5	235.5	0	0	1	120	1	50	3	65.5	0	0	0	0	0	0	0	0	0	0
Y020330382	泽五线	泽基	五亩田	5.433	四级	水泥混凝土	芙蓉	0	0	0	0	0	0	0	0	0	0	0	0	0	0	0	0	0	0	0	0
Y021330382	南九线	南充	九龙	4.727	四级	水泥混凝土	芙蓉	1	19	0	0	0	0	0	0	1	19	0	0	0	0	0	0	0	0	0	0
Y022330382	镇双线	镇安	新坊	5.345	四级	水泥混凝土	大荆	5	179.1	0	0	0	0	4	171.1	1	8	0	0	0	0	0	0	0	0	0	0
Y023330382	杨岭线	丁岙	永嘉	14.88	四级	水泥混凝土	淡溪	6	83	0	0	0	0	0	0	6	83	0	0	0	0	0	0	0	0	0	0
Y024330382	芙小线	芙蓉	芙蓉	2.548	四级	水泥混凝土	芙蓉	3	61.9	0	0	0	0	0	0	3	61.9	0	0	0	0	0	0	0	0	0	0
Y025330382	凰里线	凰岙	里二	5.99	四级	水泥混凝土	虹桥	3	48	0	0	0	0	0	0	3	48	1	210	0	0	0	0	0	0	1	210
Y026330382	虹龙线	虹桥	龙泽	6.027	四级	水泥混凝土	虹桥	3	108.5	0	0	0	0	1	54	2	54.5	0	0	0	0	0	0	0	0	0	0
Y029330382	象象线	象阳	后垅	2.055	四级	水泥混凝土	柳市	3	95	0	0	0	0	2	79	1	16	0	0	0	0	0	0	0	0	0	0
Y030330382	白秦线	白岩下	秦垟南	7.351	四级	水泥混凝土	乐成	0	0	0	0	0	0	0	0	0	0	0	0	0	0	0	0	0	0	0	0

续表 3-2-1

线路编号	路线							桥梁										隧道									
	线路名称	起点名称	止点名称	里程	技术等级	路面类型	途经乡镇	合计		特大桥		大桥		中桥		小桥		合计		特长隧道		长隧道		中隧道		短隧道	
								座	延米	座	延米	座	延米	座	延米	座	延米	道	延米	道	延米	道	延米	道	延米	道	延米
Y031330382	山湖线	山弄	沙西	3.617	四级	水泥混凝土	柳市	2	54.8	0	0	0	0	1	43	1	11.8	0	0	0	0	0	0	0	0	0	0
Y032330382	牛珠线	牛鼻洞	珠洋	6.374	四级	水泥混凝土	城东	2	48	0	0	0	0		0	2	48	0	0	0	0	0	0	0	0	0	0
Y033330382	排象线	排岩头	象阳	2.756	四级	水泥混凝土	柳市	3	118	0	0	0	0	1	59	2	59	0	0	0	0	0	0	0	0	0	0
Y034330382	下凤线	下印	凤凰山	1.195	四级	水泥混凝土	白石	1	30.84	0	0	0	0		0	1	30.84	0	0	0	0	0	0	0	0	0	0
Y035330382	白垟线	白象老车站	山东	9.914	四级	水泥混凝土	北白象	13	254.5	0	0	0	0	1	36.5	12	218	0	0	0	0	0	0	0	0	0	0
Y036330382	石溪线	蔡界山口	溪坦	2.485	四级	水泥混凝土	大荆	1	9.6	0	0	0	0	0	0	1	9.6	0	0	0	0	0	0	0	0	0	0
Y037330382	杏沙线	杏二	沙港头	1.637	二级	水泥混凝土	虹桥	1	19.57	0	0	0	0	0	0	1	19.57	0	0	0	0	0	0	0	0	0	0
Y038330382	兰巨线	巨坑庵	兰樟田隧道	6.205	四级	水泥混凝土	芙蓉	2	22.9	0	0	0	0	0	0	2	22.9	1	178	0	0	0	0	0	0	1	178
Y109330324	上后线	潘宅	瓯渠车站	3.82	四级	水泥混凝土	桥下	1	60.25	0	0	0	0	1	60.25	0	0	0	0	0	0	0	0	0	0	0	0
Y111330324	梅全线	梅全	全安	3.684	四级	水泥混凝土	东城	5	101.2	0	0	0	0	1	37	4	64.2	0	0	0	0	0	0	0	0	0	0
Y112330324	石科线	石公田	科竹	6.509	四级	水泥混凝土	沙头	1	20	0	0	0	0	0	0	1	20	0	0	0	0	0	0	0	0	0	0
Y113330324	西横线	西湾头	乌弄	11.945	四级	水泥混凝土	沙头	0	0	0	0	0	0	0	0	0	0	0	0	0	0	0	0	0	0	0	0
Y114330324	马田支线	西横线	嶂树鸟	3.441	四级	水泥混凝土	沙头	1	10	0	0	0	0	0	0	1	10	0	0	0	0	0	0	0	0	0	0
Y115330324	东蓬线	东皋	蓬溪	3.399	四级	水泥混凝土	鹤盛	3	236.64	0	0	1	119.04	1	99.6	1	18	0	0	0	0	0	0	0	0	0	0
Y116330324	过西线	过路滩	西炉	2.851	四级	水泥混凝土	鹤盛		0	0	0	0	0	0	0	0	0	0	0	0	0	0	0	0	0	0	0
Y117330324	岩龙线	岩上村	龙湾潭	3.913	三级	沥青混凝土	鹤盛	3	82	0	0	0	0	0	0	3	82	0	0	0	0	0	0	0	0	0	0
Y119330324	周罗线	周家园	罗川	8.003	四级	水泥混凝土	鹤盛	0	0	0	0	0	0	0	0	0	0	0	0	0	0	0	0	0	0	0	0
Y120330324	蔡坑支线	周罗线	蔡坑	1.241	四级	水泥混凝土	鹤盛	1	10	0	0	0	0	0	0	1	10	0	0	0	0	0	0	0	0	0	0
Y121330324	张四线	张溪	四海山	25.401	四级	水泥混凝土	岩坦	5	75.8	0	0	0	0	0	0	5	75.8	0	0	0	0	0	0	0	0	0	0
Y122330324	徐上线	徐岙	上泛	5.086	四级	水泥混凝土	岩头		0	0	0	0	0	0	0	0	0	0	0	0	0	0	0	0	0	0	0
Y123330324	季家山支线	岩表线	季家山	4.049	四级	水泥混凝土	岩头	0	0	0	0	0	0	0	0	0	0	0	0	0	0	0	0	0	0	0	0
Y125330324	潘塘支线	黄里线	潘塘	1.801	四级	水泥混凝土	岩坦	0	0	0	0	0	0	0	0	0	0	0	0	0	0	0	0	0	0	0	0
Y126330324	碧新线	坦五线	新岙	3.363	四级	水泥混凝土	碧莲	1	32.9	0	0	0	0	0	0	1	32.9	0	0	0	0	0	0	0	0	0	0
Y128330324	王山支线	仙清线	王山	4.407	四级	水泥混凝土	岩坦	1	40.6	0	0	0	0	1	40.6	0	0	0	0	0	0	0	0	0	0	0	0
Y129330324	新深线	深亭	季家寨	15.284	四级	水泥混凝土	岩坦	3	90.8	0	0	1	73	0	0	2	17.8	0	0	0	0	0	0	0	0	0	0
Y130330324	金山支线	金山桥	金益	4.057	四级	水泥混凝土	碧莲	0	0	0	0	0	0	0	0	0	0	0	0	0	0	0	0	0	0	0	0
Y132330324	泥泥线	泥坑口	泥坑	6.213	四级	水泥混凝土	巽宅	0	0	0	0	0	0	0	0	0	0	0	0	0	0	0	0	0	0	0	0

续表 3-2-1

线路编号	路线							桥梁										隧道									
	线路名称	起点名称	止点名称	里程	技术等级	路面类型	途经乡镇	合计		特大桥		大桥		中桥		小桥		合计		特长隧道		长隧道		中隧道		短隧道	
								座	延米	座	延米	座	延米	座	延米	座	延米	道	延米	道	延米	道	延米	道	延米	道	延米
Y133330324	川岙支线	泥泥线	川岙	1.547	四级	水泥混凝土	巽宅	0	0	0	0	0	0	0	0	0	0	0	0	0	0	0	0	0	0	0	0
Y134330324	西柴线	西岙	柴皮	5.001	四级	水泥混凝土	巽宅	0	0	0	0	0	0	0	0	0	0	0	0	0	0	0	0	0	0	0	0
Y135330324	碧郑线	山坑口下	碧莲	9.168	三级 四级	沥青混凝土、水泥混凝土	碧莲	0	0	0	0	0	0	0	0	0	0	0	0	0	0	0	0	0	0	0	0
Y136330324	九黄线	九房	黄潭口	9.486	四级	水泥混凝土	大若岩	5	102.5	0	0	0	0	0	0	5	102.5	0	0	0	0	0	0	0	0	0	0
Y137330324	岭汤线	岭里	汤店	25.896	四级	水泥混凝土	碧莲 岩头	16	197.3	0	0	0	0	0	0	16	197.3	0	0	0	0	0	0	0	0	0	0
Y138330324	岭牌线	中源	牌门	17.854	四级	水泥混凝土	鹤盛	6	116	0	0	0	0	0	0	6	116	1	58	0	0	0	0	0	0	1	58
Y201330303	七甲—天柱寺	七甲	天柱寺	2.062	三级	水泥混凝土	永中 沙城	0	0	0	0	0	0	0	0	0	0	0	0	0	0	0	0	0	0	0	0
Y202330303	天河—永中	天河	永中	5.612	一级 三级	沥青混凝土、水泥混凝土	永中	7	101.6	0	0	0	0	0	0	7	101.6	0	0	0	0	0	0	0	0	0	0
Y203330303	宁城—永中	宁城	永中	3.472	四级	水泥混凝土	海滨	2	41	0	0	0	0	0	0	2	41	0	0	0	0	0	0	0	0	0	0
Y204330303	永中—沙前	永中	沙前	1.07	二级	水泥混凝土	永中	2	41	0	0	0	0	0	0	2	41	0	0	0	0	0	0	0	0	0	0
Y205330303	永中—青山	永中	青山	2.619	四级	水泥混凝土	永中	0	0	0	0	0	0	0	0	0	0	0	0	0	0	0	0	0	0	0	0
Y206330303	机场路—机场路	机场路	机场路	8.313	四级	水泥混凝土	海滨	3	54.8	0	0	0	0	0	0	3	54.8	0	0	0	0	0	0	0	0	0	0
Y207330303	码头—煤灰码头	码头	煤灰码头	8.68	四级	沥青混凝土、水泥混凝土	灵昆	1	10.2	0	0	0	0	0	0	1	10.2	0	0	0	0	0	0	0	0	0	0
Y208330304	旸娄线	旸岙	娄桥	3.025	四级	水泥混凝土	娄桥	1	59	0	0	0	0	1	59		0	0	0	0	0	0	0	0	0	0	0
Y209330304	塘任线	塘下	任桥	2.261	四级	水泥混凝土	郭溪	3	107	0	0	0	0	1	54	2	53	0	0	0	0	0	0	0	0	0	0
Y210330304	潘陈线	潘桥	陈庄	1.402	三级	水泥混凝土	潘桥	0	0	0	0	0	0	0	0		0	0	0	0	0	0	0	0	0	0	0
Y211330304	巨任线	瞿溪	任桥	3.988	四级	水泥混凝土	郭溪	0	0	0	0	0	0	0	0		0	0	0	0	0	0	0	0	0	0	0
Y212330304	巨雄线	瞿溪	雄溪	3.991	三级	水泥混凝土	瞿溪	2	53.4	0	0	0	0	0	0	2	53.4	0	0	0	0	0	0	0	0	0	0
Y213330304	任潘线	任桥	潘桥	1.548	三级 四级	水泥混凝土	郭溪 潘桥	0	0	0	0	0	0	0	0	0	0	0	0	0	0	0	0	0	0	0	0
Y214330302	外大线	外墙	石林环线	6.099	四级	沥青贯入式	藤桥	1	6.3	0	0	0	0	0	0	1	6.3	0	0	0	0	0	0	0	0	0	0
Y215330302	上戍支线	竹桥	周徐	2.74	四级	沥青混凝土、水泥混凝土	藤桥	0	0	0	0	0	0	0	0	0	0	0	0	0	0	0	0	0	0	0	0

续表 3-2-1

线路编号	路线							桥梁										隧道											
	线路名称	起点名称	止点名称	里程	技术等级	路面类型	途经乡镇	合计		特大桥		大桥		中桥		小桥		合计		特长隧道		长隧道		中隧道		短隧道	
								座	延米	座	延米	座	延米	座	延米	座	延米	道	延米	道	延米	道	延米	道	延米	道	延米
Y216330304	陈北线	上陈	北林垟	16.811	四级	沥青混凝土、水泥混凝土	泽雅	5	61.5	0	0	0	0	0	0	5	61.5	0	0	0	0	0	0	0	0	0	0
Y217330304	唐金线	唐宅	金宅	4.649	四级	沥青贯入式	泽雅	3	52	0	0	0	0	1	24	2	28	0	0	0	0	0	0	0	0	0	0
Y218330304	龙西线	龙宫	西岸	5.301	四级	沥青贯入式	泽雅	1	15	0	0	0	0	0	0	1	15	0	0	0	0	0	0	0	0	0	0
Y219330304	环库公路	西山	石桥	5.13	三级	水泥混凝土	泽雅	0	0	0	0	0	0	0	0	0	0	0	0	0	0	0	0	0	0	0	0
Y220330304	林五线	石坑	五凤垟	10.563	四级	沥青混凝土、水泥混凝土	泽雅	3	30	0	0	0	0	0	0	3	30	0	0	0	0	0	0	0	0	0	0
Y221330304	白巨线	白塔殿	巨溪	3.31	三级	水泥混凝土	郭溪	3	56.8	0	0	0	0	1	25	2	31.8	0	0	0	0	0	0	0	0	0	0
Y222330304	瓯湖线老线	雷峰	李降垟	1.607	四级	沥青混凝土	泽雅	0	0	0	0	0	0	0	0	0	0	0	0	0	0	0	0	0	0	0	0
Y223330304	穗新线	南大线	中北桥南	8.737	四级	水泥混凝土	茶山 仙岩	11	400.1	0	0	0	0	4	213.6	7	186.5	0	0	0	0	0	0	0	0	0	0
Y271330302	京黄线	104 线	黄山	0.652	四级	水泥混凝土	仰义	0	0	0	0	0	0	0	0	0	0	0	0	0	0	0	0	0	0	0	0
Y272330302	京周线	104 线	周岙底	1.113	四级	水泥混凝土	仰义	0	0	0	0	0	0	0	0	0	0	0	0	0	0	0	0	0	0	0	0
Y273330302	京前线	104 线	前京涂上	1.751	四级	水泥混凝土	仰义	0	0	0	0	0	0	0	0	0	0	0	0	0	0	0	0	0	0	0	0
Y274330302	十陈线	十里	陈村	6.509	四级	水泥混凝土	仰义	2	61.2	0	0	0	0	0	0	2	61.2	0	0	0	0	0	0	0	0	0	0
Y275330302	京岙线	104 线	河岙	9.393	四级	水泥混凝土	仰义	1	9	0	0	0	0	0	0	1	9	0	0	0	0	0	0	0	0	0	0
Y276330302	澄沙桥—林里	澄沙桥	林里	9.251	二级 四级	沥青混凝土、水泥混凝土	仰义	5	59.7	0	0	0	0	0	0	5	59.7	0	0	0	0	0	0	0	0	0	0
Y277330302	潘岙—正岙	潘岙	正岙	2.759	四级	水泥混凝土	双屿	2	31	0	0	0	0	0	0	2	31	0	0	0	0	0	0	0	0	0	0
Y278330302	上伊—稽师	上伊村口	稽师	3.11	二级	沥青混凝土、水泥混凝土	双屿	5	156	0	0	0	0	1	90	4	66	0	0	0	0	0	0	0	0	0	0
Y279330302	下岭—双岙	下岭	双岙	2.754	四级	水泥混凝土	双屿	3	203	0	0	1	106	1	81	1	16	0	0	0	0	0	0	0	0	0	0
Y280330302	G330—梅屿隧道出口	G330	梅屿隧道出口	4.194	二级 四级	水泥混凝土	双屿	2	30	0	0	0	0	0	0	2	30	0	0	0	0	0	0	0	0	0	0
Y281330302	德政—葡萄棚	德政	葡萄棚	2.297	四级	水泥混凝土	南汇	3	142	0	0	0	0	2	102	1	40	0	0	0	0	0	0	0	0	0	0
Y282330302	德政—新桥	德政	新桥静心寺	0.697	四级	水泥混凝土	南汇	1	19	0	0	0	0	0	0	1	19	0	0	0	0	0	0	0	0	0	0

续表 3-2-1

线路编号	路线							桥梁										隧道									
	线路名称	起点名称	止点名称	里程	技术等级	路面类型	途经乡镇	合计		特大桥		大桥		中桥		小桥		合计		特长隧道		长隧道		中隧道		短隧道	
								座	延米	座	延米	座	延米	座	延米	座	延米	道	延米	道	延米	道	延米	道	延米	道	延米
Y283330302	前陈一屿头	G104 线	新屿	2.864	二级 三级	水泥混凝土	双屿	1	30	0	0	0	0	0	0	1	30	0	0	0	0	0	0	0	0	0	0
Y284330302	岭下一东村	岭下	东村	3.368	四级	沥青碎石	藤桥	0	0	0	0	0	0	0	0	0	0	0	0	0	0	0	0	0	0	0	0
Y285330302	上寺西一雅漾	上寺前	雅漾	2.431	四级	水泥混凝土、沥青贯入式	藤桥	1	44	0	0	0	0	1	44	0	0	0	0	0	0	0	0	0	0	0	0
Y301330304	仙河线	竹溪	仙岩秀垟水库	13.119	三级	水泥混凝土	丽岙	4	252.8	0	0	1	115	1	119.3	2	18.5	0	0	0	0	0	0	0	0	0	0
Y302330381	凤驮线	凤士桥	驮山	7.764	四级	水泥混凝土	塘下	1	16	0	0	0	0	0	0	1	16	0	0	0	0	0	0	0	0	0	0
Y315330381	林郑线	林垟	郑楼	0.508	四级	水泥混凝土	南滨	0	0	0	0	0	0	0	0		0	0	0	0	0	0	0	0	0	0	0
Y316330381	宋林线	宋家岱	万良华大桥	6.451	三级 四级	水泥混凝土	飞云 南滨	11	341	0	0	0	0	3	175.6	8	165.4	0	0	0	0	0	0	0	0	0	0
Y317330381	林阁线	林垟	阁三村	4.43	四级	水泥混凝土	南滨	6	160.2	0	0	0	0	1	44.8	5	115.4	0	0	0	0	0	0	0	0	0	0
Y318330381	云周线	云周路口	十八江	3.497	二级 三级 四级	水泥混凝土	飞云	0	0	0	0	0	0	0	0		0	0	0	0	0	0	0	0	0	0	0
Y319330381	江曹线	坊额底	钱马线	9.87	四级	水泥混凝土	仙降	11	129.3	0	0	0	0	0	0	11	129.3	0	0	0	0	0	0	0	0	0	0
Y321330381	江浦线	江上	江曹线	2.857	四级	水泥混凝土	马屿	2	69	0	0	0	0	1	41	1	28	0	0	0	0	0	0	0	0	0	0
Y322330381	洋凰线	垟下	凰社	3.831	三级	水泥混凝土	马屿	4	83.2	0	0	0	0		0	4	83.2	0	0	0	0	0	0	0	0	0	0
Y324330381	中圣线	中垟	圣井	6.258	四级	水泥混凝土、沥青贯入式	马屿	0	0	0	0	0	0	0	0	0	0	0	0	0	0	0	0	0	0	0	0
Y325330381	乌森线	乌山岩	森林公园	6.217	四级	沥青混凝土、水泥混凝土	高楼	2	71.56	0	0	0	0	0	0	2	71.56	0	0	0	0	0	0	0	0	0	0
Y326330381	岙洋线	岙口	垟岙	1.488	四级	水泥混凝土	高楼		0	0	0	0	0	0	0		0	0	0	0	0	0	0	0	0	0	0
Y327330381	顺建线	顺泰	建新	1	四级	水泥混凝土	马屿	1	7.5	0	0	0	0	0	0	1	7.5	0	0	0	0	0	0	0	0	0	0
Y328330381	霞梅线	霞岙	梅底	4.023	二级 四级	沥青混凝土、水泥混凝土	马屿	1	27	0	0	0	0	0	0	1	27	0	0	0	0	0	0	0	0	0	0
Y329330381	南苏线	南口	苏山	8.571	四级	水泥混凝土	马屿	5	92.1	0	0	0	0	0	0	5	92.1	0	0	0	0	0	0	0	0	0	0
Y330330381	后浦线	沙岙	浦西	0.959	四级	沥青碎石	陶山	1	12	0	0	0	0	0	0	1	12	0	0	0	0	0	0	0	0	0	0
Y331330381	街碧线	街路	碧前街	3.021	三级 四级	水泥混凝土	陶山	1	10.9	0	0	0	0	0	0	1	10.9	0	0	0	0	0	0	0	0	0	0
Y332330381	河岩线	河西	岩头桥	5.779	四级	水泥混凝土	陶山	5	186.2	0	0	0	0	2	138.2	3	48	0	0	0	0	0	0	0	0	0	0
Y333330381	林屿线	林下	屿前	17.417	四级	水泥混凝土	湖岭	8	90.4	0	0	0	0	0	0	8	90.4	0	0	0	0	0	0	0	0	0	0
Y335330381	吴瑶线	吴垟坑	加速	1.192	四级	水泥混凝土	湖岭	1	17.7	0	0	0	0	0	0	1	17.7	0	0	0	0	0	0	0	0	0	0

续表 3-2-1

线路编号	路线							桥梁										隧道									
	线路名称	起点名称	止点名称	里程	技术等级	路面类型	途经乡镇	合计		特大桥		大桥		中桥		小桥		合计		特长隧道		长隧道		中隧道		短隧道	
								座	延米	座	延米	座	延米	座	延米	座	延米	道	延米	道	延米	道	延米	道	延米	道	延米
Y336330381	永六线	永安	六科	5.599	四级	水泥混凝土	湖岭	2	112.5	0	0		0	2	112.5	0	0	0	0	0	0	0	0	0	0	0	0
Y337330381	坳板线	坳后	板寮	8.564	四级	水泥混凝土、沥青贯入式	湖岭	0	0	0	0	0	0	0	0	0	0	0	0	0	0	0	0	0	0	0	0
Y338330381	垟岙线	垟心	岙底	1.641	四级	水泥混凝土	湖岭		0	0	0	0	0	0	0	0	0	0	0	0	0	0	0	0	0	0	0
Y339330381	源东线	源口	西坑	3.374	四级	水泥混凝土	湖岭	3	97.5	0	0	0	0	1	37	2	60.5	0	0	0	0	0	0	0	0	0	0
Y340330381	屿河线	屿垟	河岙底	3.912	四级	水泥混凝土	马屿	1	11	0	0	0	0	0	0	1	11	0	0	0	0	0	0	0	0	0	0
Y341330381	汀灵线	汀田	灵果寺	4.453	四级	水泥混凝土	汀田	1	10.8	0	0	0	0	0	0	1	10.8	0	0	0	0	0	0	0	0	0	0
Y342330381	平阳坑大桥—京屿线	平阳坑大桥	京屿线	0.766	三级	水泥混凝土	高楼	1	412.8	0	0	1	412.8	0	0	0	0	0	0	0	0	0	0	0	0	0	0
Y401330326	下林线	下宋	林垟	2.939	四级	水泥混凝土	万全	2	66.84	0	0	0	0	1	42.84	1	24	0	0	0	0	0	0	0	0	0	0
Y402330326	万石线	万全	石塘	4.916	四级	水泥混凝土	昆阳	5	164.54	0	0	0	0	1	75.8	4	88.74	0	0	0	0	0	0	0	0	0	0
Y403330326	万水线	万全	水亭	2.692	四级	水泥混凝土	昆阳	2	68	0	0	0	0	1	38	1	30	0	0	0	0	0	0	0	0	0	0
Y404330326	三郑线	三大寮	郑楼	8.382	四级	水泥混凝土	昆阳 万全	10	161.1	0	0	0	0	0	0	10	161.1	0	0	0	0	0	0	0	0	0	0
Y405330326	茶榆线	茶亭	榆垟	2.213	四级	水泥混凝土	万全	3	108.6	0	0	0	0	1	73	2	35.6	0	0	0	0	0	0	0	0	0	0
Y406330326	黄象线	黄泥山	宋埠	5.309	四级	水泥混凝土	万全	3	35.4	0	0	0	0	0	0	3	35.4	0	0	0	0	0	0	0	0	0	0
Y407330326	藕种线	藕莲	种玉	0.832	四级	水泥混凝土	鳌江	1	10	0	0	0	0	0	0	1	10	0	0	0	0	0	0	0	0	0	0
Y408330326	西大线	西塘	岩垟	8.261	四级	水泥混凝土	鳌江	1	18	0	0	0	0	0	0	1	18	0	0	0	0	0	0	0	0	0	0
Y409330326	下河线	下埕	河口	2.567	三级	水泥混凝土	鳌江	5	106.8	0	0	0	0	0	0	5	106.8	0	0	0	0	0	0	0	0	0	0
Y410330326	垂塘线	垂阳	塘川	3.417	四级	水泥混凝土	鳌江	2	28.6	0	0	0	0	0	0	2	28.6	0	0	0	0	0	0	0	0	0	0
Y411330326	大萧线	大同	萧江	1.417	四级	水泥混凝土	萧江		0	0	0	0	0	0	0	0	0	0	0	0	0	0	0	0	0	0	0
Y412330326	树麻线	树贤	敖寒	0.68	四级	水泥混凝土	萧江	1	121	0	0	1	121	0	0	0	0	0	0	0	0	0	0	0	0	0	0
Y413330326	岭龙线	岭门	龙尾	6.86	四级	水泥混凝土	腾蛟	0	0	0	0	0	0	0	0	0	0	0	0	0	0	0	0	0	0	0	0
Y415330326	水埭线	转盘	埭头	3.985	四级	水泥混凝土	水头 南雁	0	0	0	0	0	0	0	0	0	0	0	0	0	0	0	0	0	0	0	0
Y416330326	蒲梅线	蒲山	梅岭下	3.72	四级	水泥混凝土	水头 山门	0	0	0	0	0	0	0	0	0	0	0	0	0	0	0	0	0	0	0	0
Y417330326	山溪线	山门	石牛坑	4.08	四级	水泥混凝土	山门	1	40.2	0	0	0	0	1	40.2	0	0	0	0	0	0	0	0	0	0	0	0
Y418330326	凤冠线	凤卧	冠尖	2.048	四级	水泥混凝土	水头	0	0	0	0	0	0	0	0	0	0	0	0	0	0	0	0	0	0	0	0
Y419330326	梅马线	梅岭	赤溪	11.196	四级	水泥混凝土	水头 山门	0	0	0	0	0	0	0	0	0	0	0	0	0	0	0	0	0	0	0	0
Y420330326	闹仓线	闹村	仓北	7.467	四级	水泥混凝土	水头	2	42	0	0	0	0	0	0	2	42	0	0	0	0	0	0	0	0	0	0
Y421330326	闹联线	闹村	上龚	11.818	四级	水泥混凝土	水头	3	43.9	0	0	0	0	0	0	3	43.9	0	0	0	0	0	0	0	0	0	0
Y422330326	晓怀线	晓坑	怀溪	2.712	三级 四级	水泥混凝土	山门	1	24	0	0	0	0	0	0	1	24	0	0	0	0	0	0	0	0	0	0

续表 3-2-1

线路编号	路线							桥梁										隧道											
	线路名称	起点名称	止点名称	里程	技术等级	路面类型	途经乡镇	合计		特大桥		大桥		中桥		小桥		合计		特长隧道		长隧道		中隧道		短隧道	
								座	延米	座	延米	座	延米	座	延米	座	延米	道	延米	道	延米	道	延米	道	延米	道	延米
Y423330326	青王线	青街	王神洞	1.667	四级	水泥混凝土	青街	0	0	0	0	0	0	0	0	0	0	0	0	0	0	0	0	0	0	0	0
Y424330326	新三线	新码头	三盘尾	9.347	四级	水泥混凝土	鳌江	0	0	0	0	0	0	0	0	0	0	0	0	0	0	0	0	0	0	0	0
Y425330326	宋练线	宋埠	练川	1.778	四级	水泥混凝土	昆阳 万全	2	27.1	0	0	0	0	0	0	2	27.1	0	0	0	0	0	0	0	0	0	0
Y426330326	茶林线	茶亭	林垟	1.727	四级	水泥混凝土	万全	2	44.32	0	0	0	0	0	0	2	44.32	0	0	0	0	0	0	0	0	0	0
Y427330326	曹鹤线	梅源	鹤溪	4.368	四级	水泥混凝土	鳌江 水头	3	106.14	0	0	0	0	1	46.84	2	59.3	0	0	0	0	0	0	0	0	0	0
Y428330326	闹蒲线	灵溪线	上浪	3.545	四级	水泥混凝土	水头	2	44	0	0	0	0	0	0	2	44	0	0	0	0	0	0	0	0	0	0
Y429330326	新司线	新码头	司令部	3.267	四级	水泥混凝土	鳌江	0	0	0	0	0	0	0	0	0	0	0	0	0	0	0	0	0	0	0	0
Y430330326	大满线	大屯	满田	5.784	四级	水泥混凝土	山门	0	0	0	0	0	0	0	0	0	0	0	0	0	0	0	0	0	0	0	0
Y431330326	凤前线	凤林	前面山	1.825	四级	水泥混凝土	水头	1	55	0	0	0	0	1	55	0	0	0	0	0	0	0	0	0	0	0	0
Y501330327	上灵线	上岗	灵江	3.656	四级	水泥混凝土	灵溪	3	78.4	0	0	0	0	1	37.6	2	40.8	0	0	0	0	0	0	0	0	0	0
Y502330327	坑倪线	坑门岭	倪家山	4.59	四级	水泥混凝土	矾山	0	0	0	0	0	0	0	0	0	0	0	0	0	0	0	0	0	0	0	0
Y503330327	马城线	马站	村委	2.885	四级	水泥混凝土	马站	1	11.7	0	0	0	0	0	0	1	11.7	0	0	0	0	0	0	0	0	0	0
Y505330327	前南线	前垟仔	南坪	2.083	四级	水泥混凝土	马站	0	0	0	0	0	0	0	0	0	0	0	0	0	0	0	0	0	0	0	0
Y507330327	龙渡线	龙山	屿湖	4.516	四级	水泥混凝土	灵溪	3	42.5	0	0	0	0	0	0	3	42.5	0	0	0	0	0	0	0	0	0	0
Y508330327	望新线	望里	埭金线	4.646	三级 四级	水泥混凝土	钱库	9	217.9	0	0	0	0	1	37	8	180.9	0	0	0	0	0	0	0	0	0	0
Y510330327	珠石线	珠梅岭	石砰	3.635	四级	水泥混凝土	金乡	0	0	0	0	0	0	0	0	0	0	0	0	0	0	0	0	0	0	0	0
Y511330327	陈平线	埭金线	平等	0.953	四级	水泥混凝土	龙港	0	0	0	0	0	0	0	0	0	0	0	0	0	0	0	0	0	0	0	0
Y512330327	钱仙线	埭金线	仙居	3.571	三级	水泥混凝土	钱库	6	107	0	0	0	0	0	0	6	107	0	0	0	0	0	0	0	0	0	0
Y513330327	马新线	马鞍桥	新城	1.878	四级	水泥混凝土	龙港	3	95	0	0	0	0	0	0	3	95	0	0	0	0	0	0	0	0	0	0
Y514330327	珠炎线	珠照垟	炎亭	2.793	三级	水泥混凝土	金乡	3	72.9	0	0	0	0	0	0	3	72.9	0	0	0	0	0	0	0	0	0	0
Y515330327	金坊线	金乡 北门	埭金线	2.017	四级	水泥混凝土	金乡	3	40.6	0	0	0	0	0	0	3	40.6	0	0	0	0	0	0	0	0	0	0
Y516330327	吴炎线	吴家堡	永兴	1.679	三级	水泥混凝土	金乡	3	49.5	0	0	0	0	0	0	3	49.5	0	0	0	0	0	0	0	0	0	0
Y517330327	凤半线	凤阳	半垟	6.986	四级	水泥混凝土	赤溪	3	39.9	0	0	0	0	1	24.5	2	15.4	0	0	0	0	0	0	0	0	0	0
Y518330327	中码线	中墩	码头	1.464	四级	水泥混凝土	赤溪	0	0	0	0	0	0	0	0	0	0	0	0	0	0	0	0	0	0	0	0
Y519330327	霞镇线	水霞线	镇府	1.094	四级	沥青碎石	马站	0	0	0	0	0	0	0	0	0	0	0	0	0	0	0	0	0	0	0	0
Y520330327	石腾线	石井	传星	3.318	四级	水泥混凝土	桥墩	0	0	0	0	0	0	0	0	0	0	0	0	0	0	0	0	0	0	0	0
Y521330327	长碗线	长潭	碗窑	2.173	四级	水泥混凝土	桥墩	0	0	0	0	0	0	0	0	0	0	0	0	0	0	0	0	0	0	0	0
Y522330327	盛挺线	盛陶	草白	14.37	四级	水泥混凝土	藻溪	3	92.9	0	0	0	0	1	36.6	2	56.3	0	0	0	0	0	0	0	0	0	0
Y523330327	下云线	下在	云亭	3.591	四级	水泥混凝土	马站	0	0	0	0	0	0	0	0	0	0	0	0	0	0	0	0	0	0	0	0
Y524330327	下浃线	瓦海线	望新线	0.622	四级	水泥混凝土	钱库	1	10	0	0	0	0	0	0	1	10	0	0	0	0	0	0	0	0	0	0
Y525330327	钱望线	钱库	望里	3.634	三级	水泥混凝土	钱库	5	140.6	0	0	0	0	2	79	3	61.6	0	0	0	0	0	0	0	0	0	0
Y526330327	南昌线	南宋	昌禅	6.271	四级	水泥混凝土	矾山	4	91.3	0	0	0	0	1	40	3	51.3	0	0	0	0	0	0	0	0	0	0

续表 3-2-1

线路编号	路线							桥梁										隧道									
	线路名称	起点名称	止点名称	里程	技术等级	路面类型	途经乡镇	合计		特大桥		大桥		中桥		小桥		合计		特长隧道		长隧道		中隧道		短隧道	
								座	延米	座	延米	座	延米	座	延米	座	延米	道	延米	道	延米	道	延米	道	延米	道	延米
Y527330327	渔寮支线	魁里	雾城	4.387	二级	沥青混凝土、水泥混凝土	马站	2	66.08	0	0	0	0	0	0	2	66.08	1	2195	0	0	1	2195	0	0	0	0
Y528330327	华山—水深	华山	水深	6.771	二级	沥青混凝土	灵溪龙港	13	673.6	0	0	1	224	7	301.5	5	148.1	0	0	0	0	0	0	0	0	0	0
Y529330327	灵海公路匝道	后垟增	后垟增	1.922	三级	沥青混凝土	宜山	5	359.6	0	0	0	0	3	287.12	2	72.48	0	0	0	0	0	0	0	0	0	0
Y601330328	大平线	大垟口	平和	5.2	四级	水泥混凝土	岱口	2	58.04	0	0	0	0	1	27.04	1	31	0	0	0	0	0	0	0	0	0	0
Y602330328	九公线	九溪	公阳	9.74	四级	水泥混凝土	岱口	3	75	0	0	0	0	1	30	2	45	0	0	0	0	0	0	0	0	0	0
Y603330328	岱双线	岱口	双桂	24.5	四级	水泥混凝土	岱口周山	1	8	0	0	0	0	0	0	1	8	0	0	0	0	0	0	0	0	0	0
Y604330328	南周线	南坑	周壤	1.69	四级	水泥混凝土	大岱	1	6.5	0	0	0	0	0	0	1	6.5	0	0	0	0	0	0	0	0	0	0
Y605330328	珊山线	珊溪	山华林场	3.5	四级	水泥混凝土	珊溪	1	28	0	0	0	0	0	0	1	28	0	0	0	0	0	0	0	0	0	0
Y606330328	南毛线	南林	毛坑	4.2	四级	水泥混凝土	珊溪	4	60.8	0	0	0	0	0	0	4	60.8	0	0	0	0	0	0	0	0	0	0
Y607330328	排金线	排门	金垟	9.4	四级	水泥混凝土	大岱	0	0	0	0	0	0	0	0	0	0	0	0	0	0	0	0	0	0	0	0
Y608330328	徐黄线	徐山	黄龙	4.5	四级	水泥混凝土	巨屿	0	0	0	0	0	0	0	0	0	0	0	0	0	0	0	0	0	0	0	0
Y609330328	王赤线	新 56	赤砂	15.63	二级四级等外	沥青混凝土、水泥混凝土	大岱黄坦	1	9	0	0	0	0	0	0	1	9	0	0	0	0	0	0	0	0	0	0
Y610330328	河汇线	河背岭头	汇溪	1.95	等外	水泥混凝土	黄坦	0	0	0	0	0	0	0	0	0	0	0	0	0	0	0	0	0	0	0	0
Y611330328	石长线	石庄	长垄	3.45	四级	水泥混凝土	百丈漈	0	0	0	0	0	0	0	0	0	0	0	0	0	0	0	0	0	0	0	0
Y612330328	双三线	双涵洞	三星	4.8	四级	水泥混凝土	西坑	0	0	0	0	0	0	0	0	0	0	0	0	0	0	0	0	0	0	0	0
Y613330328	西南线	西坑	南田	16.243	二级四级等外	沥青混凝土、水泥混凝土	南田西坑	5	94.8	0	0	0	0	1	46	4	48.8	0	0	0	0	0	0	0	0	0	0
Y614330328	绵岭线	绵羊场	岭后	10.3	四级	水泥混凝土	西坑	0	0	0	0	0	0	0	0	0	0	0	0	0	0	0	0	0	0	0	0
Y615330328	绵江线	绵羊场	岗山	2.45	四级	水泥混凝土	西坑	0	0	0	0	0	0	0	0	0	0	0	0	0	0	0	0	0	0	0	0
Y616330328	石下线	石垟	下垟	3.2	四级	水泥混凝土	西坑	1	6.9	0	0	0	0	0	0	1	6.9	0	0	0	0	0	0	0	0	0	0
Y617330328	大黄线	大会	黄岭	6.4	四级	水泥混凝土	百丈漈		0	0	0	0	0	0	0	0	0	0	0	0	0	0	0	0	0	0	0
Y618330328	长镇线	十黄线	小坑边	9.4	四级	水泥混凝土	百丈漈	1	76.5	0	0	1	76.5	0	0	0	0	0	0	0	0	0	0	0	0	0	0
Y619330328	南黄线	南田	黄坑口	10.4	四级	水泥混凝土	南田	2	19	0	0	0	0	0	0	2	19	0	0	0	0	0	0	0	0	0	0
Y620330328	山马线	山茶花	马山	2.85	四级	水泥混凝土	大岱	0	0	0	0	0	0	0	0	0	0	0	0	0	0	0	0	0	0	0	0
Y621330328	东金线	东溪	桃坑	13.2	四级	水泥混凝土	玉壶	2	23.6	0	0	0	0	0	0	2	23.6	0	0	0	0	0	0	0	0	0	0
Y622330328	岩李线	岩坦	李山	2.8	四级	水泥混凝土	玉壶	1	8	0	0	0	0	0	0	1	8	0	0	0	0	0	0	0	0	0	0
Y623330328	丁龙线	丁埠头	龙车	1.11	四级	水泥混凝土	岱口	0	0	0	0	0	0	0	0	0	0	0	0	0	0	0	0	0	0	0	0

续表 3-2-1

线路编号	路线							桥梁										隧道											
	线路名称	起点名称	止点名称	里程	技术等级	路面类型	途经乡镇	合计		特大桥		大桥		中桥		小桥		合计		特长隧道		长隧道		中隧道		短隧道	
								座	延米	座	延米	座	延米	座	延米	座	延米	道	延米	道	延米	道	延米	道	延米	道	延米
Y624330328	项珊线	项坑边	珊溪	6.906	四级	沥青混凝土、水泥混凝土	巨屿	5	108.3	0	0	0	0	1	47	4	61.3	0	0	0	0	0	0	0	0	0	0
Y701330329	彭溪大桥一彭溪车站	彭溪大桥	彭溪车站	1.631	四级	沥青贯入式	彭溪	1	38	0	0	0	0	1	38	0	0	0	0	0	0	0	0	0	0	0	0
Y702330329	彭溪车站一宫岗	彭溪车站	宫岗	1.428	四级	沥青贯入式	彭溪	0	0	0	0	0	0	0	0	0	0	0	0	0	0	0	0	0	0	0	0
Y703330329	粉墙内—半岭	粉墙内	半岭	3.738	四级	水泥混凝土	彭溪	0	0	0	0	0	0	0	0	0	0	0	0	0	0	0	0	0	0	0	0
Y704330329	飞菖线	飞龙山庄	菖蒲垅	4.763	四级	水泥混凝土	罗阳	1	35	0	0	0	0	0	0	1	35	0	0	0	0	0	0	0	0	0	0
Y705330329	分泰线—矴埠头	分泰线	矴埠头	2.334	四级	水泥混凝土	泗溪	1	84.4	0	0	0	0	1	84.4	0	0	0	0	0	0	0	0	0	0	0	0
Y706330329	分泰线51—分泰线	分泰线51	分泰线	1.061	四级	水泥混凝土	三魁	1	14	0	0	0	0	0	0	1	14	0	0	0	0	0	0	0	0	0	0
Y707330329	富彭线	外垟	彭溪	26.785	四级	水泥混凝土	彭溪	7	128.6	0	0	0	0	1	45.4	6	83.2	0	0	0	0	0	0	0	0	0	0
Y708330329	柳东线	柳峰	东岭	10.606	四级	沥青混凝土	雅阳	2	32	0	0	0	0	0	0	2	32	0	0	0	0	0	0	0	0	0	0
Y709330329	前小线	前坪仔	小南山	15.557	四级	水泥混凝土、沥青贯入式	泗溪 彭溪 雅阳	2	25.5	0	0	0	0	0	0	2	25.5	0	0	0	0	0	0	0	0	0	0
Y710330329	上灵线	上仁垟	灵家山	17.309	四级	水泥混凝土	雅阳	1	7.7	0	0	0	0	0	0	1	7.7	0	0	0	0	0	0	0	0	0	0
Y711330329	铁秀线	铁炉岭	秀涧	0.412	四级	水泥混凝土	雅阳		0	0	0	0	0	0	0		0	0	0	0	0	0	0	0	0	0	0
Y712330329	雪沈线	雪溪	沈青	15.38	四级	水泥混凝土	雅阳 仕阳	2	136	0	0	1	124	0	0	1	12	0	0	0	0	0	0	0	0	0	0
Y713330329	龟林线	龟湖	龟林	0.849	四级	水泥混凝土	仕阳		0	0	0	0	0	0	0		0	0	0	0	0	0	0	0	0	0	0
Y714330329	三严线	三魁桥	双绳	15.673	四级	水泥混凝土	仕阳 三魁	2	22.5	0	0	0	0	0	0	2	22.5	0	0	0	0	0	0	0	0	0	0
Y715330329	三凤线	三魁桥	洲路	18.798	四级	沥青混凝土、水泥混凝土	泗溪 三魁	4	52.6	0	0	0	0	0	0	4	52.6	0	0	0	0	0	0	0	0	0	0
Y716330329	卢梨—卢梨寺	卢梨	金龟塘	5.037	四级	水泥混凝土	三魁	2	21.7	0	0	0	0	0	0	2	21.7	0	0	0	0	0	0	0	0	0	0
Y717330329	彭垟线	彭坑垟	垟边	3.248	四级	水泥混凝土	三魁	1	10.5	0	0	0	0	0	0	1	10.5	0	0	0	0	0	0	0	0	0	0
Y718330329	大水线	大丘坪	水车垟	9.588	四级	水泥混凝土	三魁	2	21.7	0	0	0	0	0	0	2	21.7	0	0	0	0	0	0	0	0	0	0

续表 3-2-1

线路编号	路线							桥梁										隧道									
	线路名称	起点名称	止点名称	里程	技术等级	路面类型	途经乡镇	合计		特大桥		大桥		中桥		小桥		合计		特长隧道		长隧道		中隧道		短隧道	
								座	延米	座	延米	座	延米	座	延米	座	延米	道	延米	道	延米	道	延米	道	延米	道	延米
Y719330329	下塔后—大坵田	陈坑	南山	1.441	四级	水泥混凝土	罗阳	0	0	0	0	0	0	0	0	0	0	0	0	0	0	0	0	0	0	0	0
Y720330329	文泰叉口—联云乡	岭口	箬阳	0.599	四级	沥青贯入式	筱村	0	0	0	0	0	0	0	0	0	0	0	0	0	0	0	0	0	0	0	0
Y721330329	联包线	双田	陈思垟	6.728	四级	水泥混凝土	百丈筱村	0	0	0	0	0	0	0	0	0	0	0	0	0	0	0	0	0	0	0	0
Y722330329	莒崖线	莒江岭头	岩上	14.559	四级	水泥混凝土	百丈	1	6.5	0	0	0	0	0	0	1	6.5	0	0	0	0	0	0	0	0	0	0
Y723330329	垟尾—小岭	葛垟路口	小岭	5.592	四级	水泥混凝土	筱村	0	0	0	0	0	0	0	0	0	0	0	0	0	0	0	0	0	0	0	0
Y724330329	锦绿线	锦秀华庭	绿苑	1.325	四级	水泥混凝土	罗阳	1	16	0	0	0	0	0	0	1	16	0	0	0	0	0	0	0	0	0	0
Y725330329	分大线	老分泰线	大溪源	2.68	四级	水泥混凝土	罗阳	2	86	0	0	0	0	1	72	1	14	0	0	0	0	0	0	0	0	0	0
Y726330329	罗白线	罗阳西门	罗阳白溪	4.645	四级	水泥混凝土	罗阳	1	6.8	0	0	0	0	0	0	1	6.8	0	0	0	0	0	0	0	0	0	0
Y727330329	仙岭线	仙居	上垟	16.389	四级	水泥混凝土	罗阳	6	134.4	0	0	0	0	2	88	4	46.4	0	0	0	0	0	0	0	0	0	0
Y728330329	三碑线	三滩	碑排	18.548	等外	水泥混凝土	罗阳	1	20	0	0	0	0	0	0	1	20	0	0	0	0	0	0	0	0	0	0
Y729330329	砂洪线	砂坑坳	洪口大桥	5.715	四级	水泥混凝土	百丈	0	0	0	0	0	0	0	0	0	0	0	0	0	0	0	0	0	0	0	0
Y730330329	柳青线	柳峰	沈青	0.814	四级	沥青混凝土、水泥混凝土	雅阳	0	0	0	0	0	0	0	0	0	0	0	0	0	0	0	0	0	0	0	0
Y731330329	东下线	上村村头	下垟	6.845	四级	水泥混凝土、沥青贯入式	三魁	3	97	0	0	1	68	0	0	2	29	0	0	0	0	0	0	0	0	0	0
Y732330329	玉上线	玉西	上佛垟	8.822	四级	水泥混凝土	泗溪	0	0	0	0	0	0	0	0	0	0	0	0	0	0	0	0	0	0	0	0
Y733330329	新莒线	新仓	岭头垟	8.729	四级	水泥混凝土	百丈筱村	1	25	0	0	0	0	0	0	1	25	0	0	0	0	0	0	0	0	0	0
Y734330329	新孙线	新仓	孙坪	5.271	四级	水泥混凝土	筱村	2	93	0	0	0	0	1	61	1	32	0	0	0	0	0	0	0	0	0	0
Y735330329	大铁线	大垄口	铁炉坑	2.058	四级	水泥混凝土	仕阳	0	0	0	0	0	0	0	0		0	0	0	0	0	0	0	0	0	0	0
Y736330329	九峰线	九峰	峰文	8.818	四级	水泥混凝土	泗溪彭溪	1	33	0	0	0	0	0	0	1	33	0	0	0	0	0	0	0	0	0	0
Y737330329	下上线	下村	上排	6.718	四级	水泥混凝土	仕阳	1	16	0	0	0	0	0	0	1	16	0	0	0	0	0	0	0	0	0	0
Y738330329	章成—店头下	章成	店头下	2.677	四级	水泥混凝土	仕阳	1	22	0	0	0	0	0	0	1	22	0	0	0	0	0	0	0	0	0	0
Y802330322	辽大线	辽河叉口	大沙岙	4.063	四级	水泥混凝土	东屏	0	0	0	0	0	0	0	0	0	0	0	0	0	0	0	0	0	0	0	0

续表 3-2-1

线路编号	路线							桥梁										隧道											
	线路名称	起点名称	止点名称	里程	技术等级	路面类型	途经乡镇	合计		特大桥		大桥		中桥		小桥		合计		特长隧道		长隧道		中隧道		短隧道	
								座	延米	座	延米	座	延米	座	延米	座	延米	道	延米	道	延米	道	延米	道	延米	道	延米
Y803330322	北东线	北岙岭	东沙渔港	2.966	三级等外	沥青混凝土、水泥混凝土	北岙东屏	1	140	0	0	1	140	0	0	0	0	0	0	0	0	0	0	0	0	0	0
Y804330322	桐胜线	桐桥	胜利岙	1.237	四级	水泥混凝土	北岙	1	22	0	0	0	0	1	22	0	0	0	0	0	0	0	0	0	0	0	0
Y806330322	九二线	九厅	二垄顶	0.706	四级	水泥混凝土	北岙	0	0	0	0	0	0	0	0	0	0	0	0	0	0	0	0	0	0	0	0
Y807330322	仁小线	仁前涂	小门石化基地	3.898	二级四级	水泥混凝土	大门	0	0	0	0	0	0	0	0	0	0	0	0	0	0	0	0	0	0	0	0
Y808330322	三下线	三盘大桥	下尾	3.104	三级	水泥混凝土	北岙	0	0	0	0	0	0	0	0	0	0	0	0	0	0	0	0	0	0	0	0
Y811330322	潭潭线	潭头村	潭头码头	0.398	四级	水泥混凝土	大门	0	0	0	0	0	0	0	0	0	0	0	0	0	0	0	0	0	0	0	0
Y812330322	环金线	环岛公路	金岙	6.826	二级四级	水泥混凝土	东屏	1	389	0	0	1	389	0	0	0	0	0	0	0	0	0	0	0	0	0	0
Y814330322	活码线	活水潭	码头	2.158	二级	沥青混凝土	元觉	0	0	0	0	0	0	0	0	0	0	1	124.3	0	0	0	0	0	0	1	124.3
Y815330322	霓正线	霓北中学	正岙	6.355	四级	水泥混凝土	霓屿	0	0	0	0	0	0	0	0	0	0	0	0	0	0	0	0	0	0	0	0
Y817330322	布三线	布袋岙	三条垄	2.613	四级	水泥混凝土	霓屿	0	0	0	0	0	0	0	0	0	0	0	0	0	0	0	0	0	0	0	0
Y820330322	大东线	大沙岙	东岙顶	0.708	四级	水泥混凝土	东屏	0	0	0	0	0	0	0	0	0	0	0	0	0	0	0	0	0	0	0	0
Y821330322	鹿鲳线	鹿西	鲳鱼礁	3.184	三级四级	水泥混凝土	鹿西	0	0	0	0	0	0	0	0	0	0	1	320	0	0	0	0	0	0	1	320
Y822330322	客惠线	客运码头	前坑寮	4.681	四级等外	沥青混凝土、水泥混凝土	北岙东屏	0	0	0	0	0	0	0	0	0	0	0	0	0	0	0	0	0	0	0	0
Y851330303	响动岩—三堂	响动岩	三堂	1.497	四级	水泥混凝土	状元	0	0	0	0	0	0	0	0	0	0	0	0	0	0	0	0	0	0	0	0
Y852330303	蒲州—疏港公路	蒲州	疏港公路	2.091	一级四级	水泥混凝土	蒲州	1	70	0	0	0	0	1	70	0	0	0	0	0	0	0	0	0	0	0	0
Y853330303	状元—山西岙	状元	山西岙	1.687	二级四级	水泥混凝土	状元	1	46	0	0	0	0	1	46	0	0	0	0	0	0	0	0	0	0	0	0
Y854330303	状元油库—西台	状元油库	西台	2.281	四级	水泥混凝土	状元	0	0	0	0	0	0	0	0	0	0	0	0	0	0	0	0	0	0	0	0
Y855330303	上岙—渡口	上岙	渡口	0.645	一级	水泥混凝土	瑶溪	0	0	0	0	0	0	0	0	0	0	0	0	0	0	0	0	0	0	0	0
Y856330303	瑶溪上山公路	瑶溪桥	售票亭	1.149	四级	沥青混凝土、水泥混凝土	瑶溪	0	0	0	0	0	0	0	0	0	0	0	0	0	0	0	0	0	0	0	0

续表 3-2-1

线路编号	路线							桥梁										隧道											
	线路名称	起点名称	止点名称	里程	技术等级	路面类型	途经乡镇	合计		特大桥		大桥		中桥		小桥		合计		特长隧道		长隧道		中隧道		短隧道	
								座	延米	座	延米	座	延米	座	延米	座	延米	道	延米	道	延米	道	延米	道	延米	道	延米
Y857330303	河滨—瑶街	河滨	瑶街	1.82	一级四级	沥青混凝土、水泥混凝土	瑶溪	3	48.1	0	0	0	0	0	0	0	48.1	0	0	0	0	0	0	0	0	0	0
Y858330303	横浃—上湾	横浃	上湾	1.889	四级	水泥混凝土	永中	2	26.9	0	0	0	0	0	0	0	26.9	0	0	0	0	0	0	0	0	0	0
Y859330303	横浃—黄山	横浃	黄山	1.443	四级	水泥混凝土	永中	1	22.7	0	0	0	0	0	0	1	22.7	0	0	0	0	0	0	0	0	0	0
Y860330303	灵昆隧道	黄山	下湾	1.6	一级	沥青混凝土	瑶溪	0	0	0	0	0	0	0	0	0	0	1	520	0	0	0	0	1	520	0	0
Y861330303	五溪—塘永公路	堤塘	塘永公路	5.274	四级	水泥混凝土	永兴	1	11	0	0	0	0	0	0	1	11	0	0	0	0	0	0	0	0	0	0
Y862330303	郑岙—塘永公路	岭北垟村	塘永公路	4.443	四级	水泥混凝土	天河	1	32	0	0	0	0	0	0	1	32	0	0	0	0	0	0	0	0	0	0

二、鹿城乡村公路

【岭东线】 上成办事处岭下村至东村公路，线路编号Y284。该乡道是通往上成办事处的主要通道，总里程为3.368公里（桩号K0+000～K3+368）。2005年，县道瓯湖线改道建成通车后，即将旧道改为乡道。2012年公路部门投资143.9万元，对新瓯湖线和岭东线实施大中修。

【澄林线】 澄沙桥至林里公路，线路代码Y276。建于2002年，总里程为9.251公里。2002—2012年，未实施过大中修。2013年，市交通运输局投资196.5万元，对澄林线（桩号K2+100～K6+500）实施路面大中修。

三、龙湾乡村公路

【五塘线】 五溪至塘永公路，线路编号Y861。起点为五溪村堤塘，终点至塘永公路接线，全长5.274公里，工程按公路技术标准四级建设，路面为水泥砼结构，宽6.5米，2004年建成通车。

【天永线】 天河至永中公路，线路编号Y202。全长5.612公里，其中一级公路0.275公里，为沥青混凝土路面；三级公路5.337公里，为水泥混凝土路面。工程于2005年改建。

【永青线】 永中至青山公路，线路编号Y205。按四级公路技术标准建设，全长2.619公里。2005年进行改建，全段铺设水泥混凝土路面。

四、瓯海乡村公路

【盘垟线】 盘垟村公路。建于2014年11月，总长约800米，总投资140多万。2014年8月，该道路实施改造提升工程。盘垟村地处海拔600多米的山区，施工过程克服了建筑材料运输难、雷暴天气频繁、三相电电压不稳、山体开挖工程量大等诸多困难。该线路建成后，与雷达山上山公路连接，有利于该村自然资源和旅游资源的开发和利用。

五、洞头乡村公路

【炮隔线】 炮台至隔头公路。从北岙至隔头公路的中段东郊村炮台自然村起，自东北向西南至隔头村，全长1.99公里。该线原为简易乡村公路，2004年10月，通过拓展及路面硬化改造，建成砼路面、宽6米的通村公路。后归并到鸽尾礁至隔头公路。

【埭打线】 埭口至打水鞍公路。自城南居的埭口起，与中仑至苔岙公路对接，由东北向西南至打水鞍村，全长1.28公里。2003年建成，原机耕路改造，四级公路，砼路面。2010年划归城管部门管辖。

【半金线】 半屏大桥至金岙公路。1991年后，半屏岛开始修建第一条机耕路。2004年开始，该条机耕路改造为通村公路，砼路面宽3.5米，工程于2005年1月竣工。该线通过半屏大桥与连港环岛公路对接，由东北向西南至金岙村拨浪鼓，全长5.8公里。

【三下线】 三盘大桥至下尾公路。自三盘大桥北端起，由西南向东北至下尾村，全长3.1公里，原为机耕路，2004年12月改建竣工。改建后的线路为砼路面宽3.5米。

【沙状线】 沙岗至状元公路。原为机耕路，自沙岗村起，与“五岛相连”工程之状元岙岛接线公路对接，由西南向东北至状元村，全长2.2公里。2004年12月，实施路面硬化改建，砼路面宽3.5米。

【布同线】 布袋岙至同兴村公路。北起布袋岙村，南至同兴村，全长1.94公里。线路最早建于1986年，从布袋岙至外码头，全长0.5公里，泥沙路面宽2.5米，由当地投资1.2万元建成，可通行手扶拖拉机。当时，这条线路是霓屿岛上第一条公路（机耕路），用于接通客轮码头，方便旅客。2004年12月，改造成四级公路，砼路面宽3.5米。

【南长线】 南山至长坑垄公路。原为机耕路，自霓屿西南角的南山自然村起，经正岙至长坑垄村，全长3.663公里。2004年12月实施路面硬化改造，砼路面宽3.5米。

【东龟线】 东环线至龟岩公路。原为机耕路，自东环线中段打铁基起，由东向西至龟岩，全长1.97公里。2004年实施改造，2005年1月建成，砼路面宽3.5米。

【鹿东线】 鹿西村至东臼公路。1991年之前，鹿西岛仅有几条机耕路。2000年后，对机耕路进行延伸改造，建成鹿东线。该线全长9.13公里，2013年由乡道升级为县道，线路编号X808。2005年3月，该线建设延伸至口筐村的连接线，砼路面宽3.5米。因原鹿西村至口筐村机耕路盘山而上，坡度大且弯度大，故改用隧道连通。鹿西隧道连接鹿西村和口筐村，按山岭重丘三级公路技术标准设计，行车时速30公里，路基宽8.5～8.9米，路面宽7米，隧道长340米，高6.2米（建筑限界为5米）。

【九双线】 九厅至双垄顶公路。自西北从北岙至三盘港公路中途的九厅村起，东南由北岙至鸽尾礁公路中段的双垄顶，连接两条公路，全长0.68公里。1990年建成时为泥结碎石路面，2003年后改造为砼路面。

【北隔线】 北岙至隔头公路。自东北人民路起，与环镇公路对接，西南至隔头村，全长8.7公里。1991年前为泥结碎石路面，2003年12月，人民路口至东郊村炮台段改造为砼路面，提升为县道，为鸽隔线的重要组成部分，而另一段改为通村道路。

【小小线】 小三盘至小朴公路。自东南小三盘村起，与北岙至隔头公路对接，西北至小朴村王山头码道，全长3.8公里。1991年前为泥结碎石路面，后改为通村道路。

【北南线】 北岙至南炮台山公路。从西北自后寮岭起，与北岙至鸽尾礁公路对接，东南至南炮台山，全长6.8公里。1991年前为泥结碎石路面，后改造为砼路面。2014年，调整为辽河叉口至大沙岙公路，全长4.063公里。大沙岙门台至南炮台山作为大沙岙景区内部道路。

【北铁线】 北岙至铁炉头公路。由东北自人民路南口起，与环镇公路对接，西南至小长坑村铁炉头，全长3.3公里。工程建于1986年，为泥结碎石路面。1991年之后，已将2.16公里改造为砼路面，仍有1.14公里为砂石路面。2003年后，全部改为砼路面。2010年，因南塘工业区建设，部分路段划归市政道路，部分废弃，该公路效用消失。

【北风线】 北岙至风打岙公路。由东南自车站路东端起，与环镇公路和北岙至三盘港公路对接，西北至北岙后风打岙码头，全长1.33公里。1991年前已建成110米路段的块石路面，其余为泥结碎石路面。1996年，北岙新城区建设和东屏隧道建成后，公路效用消失。

【东水线】 东屏隧道至水桶槽客运码头公路，也称海滨大道。由西南连接东屏隧道，东北至水桶槽客运码头。1997年12月建成，全长2.41公里，路面宽22米，为洞头海岛第一条四车道公路，沥青路面。

【区海线】 政府门口至海滨大道公路。由南自环镇公路中段的县政府门口起，北与海滨大道对接，为连接县城北岙镇新老城区的东侧通道。1999年3月动工兴建，2001年12月3日建成通车，历时一年八个月。全长437.75米，底宽63米，其中道路宽24米，四车道，砼路面，开挖土石方45万立方米。现为市政道路。

【岭惠线】 岭背至惠头寮公路。自西北从北岙至洞头渔港公路的中途岭背起，向东南抵达惠头寮与北岙至南炮台山公路，与连港环岛公路东南段对接。全长1.35公里，宽8.5米左右，砼路面，1999年建成通车。2010年划归市政部门管理。

【桐胜线】 桐桥至胜利岙公路。自西南从北岙至鸽尾礁公路的中途桐桥村起，东北至胜利岙岛，全长1.233公里，路面宽8.5米左右，砼路面。该线路由机耕路改造而成，其东北端有一座桥梁将洞头岛与胜利岙岛连接。桥梁于1990年1月建成，为钢筋混凝土桁架拱形公路桥，跨径20米，包括接线总长35延米，宽4.5米。2002年，胜利岙"海霞"军事主题公园建成后，改造成公路。2006年9月实施重建，是年12月建成，为厢型简支桥梁，总长21米（跨径20米），宽6.9米（净宽5.9米），荷载标准为汽—20。

【沙仁线】 沙岩至仁前涂村公路。全长12.25公里，泥结碎石路面。1991年后，对大门岛的环岛公路实施延伸改造，采取逐段推进的方法进行。截至2005年12月，东环线已延伸到沙岙村，西环线已延伸到马岙潭（途经头岩、寨楼、美岙村），并均已改造为砼路面，成为大门岛交通主干线。后合并到马观线公路。

【沙马线】 沙岩至马岙潭公路。自西南从镇政府驻地沙岩起，东北至马岙潭度假村止。公路成"C"形，全长18公里，宽5～6米，砼路面。1991年建成通车。

【沙沙线】 沙岩至沙岙公路。自西南从镇政府驻地沙岩起，东北至沙岙村，公路成"U"形，全长11.56公里，路面宽5～6.5米（其中枫树坑至沙岙段长2.62公里）。1992年竣工通车。后沙岩至枫树坑段合并到马观线公路，枫树坑至沙岙改为通村公路。

【活状线】 活水潭至状元码头公路。从南自活水潭村起，与洞头"五岛相连"工程接线公路对接，经活水潭隧道，北至状元客运码头。全长1.98公里，路面宽7米，沥青路面，2005年建成。其中，活水潭隧道建于2004年6月，2005年1月建成。隧道长100米，行车道宽7米，两侧人行道宽各0.75米，高6.49米（建筑限界为5米）。

【霓正线】 霓北中学至正岙公路。从东北自霓北中学起，与五岛相连公路对接，西南至正岙村，为贯通霓屿岛南北的主干公路。四级公路，砼路面宽6米，全长6.36公里。

【北岙公路】 北岙镇城区公路。由两段组成：车站路至人民路口段，1986年建成，全长900米。路面设计为块石水泥路面，2003年后已改造为砼路面；环镇公路烈士路东口至岭背段，简称岭背公路，全长250米。1989年10月建成，设计为块石水泥路面，2003年后改造为砼路面。2010年，均划归市政部门管理。

【北三线】 北岙至三盘港公路。自西南从车站路东端起，与环镇公路对接，东北至三盘港水桶擂客货运码头，全长2.9公里。1988年12月，建成块石水泥路面，后改造为砼路面，现为客运码头至惠头寮公路一部分。

【北渔线】 北岙至洞头渔港公路。自东北岭背起，与岭背公路对接，西南至洞头渔港码头，全长1.7公里，1989年10月建成。原工程铺设块石水泥路面，1991年后改造为砼路面，现为风洞线重要组成部分。

【码东线】 小门岛小门码头至东屿公路。1991年以来，小门岛先修建了机耕路，后新建或改造为通村公路。该线全长4.16公里。2004年12月，实施路面硬化改造，砼路面宽3.5米。

六、乐清乡村公路

【淡东线】 淡下线至东田公路，线路编号Y002。2005年8月，乐清芙蓉镇淡下线至东田公路工程开工，全长为13.894公里，投资324.7万元，2005年12月完工。

【湖里线】 湖雾至里窍公路，线路编号Y005。1977年，乐清县交通局进行测量设计。线路自湖雾乡隔溪村湖雾桥头向西，经洞岭头、里湖村到达里窍村，全长7.074米。是年，沿线各村群众自发组织，实行分段包干修路。1980年1月31日下午，外林村村民在挖掘土方时，遇到"仙人洞"地质现象。由于当时村民缺乏安全生产观念，冒险开挖，造成坍顶恶性事故。工程历时三年，总投工11万工，累计完成填挖土石方16.5万立方米。国家补助资金2.8万元。1980年5月18日验收通车。该线路基净宽6.5米，泥结碎石路面宽3.5米，最大纵坡8%，最小平曲线半径13.5米，建有桥梁2座计20.4米，桥面净宽4.5米，设计荷载汽—10，履—50，属四级公路。该路的建成，湖雾乡成为乐清县第一个村村通公路的乡。工程结束后，该线路由县乡公路养护所管养。2004年11月17日，G104—里窍（一期）公路开工。工程按照浙江省准四级公路技术标准，起点为G104线，终点为K1+500，全长1.5公里，中标价59万元。工程于2005年3月18日完工，2005年12月通过交竣工验收。

【亨东线】　亨乾口至东田水产冷库公路，线路编号Y007。1958年，当地村民将亨乾口至南塘镇南塘村段乡村土路改造成机耕路。线路全长1.12公里，途经江宅、扬州两村。1978年，南塘公社干部、群众再次自筹资金4718元，组织义工8694工，对该段线路的路基、路面进行拓展和涵洞修复。拓展后的路基净宽4.5米，过村和弯道路段宽5米以上，泥结碎石路面3.5米，符合四级公路技术标准，1979年7月通过竣工验收。1980年，筹建南塘村口至水产冷库段公路长2.09公里，作为亨乾口至东山公路的延长线。工程由乐清县交通局测量设计，途经龙珠塘、东山埠等村。当年破土动工，群众投工2.38万工，完成填挖土石方1.64万立方米，总造价8.5万元，其中水产部门投资6.9万元。该路设有桥梁3座，路基净宽6.5米，泥结碎石路面3.5米，1982年1月通过验收通车。至此，该线全长3.921公里。

【虹溪线】　虹桥东站至溪西公路，线路编号Y009。工程建于1988年1月，由虹桥区公路所组织公路指挥部施工。全长4.821公里，路基净宽6.5米，泥结碎石路面宽3.5米，最大纵坡4%，最小半径25米。有桥梁5座/103.76延米，涵洞31座。1995年12月，虹桥公路K2+000～K4+581线段改造工程开工，全长2.581公里，1996年6月竣工验收。

【朴岩线】　朴湖至岩宕公路，线路编号Y010。自1978年开始，西联乡政府历届领导组织群众自发建路，因资金困难，三起三落。1986年，乐清县政府拨款14万元，建成三座桥梁。1987年4月，西联乡政府再次发动群众筹资。工程采用向全县招投标的发包方式，节约资金3万元。1987年7月由虹桥区公路指挥部组织招标施工，建成朴湖至郭路段长5.5公里，总造价38万元，路基宽6.5米，泥结碎石路面宽3.5米，最大纵坡3%，最小半径10米。有桥梁4座84.45延米，涵洞25道。1995年，朴西延伸公路郭路至岩宕段开工建设，长3.023公里，总投资126万元。至此，朴岩线全长8.523公里。1996年，朴西公路完成一期3公里水泥混凝土路面改造。1997年1月，完成剩余2公里路面改造工程，总投资84万元。是年10月27日，朴西公路二期路面改造工程开工，总长5公里，总投资84.0556万元。1997年1月完工，1997年8月通过竣工验收。

【大外线】　大屋至外林公路，线路编号Y017。1980年5月，大外线动工，地方政府发动沿线各村群众开展自筹资金、分段包干。全长3.813公里，路基净宽4.5米，路面宽3.5米，为泥结碎石路面，最大纵坡12%，最小半径8米。有桥梁1座长13延米，涵洞23道。

【双叶线】　双峰至叶家垟公路，线路编号Y018。1987年11月，双叶线竣工并交付使用。全长8.316公里，工程总投资38.45万元，其中县补助20万元，自筹（包括役劳部分）18.45万元，缺口3万元，公路部门予以支持。公路技术设计按路基宽平均6.5米，路面宽4.5米，为泥结碎石路面，其最大纵坡5%，最小半径15米。

【卓庄线】　卓屿至庄屋公路，线路编号Y019。建于1958年，全长11.919公里，总投资1.75万元。工程设计路基净宽5米，路面宽3.5米，泥结碎石路面，最大纵坡5%，最小半径15米。建有桥梁2座/88.2延米，涵洞28道。1976年5月，龙西至庄屋段建成，路面宽3.5米，泥结碎石路面。有桥梁2座24.5延米，涵洞43道。1990年10月，实施延长拓展0.27公里，为水泥砼路面。

【芙小线】　芙蓉至小芙公路，线路编号Y024。建于1984年12月，由小芙乡组织施工。全长2.548公里，路基净宽6.5米，路面宽度3.5米，为泥结碎石路面，最大纵坡6%，最小半径25

米。桥梁2座39.1延米，涵洞26道。1996年5月，芙小公路实施改造工程，由原砂石路面改为水泥混凝土路面，总投资162.1万元。

【白秦线】 白岩下至秦垟南公路，全长7.351公里，线路编号Y030。该线最早于1984年上半年建设，因资金短缺，工程时上时下，历时六年之久。路线技术设计为路基净宽6米，最大纵坡8%，最小平曲线半径15米，全线弯道121处，平均每公里17处，涵洞42道，过水路面1处，总投资44.3万元。

七、瑞安乡村公路

【林屿线】 林溪乡林下村至屿前公路，线路编号Y333。全长17.417公里，桥梁8座/90.4米。

【永六线】 永安至六科公路。路面为水泥铺设，有小桥2座/112.5米。

【源东线】 湖岭乡源口村至东西坑村公路。1985年12月开工建设，1989年12月建成通车。线路全长4公里，水泥路面，有小桥2座/65米。

【街碧线】 街路村至碧山村公路。1992年9月开工建设，1993年12月建成通车。全长3.1公里，路面为沥青铺设，有小桥1座/11.2米。

【南苏线】 荆谷南口村至苏山公路。全长8.571公里，沿途有小桥5座共计92.1米垟沙村。其中南口至垟沙村，1995年1月启动建设，1995年10月23日建成通车。全长4.5公里，路面为水泥铺设。至此，瑞安全市所有镇、乡均实现通公路。

【江曹线】 江溪村至曹村公路。1996年12月建成通车，全长4.3公里。路面为水泥铺设，有小桥5座/48.4米。

【宋林线】 林坑飞云村至林垟村公路。1986年12月开工建设，1992年10月建成通车。全长5.2公里，路面为沥青铺设，有小桥9座149.05米。

【云周线】 云周社区屿头村至周村公路。全长3.6公里，路面为水泥铺设。1979年9月开工建设，历经十五年之久，至1994年1月建成，成为瑞安公路建设时间最长的一条乡村道路。

【江浦线】 马屿江上村至浦西村公路。1980年12月开工建设，1993年10月建成通车。全长2公里，线路路面为水泥铺设。

【篁社线】 篁社岳社村至汀岙底村公路。1988年12月开工建设，1995年4月建成通车。全长6公里，路面为水泥铺设，有小桥4座/28米。

【霞梅线】 梅屿霞岙村至梅底村公路。1993年4月开工建设，1994年3月建成通车。全长4公里，线路路面为水泥铺设，沿途有桥梁1座/65.3延米。梅屿是瑞安市著名蔬菜瓜果种植基地。梅屿公路建成后，成功建成番茄种植基地。

【汀田线】 汀田汀九村至汀十村公路。1993年7月开工建设，1994年3月建成通车。全长2公里，水泥路面，有小桥2座/65.3米。

【岑大线】 汀田岑岐村至大典下村公路。1993年4月开工建设，1995年建成通车。全长2.1公里，水泥路面，有小桥1座/53米。

【肇吴线】 塘下肇坪垟村至罗凤吴岙村公路。1993年4月开工建设，1994年12月建成通车。全长6.3公里，水泥路面，有小桥5座/135.2米。

【里学线】 汀田金后村至后里村公路。1993年4月开工建设，1993年7月建成通车。全长2公里，水泥路面，有小桥2座/49.5米。

八、永嘉乡村公路

【过西线】 过路滩至西炉公路，线路编号Y116。全长2.851公里，四级水泥混凝土路面宽6米，路基宽7～8.5米。西炉村有百年以上红柿树1000多株，为了解决出行难、运输难，村两委发动群众自筹资金27万元造路。工程于1987年3月开工，路基最宽处5米，1988年12月竣工通车。通车之日，时任温州市委书记张友余亲自赶往剪彩，全村喜摆宴席，祝贺永嘉县第一条由村民自筹资金建造的公路圆满通车。1994年7月，对过西线实施拓宽改建水泥混凝土路面，总投资

80万元（其中各级政府、部门集资31万元，村民自筹49万元），1994年11月完工。2011年3月，由县公路管理局出资，为该线路安装安全护栏。2012年5-12月，由县公路管理局出资100万元，村民自筹20万元，将公路路面拓宽至6米以上。西炉村现是省级文明村，

【东蓬线】 东皋至蓬溪公路，线路编号Y115。1983年，当地两名退休干部牵头发动群众修建东皋至蓬溪机耕路，长2公里，宽4米。1986年12月，永嘉县交通局测设建成东皋大桥，并按四级公路技术标准实施改建，1987年12月竣工。改建后路基净宽4.5～6.5米，泥结碎石路面。有桥梁1座/131米，荷载汽—10，履—50。国家总投资48.5万元，包括东皋大桥40万元。2003年，公路进行路面硬化改造。

【张四线】 张溪至四海山公路，线路编号Y121。从S223张溪段接线，盘山越岭，经水景自然村至四海山林场所在地，全长13.5公里。该路由省林业厅投资53万元，1979年9月动工建设，1981年4月竣工通车。按四级公路技术标准测设，路基净宽4.5～6.5米，泥结碎石路面宽3.5米。沿线有桥梁4座62.2米，道班房1幢。该路是四海山林场木材主要运输线。公路建成后，交由永嘉县公路部门统一管养。

【周罗线】 周家园至罗川公路，线路编号Y119。1999年9月动工建设。工程按四级公路技术标准测设，全长8公里，路基净宽4.5～6.5米，泥结碎石路面3.5米。2014年6月25日实施拓宽工程，改建砼路面，宽6米，总投资520万元，2014年12月25日竣工。

【岭牌线】 岭头至（黄岩）牌门公路，线路编号Y138。从X003岭头段接线，至（黄岩）牌门村，全长17.854公里。1999年9月动工建设，2000年4月竣工通车。按四级公路技术标准测设，路基净宽4.5～6.5米，泥结碎石路面3.5米。2005年改建砼路面宽4～5米。2013年，实施改建工程，砼路面，宽6米，总投资980万元，2014年12月15日竣工。

【岩龙线】 岩上至龙湾潭公路，线路编号Y117。从X026岩上村段接线，按四级公路技术标准测设。1997年9月动工建设，1998年4月竣工通车。路基净宽4.5～6.5米，泥结碎石路面3.5米，全长3.913公里。2005年改建砼路面宽4～5米。2014年6月实施改建工程，砼路面，宽6米，同年12月25日竣工。

【石科线】 石公田至科竹公路，线路编号Y112。1999年动工建设，按四级公路技术标准测设，全长6.509公里，路基净宽4.5至6.5米，泥结碎石路面3.5米。2004年改建砼路面宽4～5米。2014年6月实施改建工程，砼路面，宽6米，同年12月25日竣工。

【徐上线】 徐岙至上泛公路，线路编号Y122。1998年动工建设，按四级公路技术标准测设，全长5.086公里，路基净宽4.5～6.5米，泥结碎石路面3.5米。2004年拓宽、改建砼路面，宽6米。

【岭汤线】 岭里至汤店公路，线路编号Y137。1999年动工建设，按四级公路技术标准测设，全长25.9公里，路基净宽4.5～6.5米，泥结碎石路面3.5米。2005年拓宽、改建砼路面，宽6米。

【碧新线】 碧莲至新岙公路，线路编号Y126。1990年动工建设，按四级公路技术标准测设，路基净宽4.5～6.5米，泥结碎石路面3.5米。2005年改建砼路面，宽4～5米。

九、文成乡村公路

【大郭线】 大垟口至郭山公路。工程最早于1975年动工，从S330线大垟口桥东端接线，至平和村，全长5.2公里，时称大平线。开建后，只完成40%工程量，6.8万元拨款告罄。平和乡群众集资1.63万元，并投工7.6万工日，新建桥梁5座，涵洞21道。路基宽4.5～6.5米。1979年3月竣工。1991年，大平线延伸拓建至郭山，路线全长14.198公里。工程按四级公路技术标准设

计，1992年竣工。2006年，全线实施路面硬化。

【九驮线】 九溪至驮尖公路，九溪至公阳公路的延伸。全长17.430公里，按四级公路技术标准建设。1978年9月，九溪至公阳公路开始修筑，工程分两期进行：九溪至毛园段，全长4.7公里，1981年5月8日竣工验收；毛园至公阳段，全长5.6公里，1984年12月25日竣工验收。两期工程总投资33.5万元。全线架桥3座，路基宽4.5～6.5米，最小弯道半径15米。1992年，文成县交通局对该路实施拓展延伸，从公阳延伸至驮尖，延伸线长达7.13公里，1993年初竣工验收。

【峃双线】 峃口至双桂公路。自峃口镇经徐山、周山至双桂乡，全长25.198公里，路面宽4.5～6.5米。工程按四级公路技术标准实施，1991年竣工通车。1991年5月，文成县交通局对峃双线实施拓宽延伸改建，延伸里程22.698公里。2007年，实施路面养护改建工程。

【排金线】 排门至金垟公路延伸公路。从排楼S330线K151+430处接线，经垟溪、垟井、横培，至金垟乡李山村，后延伸至溪口，全长14.700公里。路面宽4.5～6.5米，工程按四级公路技术标准建设。工程最早从1978年1月15日开始，国家拨款26.1万元，建设排门至李山村公路，全长9.4公里。政府采取"民工建勤"的方法，投入28.3万工日，填挖土石方14.3万立方米。1983年11月23日竣工并验收通车。1991年，排金线实施延伸扩建工程，里程5.3公里，是年竣工。

【珊山线】 珊溪至山华林场公路，珊溪至南林公路延伸到山华林场线路，扩建里程1.538公里，合计3.638公里。1979年初，建造珊溪镇至南阳村公路，国家拨款1.3万元，当地政府坚持"公助民办"的建路方针，是年8月8日，建成2.1公里路程，并经验收通车。1991年起，实施珊溪至南林公路延伸到山华林场工程，1992年竣工。2006年实施全线路面硬化工程。

【绵岭线】 绵羊场至岭后公路。该线自绵羊场开始，经坑头岙、光垟至浙南游击老区之一的岭后，全长10.7公里。1977年动工兴建，国家投资20.2万元，当地干部、群众、民工建勤7万多个工日，1980年6月17日竣工验收，7月1日正式通车。路线为泥结碎石路面，宽4.5～6.5米，按四级公路技术标准设计。1991年，线路延伸至岭后国坪，全长11.512公里，延伸里程0.812公里。2008年实施扩建改造。

【溪双线】 溪口至双桂公路。为了开发花岗岩矿产资源，1974年文成县交通局以修建机耕路的名义提出修建公路。由于资金不足，工程分两期进行。第一期工程国家拨款4340元，1974年1月开建，共完成公路200米，路基宽3.5～4.5米。1978年11月11日，第二期工程开工，国家拨款6.3万元，群众自筹资金1.8万元。本次工程总计投入9.6万工日，开挖石方7万立方米，土方2万立方米，填方0.8万立方米。1979年3月9日竣工验收，5月1日通车。2006年5月，该路线完成路面硬化改造。双桂乡被省交通厅评为1979年省"民办公助"建路先进单位。

【石桂线】 石垟至桂竹公路，石垟林场向下垟延伸公路。全长14.157公里，路面宽4.5～6.5米。为了开发山区林业经济，1978年，石垟林场向下垟公路开工建设，全长3.15公里。1992年3月，石垟林场至下垟公路延伸到桂竹工程开工，扩建里程11.007公里。2006年底，完成路面硬化改造。

【南黄线】 南田至黄坑口公路。自南田镇参政路连接外延南下，经横山底村、元桥、马塘岭、横垄口、溪坑下、下水垟，至黄坑口桥，全长10.286公里，路面宽4.5～6.5米，按四级公路技术标准设计。

【山桂线】 山茶花至桂山口公路。1981年，该线路竣工。全长10.372公里，路面宽4.5～6.5米，按四级公路技术标准设计。2005年，该线路实施路面硬化改造。

【西南线】 西坑至南田公路。1980年，西南线开工。全长16.687公里，路面宽4.5～6.5米，按四级公路技术标准设计。2005年，全线实施路面硬化工程。

【东金线】 东溪至金星公路。完工于1984年，全长15.823公里，路面宽4.5～6.5米。2005年，完成路面硬化改造。

【沙黄线】 沙垟至黄垟公路。从沙垟村与文稽公路接线，至黄垟。1980年，该线路开工修建，1981年5月6日竣工验收，同年11月1日正式通车。全长1.8公里，路基宽4.5米，泥结碎石路面宽3.5米。建有1座桥梁，总投资7万元。2006年，该线路实施路面硬化改造。

【玉东线】 玉壶至东头公路。自玉壶镇起，经垟头、吕溪至东头乡。1981年3月2日，该线路动工。县交通局拨款7万元，吕溪乡群众自筹资金0.3万元。修建中因资金告罄，工程被告停工。1985年，该工程被列入浙江省第二批扶贫项目，补助投资61万元，工程进行续建。1986年11月13日，完成玉壶至吕溪段6.4公里，并验收通过。1987年6月25日，完成吕溪至东头段4.75公里，经验收合格。至此，玉东线全线通车，全长11.2公里。修筑排水涵洞85道，修建桥梁4座/56米，处理塌方0.65万立方米，铺筑泥结碎石路面5.08万平方米。路基净宽6.5～8米，最小弯道半径20米。全线共8处回头弯，其中有3处半径为15米。2005年，全线实行路面硬化改造。

【黄敖线】 黄坦至敖里公路。该工程是被省经委列入1985—1986年扶贫粮、棉、布补助以工代赈修建的公路项目，全线补助89万元（其中敖里至富岙段补助投资34万元），工程由县交通局按照部颁山岭重丘区四级公路技术标准测设。1985年4月15日破土动工，1986年5月25日完成敖里至富岙工程7.1公里。全长19公里，路基宽6.5米，最小弯道半径20米，弯道路基路面按单车道加宽，最大纵坡8%。2006年，全线实施路面硬化改造。

十、平阳乡村公路

【下郑线】 宋桥下宋村至郑楼下里村公路。工程最早于1985年3月开工，当年12月竣工。全长2.3公里，总投资6万元，其中国家补助4万元，当地自筹资金2万元。工程按四级公路技术标准实施，路基宽6.5米，泥结碎石路面宽3.5米。建成后交平阳县交通局管养。

【南麂公路】 南麂岛公路的总称。1984年12月，南麂岛开始动工建设公路。至2015年底，南麂岛共有公路5条，累计全长10.30公里。其中：新码头至火焜岙6.10公里，末明湖至马祖岙2.30公里，打铁洞至后隆隔0.80公里，农场至百公顷坪0.60公里，大沙岙至山脚寮0.5公里。工程技术均按四级公路标准施工，路基宽4.5～6.5米，泥结碎石路面宽3.5米，国家全额投资10万元。工程均于1985年竣工，交由平阳县交通局管养。平阳县公路管理局在岛上设一养护站点，并派驻人员长期管护。2006年，南麂岛公路均实施拓展和路面硬化改造。2009年，平阳县公路管理段对南麂岛部分公路实施大修改建：新司线（桩号K0+000～K3+267）3.267公里，投资309.49万元；打后线（桩号K0+000～K2+158）2.158公里，投资204.43万元。

【三郑线】 昆阳镇三大寮至郑楼公路。1989年竣工通车，全长8.382公里，路基净宽5.5米，水泥混凝土路面4米，平原四级公路，桥梁10座，行车时速20公里。

【凤冠线】 凤卧至冠尖公路。全长2.048公里，技术设计为微丘四级公路，行车时速20公里，路基净宽7米，水泥混凝土路面宽6米。1999年竣工通车。

【梅马线】 山门镇梅岭至水头镇马头岗（赤溪）公路。全长11.2公里，技术设计为微丘四级公路，行车速度20公里，路基净宽4.5米，水泥混凝土路面宽3.5米。1999年，竣工通车。

【新三线】 鳌江镇南麂岛旅游公路。起于南麂岛新码头，止于三盘尾公路。1988年竣工通车。全长9.35公里，海岛四级公路，设计行车时速20公里，路基净宽7米，水泥混凝土路面宽6米。

2009年，K0+000～K9+600路段实施大修，工程量6.4公里，投资606.28万元。

十一、泰顺乡村公路

【三夏线】 三魁至夏卢公路。自三魁秀溪边桥头接线，经张宅、庵前、戬洲、下溪至夏卢，全长13.4公里。工程最早于1973年10月开建，1974年10月，率先建成三魁至戬洲5公里。1986年开始动工建设戬洲至夏卢段8.4公里。该段线路系省扶贫项目，1987年8月15日竣工并验收。夏卢是泰顺重要的革命根据地之一，解放战争时期，浙江省委书记刘英曾在此工作。通车之日，时任温州市委书记刘锡荣（刘英之子）亲临剪彩。三夏线路基宽4.5～6.5米，村庄路段为8米，泥结碎石路面，宽3.5米，最小平曲线半径15米，最大纵坡8%。戬洲至夏卢段开挖土石方16.8万立方米，填方9.514万立方米，清理塌方1.524万立方米，砌石沟49道0.326万立方米，挡土墙45处计0.866万立方米，建石拱桥涵2座。工程总造价56.5万元，其中国家补助52万元，民工建勤2.3万工（日）。

【罗白线】 罗阳至白溪公路，线路编号Y726。线路从泰顺东门汽车站沿东大街、北大街、西大街出西门，经泰顺县原第一中学门口至白溪，全长3.7公里。该线路东门车站至泰顺一中门口段1.207公里属城镇街道，1977年由罗阳镇建设管理委员会修建，1980年竣工。工程设计为混凝土路面，宽11～13米。泰顺一中门口至白溪段，最早建于1958年。因当时县农、林场为解决运输问题，曾将原石头路面的人行道改为手拉车路。1978年县交通局拨款1万元，将手拉车路改建成公路，并延伸到终点白溪。沿线除原有1座钢筋混凝土T梁桥（太平桥）外，1980年县交通局又拨款2000元，在交溪铺新建8.5米长的砼板桥。

【金乌线】 金竹坑至乌岩岭公路。自泰景线金竹坑村，经犁头厝、坑头，至乌岩岭林场，长5.7公里。1978年8月，由泰顺县交通局勘测设计，林场负责施工，1980年8月竣工验收。该路路基宽4.5米，泥结碎石路面宽3.5米，平曲线最小半径15米，最大纵坡7%，砌涵洞4座，挡土墙9道。造价24.75万元，其中省林业局拨款21万元，县财政拨款2.5万元，林场投资1.25万元。

【雪雪线】 雪溪大桥头至雪临乡驮地村公路。全长6.7公里，1980年开始测设并施工，1987年1月建成。共挖土石方10.18万立方米，填方2.94万立方米，砌驳坎23条，建涵沟50座，路基宽4.5～6.5米，泥结碎石路面宽3.5～5.5米，平曲线最小半径15米，最大纵坡8%，属四级公路。投资30.434万元，其中国家补助28.631万元，群众投工6020工（日），折合1.803万元。

【乌上线】 乌岩岭至上芳香公路。全长9.6公里，按山岭重丘四级公路标准测设并修建。线路自谷底迂回到山顶，山高坡陡，施工难度大，分二期修建：乌岩岭至芳香坪6.6公里，1984年10月20日动工，1985年11月竣工；芳香坪至上芳香3公里，1987年11月9日动工，次年11月20日竣工。该路设计路基宽4.5米，泥结碎石路面宽3.5米，最小平曲线半径15米，最大纵坡8%。总造价52.5万元。该线路的建成，促进了里光、碑排和乌岩岭林场的林业资源开发。

【砂洪线】 砂坑坳至洪口公路。自沙坑坳起，经阳山、砂坑至洪口大桥头止，全长5.715公里。1975年开始，按山岭重丘四级公路技术标准测设，11月动工修建。1976年4月，因洪口村处于浙江省筹建的文成县珊溪水电站的淹没区，工程停建。后因电站停建，1986年4月1日工程复工，1987年8月16日建成。该线路基宽4.5～6.5米，泥结碎石路面宽3.5米，平曲线最小半径15米，最大纵坡7%。工程共开挖土石方9.967万立方米，构筑防护设施1437立方米，石沟53道，涵洞4座。总投资25万元，其中当地自筹资金3万元。

【彭洲线】 彭坑垟至洲岭公路。自彭坑垟起，经可溪、龙溪、宫垟、长坑、下舟垟至洲岭乡驻地洲边，全长12.8公里。1976年10月开始施工，不久因资金问题停工。1978 年当地乡政府再次组织 200 多人继续施工，农闲季节则发动全乡民工开展义务投劳。1982 年竣工通车。该线路按四级公路技术标准设计，路基宽 4.5～6.5 米，泥结碎石路面宽 3.5 米，平曲线最小半径 16 米，最大纵坡 8%。总造价 37.351 万元，其中国家补助 17.597 万元，其余为地方自筹。

【大水线】 大丘坪至水车垟公路。从峡屿至下洪线的大丘坪猿啸桥起，经外后垟、里后垟至金狮水库，全长 7.1 公里。1972 年开始，在修建猿狮桥到里后垟 2 公里之后，沿线村民为线路走向发生争议，工程被迫停工长达九年之久。期间，经县、乡、村各级领导协商调解，1981 年终达成共识，将工程改从鼓楼桥过溪迂回上坡至金狮。1983 年 10 月工程竣工。按四级公路技术标准设计施工，路基宽 4.5 米，路面宽 3.5 米，最大纵坡 9%，最小平曲线半径 13 米。总造价 20 万元，其中水利部门拨款 18 万元，交通部门拨款 2 万元。

【竹垟线】 竹林头至垟溪公路。自泰分线 72 公里处的竹林头接线，经叶瑞旸、彭坑垟、安下、坑口仔至垟溪公社（乡）驻地垟边止，全长 9.8 公里。该路坑口仔村附近有锡矿，叶瑞旸村有叶蜡石矿。为了开发矿产，自 1974 年春开始，由西旸公社自筹资金建成起点至叶瑞旸段 3.7 公里， 垟溪公社建成叶瑞旸至洋溪段 6.1 公里，1977 年 10 月竣工。公路按四级技术标准设计，路基宽 4.5～6.5 米，泥结碎石路面宽 3.5 米，平曲线最小半径 15 米，最大纵坡 7%。垟溪公社在建路过程中积极贯彻“民办公助、民工建勤”的方针，1977 年 10 月被评为浙江省县乡公路建设先进单位。

十二、苍南乡村公路

【坑倪线】 坑门岭至倪家山公路。自水霞线（桩号 K35+10）接线，经大坪山、下厝基，止于倪家山，与福建省福鼎县大安乡公路相接，可通达前岐、沙埕等地，全长 7 公里。1986 年 1 月，该线路正式动工建设。工程挖填土方 7746 立方米，石方 5000 立方米，筑坡 1275 米。总投工 121200 工，总投资 11.55 万元，其中国家投资补助 6 万元，地方自筹 5.55 万元。工程按四级公路技术标准设计，路基宽 6.5 米，全线为泥结碎石路面宽 3.5 米，最小半径 15 米，设有涵洞 42 个。该线路系浙闽两省海防联防公路。

【南昌线】 南宋至昌禅公路，线路编号 Y526。起点位于水霞线（老线）南宋社区，途经大埔山、王家垟、兴昌等村，止于昌禅社区，与矾藻线相接，路线全长 6.271 公里。2002 年工程初建时，因资金欠缺，由杭州海关援助 70 万元，完成路基工程。2004 年被列入乡村康庄工程计划实施，按 28 万元 / 公里补助，完成水泥路面硬化。总投资 190 万元，其中当地矿山老板捐助 15 万元。2006 年纳入村道统计里程，2007 年行政等级提升为乡道。

【钱望线】 钱库至望里公路，线路编号 Y525。起点位于龙金大道钱库转盘，途经垟北、垟中、山北、宫西、南茶寮、罗厝等村，终点止于瓦海线，全长约 3.634 公里。该线路于 2000 年 10 月建成通车，总投资约 600 万元，其中农民自筹资金 400 多万元。2005 年完成水泥路面硬化，2006 年纳入村道统计里程，2007 年行政等级提升为乡道。

【华水线】 灵溪镇华山村至龙港镇水深村联网公路，连接灵溪与龙港的主干道，线路编号 Y528。该线路起点位于县园区大道与经二路、经三路交义处之间（灵溪镇华山村），对应园区大道（桩号 K1+460），过横阳支江，往北经仓前路与世纪大道（龙港镇水深村）相交。对应世纪大道（桩号 K5+485），途经内李、营洋、横河、桥底、四大、林头、林陈、新光、月星、凤江等行政村，全长 6.74 公里。路基桥梁工程于 2012 年 6 月开工，2013 年 10 月完工；沥青路面工程于 2014 年 5 月开工，2014 年 10 月完工，并进行交工验收。工程按二级公路标准设计，路基宽 12 米，主行车道宽 9 米，硬路肩宽 2×1.5 米，桥梁 13 座，行车时速 60 公里。

第四章 交通绿道

综 述

交通绿道，是温州交通公路部门利用现有公路设施建设绿道的一种创新。

所谓交通绿道，可以通俗地表述为，通过对现有道路进行改造连接，通常选择依山傍水、景色秀丽、名胜古迹等集中的路段，在沿途因地制宜地设置一些驿站、观景平台、休闲区，以及亭台楼阁、长廊、公厕等设施，并新增或延伸可供行人、骑行者和自驾者进入附近景点的支线，从而形成的一张旅游交通网络。它让游客在尽享自然风光、品味人文历史、追忆世俗风情中，感受绿道的魅力。

2012年，温州在经历了产业经济的飞跃发展，面对产业升级、社会转型和人们对健康、休闲的关注，立足现有公路交通设施和旅游资源，创新性地推出一种崭新的旅游概念——交通绿道。通过交通绿道，将传统的、点对点的、走马观花的旅游方式，转变为以线铺面的，可供自由选择、全凭游客性情而随时改变景点的全方位旅游模式。

2012—2014年，温州市各级把涵盖交通绿道建设在内的市域绿道网建设，作为建设“幸福温州”的重要载体，组织南下广州取经，发动市民探路、专家献计。成立由市长担任组长的温州市绿道网建设工作领导小组，30多家政府部门单位和各县（市、区）政府为成员单位，市交通运输局为交通绿道建设的牵头单位，制定《温州市域绿道网专项规划》。具体实施过程中，按照“一年全面起步、两年基本建成、三年完善提高”的要求，建立党政合力、交通牵头、部门配合，多元投入、属地审批、定期通报、验收评比的绿道建设工作机制。从市委书记、市长到县级党政主要负责人，亲自上路督查指导。全市上下形成建设交通绿道的浓厚氛围。

至2014年底，温州投入资金4.3亿元，建成总长2200公里的绿道网络体系，其中，市级交通绿道“两纵三横”计5条1135公里，县级交通绿道41条计1065公里。

交通绿道建成后，交通、旅游部门积极向市民推荐交通绿道游经典线路，举办各种形式的绿道游活动，形成十大绿道旅游产品，助推“绿道游”“休闲游”“自驾游”“乡村游”的兴起。绿道经济的凸显，提升了温州“1650”大都市区整体生态环境，推动生态休闲旅游产业，以及生态型现代化国际性大都市建设。

交通绿道建设顺应了美丽公路建设大势，其配套设施，为此后温州创新性地建设普通公路（农村公路）服务站提供了样板和条件。交通绿道与文明样板路、文明公路、五型公路和美丽公路一脉相承，都以“路”为出发点，以“服务”为目的，在规划、设计、养护、运行、管理等方面着力。交通绿道已成“幸福温州”的一张新名片。

第一节 市级交通绿道

温州市规划市级交通绿道为“两纵三横”的布局，并与县级交通绿道相互串联，总长约2200公里，其中市级交通绿道5条，共计1135公里。

一、交通绿道的兴起

“绿道”，是在欧美国家兴起不到百年却备受推崇的概念，在中国可追溯到秦代的“驰道”，以及后来的京杭大运河、丝绸之路和茶马古道。

中国现代绿道建设可以分为三个阶段：2000年前为初级阶段。从1998年开始，中国在全国范围内的公路、铁路、江河沿线掀起绿色通道建设高潮。2000—2010年，为国外绿道理论引入和研究阶段。2010年至今，为国内绿道规划与实践相结合阶段。广东借鉴国外建设经验在全国率先建成第一个绿道网。随后，全国城市掀起了各具特色的“中国绿道运动”。

温州市域绿道网由三部分组成：交通绿道、城区绿道、森林绿道。交通绿道是市域绿道网中最重要的内容。

2011年7月，温州市委、市政府提出建设交通绿道的决策。温州市政府成立温州市绿道网建设工作领导小组，下设交通绿道建设工作领导小组办公室。温州市交通运输局委托广东省城乡规划设计研究院编制市域交通绿道网规划。2012年1月18日，温州市政府以《关于温州市域绿道网专项规划的批示》批准了绿道网规划；3月5日，市政府与各县（市、区、功能区）政府签订了绿道网建设责任书，把责任分解落实到各地。各地相应建立了组织机构。与此同时，市委市政府两办下发《温州市绿道网建设实施意见》和《温州市绿道建设标准》。同时，还制定了温州市交通绿道《考核督查办法》和《验收办法》，明确交通绿道建设的政策依据和技术标准。此外，通过网络媒体向国内征集并确定“温州交通绿道标识”。

2012年3月5日，温州市绿道网建设领导小组第一次会议，通过了《温州市级交通绿道网和县级交通绿道网规划》：按照“一年全面起步、两年基本建成、三年完善提高”的要求，力争三年时间建成总长约2200公里的绿道网络体系。其中：1～5号市级交通绿道“两纵三横”1135公里，县级交通绿道41条1065公里。2012—2014年，建立起党政牵头、交通主管、部门协助、全民参与、多元投入、属地审批的工作机制，掀起建设交通绿道热潮。截至2014年12月底，累计总投资4.3亿元（市财政局补助3751万元），建成交通绿道2200公里，平均每公里绿道投入约20万元。

交通绿道建成后，市交通运输局、市旅游局通过举办各种绿道游活动，向市民推荐自然观光游、文化体验游、森林探秘游、滨水休闲游、养生度假游、红色革命游、民风民俗游、乡野农趣游、户外运动游、体育竞技游等十大绿道经典线路，行绿道、骑绿道、游绿道，成为市民微旅游的首选，绿道经济凸显。

随着绿道游的兴起，市交通运输局与市财政局启动了交通绿道提升工程项目。投资2660万元（其中市财政补助800万元），安排7项提升项目：市级交通绿道1号线文成复线、平阳县城新线、苍南县雾城休息点、鹿城区双屿高架桥下项目、乐清市凌空漫步观景平台、永嘉县响山观景平台、泰顺县石亭峰观景平台。通过整改提升，市级交通绿道2号线苍南雾城休息点建造了一个占地8070平方米的停车场，增加停车位73个。市级交通绿道5号线童东线，建成一个包括停车场、休息走廊、观景木亭、公共厕所在内的石亭峰休息点，并全线安装低碳环保的自发光标志牌。

交通绿道网共串联了区域内重要自然生态和历史人文资源要素，绿道经济凸显，推动了生态休闲旅游产业。据旅游部门统计，2014、2015年，温州市接待国内旅游人数分别为6487.4万人次和7681.56万人次，同比分别增长14.28%和16.8%；国内旅游总收入分别为656.7亿元和804.5亿元，同比分别增长18%和18.1%。

二、“两纵三横”布局

2012—2014年，温州结合市域自然山水格局、资源要素的空间分布和公路现状条件，建成2200公里交通绿道网，连接贯通“1650”城镇体系，并串起全市范围内的重要景区。市级交通绿道呈“两纵三横”布局，1～2号线为二纵，3～5号线为三横，合计5条/1135公里，且特色鲜明，风景各异。市级交通绿道经过26个中心镇，与41条县级交通绿道相互串联，凸显“纵横成网、支脉渗透”的空间结构特色。

【交通绿道1号线】　一纵，江山风光休闲风景道，主要特色是湖光山色、丛林叠翠。自乐清市雁荡镇沿G104线向南至上塘村右弯，进入雁楠公路，经芙蓉镇、巨坑庵村入永嘉县境。经鹤盛至枫林，沿S223线南下沙头镇九丈，至瓯北中心区黄田街道江边村。上G104线向西过瓯江三桥，进入温州鹿城区，过官岭隧道上瓯湖线，至温州瓯海区藤桥古川路口、泽雅，经X271线进入瑞安西屋、芳庄至湖岭盐店。至文成县境分两路走，

市级1号绿道雁楠公路段　刘晓华摄

主线走峃口镇大垟口村，经一花、峃院线、灵溪线至文成平阳交界处；复线走峃口镇鱼局村过新联大桥，与主线隔溪并行，经峃口大桥重归一线。入平阳境分两路走，主线走山门，经高一、高二至南雁东门。延伸线走S230线穿占基山隧道、清湾、藤蛟至詹家埠，然后并线由桥南公路平苍交界处进入苍南境，经灵溪镇、桥墩镇至水霞线、马分线路口的分坪村止。全程333公里。

【交通绿道2号线】　二纵，东岸山海休闲风景道，主要特色是雁山海韵、碧波荡漾。从乐清市雁荡镇白芙线起始，至芙蓉镇，沿珍上线至岭底。上白岭线至中雁荡山景区，再经乐柳线至G104线琯头。经G104线过瓯江三桥至温州瓯海区，沿瓯海大道与温瑞大道交叉口分两线行进。主线沿温瑞大道至与仙竹公路交叉口，进入瑞安境塘下凤渎，过瑞安大桥进入平阳境至万全镇南滨阁巷段；支线沿瓯海大道至普宁寺，进入瑞安桐浦陶岙，至锦湖集云山。进入平阳境，沿绿道一号线经水头镇至万全镇。然后两线归一沿海边城新

市级2号绿道乐清段　章婀摄

路经西湾，转江口路到鳌江，过瓯南大桥进入苍南境。沿龙金大道经龙港镇、宜山镇、钱库镇至金乡转盘段，经大渔镇、赤溪镇到马站镇雾城村沙滩止。全程311公里。

【交通绿道3号线】　一横，江海风情休闲风景道，主要特色是青碧翠岭、百川朝海。起于温州市鹿城区临江镇驿头村瓯湖线与G330线交叉口，沿途经过G330线、G104线、鞋都大道、江滨西路、江滨东路、会展路、机场大道。至灵霓线过灵昆大

桥、半岛工程海堤，沿五岛相连公路止于洞头岛新县城。3号线延伸线起点：G330线藤桥下岸村，终点：G330线藤桥驿头村。全程132公里。

【交通绿道4号线】 二横，江林生态休闲风景道，主要特色是青山密林、云江飞虹。起于文成县铜铃山，沿石驮线接S330线，经石垟林场、西坑镇、百丈漈镇、文成县城、S330线文瑞交界处进入瑞安，止于瑞安阁巷。4号延伸线经钱仓、清桥、梅溪、凤尾山、孙岙，止于梅源。另一分支线经文泰线，与泰顺县的绿道相连，是市级绿道4号线的重要组成部分。全程149公里。

【交通绿道5号线】 三横，文化观光休闲风景道，主要特色是古今辉映、碧海苍山。起于泰顺乌岩岭，经搵垟休息点、坑头观景平台、里光飞瀑观景平台、司前桥头公园、山里人家驿站、红岩双瀑观景平台、仙居古樟休息点、罗阳石亭、泰顺中

市级5号绿道泰顺段 夏克升摄

学，至贝谷休息点。此可分为两个方向，去泗溪廊桥休息点、南溪休息点、秀涧休息点至富垟；去西旸廊桥、溢门观景平台、氡泉景区、彭溪镇至富垟，之后两线合一至分水关进入苍南境。从分水关高速口，主线沿S232线华阳路口，支线从S232线渔寮支线红绿灯口起，经桥墩、灵溪、藻溪、马站镇至霞关港区，止于苍南渔寮景区。全长235公里。

第二节 县级交通绿道

温州市11个县（市、区）建有县级交通绿道计41条、1065公里，有的是单线，有的涉及多条线路。这些县级交通绿道经过25个中心镇，通过5条主干线支脉渗透开来，带动乡村经济和旅游业的发展。

【鹿城交通绿道】 仰义水库环线（LC-01）：起点仰义新街路口，环仰义水库，至澄沙桥路口止，全程15.3公里。

【瓯海交通绿道】 ⑴泽雅水库至瞿溪（OH-01）：起点龙西公路与瓯湖线交接处，沿线经过龙西线、唐金线、陈北线、温源线，至瞿溪街道瞿溪小学止，全程21.4公里。⑵沙门—茶山（OH-02）：起点瓯海大道与双南线交叉口的沙门，经双南线、朝阳新街，至茶山止，全程10.2公里。

【洞头交通绿道】 ⑴鸽尾礁至白迭（DT-01）：起点鸽尾礁村，经二垄岭、东屏公园，至白迭村止，全程12公里。⑵三盘大桥至下尾（DT-02）：起点三盘大桥桥头，经三盘岛沿海公路，至下尾村止，全程3公里。⑶桐桥至胜利岙（DT-03）：起点桐桥，至胜利岙止，全程1.5公里。⑷惠民村至大沙岙（DT-04）：起点惠民村，经垄头，至大沙岙景区止，全程2.5公里。⑸大山至仙叠岩（DT-05）：起点大山，至东岙顶村仙叠岩景区止，全程1公里。

【乐清交通绿道】 ⑴雁荡镇至南阁（YQ-01）：由于旅游环线一期已完工，而二期（水下线、卓庄线）正在建设，现统一并入该工程建设，全程8公里。⑵雁荡镇至西门岛（YQ-02）：起点G104国道雁荡镇，沿白沙线至西门岛，全程15公里。⑶芙蓉镇至石陈（YQ-03）：起点G104国道石陈段，沿石清线至上埠头段，转珍上线至市级绿道1号线，全程19公里。⑷淡溪水库至白龙山（YQ-04）：起点淡下线同市级绿道2号线连接处，沿淡溪水库至石龙头，转淡东线至白龙山景区。原规划为淡溪水库至虹桥镇，调整为淡溪水库至白龙山，全程8公里。⑸城北至乐成街道（YQ-05）：起点乐北线蜈蚣桥段，沿乐北线至城北灵山社区，

与市级绿道2号线相接，全程9公里。

【瑞安交通绿道】⑴松坦至桐浦（RA-01）：起点湖岭镇松坦，沿线经瓯湖线，至陶山镇桐浦止，全程26公里。⑵陶山镇腾斗至马屿镇石牌（RA-02）：起点陶山镇腾斗，沿线经瑞枫线，至马屿镇石牌止，全程8公里。

【永嘉交通绿道】⑴下家岙至岩坦镇林坑村（YJ-01）：起点41省道下家岙，沿线经鲍江、前溪，至岩坦镇林坑村止，全程31公里。⑵岩头镇至山坑（YJ-02）：起点41省道岩头镇，沿线经碎坑、前九降、汤店，至坦五线山坑止，全程40.7公里。⑶坦下至山坑（YJ-03）：起点坦五线坦下，沿线经九黄线至坦五线山坑止，全程35.7公里。

【文成交通绿道】⑴百丈漈至西坑（WC-01）：起点百丈漈镇，经十黄线至南田镇，再经南西线，至西坑镇止，全程34公里。⑵石垟林场至石角（WC-02）：起点石垟林场，经石角线至石角村止，全程15.5公里。⑶南田至武阳（WC-03）：起点南田镇，经马上村、后垟村，至武阳村刘基故里止，全程10公里。⑷二源至金朱林场（WC-04）：起点百丈漈镇二源社区，经二金线至谈阳村，至金朱林场止，全程11.5公里。⑸溪口至松源线（WC-05）：起点峃口镇溪口大桥，沿峃院线经巨屿镇、珊溪镇，至文泰交界处止，全程31.7公里。⑹铜铃山至驮加（WC-06）：起点铜铃山森林公园，沿石驮线，至驮加止，全程14.5公里。⑺峃口大桥至县城迎宾坊（WC-07）：起点峃口大桥，沿一花线，至县城迎宾坊止，全程8.5公里。⑻溪口至岩塔头（WC-08）：起点溪口大桥北岸，经渡读口、方前、坦歧大桥，沿珊溪水库环库公路，至岩塔头止，全程19.59公里。⑼大峃至青田交界（WC-09）：起点大峃镇城东大桥，沿大十线，经玉壶镇，至青田交界止，全程32.5公里。⑽大峃花园至百丈漈篁庄（WC-10）：起点大峃镇花园桥，经岭脚村、百丈漈风景区，至百丈漈篁庄村止，全程14.3公里。⑾南田至黄山（WC-11）：起点南田镇，经十黄线，至黄山村止，全程19公里。⑿东溪至上林（WC-12）：起点玉壶镇东溪社区，经营朱线，至文瑞交界处止，全程17公里。

文成沿江精品绿道　胡悦斌摄

【平阳交通绿道】⑴岭下至郑楼（PY-01）：起点岭下，经麻步镇、钱仓镇、昆阳镇，至郑楼止，全程约50公里。⑵水头至南雁荡山（PY-02）：起点水头、经溪心乡、朝雨谷、枫树湾，至南雁东门止，全程15公里。

【泰顺交通绿道】⑴三滩—碑排（TS-01）：起点三滩，沿仙岭线至碑排止，全程19公里。⑵三滩—岭北（TS-02）：起点三滩，沿三排线至岭北止，全程18公里。⑶司前—黄桥—司前（TS-03）：起点司前，沿台黄线、三插线至司前止，全程61公里。⑷峰门—司前—筱村（TS-04）：起点峰门，沿司峰线、司筱线，至筱村止，全程42公里。

【苍南交通绿道】⑴碗窑至莒溪（CN-01）：起点碗窑，经下垟、矴步头等居民点，至莒溪止，全程11公里。⑵金山头至腾垟（CN-02）：起点金山头，沿线经过东山、石龙、凤岭、新村等居民点至腾垟止，全程29公里。

第三节　精品绿道及配套设施

一、精品绿道

【乐清白岭绿道】　始于白石镇，沿乐清西部乡村公路延伸至大荆镇，全长约60公里，是连接中雁荡山和北雁荡山两个国家级景区的纽带，是市级绿道1号线的精华部分。沿线火山岩地貌突出，山岗起伏，雄伟壮观，可体验生态景观、地质公园、山间水库等不一样的风景。龙山湖驿站，乐清景观长廊，停车场面积较大，公共厕所等配套设施齐全。泥洋休息点，位于半山腰，站此鸟瞰，碧水荡漾的白石水库，层层叠叠的茶园尽收眼底。龙抬头驿站，设有大型的停车场、公共厕所等配套设施，还建有养护用房。仙境观景平台，全线的精华所在，接近山顶，居高临下，两个小山头都被建成为大型的观景平台，上下错落有致，远山近岗，高低起伏，左村右舍，尽收眼底。中雁荡山主峰玉甑峰，遇雨后初晴，云雾缭绕，犹如一幅美妙山水画。里章村大型综合驿站，原是乐清市城北乡政府所在地，乡镇合并后，将乡政府大楼规划成大型综合驿站，专供自驾游客休息。池塘占地约2公顷，铺上木栈道和钓鱼台，专供人们垂钓。池塘边设有露营区，配有洗手间、停车场等。农家乐相当有特色。樟山休息点，清静雅致，设有避雨廊亭、健身器材。陈坦休息点，呈长方形，溪水流过，叮叮当当，带来亘古的气息。凌云阁观景平台，视野开阔，山下村庄错落有致，烟雾霭霭。梅溪生态驿站，占地14公顷，专供餐饮、户外拓展、烧烤、开心农场、摸鱼等农业体验活动。屿山村休息点，位于雁荡山腹地的芙蓉镇，大型的停车设施，典雅的亭廊，良好的绿化，都为绿道增色不少。

【瑞安乡野绿道】　湖岭镇至高楼镇段，属市级绿道1号线瑞安段。自湖岭上瓯湖线向西方向，经永安、均路，至桂峰转向南行，上S230线向南经枫岭、宁益、社后至高楼，全长45公里。沿线路况良好，辅助设施齐全，最高处海拔近600米。这是一条四季梯田、穿越古村、梦幻小溪、峡谷风光、鸟鸣滩林、农家食乐等连成一线的依山傍水、闲游乡野的特色线路。特别是该路北接西雁荡山的泽雅风景区，南接高楼前往文成。北端的湖岭，有远近闻名的特色牛排。南端的高楼，五月杨梅让人垂涎，飞云江游步道惹人留恋。沿线有上埠坦休息点，建有较大型的停车场。电视剧《温州一家人》的外景地距绿道约2公里，是该绿道的一大看点。巾仙溪驿站的戏水乐园，尤为适合亲子亲水游。桂峰乡观景平台，配建有观景长廊，可俯视全山景观，视野开阔。桂峰乡是瑞安有名的侨乡，依山梯田景观迷人，春天是欣赏油菜花的绝佳去所。大藏村休息站，建有凉亭以及豪华的侨乡别墅群。南一村休息站，有上好的戏水乐园，非常适合儿童玩耍，河中滩林有成片芦苇，适合婚纱摄影，外景极佳。该路段车流量少，路面坦荡平整，路型坡岭相间，沿途风景绮丽，空气清新湿润，景观丰富多彩。适合单车骑游、自驾游、情侣游、亲子游、摄影绘画游。

【飞云高楼绿道】　瑞安飞云江高楼段绿道暨综合整治工程，总投资11亿元。2012年11月，建成16.405公里的自行车绿道。自行车绿道之奇，在于绿涛翻涌的竹林。红色橡胶路面平坦穿幽，路线曲直舒缓，两旁密集竹林，把路变成绿色隧道，即使夏日酷暑也丝毫感觉不到热浪。原生态的竹林，清风徐徐，姿影婆娑。漫骑在幽深娴静的竹林中，心情变得空濛、洒脱、宁静，让人想起“独坐幽篁里，弹琴复长啸”“宁可食无肉，不可居无竹”的诗句。

【永嘉楠溪绿道】　北起雁楠公路永嘉与乐清分界处，南至九丈谢灵运广场，属市级绿道1

号线，全长约50公里。整条绿道位于楠溪江国家级风景名胜区内，最大特色为“水秀、岩奇、瀑多、村古、滩林美”。谢灵运广场驿站，是楠溪江游客服务中心，系楠溪江景区的中心地带，驿站占地面积较大，公共厕所、停车场、指示牌、游客服务、高档会所、摄影基地等各种配套设施齐全。上烘头休息点，江边滩林是其特色。狮子岩休息点，有标准化的停车场，沿江的观景平台视野开阔，周边餐厅、酒店众多。江中的狮子岩美景近在咫尺。下日川休息点，新建一处公共厕所，改建了停车场。芙蓉古村休息点，系元代古村也是楠溪江古村的代表。苍坡古村休息点，文化底蕴深厚，让人颇有穿越时空之感。

【文成云江绿道】 从瑞安与文成交界处黄岙村上S330线，经大峃镇、西坑镇、石角林场，转老S228线接泰顺止，为市级绿道1号线文成段。沿线生态原始，茂林密布，车辆极少，但山路坡陡弯急，绿道配套设施有待建设。1号线复线：沿峃口村、渡渎村，过大摇岭隧道与平阳怀溪山门绿道相连，接市级交通绿道1号线。沿线有溪口驿站，新建的廊桥横跨溪流，与周边的景观协调一致。净因禅寺休息点，位于双桂社区，系文成规模较大、香火旺盛的寺院之一。文成县市级绿道1号线、4号线总计97公里，其中精品段绿道1号线的复线段，总长10公里，起始于文成峃口镇，沿着飞云江在绿水青山中蜿蜒而行。有专为休闲健身而建的自行车游步道，系“云江秀水风情带”的经典路段。沿途修建有亲水观景平台，均用实木搭建，古朴精致。峃口村至渡渎村段，用红色沥青铺设而成，专为骑单车而设计。该段的樱花岛亲水休闲平台，植有樱花1118棵，每年三四月樱花盛开时节，都会引来大批游客观赏。峃口系全线的中心小镇，农家乐众多，当地土菜风味独特。

【平阳西湾绿道】 万全镇至鳌江镇，属市级绿道2号线平阳段，全长25公里。西湾绿道为该段绿道最经典路段。路线（城新线）依山沿海而建，虽有坡路，但斜度不大，最适合骑游。路两侧绿树成荫，海风拂面，偶有几座别致的小渔村夹道相迎。大湾观景平台（鳌江镇跳头村），位于半山腰，展眼望去，一马平川，尽是滩涂，给人一种旷野无疆的感觉。金沙滩休息点，主要建有几个停车位，停车场外的金沙滩较为有名。百沙农家乐休息点，有海边沙滩、勇士音乐大排档，沿沙滩建设的农家乐较为有特色。台风登陆点观景平台，视野开阔，休息亭、停车场、绿化带、标示图、景观说明等配套齐全。新城观景平台，占地面积较大，为本线路规模最大、建设最精美、景观最齐全。

【泰顺古韵绿道】 S228云寿线泰顺段红岩景区处至仙居，沿市级5号绿道至泰顺县城，全长约10公里。这是一条由古官道、古民居、古廊桥、古树木形成，充满古色、古香、古韵、古味的独特交通绿道。沿线有红岩瀑布，高约60米，瀑布飞流直下，飘飘洒洒，煞是惊艳。过红岩隧道后就是红岩景区休息点，内有农家乐、森林步道，适宜休闲。枫霞休息点设有专门的停车场、观景平台、公共厕所等，有红枫古道直达百丈古镇。该古道是泰顺乃至浙南赏枫的绝佳处，也是历史上重要官道——温州大路。古时泰顺县城居民沿此道行至百丈，再乘船沿飞云江直下文成，抵达瑞安、温州。古樟休息点，古樟村因有一棵约600年的古樟树而得名，位于罗阳镇仙居社区，周边的石矸步、婚纱摄影基地、树林、竹林、芦苇相得益彰。仙居廊桥，是泰顺现存历史较悠久的古廊桥，是木拱廊桥的代表之作。桥后有古廊山庄，集农家乐、农产品采摘、农村生活体验于一体，适宜开展采摘体验游。桥边有一条古道可直通泰顺县城。为了让游人体验古朴石头路，绿道铺设一段约2公里长的石铺路。杨柳湾观景平台，海拔约500米，泰顺清代文人为古道赋诗《仙陵古意》时，用“杨柳湾深锁烟雾”来描述杨柳湾的景致。天晴时，清晨可在这里观赏日出美景，烟雨季节里，还可以观赏到云雾缥缈的美丽景象。

【苍南海滨绿道】 金乡镇至马站镇海滨绿道，终点为渔寮大沙滩，全长约60公里。该路段属市级绿道2号线苍南段。该绿道原是苍南县城至渔寮大沙滩的交通要道，新S232线建成后，该路被规划为交通绿道。绿道背山面海，蜿蜒曲折，海湾众多，景观丰富。沿线经过多个渔村，渔民除海洋捕捞外，主要靠养殖紫菜，洋面几乎都是紫菜种植区，人称“种海田”，此为该线路最大的看点和特色。该线路休息点和驿站分布均匀，每五公里左右就有一处，美观大方，设施齐全，是近海、亲海、观海、戏海的上佳选择。该线沿途有小渔海鲜楼休息点，海鲜楼遍布，海鲜种类繁多，观海平台视野宽阔，绿化带郁郁葱葱。金沙滩休息点，海边半山腰建有一处齐天大圣宫，宫外有一观潮亭。坐此欣赏落日余晖，观万公顷海疆的紫菜种植场，别有一番情趣。大岙村休息站，可观赏石头砌成、雄居山顶的文辉塔，还可拜访飞檐翘角、美观庄严的妈祖庙灵瑞宫。安峰村虎尾屿，地势高、视野阔，晨观沧海跃旭日，暮听潮汐击岸声，是一处观景的好地方。雾城沙滩，系本绿道景观的精华所在，观景平台、绿化、停车场、公厕、更衣室等一应俱全。长近两百米的沙滩，平整干净，与渔寮大沙滩相比，有过之而无不及。沿途还有中墩村、流屿岙村长岩、圆屿村大脚虾、马站镇观头村等观景平台，风景各异。

【洞头海岛绿道】 始于灵霓北堤，终于洞头新城三盘大桥，市级绿道3号线的终点，全长近20公里，是洞头“五岛相连”工程的精华部分。该绿道集海岛、海滩、海风、海鲜、海货、海鸟于一体，体现了海岛风光、渔家风情。沿线绿化良好，休息点布局合理，不仅方便自驾游，更适合骑单车。枫岙休息点，建有亭廊、停车场，园林式的绿化。石子岙观景平台，沿线唯一的海洋蔬菜园，十多家商铺出售各种海产品。浅门岛休息点，风景独秀，公园内亭、廊、路、景和谐统一，是拍摄海景婚纱的首选之地。茅龙山驿站，路心公园绿化极佳，三角梅凌寒怒放，为冬天海岛一景。观景亭、休息亭和海岛环境融洽，与洞头的标志性景点望海楼隔海相望，此为观景、赏梅、看海、休闲的好去处。天后宫休息点，建于妈祖庙前的广场上，有专门的亭廊供游人休息。花岗古村休息点，渔家乐必选项目，游人可海边垂钓，出海捕鱼，体验渔家生活。

【鹿城西部绿道】 始于驿头村中非友谊村，沿乡村公路至岙底乡，全长约40公里，为市级绿道3号线路段。此处因村容整洁、生态良好、环境清幽，离都市近，被喻为鹿城区西部后花园。驿头休息点，进村口处修有一大型石牌坊，温州“侨二代”、原第56届联合国大会主席、非洲国家联盟前主席、非洲加蓬共和国外交部长让·平先生亲自题写“中非友谊村”。东坑村休息点，自然风光秀美，梯田、村落散布乡间。岙底乡丁埠头休息点，溪流开阔平坦，溪中矴步原始古朴，农家乐规模较大。

【瓯海泽雅绿道】 始于泽雅镇政府，沿泽雅水库至瓯海与瑞安交界处，全长近30公里，属市级绿道1号线。位于瓯海区西部，生态极佳，空气清新，自古是产竹区，竹子造纸的原始工艺——四连碓被列为国家重点文物保护单位。泽雅水库是温州市民的大水缸，也是重点保护的水源地，水库环形公路地势平缓，全长约22公里，适合单车爱好者。绿道沿泽雅省级风景名胜区至瑞安，沿线车辆稀少，民风淳朴，适合自驾游。岚山公园，木头制作的特色仿古亭，适合游人小憩或驻足。麻芝川长廊，长约130多米，沿溪修建，古色古香。泽雅水库，一池绿水，视野开阔。坝顶设有农家乐。龙头村森马瓯柑园，为森马集团投资打造的生态农业园。

【龙湾机场绿道】 西起龙湾区状元镇茅竹岭隧道，东至机场，全长约15公里，属市级绿道3号线。可达省级风景名胜区瑶溪，或经灵昆大桥、灵霓公路与洞头岛相连。

二、配套设施

【服务驿站】 交通绿道的整体布局，是“两横三纵”的市级绿道主干线，辅之全市41条县级绿道，呈现出“以线串点、以点带面”的特征。为了凸显交通绿道的服务特色，在这些“点”上，建有各种服务驿站、观景平台、休息点、露营点等配套设施。据统计，温州市域风景道建有59个服务驿站，其中综合配置服务驿站18个，一般配置服务驿站9个，观景平台23个，休息点4个，露营点5个。

【驿头驿站】 市级绿道3号线驿站，位于G330线鹿城段临江镇驿头村。驿头村在盛唐时形成规模村落，入村口有一石亭，匾额上书有“白沙驿站”。自宋起，驿头便是温州城区通往中原地带的最大驿站，“驿头”之名由此而来。《光绪永嘉县志》载：“宋时，白沙驿在西北，路接括苍界。”现时的驿头村由岙底、和平、平山和山根四个行政村组成，全村875户、3750人。程姓村民占全村人口的97%，系宋朝理学家程颐的后裔。该村注重保护、挖掘和开发历史人文景观，修缮名人故居、圣旨亭及明清古民居。驿头不仅以古代驿站的传统风情吸引游客，更因程朱理学发祥地与华侨众多而名闻海内外。在进村口处建有大型石牌坊——“中非友谊门”。驿头村有全国独一无二的友谊馆，以及友谊桥、中加路等纪念中非友谊的纪念碑。程志平（温州“侨二代”、原第56届联合国大会主席、非洲国家联盟前主席、非洲加蓬共和国外交部长让·平先生的父亲）祖居修葺一新，海外游子常回驿头寻根祭祖，探亲访友。

【楠溪江客服中心驿站】 位于市级绿道1号线S333线永嘉小楠溪出口沙头镇坦下村旁，是一处提供停车、住宿以及会议、活动场地租借的综合性旅客服务中心。驿站内有精美的小花园，木质的走廊，亭台楼阁，绿树茂密，烘托着小院的耕读气息。

【山里人家驿站】 位于市级绿道5号线S228线泰顺司前段。驿站即为当地一家有名农家乐，提供停车、美食、手机充电、旅游咨询等服务。驿站外形古朴，是泰顺典型的建筑风格，它吸收浙中和闽东民居建筑优点，形成以木架结构为主，夯土为辅，依山而建，环境幽静，视野开阔。

【 埠头服务驿站】 位于市级绿道3号线鹿城区岙底矴埠头村。驿站有矴埠头农家乐，配有停车场、公厕、餐饮、住宿、零售等设施。矴埠头依山傍水、环境清幽怡人。

【仙境观景平台】 位于市级绿道2号绿道乐清白岭线。站在仙境观景平台凭栏远眺，白石水库如同明珠一样镶嵌在群山之中，远处的中雁荡山，与附近的梯田、居民、山路、茶园组成一幅山水画卷，若是雨后初晴，山间云雾缭绕，宛如仙境一般。

【西湾观景平台】 位于市级绿道2号线平阳城新线。该观景平台西起平阳县墨城新城村，东至西湾跳头村，长达17公里。其中，红色沥青路面长3公里，分设墨城新城村至西湾四沙村和西湾跳头村两段，路线依山面海而建，道路一起一伏，最适合骑游。路两侧绿树成荫，海风拂面，偶见几处小渔村。沿线设有以“仁、义、礼、智、信”为主题的多个观景平台，可欣赏到长80米的《富春山居图》浮雕、黄公望雕像和寓意祥和的太平钟。

【石亭峰观景平台】 位于市级绿道5号线泰顺童东线，距县城1公里。观景平台采用仿古风格设计，配有停车场、厕所等公共设施，为泰顺已建绿道观景平台最现代化的一处。平台视野开阔，地势平坦。远眺群山，林木苍翠，云卷云舒，山道蜿蜒，既可感受绿荫环绕的惬意，也可饱览乡间独有的风情。古亭为石条所建，亭虽不大，有神灵传说。古井水质清冽，冬温夏凉，甘甜润喉。

【樱花岛亲水休闲平台】 位于文成峃口九溪村对面（S330线往新联大桥附近），文成精品绿道。江边樱花岛共种植1118棵樱花。每年3月、4月，岛上樱花绽放，落英缤纷。配备有轮船码头，烧烤平台等驿站。

【跳头大湾观景平台】 位于市级绿道2号线平阳城新线。站此展眼望去，一马平川，那与天际合一的神秘滩涂，给人一种旷野无疆的感觉。

【台风登陆点观景平台】 位于市级绿道2号线平阳城新线。该观景平台的取名，源于历史上台风侵袭平阳多在此登陆，是历次台风登陆平阳的见证。该处竖立着两块巨石，石上刻有台风知识和登陆记载。观景平台视野开阔，休息亭、停车场、绿化带、标示图、景观说明等配套齐全。

【红岩双瀑观景平台】 泰顺红岩景区景点之一，位于市级绿道5号线S228红岩隧道东北洞口，距县城10公里。两条溪涧在瀑布头并行，跃下高约60米的悬崖，形成“双龙”瀑布。水大时，瀑布合二为一，猛烈冲击巨石，甚为壮观。红岩双瀑又称夫妻瀑，瀑布下修有一座连理桥。每到雨后，两条瀑布倾泻而下，融合在一起，犹如夫妻共结连理。

【毛龙山观景平台】 位于市级绿道3号线洞头毛龙山段。平台植被丰富，绿意盎然。沿着红石头铺成的道路，走进观景平台，有一设计精美的小花园，渔家女石刻雕塑伫立在绿树丛中。花园中的环形长廊，涂上了淡淡的天蓝色，与蔚蓝的海色相呼应，和谐无比。坐长廊石椅，可以静享美丽的海岸风光。拾级而上，小山头观景点设计有造型西式的观景亭，登高远望，海岛风光尽收眼底。

【新城观景平台】 位于市级绿道1号线平阳西湾段。占地面积较大，是本线路规模最大、建设最精美、景观最齐全的一处观景平台。

【金沙滩休息点】 位于市级绿道1号线平阳西湾段。该处海湾是一片滩涂，浑浊的海水带着金黄色的泥浆，把岸边沙滩严严地盖上一层，在阳光的照耀下显得金光夺目。“百沙农家乐”休息点设在海滩靠崖岸边，“勇士音乐大排档”是沿沙滩而建的特色农家乐。

【天后宫休息点】 位于市级绿道3号线洞头段。妈祖文化是洞头文化的重要组成部分。洞头诸岛的妈祖信俗，已有300多年历史，该休息点就是一处供奉妈祖的旅游点。妈祖亦称“天妃”“天后”，是传说中掌管海上航运的女神，民间流传着许多妈祖热心救助海难的故事。每年农历三月廿三，洞头都会举行妈祖平安文化节，以感恩妈祖，祈福平安。

【城北灵山露营点】 位于市级绿道2号线乐清白岭线灵山社区。露营点颇具特色，美丽的水塘，或观赏或垂钓。驿站内，辟有专门的停车位和10个专用露营地。每个露营点约占地9平方米，且均用地砖铺设好，可搭建帐篷。露营点有原城北乡政府办公大楼免费提供游人使用。

绿道服务驿站 资料图片

绿道休息点 资料图片

绿道停车场 资料图片

表 4-3-1

市级绿道统计表（2014）

编号	所在地	选用线路	沿途乡镇（街道）及村庄	绿道设施	主要景点	里程
一号绿道	乐清	G104线、雁南公路、白芙线、白雁线	雁荡、G104线、楼下、下塘、环山、辽基坤、芙蓉、雁湖、小舟山	服务驿站：雁荡、下塘、芙蓉 休息点：垟车、谷庄	北雁荡山景区、芙蓉古镇、筋竹涧、雁湖景区、	21
	永嘉	白雁线、水下线、S223线、坦三线、虹三线、阳光大道、G104线	小丹山、巨坑庵、鹤盛、东皋、狮子岩、下日川、沙头、上塘、三江、瓯江一桥（六岙）	服务驿站：鹤盛、狮子岩、沙头、楠溪江服务中心、箬隆 观景平台：东皋、下日川、瓯北滨江 休息点：丽水街、芙蓉古村、下烘头、李浦 露营点：狮子岩、塘湾、石柱	石桅岩景区、龙湾潭森林公园、苍坡村、丽水街、芙蓉古村、枫林古镇、狮子岩	101
	鹿城瓯海	G104线、G330线、瓯湖线	瓯江一桥、下岸、戴宅、岭下、营上、支岙、东村、方隆、垟岸	服务驿站：西雁景区（泽雅水库） 休息点：泽雅	泽雅景区、西雁景区	14.8
	瑞安	瓯湖线、瑞枫线	湖岭、下瑶、宅西、岙口、梅园、大京底、高楼、营前	服务驿站：湖岭、龙湖、芳庄、岙后、宁益， 观景平台：宋坑、林岙、宅西、梅园、大京底、飞云江	湖岭牛肉、高楼杨梅、林岙、梯田	72
	文成	一花线、峃院线、灵溪线	大垟口、峃口、九龙井、溪口、双桂、岙底	服务驿站：双桂 观景平台：大垟口 休息点：峃口	云江秀水风情带（樱花岛）、刘英纪念馆、九溪漂流、净因寺	16.7
	平阳	灵溪线、桥南线	摇岭隧道、西垟亭、边垟、晓坑、山门、南雁、青街	服务驿站：南雁、山门 观景平台：八角尖、青街、外垟 露营点：杭抗	杭坑亲水乐园、工农红军纪念园、东西洞景区、碧海天城景区、顺溪景区、三叠瀑潭景区	28
	苍南	G104线、S232线	垟半岭、腾垟、桥墩、金山头、观美、分垟	服务驿站：桥墩、碗窑古村落、观美 观景平台：观美水库、桥墩水库	碗窑古村落、玉龙湖景区	34
	合计里程（公里）					270.8
二号绿道	乐清	白芙线、珍上线、白岭线、白中线、	雁荡、响头岭、灵岩、长徽、雁湖、芙蓉、岭底、岙底、梅岙、佐溪、城北、白石、北白象、琯头、温州大桥	服务驿站：中雁荡、岭底、梅岙， 观景平台：钟前水库、佐溪、丁岙、淡溪、岭底林场、雁湖、上垟、下灵岩 休息点：龙潭坑 露营点：上灵岩、淡溪、黄檀硐	芙蓉古镇、王十朋故居、黄檀硐古村落、灵山景区、中雁荡山景区	81
	鹿城瓯海	瓯海大道、温瑞大道（2号主线）、瓯海大道、高桐线、瑞枫线（2号副线）	温州大桥、三垟、南白象、仙岩、娄桥、潘桥等	服务驿站：三垟湿地、仙岩景区 观景平台：桐岭 休息点：潘桥	三垟湿地、茶山森林公园、仙岩景区、岷岗景区	66.7
	瑞安	G104线、瑞安大桥	仙岩、塘下凤渎、锦湖、安阳、莘滕、上望、东山、南滨、阁港	服务驿站：集云山入口（主、副线汇合点）罗凤、北隅、阁港 观景平台：驼山、集云山	仙岩、驼山、集云山、观音寺、石塔、隆山公园	29
		（2号线支线）高桐线、让枫线	桐溪、桐浦、视下、潘岱、锦湖	服务驿站：桐溪 观景平台：白象	桐溪度假景区	19
	平阳	孙宋线、城新线	阁港、陡门头、宋埠、海滨、跳头、西湾、一沙、二沙、三沙、四沙、塘沽外、东麓、新桥、鳌江	服务驿站：西湾景区 观景平台：三沙 休息点：宋埠、跳头、仙人岩	海滨金海岸景区、梵音洞、西湾景区、锦绣湾景区、三沙、青龙寺、墨城海滨、吊脚楼	36.2

表 4-3-1

编号	所在地	选用线路	沿途乡镇（街道）及村庄	绿道设施	主要景点	里程
二号绿道	苍南	龙金线、龙魁线	鳌江、瓯南大桥、龙港、宜山、新安、钱库、金乡、大渔、龙沙、中墩、赤溪、流岐岙、渔寮景区	服务驿站：金乡、渔寮景区、宜山、赤溪、大渔 观景平台：渔寮湾全景、信智港、流岐岙、龙沙、大渔 休息点：龙沙	吴荣烈故居、金乡、炎亭沙滩、大渔景区、库坑内瀑布、三者沙滩、雾城沙滩，渔寮景区	80
	合计里程（公里）					311.9
三号绿道	鹿城	石林环路、G330 线、望江路、会展路	驿头、双潮、林路、金鸡潭、丁埠头、仰义、双屿、五马街	服务驿站：驿头、丁埠头 观景平台：林路、茅垟 休息点：双潮、枫林岙、玉林桥、驿头 露营点：金鸡潭	西龙溪景区、矴埠头农家乐、西郊森林公园	31.5
	龙湾	S332 线、灵北线	上江、状元、龙湾、灵昆	服务驿站：灵昆岛	灵昆农家游	
	洞头	灵霓海堤、霓屿、元觉、洞头	霓屿、元觉、花岗岛、洞头	服务驿站：洞头、霓屿 观景平台：灵霓海堤、沙岗、茅龙山	观海吃海鲜，享受海岛风光	
	合计里程（公里）					132.6
四号绿道	文成	石驮线、瑞东线、S330 线、一花线	铜铃山森林公园、高岭头水库、石垟、西坑、百丈漈、乌岙头、大峃、峃口、大垟口	服务驿站：大峃、百丈漈、石垟林场、西坑、铜铃山森林公园 观景平台：铜铃山、高岭头水库、石门、包渡、大峃沿江 休息点：百塘坳、乌岙头 露营点：下日垟	铜铃山森林公园、石垟林场、百丈漈瀑布、大峃沿江风光、铜铃山森林公园	102
	瑞安	京屿线、钱马线、江曹公路、昆江线	营前、高楼、塘岙、顺泰、杨巷村、董社村、许岙、宋岙、仿额底、山皇山、阁港	服务驿站：上河头、马屿镇 观景平台：塘岙、顺泰、杨巷、上郑、山皇山 休息点：下马前	高楼杨梅节、浙南石棚墓群、神州农家乐园	52
	平阳	昆江线	岭下、郑楼		岭下、宋桥、郑楼	10
	合计里程（公里）					164
五号绿道	泰顺	金芳路、童东路、S223 线、西交线、S58（旧）、富寮线	乌岩岭国家级自然保护区、杨寮、司前、三滩、仙稔、罗阳、交阳、南院、西旸、三魁、柳峰、雅阳、莲头、彭溪镇、富阳、月湖、分水关	服务驿站：乌岩岭国家自然保护区、司前、罗阳、雅阳、仙居古廊生态园、西旸 休息点：圆洲古民居、薛宅桥、双凤垟、香菇寮茶场、大峡谷温泉 观景平台：响喊岩、普上垟水库、月湖	乌岩岭国家自然保护区、司前畲族镇农家乐、圆洲古民居、红岩双瀑、仙居古廊桥、交垟土楼、明山寺、胡氏大院、氡泉景区	162
	苍南	马分线、S232 线、龙魁线	分水关、五凤、上岙、南宋、矾山、凤阳、马站、渔寮景区	服务驿站：五凤、矾山、南宋、马站，观景平台：上岙、桃温坑、垟溪、埔平、十八孔水库支流 休息点：坑门 露营点：铁场	苍南翠龙种植园、古采矾洞、十八孔水库、铁场水库、王国贞故居、蒲城古城墙、渔寮景区	73
	合计里程（公里）					235

表 4-3-2

县级绿道统计表（2014）

域名	编号	途经线路	沿途乡镇（街道）及村庄	绿道设施	主要景点	里程
乐清市	YQ-01		雁荡、新岭、南阁	服务驿站：南阁 观景平台：新岭	显胜门景区	8
	YQ-02	溪滨北路、玉溪北路、雁泽路、白沙线	雁荡、杨府山庙、跳头、上马道、西角滩、南岙山	服务驿站：西门岛入口 观景平台：西门岛	雁荡山博物馆、西门岛	10.6
	YQ-03	芙蓉街、珍上线、石清线	芙蓉、方江屿、坎头下、新塘、石陈、下塘	观景平台：芙蓉池	天后宫、芙蓉池	10.3
	YQ-04	淡下线、富康东路、虹三线、虹淡线	淡溪水库、西山村、长青、西湖、龙顺坑、上吴岙、硐垟、虹桥	服务驿站：淡溪水库	凤凰山、虹桥殿	11
	YQ-05	乐北线	城北、黄底、林山、后步坐、八金田、林场、湖上岙、乐成	服务驿站：灵山风景区	灵山风景区、飞水谷景区	12
	合计里程（公里）					51.9
瑞安市	RA-01	永六线、坳板线	呈店、六科、黄林村、上寮、河上垟、坳后	观景平台：金鸡山、岭头	金鸡山景区、卢氏祠堂	18
	RA-02	岩松公路、河埭线、岱航线、曾花线	湖岭松坦、鹿木、岩头村、陶山、南口、碧山、后河、桐浦、潘岙、锦湖	服务驿站：陶山、鹿木	八卦桥	26
	RA-03	马陶线	马屿石牌、垟下、宫后、桥头、岱西、霞林、陶山腾斗	—	高楼绿道、桐溪风景区、蓝夹缬博物馆、瓷窑（古窑）	8
	RA-04	钱马线	马屿石牌、白岩亭、石山外、西前、门台、三大屋、曹村南堡	服务驿站：神州农家乐、曹村	神州农家乐	14
	RA-05	营朱线	营前潘营、西岸、金垟、新渡、石马、营前寨下	观景平台：营前水库	营前水库	8.2
	合计里程（公里）					74.2
永嘉县	YJ-01	山黄线	罗阳、溪下、大岙、应坑、汤店	服务驿站：溪下、汤店 观景平台：北溪水库 休息点：罗阳、大岙	罗阳古村、罗阳原始森林公园、溪水库、花纹飞瀑	46
	YJ-02	S223 线	林坑、黄南、大学、山坑、屿北、岩坦、溪口、鲤溪、下家岙	服务驿站：林坑、屿北古村 观景平台：大学村 休息点：溪口、青龙湖	林坑古村、屿北古村、青龙湖	18.5
	YJ-03	坦五线、岭山线、岩表线	金溪乡、绍垟、巽宅、山坑、汤店、黑坑、前九降、碎坑、石闸、麻家溪、五涑鸟、岩头	服务驿站：巽宅、红十三军遗址 观景平台：岩坑、麻家溪 休息点：石斑岩、后九降	红十三军遗址、丽水街、苍坡古村、金溪水库	50
	YJ-04	坦五线	山坑、地湊、碧莲、缸瑶、黄岙、府岸、大若岩、舟岙、九房、小若口、珠岸、渠口、坦下	服务驿站：大若岩、碧莲 观景平台：珠岸 休息点：府岸	大若岩、永嘉书院、天柱峰、百丈瀑	31
	YJ-05	碧徐线、白桥线	碧莲、茗岙、平川、郑山、朱坑、徐岙、殿后、桥下	服务驿站：茗岙、桥下 观景平台：石田坑、郑山 休息点： 平川、朱山、殿后	刘氏宗祠、石田水库、茗岙、桥下	37
	YJ-06	壬黄线、S223 线、上桥线	上塘、前村、小京岙、韩埠、桥下、京岸、垟塆、桃塆、朱涂、壬田、桥头、石埠头、金村、上梨	服务驿站：桥头 休息点：前村、上梨	桥头	35
	合计里程（公里）					217.5

续表 4-3-2

域名	编号	途经线路	沿途乡镇（街道）及村庄	绿道设施	主要景点	里程
平阳县	PY-01	仰矾线、	顺溪、堂基、迢岩	服务驿站：顺溪镇	顺溪景区	5.5
	PY-02	灵溪线、占山线、青岱线	南雁、蒲岭、吴山、水头、詹家埠、清湾、带溪、腾蛟、碧溪、大垟	服务驿站：东西洞景区、腾蛟	东西洞景区、棋王碑林	10
	PY-03	林内线、后南线、G104 线	水头、清河、塔院、南湖、渔塘、麻步、棋盘桥、夏茹桥、竹楼、钱仓	服务驿站：麻步	鳌步书院遗址、鳌峰小学遗迹、浙南革命纪念馆	27.9
	PY-04	钱马线	钱仓、清桥、梅溪、孙岙、梅源、金家坑	服务驿站：南雁门景区	南雁门景区	14.4
	合计里程（公里）					57.8
苍南县	CN-01	碗天线	莒溪、碇步头、下垟、碗窑、	服务驿站：碗窑	石洞景区、刘基庙、莒溪大峡谷、碗窑古村落	11
	CN-02	桥玉线	腾垟、东山、石龙、凤岭、金山头	服务驿站：玉苍山	玉苍山景区、玉龙湖景区	29
	CN-03	S331 线	坑门岭、青山后、鹤顶山	服务驿站：鹤顶山	鹤顶山	6
	CN-04	G104 线、县城江滨路、灵炎线	观美、灵溪、白鹤、藻溪、北山坡、望里、河边潭、括山、凉亭、小岭头、炎亭	服务驿站：藻溪、望里、炎亭	炎亭沙滩、燕窝硐风景区、石壁潭水上公园	39.6
	合计里程（公里）					85.6
文成县	WC-01	双坑线、十黄线、南山线	百丈漈、曲龙底、二源乡、湖底、小坑边、三源、店岭、坑边垟、南田、西陵、水垟、黄坑、梧溪、西坑	服务驿站：百丈漈景区、南田、龙麒源景区	百丈漈景区、天顶湖景区、南田、龙麒源景区	34
	WC-02	石角线、十黄线	南田、谢塘岸、梅树、言山、黄垟坑、石角、水牛塘、火烧桥	服务驿站：水牛塘景区	刘基庙、水牛塘景区、石角林场、石垟森林公园	50
	WC-03	十黄线	南田、马上、后垟、武垟	服务驿站：刘基故里	刘基故里	10
	WC-04	二金线、营朱线	二源、上塘、垟湾底、谈垟、朱山、金珠林场、东溪、溪源、玉壶、上林	服务驿站：玉壶、金珠林场 休息区：上林	金珠森林公园、玉泉禅寺	34.1
	WC-05	峃院线	溪口、顶坑边、巨屿、珊溪、西山、仰山、松源	服务驿站：珊溪水库、巨屿	珊溪水库、刘英纪念馆	33
	WC-06	石驮线	西山、珊溪、支坑、江溪、东山头、云湖、支山、涂山、驮加、铜铃山森林公园	服务驿站：云湖 观景平台：涂山、江溪	铜铃山森林公园、岩门大峡谷、飞云湖景区、珊溪水库	42.2
	合计里程（公里）					203.3
泰顺县	TS-01	三排线	碑排、太阳坳、张山排、恩岱垟、桥头垟、大岗背、外北山、三滩	服务驿站：碑排	猕猴桃采摘基地	19
	TS-02	仙岭线	三滩、圆台角、岭北、板场、上垟	服务驿站：岭北	天关山古道	17.6
	TS-03	三插线、台黄线	司前、溪口、三插溪、黄桥、石角坑、竹里	服务驿站：黄桥 观景平台：三插溪、白鹤渡 休息区：司前农家乐	竹里农家乐、黄桥水库、插溪漂流	57.8
	TS-04	司峰线、司筱线	峰门、司前、馒头山、金鸡寨、朱垟、朱岭、百丈、大洋、秀洪、坳头、筱村、垟家边、东垟	服务驿站：峰门、百丈	飞云湖景区、文兴桥	39
	TS-05	峃院线、S331 线（旧）	联云、新浦、玉岩、筱村、葛垟、下洪、大安、西旸	服务驿站：筱村、新浦 休息点：南庆桥	新浦古道、文兴桥、南庆桥	51

续表 4-3-2-2

域名	编号	途经线路	沿途乡镇（街道）及村庄	绿道设施	主要景点	里程
泰顺县	TS-06	东交线	西旸、竹林头、叶瑞垟、洲岭、下舟坑、长坑、溪头、可溪、彭坑垟、垟溪、石塍、白海、龙垟、董庄、垟望、龟垟岭、仕阳、富头、雪溪、三魁	服务驿站：仕阳、洲岭 观景平台：白海顶	三条桥、白海顶、仕阳碇步、胡氏大院	66
	TS-07	雅承线	雅阳镇、埠下、承天	服务驿站：承天氡泉	承天氡泉	8
	TS-08	东桂线、玉九线、S331 线、富彭线	彭溪、牛塘湾、峰文、钓鱼坑、伙爬岭、双溪口、峰坳、秀涧、乾头仔、灵家山、九峰、前坪仔、九峰、泗溪、东溪	服务驿站：泗溪景区、九峰景区、峰文休息区：秀涧农家乐	秀涧森林公园、泗溪廊桥、浙闽临时省委旧址、爬火灵战斗旧址、峰文大战旧址	63
	合计里程（公里）					321.4
洞头县	DT-01	鸽隔线	北岙、东屏	观景平台：胜利岙、半屏、蚱目厂	仙叠岩	40.3
	DT-02	环岛线	西山头、大岙、阜埠岙、下尾	观景平台：池下坑	洞头大桥、洞头峡跨海大桥	3
	合计里程（公里）					43.3
温州三区域	ZXCQ-01	G330 线	驿头、金岙、庄岩、下岙、外垟	休息点：驿头	中非友谊门、中加友谊馆、中非文化民俗风情园	11.8
	ZXCQ-02	垟山线	垟山、普福寺	服务驿站：仰义水库	仰义水库环线	15.8
	ZXCQ-03	龙西线、陈岙公路	泽雅水库、垟坑、下陈、大坳、瞿溪	服务驿站：瞿溪 观景平台：下陈	寨山头	21.4
	ZXCQ-04	双南线	沙门、南白象、茶山	休息区：茶山	茶山	10.2
	合计里程（公里）					59.2

第五章　桥梁隧道

综　述

温州依山傍海，三面环山，一面临水，有“七山二水一分田”之称。且境内水系纵横、河流交错，有“浙南水乡”之称。这种独特的自然地理环境特点，决定了桥梁、隧道在公路交通建设中的重要地位。

温州境内绵亘有洞宫山、括苍山、雁荡山、玉苍山诸山脉，山地面积 9212 平方公里，是平原、岛屿、江河总面积的 3.57 倍，“山”在温州整个自然地理中的比重由此可窥一斑，故古代道路多是绕山傍水而修。境内拥有大小河流 150 余条，在浙江八大水系中，独占瓯江、飞云江两大水系，另有鳌江、清江、楠溪江三大江，纵横瓯越大地。历史上的温州，三大山脉重峦叠嶂，五大江河由东北向西南隔成五块，可谓“山重水复疑无路”。自东瓯王都城算起，拥有建城历史 2200 多年的温州，既创造了光辉灿烂的瓯越文化，也饱受了“过江摇橹、出门摆渡”的困扰。20 世纪 80 年代之前，境外公路交通延伸至温州域内，便受江河阻隔，出现昼夜“排队待渡”的特有现象。乘坐轮船从海上走，成为温州人外出的重要交通选择，故有“水路一条”之说。

中共十一届三中全会之后，突破跨江瓶颈大力发展温州交通的呼声日渐高涨，温州拉开大规模建设跨江大桥的序幕。温州路桥史上第一座真正意义的跨江公路桥是永嘉塘湾大桥。该桥开工于 1977 年 11 月，全长 270 米，跨越楠溪江，1979 年 1 月 1 日竣工通车。1981 年 11 月 15 日，温州瓯江大桥工程开工，1984 年 9 月 25 日通车。这是温州历史上第一座跨越瓯江的大桥，标志着温州拉开了在大江上建造公路桥的序幕。此后，飞云江大桥、瓯南大桥、瓯越大桥、洞头峡跨海大桥、乐清湾大桥等地标性大桥不断崛起，彻底告别“遇江摆渡”的交通历史。

随着公路运输事业的发展和科学技术的进步，逢山凿“道”，穿山而行，成为实现经济社会发展和便捷出行的重要交通途径。温州最早的公路隧道工程在 1958 年。当时乐清市高福线通福溪水库隧道（长 40 米）和西岙隧道（长 17 米）开掘成功，成为温州境内第一条公路隧道。两条隧道相加不足百米，它却开始改变温州公路“逢山绕道”的历史。1972 年，温州境内第一条超过百米的公路隧道永嘉仙清线渡头隧道开掘成功。

在改革开放以后三十多年，随着高速公路的迅猛发展和国省道公路干线的大规模改造，公路桥隧有了量的大幅增加，凸显出高超的科技创新能力，当时创下多项全国“第一”：全国最长公路桥——温州大桥，全国最长高速公路隧道——沈海高速公路湖雾岭隧道，全国最长跨海连岛大堤——灵霓海堤。

截至 2015 年底，全市共有公路桥梁 5913 座 /378142 延米；公路隧道 268 座 /193420 延米，桥隧数量和总长均位居全省前列。

第一节 公路桥梁

凡因水而兴的城市，桥与城的发展总是息息相关的。1986年，位于三江口的楠溪江大桥竣工。1987年，瑞安飞云江大桥竣工。1988年，龙港至鳌江大桥竣工。1992年6月25日，乐清清江大桥竣工。1984年9月25日，温州瓯江第一座大桥——温州瓯江大桥建成通车。至此，所有贯穿温州南北的车辆，均经过瓯江大桥。至1992年，瓯江大桥的车流量猛增5倍多，最多时每天超过2万辆。1997年开始，出现“排队过桥”现象，等待过桥的车辆常常绵延五六公里。对此，浙江省政府明确指出：若要让温州国家级经济技术开发区更充分发挥对外开放的龙头效应，出路在于瓯江再建大桥。

进入21世纪，瓯江、飞云江、鳌江、清江、楠溪江五大水系公路桥梁和高速公路高架桥建设迅猛。截至2015年，建有公路桥梁5913座/378142延米，其中特大桥55座/119308延米，大桥431座/120695延米，中桥1188座/63314延米，小桥4239座/74826延米；五大水系建有公路桥梁69座/110047.76延米。

一、立交桥

立交桥也叫立体互通交叉桥，是一种现代化桥梁工程，以多层道路在三维空间上形成立体交叉为基本特征。立交桥广泛应用于高速公路、普通公路和城市道路中的交通繁忙地段。1993年，在对G104线温州雪山路段进行修建时，决定增建一座分离式立交桥。工程于1994年2月5日建成并正式通车。此为温州市最早的公路立交桥，也是温州市首座以拍卖形式、用企业名称来命名的交通设施，即“三维立交桥”。之后，随着温州公路建设的快速发展，特别是高速公路以及铁路的开通，立交桥这种特殊的桥梁，在构建温州大路网、保障高效运输中发挥着重要作用。

【双屿立交桥】 位于鹿城区箬笠岙村金丽温高速公路（桩号K14+255～K15+328）之间，1997年5月开工。桥梁上部结构采用钢筋混凝土、上承、简支、空心板梁，下部结构为现浇箱梁。共53孔、跨径1057米。其中：单孔最大跨径27米，桥梁全长1073米，桥面净宽14.8米，桥高4.5米，设计荷载为汽车—超20级、挂车—120。桥面铺设沥青混凝土。本工程由交通部第一公路工程总公司第四分公司建设。工程总投资9297万元，1999年12月30日建成通车。

【屿头至温化水厂立交桥】 位于鹿城区双屿镇金丽温高速公路（桩号K16+386～K19+337）之间，1998年5月开工。跨越潘岙、屿头、双岙等村道路，桥中心桩号为金丽温高速公路K35+723处，跨径2951米，全长2956.44延米，桥梁宽24～28米，最宽处渐变与路基相接，共151跨。桥梁设计荷载为汽超20，挂120。桥梁与原G104平行，缓解G104线的交通压力。全桥采用箱梁、空心板梁相结合，上部结构为箱梁、下部结构为空心板梁、基部为重力式桥台、多柱式桥墩、钻孔灌注桩基础，伸缩缝为型钢伸缩缝。中港二航局二公司承建，累计总投资1.477亿元。2000年10月建成，2004年竣工验收。

【瓯海高殿立交桥】 位于温州方向瓯海区梅屿村金丽温（桩号K13+084～K13+282）之间，1997年5月开工。桥梁跨越温瞿公路，上部结构采用普通钢筋砼，下部为空心板梁。共15孔，跨径198.5米，全长203.94米。荷载汽车—超20级、挂车—120。浙江省路桥工程处承建，1999年11月竣工通车。

【温州城南立交桥】 为城南大道（后改

名锦绣路，东起物华天宝，西至杏花路路口）至G104线交叉口互通式立交桥，是城南大道建设的主要工程之一，建于1990年。总投资6300多万元，占地面积6.4公顷，北起马鞍池路，南至民主桥为高架桥，其中450米为曲线形；东接城南大道，西至西山路为跨线桥。双向4车道，宽15米，直行设计车辆时速50～60公里，匝道20～30公里。

【南白象枢纽立交】　位于瓯海区南白象街道，当时全省最大的公路立交桥工程1999年6月12日开工。主要交汇城市主干道南塘大道（现温瑞大道）和甬台温、金丽温两条高速公路。工程总里程达14000延米，建设用地1000公顷。2002年12月28日建成通车。

【永嘉互通主线桥】　位于诸永高速公路永嘉段（桩号K218+250），为诸永高速公路温州境内第二长公路大桥，全长2428.12米。浙江省交通工程建设集团有限公司、四川公路桥梁建设集团有限公司分合同段承建。2010年7月建成通车。

【仰义枢纽主线桥】　位于鹿城区仰义镇温州绕城高速公路（桩号K3+925），2005年6月开工。全长1378.32米，桥宽23.5～35.13米，系温州绕城高速公路第三长公路桥梁。贵州桥梁工程总公司承建。2011年7月竣工。

【北白象枢纽主线桥】　位于乐清北白象温州绕城高速公路（桩号K25+318），2005年6月开工。桥长1234米，宽32.5～39米。浙江交通工程建设集团有限公司承建。2010年2月竣工。

二、高架桥

高架线路桥简称高架桥，也称跨线桥，是一种跨过山谷、河流、道路或其他低处障碍物的桥梁。高架桥的上部结构，一般多采用简支梁或连续梁（或钢架），其下用窄墩，形成“脊骨式”的结构，在曲线桥中较为美观、实用、经济。温州最早的高架桥，为1996年建的G104线瑞安市区高架桥。随着普通公路的提升、高速公路的发展以及铁路的建设，高架桥得到了飞速的发展，如乐清湾高架桥、瓯海大道高架桥、永嘉沿江高架桥等。高架桥，成为温州公路网建设的重要组成部分，也为城市增添了一道亮丽的风景线。

【G104瑞安市区高架桥】　自G104线周湖村段至飞云江引桥止，1995年11月24日开工。全长2055米，桥高8.7米，桥宽11米，净宽10米。桥体上部结构采用单悬臂加挂T梁，系杆拱，空心板梁，下部结构为桩柱式墩台。工程按二级公路标准建设，水泥混凝土路面，总投资6348万元。1996年12月31日竣工，1997年1月1日通车。

【永嘉沿江高架桥】　位于永嘉县金丽温高速公路（桩号K43+664），2003年5月开工。全长6738.92米，其中金华方向97跨，长3394.96米；温州方向96跨，长3343.96米，桥梁与路基同宽为24.5米。桥梁设计荷载为汽超20、挂120。桥梁沿瓯江北岸一路前行，沿途尽收瓯江风光。全桥采用简支、连续预应力T梁，下部采用桩柱式台、嵌岩桩基础、双柱墩，伸缩缝为型钢伸缩缝。浙江大舜公路建设有限公司负责建设。累计投资2.1585亿元。2005年10月31日建成试通车，2007年竣工验收，工程质量为优良。

【乐清湾高架桥】　位于甬台温高速公路乐清段（桩号K1710+600），起于乐清市乐成石马嘴头山，止于蒲岐狮子山，1999年3月正式开工。全桥连续T梁，总长11777延米，净长8777米，共441跨，总投资3.2亿元。该桥为当时浙江省最长的高架桥。原设计桥梁基础采用大孔径的钻孔灌注桩，桥桩为1762根。后为了降低工程造价，重新通过合理定桩型、桩长，改变桩基施工工艺等科学论证，桥桩改为590根钻孔桩（桩径1.5米及1.2米两种）。高架桥起点、终点位于山边，地质条件较好。中间段均位于海相沉积软弱黏土地带，地质条件极差。为了提高桩基的承载力，相应减少桩长，降低深桩的施工难度，交通部第二公路勘察设计院根据勘察实际情况，优化设计方案，采用桩底后压浆工艺。上海第二市政工程有限公司、温州交通建设集团有限公司和武警交通独立大队共同承建。2003年6月竣工。

【分水关高架桥】 位于苍南县与福建省福鼎县交界的分水关，起于下寮，止于分水关，系分水关互通工程的组成部分，全长600米，高53米，时为浙江省高等级公路中最高的高架桥。2003年6月动工建设，2004年12月完成主体工程，2005年4月16日通过交工验收，4月30日正式通车。同三高速公路主干线温州平苍段，原设计并无分水关互通项目，对泰顺的交通出行和经济发展极为不利。泰顺县关于同三线温州段增设苍南分水关互通的建议，得到了省、市有关部门的大力支持。2002年8月12日，获交通部批复，原则同意增设分水关互通，总投资4700万元，采用单喇叭形式，为三级互通立交。该工程是泰顺县境内58省道（今S331线）与同三国道的接口，投入使用后，进出泰顺县的车辆即可通过该互通上下高速公路，比通过观美互通上下高速公路缩短近20分钟。

【四角亭高架桥】 位于瓯海区境内甬台温高速公路（桩号K1671+215），系甬台温高速公路温州境内第二长公路大桥，2000年2月开工。桥长4231米，共120跨。浙江省东阳路桥建设工程有限公司承建，累计投资6960万元。2003年12月建成。

【罗凤高架桥】 位于瑞安市境内甬台温高速公路（桩号K1765+610），系甬台温高速公路温州境内第四长公路大桥。2000年2月开建。桥长1680米，共81跨，累计投资2764万元。上海公路桥梁工程有限公司、温州顺吉公路建设有限公司共同承建。2003年12月建成。

【瓯海金竹高架桥】 位于瓯海区金竹村金丽温高速公路（桩号K1+829）。1999年5月动工。桥梁上部采用箱梁结构，下部结构为承台分离式桥台、双柱式桥墩、钻孔灌注桩基础，型钢伸缩缝。桥长1780.88米，共91跨，跨径1774.8米，荷载（吨）汽车—超20级，挂车—120。工程累计投资0.924亿元。中国港湾建设（集团）公司负责建设。2001年11月竣工，2004年验收通车。

【南村高架桥】 位于金丽温高速瓯海南村段，1999年5月动工。桥梁上部采用箱梁结构，下部结构承台分离式桥台、双柱式桥墩、钻孔灌注桩基础。孔数87，跨径1638.037米，全长1644.037米。荷载汽车—超20级，挂车—120。2001年11月竣工。

【娄桥高架桥】 位于金丽温高速公路瓯海区娄桥段，1999年5月动工。桥梁上部为箱梁结构，下部结构为承台分离式桥台、双柱式桥墩、钻孔灌注桩基础。孔数64，跨径1295.1米，桥梁全长1301.18米。荷载汽车—超20级，挂车—120。2001年11月竣工。

【路礁高架桥】 位于金丽温高速公路瓯海段，1999年5月动工。桥梁跨越S333（六东线），全长1743.54米，跨径总长1739.5米，单孔最大跨径30米，桥梁宽24.5米，净高22米，上部结构采用简支梁桥。2005年10月31日竣工通车。

【南塘大道高架桥】 位于温瑞大道南白象段，起点在南白象高速公路南入口，终点至仙岩肩牛山隧道，2006年4月开工。全长1000米。高架桥北侧路段路面宽70米，双向八车道；南侧路段路面宽50米，双向六车道。2007年8月竣工。

【河屿高架桥】 位于诸永高速公路永嘉段(桩号K211+533）。桥长2000.28延米。中铁十局集团第二工程有限公司承建。2010年7月建成通车。

【乌牛高架桥】 位于温州绕城高速公路永嘉乌牛段（桩号K23+329），2005年6月开工。全长785.04米，宽33米。中铁十五局第五工程集团有限公司承建。2010年2月竣工。

【郭溪高架桥】 位于瓯海区郭溪，属温州绕城高速公路西南线工程，2013年10月开工。全长2560米，共126跨。由中铁航空港一公司和天津城建集团有限公司承建，总投资约3.67亿元。

【张家垟高架桥】 位于诸永高速公路永嘉段(桩号K165+226)。桥长1000米，最高桥墩72米，超过分水关高架桥19米，为目前浙江省最高的高架桥。江西省路桥工程有限公司承建。2010年7月竣工。

三、跨江大桥

温州境内有瓯江、飞云江、鳌江、楠溪江、清江五条大江。五大水系，既滋养了古老的瓯越大地，也阻滞了百姓出行和经济发展。20世纪80年代，首座瓯江大桥的建成，开启了建设瓯江跨江大桥的桥梁时代。至今，五条大江，桥梁林立，飞虹横跨，成为大江上的一道独特的风景。截至2015年底，已经建成的跨江大桥有：瓯江13座/47923.88延米、飞云江20座/26011.73延米、鳌江9座/17637.2延米、楠溪江24座/13542.58延米、清江3座/4932.372延米。

（一）瓯江流域桥梁

瓯江，温州人的母亲河，源于浙江省庆元、龙泉两县市交界的百山祖西北麓锅帽尖，由龙泉溪、松阳溪与好溪等汇集而成，流经丽水、青田和温州市区后，从温州湾注入东海，为浙江省第二大水系。

在瓯江上造桥，是历代温州人的祈求和梦想。据永嘉县志资料记载，最早可追溯到民国24年（1935）5月23日。当时，永嘉县国民政府第5次常委会组织瓯江桥梁建筑筹备委员会，呈文浙江省建设厅派员测量设计。省国民政府于当年6月批复同意，但因资金无从着落，计划一直未能实现。直至1984年9月25日瓯江大桥隆重通车，千百年来温州人要在瓯江上造桥的梦想终于实现。截至2015年，瓯江流域温州境内建有桥梁13座/47923.88延米。

【瓯江大桥】 瓯江大桥南北横跨瓯江，南岸为瓯海区（现为鹿城区）仰义乡练墩村，北岸为永嘉县梅岙渡口以东1.7公里的六岙村港儿岩，系瓯江温州段历史上第一座跨江大桥。1981年11月15日，瓯江大桥引道工程开工。1982年3月18日，大桥主体工程正式动工。1984年9月25日建成通车。工程总投资1190万元。1954年1月，丽青温公路（G330线）重新修复通车，原梅岙民

瓯江大桥　朱劲松摄

间渡口改为汽车轮渡。据统计，梅岙汽车轮渡日均渡量741辆，高峰时894辆。1962年备战时期，军车待渡长达2公里，严重影响军队的运输和备战。1966年开始，省交通厅计划在瓯江上筹建桥梁，并先后在青田至温州段勘察圩仁、港头、双溪、下村、练墩、塔山、郭公山等7个桥位。设计时原本考虑将桥位设在郭公山，使桥梁更靠近市区。但选择郭公山桥位的造价高达2400万元，终因财力不足而放弃。后由省交通厅派员重新确定桥位，选址定位于距温州市区以西17.3公里处的练墩（即现桥位）。1973年7月14日，交通部原则同意桥墩选址在练墩村附近，但未能及时组织实施。在桥型设计上，有关部门曾提出30多种不同方案，最后选定了既便于施工和维修保养又美观大方，并有利于战备的钢筋混凝土预应力T形式桥梁。1979年2月1日，市区安澜亭车渡停渡，改在梅岙渡口设车渡，致使梅岙车渡日渡量达1200多辆，高峰期达1560多辆。1981年3月，温州市成立大桥建设指挥部。9月，撤销大桥指挥部，改成立大桥工程处。大桥由浙江省交通设计院设计，浙江省第一、二公路工程队和浙江省海港工程队联合施工。大桥全长1370.7延米，正桥部分长726米，行车道宽9米，两边人行道各1.5米。大桥共18孔，主航道6孔，跨径各51米，其余12孔，跨径各34.99米，可通500吨级船舶。两端延伸行道长644.7米。

1984年9月25日上午，瓯江大桥隆重通车，两岸山坡人山人海。时任温州市委书记袁芳烈在

“落虹亭”旁瓯江大桥碑记上铭文：“万古天堑，已成通途，泽及当代，福贻未来。” 瓯江大桥的建成，解决了G104线、G330线车辆过江问题，开启了瓯江温州段的桥梁时代，也为其他四条大江架桥提供了经验借鉴。经历了二十多年的运营，瓯江大桥的承载力已到极限。2010年11月1日，瓯江大桥加固维修工程启动。工程主要包括桥面的修复加固、两侧防撞安全护栏浇筑。工程于2011年2月竣工，大桥重新开放。

建设史话

造桥之最　瓯江大桥是当时浙江省最长的公路桥。桥梁荷载等级，可允许同时通过每辆20吨载重汽车车队，或者100吨挂车。桥梁6个主孔跨度均为51米，如此大跨度梁式桥的出现，在浙江省造桥史上也是首次。

工艺革新　据永嘉县志办资料记载，桥墩施工期，第15号墩采用钢管桩嵌岩工艺，浙江省公路工程一队的28位技工把8根26米长、直径1.2米的钢管，穿过9米深水打到岩层。15号墩的顺利施工，让瓯江大桥提前195天完工。这种钢管桩嵌岩的工艺，此前在浙江省尚无成功先例。

大桥文化　在大桥北岸，桥台公路绕港儿山盘旋而上，山上建有“落虹亭”，象征大桥似飞虹过江。在大桥南端，山壁石坎上耸立“鹿城之春”的大型雕塑，宣告梅岙车渡时代的终结。

【温州大桥】　温州大桥是国务院批准兴建的黑龙江同江至海南省三亚沿海高速国道主干线的重要组成部分，是交通部与浙江省的重点工程，也是甬台温高速公路温州段跨越瓯江的特大桥、瓯江温州段第二座跨江大桥。1993年2月，经省人民政府批准，温州大桥被列为全省首批交通基础设施“四自”工程。1995年1月11日，作为甬台温高速公路温州段的起步工程率先破土动工。1997年12月16日合龙架通，1998年5月26日顺利通车。总投资为12.53亿元。

温州大桥　管新民摄

温州大桥是一座桥连岛、岛连桥、江上桥连陆上立交桥的跨江特大桥梁。大桥由北桥的斜拉桥、七都岛高架桥、南航道桥和龙湾互通立交桥组成，全长171000延米，主桥长6977米，时为全国最长的公路桥梁。桥梁部分桥面宽27米，为双向六车道。龙湾互通立交设有8条匝道，占地280公顷。大桥与G104线连接。其中北桥为主航道桥，长2748米，主桥跨径270米，桥下可通行浅底万吨轮和7500吨级客货轮；桥面采用双塔双索面钢筋混凝土预应力斜栏桥，塔高102米，桥下净高31.3米，北桥40#～41#桥墩之间为主通航孔，通航净空高度30米（设计最高通航水位为黄海高程3.62米），通航净空宽度为240米，设计通航船舶5000吨级海轮。双向通航；39#～40#桥墩之间为副通航孔，通航净空高度28米，通航净空宽度114米，设计通航船舶为3000吨级及以下海轮，单向通航。南桥全长1726米，通航跨径51米。大桥接线路基宽24.5米，为双向四车道。南桥34#～35#桥墩之间为上行通航孔，35#～36#桥墩之间为下行通航孔。通航净空高度均为13.5米，通航净空宽度均为50米，设计通航船舶为500吨级及以下海轮，单向通航。

温州大桥的建成通车，大大缩短了G104线的绕行距离，更重要的是把浙南地区与全省腹地更加紧密地连接在一起，破解了浙江省“四小时交通圈”最大的瓶颈制约，形成了温州南北联系与协作的黄金通道。

温州大桥建成通车后，交通量逐年递增。至

2013年，日均车流量达5万辆，已远超当初设计。由于常年大货车超载现象严重，路面及桥梁结构病害逐年显现，因软土路基带来的大桥南接线桥梁出现桥头跳车问题，对高速行车安全造成严重影响。2013年8月，温州大桥建桥通车15年后首次实施大检修。检修工程分两个阶段实施，主要是对桥面和路面病害进行维修。桥面病害包括连续缝破损、沥青路面被破坏、桥梁搭板受损等，路面病害包括路基路面受损、排水设施不畅以及支座破损等情况。检修工程于2014 年2月竣工。

建设史话

全国最长公路桥　温州大桥是浙江省首座“四自”工程桥梁，也是当年全国最长的公路桥，全长17000延米，桥梁净长达6977米。该桥是温州当年投资额最大的交通建设项目，相当于瓯江大桥总投资的98倍，温州机场的9倍。该桥在龙湾互通立交桥至南白象互通的接线，为温州市首段高速公路。桥的北斜拉桥为温州首座斜拉桥；斜拉桥双塔建设所用的两个钢围堰称雄全国，长55.5米，宽29米，高21.5米，每一只的截面相当于四个标准篮球场那么大。该桥主跨270米，可通航万吨级货轮，为浙江省内之最。

【东瓯特大桥】　温州市总体规划确定的重大城市基础设施建设项目，浙江省重点工程，G104线跨越瓯江的一座特大桥，瓯江温州段第三座大桥。前期工作始于1995年。1996年5月获省政府批准，省计经委予以立项。同年11月，浙江交通设计院设计的“中承式拱式框架桥”中标。1998年5月18日开工建设，2000年6月全线建成，8月11日正式开通。2010年，大桥移交市政部门管理。

大桥北起永嘉县瓯北镇，经江心屿，穿翠微山与市区鹿城路立交，连接G104线温州过境段。全长5173延米，桥梁长2068米，系杆拱桥，桥面宽21.4米，为双向四车道。总投资3.87亿元，由东瓯大桥建设开发有限公司承建。该公司主要承担温州东瓯大桥及其附属工程温州翠微大道、江心屿连接道的建设开发和经营管理。江心屿连接道是温州南北两岸通往江心屿的唯一快速公路道，全长1027米，路面宽10米，总投资4029万元，2002年初建成通车。温州翠微大道是东瓯大桥的南线延伸工程，起点为G104线温州过境段，终点在温金大道。全长3.3公里，总投资1.42亿元，2000年1月15日建成。

东瓯大桥为“四自”工程，在大桥北头（永嘉瓯北）设立温州东瓯大桥收费站。大桥正式开通当即实行半自动双向收费，业主为温州瓯江三桥建设开发有限公司。至2001年8月，总车流量382.1789万辆次，日均9926辆次。车辆通行费总额4453万元，日均11.56万元，预计12年内可收回全部投资。按照规定，2010年2月28日23时58分起，收费站停止收费。

东瓯大桥是温州市总体规划确定的重大城市基础设施建设项目，浙江省重点工程，是瓯娄线上具有公路功能的特大桥梁。它的建成通车，使G104线瓯江南北两岸缩短路程24公里，对提高温州城市辐射功能，改善瓯江两岸的交通条件和投资环境，以及发展旅游事业具有重大意义。

【沙洲大桥】　1998年，瓯江温州段第四座大桥——沙洲大桥（别名瓯江五桥）动工建设。大桥位于壬临线上，南起鹿城区临江镇，北至永嘉县桥头镇。工程于2000年竣工。大桥连接G330线和S333线。桥长409延米，系杆拱桥，桥面宽10米（连护栏）。

【灵昆大桥】　2000年6月28日，温州半岛工程的重要组成部分——灵昆大桥建设工程正式开工。大桥起点在龙湾区瑶溪镇黄山村，终点为灵昆镇双昆村。全长3548延米，其中桥梁长2534米，桥宽12米。双向双车道，设计标准为二级公路。总投资9928.5万元。2002年12月30日正式竣工通车。

2010年12月24日，S332延伸线新灵昆大桥（右幅桥）正式开工。新灵昆大桥沿老灵昆大桥南侧拼幅建造。S332延伸线是从龙湾至洞头的疏港公路，起于龙湾上岙，沿灵昆线经灵昆大桥、灵昆岛、灵霓海堤、霓屿岛、状元岙岛，至终点状元岙深水港区，全长约36.7公里。按双向四车道一级公路标准建设，设计行车时速80公里。另有连接线从深门山北侧，经洞头海峡与洞头新城二期相接，长约3.7公里，合计40.4公里。工程总投资40.2亿元。新灵昆大桥是S332延伸线的主要工程段，作为市区往洞头方向的车道，老桥（左幅桥）作为洞头往市区方向的车道。工程于2014年1月29日竣工并试通车。

【梅岙大桥】 2003年2月，瓯江温州段第六座跨瓯江大桥——梅岙大桥开工建设。该桥属金丽温高速公路跨越瓯江的大桥，由中港第二航务工程局承建。桥梁中心桩号为金丽温高速公路K26+767，南接鹿城区仰义乡渔渡村的红枫隧道，北接永嘉桥下镇梅岙村高速公路梅岙互通，全长1081.84延米。桥梁与路基同宽，为24.5米，共计30跨，桥梁设计荷载为汽-超20级，挂-120。设计洪水频率采用三百年一遇，通航净空为59×13.8米，通航等级为500吨级海轮，主桥为46米+3×80米+46米钢构连续梁。引桥结构采用预应力T梁和预应力空心板，下部为重力式桥台，钻孔灌注桩基础，其中伸缩缝采用毛勒伸缩缝与型钢伸缩缝相结合。工程累计投资12480万元。2005年10月建成，2007年竣工验收，工程质量评定优良。

【甬台温铁路跨江大桥】 2005年10月，瓯江温州段第七座跨江大桥——甬台温铁路温州段瓯江大桥开始施工。位于甬台温铁路DK262+064.17处。甬台温铁路通过瓯江特大桥，与金温铁路、浙赣铁路、萧甬铁路相连，首次形成浙江省内铁路闭合环网，与沪杭线、宣杭线、浙赣线南段、温福线构成“一环四射”的总体格局，对促进东南地区经济发展具有重要意义。甬台温铁路瓯江大桥把温州带进了动车时代。大桥全长6244.34延米，共计175个墩台，最大跨度120米。总投资4.2亿元。甬台温铁路瓯江大桥是甬台温铁路上规模最大、施工难度最大的特大桥。2008年9月21日合拢，9月28日顺利贯通，历时三年。2009年10月1日，甬台温高速铁路全线通车，大桥的最高行车时速为250公里。

【温州绕城高速北线跨瓯江大桥】 2005年10月，瓯江温州段第八座跨江大桥——温州绕城高速北线跨瓯江大桥开工。该大桥是绕城高速公路北线的主要控制性工程，设计时速为100公里，总投资约2亿元。大桥长1860延米，双幅桥宽33.5米，其桥的主跨径有125米，设计双向6车道。单幅桥为单箱单室箱梁，箱梁3号至15号块段工程采用挂篮悬臂浇注施工工艺。桥的北端在永嘉瓯北和三村（老的瓯北翻水站），南端在鹿城仰义乡前京村，连接绕城高速公路仰义枢纽。2007年10月30日，大桥主桥左幅合拢。2010年，大桥工程全部竣工并通车。

【七都南汉桥】 2005年12月28日，瓯江温州段第九座大桥——七都大桥（南汉桥）正式动工。大桥立项于1993年，2005年12月28日开工建设，一直建建停停，进展缓慢。2012年6月大桥基本建成，12月21日正式通车。

七都岛方圆12.7平方公里，大桥通车前岛上居民靠渡船出岛。1998年温州大桥建成，但高速公路对公交车、自行车、摩托车以及行人实行禁入。2003年5月，在市、区领导及有关部门的高度重视下，中巴公司开通七都至温州新南站的线路，每天有5辆中巴往返七都，暂缓七都人的出行难。2011年温州行政区划调整后，七都划归鹿城辖区，规划、定位为温州未来的城市后花园。拖了多年的七都大桥（南汉桥）工程重新启动，并列入省重点工程。对原设计宽25米、4车道的方案进行了修改，斥资4.24亿元，建成宽34米、双向六车道、全长2067延米的高档次大桥。大桥两侧各建1.75米宽的人行道，在南北引桥两侧加设自行车和人行天桥。

【瓯越大桥】 瓯江温州段第十座跨江大桥——瓯越大桥（原称瓯江过江通道），是目前温州瓯江江面距离最长的大桥，也是国内第二座采用钢混组合梁技术建设的大桥。2010 年 12 月底，诸永高速公路温州段延伸工程（瓯江过江通道）开工。2014 年 6 月 30 日，建成试通车。2015 年 1 月 1 日零时正式通车。该工程于 2001 年启动项目研究，2007 年 7 月立项，温州市政府成立工程指挥部。2007 年 12 月，温州市委常委扩大会议专题研究，同意建设本项目，并明确过江形式为桥梁。瓯江过江通道投资概算 26.4 亿元。工程线路起点位于诸永高速公路永嘉复合枢纽，沿三江平原向南延伸，上跨老 G104 线，最后由瓯江过江通道至南岸，从温州市区灰桥浦东侧，跨越江滨路后落地止于民航路北段。全长约 7.933 公里，其中，地面道路全长 4.483 公里，桥体长 3450 延米。主桥桥跨布置为（84+200+84）米 =368 米，主墩处主梁梁高 9 米，跨中梁高 3.5 米，采用三孔一联的钢混组合连续钢构桥。瓯江过江通道主桥为通航孔桥梁，航道中心线桩号为 K6+808.7。根据通航相关要求，本江段通行 1000 吨级海轮，按单孔双向通航设置。通航净宽为 164 米，净高 21.5 米，主桥两侧纵坡为 3.5%。 瓯江过江通道分南北引桥。北引桥全长为 2142.474 延米，南引桥全长为 943.9 米。由于瓯越大桥是温州唯一引高速公路进入市区的桥梁，为解决噪声影响，在大桥南岸设置全封闭隔声屏障。

瓯越大桥 张品金摄

瓯越大桥的建成，直接缩短温州市区往返瓯北车程约 12 公里，缓解东瓯大桥和瓯北车渡码头的交通压力，并与新老 G104 线、S223 线、诸永高速形成交通网络，也为三江片区带来发展契机。大桥还兼顾了城市桥梁的功能和作用，在江滨路落地后，通过拓宽改建民航路向南延伸至温瑞大道。

建设史话

首次征集大桥名称 2014 年 2 月，温州市住房和城乡建设委员会、温州市交通运输局联合向市民征集过江通道名称。共收到计千余个桥名，其中 64 位投稿人分别将瓯江过江通道命名为“瓯越大桥”“三江大桥”“瓯鹿大桥”。主办方选出 30 个备选方案，在网上再投票。结果“三江大桥”的票数跃居第一。5 月 12 日，经网络推荐、投票，相关专家评审，最后将大桥命名为“瓯越大桥”。如此大规模地利用全民推荐、网民投票、专家评定的方式为一座大桥取名，这在温州造桥史上尚属首次，在全国也属罕见。

全封闭隔声屏障系统 瓯越大桥直通市区，从香榭丽花园小区一侧穿过，噪音及汽车尾气为居民所最关注。瓯江通道公司联合温州市环保局，委托国家环保总局环境工程评估中心进行实地勘测，反复论证，最后决定采用全封闭声屏障的方案。该方案的隔音效果，相当于把桥与居民的间距拉开 200 米，成了大桥最独特的外观标志。全封闭隔声屏障系统，长度 650 米，总投资 7000 多万元，由铝镁合金穿孔板、钢丝网、无碱憎水玻璃布、双层吸收棉、直立锁边铝镁锰合金屋面板、铝单板等 7 层组成。其中，发挥重要吸声作用的是双层吸声棉，厚度达 100 毫米，能吸收近 90% 的噪音，可降低 20 分贝左右。同时，采用吸声降噪效果的路面、禁行重型车、减缓南引桥坡度等综合措施，使噪音治理达标。对于瓯越大桥建成运营后隔声屏障内的汽车尾气影响，拟在全封闭隔声屏障顶部设置抽风装置，将废气外排。经预测分析，可确保项目建成后环境空气质量达到二级标准。

技术革新巧解建设难题　瓯江水域地质复杂，当工程进入水底打桩时，为了解决进度缓慢的难题，施工技术人员大胆创新，第一次在瓯江成功应用“旋挖成孔”新技术，实现了两天完成三根桩基的功效。当传统的钢筋混凝土结构难以满足通航要求时，工程采用钢混连续钢构施工，80米长钢箱梁整体吊装，并第一次采用由中国自主研造的吊机。在完成喷砂除锈、防水层施工后，铺设两层沥青，其中下层铺设浇筑式沥青混凝土。该项工艺在浙江省内尚属首次使用。

【瓯江南口大桥】　瓯江南口大桥工程是龙湾区、乐清市和温州东部岛屿新增的一条快速通道。工程起点位于永强机场北面现有海堤200米处（桩号K2+760），跨过瓯江南汊，终点位于灵昆岛海堤北约120米处（桩号K5+510），通过灵昆段接线，分别与灵昆岛规划路网和甬台温复线高速公路灵昆互通。工程主线桥总长2750延米，按双向六车道一级公路兼顾城市道路标准设计，设计行车时速80公里，路幅宽度36.5米，通航等级为300吨级海轮。主线桥南岸通过A、B匝道桥，北岸通过Y、Z匝道桥与接线地面道路相接。该工程段共1012根桩基，162个承台，174个墩柱。主桥变截面箱梁8跨，50米等截面箱梁68跨，30米等截面箱梁68跨。海工砼方量249500立方米，钢筋总量34300吨。钢绞线4228吨。匝道路基长1864米。主要桥梁结构形式有通航孔主桥90米跨变截面连续箱梁、引桥50米、30米等截面连续箱梁。大桥总投资12.022亿元。2012年12月30日，瓯江南口大桥工程开工。时任浙江省委常委、温州市委书记陈德荣宣布开工令。2016年底大桥全部工程已完成，处于交工检测验收阶段。

【瓯江北口大桥】　位于甬台温高速公路复线灵昆至黄华段，是甬台温高速公路复线和南金公路两大项目跨越瓯江的控制性工程。2012年12月31日，大桥项目建议书获省发改委批复，正式立项。2015年12月19日，项目“工可”获国家发改委批复。根据“十二五”规划，甬台温高速公路复线、市域铁路S2线、南金公路，都要在瓯江北口位置建过桥通道。瓯江北口位于瓯江出海口，地理位置十分特殊。为了充分利用瓯江岸线资源，2011年，温州市提出“三桥合建”共走一个通道跨江的设想。2011年10月，温州市政府组织国家级知名专家专题论证，认为“三桥合一”在技术和理论上是可行的。之后，中铁大桥院、中铁四院、省交通院等专业领域的研究单位联合进行多次论证、计算，对多种方案进行了比对，提出了新的方案，认为“两桥一隧”的方案在建设、管养、救援等方面更具优势，即将甬台温复线温州段和南金公路上下合建为一桥，市域铁路S2线则以水下隧道的形式穿越瓯江。

瓯江北口大桥采用“两桥合建”的设计，上层高速公路起点位于黄华镇，顺接甬台温高速公路复线南塘至黄华段，跨瓯江北口，止于灵昆岛，接甬台温复线灵昆至阁巷段，路线长约7.9公里，采用双向六车道高速公路标准，设计行车时速100公里，路基宽度33.5米。下层南金公路北接G228线乐清段，南连国道G228线灵昆段，路线长约3.9公里，采用双向六车道一级公路标准，设计行车时速80公里，路基宽度32米。瓯江北口大桥主桥跨江部分设计十二道过江车道，上下两层均为双向六车道，大桥建成后可提供每天10.7万辆的通行能力，是温州大桥通行力（每天4.9万辆）的两倍以上，是国内通行力最强的公路桥。除了桥面上，桥底通航量同样巨大，桥梁主通航净空尺寸达474米×53.5米，可满足3万吨级集装箱船舶单孔双向通行。同时，根据设计，大桥至少可抵御17级台风。瓯江北口大桥由北引桥、跨江主桥和南引桥三个部分组成。其中，主桥是世界上首座“三塔四跨双层钢桁梁”悬索桥，主缆跨度230米+800米+800米+358米，成为2015年前中国乃至世界上技术难度最大、建造工艺最为复杂的桥梁之一，是浙江省继舟山连岛大桥、杭州湾跨海大桥之后又一座国家级的重大桥梁工程。大桥还开创了另一项世界第一——主桥中塔设计方案采用A形框架混凝土中塔结构。瓯江北口大桥已列入交通运输部首批“绿色公路”、省交通运输厅“品质工程”和“钢结构桥梁推广应用”重点示范工程，工程质量、安全、环保等方面的标准和要求极高，并面临深厚淤泥质土等诸多施工困难。2016年11月30日，大桥主体工程正式开工。项目总投资约88.36亿元，建设工期60个月。

瓯江北口大桥确定“高速公路收费权质押+政府购买服务”的方式解决融资难题，以55亿元贷款额、25年贷款期，年利率4.5%(贷款基准下浮8%)的优惠条件，与该项目银团签订贷款合同，成为温州市高速公路项目贷款利率的历史新低。该项目国道部分的建设资金，采用“高速+国道”的整体融资新模式，从整体上解决了融资难题。瓯江北口大桥还获得国家安排车购税交通专项建设资金14.92亿元，成为温州2015年前获得国家补助最多的高速项目。

瓯江北口大桥的建成，将助力温州搭上国家“一带一路”战略发展的快车道，向“滨海时代”迈进，并为浙江省全面发展海洋经济提供基础性支撑。同时，乐清翁垟的百姓通过此路只用20分钟便可快捷抵达温州机场，还可密切乐清和温州市区的经济联动。

【七都北汊桥】 工程起点位于七都上沙村，连接南汊桥互通处，跨越瓯江后，终于永嘉瓯北功能区三江片新建村，并通过新建枢纽接G104线。2013年4月3日，“工可”经省发改委批复，并由省交通规划设计研究院投标锤成施工图设计。根据工程设计，主桥长1866米，其中跨越瓯江北航道的特大桥主桥长680米，采用单索面双塔叠合梁斜拉桥，引桥长1186米，桥面宽度37.62米，最大宽度47.8米。南、北汊桥均按照双向六车道，设计行车时速60公里，建成后温州市区学院东路前往永嘉乌牛只需4分钟。远期规划还将建设北汊延伸线，与温州绕城高速公路北线一期相接，通往乐清。七都北汊桥按市政主干道设计，有车行道，两侧设1.75米宽人行道。2012年6月5日，交通部水运局在温州主持召开《温州大桥七都北汊桥通航安全影响论证研究报告》评审会。自“明珠七号”游轮刮擦事件发生后，桥高和防撞能力引起专家的高度关注。评审会特邀交通部总工徐光、安全总监宋家慧等10名专家参加评审。通过专家评审，综合考虑通航、船舶防撞性能、景观等要求，双塔梁斜拉桥成主桥桥型的推荐方案。根据该推荐方案，北汊桥的建设高度比温州大桥还要高出1米左右，将成为瓯江上最高的大桥。2015年11月27日，北汊桥水中试桩工程开工，预计2019年5月竣工。

七都大桥北汊桥工程是浙江省重点建设项目，已被列入国家发改委、省发改委PPP项目库，为浙江省第一个以PPP模式建设、采用公开招标的桥梁项目，也是温州市财政的试点项目。该项目预计建设资金19.95亿元，由永嘉县、鹿城区和温州市财政分别按50%、30%和20%的比例承担。

【G104温州西过境瓯江特大桥】 G104线温州西过境控制性工程，位于瓯江三桥上游约6公里处，起于G104线温州西过境改建工程永嘉县瓯北礁下互通，止于鹿城区仰义街道十里互通。浙江省最宽的三塔矮塔斜拉桥，温州地区跨径最大的矮塔斜拉桥。大桥连接鹿城、永嘉，与瓯江河道基本垂直，项目合同金额约5亿元，为浙江省重点工程项目。桥面宽36米，主跨225米，全长1332.72米，采用双向六车道一级公路技术标准兼顾城市道路功能建设，设计行车时速80公里。由鹿城和永嘉共同出资建设。主桥合龙施工时，采用三维空间模型仿真分析，顶推效果与预期吻合。2017年5月3日，大桥主桥实现“零误差”精确合龙。瓯江特大桥的建设，对完善温州国道干线公路网布局，缓解地区交通压力，提升干线公路服务水平，构建综合交通运输体系具有重要作用。根据计划，瓯江特大桥力争在2017年底前建成。

（二）飞云江流域桥梁

飞云江位于浙江省南部，是浙江省八大水系之一。飞云江源于浙江省景宁畲族自治县境洞宫山支脉赤木山南麓，南流经北溪、白鹤两乡，纳大白坑后折东出东坑乡，南入泰顺县，至百丈镇折东横贯文成、瑞安南部，在瑞安市城关镇东南入东海。全长 176 公里，流域面积 3731 平方公里，属山溪性强潮河流。民国 23 年（1934），飞云江截弯取直，在下林至沙洲心滩间另辟长 1000 米航道，缩短航程 3380 米。

瑞安市处于飞云江的出海口，被飞云江横穿西东，严重阻碍了南北交通。瑞安人过江须靠摆渡。瑞安有句俗话："隔山隔岭走步添，隔江隔水最勿腔。"其意为隔着山，不过多走几步，但隔着江河就没多少办法了。

明清期间，飞云渡渐趋繁荣，成为浙闽要津。抗日战争期间，飞云江河口设障，海运受阻。抗战胜利后，国民党发动内战，使一度复苏的交通事业又趋萧条。1949 年 5 月瑞安解放，通过整治航道渡口，兴建码头桥梁，设置车渡。当年，飞云渡成为温州南北交通的主要渡口，唯一贯穿温州南北的 G104 线的重要汽车渡口。据 1982 年统计，该年船渡 228122 万次，日均 723 车次。1983 年达到 376389 万次，日均破 1000 车次大关。1984 年 9 月，瓯江大桥建成通车，车辆狂潮般涌向飞云江渡口。据 1985 年交通量统计，飞云江渡日均剧增至 1500 多车次。渡口南、北两岸客货车辆沿着温瑞、瑞平公路首尾衔接，排成长龙，长达数公里，待渡时间最长达 20 余小时。于是，"跑遍天下路，最怕飞云渡"这句顺口溜，通过外地司机之口传遍了大半个中国。

1984 年 10 月，飞云江拉开了建设现代公路桥梁的序幕。截至 2015 年，飞云江流域已建桥梁 20 座 /26011.73 延米 。

建设史话

最壮观之桥—瑞安大桥　瑞安大桥为独塔双索面斜拉桥，主塔采用花瓶造型，从远处望去犹如一座巨型的花瓶被 36 对 72 根挂索固定在飞云江上。

最快捷之桥—飞云江二桥　甬台温高速公路飞云江二桥建成通车后，来往于飞云江两岸更加方便和快捷。

最美丽之桥—飞云江五桥　主桥设计采用五孔中承式钢桁架系杆拱结构，寓意展翅欲飞，也预示着瑞安经济不断腾飞。五桥建好后，成为飞云江上的一个新地标、城市的一个新景观。

最难建之桥—飞云江四桥　温福铁路飞云江四桥的施工难度，在国内外桥梁施工中也属罕见。四桥主桥所在地是江积和海积的交汇处，地质结构错综复杂，或覆盖的淤泥厚度达 40 米，或暗藏着重达几千吨的孤石，或岩层直接裸露在外且岩石倾斜度很大，施工台架难以搭建，打桩时钻头容易打滑偏移。施工时，潜水员在水下完成测量、切割、电焊等工作，把倾斜的岩石表面"补"上一块台，形成平坦的结构，打桩的施工平台就可以"站"在这个垫脚石上面了。

最低调之桥—马屿大桥　马陶公路马屿大桥位于飞云江中游，是连接梅屿、顺泰、荆谷和马屿的交通要道。周边村民称赞：别看这座桥老，外形很普通，它的质量很好。

【G104 飞云江大桥（姊妹桥）】　位于瑞安境内 G104 线飞云江南北两岸（桩号 K1949+594 ～ K1951+313），飞云江上第一座公路大桥，时为浙江省最长公路桥。北岸为瑞安市隆山乡三圣门村，南岸为瑞安市飞云街道杨府殿村，全长 1720.79 延米，行车道净宽 10 米，两侧人行道各 1.5 米，双向双车道。设计日车流量 1.5 万辆，荷载汽车—20、挂—100。1984 年瓯江大桥通车后，飞云江渡口待渡车辆骤增，日均汽车渡运辆升至 800 ～ 1500 辆，1988 年最高日渡量 2543 辆。24 小时不间断工作，还是无法缓解车渡压力，有的车辆甚至待渡两天两夜。1984 年 9 月，省政府确定飞云江大桥为省重点建设工程，提出建桥

瑞安飞云江姊妹桥　张异聪摄

的可行性研究报告。时任交通部副部长子冈和浙江省省长薛驹到瑞安视察，选定桥址，决定经费由交通部拨一半，另一半由地方解决。同年11月13日，飞云江大桥工程指挥部成立。1985年4月2日，建桥工程会审设计方案通过。11月27日，工程在杭州招标，中标单位为铁道部大桥局第四桥梁工程处，预应力桩由上海第三航务工程局第四工程公司承包建设。1986年3月15日，飞云江大桥工程正式开工。11月17日，北岸立交桥竣工。12月4日全桥429根基桩提前两个月完成。大桥主跨T形大梁长62米，净重210吨，时为亚洲之最，全桥37孔。主航道5孔，每孔跨径62米。低潮位净高25米，通航水深8米，可通500吨级船舶。两岸接线公路长3.98公里，其中有6座中小型桥。由于主孔跨径62米，在江面30米高空作业，施工难度很大，施工人员使用300吨桥机延伸到南岸19号桥墩，顺潮安装，一次性顺利到位。11月10日，全线架通。1989年1月6日，隆重举行飞云江大桥通车典礼。总造价4000.91万元。

20世纪90年代，飞云江一桥已远远不能满足温州经济高速发展的需求。经过规划设计、科学论证，2008年12月18日，G104线飞云江大桥改建工程举行开工典礼。2009年2月10日，瑞安市启动飞云江新桥（左）建设工程。2011年7月对老桥（右）进入维修加固。老桥通过大修处理原有病害，铺装和新桥相同，采用沥青混凝土，并将原先双向双车道变为双向六车道。2012年5月29日，飞云江大桥改建工程正式通车，新、老两桥同时运行，瑞安人称之“姊妹桥”。

【甬台温高速公路飞云江大桥】　位于甬台温高速公路瑞安境内（桩号K1774+079），是甬台温高速公路温州段瑞安龙头至苍南分水关工程的一部分。2000年3月，飞云江大桥陆上引桥部分开工，累计投资1.89亿元。工程由中港第二航务工程局二公司承建。6月，水上主桥开工。大桥全长2502延米，其中主桥328米，桥宽28米，为双幅双向六车道。主桥结构上部采用五跨连续梁，跨径为44米＋3×80米＋44米。引桥上部结构分别采用30米和20米跨径的预应力空心板，按照先简支后连续设计和施工。主桥下部结构采用高桩承台，主墩基础采用7根1.80米直径的灌注桩（摩擦桩），边墩基础则采用4根1.50米的摩擦桩。引桥的下部结构采用双柱式墩台，基础根据地质情况采用了摩擦桩和嵌岩桩两种类型的钻孔灌注桩，桩径分为1.80米、1.50米和1.20米三种。2003年12月31日，大桥工程竣工。至此，甬台温高速公路温州段全线建成，沈海高速公路全线贯通。

【瑞安大桥】　也称滨海大道飞云江大桥，又称飞云江三桥，是滨海大道（在建）的重要

瑞安大桥通车
资料图片

控制性工程。位于瑞安县道汀飞线（中心桩号K9+767），南岸为瑞安市飞云镇塘头塘渔村，北岸为瑞安市东山街道肖宅村。瑞安大桥及接线一期工程总投资9.0045亿元，沿线经汀田镇、莘塍镇、上望街道、东山街道、飞云江农场和飞云镇，全线长18.1公里。瑞安大桥长2956延米，宽33米，双向六车道，上部结构采用独塔双索面预应力混凝土边箱梁斜拉桥，下部结构为Y形墩和多柱式框架桥台，是温州目前最高的桥梁建筑物。2003年7月正式开工，2008年12月竣工，2009年1月15日正式通车。瑞安大桥主塔采用花瓶造型，固定拉索共36对72根。瑞安大桥建成后，不但缓解了G104线瑞安段道路拥挤和飞云江大桥交通堵塞的困局，也带动了飞云江两岸经济发展。

建设史话

桥名来历　瑞安大桥开建之初，被设计人员暂名为“飞云江三桥”。顾名思义，其意即为飞云江上建造的第三座公路大桥。后来人们看到这座桥建得很美，而此桥正是温州滨海大道延伸线上的大桥，便称之为温州滨海大道飞云江大桥。2008年8月，瑞安市地名委正式为之命名：瑞安大桥。

【温福铁路飞云江特大桥】　温福铁路的重点控制性工程之一，也称飞云江四桥，位于瑞安市。该桥共设69个桥墩，桥长2622.43延米，主桥长700多米，桥面宽13米，可并排通行两列列车，属双线电气化铁路桥，总投资2.1亿元。该大桥的通车，是横跨在飞云江上的第一座铁路桥，结束了瑞安境内没有铁路的历史。温福铁路飞云江特大桥的施工难度，在国内外桥梁施工中也属罕见。施工人员克服了淤泥覆盖深厚、裸露岩层倾斜施工台架难以搭建、暗藏千吨孤石等地质结构错综复杂带来的诸多困难。2005年11月开工，2008年7月16日主桥正式合龙，2009年9月通车。大桥主桥宣告正式合龙后，新华社发表评论称：“它是国内高速铁路建设中第一个使用曲线设计的铁路桥，大桥主跨结构采用曲线路段上的长大跨连续梁，是国内客运专线铁路上首次尝试，也是一种成功的突破。”

【马屿大桥】　位于飞云江中游瑞安境内X309线上（马屿镇和梅屿乡交界处），连接梅屿、顺泰、荆谷与马屿的交通要道。工程总投资741万元，全长395延米、跨径总长380米、单孔最大跨径35米。桥宽13米、桥面净宽12米、桥高12米、桥下净空10米。主桥上承简支T形梁，空心板梁，桥墩为钢筋混凝土，属永久性桥梁。1995年开始动工，1996年2月28日工程竣工并通车。铁道部大桥局承建。

【高楼大桥】　位于瑞安市高楼乡和龙湖镇交界处的飞云江上，坐落在S230线上。工程总投资1287万元，全长823延米，桥面宽度为10.8米，净宽9.8米，桥下净空13.5米。上部结构为主桥，为35米预应力混凝土T梁，引桥为16米和20米预应力混凝土空心板梁。下部结构为柱式墩，桩基础；重力式台，扩大基础。荷载为汽车—20级，挂车—100。1998年3月30日竣工。

【S330飞云江（塔石）大桥】　位于瑞安境内新S330线上，系新S330配套桥。1986—1990年，公路部门对老S330线进行改造，新建桥梁2座，塔石大桥为其中之一。大桥全长476.04延米，净长470米，桥面净宽9.5米。总投资1300万元。2005年2月与新S330线同时通车。

【平阳坑大桥】　位于瑞安平阳坑镇北面，起点为S330线平阳坑村西南侧附近，终点为上头河与塘岙村之间接乡村道路，是连接平阳坑镇与对岸的S330线连接的主要桥梁。2004年7月，瑞安市平阳坑大桥工程可行性研究报告预审通过。大桥全长412.8米，大桥净长400米，桥面净宽9米，跨径组合16孔×25米，总投资1300万元。2007年2月28日破土动工，2010年5月竣工，2010年6月试通车，2010年8月18日正式通车。平阳坑镇南北两岸42个行政村3.1万人，结束依靠木船渡人载物的历史。

【站前大道飞云江大桥】 也称飞云江五桥，为温州市首座钢桁架系杆拱结构桥梁。位于飞云江高速桥和铁路桥之间，接线工程的起点为瑞安火车站前的江南大道，向北延伸交新老56省道，跨飞云江后，终点接北岸在市区西首江北水厂处接瑞枫公路，并与规划中的滨江大道西延伸段连接。2009年1月工程立项，被列入浙江省重点工程项目。2011年11月正式开工，2016年11月竣工，同年12月15日建成通车。飞云江五桥全长1020米，桥面宽32.5米，引桥宽25.5～29米，通航标准300吨级海轮。近期采用双向四车道加两侧机非混合车道，远期采用双向四车道加两侧公交专用道，设计时速50公里。该项目于累计完成工程投资额6.59亿元。五桥工程设计新颖，富有特色。其造型极美，如“驼峰”的“M”形，蜿蜒在江门，就像一条空中的飞腾巨龙，夜晚更是光彩炫目。主桥采用中国美术学院专家设计的色彩渐变设计方案，营造良好的视觉效果，既是市政交通工程，又是城市景观工程。

【G104西过境飞云江大桥（飞云江六桥）】 104国道温州西过境公路瓯海桐岭至瑞安仙降段工程的一大建设内容。南岸选址位于仙降下西垟村，北岸位于碧山镇。2014年4月正式开工。在建。飞云江六桥总长1884米，主跨120米，双向六车道，共有50根江中桩基。建设时有三大难点：一是主桥超长桩，主桥桩基深100多米，桩径2米；二是承台为大体积混凝土结构，施工时产生的水化热导致混凝土承台内部温度太高，出现内外温差，容易造成承台混凝土开裂，且在水中施工，难度较大；三是主桥施工为悬臂挂篮施工，即以主墩为中心，利用挂篮对称地向两段移动，实施梁段施工，技术要求甚高。飞云江六桥的建成，将改变陶山、仙降两地依靠轮渡互通的历史。

建设史话

大桥选址“舍近求远” 飞云江六桥的最初选址并未经过仙降街道下西垟村，总长度也短于1884米。飞云江六桥的选址为何要“舍近求远”？当决定建造飞云江六桥后，在选址上出现两种看法：一些专家认为，飞云江六桥横跨陶山镇涂厂村和仙降街道下社村鹤屿山东侧的方案，无论是从水域条件、地质构造等综合状况考虑，还是路线里程、施工难度，该方案都有优势。另一种观点认为，由于设计中的桥梁要穿过仙降工业区，而工业区建成时间较早，聚集了大量企业，原方案需要拆迁大批厂房，无疑给工程带来巨大的压力。同时，仙降集镇区与工业区将被大桥一分为二。经过多次研讨，飞云江六桥南岸选址最终西移至仙降下西垟村，桥身长度增至1884米。虽然桥身更长了，施工难度也有所提高，但综合考虑，该选址优点较多，符合南北两岸的共同利益。

抱团攻坚政策难题 土地征用的政策处理是交通项目建设必须面对的一大难题。飞云江六桥工程需拆迁民房107间共计约1.54万平方米，厂房18家，共计1.7万平方米。同时，该工程需用地约1080公顷，涉及仙降、陶山27个村，其中821公顷为村集体用地。为了破解这个难题，工程指挥部、工程施工项目部、国土部门、仙降街道和陶山镇等齐心协力，采取“白加黑”“五加二”工作方式，走村入户做工厂业主、村干部和村民的思想工作，主动倾听心声，提前分析可能出现的利益纠纷，尽力帮助解决后顾之忧。从2012年12月开始，只用一个多月时间，全部完成征地工作。六桥初建时，修建临时便道通过陶山桐江村，需征用8公顷自留地，涉及40户村民。遭到阻扰后，工作人员多次上门解释征地政策，并发动村干部及亲友劝说。最终，村民都在协议上签名同意。

【仙降飞云江大桥】 也称温州绕城高速公路西南线飞云江大桥，是温州绕城高速西南线的重点工程之一，是温州市唯一被列入“两美”浙江重点工程立功竞赛的参赛项目。位于瑞安马屿镇S330线道旁，北岸在荆谷乡东南侧，南岸接至仙降镇。2011年12月开始进入前期工作。2014年1月，大桥工程全面开工。大桥全长870延米，其中主桥长285米，主跨135米。共布设1个主通航孔，单孔双向。通航净空宽度和高度分别为120米、8米，通航孔按照300吨级（及以下）内河驳船双向通航设计。该桥共六联，第一联跨飞云江大桥，最大跨径135米，采用预应力砼现浇箱梁。项目总投资1.47亿元，中交第一公路工程有限公司承建。2014年9月，工程建设资金80亿元银团贷款合同正式签订，为国开行对温州单体建设项目提供的最大金额贷款，标志着工程建设融资全部落地。

【甬台温高速复线飞云江大桥】 飞云江跨海大桥是甬台温高速公路复线灵昆至阁巷段的一座关键性斜拉桥。2014年12月29日上午，甬台温高速公路复线飞云江大桥在瑞安正式开工。预计工程于2018年12月竣工。桥梁全长4850米，主跨380米，是温州斜拉桥中跨径最大的一座。主跨桩基深达130米，塔高140米。主桥设计为(50+110+380+110+50)米，双塔双索面叠合梁斜拉桥，采用五跨连续半漂浮体系，空间密索型布置，桥位处基本风速高达45.5米/秒。采用双向六车道高速公路标准建设，设计行车时速100公里。

【坦岐桥】 位于文成县珊溪镇坦岐村，跨飞云江，双珊公路连接峃院公路大桥。工程最早于1989年10月动工，1990年完成大桥基墩工程，1991年底建成投入使用。全长320延米，其中主桥长202米、过水路堤120米，15孔钢筋混凝土空心板梁桥。工程总投资128万元，其中地方自筹20万元。2001年实施改建后，主桥长280米，跨径21孔计273延米，桥面宽6米，铺装混凝土桥面，技术评定为二类大桥。

【巨屿桥】 位于文成县巨屿镇花前村，跨飞云江后，连接文泰、双珊公路大桥。全长500延米，主桥长248米，高8米，宽9.5米，15孔钢筋混凝土大桥。设计载荷为汽—16，挂—85。总投资380万元。1996年12月28日开工，1997年12月22日竣工验收并投入使用。

【金垟桥】 位于文成县金垟乡良坑村，跨飞云江大桥，左岸连接排（门）金（垟）公路，右岸连接峃院线。2008年4月15日竣工通车。全长160.5延米，跨径总长150米，单孔最大跨径25米，全宽8.5米、净宽8米，为6孔钢筋混凝土空心板梁桥。总投入350万元。该桥连接文平公路、文泰公路，大大缩短了往日绕行峃口大桥的时间。

【峃口桥】 飞云江上第一座公路桥梁，有"飞云江第一桥"之称，位于瑞东线文成县峃口村段。全长126.8米，宽8米，高12.2米，为5孔预应力、钢筋混凝土悬臂、墩台吊梁桥。1966年4月15日，大桥竣工交付使用。1958年，瑞东公路大峃镇至平阳坑段建成时，在峃口桥建桥处设渡口，用大竹排运载汽车过渡。因江阔水急，后改为三拼搭人力渡船，用钢索固定在上游江中木桩上，防止渡船被水冲走。每年11月至次年1月枯水期，车辆则从江底过水便道通过。1965年，瑞东线全线通车，车流量剧增。为改善停车待渡状况，国家投资60万元，由省交通厅设计院设计，省交通厅第四工程队负责施工，开始建造峃口桥。设计载重标准为汽—13、挂—60。大桥基础工程设计埋置深度9米，全桥4墩1台，墩子中距30米。

【珊溪桥】 位于文成县珊溪镇垟头村，1986年6月通过竣工验收并投入使用。建桥处原为碇步，民国时毁于洪水。1962年，建起12孔民间石板桥，长60米，宽2米，高7米，桥面两侧设置钢管栏杆。当时选址此处建桥，主要是为配合建文泰公路及珊溪镇总体规划需要。1985年，改建公路桥。桥梁设计为5孔13米双柱式钢架混凝土墩，上部为钢筋混凝土空心板梁式桥，长68.9米，行车道宽7米，两侧人行道各宽 1.5米。载重汽—15、挂—80。工程总造价25万元。

【新联桥】 位于文成县峃口乡新联村，跨

越飞云江，左岸连接瑞东公路，右岸连接一甲至花园公路。2004年开工，2007年完工，全长233米，跨径总长230米，单孔最大跨径25米，全宽11米、净宽9.5米，为11孔简支空心板梁桥。

（三）鳌江流域桥梁

鳌江，浙江省八大水系中最南端的一条水系，源于文成县桂山乡桂库村，泉源地南雁荡山脉吴地山南麓，海拔835米。《江南靖士诗稿•桂库村》诗："涧流纵出廊桥下，高落鳌江是首源。"正是鳌江源流出山的形象写照。鳌江流域面积1521.5平方公里，总长92.47公里。分南北两支：北支为干流，经平阳县顺溪、山门至水头感潮区，后经麻步、萧江、钱仓、鳌江镇注入东海。南支为支流。

自1978年中共十一届三中全会之后，个体经济得到迅猛发展，鳌江流域崛起了诸多重镇，主要有平阳的水头、麻步、萧江、鳌江镇，苍南县的灵溪、龙港镇等。这些强镇的工业发展，必以畅通的交通为支撑。1988年12月，鳌江上第一条公路大桥的竣工，拉开了鳌江建桥的序幕。截至2015年，鳌江流域建有桥梁9座/17637.2延米。

【龙港大桥（鳌江一桥）】 鳌江镇建于1933年，曾是温州地区最大的城镇，港口直接与多国通商，号称"小上海"。龙港镇建于1984年，是改革开放之后在滩涂及小村庄上迅速崛起的一座农民城，一度名列温州强镇之首，名闻遐迩。两镇分别雄踞鳌江流域南、北两岸，成为平阳、苍南两县的经济中心。1987年8月1日，龙港大桥正式开工，1988年12月竣工，成为温州市第四座公路大桥。大桥跨越鳌江，北岸为平阳县钱仓埭头，南岸为苍南县咸园村。桥长369.7延米，桥面行车道宽8米，采用双向二车道，荷载汽—20，挂—100，桥面两侧人行道宽各1米。全桥12孔，主桥8孔，每孔跨径25米，其中3孔通航，净高8米，两端引桥各2孔，孔径各13米。总造价520万元，除省、市补助外，大部分为地方自筹和群众集资。据2012年监测，因原龙港大桥建

龙港大桥　资料图片

桥建成时间较长，桥墩屡遭船舶撞击，被鉴定为四类危桥，实行限载限速通行，已成为龙港、鳌江两镇的交通瓶颈。龙港大桥至G104线，运输量已远超道路承受能力，堵车现象频繁，交通事故多发。2013年10月28日，温州龙港大桥（鳌江一桥）改建工程动工。大桥起点位于龙港镇温州礼品城，顺接龙金大道，终点位于平阳县鳌江镇埭头村，与104国道相接，路线全长1.12公里，其中大桥长597米。项目双向六车道，设计时速60公里。工程概算总投资4.16亿元，其中建安费1.7亿元。该工程建成后，能有效缓解鳌江两岸的拥堵，造福鳌江流域两岸的80万居民。大桥预计2017年建成通车，届时，原龙港大桥将被拆除。

【瓯南大桥】 连接龙港、鳌江两镇，位于苍南龙港镇文卫路至平阳县鳌江镇胜利路之间，跨越鳌江。2003年7月26日正式动工建设，2007年4月29日通车，总造价1.65亿元。瓯南大桥经省发展计划委员会〔2001〕193号文批准建设。大桥全长832.7延米，主桥长408米，总宽24.5米（其中开启孔75.46米），双向四车道；南北引桥长312.9米，引道长111.8米，宽17米。中间段为桥中桥（钢桁梁），可根据潮位起落而升降，升起时净高23米（升时用时4分钟）。主跨为75.46米的钢桁梁开启桥，开启重量约914吨，可供1100吨以上船舶单向通航；降下时净高10米（降时用时3分钟），可供300吨以下船舶过往。

瓯南大桥通车　资料图片

大桥实行不定期升降，一般每天两次，每次停留1小时。这是一座满足不同交通需求的垂直开启式市政交通大桥，时为中国仅有的两座跨度超过60米的大跨度开启桥之一。

【温福铁路鳌江特大桥】　中国铁路第二长桥，温福铁路双线电气化铁路的一部分，位于平阳和苍南交界处，穿越两县四镇22个自然村，为全线“三桥四隧”重、难点控制工程之一。2005年8月开工，2008年11月12日贯通。桥梁全长11036延米，桥梁本身长1118米，由325孔2个桥台组成。工程设计时速目标值200公里，预留时速250公里提速条件。上部结构为6联18跨连续梁悬臂灌注施工，分别为：跨G104（72m+130m+72m）连续梁、跨鳌江（48米+80米+48米）连续梁、跨世纪大道（64米+108米+64米）连续梁、跨塘河（48米+80米+48米）连续梁、二跨G104线（32米+48米+32米）连续梁、跨同三高速匝道（40米+56米+40米）连续梁，最大孔跨130米。梁跨L=32米简支箱梁286片，梁跨L=24米简支箱梁22片，合计308片。工程采用移动模架造桥机现场浇筑，由中铁十八局集团承揽二公司施工。建设、设计、监理等单位密切合作，采用“四新”技术，解决海相沉积地区桥墩防腐、地下涌水、流沙、坍塌等不良地质所造成的困难，战胜台风、雨季、高温酷暑对施工造成的干扰。特别是创造分项工程优良率达98%，这在中国铁路客运专线建设史上尚属首次。鳌江特大桥的贯通，为全线按期开通铺轨奠定坚实基础，也为中国在特殊地质环境下建造高速铁路积累了成功经验。

【鳌江四桥】　连接鳌江疏港大道府前路交叉口和龙港彩虹大道。2014年9月正式开工，预计2017年竣工。鳌江四桥全长1430延米，其中跨江大桥长1064米，横断面按照6车道共33.5米宽布设，总用地57.708公顷。该项目设计道路等级为城市主干道，设计时速50公里。项目总投资约7.3637亿元，其中工程费用约5.3168亿元。采用独塔双索面斜拉设计，塔高88米。为了加快鳌江流域中心城市形成，原鳌江四桥通航标准规划为1000吨级航道，后将通航标准改为通航300吨级海轮。鳌江四桥的建成，使彩虹大道与鳌江火车站大道连接成为鳌江流域的一条主要交通要道，使其南北贯穿于整个鳌江流域城镇之间，与龙金大道、世纪大道、龙港大道和胜利路形成“两纵两横”的路网格局。

【鳌江五桥（龙港时代大桥）】　缙云至苍南公路鳌江跨江大桥，也称鳌江五桥、龙港时代大桥。起点位于平阳县鳌江镇河滨村，在石化码头与鳌江多用途码头之间设时代特大桥，跨越鳌江后至龙港镇新美洲，与世纪大道平面交叉，接时代大道。2013年9月27日，鳌江五桥涉航建筑物通过温州市港航管理局审批。2014年6月13日，省发改委批复同意建设鳌江五桥。项目根据“建设—转让”BT方式进行招商建设。2014年7月1日，鳌江五桥“工可”报告获省发改委批复（浙发改函〔2014〕191号文件）。2015年6月6日，鳌江五桥初步设计获省发改委批复，预计工程建设工期为36个月，工程估算总投资7.26亿元，占用土地557.46公顷。桥梁全长1612延米，横断面按六车道共36米宽布，项目采用六车道一级公路兼顾城市道路部分功能设计，设计时速100公里，路基宽度33.5米，设计荷载为公路-I级。项目建成后，将缓解G104和甬台温高速公路交通压力，完善浙江省国省道干线公路网布局，强化鳌江和龙港两大经济重镇的沟通联系。

【甬台温高速公路复线鳌江特大桥】 即鳌江六桥，起点位于平阳县鳌江镇墨城社区，终点位于苍南县龙港镇新美洲村，属跨鳌江桥梁工程。2011年1月，苍南籍市人大代表曾在温州市人大十一届六次会议期间递交《关于要求沈海高速公路复线鳌江口跨江桥梁调整为跨江隧道的议案》。通过设计单位、专家对桥梁与隧道相关数据的比对，基本确定跨鳌江的建设方案为桥梁方案。2015年2月7日，鳌江特大桥开工仪式在苍南县龙港镇新美洲村隆重举行。鳌江特大桥全长1980延米，分为北引桥、主桥、南引桥三部分。桥梁主桥桥塔采用H型门式桥塔，设计水位3.16米，采用单孔双向布置航孔，主跨全长320米，通航净空274米×23.5米，最高通航水位4.59米，可以满足1000吨级船舶的通行。索塔高为102.4米，相当40层楼高，全桥共有96根斜拉索，是目前平、苍两县境内各类桥梁中跨径最大的一座。工程预计于2019年竣工。

【岱口大桥】 G104线平阳县境内第一大桥，位于G104线萧江镇岱口村，东西横跨鳌江，桥东北首屹立着东江山，海拔154.7米，是浙闽两省交通要道。此地原名道口，曾建有道口渡。民国26年（1937）6月，修建永瑞平公路时，曾建简易木质公路桥，抗战时期被毁。1955年5月，温分公路复建，岱口大桥开始动工，准备改建为5孔6墩140米长的木质（木排架木面）公路桥。由于该河段下流河床弯曲，桥梁位置正处于江的拐弯处，设计与水流方向不协调。涨潮时上游江水流向与潮水相冲击，造成桥梁段的水流回流，形成漩涡，致使交通事故不断。从建桥至1965年的十年间，先后伤亡百余人，船舶毁坏300多艘。1968年，岱口大桥改建。工程由省交通厅工程师吴伯荣主持重新设计，在原桥址下移百米处重新建造。新建桥梁为钢筋混凝土结构，共6孔，最大跨径30米，全长156.8米，桥高13.2米，桥面行车道宽7米，荷载汽-13，挂-60。工程总投资67万元，1970年竣工。1993年，因墩台沉陷及桥面严重破损被列为改建工程项目，上部结构采用后张法预应力T桥，桥面宽12米+2×0.75米人行道，桥头两端接线采用8米钢筋砼过渡，路基宽16.20米，路面宽12.0米，两边均设1.5米沥青表面处沿硬路肩加60厘米挡土墙。主体工程于1994年6月6日进场施工，1996年9月25日竣工。大桥投入资金1118.14万元。经改建，岱口大桥比原路缩短500米。

【小南公路大桥】 位于平阳水头区小南乡清溪村，距河口40公里处横跨鳌江。1970年，平阳县交通局组织桥梁修建指挥部，拨款2.5万元，以“民办公助”和“民工建勤”方式，完成前期测设和水下基础工程。后因资金短缺，工程暂停。直到1980年春，省交通厅拨款7万元（补助金）。工程由鳌江基本建设工程队承建，桥长109米，宽7米，设计荷载汽—10，履带—50。1981年12月，大桥通过竣工验收。

【麻步公路桥】 位于平阳县麻步镇，横跨鳌江中游，原为人行桥，建于1966—1968年之间。当年工程设计为轻轨钢筋混凝土板桥，桥长120米，宽4米，高10米，3孔，最大跨径32米，桥上装有航标灯。1987年2月大桥改建，桥长121米，宽9米，高12.5米，荷载汽—13，拖—60。1988年2月竣工。

（四）清江流域桥梁

清江，位于乐清市中部偏北，发源于乐清与永嘉交界处山区。先向北流至岭底乡（现并入乐清芙蓉镇）水牛岗，后蜿蜒向东南流至芙蓉镇与清江镇交界处的芙蓉池（方江屿），经方江屿大坝阻断后一直向东，经乐清湾注入东海。清江长约50公里，流域面积约200平方公里，是温州地区直接入海的第五大江，是乐清市的第一大河流。清江为乐清中部地区的工农业生产带来了丰沛的水资源，却也给两岸人们造成出行难。直到G104线清江大桥、甬台温高速公路（G15沈海）清江特大桥、甬台温高铁清江特大桥三条跨江大桥建成，才解决了两岸百姓的出行难，结束了清江曾经辉煌的轮渡时代。截至2015年，清江流域建有桥梁3座/4932.372延米。

【G104清江大桥右桥（老桥）】 位于G104线 K1814+600～K1815+494处，南北横跨清江，南岸为乐清县清江镇渡头村，北岸为清北乡清江村。1990年7月，清江大桥被列为省、市重点建设工程。是年12月28日动工建设。1992年8月10日试通车，比原计划提前80天完工。大桥桥长869.702延米，桥面行车道净宽9米，两边人行道各1.5米，桥梁主孔跨径32米共5孔，其余27孔各跨25米，1孔跨13米。桥头两端接线为4.2公里，属二级公路，荷载汽—20、挂—100。总投资2238万元。浙江省交通设计院设计，浙江路桥工程处中标承建。时任浙江省省长葛洪升为大桥题写桥名。清江大桥的开通，标志着温州域内汽车过江依靠轮渡的历史从此结束。

【G104清江大桥左桥（新桥）】 G104线乐清段清江至湖雾段改造工程的一部分。2004年2月26日开工，2007年5月建成通车。大桥全长870.67延米，由165块桥板铺设而成，最大的桥板宽3米，长35米，重达98吨。该桥与老桥分左右线，两桥相距6.8米，右线桥（中心桩号K1815+061）利用原G104老清江大桥。左线桥新建（中心桩号K1815+060）桥孔与右线桥一一对应，其跨径组合为：12×25米预应力混凝土T形梁+5×35米，预应力混凝土T形梁+15×25米，预应力混凝土T形梁+13米，预应力混凝土空心板梁，简支桥面连续结构。下部结构采用柱式墩，钻孔灌注桩基础。桥台采用分离式承台、双排钻孔灌注桩基础。全桥9联，在墩台上设置10条伸缩缝及球冠滑板支座，其余桥墩为桥面连续缝及普通球冠支座。桥面纵坡分别为2.76%和-2.744%。工程投资额2480万元。浙江省交通集团公司负责承建。扩建后的清江大桥由原来的双向双车道变成双向四车道。2007年12月4日，大桥换上新型环保纯风能发电路灯，无风状态蓄电池可供电50小时以上，成本节省一半。

安装风能发电路灯的清江大桥　陈励平摄

建设史话

与潮汐争时间　2005年4月27日上午11时许，G104乐清清江特大桥左桥施工现场，90多名建设者在江面上演着一场与江水搏斗的壮观场面。由于潮水的涨落对大桥下部结构施工影响非常大，何时潮退，工人就何时开工。潮落时，他们浇筑承台和立柱；潮涨时，他们盖梁。其中，浇筑承台受大潮影响特别大，每个月大潮退潮仅有三四天，而这三四天中又只有两三个小时为退潮时段，浇筑承台只能把握此仅有的时间。2004年12月的一天夜里11时许，浇筑大承台正在风雨中进行。雨大，大得睁不开眼，风大，大得雨衣无法穿住。十几名施工人员冒雨抢时间坚持作业，连续奋战三小时。

戴着螺旋桨的路灯　清江大桥的路灯被人称为“戴着螺旋桨的路灯”。这是一种新型环保节能产品，属纯风能发电路灯。安装这种纯风能发电路灯，不仅避免了电缆被盗等麻烦，更主要的是在能源日益紧张的情况下，加强对可再生能源的利用。与太阳能路灯相比，纯风能发电路灯的成本可节约一半以上，且不受阴雨天气的影响，加上沿海地区平均风速达到每秒3米，很适合这种路灯。与普通节能路灯相比，该路灯发出的亮光更具穿透力。不需铺设电缆、增容电力、消耗电能、维护线路等，节约不少成本。清江大桥两侧各安装了30盏此种类型的路灯。这些路灯，灯杆高9米，每杆顶端装有400瓦风力发电机，每盏43瓦LED灯泡，在无风状况下，可保证30个小时的供电照明。

【甬台温铁路清江特大桥】 位于乐清清江镇海湾处（桩号DK262+064.17），是甬台温铁路全线的重点控制工程。2005年8月正式动工，2009年7月通车。大桥全长2012延米，61跨，62座墩台，其中海上墩台38个。钻孔桩570根、水上钻孔桩408根。由于跨海造桥受淤泥层、潮水等影响，施工技术复杂，难度大。在施工中，施工单位中铁四局自主设计并独立制造了移动模架造桥机，完成制梁。

【甬台温高速公路清江特大桥】 位于乐清境内甬台温高速公路（桩号K1693+368），跨清江下游，为甬台温高速公路温州境内第五长公路桥梁。1999年3月正式开工，2003年6月竣工。全长1180米，共36跨，累计投资8839万元。浙江省交通工程建设集团承建。

（五）楠溪江流域桥梁

楠溪江，系国家AAAA级景区，位于永嘉境内，南距温州市区26公里，东与雁荡山毗邻，西接缙云仙都，北与仙人居景区接壤。干流全长145公里，呈典型河谷滩林地貌景观。三百里楠溪江将自然的险、奇、幽、秀融为一体，以水美、岩奇 、瀑多、林秀、村古而闻名遐迩。楠溪江水美、水柔、水清、水精，素有“天下第一水”之称。景区分为大楠溪、石桅岩、大若岩、太平岩、岩坦溪、四海山、源头八大景区，共有800多个景点。楠溪江既给人们带来美的享受，也给人们造成出行的不便。随着旅游业的发展，楠溪江流域的桥梁日趋增加。截至2015年，楠溪江流域建有桥梁24座/13542.58延米。

【塘湾大桥】 温州公路史上第一座真正意义上的跨江公路桥。位于永嘉县坦（下）三（角岩）线的沙头镇，跨越楠溪江，连接坦下村和塘湾村。1977年11月开工，1979年6月9日通车。1977年5月，仙清线工程沙头至岩头路段由稠树改道经福利、塘湾至坦下，同时撤销九丈、三角岩两处汽车渡口轮渡。永嘉县提出“公办民助”的思路，举全县之力筹建塘湾大桥。桥梁中心桩号为坦三线K0+470.65，桥梁全长274.5米，桥跨组合采用5×46米的无铰双曲拱，拱轴线为悬链线，拱轴系数=2.814，采用5肋4波，肋距1.93米。主拱圈全宽8米，拱肋底宽28厘米，拱肋高45厘米。主拱圈净跨46米，设计跨径46.875米。桥梁下部结构为重力式桥墩。总预算约100万元，实际造价54万元。20世纪80年代，塘湾大桥迎来最繁华的时代。90年代末，九丈大桥、三角岩大桥相继竣工，仙清线改线过九丈大桥，塘湾大桥逐渐淡出。2011年4月在原址拆建，2013年1月建成通车，长度不变，宽度从原8.5米拓至12米。

【楠溪江大桥】 桥梁中心桩号位于三塘线K2+599处。1984年7月1日，楠溪江大桥主体工程动工。1986年3月15日，大桥建成通车。大桥全长497米，桥面行车道宽9米，两侧人行道各1.5米，接线公路4.5公里，简支箱形梁，排架墩，荷载汽—20，挂—100。桥墩采用40×40钢筋混凝土桩为基础，两岸桥台和两个立交桥台为混凝土

楠溪江大桥 朱劲松摄

浇灌基础。十五号桥墩正处在主航道中，基础覆盖层少，岩石纵坡较大，故采用“钢管桩嵌岩”工艺，嵌岩深度2.5米。大桥下部结构均为高桩承台双柱式桥墩，全桥16孔，主航道2孔，跨径51米，其余13孔跨径25米，1孔跨径15米。大桥最高潮位净高10米，可供500吨级船舶通过。桥西端与G104线清水埠段新建公路相接，东端接线公路长600米，接线公路上有公路桥2座，跨径各为16米。计划投资750万元，实际耗资731万元。由浙江省交通设计院设计，浙江省第二公路工程队和永嘉交通工程公司施工。大桥西端桥头屹立着一尊南朝·宋永嘉太守谢灵运大型塑像。塑像两侧嵌有楠溪江风景浮雕。原浙江省省长薛驹的“楠溪江大桥”题字，装嵌在立交桥栏杆两侧青石上。

建设史话

建桥传说　1984年，温州市决定兴建楠溪江大桥。1985年，当工程进入架设大桥主梁阶段，施工人员在操作过程中突然发现主梁短了：与跨径的距离有误差，无法架设。于是，将主梁重新吊卸下来。可经总工程师反复测量和换算，大梁和跨径的数据均没有出现差错。再次把主梁吊上去，却仍是无法架设，工程只好暂停。此事传开后，人们纷纷议论。有人说，楠溪江本是一条被玉帝贬落人间的天龙，而此三江口正是龙头之所地，欲把大桥的桥墩立在龙头上，龙当然不愿意。也有人说，当年谢公在此七次造桥失败，现欲造桥也不通知谢公，这不是给谢公难堪吗？找当地人打听缘由，也说不出个子丑寅卯。后有人在永嘉县志找到如此记载，南朝宋永嘉太守谢灵运曾在此七次造桥，均被潮水冲掉，便仰天长叹：造不成此桥死不瞑目。后因被同僚嫉妒被告黑状，谢灵运被免官职，无奈带着遗憾回到老家诸暨。从此，再无人提楠溪江造桥之事。据此记载，有人向工程部建议，在大桥北岸雕塑一尊谢公像，说不定可以驱邪。工程部认为，从美学角度讲，该建议不错。随后找来谢公的真容，在北桥头增设了一座谢公塑像。说也奇怪，当谢公塑像落座之后，大梁便严严实实地架上去了。1986年3月15日，大桥建成通车。时间过去久远，当时建设者架设大桥主梁的详情已难以考证。修编本志时，姑且把这个故事作为一个传说留给后人，故记之。

【新G104楠溪江大桥】　2006年4月11日，瓯北至乌牛路段新G104楠溪江大桥开始建设，2008年12月31日建成通车。桥梁中心桩号为K1873+874)，总投资约2.4亿元。大桥桥长1123米，江面跨度500米，跨径1109米，单孔主跨80米；桥梁宽为24.5米，桥面净宽22.5米，为六车道，简支箱形梁，多柱墩，公路—I级。

【甬台温铁路楠溪江特大桥】　2008年11月16日，甬台温铁路楠溪江特大桥顺利合龙。大桥全长844.92延米，共有211根钻孔桩，23个墩台。桥梁跨越瓯江下游最大支流楠溪江主河道。

【温州绕城北线楠溪江特大桥】　2005年6月动工，2009年12月30日建成，2010年2月验收通车。桥梁中心桩号为温州绕城高速北线K10+988.04（左）与 K13+632.96（右）处（永嘉瓯北外窑村至罗溪村）。工程属跨江大桥，江面宽500米，大桥长1067.46延米（左）+1077延米（右），桥面宽（16.3+16.3）米。整体式特大桥，总共88孔，桥身主体为2个75米，一个125米跨弧，设计荷载公路-I级。连续箱式形梁，双柱式墩，通航为内河六级。总投资2.4亿元。

【诸永高速大楠溪江大桥】　桥梁中心桩号诸永高速K189+087（左）+ K189+088（右），2009年9月30日贯通，2010年7月验收通车。全长1348延米(左)+1348延米(右)，宽(12+12)米。设计荷载汽车-超20级。简支箱形梁，双柱式墩。

【诸永高速楠溪江特大桥】　诸永高速公路温州段跨楠溪江第一长大桥，桥梁中心桩号诸永高速公路K218+705（左）+ K218+706（右）。2009年9月30日建成，2010年7月验收通车。

全长2582米（左）+2582米（右），宽（12+12）米。设计荷载汽—超20级。简支箱形梁，双柱式墩。

【越江大桥】 中心桩号位于浦下线的李浦K0+472，由西越仙清线（望江路）向东跨过楠溪江经浦下线接虹三线。2002年5月16日建成通车。全长557.7米，孔径组合主跨为60米＋80.2米＋60米三孔下承式预应力砼系杆拱，配跨由20孔（7×16米+2×25米+1×25米+9×16米）的简支空心梁板组成，双柱式墩，横向总宽15.8米，设计荷载汽车—20级。

【楠溪江三桥】 位于永嘉县埭岭线至芦田线（桩号K0+175），2000年初动工，2001年1月31日竣工。桥梁全长270.3米，其中主跨105米，宽14.4米。跨径设置为1×105米+6×25米。主桥上部结构为跨径105米的下承式钢管混凝土系杆拱桥，吊杆间距5米，引桥为跨径25米，预应力混凝土简支T梁；下部结构主桥为桩基承台基础，薄壁箱形墩身，引桥为桩柱式桥墩。主桥桥面全宽14.4米，引桥桥面全宽10.5米。设计荷载汽车—20级。2013年3月15日，楠溪江三桥实施加固维修工程，更换全桥吊杆，加固主跨横梁牛腿，桥面重新铺装，总投资400万元。2013年9月30日竣工。

【楠溪江五桥】 位于上塘殿，接S223线K112＋400通渭石，东西横跨楠溪江。1998年11月动工建设，1999年9月20日建成通车。全长440多米，全桥16孔，主航道2孔，跨径各51米，其余13孔跨径各25米，1孔跨径15米，简支箱形梁，双柱式墩，荷载汽—20级。

【峙口大桥】 位于永嘉县仙清线（虹三线），山仓段（桩号K0+261）。1995年开始建设，2002年1月10日建成通车。全长430.4米，宽9.5米。桥梁上部结构采用17×25米预应力混凝土T梁，简支空心板梁结构；下部结构采用重力式桥台，双柱式桥墩，基础为钻孔灌注桩基础。大桥建成后，因当初设计承重只有15吨，加之年久失修以及超载货车的碾压，桥梁损坏严重。2010年，大桥实施改建。新建桥梁上部结构采用3×30米预应力混凝土T梁，先简支后连续结构，下部结构采用重力式桥台，柱式桥墩，基础为钻孔灌注桩基础。技术标准为公路—Ⅰ级。投资约740万元。

【响山大桥】 位于永嘉县仙清线至响山段，桥梁中心桩号K0+104。1998年4月27日，建成通车。桥长220米，宽8米。桥梁跨径6×35米简支空心板梁结构，双柱式桥墩，设计荷载汽车—20级。

【三角岩大桥】 S223线改道重建工程之一，属“四自”工程，桥梁中心桩号在S223线K101+501段。1995年5月8日建成通车。工程测绘期间，因大桥落址问题曾发生“古庙事件”，工程被拖延近三年。三角岩大桥全长374.5米，宽11.4米，3×50米+3×60米钢架拱结构，重力式墩。设计荷载汽车—20级，限载30吨。经省政府批准，在桥头设置收费站，收费期限至2010年10月31日止。2010年8月17日起停止收费。2009年11月20日，三角岩大桥桥面出现沉陷、开裂的危情，永嘉县政府和交通公路部门立即实行紧急交通管制。经省、市专家检测，大桥被确定为四类危桥。交通公路部门立即组织封道抢修，克服强冷空气、降雨、霜冻等恶劣天气，赶在2010年春节前竣工通车。

【九丈大桥】 S223仙清线改道重建工程项目之一，桥梁中心桩号K98+426处。1995年5月9日建成通车。桥梁长234.5米，宽11.4米，4×50米钢架拱结构，重力式墩，设计荷载汽车—20级。

维修加固中的九丈大桥（2010年） 刘晓华摄

【珍溪口大桥】 位于永嘉县渠口乡珍溪口

村，桥梁中心桩号位于珍上线K0+109。1988年3月15日开工，1989年4月25日建成通车。桥身全长220米，宽9.5米，1×10.8米+4×45.6米钢架拱结构，双柱式墩。设计荷载汽车-20级。工程总投资181万元，其中省扶贫项目以工代赈经费90万元，地方集资22万元，其余由永嘉县财政支出。

【岩枫大桥】 也称楠溪江二桥，桥梁中心桩号位于枫岩线K0+746处，即珍下线由西向东横跨楠溪江。1994年动工兴建，1995年12月9日建成通车。桥长658.5米，宽12米，桥高11.5米，桥下净空5.9米，上部结构为钢筋混凝土、上承、无铰、刚架拱桥，重力式墩，最大跨径55.8米，设计荷载汽车—20级。同时建成的有楠溪江二桥引桥，引桥中心桩号位于枫岩线K1+039，全长154米，宽12米，上部结构为刚架拱桥，重力式墩，设计荷载汽车—20级，诸永高速公路开通后，楠溪江二桥车流量大幅增加，处于超负荷运行状态。2010年10月实施维修加固。

【白泉大桥】 桥梁中心桩号在白桥线K0+262处。1986年12月动工建设，1987年6月20日建成通车。大桥全长132米，宽7米，2×42+1×37米桁架拱结构，重力式墩，设计荷载汽车-10级。

【东皋大桥】 中心桩号位于东蓬线K0+069。1997年12月开工，1998年10月1日建成通车。全长124.5米，宽5米，12.5米+12.8米+21.7米+41米+21.9米钢架拱结构，重力式墩。设计荷载汽车—20级。2004年经查为危桥，重建。

【鹤盛大桥】 桥梁中心桩号在鹤东线K0+201处。1989年6月正式开工，1990年2月1日建成通车。全长119.8米，宽7.5米，3×8.6米简支板梁结构，重力式墩。设计荷载汽车—20级。

【新黄南口大桥】 位于永嘉黄南乡，桥梁中心桩号为仙清线K50+742。2003年开工，翌年12月建成通车。全长116.7米，宽11米，2×50米钢架拱结构，重力式墩，设计荷载汽车—20级。

【渡头大桥】 位于永嘉县港头乡渡头村，桥梁中心桩号为仙清线K79+486。1979年11月开工建设，1982年9月15日建成通车。全长237.8米，宽8.7米，4×46米双曲拱结构，重力式墩，设计荷载汽车—15级。省交通厅拨款建造。

【瓯北大桥】 省重点工程，永嘉三江片开发建设的控制性工程。从永嘉县三江街道江头村至江北街道罗浮村尾岩头，跨越楠溪江与瓯江的交汇处，有“楠溪江第一桥”之称。2015年9月20日上午8点30分正式通车。设计桥梁长1075延米，主跨275米，宽35米，双向6车道，两侧设计人行道，桥型为独塔双索面斜拉桥，塔身总高102米，系目前温州地区最高的主塔。总投资5.4亿元，桥型设计与龟、蛇两山相辉映。2011年10月，该工程完成所有审批手续。2012年4月20，永嘉县与中交第一公路工程局有限公司签署瓯北大桥工程BT模式合作框架协议。[BT，即英文Build（建设）和Transfer（移交）缩写形式。BT模式是政府利用非政府资金来进行基础非经营性设施建设项目的一种融资模式。意指一个项目的运作通过项目公司总承包，融资、建设验收合格后移交给业主，业主向投资方支付项目总投资加上合理回报的过程。］瓯北大桥建成后，温州市区、三江片和瓯北片形成一个交通快捷的“黄金三角洲”，大大减轻G104线的交通压力。

瓯北大桥　余日迁摄

四、跨海大桥

跨海大桥，即横跨海峡、海湾等的海上桥梁。

该类桥梁的跨度一般较长。短则几千米，长则数十千米，技术要求高，是顶尖桥梁技术的体现。温州跨海大桥主要集中在洞头、乐清。1996年12月动工兴建洞头五岛相连工程，用七座跨海桥梁连接洞头五大岛和三个小岛，总投资2.43亿元，2002年5月全线建成通车，实现了洞头岛陆相连、温州从滨海城市走向东海城市。据统计，洞头共有跨海特大桥、大桥12座/11273.9米；乐清有特大桥1座/6158延米。

【大门大桥】 浙江省“十一五”规划重点工程项目，温州市首座特大型跨海大桥。起点位于乐清市翁垟镇，接翁垟地方公路，路线向东跨越沙头水道，终点为洞头县小门岛最西南端。同步建设小门岛接线，与小门大桥相接。2010年2月，工程一期工程正式开工。2015年1月25日，一期工程主跨合龙，全桥顺利贯通。2016年1月21日至2月27日，大门大桥开始试通车。

工程线路全长约10.37公里，其中大门大桥长约6158延米，连接线长约1.83公里。主桥采用(135+316+135)米双塔双索面梁斜拉桥，大桥主通航孔按3000吨级通航标准设置；引桥主桥采用50米跨箱梁。下部基础采用承台群桩（钻孔灌注桩）形式。引桥上部结构采用预应力砼连续跨箱梁，下部结构采用Y形桥墩，基础水上区采用方形承台，四根⊄1.8米钻孔灌注桩。主线按一级公路技术标准双向四车道建设，设计行车时速80公里，路基宽24.5米，大桥桥宽32.5米（含两侧2×3.15米管线区）。设计时，同步综合考虑将高压输电线路、大直径输水管线共同过桥的方案。过桥管线设计采用桥面两侧“管线专用区域”的布置方案，属国内首创。管线过桥设计方案可敷设2×DN1000的输水管道和4回路220千伏电缆的过桥管线，其规模在国内尚属第一，成为国内首座大口径水管和220千伏高压线同步过桥的综合性特大桥。大门大桥具备通路、通水、通电三大功能。

大门大桥　叶凌志摄

2008年7月22日，省发改委批复温州市大门大桥一期工程初步设计，概算总投资约20.35亿元，工程技术按照一级公路标准建设。一期工程为乐清翁垟至洞头大门段，同时接线到小门岛，全线共划分4个施工标段。2013年4月24日，大门大桥一期工程中的小门岛连接线公路工程开工建设。2011年7月29日，二期工程开工。大门大桥乐清侧的接线工程，连接甬台温高速公路万岙互通。同步建设小门岛接线，与小门大桥相接，工程由温州大小门岛投资开发有限公司（温州港集团与洞头县政府共同组建，注册资金13亿元）负责建设。2012年1月1日，大门大桥正式移交温州大小门岛投资开发有限公司实施。

2013年1月10日，大桥主塔开工。建设过程中，克服了超长水下钻孔灌注桩基、主墩防撞钢套箱整体下放、大体积承台混凝土温控、高空作业、高空泵送混凝土、潮汐和台风等重重困难，保证了主墩桩基、承台、塔柱、横梁等各项施工有序推进，质量安全平稳可控。2013年12月21日，大门大桥134米高主塔顺利封顶。主塔为钢筋混凝土结构，采用花瓶型结构，设有上、中、下三道横梁，承台面以上塔高134米，混凝土总方量约7401立方米。大门岛原是洞头区面积最大的一座孤岛，大门镇户籍人口约2.7万人。通车后，结束了大门岛与陆地隔海相望的千年历史。据交通部门统计，大门大桥试通车当天，经大门大桥进出大小门岛的车辆共有2980车次。

建设史话

港口集疏运通道　大门大桥是服务两岸百姓生活的民生大桥，也是大小门岛港区集疏运的重要通道。大小门岛港区是温州港三大核心港区之一。大门岛的定位是临港工业岛，小门岛的定位是发展港口物流岛。在洞头撤县设区的历史机遇下，大门大桥的通车，对当地发展石化产业、港口物流业、现代服务业以及其他配套产业等临港产业，起到重要的支撑及推动作用。

全国首座“三通”跨海大桥　除了基本的交通功能，大门大桥还成为岛上近三万居民以及未来产业发展所需的水电供应大动脉。大桥的两侧预留了直径1米的输水管道，以及220千伏高压线路的过桥线位，是全国首座同时通车、通水、通电的“三通”跨海大桥。大桥通车后水电工程将相继进场，来自乐清的自来水最快有望于2016年上岛。

温州最高桥梁主塔　大门大桥主塔为双塔双索面PC梁斜拉桥。大桥最为复杂的施工主要集中在包括主塔、主墩以及主梁在内的主桥部分。大桥主塔高136米（含塔尖），相当于42层楼高，是温州现今最高的桥梁主塔。两主塔各由一个主墩支撑。主墩桩基采用直径2.5米钻孔灌注桩，每个主墩需要打下44根桩基。桩基进入海床平均深度约115米，相当于35层楼的高度。44根桩基之上是一个六边形承台，将44根桩基箍住。建设一个承台需浇注10000立方米的混凝土。

大桥主跨创温州纪录　大门大桥主跨316米，创温州现有桥梁的纪录。大桥的海上部分长约6146米，桥面宽32.2米。万吨级轮船在空船、涨潮的情况下可顺利通过大桥。而如此之长的大桥桥梁，则由一段段6.6米长的组件逐一拼接而成。

【三盘大桥】　五岛相连工程第一座大桥，由洞头本岛连接三盘岛。1997年12月29日，大桥动工兴建，历时三年，2000年12月31日竣工。桥长763延米，宽9.5米，桥面净宽8.5米。工程总投资4500万元。主桥为55米＋90米＋55米预应力砼连续桥梁，引桥为40米“T”梁和20米空心板梁。大桥桥墩钻孔深87米，深灌注桩采用冲击成孔，时位全国首例。通航标准为500吨级船舶。浙江省交通设计院设计，四川省路桥建设集团公司负责施工。

【洞头大桥】　五岛相连工程的控制性工程，五岛相连工程中最长大桥，从三盘岛连接花岗岛。1998年10月6日动工兴建，历时三年两个月，2001年12月22日架通。工程总投资1.15亿元。桥梁全长1500延米，净宽8.5米，其中配跨为11×50米T梁（三盘侧引桥）＋72米＋128米＋72米（连续刚构）＋13×50米T梁＋1×20米空心板（花岗侧引桥）。主桥上部采用预应力砼连续刚构，下部采用直径为2.0米的钻孔灌注桩，引桥下部采用预应力砼大管桩。主墩桩基深超100米，时为国内跨海大桥之最，主跨连续钢构跨径居浙江第二。浙江省交通规划设计院设计，中港第二航务工程局第二工程公司负责施工。

洞头大桥　郑良菊摄

【状元大桥】　五岛相连工程之一，状元岙岛连接中屿岛（无人居住岛）。1998年6月29日动工兴建，2000年12月20日竣工。桥梁总长160.8米，净宽8.5～9.5米，工程总投资350万元。工程采用现浇连续梁桥结构型，为8×20米现浇连续空心板桥。交通部第一公路勘察设计院设计，浙江省上虞交通工程实业总公司负责施工。

【花岗大桥】　五岛相连工程之一，中屿岛连接花岗岛。1998年6月29日动工兴建，2000年12月20日竣工。桥梁总长149米，净宽8.5米。总投资800万元。大桥为悬链线单跨中承式钢管砼拱桥，钢管拱形似彩虹，主跨141米，时为浙江省同类型跨海桥梁中跨径最大。交通部第一公路勘察设计院设计，四川攀枝花公路桥梁工程总公司负责施工。

【深门大桥】 五岛相连工程之一，连接状元岛和深门山岛。1996 年 12 月 29 日动工建设（五岛相连工程最早开工），1998 年 10 月 4 日竣工。桥长 213 米，属钢筋混凝土箱型拱桥，桥主跨 160 米，桥面全宽 9.5 米，净宽 8.7 米，通航进孔宽 70 米，高 17 米，时为国内同类桥梁中跨径最大的海上大桥，七节段悬索安装单榀重量为全国第一。按山岭重丘二级公路标准，荷载汽—20、挂—100。工程总投资 840 万元。交通部第一公路勘察设计院设计，四川省公路桥梁工程总公司承建。

【浅门大桥】 五岛相连工程之一，建于浅门山岛和霓屿岛之间。1998 年 5 月 21 日动工兴建，1999 年 12 月 29 日通过验收。桥梁总长 130 米，桥面净宽 8.5 米。采用简支梁桥结构型。工程总投资 220 万元。温州市交通工程设计院设计，上虞市交通实业有限公司负责施工。

【窄门大桥】 五岛相连工程之一，建于深门山岛（无人居住岛）和浅门山岛之间（无人居住岛）。1998 年 3 月 18 日动工兴建，1999 年 12 月 29 日通过竣工验收。桥梁总长 126 米，桥面净宽 8.5 米。采用简支梁桥结构型。工程总投资 260 万元。温州市交通工程设计院设计，上虞市交通实业有限公司负责施工。

【半屏大桥】 连接半屏岛和洞头本岛，是洞头南半岛规划中的最后一座大桥。2003 年 8 月 8 日动工兴建，2006 年 7 月 25 日顺利合龙，10 月底竣工通车。大桥全长 955 米，其中桥梁长 389 米，宽 12 米，双向双车道，总投资 3695.32 万元。它的建成，实现洞头南半岛“八桥连九岛”，将极大推动半屏岛旅游资源的开发。

【小门大桥】 连接小门岛和大门岛。2007 年 12 月建成，全长 848 米，宽 12 米。浙江省交通规划设计研究院设计，四川路桥建设股份有限公司负责施工。

花岗大桥 资料图片

深门大桥 刘晓华摄

浅门大桥 资料图片

建设中的半屏大桥（2006 年） 刘晓华摄

【洞头峡跨海特大桥】 位于S332延伸线龙湾至洞头疏港公路工程终点路段，连接洞头新城二期、状元南片、环岛西片。2012年5月31日举行开工仪式。2014年7月30日，大桥主桥顺利合龙，2016年2月2日正式宣布通车。大桥全长2638.5延米，其中主桥长390米，桥跨布置为70米+2×125米+70米连续钢构桥，主墩分别为30、31、32号墩。全桥共设桩基304根，其中水中桩基276根、陆地桩基28根，最长桩基达114.7米。按2车道二级公路标准建设，设计行车时速80公里。总投资4.6亿元。洞头峡跨海特大桥的建成，洞头城区告别进出“仅此一路”的历史，互联互通、内畅外快的海岛交通网逐渐形成。

洞头峡跨海特大桥 余日迁摄

【乐清湾大桥（在建）】 乐清湾大桥及接线工程，起点接台州湾大桥及接线工程，经台州玉环县芦浦分水山，通过茅埏岛跨越乐清湾，止于乐清市清江镇南塘，与甬台温高速公路相接。按照浙江省政府计划，2014年下半年开工建设，预计2018年春节前建成通车。乐清湾大桥及接线工程路线全长38.168公里，其中乐清段长4.2公里，包括乐清湾2号特大桥乐清段（含引桥工程）和接线工程（含南塘枢纽）。设有特大桥、大桥、中桥47座，隧道3座，互通4处，停车区1处，总投资约103.87亿元。跨海湾桥梁长约11.37公里，其中乐清湾1号特大桥长约4793延米，乐清湾2号特大桥长约3608延米（主跨388米）。乐清湾2号特大桥乐清段及接线工程，长约4.2公里（陆上约2.5公里），路基宽度为33.5米，主线按双向六车道高速公路技术标准设计，设计行车时速100公里，工程投资约26.26亿元。其中，乐清湾2号特大桥（茅埏岛—东山埠）全长3.61公里。主桥采用双塔双索面钢箱梁斜拉桥形式，单孔双向通航，通航标准拟定为5000吨级，净高35.5米。项目总用地约53.27公顷，工期4年。

乐清湾大桥及接线工程通车后，不仅将有助于缓解甬台温高速公路交通压力，而且将实现宁波—舟山港、台州港、温州港三大港口与国家高速网的无缝连接，为构筑甬台温都市圈、融入长三角提供快速通道。同时，乐清至台州玉环只需25分钟，从乐清清江到台州玉环只需七八分钟，到温州机场只需20多分钟，大大缩短了乐清到温州市区的通行路程和时间。

五、公路陆地桥

公路陆地桥又称立交桥，全称“立体交叉桥”，辞海释义：在城市重要交通交汇点建立的上下分层、多方向行驶、互不相扰的现代化陆地桥。

【潮埠大桥】 位于G330温寿线鹿城段，桥梁中心桩号K30+700。总长192.7米，桥面净宽12米，钢筋混凝土空心板梁结构。2014年，实施维修加固。

【藤桥江大桥】 位于G330温寿线鹿城段，桥梁中心桩号K16+400。桥梁总长245米，桥面净宽12米，钢筋混凝土T形梁结构。2012年，实施维修加固。

【大楠溪沿江3号桥】 位于诸永高速公路永嘉段（桩号K170+697），为诸永温州段第五长大桥。全长1263.46延米。浙江省宏途交通建设集团有限公司承建。2010年7月建成通车。

【双合岩2号桥】 位于诸永高速公路永嘉段（桩号K169+116），为诸永温州段第六长大桥。全长1223.96延米。浙江省宏途交通建设集团有限公司承建。2010年7月建成通车。

【张家坦大桥】 位于诸永高速公路永嘉段（桩号 K165+226），为诸永温州段第七长大桥。全长 1000 延米。张家坦桥墩是当时浙江省最高桥墩，达 72 米。江西省公路桥梁工程有限公司承建。2010 年 7 月建成通车。

【下白岩桥】 位于温州绕城高速公路永嘉段（桩号 K7+965）。全长 217.42 米，宽 16.25 米，2005 年 6 月开建。中天路桥有限公司承建。2010 年 2 月竣工。

【下安桥】 位于温州绕城高速公路乐清市段（桩号 K24+306）。全长 246.54 米，宽 33 米，2005 年 6 月动工。贵州桥梁工程总公司承建。2010 年 2 月竣工。

六、普通支线中小桥

根据《公路工程技术标准》（JTG B01-2003），中桥指多孔跨径总长在 30 ～ 100 米之间，或单孔跨径在 20 ～ 40 米之间的桥梁；小桥指多孔跨径总长在 8 ～ 30 米之间，或单孔跨径在 5 ～ 20 米之间的桥梁。

【上埠陡门桥】 位于瑞安 X306 线（桩号 K0+689），建于 1994 年 4 月 30 日，属永久性桥梁，荷载公路 II 级，桥梁总长 25 米，桥宽组合 2-5.0+1-22.2，桥面净宽 22.2 米，桥头路宽 27.2 米，桥高 7 米，桥下净空 5.5 米，最大跨径 7.68 米。主桥上部结构钢筋混凝土，上承，简支，空心板梁，桥墩类型钢筋混凝土，实心多柱墩。桥台类型浆砌块石，组合式桥台。

【里学桥】 位于瑞安 X307 线（桩号 K7+316），建于 2006 年 4 月 30 日，属永久性公路小桥。设计荷载公路 I 级，桥梁总长 26.6 米，桥梁宽组合 1-0.25+1-14.5+1-0.5，桥面净宽 14.5 米，桥头路宽 13 米，桥高 3.88 米，桥下净空 3.2 米，最大跨径 12 米。主桥上部结构钢筋混凝土，上承，简支，实心板梁，桥墩类型钢筋混凝土，实心多柱墩。桥台类型钢混凝土，多柱框架式桥台。

【西河桥】 位于瑞安 X305 线（桩号 K2+895），建于 1988 年 5 月 30 日，属永久性中桥。设计荷载公路 II 级，总长 64.5 米，桥面宽组合 2-0.25+2+5.0+1-23.0，桥面净宽 23 米，桥头路宽 33 米，桥高 4.9 米，桥下净空 2.9 米，最大跨径 11.6 米。主桥上部结构钢筋混凝土，上承，简支，空心板梁，桥墩类型钢筋混凝土，实心多柱墩。桥台类型浆砌块石，组合式桥台，桥台基础类型混凝土，明挖，扩大基础。桥墩基础类型，钢筋混凝土钻孔灌注，柱桩（沉入桩基础）。

【上岸小桥】 位于瑞安 X303 线（桩号 K0+563），建于 2000 年 12 月 30 日，属永久性小桥。桥梁总长 19.9 米，桥面宽组合 2-0.2+2-3.0+2-4.0，桥面净宽 15 米，桥头路宽 16 米，桥高 6 米，桥下净空 4 米，最大跨径 15.3 米。主桥上部结构钢筋混凝土，上承，简支，空心板梁，桥台类型钢筋混凝土墙式桥台，桥台基础类型混凝土，明挖，扩大基础。设计荷载公路 II 级。

【石牌桥】 位于瑞安 X309 线（桩号 K0+452），建于 1987 年 3 月 30 日，属永久性中桥。桥梁总长 48.3 米，桥宽组合 2-0.25+1-8.8，桥面净宽 8.8 米，桥头路宽 10 米，桥高 3.52 米，桥下净空 2.6 米，最大跨径 13 米。主桥上部结构预应力钢筋砼，上承，简支，空心板梁，桥墩类型钢筋混凝土，实心多柱墩。桥台类型浆砌块石，组合式桥台，桥台基础类型浆砌块石，砌筑，扩大基础。桥墩基础类型，钢筋混凝土钻孔灌注，钻孔灌注桩。设计荷载公路 II 级。

【五间桥】 位于瑞安 X312 线（桩号 K17+522），建于 1995 年 6 月 30 日，属永久性小桥。桥梁总长 36.4 米，桥宽组合 2-0.25+1-4.5，桥面净宽 7 米，桥头路宽 6 米，桥高 5 米，桥下净空 4.3 米，最大跨径 10 米。主桥上部结构钢筋混凝土，上承，简支，空心板梁，桥墩类型双柱式墩，实心重力式墩。桥台类型浆砌块石，U 形桥台，桥台基础类型混凝土，明挖扩大基础。桥墩基础类型双柱式墩，明挖扩大基础。设计荷载公路 II 级。

【许岙二桥】 位于瑞安X407线（桩号K24+763），建于1990年12月18日，属永久性小桥。桥梁总长10.34米，桥宽组合2-0.25+1-7，桥面净宽7米，桥头路宽7米，桥高2.7米，桥下净空1.98米，最大跨径9.5米。主桥上部结构钢筋混凝土，上承，简支，空心板梁，桥墩类型钢筋混凝土。桥台类型浆片块石U形桥台，桥台基础类型明挖扩大基础。设计荷载公路II级。

【新府桥】 位于文成X616线（桩号K14+473），建于1980年12月5日，属永久性小桥。桥梁总长10米，桥宽组合2-0.3+1-9.8，桥面净宽9.8米，桥头路宽10米，桥高8.5米，桥下净空7.5米，最大跨径15.3米。设计荷载公路II级。

【李井桥】 位于文成X601线（桩号K13+292），建于2002年5月13日，属永久性中桥。桥梁总长47米，桥宽组合1-0.2+1-4.9+1-0.2，桥面净宽4.9米，桥高4.9米，桥下净空4.1米，最大跨径8米。设计荷载公路II级。

【岙底桥】 位于文成X507线（桩号K40+637），建于1997年12月7日，属永久性小桥。桥梁总长7.5米，桥宽组合2-0.4+1-9，桥面净宽9米，桥高3米，桥下净空2.5米，最大跨径6米。设计荷载公路I级。

【南坑桥】 位于文成X602线（桩号K9+523），建于1998年5月18日，属永久性小桥。桥梁总长11.1米，桥宽组合2-1.7+1-8.3，桥面净宽8.3米，桥高5.5米，桥下净空4米，最大跨径6.1米。设计荷载公路II级。

【孟坑桥】 位于文成X603线（桩号K25+520），建于1984年12月24日，属永久性小桥。桥梁总长11.5米，桥宽组合2-0.25+1-7，桥面净宽7米，桥高4.9米，桥下净空4.6米，最大跨径8.9米。设计荷载公路II级。

【凤栖桥】 位于文成X317线（桩号K41+489），建于1994年3月11日，属永久性中桥。桥梁总长38.8米，桥宽组合2-3.2+1-13，桥面净宽13米，桥高7米，桥下净空5米，最大跨径18.4米。设计荷载公路II级。

【花园桥】 位于文成一花线花园村。该处曾于1958年建有公路漫水小桥，每逢山洪暴发，最高水位超过路面2米，发生过多起死人事故。1962年、1985年先后两次改建为钢筋混凝土梁板桥面。1985年5月，投资20.5万元实施改建工程。1986年8月20日竣工验收，9月底通车。新建桥梁全长47.60米，宽9米，高4.70米，桥面用水泥浆砌块，设计标准为70年最高洪水位。桥梁为3孔石台钢筋混凝土梁空心板桥，跨径13米，共3孔。东桥头引桥60米，西桥头引桥150米，荷载汽—20，挂—100。温州公路总段设计，文成县公路段施工，瑞安县鲍田工程队承建。

【九溪桥】 位于文成峃口乡九山村九溪口，为永久性两孔石台双曲石拱桥。该处曾于1956年建有临时公路木桥。1963年，由温州养护总段文成工区工程队实施改建。改建后的桥梁长38.6米，宽7米，高9米，荷载汽—13，挂—60。

【文成桥】 位于文成县大峃镇林店尾，原为单孔临时公路木桥。1963年由温州养护总段文成工区工程队实施改建，3孔，跨径8.7米，石台钢筋混凝土T形。全长34.45米，宽4.6米，高4.2米，荷载汽—13，挂—60。

【叶岸桥】 位于瑞东线文成县西坑乡叶岸村，中华人民共和国成立前系118齿碇步桥。洪水期间，水位暴涨，无法通行。1963年，温州养护总段文成工区对该桥实施改建。改建后的桥长50.60米，宽6米，高6.7米，为3孔、跨径各15.7米，桥型为石墩台钢筋混凝土T形梁。荷载汽—13，挂—60。

【十二盘桥】 位于永嘉X118线（桩号K5+937），建于2005年12月7日。桥梁总长13米，桥面净宽5.6米，桥高2米，最大跨径5米。主桥上部结构钢筋混凝土，上承，无铰，T形梁。属永久性小桥，设计荷载公路I级。

【桥下三桥】 位于永嘉X117线（桩号K16+946），建于2003年11月7日，属永久性小桥。

桥梁总长75.5米，桥面净宽12米，桥高1.2米，最大跨径14.8米。主桥上部结构钢筋混凝土，上承，简支，板梁（实心）。设计荷载公路Ⅰ级。

【方岙一桥】 位于永嘉X117线（桩号K14+363），建于2004年9月19日，属永久性小桥。桥梁总长18米，桥面净宽8米，桥高0.3米，最大跨径13米。主桥上部结构钢筋混凝土，上承，简支，板梁（实心）。设计荷载公路Ⅰ级。

【小京垟桥】 位于永嘉X117线（桩号K13+378），建于2004年10月3日，属永久性小桥。桥梁总长44米，桥面净宽8米，桥高1米，最大跨径13米。主桥上部结构钢筋混凝土，上承，简支，板梁（实心）。设计荷载公路Ⅰ级。

【坑庵桥】 位于永嘉X109线（桩号K0+394），建于1978年12月9日，属永久性小桥。桥梁总长112米，桥面净宽4.7米，最大跨径18米。主桥上部结构钢筋混凝土，上承，无铰，板拱。设计荷载公路Ⅰ级。

【永福桥】 位于永嘉县白云乡梨村。民国28年（1939）建有71米长的石板桥，分21节，每节由5快石板拼成，宽3.5米。1983年梨村集资重建，1984年1月20日动工。改建后的桥梁长71米，3孔，每孔跨径20米，桥面宽6米，高4.8米，荷载汽-10，总投资14万元。其中区、乡捐资4.5万元，梨村集体资助3.3万元，余款由附近村和村民集资。1985年6月28日竣工。

【乌牛桥】 G104线永嘉段主要桥梁，位于永嘉县乌牛乡乌牛码道东北（杭温线桩号K446+569）。该桥原是1950年政府投资修筑水利工程公路合用的陡门桥，历经三十多年，因坝桥渗水、震动成为危桥。1984年12月27日，经省公路局同意，另选桥址，由温州公路总段承建，1985年10月建成通车。总投资44.6万元。桥长98.44米，8孔，主桥6孔，各跨径13.4米，两端跨径6.6米和8.1米各1孔。钢筋混凝土T梁，下部采用钢筋混凝土灌注式桥墩，重力式桥台，桥面宽9米，两侧留有0.25米人行道。设计荷载汽—20，挂—100。

【永巽大桥】 位于永嘉巽宅镇巽宅村，钢筋水泥桁架拱桥。1984年8月动工，1986年12月30日竣工。桥长64米，高12.5米，2孔，跨径各25米。总投资22万元，其中民间集资11万元。

【黄南石拱桥】 位于永嘉县黄南乡黄南村，1972年10月动工，1973年5月竣工。桥长125米，分5孔，每孔跨径18米，为永嘉石拱桥之最。桥面宽4.5米，高11米，荷载10吨。总投资13万元，其中国家补助3万元，其余为群众自筹。工程共用石料4000多立方米，均以人工抬运。民间石拱桥师傅潘泰康负责技术指导。

【朱涂桥】 G330线重要桥梁，位于永嘉县朱涂村西。该桥始建于1934年，为石墩台木板桥，抗战时期为阻滞日寇而炸毁。1953年11月，在修复丽青温公路时，将此桥改建为永久性钢筋混凝土公路桥。竣工后，由于没有处理好软地基技术，墩台出现沉陷、产生裂缝。经过整改，桥梁遂稳固至今。该桥长87.4米，共5孔，每孔跨径13米，行车道宽7米，两侧各有0.75米人行道，桥梁采用砼T梁板结构，桥下可通航桥头至温州的小客货轮。

【山门大桥】 位于平阳X410线（桩号K11+728），建于1984年4月5日，属永久性大桥。桥梁总长173米，桥面净宽7米，桥下净空4米，桥高5.3米，最大跨径15.6米。主桥上部结构钢筋混凝土，上承，简支，肋拱。设计荷载公路II级。

【岭脚桥】 位于平阳X412线（桩号K0+324），建于1991年12月31日，属永久性大桥。桥梁总长120米，桥面净宽5.1米，桥下净空2.5米，桥高3.2米，最大跨径16米。主桥上部结构钢筋混凝土，上承，简支，空心板。设计荷载公路II级。

【乐园桥】 位于平阳X412线（桩号K0+721），建于1991年12月31日，属永久性中桥。桥梁总长42.5米，桥面净宽4.5米，桥下净空2.5米，桥高3.4米，最大跨径33米。主桥上部结构钢筋混凝土，上承，简支，桁架拱。设计荷载公路II级。

【晓阳一桥】 位于平阳X412线（桩号K6+299），建于1991年12月31日，属永久性小桥。桥梁总长27.2米，桥面净宽7米，桥下净空12米，桥高12.2米，最大跨径25.4米。主桥上部结构钢筋混凝土，上承，简支，肋拱。设计荷载公路II级。

【麻步桥】 位于平阳X413线（桩号K1+181），建于1997年6月9日，属永久性小桥。桥梁总长25.6米，桥面净宽9米，桥下净空1米，桥高2.4米，最大跨径10米。主桥上部结构钢筋混凝土，上承，简支，空心板。设计荷载公路II级。

【小南大桥】 位于平阳X506线（桩号K33+863），建于2000年12月30日，属永久性中桥。桥梁总长96.6米，桥面净宽9米，桥下净空5.5米，桥高6.7米，最大跨径16米。主桥上部结构钢筋混凝土，上承，简支，空心板。设计荷载公路II级。

【横阳支江桥】 位于平阳X415线（桩号K3+73），建于2003年12月30日，属永久性大桥。桥梁总长145米，桥面净宽17米，桥下净空3米，桥高4米，最大跨径20米。主桥上部结构钢筋混凝土，上承，简支，空心板。设计荷载公路II级。

【腾带桥】 位于平阳X409线（桩号K12+709），建于1992年12月31日，属永久性中桥。桥梁总长74米，桥面净宽7米，桥下净空1.2米，桥高3.4米，最大跨径17米。主桥上部结构钢筋混凝土，上承，简支，肋拱。设计荷载公路II级。

【夏姑桥】 位于平阳X408线（桩号K1+777），建于2001年3月18日，属永久性中桥。桥梁总长71米，桥面净宽9米，桥下净空1米，桥高2.3米，最大跨径16米。主桥上部结构钢筋混凝土，上承，简支，空心板。设计荷载公路II级。

【前河泱二桥】 位于平阳X405线（桩号K0+845），建于1995年12月25日，属永久性中桥。桥梁总长65米，桥面净宽12.2米，桥下净空2.3米，桥高4.5米，最大跨径13米。主桥上部结构钢筋混凝土，上承，简支，空心板。设计荷载公路II级。

【水涨桥】 位于乐清X002线（桩号K0+337），建于2006年1月15日，属永久性小桥。桥梁总长42.6米，桥面净宽7米，桥头路宽7.5米，桥下净空2.2米，桥高3.5米，最大跨径20米。主桥上部结构钢筋混凝土，上承，简支，实心板梁，浆砌块石八字形桥台，桥面铺装水泥混凝土路面。设计荷载公路II级。

【双峰二号桥】 位于乐清X003线（桩号K5+429），建于1975年3月15日，属永久性大桥。桥梁总长106米，桥面净宽7米，桥头路宽7.6米，桥下净空3.6米，桥高4.7米，最大跨径13米。主桥上部结构钢筋混凝土，上承，简支，空心板梁，浆砌块石U形桥台，桥面铺装水泥混凝土路面。2002年拼宽，桥面净宽12米，桥头路宽13米。设计荷载汽—10，挂—60。

【响岭头桥】 位于乐清X004线（桩号K3+296），建于1970年10月，属永久性小桥。总长28.4米，桥面净宽7米，桥头路宽7.6米，桥下净空7米，桥高7米，最大跨径11.5米。主桥上部结构石，浆砌块石墙式桥台，桥面铺装水泥混凝土。设计荷载汽—10，挂—60。

【芙蓉大桥】 位于乐清X004线（桩号K23+038），建于1990年5月15日，属永久性大桥。桥梁总长130.6米，桥面净宽6米，桥头路宽7.5米，桥下净空9.5米，桥高10.5米，最大跨径30米。主桥上部结构钢筋混凝土，上承，无铰，肋拱，浆砌块石U形桥台，桥面铺装水泥混凝土路面。2013年雁楠公路建成，大桥降为村道。设计荷载汽—10，挂—60。

【西溪桥】 位于乐清X009线（桩号K11+94），建于1993年7月7日，属永久性小桥。桥梁总长34米，桥面净宽7米，桥头路宽7.6米，桥下净空3.1米，桥高5米，最大跨径10米。主桥上部结构混凝土，上承，简支，空心板梁，浆砌块石墙式桥台，桥面铺装水泥混凝土路面。设计荷载汽—10，挂—60。

【楼下桥】 位于乐清X010线（桩号

K5+413），建于1987年5月15日。属永久性小桥。桥梁总长38.2米，桥面净宽7米，桥头路宽7.6米，桥下净空7米，桥高7.7米，最大跨径10米。主桥上部结构钢筋混凝土，上承，简支，空心板梁，浆砌块石组合式桥台，桥面铺装水泥混凝土路面。设计荷载汽—10，挂—60。

【双智桥】 位于乐清X013线（桩号K2+901），建于1979年1月15日。桥梁总长65.7米，桥面净宽7米，桥头路宽7.5米，桥下净空3.5米，桥高5米，最大跨径23米。主桥上部结构钢筋混凝土，上承，简支，空心板梁，浆砌块石组合式桥台，桥面铺装水泥混凝土路面。属永久性中桥，设计荷载汽—10，挂—60。

【高塘桥】 位于乐清X014线（桩号K0+04），建于2000年1月15日，属永久性中桥。桥梁总长55米，桥面净宽6.5米，桥头路宽7米，桥下净空3.3米，桥高3.5米，最大跨径10米。主桥上部结构钢筋混凝土，上承，简支，空心板梁，浆砌块石组合式桥台，桥面铺装水泥混凝土路面。设计荷载汽—10，挂—60。

【南门桥】 位于乐清X008线（桩号K0+131），建于1985年12月18日，属永久性中桥。桥梁总长59.3米，桥面净宽9.5米，桥头路宽7.5米，桥下净空9.5米，桥高10.5米，最大跨径30米。主桥上部结构钢筋混凝土，上承，无铰，肋拱，浆砌块石U形桥台，桥面铺装水泥混凝土路面。设计荷载汽—10，挂—60。

【山前二号桥】 位于乐清X006线（桩号K3+284），建于1986年9月12日，属永久性小桥。桥梁总长16.1米，桥面净宽7.3米，桥头路宽7.9米，桥下净空3.5米，桥高3.9米，最大跨径10米。主桥上部结构钢筋混凝土，上承，简支，空心板梁，浆砌块石墙式桥台，桥面铺装水泥混凝土路面。设计荷载汽—10，挂—60。虹南改线，山前2号桥废弃，新建山前2号桥，2002年建成通车。桥梁总长17米，桥宽30米，桥头路宽30米，最大跨径16米。设计荷载汽—20，挂—100。

【林路一号桥】 位于鹿城X208线（桩号K10+076），建于1974年1月1日，属永久性小桥。桥梁总长19米，桥面净宽6米，桥下净空7米，桥高8米，最大跨径11米。主桥上部结构石，上承，无铰，肋拱，浆砌块石埋置式桥台，桥面铺装沥青混凝土路面。设计荷载公路II级。

【牛山桥】 位于鹿城X273线（桩号K7+669），建于1988年11月1日，属永久性小桥。桥梁总长8米，桥面净宽15米，桥下净空4米，桥高5.5米，最大跨径7.68米。主桥上部结构钢筋混凝土，上承，简支，板梁，浆砌块石U形桥台，桥面铺装沥青混凝土路面。设计荷载公路II级。

【将军二桥】 位于鹿城X273线（桩号K3+899），建于1985年8月1日，属永久性中桥。桥梁总长45米，桥面净宽12米，桥下净空3.5米，桥高5.5米，最大跨径15米。主桥上部结构钢筋混凝土，上承，简支，空心板梁，浆砌块石U形桥台，桥面铺装沥青混凝土路面。设计荷载公路II级。

【十二涧桥】 位于鹿城X272线（桩号K3+783），建于1994年11月1日，属永久性中桥。桥梁总长45米，桥面净宽15米，桥下净空4米，桥高6米，最大跨径10米。主桥上部结构钢筋混凝土，上承，简支，空心板梁，浆砌块石U形桥台，桥面铺装水泥混凝土路面。设计荷载公路II级。

【包岙四号桥】 位于鹿城X208线（桩号K20+093），建于1980年3月1日，属永久性小桥。桥梁总长15米，桥面净宽6米，桥下净空2.7米，桥高6.1米，最大跨径7米。主桥上部结构钢筋混凝土，上承，简支，空心板梁，浆砌块石U形桥台，桥面铺装水泥混凝土路面。设计荷载公路II级。

【樟村桥】 位于鹿城X208线（桩号K3+064），建于1974年1月1日，属永久性小桥。桥梁总长17米，桥面净宽6米，桥下净空5.4米，桥高5.8米，最大跨径8米。主桥上部结构钢筋混凝土，连续板梁，浆砌块石埋置式桥台，桥面铺装水泥混凝土路面。设计荷载公路II级。

【辽东桥】　位于鹿城X272线（桩号K1+672），建于1994年11月1日，属永久性大桥。桥梁总长126米，桥面净宽30米，桥下净空3米，桥高8.2米，最大跨径16米。主桥上部结构钢筋混凝土，上承，连续空心板，浆砌块石埋置式桥台，桥面铺装沥青混凝土路面。设计荷载公路II级。

【藤桥江大桥】　位于鹿城X208线（桩号K0+946），建于1997年10月1日，属永久性中桥。桥梁总长50米，桥面净宽9米，桥下净空8.9米，桥高9.5米，最大跨径15米。主桥上部结构钢筋混凝土，上承，连续，空心板，钢筋混凝土U形桥台，桥面铺装水泥混凝土路面。设计荷载公路II级。

【永青桥】　位于鹿城X208线（桩号K20+549），建于1998年10月1日，属永久性小桥。桥梁总长9米，桥面净宽6.5米，桥下净空3.1米，桥高6.6米，最大跨径7米。主桥上部结构钢筋混凝土，上承，简支，板梁，浆砌块石U形桥台，桥面铺装水泥混凝土路面。设计荷载公路II级。

【里垟桥】　位于鹿城X273线（桩号K6+337），建于1988年11月1日，属永久性中桥。桥梁总长39.9米，桥面净宽36米，桥下净空6.2米，桥高7.8米，最大跨径13米。主桥上部结构钢筋混凝土，上承，简支，空心板梁，混凝土U形桥台，桥面铺装沥青混凝土路面。设计荷载公路II级。

【洪口大桥】　位于泰顺X714线（桩号K19+457），建于1999年11月28日，属永久性大桥。桥梁总长126.84米，桥面净宽7米，桥下净空20米，桥高39米，最大跨径39.6米。主桥上部结构钢筋混凝土，上承，简支，T形梁，片石混凝土U形桥台，桥面铺装水泥混凝土路面。设计荷载公路II级。

【金坑大桥】　位于泰顺X714线（桩号K158+44），建于2000年4月29日，属永久性大桥。桥梁总长126.84米，桥面净宽7米，桥下净空22米，桥高44.59米，最大跨径37.6米。主桥上部结构钢筋混凝土，上承，简支，T形梁，片石混凝土U形桥台，桥面铺装水泥混凝土路面。设计荷载公路II级。

【筱条一桥】　位于泰顺X712线（桩号K34+664），建于1970年1月28日，属永久性小桥。桥梁总长12米，桥面净宽7.8米，桥高3.7米，最大跨径6米。主桥上部结构钢筋混凝土，上承，简支，实心板梁，浆砌块石U形桥台，桥面铺装水泥混凝土路面。设计荷载公路II级。

【上仁桥】　位于泰顺X718线（桩号K0+587），建于2007年12月31日，属永久性中桥。桥梁总长31米，桥面净宽8米，最大跨径20米。主桥上部结构预应力钢筋混凝土，上承，简支，实心板梁，浆砌块石U形桥台，桥面铺装水泥混凝土路面。设计荷载公路II级。

【潘垟桥】　位于泰顺X601线（桩号K45+236），建于1988年3月31日，属永久性小桥。桥梁总长31米，桥面净宽8米，最大跨径20米。主桥上部结构预应力钢筋混凝土，上承，简支，实心板梁，浆砌块石U形桥台，桥面铺装水泥混凝土路面。设计荷载公路II级。

【三魁桥】　原为民间桥，位于泰顺三魁镇秀溪边村，横跨燕水，扼浙闽通衢。桥长60米，宽5.3米，高11.7米，属二墩三孔石拱桥，其中两孔跨径各15米，西端一干孔8米。该桥建于明正德七年（1512），清嘉靖十年（1530）毁于洪水。清隆庆四年（1570）重建，再毁水患。清同治四年（1865）于老桥下游数丈再建石桥，不久又毁。至民国9年（1920），由张宅村张积裕为首，改建于现址。原计划建二墩三孔，因经费不足，只建成二墩二孔，桥面尚未完成。1957年修筑泰分公路时，续砌西端8米干孔一个，用作公路桥，成为泰分公路第三座主要桥梁。

【玉岩桥】　位于泰顺玉西至横坑公路（桩号2K+330），建于1986年。桥长65米，宽5米，高8.2米，主孔4个，跨径各12米，其中2个横跨农田之上，边孔2个，跨径分别为4米和2米。全桥粗料石干砌，泥结碎石桥面，两侧置石栏杆。设计荷载汽—10级，拖—50。

【前坪仔桥】 位于泰顺玉西至九峰公路（桩号 K13+200），建于 1985 年。桥长 38 米，宽 5 米，高 22 米，跨径 25 米，矢跨比 1 ∶ 5。桥下深沟峡谷，河床陡峻，两头桥台利用峭壁岩石为基础，离谷底达十余米。桥台与拱圈皆粗料石浆砌，两头侧墙用块片石垒叠，泥结碎石路面，路两侧置钢筋混凝土栏墙。设计荷载汽—10 级，履—50，

【龙溪桥】 位于泰顺彭坑垟至洲岭公路（桩号 K5+300），建于 1981 年秋。桥长 32 米，宽 5 米，高 11.8 米，单跨 20 米，矢跨比 1 ∶ 3，拱圈厚 0.7 米。桥面两边设 1.1 米高石栏杆，中央嵌大石板，刻有时任全国书法家名誉理事、温州市文联副主席方介堪的桥名题字。

【仕阳桥】 位于泰顺仕阳镇政府驻地溪东村，距仕水碇步约 300 米，是沟通浙闽和连接诸乡的重要桥梁。1976 年 8 月动工，1978 年 10 月落成。桥长 122 米，宽 8.5 米，高 12.6 米，3 孔，每孔跨径 30 米，矢跨比 1 ∶ 6，拱圈厚 0.8 米，在主拱上各有四个三米的腹拱。桥墩用规石浆砌，桥面亦用规石铺成，两边置图案形石栏杆。栏杆中央石板相对刻着毛泽东的诗词名句：“一桥飞架南北，天堑变通途”和“装点此关山，今朝更好看”。该桥是该线公路桥中最长的空腹式石拱桥，设计荷载汽—15 级，拖—80。工程总造价 30 万元，其中国家拨款 15 万元。义务民工 14 万工，按受益大小，仕阳乡分担一半，另一半由樟坑、万排乡各分担一半。

【西雁三号桥】 位于瓯海 X271 线（桩号 K31+57），建于 1956 年 5 月 5 日，属永久性中桥。桥梁总长 42 米，桥面净宽 4.6 米，桥下净空 13.9 米，桥高 15.1 米，最大跨径 37 米。主桥上部结构钢筋混凝土，上承，无铰，板拱，无桥墩，浆砌块石埋置式桥台，桥面铺装水泥混凝土。设计荷载公路 II 级。

【三溪桥】 位于瓯海 X104 线（桩号 K7+673），建于 1996 年 6 月 30 日，属永久性中桥。桥梁总长 90 米，桥面净宽 16 米，桥下净空 4 米，桥高 10 米，最大跨径 25 米。主桥上部结构钢筋混凝土，上承，空心板，钢筋混凝土，实心，H 形墩，混凝土 U 形桥台，桥面铺装沥青混凝土。设计荷载公路 II 级。

【龙泱桥】 位于瓯海梧浦线（桩号 K0+157），建于 1987 年 10 月 1 日，属永久性小桥。桥梁总长 15 米，桥面净宽 5.5 米，跨径总长 10 米。主桥上部结构整体现浇板。设计荷载公路 II 级。

【七仙桥】 位于瓯海梧浦线（桩号 K2+518），建于 1986 年 10 月 1 日，属永久性小桥。桥梁总长 32 米，桥面净宽 7 米，跨径总长 32 米。主桥上部结构简支空心板梁。设计荷载公路 II 级。

【蟠凤桥】 位于瓯海梧慈线（桩号 K0+441），建于 1987 年 10 月 1 日，属永久性小桥。桥梁总长 28 米，桥面净宽 7 米，跨径总长 17 米。主桥上部结构简支空心板梁，下部为双柱墩。设计荷载公路 II 级。

【鹅湖车桥】 位于瓯海南大线（桩号 K0+363），建于 1985 年 10 月 1 日，属永久性中桥。桥梁总长 45 米，桥面净宽 9.2 米，跨径总长 45 米。主桥上部结构简支空心板梁，下部双柱墩。2012 年 12 月 30 日实施重建梁。设计荷载公路 II 级。

【仙门桥】 位于瓯海高桐线（桩号 K1+617），建于 1987 年 10 月 26 日，属永久性中桥。桥梁总长 70 米，桥面净宽 3.4 米，跨径总长 66 米。主桥上部结构简支空心板梁，下部为双柱墩。2009 年 12 月 30 日实施危桥改建。设计荷载公路 II 级。

【台头桥】 位于瓯海下沈线（桩号 K3+178），建于 1993 年 2 月 28 日，属永久性小桥。桥梁总长 20.3 米，桥面净宽 12.2 米，跨径总长 16.8 米。主桥上部结构简支空心板梁，下部为双柱墩。设计荷载公路 II 级。

【黄坦大桥】 位于永嘉桥头镇黄坦村。该村地处镇西北部，与青田县交界，溪流绕村而过，村人外出依赖矴步通行。2006 年 10 月，黄坦村筹资建设黄坦大桥，2008 年 2 月 20 日建成，长 71 米、宽 5.5 米、高 10 米，五孔。

【桥墩大桥】 位于苍南桥墩镇36～37街之间的大溪上，距离桥墩水库下游约一公里，1955年修建温分线时同建。时建桥梁为木桥面、桩式木桥台、框架式木墩、混凝土基础。桥身共11孔，每孔净宽6米、高5米，桥梁全长101.1米，行车道宽4.5米，设计负荷汽—8，挂—30。1960年8月1日，因桥墩水库出险被冲毁，无留遗迹。洪水过后，临时抢建一座简易过水平木桥。1975年3月25日，平阳县成立桥墩公路大桥改建工程领导小组，动工重建。重建的桥梁为钢筋混凝土双曲拱平板拱式桥，石砌台墩，块石石柱，全桥5孔，每孔跨径16米，高5米，桥面宽9.7米，行车道宽9米，桥面两边筑有安全栏杆。桥梁全长110.12米，总造价64.2245万元。1977年12月30日竣工并交付使用。

2011年1月1日，桥墩大桥拆除重建，工程预算995万元，新建6×16米预应力钢筋混凝土梁桥。桥梁全长105米，宽21米。上部结构为预应力钢筋混凝土空心板，下部结构为重力式桥台，桩式桥墩、钻孔灌注桩基础。设计荷载公路I级。2011年11月建成通车。

【渡龙桥】 位于苍南灵溪至炎亭线（桩号K3+600）龙山，建于1972年10月。桥长104米，行车道宽5.1米，跨径92.2米，共9孔。桥梁上部结构为砼T，桥下部位石结构。荷载汽—13，挂—60。2002年渡龙桥拆除重建，2003年3月建成通车。桥梁全长89.3米，5×16预应力钢筋混凝土梁桥，全宽7.6米。上部结构为预应力钢筋混凝土空心板，下部结构为U形桥台，双柱式桥墩、钻孔灌注桩基础。设计荷载公路II级。

【盛陶桥】 原名为新华桥，位于苍南灵溪至炎亭线（桩号K8+724）的盛陶，建于1972年5月。桥长45.5米，行车道宽4.5米，跨径3.5米，共4孔。桥梁上部结构为砼空心板，桥下部位石结构。荷载汽—10，挂—60。2010年12月拆除重建，工程预算131.7万元，2011年12月建成通车。桥梁全长42米，桥跨组合为13米+16米+13米，桥面宽度7.5米，双柱式墩、钻孔灌注桩基础。设计荷载公路II级。

【藻溪桥】 位于苍南灵溪至炎亭线（桩号K11+400）的藻溪镇，建于1972年5月。桥长86.25米，行车道宽5米，跨径72米，共6孔。桥梁上部结构为砼空心板，桥下部位石结构。荷载汽—13，挂—60。

【岭脚桥】 位于苍南灵溪至炎亭线（桩号K29+875）岭脚村，建于1972年5月。桥长38.3米，行车道宽4米，跨径31.8米，共3孔。桥梁上部结构为砼空心板，桥下部位石结构。设计荷载汽—13，挂—60。

【龙港公路桥】 位于鳌江中游，桥北是平阳钱仓埭头，桥南是苍南龙港咸园。1987年3月开工建设，1988年12月建成通车，总造价530万元。桥梁总长395.68米，桥面宽10米，通航净高8米，桥下有25米跨径8孔，13米跨径15孔。桥梁上部结构为支粱砼，桥下部位石结构。设计荷载汽—20，挂—100。1998年9月，因船只撞击造成墩毁梁倾而进行抢修。修复部分主梁、跨径、载重等级、通航标准等均与原桥相同，10-13号墩拆除重建。

【宜山大桥】 位于苍南龙港至金乡的宜山镇，建于1986年11月。桥长46.9米，行车道宽7.1米，跨径38.2米，共5孔。桥梁上部结构为砼T，桥下部位石结构。荷载汽—20，挂—100。2010年7月拆除重建，2011年12月建成通车，总造价258万元。桥梁全长48.6米，桥宽10米。预应力空心板梁桥，三柱式墩、埋置式桥台，钻孔灌注桩基础。设计荷载公路II级。

【新桥】 改名陈宅桥，位于苍南龙港至金乡的张家堡村，建于1986年11月。桥长37.5米，行车道宽7.8米，跨径29米，共4孔。桥梁上部结构为砼T，桥下部位石结构。荷载汽—20，挂—100。2010年7月原桥拆除重建，2011年12月建成通车，总造价175万元。桥梁全长35.6米，桥宽10米。预应力空心板梁桥，三柱式墩、埋置式桥台，钻孔灌注桩基础。设计荷载公路II级。

第二节　公路隧道

公路隧道的修建，是一门涉及多种学科的综合复合技术。随着隧道挖掘技术的不断提高和运营的需要，温州公路隧道趋势是越修越长、越修越宽，技术难度和复杂性也越来越高。1995年，鹿城区瓯娄线景山隧道左、右洞同时开掘成功，各长770米，这是温州域内第一条双向双车道隧道。是年4月8日，甬台温高速乐清段湖雾岭隧道开工，全长4116米。隧道土建设计按新奥法(NATM)修筑工艺设计，采用二次复合衬砌体系，并设置完善的防排水系统。它是中国自行设计施工、采用国产材料设备为主的现代化大型隧道。湖雾岭隧道的开通，使温州公路隧道的科技含量达到全国先进水平，部分技术已达世界水平。截止2015年，建有隧道268道/193420延米，其中特长隧道3道/9784延米，长隧道64道/116584延米，中隧道36道/25576延米，短隧道165道/41476延米。

一、高速公路隧道

【湖雾岭隧道】　甬台温高速公路温岭大溪岭至乐清湖雾街段工程（简称温州段一期工程）最大的单体工程。隧道穿越雁荡山脉东麓，山麓北侧为台州温岭管辖，南侧为温州乐清市管辖，中部为两地行政地域分界。设计隧道名为“大溪岭·湖雾岭隧道”，台州称“大溪岭隧道”，温州称“湖雾岭隧道”。1995年4月8日，湖雾岭隧道工程正式开工。1998年2月14日，左线隧道（含接线）土建工程竣工。1998年9月15日，左线隧道营运机电工程开工，1998年12月28日竣工。左线隧道于1999年1月正式通车。1999年8月30日，右线隧道土建工程竣工。1999年11月28日，营运机电工程完工。经省交通主管部门质量鉴定及项目交工验，隧道评定为优良工程。右线隧道于2000年1月正式通车。湖雾岭隧道按重丘高速公路标准双洞单向行车，单洞双车道标准设计。全长4116米，道净宽11米，高7.08米（建筑限界净宽10.25米，高5米）。洞内管理设施（如照明、通风标准）按隧道通行能力B级标准按行车时速80公里标准设计。隧道土建设计（含通风竖井及设备洞室）按新奥法(NATM)修筑工艺设计，采用二次复合衬砌体系，并设置完善的防排水系统。隧道内装侧墙浅黄色釉面砖，拱部深棕色涂料。隧道南北洞口设管理区，山顶设竖井通风管理站。该隧道时为中国最长的高速公路隧道，是中国自行设计、自行施工、采用国产材料设备为主的现代化大型隧道。

甬台温高速公路乐清湖雾岭隧道　朱劲松摄

【雁荡南一号隧道】　位于甬台温高速公路乐清段（桩号K1689+252），1999年4月开工，2001年8月竣工。全长1615米，宽22.6米，净高5米。铁道部隧道工程局一处承建。

【雁荡南二号隧道】　位于甬台温高速公路乐清段（桩号K1681+804），1999年4月开工，2001年8月竣工。全长1396米，宽22米，净高5米。中铁一局承建。

【外笼山隧道】　位于甬台温高速公路平阳段（桩号K1792+545），2001年8月开工，2003年7月建成。分左右隧道，左隧道长1295米，右隧道长1322米。全宽28米，净高5米，曲墙式双心坦顶圆拱断面。中铁第二十工程局承建。

【仙岩隧道】 位于甬台温高速公路平阳段（桩号K1794+928），2001年8月开工，2003年7月竣工。分左右隧道，左隧道长1630米，右隧道长1587米。全宽28米，净高5米，曲墙式双心坦顶圆拱断面。宽28米，净高5米。中铁第二十工程局和中铁第十八工程局承建。

【箭岙隧道】 位于甬台温高速公路平阳段（桩号K1798+596），2001年8月开建，2003年7月建成。分左右隧道，左隧道长555米，右隧道长580米。全宽28米，净高5米，曲墙式双心坦顶圆拱断面。全宽28米，净高5米。中铁第十八工程局承建。

【金山隧道】 位于甬台温高速公路乐清段（桩号K1702+330），1999年3月开建，2002年7月建成。全长430米，宽24.5米，净高5米。核工业华东建设集团承建。

【杏湾山隧道】 位于甬台温高速公路乐清段（桩号K1704+187），1999年3月开工建设，2002年7月竣工。全长332米，宽24.5米，净高5米。核工业华东建设集团承建。

【三都岭隧道】 位于甬台温高速公路瑞安塘下段（桩号K1770+342），1999年11月开工，2002年12月27日建成通车。分左右两隧，左隧道长1715米，右隧道长1704米，全宽11.5米，净宽10米，净高5米，人行道宽1.5米，曲墙式单心圆拱断面。福建第一公路工程公司承建。

【慈湖岭隧道】 位于金丽温高速公路瓯海段（桩号K5+146），1999年5月开建，2001年10月建成。左右分离式，左隧道长820米，右隧道长883米，宽度为2×10.25米，净高为5.5米，为金丽温高速公路温州境内第一长公路隧道。工程累计投资0.705亿元。温州环宇隧道有限公司承建。

【梅岭隧道】 位于金丽温高速公路瓯海与鹿城交界（桩号K13+919），1997年5月开建，1999年11月建成。左右分离式，左隧道长534米，右隧道长638米，宽度为2×10.25米，净高为5.5米，为金丽温高速公路温州境内第二长公路隧道。工程累计投资0.486亿元。温州路桥公司隧道分公司承建。

【木西岙隧道】 位于金丽温高速公路鹿城段（桩号K24+442），2003年2月开工，2005年10月竣工。分连拱式，左右隧道长均为463米，宽度为20.5米，净高为5.5米，为金丽温高速公路温州境内第三长公路隧道。工程累计投资0.34亿元。中国路桥（集团）总公司承建。

【括苍山隧道】 位于诸永高速公路温州、台州市交界处（仙居、永嘉两县境内），由温州段和台州段组成，右洞全长7870米，左洞长7930米，为浙江省乃至华东地区高速公路第一长大隧道，全国第四，有“浙江第一隧道”之称，是诸永高速公路全线的重难点控制性工程。投资约8亿元，采取国家一级高速公路标准建设。隧道采用分离式设计，为双向四车道平行分离式山岭公路隧道，设计时速80公里，洞内净宽10.84米，路面宽度8.5米。洞内每750米设置紧急停车带一处；在隧道左右洞之间设置联络通道，每750米设置汽车通道一道。工程于2005年10月正式开工，2007年10月12日贯通。在隧道施工中，采取单头、两个作业面同时施工的方式，克服了诸多技术难题，创造性地运用隧道新奥法施工技术，实施节能环保水压爆破、液压式整体牛腿台车二次衬砌和国内首创的顶隔板通风新设计、新工艺、新方法，确保了隧道快速掘进。每月单洞掘进速度达200米以上，连续18个月单洞掘进达220米。在没有开辟任何辅助作业面的情况下，创下了高速公路长大隧道独头掘进4200米的记录，实现长大隧道掘进期间零伤亡、贯通零误差。

【周岙底隧道】 位于温州绕城北线高速公路鹿城段藤桥连接线（桩号LK1+585），2005年6月开建，2010年7月建成。全长1720米，宽11米，净高5米，为该高速公路第四长隧道。累计投资4254万元。贵州桥梁工程总公司承建。

【江北岭隧道】 位于温州绕城北线高速公路永嘉段（桩号K4+540），2005年6月开建，2006年12月31日江北岭隧道右线贯通，2010年2月江北岭左线隧道工程建成。江北岭隧道左、右洞全长3180米。隧道设计断面形状为三心圆，设计标准断面积95.54平方米，设计建筑界限高5米。隧道内还分别设计有汽车横通道两道、行人横通道四道以及设备洞室等，以及设计有照明、通讯、消防、排水、电话监控等设施，对隧道拱墙进行涂刷隧道专用涂料及瓷砖饰面。隧道右线为分离式单洞三车道设计。工程累计投资15105万元。路桥华南工程有限公司、中天路桥有限公司承建。

【马林头隧道】 位于温州绕城北线高速公路永嘉段（桩号K16+15），2005年6月动工，2010年2月竣工。隧道分为离式单向行驶三车道隧道（上下行分离）。隧道左洞（桩号K16+115～K18+732），长2617米（其中明洞25米，暗洞2592米）。右洞（桩号K16+085～K18+725），长2640米（其中明洞25米，暗洞2615米）。暗洞按新奥法施工，明洞按明挖法施工。净宽14.25米，净高5米。工程总投资2.27亿元。中铁十五局集团第一工程有限公司承建。

【后岗隧道】 位于温州绕城北线高速公路永嘉段（桩号K18+956），2005年6月动工，2010年2月竣工。工程全长2360.5米，宽28.5米，净高5米，为该高速公路第三长隧道。这是浙江省第一条贯通的在2000米以上的双向六车道隧道，设计为双线分离式单向三车道隧道。隧道左洞（桩号K19+966），长2369米。右洞（桩号K19+894），长2352米。净宽14.25米。合同总造价1.7265亿元。绕城北线第六合同段中铁十五局集团五公司承建。

【南山隧道】 位于温州绕城北线高速公路乐清段（桩号K37+454），2014年12月动工，2015年竣工。全长1195.5米，宽14.5米，净高5米。

【金光岙隧道】 位于温州绕城北线高速公路乐清段（桩号K35+606），2014年12月动工，2015年竣工。隧道全长690.5米，宽14.5米，净高5米。

【官山隧道】 位于温州绕城高速公路鹿城、瓯海交界处，2013年11月开工。全长1733米，宽16.25米，净高5米。工程总投资1.89亿元。中铁三局集团第二工程有限公司承建。

【乌岩尖隧道】 位于温州绕城高速公路瓯海段，2013年12月开工。隧道左线长1260米，右线长1308米，宽14米，净高5米。工程总投资1.5亿元。中铁航空港第一公司承建。

温州高速公路隧道基本情况统计表

表5-2-1

线路编号	线路名称	隧道编号	隧道名称	所在地点	中心桩号	长度	净宽	净高	按长度分类	修建情况		
						延米	米	米		建设性质	通车年月	变更年月
G15	沈海高速	0310	雁荡山隧道（右）	雁荡山	1682.462	1396.2	9	5	长隧道	—	2001.5	—
		0320	雁荡山隧道（左）	雁荡山	1682.486	1415	9	5	长隧道	—	2001.5	—
		0330	雁荡南隧道（右）	雁荡山	1690.124	1568	9	5	长隧道	—	2005.2	—
		0340	雁荡南隧道（左）	雁荡山	1690.163	1615	9	5	长隧道	—	2005.2	—
		0350	金山隧道（左）	南塘	1702.583	430	10.51	5	短隧道	—	2005.2	—
		0360	金山隧道（右）	南塘	1702.584	430	10.51	5	短隧道	—	2005.2	—
		0370	杏湾山隧道（右）	杏湾	1704.382	332	10.51	5	短隧道	—	2005.2	—
		0380	杏湾山隧道（左）	杏湾	1704.383	332	10.51	5	短隧道	—	2005.2	—
		0390	大罗山隧道（右线）	大罗山	1753.697	296	10.46	5	短隧道	中修	1999.9	2004
		0400	大罗山隧道（左线）	大罗山	1753.972	235	10.46	5	短隧道	—	1999.9	—
		0410	三都岭隧道（右）	三都岭	1769.540	1715	10	5	长隧道	—	2002.12	—

续表 5-2-1

线路编号	线路名称	隧道编号	隧道名称	所在地点	中心桩号	长度	净宽	净高	按长度分类	修建情况		
						延米	米	米		建设性质	通车年月	变更年月
G15	沈海高速	0420	三都岭隧道（左）	三都岭	1769.547	1704	10	5	长隧道	—	2002.12	—
		0430	外笼山隧道左线	平阳外笼山	1791.982	1295	10	5	长隧道	—	2003.12	—
		0440	外笼山隧道右线	平阳外笼山	1791.996	1322	10	5	长隧道	—	2003.12	—
		0460	仙岩隧道右线	平阳仙岩	1794.217	1587	10	5	长隧道	—	2003.12	—
		0450	仙岩隧道左线	平阳仙岩	1794.237	1630	10	5	长隧道	—	2003.12	—
		0480	箭岙隧道左线	平阳箭岙	1798.387	555	10	5	中隧道	—	2003.12	—
		0470	箭岙隧道右线	平阳箭岙	1798.398	580	10	5	中隧道	—	2003.12	—
G1513	温丽高速	0020	慈湖岭隧道（左）	梧田慈湖	5.176	820	7.5	5	中隧道	—	2001.12	—
		0010	慈湖岭隧道（右）	梧田慈湖	5.186	883	7.5	5	中隧道	—	2001.12	—
		0030	梅岭隧道（右）	郭溪梅屿	14.008	638	10.25	5	中隧道	—	2001.12	—
		0040	梅岭隧道（左）	郭溪梅屿	14.025	534	10.25	5	中隧道	—	2001.12	—
		0050	西湾隧道（右）	双屿西湾	19.899	346	10.25	5	短隧道	—	2001.12	—
		0060	西湾隧道（左）	双屿西湾	19.899	320	10.25	5	短隧道	—	2001.12	—
		0080	桐桥山隧道（右）	双屿桐桥山	20.709	306	10.25	5	短隧道	—	2001.12	—
		0070	桐桥山隧道（左）	双屿桐桥山	20.717	326	10.25	5	短隧道	—	2001.12	—
		0090	木西岙隧道（右）	后京村	24.423	460	10.35	5	短隧道	—	2005.10	—
		0100	木西岙隧道（左）	后京村	24.424	460	10.35	5	短隧道	—	2005.10	—
		0110	红枫隧道（左）	渔渡村	26.083	230	10.35	5	短隧道	—	2005.10	—
		0120	红枫隧道（右）	渔渡村	26.084	230	10.35	5	短隧道	—	2005.10	—
		0130	上村隧道（左）	上村	28.029	300	10.3	5	短隧道	—	2005.10	—
G1513	温丽高速	0140	上村隧道（右）	上村	28.030	300	10.3	5	短隧道	—	2005.10	—
		0150	洋湾隧道（左）	洋湾村	32.148	181	10.64	5	短隧道	—	2005.10	—
		0160	洋湾隧道（右）	洋湾村	32.150	181	10.64	5	短隧道	—	2005.10	—
S10	温州绕城高速北线	0010	江北岭隧道（右）	永嘉黄田岙	5.766	2445	14.25	5	长隧道	—	2009.12	—
		0020	江北岭隧道（左）	永嘉瓯北	5.772	2455	14.25	5	长隧道	—	2009.12	—
		0030	黄田岙隧道（右）	永嘉黄田岙	8.835	914	14.25	5	中隧道	—	2009.12	—
		0040	黄田岙隧道（左）	永嘉黄田岙	8.883	1000	14.25	5	中隧道	—	2009.12	—
		0060	马林头隧道（左）	罗溪	17.406	2600	4.25	5	长隧道	—	2009.12	—
		0050	马林头隧道（右）	罗溪	17.411	2640	4.25	5	长隧道	—	2009.12	—
		0070	后岗隧道（右）	乌牛	20.033	2352	14.25	5	长隧道	—	2009.12	—
		0080	后岗隧道（左）	乌牛	20.111	2370	14.25	5	长隧道	—	2009.12	—
		0090	高岙隧道（左）	乐清北白象	24.991	282	14.25	5	短隧道	—	2010.12	—
		0100	高岙隧道（右）	乐清北白象	24.992	282	14.25	5	短隧道	—	2010.7	—
S26	诸永高速	0590	小东尖隧道（左）	小东尖	163.924	1421	8.5	5	长隧道	—	2009.9	—
		0600	小东尖隧道（右）	小东尖	163.957	1421	8.5	5	长隧道	—	2009.9	—
		0610	树路隧道（左）	树路村	165.824	396	8.5	5	短隧道	—	2009.9	—
		0620	树路隧道（右）	树路村	165.876	396	8.5	5	短隧道	—	2009.9	—
		0630	大学岭隧道（左）	大学岭	172.348	489	8.5	5	短隧道	—	2009.9	—
		0640	大学岭隧道（右）	大学岭	172.373	490	8.5	5	短隧道	—	2009.9	—
		0650	张福寺隧道（左）	张福寺	176.888	548	8.5	5	中隧道	—	2009.9	—
		0660	张福寺隧道（右）	张福寺	176.935	548	8.5	5	中隧道	—	2009.9	—
		0670	三条岭隧道（左）	岙底村	179.285	568	8.5	5	中隧道	—	2009.9	—
		0680	三条岭隧道（右）	岙底村	179.328	567	8.5	5	中隧道	—	2009.9	—
		0690	跳远隧道（左）	岙底村	184.153	3242	8	5	特长隧道	—	2009.9	—
		0700	跳远隧道（右）	岙底村	184.173	3242	8	5	特长隧道	—	2009.9	—
		0710	东升隧道（左）	东升	191.486	313	8	5	短隧道	—	2009.9	—
		0720	东升隧道（右）	东升	191.496	313	8	5	短隧道	—	2009.9	—
		0730	大门台隧道（左）	大门台村	192.580	1565	8	5	长隧道	—	2009.9	—
		0740	大门台隧道（右）	大门台村	192.605	1566	8	5	长隧道	—	2009.9	—
		0750	包岙 1 号隧道（左）	包岙	196.771	760	8	5	中隧道	—	2009.9	—

续表 5-2-1

线路编号	线路名称	隧道编号	隧道名称	所在地点	中心桩号	长度	净宽	净高	按长度分类	修建情况		
						延米	米	米		建设性质	通车年月	变更年月
		0760	包岙 1 号隧道（右）	包岙	196.804	759	8	5	中隧道	—	2009.9	—
		0770	包岙 2 号隧道（左）	包岙	197.933	1316	8	5	长隧道	—	2009.9	—
		0780	包岙 2 号隧道（右）	包岙	197.943	1316	8	5	长隧道	—	2009.9	—
		0790	降山垅隧道（左）	降山垅	200.538	335	9.75	5	短隧道	—	2009.9	—
		0800	降山垅隧道（右）	降山垅	200.737	336	9.75	5	短隧道	—	2009.9	—
		0810	龙前山 1 号隧道（左）	龙前山	202.641	2700	9.75	5	长隧道	—	2009.9	—
		0820	龙前山 1 号隧道（右）	龙前山	202.668	2699	9.75	5	长隧道	—	2009.9	—
		0830	龙前山 2 号隧道（左）	龙前山	204.242	218	9.75	5	短隧道	—	2009.9	—
		0840	龙前山 2 号隧道（右）	龙前山	204.256	218	9.75	5	短隧道	—	2009.9	—
		0850	南岙隧道（左）	南岙	206.086	1090.8	8	5	长隧道	—	2009.9	—
		0860	南岙隧道（右）	南岙	206.115	1090.8	8	5	长隧道	—	2009.9	—
		0870	龙岩头隧道（左）	龙岩头	208.256	2880	8	5	长隧道	—	2009.9	—
		0880	龙岩头隧道（右）	龙岩头	208.292	2880	8	5	长隧道	—	2009.9	—
S26	诸永高速	0890	下嶂岙隧道（左）	下嶂岙	215.779	1162	8	5	长隧道	—	2009.9	—
		0900	下嶂岙隧道（右）	下嶂岙	215.903	1162	8	5	长隧道	—	2009.9	—
S26a	诸永高速	0020	罗西隧道（右）	罗西	0.753	196	10	5	短隧道	—	2014.12	—
		0010	罗西隧道（左）	罗西	0.777	246	14	5	短隧道	—	2014.12	—
		0030	后江隧道（右）	后江	3.010	471	10.25	5	短隧道	—	2014.12	—
		0040	后江隧道（左）	后江	3.015	471	10.25	5	短隧道	—	2014.11	—
合计 79 条 81683.8 延米												

二、普通公路隧道

【庄岩隧道】 位于 G330 线鹿城段（K23+479 ～ K23+527），1998 年建成通车。隧道长度 95 米，隧道净宽 9 米，隧道净高 5 米，属于短隧道。

【官岭隧道】 瓯青公路主要控制工程，1996 年初开工，1997 年 3 月 25 日竣工。长 1030 米，净宽 10.5 米，净高 5 米。2001 年 7 月，G330 复线（瓯青公路）正式移交鹿城区养护，官岭隧道划入鹿城。

【东屏隧道】 位于洞头新城大道，洞头海岛第一条隧道，南接北岙镇人民路，北通北岙后海滨大道，1995 年 8 月建成。长 150.2 米，宽 12 米，中央高径 6.26 米。东屏隧道建成后，将北岙镇老城区与后开发新城区连接起来。

【沙岗隧道】 位于状元岙岛元觉乡沙岗村，“五岛相连”工程接线公路部分，2002 年 4 月动工兴建，2003 年 4 月竣工，5 月正式通车。隧道结构为曲墙式单心圆拱，全长 203.7 米，净宽 8.5 米，净高 5 米，双车道，路线曲线半径 270 米，覆盖层洞口厚度 1 米。工程总投资 300 万元。

【三盘隧道】 位于洞头三盘岛西山头村，连接三盘大桥与洞头大桥的关键性工程，在“五岛相连”工程接线公路之东端。2001 年 9 月 20 日动工，2002 年 12 月 30 日竣工，2003 年 5 月正式通车。隧道总长 106 米，净宽 8.5 米，净高 5 米，2 车道。线路曲线半径 260 米，覆盖层洞口厚度 10 米。工程总投资 300 万元。

【双扑隧道】 位于洞头环岛公路西线大朴村至大长坑村路段，2005 年 11 月 8 日开工，2006 年 12 月底竣工，2007 年 6 月 7 日交工验收。全长 870 米，宽 12 米，高 6.2 米。浙江省良和交通建设集团有限公司承建。

【燕子山隧道】 位于洞头连港环岛公路燕子山路段，2011 年 6 月开工，2013 年 3 月交工验收。全长180米，宽11米，净高5米。两端连接线长663米。工程总投资2586万元。浙江省交建路桥工程有限公司承建。

【杨文隧道】 位于洞头连港环岛公路杨文工业区柴岙村路段，2002年8月18日开工，2003年9月18日交工验收。全长250米，宽11米，高5米，两端连接线长370米，工程总投资999.78万元。温州交通建设集团有限公司承建。

【长坑隧道】 位于洞头连港环岛公路（桩号K5+500～K6+600），2005年11月开工，2006年12月完成交工验收。长870米，宽11米，高5米，两端连接线长792.5米。工程总投资2418万元。浙江省良和交通建设集团有限公司承建。

【垅头隧道】 位于洞头连港环岛公路垅头村路段，2003年9月开工，2004年9月交工验收。长30米，宽11米高5米，两端连接线长3870米。工程总投资5224万元。浙江省良和交通建设集团有限公司承建。

【鹤顶山隧道】【顶魁山隧道】 分别位于苍南S232线和渔寮支线，2010年7月17日建成通车。鹤顶山隧道长2955米，顶魁山隧道长2195米。项目均按二级公路标准建设，隧道宽10米，净宽8米，隧道净高5米。工程总投资4000万元。项目由浙江省交通规划研究所设计，鹤顶山隧道由路港集团有限公司、中隧四处组成的联合体施工，顶魁山隧道由福建第一公路工程公司施工，温州市交通工程咨询监理有限公司执行监理。

【石塘隧道】 位于苍南灵溪至龙沙公路，改建工程项目，2013年10月开工，2014年10月贯通。四车道，一级公路，分左右洞设计，设计行车时速60公里。隧道半径5.3米，单洞净宽9.75米，行车道宽2×3.5米，净高5.0米。隧道进洞口段为小净距，其余段为分离式。其中隧道长度：左洞（桩号ZK17+610～ZK18+500），长890米，其中明洞19米，暗洞871米；右洞（至YK17+613～YK18+480），长867米，其中明洞25米，暗洞842米。明洞按明挖法施工，暗洞按新奥法施工。

【大源坑隧道】 泰顺黄桥至文成铜铃山公路控制性工程，连接泰顺乌岩岭、飞云湖和文成铜铃山三大风景区。2010年12月28日开工，2013年6月底完工。全长2715米，净宽7.5米，高5米。该隧道的开通，为文成铜铃山到达泰顺黄桥的行车时间缩短一个半小时，既方便了两地百姓出行，又促进了文成、泰顺两地旅游资源的融合。

【杨家岭隧道】 位于S331分泰线（桩号K54+757）。2004年3月开始洞身掘进，2006年7月竣工。隧道全长3300米（特长隧道），宽9米，净宽7.5米，净高5米。总造价4558万元。浙江省交通规划设计研究院设计，温州交通建设集团有限公司施工。

【淡竹垟隧道】 位于S331分泰线（桩号K34+682），二期改建工程项目。2005年2月开始洞身掘进施工，2006年12月完成隧道施工。隧道全长2390米，宽9米，净宽7.5米，净高5米。总造价3489.6万元。浙江省交通规划设计研究院设计，温州顺吉公路建设有限公司施工。

【富垟隧道】 位于S331分泰线（桩号K12+054)，二期改建工程项目。2004年12月开始明洞开挖，2007年4月完成隧道施工。隧道全长2445米，宽9米，净宽7.5米，净高5米。总造价1547.93万元。浙江省交通规划设计研究院设计，中铁一局集团第四工程有限公司施工。

【峰坳隧道】 位于S331分泰线（桩号K16+830）。全长1115米，宽9米，净宽7.5米，净高5米。总造价942万元。浙江省交通规划设计研究院设计，中铁十五局集团第二工程有限公司施工。

【洪岭头隧道】 位于S331分泰线（桩号K46+274）。隧道全长1265米，宽9米，净宽7.5米，净高5米。总造价2274万元。浙江省交通规划设计研究院设计，温州交通建设集团有限公司施工。

【红岩隧道】 位于S228云寿线泰顺段（桩

号 K84+591），改建工程一期控制工程。1997年5月开工，2000年8月工程竣工。隧道全长2510米，宽10.5米，净宽8.5米，净高5米。浙江省交通规划设计研究院设计，浙江省宏达交通工程公司施工。

【白石水库隧道】　位于乐清白石水库区内，1969年动工开凿，1972年竣工。工程共完成土石方工程量2900立方米。隧道长300米，截面为3米×3米。总投资7万元。时为乐清唯一一条用于人行的交通隧道。

【风斗岩隧道】　又名摩车岭隧道，温州市县乡公路第一条公路隧道，位于乐清岭底乡夏林头村。1979年动工，1983年5月竣工通车。隧道长55米，宽6米，高5米。总投资2.5万元。乐清县交通局设计。

【福溪水库隧道】　位于乐清福溪水库溢洪口南100米处，在福溪乡头塞潭水桶梁岗。1969年11月开工，1970年3月竣工。隧道成南北走向，海拔高225米。全长40米，净宽4.5米，高7.5米，总投资1.3万元。隧道原为水库专用，1980年移交县交通局后，改为民用交通设施。

【白箬岭隧道】【朴头岭隧道】　位于G104线乐清段，清江北岸G104改线工程主要项目，1990年竣工。白箬岭隧道长328米，朴头岭隧道长227米。

【虹芙隧道】　位于乐清虹芙线，2001年2月27日开工，2002年12月25日竣工。全长1200米，宽8米，净宽7米，净高5米。按三级公路技术标准设计，总投资1967.93万元。

【南充隧道】　位于乐清白岭线，2002年3月15日开工。因工程款不能及时到位，工程一度暂停，2007年6月15日竣工。全长960米，宽8.5米，净宽7米，净高5米。按二级公路技术标准设计，总投资2462万元。

【筋竹涧隧道】　位于雁楠公路芙蓉段，2011年11月28日开工，2003年1月18日竣工。全长849米，宽10米，净宽8.5米，净高5米。

【大罗山隧道（在建）】位于温州大罗山景区，连接高教园区和温州经济技术开发区，2012年12月31日开工建设。隧道长约7.48公里，时为全省最长的公路隧道工程之一。隧道西接吹台山隧道，建成后将形成一条串联潘桥、丽岙、高教园区和滨海园区的交通主干道。

【吹台山隧道】　位于瓯海境内丽岙，高铁温州站至丽岙连接线公路工程控制性工程，2011年11月12日开工，2014年1月贯通。隧道左洞长2010米，右洞长1970米，净高5米，净宽14.75米。工程总概算198594.52万元。中铁十局二公司和中铁十五局一公司承建。

【天长岭隧道】　位于瓯海瞿溪镇与泽雅镇之间，瓯海大道二期工程控制性工程，1998年9月21日开工，2000年11月10日建成通车。全长2600米，净高5米，行车道净宽9米。总投资6300万元。隧道建成后，2006年经勘查发现，该隧道存在严重安全隐患，被列为市级交通安全隐患黑点整治项目。2007年3月5日起，实施封闭整治。工程主要包括隧道内壁漏水衬砌、照明灯光设施更新、安装隧道排风设施。总投资1700万元，其中浙江省交通厅拨款800万元。2007年9月30日竣工试通车，10月1日恢复通车。

【桐岭隧道】　位于瑞安与瓯海交界处高桐公路，2003年1月15日开工，2004年12月竣工。全长1195米，净高5米，净宽10.25米，为双向通行隧道。隧道及连线工程总投资8119万元。

【梅屿隧道】　位于温瞿公路与104国道线双屿段连接处，梅屿发电厂专用隧道。建于1981年，长500米，宽7米，1996年对社会开放。1999年底发电厂停止发电。2002年7月20日，因隧道存在严重安全隐患而关闭。

【塔石岭隧道】　位于S330线瑞安平阳坑段（桩号K26+268），2005年12月1日竣工开通。隧道全长1563米，行车道宽度2×5.25米，高5米，人行道（检修道）宽度2×0.75米。2013年9月，与浙江大学合作改建照明与排水设施。

【张基岭隧道】 位于S230线瑞安段（桩号K81+149），S230线瑞安石龙至平阳詹家埠段改建工程项目之一，2012年12月30日建成通车。隧道全长2155米，隧道行车道宽度2×3.75米，高5米，人行道（检修道）宽度2×1.5米，按二级公路标准建设。

【大岭背隧道】 位于瑞安瑞枫线湖岭段，1998年8月7日建成通车，2013年12月30日完成改建。分左、右两隧道，左隧道长323米，宽10米，高5米；右隧道长390米，宽12.6米，高5米，人行道宽1.5米。

【水坑隧道】 位于S330线瑞安马屿段，2005年12月1日建成通车。全长390米，宽10.5米，高5米，人行道宽1.5米。

【马屿隧道】 位于S330线瑞安马屿段，2005年12月1日建成通车。全长390米，宽10.5米，高5米，人行道宽1.5米。

【藤岙隧道】 位于S330线瑞安平阳坑段，2005年12月1日建成通车。全长735米，宽10.5米，高5米，人行道宽1.5米。

【赵山渡隧道】 位于S330线瑞安高楼段，2005年12月1日建成通车。分东、西隧道，东隧道长530米，西隧道长361.6米，各宽10.5米，高5米，人行道宽1.5米。

【秋坦隧道】 位于瑞安瑞枫线锦湖段，2010年12月30日建成通车。全长190米，宽24.36米，高5米，人行道宽1.5米。

【小横山隧道】 位于瑞安瑞枫线锦湖段，2010年12月30日建成通车。分左、右隧道，左隧道长460米，右隧道长430米，各宽12.6米，高5米，人行道宽1.5米。

【双山隧道】 位于瑞安瑞枫线锦湖段，2010年12月30日建成通车。分左、右隧道，左隧道长490米，右隧道长510米，各宽12.6米，高5米，人行道宽1.5米。

【万松山隧道】 位于瑞安院士路段，2010年3月18日设计招标，2014年9月30日通过工程预验收，2015年6月底通车。隧道长908米，其中隧道内净长645米，左右隧道各宽14米，高5米，设计行车时速40公里。总投资3.25亿元。

【十八尖隧道】 位于文成大南线孟长垟大桥段，新56省道接南田公路工程最长隧道，2013年4月进洞开挖，2014年5月26日贯通。隧道全长1882米，路基宽10米，净高5米。

【上岙岭隧道】 位于S330线K47+895处，2005年5月1日竣工通车。全长105米，宽9米，高5米。宁波市交通设计研究院设计，浙江省交通工程建设集团有限公司承建。

【包渡隧道】 位于S330线K50+899处，2005年5月5日竣工通车。长410米，宽9米，高5米。宁波市交通设计研究院设计，浙江省八咏公路工程有限公司承建。

【樟岭隧道】 位于S330线K51+570处，2005年10月10日竣工通车。全长425米，宽9米，高5米。宁波市交通设计研究院设计，浙江省八咏公路工程有限公司承建。

【大峃岭隧道】 位于文成大十线K6+787处，1998年9月10日竣工通车。长1680米，宽7米，高5米。浙江省交通设计研究院设计，温州黄宇公司承建。

【光明隧道】 位于文青公路K27+869处，2012年1月15日竣工通车。全长465.5米，宽7米，高5米。浙江省交通设计研究院设计，温州黄宇公司承建。

【李山隧道】 位于文青公路K29+767处，2012年1月15日竣工通车。长2624米，宽7米，高5米。浙江省交通设计研究院设计，温州黄宇公司承建。

【老九凰山隧道】 位于G104线平阳昆阳段，南北单向通道，1993年12月动工，1995年10月竣工。全长1331米，按日交通流量8000辆设计，双车道平洞双向通行。工程按BOT投资方式投资建设，是省政府确定的第一批“四自”工程。工程建成后，洞内存在排风不畅、照明不佳和常年渗漏等问题，是事故多发地段。日交通流量最高达3万多辆，成为该线路的最大堵点。

【新九凰山隧道】 位于G104线平阳昆阳段，与九凰山隧道（老）毗连，是缓解G104线平阳段交通流量的重要工程，也是连接昆阳和鳌江两镇的重要通道。2011年6月动工，2013年10月31日通车。全长1625延米，宽12米（包括隔离加高的2.75米非机动车道），造价约1.1亿元。采用单向双车道通行，设计行车时速60公里。工程建成后，为G104线北南单向通车，缓解了交通流量大和排风不畅的问题。新九凰山隧道的开通及G104平阳段的改建，使该区域内交通和过境交通分离，很大程度上缓解了G104线的交通压力，也为昆鳌提供了一条快捷的联系通道。

G104线平阳新九凰山隧道　资料图片

【老梅岭隧道】 位于山门大道兴垟路路段，平阳境内开通的第三条隧道，1994年12月3日竣工。全长378延米，净高4.5米，行车道宽度2×3.5米，人行道宽2 ×0.75米。总投资160万元。

【新梅岭隧道】 水头—山门红色旅游专用道路工程的重要组成部分，2013年6月开工，2015年9月贯通。长675米，主干道路基宽8余米。

【瑶岭隧道】 位于平（阳）文（成）公路交界，1997年9月12日竣工。全长710米，宽8.5米，高6.5米。2011年，隧道曾实施应急维修工程（包括通风、照明、图鉴），总投资148万元。

【培山岭脚隧道】 位于S223线永嘉县培山岭脚，1971年4月开工，1972年2月竣工。全长29.6米，高5米，净宽7.5米，行车道宽6.5米。直线两头洞口均用块石砌成半拱护口，以防风化落石。永嘉方向洞口顶部筑有钢筋混凝土托拱护顶。国家投资9000元。省交通厅第三测量队测设，永嘉县永仙公路指挥部负责施工。

【胜利隧道】 位于永嘉县泰石圣母宫旁，1977年11月动工，1978年5月竣工。全长36米，高5米，洞内净宽7米，直线，两头洞口砌成块石半拱护口。九丈改线公路指挥部测设施工。

【渡头隧道】 位于永嘉渡头大桥西端，1979年12月动工，1982年9月竣工。全长157米，净宽9米，高6米，中有平曲线弯道1处，两头洞口砌成块石半拱护口。国家投资6.7万元。

【双龙山隧道】 位于G104永嘉段，2007年3月开工，2008年12月30日峻工。全长左1045米，右1015米，净宽8.75米，净高5米。温州市交通规划设计研究院设计，福建路桥建设有限公司承建。

【昆徐隧道】 位于永嘉X106白桥线段，2015年竣工。全长1797米，按二级公路技术标准，设计时速40公里。隧道单洞总宽9.0米，行车道宽2×3.5米，净高5.0米。隧道建成后，洞内漏水潮湿、灯光黑暗，交通事故多发。2011年春运期间，发生一起重大道路交通事故，造成三死一伤。隧道实施拓宽维修加固改造和安装照明灯，总投资约3600万元。

【茅竹岭隧道】 位于S332线茅竹岭段，1995年建成通车。全长355.5米，宽9米，净高5米，单向通行。

【灵昆隧道】 位于龙湾黄下线K1+015处，2009年建成通车。全长520米 净宽22.5米，净高5米，分离式中隧道。

温州普通公路隧道基本情况统计表

表 5-2-2

线路编号	线路名称	隧道编号	隧道名称	所在地点	中心桩号	长度	净宽	净高	按长度	修建情况		
						延米	米	米	分类	性质	通车年月	变更年月
G104	京福线	0250	西坑隧道	湖雾	1790.750	320	9.5	5	短隧道	—	2009.12	—
		0260	白箬岭隧道（左）	白箬岭	1801.872	327	11.5	5	短隧道	—	2009.12	—
		0270	白箬岭隧道（右）	白箬岭	1802.030	511	9.5	5	中隧道	—	2009.12	—
		0290	狮子山隧道（左）	白溪	1804.073	148	11.5	5	短隧道	—	2009.12	—
		0280	狮子山隧道（右）	白溪	1804.111	255	11	5	短隧道	—	2010.10	—
		0300	朴头岭隧道（左）	朴头岭	1809.458	227	11.5	5	短隧道	—	2009.12	—
		0310	朴头岭隧道（右）	朴头岭	1809.558	260	11.5	5	短隧道	—	2009.12	—
		0320	牛岭隧道（左）	西湾	1864.227	187.5	9	5	短隧道	大修	2000.12	2012.9
		0330	东蒙隧道（右）	西湾	1864.505	199	9	5	短隧道	大修	2000.12	2012.9
		0340	美人岗隧道（左）	长岙	1872.369	268	8.75	5	短隧道	—	2008.12	—
		0350	美人岗隧道（右）	长岙	1872.412	268	8.75	5	短隧道	—	2008.12	—
		0360	卧马山隧道（左）	后江	1872.762	168	8.75	5	短隧道	—	2008.12	—
		0370	卧马山隧道（右）	后江	1872.807	168	8.75	5	短隧道	—	2008.12	—
		0380	双龙山隧道（左）	千石	1876.751	1045	8.75	5	长隧道	—	2008.12	—
		0390	双龙山隧道（右）	千石	1876.779	1015	8.75	5	长隧道	—	2008.12	—
		0395	九凰山隧道右线	九凰山	1958.132	1625	7.5	5	长隧道	—	2013.11	—
		待填	九凰山隧道左线	九凰山	1957.701	1331	8.4	5	长隧道	—	1995.10	—
G330	温寿线	0010	官岭隧道	仰义	14.132	1054	9	5	长隧道	大修	1998.12	2010
S223	仙清线	0010	小坑 1 号隧道	小坑	37.551	180	8.5	5	短隧道	—	2000.11	—
		0020	小坑 2 号隧道	小坑	37.820	50	8.5	5	短隧道	—	2000.12	—
		0030	双溪口隧道	双溪口	38.129	120	8.5	5	短隧道	—	2000.12	—
		0040	发洪坑隧道	发洪坑	39.564	352	8.5	5	短隧道	改建	2000.12	2004
		0050	横潭隧道	横潭	45.639	281.5	7	5	短隧道	中修	2005.12	2015.8
		0060	理只隧道	理只	46.380	774.2	7	5	中隧道	中修	2005.12	2015.8
		0070	上幽隧道	上幽	47.712	203.4	7	5	短隧道	—	2005.12	—
		0080	黄南口 1 号隧道	黄南	50.579	73.3	7	5	短隧道	—	2005.12	—
		0090	黄南口 2 号隧道	黄南	50.896	237.3	7	5	短隧道	—	2005.12	—
		0100	大学岭隧道	大学	56.017	746	7.5	5	中隧道	—	2009.12	—
		0110	溪口隧道	溪口	64.839	172	7.5	5	短隧道	其他	2009.12	2011.12
		0120	下家岙隧道	下家岙	66.666	272	7.5	5	短隧道	其他	2009.12	2011.12
		0130	渡头隧道	渡头	79.675	126.53	7.8	4.5	短隧道	大修	1972.3	2010.5
		0140	西岸隧道	西岸	91.702	69	8.5	4.5	短隧道	—	1992.10	—
		0150	石柱隧道	石柱	96.903	39	8.5	4.5	短隧道	—	1992.1	—
		2110	霞川隧道（左）	霞川	100.532	465	7.75	5	短隧道	—	2015.12	—
		2120	霞川隧道（右）	霞川	100.584	465	7.75	5	短隧道	—	2015.12	—
		2130	郑家山隧道（右）	郑家山	103.148	1115	7.75	5	长隧道	—	2015.12	—
		2140	郑家山隧道（左）	郑家山	103.199	1220	7.75	5	长隧道	—	2015.12	—
		0180	黄田岭隧道（左）	黄田	125.995	175.5	10.5	5	短隧道	改建	1995.12	2010.10
		0190	黄田岭隧道（右）	黄田	126.027	174	10.5	5	短隧道	改建	1996.8	2010.10
		0200	狮子岭隧道（左）	黄田	126.285	175.5	10.5	5	短隧道	改建	1995.12	2010.10
		0210	狮子山隧道右	黄田	126.315	182	10.5	5	短隧道	改建	1996.9	2010.10
S228	云寿线	0060	排头隧道	排头	68.086	450	8.5	5	短隧道	—	2001.10	—
		0070	上升隧道	上升	70.890	765	8.5	5	中隧道	—	2001.10	—
		0080	水窟隧道	水窟	71.845	100	7.5	5	短隧道	—	2001.10	—
		0090	红岩隧道	红岩	84.591	2510	8.5	5	长隧道	—	2000.3	—
S230	青岱线	0010	张基岭隧道	张基岭	81.149	2155	7.5	5	长隧道	—	2012.12	—
S232	水霞线	0010	鹤顶山隧道	鹤顶山	29.623	2955	8	5	长隧道	—	2010.7	—
		0020	云脚隧道	云脚	34.075	245	8	5	短隧道	—	2010.7	—
		0030	焦坑岙隧道	焦坑岙	46.915	415	8	5	短隧道	—	2010.7	—

续表 5-2-2

线路编号	线路名称	隧道编号	隧道名称	所在地点	中心桩号	长度延米	净宽米	净高米	按长度分类	修建情况性质	通车年月	变更年月
S330	瑞东线	0010	水坑隧道	马屿	19.601	390	9	5	短隧道	—	2005.12	—
		0020	马屿隧道	马屿	19.602	390	9	5	短隧道	—	2005.12	—
		0030	藤岙隧道	藤岙	21.186	735	9	5	中隧道	—	2005.12	—
		0040	塔石岭隧道	塔石岭	26.268	1563	9	5	长隧道	其他	2005.12	2013
		0050	赵山渡东隧道	赵山渡	35.500	530	9	5	中隧道	—	2005.12	—
		0060	赵山渡西隧道	赵山渡	36.246	361.6	9	5	短隧道	—	2005.12	—
		0010	上岙岭隧道	大岩	48.448	1105	9	5	长隧道	—	2005.5	—
		0020	包渡隧道	大岩	51.104	410	9	5	短隧道	—	2005.5	—
		0030	樟岭隧道	大岩	51.783	425	9	5	短隧道	—	2005.10	—
		0310	王宅隧道	黄坦	65.794	2240	7.5	5	长隧道	—	2013.12	—
		0320	周岙底 1 号隧道	黄坦	67.076	180	7.5	5	短隧道	—	2013.12	—
		0330	周岙底 2 号隧道	黄坦	68.367	2100	7.5	5	长隧道	—	2013.12	—
		0340	敖里隧道	西坑	75.269	1460	7.5	5	长隧道	—	2013.12	—
S331	分泰线	0010	隘门关隧道（左）	隘门关	6.234	374	7.5	5	短隧道	—	2007.12	—
		0020	隘门关隧道	隘门关	6.267	438	7.5	5	短隧道	—	2007.12	—
		0030	富垟隧道	富垟	12.054	2445	7.5	5	长隧道	—	2007.12	—
		0040	峰坳隧道	峰坳	16.830	1115	7.5	5	长隧道	—	2007.12	—
		0050	秀涧隧道	秀涧	22.213	847	7.5	5	中隧道	—	2007.12	—
S331	分泰线	0060	淡竹垟隧道	淡竹垟	34.682	2390	7.5	5	长隧道	—	2007.12	—
		0070	洪岭头隧道	洪岭头	46.274	1265	7.5	5	长隧道	—	2007.12	—
		0080	上洪隧道	上洪	49.235	160	7.5	5	短隧道	—	2007.12	—
		0090	龙井坑隧道	龙井坑	50.239	335	7.5	5	短隧道	—	2007.12	—
		0100	三插坳隧道	三插坳	50.977	980	7.5	5	中隧道	—	2007.12	—
		0110	杨家岭隧道	杨家岭	54.757	3300	7.5	5	特长隧道	—	2007.12	—
S332	温强线	0010	茅竹岭隧道	状元	15.860	355.5	9	5	短隧道	中修	1995.4	2013
S333	六东线	0010	朱白岭隧道	朱涂	13.985	306	9	5	短隧道	—	2004.12	—
X004	白芙线	0010	马鞍岭隧道	雁荡	9.203	345	5	4.6	短隧道	—	1993.12	—
X006	虹南线	0010	双南隧道	南塘	16.693	150	8	4.5	短隧道	—	1991.12	—
X007	虹三线	0010	后江隧道	后江	63.890	488	10	5	短隧道	—	2015.12	—
X012	大太线	0010	郑家岭隧道	郑家岭	5.606	532	7	4.5	中隧道	—	2003.12	—
X014	高福线	0010	福溪水库隧道	福溪	3.330	40	5	5.4	短隧道	—	1958.12	—
		0020	西岙隧道	福溪	4.945	17	5	5.9	短隧道	—	1958.12	—
X018	淡下线	0010	双麦岭隧道	双麦岭	17.337	432	7	5	短隧道	—	2000.1	—
		0010	淡溪水库隧道	淡溪	2.363	170.8	6	4.7	短隧道	—	1986.12	—
X020	白中线	0010	中雁隧道	白石	2.366	306	6	4.6	短隧道	—	1991.12	—
		0010	龙台头隧道	龙台头	3.742	175	7	5	短隧道	—	2008.9	—
		0020	丁岙岭隧道	丁岙	25.550	545	7	5	中隧道	—	2008.9	—
		0030	南充隧道	南充	34.541	960	7	5	中隧道	—	2008.9	—
X026	雁楠线	0010	箬袅隧道	箬袅	21.137	396.5	8	5	短隧道	—	2013.12	—
		0020	谷庄隧道	谷庄	23.706	51	8	5	短隧道	—	2013.11	—
		0030	黄坑隧道	黄坑	26.550	1492	8	5	长隧道	—	2013.11	—
		0040	周家园隧道	周家园	30.673	424	8	5	短隧道	—	2013.11	—
		0050	上湾岭隧道	东皋	36.034	295	8	5	短隧道	—	2013.11	—
		0060	潘山岭脚	东皋	38.080	220	8	5	短隧道	—	2013.11	—
		0010	筋竹岭隧道	筋竹	2.958	849	8.5	5	中隧道	—	2013.11	—
		0020	兰樟田隧道	芙蓉	17.479	561	7	5	中隧道	—	2013.11	—
X104	瓯娄线	0010	景山隧道（左）	景山	6.538	770	8	5	中隧道	—	1995.12	—
		0020	景山隧道（右）	景山	6.625	770	8	5	中隧道	—	1995.12	—

续表 5-2-2

线路编号	线路名称	隧道编号	隧道名称	所在地点	中心桩号	长度	净宽	净高	按长度	修建情况		
						延米	米	米	分类	性质	通车年月	变更年月
X106	白桥线	0010	昆徐隧道	昆阳	9.709	1800	7	5	长隧道	大修	1995.1	2015.1
X114	珍上线	0010	风斗岩隧道	岭底	31.192	37.6	5.3	5.5	短隧道	—	1983.12	—
X115	坦五线	0010	碧莲隧道	碧莲	22.716	322	8	5	短隧道	—	2015.12	—
		0020	状元山隧道	碧莲	23.720	298	8	5	短隧道	—	2015.12	—
X116	坦三线	0010	塘湾隧道	塘湾	2.155	38	6	5	短隧道	—	1979.6	—
X117	上桥线	0010	上桥隧道	上桥	4.575	2400	9	5	长隧道	—	2004.8	—
X118	上下线	0010	富寮隧道	下寮	8.364	700	7	5	中隧道	—	2004.11	—
X120	山黄线	0010	上坑口隧道	坑口	38.319	50	6	5	短隧道	—	1999.12	—
X122	福大线	0010	深固坑隧道	深固坑	20.782	29	6	5	短隧道	—	1972.3	—
X125	白石线	0010	白雁隧道	白雁	6.219	50	6.5	5	短隧道	—	1996.2	—
		0020	横坑岭隧道	岭上	11.713	51	7	5	短隧道	改建	2011.3	2012.11
X127	南复线	0010	小若岩隧道（左）	小若岩	6.833	2996	8.25	5	长隧道	—	2015.12	—
		0020	小若岩隧道（右）	小若岩	6.913	2980	8.25	5	长隧道	—	2015.12	—
		0030	桐州隧道（左）	桐州	11.947	498.5	8.25	5	短隧道	—	2015.12	—
		0040	桐州隧道（右）	桐州	11.998	498.5	8.25	5	短隧道	—	2015.12	—
X128	三沙线	0160	太平岩隧道	太平岩	103.578	51	8.5	4.5	短隧道	—	1990.10	—
		0170	沙头隧道	沙头	106.029	12	8.5	4.5	短隧道	—	1990.10	—
X209	瓯海大道	0010	天长岭隧道	天长岭	21.192	2610	8	5	长隧道	—	2007.11	—
X275	桐浦线	0010	桐岭隧道	桐岭	2.055	1195	10.25	5	长隧道	—	2009.12	—
X305	瑞枫线	0010	秋坦隧道	秋坦	4.580	190	20.5	5	短隧道	—	2010.12	—
		0020	小横山隧道（右）	小横山	6.462	430	10.5	5	短隧道	—	2010.12	—
		0030	小横山隧道（左）	小横山	6.499	460	10.5	5	短隧道	—	2010.12	—
		0050	双山隧道（左）	双山	7.371	490	10.5	5	短隧道	—	2010.12	—
		0040	双山隧道（右）	双山	7.380	510	10.5	5	中隧道	—	2010.12	—
		0060	大岭背隧道（右）	大岭背	34.433	390	10.5	5	短隧道	—	2010.12	—
X317	一花线	0010	峃口隧道	峃口	32.752	195	10.5	6.4	短隧道	—	1996.5	—
X319	瑞湖线	0010	大岭背隧道（左）	大岭背	33.583	323	9	5	短隧道	中修	1998.8	2013.12
X410	占山线	0010	梅岭隧道	梅岭	7.287	378	8.5	4.9	短隧道	—	1994.12	—
X507	灵溪线	0010	瑶岭隧道	瑶岭	38.499	715	8.6	5	中隧道	—	1997.9	—
X617	文青公路	0010	大峃岭隧道	大峃	7.627	1680	7	5	长隧道	—	1998.9	—
		0110	八角潭隧道	八角潭	25.050	60	7	5	短隧道	—	2012.1	—
		0120	炉基隧道	炉基	27.625	85	7	5	短隧道	—	2012.1	—
		0130	光明隧道	光明	28.102	465.5	7	5	短隧道	—	2012.1	—
		0140	李山隧道	李山	31.079	2624	7	5	长隧道	—	2012.1	—
X714	司筱线	0010	白岩坑隧道	白岩坑	26.239	472	7.5	5	短隧道	—	2005.12	—
X718	上雅线	0010	东安隧道	东安	3.625	500	7	5	短隧道	—	2007.10	—
X721	戬雪线	0010	张宅隧道	张宅	4.388	225	8	5	短隧道	—	2013.9	—
		0020	长坪隧道	长坪	5.489	866	8	5	中隧道	—	2013.9	—
X722	司三线	0020	三插溪隧道1	竹里	14.366	100	7.5	5	短隧道	—	1995.3	—
		0010	三插溪隧道2	竹里	15.217	98	7.5	5	短隧道	—	1995.3	—
		0030	上源坑隧道	筱驼源	21.526	2170	7.5	5	长隧道	—	2014.12	—
X803	风洞线	0010	东屏隧道	东屏	0.322	148	9	5	短隧道	—	1995.1	—
X8044	连港环岛公路	0040	燕子山隧道	燕子山	0.490	180	11	5	短隧道	—	2013.3	—
		0010	杨文隧道	杨文	2.229	288	8.5	5	短隧道	—	2003.8	—
		0020	岙仔隧道	岙仔	3.716	338	8.5	5	短隧道	—	2004.12	—
		0030	坌头隧道	坌头	4.844	30	8.5	5	短隧道	—	2004.12	—
		0050	沙岙隧道	沙岙	12.074	415	7	5	短隧道	—	2010.12	—
		0060	白迭隧道	白迭	12.612	395	7	5	短隧道	—	2010.12	—
X807	环岛公路西线	0010	双朴隧道	双朴	4.087	870	7	5	中隧道	—	2010.12	—

续表 5-2-2

线路编号	线路名称	隧道编号	隧道名称	所在地点	中心桩号	长度	净宽	净高	按长度分类	修建情况		
						延米	米	米		性质	通车年月	变更年月
X809	大翁线	0010	大门隧道	大门	1.155	1955	11	6	长隧道	—	2015.12	—
X857	五岛相连公路	0050	深门隧道	深门山	33.865	170	8.5	5	短隧道	—	2008.10	—
		0040	外深门隧道	深门山	34.612	40	8.5	5	短隧道	—	1999.12	—
		0030	沙岗一隧道	沙岗	36.606	203.7	8.5	5	短隧道	—	2003.10	—
		0020	沙岗二隧道	沙岗	36.706	200	8.5	5	短隧道	—	2008.11	—
		0010	三盘隧道	三盘	41.995	106	8.5	5	短隧道	—	2002.5	—
Y008	虹芙线	0010	虹芙隧道	芙蓉	6.826	1200	7	4.5	长隧道	—	2003.12	—
Y025	凰里线	0010	里虹隧道	凰岙	2.430	210	5	4.5	短隧道	—	1992.12	—
Y038	兰巨线	0010	巨坑庵隧道	雁湖	5.381	178	4.7	4.7	短隧道	—	1980.12	—
Y138	岭牌线	0010	Y138 一隧		6.456	58	5	5	短隧道	—	2003.2	—
Y527	渔寮支线	0010	顶魁山隧道	顶魁山	2.409	2195	8	5	长隧道	—	2010.7	—
Y814	活码线	0010	活水潭隧道	活水潭	0.103	124.3	8.5	5	短隧道	—	2005.3	—
Y821	鹿鲳线	0010	鹿西隧道	鹿西	0.175	320	8.5	5	短隧道	—	2012.10	—
Y860	灵昆隧道	0010	灵昆隧道	瑶溪	1.015	520	22.5	5.2	中隧道	—	2009.5	—
Z601	花西线	0010	百电隧道	大岴	7.265	45.3	4.5	5	短隧道	—	1986.12	—
		0020	百电二隧	大岴	7.896	108	4.5	5	短隧道	—	1990.12	—
Z603	朱东线	0010	东三电隧道	玉壶	0.616	44.3	4	5	短隧道	—	1997.12	—
C001	山黄线—陈坑	0010	C001 一隧（陈坑隧道）	陈坑	0.838	420	4	5	短隧道	—	2001.12	—
C002	山黄线—罗垟	0010	C002 一隧（罗垟隧道）	罗垟	7.940	167	6.1	4.5	短隧道	—	2011.12	—
		0020	C002 二隧（罗垟隧道）	罗垟	8.534	846	6.1	4.5	中隧道	—	2011.12	—
C092	坦五线—云岩	0010	C092 一隧		8.000	214	4	4.5	短隧道	—	2008.10	—
C107	白周线	0010	周山隧道	雁湖	3.559	283	5	5	短隧道	—	1995.12	—
C113	大信线	0010	平盘山隧道	平盘山	3.762	250	4.5	4.5	短隧道	—	2006.11	—
C156	大元下—双岙	0010	C156 一隧		4.913	160	8.7	6.4	短隧道	—	2010.12	—
		0020	C156 二隧		5.240	370	8.7	6.4	短隧道	—	2010.12	—
C238	新东线	0010	长虹隧道	柳市	1.288	220	9	5	短隧道	—	1995.12	—
C277	黄坦线	0010	黄坦洞隧道	黄坦洞	1.005	60	4.5	4.5	短隧道	—	1995.12	—
C314	南茅线	0010	茅盖隧道	茅盖	1.706	60	5	4.5	短隧道	—	2001.6	—
C338	林坑公路—南正	0010	C338 一隧（南正隧道）	南正	5.358	473	4	5	短隧道	其他	2005.3	2011.12
C381	水下线—平龙山	0010	C381 一隧		3.336	35	5	5	短隧道	—	2007	—
C400	大工公路—山根	0010	C400 一隧		4.203	90	5	5	短隧道	—	2003.7	—
C412	后仓—朱寮	0010	后仓山隧道	后仓山	1.704	39	3.5	4.5	短隧道	—	1998.12	—
C459	狮北线—里龙	0010	C459 一隧	里龙	1.057	193	4.5	4.5	短隧道	—	2011.12	—
C488	水霞线—浦南	0010	狮山隧道	狮山	3.024	89.4	5.1	4.5	短隧道	—	2010.12	—
C521	仙清线—响山	0010	C521 一隧（兴山隧道）	兴山	1.745	200	7	5	短隧道	—	2002.6	—
C540	珊溪—码头	0010	牛山隧道	珊溪	2.777	120	7	4.5	短隧道	—	1997.12	—

续表 5-2-2

线路编号	线路名称	隧道编号	隧道名称	所在地点	中心桩号	长度延米	净宽米	净高米	按长度分类	修建情况		
										性质	通车年月	变更年月
C577	乐东—青塘	0010	C577 一隧		4.771	209	3.5	4.5	短隧道	其他	2005.4	2011.12
C602	鹿东线—口筐	0010	口筐隧道	口筐	0.212	340	8.5	4.5	短隧道	—	2004.6	—
C701	外坑—叶坪	0010	叶坪隧道	玉壶	0.198	389	4	5	短隧道	—	1998.12	—
C912	周坑—猴王谷	0010	猴王谷 1 号隧道	西坑	1.100	1600	4.5	5.6	长隧道	—	2012.1	—
		0020	猴王谷 2 号隧道	西坑	3.497	1600	4.5	5.6	长隧道	—	2012.1	—
合计：185 条、193420.03 延米												

第三节　公路汽车轮渡

一、公路汽车轮渡沿革

温州的公路汽车轮渡，是以民间津渡的改进与时代发展的需要而渐次形成的，是把车辆以及行人、牲畜等用渡轮渡过江河，以维持两岸交通连续性的设施，由汽车渡船和渡口设施组成。渡口设施包括临水岸壁、泊船码头，供车、人上下渡船用的引道、引桥，支承引桥及供渡船碇泊的趸船等。有的还建有候船室、停车场、管理站等配套设施。

温州公路车渡最早建成的是乐清清江汽车轮渡码头，由古代客渡码头改建而成，1951 年 8 月 15 日竣工。20 世纪 60 年代初期，台湾国民党叫嚣反攻大陆，1962 年 7 月，温州专署指令区局在月底前完成梅岙、瑞安飞云江的渡船修理，清理瑞安飞云江码头、乐清清江渡口周边淤泥，加固桥梁 8 座、改建 21 座，整修温丽、温分两线路面。区局特设战备交通工程领导小组，进入临战状态。公路工程、养护、渡口的职工放弃休息，24 小时轮班执勤。解放军先头部队与地县公安机关及渡口领导，组成梅岙、瑞安飞云江渡口指挥部、所，道班工人坚守岗位。如此战备局势持续了 5 个月。

20 世纪 80 年代后期，随着公路桥梁的兴建，汽车轮渡码头开始逐渐为桥梁所替代。截至 1990 年末，温州尚在运行的较大的车渡，有永嘉珍溪口车渡和稠树车渡、瑞安的湖石车渡。至 1992 年 8 月 10 日，温州清江汽车渡口撤销，标志着温州干线公路汽车轮渡历史的结束。随着公路桥梁的发展，支线公路尚留的一些车渡也在渐次递减。到 1999 年末，温州全市渡口有 222 个，其中交通渡口 14 个。到 2003 年，全市汽车渡口还保有汽渡 56 车位；2007 年有专用交通渡口 9 个，车渡船 33 艘 56 车位；2010 年专用交通渡口减至 8 个，其中车渡船 5 艘 70 车位。至 2012 年末，温州全市车渡只剩 2 个（乐清南岳渡口、鹿城安澜渡口）。

二、主要汽车轮渡码头

【飞云车渡】　位于瑞安城关南门老飞云客渡码头东首，是 G104 线必经之路，也是温州至福建的重要交通咽喉。与风韵码道对渡，渡程 1300 米，航时 15 分钟左右。江面宽 900 米左右，最高潮位（以上海吴淞口为标）6.19 米，最低潮位 -0.91 米，平均潮差 4.44 米。每年 3—5 月梅雨季，常伴有山洪暴发，江水汹涌，流量较大。7—9 月台风季节，常年易受狂风、暴雨、浓雾等异常天气的影响，均会不同程度造成停渡，使车辆受阻于南北两岸。

飞云渡口始设于南宋，自古为浙南闽北交通要津。有诗人学者如此描述飞云江渡口："人烟荒县少，澹澹隔秋阴。帆影分南北，潮声变古今。断峰僧塔远，初日海门深。小立芦风起，乘槎动客心。"（宋林景熙《飞云渡》诗）。"飞云渡

20世纪80年代的飞云渡 朱劲松摄

口水茫茫，历历风帆海外樯。江面乱流行十里，依稀风景似钱塘。”(清俞樾《自福州还杭过瑞安》)。飞云江自古江宽流急，灾害频繁。又因古时船身小、易受天气影响，翻船事故多发。据旧志零星记载，从明万历二年（1574）至民国27年（1938年），在中游以下河湾段就发生过“洪水横溢”“江潮内溢”“陆地行舟”的水患37次。下游河口飓掀海溢的灾害更甚，从南宋至民国就发生过32次，其中南宋乾道二年(1166)8月17日“夜潮入城”“漂民庐，毁盐田、坏农稼”，酿成“浮尸蔽川，存者十一”的惨景。民间有谚语：“飞云江十个关，个个都是鬼门关”。

民国4年（1915），由瑞安乡贤项湘藻等人创办的瑞安通济轮船公司，将河轮引用于飞云渡，但只能单渡人、畜过江，而且安全隐患不断。民国26年（1937）6月，瑞安南门飞云江汽车渡口始建。此为温州境内公路最早实现汽车通行的专用码头，抗日战争时期车渡码头遭破坏。民国37年（1948），国民党政府因内战需要曾实施修复，但渡运工作仍不正常。直到中华人民共和国成立后，1952年，人民政府因发展浙南交通和战备需要，对飞云江汽车渡口实施全面整修。至此，飞云江汽车渡口才真正揭开轮渡的序幕。1954年，对原来简陋的渡运工具更新为4车木质趸船，机轮功率为44千瓦。至1955年5月温州至分水关公路全面动工修复时，在飞云南北两岸各建斜坡锯齿码头。同年12月建成通渡客货汽车，置42千瓦功率拖轮和2车载木质趸船各1艘，日渡运汽车20辆。因大部分时间运送板车、三轮车、自行车等人力车，民间也称它“板车渡”。

1958年起，温州市干线公路逐渐延伸。北面的乐清、永嘉与毗邻的台州、丽水两地区相接，南面与平阳、文成、泰顺以及福建国道相连。加之地方经济建设的发展，县乡道路(主要是机耕路)剧增，基本形成了以温州为中心的浙南公路网络，飞云渡的运量也随着剧增。温州公路总段逐年增加和扩大拖轮及木趸船。1964年，木趸船改为钢质趸船，拖轮为88千瓦。10月，瑞安轮船公司成立，实行轮渡和船渡并航，后专航轮渡，渡轮初为机轮拖驳船。1979年开始，渡轮扩大为钢质6车载趸船和110千瓦拖轮。1982年再增175千瓦拖轮和6车载钢质趸船各1艘，日均渡运625辆汽车。1985年，飞云渡3艘客轮对开，每5分钟1班，日渡旅客3万至4万人。至此，沿用千年的木船摆渡退出历史舞台。

飞云渡进入了轮渡时代。1978年飞云渡完成人渡1172万人次，高峰期达到日渡5万人次，80年代末到达顶峰。1982年渡口车渡运量达22.81万车次，日均624车次；1983年达26.7万车次，日均720车次。出于安全考虑，是年底停止车与行人同船过渡。1984年9月瓯江大桥通车后，来自全国的车辆开始涌向飞云渡口，导致汽车渡承运压力剧增。1984年飞云江渡口汽车渡运量

新飞云渡（2012年） 资料图片

达37.63万辆，日均突破1000车次大关。为此，1985年又增6车载趸船1艘，同时实行汽车与板车分渡。至1986年，该渡有一对锯矢型码头，88千瓦机轮1艘，110千瓦机轮5艘，175千瓦机轮1艘，6车钢质趸船4艘。职工125人，设置9个班组，日夜渡运（即白天3对渡船，上半夜2对渡船，下半夜1对渡船），一天渡运累计52小时，设计渡运量1092辆次。主要任务是渡运各种机动车辆、人力车、行人、牲畜等。到1987年，最高日达2453辆，车渡仅有4艘渡轮。“飞云渡”待渡成为汽车驾驶员行驶G104线温州段最揪心的事，民间曾有“跑遍天下路，最怕飞云渡”之叹。1989年1月6日飞云江大桥建成通车，飞云江汽车渡口停渡。2012年11月8日，飞云渡码头向西搬迁50米，日客流量4000～5000人次，

【梅岙车渡】 浙江省主要国防公路G330线和G104线通过瓯江的重要渡口，又名渔渡，位于瓯江下游。1953年1月，丽青温公路（今G330线）通车，原梅岙民间渡口改为汽车轮渡，北岸是永嘉县梅岙乡梅岙村，南岸是鹿城区仰义乡渔渡村，渡程700米。该渡始建于清朝，由于受江河地理变迁规律的影响，现江面宽700米，水深7米。1953年10月12日，梅岙与渔渡两岸各建砌块石6级锯齿型汽车轮渡码道，长40米，上宽20米，下宽10米，供汽车、行人过渡。为了适应国防公路需求，1962年决定另建码头。新建码头由温州公路总段设计，原选址在老码头上游约300米处。渡船配有趸船与拖轮，两岸互相对开，日夜渡运。该轮渡的建成，使瓯江北岸汽车可南渡直达温州市区。故梅岙车渡身兼民用与战备两种功能，也称梅岙战备车渡。1979年2月，温州市区安澜汽车轮渡移此，使汽车轮渡运量剧增。据1984年统计，汽车日渡运量达1560辆，梅岙渡已成为温州公路运输的瓶颈。1984年，瓯江大桥建成通车，梅岙汽车轮渡停渡。是年，浙江省国防动员委员会交通战备办公室发出通知（浙交战办〔1984〕14号），确定将温州梅岙渡口作为战备渡口，由温州市公路总段负责管理。1987年开始，当地一些村民在车渡码头范围内违法建起1500平方厂房，并非法办理土地、房产证。2007年 “两证”被永嘉县国土局发文注销，永嘉法院判令被告二个月腾空租赁的房地产，并按现状交付给市公路处。之后，梅岙战备渡口因故一直没有拆除违建、恢复原状，处于名存实亡状态，彻底损失了战备码头功能。

【港头车渡】 位于G104线原杭温线永嘉县港头段（桩号K459+600），楠溪江口南岸与瓯江口北结合部，原客渡上游约70米处。隔江北面为清水埠码头，南面为温州市区安澜亭（永川）码头（渡程4000米），形成两江三埠鼎足而立之势。民国23年（1934）10月，杭福线泽（国）乐（清）温（州）段建成时，命名为瓯江渡口。但与清江渡口一样，没有专用码头，也不设汽车轮渡，旅客由温州济瓯轮船公司与客运部门签约接送过渡。1950年11月，杭温公路修复通车时，新建适应高、中、低水位的浆砌块石锯齿形6级码头一对。

1953年开始，港头至温州市区永川码道设置车渡。1955年港头码道扩建为7级，引道长100米，上宽20米，下宽10米，潮差涨落平均5米，总投资7万元。

因三江口小沙洲影响，河床变化无常，如果两岸相距以4000米作统计标准，平潮时实则为3000米，时为当时浙江省境内最长渡口。当时车渡由拖轮牵带趸船引渡，容量6辆，与温州安澜亭渡口对渡，单程为50分钟左右。1958年，安澜

亭干砌块石单边直线斜坡式车渡码道建成，长50米，宽7米，港头车渡改在此码道通车渡。1979年1月，由于安澜码头经常发生阻车，故改为车、旅客渡至清水埠渡口，旅客转乘渡轮进入温州市区。后又改为旅客直接从港头由轮渡过江进入市区，安澜码头和港头车渡撤销，汽车停于港头。1986年3月15日，楠溪江大桥建成，汽车经楠溪江大桥，绕江北跨瓯江大桥进入温州市区（后瓯江三桥建成，车辆经三桥进市区），港头和清水埠车渡停渡。

【清江车渡】 位于G104原杭温线乐清段（桩号K407+000），即乐清市清江下游清江镇渡头村东首与清北乡清江村之间，与清江客渡同址，渡程800米。民国23年（1934）10月，杭福线泽（国）乐（清）温（州）段建成，清江渡口两岸各设有一汽车站，由清江镇订约承办接送旅客，旅客过江买票换车。1951年8月15日，杭温公路通车时，将旧时客渡石砌直线式码道，改建成适应高、中、低水位的锯齿形6级码头一对，两岸相距630米，渡口配置拖轮、趸船一套，东西直行，供汽车轮渡。1971年，省交通厅、水利厅与乐清县革命委员会协议，决定利用方江屿围垦大坝作为公路。1983年3月16日，方江屿过境公路建成。1985年11月10日，汽车绕道方江屿过境公路，虽陆路线比原轮渡线长5.43公里，但车辆无须等渡。至此，清江车渡撤销。后G104线清江大桥建成，汽车改走清江大桥。

【洞头至温州车渡】 即洞头水桶擂客运码头，位于洞头岛北端燕子山脚东侧，旧时是三盘岛和洞头岛之间的一个古埠。1961年，时任南京军区司令员许世友视察洞头，提议在水桶擂建造军地两用码头。1962年，省交通厅派工程师郑葆莹到洞头，观察强台风过境时的风浪情况，获得第一手资料。1963年，省交通厅批准码头设计方案，同时批准公路、候船室等配套设施同步建设，总投资26万元。1964年7月工程动工，1966年4月竣工。码头系框架式钢筋混凝土结构，由引桥、平台两个部分组成。平台分为两层，上层用于货物装卸，下层作旅客上下船通道，栈桥至平台前沿全长34米。

1984年9月，交通部门和驻岛部队共同出资28万元，对码头进行改造、扩建。第一阶段维修期为84天。1985年3月，进入第二阶段工程建设。工程竣工后，泊位加长15米，达到33米，可供500吨位客轮直接靠埠。改造后的客运码头西侧设有汽车到连接公路。工程于1986年底竣工，1987年1月3日交付使用，是年开通洞头至温州车渡业务。

【洞头至黄华车渡】 1997年1月7日，洞头开始开辟汽车轮渡营运业务，经营“洞头至黄华”（洞头岛至乐清市黄华）航线。初始时，租用“舟渡3号轮”进行试运营，历经一百天后停航。1997年12月1日，洞头县汽车轮渡公司自建的“浙洞汽渡1号轮”投入正常营运。2000年3月，洞头县汽车轮渡公司又自建“浙洞汽渡2号轮”投入营运。

【三角岩车渡】 S223线渡口之一，位于永嘉渠口乡，建于1957年4月，渡程200米，两岸修有石砌码道。渡船由三只木船并连而成，容载一辆汽车。开始由人力划桨渡送，后改为拖轮牵带，日均渡运50余辆。遇上雨量在100～150毫米的天气，或遇暴雨洪水，均停渡。1975年8月12日，受4号台风袭击，大量泥沙堆积渡口，迫使停渡90天。1979年11月1日，S223线九丈段改线后，渡口停运。

【九丈车渡】 S223线渡口之一，位于永嘉渠口乡，建于1957年4月，渡程150米，两岸修有临时石砌码道。北岸码头有100多米石砌接线行车道，地势较低，常受水淹。渡口原以竹筏渡运，后改为木结构船，靠人力撑渡。平常水位由四人共撑，如遇丰水期，水流湍急须十人拼力协作撑渡。1979年11月1日，塘湾大桥及改线工程建成通车，九丈车渡撤销。

【岭口车渡】 位于永嘉县岭口公路敬仁至大溪线上，建于1979年12月。常年水位渡程120米，借用温州公路总段和原永嘉县运输公司的渡船设备。渡船为钢质趸船和拖轮拖带，每次载车4辆。两岸修有临时石砌码道，因常受潮汛影响，码头前沿积有大量淤泥，渡船在涨潮时才能靠埠。1983年渡船设备借用单位要回趸船和拖轮，车渡停渡。

【珍溪口车渡】 位于永嘉花坦乡珍溪口村，建于1980年11月，渡程200米，两岸修有石砌码道。渡船由三只木船并连而成，每次载车1辆，配有渡工12人，人力撑渡。1991年5月1日，珍溪口大桥竣工通车，车渡停渡。

【稠树车渡】 位于永嘉古庙村，建于1986年12月，渡程160米，两岸修有石砌码头。渡船由三只木船并连而成，装有40匹马力柴油机的动力。每次可载大、小车辆各1辆，日均渡车22辆次，高峰时可运40辆次，配有渡工7人。码头建设和渡船购置均有国家投资，共计20万元。

【渡头车渡】 位于永嘉港头乡渡头村，建于1960年12月。1964年重修，两岸修有石砌码道。因接线地形较低，一般洪水期汽车难以过渡，日常水位渡程70米。渡船由3只木船并连而成，由人力撑渡，每次载运汽车1辆。1979年1月1日，渡头大桥建成通车，车渡停渡。

【湖石车渡】 位于瑞安龙湖镇湖石，建于1984年，渡程200米，渡轮为钢质趸船，两岸修有砼斜坡式码头。

【咸园车渡】 位于苍南龙港镇咸园，建于1984年10月，渡程300米，渡船为钢质趸船，两岸修有砼斜坡式。1989年车渡停渡。

【安澜车渡】 位于鹿城区安澜亭，与永嘉瓯北码头对渡，始建于1958年，始为车、客两用渡轮。1995年5月12日，正式开通温州至永嘉瓯北小车渡，人、车混渡。随着私家车急剧增多，改为小车专渡。1996年2月，因客流量剧增，码头堵塞现象严重，客、车均改从梅岙渡口过江。1997年1月，安澜码头拓建，重新开通温州至永嘉瓯北小车渡，使温州市区至永嘉距离缩短30多公里，车流量剧增。1998年5月26日，温州大桥建成通车，减轻了安澜码头的压力。2000年8月，东瓯大桥建成通车，码头每天过渡车辆从超千辆逐减至600辆。至年底，车运量比三桥通车前减少15%。2006年12月，因温州市城区防洪堤二期工程建设需要，安澜车渡西移200米处的临时车渡码头。2007年12月5日，新车渡码头建成投入使用。新码头建有两座全长50米的趸船，三条长26米的引桥。2009年车渡达到150万辆次。2012年，五艘渡轮启用60个车位，年渡汽车117.78万辆次。2014年6月，瓯越大桥通车，车渡量从瓯越大桥开通前的日均3300～3500辆次，降至2015年9月份的日均850辆次。2015年12月16日，安澜车渡码头停止汽车轮渡营运。

温州境内公路车渡情况统计表

表5-3-1

序号	车渡名称	所在地	渡程（米）	码道	渡船	开渡年月	停渡年份
1	飞云车渡	瑞安市	1300	锯齿块石式	钢质趸船	1955-12	1989
2	梅岙车渡	永嘉县	700	锯齿块石式	钢质趸船	1953-10	1984
3	梅岙战备车渡	永嘉县	700	锯齿块石式	钢质趸船	1967-07	—
4	港头车渡	永嘉县	清水埠通渡	锯齿块石式	钢质趸船	1950-11	1986
5	清江车渡	乐清市	630	石砌改锯齿块石式	钢质趸船	1951-08	1985
6	峙口车渡	永嘉县	120	石砌	钢质趸船	1979-12	1983
7	珍溪口车渡	永嘉县	200	石砌	木船并连	1980-11	1991
8	稠树车渡	永嘉县	160	石砌	木船并连	1986-12	—
9	三角岩车渡	永嘉县	200	石砌	木船并连	1957-04	1979
10	九丈车渡	永嘉县	150	石砌	木船	1957-04	1979
11	渡头车渡	永嘉县	70	石砌	木船并连	1960-12	1983
12	湖石车渡	瑞安市	200	砼斜坡式	钢质趸船	1984	—
13	咸园车渡	苍南县	300	砼斜坡式	钢质趸船	1984-10	1989

第六章 机构管理

综 述

随着现代公路的诞生、发展和提质，公路管理机构随之而设置、发展、变革。从1957年6月丽水养路段迁址温州开始，温州公路管理机构从名称上先后经历了浙江省交通厅工程局温州养路段、浙江省温州地区公路运输局、温州养路总段、温州地区交通局养路总段、浙江省交通厅温州养路总段、浙江省温州地区公路总段革命委员会、温州地区公路总段、浙江省温州公路总段、温州市公路管理处等诸多更易、变革。2013年1月，经温州市机构编制委员会批准，温州市公路管理处变更为“温州市公路管理局”，各县（市、区）公路管理段先后变更为公路管理局，公路部门工作职能从单纯的养护管理扩展到建、管、养兼备。

公路管理机构的发展史，印证了公路建设发展由诞生到技术等级逐步提高、网络化布局日益完善的辉煌历程。公路机构沿革与公路管理体制紧密相关。随着公路建设的发展，公路管理体制也几度调整、变化。尽管其中有不尽如人意之处，但从总体来说，公路管理机构随之设置、配套、变革、升级而日趋合理、完善、科学、健全。至2015年，市公路管理局下辖11个县（市、区）公路管理机构、4家直属单位，全系统拥有40家基层公路养护管理站（所），公路管理机构日臻专业化、科学化、系统化、现代化。

本章还着重介绍公路规费征稽机构、“四自”工程收费机构、ETC服务机构的沿革变迁及业务发展。公路规费征稽包括公路养路费征收稽查和车辆通行费征收。公路养路费是按照国家“以车养路，统收统支，专款专用”的原则，由交通部门向有车单位、个人征收用于公路养护、维修、技术改造、改善和管理的专项事业费。车辆通行费征收源于1984年12月国务院作出的“贷款修路，收费还贷”的政策。温州根据国家规定开展养路费、通行费、过渡费、运输管理费、车辆购置附加费征收工作。20世纪八九十年代，温州掀起了“四自”工程建设热潮。“四自”工程的出现，为国家投资匮乏的温州利用民间资本发展公路交通事业提供了条件，一种新型的收费机构随之应运而生。进入21世纪，公路收费进入以快捷、环保、经济、方便、联网为特点的ETC时代。2010年成立温州高速公路不停车收费（ETC）服务处筹备小组，2013年1月成立不停车收费管理处，列入市公路管理局内设机构。2010—2016年，温州ETC发行总量达到70.6224万户，名列浙江省公路系统前茅。

在加强内部机构管理方面，公路部门在全省率先引进ISO 9001质量目标管理体系，作为创新管理、优化政务、提升质量的有效载体，逐步实现政务公开化、工作标准化、操作程序化、管理制度化、考核经常化的目标。同时，在处理舆情应对与处置的实践中，建立一套舆情监控、应急与处置的工作管理机制，不断提升新形势下舆情应对与处置水平。

第一节 公路管理机构

一、公路管理机构沿革

温州市公路管理局的前身，是民国年间浙江省公路局丽水督导处。民国23年（1934）10月，龙（游）温（永嘉清水埠）公路建成通车，由省公路局第四区管理处（驻丽水）接养。是年12月，杭福公路温州境内三界至港头段建成，由省公路局第五区管理处（驻临海）接养。

民国26年（1937）2月，以上两线合并改由丽（水）泽（国）工务段管理。当时日交通流量为4～10车次，多系轻型车，路面损坏率低，未设三级养管组织机构，由处（所）派监工员分管巡逻，监督指导道班业务。是年6月27日，杭福线温州市区永川码头（今温州市安澜亭渡口）至平阳县桥墩（今苍南县）段建成，上级命令永瑞平三县政府征调沿线壮丁接养。后因抗日战争爆发，为阻滞日军进犯，温州开始毁路为田，公路养护组织解散，公路基本处于瘫痪状态。

1949年5月7日，温州解放。11月5日，杭福公路温州境内三界至港头段进行复工修建，1950年10月基本修通，1951年3月正式通车。由省交管局第五工程区与乐清县政府建设科，共同组建白溪、中村等道、渡班进行养护，并正式改为甬台杭温公路。

1951年2月17日，省交管局改名为浙江省人民政府交通厅公路局。3月，设黄岩工务段，6月1日承接杭温线温州段管养事宜。

1952年7月，工务段改为养路段，下设领工区指导道班作业。

1953年10月1日，龙温线温州市南门外义塚塔（温州市龙泉巷一带）至丽水县城丽阳门段修复通车（原线以清水埠为终点，车辆过渡至市区永川码头上岸，后改梅岙过渡至渔渡村，新建公路19.08公里，向东至市区义塚塔。梅岙至清水埠改为梅支线），改为台温丽公路，由丽水养路段设海口、青田、朱涂、梅岙工区接管。

1954年4月10日，改务工区为工区，领工改称工长，实行局、段、区三级负责制，同时增设政工副段长。

1955年3月，梅岙渡口管理机构改属丽水运输处，港头、清江渡改属宁波运输处。

1956年1月，温州至桥墩段、桥墩至分水关段、下河至鳌江镇支线等相继修复，由丽水养路段组织瑞安茶堂（后移至瑞安城内）、灵溪两工区接养，瑞安飞云渡口也成建制纳入丽水运输处序列。

1957年6月，由丽水养路段部分人员迁址至温州市区解放北路18号，成立并挂牌浙江省交通厅工程局温州养路段。正副段长仍由原丽水的朱清建、王靖华、黄宗之继任，并辖管温州养路段桥梁施工组和瑞安、青田、赤石等工区，时有管理人员43名。同时，临海养路段撤销，其中乐清、玉环、温岭、黄岩工区以及永嘉县中村至港头公路划归温州养路段管辖。至年底，共辖瑞安、雅中、青田、丽水、赤石、龙泉、菊水、乐清、黄岩等9个工区和施工队。

1958年1月20日，根据省交通厅文件规定，温州养路段与温州运输处合并，成立浙江省温州地区公路运输局，朱清建任养路科科长。至此，浙江省以地区为单位的公路与运输体制完成建制，3月正式实行公路运养合一和分区管理的模式。

1961年4月13日，浙江省恢复交通厅工程局建制，收回下放各区局公路养护的人、财、物权以及管理工程和养护权。各工区改组19个养路队。次年7月，玉环、温岭以东的6个县划归台州专署，临海等各养路队从温州区局划出，由省交通厅直辖。

1962年12月5日，地区专署交通局与区局分离。省交通厅根据《关于加强公路养护和管理工作的指示》（国务院中发〔1962〕305号）及1963年1月24日发布的《关于加强公路养护和管理工作的紧急通知》（浙江省人民委员会议字88号）精神，决定将运养分置，并发出通知（浙交人字〔1963〕第20389号），分别成立宁波、金华、温州养路总段。

1963年3月26日，将温州公路运输局工程养护科和交通局工程队迁出，成立温州地区公路运输局养路总段，以及各运输段养路股和养路队，改组为13个工区。但总段仍隶属于温州地区交通局，没有独立行使公路管理养护职权。

1964年1月1日，温州地区交通局养路总段改为浙江省交通厅温州养路总段，高国璋任总段长。总段设养护计划、渡口管理、财务材料、行政科、设计组等部门，同时按照平战结合要求，增设政工科，后改为政治处。各工区、渡口管理所归总段直接管辖，区局战备工程领导小组及其预制厂改为总段工程队，负责公路、码头改建工程任务，工具车间改为工具厂。总段管辖范围：温州、瑞安、平阳、泰顺、文成、乐清、永嘉、青田、云和、龙泉、丽水等十一个工区；梅岙、飞云、港头、清江等四个渡口管理所和工程队，以及温州、丽水工具厂（车间）。1月9日，温州市交通局养护队，连同管养的温强、温巨、渔泽等线路划归温州总段温州工区。10月，丽水养路段成立。

1965年1月1日，青田、丽水、云和、景宁、龙泉、丽水等六个工区和括苍渡管所，划归丽水养路总段管养。为适应平战结合要求（当时台湾蒋介石曾叫嚣反攻大陆），自1965年3月开始，养路总段增设保卫科和人民武装干事专管其事。8月，成立工兵基干民兵连，以应对紧急突发事件。战时按准军事化要求，改为指挥部，连长改为总指挥，指导员改为政委，参谋改为参谋长。在总段机关随地委、专署转移后，基干民兵连全权指挥路、桥、渡的防险抢修工作，并与沿线民兵共同防敌破坏。同时，改工区工长为主任，增设政治指导员，后改为党支部书记。至此，平战结合体制开始形成。

1966年5月，“文化大革命”开始。1967年3月，群众组织（革命造反派）接管总段党政一切权力。1968年4月17日，军代表小组进驻总段，取代群众组织领导权。12月26日，成立浙江省温州地区公路总段革命委员会，主任暂缺，第一副主任仓华波（军代表）、副主任孙效荣（干部代表）、林孟化（群众组织代表），废除原有科室，重设生产指挥、政治工作、办事组、保卫组，下属各工区改为公路段。

1973年6月26日，撤销四大组，恢复养护计划、财务材料、行政、保卫科等，增设机务科，原政工科改为政治处。

1978年11月28日，改修船组为渡船修造厂。12月，瑞安渡管所改为飞云江渡管所。

1979年1月1日，根据省交通厅要求，恢复以条为主，条块结合的体制，即人、财、物、权收回省局管理。公路总段归温州地区公交办和省交通厅公路局双重领导。3月，撤销革命委员会，恢复段、队、厂、所长制，称温州地区公路总段，詹匡希任总段长，归属省交通厅公路局。政治处改属党委政宣科，计划生育领导小组改为计生办公室，同时增设油路办公室，并将洞头直属班改为洞头公路段。4月20日，各公路段前加县、市一字，以示条块结合从地区延展到县。

1981年9月，温州市首次成立专业公路路政队伍。1985年12月，经省人民政府批准，市公路管理处公路派出所挂牌成立，替代原路政组织。市公路管理处公路派出所的职责是，保护公路安全畅通和公路社会治安，执法依据为国务院《关于加强路政管理保障公路安全畅通的通知》，业务接受市公安局指导。

是年9月，设永嘉县公安局梅岙渡口派出所。

1982年1月1日，因平阳、苍南分县，增设苍南县公路段。

1983 年 3 月，温州撤地设市，温州地区公路总段改名为浙江省温州公路总段，属省交通厅管辖，林锦清任总段长。

1984 年 5 月 25 日，温州公路总段设温州市公安局公路派出所、瓯江大桥派出所、文成县公安局公路派出所、飞云江渡口派出所等，行使路政管理和公路治安管理事宜。警员编制、装备配置由总段负责，警务由公安局与总段共同管理。同月，设沥青油库。

1984 年 10 月，温州市运管处瓯江大桥征收所划归总段直管。

1987 年 9 月，温州公路总段从原温州汽车南站迁至鹿城区学院西路 286 号。

1989 年 1 月，全省公路管理体制实行改革。改革的主要内容：将省、市（地）双重领导的体制调整为条块结合，以市（地）为主的体制；除宁波公路总段更名为宁波公路管理局外，其余 10 个市（地）公路总段（段）改名为市（地）公路管理处；将省管的劳动工资和部分计划管理权下放给市（地）管理。同年 8 月，温州公路总段下放温州市，更名为温州市公路管理处，归属温州市交通委员会。12 月，增设安全科。

1990 年 6 月 30 日，温州市在全省率先建立温州市公路路政大队，全市各县（市、区）也相应建立了公路路政队，共有公安民警、专职路政人员 53 人，兼职路政人员 24 人。建立路政案件登记制度，完善路政基础档案工作。

是年，市公路管理处增设监察室、安全科、路政公安科（合并原有的公安职能）。至 1990 年底，市公路管理处共有干部、职工 1688 人。下辖 9 个县（市）公路段，瓯江大桥、楠溪江大桥、飞云江大桥等 3 个征收所、1 个机械化工程队，以及修造船厂、沥青油库和劳动服务公司；温州公路总段、文成公路段、瓯江大桥、飞云江大桥等 4 个派出所机构，担负着全市公路的管理和养护任务。

1992 年 6 月 5 日，省交通厅发文（浙交〔1991〕130 号）决定，将温州市原各县（市、区）公路段和公路养护道班，分别改称为“公路公路段”“公路养护管理站”，并统一规定各养护管理站名称、格式和衔牌标准。

1993 年 8 月，乐清、平阳等县设立县人民法院公路路政管理执行室。

1995 年 7 月，市公路路政管理大队实行改组，组建浙江省第一支公路路政管理支队，其主要职责为“维护公路路产路权、确保公路完好畅通”。随后，各县（市、区）也先后组建公路路政管理大队。管理大队设大队长和教导员。根据区划，大队下

各县（市、区）路政队成立（1990 年） 朱劲松摄

温州市路政管理支队成立（1995 年 7 月） 朱劲松摄

甬台温高速大队成立（1998 年 12 月） 朱劲松摄

设公路路政管理中队。市公路路政管理支队主要职责：（1）许可挖掘、占用、利用公路的申请事项，制止和查处破坏、损坏或非法占用公路的行为；（2）许可超限运输申请事项，制止和查处违法运输行为；（3）管理公路附属设施的设置和维护；（4）管理公路两侧建筑控制区；管理公路施工秩序；（5）参与公路工程中涉及路政管理事项的设计、审查、竣工、验收；（6）实施公路路政巡查；法律、法规规定的其它职责。

1996 年 3 月 17 日，第八届全国人民代表大会第四次会议通过《中华人民共和国行政处罚法》，10 月 1 日起施行。11 月 12 日，浙江省政府颁布并施行《浙江省公路路政管理办法》（省政府第 78 号令）。温州市公路路政管理支队根据两个法规，对公路沿线“三店一站”进行登记监督管理。辖区公路路政大队与“三店一站”经营者签定门前三包协议，公路沿线加油站被列为路政管理范围。对涉及国省道公路两侧建筑红线范围的临时性非公路标志、临时性建筑物进行审批管理。是年，各县（市、区）县乡公路养护管理所增挂公路路政管理所牌子。

1997 年 7 月 3 日，《中华人民共和国公路法》颁布，1998 年 1 月 1 日正式施行。

1998 年 9 月 4 日，市公路路政管理支队组织对 G104 线乐清石帆镇路段建筑控制区内的违法建筑实行强制拆除，《中国交通报》头版作大篇幅报道。10 月，各县（市、区）路政管理大队执法人员开始佩戴交通部监制的交通行政执法证。12 月 3 日，市公路路政管理支队新增管理科、法制科和办公室三个内设职能机构。12 月，温州市公路路政管理支队甬台温高速公路大队正式成立。

1999 年 5 月 25 日，温州市交通局印发《关于加强机场路、疏港公路路政管理的通告》。是年，温州市机场路路政管理大队成立，即对机场路广告牌进行全面规划。

是年 7 月 26 日，根据温政发〔1999〕151 号文件，市公路管理处深化体制改革，市、县公路管理体

1998 年，市公路管理处领导班子　朱劲松摄

制由原来以条为主，改变为以条块结合、以块为主，实行属地管理的模式。将各县（市、区）公路管理段下放给当地交通运输局，并进行内部机构重新调整设置。

2000 年 4 月 18 日，温州市交通局印发《温州市公路路政管理实施办法》，明确公路路政管理机构内设机构、职责和执法人员准入条件。是年，各县（市、区）路政大队对中队名称和编制作了调整。

2001 年 7 月 31 日，根据温州市机构编制委员会批文，市公路管理处增设温州市公路路政管理支队牌子。是年，市公路路政管理支队在温州行政审批服务中心开设办事窗口，对涉及国省道（含高速公路）的所有公路行政许可，由中心窗口统一对外受理。各县（市、区）公路路政管理大队也均在行政审批服务中心开设办事窗口。

是年 10 月 30 日，市公路管理处向市交通局报告要求编报《温州公路养护与管理发展纲要（2001—2010 年）》，提出今后十年温州公路养护与管理工作的目标任务。

2002 年，市公路管理处办公大楼从鹿城区学院西路 286 号迁至鹿城区牛山北路 56 号。

2003 年 4 月，撤销经营科，劳资科并入政工科，合称政工科；财务科与征收科合并，称财务征收科。

2004 年 4 月 1 日，省公路管理局调研员蒋琪带领人事、监察等相关部门到温州调研公路体制、

养护体制改革工作。参会人员重点就公路体制改革、机构体制改革开展了讨论。参会人员认为，实践证明，管理体制下放不科学、不合理，形成两张皮，造成两脱节的现象，给公路管理和发展带来诸多不利。机构体制改革因没有成功的经验可资借鉴，没有明确的目标，也是一次失败的尝试。此外，参会人员还就养护经费短缺、公路建设与稽征、内部机构统一规范、养护公司注册、路政执法制服、职工安置、工资调整等问题展开讨论。

是年6月20日，交通部等七部委在全国统一开展治理车辆超限超载运输大行动。市公路管理处、市公路路政管理支队在甬台温高速公路苍南超限运输检测站举行仪式。至2015年，温州公路治超工作从实际出发，探索联动治超、省际治超、非现场治超等创新性做法，取得显著成效。

自2004年开始，温州公路路政部门在全省率先开展“规范化中队”“规范化大队”和“星级规范化路政中队”创建活动，全力打造温州路政品牌。2009年，省公路管理局推出“浙江省规范化路政中队”创建活动。至2011年底，温州路政37个中队共30个完成了创建任务，达标率81%。

2005年1月，浙江省颁布浙江省第一部公路路政管理地方性法规《浙江省公路路政管理条例》，4月1日起施行，《浙江省公路路政管理办法》同时废止。该条例的实施，从管理办法到管理法规，为路政执法人员具体处置路政管理的各类案件提供了可操作的法律规定。

2006年，市公路路政管理支队印发《关于加强非公路标牌设施安全管理的通知》。是年，全市一线路政巡查车辆安装GPS卫星定位系统。

2007年12月27日，浙江省十届人大常委会审议通过省政府提请的《关于修改＜浙江省公路路政管理条例＞的决定》。经修改的《浙江省公路路政管理条例》规定，从2008年4月1日起，将村道纳入“条例”适用范围，解决了村道路政处罚和路政许可无法可依的现状。

2008年5月1日，温州路政监控指挥中心正式运行，“96266”路政服务热线同时开通。是年，公路路政部门制订《温州市高速公路许可操作规程》《温州市国省道许可操作规程》和《村道路政许可、处罚及相关监督检查工作实施方案》，出台《温州市整合联动治超实施方案》。

2011年，市公路管理处“温州路政论坛”启动，实施重点路段可变情报标志设置工作，及时发布公路出行信息。完成了G330线鹿城段，S330线文成段，G104线乐清、永嘉、瓯海、苍南段设置可变信息标志，及时提供路面信息服务。

2012年1月1日，实名认证的温州路政96266微博开通。5月，温州路政96266顺利通过温州市青年文明号考核组验收。泰顺、文成两个县成立96266指挥分中心。

2013年1月，温州市机构编制委员会发文（温市编〔2013〕1号）批准，原温州市公路管理处更名为温州市公路管理局，挂温州市公路管理局、温州市公路路政管理支队两块牌子，连真毅任局长、支队长。3月6日，温州市公路管理局正式挂牌。浙江省交通运输厅副厅长、省公路管理局局长李良福，温州市副市长陈浩出席揭牌仪式。温州市公路管理机构实现“处”改“局”，工作职能从原公路处的养护管理上升到建、管、养兼备。之后，全市各县（市、区）公路管理机构先后实现“段”改“局”。至2015年底，温州市公路路政管理支队下辖12支路政管理大队、38支路政管理中队、7个固定治超检测站、2个联合治超检查点，全市有路政执法人员634人，协管人员72人。市公路管理局共有职工279人，其中在岗职工266人、工程技术人员49人、事业身份人员3人、合同制人员219人、劳务派遣人员13人、临时聘用人员44人。

根据温州市机构编制委员会《温州市公路管理局机构编制方案》（温市编〔2013〕1号），市公路管理局的主要职能有12项：（一）参与拟订公路建设、养护、路政等发展规划、政策和标准，并监督实施。指导公路行业的体制改革。（二）

处改局揭牌仪式（2013 年 3 月 6 日）　刘晓华摄

负责全市公路建设的行业管理工作。检查、监督、指导普通国省道及重要县道改建项目建设的组织实施和农村公路建设；组织或参与公路建设工程交竣工验收及决算管理。（三）负责全市公路养护的行业管理工作。负责编制全市公路养护规划、计划工作，并监督检查实施；承担普通国省道公路的养护管理工作和辖区内高速公路养护监管工作；负责全市公路绿化工作；组织公路交通量调查和路况登记。（四）负责全市公路路政管理工作。负责国省道路政许可和公路交通标志标线管理；负责超限运输车辆行驶公路的监督管理；具体承担辖区内高速公路路政管理。（五）指导、监督全市公路行业的安全工作。组织协调全市公路“三防”及涉及公路安全畅通的自然灾害或突发事件的应急管理等工作；承担国省道公路和大型桥梁、隧道等结构物安全运行的监管。（六）负责全市高速公路行业管理和高速公路不停车收费（ETC）系统推广应用的管理工作。（七）编制全市公路资金年度预算，并负责监督执行；组织或参与全市公路行业的内部审计；指导公路部门财务会计和审计工作。（八）组织协调全市公路行业科技开发、“四新”技术推广应用及生态建设、环境保护、节能减排和公路信息化建设等工作。（九）承担全市公路应急救援、应急处置、抢险指挥、信息发布、咨询投诉服务等职能和公路战备保障任务。（十）贯彻执行国家和省、市有关法制工作的法律、法规及方针、政策，做好宣传、组织协调和督促检查工作（十一）承担全市公路交通战备工作；（十二）承办市交通运输局交办的其他工作。

2014 年 11 月 28 日，浙江省第十二届人民代表大会常务委员会第十四次会议通过决定，对《浙江省公路路政管理条例》等六件地方性法规作出修改。其中，对《浙江省公路路政管理条例》修改如下：将第二十八条修改为：“本节规定的公路管理机构的许可权限按照下列规定执行：（一）修建铁路、城市轨道交通、油气管道或者道路穿跨越高速公路的许可，由省公路管理机构审批；（二）其他涉及高速公路和国道、省道的许可，由设区的市公路管理机构审批；（三）涉及县道、乡道的许可，由县级公路管理机构审批。”

温州公路管理机构名称沿革表

表 6-1-1

年　月	机 构 名 称	备　注
民国时期	浙江省公路局丽水督导处	前身
1949.10	浙江省交通厅工程局丽水工务段	承接杭温线温州段管养
1952.7	浙江省交通厅工程局丽水养路段	承接杭温线温州段管养
1957.6	浙江省交通厅工程局温州养路段	迁温州市区解放北路 18 号
1958.3	浙江省温州地区公路运输局养路段	与温州运输处合并，运养结合
1963.3	温州区公路运输局养路总段	运养分置
1964.1	浙江省交通厅温州养路总段	—
1968.12	浙江省温州地区公路总段革命委员会	造反派接管总段
1979.3	浙江省温州地区公路总段	撤销总段革命委员会
1983.3	浙江省温州公路总段	—
1989.8	温州市公路管理处	温州公路总段下放温州市
2013.1	温州市公路管理局	温市编〔2013〕1 号

温州市公路管理机构主要领导任职情况表

表 6-1-2　　截至 2015 年 12 月

单位名称	姓名	职务	任期	备注
浙江省交通厅工程局丽水养路段	朱清建	段长	1957.6—1958.3	—
浙江省温州地区公路运输局养路科		科长	1958.3—1964.1	—
浙江省交通厅温州养路总段	高国璋	总段长	1964.1—1967.3	—
	林孟化	—	1967.3—1968.12	“文化大革命”时期由群众组织接管
浙江省温州地区养路总段革命委员会	包碎波	第一副主任（军代表）	1968.12—1979.4	军管小组进驻总段
	周群	主任		
浙江省温州地区养路总段	丁西林	党委书记	1979.4—1983.9	—
	詹匡希	总段长		
浙江省温州公路总段	包彦森	党委书记	1983.9—1985.3	—
	林锦清	总段长		
	胡岩福	书记、总段长	1985.3—1989.8	—
温州市公路管理处	胡岩福	书记、总段长	1989.8—1992.10	总段改处
温州市公路管理处	高广尘	书记、主任	1992.10—2004.6	
	贾挺峰	书记、主任	2004.6—2007.8	
	张银华	书记、主任	2007.8—2012.9	
温州市公路管理处	连真毅	书记、主任	2012.9—2013.2	
温州市公路管理局		书记、局长、支队长、支队政委	2013.2—	处改局

温州市公路管理机构副职领导任职情况表

表 6-1-3　　截至 2015 年 12 月

姓名	职务	任期	备注
王靖华	副段长	1957.6	浙江省交通厅工程局丽水养路段
黄宗元	副段长	1957.6	
孙效荣	副总段长、副主任	1964.1—1979. 4	浙江省交通厅温州养路总段
林飞化	副主任	1968.12—1979.4	浙江省温州地区养路总段革命委员会
韩吉录	副主任	1968.12—1979.4	浙江省温州地区养路总段革命委员会
梁与云	副主任、副总段长	1968.12—1983.9	浙江省温州地区养路总段革命委员会 浙江省温州公路总段
黄其松	副总段长	1979.3—1983.4	浙江省温州公路总段
梁与云	副总段长	1979.3—1983.9	
黄宗元	副总段长	1983.3—1983.9	
俞永辉	副总段长	1983.9—1998.2	浙江省温州公路总段 温州市公路管理处
姚文龙	副总段长、副主任	1983.9—1995.6	
周维通	副总段长、副主任	1983.9—1992.10	
林正明	副总段长、副主任	1982.5—1995.4	
张星辉	副书记	1985.3—2004.6	
杨福桂	副总段长、副主任	1985.3—1992.6	
陈爱道	副主任、副书记	1993.7—2001.2	温州市公路管理处
王守勤	副主任	1999.6—2010.1	
张光杰	副书记、副主任	2001.4—2004.1	
吴　晓	副主任	1995.6—2005.4	
朱临生	副书记	2004.6—2006-7	
王雨来	副主任、副书记、副局长	2005.4—	
叶明亮	副主任	2005.4—2012.5	
连真毅	副主任	2005.4—2010.1	2010.1—2012.8 调任温州市交通质量监督站（局）站长（局长）

续表 6-1-3

姓名	职务	任期	备注
周一勤	副主任	2005.4—2008.11	温州市公路管理处
胡益铸	副主任	2010.1—2010.12	
余善荣	副主任	2010.1—2013.4	
陈显春	副主任、副局长	2010.1—	2013 年 1 月更名为温州市公路管理局
黄跃华	副局长	2012.8-2015.5	
李　耕	纪委书记	2012.9—	
杨长中	副局长	2013.7—	
王航宇	副局长	2015.6—	
诸葛温君	总工	2012.8—2015.6	

二、市公路管理局内设机构及职责

2013 年 1 月，温州市公路管理处更名为温州市公路管理局后，首次把高速公路不停车收费管理处、公路建设管理处（农村公路管理处）、总师室设为局内设机构。共设置办公室、人事处、监察室、计划财务（审计）处、公路养护管理处、路政管理（行政审批处）处、公路建设管理处（农村公路管理处）、公路安全处、总师室、高速公路不停车收费管理处等 10 个职能部门。根据工作需要，内设文明创建办公室、信息（新闻）中心两个临时机构。2014 年 12 月，经温州市机构编制委员会批复（温编办〔2014〕46 号），增设应急抢险指挥中心、政策法规处，核增中层领导职数 4 名。调整后，温州市公路管理局内设机构 12 个，中层领导职数 26 名。加上机关党委、工会、团委，局机关共有处室机构 15 个。

（一）办公室

⑴贯彻执行国家和省、市有关公文处理、信息宣传、建议提案办理、档案、保密、后勤行政、房改等方面的法律、法规和规章，拟订相应的管理制度并组织实施。

⑵主动做好服务，当好参谋助手，结合全局中心工作和阶段性工作重点，提前谋划、主动介入、积极协调，充分做好各项事务的参谋助手和协调工作。

⑶负责省公路管理局、市政府和市交通运输局涉及公路考核目标的汇总上报、分解下达，汇总起草上述考核目标执行情况的总结并上报；牵头会同各处室对各县（市、区）公路管理局进行目标管理考核，包括制（修）订考核办法，汇总、制订年度考核目标，汇总并通报年终考核情况。

⑷组织协调局机关日常政务，负责重要公文和重要事项的督办；负责草拟各类综合性总结、计划等文字材料和秘书工作，负责局领导工作预定活动安排。

⑸负责局重要会议的组织筹备和会务保障，督促检查会议决议贯彻执行情况；协助有关处室（部门）做好工作督查。

⑹负责局收文的签收、登记、分办、送审、交办、督办，局发文的审核、送签、登记编号、打印、邮寄，对局机关各处室公文处理进行业务指导，局机关各类报纸、刊物、信件的征订、签收、分发，局印鉴、介绍信管理。

⑺负责局机关档案管理，指导帮助处室文书立卷；对行业档案工作进行业务指导。

⑻负责局属局管房产、土地等固定资产管理；牵头协调局属经营性单位发展等相关工作。

⑼负责人大建议、政协提案的接收、整理交办、协调、审核、总结等工作。

⑽指导全市公路系统政务信息和新闻宣传工作，负责政务信息和新闻宣传的采写、审核、上报，编印信息宣传刊物，负责温州公路网建设、政务微博；汇总提供《温州年鉴》稿件；编写温州公路大事记、公路志等；做好舆情监控及处置工作。

⑾负责局机关办公用房、办公（设备）用品、会务、公务接待、交通工具等后勤服务的保障和管理；负责办公用品等政府采购计划编制及办理；负责职工住房补贴、负责局机关计算机设备设施

及内外网日常管理、维护工作等管理工作。

⑿承办局领导交办的其他工作。

（二）人事处

⑴贯彻执行国家和省、市有关机构编制、干部、人事、劳动工资、外事等工作的方针、政策、法规，拟订相应的规章制度并组织实施。

⑵承担局直属机构和单位领导班子的组织建设、思想作风建设的考核工作，负责局管干部的管理工作。

⑶组织拟订全市公路行业精神文明建设的规划、方案，并组织实施，负责相应的评比和表彰工作。

⑷指导全市公路系统人才队伍建设和职工教育培训工作，负责局机关工作人员在职教育的管理工作。

⑸负责市局的编制管理工作；负责局机关、指导直属机构和单位的人事管理工作，承担有关专业技术职务评审及管理，军队转业干部安置及培训等工作。

⑹负责市局的劳动工资和社会保险等相关工作，指导单位内部分配和全市公路行业有关劳动工资制度改革、劳动定员以及公路行业劳动工资统计等工作。

⑺根据干部管理权限，负责办理干部职工的调配、录用、考核、辞退、培训、奖惩、退休和人事档案管理等工作。

⑻牵头做好市局绩效考核、劳动纪律管理工作；配合有关处室做好维稳工作。

⑼提出因公出国（境）培训、考察建议计划，并做好计划执行工作，按照干部管理权限办理因私出国（境）报备工作，负责因公、因私护照、通行证管理工作。

⑽负责局管离退休干部的服务管理工作。

⑾负责局机关计划生育工作，并指导监督局属各单位的计生管理工作。

⑿承办局领导交办的其他工作。

（三）监察室

⑴检查党和国家的路线、方针、政策、决议及有关法律、法规、政策的贯彻执行情况，监督局机关及局属单位党员干部和监察对象遵纪守法和廉政建设情况。

⑵抓好党风廉政建设，开展党风、党纪教育，督促领导干部做好廉洁自律，监督落实党风廉政建设责任制。

⑶指导、检查局属单位及机关党支部的纪律检查工作和行政监察工作。

⑷对局机关、局属单位党组织、党员违反党规党纪的案件和监察对象违反国家法律、法规、政策行为进行查处，并按规定和干部管理权限提出处理意见或处分建议。

⑸受理对局机关、局属单位党组织、党员和监察对象违反党纪、政纪问题的检举、控告，受理局机关、局属单位党员、监察对象对党纪、政纪处分不服的申诉。

⑹指导全市公路系统党风廉政建设及反腐倡廉专项工作，受理有关信访、投诉、举报，并监督办理；配合有关处室（部门）做好维稳工作。

⑺配合有关部门在公路系统开展纠正损害群众利益不正之风工作，对全市公路系统行风建设进行指导、监督；协同各处室做好重点工作执行落实情况的督查。

⑻承办上级纪检监察部门和局领导交办的其他工作。

（四）计划财务（审计）处

⑴贯彻执行国家和省有关财务管理规划、计划、财会、预算、统计、审计、投融资工作的法律、法规和规定，制订相应的规章制度并组织实施。

⑵组织编制省、市级公路资金年度部门预算承担全市公路系统部门预算的检查、监督和指导，做好局本级预算执行控制工作。负责省级公路预算资金执行情况监督管理，并协助省局做好相关资金的监督检查工作。

⑶组织编制局机关省、市年度部门决算，汇总全市公路系统年度部门决算；按权限做好公路大中修工程项目竣工财务决算的审计管理工作。

⑷指导、监督公路系统、局属单位的审计工作，组织或参与对局属各单位的财务收支、经济效益、专项资金的审计，参与重要经济合同的审签；组织对局管单位主要负责人任期目标经济责任审计和离任审计；牵头开展公路资金使用的绩效评价工作。

⑸组织或参与对公路系统经济管理中的重要问题开展审计调查；按国家规定，做好局本级及局属单位的国有资产财务监管。

⑹负责养护资金和局本级组织实施项目公路建设资金的监督管理、财务审计工作。

⑺负责局机关财务管理，配合有关处室（部门）做好工资、奖金、福利等发放工作；配合有关处室（部门）做好政府采购工作；负责局机关人员公积金补贴的申报、审批等工作。

⑻检查、监督、指导局属各单位财务工作，组织实施公路系统的内部审计。

⑼组织行业预算、会计、审计、统计人员的专业培训。

⑽承办局领导交办的其他工作。

（五）公路养护管理处

⑴贯彻执行国家和省有关公路养护管理方针、政策、法规、规范、制度、办法；拟订全市普通国省道公路养护管理相关规章、制度、办法等，并监督实施；拟订全市普通国省道公路养护管理发展规划。

⑵负责普通国省道公路养护管理工作。负责普通国省道公路小修保养管理；负责普通国省道公路大中修、公路灾害治理、公路安保及公路水毁修复等养护工程管理；负责普通国省道公路相关养护工程概（预）算审核报批。

⑶负责普通国省道公路养护计划管理。监督指导普通国省道公路小修保养预算计划的编制和实施；审核提出普通国省道公路养护工程建议计划。

⑷参与或组织普通国省道公路相关养护工程的设计审查、交（竣）工验收、权限内竣工决算的初审转报转批等工作；组织或参与普通国省道公路养护管理检查、考核工作。

⑸负责公路养护业务用房管理。审核提出基层公路养护管理业务用房维修建设建议计划，并监督实施，参与或组织设计审查、交（竣）工验收等工作。

⑹负责公路养护机械设备管理。审核提出养护机械设备配置建议计划，监督指导计划的实施和设备的管理；组织或参与养护机械设备管理检查、考核工作。

⑺参与普通国省道文明公路创建工作，协助做好“四新”技术的推广应用。

⑻负责普通国省道公路技术状况检测管理工作。

⑼负责养护企业资质初审转报工作；承担与公路养护相关的业务培训工作。

⑽负责公路数据库和交通量调查的管理工作。

⑾承办局领导交办的其他工作。

（六）路政管理（行政审批）处

⑴贯彻执行公路路政管理的法律、法规、规章，履行法律、法规和规章规定的路政管理职责，拟定行业管理相关规定并组织实施。

⑵拟定全市公路路政管理工作规划、计划，指导、协调、督查与考核全市公路路政管理工作；组织实施相关路政管理专项活动。

⑶负责全市公路路政执法监督管理工作，协调查处全市重大或跨县（市、区）的路政案件。

⑷负责全市公路标志标线等安全设施的监督管理工作。

⑸负责全市超限运输车辆行驶公路管理工作，组织、协调、督促全市超限运输检测站（房）、路政业务用房、设施等工程的建设工作。

⑹按管理权限，负责全市路政许可事宜；

⑺参与公路工程中涉及路政管理事项的设计评审、交（竣）工验收和有关路产交接工作。

⑻负责全市路政业务培训、路政管理队伍建设。

⑼负责全市路政管理的各类报表、总结、信息和资料的统计、分析汇总和上报工作。

⑽承办局领导交办的其他工作。

（七）公路建设（农村公路）管理处

⑴贯彻执行国家和省有关公路建设、农村公路养护管理的方针、政策、法规、规范、制度、办法；参与或拟订全市公路建设管理和农村公路养护行业管理相关规章、制度、办法等并监督实施；参与编制公路建设管理和农村公路养护管理发展规划。

⑵协助交通主管部门做好全市公路的建设管理工作，参与重点公路建设各环节的审查、管理，指导、监督在建项目特别是重点项目的组织实施。

⑶负责全市农村公路建设管理和农村公路养护行业监管工作。负责农村公路建设管理；负责农村公路小修保养行业管理；负责农村公路大中修、公路灾害治理、公路安保及公路水毁修复等养护工程行业管理；监督指导农村公路建设和养护管理工作。

⑷负责全市的农村公路建设和养护计划管理。审核提出公路建设和农村公路养护工程建议计划。

⑸参与农村公路建设和相关养护工程的设计审查、交（竣）工验收等工作；组织或参与公路建设与农村公路养护管理检查、考核工作。

⑹负责农村公路文明公路创建的监管工作。

⑺指导做好与公路建设和农村公路养护相关的业务培训工作。

⑻协助做好“四新”技术的推广应用。

⑼承办局领导交办的其他工作。

（八）公路安全处

⑴宣传、贯彻、执行国家和省、市有关安全生产法律法规、方针、政策；拟订全市普通国省道安全生产和公路桥梁、隧道养护管理相关规章、制度等并监督落实；拟订普通国省道公路桥梁、隧道维修改造规划，指导农村公路桥隧规划的拟定工作。

⑵按照规定权限负责公路行业安全生产管理。承担局安全办、春运办、“三防”办、综治办日常工作。组织开展安全生产专项活动和安全生产、春运、“三防”、综治等专项检查，组织开展安全生产检查考核工作，及组织开展“平安公路”创建工作。按照规定权限监督指导公路行业维稳工作；监督指导局属单位的安全生产、社会管理综合治理工作。

⑶拟定安全生产应急保障预案，按照规定权限参与公路行业相关事故的调查处理，参与局属单位各类事故的调查处理。

⑷具体负责全市普通国省道公路桥梁、隧道安全运行的监管工作，对农村公路桥隧进行行业管理。负责全市普通国省道公路桥梁、隧道专项检测工作；监督指导全市普通国省道公路桥梁、隧道养护工程实施和养护管理工作；参与或组织全市普通国省道和农村公路桥梁、隧道管理检查和考核工作。

⑸负责全市普通国省道和农村公路桥梁、隧道养护计划管理，审核上报建议计划，并监督检查计划执行情况。

⑹组织或参与普通国省道公路桥梁、隧道维修加固工程设计审查工作，负责普通国省道公路桥梁、隧道维修加固工程的设计及概（预）算审核报批、权限内竣工决算的初审转报转批和合同管理，组织普通国省道公路桥梁、隧道维修加固工程的交（竣）工验收。参与指导农村公路桥梁、隧道维修加固工程设计审查、交（竣）工验收等工作。

⑺承办与公路相关的国防战备工作，负责交通战备钢桥培训、演练和交通战备仓库管理工作。

⑻组织指导安全生产、公路桥隧等工作的宣传、培训和演习工作。

⑼负责公路安全生产管理和公路桥梁、隧道养护“四新技术”的研发、推广和应用。

⑽承办局领导交办的其他工作。

（九）总师室

⑴贯彻执行国家和省有关公路行业技术管理、环境保护和节能减排的方针、政策、规范，指导全市公路行业的科学技术管理工作，并提供公路科技决策意见。

⑵制定或参与制定全市公路行业科技规划，协调各有关部门组织实施。负责公路系统信息化建设和管理。

⑶负责编制上报全市公路科技项目年度计划，组织或参与相关检查和科研成果的鉴定材料初审。

⑷协调各有关部门组织公路“四新”技术的应用实施。

⑸负责全市公路绿道建设的协调、监督、检查。

⑹负责普通国省道公路绿化管理和农村公路绿化行业管理工作。审核提出公路绿化建议计划，参与或组织公路绿化工程设计审查、交（竣）工验收等工作。

⑺指导公路行业环境保护和节能减排工作。

⑻参与公路建设工程和公路养护工程可行性研究、初步设计、施工图设计、水土保持方案审查以及工程交（竣）工验收，参与养护、工程、机械等各类技术问题和质量事故的调查、论证。

⑼负责公路工程造价内部审核工作。

⑽承办局领导交办的其他工作。

（十）高速公路不停车收费管理处

⑴贯彻落实国家或省、市有关高速公路不停车收费的法律、法规、规定和办法，负责全市高速公路不停车收费（ETC）系统管理工作。

⑵负责拟定ETC用户发展规划及全市统一服务标准、规范。

⑶负责电子标签的审核发行及全市用户数据库的管理，组织宣传推广工作。

⑷指导和规范收费车道的建设改造，督促高速公路业主履行通行服务、保障畅通等工作。

⑸监督全市高速公路不停车收费运行管理状况，负责全市高速公路不停车收费业务协调管理工作。

⑹组织相关的业务培训。

⑺承办局领导交办的其他工作。

（十一）政策法规处

⑴贯彻执行国家和省、市有关法律、法规及方针、政策，做好宣传、组织协调和督促检查工作；制订法制工作规范、制度，指导全市公路系统法制工作。

⑵负责全局行政执法人员资格管理，承担行政执法证件的管理、申领、年检审验工作。

⑶负责组织指导全市公路系统行政执法案件合法性的监督检查以及局本级行政处罚重大案件、简易程序案件等报备案工作。

⑷负责全市公路系统执法案卷的规范、考核评议等工作。

⑸负责办理全局行政许可、行政执法主体资格申报、确认、公告工作。

⑹负责局本级制定的有关规范性文件的审核和登记工作。

⑺负责组织局本级行政诉讼、行政复议、应诉、行政赔偿等有关工作。

⑻负责制订局本级干部职工普法教育计划并组织实施。

⑼负责行政法律法规咨询服务、组织有关法律法规问题的专题讨论，指导和推进依法行政工作。

⑽承办局领导交办的其他工作。

（十二）应急抢险指挥中心

⑴负责全市公路系统应急抢险指挥和协调工作。

⑵负责公路管理应急突发事件（含节假日期间）的各类日常接报、分送等信息数据报送工作，并做好监督与落实。

⑶负责社会应急联动工作，以及市政府应急联动系统平台和“数字城管”平台的对接、维护和处置。

⑷负责受理全市公路管理“12328”服务热线24小时咨询、投诉、举报和反馈等相关工作。

⑸负责全市“智慧公路”管理相关信息化工作，保障“智慧公路”平台正常运行，并做好相关指导、监督和考核工作。

⑹负责“智慧公路”的规划与编制，指导全市公路系统“智慧公路”工作。

⑺负责“智慧公路”平台应急处置系统、GIS平台、路网监测、执法监控、数据采集和整合方案的建设与完善工作。

⑻负责“智慧公路”基础数据库的建立、接收和录入等相关工作。

⑼负责全市公路管理应急指挥体系建设，协助做好应急保障预案的编制和公路相关的国防战备工作。

⑽承办局领导交办的其他工作。

（十三）机关党委

⑴宣传和执行党的路线、方针、政策和上级党组织的决议，拟订局机关党建工作相关管理办法，并监督实施。

⑵协助党委做好机关基层党组织的建设和管理，协助局党委做好党委班子建设、党员领导干部民主生活会等工作。

⑶拟订局机关党建工作规划、计划，并组织实施；承担局机关并指导局属单位党员的教育、发展和党费管理等工作；负责党务干部队伍管理工作。

⑷按规定和管理权限，实施党内监督，审议、审批党员违反党纪的处分。

⑸拟订局党委中心组理论学习计划，承办局党委中心组理论学习（扩大）会议事宜。

⑹负责党组织建设工作，指导、监督局属单位党组织及局机关党支部换届改选工作；落实党建工作责任制，组织对局属单位党组织及局机关党支部的年度考核。

⑺指导局机关工会、共青团工作。

⑻承办上级党组织和局领导交办的其他工作。

（十四）工会

⑴贯彻执行党和国家的路线、方针、政策，落实上级工会的决议，在局党委的领导下，结合公路实际，独立自主地开展工会活动。

⑵依据《中华人民共和国工会法》指导局属单位工会工作，组织职工参加民主管理，维护职工合法权益；负责局属单位工会委员会换届改选的审批工作；协助处理劳动争议等事宜。

⑶协同组织、指导公路行业劳动竞赛、技术比武等活动。

⑷参与公路行业精神文明建设，协助有关部门抓好职工思想政治教育，鼓励支持职工学习文化科学技术和管理知识，并组织开展文化体育活动和职工疗休养工作。

⑸根据上级工会要求，做好先进生产（工作）者和劳动模范等候选人的推荐工作。

⑹负责管理工会财务，包括经费的收缴、上解和使用；负责提出局工会、指导机关工会年度经费计划，并实施。

⑺指导局机关工会女工委、局工会经费审查委员会的工作。

⑻承办上级工会和局领导交办的其他工作。

（十五）团委

⑴结合公路工作实际，宣传和贯彻执行党的路线、方针、政策和上级团组织的各项决议。

⑵负责局团委自身建设及全局团员青年组织建设、思想建设、作风建设；按规定做好评比表彰和推优工作，督促局机关团支部做好日常工作。

⑶指导所属团组织做好组织、思想、作风建设，负责审批直属团组织的委员、副书记、书记，分级抓好发展团员和团员推优入党工作。

⑷组织和指导基层团干部和团员的培训工作，指导和协调所属团组织围绕局中心工作开展志愿者活动等适合团员青年特点和具有公路行业特色的各项活动。

⑸承办上级团组织和局领导交办的其他工作。

（十六）文明办

⑴推进、协调局本级以及全市公路系统精神文明建设，主要包括：贯彻落实中央、省、市文明委关于精神文明建设的重要决策和工作部署；负责制定行业精神文明建设的长远规划、年度计划和重要规章制度；组织、监督、考核行业精神文明创建工作，负责局机关文明单位创建的具体工作，协调各县（市、区）公路局、局直属机构文明单位创建活动；调查研究行业精神文明建设重点难点问题，发现、培育和宣传先进典型，组织开展行业精神文明建设评比表彰，总结推广先进经验。

⑵统筹、协调温州公路文化建设，主要包括：参与温州公路文化顶层设计、规划；参与温州公路文化课题研究；推进、协调温州公路文化在局本级以及全市公路系统范围内的宣贯落地；推进全市公路系统文化建设示范单位的创建和评选。

⑶完成局党委交办的其他工作。

（十七）信息（新闻）中心

⑴负责市公路局政务信息的撰写、编辑和报送，以及全市公路系统政务信息管理工作。

⑵负责市公路局新闻宣传（政务微信）的筹划、联系和采写，以及全系统新闻报道管理工作。

⑶负责市公路局各类汇报、局主要领导讲话稿等综合文字材料的撰写和整理工作。

⑷负责温州公路门户网站及办公自动化内网系统的更新、维护、管理和安全保障工作。

⑸负责《温州公路》（月刊）、大事记、宣传栏的出刊工作；负责《公路志》的编纂工作。

⑹完成领导交办的其他工作。

三、直属机构

【温州市公路路政管理支队高速公路大队】地址：温州市瓯海区南白象街道鹅湖东路1号。1995年，浙江省第一条高速公路即甬台温高速公路开始规划立项。1998年12月，温州市公路路政管理支队甬台温高速公路大队正式成立。2001年11月变更为温州市公路路政管理支队高速公路大队。隶属温州市公路管理局，主要职责：⑴宣传、贯彻执行高速公路行业管理和高速公路路政管理法律规范。⑵制定本市高速公路行业管理、高速公路路政管理的各项制度，编制工作计划、目标。⑶指导、协调、督查、考核各高速公路经营单位养护、征收、服务区文明创建、标志标线管理维护等工作。⑷实施高速公路路政巡查；管理全市高速公路施工秩序。⑸负责全市高速公路超限运输车辆行驶公路管理工作。⑹按管理权限，负责全市高速公路路政许可相关事宜。⑺参与涉及高速公路工程的初步设计会审、交竣工验收等以及路损索赔等工作。⑻管理高速公路两侧建筑控制区及安全保护区，查处各类违反公路法律规范的违法行为。⑼负责高速路政管理队伍建设和人员培训。⑽统计、汇总、上报全市高速公路行业管理和高速公路路政管理的各项报表、总结、信息和资料等。⑾法律、法规和规章规定的其他职责。大队担负全市约300公里高速公路的路政管理工作，内设办公室、法制科、管理科、政工科、养护科，下设温州大桥联合治超检查点，以及一至七中队。至2015年底，职工115人，其中执法人员58人，协管员29人，其他人员20人。“十二五”期间，获交通部全国交通运输行政执法评议考核优秀单位、全国交通运输行业文明示范窗口等荣誉称号、省级文明单位、省市创建“群众满意基层站所”先进单位。

市高速路政大队办公楼　刘晓华摄

温州市高速公路路政管理机构主要领导任职情况表

表 6-1-4

<table>
<tr><th>机构名称</th><th>起讫年月</th><th>负责人</th><th>职务</th><th>任职时间</th></tr>
<tr><td>温州市公路路政管理支队
甬台温高速公路大队</td><td>1998.12—2001.10</td><td rowspan="2">林孙林</td><td rowspan="2">大队长</td><td rowspan="2">1998.12—2006.8</td></tr>
<tr><td rowspan="4">温州市公路路政管理支队
高速公路大队</td><td>2001.11—2006.8</td></tr>
<tr><td rowspan="3">2016.8—</td><td>黄跃华</td><td>大队长</td><td>2006.08—2012.9</td></tr>
<tr><td>王航宇</td><td>大队长</td><td>2012.10—2015.6</td></tr>
<tr><td>林光夫</td><td>大队长</td><td>2015.7—</td></tr>
</table>

【甬台温高速公路苍南超限运输检测站】2001 年 12 月 30 日，浙江省政府批准全省 21 个超限运输检测站之一，隶属温州市公路管理处（局）。地址：甬台温高速公路浙闽收费站。主要职责：⑴宣传、贯彻执行公路超限管理工作方面的法律、法规和规章。⑵依法承担高速公路超限运输管理的具体业务工作，依法查验超限运输通行证，检测车辆外廓尺寸及总载质量、轴载质量等，查处和纠正超限运输违法行为。⑶根据上级制定的指导思想、工作目标，制订工作实施计划，采取固定治超和流动治超相结合的方式，开展超限治理工作，维护公路路产完好，保障公路安全畅通。⑷做好本单位的组织建设、廉政建设和精神文明建设工作，建立健全超限运输管理的各项工作制度，并督促检查各项规章制度的贯彻执行情况。⑸负责监管超限车辆的货物卸载、驳运，监管驳运企业在场地内的规范运作。⑹负责收集、整理和上报超限运输管理工作中的各类数据，提供超限运输执法工作动态信息。⑺负责管理和维护治超检测站的设施、设备和信息系统。⑻负责完成上级交办的其他任务。成立后，因无站房先后租用当地民房和浙闽主线收费站办公房办公。2015 年 8 月 14 日，甬台温高速公路苍南超限运输检测站站房建成投用。该站房位于 G15（沈海高速）浙闽主线收费站旁，用地面积 15213 平方米，总建筑面积 2611 平方米。工程概算造价 2454.5 万元。该站下设综合办公室、法制管理科，以及二个治超中队和一个机动中队。现有职工 56 人，正式职工 19 人。2004 年 6 月至 2015 年 12 月，共检测车

浙闽治超站办公大楼　刘晓华摄

辆 626.2132 万辆，查处违法超限运输车辆 3.5723 万辆，卸载 2.9965 万辆（除大件和不可卸载物品外），卸货 12.7671 万吨，收取罚款 4248.9353 万元，赔补偿 400.8265 万元。先后被评为全省治理车辆超限超载工作先进集体、全国公路交通系统“模范班组”和“全国工人先锋号”等称号。

【温州交通建设集团有限公司】　1998 年 8 月，经市政府同意，对国有企业温州路桥公司进行整体改组，组建温州交通建设集团有限公司。改组后企业经济性质，相应变更为国有控股的多元投资主体的有限责任公司，企业隶属关系不变，企业职工身份不变，企业退离休人员待遇不变（简称“三不变”），企业债权债务由集团公司承担。2001 年 7 月，经市政府同意，温州交通建设集团有限公司实行股份制企业化改制，改制后成为国有参股民营控股的有限责任公司，公司原有事业编制身份职工的劳动关系处理尚未完成。2003 年 12 月，由市公路管理处牵头，召开关于股份重组及国有股承包经营协调会。从 2004 年 1 月 1 日起，为确保国有资产保值增值，市公路管理处将在温

温州交通建设集团办公楼　王建煌摄

州交通建设集团公司中25.4%（2032万元）国有股的经营权承包给股东路港公司经营，并签订承包经营协议书。2013年1月，经市机构编制委员会批复，市公路管理局设立市公路建设工程技术服务中心，温州交通建设集团有限公司187名事业编制人员和128名离退休人员划入该中心管理，经费仍由公司负担。截至2015年底，温州交通建设集团有限公司共有技术职称人员308人，被聘用技术职称人员192人（其中事业编制75人，企业117人）。在现任被聘用人员中，高级职称人员30人（其中事业编制22人，企业8人），中级职称人员53人（其中事业编制24人，企业29人），初级职称人员109人（其中事业编制29人，企业80人）。

【温州市公路建设工程技术服务中心】 2013年1月，根据市机构编制委员会《关于印发〈温州市公路管理局机构编制方案〉的通知》（温市编〔2013〕1号），市公路建设工程技术服务中心成立。中心为市公路管理局下设正科级的事业单位，主要承担公路建设工程相关技术服务工作。经费自收自支，暂定事业编制220名。通过人员调整，将原温州市公路管理处沥青油库在编26人和退休35人、温州公路总段船厂在编7人和退休21人、温州交通建设集团有限公司在编187人和离退休128人，共计自收自支事业在编220人和退休184人划入技术服务中心管理。截至2016年5月，服务中心共拥有职称人员57人，其中高级职称人员21人，中级职称人员19人，初级职称人员17人。现被聘任人员57人，其中高级职称人员9人，中级职称人员29人，初级职称人员19人。

【温州市高速公路养护中心】 也称温州市应急养护中心，是温州地区首家具有A级公路养护资质的企业单位。原址位于瓯海区南白象镇（梧白公路旁），占地58公顷，建筑面积300平方米。中心除了负责温州市高速公路及其他公路的养护、公路路面施工等职能外，还增加全市公路应急养护职能。因该中心位于三洋湿地，考虑到环境污染因素，2012年迁建。建筑设计采用现代风格，建筑面积2500平方米，工程总投资1000万元。

【温州市公路管理处战备仓库】 战备仓库共有两处：一处位于永嘉六岙，建于1998年前，占地5公顷，建筑面积1650平方米；另一处位于文成峃口，属分库，建于1978年，占地0.6公顷，建筑面积为346.90平方米。2011年，两处仓库均进行维修，由省公路管理局全额补助30万元。据2014年12月统计，库内存放战备物资及机具：战备钢梁5组、编织袋3.59万只、融雪剂107.5吨、平板车1辆、挖掘机8辆、装载机38台、抽水机7台、发电机组30套、除雪除冰设备11台。

【温州公路总段沥青油库】 位于瓯江大桥北岸（永嘉桥下镇六岙村），是省公路管理局机具材料站与市公路管理处共同投资管理的专业沥青库。建于1995年前，占地21公顷，建筑面积1400平方米，总容量3600吨，拥有专用海运码头、沥青运输车辆。2011年，投资300万元进行修建，沥青储存罐扩容到5000吨，并增添现代办公设备。2013年1月，归入市公路工程建设技术服务中心。

【温州公路总段船厂】 位于永嘉清水埠镇楠江中路25号，系全民所有制企业。1970年正式建厂，其前身为温州公路总段工程队牛山施工组。当年，由施工组派遣3～4人筹建修船组，后迁至梅岙渡口，时有职工40人，从事修理汽车轮渡（以小修木质船为主）。1978年11月28日，改名为温州地区公路总段汽车渡轮修造船厂，负责丽水（温州）、台州地区渡轮修理和建造业务，建造能力为150马力的钢质渡船。1983年改名为温州公路总段船厂，1985年扩展为木工、电工、轮机、冷作、金工、油漆等7个车间。1983—1987年，进入钢质船替代木质船的“大会战”时期，时有职工170多人。之后，随着桥梁的发展，渡船修造业务日趋清淡。1990年，承建各县渡口的“三防”渡轮多艘。1992年下半年工作组入驻船厂，除安排留守人员外，其余人员分流到各渡口大桥的征费所。1993年正式停止造船。2013年，市公路管理处转型为市公路公路局，同时设立温州市公路建设工程技术服务中心，温州公路总段船厂7名在编自收自支事业编制留守人员和21名退休人员划入该中心管理，温州公路总段船厂自行解体。2015年温州公路总段船厂所在地清水埠镇楠江中路25号，因当地政府开发需要进行拆迁安置。

【温州市公路管理处机具修理厂】 原位于鹿城区牛山北路56号，系全民所有制企业。该厂初建于1959年“大跃进”期间，当时承担温州地区公路养护车辆和工具保养小修。1963年7月改称温州地区养路总段工具修理厂。1975年，该厂职工自行设计制造34辆“钱塘江”“红卫”牌木质货运车厢，用于载运公路养护路料。1979年开始对外承接社会车辆维修业务。1988年底，有职工95人。1989年12月，并入市公路管理处机械化工程队，原机构自行撤销。

【温州市公路管理处机械化工程队】 位于鹿城区三板桥，系公路工程二级施工单位。1962年12月，因战备需要，突击抽调温州地区公路运输局50多人，组成工程队，改建了温州地区首批永久性公路桥面。在此基础上，成立了温州地区公路运输局工程队。1964年1月，温州养路总段成立，工程队归属温州养路总段，选址牛山为预制场，队部也设在此处。至1971年，工程队设备已初具规模，开始承建渣油路面。1979年之后，开始承建水泥混凝土路面。该工程队从建队至1990年，29年来先后测设、施工各类桥梁上百座，主要有G104桥墩大桥、永嘉乌牛桥、乐清柳市三桥、瑞安瑞东线湖岭大桥、永嘉仙清线小港溪桥等，测设、施工公路线主要有三眼斗门、乌牛、梅园岭、白象岭南坡等工程，支援丽水地区公路总段改造G330工程。1989年12月与温州市公路管理处机修厂合并后，迁入今址。合并时职工人数已达300人，属于自收自支的事业单位。1991年2月，承接加宽温州机场道肩和滑道肩施工任务，工程被评为优质工程。1993年更名为温州路桥工程公司，更名后单位经济性质、隶属关系、财务渠道不变。

【温州市公路管理处职工教育培训中心】 创办于1988年10月，由温州市教委批准建立。设有公路养护技术、筑路机械、操作、驾驶、机务管理、道班长岗位培训等专业培训科目。学校专为各县（市）公路段职工进行短期轮训。1990年底有兼职教师10名。

【温州市公路管理处雁荡灵岩公路职工培训中心】 位于雁荡镇下灵岩村。2003年进行改建，占地6.8公顷，建筑面积2707平方米，工程投资771万元（省局补助541.8万元，地方配套229.2万元）。该中心是集公路系统职工技术培训、休闲度假及接待全国交通部门领导、贵宾的多功能三星级宾馆。中心设在雁荡山风景区内，建筑风格采用青色坡屋顶，与周边环境完美地融为一体。

【温州市公路管理处泰顺氡泉公路职工培训中心】 位于泰顺雅阳镇承天村。建于20世纪80年代初期，经营及附属用房占地12公顷，建筑面积750平方米。2012年进行扩建，按三星级宾馆建设，设计采用简欧式风格，建筑面积3000平方米，投资800万元。建成后作为全市公路职工技术培训、退休老职工疗养、休闲度假的基地。

四、下属机构

【鹿城区公路管理局】 地址：鹿城区鹿城路515号4号楼。2000年1月，实行公路管理体制改革，成立鹿城区公路管理段。同年7月，建立鹿城区公路路政管理大队，与区公路管理段实行一套班子、两块牌子。2013年3月，经区机构编制委员会批准，实行“段”改“局”，并调整为承担行政职能的财政拨款全额事业单位，机构规格相当于副科级。行政隶属区交通运输局管理，业务接受市公路管理局指导。经费形式按原渠道，人员身份保持不变。内设办公室、养护管理科、安全管理科、路政管理科、农村公路建管养科5个科室，下设公路管理所（含养护、路政）2个（支岙、戴宅），超限运输检测站1个（330国道温州鹿城超限运输检测站），设有区公路养护与应急保障中心（公益一类事业单位）、温州市中一公路养护工程有限公司（法人独资企业）。核定编制62名，领导职数4名，中层职数22名。全局在职61人，退休38人。2015年7月、2017年2月24日，分别从鹿城区牛山北路23-1号公路大楼、鹿城区双乐小区乐16栋迁至现址。管养公路总里程314.772公里，其中国道52.815 公里，省道10.991 公里，县道53.587 公里，乡道61.982公里，村道135.397 公里。

【龙湾区公路管理局】 地址：龙湾区交通中心西首。2000年3月，实行公路管理体制改革，成立龙湾区公路管理段。同年7月，建立龙湾区公路路政管理大队，与区公路管理段实行一套班子、两块牌子。2013年5月，正式调整为承担行政职能的事业单位，机构规格相当于副科级。2014年4月，经区机构编制委员会批准，实行“段”改“局”。2016年3月，经费由自收自支变更为财政全额拨款。行政隶属区交通运输局管理，业务接受市公路管理局指导。内设综合办公室、养护工程科、法制管理科3个科室，下设公路养护站1个（机场站），路政管理中队2个（设状元交通中心），设有区养护工程有限公司。核定编制46名，领导职数4名，中层职数10名。全局在职46人，退休12人。管养公路总里程308.342公里，其中国道15.75公里，省道18.399公里，县道42.012公里，乡道57.647公里，村道174.534公里。

【瓯海区公路管理局】 地址：瓯海大道158号。1999年12月，从原温州市公路管理处分离出来而成立。机构规格为副科级全民事业单位，行政隶属瓯海区交通局管理，业务接受温州市公路管理处指导。原瓯海区县乡公路养护所、瓯海区县乡公路路政中队并入其中。2000年1月，瓯海区公路路政管理大队成立，与区公路段合署办公。2002年因行政区划调整，藤桥镇、上戍乡、临江镇、双潮乡、岙底乡和梧埏镇的划龙桥村、上田村、鱼鳞浃村、前网村等乡镇、村及辖区公路划归鹿城区管辖，永中、灵昆、天河、沙城等镇及所在公路划归龙湾区管辖；瑞安市的丽岙镇、仙岩镇及辖区公路划归瓯海区管辖。藤桥、永强、三溪公路养护站和路政三中队相应调整。2012年12月，瓯江大桥管理征收所9人划归瓯海区公路管理段。2013年12月，经瓯海区编制委员会批准，实行“段”改“局”，正式调整为承担行政职能的全额拨款事业单位，机构规格相当于副科级。内设办公室、养护工程管理科、农村公路管理科（后增）、安全管理科、路政管理科（行政审批科）5个科室；下设公路管理所（含养护、路政）2个（南白象、泽雅），下属温州市瓯海区公路养护与应急保障中心，为正股级公益二类事业单位。核定编制52名，现为49名，领导职数5名，中层职数15名。全局在职46人，退休25人。2015年8月3日从鹿城区牛山北路23—1号公路大楼迁至现址。管养公路总里程734.581公里（含高速22.005公里），其中国道34.753公里（含高速22.005公里），县道210.897公里，乡道85.442公里，村道403.489公里。

【洞头区公路管理局】 地址：洞头县新城区海滨大道2号公路大楼。1965年12月，浙江省交通厅温州养路总段在洞头设养护道班。1979年5月，成立洞头县公路段。2013年4月，经洞头县机构编制委员会批准，实行“段”改“局”，并调整为承担行政职能的财政拨款全额事业单位，经费形式按原渠道、人员身份保持不变，机构规格相当于副科级。行政隶属区交通运输局管理，业务接受市公路管理局指导。内设办公室、法制科、工程养护科、路政中队4个职能科室，下设公路管理站1个（北岙），路政中队2个（设区公路局）。核定编制19名，领导职数3名，中层职数7名。2015年7月，经国务院同意，洞头撤县设区，设立温州市洞头区，龙湾区灵昆街道划归洞头区管辖。洞头县公路管理局随之变更为洞头区公路管理局。全局在职26人，退休10人。管养公路总里程229.386公里，其中国道42.938公里，县道103.247公里，乡道42.897公里，村道40.304公里。

【乐清市公路管理局】 地址：乐清市乐成街道宁康西路92号。1950年10月，乐清县开始建立养路道班和渡班，由浙江省交通厅第五工程队负责管理。1951年6月，渡口道班移交黄岩工务段接管，黄岩工务段在乐清设立两个督工处。1953年1月，乐清境内公路改由台州养路段接管。1954年9月，由台州养路段移交临海县养路段接管，取消两个督工处，改设清江、柳市两个工区。1955年10月，清江、柳市工区合并为乐清工区。1958年，乐清工区划归温州运输段管辖，下分清江南岸、北岸两个养路队，分设乐成镇南门村、水涨。1959年3月，南、北岸养路队合并，改名为水涨工区，设正副工长和领工。1963年上半年，水涨工区搬迁至乐成镇南门村车站道班办公，改名为乐清工区，隶属温州公路总段。1968年12月，乐清工区改为乐清县公路段，行政隶属乐清县工业手工业局，业务接受温州公路总段指导，负责县内公路养护和路线大中修工程。1978年开始，全县养路工作走上正常轨道。1987年7月，乐清废县设市，公路管理机构更名为乐清市公路段，隶属温州公路总段。1993年，乐清市公路段更名为乐清市公路管理段。1996年9月，乐清市公路路政管理大队正式成立，与乐清市公路管理段一套人马、两块牌子。2001年2月，乐清市公路管理段成建制下放给地方，归属乐清市交通局管辖。同月，乐清市县乡公路养护所、乐清市县乡路政管理队并入乐清市公路管理段。2013年9月，经乐清市机构编制委员会批准，实行“段”改“局”，确定为承担行政职能的事业单位，经费由乐清市财政全额拨款。机构规格相当于副科级。行政隶属乐清市交通运输局管理，业务接受温州市公路管理局指导。内设办公室、计划财务科、公路养护管理科、公路建设管理科、安全机料科和路政管理科6个职能科室，下设公路管理所（含养护、路政）5个（大荆、雁荡、虹清、乐成、柳白），超限运输检测站1个（104国道乐清超限运输检测站）。核定编制79名，局长（大队长）1名，中层职数28名。同时设立乐清市公路养护与应急保障中心，为正股级公益一类全额拨款事业单位，核定编制97名，中层职数3名。全局在职129人，退休82人。管养公路总里程1321.968公里，其中国道72.647公里，县道369.726公里，乡道191.402公里，村道688.193公里。

【瑞安市公路管理局】 地址：瑞安市万松东路86号。成立于1956年1月，前身为丽水养路段瑞安养护工区。1958年8月，划归鳌江养路股管辖。1958年11月，划归温州养路总段管辖，更名为温州养路总段瑞安工区。1968年3月，更名为瑞安县公路段，隶属温州市公路总段。1987年7月，瑞安废县设市，公路管理机构更名为瑞安市公路段，隶属温州公路总段。1993年，温州公路总段更名为温州市公路管理处，瑞安市公路段更名为瑞安市公路管理段，隶属温州市公路管理处。1996年9月，瑞安市公路路政管理大队正式成立，与瑞安市公路管理段挂两块牌子、一套人马。2001年2月，瑞安市公路管理段成建制下放给地方，归属瑞安交通局管辖。同月，瑞安县乡公路养护所、瑞安市县乡路政管理队和G104温州飞云江大桥征费管理所、飞云江大桥派出所并入瑞安市公路管理段。2013年11月，经瑞安市机构编制委员会批准，实行“段”改“局”，核定为承担行政职能类财政全额拨款事业单位，机构规格相当于行政副科级，并设立瑞安市公路养护与应急保障中心，为隶属于瑞安市公路管理局的公益一类财政全额拨款事业单位。行政隶属瑞安市交通运输局管理，业务接受温州市公路管理局指导。下设机构17个，其中内设办公室、养护工程科、建设管理科、路政管理科、路政法制科、机料安全科、作风效能督查室7个科室；下设超限运输检测站1个（330省道瑞安超限运输检测站），1个油料站（云江油料站），公路管理站5个（塘下、马屿、高楼、湖岭、陶山），路政管理中队4个（东山、安阳、高楼、陶山）。核定编制190名。全局在职158人，退休90人。管养公路总里程1840.121公里，其中普通国道1条18.9公里，省道2条83.199公里，县道25条372.373公里，乡道27条132.121公里，专用公路5条3.56公里，村道1229.968公里。

【永嘉县公路管理局】 地址：永嘉县南城街道黄屿村公路大楼。1950年11月，杭温公路（G104）修复通车，永嘉乌牛至江头（港头）16公里路段由乐清道班养护。1954年1月，丽温公路（老G330）通车，清水埠至花岩头路段设梅岙工区，下辖朱涂、垟京、江北道班，统归丽水养路总段管辖。1956年1月，梅岙工区改称朱涂工区，划归温州养路总段管养，梅岙渡口由温州总段直辖。1958年11月，建立永嘉县养路队，归温州运输段养路股领导，在梅岙渡口办公，管辖4个道班，管理清水埠至花岩头、沙头至岩头两段公路。1959年，清水埠至沙头公路建成，永嘉养路队迁址上塘浦口与永嘉汽车站合署办公。1964年，养路队改称省交通厅温州养路总段永嘉工区，1972年改称永嘉县公路段，下辖16个道班，负责县境内国省道及部分县道的管理和养护。1983年8月，专业养护和县乡养护正式分开。1992年6月，永嘉县公路段改称永嘉县公路管理段（正科级），下属改称公路养护管理站。2000年5月，永嘉县公路管理段与永嘉公路路政管理大队实行一套班子、两块牌子，性质为全民事业机构，级别定为副科，定编数184人。2010年12月，撤销永嘉县三角岩大桥征收管理所，设立41省道永嘉超限运输检测站。2013年3月，经永嘉县机构编制委员会批准，实行“段”改“局”，并调整为承担行政职能的全额拨款事业单位，行政隶属永嘉县交通运输局管理，业务接受温州市公路管理局指导。内设办公室、计划财务科、公路养护工程管理科、法制科、路政管理科、路政行政审批服务科、农村公路管理科、机料安全科8个科室，下设公路管理站（含养护、路政）7个（上塘、瓯北、桥下、九丈、岩头、岩坦、金竹溪），超限运输检测站1个（41省道永嘉超限运输检测站）。核定事业编制80名，其中领导职数4名，中层职数22名，派出机构负责人职数12名（各中队负责人职数2名），经费全额拨款。设立永嘉县公路养护与应急保障中心，为公益二类事业单位，核定编制143名。2013年底，全局在职217人，退休人员95人，遗属供养11名。管养公路总里程2654.399公里，其中国道45.93公里，省道204.329公里，县道553.869公里，乡道187.419公里，村道1662.852公里。

【文成县公路管理局】 地址：文成县大峃镇樟台社区服务中心。1958年1月，大峃至平阳坑公路建成通车后，由温州养路段瑞安工区始设道班并管辖。1961年4月1日，文成县由瑞安县分离出来，恢复县级建制，成立文成县养路队。同年4月，养路队改称温州地区公路运输局文成工区。1963年5月，改称温州养路总段文成工区。1968年1月，改称“浙江省温州地区公路总段文成公路段”。1978年，开始实行条块结合的双重领导体制，更名为“文成县公路段”，设生产、机料、行政财务股3个职能部门、16个生产班组。1986年7月，增设文成县公路派出所。1989年8月，改称“文成县公路管理处”。1991年1月，增设文成县公路路政大队。1993年7月，更名为文成县公路管理段。1999年8月，与县乡公路养护所、县路政队合并成立文成县公路管理段，增挂文成县公路路政管理大队牌子。2013年 6月，经文成县机构编制委员会批准，实行“段”改“局”，行政隶属文成县交通运输局管理，业务接受温州市公路管理局指导。内设办公室、养护工程科、安全机料科、路政综合科、路政法制科、路政管理科 6个科室。下设公路养护站2个（樟台、百丈漈）、路政管理中队3个（设县公路管理局）。核定编制105名，领导职数6名，中层职数28名。全局在职81人，退休51人。2014年，段部从大峃镇樟台鹤东路188号拆迁至现址。管养公路总里程1796.775公里，其中国道65.27公里，省道4.237公里，县道 472.71公里，乡道174.763公里，村道1079.795公里。

【平阳县公路管理局】 地址：平阳县昆阳镇皇𡊅村104国道边。1956年12月，平阳县公路养护属丽水运输段管辖，平阳下设郭庄、下河、灵溪、桥墩4个道班，管养温分线孙桥至分水关56公里沙石路。1958年5月，鳌江汽车辅导站与平阳养路工区合并，成立鳌江运输段，改称养路股，下设灵溪工区、雅中泰顺县工区，管养温分线、矾灵线、北港线、分泰线等路段。1964年1月，鳌江运输段（车站、监理、养路）一分为三，养路股改名“温州养路总段平阳养路工区”，地址设在鳌江车站内。“文化大革命”开始后，1967年3月，群众组织（革命造反派）接管了平阳工区党政一切权力。同年12月，平阳养路工区改称平阳公路段，成立“浙江省温州地区公路总段平阳公路段革命委员会”。1979年1月1日，恢复以条为主、条块结合的体制，平阳公路段归平阳县工业交通经济委员会和温州地区公路总段双重领导。1982年1月，平阳、苍南分县前，全段养护总里程215.76公里。其中专业养护189.66公里，农工养护26.1公里。全段职工总人数127人，下设18个专业养护道班、3个农工班、2个班组。平阳、苍南分县后，平阳县公路段部分干部职工调至苍南县公路段。1986年12月，平阳公路段迁址昆阳后。1990年3月，在全市率先成立平阳县公路路政管理队。1995年7月，平阳县公路路政管理队更名为平阳县公路路政管理大队。1992年7月，平阳县公路段改称平阳县公路管理段。1999年7月，下放给平阳县交通运输局。2000年1月1日，县乡公路养护所撤销，并入县公路管理段。2013年6月，经平阳县机构编制委员会批准，实行“段”改“局”，并调整为承担行政职能事业单位，行政隶属平阳县交通运输局管理，业务接受温州市公路管理局指导。内设办公室、工程建设科、工程养护科、计划财务科、路政管理科、法制科、安全管理科7个职能科室；下设公路管理所（含养护、路政）5个（昆阳、鳌江、萧江、水头、南雁）。核定编制99名，领导职数4名，中层职数24名。全局在职88人，退休53人。管养公路总里程1541.616公里，其中国道58.003公里（包括高速公路27.338公里），省道25.368公里，县道302.361公里，乡道130.819公里，村道1025.065公里。

【泰顺县公路管理局】 地址：泰顺县罗阳镇泰寿路55号。1957年7月，泰顺县建成分水关至雅中公路42公里，由温州养路段瑞安工区代管，工区在泰顺境内的月湖垟、车头、雅中各设一个道班。1958年7月，分泰公路全线通车，成立温州地区公路运输局鳌江运输段泰顺养路队，负责对分泰线的管养（初驻设雅中，称雅中养路队）。1961年10月，成立泰顺运输段，公路养护归运输段养护股负责。养护股下设罗阳、雅中两个作业队。1962年7月，泰顺运输段撤销，作业队改称温州地区公路运输局鳌江运输段泰顺工区。1964年1月，浙江省温州公路总段成立，泰顺工区改属温州养路总段领导。同年10月正式与鳌江运输段脱离隶属关系。1968年12月，泰顺工区改称泰顺县公路段，隶属关系不变。1979年1月，接受温州地区公路总段及泰顺县人民政府的双重领导。1990年成立泰顺县公路路政管理队，实行段与路政管理队合署业务，一套班子、两块牌子。1992年7月，改称泰顺县公路管理段。2013年7月，经泰顺县机构编制委员会批准，实行“段”改“局”，并调整为承担行政职能的事业单位，行政隶属泰顺县交通运输局管理，业务接受温州市公路管理局指导。内设办公室（人事科）、财务科、公路养护管理科、公路建设管理科、公路安全管理科（公路机料安全管理）、农村公路管理科、公路路政管理科、行政审批科8个职能科室；下设公路管理站6个（罗阳、司前、富垟、 三魁、筱村、柳峰），路政管理中队3个（罗阳1个、泗溪2个），超限运输检测站1个（S228泰顺超限运输检测站）。核定局机关编制70名，领导职数6名，中层职数13名；核定S228泰顺超限运输检测站编制28名，领导职数4名。同年，成立局属事业单位泰顺县公路养护与应急保障中心，核定编制54名，领导职数4名。全局在职126人，退休74人。管养公路总里程为2167.232公里，其中国道36.174公里，省道64.124公里，农村公路2055.121公里，专用公路11.815公里。

【苍南县公路管理局】 地址：苍南县灵溪镇建兴东路72号。1981年6月，苍南从平阳县析出置县。1982年1月，苍南县公路段成立，系全民事业单位，隶属温州公路总段领导。内设行政、财务、公路养护、工程技术等4个股，1个公路公安派出所；下辖13个道班、1个机修组和1个油路工程队。1999年7月，体制下放给县交通运输局。2011年6月，104国道苍南通行费征收所、灵龙公路收费站并入。2013年6月，经苍南县机构编制委员会批准，实行“段”改“局”，并调整为承担行政职能的财政全额拨款事业单位，行政隶属苍南县交通运输局管理，业务接受温州市公路管理局指导。同时设立苍南县公路养护与保障中心，为财政全额拨款事业单位。内设办公室、养护工程科、安全机料科、路政法制科、路政管理科、行政审批科6个科室；下设公路管理站5个（灵溪、南宋、金乡、马站、龙港）、路政管理中队4个（灵溪、矾山、龙港、金乡）、超限运输检测站1个（104国道苍南超限运输检测站）。核定编制163名，领导职数7名，中层职数32名。全局在职185人，退休人员84人。管养公路总里程1578.08公里，其中国道24.872公里，省道48.365公里，县道492.095公里，乡道95.505公里，村道 917.243公里。

五、公路养护管理站（所）

【鹿城·藤桥公路养护管理站】 位于鹿城区藤桥镇上戍带宅村松山头瓯湖线（桩号K5+400）。建于1992年，占地约4.64公顷，2009年实施改扩建。2003年因温州市区划调整后移交鹿城区管理。职工19人，负责管养鹿城境内G104线、G330线共计34.139公里，以及县、乡、村道。2010年获温州市交通局授予的“一星文明公路站”称号。

【龙湾·温州机场养护站】 位于龙湾区扶贫开发区致富路15号。建于1989年，占地2260平方米，机场养护站现有建筑物3幢，总建筑面积509.30平方米，其中，道班房1幢3层，砖混结构，建筑面积约405.00平方米；食堂1幢，建筑面积约56.6平方米；仓库1幢，建筑面积约47.7平方米。职工11人，负责管养境内公路总里程118.05公里。2009年获市“星级文明公路养护站”称号。

【瓯海·泽雅公路管理所】 位于瓯海区泽雅镇李降垟村瓯湖线（桩号K18+000）。2001年正式设立，由西岸、源口、三溪（部分）等道班合并而成，占地约4828平方米。职工7人，负责管养境内瓯湖线、温源线、石林环线、高桐线、白巨线、林五线、陈北线、龙西线等19条县乡道，共163.975公里。

【瓯海·南白象公路管理所】 位于瓯海区南白象街道鹅湖村（G104线K1918+000）。2013年，原位于牛山北路1号的牛山公路养护站（前身为牛山道班），因双南线改扩建工程而迁建至南白象鹅湖段（G104线K1917+994）。2014年，改称南白象公路管理所。2014年12月，现办公楼建成投用，占地3457平方米，1幢4层建筑物、建筑面积1945.96平方米。职工12人，负责管养G104线瓯海段、双南线、南大线、下沈线、高桐线、新桐线、仙竹线、穗新线等15条县乡道共计99.805公里。

【洞头·北岙公路养护站】 位于洞头北岙街道岭背东路2号。建于1992年，占地1.18公顷，建筑面积536平方米，4层楼房，总投资23万元。主要负责洞头本岛（包括元觉、霓屿）的公路管养与应急抢险工作。

【洞头·大门公路站】 位于洞头大门镇沙岩。建于1995年，占地333.33平方米，建筑面积65平方米，4层楼房，总投资5万元。主要负责洞头大门50多公里的农村公路管养与应急抢险工作。

【乐清·大荆公路管理所】 原名大荆道班房，原址位于水涨至双峰乡龙避岙段（桩号K5+550）。购于1958年，为木结构4间房，占地130平方米，建筑面积82平方米。职工7人，负责管养公路里程9.8公里。1988年重新选址在大荆镇荆山北路90号建站房，占地面积1850平方米，建筑面积858平方米，原道班房现改称大荆公路管理所。

【乐清·雁荡公路管理所】 位于雁荡镇上詹村。建于1990年，占地1000平方米，建筑面积854平方米。2014年，建成新站房，占地8211平方米，建筑面积2990平方米。

【乐清·虹清公路管理所】 位于清江镇桥南6号。建于1994年，占地930平方米，建筑面积835平方米。

【乐清·乐成公路管理所】 前身为乐清道班，位于后所乡白沙河头。始建于1960年，建筑面积达286平方米。职工9人，负责管养公路里程17.38公里。1998年，G104乐清段清江以南“四自”改建工程全面竣工，乐清公路管理部门组建乐清市后所公路养护管理大站，配套管养G104清江以南“四自”工程45公里。2000年，建设后所大道班，在原后所公路管理站约2350平方米的基础上，再向东征地9117.2平方米，实行生活区与生产作业区相分离。现后所公路管理站2350平方米，全部作为生产作业区，用来停放大中型机械设备、运输车辆和设置沥青拌设备。2005年，完成后所养护中心综合楼建设，建筑面积3386平方米，占地面积14753.19平方米。

【乐清·白象公路站】 原名白象道班，位于北白象镇沙门。始建于1979年，建筑面积379平方米。职工8人，负责管养公路里程13.5公里。1985年实施改建工程，新站位于北白象镇交通西路363号，占地4400平方米，建筑面积700平方米。

【乐清·磐石道班房】 位于北白象至磐石的磐石镇东门段（桩号K5+500）。建于1979年，站房建设资金由温州公路总段投资1.22万元，工程由乐清县公路段施工建成。占地362平方米，为6间砖混结构建筑物，使用面积161平方米。职工3人，负责管养公路里程6.27公里。

【乐清·卓南道班房】 位于卓屿至庄屋段卓南乡柳林段（桩号K4+030）。建于1976年，占地154平方米，为三间砖石结构建筑物，使用面积90平方米。职工2人，负责管养公路里程7公里。

【乐清·水涨公路站】 前身为水涨道班房，位于水涨至白溪浦湾段（桩号K0+609）。始建于1963年，占地129平方米，建筑为3间砖石结构建筑物，使用面积124平方米。职工8人，负责管养公路里程9公里。1992年，水涨道班房迁建，新站位于G104水涨段（桩号K1796+100），建筑面积451.68平方米，改称水涨公路站。2015年新站房建成，占地1199平方米，建筑面积1088平方米。

【乐清·白溪公路站】 前身为白溪道班房，位于水涨至白溪段（桩号K 6+771）。始建于1963年，站房占地283平方米，使用面积185平方米，为8间砖木结构站房。职工8人，负责管养公路里程14.65公里。2000年，在白溪道班南侧扩大规模，新建白溪公路站，位于G104线K1801+450处，建筑面积605平方米。

【乐清·乐成中心公路站】 位于宁康东路457号。建于2005年，占地14750平方米，建筑面积4000平方米。

乐清公路段养护道班情况表（1987）

表 6-1-5

道班名称	地 址	人 数	建班年份	建筑面积（平方米）	管养里程（公里）
湖雾道班	湖雾乡海头	7	1963	264	8
水涨道班	水涨乡浦湾	7	1963	124	9
大荆道班	双峰乡龙避岙	7	1958	130	9.8
卓南道班	卓南乡柳林	2	1976	90	7
白溪道班	雁荡下选坑	8	1963	185	14.65
朴头道班	下塘乡靖底施	7	1969	182	10
虹桥道班	虹桥镇建强	10	1966	363	24
乐清道班	后所乡白沙河头	9	1960	286	17.38
白象道班	北白象镇沙门	8	1964	379	13.5
磐石道班	磐石镇东门	3	1979	161	6.27
合 计		68	—	2164	119.6

【瑞安·马屿公路管理站】 位于瑞安市马屿镇五角村。始建于1962年，占地约813.33平方米，建筑面积490.2平方米。职工12人，负责管养境内S330线137.1公里及辖区农村公路。获中华全国总工会“模范职工小家”、温州市公路系统“先进文明公路站”、温州市总工会“先进职工小家”、温州市交通局“先进集体”等荣誉。

【瑞安·塘下公路站】 位于G104塘下镇上金村段（桩号K1931+900）。建于1984年，占地3313.30平方米，建筑面积913.8平方米。2009年投资150万元实施改扩建。职工11人，负责管养辖内G104线及塘下镇、汀田、莘塍、安阳、上望、东山、南滨等街道乡级以上线路共13条106.566公里，其中国道18.9公里，县乡道87.666公里。

【瑞安·高楼公路站】 位于青岱线高楼镇高二村段（桩号K64+200）。建于1970年，占地466.66平方米，建筑面积143平方米。2010年投入40万元实施改扩建。主要负责高楼镇乡级以上公路养护，管理线路10条合计里程117.425公里，其中省道60.199公里，县乡道47.712公里。

【瑞安·陶山公路站】 位于瑞枫线陶山镇桐浦村段（桩号K16+500）。建于1994年，占地999.99平方米，建筑面积691.1平方米。2010年投入40万元实施改扩建。职工11人，负责管养陶山镇、锦湖、玉海街道等乡级以上线路共17条95.553公里。

【瑞安·湖岭公路站】 位于瑞枫线湖岭镇溪坦村段（桩号K31+800）。建于1992年，占地666.66平方米，建筑面积227.45平方米。2010年投入40万元实施改扩建。职工10人，负责管养湖岭镇乡级以上线路共10条141.136公里。

瑞安公路养护管理机构变更简表

表 6-1-6

1992年公路站点	2015年公路站点
塘下	塘下
马屿	马屿
云江	撤销建制，并入马屿公路站，原址设云江油料站
高楼	原设高楼镇宁益社区南山村，2014年迁至高楼社区高二村
东山	撤销建制，并入塘下公路站
陶山	1994—2000年撤销，2001年恢复建制。
湖岭	1994—2000年撤销，2001年恢复建制。
平阳坑	撤销建制，并入马屿公路站
东山	撤销建制，并入塘下公路站
石腾	撤销建制，并入高楼公路站
桐浦	撤销建制，并入陶山公路站

【永嘉·上塘公路管理站】 位于S223线东城街道石介下村。始建于1994年，占地1633.32平方米，其中生产用房1454.55平方米；生活用房534.19平方米，绿化16.60平方米。职工19人（其中技师4人、高级工3人），负责专业管养S223线31.169公里，非专业管养路段17.077公里，桥梁18座/441.90延米，隧道6座/977.90延米。

【永嘉·鸡笼屿公路管理站】 位于S333线桥下镇梅岙上村。建于2003年，占地8399.92平方米，其中生产用房（场地）1261.5平方米，生活用房1261.05平方米，绿化500平方米。职工17人（其中技师8人），负责专业管养S333线23.016公里，桥梁11座/599.07延米，隧道1座/305延米。获温州市公路管理处两个文明建设先进集体、春运工作先进集体、先进集体和“一星级文明公路站”称号。

【永嘉·九丈公路管理站】 位于S223线沙头镇九丈村。建于1998年，占地3.16公顷，其中生产用房1881.4平方米，生活用房1001.63平方米，绿化360平方米。职工19人（其中技师6人），负责专业管养公路总里程52.77公里，其中S223路段17公里，桥梁23座/888延米，隧道3座/116延米。2005—2012年，获温州市公路管理处先进集体、抗台救灾先进集体和“一星级文明公路站”称号。

【永嘉·岩头公路管理站】 位于S223线岩头镇梅河一村。建于1985年，占地879.91平方米，建筑面积1347.99平方米。职工12人（其中技师1人、高级工6人），负责专业管养S223线26.927公里。2008年获温州市抗台先进集体称号。

【永嘉·中村公路管理站】 位于G104线中村段（桩号K1868+938）。建于1985年，占地3733.3平方米，建筑面积2200平方米。站内分办公区、生活区和生产区，下设站长室、办公室、内业管理室、观测室、机房室、操作室、活动室和阅览室。职工14人（其中技师4人，高级工6人、中级工1人、初级工1人，助理工程师2人），负责管养G104线36.564公里，县乡公路35.323公里。1997—2009年，获省模范集体、省先进集体、省文明示范窗口，市模范集体、市先进集体等称号。

【永嘉·江潭公路管理站】 位于永嘉岩坦镇张溪乡江潭村，前往四海山风景区必经之路。占地462.84平方米，一幢二层楼房，其中，生产用房368.98平方米，生活用房380平方米，绿化34.896平方米。职工6人，负责管养里程45.622公里，其中S223桥梁22座656.88延米，隧道12座 3464.7延米，绿化里程34.896公里。

永嘉公路道班情况统计表（1988）

表6-1-7

道班名称	所在地点	建班年份	站房面积（平方米）	养护人数	管养里程（公里）
鸡笼屿道班	梅岙乡上村	—	567	19	26.47
中村道班	三江乡中村	—	144	11	12.9
礁头道班	江北乡河三村	—	168	10	11
黄田道班	黄田乡岭下村	—	102	8	14.21
上塘道班	上塘镇浦口村	—	130	6	6.82
沙头道班	沙头乡高浦村	—	222	5	10
泰石道班	渠口乡泰石村	—	150	5	10
石柱道班	渠口乡石柱村	—	162	5	10
岩头道班	岩头镇河二村	—	123	5	10
鲤溪道班	鲤溪乡鲤溪村	—	200	5	10
江潭道班	张溪乡岩坦头村	—	174	5	10
金竹溪道班	张溪乡金竹溪村	—	177	5	9.9
寺后道班	张溪乡寺后村	—	153	5	11
前溪道班	溪口乡前溪村	—	—	4	11
小箬口道班	桐州乡小箬口村		144	5	11.25
黄岙道班	白泉乡黄岙		108	5	11
合计	—	—	2724	108	185.55

【文成·百丈漈公路养护站】 位于文成十黄线（桩号K000+800米），1996年由石垟、石门、包山、二源、南田5个公路站撤并组建，职工12人，负责管养任境内S330及5条县道126公里（包括百丈漈景区、铜铃山森林公园、刘基庙等通景公路）。获得荣誉：全国工人先锋号、全国模范道班、中华全国总工会先进职工小家，浙江省工人先锋号、省级文明公路站，温州市劳动模范集体，温州市总工会先进工会小家、文成县抗台救灾先进集体等。

【文成·樟台公路养护站】 前身为樟台油路站，位于文成县一花线（桩号K37+900），即一花线大峃镇驮泛村过境公路，建于1989年。职工11人，负责管养S330及6条县道132公里。1990年开始创建文明公路站，为全省第一批开展文明公路站、组创建工作单位之一，获省模范职工小家、市先进集体等荣誉称号。

【文成·石垟公路管理站】 位于文成县铜岭山镇石垟林场S330和县道交叉路口。始建于1986年，1992年改称石垟公路管理站，1996年撤站，留养护工胡建立一人负责3公里砂石路面养护。2001年，S330石垟林场至干坑坳段完成“砂改油”，划归百丈漈公路站养护。1986—1996年，先后20次被评为省、市、县先进称号。从该站走出“中国好人”、中共浙江省第十四次代表大会代表胡建立，“劳模”王佐宽等优秀公路养护工人。

石垟公路养护管理机构主要荣誉情况统计表（1986-1996）

表6-1-8

序号	获奖年度	获奖项目	颁奖部门
1	1986年	先进集体	温州公路总段
2	1986年	雨季路况评比优胜集体	温州公路总段
3	1987年	先进集体	温州公路总段
4	1988年	雨季路况评比优胜集体	温州公路总段
5	1988年	雨季路况评比优胜集体	温州公路总段
6	1989年	文明班组	温州市公路管理处
7	1989年	文明班级（集体）标兵	浙江省公路管理局
8	1990年	雨季路况评比优胜集体	温州市公路管理处
9	1990年	先进集体	温州市公路管理处
10	1991年	雨季路况评比优胜集体	温州市公路管理处
11	1991年	安全生产百日竞赛优胜集体	温州市公路管理处
12	1991年	先进班组	文成县总工会
13	1991年	先进集体	温州市公路管理处
14	1992年	雨季路况评比优胜集体	温州市公路管理处
15	1992年	先进集体	温州市公路管理处
16	1993年	两个文明建设先进集体	温州市公路管理处
17	1994年	“奉献杯”竞赛优胜集体	温州市公路管理处
18	1995年	两个文明建设先进集体	温州市公路管理处
19	1996年	文明公路站	浙江省交通厅
20	1996年	先进职工小家	温州市总工会

文成公路道班情况统计表（1988）

表6-1-9

道班	站房幢数	人数	养护里程	主要机械设备			备注
				手拖	小四轮	轧石机	
大垟培	1	4	7	—	1	—	—
峃口	1	5	10	—	1	1	—
排门	1	7	13	—	1	—	—
过山	1	4	9	1	—	1	水池1个
大会	1	4	8	1	—	1	—
包山	1	5	12	1	—	1	水池1个
石门	1	5	11	2	—	1	水池1个
石垟	1	5	13.67	1	—	1	水池1个

续表 6-1-9

道　班	站房幢数	人 数	养护里程	主要机械设备			备　注
				手 拖	小四轮	轧石机	
东升	1	3	10.5	1	—	1	—
周南	1	4	10.6	1	—	1	—
东垟	1	4	8	1	—	1	珊溪并入
珊溪	1	2	4.1	—	—	—	—
二源农工班	1	4	10.7	—	1	1	—
南田农工班	1	2	5.3	—	—	—	手拉车一辆

【平阳·昆阳公路管理站】　原系老公路段办公用房，位于104老线（桩号K2+450）。建于1986年1月，占地2999.97平方米，建筑面积1236.8平方。生产用房位于城新线K0+600处，占地面积1653.32平方米，建筑面积413.6平方米，建于2012年12月，投入资金158.3万元。职工15人，负责管养昆阳、万全、海西镇等辖区公路共计56.16公里。

【平阳·鳌江公路管理站】　位于下敖线（桩号K0+100）。占地646.66平方米，共计4楼1幢。2012年12月新建，建筑面积645.8平方米，投入资金380万元。职工11人，负责管养敖江、海西镇等辖区公路共计60.344公里。

【平阳·萧江公路管理站】　位于S230钱仓东江村段(K106+500)。老站房始建于1989年12月，新站房新建于2015年12月。占地4666.62平方米，两层、四层楼房各1幢，建筑面积508平方米，投入资金170万元。职工16人，负责管养萧江、麻步镇等辖区公路共计37.529公里。

【平阳·水头公路管理站】　位于高水线詹家埠段（桩号K21＋907）。建于1995年12月，占地4666.62平方米，建筑面积1606平方米。2009年，投入资金261万元，利用原詹家埠公路站进行续建，2010年12月建成。职工12人，负责管养水头、腾蛟、凤卧镇和闹村乡等辖区公路共计114.361公里。

【平阳·南雁公路管理站】　位于灵溪线（桩号K24＋500）。建于2013年12月，占地3999.96平方米，建筑面积2200平方米，投入资金350万元。职工12人，负责管养南雁、山门、顺溪、凤卧镇和青街、怀溪、闹村乡等辖区公路共计97.883公里。

【泰顺·司前公路管理站】　位于S228线司前镇大桥桥头（桩号K77+500）。建于2006年5月，占地15999.84平方米，建筑面积1313平方米，其中生产和办公用房650平方米，生活用房650平方米，总投资3500万元。绿化和娱乐场地2000平方米，包括标准篮球场一个。职工6人，负责管养S228及童东线、司筱线、花金线共计98.619公里。获省级文明公路养护站、温州市公路系统先进集体、温州市公路系统二星级文明公路站等荣誉。

【泰顺·柳峰公路管理站】　站部设原柳峰油路站，位于富察线雅阳镇墩头长洋段（桩号K40+100M）。总投资123.4万元，1998年6月竣工并投用。占地9853.23平方米，建筑面积1005平方米。投入17.5万元建沥青池、贮煤燃料室275.4平方米。职工4人，负责管养富察线、雅承线、东桂线共计38.521公里。获温州市公路系统抗台救灾先进集体、温州市公路系统一星级文明公路站等荣誉。

【泰顺·富垟公路管理站】　位于富察线彭溪镇富垟村（桩K10+0M）。总投资138.2万元，1997年7月竣工，1998年2月投用。占地9333.24平方米（包括料场等附属设施），建筑面积1005平方米，职工宿舍15套，并配置会议室、办公室、材料仓库、停车间等。职工5人，负责管养S331及富察线、分雨线、上雅线共计60.349公里。获温州市公路系统先进集体、一星级文明公路站、抗台救灾先进集体等荣誉。

【泰顺·筱村公路管理站】 位于筱村镇东垟。总投资6.5万元，建于1995年。占地333.33平方米，建筑面积242.42平方米，其中生产和办公用房120平方米，生活用房122.42平方米。职工3人，负责管养莲筱线、司筱线、峃院线共计73.384公里。获温州市公路系统“一星级文明公路站”等荣誉。

【泰顺·罗阳公路管理站】 站部设原罗阳道班，位于罗阳镇泰景路。总投资9.75万元，建于1989年。占地1.5公顷，建筑面积412.9平方米，其中生产和办公用房100平方米，生活用房312.9平方米。职工9人，负责管养S331、S228及富察线、西交线、童东线共计94.233公里。。

【泰顺·三魁公路管理站】 位于三魁镇秀溪边。总投资7.42万元，建于1995年。建筑面积407.6平方米，其中生产和办公用房257.6平方米，生活用房150平方米。职工5人，负责管养富察线K49+0M～K69+300M、西交线K0+0M～K17+0M、东交线K0+0M～K8+0M共计45.3公里。

泰顺公路道班情况统计表（1988）

表6-1-10

道班名称	站房面积（平方米）	职工人数	养护里程（公里）	主要机械设备		
				手拖	小四轮	轧石机
月湖垟	162	4	10	1	1	—
车头	155	3	10	—	1	1
五里牌	165	4	10	1	1	—
莲头	177	4	10	—	1	1
雅中	298	4	10	—	1	1
秀溪	230	3	10	1	1	—
三魁	235	6	10	—	1	1
西坑	175	4	10	1	1	—
南院	214	4	12	1	1	—
豆腐岭	280	4	10	—	1	1
罗阳	242	6	12.12	1	1	—
仙居	285	6	10	1	—	—
岭头	285	5	10	1	1	—
叶山寮	285	4	10	—	—	1
司前	285	3	10	—	1	—
三支岗	245	4	12	1	—	—
杨寮	252	3	11.72	1	1	—
黄坑	195	2	15	1	—	—
前坪	224	6	13.4	1	1	—
东垟	242	4	14	1	1	—
雪溪	—	3	9.1	—	—	—
下桥	—	4	13	1	1	—
氡泉	390	3	7.55	1	1	—
合计	4679	93	249.89	15	1	6

【苍南·马路公路管理站】 位于G104线（桩号K1989+200）。建于1985年，占地4759.95平方米，投资10.9万元。2011年，投资915万元对站房和庭院绿化实施改扩建，建造面积2500平方米，绿化和场地面积2262平方米。职工12人，负责G104及其附近县乡公路专业养护工作，主要管养G104路段（桩号K1976+172～K2001+046）24.872公里，桥梁16座/761.1延米。拥有各类养护机械设备12台。获温州市公路系统先进集体等荣誉。

【苍南·溪光公路管理站】 位于S232线（桩号K16+200）。始建于1981年，投资9.4万元，占地5066.62平方米。2001年，投资50万元对站房和庭院绿化实施扩建，建筑面积1324平方米。职工14人，负责S232及附近县乡公路专业养护工作，主要管养S232路段（桩号K0～K28+081）28.081公里，桥梁16座/1414.1延米。拥有各类养护机械设备7台，可容沥青200T。获温州市公路系统先进集体等荣誉。

【苍南·马站公路管理站】 位于X528水霞线（老线）（桩K52+500）。建于1996年2月，占地5394.6平方米，投资50万元。职工11人，负责S232及附近县乡公路专业养护工作，主要管养S232路段（桩号K28+081～K48+365）20.284公里，桥梁46座/1240.3延米，隧道4座/5810延米。拥有各类养护机械设备8台。获温州市公路系统先进集体等荣誉。

【苍南·龙港公路管理站】 位于龙港大桥西侧。2013年5月20日正式挂牌成立，占地400余平方米。职工11人，负责龙港镇及其附近镇乡公路专业养护工作，主要管养灵龙大道15.8096公里。

【苍南·金乡公路管理站】 位于金乡镇靖海路31号。建于1984年，占地1公顷，756平方。2015年10月被鉴定为危房，搬迁至金乡镇御丰路。职工10人，负责龙金大道附近县乡公路管理工作，主要管理龙金大道（桩号K7+600～K20+914）13.314公里，桥梁36座。

全市公路管理站（所）情况统计表

表6-1-11

序号	县（市、区）	名　称	地　址	养护国省道/农村公路	养护公里数
1	鹿城区	藤桥公路管理站	藤桥镇渔藤公路407号	国省道	63.806/115.569
2	龙湾区	机场公路管理站	瑶溪镇黄山村致富南路15号	国省道/农村公路	18.399/99.65
3	瓯海区	南白象公路管理所	G104线K1918+000（南白象鹅湖村）	国省道、农村公路	10.725/99.805
4	瓯海区	泽雅公路管理所	瓯湖线K18+000（泽雅镇李降垟）	农村公路	163.975
5	洞头区	环岛中心公路站	环岛公路K4+500	国省道/农村公路	42.938/186.448
6	乐清市	柳白公路管理所	北白象交通西路361号	国省道/农村公路	15.968/90.735
7	乐清市	乐成公路管理所	城东街道宁康东路457号	国省道/农村公路	15/159.148
8	乐清市	虹清公路管理所	清江镇清南路6号	国省道/农村公路	19.596/78.987
9	乐清市	雁荡公路管理所	雁荡镇望雁路95号	国省道/农村公路	8.75/115.629
10	乐清市	大荆公路管理所	大荆镇荆山北路92号	国省道/农村公路	13.333/117.811
11	瑞安市	塘下公路管理站	塘下镇上金村	国省道	114.913
12	瑞安市	马屿公路管理站	马屿镇团社村	国省道	137.753
13	瑞安市	高楼公路管理站	高楼镇高一村	国省道	124.142
14	瑞安市	桐浦公路管理站	陶山镇桐浦村	农村公路	90.137
15	瑞安市	湖岭公路管理站	湖岭镇陶溪村	农村公路	141.133
16	永嘉县	岩坦公路管理站	S223线（岩坦镇庙下村），在建	国省道/农村公路	36.622/456.232
17	永嘉县	岩头公路管理站	S223线K84+527（岩头道班路2号）	国省道/农村公路	23.000/486.360
18	永嘉县	上塘公路管理站	S223线K116+942	国省道/农村公路	19.314/276.911
19	永嘉县	桥下公路管理站	S333线K4＋727	国省道/农村公路	23.016/443.026
20	永嘉县	中村公路管理站	G104线K1868＋938	国省道/农村公路	26.594/143.965
21	永嘉县	九丈公路管理站	S223线K98+929	国省道/农村公路	12.000/640.286
22	文成县	樟台公路管理站	大峃镇驮泛村	省道/农村公路	27.422/309.675

续表 6-1-11

序号	县（市、区）	名　称	地　　址	养护国省道 / 农村公路	养护公里数
23	文成县	百丈漈公路管理站	百丈漈镇两头门	省道 / 农村公路	33.326/318.403
24	平阳县	昆阳公路管理所	昆阳镇昆鳌路 247 号	国道 / 农村公路	13.95/65.976
25	平阳县	鳌江公路管理所	鳌江镇曙光北路 256 号	国道 / 农村公路	12.593/79.810
26	平阳县	萧江公路管理所	S230 线 K106+650（萧江镇包岙村）	国省道 / 农村公路	17.074/22.552
27	平阳县	水头公路管理所	高水线 K21+900（水头镇江屿村）	省道 / 农村公路	12.366/144.422
28	平阳县	南雁公路管理所	灵溪线 K24+500（南雁镇高墩桥）	农村公路	120.422
29	泰顺县	司前公路养护管理站	S228 线 K78+500	省道 / 农村公路	22.22/170.09
30	泰顺县	富垟公路养护管理站	富察线 K1+100	省道 / 农村公路	30/30.34
31	泰顺县	柳峰公路养护管理站	富察线 K30+986	农村公路	87.74
32	泰顺县	筱村公路养护管理站	筱村镇东阳村	农村公路	95.06
33	泰顺县	三魁公路养护管理站	富察线 K44+500	农村公路	143.21
34	泰顺县	罗阳公路养护管理站	S228 线 K93+812	省道 / 农村公路	43.5/48.33
35	泰顺县	泗溪公路养护管理站	S331 线 K25+494	省道 / 农村公路	新建，尚未投用
36	苍南县	马路公路中心养护站	灵溪镇大路村公路边 666 号	国道	24.872/144.316
37	苍南县	溪光公路养护管理站	矾山镇溪光村	省道	28.081/91.572
38	苍南县	马站公路养护管理站	马站镇魁里村	省道	20.284/96.961
39	苍南县	金乡公路养护管理站	金乡镇靖海路 27-31 号	农村公路	177.59
40	苍南县	龙港公路养护管理站	龙港大桥边	农村公路	93.681

第二节　征稽收费机构及管理

根据国家规定的征收项目，公路规费先后设有养路费、过渡费、运输管理费、车辆购置附加费（税）、客货运输附加费、通行费，费率、费额根据国务院、省政府或省以上计划、财政、物价、交通等主管部门的规定实施。

从 20 世纪 50 年代开始，温州按照国家、省的公路规费法律和规定，成立征稽机构，开展国家规费、地方规费的征收工作。20 世纪后期到 21 世纪初期，因境内河流纵横的地理环境和陆路交通落后的现状，温州通过大规模建设“四自”工程，在一定程度上缓解陆路交通不通不畅、路况不好的困境，全市成立 16 家“四自”工程收费机构。车辆通行费征收完成从兴起、发展到停止三个阶段。“四自”工程 G104 线温州瑞安瓯海段从失管失养到政府收购，恢复了国道的正常养护和管理。

2009 年，国务院发布通知要求逐步有序取消政府还贷二级公路收费项目。至 2010 年 2 月 28 日，温州境内政府还贷二级公路收费机构全部停止收费。至 2012 年 1 月 1 日零时，温州市全部普通公路收费机构停止收费。2010 年 4 月 16 日零时，温州境内高速公路 9 个 ETC 点 18 条 ETC 专用车道投入使用，使高速公路缴费方式更具人性化、便捷化、规范化，标志着温州高速公路缴费进入不停车收费的崭新阶段。

一、规费征稽沿革

公路养路费征收在民国时期已经实行。当时，三省联络公路和“边防路”完成之后，按照五省市交通委员会的规定，自民国 22 年（1933）1 月起，浙江省开始统一征收养路捐（即养路费）。分为年捐、季捐、月捐和临时通行捐，均从公路运输营业收入中按核定预算开支。此为中国征收汽车养路费的前身，从此有了养路费专项收入。民国 29 年（1940）开始征收汽车、手车养路费，以自收自给为原则。但由于当时外来车辆极少，主要是本省自备车辆，养路费入不敷出，靠军费补助维持。因此，养路费的支出，仍在营业收入中按预算支出。民国35年（1946）之后，开始实施国省道划分管理。自此，国道靠国库拨款，勉强维持；省道行车少，养路费收入甚微，又无补助，无力维持，在中华人民共和国成立前夕解散道班，公路失养，几乎陷于瘫痪状态。

中华人民共和国成立初期，为了迅速恢复公路交通，浙江省实行养路经费概由省库统收统支。1950年5月，国家实施全国财经统一管理，浙江的养路经费即以自收自给为原则，统称“养收养用”。养路费是公路进行自我维护、自我改造的经济基础。当时，浙江省沿用旧制征收养路费，项目共有四种：⑴养路费：包含征收客货汽车、人畜力车（主要是双轮手拉车）的养路费和过渡费。因当时旧人民币币值不稳定，贬值的幅度很大，故养路费收费率随米价而调整，且调整频繁（见表）。第11次的调整是当时的最高收费率。之后，随着全国财经统一、物价稳定而逐渐降低。1950年，政务院制定了“用路者养路”的政策，对汽车、拖拉机征收公路养路费。同年7月8日，交通部颁发《公路养路费征收暂行办法》，提出根据“用路者养路”的原则，规定养路费一律按月征收。缴费后在有效期内允许通行全国公路。养路费征收限额，按大行政区划分。具体价格每月由各大行政区交通主管部门调整一次。这是中华人民共和国成立后第一个全国性的养路费征收办法，浙江省自当年7月21日起开始实施。至此，收费率基本稳定在客车每座公里19.20元、货车每吨公里200元左右。1952年11月，根据《华东区公路养路费征收暂行办法实施细则》的规定，结合本省实际，开始采取按月、按次两种方式，凭车主选择，收费率调整为客车按次每吨公里270元、按月每吨54000元；货车按次每吨公里200元，按月每吨40000元；手车一律按月计征，过渡费一律按次征收。⑵复路费：按公里客货运价附加一成征收“复路费”，至1950年7月实施全国养路费统一征收之日起停收。⑶路租：承租路线的商营汽车公司，其旧合约中均按各线的营收情况，分别规定应缴路租数额，高低不一。至1957年社会主义改造基本完成后，不再征收。⑷工程改善费：简称工改费。承租路线及抗战以后“承筑路线”中由政府修复的路线，其外来车辆养路费的半数解缴省里作为工程改善费。至1952年全省养路费由省统一征收管理后停收。

养路费调整对照表

表6-2-1　　　　（按当时人民币计算）

时　间	客车每座公里（元）	货车每吨公里（元）	手推车每辆（元）	过渡费每辆次（元）
1949年5月10日开征规费	0.37	4.05	0.60	155
1950年3月5日第11次调整	32	400	50	20000

以上四项费用的管理，在1949年8月至1954年9月期间，与公路管理的车辆调派费、监理费收入等，同属公路事业资金。其中养路费纳入省库统收统支之内，是养路经费的基本来源。其他三项则是浙江公路特殊情况下的短期收入，由公路主管部门自行掌管，主要用于自筹经费办理的恢复交通，临时急要工程和补助地、县修路、养路以及主管局机关的部分管理人员开支和办公费用等。

1954年5月，省交通厅根据交通部《公路养路费征收暂行办法》，制定《浙江省养路费、过渡费征收暂行办法实施细则》，养路费率调整为：客车每吨公里由270元减为230元，货车每吨公里由200元减为195元，过渡费附加在养路费内并征，按加征6.2%计，即客车每吨公里收244元，货车每吨公里收207元，当月实施。同年9月，省工程局成立后，养路费仍由省公路运输局的各地管理站负责征收，费率不变。路租作为养路业务其他收入（包括中央拨补的水毁工程费等），列入养路经费收入之内，统一使用。

至1957年，历史上遗留下来的征收养路费以外的额外收入，已全部停收。同时，养路费的收费率，由“一月数变、不断加高”的局面，转入稳定并开始有所降低。

浙江公路大多数标准低，须改善提高公路等级，主要困难是资金不足。1979年后，国家压缩基建规模，投放到公路、桥梁建设的经费严重匮缺。当时浙江干线公路技术改造正在拉开，所需经费只有取之于养路费，而养路费本来是以维护公路为主的费用，承受不了大额基建性技术改造工程的负担。为了尽快改善公路，提高通行能力，摆脱资金拮据的困境，浙江省根据本省实际，主要从两个方面开拓公路建设资金来源：

⑴ 调整养路费征收标准。1985年6月1日起，浙江省人民政府批准实行调整养路费征收标准：载重汽车每月每吨80元调整为105元，专业营运车辆，按营运收入总额14%调整为15%；拖拉机每月每台20元调整为30元和每吨每月32元调整为42元。又批准自1990年11月起，开证摩托车养路费和调整部分车辆养路费征收标准。摩托车分轻骑、二轮、三轮，每年每辆征收50～150元；拖拉机养路费调整为每月每吨50元；按载重量吨位计征养路费的汽车，每月每吨调整为120元。养路费的分成起初有两种形式：一是自1972年起以征收总数的5%拨给地区作机动数，用于县社公路建设；二是自1980年起，将收取的手扶拖拉机养路费返还给县，用于县社公路的建设和养护，多收多分，进一步调动地、县征收养路费及修建公路的积极性。随着经济体制改革的深入，分成办法也根据情况作了不同的处理。

⑵重点开征“三费”。开征公路建设专用基金（客货运输附加费和养路费附加费）、车辆通行费、车辆购置附加费。1984年10月，温州瓯江大桥开始征收车辆通行费，为浙江省最早开征车辆通行费。至1990年底，全省共有7座桥梁开征车辆通行费，其中温州境内占4座，即温州瓯江大桥、楠溪江大桥、龙港大桥、飞云江大桥，占浙江省开征车辆通行费桥梁总数的一半以上。车辆购置附加费定作国家公路发展基金，由交通部统收统支，是一项长期稳定的公路建设资金来源。

1996—2000年，通过规范管理、文明服务，公路收费开始步入制度化、科学化、现代化的良性循环轨道。全市共征收公路养路费10.15亿元，征收通行费3.26亿元，全市所有收费站基本实现电脑微机管理。五年共查获逃票逃缴车辆20000多辆。

2004年，甬台温高速公路温州段为1950万辆车辆提供服务，共征收车辆通行费7.499亿元，上缴税金3502万元。

公路实行依法依规收费，作为公路建设和养护的主要经济来源，实行统一征收，统一管理。由于利益的诱惑，一些地方也出现违规收费现象。1992年雁荡山风景旅游管理局投资245万元建成354米长的马鞍岭公路隧道，经温州市物价局审批对过往车辆进行收费。截至2003年底，该隧道共收取车辆通行费344.17万元。2004年5月温州市纠风办等单位调查认为，雁荡山风景旅游管理局擅自设立收费站，温州市物价局越权审批收费项目，违反了《中华人民共和国公路法》的规定和国务院办公厅《关于治理机动车辆乱收费和整顿道路站点有关问题的通知》。同年“五一”期间，该收费站被撤销。2002年5月，104国道瑞安收费站搬迁到章桥村后，附近的飞云镇杜山头村、平阳宋桥镇章底村、孙楼村对绕道而行的车辆设卡收费。2004—2006年，位于“四自工程”56省道瑞安段附近的瑞安马屿镇江东、江西村和仙降镇仙篁竹村，设卡对绕道逃票的车辆收取每车2元的“通行费”，每天平均通过车辆达3400多辆。据测算，一年流失通行费达1000万元。三个村擅自在道路上设卡收费的非法行为，引起社会的强烈反响，市、省媒体和《中国交通报》和《中国公路》杂志等媒体先后进行曝光。2007年8月8日，瑞安市人民政府牵头8家相关部门单位70多人，开展为期一个月的联合执法行动。经过磋商、协调，达成解决方案：瑞安市政府原则同意对56省道收费站所在地马屿、高楼片区的非营运小型车辆和企业非营运车辆（工程车除外）扩大优惠幅度；在收费站两个进村路口设立移动式路障，由村老人负责协管并发放补贴；56省道项目公司从相关奖励经费中每年安排相关村庄道路安全设施建设和交通安全宣传补助经费50万元。

根据省政府办公厅《浙江省鲜活农产品运输“绿色通道”暂行管理办法》和浙江省交通厅、农业厅、林业厅、海洋与渔业局《关于开通鲜活农产品运输“绿色通道”有关事宜的意见》的要求，从2005年2月20日零点零时开始，温州市各公路征费窗口全部停止对鲜活农产品运输车过路费的征收。2—5月，公路征费窗口共放行鲜活农产品车辆1万多辆次，减免通行费76万元。温州市高速公路和国省道线共设有12个收费所（处），在减免的通行费中，温州大桥管理处占25万元，甬台温高速公路4个管理处占48万元，国省道占2万多元。

2005年8月22日，高速公路路政人员在甬台温高速公路雁荡收费站发现，并经收费站监控中心调查取证，牌号为赣C56553的大货车驾驶员出示的收费通行卡与车辆牌号不一致，途中30分钟的路程却用了三个小时。经查，该车从苍南分水关上高速公路开往台州路桥，到乌牛段时与从大溪开往苍南的驾驶员老乡事先预谋好，相互调换通行卡，以达到少缴通行费的目的。温州高速公路路政大队对赣C56553驾驶员处以罚款1600元，并补缴公路全程通行费的处理。

2005年11月8日18时15分，牌号苏CA9830货车驾驶员张某在甬台温高速公路温州段停车，跨越中央隔离带欲调换高速公路通行卡，少缴近400元通行费，结果被经此而过的客车撞死。至此，温州已查处在高速公路主线上或在服务区内通过换卡偷逃通行费的违法行为20多起，全部责令补缴全部通行费，并处罚款共计38500元。

二、公路规费

（一）国家规费

【公路养路费】 1950年交通部颁发《公路养路费征收暂行办法》后，温州市公路养路费由丽水运输处征收。1957年温州养路段成立，改由温州养路段征收。1960年2月起，养路费费率为运价的4%～8%，公路渡口多的地区，费率酌情提高，但不超过运价的10%。机关、学校、人民团体的汽车折半征收。1963年6月起，对国营专业运输部门以外的车辆，按车辆行驶的周转量计征，每吨公里不超过0.05元；胶轮拖拉机按每20马力折合1吨位计征（包括拖斗），履带式拖拉机比照胶轮式拖拉机费额加倍计征养路费。1972年，温州地区监理所成立，公里养路费由温州公路总段移交给温州地区监理所征收，费率标准规定为：企事业单位、合作社等非专业运输自用各类货车，每月每吨位由原来60元调整为80元；人民公社、党政机关、学校、基本建设单位等自用各类货车，每月每吨位由原来30元调整为40元。并对以上各类单位自用的各类载货挂车征收养路费。1978年，温州市开始对小型手把式三轮载货机动车恢复征收养路费，收费标准同大型货车，即每吨每月80元。1979年1月1日起，养路费由市区及各县车辆监理站负责征收。1980年1月起，温州市按照《浙江省公路养路费征收和使用实施办法规定》，专业运输企业按月营收总额14%计征。社会车辆按核定载重吨位计征，主车月吨80元，挂车月吨40元，拖拉机按发动机每20马力折合1吨计征；各种重型汽车载重不足10吨的按月吨80元计征，超过10吨的，超过部分按月吨40元计征；载重20吨以下，大型平板车按月吨40元计征；20吨以上的，超过部分按月吨20元计征。凡不载货的特种车，一律按自重月吨40元计征。1981年，市区（含龙湾区）公路养路费由温州市车辆监理所征收。1984年，全市县以上专业运输企业，按营收总额14%缴费。1985年底，温州市交通监理处兼征市区（含龙湾）的养路费。同年，专业运输企业车辆养路费由营运收入总额14%调整为15%；社会车辆主车由原来月吨80元调整为105元，挂车减半计征；轮式拖拉机由原来的月吨32元调整为42元。1987年12月，交通监理工作由公安部门负责后，温州市成立了公路稽征处，各县（市）也相应建立公路稽征所，公路养路费由各地稽征部门征收，养路费采取收支两条线、专款专用的原则。征收款全额存入温州市稽征处养路费专户，市稽征处每月定期上缴浙江省交通厅。省交通厅由此拨经费给各级公路管理部门，对境内国、省、县道进行建设和养护。1990年11月，温州市调整部分车辆养路费征收标准，按核定吨位计征养路费的车辆，从每月每吨105元调整为120元；5座及5座以下的非营运客车，一律按一个吨位计征，营业性客车按营运收入总额15%计征。2009年1月1日，公路养路费、运管费、公建金等公路规费征收停止，改征“燃油附加税”，划转至温州市地方税务局。至此，中国征收了近50年的公路各项规费就此结束，替而代之的是以费改税政策。

【养路费附加费】 1988年7月1日起，温州市开征养路费附加费。凡征收公路养路费的车辆，均应缴纳养路费附加费，费款主要用于全省高等级公路的建设。征收工作由温州市、县（市）公路稽征处（所）办理。附加费征收标准为：养路费征收额的23.81%，即5座以下小车每辆每月12元，客货汽车每吨每月25元，挂车每吨每月12元，手扶拖拉机每辆每月6元，简易车0.5吨以下的每辆每月6元，0.5吨至1吨的每辆每月12元。2009年1月1日，公路养路费附加费随同公路养路费等公路规费一起停止征收，改征燃油税，划转至温州市地方税务局。

【公路建设专用基金】 1986年7月1日，温州市开始征收公路客运建设基金，征收标准为每人公里0.003元，专项用于客运站、场建设。1988年7月1日起，客运附加费每人公里增加为0.01元，并加征货运建设基金，标准为每吨公里0.01元。客货运输征收对象为旅客和货主，征收范围仅限省内营运里程。客货运输基金由运输单位代征，以征收额的1%作为代征费返回征收单位。国营专业运输单位的客运建设基金，按售出票发生额或营收17.86%～18.86%计缴客运建设基金，其他客运单位按定额征收。1990年，市交通委员会、市物价局联合发文，规定按定额征收的货运建设基金为每吨每月30元，客运班车按线路、班次、出车率、实载率测算定额标准。凡定额计征的公路建设基金标准，在运输市场变化较大时可以适当调整定额标准，收缴的客运建设基金的70%和货运建设基金由省政府用于高等级公路的建设。客运建设基金的30%由省交通厅用于公路客运站（场）及公路设施的改造建设。上缴省交通厅的客运建设基金的30%中的20%返回地市，用于县级客运站及公路的改造。2009年1月1日，公路建设基金改征燃油税，划转至温州市地方税务局。

（二） 地方规费

【交通建设基金】 为加快改善温州公路交通基础设施和发展地方交通建设事业，1990年8月，成立温州市地方交通建设基金委员会，负责对交通建设基金的筹集、管理和使用。规定各类汽车（除出租车外）和拖拉机按养路费征收额的15%计征。市区及大部分县（市）于当年开征，洞头、永嘉分别于次年1月开征。市区筹集的交建金按全额扣除2%代筹费用后，各以35%用于市区城市道路和市区公路的改造。各县（市）筹集的交建金按全额扣除2%代筹费用后，70%用于本地区基础设施建设，剩余的30%缴市交通建设基金委员会统一安排调剂，用于全市交通基础设施建设。据1990年统计，本年度全市共征收25.47万元。

【汽车过渡费】 1984年6月15日，温州市人民政府决定，对通过梅岙、飞云江、港头、清江等4个汽车渡口的机动车辆（免缴养路费的车辆除外），按不同车种和按核定的吨位征收过渡费，空车减半征费，特重、特长车辆，每渡次只能渡1辆者，按趸船吨位征费，吉普车、小轿车按1吨计算，小面包车按2吨计算，不足1吨的按1吨计算，由温州公路总段实施征收。该费直至各渡口大桥建成而先后终止。

温州市主要汽车渡口征费标准

表 6-2-2

车型分类	飞云渡	梅岙渡	港头渡	清江渡
各种客车、货车、平板车、大中型拖拉机、小汽车、双轴汽车、货挂车	2 元／吨	1.5 元／吨	1.5 元／吨	1.5 元／吨
大中型拖拉机头、手扶拖拉机	3 元／辆	2 元／辆	2 元／辆	2 元／辆
三轮机动车	2 元／辆	1.5 元／辆	1.5 元／辆	1.5 元／辆

三、公路养路费

中华人民共和国成立初期，浙江省对养路费的使用，首先以恢复交通的需要为主，按概算开支。1950 年下半年开始，以经济来源的可能为主，按预算开支。1954 年起实施计划养路，按计划开支，即“量入而出”。当时养路费的支出项目分生产费、抢修工程费（主要是水毁工程）、机具购置费、间接费（含地方养护补贴费）等四大项。随着交通量不断加大、路况逐步上升，维修费用逐年降低，因而用于大中修工程的费用相对增加，由 1950 年占生产费支出的 24% 上升到 1954 年的 38%。

“文化大革命”初期，养路费收入受到严重干扰。如 1967 年初，平阳县发生两派武斗，长途汽车运输中断两年之久，短距运输靠自行车带客，海路用机帆船载人。这种情况，严重影响了养路费收入，致使养路费的收入和支出差距越来越大。从 1972 年 1 月起，调整了社会车辆征收率，对各类货车从每月每吨征收 60 元改为 80 元，增加 33%，牵引车从原 20 元改为 30 元，增加 50%。

1971 年随着交通体制的改变，养路费由原来统收统支的办法，改列省财政实行差额预算管理，出现了养路费的余缺无法调整和不能专款专用的问题。1972 年 1 月 1 日起，仍恢复统收统支的办法，加强省、地两级管理。由省平衡，实行专款专用，不再纳入省财政预算。同时，决定将征收总数的 5%，交由省交通邮电局拨给地区作为机动数，自行安排用于公路建设和养护支出。这个决定，对发展农村公路起了一定的作用。

1979 年，国家计委、财政部、交通部、中国人民银行联合发布《公路养路费征收和使用的规定》。1987 年，国家计委、经委、交通部、财政部联合发布《公路养路费使用管理规定》。10 月，国务院发布《中华人民共和国公路管理条例》，自 1989 年 1 月起施行。规定拥有车辆的单位和个人，必须按照国家规定，向公路养护部门缴纳养路费。养路费在国家规定的范围内专款专用。任何单位和个人不得平调、挪用、滥用、截留、拖欠养路费。

中共十一届三中全会以后，随着国民经济的快速发展，公路交通量迅速增加，公路养护形势发生很大的转折：一方面公路专业养护逐步走上正轨，另一方面随着商品经济的迅速发展，公路交通量剧增，低标准公路亟须改造提高。但干线公路改造投资大，而国家投放公路基建资金很少，主要靠内部挖掘养路费的潜力。有限的养路费投向改造工程项目多了，就消减了小修保养经费，影响了公路的维护，因而路况日渐恶化。

1980 年 3 月，为合理使用养路费，省工程管理局健全了一整套管理制度，制定小修保养定额，进行专业养护定额管理，保持路况稳定，降低养护成本。1985 年 1 月，省公路管理局印发《改革国、省道公路养护小修保养管理工作的暂行规定》，提出小修保养年公里成本，将由 6 项费用组成，并加以管理。直到 2009 年 1 月 1 日，国家实行了费改税，靠“养收养用”的公路养护管理模式退出历史舞台，公路养护费用改为由国家和政府拨款的管理模式。

至 2012 年底，温州市公路通车总里程中，公路养护总里程为 14122.016 公里，其中按资金来源分，燃油税养护里程为 5589.714 公里，通行费里程为 298.668 公里，其他养护里程（村道、专用公路、城管路段）为 8164.678 公里。

四、“四自”工程

（一）发展历程

【“四自”工程】 公路工程项目“自行贷款，自行建设，自行收费，自行还贷”，也叫政府贷款公路。从 1958 年开始，国家将除国防公路以外的公路建设下放到地方，但是由于资金缺乏，公路建设进度缓慢。改革开放以后，国民经济迅速发展，公路通过能力不足的问题严重阻碍了经济的发展，如何解决公路建设资金的难题，尽快发展公路设施成为交通部门要考虑的迫切问题。1984 年 12 月，国务院出台了“贷款修路、收费还贷”政策，即用银行贷款修建公路，通过收取通行费偿还贷款。这项政策突破了公路建设完全依靠政府的单一投资体制，增加了公路建设的筹资途径和投资力度，赋予公路基础设施公益性以外的更富有生命力的商品属性。1996 年 9 月 1 日，省政府发布《浙江省公路“四自”工程管理暂行办法》（浙政发〔1996〕160 号），对“四自”工程的前期工作、工程实施、运营管理、奖励与监督作出明确的规定。该《办法》规定，实施“四自”工程的项目，必须符合我省公路网规划，其规模和筹资方式必须符合交通部、财政部、国家计委交公路发〔1994〕686 号文的规定，即利用贷款需偿还的集资和实行股份制经营建成的公路（包括桥梁、隧道），并符合下列条件之一的工程项目：（一）长度超过 10 公里的封闭（包括部分封闭）型的汽车专用公路；（二）平原微丘区超过 40 公里和山岭重丘区超过 20 公里的一般二级公路；（三）长度超过 300 米的公路桥梁。改渡为桥的，可适当放宽到桥长超过 200 米；（四）长度超过 500 米的公路隧道。1997 年 7 月，全国八届人大第十二次会议通过了《中华人民共和国公路法》，对收费公路作出明确规定，把“四自”工程纳入法制化的轨道，为“四自”工程的进一步稳定、健康发展提供了法律保障。此后，温州的“四自”工程公路路段、桥梁、隧道均设置收费站点。据 2012 年统计，温州地区共有 16 个“四自”工程收费站。

【温州市区机动车辆通行费】“四自”工程费。根据省政府办公厅《关于温州城市“四自”工程实行综合收费复函》（浙政办发〔1998〕6 号）的文件，温州收取“四自”工程费分为两块：温州市区机动车辆通行费、“四自”工程路段或桥隧交通过路费。温州市区机动车辆通行费：委托公安交警部门代收，收费的票据按省政府浙政发〔1997〕72 号文件的有关规定办理。从 1998 年 2 月 10 日开始征收。征收目的：偿还温州历年来投入城市道路建设的项目贷款。缴纳标准：车辆购置 6 年内，两年一次年审，年审时缴纳“四自”工程费 480 元；车辆购置 6 年后，一年一次年审，年审时缴纳“四自”工程费 240 元。1984 年 7 月 19 日，省政府常务会议决定，瓯江大桥建成后，将从 10 月 5 日起实行收取过桥费，这是温州市第一个“四自”工程收费站点。1993 年，为了解决 G104 瑞安段改建工程的资金缺口，市政府报请省有关部门批准，从当年 7 月 20 日起，对飞云江大桥、瓯江大桥、清江大桥的过往车辆开征公路建设附加费，实行以路养路的方针。

2009 年底，省政府发布《关于全省现有城市道路“四自”项目收费期限有关事宜的通知》。该文件的核心内容：杭州、宁波、温州、湖州、嘉兴、绍兴、衢州、丽水市现有的 8 个城市道路“四自”项目收费期限，原则上统一延期至 2012 年 12 月 31 日。期满后，上述城市道路“四自”项目即行停止收费。收费停止后，这些项目如有未还清的贷款，由当地政府自行统筹安排资金偿还。在此之前能还清贷款的项目，还清贷款之日即行停止收费。2012 年 1 月 1 日开始，温州市区停收“温州市区机动车辆通行费”。2012 年 4 月 1 日，G104 苍南县灵溪镇坝头村收费站被拆除。这座运作将近十九年的双向六车道收费岗亭的彻底下岗，标志着温州普通公路“四自”工程收取车辆通行费自此成为历史。

【G104“四自”工程瓯瑞段】 该段道路从瓯

海南白象至仙岩凤山，总里程9.8公里，投资1.45亿元，于2001年12月底建成通车，业主单位为浙江商城集团路桥建设经营有限公司（占87%）和瓯海国道建设有限公司（占13%）。2002年3月28日经浙江省人民政府批准实行收取车辆通行费。同年，业主单位与瓯海区公路管理段签订道路养护协议，该段道路委托瓯海区公路管理段养护，每年由业主单位支付瓯海区公路管理段养护费用50万元。此后，因考虑地方经济发展需求、改善投资环境等原因，收费站位置实行多次变更。加上收费公路区域调整、车辆绕道逃票、甬台温高速公路平阳段通车等原因，收费直接下降，造成连年亏损。2004年1月甬台温高速公路平阳段通车后，分流车辆达到70%，当年收费总额仅是2003年的30%。杜山头村自2002年开始非法设岗收费，逃票损失严重。从2005年开始，业主单位以经营状况不佳等为由，拒付协议规定的道路养护费用。该路段因失管而出现严重的路面破损、排水不畅、桥头跳车、路基沉陷等问题，事故频发。据温州市交警部门统计，2006年9—12月，该路段发生各类交通事故182起，其中重大事故1起，死1人。瓯海区公路管理段在没有提供养护经费的情况下垫资养护一年半时间。每年春运前夕，公路部门垫资对该段道路进行临时小修，先后总计垫资500多万元。2009年底，公路部门对该段道路的12座桥梁的桥头跳车实施专项治理。2010年2月24日，温州市人民政府原则同意对该路段实行回购。

为了迎接当年的交通部干线公路路况大检查，在省公路管理局的支持下，104国道瓯海段实施大修工程，总预算4269万元，分两期施工。一期大修工程2.6公里，投资1080万元，其中温州市公路管理处先行借款800万元，按照文明公路标准施工。当年大修工程完成后，路况路貌得到彻底改观，并顺利通过交通部干线公路路况大检查。2012年12月21日，温州市政府召集瑞安、瓯海两地政府及财政、交通、审计、公路等部门召开专题会议，就G104线南白象至凤山段和飞云江南岸至平阳交界处收费公路项目合同解除，提前停止收费涉及的资金补偿问题进行协调。会议确定该项目补偿资金总额为1.25857亿元，其中补偿浙江商城集团路桥建设经营有限公司9846.8218万元，补偿温州瓯海国道建设有限公司2013.8783万元，支付瑞安市交通运输局项目设施拆除和路面恢复费用60万元，返还公路养护部门历年垫付的公路养护和路政管理费665万元（其中温州市公路管理处480万元、瑞安市公路管理段97万元、瓯海区公路管理段88万元）。补偿资金由瑞安市政府承担40%，瓯海区政府承担60%（温州市财政和瓯海区财政按1∶1分担）。会后，瑞安市人民政府、瓯海区人民政府、浙江商城集团路桥建设经营有限公司三方签订了解除该收费项目合同补偿协议。至此，“四自”工程G104线瓯海瑞安段经历了从失管到大修后实现政府回购。

【“道路+政府购买服务”PPP模式】 由浙江提出的曾经改变了浙江公路建设的单一化投资体系，第一次将社会资金引入到交通建设的“四自”工程退出历史后，2015年，“道路+政府购买服务”的PPP模式在温州应运而生。国家规划330国道温州洞头至鹿城段的组成部分——环山东路经开区段，将成为浙江首条PPP模式建设的无收费公路。国企民资出钱造路，政府购买道路使用权，这是新常态下解决公路建设资金筹集问题的一种创新，将解决好“四自”工程后期因公路快速发展而出现的一些问题。

温州经济技术开发区环山东路经开区段，起于横山隧道，止于经开区与瑞安交界处，全长约7公里，其中包括隧道2座、桥梁6座。道路按一级公路技术标准设计，兼顾城市道路功能，设计速度为80公里/每小时。该项目采用的“道路+政府购买服务模式”，由经开区建设项目前期管理中心作为项目业主，经开区全资国有公司出资5%，中标单位出资95%，双方共同组建环山东路PPP项目公司。项目公司负责道路的建设投资，政府购买道路使用服务，在一定使用期限内通过政府购买服务的方式分期支付项目公司服务费用，使用期间道路维护由投资人负责。使用期满后，投资人退出项目公司，项目公司将道路设施移交给政府交通主管部门。

（二）收费机构

【乐清·G104清江至琯头段收费站】 1996年6月 8日，G104线乐清段清江至琯头改建工程开工，全长45公里，按二级公路技术标准设计，双向四车道，路基宽31～40米，总投资2.6亿元。1998年12月 30日竣工。1997年9月1日，省交通厅同意在G104线乐清段宋湖村（桩号K1848+875）设置收费站，设8条车道，其中两外侧为非机动车道（兼超高超宽车道），并要求按“实用大方、合理安全”的原则，依照省公路稽征局统一设计的图纸进行建设。1998年6月，收费站在乐成镇万岙建成，开始实行双向收费。2002年3月，G104线乐成过境段工程竣工将投入使用。根据G104线乐清收费站平均车流量为1.8万辆，预计乐成过境段通车后将有70%车辆从此通行而不经过收费站，势必造成通行费大量流失。为保证通行费如数收缴，防止国资流失，决定在乐成段建设新站点。2003年10月24日，省交通厅同意将原设在万岙村的收费站移至G104（桩号K1837+500）坝头村处，设置双向12车道，其中两外侧为超高超宽车道，收费方式和收费标准仍按浙政办发〔1998〕93号文件执行。2004年甬台温高速公路乐清段建成，高速公路收费处与该收费站距离过近。G104线乐成过境段即将建成通车，大部分车辆将从此经过。2004年收费站正式搬迁到乐成坝头，收费业主为乐清市基础建设有限公司。2010年2月28日，G104线清江至琯头段全长45.103公里撤销收费。

【瓯海·G104收费站】 2001年2月13日，G104线瓯海南白象段改建工程开工。该工程为G104线瓯海南白象至凤山段改建工程的一部分，经省政府批准（浙政发〔1998〕225号），为“四自”工程项目。工程起点为瓯海区南白象高速公

104国道苍南收费站 朱劲松摄

330国道瓯青复线瓯海收费站 朱劲松摄

77 省道收费站 朱劲松摄

41省道三角岩收费站 朱劲松摄

路枢纽互通出口处，沿老路两侧拼宽，至温瑞加油站，全长1.44公里，连接线改建1.16公里。工程总投资2200万元，于2001年12月31日竣工。工程按平原微丘一级公路标准设计，行车时速100公里，路基宽度25.5米。改建后收费站设在瑞安凤山，2002年1月1日开始收费，2012年3月28日终止。

【瑞安·G104飞云江大桥收费站】 1988年12月17日，省政府办公厅发文，决定对飞云江大桥征收过桥费。1989年1月1日开始征收过桥费。征收对象同瓯江大桥，收费标准为核定载重1吨～2.5吨以下的机动车（包括面包车、工具车、不含2.5吨），每车每次收费3元；核定载重2.5吨～5吨（含5吨），每车每次收费5元；核定载重5吨以上至8吨（含8吨），每车每次收费8元；核定载重8吨～10吨（含10吨），每车每次收费10元；核定载重10吨以上，每车每次收费15元；凡2.5吨以上的机动车，如有拖带的挂车或通道车，每辆加收3元；大型平板车按轴计征，每轴4元；客车按同类货车确定吨位。如无同类型车可以比照，每10座折合1吨，11座以上不足15座折合1.5吨，以此类推。征收和管理工作于1989年1月6日起，由温州公路总段负责实施。2012年5月1日，收费站停止收费并撤销站场。

【瑞安·G104收费站】 G104线瑞安段改建工程，采用沥青渣油路改建水泥路，全长1.396公路（其中下敖叉道长50米），水泥路面宽12米，两边油路2×5米。该工程为1993年度浙江省公路局改建计划，主要投资：水泥稳定土基层34.08万元，调平层15.36万元，路基填方4.1万元，水泥砼板路石109.68万元，工程投入总金额163.22万元，其中县财政补助50万元。工程于1994年1月25日竣工，1995年底开始收费。根据省政府文件（浙政办函〔2007〕33号）规定，从2007年7月23日起，其收费改由甬台温高速公路代征。2008年省政府发文（浙政办函〔2008〕46号）决定，自2008年10月1日起，该路段撤消高速公路代征。此后，该公路养护经费归属公路部门重新安排。

【平阳·G104九凰山隧道收费站】 1993年2月，省政府将G104线平阳城关过境段公路（包括隧道）列为全省25项交通基础设施第一批“四自”工程。1993年5月动工，1995年12月竣工。1994年10月，省交通厅批复九凰山隧道“四自”工程延伸工程再度进行改建。工程分为一、二期，并分两步先后动工。1995年10月，经省政府批准（浙政办发〔1995〕217号），九凰山隧道“四自”工程自1995年11月1日起开始收取车辆通行费，收费工作由中外合作平阳海达交通开发有限公司负责实施，平阳县交通局负责行业管理，县编委核定收费人员85人。收费站设陈夹垟（桩号1959K＋200）。2007年7月23日，省政府发文（浙政办函〔2007〕33号）决定，撤销九凰山隧道收费点，其收费改由甬台温高速公路平阳收费点代征。2008年10月1日，省政府发文决定（浙政办函〔2008〕46号），撤销九凰山隧道收费点在高速公路代征。此后，国道平阳境内公路无收费点，公路养护经费归属市公路管理处重新安排。

【苍南·G104灵溪收费站】 1993年6月，经省政府批准，在G104灵溪镇上江村段设置收费站，于1993年7月20日正式实施收费。后收费站移址至灵溪镇坝头村。2004年8月份，甬台温高速公路苍南段收费站建成，开始代收G104苍南段过路费。根据省政府《关于全省现有城市道路“四自”项目收费期限有关事宜的通知》规定，苍南县于2012年1月1日起，对G104灵溪段停止收费，且通过该县2个高速出口代收的10元“过路费”也相应取消。该县此前曾设有龙港至舥艚、龙港至宜山、龙港大桥、灵溪至宜山、龙港世纪大道等公路收费站，自此全部取消。

【鹿城·G330复线鹿城段收费公路】 该段收费公路原属瓯海区管辖，是省政府批准的第五批“四自”工程项目。全长25.641公里，总投资1.3242亿元，其中省交通厅占60%，地方占40%。1996年5月8日开工，1997年12月20日完工，

1998 年 1 月 23 日设立 G330 瓯青复线收费站。2001 年 8 月因区划调整，临江镇划归鹿城辖区，经省公路管理局批准，改名为 330 国道温州收费站。2010 年 2 月 5 日，该收费站提前停止收费，2 月 28 日正式撤销。

【龙湾 · S332 收费站】 S332 线即温州机场大道，起点为汤家桥（桩号 K8+298），终点为温州永强机场（桩号 K26+697），全长 18.399 公里，是温州城市东向一条重要的交通要道。1994 年，经省政府批准，同意该公路列为“四自”工程，按城市一级主干道标准设计，在原老温强线路基宽度 13 米的基础上，再拓宽至 34 米。工程于 1996 年 1 月建成通车，同年 8 月实行收费，收费年限为 20 年。时设汤家桥、黄屿、状元 3 个收费站，实行单向收费。2000 年，汤家桥、黄屿收费站撤并。撤并后的 S332 收费站对车辆实行双向收费。2003 年 1 月 20 日，省交通厅、省物价局颁发《关于 77 省道温州收费站车辆通行费统缴标准》。随着温州城区建设进程加快，城区范围扩大，2004 年 3 月，市政府常务会议研究决定，撤销 S332 收费站，并报省政府申请撤站。2007 年 2 月 17 日零时起，S332 茅竹岭收费站正式停止收费。

【永嘉 · S223 三角岩大桥收费站】 1995 年 10 月，经省政府批准（浙政办发〔1995〕212 号），同意 S223 线三角岩大桥于同年 11 月 1 日开始实行双向收费。S223 线三角岩大桥收费站隶属永嘉县交通局，系全民事业单位，定编 35 人，共有职工 35 人，其中女性 8 人。根据 2009 年省人民政府《关于全省现有城市道路“四自”项目收费期限有关事宜的通知》的规定，该桥于 2010 年 12 月 1 日终止收费。

【鹿城 · 瓯江大桥收费站】 1984 年 7 月 19 日，省政府常务会议决定，瓯江大桥建成后（9 月 25 日正式通车），从 10 月 5 日起实行收取过桥费，并指出今后凡类似的重要公路段、桥、隧道建成后都可参照收费。瓯江大桥车辆过桥费规定：除军用车辆（不包括部队所属企业和民航的

瓯江大桥征费管理所　朱劲松摄

清江大桥征费管理所　朱劲松摄

苍南灵龙公路收费站　朱劲松摄

77 省道收费站撤销当日婚车通过的情形　刘晓华摄

车辆），执行任务的消防车、救护车、警备车、自行车、二轮、侧三轮摩托车、手拉车、轻骑、行人等免缴过桥费外，其余过桥的客货机动车均要缴过桥费。征费标准：大型平板车按轴计征每轴4元；荷载5吨以上（不包括5吨）各种车辆，每吨6元；载重量2.5吨以上的各种车辆，每辆4元；拖带挂车每辆加收3元；载重量每辆2吨及2吨以下的各种车辆，方向盘式拖拉机每辆3元；三轮机动车（不包括侧三轮）、手扶拖拉机每辆1元。征收与管理工作由市交通监理所负责办理。2003年12月29日，大桥终止收费，并撤销收费站。

【永嘉·东瓯大桥收费站】 东瓯大桥收费站设于永嘉县瓯北镇，2000年8月11日开始收费，实行半自动双向收费。业主为温州瓯江三桥建设开发有限公司，由永嘉县政府和温州市房管局共同出资组建。根据规定，收费站于2010年2月28日23时58分起停止收费。

【永嘉·楠溪江大桥收费站】 1986年1月25日，省政府批复（〔1986〕36号）、省交通厅公布《楠溪江大桥车辆过桥收费办法》，规定每次征收的通行费票据，只限单向行驶一次有效，通行大桥频繁的车辆，可预发通行票及通行费定额票证。票证由省交通厅公路管理局统一印制，通行费收入由征收部门单独设立银行存款专户，按月向省交通厅公路管理局缴交过桥费。征收和管理工作，由温州公路总段负责实施。温州公路总段在大桥东端设立“楠溪江大桥征收站”，具体负责征收工作。1986年3月15日，楠溪江大桥正式开始收费。收费对象：1吨以下的机动车（包括小卧车、小吉普车、手扶拖拉机、各种简易机动车、三轮机动车），每车每次收费1元；1吨以上（含1吨）至2吨以下的机动车（包括面包车、工具车），每车每次收费2元；2吨以上（含2吨）至5吨以下的机动车，每车每次收费3元，如有拖带的挂车，每辆加收2元；5吨以上（含5吨）的机动车，每车每次收费5元，如有拖带的挂车，每辆加收2元；大型平板车按轴计征，每轴3元。1996年3月15日，该收费站停止收费并撤销。

【苍南·灵龙公路收费站】 龙金大道连接G104线，途经龙港、湖前、宜山、新安、钱库、金乡，止于甬台温高速公路复线，全长20.13公里，呈南北走向。1999年7月开工，2002年1月完工，2002年2月投入使用并实施收费。工程总投资3亿多元，其中贷款2亿多元。业主为苍南县龙金大道投资开发有限公司，系由苍南县国有资产营运有限公司投资的国有独资公司。原来这个路段有3个独立的收费站，2002年底，3个收费站合并为一个收费站，2004年，又撤销收费站下的一个收费点，最后只剩下凤浦和灵宜两个点。凤浦收费点是增设的收费点，主要是为了防止龙金大道车辆通行费的流失。由于萧江互通连接线与龙

G104乐清段本地车辆通行费充缴标准表

表6-2-3

车辆种类	收费标准
三轮摩托车（含轻骑）	10元/车·月
20座以下（含20座）的自备客车	180元/车·月
20座以上的自备客车	300元/车·月
8座以下（含8座）的出租车	500元/车·月
20座以下（含20座）的短途客运车	900元/车·月
50座以下（含50座）的跨地区客运车	600元/车·月
50座以下（含50座）的跨省客运车	300元/车·月（自愿购买）
3吨以下的货车	200元/车·月
3吨以上（含3吨）的货车	300元/车·月
说明：除雁荡、大荆片营运的客车和出租车外，其他符合收费规定的车辆均实行按次过站收费	

金大道相连接，严重影响龙金大道还贷。2004年，省交通厅给苍南县政府复函，原则同意在萧江互通至龙金大道连接线4公里处（龙港镇凤浦村）设置灵龙公路收费站凤浦收费点，对往萧江方向车辆单向收取通行费。2010年4月1日，收费站停止收费并撤销站点。

温州“四自”工程收费站（点）情况统计表

表6-2-4

序号	公路及桥梁名称	收费站点位置	起收日期	终止日期	总投资（亿元）	投资人
1	G104 瓯海段	瑞安凤山	19890101	20020328	2.2	瑞安商城集团1.4亿元 瓯海国道建设有限公司0.22亿元
2	G104 平阳段	平阳陈夹垟	19951101	20081001	6.6	中外合作平阳海达交通开发有限公司
3	G104 瑞安	瑞安飞云	19891001	20020328	—	—
4	G104 乐清	乐清万岙	19980601	20100205	—	乐清市基础建设有限公司
5	G104 永嘉瓯北	永嘉六岙	19970501	20010401	—	—
6	G104 苍南段	苍南灵溪	19930720	20120401	—	—
7	G330 鹿城段	K0+000	19980123	20100205	1.49	温州金鹿交通投资公司40% 浙江省公路局投资60%
8	G104 瓯江大桥	永嘉六岙	19840925	20031229	3.87	—
9	G104 飞云大桥	K1951+313	19890101	20020328	0.4	—
10	S223 三角岩大桥	永嘉三角岩	19951101	20101201	0.1921	—
11	S332 龙湾段	龙湾茅竹岭	19960801	20070217	2.3	温州机场大道管理处
12	S330 瑞安马屿站	瑞安马屿	20060101	20100228	6.44	—
13	东瓯大桥	永嘉瓯北	20000801	20100205	5.6	瓯江三桥建设开发有限公司
14	楠溪江大桥	永嘉港头	19860601	19960601	—	—
15	清江大桥	乐清清江	19930702	20000101	0.88	—
16	苍南灵龙路	苍南灵宜	20020416	20100205	3	苍南龙金大道投资开发有限公司

五、电子不停车收费

电子不停车收费系统也称ETC，即英文Electronic Toll Collection的缩写。ETC是指车辆在通过收费站时，通过车载设备实现车辆识别、信息写入（入口）并自动从预先绑定的IC卡或银行账户上扣除相应资金（出口）。这是国际上正在努力开发并推广普及的一种用于道路、大桥和隧道的电子收费系统。电子不停车收费系统（ETC）是世界上最先进的收费系统，是智能交通系统的服务功能之一，具有快捷、环保、经济、方便、联网等优点。

2007年1月，交通运输部组织启动“国家高速公路不停车收费和服务系统”的实施。该项目是国家“十一五”重大科技支撑计划之一。4月，交通运输部正式下达建设“京津冀和长三角区域联网电子不停车收费示范工程”。2011年，省交通运输厅、财政厅等单位联合发文，要求各级党政机关、全额拨款事业单位公务车辆年底前统一安装ETC电子标签。2012年8月2日，长三角五省一市（上海市、江苏省、浙江省、安徽省、江西省、福建省）正式联网运行。2014年12月21日，北京、天津、河北、山东、山西、上海、江苏、浙江、安徽、福建、江西、辽宁、陕西、湖南共14个省市ETC系统实现联网。从2015年5月15日起，浙江省内高速公路的ETC车辆按实际行驶路径计算并收取车辆通行费。

2010年1月，温州市高速公路不停车收费服务处成立筹备小组。3月17日零时，开始与全省ETC同步测试运行。4月8日，市公路管理处正式发文成立温州市高速公路不停车收费服务处（筹）（温公路〔2010〕63号），简称ETC服务处。2010年4月16日零时，浙江省高速公路不停车收费系统正式启动试运行。温州境内的甬台温高速公路乐清、白鹭屿、温州东、温州南、塘下、瑞安、飞云、分水关、金丽温高速公路温州西等9个ETC点18条ETC专用车道同时投入使用，标志着温州市高速公路ETC系统开始试运行。

市政府非常重视ETC的推广发行，市政府副秘书长主持召开有各县（市、区）政府分管交通负责人和市交通局、财政局、公路管理处负责人参加的ETC推广协调会，要求公务车辆安装电子标签，鼓励企业和个人用户安装，此举在浙江省先行一步。至2010年底，全市发放ETC电子标签3601个，是该年度浙江省第一个完成发行任务的服务处。2011年1月19日，温州ETC服务处在中信银行下辖9个网点，率先在浙江推出ETC一站式服务，客户15分钟便可在银行网点完成ETC安装的全部流程。开展一站式服务后，发行量增至原来的5倍。11月30日，温州工行也正式推出ETC业务。ETC服务处在ETC发行过程中，积极寻求合作对象，实现合作共赢。2011年7月27日，与中信银行、中国移动签署三方合作协议书。根据协议，中信银行、中国移动联合启动“承诺最低消费获赠ETC”等各类营销方案。这一联合，使ETC得到了长足的发展。创建ETC联席会议制度，是促进ETC业务长效发展的创新做法。这项制度，由ETC服务处牵头，高速公路业主及合作银行参与，集中解决客户反馈的问题。通过优化系统运行，完善车道建设，ETC通道误闯率由原来的3%降至1‰。是年，甬台温高速公路雁荡、蒲岐、平阳、萧江、苍南和绕城高速永嘉南、仰义等7个收费站ETC车道建成。至此，温州已在16个高速公路收费站设有ETC专用车道。截至2012年8月30日，温州ETC新增用户8741个，总用户达18522个；车辆13108辆，总发行26534张。ETC增长量居全省第一，发行量居全省第二，安装量占全省总量的20%。

2013年1月，根据《温州市公路管理局机构编制方案》（温市编〔2013〕1号），温州市高速公路不停车收费管理处成立，为市公路管理局正式内设机构，是浙江省首个高速公路不停车收费管理机构。是年6月，温州市完成ETC车道全覆盖，全市26个收费站56条车道全部投入使用。

温州ETC发行在社会服务、质量管理方面取得突破。2013年10月21日，“温州ETC微信”公众账号正式开通，2014年1月21日通过认证，成为全国ETC管理单位首家通过认证的综合性服务平台。2014年7月，温州高速公路ETC通过ISO 9001:2008质量管理体系认证，标志着温州ETC在专业化、标准化和规范化的管理中得到了国家的认可。是年，共发行电子标签2.9万套，总量9.6万套，发行量居全省第二，安装量占全省总量的20%。2015年4月13日，温州ETC管理处与中石油温州分公司进行沟通对接，达成合作协议。中石油首批十个网点设立ETC一站式办理安装服务。截至5月，温州28个高速公路收费站共建设完成65条ETC车道。同月，温州作为全省第二批开放农信联社试行网点的地区，增加农信联社为温州第3个ETC合作银行。农信联社108个网点全部向社会办理ETC。是年，温州ETC发行量突破10万户，相当于此前4年的总和，超过杭州位居浙江省第一。截至2015年，温州ETC发行总

召开ETC新闻发布会　资料图片

甬台温高速公路温州南出口ETC车道　资料图片

量达20万，占全省总量的20%。温州市在ETC推广工作中的最大创新点，即实行宣传、合作、服务三管齐下，推出一系列优惠政策：加强与媒体和商家（银行）的合作，编制《温州ETC便民手册》，开通微信服务平台，结合旅游资源、温州代表性商店推出系列服务。这些优惠措施，持ETC卡的外地用户也可以同等享受。温州受益最大的一家企业，每年通过ETC优惠省下资金达40万元。

2016年3月，温州市高速公路不停车收费管理处摸索创新，在全省首次把ETC技术应用于住宅小区。将ETC技术向住宅小区拓展，是公路部门启动的ETC便民惠民项目。该项目经过前期调研、协商、实验、调试，克服了技术难题，首先在温州瓯海高端住宅小区国际华府小区试运行。小区业主只要在车辆上安装ETC标签，车辆进出小区门禁起落杆自动抬起，车辆不用停车就可直接进去小区。该项拓展，让小区ETC用户在家门口也可享受到上高速公路的便捷。试点成功后，ETC将应用于更多的小区、单位大型停车场等，既方便了小区业主，又可以促进ETC用户的发展，形成良性循环。省公路管理局结算中心认为，将ETC应用向小区、停车场延伸，是未来ETC发展的一个方向，也是“十三五”规划里面的一项重要内容。温州国际华府小区ETC不停车通行是全省的一个试点，2016年计划在杭州萧山机场停车场等地实施试点工作。

温州市ETC发行量统计表（2010—2015）

表6-2-5

序号	年　度	发行量	比上年增减	备　注
1	2010	3600	—	浙江省首个完成发行任务
2	2011	29746	26146	—
3	2012	36700	6954	增长量居浙江省第一 发行量居浙江省第二
4	2013	27000	-9700	—
5	2014	35178	8178	发行量居浙江省第二
6	2015	204000	168822	发行量居浙江省第一
7	2016	370000	166000	—
合　计		706224	—	—

建设史话

“慈善工程”　自2011年开始，温州ETC将以服务处、中信银行和中国移动的名义向温州慈善总会捐款5万元。今后中国移动每售出一份电子标签套餐，中信银行和移动公司即分别为慈善机构捐献10元钱，用以助力“零距离慈善爱心基金”。ETC项目还与温州相关汽车俱乐部、温州市农家乐协会达成合作协议，车主消费均能享受贵宾接待和折扣。追求自身发展，不忘以慈善回馈社会，这使得温州ETC项目获得了“慈善工程、便民工程”的美誉。

“九个第一”　2010—2016年，温州ETC创下8个浙江省第一：第一个在银行设立发行网点(中信银行温州分行，辖区10家营业点），第一个设立县级发行网点（中信银行柳市支行），第一个在市审批中心设立咨询窗口，第一个建立高速公路业主单位联席会议制度，第一个在高速交警办理大厅设立咨询办理点，第一个与中国移动等优质企业开展业务合作，第一个可以在工商银行办理行政事业单位委托扣款，第一个在工商银行成立专门机构开展ETC一站式办理业务，第一个通过ISO 9001:2008质量管理体系认证。

“五大创新”　2010—2016年，温州ETC发行总量达到70.6224万户，位于全省前列，凸显五大创新点：一是率先实现银行网点ETC一站式服务；二是开通全国首个ETC微信公众账号；三是联合金融部门开展ETC办理直通车活动；四是实现从政府推广到直接参与市场的模式转变；五是ETC管理通过IS O 9001:2008质量管理体系认证，实现ETC管理的专业化、标准化和规范化。

第三节 质量目标管理

2014年开始，温州公路部门把国际质量管理标准和方法作为创新管理、优化政务、提升质量的有效载体，导入公路管理服务过程的各个环节，建立起覆盖公路管理和服务全过程的ISO 9001质量目标管理体系。市公路管理局是浙江公路系统首家在公路管理工作中实行ISO 9001质量目标管理的单位。

一、实施过程

公路部门作为承担公路行政审批、公路路政执法、公路建设养护等多项职能的综合部门，在规范化管理方面出台了一系列措施，行政管理工作的管理体制逐步完善，工作机制日益健全，初步实现了政务公开化、工作标准化、操作程序化、管理制度化、考核经常化的目标。然而，随着温州公路交通的大发展，公路工作中的新情况、新问题也不断出现，原有的行政管理机制滞后，规范化建设的系统性水平较低。因此，在全市公路系统适时引入ISO 9001质量管理体系就显得十分必要。它能进一步推行依法行政，规范管理过程，明确管理工作职责，全面提升行政管理理念和科学管理水平，提高行政管理质量和单位队伍的整体素质，达到温州公路“行政管理规范化、内部管理制度化、队伍管理标准化、规章建设法制化”的终极目标。

2014年初，成立以市局党委书记、局长连真毅为组长，局直属机构、机关处室负责人，各县（市、区）公路局主要领导和办公室主任为成员的质量体系认证领导小组，委托副局长黄跃华为管理者代表，党委委员、人事处处长陈良辉为联系人。全系统上下形成了一把手亲自抓、中层干部亲自做、全体职工共参与的良好氛围。同时出台实施方案，明确分工，细化步骤，开展专题调研。在全系统的通力合作下，经过三次修订，2014年6月，《温州市公路质量管理体系文件》正式发布实施，ISO 9001质量认证体系建设取得了阶段性进展。

根据实施方案，着重展开五项重点工作：一是着手前期调研。对鹿城区公路管理局、瑞安市公路管理局、高速路政管理大队进行前期调研，了解公路部门行政审批、路政管理、公路建管养方面的代表性情况。二是组织全员培训。通过组织全员培训，接受必要的管理意识和质量意识的训练，以及ISO 9001标准的知识培训。三是编写工作规范。市公路管理局各直属机构、机关处室全体动员，通力合作，编写《高速公路篇》《国省道干线公路养护篇》《农村公路建设篇》《路政篇》《公路安全篇》《综合篇》等六大篇合计190小篇的工作规范。各县（市、区）公路管理局以市局工作规范为基础，结合自身实际，编写符合本单位情况的工作规范。完成工作规范编写后，经过分管领导审核，主要领导审批，于3月1日进入实行阶段。至此，温州公路系统质量管理体系进入试运行阶段。四是培训内审人员。组织各单位、各部门挑选的优秀人才，进行内审员培训、测试，对通过测试的人员发放温州公路系统质量管理体系内审员资格证书。五是提出认证申请。公路管理质量体系试运行三个月后，针对工作规范实施可行性、准确性，组织开展全系统的内部审核贯标工作。在内部审核、整改结束后，正式向北京大陆航星认证中心提出认证申请。6月、7月通过温州公路管理质量体系一、二阶段现场审核后，顺利通过ISO 9001质量体系认证，被授予ISO 9001国际质量体系认证证书，成为温州市首个通过该体系的机关单位。各县（市、区）公路管理局、市高速路政管理大队、甬台温高速公路苍南超限运输检测站等13家单位、部门获得子证书。

为了提高质量体系建设水准，主要采取两项措施：一是联系南通中科管理咨询有限公司，全程帮助指导公路管理质量体系的建立。二是通过推行ISO质量体系，贯彻国际标准，实施工作规范，及时发现日常工作中存在的共性问题和个性问题，加以整改、完善。

二、四大环节

在实施ISO 9001质量目标管理过程中，市公路管理局抓住四大重要环节：一是促进观念转变。实行质量体系认证之前，有的干部职工认为，ISO认证是企业的事，政府单位经过多年的经验积累，已经形成了一套符合自身工作实际要求的工作模式，进行质量体系管理没有多大的必要。对此，通过宣传和解释ISO质量体系管理中“以顾客为关注焦点”和“与供方的互利关系”原则与公路部门服务行为的共同点，要求树立“路为民建、路为民管，路为民养”的意识，在思想上与ISO质量体系无缝对接。二是注重过程管理。ISO质量体系管理，最核心部分为PDCA模式，即ISO基本原则的“过程方法”原则。所谓PDCA模式，PLAN就是策划，DO是实施，CHECK是检查，ACTION是总结。可以通过此方法来衡量制定的目标在过程中的具体环节有无落实到位。过程法则的实施，有利于培养工作人员良好的责任意识、质量意识和程序意识，纠正重结果轻过程的工作随意性，自觉地确立科学严谨的质量理念，最终提高办事质量和工作效率。三是提升管理效率。当引入ISO质量体系，建立起完善的体系工作规范后，所有的工作内容均由工作规范来支撑完成，有具体标准，有操作流程，工作绩效基本可以全盘量化，“新人”可以大幅度缩短“出师”周期，避免单位的行政行为、工作连贯性因领导负责人或具体经办人的变更而前后脱节的情况出现。四是保持改进常态。在建立质量体系的过程中，逐步树立“允许犯错误，但决不允许犯同样的错误”的理念，将持续改进作为职工的工作原则和目标。一方面，以事先确立的目标来对职工的每项活动结果进行客观评价，发现问题及时分析原因、采取对应措施，消除出现问题的原因。另一方面，对质量管理体系本身不断进行改进，增强管理体系的适宜性和有效性，确保管理体系与时俱进，始终适应社会形势发展和工作内容发展的需要。

ISO 9001质量管理体系培训会　刘晓华摄

将ISO 9001标准的理念和方法，引入到公路系统管理工作全过程，明确划分各部门和各岗位的工作职责，全系统全面建立规范的工作管理制度，达到了良性有序的运作。通过建立起“凡事有规定、规定必执行、执行必记录、记录必考核、考核必有效”的管理模式，形成了“靠制度管人、按程度办事”的运行机制，实现了从“事后公开”向“过程公开”“事后监督”向“过程监督”“结果管理”向“过程管理”转变，促进了公路工作全面制度化、规范化和程序化。

2015年7月，北京大陆航星质量认证中心专家组对每年度ISO 9001质量管理体系工作运行情况进行了年度审核。2015年度重点审核了养护机具维修保养、应急预案演练、执法文书制作等方面内容。2016年度系统核查路政管理、安全管理、养护管理、机械设备设施管理、特种设备检验等方面的现行工作规范，是否严格遵循PDCA循环（策划—实施—检查—总结）问题。专家组对质量管理运行情况给予了高度的肯定，推荐保持认证资格。

第四节 舆情处置管理

舆情处置是指对于新闻舆情和网络事件引发的舆论危机，通过利用一些舆情监测手段，分析舆情发展态势，加强与媒体的沟通，以面对面的方式和媒体的语言风格，确保新闻和信息的权威性和一致性，最大限度地压缩小道消息、虚假信息，变被动为主动，先入为主，确保更准、更快、更好地引导舆情的一种危机处理方法。自2013年开始，市公路管理局总结经验、吸取教训，建立了一整套舆情监控、应急和处置的工作机制，并把舆情意识贯穿到公路工作的每个环节。

一、工作机制

公路建设和管理直接关乎民生大事，经常会引发来自传统媒体的新闻舆情和互联网的网络舆情。新闻舆情是经过媒体验证和包装过的舆论，是带有客观性和准确性的舆论；网络舆情是社会舆情在互联网空间的映射，是社会舆情的直接反映。与报纸、无线广播和电视等传统的传播媒体相比，网络媒体具有进入门槛低、信息超大规模、信息发布与传播迅速、参与群体庞大、实时交互性强等综合性特点。在应对和处置突发性舆情方面，公路部门既有成功的经验，也有过失败的教训。2011年5月，有人在温州知名论坛“703804”发帖称“60来位温州市交通系统干部家属被内部招聘”，引发网络舆情，被媒体称之“萝卜招聘”，包括中央电视台在内的全国数十家媒体对此进行采访报道或转载。在舆情应对和处置过程中采取一概否定、自圆其说的办法，招致媒体质疑和更大范围的报道，以及纪检部门的介入，造成了严重的负面影响。实践证明，应对与处置舆情成功者，能化被动为主动，变坏事为好事，借此推进工作的开展；失败者则会给本行业造成不良的影响甚至严重的负面影响。舆情的应对与处置，已成为衡量领导干部执政水平和管理能力的重要标准。

2013年3月、12月，市公路管理局先后出台了《舆情应急处置预案》和《舆情监控应对与处置实施方案（试行）》，成立舆情应急处置领导小组，建立舆情分析和监控制度，建立日常工作舆情汇报制度，最大限度地避免、缩小和消除因舆情突发造成的各种负面影响，掌握引导舆情的主动权。

⑴制定工作原则。准确把握、快速反应；加强引导、注重效果；讲究方法、提高效能；严格制度、明确职责。

⑵成立工作机构。成立舆情监控工作领导小组，下设办公室，主要负责牵头组织开展舆情监测、处置和答复等具体工作。办公室设舆情监控、研判、协调三个工作小组。

⑶明确工作职责。舆情监控小组，负责收集报送报纸、电视舆情和网络论坛言论及网友留言的筛选，并做好交办及督查工作。舆情监控员利用百度、Google等搜索引擎或“网络舆情监控系统”对温州公路舆情进行搜索，特别是703804论坛网友留言及网上论坛、博客、微博等互动性栏目，通过网页逐条浏览或者通过关键字词全网搜索等形式，收集相关舆情信息和留言，并将收集到的舆情信息材料及时报至舆情研判小组。舆情研判小组，负责舆情的分析、研判工作。舆情研判小组将收集到的舆情信息按照职责分工，根据内容性质和影响程度组织分析研判。一般舆情，由舆情研判小组协调涉及单位（处室）作出情况说明；重大舆情，立即上报舆情监控工作领导小组处置，并及时上报上级主管部门。舆情处置小组，负责回复、跟帖和正面声音放大工作。根据舆情涉及相关职责情况，由分管领导

迅速组织人员了解真相，以发帖、跟帖、撰写评论文章、说明事实真相等不同形式进行回复，释疑解惑，矫正视听，化解矛盾，消除影响，积极营造良好的舆论氛围。一般舆情和留言的回复内容由领导小组办公室审核后发布，涉及重大舆情和人事方面的舆情回复，由舆情监控工作领导小组办公室提出意见，经领导小组组长审核后发布。如需书面形式反馈信息的，由局监察室根据有关规定处置；如需与媒体对接的，由局信息中心负责处置。重大舆情处置后，要密切关注事件进展情况，持续跟踪媒体后续反应，并针对可能出现的新情况、新问题及时采取应对举措，防范负面舆情出现反复。舆情趋于平稳后，应及时建立舆情应对台账，评估舆情应对的成功经验和不足之处，不断总结提高，增强舆情应对能力。

⑷确定监控重点。重点监控《温州日报》《温州都市报》《温州晚报》《温州商报》及温州电视台、温州网等；天涯社区、搜狐论坛、凤凰论坛、网易论坛、新浪论坛、温州 703804 论坛等。

⑸实行分级管理。根据舆情的性质、影响范围、危害程度、管理权限等因素，将舆情分为重大、一般两个等级。重大舆情，指事件已经或即将被互联网及关联媒体重点关注；在网络论坛中不间断有人跟帖的；在事发当地造成广泛社会影响的；有可能被覆盖面更广的媒体所关注和传播的；上级领导做出批示、提出明确要求的。一般舆情，指事件未被社会舆论广泛关注或者关注度不高，没有超出本市管辖范围的。

⑹制定应急程序。各部门、各班组要密切注意舆情动态，发现问题及时向局主要领导报告，由各处室负责人集体对事件进行初步分析，根据事件严重程度决定是否召开舆情应急处置工作 会议。舆情应急处置工作领导小组接到汇报后，召开应急会议，有针对性地布置处置工作，形成新闻通稿并组织宣传报道。工作领导小组将舆情情况及时以书面形式上报市新闻中心，并与新闻媒体及时保持信息沟通。做好突发公众舆论事件的 24 小时全程处置工作的文字、声像记录工作。

⑺建立引导队伍。一是设立新闻发言人。确定一名副局长为新闻发言人，确定一名相关业务处室负责人和信息中心负责人为新闻发言人助理，做好新闻发布、网帖回复处理等日常工作，作出发布效果评价，提高引导舆论的针对性和实效性。二是组建观察员队伍。在局办公室及相关处室和局直属各单位确定若干名政治素质高、责任心强、具有一定网络操作水平的干部作为网络观察员，负责监测、整理、分析、反馈与本局业务有关的网络舆情信息。发现苗头立刻以网民之名发声，努力化解矛盾，至少不使其蔓延。三是组建舆情宣传员队伍。局各处室、局直属各单位应至少明确一名政治素质高、文字功底强的人员作为宣传员，也可聘请互联网及关联媒体记者或网络写手作为网络评论员，有目的、有计划、分阶段确定宣传主题，采写新闻稿件，大力宣传工作新经验、新成果，用正面的声音唱响舆论主旋律。

⑻健全工作制度。建立信息反馈常态机制，建立舆情监控体系，健全信息公开制度，完善信息摸排机制。通过健全工作机制，做到三个“第一时间”：第一时间发现舆情，第一时间介入调查处置，第一时间发布信息。

通过建立舆情应对与处置工作机制，在日常公路管理工作中，全系统积极主动应对和处置各种网络舆情和突发性舆情，并建立舆情分析报告制度，适时出刊《舆情通报》，取得了较好的效果。同时，舆情应对与处置的研讨也有收获。《新传媒视角下公路行业的舆情引导及其处置之思考》（作者刘晓华），结合行业实际，分析舆情特点，剖析舆情实例，从理论和实践的层面探讨舆情应对与处置的具体方法和途径。论文获全国公路系统优秀政研论文二等奖（2013）、温州市社科论文一等奖（2015），为温州市交邮协会成立 30 年首获社科论文一等奖。

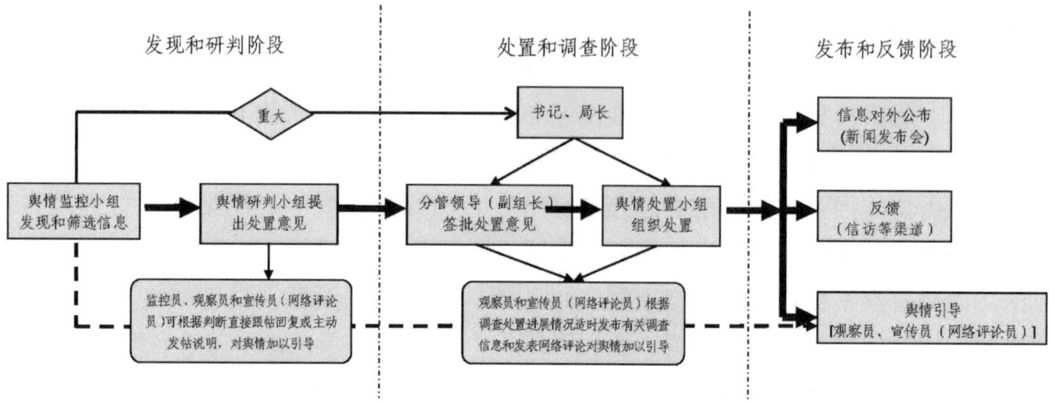

图 6-4-1　温州市公路管理局舆情监控应对与处置流程图

二、实例分析

1. 废弃渣土倾倒舆情应对与处置

舆情发生：2013 年 9 月开始，每晚有好几百辆渣土车从温州市区经东瓯大桥、瓯江大桥运往永嘉瓯江北岸滩涂倾倒，造成超限运输和公路路面污染，引发媒体和老百姓的关注。温州网“代表在线”栏目以《渣土车南辕北辙违规倾倒　瓯江北岸滩涂成消纳场所》为题，报道了近一个月来温州市区渣土车违规驶往永嘉瓯北一带江边倾倒之事，一些网友多次在“温州 703804 论坛”上发帖反映，永嘉县公路管理局接到“市长热线”、永嘉县纪委、永嘉县信访局等部门转交的群众上访件多件。

应对经过：舆情发生后，永嘉县公路管理局立即召开专题会议进行研究，提出处理意见：一是鉴于由于渣土车数量太多，仅靠公路部门执法力量根本无法进行有效监管的情况，立即向县政府汇报，要求实行相关部门联合整治；二是增加公路保洁人员，启动公路应急抢险机制，对渣土车严重污染路段进行及时清理，确保车辆行驶安全，消除群众的不满情绪；三是主动联系温州网、《今日永嘉》等媒体，解答和回复群众关切的有关问题。应对的实质性进展情况：1. 经过公路部门的积极报告和要求，永嘉县政府组织公路、公安、交警、城管、运管等部门，自 2013 年 11 月 1 日起，在东瓯大桥、瓯江大桥以及桥头镇全天候蹲守，查处违规运输倾倒渣土的工程车。2. 及时进行“公路部门严厉打击废弃渣土车辆污染公路”和“公路部门及时清理 XX 路段路面污染”的主题策划，在相关媒体上刊发、回应。3. 组织执法队伍，重拳打击渣土车违规超限运输。期间共查处渣土车 260 多辆。

经验剖析：1. 正面回应快速，争取理解支持。如温州网“代表在线”栏目做出报道后，立即联系该媒体，连续做了两期后续节目。分管领导直接参与现场访谈，详细介绍众多渣土车辆违规倾倒情况和由此带来的路面污染情况，以及路政执法人员和公路养护人员所做出的努力，并呼吁相关部门形成合力，共同参与管理和整治。公路部门的正面回应，获得了社会大众的理解和支持。2. 及时汇报请求，寻求部门联动。舆情发生后，第一时间向永嘉县政府汇报请求，得到了县政府的大力支持，牵头组织多部门联合设点、执法。同时还出台了《永嘉县废弃土运输专项整治工作实施方案》，为进一步规范废弃土运输作业秩序，有效遏制废弃土车辆事故多发频发现象提供制度保障。3. 积极参与整治，有效保障畅通。在联合整治过程中，永嘉路政执法人员无一人缺勤，无一人半夜脱岗；在面对突发公路污染情况时，公路应急抢险人员出动迅速，及时、有效地保障了公路的安全畅通。永嘉公路部门积极应对和处置废弃土违规倾倒舆情，形成了政府支持、部门合作的良好局面。

2．“6·10”超限检测舆情应对与处置

舆情发生：2014年6月10日晚，温州新闻综合频道《闲事婆和事佬》栏目和《温州新闻联播》栏目以题为“超限检测，岂能得过且过”的新闻报道，报道了甬台温高速公路超限运输检测站（下称“浙闽站”）抓获的超限车辆，在G104苍南超限运输检测站（下称“苍南站”）复磅时存在连续五次走S形过磅获取磅单的问题。之后，有人在“703804”网发帖，有小部分人跟帖，主要有两种意见：一是认为治超人员与停车场人员“里应外合”，违规操作；二是指责超限运输司机只顾自身利益，不顾公路安全和道路损失，是损人利己的行为。

案发经过：6月8日，当事人“陈先生”行驶的车辆经浙闽站时，被路政执法人员发现存在超限运输的嫌疑，在浙闽站初磅后超载4吨，开到甬台温高速苍南超限运输临时卸货点卸货。只卸部分货时，卸货人员声称自己在治超检测站里有人，可以通过复磅。在苍南站进行复磅时，当事人开S形路竟通过了复磅。事后，当事人向电视台举报治超站路政执法人员工作存在的问题，要求予以曝光。经查，发生该事件的直接原因：一是车辆在苍南站现场复磅时，路政执法人员对走S形路逃避检查的行为制止不到位；二是路政执法人员与当事人之间沟通不到位。事件间接原因：一是思想认识上存在偏差。认为车子是浙闽站抓获的，按照市公路管理局《关于进一步加强治超使（租）用停车场规范监管的通知》要求，执法全过程监管应由浙闽站负责，复磅单也一直是由浙闽站执法人员签字确认，苍南站没有监管义务，导致现场制止不到位的问题。二是沟通协调上有缺陷。认为类似情况在此前曾经发生过，苍南站工作人员曾因制止违规复磅行为与停车场押运人员发生冲突，甚至受到人身威胁。此事告知浙闽站后没有得到回应，便产生了懈怠思想。

应对措施：1．调查事件经过。电视台播出后，市公路管理局分别于当天晚上和次日上午召开局领导班子会议和治超站全体会议，深刻反思整个事件过程中存在的问题，并剖析原因，同时成立由监察室、路政处人员组成的调查组，调查事件的前因后果。2．强化三种理念。强化“公路是一家”“路政是一体”理念，强化大局意识、责任意识；强化“一荣俱荣、一损俱损”理念，强化荣耻意识、联动意识；强化“执法必严、严肃问责”理念，强化协调意识、问责意识。进一步完善路政管理的奖惩问责制，强化年度工作目标考核和日常执法行为管理，对全局干部职工进行一次党风党纪和法制知识教育，定期对发现的突出问题和薄弱环节进行深入剖析，采取措施，坚决遏制工作中各种不良苗头。3. 建立联动机制。强化站与站之间的沟通互动协调工作，在沟通上建立治超情况定期通报制度。在日常管理上建立互帮互助机制，在路政执法上建立强化力量联合执法机制，确保沟通无延误、管理无漏洞、执法无违规。4. 诚心接受批评。以此事件为契机，主动邀请温州电视台记者再次到苍南站采访整治情况，并于6月30日电视台播出。这既是对事件进行的后续报道，也是公路部门接受社会批评的诚心回应，使舆情得到了有效化解。同时，还通过对超限运输危害的报道，达到了“变坏事为好事”的效果。

3．“9·16”治超舆情应对与处置

舆情发生：2014年9月16日晚，永嘉县公路、运管、交警三部门共计30名执法人员，在G104线永嘉六岙路段开展超限超载车辆集中整治行动。晚20时20分许，一辆牌照为豫N25398（豫NY231挂）重型载货半挂车从桥头方向驶来，设卡检查的执法人员发现该车涉嫌严重违法超限超载运输，示意停车检查。在检查过程中，驾驶员杨某某（河南省民权县人，46岁）突然启动货车往瓯北方向加速逃窜，现场执法人员随即驾驶执法车辆紧跟其后。约20分钟，重型载货汽车途经G104线K1865+280处，因车速过快和严重超载，制动不及而撞向因受阻挡而停下的车辆，发生十多辆车辆连环相撞的惨烈事故，并引发火灾，造成三死二伤。经查实，该重型载货半挂车核载32.7吨，实载75吨；车辆被烧毁、撞毁损失776737元。舆情首先从微博始发。9月17日早上，腾讯网在其话题讨论页面中创建“永嘉9·16交通事故”，当天跟帖量即达到2000多人，跟帖网友中多数以谩骂、指责执法机关为主。此后浙江卫视、钱江晚报以及《温州都市报》《温州商报》和“温州网”等温州当地颇具影响力的媒体连续多天进行报道，部分网友（包括其中一名死者家属）在“703804论坛”多次发帖认为，执法机关“行政乱作为”，并表示不满，跟帖量超过100人。

应对经过：9月16日晚，时任永嘉县公路管理局局长胡志衡接到事故报告后，第一时间赶到现场组织路政和养护人员投入施救，一直施救和清场至凌晨4点。9月17日早上，永嘉县公路管理局领导班子就事故善后处理工作召开紧急会议，作出周密部署：1. 立即成立由局主要负责人担任组长的“9·16”应急处置领导小组，领导小组下设后勤处置组和执法检查宣传组，指派专人负责应急处置后勤保障和各级媒体联络工作。2. 当日早8时，召集参与“9·16”治超行动的路政执法人员，分析事故原因，研判执法行为。3. 中午11点，召集运管和路政执法人员调查“9·16”治超行动经过和事故发生原因。4. 中午12时，向县交通运输局作情况汇报，并汇总意见上报县委、县政府。5. 下午4时，抽调全局50名精干力量，分成10个“维稳应急处置小组”，以应对有可能发生的死者家属过激行为。6. 当日市公路管理局舆情监控成员、网络观察员全天候关注网上舆情变化，做好应对准备；接访《浙江卫视》《温州都市报》《温州日报》《温州商报》等多家媒体，积极沟通，正确引导舆论。

处置结果：永嘉县政府和“9·16”交通事故中遇难者的家属达成赔偿协议，事故伤者得到妥善处理。9月25日，永嘉县检察院以涉嫌“以危险方法危害公共安全罪”批捕犯罪嫌疑人杨某某。对于执法过程执法部门存在执法不当的质疑，永嘉县检察院依法介入调查。媒体对“9·16”事件进行了公正的跟踪报道，舆情逐渐得到平息。2015年5月4日，温州市中级人民法院对该案作出一审宣判：杨某犯以危险方法危害公共安全罪，被判处无期徒刑，剥夺政治权利终身，并赔偿三被害人家属丧葬费等经济损失共计62万元。

事件反思：1. 强化地方政府为主导的联合治超模式。治超工作的责任主体是地方人民政府，地方政府的行政首长为治超第一责任人。因此公路部门开展治超工作时务必寻求地方政府的支持和帮助，协调有关部门开展联合治超。2. 制订治超现场突发事件预案。治超工作情况复杂，暴力抗法、暴力冲卡事件时有发生，制订完善的现场执法应急预案有着十分重要的作用。3. 与新闻媒体建立日常联系机制。“9·16”事件发生之初，省、市媒体的报道比较犀利，舆情处置相对被动。浙江卫视“新闻深一度”栏目在9月18日晚播放的《永嘉：“9·16”交通事故因何而起？》引发轰动效应。公路部门要举一反三，特别重视与当地主流媒体建立日常联系机制，正确引导公众舆论。4. 作为超限超载运输的反面教材。事故和舆情得到有效处置后，作为超限超载的反面教材，加强后续报道，并列为“以案说法”的典型案例。

第七章 养护管理

综 述

公路养护管理工作是体现、发挥、强化公路功能的重要保障。温州公路养护的真正起步是在中华人民共和国成立之初。1950年7月，乐清县设立5个道班，这是温州首批成立的定点公路养护道班，标志着公路专业化养护的开始。1953年，丽水养路段派驻温4个道班。1956年，丽水养路段瑞安工区接养温分公路。1957年，瑞安工区设立3个道班。1958年，永嘉养路队派驻乡镇5个道班，瑞安养路队派驻乡镇7个道班，雅中养路队派驻乡镇10个道班。1960年，温州县乡公路养护开始实行“民用、民建、民养”的交通建设方针，一些地方采用农工养路。至1966年末，全市各县共有道班62个。1961年8月，104国道南水头段300米砂石路改造为水泥混凝土路面，此为温州高级路面改造之始。1963年，温分线、温强线推广“罗定式”“福厦式”路面272公里。1962—1965年，温州采取一系列改革措施，掀起群众性公路绿化热潮，一时成为浙江省公路绿化的典型。“文化大革命”期间，温州公路行道树遭到严重破坏。

从1982年起，除国省道干线公路及重要的县道由各县公路段专业养护外，其余均由各县交通局组织农工进行养护。温州公路总段开展“以路为业、以班为家”的创建文明道班活动，建立“二长”“六员”负责制，实行好路率目标管理和经济承包责任制。1990年，全市有专业养护道班104个、道工550多名；农工养护道班或养护组247个。文成县交通局连续9年被评为全市县乡公路养护先进单位。1995年开始，104国道、330国道温州段全面开展文明样板路创建活动，获全省优胜奖并受到省交通厅的表彰。

“十五”期间，公路管理部门牢固树立建设是发展、养护管理也是发展的理念，贯彻交通部的公路建设养护“24字方针”，投资24.89亿元实施普通干线公路畅通工程789公里，投资1.07亿元完成砂石路面改造1134公里，投资3680万元实施安全保障工程。开始将成熟的园林艺术引入到公路景观设计中来，建成公路绿色通道近800公里，全市公路绿化里程达到3200公里。“十一”“十二五”期间，按照建设“五型公路”“美丽公路”的要求，对国省道干线实施大规模的大中修工程，全面应用和推广“四新”技术，同时开展文明公路、最美公路、精细化管养示范路等一系列创建活动，公路好路率不断提高，国省道干线公路服务能力大幅增强。同时，农村公路管养机制得到重大突破。温州市政府出台《温州市农村公路管理办法》，首次明确了各级政府的主体责任，把农村公路管养工作列入各级政府的目标考核内容，建立起一套农村公路建设、管理、考核、奖惩工作机制。截至2015年底，在全市公路通车总里程中，公路专业养护总里程达到14122.016公里。

随着公路建设管理事业的大发展，公路养护标准的提高，养护设备实现从“一根扁担一只筐，一把扫把一把锹”，到合理配置科技含量高的公路养护机械设备的蜕变，养护机械设备的数量、机型、机种不断增加。公路站房经历了从简陋泥房到普通楼房再到花园式、标准化、规范化的变化，为公路一线职工的生产、生活提供了有力保障。

从2013年开始，温州公路创新服务理念，先行先试，开始探索建设普通公路服务站。至2016年，建成普通公路服务站37个。规划至“十三五”末，全市普通公路服务站总数达到162个。

第一节 干线公路养护

随着公路行业深化改革和公路养护模式的转变，温州干线公路养护实现从初期单一、粗放的公路养护到现代公路专业化养护的转型，主要表现在：树立“路况为王”的养护理念，完善和提高干线公路养护水平，实行干线公路规范化、精细化管理，开展公路预防性养护，推广应用“四新”技术，组建专业性强的公路养护公司，推行专业化和机械化养护，积极探索市场化养护模式等。

“十二五”期间，温州公路系统开始积极探索和推行专业化养护和社会化养护、集中养护和分散养护相结合的养护模式，公路养护管理工作逐渐步入了规范化、市场化道路。

一、干线公路养护沿革

（一）早期养护

民国10年（1921）1月，正式成立国民政府省道局。民国15年（1926）3月，国民政府省道局开始着手部署养路工作，在省道局工程科设养路股。当年，对永嘉（现温州）至状元由工兵修筑的路基实行管养，决定每年发给保管费240元（旧币）。此为温州区域最早实施公路养护。

民国17年（1928）4月，浙江省道局和兼管县道建设的建设厅合并，省道局原班机构改名为省公路局，规定凡通行汽车的省道和县道统称公路，均由省公路局主管。

民国18年（1929），浙江省公路局首次制订《养路所办事细则》10条，具体规定了养护所应办事项，对养路技术、修翻界限等作了严格要求。

民国20年（1931），时任浙江省公路局局长陈体诚提出全省公路分六区管理的计划。至民国23年（1934），随着大量公路的建成，开始实行六区分管：一至五区管理处分设杭州、建德、衢县、丽水、临海，第六区管理处设温州，暂不成立，其路线由四、五两区分管。

民国23年（1934）10月，龙（游）温（清水埠）公路建成，由浙江省公路局第四区管理处接养。12月，杭福公路温州境内乐清三界至永嘉港头段公路建成，由浙江省公路局第五区管理处接养，采取分段制管养。道班为10人一班，养护20～25公里，每人平均管养2公里左右，每两班设监工员1名。具体工作由工程员、副工程员若干人负责，指派监工员驻沿线，每两班设监工员1名，监督、指导、管理道班养护工作。

民国24年（1935），浙江省建设厅公布《浙江省各县市保护公路行道树奖惩办法》。8月，五省市交通委员会第11次常委会议规定：凡专营路线（指商营路线）的植树经费，由专营机构负担，普通路线的植树经费，由省市于修建新路时，将植树费列入预算。民国25年（1936）起，浙江首次正式将植树费列入养路临时工程费中。3月，温州境内开始在温强线种植行道树。3月23日，全国经济委员会转发当年2月举行的交通座谈会议决案，决定尽量采用保甲养路办法，规定养路工人之组织应该军事化，并应配有泥木石工。5月，军事委员会发出《民众养路暂行办法》，命令各省限期在一个半月内，成立民众养路组织。规定每县设总队，区乡设分队，村设班，每班30人，三班为一分队。队长、班长、路工均为义务服役，民众养路将作为辅助专业养路的方式。养路工作实行分段制以后，渡口管理全由各工务段负责，成为养路工作的一个组成部分。这种分段管理即国省道养护管理和农村公路管理分开的最早模块。7月，永嘉、乐清县政府督令公路沿线各乡（镇）政府组建民众养路队，由乡、保、甲长任队长及正副班长，征集水泥匠、木匠、石匠、铁匠和小工计288人，分设3个队、10个班。其中永嘉设1个民众养路队，3个班，每班队工30名，共计90人，负责养护温溪至清水埠、港头至琯头共计62公里；乐清县设2个民众养路队，7个班，民工198名，管养琯头至湖雾（包括雁荡支线3.3公里）计75.78公里。

民国25年（1936），永嘉、乐清县政府督令公路沿线各乡（镇）政府组建民众养路队，由乡、保、甲长充任队长、正副班长，征集水泥匠、木匠、石匠、铁匠和小工288名，分设3个队、10个班。永嘉县设1个民众养路队，3个班，每班队工30名，民工90名，养护温溪至清水埠、港头至琯头段62公里；乐清县设2个民众养路队，7个班，民工198名，养护琯头至温岭与乐清交界的三界桥（包括雁荡支线3.30公里）75.78公里。

民国26年（1937）2月，杭福线、龙温线等两线改由丽（水）泽（国）工务段接养。当时日交通量只有4～10辆次，且多系轻型车，因此路面损坏率低，未设三级养管组织，由处（所）派监管员分管巡逻监督指导道班业务。是年6月27日，杭福线温州市区永川码头至平阳县桥墩镇（今属苍南县）段建成，令永（嘉）瑞（安）平（阳）三县政府征调沿线壮丁接养。抗战爆发翌年6月，国民党军事委员会实施交通破坏战，以阻滞日军进犯。温州有关县政府征调民兵毁路为田，公路养护组织解散。

民国27年（1938）6月，永瑞平公路沿线乡（镇）曾组建民众养路队，因路毁，养路队未曾养护公路。

在整个抗战期间，公路员工在生活艰苦、物资贫缺、工作繁重、日机经常轰炸骚扰的极端恶劣境况下，冒着生命危险，时而拆桥破路，时而架桥设渡，及时地阻断或恢复、破坏或维持战时交通，为支援抗日战争做出了不可磨灭的贡献。

（二）日常养护

公路日常养护主要通过小修保养来实现。公路小修保养是公路养护单位对所管养路段的路面、

国道养护作业现场（20世纪80年代） 朱劲松摄

国道砂石路面日常养护 朱劲松摄

公路料场（20世纪90年代） 朱劲松摄

接受现场采访 朱劲松摄

路肩、边坡、泄水槽、绿化带出现的小病害，通过小修小补等手段进行日常性维护保养工作，包括沥青路面的坑槽、松散、翻浆、沉陷、车辙、脱皮、啃边修补，沥青路面的龟裂、网裂、裂缝、泛油、隆起处理，水泥混凝土路面破碎、板角断裂、沉陷、错台、跳车、裂缝、接缝养护差的处理，砂土路的坑槽、沉陷、车辙、松散、翻浆的处理，路面积水、积雪、堆积物的清理，路肩整修、边坡及泄水槽清理、绿化带锄草防虫、损毁苗木补植更新，公路构造物修补、桥涵跳车处理及轻微损坏处理等。小修保养的目的是保持和提高公路好路率，改善道路交通行车环境。

温州公路日常养护实行市公路部门、县（市、区）公路部门和公路站（所）三级管理模式。市公路部门通过制定全市干支线公路年度养护工作目标，编制下达干支线公路养护资金使用计划，监督、指导各县（市、区）公路部门组织实施干支线公路的日常养护管理，并对工作落实情况进行跟踪检查和质量考核。县（市、区）公路部门负责实施辖区内干支线公路日常养护和管理工作，制定管理及考核办法，对公路日常养护质量管理情况进行巡查和考核。公路站（所）、养护中心负责具体组织实施养护路段的日常养护管理工作，检查、考核养护工日常工作完成情况。

20 世纪 80 年代，全市试行公路养护经济承包责任制，养护经费计划一次性下达包干，实行“五定五保”。“五定”为定任务、定线路、定经费、定养护人员、定完成各项指标数；“五保”为保效益、保人员稳定、保完成好路率等指标、保安全文明生产、保养护报表和考核按时上报。平均好路率达到或超过指标的按里程和好路率上升比例定额奖励，达不到的按同比例罚款。“五定五保”强调个人收入与工作效率、质量挂钩，既增强了养路工的责任感，又调动了养路工的积极性，公路路况明显上升。

进入 21 世纪，温州公路养护管理树立“建设是发展，养护管理也是发展，而且是可持续发展”“路况为王”的指导思想，继续加大养护工作力度，加强专项工程整治。2007 年，全市公路系统开展“公路养护工程质量管理年”和“养护工程内业规范化管理建设年”活动，全年完成养护投资 5300 万元，实施国省道路面整治专项工程 6 项，水泥混凝土路面破板修复 7000 平方米。公路路面整治工程合格率 100%，优良率 83%，比上年提高近 30%。建成绿色通道工程 72.7 公里，成活率 95% 以上，保存率 90% 以上。是年，公路管理部门建成 7 个公路基础信息库，“岩沥青”和“桥头接线沉降处治”等 4 个科研项目进入应用阶段，公路单项工作管理系统基本实现信息化管理，新增各类施工机械 44 台（套）。

2013—2015 年，公路小修保养呈现出形式多样、亮点纷呈、效果显著的发展态势。2013 年 6 月 20 日，温州市普通国省道公路养护工作座谈会暨小修保养现场会在永嘉县召开，省、市、县（市、区）公路管理部门的领导和养护人员共 60 多人参加现场会。与会人员参观了 G104 线永嘉乌牛东蒙隧道段煤场整治情况、G104 线永嘉瓯北塘头后段的公路边“三化”整治和绿化管养工作，在 S223 仙清线 61K 路段现场观摩多功能养护车沥青路面坑洞修补和沥青路面灌缝机机械化作业演示。在交流会上，全市 11 个县（市、区）公路管理部门汇报公路养护工作经验。2014 年 4 月 22 日，市公路管理局再次在 G104 线永嘉段组织召开全市普通国省道干线公路水泥砼路面小修保养现场会。全市各县（市、区）公路局分管领导、养护科科长及小修保养技术人员参加会议。与会人员现场观摩永嘉县 G104 线小修保养作业现场，并针对水泥砼路面裂缝处理、错台处治和接缝灌封等作业展开讨论交流。现场会还邀请了丽水市云和县公路技术人员对水泥砼路面错台打磨工艺进行现场讲解和示范。现场会同时布置“小修保养加强月”活动，要求把水泥砼路面小修保养工艺，运用到日常小修保养之中，掀起普通国省道特别是 G104 线小修保养的高潮。国省道“小修保养加强月”，在温州境内全长200多公里的G104线上，每天都有六七百名养护人员从事小修保养作业。本次活动，对沿线7县（市、区）加强小修保养、经费投入、巡查检查、精细化管养四项工作，迎接五年一次的交通运输部路况大检测。5月24日，市公路管理局组织召开2015年全市普通国省道干线公路小修保养“百日立功竞赛”活动动员会。“百日立功竞赛”活动延续到8月31日，确定小修保养9个重点：沥青砼路面病害处治、水泥砼路面破板修复、路面灌缝、桥头跳车整治、桥隧小修保养、安全设施整修、排水设施排查修复、绿化整修和沿线附属设施的规范设置、加强日常保洁和巡查力度。为加强对立功竞赛活动的领导，市公路管理局成立普通国省道干线公路小修保养“百日立功竞赛”活动领导小组。活动结束，对各县（市、区）小修保养资金投入、工作量、路况和路域环境改善、养护作业规范化和安全作业、内业规范化等情况进行考核评比，确定名次，给予总额60万元的奖励。此次活动的获奖单位，将在2015年年终目标考核中给予加分。

通过小修保养，公路系列病害得到有效的处治，温州普通国省道干线公路平均路面使用性能指数（PQI）不断提高，公路路况水平从以往浙江省落后水平，连年进入浙江省公路系统先进行列。温州公路部门把小修保养的具体做法概括为“四化”：保洁常态化（加强机械化养护）、补洞规范化（严格按照“圆洞方补、斜洞正补、浅洞深补、小洞大补”规范实施）、灌缝专业化（建立灌缝专业化队伍，采取集中统一灌缝作业）、修复科学化（规范普通国省道养护管理，做好日常养护和小修保养科学化养护）。

（三）专业化养护

1949年5月7日，温州和平解放。1950年7月，乐清三界桥至港头段修复，乐清县交通建设科在梅园、柳市、虹桥、湖雾、水涨等乡（镇）设立5个道班，招收养路工和渡工共计90名，养护里程为96.05公里，这是温州首批成立的定点公路养护道班，标志着公路专业化养护的开始。同月，交通部公布《公路养路费征收暂行办法》，此为中华人民共和国成立后第一个全国性的养路费征收办法。12月，浙江省公路路况调查完毕，全市共有50条路线3675公里。为了贯彻养路责任制，养路道班普遍建立基层民主管理组织，这是浙江省养路工人参加民主管理的开端。

1951年2月17日，浙江省交通管理局改名为浙江省人民政府交通厅公路局。3月15日，杭福线乐清三界至永嘉港头修复通车，省交管局第五工程区与乐清县政府建设科共同组建白溪、中村等道渡班进行养护，同时设黄岩工务段。6月1日，道渡班归黄岩工务段管理。8月15日，清江汽车渡口建成，同属黄岩工务段管养。12月，杭温公路温州段的养护工作全归黄岩工务段负责。下设6个班，分别在湖雾、水涨、白溪、乐成、柳市，另设2个采砂班。

1952年7月，改工务段为养路段。下设领工区指导道班作业。1953年11月丽水养路段派驻温道班4个班，接养清明桥至花岩头、清水埠至梅岙40.7公里公路，共有养护工21名。

1953年10月，交通部首次公布了《公路养护工作暂行办法》，对养路工作按技术繁简、规模大小，分为“维持、小修、中修、大修、改良”5类，规定了公路养护的基本原则：⑴国道和交通量大的省道采用道班专业养护或群道共养的形式；⑵省道可采用群道分段共养或专以群众养护的形式；⑶县道采用群众养护的形式；⑷专用公路由使用部门自行养护。

1955年2月开始，梅岙、朱涂、青田等工区，利用瓯江流沙铺设路面磨耗层和保护层，首建中国公路第二代砂石路面。

1956年1月，温州至桥墩段修复，由丽水养路段组织瑞安茶堂（后移至瑞安城内）、灵溪（现苍南县）工区接养，在南堡、茶堂、岑头、瑞安、宋桥、下河、岱口、灵溪、桥墩门等乡（镇）设立9个道班，共有养路工人58人，养护公路里程 102.1 公里，瑞安飞云江渡口同时划入管辖范围内。

1957 年，瑞安工区在马家垟、溪光、矾山设立 3 个道班，计养路工 24 人，养护里程 27.2 公里。

1958 年，永嘉养路队派驻黄田、上塘、沙头、若溪、鲤溪等乡（镇）5 个道班，养路工 27 人，养护清水埠至岩头路段 81 公里。瑞安养路队派驻仙降、马屿、平阳坑、湖石、大垟培、大岴、十八公里（地名）等乡（村）7 个道班，养护瑞安至百丈漈 85.96 公里路段。雅中养路队 10 个道班驻月湖垟、车头、五里牌、莲头、雅中、三魁、南院、西坑、罗阳、仙居等乡（镇），接养分水关至罗阳公路，养护里程 104 公里。

1963 年 1 月 1 日，平阳县根据中共中央、国务院〔1962〕305 号文件精神，发布《关于制止破坏公路违反交通规则保障行车安全的通知》，在平阳境内针对公路路肩、边坡、路基、排水沟、取土坑等被占用为田行为开展退耕还路行动，共退回公路用地 341.7 公里。此为新中国成立以来温州由政府直接介入路政管理的开端。

1965 年 4 月，对国省道开展大面积的公路绿化活动，共绿化公路 458.2 公里，计 14.5 万株行道树。1966 年 4 月 1 日，开展第三个公路绿化运动月活动，共补植 856.5 公里，计 40.6 万株行道树。

“文化大革命”期间，温州国省道公路养护增设司前、三支岗、石北岭、江潭、寺后、金竹溪、山坑、澄海等道班。

1971 年 6 月 25 日，经温州地区革委会和省交邮局批准，开始兴建温丽线（桩号 K3+340 ～ K10+500）段柏油路表面处置。此为温州境内兴建公路高档次路面之始。

1982 年 6 月，交通部在甘肃平凉召开全国公路养护工作会议，针对公路技术标准低，改造资金不足，提出了“全面规划，加强养护，积极改善，重点发展，科学管理，保证畅通”和“普及与提高相结合以提高为主”的方针。1990 年 6 月，全国公路养护与管理工作会议针对一些地方存在“重建轻养”问题，将 1982 年提出的工作方针补充为“建管并重，加强养护；防治结合，以防为主；养改兼顾，以养促改；标准管理，确保畅通”的“32 字方针”。1999 年，“32 字方针”修改为“建养并重，协调发展；深化改革，强化管理；提高质量，保障畅通”的“24 字方针”。2011 年，交通部制定《公路养护与管理发展纲要（2001—2010）》，再次修改为“32 字方针”：建管并重、强化管理，深化改革、调整结构，依靠科技、提高质量，依法治路、保障畅通。

1983 年 8 月，根据省交通厅要求，专业养护和县乡养护正式分开。国道、省道干线公路及重要的县道由公路总段所属各县公路段专业养护，其余均由各县交通局组织农工进行养护。

1986 年开始，温州公路总段开展以“以路为业，以班为家”的创建文明道班活动，建立“二长”（班长、工会小组长）、“六员”（政治宣传员、财务核算员、计划统计员、安全质量员、料具保管员、生活管理员）负责制。1987 年，实行好路率目标管理和经济承包责任制。各山区道班均配置电视机、录音机。

至 1990 年底，全市有专业养护道班 104 个、养护员工 550 名，投资 431.96 万元，建造道班房和职工宿舍 1.96 万平方米，道班职工的生活状况得到改善。

1992 年 6 月，温州市交通委员会发文，各县（市、区）公路段改称公路管理段，公路养护道班改称“公路养护管理站”，并统一规定各公路养护管理站名称、衔牌标准。

1999 年 7 月，温州公路管理体制由市、县以条为主，改为条块结合、以块为主、属地管理，直管的县（市、区）公路专业养护下放到县（市、区），专业养护和县乡道路养护管理职能合并，由县（市、区）公路管理机构承担，形成统一的公路养护机构。是年，泰顺县 16 个公路养护管理站合并为 7 个，2002 年 5 月调整为 4 个。

2002 年末，温州市公路系统拥有养护机械

603台（套），原值4399万元，其中小型养护机械和运输机械利用率均达80%；施工类养护机械装备率和公路路面机械铺装率分别为40%、90%。

2004年9月，G330线温州鹿城段畅通工程建设项目正式开工。由于区划调整等原因，该段公路管理曾一度出现真空，造成正常公路养护工作不到位，路况急剧下降，沿线群众反应强烈。2004年实施干线畅通工程，全长25.6公里，总投资3716万元，工期4个月。建设内容包括全线路面大修和中修；官岭隧道、庄岩隧道的修复、补漏以及增加照明；石头风化较厉害边坡的修复以及全线标志标线、防护设施的重新规范设置等。

是年，G104线鹿城、永嘉部分路段列入干线畅通工程，引进美国先进技术多锤头碎石化施工技术，实施砼改沥青路面施工。G104线在温州境内有砼路面127.5公里，沥青路面84.8公里。沥青路面具有投资少、行车舒适、养护方便等特点，砼改沥青路面已成趋势。引进的砼改沥青路面碎石化施工的新工艺，首先采用多锤头碎石机对砼路面进行破碎后，用洒布机下灌乳化沥青作为路面基层，再筑平均15厘米的沥青砼路面。该碎石化新工艺由山东省公路养护有限公司施工，此前已在中国部分地区进行成功应用。

2006年，完成干线公路路面整治投资1.33亿元，普通干线公路路面完成专项整治工程13个项目，路面大中修135.75公里，水泥砼路面破板修复5.51万平方米，分别为省计划的108%和145%。到2006年底，累计完成干线公路畅通工程里程424公里，提前13个月完成5年总体目标。

2008年9月，《温州市公路系统站房建设五年规划（2008—2012）》通过评审。10月6日，省公路管理局印发《关于浙江省公路系统“建设大路网、打造五型路”（2008—2012）的实施意见》（浙公路〔2008〕126号），提出“建设大路网，打造五型路”（品质型、平安型、生态型、服务型、阳光型）的战略目标，构建16大类52项指

山区公路砂石路面养护　刘晓华摄

清理路肩　陈励平摄

养护作业　朱劲松摄

实施干线畅通工程（330国道鹿城段）　资料图片

标评价指标体系。是年，温州市实施国省道路面大中修项目7个55.78公里，完成投资8121万元，修复水泥砼路面破板10460平方米，工程优良率100%，比上年提高17%，为历年之最。干线公路年平均好路率80.11%。

2009年，全市进一步推进“公路科学养护年”活动，大力推广节能减排和“四新”技术应用。实施公路大中修工程项目11个，完成投资1.37亿元，完成路面大中修73公里，完成水泥混凝土路面破板修复1.942万平方米，并全部通过质监部门鉴定，工程优良率达到100%。

2010年，完成公路养护专项工程总投资6.3亿元，其中县（市、区）政府配套公路养护资金2.28亿元，为历年之最。完成国省道路面大中修工程105.611公里，路面应急养护工程15.553公里，修复水泥砼路面破板2.103万平方米，修复改造桥梁61座、隧道9座。对G104线的26座桥梁、G330线的4座桥梁进行桥头跳车专项整治。

2011年，全市完成公路建设养护投资10.2亿元，完成国省道路面大中修和应急养护工程52.488公里，水泥砼破板修复2万平方米，对42座桥梁、4座隧道进行全面维修加固改造，完成省级督办19座危桥修复改造工程项目，对22座病害桥梁进行特检，对52座桥梁进行定期检查。各县（市、区）经合并调整后的114个乡镇全部建立农村公路养护站。是年，瑞安市政府拨出财政资金800万元，用于对G104线、S56线、飞云江三桥连接线、瑞枫线、高桐线、马陶线6条市域公路的保洁，平均每平方米不少于3元，相当于市政道路保洁的标准。公路部门在实施时实行分路、分段、分工负责。之后，时任瑞安市市长陈建明主持召开市政府常务会议，又将该市63条乡道以上公路划分为三个不同保洁类别，实行差别保洁。

2012年是“五型公路”建设收官年。全市加强普通国省道公路沥青路面大中修工程的施工质量管理，推行全寿命周期养护成本理念，开展“干线公路养护质量年”、“农村公路管理养护年”、路面灌缝路面碾压技能竞赛、示范路创建等活动，全年完成公路投资7.6亿元，完成公路大中修工程80个448公里。完成省、市挂牌督办的危桥修复改造工程项目27个，病危桥梁修复改造工程项目54个，省、市挂牌督办的临水临崖安全设施项目90个299公里，事故多发点段治理18处。是年，省公路管理局表彰全省公路系统“建设大路网，打造五型路”（2008—2012）先进单位和先进个人。温州市，泰顺县公路管理段、瑞安市公路管理段被评为先进单位，陈良辉（市公路局）、胡志平（高速路政大队）、叶其章（鹿城）、蒋影（龙湾）、项敬杰（瓯海）、徐志峰（乐清）、郑建州（瑞安）、胡志衡（永嘉）、林小敏（洞头）、朱昌钢（文成）、吴志发（平阳）、董晓华（泰顺）、杨从国（苍南）被评为先进个人。

2013年1月，市公路管理局确定年度公路总投资计划首次突破10亿元，并把本年度确定为争先创优年，全系统开展“互学互比”活动。对大中修工程实行每月一督查一排名一通报。5月10日，全省第一个完成大中修工程项目的批复。全年完成公路投资10.97亿元，公路专项工程进度等名列全省第一。经检测考核，全市公路路况水平取得全省第二的好成绩。

2014年，市公路管理局以迎接交通运输部“十二五”干线公路养护管理检查为重点，提出“早启动、早部署、早设计、早实施、早完成”的“五早工作法”，加强公路干线精细化、规范化管养。6月19—20日，全省公路预防性养护现场会在温州召开，省交通运输厅副厅长、省公路管理局局长李良福充分肯定了温州公路预防性养护工作。10月，温州市公路管理局召开全市迎“国检”工作布置会，出台《温州市迎接2015全国干线公路养护管理检查工作方案》，成立迎“国检”工作领导小组。10月20—21日，刚刚履职的省交通运输厅党组成员、省公路管理局局长洪秀敏带领省局养护、路政、安全、建设等部门负责人检查温州公路迎“国检”工作。本年度在G104线、G330线、S330线、S331线和S230线等国省道实施预防性养护项目7个，计64.4公里，投资2670万元。创建普通国省道美丽公路精细化管养示范路段100公里。经交通质量监督部门检测，2013—2014年，温州国省道大中修工程质量名列全省第一。经年度考核，温州公路路况水平继续名列全省前茅。

2015年是温州公路迎“国检”年。公路部门结合建设美丽公路“五个一万”工程，以及温州市政府提出的生态美丽示范路创建，抓紧抓早干线公路养护管理。2015年1月，全省公路工作视频会议提出，全面创建美丽公路“五个一万”工程，打造一个通达、便捷、经济、安全、舒美的公路路网体系。“五个一万”工程，即改建完善国省道1万公里，提升农村公路等级1万公里，完成农村公路维修1万公里，实施农村公路安保工程1万公里以上，建设港湾式停靠站1万个。本年度，全省提升农村公路技术等级3000公里以上、完成路面维修3000公里以上、实施安保工程3000公里以上，省政府把这些内容列为2015年民生实事，写入政府工作报告。2月9日，召开全市公路工作会议，明确年度公路总投资10.71亿元，实施普通国省道大中修工程70公里，普通国省道干线公路平均路面使用性能指数（PQI）达到89。完成S232线省级美丽公路养护示范项目创建任务，开展2015年普通国省道美丽公路精细化管养示范路段创建活动，争取全市各县（市、区）均创建一条（段）不少于连续20公里的市级普通国省道美丽公路精细化管养示范路段283公里，创建总里程占温州普通国省道总里程的50%以上。5月20日，召开全市养护管理专题会议暨迎“国检”工作推进会，对照检查细则，通报情况、分析问题、提出要求。5月下旬，市交通运输局组织高速公路、国省道两个督查小组开展迎“国检”工作督查，通报存在问题，提出整改要求。7月15日，市政府召开全市交通工作推进会，部署干线公路迎“国检”工作。9月初，根据路况排查，梳理出130公

全市公路养护现场会（2013年） 叶迈峰摄

全省公路预防性养护现场会（2014年） 刘晓华摄

灌封技能比武 夏克升摄

参加全省筑路技能大比武获奖（2013年） 资料照片

里普通国省道干线公路PQI值小于90的路段，开展检前集中整治。

2015年，在全市公路通车总里程中，公路养护总里程为14122.016公里，普通公路养护工程总投资8543.83万元，其中国道投资3133.5万元，省道投资5410.33万元，全市共投资路网结构改造工程8429.919万元（含交通部补助资金1418.43万元），其中用于危桥改造工程1618.84万元，加固危桥15座1118.6延米，改建危桥11座353.22延米，重建危桥2座26延米；用于安保工程投资6079.449万元，完成39处297.959公里。全市公路可绿化里程为12197.95公里，公路已绿化里程达到8340.933公里，占可绿化里程的68.38%。经年度检测考核，温州公路路况水平连续三年名列全省前茅。

“十二五”期末，温州公路养护与管理投资81亿元，是“十一五”的2.7倍；全市公路总里程14684.46公里，公路网密度122.47公里/百平方公里，比“十一五”增加3.38%；普通国省道干线优良路率97.85%，比“十一五”提高16.5个百分点。普通国省道公路路面使用性能指数（PQI值）90.4（2014），跃入全省先进行列。

（四）市场化养护

国家公路管理体制和养护运行机制是在计划经济框架下形成的，已经不能适应公路事业发展的需要。深化公路管理体制和运行机制改革，既是加快公路建设的动力，又是公路事业健康发展的必要条件。公路养护市场化是实现“管养分离”的必然选择，是降低养护成本、提高投资效益的有效措施，是合理配置人员、资金和设备等生产要素的重要手段。

“十二五”期间，温州公路养护和管理工作进入引入市场竞争机制，积极探索市场化养护模式时期。2015年，省交通运输厅印发《浙江省交通综合体制试点实施方案》（浙交〔2015〕160号）。根据文件要求，市公路管理局开展深化公路养护体制改革试点，以国省道干线、重要县道及农村公路的大中修养护工程市场化分类改革为重点，主要任务是理清市、县两级管理部门在国省道公路养护事权职责边界，深化普通国省干线大中修工程市场化改革，进一步强化和规范养护工程行业监管，提高养护工程实施质量。

鹿城区　小修保养实行市场化养护模式。采取公开招标和合同管理，让承包人履行“平时养护、急时应急、需时服务”的职责。路面清扫保洁实行“经常养”，干线每天保洁一次，支线至少每周保洁一次，并不定期巡路清扫；路面坑洞、路肩水沟、桥梁伸缩缝清理、绿化维护、小量塌方、堆积物清理等实行“按需养”，按照需要开展养护作业。公路部门作为业主方，实现由养护管理、生产到纯管理转变。具体管理内容：一是加强全程监督。增加安全生产费的投入，要求承包方统一按规范着装；完善以监督指导为重点的工作机制，局养护科负责计划安排、信息统计，公路管理所负责道路巡查、技术指导、质量管理、工程计量、验收考核，对发现问题（道路巡查）、问题处理（计划安排）、过程监管（技术指导、质量管理）到问题解决（验收、计量、统计上报）实行全方位、全过程的监督指导。二是加强考勤考绩。每周巡查考核一次，每月综合考核一次，每次考核结果当场与承包人见面，并且承包人签字认可，人员考勤要求保证25天。根据考核考勤结果，兑现承包费用。三是对通村公路采取“行业指导，乡村负责，村民自养，以奖代补”方式，由当地村委物色人员管养，签订养护承包协议，主要负责路肩水沟清理、路面清扫保洁、道路状况报告。

洞头区　日常养护项目实行市场化养护模式。将五岛公路、环岛公路、鸽隔线等10条辖区公路的日常养护项目全部打包，实行政府采购形式招投标，中标的温州市黄河清洁有限公司，将在一年时间内全面担负该10条公路的日常养护、路面清扫、公路设施的清洁保养、绿化维护等工作，并接受洞头区公路管理局的考核。洞头区又对S332延伸线瓯江口段路面及绿化保洁项目，实行政府采购形式招投标，温州城保清运有限公司中标。

乐清市　国道线景观绿化养护工程实行市场化养护模式。通过政府采购公开招投标，首次将104国道乐清湖雾至清江段（K1788+917～K1816+865）中央景观绿化养护工程委托资质良好的企业养护，实现道路保洁、绿化养护“一把扫帚扫到底”的市场化运作。该项目主要包括规定路段12.045万平方米的景观绿化的保洁、修剪、补种植等日常养护工作。项目考核：对承包单位实行每月一次养护检查，每季一次考核，年终一次年度考核，并结合每月、每季的管理养护质量和相关指标进行综合评分，检查考核的结果将作为承包单位的管养质量评价、承包经费发放及奖惩的依据。

苍南县　路面保洁实行市场化养护模式。通过政府采购公开投标的方式，落实104国道及灵宜线的路面保洁承包，对部分公路绿化养护实行专业承包。该县公路管理局与中标单位温州利华道路保洁有限公司签订承包合同。

二、普通国省道大中修工程

（一）早期公路大中修

民国18年（1929）2月，浙江省政府190次会议通过并公布《浙江省各县修筑道路暂行办法》。该办法改变原定省县合作由县负责筑路的规定，改为省县分工筑路。重要的路线由省修筑，其他路线由县修筑。当时决定省建六项工程。是年，浙江省公路局制定《养路所办事细则》，具体规定养路工作十条：一、路面状况须保持完善，并须随时设法改良之；二、土肩坡度须保持平整，土肩上面的杂草须铲除净尽；三、疏通水沟并设法增进路基排水能力；四、各种建筑物须保持完善；五、有碍视线之障碍物如竹木树枝等突出路上者，皆须除去；六、于危险处增设栏杆，及树立各种警告标志；七、弧线及坡度之随时改良及水患之防备；八、路旁种植树木，土坡栽种草皮，并保护之；九、公路地公顷之保管及经营；十、其他养路事宜。细则第一次把公路的基本技术考核标准，以及养路工的工作职责固定下来。细则还规定，凡路面稍有损坏，谓之小修，由道工自办。凹陷不平须大加修理者，谓之翻修，得添雇临时工办理之。这也是第一次将公路养护维修的规模大小，按路面损坏的程度和维修工程量的大小分为大修、中修和小修。

中华人民共和国成立后，公路管理机构对国省道公路干线的大中修分类及工程要求基本沿袭上述规定。

1950年10月间，华东交通部拨出工款，用于临海至港头段择要翻修路面和加强载重不足的少数桥梁，但资金严重不足，工程动工缓慢。

1951年1月，省政府从温州地区“死角粮”中指定一部分出售换币，用作杭温公路维修款，进一步整修黄岩、路桥至港头段。要求平原路面7.5米，山岭除个别地段外，一般均拓宽6.5米，路面厚度15厘米。同时改善渡口、修配码头、渡船，添建渡工宿舍，改清江渡为机动渡，更换14座桥梁木面达到载重10吨的标准等。

1952年，丽青温线修复是中华人民共和国成立后浙江省第一个较为艰巨的工程。主要工程有路基土石方81.6万立方米，级配路面54.4万平方米，新建大小桥梁51座/1069米，其中永久式桥梁长度占66%，同步还完成防护工程、安全号志、电信设备、道渡班房等配套设施。在修建过程中，为培养施工人员，加倍配置工地施工人员。至1953年4月，共有252人，平均每公里1.72人，其中工程技术人员占51%。1952年9月，省公路局成立丽青温工程队，准备再次对丽青温线实施修建。1953年3月，该线路技术设计由华东公路局核定成立，并拨工程款5亿余元（旧人民币）。至10月1日，梅岙轮渡码头建成。至此，除朱涂桥先建便桥代用外，全线竣工。工程决算总额449.08万元（旧人民币）。

1957 年之前，温州域内公路里程不长，公路养护管理均由丽水和台州养护部门分管。1957 年 7 月，丽水养路段迁至温州，温州公路养护工作自此由温州养路段承担。

1964 年，省交通厅拨款将已建仙清公路改为碎石级配路面，所有桥梁均改为钢筋混凝土板梁桥。是年，因永嘉岩头小港溪过水公路路面水毁，停止通行，1965 年 8 月修复通车。

（二）大中修工程的实施

1999 年 1 月，省交通厅发布《浙江省国省道公路养护大中修工程管理暂行办法》（〔1999〕浙交第 8 号》，第三条规定：大修工程是对管养范围内损坏较大的公路及其沿线设施进行周期性的综合修理，以全面恢复到原设计标准，或在原技术范围内进行局部改善和个别增建，以逐步提高公路通行能力的工程项目。中修工程是对管养范围内一般性磨损和局部损坏的公路及其沿线设施进行定期的修理加固，以恢复原状的小型工程项目。《浙江省公路大中修工程施工招标投标管理实施细则（试行）》规定，国省道公路的大中修工程，除单项工程费 50 万元以上项目和水毁抢修等应急工程外，均应试行招（投）标，择优选择公路养护工程施工单位；国省道干线公路大中修工程投资在 300 万元以上及危桥整座改造，在全省范围内招标，其他工程在项目所在市（地）范围内招标，择优选择公路养护工程施工单位。

1977 年 6 月，G330 线温州段开始启动路面改造工程。清明桥至双屿前陈 7.4 公里，前陈至洞桥山 3 公里，洞桥山至梅岙渡口 5.58 公里，朱涂至福林、花岩头 8 公里，梅岙渡口至朱涂 10 公里，逐段改建泥碎石路面为渣油路面。1982 年初全线竣工。

1982 年 6 月底，温州公路总段投入资金 21.55 万元，对温分线平阳段油路和砂石路段（桩号 K47+000 ～ K49+000、K63+000 ～ K76+000、K68+000 ～ K71+000）实施大中修工程。

1983 年，温分线平阳段部分路段实施路面大中修。用沥青 45 吨，渣油 70.6 吨，水泥 17 吨，投入资金 31.44 万元。

1984 年 2 月，温分线平阳段砂石路面（桩号 K67+000 ～ K70+000）出现坑洞、泥泞、露骨，其中差等路约 50％，其余路段路面也全部松散，没有保护层。为了恢复路况过好雨季关，实施简易修复。4 月，该路段砂石路面（桩号 K66+000 ～ K70+000）使用周期已到。该路段基础为建国初期临时赶修，加上受春季雨水泡损和行驶车辆逐年增多，路面、路基坑槽、坑洞连片，地面沉陷翻浆，基本丧失了道路的使用功能。投入木材 1.0 立方米、钢铁 1 吨、炸药 4 吨、柴油 4 吨、毛竹 100 支、煤 4 吨，总投资 17.5 万元。5 月，对温分线路基（桩号 K44+000 ～ K54+000）进行施工，路基驳坎及水泥砼压顶共计 10 公里。按二级公路标准恢复路基，全程投入水泥 123 吨、木材 1 立方，钢铁材料 1.2 吨，投入资金 30.5 万元。6 月，温分线路段（桩号 K56+000 ～ K61+000）实施油路罩面中修。投入沥青 39 吨、渣油 39 吨、煤 28.8 吨，总投资 7.1 万元。9 月，温分线油路路面（桩号 K61+000 ～ K62+000、K62+700 ～ K63+000）呈网状龟裂松散，实施油路路面中修罩面，路面宽 6.0 米，2 厘米厚砂石料人工拌和罩面，共用沥青、渣油各 10.26 吨，投入资金 2.92 万元。

1985 年 2 月，按照省公路管理局年度砂石路改造计划，温分线（桩号 K64 ＋ 000 ～ K75 ＋ 000）实施“砂改油”11 公里，路基宽度 12.0 米，路口宽度 9.0 米，工程用沥青 434.76 吨，水泥 135.3 吨，柴油 62.6 吨，煤 129 吨。改造工程于 1986 年 7 月完工，共投入资金 159.79 万元。6 月，温分线（桩号 K52+000 ～ 500、K53+200 ～ 500、K53+700 ～ 900、K55+400 ～ 700、K57+700 ～ K58+000、K62+200 ～ 600）共计 2 公里，因路面松散严重，使用周期已到，实施油路大修工程，增加碎石泥结，采用 2.5 厘米表处罩面。工程用沥青 23 吨，投入资金 3.45 万元。7 月，温分线平阳县境内30公里公路埋设田路分界桩。按国道公路标准留足公路两侧用地面积，控制公路用地宽度30米。按浙交公养〔1984〕5号文要求，分界桩采用质地坚实的钢筋混凝土桩，断面15×15厘米，桩长70～100厘米，埋设分界桩时露出地面一律30厘米，桩端四周制凹形公路路标，并用红漆涂抹。埋设深度平原微丘地段不少于40公分，山岭重丘地段少于60厘米。分界桩由温州公路总段统一制作分配安装，埋设工作于8月底完工。

1986—1990年，温分线平阳段实施部分桥梁拼宽、修复，全线实施大中修。用沥青107吨，渣油108吨，投入资金109.14万元。S330线瑞安渡口南岸马道至高楼段，开始逐段整修，拓宽路基至12米，改造砂石路面，铺筑沥青路面和水泥路面，新建桥梁2座。1993年3月，G104线局部路段实施大修，按二级公路设计标准，双向四车道，路基宽度41米，水泥砼路面，总投资2.6亿元。

2005年，省交通厅提出力争用一年时间完成县道以上砂石路面改造工程。据统计，在实施砂石路面硬化前，温州市有县道以上砂石路面总里程1132.6公里，其中省道砂石路26.8公里，县道砂石路1105.8公里，占全省的近六分之一。泰顺、永嘉、文成县道以上砂石路面均在200公里以上。市公路管理处把改造工程作为本年度的“一号工程”，成立硬化办公室，实行特事特办和“无障碍”施工，提前一个月时间完成招投标。8～9月间，温州市在多次强降雨后连续遭受“海棠”、“麦莎”、“泰利”、“卡努”等台风袭击，改造工程被冲毁路基120.4公里、基层55公里、路面133.9公里，挡墙坍塌579处，塌方1056处。在自然灾害耽误工程施工时间多达50天的情况下，全市公路系统展开了一场与台风抢夺时间的“百日施工大会战”，终于在当年完成了县道以上砂石路面“砂改油”任务。是年，投资2.7亿元，实施通乡公路砂石路面改造698.2公里，全面完成通乡公路等级化、路面硬化。

2006年，实施干线公路畅通工程，全年共完成投资4.39亿元，修复危桥52座，完成安全保障工程47个，包括钢质波形护栏1.5万米，墙式连续护栏818米，墙式间断护栏3.3万个，完成9个省级、17个市级事故多发临水临崖危险路段的整治。

2008年，投入资金285余万元，先后改造G104线平阳段西川桥、孙宋线陡北桥等干线桥梁4座，以及孙桥一桥、下宋桥等桥梁栏杆35座。

2009年，继续组织实施普通干线公路路面大中修工程，完成G104线平阳段路面大中修工程30.615公里，改造桥梁34座，桥头接线5.2万平方米，辅车道5.7万平方米，砼板块修复1.0万平方米。G104线瓯海段交通流量大，道路一直处于超负荷运转状态，出现路面破损严重、排水不畅、桥头跳车、路基沉陷等严重问题。2009年12月，对G104线瓯海段的岳湖桥、鹅湖桥、下墩桥等13座桥梁的桥头跳车进行处置施工，总投资1113万元。

2010年，投入资金4000余万元，完成G104线平阳段大中修30.6公里。

2013年，按照计划早下达、设计早审查、工程早启动的要求，1月中旬完成年度干线公路大中修工程设计审查工作，比上年提前了近三个月，成为全省第一个完成设计审查的市。5月，G104线北白象镇路段（桩号K1854+824～K1858+000）路面大中修工程正式开工。该路段路面破损严重，被列入浙江省2013年度普通国省道公路路面大中修计划。水白线、水下线、虹南线、高福线、珍上线等县道及上蒲线、淡东线等乡道部分路段被列入年度公路大中修计划。

2014年1月，文成县县道营朱线大中修工程获批，建设资金来源采取省补助和地方自筹相结合。工程位于桩号K9+000～K20+500路段，路面宽度5～10米，里程11.5公里。破板修复路段结构，均采用20厘米厚水泥砼面层+平均10厘米厚C10素砼垫层；大修路段局部路基软化沉陷处，采用岩渣换填压实，大修路面结构型式采用对旧水泥砼板凿除，采用级配碎石调拱层+20厘米厚水泥砼面层。4月工程完工。

2015年9月13日，G104线瓯海段桥头跳车及桥面收缩缝维修专项整治工程启动。此次维修工程共维修整治21座桥梁桥头、桥面，维修面积达2600多平方米，投入资金30多万元。

2015年12月23日，继平阳、鹿城、泰顺、苍南通过2015年国省道大中修工程验收，温州有史以来投资额最大的大中修工程——G104线乐清段大中修工程通过验收。该项目实施范围：G104线大荆湖雾岭脚至北白象下村路段。实施内容：大中修16.835公里，预防性养护18.31公里，大修路段采用碎石化“白改黑”技术，预防性养护采用碎石纤维封层技术。投入资金1.45亿元，创历史之最。该年度，温州市国省道及预防性养护工程共投资4.02亿元，乐清占投资总额的36%。

（三）养护工程招投标

公路养护工程一直根据工程的成本核算实行承包的方式。这种承包方式容易造成许多弊端，如难以确保成本核算的准确性、承包者的技术资质等，甚至出现腐败现象。实行改革开放之后，公路养护工程逐渐转为实行招标投标的形式。2001年3月15日，浙江省交通厅发布《浙江省公路养护工程资质管理暂行规定（试行）》（浙交〔2001〕96），首次明确参与公路养护工程招投标者的资质。同年，市公路管理处选择1～2个点进行公路日常养护招投标试点，在总结经验的基础上逐步推开。到2002年，日常养护招投标里程达到辖区内国省道干线公路总里程的60%以上。

2001年8月14日，温州市公路管理处发布《关于加强公路工程建设程序管理的通知》（温公养〔2001〕144号），进一步规范了工程发包的程序。2003年6月10日，浙江省交通厅转发交通部《公路养护工程市场准入暂行规定》和《公路养护工程施工招标投标管理暂行规定》（浙交〔2003〕234号）。2005年，温州市交通局转发《浙江省公路水运工程施工招标投标管理实施细则》（温交办〔2005〕64号）。2006年，浙江省交通厅发布《关于进一步完善我省交通基础设施建设项目招标投标办法的通知》（浙交〔2006〕167号）。随着一系列规定、细则、办法的颁布，公路养护工程的招投标工作开始步入科学化、规范化。温州公路工程严格按照规定实施，建立了一整套完整的工程招投标档案。

2014年，温州市公路部门把公路养护工程施工企业信用引入公路工程施工，发布《温州市公路养护工程施工企业信用评价管理办法（试行）》（温公养〔2014〕148号），做到公平、公开、公正。该办法规定，对年度内温州市公路养护工程项目的施工企业实行A、B、C等级评价；不参加当年度信用评价的，信用等级按C级确定。2015年1月，组织对参与2014年普通国省道干线公路路面大中修工程施工的14家企业进行信用评价，并予以公示，其中A级10家，B级3家，C级1家。

（四）养护工程管理

2001年5月，交通部颁布《公路养护工程管理办法》，对有关公路养护工程的计划、统计、审计、机械设备、设计文件、竣工档案等工作明确了职责范围，并较详细地解说了公路养护工程管理的各项要求。

公路养护工程作业表

表 7-1-1

项目	小修保养	中修工程	大修工程	改建工程
路基	保养: 1. 整理路肩、边坡，修剪路肩、分隔带草木，清除杂物，保持路容整洁 2. 疏通边沟，保持排水系统畅通 3. 清除挡土墙、护坡滋生的有碍设施功能发挥的杂草，修理伸缩缝、疏通泄水孔及松动石块 4. 路缘带的修理 小修: 1. 小段开挖边沟、截水沟或分期铺砌边沟 2. 清除零星塌方，填补路基缺口，轻微沉陷翻浆的处理 3. 桥头接线或桥头、涵顶跳车的处理 4. 修理挡土墙、护坡、护坡道、泄水槽、护栏和防冰雪设施等局部损坏 5. 局部加固路肩	1. 局部加宽，加高路基或改善个别急弯、陡坡、视距 2. 全面修理、接长或个别添建挡土墙、护坡、护坡道、泄水槽、护栏及铺砌边沟 3. 清除较大塌方，大面积翻浆、沉陷处理 4. 整段开挖边沟、截水沟或铺砌边沟 5. 边水路面的处理 6. 平交道口的改善 7. 整段加固路肩	1. 在原路技术等级内整段改善线形 2. 拆除、重建或增建较大挡土墙、护坡等防护工程 3. 大塌方的清除及善后处理	整段加宽路基，改善公路线形，提高技术等级
路面	保养: 1. 清除路面泥土、杂物，保持路面整洁 2. 排除路面积水、积雪、积冰、积沙，铺防滑料，灭尘剂或压实积雪维持交通 3. 砂土路面刮平，修理车辙 4. 碎砾石路面匀、扫面沙，洒水润湿，刮平波浪，修补磨耗层 5. 处理沥青路面的泛油、拥包、裂缝、松散等病害 6. 水泥混凝土路面日常清缝、灌缝及堵塞裂缝 7. 路缘石的修理和刷白 小修: 1. 局部处理砂石路的附近变形、添加稳定料 2. 碎砾石路面修补坑槽、沉降，整段修理磨耗层或扫浆铺砂 3. 桥头涵顶跳车的处理 4. 沥青路面修补坑槽、沉降，处理波浪，局部龟裂、啃边等病害 5. 水泥混凝土路面板块的基本修理	1. 沙土路面处理翻浆、调整横坡 2. 碎砾石路面局部路段加厚、加宽，调整路拱加铺磨耗层，处理严重病害 3. 沥青路面整段封层罩面 4. 沥青路面严重病害的处理 5. 水泥混凝土路面严重病害的处理 6. 水泥混凝土路面接缝材料的整段更换 7. 整段安装、更换路缘石 8. 桥头搭板或过度路面的整修。	1. 整段用℃材料改善土路 2. 整段加宽、加厚或翻修重铺碎砾石路面 3. 翻修或补强重铺高级、次高级路面 4. 补强、重铺或加宽高级、次高级路面	1. 整线整段提高公路技术等级，铺筑高级、次高级路面 2. 新铺碎砾石路面 3. 水泥混凝土路面病害处理后，补强或改造为沥青混凝土路面
桥隧涵	保养: 1. 清除污泥、积雪、积冰、杂物，保持桥面清洁 2. 疏通涵管，疏导桥下河槽 3. 伸缩缝养护，泄水孔疏通，钢支座加润滑油，栏杆油漆 4. 桥涵的日常养护 5. 保持隧道内及洞口清洁 小修: 1. 局部修理，更换桥栏杆和维修泄水孔、伸缩缝、支座和桥面的局部轻微损坏 2. 修补墩、台及河床铺底和防护圬工的微小损坏 3. 涵洞进出口铺砌的加固修理 4. 通道的局部维修和疏通修理排水沟 5. 清除隧道洞口碎落岩石和修理圬工接缝，处理渗漏水	1. 修理、更换木桥的较大损坏构件及防腐 2. 修理、更换中小桥支座，伸缩缝及个别构件 3. 大中型钢桥的全面油漆除锈和各部件的检修 4. 永久性桥墩、台侧墙及桥面的修理和小型桥面的加宽 5. 重建、增建、接长涵洞 6. 桥梁河床铺底或调治构造物的修复和加固 7. 隧道工程局部防护加固 8. 通道的修理与加固 9. 排水设施的更新 10. 各类排水泵站的修理	1. 在原技术等级内加宽、加高、加固大中型桥梁 2. 改建、增建小型桥梁和技术性简单的中桥 3. 增、改建较大的河床铺底和永久性调治构造物 4. 吊桥、斜拉桥的修理与个别索的调整更换 5. 大桥桥面铺装的更换 6. 大桥支座、伸缩缝的修理更换 7. 通道改建 8. 隧道的通风和照明、排水设施的大修或更换 9. 隧道的较大防护、加固工程	1. 提高公路技术等级，加宽、加高大中型桥梁 2. 改建、增建小型立体交叉桥 3. 增建公路通道 4. 新建渡口的公路接线、码头引线 5. 新建短隧道工程

续表 7-1-1

项目	小修保养	中修工程	大修工程	改建工程
沿线设施	保养： 1. 标志牌、里程碑、百米桩、轮廓标、界牌等埋置、维护和定期清洗 小修： 1. 护栏、隔离栅、标志牌、里程碑、防雪栏栅、百米桩、轮廓标、界牌等修理、油漆或部分添置更换 2. 路面标线的局部补划	1. 全线新设或更换永久性标志牌、里程碑、百米桩、轮廓标、界牌等 2. 护栏、隔离栅、防雪栏栅的全面修理更换 3. 整段路面标线的划定 4. 通讯、监控设施的维修	1. 护栏、隔离栅、防雪栏栅的增设 2. 通讯、监控设施的更新	1. 整段增设防护栏、隔离栅等 2. 整段增设通讯、监控设施
绿化	保养： 1. 行道树、花草的抚育、抹芽、修剪、治虫、施肥 1. 苗圃内幼苗的抚育、灭虫、施肥、除草 小修： 1. 行道树、花草缺株的补植 2. 行道树冬季刷白	1、更新、新植行道树、花草，开辟苗圃等		

（五）公路工程质量管理

1999 年 2 月，交通部发布《公路工程质量管理办法》（交公路发〔1999〕90 号），“总则”第四条：本办法所称公路工程质量，是指有关公路工程建设的法律、法规、规章、技术标准以及批准的设计文件和工程合同对建设公路工程的安全、适用、经济、美观等特性的综合要求。

在此前的 1992 年，温州市就成立了温州市交通工程质量监督站（温州市交通工程造价管理站），1997 年成立温州市交通工程试验检测有限公司（温州市交通工程质量监督局试验检测中心），2011 年温州市交通工程质量监督站更名为温州市交通工程质量监督局。是年，温州市各县（区）设立交通质量监督站，质量安全监督涵盖重点公路、干线公路、农村公路建设工程。是年 7 月，按照属地管理、分级负责、上级指导、下级协管的原则，根据相关法规和规范性文件精神，结合温州公路建设实际，温州市交通运输局下发《关于进一步明确全市公路建设工程质量安全等工作监督管理职责分工的通知》（温交办〔2011〕93 号），首次明确市、县（区）两级交通质监部门的职责分工。

交通工程质量监督机构的专业化、规模化、规范化，为强化公路工程质量管理提供了有力的保障。一是实施全程技术服务。组织沥青路面施工技术攻关团队开展破难攻坚，实施从原材料、配合比设计、施工机械、施工工艺等全过程的技术服务。2010 年起，在 G104 线瑞安段沥青路面大中修工程、瑞安大桥改建工程、S56 线瑞安段沥青路面大中修工程、S41 线改建工程、S77 线龙湾段沥青路面大中修工程、雁楠公路等工程均开展了沥青路面施工技术服务，经交工验收检测，路面各项技术指标合格率 100%，均被评为优良工程。二是采取科技手段优化料源。采用科技手段筛选施工料源，对沥青混合料配比进行优化，动态掌握施工质量状况。三是开展课题研究加快技术创新。在公路部门的积极配合下，交通工程质量监督局、浙江大学在雁楠公路开展《沥青路面施工动态管理》课题研究，通过施工过程中各个指标的动态控制图来分析现场施工质量状态及施工质量发展趋势，从而达到“事前控制，超前预知，分析走向，排查隐患”的目的。2013 年，市公路管理局获“十一五”国检路况质量浙江省先进单位。2013、2014 年，温州市国省道大中修工程质量名列浙江省第一。2014 年，在 S41 线南复线永嘉岩头至大若岩段公路工程正式启用沥青路面施工动态管理模式。该模式是优化沥青路面施工管理模式的一次创新。

第二节　农村公路养护

管理和养护好农村公路是提高农村公路寿命的关键，是持续带动农村经济、长期造福于“三农”的重要保障。由于农村公路具有线路多、里程长、分布广、密度大的特点，且存在养护主体不明、技术等级偏低、养护资金短缺、抗灾能力薄弱等短板，长期以来，农村公路的建设速度虽快，但公路养护管理工作却严重滞后，一些地方出现了“一年修，二年垮，三年成了坑洼洼”的现象。进入21世纪以来，在各级政府和交通主管部门的高度重视下，农村公路养护与管理问题开始破冰，明确了各级政府的责任主体，建立了资金保障、管养机构和督查考核工作机制，逐步从根本上解决农村公路的养管机制问题。

一、农村公路养护沿革

1953年10月，交通部首次公布了《公路养护工作暂行办法》，除了明确规定国道和交通量大的省道采用道班专业养护或群道共养的形式外，提出县道采用群众养护的形式。同年，交通部下发《民工建勤养护公路的暂行规定》，对民工建勤明确了养路义务、建勤工日、养护形式、建勤补助四方面的内容。这种建勤养路的政策，奠定了以后实行了几十年的群众养路基础。1958年国家发出“全党全民办交通”的号召后，县、乡（公社）公路建设进入第一轮大发展时期。1960年，温州县乡公路养护开始实行“民用、民建、民养”的交通建设方针。1963年，浙江省试行农工养路，在安吉等7个县实行农工养路。农工养路即亦工亦农的养护方式，养路工人不列入国家编制。1965年3月28—31日，温州养路总段和文成县工交局参加了省交通厅召开的关于亦工亦农养护和管理公路的座谈会，部署继续推行这一制度的任务。实行农工养路政策，又经1965年全省公路养护会议推广。

农工养路的具体规定和办法：第一，对实行农工养护的公路，由县交通局和养路工区与沿线人民公社、生产大队协商，根据公路线路等级的具体情况，签订公路养护劳动合同，实行定里程、定人员、定经费、定任务、定养护技术标准，组织农工进行养护。第二，劳动报酬的分配，各县规定不一，由公社发给的为每月18～28元，有的县按评定工资等级发给月工资，最高为41元，最低为31元。农工按生产大队规定标准交纳生产资金，生产大队对农工按同等劳力社员给予计算工分和分配农业报酬。第三，劳动组织形式，采取投资包干和长期合同工两种形式固定养护。投资包干固定养护，即国家按月公里养护费20元拨给公社，由公社统一掌握包干使用，主要用于农工工资、工具补贴、购置工具等。对运输量和经济价值都较大、里程又较长、受益公社多的路，采取长期合同工固定养护，即公社按合同规定定额配备符合条件的农工，并由养护工区统一管理。参加养路的农工，公社都给予保留社员的身份、社员的权利和义务，并享受公社同等劳动力的农业劳动报酬。农工养路实施后，对公路养护起到拾遗补阙的作用，并且取得两个方面的成效：一是不增加专业道工，不少缺养的路有人养护了，路况有显著改善，路面大坑大槽趋于消灭，小坑小槽逐渐减少，并且养护经费有所减少。二是实行农工养护的公路，养路工作列入公社的议事日程，关心公路的人多了，农工人熟地熟，路政管理也容易做好，公路上很少发生群众开挖种植农作物或乱堆放的现象。

农工养路政策在温州得到了较好的贯彻。温州至瞿溪、渔渡至泽雅、占家埠至腾蛟公路养护，采用农工养路，由温州市、平阳县交通局与公路沿线公社（大队）订立合同，组织养护人员，建立三溪、藤桥、腾蛟3个道班，规定每人养护2公里，年公里养护经费为16元。至1965年，温州农工道班随着县级公路的发展，建有大荆、鱼塘、藤桥、泽雅、洞头、东山、泮岱、陶山、腾蛟、前垟、茶堂、二源等12个道班。年底，乡镇公路养护道班全部移交温州公路总段。1966年末，全市共有62个道班，其中温州市区7个、乐清9个、瑞安7个、永嘉8个、文成6个、平阳11个、泰顺14个。

1983年8月，根据省交通厅要求，专业养护和县乡养护正式分开。除国道、省道干线公路及重要县道实行专业养护，其余均由各县交通局组织农工进行养护。各县交通局接管县乡道路养护后，由乡（镇）逐步建立养护组或道班。1984年，永嘉县四川碧莲道班首先试行承包责任制。将公路分段承包给附近的农工，根据线路性质、交通量大小、路料远近，核定保养成本，确定好路率指标。

1985年5月8日，乐清县率先建立县乡道路养护所。1986年6月27日，温州市县乡道路养护站建立，地址设在温州市区百里东路17号，有管理人员10名，负责全市2054.11公里县乡公路的养护管理工作。次年6月独立建制，改名为温州市县乡道路养护处。至1986年底，苍南县乡村养护公路里程达22条192公里，农工养护85人；泰顺县乡村养护公路里程达250.63公里，农工养护92人；永嘉县乡村养护公路里程达304.76公里，农工养护165人；乐清县乡村养护公路里程达119.6公里，农工养护97人；文成县乡村养护公路里程达20条193.07公里农工养护94人；洞头乡村养护公路里程达14.36公里，其中洞头岛4.23公里、大门岛10.13公里。

1987年，文成、乐清等县推行乡道乡养，养路经费由县交通局拨给乡（镇）政府。农工养护大都以人工作业为主，养护机械极其简陋，养护人员以农民工为主。至1990年底，全市农工养护道班或养护组247个，其中乐清33个、瓯海19个、永嘉55个、瑞安35个、洞头2个。平阳20个、苍南24个、文成34个、泰顺35个、文成县交通局连续9年被评为全市县乡公路养护先进单位。

1992年6月，市交通委员会同意将原公路养护道班改称为“公路养护管理站”，并统一规定各养护站名称格式和衔牌标准。1999年7月，温州公路管理体制由市、县以条为主，改变为以条块结合、以块为主、属地管理的公路管理体制，将由直管的县（市、区）公路专业养护下放到县（市、区），专业养护和县乡道路养护管理职能合并，由县（市、区）公路管理机构承担，形成统一的公路养护机构。

二、农村公路管养体制

由于地理条件和资金匮乏等因素，乡村公路的管理和养护存在管养机构和机制滞后、养护管理不到位、安保设置标准低等主要问题。明确和落实乡村公路特别是通村公路的养护管理职责，成为维护乡村康庄工程成效的当务之急。2005年9月，国务院办公厅下发《农村公路管理养护体制改革方案》（国办发〔2005〕49号），提出农村公路管理养护体制改革的目标：力争用三年左右的时间，基本建立符合中国农村实际和社会主义市场经济要求的农村公路管理养护体制和运行机制，保障农村公路的日常养护和正常使用，实现农村公路管理养护的正常化和规范化。明确职责，建立健全以县为主的农村公路管理养护体制；建立稳定的农村公路养护资金渠道，加强资金使用管理；实行管养分离，推进公路养护市场化。同时，明确将村道纳入农村公路的范畴，要求县级人民政府承担起管理养护职责。

2005年5月，省交通厅出台《农村公路养护管理实施意见》。2007年7月，省交通厅印发《浙江省农村公路管理养护体制改革试点工作方案》（浙交〔2007〕188号），提出试点工作的总体目标：进一步明确和强化各级政府与部门在农村公路管理养护中的职能，基本建立符合浙江省实际的、新型的“统一领导、分级管理、以县为主、乡村配合”的农村公路养护管理体制，因地制宜建立以政府投入为主的稳定的养护资金渠道，建立健全农村公路养护管理工作制度，实现农村公路养护与管理工作的正常化、制度化和规范化，确保农村公路路况良好、路产完整、路权得到有效保护。总体思路：建立以县为主的责任主体，建立稳定的养护投入机制，培育多种养护模式。2008年7月，浙江省政府常务会议审议通过《浙江省农村公路养护与管理办法》，并于2008年8月1日起正式颁布实施。温州市政府成立温州市农村公路工作领导小组。

2007年7月，《浙江省农村公路管理养护体制改革试点工作方案》决定，泰顺县与嘉兴市、海宁市、诸暨市、浦江县、淳安县、温岭市列为省级农村公路管理养护体制改革试点单位。在开展试点工作前期，泰顺县交通部门向县政府建议出台以“专业管理为主、业余管理为辅”的农村管理管理办法，拟成立县农村公路路政管理大队，原则上每乡镇安排一名路政管理员，人员从交通系统内部调配，与县公路路政大队合署办公。聘请当地村民为本次道路协管员，并负责日常管理和小修保养。同时建立乡村康庄公路养护管理基金。按照“上级补一点、财政切一点、社会捐一点、村民筹一点”的办法筹集养护管理资金。泰顺县政府在资金困难的情况下，拨出100万元作为养护管理基金。在养护管理实践中，泰顺县从养护机制体制、资金落实和管养质量等方面摸索出一套行之有效的管养经验和方法。该县首先选择岭北、司前和峰文三个极具代表性的乡镇作为农村公路管养试点乡（镇）。具体经验是：专款养护、市场运作；政府聘用、路工多能；划段挂牌、责任到人。2009年5月在全省农村公路工作会议上，泰顺县被评为浙江省农村公路养护管理试点工作先进县。

2008年10月，文成县出台《文成县农村公路养护与管理办法（试行）》。“办法”规定，县财政每年补助农村公路日常养护资金370万元。出台《文成县村道公路养护管理考核办法》，建立并推行“村道公路养护资金使用管理”“公路养护巡查”“安全生产劳动保护”等制度。

2003—2007年，温州全市有1万多公里乡村康庄工程陆续验收投用。2008年初，针对农村公路里程大量增加、重建轻管、安全隐患多等问题，市公路管理处在“建设大路网、打造五型路”的调研中提出，农村公路不但要在数量上有较大的增加，在品质上也要有新的突破。在总结以往文明公路创建经验的基础上，把文明公路创建的触角伸向农村公路，在全省率先开展农村公路文明创建活动。创建计划：到2012年对符合条件的农村公路全部创建成文明公路，第一年计划投资800万元，完成5条农村公路的文明创建任务。为了把农村公路文明创建工作纳入正常的公路管理工作，建立一整套农村公路文明创建的工作机制，先后制定了《关于在全市开展农村公路文明公路创建活动的意见》《农村公路文明公路养护综合质量考核标准》《农村公路文明公路收费站规范化管理考核标准》和《温州市农村公路文明公路创建工程经费补助办法》，建立健全包括组织领导、规划目标、责任分解、检查考核等内容的创建工作体系。农村公路文明公路创建工作实行动态管理，新创路段每年命名一次，巩固路段每年复审一次；已获得荣誉称号的优质路况和文明公路要常创常新。加强监督检查；凡不能保持创建成果的，根据情况予以通报批评、限期整改、黄牌警告、降低星级档次直至取消荣誉称号。“四自”工程苍南龙金大道、瑞安马陶线、文成岀院线、洞头五岛相连公路、永嘉坦五线等5条县道75.3公里，列入首批当年度农村公路文明创建计划。至年底，龙金大道创建省级文明公路，农村公路永嘉坦五线、瑞安马陶线和文成岀院线的市级文明公路创建通过考核。

2003—2007年，全市完成通村公路建设路基改造、路面硬化11260.1公里。温州市和泰顺、文成、洞头等县先后出台《农村公路养护与管理办法（试

全市农村公路工作座谈会　陈励平摄

农村公路路政管理工作现场会　陈励平摄

组织观摩农村公路管养示范路　毛丽君摄

成立农村公路管理养护站　毛丽君摄

行）》和有关养护和管理考核办法，揭开农村公路管养体制改革的序幕。2009年，市政府印发《温州市农村公路养护管理工作考核办法》，全市11个县（市、区）相应制定农村公路养护管理办法。印发施行《温州市农村公路交通安全设施建设管理办法》《村道路行政许可、处罚及相关监督检查工作实施方案》，农村公路路政管理纳入辖区路政中队管理，基本形成乡镇政府、行政村和公路管理部门共管网络。是年，实施农村公路大中修工程项目78个，完成投资1.31亿元，完成公路路面大中修工程298公里，修复改造农村公路危病桥完成386座，洞头率先成为全省农村公路安全保护设施（钢质波形护栏）全覆盖县。聘请农村路政协管员288人，农村路政信息员751人。

2011年，交通部印发《农村公路养护质量年活动总体方案》，决定开展为期三年的全国农村公路“管理养护年”活动。从本年度开始，市公路部门持续开展“农村公路养护年”活动，成立市、县两级农村公路管理养护年活动领导机构，制定下发《温州市农村公路管理养护年活动实施方案》。完成农村公路总投资近2亿元，各县（市、区）全部出台农村公路养护办法，合并调整后的114个乡镇全部建立了农村公路养护站，逐步建立完善养护管理机构。完成农村公路路面大中修424公里，农村联网公路154.4公里，超额完成了省交通运输厅和市政府的年度考核任务。同时加强农村公路标志标线设置和指路标志体系的建设。建立农村公路管养检查考核机制，市财政每年拨出500万元用于考核奖励。2012—2014年，农村公路养护四项工程稳步推进，总共完成农村公路大中修工程1453.1公里，安保工程651.2公里，文明示范公路创建46.9公里，绿化工程667.3公里，管养能力、路况水平、服务质量、群众满意度明显提高。在农村公路“管理养护年”活动中，温州市公路管理局荣获全国农村公路养护和管理先进集体。

2013年1月，温州市公路管理处实现“处改局”

后，把农村公路（建设）管理处作为内设机构，第一次赋予公路部门以农村公路建设管理职权。

2014年9月，市政府出台《温州市农村公路管理办法》（温政令第148号），把农村公路列入各级政府年度考核内容，首次明确了各级政府的主体责任，建管养职责实现了省、市、县三级统一。该《办法》共分总则、工作职责、养护管理、工程管理、路政管理、安全管理、资金管理、工作考核、附则9章，从2014年11月1日开始施行。全市11个县（市、区）相应制定农村公路养护管理办法，全面落实了县级人民政府的主体责任，充分发挥乡镇人民政府、村委会和村民的作用，真正实现有路必养，标志着温州市农村公路管养体制改革取得重大突破。同时相关部门出台《温州市农村公路考核办法》，建立农村公路管养检查考核机制，市财政每年安排500万元用于考核奖励。温州市公路管理局制订8项工程管理制度，其中《信用评价管理办法》填补了温州公路养护工程施工企业信用评价管理的空白。

温州市农村公路大中修工程计划表

表 7-2-1

年份	公路里程数（公里）			合计里程（公里）	投资额（亿元）
	县 级	乡 级	村 级		
2011	301	106	18	425	1.9
2012	289	80	55	424	1.8
2013	305	121	49	475	1.9
2014	317	158	82	557	2.1
2015	273.577	170.149	141.284	585.01	3.5
合计	1485.577	635.149	345.284	2466.01	11.2

温州市农村公路安保工程计划表

表 7-2-2

年份	数 量（米）												投资额（亿元）
	县 级				乡 级				村 级				
	钢质护栏	边坡	挡墙	钢砼连护	钢质护栏	边坡	挡墙	钢砼连护	钢质护栏	边坡	挡墙	钢砼连护	
2008	135426	—	—	7526	15040	—	—	0	0	—	—	0	—
2009	570458	—	—	1650	168690	—	—	1150	18009	—	—	0	—
2010	471718	—	—	2325	161665	—	—	8187	2600	—	—	0	—
2011	368124	—	—	3700	232811	—	—	5000	3550	—	—	0	1.1
2012	5472	—	—	0	179724	—	—	58659	54577	—	—	108	0.5
2013	35254	—	—	0	99876	—	—	400	56590	—	—	160	0.44
2014	150	—	—	0	6722	—	—	0	154135	—	—	0	0.42
2015	20222	53870	3840	0	0	0	3190	0	347840	430	7770	—	0.8563
合计	1606824	53870	3840	15201	864528	0	3190	73396	637301	430	7770	268	3.3163

第三节　公路绿化

公路绿化是公路整体的一个组成部分，它指在公路两侧用地范围内种植树木、花草和营造小型园林的工作。公路绿化能起稳固路基、保护路面、美化路容、诱导交通、舒适行旅的作用。

中国的道路绿化历史相当悠久。中华人民共和国成立后，公路绿化被作为公路建设的组成部分，制定了绿化标准，要求在公路网中所有宜林路段都植树绿化。温州自有公路后开始栽植行道树。20 世纪 60 年代初，温州对公路绿化工作采取一系列改革措施，掀起群众性公路绿化热潮。省林业厅、交通厅在温州召开植树造林和公路绿化会议，决定 1966 年在全省范围内推广温州经验。交通部提议 1966 年在温州召开全国公路绿化现场会议。“文化大革命”期间，温州公路行道树遭到了严重的损毁。直到 1990 年末，温州干线公路绿化数据才有所回升。

21 世纪以来，温州公路绿化逐步向着路边园林模式和绿色通道发展，实现了两大转变：一是由单纯的种植乔木，转为乔、灌、花、草与绿色小品相结合；二是由单纯种树护路转为向改善环境、美化环境、防洪、旅游以及促进当地经济发展等多功能综合方向发展。截至 2015 年底，温州公路绿化里程 9133.974 公里，占公路总里程的 71.81%。

一、公路绿化沿革

追溯道路绿化渊源，历史悠久。早在公元前 11 世纪的西周时期即设卿官“司空”掌管道路，规定“以时平道路‘并’列树以表道”（《左传》）。秦代“道广五十步，三丈而树，厚筑其外，隐以全推，树以青松”（《汉书》）。

温州公路绿化，大体可分为公路行道树、公路绿化带、公路园林化建设三个阶段。初期的公路绿化是以行道树的成排列植为显著特征。当时的公路较窄，且人行道与主车道混用，用路者大多是行人、手推车等。此时道路绿化的功能，只是满足行路人的遮荫。树冠膨大，分枝点高的植物，如二球悬铃木、香樟、桉树、喜树、女贞、苦楝等为主要树种。

民国 5 年（1916）10 月，浙江省军政府草拟《修作道路议案》中，主要议题就是规定修筑道路和种植行道树的标准：“道宽 1.2 丈（合计 3.5 米），道旁植树宽度 2 尺（合计 0.6 米）。”民国 11 年（1922）6 月，温州历史上第一段真正意义上的现代公路——永嘉（今温州市区）南门至龙湾状元支线路基建成，长 12 公里。在离路基两侧 2 尺（0.6 米）处同步种植行道树，树种为垂杨。按当时 1 公里 /222 株规定，树距约为 4.5 米 / 株。这是温州最早的现代公路绿化工程。

民国 15 年（1926）3 月，浙江省实业厅制定省道造林计划，规定苗木由各地苗圃提供，经费归省道局负担，并由各地警察所及乡警保护，首先植树的是萧山至绍兴段（今 G104 线）。

民国 18 年（1929），国民政府省公路局制定《养路所办事细则》，具体规定养路工作十条，其中第八条规定：“路旁种植树木，土坡栽种草皮，并保护之。”当时还请浙江大学农学院培育树苗。民国 19 年（1930），省建设厅公布浙江省公路代植行道树办法，规定由公路所在地各县的育林事务所，或县苗圃代植，若无成立上述机构的，由县建设科代办。规定苗木直径须 1 寸左右、高 6 尺以上，栽植间距 8 米，品种有冬青、杨柳、桃、梧桐、槐、枫、银杏、黄檀等。民国 21 年（1932）杭温线乐清清江至琯头段路基基本完成，将白杨、桐树、槐树等作为行道树种苗，种植于该路段两侧，此为温州首次最大规模的公路行道树种植活动。

民国 23 年（1934）之后，由于战乱，公路绿化工作也处于建与毁之间。民国 24 年（1935）浙江省建设厅依据五省交通委员会有关指令，制定了《督促公路种植行道树实施办法》，规定“各沿线概须植树，并限于春季植毕”。后又制定《浙江省各县行道树奖惩办法》，令“各县政府对辖境之公路，应安段划分，责令乡保甲长，督管沿路经过之地主负责保护；县乡公安局及保卫团总部督促协助巡查保护，对攀截砍伐、迁移、换植、留畜者，处于罚款、服役”。乐清、永嘉县政府遵令行动，于当年春季购买苗木、派令壮丁在本辖区内的杭福线、龙温线等沿线种植。

据民国 26 年（1937）6 月浙江省建设厅统计，乐清、永嘉境内共 132 公里，植树 7920 株左右，平均每公里约 250 株。民国 27 年（1938）6—7 月间。为了阻止日寇南下，实行破路为田，行道树亦被毁。民国 37 年（1948）5 月，浙江省政府训令抄发内务部函，植树经费由公路部门划拨。

中华人民共和国成立后，行道树种植被列入公路养护计划，并明确由公路管养部门负责实施。1951 年初，杭温线温州段修复后，乐清县政府依照政务院颁布的《植树办法事宜》规定，动员沿线村民配合工区、道班职工，采集野生树苗种植。1953 年 4 月，乐清县政府响应省政府绿化号召，从温岭、黄岩购进乌桕树苗，乐清道班在三界桥至琯头、花岩头至清水埠公路栽植行道树 1.33 万株，成活率很高。温（州）丽（水）线、清（水埠）梅（岙）线、温（州）分（水关）线修复后，按照惯例逐年进行新种、补植。至 1955 年底，估计种植约 60000 多株，存活 10000 株左右。

1956 年初，毛泽东主席在对浙江省龙泉县凤鸣乡村头农村合作社的封山育林和植树运动试点作出批示之后，提出“绿化祖国”的号召。要求在 12 年内，绿化一切可能绿化的荒地、荒山，一切宅旁、村旁、路旁、水旁都种上树；把铁路、公路、河流两边及城市、村庄都绿起来，在空间上从以前限于点和线的造林，发展到面的绿化。这一具有前瞻性、战略性的号召，给人们提出了保持人与自然和谐、环境与生态平衡的新思路。借此，全国掀起了绿化造林的高潮。就在这样的背景下，交通部第一次提出了改公路行道树为公路绿化带，从此加大了公路绿化专款资金的投入。公路单棵排列的行道树也逐渐向小片区的绿化带发展。

从 1956 年开始，温州分期废除材质差、抗风力弱和病虫害多的白杨、水柳，以及成林期长的品种，保留苦楝树、香樟树，并从福建引进成活率高、材质良好、无病虫害、抗风力强的桉树系列。后来桉树逐渐被香樟树等替代。现在温州市区东方大厦立交桥旁的几棵老桉树，即为 1957 年种植的温瑞公路行道树，树龄近 60 年。

此后，每年新补植 50000 ～ 80000 棵以上。1958 年，省交通厅制定《分期实现公路绿化园林化规划》，拟逐步构建立体化绿色景观公路大道。但由于体制、政策因素和管理技术的不善，树木成活率很低。1960 年 3 月，平阳县公路段对辖内 G104 沿线及延伸至北港线开展联合植树，共植树 7000 株。

据 1963 年初统计，连同今丽水市在内的六个县境公路，树木累计保有量仅为 110000 株，而省交通厅只认定温州六个县（时温州市郊和洞头县属温州市交通局管养，未予统计）约为 3 万株左右，每公里仅为 375000 株，绿化率仅 2.66%，排在全省末位。

从 1960 年开始，盘踞台湾的国民党叫嚣反攻大陆，军委总参谋部要求公路部门把搞好公路绿化，为军事行动提供防空隐蔽作为战备任务之一。

1963 年 1 月 10 日，省交通厅在余姚县浒山召开全省绿化会议，布置落实具体绿化任务。温州地区公路运输局从实际出发，在体制、政策、技术及工作疏漏等方面，分析了造成温州公路绿化工作落后的多种原因，决定对温州公路绿化工作采取大胆的改革措施。一是改革现行绿化种、管体制。将公路绿化纳入地委治山造林总体规划，实行思想、组织、计划三统一，公路、林业、社队三结合的路社联造体制。公路绿化计划由造林委、农林办统一下达到各县，再由各县分解到社队。公路总段亦将造林委下达的公路绿化计划部分抄报到省厅局，同时下达各工区，实行计划双轨制。二是实行公路绿化收益分成政策。温州平原公路多数是过田路段，公路绿化易造成树大伤农（树荫影响农作物光合作用），很难得到沿路社队的支持。对此，根据1963年2月8日国务院批转交通部《关于完善地把交通部门的工作转向以农业为基础的轨道上来的几个问题的报告》等支农精神，提出实行公路绿化林产品收成分成的大胆想法，即由公路部门负责苗木、肥料、扶桩、防治病虫害和技术培训等所需资金，社队负责种植、护理和协管。树权为路社共有，并发产权证和签订路社联造责、权、利合约。林产收益按三七或四六分成（公路三、四分，社队六、七分），变树大伤农为植树利农。此举为当时全国先例，得到了社员的广泛支持。三是实行公路林业双方联动。为了提高树木的成活率和保存率，公路部门采取绿化专职人员常驻林业部门办公，学习造林技术，协同林科人员对公路绿化的规划、设计和计划进行重新制订和实施。总段派驻专署农林办绿化专职干部，林业科技干部协同制定“三步走、三配合、三三制、四检查、五边、五管七不种和定向栽、施肥促青、浇水保活竖桩防倒”等相关规定，实行全程控制，收到很好的效果。当年平原线路树木成活率达到90%，最高达到99%；山区线路也达到70%，高出以往的7～8倍。四是掀起群众性公路绿化热潮。在取得治山造林委、绿化委员会和专署农林办的支持后，温州公路总段积极向时任地委书记李铁峰汇报公路绿化工作，得到了有力支持。1963年11月，在温州市召开公路绿化专项会议上，李铁峰以《马克思留书，我们留树，泽及子孙》为题，阐述治山造林和公路绿化的重要意义，要求各部属支持公路绿化工作。1964年1月7日，在平阳县召开公路沿线区、社、队三级干部会议，落实公路绿化计划。这年春季，李铁峰率领有关部属到温丽线花岩头“6·3”、“9·17”交通肇事点植树，号召沿线干部和群众种好公路行道树。4月初，又带领地市党政军、工青妇干部到南郊温分线植树。各县党政军干部和工作人员纷纷效仿。

1963年9月17日，永嘉花岩头段发生一起客车坠江造成人员溺水死亡的重大交通事故。各级领导在肇事地点分析事故原因，温州公路总段认为，如果公路边有行道树，车辆就不会偏于路肩行走而造成侧翻，即使车辆侧翻也会因受行道树拦挡而不会滑向瓯江。

1964年，温州专署将公路绿化列入造林总体规划，杭温、温丽、温分、瑞文、下鳌等干支线公路植树144900株，栽植里程达270公里。同年，泰顺县掀起公路绿化高潮，在58省道泰分线两侧，栽种乌桕、苦栋、喜树、梧桐、樟树等计45800株，效果尤佳。“文化大革命”期间，这批树被盗伐殆尽。

本时期，通过签订路社联造合同，实现林产收益分成，调动了社员种树的积极性。仅1964年就植树270公里计144867株，成活率为70%。1966年春，社员义务植树投劳5万个工日，并密切配合养路职工做好护林工作。1964—1966年，三年共补植1631.16公里，计991000株。据1966年12月底统计，温州公路树木保有率为667000株，即每公里平均759株，扣除免植段，宜林段每公里已超过1000株的部定标准，部分平原线路二、三行制的，已超过1500株，一举成为浙江省几个达标区（段）和全国两个先进段之一。交通部特邀温州公路总段参加1965年10月22日在武汉召开的全国公路绿化经验交流会，向与会的全国各省、市、自治区交通系统厅、局长介绍温州绿化体制改革情况及政策、技术和经验。1965年12月16日，浙江省林业厅、交通厅在温州召开植树造林和公路绿化会议，与会人员参观了清梅线罗浮、温分线塘下段树木生长、管理情况，并听取总段与专署农林办的经验介绍，决定从1966年开始在全省范围内推广温州经验。交通部曾提议1966年在温州召开全国公路绿化现场会议，全面推广温州经验，后因“文化大革命”开始而未果。

1975年11月23日，国务院批转交通部《关于坚决制止乱砍、乱伐公路两旁行道树的报告》（国发〔1975〕275号）再次肯定温州的做法，认为，“温州公路绿化的新体制、新政策、新技术和新论点，具有前瞻性、趋向性、先进性和战备性，是可在全国推广的新模式。”之后，浙江省革委会〔1975〕27号、省政府浙政〔1982〕14号文件要求，全省公路绿化的体制、政策，可以结合实际实行温州模式。

二、公路绿化曲折历程

在1966—1976年的十年“文化大革命”期间，公路绿化遭到严重破坏。1967年，温州公路总段对辖内公路绿化实施填平补齐的同时，准备进入公路园林化试点时，恰遇“文化大革命”周年。4月开始，温州郊区沿线一些群众趁各级领导干部靠边、群众组织武斗频发、公路无人管护之机，乱砍行道树，并逐渐蔓延至各县及毗邻地区。为此，浙江省军事管制委员会于1968年12月29日发出《制止破坏公路、砍伐行道树的禁令》，但作用甚微。1973年9月，省公路局在慈溪召开的养路工作会议上决定，在公路干线恢复路基、改善线型、修建油路的同时，也把绿化植树一起搞上去。但会议开过不到两个月，从11月开始，温州刮起了“砸烂公检法，砍树不犯法”和“夜批（劈）林、日批（劈）孔”（谐音“文化大革命”时期“批林批孔”运动，指夜盗伐树木，白天挖树根）的大规模砍伐行道树的歪风，公路行道树遭到了一场空前洗劫，浙江省以温州地区最为惨重。温州地区本是全省公路绿化先进地区，1966年有干线569.38公里及支线308.48公里，总计877.86公里绿化成荫，桉树胸径在30厘米以上，盗伐后仅留100公里残缺不齐的老树，许多参加当时公路绿化工作人员痛心地说：“打倒李铁峰（原温州地委书记，重视公路绿化工作，在任时绿化较好），温州公路绿化一场空。”

1972—1974年，温州地区瑞安县塘下区成为全省公路绿化典型，成为公路绿化遭受浩劫时期唯感欣慰的事。据1976年12月调查统计，1966—1976年“文化大革命”期间，温州公路行道树不但没有种植，反而被砍伐400000多株，达60%。以当年市价估算，损失达4万元。盗伐行道树现象愈演愈烈，发展到拆栏偷料、开山积石、搭棚建房、毁路种植等行为的发生。

1976年4月，温州地区公路总段革委会下拨绿化经费2.71万元，栽植乐清柳市至白象公路行道树30000株，梅岙公路15000株，平阳岱山、腾蛟、水马、下鳌公路20000株，泰顺公路17000株，树种以桉树为主，辅之木麻黄、喜树等。

1979年，乐清县政府成立绿化委员会。翌年3月，组织开展植树运动，栽种行道树达5万株，树种均为桉树。

1979年夏秋，中共温州地委、地区革委会决定成立“整顿交通领导小组”，实施包括制止破坏公路和砍伐行道树在内的“抓纲治路”行动。同年，《中华人民共和国森林法》颁布施行，才使盗砍乱伐行为稍有收敛。1980年《浙江交通报》11、17两期披露温州等地砍伐行道树事件之后，再次发生严重的砍树事件。乐清县乐城镇南、北门三个公社大队争相砍伐G104线行道树1002株，境内20公里行道树全部被连根挖掘。该批树木胸径达25～40厘米。温州市仰义公社华亭大队五个生产队带领50名社员进行集体盗伐，公安干警赶到制止才收斧。乐清县清北公社石砾村以计划生育经费不足为名，在杭温线（桩号K393～K394）1公里内砍伐220株行道树变卖。据当年年底调查统计，1970年以前种植的树木被砍达90%，按当时市场价格估算，损失达千余万元。

1982年，永嘉县恢复路村联造，共公路绿化42.7公里计44000株，平均成活率达90%。栽种有水杉、直杉、法国梧桐、喜树、黑荆、桉树、麻木黄、广玉兰、龙柏、桂花等10个品种。

是年，乐清县在G104线新植、补植桉树苗62.5公里计24800株，但成活率不足10%。之后两年连续开展植树运动，栽植数万株。1984年，乐清县将国道线行道树改植法国梧桐。

1984年4月，文成县交通局拨款1125元，购买高桐树苗9375株，分植在平和、双桂、稽垟、十源、岭后、玉壶、南山、公阳（下段）公路线两侧行道上。

1986年春，全省公路绿化现场会在温州召开，推动了全省尤其是温州的公路绿化工作，掀起了全民义务植树的热潮。

1987年11月，公路部门对辖内公路绿化进行全面调查，除永嘉、文成外，其他地方公路绿化的成活率、保存率普通很低。全市包括1967—1987年补种在内，主要干线基本达标的只有139.5公里计90000株，空白和基本空白路段达540.3公里。1987年，G104线乐清境内种植60.5公里计24770株，年底保存数不到10%。平阳县种植公路行道树3500株，成活率42%，老树保存率95%。洞头县8年共栽植17000株，由于管理不善、人为破坏和台风影响等原因，成活仅2280株。

三、公路园林化与绿色通道

全市公路系统通过连续开展义务植树活动，至1990年末，干线公路绿化数据有所回升。公路绿化里程624公里，占宜林总里程的81%，有各种行道树119000万株。自此，公路绿化开始进入一个新时期——公路园林化与绿色通道时期。

公路园林化，以稳定路基、美化路容、改善气候、愉悦行人、有利战备和保障行车安全为基础，以江南园林的亭路山水、竹木花草布局，运用美学理论，借助公路线条在交通工程学中的导行性，以及警示牌、安全防护设施，再配以绿树、红花、青草的自然景色，以“经年风绿、四季有花”为基调，建构山水相融、色调相谐、动静相依、平曲相存，使工程技术与文化艺术、人文景观、自然环境三者浑为一体，具有诗情画意之美的公路交通环境，与城市文明建设相结合的绿色空间系统工程。

公路园林化建设最早源于1958年。交通部根据1956年初毛泽东主席提出“绿化祖国”的号召，制定《分期实现公路绿化园林化规划》，拟逐步构建立体化绿色景观公路大道，后因“大跃进”运动的影响未能实施。1966年，温州公路总段拟在年底公路绿化基本达标，1967年填平补齐之后，决定先在温州市郊、永嘉、乐清、瑞安、平阳等县城出入口和雁荡山风景区白雁线实施园林化试点，每个点长2～4公里，在取得经验并得到沿线各级政府支持后逐步扩展。当时交通部拟在温州召开全国公路绿化现场会议，由温州绿化委员会审议绿化工作，并将试点计划落实到各县（市），由县（市）政府督促，以公路养护部门为主，交通、林业、园林部门协同实施，后在全国各地公路管养部门推广。如此公路绿化发展机遇，最终因“文化大革命”爆发而化为泡影。

1995年5月，交通部颁发〔1995〕474号文件提出，1995年要完成一批“千里铁路千里林，百里公路百里荫”的示范路段。温州公路部门充分利用路边的废地荒坡开展造绿运动，使原有的绿化带不断加宽，逐步向着路边园林模式发展。

1998年，省交通厅和省绿化委员会联合下发《公路绿化管理办法（试行）》，要求新建、改建的国、省道干线公路和主要的县道公路，在宜林路段两侧各征用不少于1.5米的土地，用作绿化植树带，同时要求对新建公路的管理用房按庭院绿化内容一并进行设计。

1999年3月8日，市公路管理处在乐清雁荡山召开年度公路绿化工作会议，传达省交通厅、省绿化委《关于开展千家万户绿化公路活动的通知》精神，提出绿化工作“五个重点”：国省道穿城镇路段绿化、三店一站门口绿化、厂矿单位拆墙显绿、“四自”工程公路绿化与工程建设要“三同步”完成、做好荒坡和废地绿化，突出景观特色。

自从温州第一条高速公路建成之后，在公路

景观设计上，将成熟的园林艺术引入到公路景观设计之中。在高速公路的停车站、服务区、收费站、枢纽、景观台、公路交叉口等，直接借鉴园林艺术，以绿化衬托或展示公路沿线各类设施之美，把园林艺术的丰富表现手法，合理移植并融于具体的公路、地域或人文景观之中。

2002 年 8 月 13 日，由中国美术学院风景建筑设计研究院中标设计的温州大桥乐清入城口绿色通道设计方案通过专家评审。G104 线乐清段全长 75.5 公里，穿越 11 个乡镇，温州大桥乐清入城口是乐清市的西大门。公路两侧绿化以水杉、桂花、雪松为主，两边绿化宽度要达到或超过 10 米，各主要路段绿化带中配以城市雕塑小品。乐清市计划投入 1.3 亿元打造温州规模最大、档次最高、线路最长的 G104 绿色大通道。

2003 年，省公路管理局出台《浙江省公路绿色通道工程管理办法（暂行）》。市公路管理处下达《2003 年公路绿色通道建设计划》，规定国省道干线公路两侧各建 5 ～ 10 米、县乡公路 3 ～ 5 米的绿化带。自 2003 年实施公路绿色通道工程以来，三年时间累计完成公路绿色通道 2522 公里，其中国省道绿化 498 公里、县乡道 2024 公里。公路有乔木 555340 株、灌木和草坪 22.29 万平方，成活率 95%，平均保存率 85%。

2004 年，省公路管理局出台《浙江省公路绿色通道工程检查考核办法》。温州市公路管理处相继出台《温州市公路绿色通道工程质量检查验收办法》《温州市公路绿色通道工程质量检查考核办法》。3 月 12 日植树节，S333 全线（桩号 K0+000 ～ K23+016）实施绿化补植。

2004 年 5 月 10 日，泰顺县百丈镇朱垟村村民陈某（男，49 岁），故意砍伐县道司筱线（K5+200 ～ K10+700）杜英树 321 株，树胸径约 5 cm，经济损失 8000 多元，被当地警方处以刑事拘留，并承担民事赔偿责任。

2005 年，在“十一五”的开局年，市公路管理处制定了公路绿化规划，主要目标任务：实现“四个转变”，做好“两个结合”，达到“一个目标”。即公路绿化范围从公路用地范围外转变为公路用地范围内，绿色通道建设主体从以交通公路部门为主转变为以地方政府为主，从新建绿色通道为主转变为以已建公路绿化的管养为主，从公路沿线的带状绿色转变为以边坡复绿为重点的公路立体绿化；公路绿化与边坡治理、水土保持的有机结合，公路绿化与自然景观、生态环境的有机结合；通过公路绿化工作，将温州公路打造成绿化美观、

建设樱花路　叶迈峰摄

路政人员参加高速公路义务植树　张品金摄

市公路局机关工作人员参加义务植树　刘晓华摄

环境秀丽的生态公路。

2006年，G330线温州段和S332线纳入文明公路创建路段。新植补植公路绿化，绿色通道工程完成投资2000万元，建成国省道绿色通道148公里，完成率238.7%；县乡道绿色通道421公里，完成率129%，种植苗木成活率95%以上，保存率85%以上。累计完成绿色通道工程2523.5公里，提前12个月完成五年规划任务。据统计，全年可绿化里程11641.441公里，已绿化里程7441.665公里，占可绿化里程的63.92%，初步形成以高速公路、国道为绿化主干线，省道、部分县道为支线的公路绿化网络。同年6月20日，温州市绿化委员会组织义务植树和绿化造林“回头看”活动，温州市公路管理处推荐的3处绿色通道建设绿化植树点得到好评：⑴G104线瓯海段（桩号K192～K1927），2004年1月8日，温州市人民政府四套班子成员、瓯海区机关干部和公路职工共计400多人在此参加义务植树活动，栽植香樟、杜英等10000多株，计里程7公里，成活率达到90%以上。⑵G330线鹿城段，2004年在公路沿线两侧各租地5～10米，计单边长度10多公里，共栽植水杉、杨树、香樟、杜英等苗木50000多株，投入资金450多万元，建设绿色通道21公里。结合地形设置花坛500平方米，建造凉亭等环境小景。⑶S56线绿色通道建设工程（桩号K0～K45+700）计45.7公里，2004年11月开工，2005年4月完工，总投资483万元，栽植有华棕、蒲葵、深山含笑、湿地松、红叶李等十几个品种。该路段设计合理，绿化品种丰富，边坡绿化效果明显，是当时温州市绿色通道建设的主要样板路之一。

2008年3月11日，市公路管理处印发《温州市公路绿化管理暂行办法》，明确公路管理部门公路绿化职责，使公路绿化工作有章可循。投入200万元，对99公里国省道进行绿化。注重在公路绿化过程中落实边坡的生态环境保护，充分发挥边坡复绿的固土作用。做好裸露边坡和沿线荒地、建设废弃地的绿化，将公路的线状绿化提升为全方位的立体园林绿化。

2003—2008年，温州公路部门开展“建绿色长廊，创生态屏障”活动，在项目的管理、设计、施工、营运各个环节加强绿化和环保意识，公路绿化实现了量的增长和质的提高，做到“建设一条公路，保护一线水土，营造绿色长廊”。据统计，五年全市公路绿化里程3500公里，建成公路绿色通道2000公里，建成省级文明公路4条，初步构建了以甬台温、金丽温两条高速公路和G104线、G330线两条国道为绿化主干线以及部分省道、县道为绿化支线的公路绿化网络。在绿色通道的建设实践中，公路绿化实现了两大转变，一是由单纯的种植乔木，转为乔、灌、花、草与绿色小品相结合；二是由单纯种树护路转为向改善环境、美化环境、防洪、旅游以及促进当地经济发展等多功能综合方向发展。公路绿化已从一路一个品种、一路一种模式转为根据不同路段、不同环境、不同区域作专门设计，形成了人工造景与自然景观相结合，以及点、线、面相结合的系统工程。

2009年，公路绿化以国、省道边坡、荒地立体绿化为重点，全年实施国、省道边坡复绿面积22569平方米，完成省计划的109%。G104苍南分水关完成景观建设，S57线路段人文特色公路景观建成，其余路线省界、市界路段公路景观建设启动。

2010年，温州市公路管理处出台《温州市公路绿化管理办法》（温公养〔2010〕374号），对公路绿化规划、计划和建设，公路绿化的基本原则，以及养护和管理作出规定。

是年，各地公路部门抢抓机遇，配合当地政府实施森林通道和绿化工程。瑞安市提出今后三年森林通道工程投资3亿元，构建六大森林通道200公里，乡、村公路两侧宜林地段，将各建成5米宽以上的乔木绿化带。永嘉县积极开展创建“森林永嘉”活动，对G104线、坦五线、珍下线、上桥线、白桥线，以及诸永高速公路枫林出口和永嘉出口等进行全面绿化，绿化面积达560公顷。

2011年，甬台温高速温州公司落实资金1500

万元，温州东等五个互通落实资金3500万元，永嘉县政府补助50万元，与一家绿化公司达成合作协议，在高速枢纽预留绿化土地以租借方式让绿化公司种植苗圃，实行“以地养绿”。是年4月，瑞安市投资7522.5万元，在干线公路等交通通道造林4255.9公顷，建成全国首个在平原交通通道两侧实施的碳汇造林项目。

2012年2月，瓯海区实施温瞿公路绿化带改造提升工程。工程共分为两个标段，第一标段为翠微大道至三合白塔路口，长为5400米，以种植深山含笑、乐昌含笑、黄花槐、黄山栾树为主；第二标段为三合白塔路口至会昌路，长3746米，以种植小叶榕、二乔玉兰、黄山栾树、杜英为主，绿化面积达6.7万平方米。

是年，温州国省道干线投入2595.9万元，完成绿化580公里，县乡道绿化1622公里；投资647.4万元，完成边坡荒地绿化7.41万平方米。截至12月底，温州市共有可绿化里程12197.95公里，已绿化里程8340.933公里，占可绿化里程68.38%。截至2015年12月底，温州公路已绿化里程9133.974公里，占公路总里程的71.81%。

2012—2014年，各地公路绿化以补植为主。2012年11月11日，乐清市对G104线乐清段中央绿化带进行补植，共种植海桐球280株、红花继木和金边黄杨660平方米。2013年3月，苍南县投资10多万元，在S232水霞线沿线补植350株香樟，与前期种植的桂花、茶花、夹竹桃搭配，形成立体绿化格局。2014年植树节，永嘉县绿化补植工程开工。实施路段为S333全线和S223黄南至福佑段（K35+000～K72+000），共补植60公里，当月30日完工。S333由永嘉县园林绿化有限公司承担施工，S223由永嘉县绿景园林绿化有限公司承担施工。绿化补植项目共计新（补）植桂花946株、香樟45株、红叶石楠1430株、紫薇85株、杜鹃7700株、书带草800平方等，共计投资76万元。是年，苍南县实施S232水霞线绿化工程。工程位于S232线K18+200、K19+200、

G104线乐清段绿色通道　章娴摄

S331分泰线泰顺段边坡绿化　刘晓华摄

K19+600段，总造价73.4万元，边坡复绿总面积7545平方米。采用有机植材喷混植生法和三维网喷播法，喷播高羊茅、狗牙根、黄花决明、马棘、金合欢、白三叶、波斯菊等草、灌木种子。

在公路法制不断健全、全民法制意识普遍提高的情况下，当地方建设与公路行道树发生矛盾时，建设单位甚至是政府方面置公路法规于不顾，擅自砍伐公路行道树的事件仍有发生。2008年、2015年，在鹿城区、永嘉县发生两起擅自砍伐国省道行道树事件：G330线鹿城临江段建设工业园区擅自砍伐400株行道树事件、S333线永嘉桥头段擅开道口砍伐行道树事件。2008年5月6日傍晚5时许，G330线鹿城临江K19+550～K19+900段，约350米道路的行道树未经审批，被人全部

沿根锯断，只剩树茬，与另一侧郁郁葱葱的行道树对比鲜明。据鹿城区路政管理大队现场勘查，遭到砍伐的行道树约有400棵，被砍最大直径约20厘米。这些行道树均为四年前种植，被砍原因是当地建设临江沙头工业园区。2015年10月16日，永嘉县公路路政执法人员巡查时发现，在S333线距离桥头镇朱白岭隧道300余米处，当地在建设“育才教育装备科技文化创意产业园区”时，为了开道口擅自砍伐行道树十几棵，最长直径约60厘米，有几十年树龄。温州市公路路政管理支队会同永嘉县公路路政大队查明，该行道树系桥头镇政府组织砍伐，理由是，根据永嘉县规划图，该两个开口为道路，且在砍树前已报当地林业部门审批。而事实是，按照规定，省道公路干线由全省公路主管部门负责修建、养护和管理，其中包括两旁行道树，林业部门并不具备该项审批权力。根据《中华人民共和国公路法》，在公路上增设平面交叉道口，必须按照国家有关规定经过批准，并按照国家规定的技术标准，如未经批准在公路上增设平面交叉道口的，由交通主管部门责令恢复原状，处5万元以下的罚款。对此，当地公路管理局对该违法主体下达督查整改通知单。

G330线鹿城临江段行道树被砍伐现场　刘晓华摄

与以往查处擅自砍伐公路行道树案件相比，上述两起案件的查处尤难。涉嫌违法主体一般为集体甚至政府方面，受到查处时千方百计利用各种社会关系、人脉关系说情，致使案件查处难，最后往往不了了之。

第四节　公路交通量调查

交通量调查指的是一定时间、一定期间或连续期间内，对通过道路其一断面各种类型交通单元数量的观测记录工作。交通量是描述交通流特性的最重要的参数之一。交通量调查的目的在于通过对国道、省道、县道、乡道及专用公路的交通状况进行长期连续的观测或短期间隙和临时观测，搜集交通量资料，了解交通量在时间、空间上的变化和分布规律，为交通规划、道路建设、交通控制与管理、工程经济分析等提供必要的数据。

一、公路交通量调查沿革

民国26年（1937）2月，杭福线、龙温线两条线路，改由丽（水）、泽（国）两工务段分别接养，并同时实施过交通量调查。当时机动车辆极少，测得日交通量只有4～10辆次，且多系轻型车。

中华人民共和国成立后，温州公路管理部门（当时分别归丽水、台州公路管理部门管辖）曾在乐清等地做过小范围内的交通量调查，缺乏系统性和连续性，只对重点路线作突击观测调查，无系统资料。直至1979年8月，温州地区遵照交通部关于在国家干线公路实施交通量调查的通知要求，在杭温线和温分线段温州段（G104）、温丽线温州段（G330）设立12个交通量观测点，开展交通量调查工作。交通量调查手段采取最原始的人工记录，即调查人员站在指定的地点，用眼睛观看，用圆珠笔简单记下车牌号数，而车辆数则采用划“正”字的方式记录数据。数据后期统计全凭算盘或人工笔算，非常烦琐、落后。而且调查人员整天站在露天的马路边（当时的马路均为砂石路面），承受日晒、雨淋、风尘之苦，工作环境相当恶劣。

根据1979年8月至12月统计，当时平均日混合交通量最高的为温州化工厂调查点，达2220辆/日；最低的为乐清白溪调查点，只有553辆/日。

1982年1月1日起，全国逐步建立起交通量调查网络，全国公路交通情况调查已形成一套比较规范的工作体系。温州公路总段确定14个G104线观测点，即乐清白溪（K383+600）、清江（K398）、乐城（K422+700）；永嘉港头（后移至中村）、清水埠（后移至礁头）、坦头（后移至鸡笼屿）；温州西（半腰桥）、郑桥（后移至双屿），温州南三板桥（后移至牛山）、上金；瑞安飞云渡（后改成车站）；平阳城南、下河、南水头（后移至灵溪）。这些观测点，采取定期定点和不定期定点两种方式，开展较为系统的交通量调查工作。郑桥观测站为杭温线和丽温线重合的连续性观测站，人员每天分三班轮流值班，实行24小时连续观测。其余的13个观测点设为间隙式观测点，并定于每月5日、20日两天，从早上6点开始，至次日6时止，实行全日观测。规定每月5日为全市性检查汇总，11月5日为全省性检查汇总。

1982年，温州市省道开始设置观测站，共设18个间隙式观测点，其中仙清线（S223）设福佑、坦下、上塘、下塘4个观测点；瑞东线（S330）设仙降、平阳坑、樟台、大会、石门岙5个观测点；青岱线（S230）设麻步1个观测点；分泰线（S331）设月湖垟、莲头、三魁、罗阳4个观测点；温强线（S332）设海防1个观测点，后移至汤家桥；水霞线（S232）设南水头、矾山、马站3个观测点。1982年11月起，乐清、永嘉、瓯海、瑞安、平阳、文成、苍南、泰顺等县，分别对55条县乡公路的汽车与拖拉机日均交通量实行测量。规定每年11月5日6时至次日6时为观测时间。当时的观测结果是，日汽车交通量在100辆以上的仅3条。1983年开始，操作人员采用车辆计算器。1984年之后，开始使用人工控制的计算器计数。此后，逐步应用浮动车测定法，用交通量数据原件处理数据。1982年全省各地区路线交通量按多少进行排列，依次为杭州、金华、嘉兴、宁波、绍兴、丽水、温州、台州、舟山。至1985年，温州上升为第6位，增长率为62.3%，反映了改革开放之后温州经济快速发展的趋势。

人工观测交通量（104国道双屿观测站） 张小燕摄

1983年开始，交通量调查手段采用车辆计数器。1984年之后，开始使用人工控制的计算器计数。此后，逐步应用浮动车测定法，用交通量数据原件处理数据。1986年开始，凡5公里以上县乡道都设立临时观测点。1987年开始，引进车辆自动测速仪，用电子计算机处理数据，并建立了交通量信息数据库。

1988年，郑桥观测站移至双屿。各县（市、区）分别对91条县乡道进行测量。测量结果，交通量在100辆以上的有30条。1990年，各县（市、区）分别对9条县乡道进行测量。测量结果，交通量在500辆以上有9条，即龙湾区永强至梅头公路1960辆次，永嘉县下家岙至后林612辆次、桥下至荆源995辆次，乐清市上埠头至岭底577辆次、双峰至智仁655辆次，苍南县龙港至金乡1209辆次，瑞安塘下至梅头2136辆次、桐溪线671辆次、肇平垟至霞林801辆次。至1990年末，全市国道线共有连续式观测站1个，间隙式观测站14个，省道观测点调整为17个。

从2002年起，国家统计局将公路交通情况调查正式纳入国家统计调查制度，并由交通运输部负责具体实施，定期向国家统计局提供相关资料。为完成国家统计任务，并使交通主管部门准确、及时、全面掌握全路网交通的基本情况，根据国家统计制度要求，交通运输部对交调工作的调查范围和内容、组织管理、站点设置、资料报送等方面提出了统一要求。其中，明确要求对国道、省道、县道、乡道及专用公路的交通状况，进行定期或不定期调查，这为全国路网的交调工作得到进一步开展创造了条件。

2004年12月，交通部颁发《公路交通情况调查统计工作管理办法（试行）》。该办法对公路交通情况调查统计工作的组织机构及主要职责、站点及人员管理、统计经费使用、资料管理及信息发布以及检查和考核等方面，都作了详细的规定。为了提高公路交通情况调查的全面质量管理，促进观测质量的提高，尤其是提高县乡公路的人工观测质量，经全市交通量调查工作会议提议，温州市公路管理处决定：从2005年开始，在每季的观测日期间，全市均要开展一次公路交通量情况调查的分组对口检查，并将检查的结果列为交调综合考评内容。

2007年1月30日，温州市公路交通情况调查年报会审在洞头召开，来自全市11个县（市、区）公路系统的交通调查人员参加了会议。会议总结上年度公路交通调查情况，布置本年度公路交通情况调查工作任务，更新2007年数据库，并进行公路交通情况调查自动化观测技术培训，到洞头沙岗车流量自动观测站进行现场观摩。

2014年，由于公安部门的公路监控设施和公路管理部门的连续式交通量调查专用设备形状非常接近，尤其是机箱均没有标识且外观一致，造成交通量调查专用设备与公安部门监控及其他单位的设备容易混淆，根据交通运输部《公路交通情况统计调查管理办法》要求，温州市公路管理局安排专人进行交通量调查专用设备的标识工作，对全市干线公路连续式交调站点进行统一标识。至2015年6月底，全市已安装完成41处连续式交通量调查专用设备标识。全市交通量调查连续式站点37处，间隙式站点156处。连续式站点主要设在高速及主干线，间隙式站点主要设在县乡道，为连续式站点的补充。

2014年5月5日7：00至6日7：00，瑞安市公路管理局组织各公路养护站对瑞八线、塘永线、桥仙线、老瑞枫、马陶线等线路开展24小时交通量观测调查。此次调查，采取人工观测24小时不间断方式进行，调查车型分为小客、大客、小货、中货、大货、特大货、集装箱、摩托车、拖拉机九种车型。为保证调查数据的准确性和真实性，公路部门制订了详细的调查方案， 科学设置观测路段和观测点，严格对照考核办法填写调查表格、车型分类、数据统计等，形成车辆观测情况说明和分析材料。

2015年3月5日，全市间隙式站点交通量人工观测工作开始。截至2015年3月，全市交通量调查连续式站点37处，间隙式站点156处。间隙式站点交通量人工观测每年分4次进行，分别为3月5日、5月5日、9月5日、11月5日。

2015年6月17—19日，市公路管理局养护处对全市2014年省补经费交通量专用设备进行验收。2014年省补经费交通量专用设备共有6台，分别为G104线瓯海南白象、S230线瑞安岩头嘴、文青公路文成珊门、S331线泰顺泗溪、S333线永嘉桥下及S223线永嘉岩坦连续式交调站点。此次验收由连续式交调专用设备企业北京中天星火智能交通科技有限公司、温州市各县（市、区）公路管理局及市公路管理局养护处人员共同参与，采用人工测试与设备测试对比并出具人机对比检测报告。从总体看，全市2014年省补经费的6台交通量调查专用设备，满足交通量调查安装与使用的各项要求。

近40年来，随着交通量观测点的调整和发

展，温州公路交通量调查建立起一支相对稳定的观测队伍，形成一套比较规范的工作体系，并配置和健全了交通量专用设备。随着经济的发展，交通量调查的作用愈显突出。在通过传统的交通量观测点调查的基础上，公路部门还开展经常性的 OD 交通量调查、“黄金周”公路交通量调查等活动。

温州市连续式公路交通量调查路线与站点布局（2012）

表 7-4-1

序号	单位名称	观测站名称	线路编号	线路名称	观测站桩号	起点	起点桩号	终点	终点桩号	观测路段里程	备注
1	乐清市公路管理段	北白象	G104	北京—福州	1858.7	单板桥	1823.7	官头	1861.968	38.544	—
2	永嘉县公路管理段	中村	G104	北京—福州	1869	官头	1861.968	双屿入口	1888.532	26.564	2011 年 1 月 1 日开始升级连续式观测
3		九丈	S223	仙居—清水埠	98.9	岭下	98.299	上塘	117.914	19.614	—
4		鸡笼山	S333	六岙—东波	4.8	六岙	—	花岩头	23.576	23.576	2011 年 1 月 1 日开始升级连续式观测
5	苍南县公路管理段	马路	G104	北京—福州	1989.314	岱口大桥北端	1971.225	分水关	2001.046	29.821	2011 年 1 月 1 日开始升级连续式观测
6		溪光	S232	水头—霞关	16.24	水头	—	矾山	25	25	2011 年 1 月 1 日开始升级连续式观测
7		谢洋底	X527	龙金大道	6.75	龙港	—	金乡	20.914	20.914	2011 年 1 月 1 日开始升级连续式观测
8	瑞安市公路管理段	仙甲	G104	北京—福州	1936.5	南白象	1913.158	高架桥起点	1938.75	25.592	—
9		仙降	S330	瑞安—东坑	7.325	瑞安	—	城东	44.015	44.015	2011 年 1 月 1 日开始升级连续式观测
10		汀田	X307	东山—新华	6.4	东山	—	新华	9.3	9.3	2011 年 1 月 1 日开始升级连续式观测
11	平阳县公路管理局	孙桥	G104	北京—福州	1945.559	高架桥起点	1938.975	平阳转盘	1954.125	15.15	—
12		岱口	S230	青田—岱口	112.5	岭门	83.483	岱口	113.477	29.994	2011 年 1 月 1 日开始升级连续式观测
13	甬台温高速公司	塘下	G15	沈海温高速	1764	互通	1755.3	瑞安出口	1819	16.1	—
		苍南	G15	沈海温高速	1808.05	苍南	1807.7	观美	15.988	11.3	—
14	金丽温高速公司	金竹	G1513	金丽温高速	2.73	南白象	—	双屿入口	14.831	15.988	2011 年 1 月 1 日开始升级连续式观测
15	鹿城区公路管理段	松山头	X271	瓯江大桥—湖岭	5.4	瓯江大桥	—	湖岭	38.378	14.831	2011 年 1 月 1 日开始升级连续式观测
16		沙头	G330	温州—寿昌	19.5	温州西站	—	小寺	99.958	38.378	—
17	泰顺县公路管理段	马头岗	S228	云和—寿宁	93.52	龙井	63.784	友谊桥	64.124	36.174	2011 年 1 月 1 日开始升级连续式观测
18		芝麻坦	S331	分水关—泰顺	59.577	泗溪大桥	30	育才中学	58.72	34.124	2011 年 1 月 1 日开始升级连续式观测
19	文成县公路管理段	樟岭	S330	瑞安—东坑	54.18	城东	44.015	花园	13.542	14.705	2011 年 1 月 1 日开始升级连续式观测

续表 7-4-1

序号	单位名称	观测站名称	线路编号	线路名称	观测站桩号	起点	起点桩号	终点	终点桩号	观测路段里程	备注
20	瓯海区公路管理段	高殿	X205	温州—源口	6.2	温州西站	—	瞿溪	13.542	13.542	2011 年 1 月 1 日开始升级连续式观测
21	洞头县公路管理段	深门	X806	三盘港—灵霓北堤	8.97	三盘港	—	灵霓北堤	17.156	17.156	—
22	龙湾区公路管理段	瑶溪	X851	茅竹岭—永中	1.8	茅竹岭	—	永中	10.553	1.8	2011 年 1 月 1 日开始升级连续式观测

高速公路温州段交通量观测站（点）分布情况表

表 7-4-2

线路		观测站名称	类型	设置路段或桩号	建站时间（年）	备注
编号	名称					
G15	甬台温	龙湾	连续	龙湾—南白象	2005	—
		乐城	连续	—	2006	—
		雁荡山	连续	—	2005	—
		白鹭屿	连续	—	2006	—
		塘下	连续	K1755 ~ K1771	2005	—
		平阳	连续	—	2006	—
		分水关	连续	—	2005	省界主线
		观美	连续	K1807 ~ K1819	2006	—
G1513	金丽温	双屿	连续	双屿—南白象	2005	—
		桥头	连续	—	2007	2006 年 10 月竣工
S26	诸永	枫林	连续	—	2007	—
		永嘉	连续	—	2007	枢纽
S10	温州绕城	宋埠	连续	—	2010	—
		宋桥	连续	—	2010	—
		飞云	连续	—	2010	枢纽
		桐浦	连续	—	2010	—
		郭溪	连续	—	2010	—
		黄田	连续	—	2010	—
		北白象	连续	—	2010	—
		翁垟	连续	—	2010	—
		洞头	连续	—	2010	支线
G15W3	甬台温复线	乐清	连续	南塘	2015	枢纽

月度公路交通量调查统计分析表（2011）

表 7-4-3

路线名称	1 月	12 月	与上月对比	车流量综述
G15 沈海高速	48737	41668	16.97%	2010 年实行计重与 ETC 不停车收费后，车流量有所增长
G1513 温丽高速	14230	16578	-14.16%	因上年 12 月温州大桥封道，车辆经绕城分流至金丽温，相比本月车流量有所回降
G104 京福线	22603	23206	-2.60%	—
G330 温寿线	7434	7696	-3.40%	—
S223 仙清线	8483	7008	21.05%	因乡镇经济发展与春运临近，车流量有所增长
S228 云寿线	2865	3670	-21.93%	—
S230 青岱线	8231	7088	16.13%	—
S232 水霞线	3262	2198	48.41%	道路改建后路况改善，加上 S323 溪光观测点设在新老水霞线上，车辆明显有增加
S330 瑞东线	9166	8527	7.49%	—
S331 分泰线	5224	4437	17.74%	春运临近，车辆有所增加
S332 温强线	26735	26917	-0.68%	—
S333 六东线	14742	12452	18.39%	随着经济发展与春运的临近，相比上月车流量有所增长
X205 温源线	47390	—	—	—
X271 瓯湖线	11889	—	—	—
X307 东新线	42206	—	—	—
X527 龙金线	31007	—	—	—
X806 三灵线	4320	3874	11.51%	春运临近，车辆有所增加
X851 茅永线	5801	—	—	—

年度同期公路交通量调查统计分析表（2010—2011）

表 7-4-4

路线名称	2011 年 1 月	2011 年 12 月	与上年同期比	车流量综述
G15 沈海高速	48737	41668	16.97%	2010 年实行计重收费与开通 ETC 后，车流量有所增长
G1513 温丽高速	14230	16578	-14.16%	因上年 12 月温州大桥封道，车辆经绕城分流至金丽温，相比本月，车流量有所回降
G104 京福线	22603	23206	-2.60%	—
G330 温寿线	7434	7696	-3.40%	—
S223 仙清线	8483	7008	21.05%	因乡镇经济发展与春运临近，车流量有所增长
S228 云寿线	2865	3670	-21.93%	—
S230 青岱线	8231	7088	16.13%	—
S232 水霞线	3262	2198	48.41%	道路改建后路况改善，加上 S232 溪光观测点设在新老水霞线上，车辆明显增加
S330 瑞东线	9166	8527	7.49%	—
S331 分泰线	5224	4437	17.74%	春运临近，车辆有所增长
S332 温强线	26735	26917	-0.68%	—
S333 六东线	14742	12452	18.39%	因经济发展与春运临近，车流量有所增长

二、OD交通量调查

OD调查即交通起止点调查，又称OD交通量调查，OD交通量就是指起终点间的交通出行量。“O”源于英文ORIGIN，指出行的出发地点，“D”来源于英文DESTINATION，指出行的目的地。

通常利用个人出行调查和机动车OD调查等来获取OD交通量，其中又可分为客流OD调查和货流OD调查。前者的调查内容主要有起止点分布、出行目的、出行方式、出行时间、出行距离、出行次数等。

OD调查结果已被应用于公路网规划，新建或改建项目可行性研究、设计、交通组织及管理等各方面。大量的OD调查数据，对远景交通量的预测、道路类型及等级的确定、互通立交的设置、道路横断面的设计、交通服务设施的配置、交通管理与控制、规划方案和建设项目的国民经济评价以及财务分析等提供了定量依据。2004—2015年，温州共进行三次OD交通量调查，其中两次为2004年、2010年全省统一部署，一次为2006年配合温州疏港高速公路工程可行性研究。

2004年11月3日上午08时至4日上午08时，根据浙江省统一部署，温州市20多家责任单位1000多名调查管理人员，在19个调查点同步展开OD调查。本次OD调查采用传统“停车询问调查法”，即调查员判断车辆类型后，向司乘人员询问并填写车辆出行的起终点，并按OD调查表格要求询问车辆出行的出发地和目的地，做好相应记录。O D调查的控制道路是同三线、金温线、京福线、温寿线、仙清线、瑞东线、青岱线和分泰线。调查点设在乐清、白鹭屿、龙湾、南白象等1 0个高速公路出口和9个国省道收费口及指定路段。本次公路OD调查，主要是为了搜集行驶在公路上汽车的出发地和目的地（即起讫点）以及路段交通量、车辆乘载状况等公路交通信息，建立全省公路交通出行现状和未来5～10年OD数据平台，为公路网规划和具体公路建设项目的可行性研究提供可靠的交通需求分析依据。

2006年5月20日07时至17时，龙湾区公路管理段组织生产技术人员和路政管理人员在灵昆大道设点进行OD调查。这次OD调查的目的是为了配合温州疏港高速公路工程可行性研究，主要采用咨询车辆行驶起点、终点、载物、乘客等情况和设置车流量观测点两种调查方式。

随着全省路网格局的变化，以及全省民用汽车呈快速增长趋势，2004年组织的公路机动车OD调查所获数据已不适应路网规划。2010年11月30上午07时至次日上午07时，根据浙江省交通运输厅和浙江省公安厅的统一部署，按照全省OD调查工作的计划安排，温州在全市范围内的高速公路出入口、国道、省道及部分重要县道路段开展OD调查。调查前，温州市交通局举行公路OD调查动员暨培训会议。浙江省交通规划设计院的专家对与会人员进行了OD调查培训。本次调查主要是通过搜集汽车的出发地和目的地等信息，掌握全市公路交通的主要流量和流向分布，构建公路交通出行数据平台，为交通项目前期研究提供依据和参考。以往的公路OD调查采用传统的“停车询问调查法”，本次调查采用“车辆牌照法”（即记录车辆牌照号码）。通过电子警察拍照和人工记录方法获取车辆的车型及车牌号码，再统计出车辆的出行信息。在设置人工警力的调查点，不需要拦车询问，只要求车主将车速控制在10码内。这种调查方法在国内尚属首次使用。

三、“黄金周”公路交通量调查

1999年9月18日，国务院发布《全国年节及纪念日放假办法》，决定由原来每年7天公众法定休假日，调整为每年10天，即春节、“五一”、“十一”三个节假日，法定休假3天，加上调整的前后两个双休日，就形成了三个连续7天的长假。自2000年“五一”长假开始，国内旅游形成热潮，三个7天长假因此被人们称为“旅游黄金周”。2004年，交通部发布《“黄金周”公路交通量调查统计制度（试行）》（交规划发〔2004〕149号），并决定从该年“五一”开始，定期开展“黄金周”公路交通量调查统计工作。

2005年9月26日，温州市公路管理处印发《关于开展“十一黄金周”公路交通量调查统计工作的通知》（温公养〔2005〕196号），将第一批“黄金周”公路交通量调查观测点，分别设置在甬台温高速公路雁荡（湖雾岭隧道至蒲岐出口路段，国际观测点编号为C010L680330382）、塘下（南白象互通终点至瑞安出口路段，国际观测点编号为C010L700330304）。两个观测点同时开展“黄金周”公路交通量调查统计工作，观测时间段为2005年9月29日至10月9日止。同时制定了《温州市“黄金周”公路交通量调查实施方案（试行）》和《温州市“黄金周”公路交通量调查统计联系制度》。规定今后每年的4月29日至5月9日、9月29日至10月9日、春节假期前两天至假期后两天等三个长假，为“黄金周”公路交通量调查固定时间。

为了保证调查数据的及时性和准确性，“黄金周”公路交通调查均采用连续式全自动观测记录，24小时不间断地进行交通量及地点车速调查。同时配备应急供电设备及管理人员，使之在突发停电的情况下，能及时启动应急设备进行临时供电，以确保调查设备正常运行。

第五节　普通公路服务站

随着经济社会发展和机动车保有量的快速增长，群众对普通公路出行服务的需求也越来越高，普通公路基础设施服务短板凸显。2016年4月29日，交通运输部办公厅印发《2016年全国公路服务区工作要点》，正式将普通公路服务站建设提上日程，2016年开始普通公路服务区建设试点工作，并制定今后4年的建设任务。11月，浙江省交通运输厅和省公路管理局出台《浙江省“十三五”普通公路服务站实施意见》。普通公路服务站建设的提出，立足于“更好地为公众服务”的理念，顺应了时代发展和百姓需求。

一、普通公路服务站建设

2013年初，温州公路部门先试先行，开始探索普通公路服务站的建设，且建设工作走在浙江省前列。温州普通公路服务站建设以普通国省道为重点，同时兼顾县乡公路（含通景公路），兼顾平原、山区地域特点、交通流量和沿线人文历史景观等因素，综合考虑分布间距、建设规模和功能需求。2016年8月，温州市公路管理局印发《温州市“十三五”普通公路服务站实施方案》（温公养〔2016〕225号），提出建设任务：到“十三五”末，全市建成普通公路服务站162个（其中普通国省道公路服务站60个，农村公路服务站102个）以上；明确五大保障措施：列入年度目标考核、推出一批示范项目、统筹谋划工程布局、综合落实建设资金、建立管运长效机制。在浙江省尚未明确建设标准和要求的情况下，温州率先试行，创新模式，按照“开放一批、利用一批、创建一批、规划一批”的方式有序推进公路服务站建设，拓展公路服务功能。

温州市在制定普通公路服务站建设标准时，综合考虑公路承担的主要功能（干线公路、集散公路、出行通道、通景公路等）、交通流量、地域特点和沿线人文历史景观等因素，科学规划选址，合理确定服务站的空间布局、建设规模和功能配置。

普通公路服务站名称统一为“××公路服务站”或“××公路停车休息点”，在入口处或适当位置进行挂牌，并在公路服务站前后300～500米公路范围内各设置一块指引告示标志。

截至2016年底，累计投资1871万元，建成了普通国省道公路服务站15个，农村公路服务站22个，总占地面积6万平方米，含323个公共停车位、44个厕所、3个小商品和农产品零售等基础配套服务。该项工作在2016年全省普通干线公路养护管理工作会议上进行推广，并受到孙景淼副省长的批示肯定："这是一项探索性的工作，请交通运输厅注意跟踪评估。"

二、综合服务站

主要满足停车休息、如厕、加水、小商品和农产品零售等功能，其中休息点内应设置公路服务站区位图、药箱、热水、座椅、手机充电电源等服务设施。可根据需要选择确定餐饮、车辆维修、加油、住宿、观景等功能；占地面积控制在5公顷以内，停车位不少于30个，场地进行硬化，建筑用房以平层为主（不超过二层），满足一般功能服务的其建筑面积控制在100平方米以内，具有综合经营服务的其建筑面积可根据市场需求确定。

【分水关公路服务站】 位于S331线泰顺分水关，与福建省福鼎市交界。由中国美术学院风景建筑设计研究院设计、浙江立恒建设有限公司承建。占地面积9000平方米，工程总投资540万元。站内设有休息室、农家乐、休闲步道、停车场、公共厕所、彩色慢行道、观景台。同时，可看浮雕，可观"廊桥"，赏"药发木偶"等文化遗产，在分享点缀在泰顺秀山丽水的文化创意中，了解泰顺民俗历史及旅游景点分布。至夜，在呼吸清风、氧吧的同时，可享受灯光下"花草植被""玉带霞关"的独特而迷人的意境。

【城东公路服务站】 位于S330线K44+015与瑞安交界位置，距文成县城约10公里。该站初期由文成县交通运输局建设，建成后由县公路局接管维护、服务、提升。服务站北面环山，南邻飞云江，占地面积1650平方米。绿草青青，小溪潺潺、凉亭悠悠，刚刚进入文成就深感文成生态之美。服务站拥有停车场占地400平方米，20个停车位。站内设有便利店、休息场所、厕所，过往群众可驻足休息、观光，亦可为大货车提供加水服务。

【雁荡公路服务站】 位于风景优美的国家5A级雁荡山风景区，处于G104京福线K1805+300左旁，G15沈海高速公路雁荡出入口处。环境幽美，交通便利。该站占地面积5000平方，建设用房面积256平方米。服务设计功能齐全，拥有停车位30个、公路服务站管理用房、休息室、男女卫生间、小卖部等，可为旅客提供手机充电、开水、停车休息、零食补给、公路文化宣传、应急工具借用等服务功能。

三、一般服务站

主要满足停车休息、卫生间等功能，可根据条件和需要拓展其功能。利用沿线加油站、公路站、农家乐、旅游集散中心等场地进行改造为主，主要分布在流量适中、靠近乡镇的普通公路边；占地面积控制在300平方米左右，停车位10个左右，场地进行硬化，用房建筑面积控制在50平方米以内。其中休息点内应设置公路服务站区位图、药箱、热水、座椅等服务设施，如果休息点为开放式建筑应设置公路服务站区位图、座椅等服务设施。

【深门公路服务站】 位于S332延伸线洞头五岛相连公路K35+150的深门加油站，占地面积约1200平方。该站地处进出洞头的陆路通道的显要路段，方便来往司机停车加油和休息。利用加油站内的便利店，可为司机、乘客提供各类零食饮品，显眼位置放置公路宣传册和路政知识折页，张贴洞头区域地图，并标明加油站、修理厂、景点等位置。休息区设有多功能手机充电线、医药箱、开水器。

【南白象公路服务站】 位于G104京福线K1918+000，占地面积500平方，总投资30万元，利用南白象公路所业务用房进行建设。周边来往车辆旅客众多，该站可为长途驾驶者提供休息服务，利用附近的加油站，提供加油、停车泊位、休息室、茶水间、充电等多种服务。该点与植物园相距不远，可为来往游客提供服务。

【驷马公路服务站】 位于S230青岱线K84+500，占地面积3000平方。站里设有卫生间、停车位，布置药箱、热水、座椅等服务设施，主要满足停车休息、卫生间、药箱、热水、座椅等服务。该处服务站周边有苏步清故居、南雁荡山、棋王谢侠逊碑林、赤岩山景区等景观、旅游景点，为出行游客提供休息、住宿及餐饮指导服务。

【瓯北公路服务站】 位于G104京福线K1868+938的瓯北中村，利用沿线公路站所建。地面积859.29平方米，占其中休息点占地面积15平方米。基本服务设施有10个车位，卫生间，休息室和公路服务站区位图。休息室里有座椅、热水、手机充电和小药箱、修理箱。服务站附近有加油站、修理厂和多处旅游景点。

【岩坦公路服务站】 位于S223线K63+500的岩坦镇庙下村。利用沿线公路站所建，占地面积462.84平方米，其中休息点占地面积80平方米。基本服务设施有10个车位、卫生间、休息室和公路服务站区位图。休息室设座椅、热水、手机充电和小药箱、修理箱。服务站附近有加油站、修理厂和多处旅游景点。

【石亭峰公路服务站】 位于童东线K64+750的石亭，距泰顺县城约1.5公里，有服务兼观景功能。总面积约1800平方米，总投资200万元，2014年建成。基本服务设施有广场、停车位、远眺台、公厕、照明等。该服务站采用仿古风格设计，观景平台利用原有地形中的两米高差，设计了上层的中心广场和下层的观景平台，且下沉观景平台的两侧，可使游客在服务之余观赏到群山苍翠、云卷云舒、山道蜿蜒的美景。

【水头公路服务站】 位于高水线K21+940处，结合水头公路养护所并用，占地面积4933平方，总投资20万元。建有临时用房、卫生间、停车位，设置药箱、热水、座椅等服务设施。

【南雁公路服务站】 位于灵溪线K24+600处，

雁荡公路驿站（G104线乐清段） 章娴摄

分水关公路服务站（S331分泰线） 夏克升摄

文成公路服务站（S330瑞东线） 胡悦斌摄

石亭峰公路服务站（童东线） 夏克升摄

结合南雁公路养护所并用，占地面积4000平方，总投资20万元。建有卫生间、停车位，设置药箱、热水、座椅等服务设施，主要满足停车休息、卫生间、药箱、热水、座椅等服务。

【墨城公路服务站】位于城新线K29+800处，占地面积3000平方，总投资20万元。建有卫生间、停车位、布置药箱、热水、座椅等服务设施，主要满足停车休息、卫生间、药箱、热水、座椅等服务。水头、南雁、墨城服务站周边有苏步清故居、南雁荡山、棋王谢侠逊碑林，赤岩山景区，西湾景区、青街竹林，顺溪古屋、浙江省一大会址等景观景点，为出行游客提供休息、住宿及餐饮指导服务。

【樟台公路服务站】位于文成一花线K38+300处樟台公路管理站内，距离县城约3公里，占地2400平方米。站内拥有停车场300平方米，停车位15个。内设休息室、厕所，可对外提供停车休息、公路咨询、便民服务。一花线原为56省道，创建了“绿色森林通道”、“美丽公路”，拥有良好的自然植被绿化，且沿溪风光优美。

【百丈漈公路服务站】位于文成十黄线K0+500处百丈漈公路管理站内，占地5800平方米。该站地处百丈漈镇枢纽路段，可前往百丈漈风景区、天顶湖水库、天顶湖农庄，石庄历史文化村落、美丽乡村等景点。站内拥有停车场600平方米，停车位30个，内设休息室、厕所，可对外提供停车休息、公路咨询、便民服务。

四、停车休息点

主要满足停车休息功能，可根据条件和需要拓展其功能。原则上利用公路边的边角地进行改造，停车位5个左右，公共服务设施因地制宜，以开放式建筑为主。停车休息点设置公路服务站区位图、座椅等服务设施。

【矴步头公路停车休息点】位于苍南县道碗天线K2+950处，利用路侧杂地进行布置景观小品，占地4199平方米。内有停车位33个，总投资120万元，设有观景平台和洗手间，平台上修建一座休闲长廊，为司乘人员提供停车、休息等服务。矴步头是苍南著名的旅游景点，历有“雁齿矴步、广昌大厝”之誉，可依近临涉溪矴步和广昌大厝。休息点营造远离都市喧嚣回归山乡田园风光的氛围，给人以散淡、闲适、返璞归真的感受。

【五凤公路停车休息点】位于苍南县道马分线K4+200处的五凤茶园景区，利用路侧杂地进行布置景观小品。占地8461平方米，停车位30个，总投资210万元，设有观景平台、洗手间和休闲娱乐设施，平台上修建休息长廊，为司乘人员提供停车、休息等服务。休息点以介绍茶文化为主题，开展文化休闲旅游。

【雾城公路停车休息点】位于苍南县道龙魁线K77+200处，背靠壮士所城，左依雾城大沙滩，利用路侧杂地进行布置景观小品。占地12000平方米，停车位20个，总投资545万元，设有观景平台和洗手间。平台上修建一座休闲长廊，为司乘人员提供停车、休息等服务。雾城是苍南著名的旅游景点，雾城沙滩长1000米，宽350米，处在水质清澈、风平浪静的海湾内，是一处极佳的海水浴场。

【珠岩公路停车休息点】位于瓯海环库公路K3+000，占地面积1000平方，总投资120万元。拥有停车泊位、卫生间，利用沿线观景台，为前往泽雅各景点旅游的游客提供休息便利的同时，又可提供观景平台，欣赏泽雅水库晴天波光粼粼、雨天烟雨朦胧的美丽风光。

【五凤垟公路停车休息点】位于瓯海石林环线K29+700，占地面积200平方米，总投资50万元。拥有休息室、停车泊位、卫生间，旁有公交停靠点，既可为前往泽雅各景点旅游的游客提供休息，也可为周边等候公交的乘客提供遮阳避雨的场所。

【大峃岭公路停车休息点】位于文（成）青（田）公路K6+700处，大峃岭隧道入口附近。

占地面积1700平方米，设有停车位10个，石亭一座，绿化面积1000平方米。该休息点既可为过往车辆提供停车休息服务，又可缓解农历正月期间群众拜访附近宗教场所而造成路段拥堵的问题。

【水垟公路停车休息点】 位于文成西南线K8+780处，休息点占地1400平方米。设有停车位5个，长亭一座，方亭一座。休息点内小溪潺潺，石桥悠悠。路线引导牌展示周边临近各个景点的线路，方便游客前往各个目的地。

【九溪公路停车休息点】 位于文成一花线K30+600处，地处峃口镇片景区枢纽地段，可前往“樱花岛”公园、“桃花岛公园”、峃口绿道、九溪漂流、东方村美丽乡村等景点。占地2300平方米，绿化面积1200平方米，拥有临水而建停车位14个。设置亲水平台，游客可乘坐渡船到达彼岸的“樱花岛”公园、峃口绿道。

【三美公路停车休息点】 位于S232水霞线K5+400处，周边有观美水库，风景优美。停车休息点利用路侧杂地而建，占地800平方米，停车位12个，总投资80万元，设有观景平台，平台上修建一座六角石亭，为司乘人员提供停车、休息等服务。休息点建设应用现代生态园林的理论，采用自然布局的形式，以乔灌草相结合的自然式园林植物群落为主体，突出四季常绿、三季有花、季相丰富的效果，形成“车在绿间行、人在景中游”的意境。

【红岩双瀑公路停车休息点】 泰顺县最早建设的公路服务站之一，游客途经S228线泰顺段的最佳休息点。占地800平方米，工程累计投资80万元。服务站建设充分利用红岩景区的自然旅游资源，结合公路“惠民、服务、奉献”的理念，修有22个小车停车位，2个大车停车位。瀑布周边栽种广玉兰、麦冬等苗木，建设连理桥，增加服务站的休闲趣味。周边红岩景区有红岩峰、蒸笼岩、彩虹瀑、绝壁廊、石笋峰、佛脚石、求子观音寺等10多个大小景点。扶梯而上，能看到峰、崖、石、洞、瀑、漈、潭、滩和树、花、草及许多鸟类。

【文成让川公路停车休息点】 位于S330瑞东线K76+320让川村段，距离西坑畲族镇政府所在地3公里，离县城16公里，属县城15分钟交通圈。占地面积2500平方米，配置停车位10个。让川人文历史悠久，有始建于乾隆年间的叶氏祠堂，有乡情淳朴的四合院、节孝牌坊等历史古迹。

温州市普通公路服务站统计表（2016）

表7-5-1

序号	辖区	名　称	线路等级	线路编号名称及桩号	服务站类别	总投资（万元）
1	鹿城	江南服务站	国道	G330温寿线K21+000	一般公路服务站	20
2	瓯海	南白象服务站	国道	G104京福线K1918+000	一般公路服务站	30
3	龙湾	黄石村休息点	省道	S332温强线K21+340	停车休息点	10
4	洞头	深门服务站	省道	S332延伸线K34+600	一般公路服务站	10
5	乐清	雁荡服务站	国道	G104京福线K1805+300	综合服务站	100
6	瑞安	高楼服务站	省道	S330瑞东线K33+200	一般公路服务站	20
7	永嘉	中村服务站	国道	G104京福线K1868+938	一般公路服务站	20
8	永嘉	九丈服务站	国道	S223仙清线K98+950	一般公路服务站	20
9	永嘉	岩坦服务站	省道	S223仙清线K63+500	一般公路服务站	20
10	平阳	驷马服务站	省道	S230青岱线K84+500	一般公路服务站	30
11	文成	城东服务站	省道	S330瑞东线K44+015	综合服务站	200
12	文成	让川休息点	省道	S330瑞东线K76+320	停车休息点	50
13	泰顺	红岩休息点	省道	S228云寿线K83+400	停车休息点	80
14	泰顺	分水关服务站	省道	S331分泰线K1+300	综合服务站	540
15	苍南	三美服务站	省道	S232水霞线5K+400	停车休息点	20
合计						1160

温州市农村公路服务站统计表（2016）

表 7-5-2

序号	辖区	名　称	线路等级	线路编号名称及桩号	服务站类别	总投资（万元）
1	鹿城	田塘头革命基地服务站	县道	X208 石林环线 K14+000	一般服务站	20
2	鹿城	戴宅公路服务站	县道	X271 瓯湖线 K5+100	一般服务站	10
3	龙湾	瑶溪街道瑶李线公路服务站	县道	X855 瑶李线 K0+300	停车休息点	5
4	龙湾	瑶溪龙岗山公路服务站	村道	C154 龙岗寺 K1+500	停车休息点	5
5	瓯海	五凤垟公路停车休息点	县道	X208 石林环线 K29+700	停车休息点	80
6	瓯海	珠岩公路停车休息点	乡道	Y219 环库公路 K3+000	停车休息点	180
7	洞头	杨文洞停车休息点	县道	X801 鸽隔线 K2+450	停车休息点	20
8	洞头	尾坑停车休息点	县道	X801 鸽隔线 K10+900	停车休息点	30
9	乐清	双秦公路服务站（龙抬头）	县道	X025330382 白岭线 k11+350	一般服务站	30
10	乐清	章山停车休息点	县道	X025330382 白岭线 k18+100	停车休息点	10
11	瑞安	东寺前村停车休息点	村道	C591330381 黎根线 K7+500	停车休息点	10
12	永嘉	坦五线停车休息点	县道	X115330324 坦五线	停车休息点	5
13	永嘉	雁楠公路服务站	县道	X026330324 雁楠公路	停车休息点	5
14	文成	樟台公路服务站	县道	X317 一花线 K38+300	一般服务站	5
15	文成	百丈漈公路服务站	县道	X606 十黄线 K0+500	一般服务站	5
16	平阳	水头公路服务站	县道	X316 高水线 K21+940	一般服务站	20
17	平阳	墨城休闲区公路服务站	县道	X403 城新线 K29+800	一般服务站	20
18	泰顺	石亭峰公路服务站	县道	X712330329 童东线 K64+750	一般服务站	195.8
19	泰顺	仙居公路停车休息点	乡道	Y727330329 仙岭线 K0+400	停车休息点	25.6
20	苍南	雾城公路服务站	县道	X523330327 龙魁线 K77+200	停车休息点	10
21	苍南	五凤公路服务站	县道	X511330327 马分线 K4+200	停车休息点	10
22	苍南	矴步头公路服务站	县道	X510330327 碗天线 K2+950	停车休息点	10
合计						711.4

第六节　养护站房

20 世纪 90 年代之前，公路养护站房称公路道班。公路道班是对公路进行维护保养、保障公路畅通的最基层服务单位，是公路养护管理的关键环节。道班与公路相伴相生，公路因道班而通达顺畅。

民国时期公路沿线分段设置道班实行养护管理。中华人民共和国成立后，道班的建设从无到有再到稳定发展，至 1992 年底，温州市专业公路养护站房配备数达到 98 个，为公路养护作业的正常开展提供了基础保障。但经过几十年的风雨侵蚀，公路养护站房出现了破败现象，滞后于公路事业的快速发展，严重影响了公路养护作业、职工生活和行业形象。

2008 年 7 月，根据省公路管理局统一部署，温州公路部门开展全市公路管理基层单位业务用房普查，抓住机遇，对整个公路网养护站设点进行了重新规划。2010 年，出台《温州市公路养护管理业务用房建设总体规划》，新建了一批公路段办公楼、养护站房，全面维修危旧公路业务用房，并对 11 个公路管理段和 40 个公路管理站进行了标准化建设，从而大大改善了公路站房面貌和公路职工的工作环境，行业形象也发生了深刻的变化。自此，公路站房建设进入一个全新的发展时期。

一、　业务用房规划

公路站房具有生产、办公与生活功能，是养护管理作业和职工生活的基本保障。温州第一批公路站房大多建于20世纪六七十年代，到21世纪初，经过几十年风雨的侵袭，已基本处于场地狭小、建筑简陋，房屋破旧、设施不全、设备陈旧的状况，甚至很大一部分老道班已经废弃。这种现状，与日益发展的公路行业管理工作的实际需要相差甚远。据2008年7月温州市公路用房调查结果显示，全市有处级办公楼1幢、市本级直属管理业务用房10幢，县级公路段房及直属管理业务用房19幢，全市公路站（队）房（含高速路政、超限运输检测站及出租、废弃等所有道班）共157幢，交通量观测点194处（基本为租用）。全市公路用房总占地面积524公顷（不包括交通量观测点），建筑面积103197平方米。符合公路养护管理工作需要的公路用房仅16处，其余公路用房（含老道班）都因。同时，根据温州市公路网发展趋势，特别是农村公路全部纳入公路行业管理范畴后，公路用房显得布局不合理，设置站点不足，基础管理薄弱，各县（市、区）发展不平衡，已极不适应公路养护管理现代化的要求。

2009年，温州市公路管理处编制完成《温州市公路交通情况调查观测站房2009—2012年资金预算规划》。同时，协助浙江省公路局制定《浙江省公路站房规范化建设标准》，并在全省率先实施公路站房规范化建设。在公路站房规范化建设过程中，按照交通部提出的“养护转型、管理升级、改革加快、服务提高”的要求，根据《浙江省公路站房规范化建设标准》，紧抓机遇，全面规划建设公路站房。

该规划的主要内容：

（一）市级公路管理业务用房规划建设12个。其中2007年底已完成2个（处机关办公楼和雁荡灵岩公路职工培训中心）。2008—2012年期间，规划建设及维修公路养护用房10个（其中危房拆建2个）。项目总占地91.4公顷，建筑面积24623平方米，工程总投资7650万元，拟设浙江省公路管理局补助4650万元，地方配套3000万元。具体安排：2008年新建公路桥梁技术管理中心；2010年改建原总段船厂与梅岙渡口及调配原瓯江大桥征收所；2001年对沥青油库、战备仓库进行修建，以提高公路沥青储油量与战备设备存放量；2012年改建原机关老办公楼，新建温州市公路应急养护中心（其办公用房与高速养护中心一起迁建），扩建氡泉公路职工培训中心。

（二）高速路政业务用房规划建设8个。其中2007年底已完成2个工程（大队部和一中队），2008—2012年期间规划6个，项目总征地55公顷，建筑面积5540平方米，总投资3400万元。拟设浙江省公路管理局补助2351万元，地方配套1049万元。其中，包括中队房5个（2008年新建三中队，2009年新建四中队和诸永、绕城中队，2010年新建二中队）、治超站点1个（2010年新建甬台温高速公路苍南超限运输检测站）。

（三）段房（大队）规划建设11个。其中2007年底已建3个（泰顺、瑞安、洞头），2008—2012年期间规划8个（2008年建设乐清、永嘉、文成、苍南、平阳5个段房，2009年新建龙湾段房1个，2011年建设鹿城、瓯海段房2个，2012年底完成全市段房建设并投入使用），项目总征地30公顷，建筑面积28032平方米，总投资6898万元。拟设省局补助4600万元，地方配套2298万元。

（四）大公路站房规划建设50个（含18个中心公路站）。其中，与路政中队房合建37个，独立大公路房13个。2007年底已建成6个大公路站房（其中1个和路政中队房合建），2008—2012年期间规划44个。其中，36个与路政中队房合建，总征地443.8公顷，建筑面积91340平方米，总投资25750万元。拟设浙江省公路管理局补助19200万元，地方配套6550万元。8个独立大公路站房总占地78公顷，建筑面积12900平方米，工程总投资3850万元，拟设浙江省公路管理局补助2700万元，地方配套1150万元。整个工程具体安排：2008年建设2个大公路站房（全部与路政合建）；2009年新建7个大公路站房（其中5个和路政合建）；2010年建设11个大公路站房（其中10个与路政合建）；2011年建设9个大公路站房（全部与路政合建）；2012年建设15个大公路站房（其中10个与路政合建）。

（五）路政中队房规划建设48个、独立治超站1个。路政中队房规划总数中，与大公路站房合建36个，与治超站合建1个，路政中队独立建房10个。至2007年底，已建成路政中队房4个（其中1个与大公路站房合建），2008年建设2个路政中队房（全部与大公路站房合建），2009年建设10个路政中队房（其中5个和大公路站房合建，1个与治超站合建，独立路政中队房3个，独立治超站1个），2010年建设11个路政中队房（其中10个与大公路站房合建），2011年建设12个路政中队房（其中9个与大公路站房合建），2012年建设9个路政中队房（全部与大公路站房合建）。整个工程中，与大公路站房合建的路政中队房各项指标同大公路站房规划。7个独立路政中队房和2个治超站总占地66.5公顷，建筑面积13521平方米，工程总投资5120万元，拟设浙江省公路管理局补助2965万元，地方配套2155万元。

（六）乡镇农村公路养护所规划设置278个。在农村公路养护管理体制改革完成后，原则上每个建制乡镇设置1个养护所。根据温州市乡镇及街道的公路覆盖与管理情况，乡镇农村公路养护所拟定建筑面积83400平方米，工程总投资46100万元，拟设浙江省公路管理局补助27800万元，地方配套18300万元。具体设置安排：2009年设置168个，2010年设置110个，管辖乡道、村道最大总里程10535公里。

这次公路用房规划，项目多，投入大，经费实行上级补助和地方配套相结合，是公路行业有史以来重视养护和管理基础保障的一次重大决策，也是公路养护和管理部门实现自我发展、强化保障能力的一次历史机遇。在具体实施过程中，公路部门立足本地实际，把文化元素融入规划中，实现用房规划与公路文化的结合，充分体现公路行业的内涵和品位。

二、 养护站房建设

公路养护站房的设置的数量，随着公路的质量提高以及养护机械的提升而成反比。公路质量越高，公路养护机具越先进，公路养护站房的设置点就越少。

民国23年（1934）10月，由浙江省公路局第四、五区管理处接管三界桥至港头、花岩头至清水埠公路，开始按分段制设置道班实行管理，每个道班定员10人，养护20～25公里。每两班设监工员1名，监管和指导道班进行公路养护。这是温州公路发展史上最早出现的养护道班，所聘道工均为沿线农民。当时只有养护路段的划分，尚无养护站房的设置。

中华人民共和国成立初期，温州地区公路养护道班仍无自建的站房，租借民房或利用沿线已荒废的寺庙、庵堂、祠堂等现成建筑物。1953年起，温州公路开始由公路养护部门管养。在修建金丽温和青梅线时，原温州地区公路辖段沿线的朱涂、坦头、前京、江北等乡（镇）建造了养护“道班房”，这是温州公路部门最早建造的公路养护站房（当时属丽水管辖）。

至1992年底，温州市专业公路养护站房配备数为98个，其中温州段7个、永嘉段16个、乐清段7个、瑞安段9个、洞头段1个、平阳段7个、苍南段14个、文成段15个、泰顺段22个。同年6月，温州市交通委员会下文，各县（市、区）公路段改称公路管理段，公路养护道班改称“公路养护管理站”。

2008年7月，根据浙江省公路管理局统一部署，温州公路部门进行了全市公路管理基层单位业务用房普查，对市本级和各县（市、区）公路管理段的所有业务用房进行了详细的普查。普查登记内容包含房屋名称、地址、管养里程、人员数、土地使用性质、占地面积、建筑面积、建设总投资、产权情况、建设情况、房屋状况等，摸清了温州市公路业务用房情况的家底。同年9月，浙江省公路管理局下发《关于印发浙江省公路管理基层单位业务用房建设与管理暂行办法的通知》（浙公路〔2008〕122号），明确浙江省公路管理基层单位业务用房建设基本标准，同时提高公路站房建设补助标准。据此，考虑到公路发展的前景，温州市公路管理处对整个公路网养护站的设点进行了重新规划。

2009年，温州市建设段（站）房9处，包括平阳、文成2个段部，瓯海南白象、瑞安高楼、泰顺泗溪、洞头环岛、温州桥梁中心、平阳昆阳和占家埠7个养护站。其中文成县公路管理段业务房、温州桥梁中心、占家埠公路站、永嘉县公路管理段业务房、乐清市公路管理段业务房项目已结顶。

根据规划，在建设新站房的同时，2009—2012年，温州市公路管理部门对危旧公路业务用房进行了全面维修，合计维修99处危旧站房，并对11个公路管理段和40个公路管理站进行了标准化建设，共计经费3836万元，从而改善了公路站房面貌和公路职工的工作环境。

随着公路事业的不断发展，国省道干线经过改建后，公路的技术等级和路面等级得到了很大的提高，且公路的养护机械化水平也不断提高。至2002年，以“两分开、两合并、一加快”为主要内容的公路管理体制和运行机制改革深入展开，公路大站建设步伐加快，逐步实现了大站的规范化管理。原来的公路养护站数量逐渐减少，但站点设施和规模却有超前的发展。至2012年，全市11个公路管理段所辖公路养护站房降为42个。

2010年，受浙江省公路管理局的委托，温州市公路管理处在进行实地考察、深入调查和广泛征求意见的基础上，出台《温州市公路养护管理业务用房建设总体规划》。制定《温州市公路养护管理基层单位养护机械设备配置标准表》《温州市公路养护管理基层单位业务用房规划项目明细表》以及《温州市公路站房建设总体规划示意图》，结合《浙江省公路管理基层单位视觉标识

竹园道班（20世纪70—90年代） 资料图片

豆腐岭道班（上世纪70—90年代） 资料图片

水头公路所（建于2010年） 郭小孩摄

马站公路管理站（建于1996年） 曾振国摄

系统规范化建设手册》和《浙江省公路站业务用房建设标准图》等制度，明确公路用房建筑方案设计与风格定位，并对公路用房进行标准化设计。由温州市建筑设计研究院设计，共设计了12种方案。根据全市地形地貌，分为三种类型：一种是海岛型，建筑设计以现代海派或欧式风格为主；二是平原型，建筑设计以现代风格为主；三是山区型，建筑设计以欧式或园林式风格为主，为今后公路业务用房的规范化建设起到了积极的作用。在全面提升公路站房建设的同时，充分提高新老站房利用率，克服养护设备和材料露天存放问题。

2014年，温州公路管理部门投入1040万元，新建泰顺富垟站、文成樟台站、乐清雁荡站等5个公路站房。历年遗留的平阳南麂等公路站，经修复改建后，2014年全面投入使用。

截至2015年底，温州共有已建公路养护站房39座，占地面积224.6公顷，建筑面积41026平方米，在建5座。

第七节　养护机械设备

温州的公路修建在20世纪20年代就已开始，直到中华人民共和国成立初期，由于经济基础薄弱、科学技术落后，一直依靠人力简单工具进行施工，工效低、质量差，只能修筑一些砂土道路。20世纪50年代后期至60年代初期，养护部门开始调拨运输汽车和压路机，揭开了机械筑路的序幕。之后，随着国民经济的发展和较高等级公路的修建，逐步购置了推土机、拖拉机、空压机、卷扬机、碎石机、发电机等筑路机械设备。70年代至90年代，由于渣油和沥青路的兴起和修建，又陆续购置了混凝土拌和机、沥青撒布机（车）、沥青拌和机、沥青混合料摊铺机、沥青路面养护修补车、装载机、除雪撒盐车、钢护栏打拨桩机等众多新型设备，较好地适应了公路建设和养护管理的需要。

进入21世纪，国省道干线大中修和升级改造，为筑路机械、养护设备的突破性发展提供了契机。施工养护部门拥有更多性能更先进、功率更大的大型路面铣刨机、大型自卸汽车、多种型号的压路机、装载机，以及桥梁检测车、路面灌缝机、道路清扫车（机）、路隧道清洗车、综合养护车、公路护栏防撞抢修车等。据统计，截至2015年，全市购置和拥有各种类型的养护机械设备819台（辆），原值1.12亿元。

一、养护设备历史沿革

中华人民共和国成立初期，温州公路养路工的生产工具是大扫帚、铁镐、畚箕、锄头、扁担、水桶、洋镐、洋锹、钢钎、撬棍、二齿耙、四齿耙、斧头、锯子、棕衣、笠帽等。采运路料全靠手拉车、牛拉车拉运，或干脆用肩挑人扛，匀砂铺路，修补坑洞，就靠双手用畚箕泼洒砂石。公路养护作业与厂矿作业不同，属于最繁重最艰苦的劳动之一。露天流动作业，整天风吹日晒，雨雪无阻，居无定所，且手工操作，体力消耗严重。有人曾作如此评论："远看像要饭，近看像拾破烂，仔细一看是道班。"

提高劳动生产力，创新改造生产工具，是把养路工人从笨重的、高强度的体力劳动中解放出来的主要途径。1955年，温州道班工人用废车胎改装为皮扫帚扫砂石路面。1956年，平阳县养路工曾在干线公路上用牛拉回砂器进行匀砂和拖拉路料。同年，温州地区公路运输局调拨3辆苏制小嘎斯汽车，专运公路养护材料。1965年，温州公路养护总段第一次使用洛阳产8-10T压路机。1968年之后，因为国产汽车、拖拉机产量提高，养路机械化有了较快的发展。这一期间，乐清、永嘉、温州、瑞安、平阳公路养护先后都配备手扶拖拉机，用于运输路料。

1973年，交通部召开全国养路机械选型配套经验交流会议之后，浙江省交通厅工程局及各地区交通局、公路总段，自力更生着手制造了一些养路机具。如扫沙车、波浪刮、铺砂车、回砂器、小翻斗车、小四轮车等都有出现。虽然这都是一些小改革，效果不是很好，但终究是向养路机械化迈近了一步。至1976年底，温州机械化养路里程已达320公里。这一时期，在温分线和杭温线（今G104）下河、茶堂、白象、柳市，以及温丽线（今G330）朱涂等路段的道班，开始逐步推广使用渣油喷布机、熔油锅、轧石机、小四轮车、油罐车、压路机等机械设备。公路检查也由简单的目测，改进为优、良、次、差4个等级标准定期评定，计算好路率。1978年12月24日，温州地区革委会授予文成县公路段“大庆式企（事）业单位”，省交通厅奖给1辆解放牌大卡车用于养路工程。随着公路养护机械的发展和使用，温州公路养护速度、质量发生了质的变化。1979年，温州干线公路好路率达到51%。

1981年，温州公路总段首次使用ZGZ4-12型装载机，以适应温州地区软地基多，地下水位高等操作环境。成立技术革新组，在温州公路总段，机修厂进行公路扫砂车的研制工作。1983年，在省公路局的支持下，引进首台沥青混合料拌合设备和摊铺设备，在G104砂改油工程中推广使用机械化施工。1986年开始，温州各县交通局农工养护开始配备碎石机、5吨货车、运料拖拉机等。1987年，永嘉、瓯海、平阳、苍南等县交通局先后配备了4台压路机。1989年，温州公路总段在各县全面推广使用沥青混合料拌和设备和摊铺设备。

1990年初，平阳县公路段自行试制成功沥青洒布机。该项目曾荣获第二届广州国际专利新技术新产品展览会铜奖。至1990年底，温州各县（市）交通局养护的县乡公路施工机械已有轧石机54台、压路机4台、其他动力机械17台；运输机具有载货汽车9辆、拖拉机31台。温州公路处（原总段）及各县（市）公路段已拥有施工机械241台（辆）、运输机具255辆（台）、各种动力机械157台（辆）。

进入2000年后，温州公路系统引进一批科技含量更高、效率更好、更实用的公路养护机械设备，提高了公路养护质量。

2006年，全市公路管理系统拥有养护机械757台（套），其中2006年投入资金1066.63余万元新置各类机械设备67台（套）。公路养护机械设备年平均完好率98.5%，主要养护施工机械使用率62.6%。全市一线路政巡查车辆安装GPS卫星定位系统，公路管理系统对道路交通突发事故应急处理能力有所提升。2007年，温州市开展“公路养护工程质量管理年”和“养护工程内业规范化管理建设年”活动，全市国省道干线公路养护和大中修（50万元以上）项目全部通过招投标实施，公路路面整治工程合格率100%，优良率83%，比上年提高近30%。

2008年，市公路管理处制定公路养护装备及管理用车配置总体规划，准备新增日常养护机械797辆（台），交通安全设施维修机械34 辆（台），除雪清障抢险机械187辆（台），路面养护维修机械321辆（台），压实机械209辆（台），材料准备机械215辆（台），运输设备187辆（台），公路管理用越野汽车53辆。通过规划配装，全市公路养护、抢险救灾水平都得到了极大的提高。但与全省公路系统相比，温州的公路养护机械设备配置仍处于落后状态。截至2012年底，全市养护机械设备总资产仅1.2亿元，排名全省末位。尤其是抢险救灾设备和日常养护机械设备严重不足，全系统仅有挖掘机6台、清扫车10台、洒水车13台，没有一台隧道清洗车。

“十二五”特别是后期，温州公路养护掀起了一场设备革新潮。公路部门投资2795.4万元，购置公路机械设备达到113台（套），是温州公路有史以来投入最多的时期。以县级为例，2013年，永嘉投入400万元购置养护机械购置6台。经费除省公路局补助103万外，其余的资金全部由永嘉县财政拨款，政府对公路养护机械设备的投入力度史无前例。文成县公路管理段共有各类养护和抗灾机械设备98台，总价值1200万元，养护机械化作业率达到80%以上。

新设备的投用，使公路日常养护成功地由原来的分散低效向机械化、专业化的集约高效转变。永嘉以118万元购置的下水道专用疏通清洗机的投用，告别了人工清理的历史。投资116多万元购进隧道壁清洗车投用，原来清洗隧道壁需要40人耗时半天才能清洗完毕，使用新设备只需半小时。以288万元购进的宝马格BF800C沥青摊铺机，对S223 线黄屿段路面桥头跳车进行铺路，摊铺的路面比以前的普通机器更加平整美观，公路平整度更高。文成县购进大型公路除雪撒盐车，填补了专业抗雪救灾机械的空白，既减轻了养护人员的劳动强度，又提高了抗雪救灾作业效率。乐清公路部门筹资135万元，采购了一批公路养护机械设备，其中引进被称为“马路缝纫机”的灌缝机，其效率比手工提高了数倍。

温州公路具有里程长、隧道数量多、隧道分布不均匀等特点。为了最大限度地发挥公路隧道清洗车的作用，2015年3月20日，温州市公路管理局专门制定了《温州市公路隧道清洗车使用管理暂行办法》。“办法”规定：省补新增隧道清洗车由泰顺县公路局负责采购、管理和保养，并服从全市统一调度和使用，其他县（市、区）公路局均可申请使用。该办法的制定，明确了2014年度省补公路隧道清洗车管养和使用的职责，规范了全市范围内调度使用的行为。

养护设备的投入和更新带，大大改善了养护管理条件，提高了机械化养护水平，路况状况得到迅速提升。2014年，全市公路养护规范化管理从“十一五”全省中下游提升到全省第一；全市国省道干线公路路况明显改善，公路路面使用性能指数PQI值，从2010年底的87.6提升到90.4，进入全省先进行列，优良率从2010年的81.35%提升到95.93%。

二、养护工具　机械设备

【传统养护工具】　20世纪60年代前的养护工具。主要工具有：⑴大扫把：用于泥结碎石路面保护层（即在路基上加铺1厘米厚的砂石作为保护层）的养护工具。开始全靠人工扫砂，后改革为人工推拉办法，将路肩的砂石扫回车道。但效率仍然很低，一人一天最快只能扫5公里左右。⑵人力铺沙车：在人力板车后加一个与车厢宽度相同的木齿

20世纪80年代养护工具　吴泉摄

轮轴（一般为16齿），两边装一木轮，后板分寸适当。工作时，一人在前拉车，沙子就自动下漏铺设1厘米厚左右的保护层，一次半立方沙子可铺设三四十米路面。比人力用簸箕泼撒沙子提高三倍效率。⑶橡皮回沙器：将一只废轮胎切成两半，用木料夹紧成半月形，宽度1.8米左右，再在上面绑压石块加重，然后以人力或畜力往前慢行拖拉，来回一趟就能将散落到路肩的沙子扫回到车道。⑷人字形沙筛：在筛子底部捆上两根木棍成人字形，作为把手，再把筛子吊在木架上，可以提高筛沙功效3倍。⑸黄牛：黄牛是当时主要的运输动力。

【现代养护机具】 20世纪60年代后的养护机具。主要工具有：⑴手扶拖拉机。当时配给道班的拖拉机动力均在8.8千瓦（12匹马力）。到70年代，拖拉机的动力有所加大，最大的有154瓦（20匹马力）。⑵碎石机。最早以拖拉机为动力带动，后来改配柴油机为动力，进行块石绞碎，每天能碎石6～7立方米。⑶解放牌货车，用于路料运输等。⑷自动倾卸车。20世纪80年代，开始引进福建产的FJ340型三向自动倾卸车，大大提高工程建设效率。⑸路面灌缝机。该机由开槽机、吹尘机、灌缝机三个部分组成，但可以分开单独使用。灌缝机一天能修补1200余米路面，而且具有作业面小、噪声低、节能环保等优点。⑹隧道壁清洗车。2015年1月，永嘉县首次购置投用隧道壁清洗车，价值116万元。原来需动用40人清洗的隧道壁，该机只有半小时就能完成任务。仿生功能及自动化程度较高，其清洗臂可左右旋转，可以上下调节清洗高度，方便清洗隧道两侧的壁面，清洗范围大。二是采用水车的水罐为储水箱，可以保证长里程的清洗，水的压力和流量可以调节。三是不配备副发动机为动力，有效地节约了使用成本，减少故障率。四是刷毛采用聚乙烯超软材料，具有吸水率高、摩擦力大、伸延性强等特点。⑺护栏抢修车。2014年5月，乐清市出资24万元购置一辆公路护栏抢修车。该车又名公路护栏防撞抢修车，其功能以拔桩和打桩为主，可携带800KG以上的维修设备和材料。抢修行

公路清扫车　胡悦斌摄

隧道清洗车 叶迈峰摄

压路机　资料图片

驶时速100，驾驶室内可乘坐5人，其专用装置可旋转240度，左右侧护栏维修，施工不需掉头。打桩，拔桩定位准、速度快、操作简单、维修方便、性能可靠，可以实现工程一条龙作业。主要服务于高速公路、公路的防撞护栏抢修、维修、养护和抢险作业。

温州公路养护机械化的发展，实现了从公路日常养护到公路改建、改造和大中修、应急抢险的全面机械化施工，跨入了现代养护机具时代。

温州市公路养护机械设备统计表

表 7-6-1

大类	类型	序号	机械名称	全市合计		市本级		鹿城区		龙湾区		瓯海区		洞头区		乐清市		瑞安市		永嘉县		文成县		平阳县		泰顺县		苍南县	
				台套	原值	台套	原值	台套	原值	台套	原值	台套	原值	台套	原值	台套	原值	台套	原值	台套	原值	台套	原值	台套	原值	台套	原值	台套	原值
一	公路应急抢险机械设备	1	普通挖掘机	7	501.35	1	99.8		—		—		—	1	81.65	2	125.45	—	—		—	1	73	1	39.8	1	81.65		—
		2	装载机	25	683.11	1	33.8	1	24.7	2	29	1	23.7	1	81.65	3	85.2	1	24.7	4	113.7	2	48.9	2	34.6	2	49.4	5	133.76
		3	推雪板	12	315.18	—	—	1	31.7	1	27.5	1	31.7	1	36.68	1	33.7	1	27.4	1	31.9	1	31.7		—	2	59.9	2	3
		4	滑移装载机	11	463.51	—	—	1	38.87	1	38.87	1	42.5	1	38.87	1	45.2	1	45.86	1	45.2	1	45.2	1	38.87	1	45.2	1	38.87
		5	除雪洒盐车	4	136.6881	—	—	—	—	—	—	—	—	—	—	—	—	—	—	1	34.7	1	33.4		—	2	68.5881	—	
		6	吹雪车（大功率航空发动机）	0	0	—	—	—	—	—	—	—	—	—	—	—	—	—	—	—	—	—	—	—	—	—	—	—	—
		7	轮式开凿挖掘机	3	207.41	—	—	—	—	—	—	—	—	—	—	—	—	—	—	2	134.41	—	—	—	—	—	—	1	73
		8	拖式发电机	4	15.956	—	—	1	9.4	—	—	—	—	—	—	—	—	—	—	—	—	1	5.3	—	—	—	—	2	1.256
		9	水泵	2	0.4	—	—	—	—	—	—	—	—	2	0.4	—	—	—	—	—	—			—	—	—	—		
		10	应急照明灯塔	16	48.526	1	16.732	1	1.8	1	1.88	1	1.88	1	1.88	2	5.05	2	3.682	3	7.96	1	1.88	—	—	—	—	3	5.782
		11	切割机	63	87.668	—	—	5	7.97	4	4.268	4	5.77	3	4.5	9	14.17	3	3.42	11	14.71	8	10.43	5	5.96	6	8.88	5	7.59
		12	高空作业车	2	49	—	—	—	—	—	—	—	—	—	—	—	—	—	—	—	—	1	25	—	—	1	25	—	—
		13	平板运输车	0	0	—	—	—	—	—	—	—	—	—	—	—	—	—	—	—	—	—	—	—	—	—	—	—	—
		14	吊车	1	92.04	—	—	—	—	—	—	—	—	—	—	—	—	—	—	1	92.04	—	—	—	—	—	—	—	—
		15	液压劈裂机	0	0	—	—	—	—	—	—	—	—	—	—	—	—	—	—	—	—	—	—	—	—	—	—	—	—
		16	其它	12	21.966	—	—	—	—	—	—	4	8.966	—	—	—	—	—	—	—	—	—	—	8	13	—	—	—	—
			小计	162	2569.4541	3	150.332	10	114.44	9	101.518	12	114.516	10	192.28	18	308.77	8	105.062	24	474.62	17	274.31	17	132.23	15	338.1181	19	263.258
二	公路养护及小修机械设备	1	多功能综合养护车	13	300.676	—	—	—	—	1	23.88	1	20.62	1	22.848	—		2	48.528	1	23.88	2	45.3	3	67.86	—	—	2	47.76
		2	小型路面破碎镐	14	31.549	—	—	—	—	—	—	—	—	—	—	6	0.909	—	—	8	30.64	—	—	—	—	—	—	—	—
		3	小型路面铣刨机（1m以下）	6	15.8	—	—	—	—	—	—	—	—	—	—	2	5.4	—	—	—	—	—	—	2	5.4	—	—	2	5
		4	小型压路机（12吨以下）	32	469.07	—	—	2	48.79	2	41.5	2	49.15	1	15	1	11.33	7	19.24	6	90.4	2	26.7	5	91.5	—	—	4	75.46
		5	沥青拌和楼（1500型以下）	8	845.17	—	—	—	—	—	—	1	30.17	—	—	—	—	1	122	1	276	1	90	1	122	1	91	2	114
		6	沥青洒布车	14	246.82	—	—	1	18	1	19.5	1	13.12	—	—	1	16.5	2	29.7	3	72	1	12.2	1	23.5	1	17.5	2	24.8
		7	沥青路面热养护修补车	1	21.24	—	—	—	—	—	—	—	—	—	—	—	—	—	—	1	21.24	—	—	—	—	—	—	—	—
		8	沥青热料保温车	2	21.9	—	—	—	—	—	—	2	21.9	—	—	—	—	—	—	—	—	—	—	—	—	—	—	—	—
		9	平板振动夯	64	95.91	—	—	5	7.92	4	6.58	4	5.82	3	3.6	8	13.08	7	9.38	9	16.74	4	5.1	9	9.98	6	7.68	5	10.03
		10	清缝灌缝机（沥青路面）	16	180.34	—	—	3	25.7	1	6.5	1	16.3	1	16.65	1	5.8	1	19	3	18.1	1	17.24	1	19	2	34.3	1	1.75
		11	清缝灌缝机（水泥路面）	12	79.2828	—	—	1	4	1	1	1	4	1	5.8	1	17.5	1	2.8928	1	28.92	—	—	4	6.07	1	7.8	1	2.3
		12	钢护栏打拨桩机	4	79	—	—	—	—	—	—	—	—	—	—	1	24.7	—	—	1	24.7	—	—	—	—	1	24.8	1	4.8

续表 7-6-1

大类	类型	序号	机械名称	全市合计		市本级		鹿城区		龙湾区		瓯海区		洞头区		乐清市		瑞安市		永嘉县		文成县		平阳县		泰顺县		苍南县	
				台套	原值	台套	原值	台套	原值	台套	原值	台套	原值	台套	原值	台套	原值	台套	原值	台套	原值	台套	原值	台套	原值	台套	原值	台套	原值
二	公路养护及小修机械设备	13	钢护栏校正机	3	29	—	—	—	—	—	—	—	—		—	—	—	—	—	—	—	1	9.6	—	—	1	9.8	1	9.6
		14	路面清扫车	21	841.37	—	—	1	36.1	—	—	—	—	2	78	3	139.2	5	191	4	141.61	2	73.58	1	49.5	1	49.98	2	82.4
		15	小型清扫机（车）	3	104.2	—	—	—	—	1	44.9	—	—	—	—	1	32.8	—	—	—	—	—	—	—	—	1	26.5	—	—
		16	洒水车	8	149.2231	—	—	—	—			1	11.7231	—	—	3	65.7	1	26	1	22.6	1	11.6	1	11.6	—	—	—	—
		17	高压清洗洒水车	10	430.71	—	—	1	46	—	—	—	—	1	45.5	1	42.95	1	42.96	2	87.46	1	42.95	1	34	1	45.99	1	42.9
		18	油锯	70	21.624	—	—	5	1.57	4	1.287	1	0.297	6	1.71	5	1.577	12	3.684	9	2.99	6	1.85	7	2.1	7	2.079	8	2.48
		19	高枝油锯	30	17.68	—	—	2	1.29	1	0.57	2	1.29	5	2.73	1	0.57	2	1.14	4	2.22	3	1.71	1	0.57	7	3.99	2	1.6
		20	打药车	4	1.39	—	—			1	0.32	2	0.75	—	—	—	—	1	0.32	—	—	—	—	—	—	—	—	—	—
		21	双排（自卸）汽车	59	532.441	—	—	2	10.89	—	—	4	26.7132	2	24.0974	15	119.7114	8	87.369	13	133.12	2	19.23	1	9.34	9	83.01	3	18.96
		22	养护巡查（抢修）车	47	779.3093	—	—	1	18.42	5	98.6387	1	18.4204	4	64.857	—	—	2	35.7363	6	111.64	2	21.36	13	239.17	3	53.83	10	117.2369
		23	隧道清洗车	2	226.4	—	—	—	—	—	—	—	—	—	—	—	—	—	—	1	116.9	—	—	—	—	1	109.5	—	—
		24	其它	141	663.4159	—	—	5	62.11	3	0.9	27	101.1759		—	—	—	—	—	—	—	57	395.58	49	103.65	—	—	—	—
			小计	575	6183.5211	—	—	29	280.79	24	244.5757	42	321.4496	27	280.7924	50	497.7274	53	638.9501	74	1221.16	86	774	100	795.24	43	567.759	47	561.0769
三	公路路面施工机械设备	1	沥青拌和楼（1500型及以上）	2	127.08	—	—	—	—	1	59.6	—	—	—	—	—	—	—	—	—	—	1	67.48	—	—	—	—	—	—
		2	压路机（12吨及以上）	23	650.64818	—	—	1	20.5	1	14.86	—	—	1	24	3	114.62818	2	37.9	7	246.5	4	58.86	1	47.5	2	49.9	1	36
		3	大型路面铣刨机（1米及以上）	1	160	—	—	—	—	—	—	—	—	—	—	1	160	—	—	—	—	—	—	—	—		—	—	—
		4	沥青混凝土摊铺机	15	1098.6	—	—	1	48.6	—	—	—	—	—	—	3	213.3	2	91.9	4	461.8	1	30.5	2	194	1	28.5	1	30
		5	自卸汽车（8吨及以上）	2	34.3	—	—	—	—	—	—	—	—	—	—	—	—	—	—	—	—	—	—	—	—	2	34.3	—	—
		6	就地热再生机组	0	0	—	—	—	—	—	—	—	—	—	—	—	—	—	—	—	—	—	—	—	—	—	—	—	—
		7	泡沫沥青再生设备（厂拌或就地）	0	0	—	—	—	—	—	—	—	—	—	—	—	—	—	—	—	—	—	—	—	—	—	—	—	—
		8	纤维碎石封层机	0	0	—	—	—	—	—	—	—	—	—	—	—	—	—	—	—	—	—	—	—	—	—	—	—	—
		9	其它	1	3.6	—	—	—	—	1	3.6	—	—	—	—	—	—	—	—	—	—	—	—	—	—	—	—	—	—
			小计	44	2074.22818	—	—	2	69.1	3	78.06	—	—	1	24	7	487.92818	4	129.8	11	708.3	6	156.84	3	241.5	5	112.7	2	66

续表 7-6-1

大类	类型	序号	机械名称	全市合计		市本级		鹿城区		龙湾区		瓯海区		洞头区		乐清市		瑞安市		永嘉县		文成县		平阳县		泰顺县		苍南县	
				台套	原值	台套	原值	台套	原值	台套	原值	台套	原值	台套	原值	台套	原值	台套	原值	台套	原值	台套	原值	台套	原值	台套	原值	台套	原值
四	路面桥梁检测机械设备	1	路况检测车	0	0		—	—	—	—	—	—	—	—	—	—	—	—	—	—	—	—	—	—	—	—	—	—	—
		2	桥梁检测车	2	340.77	1	334.8	—	—	—	—	—	—	—	—	—	—	—	—	1	5.97	—	—	—	—	—	—	—	—
		3	桥梁静/动态测试仪	2	11.213	—	—	—	—	—	—	—	—	—	—	—	—	—	—	—	—	—	—	1	6.7	—	—	1	4.513
		4	其它	34	16.02	—	—	12	6	10	4.06	12	5.96	—	—	—	—	—	—	—	—	—	—	—	—	—	—	—	—
			小计	38	368.003	1	334.8	12	6	10	4.06	12	5.96	—	—	—	—	—	—	1	5.97	—	—	1	6.7	—	—	1	4.513
合计				819	11195.20638	4	485.132	53	470.33	46	428.2137	66	441.9256	38	497.0724	75	1294.42558	65	873.8121	110	2410.05	109	1205.15	121	1175.67	63	1018.5771	69	894.8479

第八章　路政管理

综　述

公路路政管理，是县级以上人民政府交通主管部门或公路管理机构，依据《中华人民共和国公路法》和国家其他有关法律、法规、规章的规定，为保护公路路产、维护公路路权以及为发展公路事业并以公路为对象而实施的行政管理。路政相对于公路建设和养护的概念提出较晚。

20 世纪 80 年代之前，公路管理无法可依，由道班工人负责道路的养护及路产路权的保护，各种侵占、损害公路路产路权的案件时有发生。特别是 60 年代后期，由于受“文化大革命”的冲击和影响，公路管理机构濒于瘫痪，管理工作十分混乱。70 年代后期，公路管理开始趋于正常，但仍十分薄弱。80 年代以后，随着改革开放的不断深入和各项经济责任制的推行，温州市首次成立专业公路路政管理队伍。经过 30 多年的发展，通过开展“内强素质、外塑形象”等系列活动，全面加强依法治路和队伍规范化建设，公路管理工作逐步向专业化、法制化和规范化发展。

温州公路路政管理发展大体经历了三个阶段：第一阶段（1981—1996），成立首支公路路政队伍至温州组建浙江省第一支公路路政管理支队前。路政管理工作主要是清除路障，拆除违章建筑，清理打谷晒场，公路标志设置管理做到“四无”（无违章建筑、无打谷晒场和路障、路面路肩无挖掘、路肩边坡无种植）、“一齐全”（标志、中心线醒目齐全），协查养路费。第二阶段（1997—2004），《中华人民共和国公路法》颁布至七部委开展治理车辆超限超载统一行动前。宣传贯彻《条例》《细则》，明确公路建筑红线控制标准，配备专用管理设备，全市路政管理工作开始步入法制化、规范化轨道。第三阶段（2005 年以后），七部委开展治理车辆超限超载统一行动以后。路政管理部门通过强化路面治超，创新多方联动、省际联动、科技治超工作机制，遏制暴力抗法，平均超限率下降至 3% 以下。通过开展“规范化路政中队”、创建“温州路政品牌”和“群众满意基层站所（办事窗口）”等活动，健全完善内部管理制度，严格规范行政执法，强化教育、培训、检查、监督、考核，有效地提升了路政管理队伍的整体素质。

21 世纪初期以来，路政部门通过开展“三清”整治，着力解决公路沿线“脏乱差”难题。“十二五”期间，抓住政策契机大规模开展路域环境整治，是温州公路路政管理的一大亮点。公路部门紧紧抓住浙江省统一部署的“三改一拆”“四边三化”和“两路两侧”专项整治的契机，全面开展路域环境整治，并取得了显著的成绩，公路边“三化”成绩连续两年获得全省第一。

针对长期以来存在的高速公路行业监管不顺问题，从 2013 年开始，在全省率先探索行业监管机制建设，推出高速公路“四合一”综合管理模式，补齐高速公路行业管理短板。路政许可审批工作，积极改进作风、创新方式、简化流程、提高效率，获得充分肯定，被评为温州市行政审批制度改革与创新工作先进集体。

第一节　路产路权管理

公路路产路权是指公路的使用权和利用权。所称“公路”，包括公路（含公路、公路桥梁、公路隧道、公路渡口）、公路用地、公路附属设施以及公路的无形资产。

一、路政法规宣传

1987年10月13日，国务院颁布《中华人民共和国公路管理条例》，1988年6月交通部发布《中华人民共和国公路管理条例实施细则》。是年，温州公路总段积极开展宣传，共计张贴、发送“条例”500余份，发达违章通知书80份。1989年，继续组织大规模宣传活动，在干线公路书写宣传标语，悬挂过路横幅，到沿线村庄张贴“条例”“实施细则”，在乡镇政府所在地设立咨询台，解答群众疑问，并邀请新闻媒体进行宣传报道。活动期间，公路部门共组织动员、宣传、清障3200人次，出动各种车辆615辆次；张贴“条例”3800份，发送“条例”“细则”合订本590份，张贴发送宣传须知8700份，书写标语350幅，悬挂过路横幅60幅。

2005年3月29日，市公路管理处、市公路路政管理支队主办“路政杯”《浙江省公路路政管理条例》知识竞赛，为4月1日起正式施行《浙江省公路路政管理条例》营造氛围。全市公路系统12支代表队参赛，经过激烈角逐，平阳县公路路政管理大队获得第一名。

2013年12月4日，市公路管理局积极参加温州市普法办在市区松台广场举办的“12·4”以“大力弘扬法制精神，共筑伟大中国梦”全国法制宣传日活动。活动现场，公路路政执法人员向市民分发《公路安全保护条例》《路政宣传专刊》和高速公路图，通过现场答疑、法规图片展示等形式，宣传路政管理法律法规。本次活动共分发宣传资料1000多份，解答市民咨询100多人次。2014年12月4日，市高速公路路政大队联合金丽温高速公路温州管理处在潘桥物流园开展法制宣传活动，共计发放《中华人民共和国公路法》《公路安全保护条例》《浙江省高速公路运行管理办法》《浙江省公路路政管理条例》等法律法规小手册3000多份，法律知识宣传彩页6000多份。

2014年7月8日23:45，一辆从青田方向驶往温州的四轴货车（车牌为赣G35192）嫌疑超限运输，被G330温州鹿城超限运输检测站路政执法人员查获，驾驶员、“车队队长”等多人对路政人员进行辱骂、威胁、人身攻击、吐唾沫，并抄起铁铲欲殴打发生肢体冲突的路人，被路政执法人员制止。经检测，该货车载重82.7吨，超载42.7吨，超限率超过100%。“车队老板”竟扬言：“今天你扣我的车，明天我到你家里吃饭！”路政部门及时制定宣传策划，第一时间联系媒体（温州新闻综合频道、温州晚报、温州都市报、温州交通之声、钱江晚报等媒体）介入采访报道，20余家网络媒体转载，网民评论5331条。当地公安部门及时介入立案调查，依法对肇事司机处以行政拘留10天的处罚，路政部门对超限超载行为依法作出处罚。

2015年4月15日，交通运输部办公厅发出《关于开展全国“路政宣传月”活动的通知》，决定在全国集中开展为期一个月的“路政宣传月”活动。本次宣传月活动以“规范执法，提升服务”为主题，时间为5月1日至5月31日。宣传内容：（一）以《中华人民共和国公路法》《公路安全保护条例》为重点的路政管理法律法规和规章；（二）超限超载运输的危害及典型案例；（三）公路两侧违

全国首个路政宣传月（2015 年） 刘晓华摄

路政宣传进运输企业 林剑武摄

向新人宣传路政法规 刘晓华摄

章建筑和违法广告的治理及典型案例；（四）严格执法、文明服务的先进人物和典型事例；（五）公路建设养护和路政管理成果展示。

是年，5 月 13 日，温州市公路管理局、市公路路政管理支队和洞头区公路管理局等多家单位，在洞头岛霓屿海堤南侧举行温州首个“全国路政宣传月”启动仪式。本次活动凸显三大特点：一是参加对象既有广泛性又有针对性。参加人员除市公路路政管理支队、各县（市、区）路政大队代表共计 50 人外，还特邀洞头辖区内所有涉路施工企业及业主代表（包括交通绿道指挥部、电力公司、移动公司、联通公司、自来水厂等许可审批事项较多的相对人）、11 家工程运输企业、车队及货车驾驶员代表共计 120 人。这些企业基本涵盖了路政日常管理涉及的各个方面，体现了宣传活动广度和深度。二是抓住重点，突出典型。洞头 70% 的公路运输量运往瓯江口新区，邀请业主单位作为本次活动的协办单位参与相关活动，邀请超限处罚较多的车队代表上台作承诺、发倡议。让工程车驾驶员签订《安全行驶承诺书》108 份，体现了宣传活动的实效性。三是面对面沟通、心与心交流。通过多年的治超工作，有的运输企业和驾驶员对路政部门产生一些抵触情绪，经常发生工作不配合甚至冲卡等现象。本次活动召开运输车队负责人路政工作恳谈会，交通运输局局长和公路局局长与企业负责人面对面，了解企业运输情况和存在问题，交流车队管理经验，征求对公路路政部门管理工作的意见和建议，博得企业的理解和支持。路政员和驾驶员进行面对面沟通宣传路政法律法规，分发宣传资料。精心制作路政管理漫画展板，把危害公路的行为通过漫画形式，直观地呈现在行政相对人面前，起到警示作用。

2015 年 5 月 28 日，市公路管理局组织开展“路政宣传月”环保骑行活动，宣传路政法律法规和政策。当天上午 9 时许，路政执法人员租借公共自行车成立骑游队，插上路政宣传旗，装上宣传资料，开展环保骑行。骑行队伍从市公路管理局出发，途径丹霞社区、时代广场、晨沐广场、宁康路。所到之处引来市民围观。一路来，路政人员向社区工作人员赠送和讲解宣传资料，宣传环保低碳出行理念。据统计，沿线发放公路法律法规读本 500 余册、宣传资料 1000 余份。

2015 年，市公路路政支队制作浙江省首部路政教育卡通微动画《超限运输的危害》和《我们是公路卫士》，配合开展全国第一个“路政宣传月”

活动。整个宣传月，安排四所学校，受教育学生2000多人。之后，公路路政部门还通过市区公交车移动视频播出卡通微动画，扩大宣传效果。

二、路产路权案件查处

（一）路政行政处罚

保护公路路产不受侵害，充分发挥公路的服务功能，是路政管理的重要职责。本处违法违章行为指违章建筑、超限运输、路面乱堆乱放、擅自开挖公路设施、侵占公路路基、私设非公路标志、滥伐行道树、运输车辆滴漏撒等。超限运输另设章节载述。

民国25年（1936），温州路政由永嘉县政府和乐清县政府督令保安部队、乡镇政府执管。当时公路行车标志牌常被人拔弃，3月11日，永嘉县政府颁布《保护公路标志告示》，警告拔弃、捣毁路标者按破坏交通罪论处。

中华人民共和国成立后，一切土地及社会公共设施均归国家或集体所有。在此法律框架下，公路用地的矛盾也不突出。加上当时政通人和，民重其节，对于一些损毁侵占路产路权现象，罕有发生。一些因解放前筑路未及时处理好的公路及其他用地遗留问题，因行道树或架设管线相互妨碍对方产生的矛盾，均适用浙江省人民政府于1951年11月1日颁行的《公路用地规定保留范围的通知》和交通部与相关部委联合通知的具体规定协商处理。当时，国家暂时还没有制定统一的、专业的路政法规，但中央各部委和地方政府均有颁发各自的相关规定和政策。有侵占公路产权而造成后果者，由公路部门制止，或由沿线乡村干部出面教育纠正，或送公安司法机关处理。1951年，乐清县人民政府专文规定："杭温公路乐清段总宽20米范围内为公路用地，属国有财产。土改后，凡在公路用地范围内搭建建筑物，均属侵占公路的非法行为。"1956年初，在国家提出绿化祖国号召的指导下，公路的路边绿化用地得以拓宽，而当时的征地手续均以行政手段处置。当年，平阳县政府曾颁布规定："对破坏桥涵、擅自开沟排水切断公路，造成交通堵塞，中止运输、侵占公路路基，搞违章建筑，破坏公路绿化等，必须立即制止，并报当地公安机关、县司法等部门按有关路政管理规定进行严肃处理。"时温州公路通车里程少，车流量也小，加之国家对制定的公路技术标准较低，全区的公路状况较好。

1961年，国家遭受严重的自然灾害，临时提出"寸土必争"和"十边政策"的对策，准许在零星闲置土地种植农作物，以克服暂时粮食短缺带来的困难。在此特殊情况下，公路沿线的人民公社社员占用公路两边的路肩、边坡，填平边沟和取土坑种植农作物以度荒年，公路路边用地遭到一定程度的毁坏。1962年秋，中共温州地委第一书记张一樵检查南巡温瑞平等地工作后，向地区专署机关干部作报告时说到"路无边、水无天"，指的是公路路肩、边坡已被农作物覆盖，见不到路边；路沟已被种上水稻、茭白、毛芋等作物，已看不到蓝天倒映在水里了。据当年不完全调查统计，公路边种植农作物累计达432.8公里。温分公路平阳段、温杭公路乐清段的部分严重路段，被占地仅留不超过3米宽路面，其中平阳县水腾支线路面被占种后仅留2.4米宽，迫使停止车辆通行。当地人把公路当成辟土植谷的垦区，造成路面与车辆技术状况双恶化的严重后果，并戏言："方向不对头，吃饭不用愁。"后在鳌江汽车运输段的强烈要求下，平阳县政府于1963年1月3日召开公路沿线区、社和大队三级干部会议，传达贯彻《关于加强公路养护和管理工作的指示》（中共中央〔1962〕305号）、交通部《关于公路养护和管理的若干规定》中的"路政管理"章节，部署清除路障，以保证公路安全通畅。1964年1月，刚成立的温州公路养护总段，对国、省道沿线进行清障达92.6公里。

1966年，"文化大革命"爆发，各级政府和公路管理机构几乎瘫痪，路产管理失控。国、省道沿线违章建房、修筑瓦窑、炸岩堆石，甚至在路肩上搭建茅棚、开垦种植等事件屡见不鲜。1967 年 12 月 29 日，浙江省军事管制委员会发布《关于制止破坏公路和砍伐行道树的禁令》。但温州正处于两派群众组织的武斗时期，无人贯彻“禁令”，违章占路行为更趋严重。1971—1974 年间，G104 线温州段沿线不但行道树被砍严重，而且路基路肩被破坏严重。公路损坏程度从以前路面磨耗层、保护层剥离，再危及到底层结构功能的损伤，行车安全系数降到历史最低点。1977 年 3 月，中共温州地委、地区革委会成立“整顿交通领导小组”，开展抓钢治路运动。1977 年 3 月 28 日，平阳县交通、公安两局联合颁发《关于加强交通管理维护交通秩序的通告》，但作用不大。5 月 13 日，成立平阳整顿交通治安秩序领导小组，调集 50 余名干部协同各区、社、大队，对县境内公路的各种障碍物进行初步清理。7 月，永嘉县革委会颁布《关于加强公路路政管理的通知》（永革〔1977〕74 号），大张旗鼓开展“抓钢治路”活动。1977 年 9 月 13 日，永嘉县革委会再次发布《关于进一步做好公路路政管理的通知》（永革〔1977〕114 号），规定凡是在车站、码头、公路弯道、交叉路口影响视线的一切建筑物、障碍物必须立即拆除，但效果不佳。直到“文化大革命”结束，路政管理才逐步步入正轨。

中共十一届三中全会之后，市场经济开放刚刚起步。温州作为市场经济的发祥地，公路沿线群众出于对发家致富的渴望，在公路边搭棚建房开展经营活动，侵占公路之风卷土重来，路况毁坏程度全国罕见。1979 年 1 月，交通部领导来浙江视察时曾形象地指出:“多种经营，公路像盆景。”为此，1980 年，瑞安、平阳、乐清、永嘉等县公路管理部门，将清除路障作为每月的正常工作。1 月 30 日，永嘉县革委会颁发《关于加强交通安全管理的通知》（永革〔1980〕19 号）文件，重申距离公路中心线 12 米内不准设置永久性建筑物，不准在公路上进行集市贸易以及其他有碍交通的活动。

拆除违法建筑（20 世纪 90 年代） 陈励平摄

拆除违法建筑（2013 年） 张品金摄

拆除违章广告牌（2013 年） 胡悦斌摄

1981年9月，温州市成立首支专业公路路政管理队伍，路政管理进入依法治路的时代。当年，对全市639.5公里主要国省道进行调查统计，发现公路违章建筑1663座，砖瓦窑、采石场堆积物等6603处，98座桥梁护栏被拆，155个公路标志牌被拔除。更有甚者，乐清县茗屿公社和平阳县对务公社，将G104线过境段的路基边坡以每户20.5平方米分给社员做自留地。

1982年1月，省政府颁发《关于加强交通治安管理维护交通秩序的通知》，市政府颁发《关于加强公路路政管理保障公路安全畅通的通知》（温政〔1982〕105号），要求各县、区政府制止破坏公路行为，清理一切障碍物。同时组织交通、建工、房管、公路总段、运管处、交警队以及西城区人民政府联手行动，1—3月依法开展清理G330线市区至渔渡的违建物和障碍物。各县纷纷行动，但效果甚微。由于违章现象普遍，路政管理工作困难重重。9月11日，市政府批转市交通局《关于加强公路路政管理的报告》（温政〔1982〕158号），要求各级政府加强对公路路政的领导，组织公路、公安、司法、工商行政管理部门的力量，普遍进行一次路障检查清理。

1983年2月25日，永嘉县政府颁布《关于加强交通管理的通知》（永政〔1983〕16号）。3月14日，瑞安县政府颁布《关于成立县文明公路建设领导小组的通知》，具体规定："在国道30米、省道20米、县道及乡道15米宽度之内，禁止任何单位和个人设置永久性建筑物，已设置的限期迁移，逾期不迁者，强行迁移。严禁在公路路面上及排水沟内打场晒粮，设置路障等，已存在的限期清除，凡因路障引起的交通事故，根据情节轻重，追究单位或个人的经济责任，对抗拒或阻挠公路管理人员执行任务，煽动闹事，殴打执法人员者报司法部门依法惩处。"在实际执行中，遇到许多阻力和难题。1983年7月，国务院发出《关于加强路政管理保障公路安全畅通的通知》，指出："公路是为国民经济服务的一个重要基础设施，必须保证公路运输安全畅通，应坚决刹住破坏公路设施的这股歪风，切实加强公路路政管理，维护公路设施，保证安全畅通，以适应国民经济发展的需要。"随着社会经济的发展，城乡开发和第三产业的兴起，在"要想富、紧靠路"的思想观念冲击下，公路街道化现象愈演愈烈。经1984年调查，G104沿线的虹桥、乐城、柳市、白象、丽岙、灵溪等农村集镇公路街道化状况严重，公路被违章占用面积达53234平方米。9月25日，温州公路总段建立公路公安派出所，编制15人。从12月开始，先后配合乐清、瓯海、苍南县交通主管部门，清除G104沿线违章建筑。

1984年11月2日，永嘉县政府颁发《关于划定公路用地和留地范围的通告》，规定："国道干线从路面中心线至两侧边缘各15米、省道从路面中心线至两侧边缘各10米为公路用地和留地宽度。"同时，规定了瓯江大桥、楠溪江大桥的控制区范围。1985年，公路派出所分别在灵溪、港头渡口及公路总段设置路政管理执勤点。1986年，建立各县（市）公路段的路政管理信息网络。通过信息网络管理，全年全市共清除各种违章23409平方米。1987年10月，国务院颁发《中华人民共和国公路管理条例》。根据条例规定，市公路管理部门开始实行综合治理联防网，由公路派出所与沿线区、乡（镇）、村、道班等共同治理。1989年9月4日，组织对G104线乐清段K1835+300左侧（乐清石帆镇段）建筑控制区内的违法建筑实行强制拆除。

1998年9月，市公路路政管理支队根据《中华人民共和国公路法》《公路及其附属设施损坏赔（补）偿管理办法》的相关规定，对履带式推土机损坏公路案件依法作出赔偿19.8万元、罚款2000元的处理。这是温州公路路政部门执行《中华人民共和国公路法》以来赔偿金额最高的一起案例。案件发生经过：是年7月12日晚，承担瓯海泽雅水库施工的葛洲坝水利集团二公司工人潘某，在未采取任何防护措施的情况下，驾驶一辆履带式推土机擅自驶入瓯湖公路（瓯海泽雅至瑞安湖岭），造成公路路面严重受损。据勘查，路面损坏长度共计5.1公里（桩号K17+300～K22+400），宽度2.4米，公路损坏面积12240平方米，经履带碾压的路面出现波浪式凹槽或松散、坑洞。该案件因卷宗完整、程序到位，被作为全省公路路政执法的示范案例。

进入20世纪90年代，随着系列公路及公路路政管理法律法规的颁发和实施，路政管理开始进入依法管理的轨道。1995年7月组建温州市公路路政管理支队。1996年，根据《中华人民共和国行政处罚法》《浙江省公路路政管理办法》，率先开展“三店一站”专项整治，及时遏制了肆意侵占路产行为的蔓延，确保了文明样板路的创建和巩固。整治内容主要是对公路沿线的“三点一站”进行登记监督管理，辖区公路路政大队与“三店一站”经营者签订门前三包协议。1998年是《中华人民共和国公路法》颁布的第二年。是年9月4日，市公路路政管理支队组织对G104线乐清石帆镇路段建筑控制区内的违法建筑实行强制拆除，《中国交通报》头版对此作大篇幅报道。

1996—2000年，路政管理机构开展大规模专项整治207次，出动路政人员14050人次，整治超限运输车辆60298辆，卸载率28%，超限率下降47%，拆除违章建筑62238平方米，整治马路市场88个，拔除“消灾桩”401根，消除“照妖镜”等封建迷信物92件。查结温州市有史以来最大的履带车损路案，以及平阳供电局擅设电杆案、平阳岱口大桥接线路损案、瑞安青岱线违章建筑案等，在社会上产生了良好的反响。

同期，路政管理部门查处路政案件19603起，查处各类损坏公路设施案件5834起，收取路政赔偿费3000多万元，行政复议的正确率和结案率达到100%，查处违法行为和行政处罚的正确率达到90%以上。

2002年是《浙江省公路路政管理条例》颁发第一年，温州公路路政部门查处路政案件20221起，查处各类损毁公路设施案件340起，挽回损失1527万元。

2004年6月20日开始，根据交通部、公安部等七部委的统一部署，温州全面开展超限运输治理（另设章节）。

2007年，温州公路路政部门开展“路政执行年”活动，制定《104国道温州段非公路标志整治实施意见》，印发《关于加强非公路标牌设施安全管理的通知》，提出“五个强化”的要求。是年12月27日，新修改的《浙江省公路路政管理条例》颁发。新“条例”将村道纳入适用范围，解决了村道路政处罚和路政许可无法可依的现状。是年，查处违法案件9593起，路政案件查处率和结案率均在98%以上。

2008年4月1日开始，浙江省向社会启用“96266”公路路政管理统一电话，受理群众来电来访工作。一旦发现侵犯路产路权、车辆超载超限以及路政人员执法不规范等行为，均可拨打“96266”。“96266”系集路政举报、投诉、咨询、求助等多功能为一体的公路路政管理服务型电话，实施24小时值班服务。2012年1月1日，开通了实名认证的温州路政96266微博，成为浙江省第一个24小时及时发布公路通阻信息的网络平台。

2009—2013年，全市共查处各类路产损失案件共9616件，缴纳公路赔补偿费达2918.75万元，查处各类路政处罚案件共46784件，收取行政罚没款共7978.88万元，无一起败诉案件和被撤销的复议案件。

2012年初，为了优化环境，提升城市品位，温州市委、市政府开展“转型发展破难攻坚大行动”。针对温州四条高速公路征地范围以内非公路标志超过200多个，征地范围以外可视范围内尚有500多个广告牌的现状，根据本次大行动要求，交通公路部门启动温州市高速公路沿线环境综合整治。温州市区内高速公路进出口和征地范围以内的广告牌分批拆除，在温州市区高速公路用地范围外的广告牌位置抄送市城市管理与行政执法局，由当地政府组织人员拆除。据不完全统计，在这次大行动中，温州强制拆除户外广告牌约2000块，其中高速公路广告牌约200块，是温州公路有史以来最大规模的环境整治活动。

2013年1月6日，市高速路政大队根据《温州市公路沿线非公路标志管理办法》《温州市高速公路（用地范围内）非公路标志规划》，联合高速公路业主等单位，对机场方向温州东高速入口匝道（外广场）及福州方向温州东高速公路入口匝道右侧绿化带内的巨型平面广告牌牌体进行拆除。该广告牌单块牌面面积800多平方米，由7根柱子支撑。

2015年1月1日起，浙江省交通运输服务监督电话统一使用全国统一的“12328”，“96566”停止使用。“12328”主要功能包括交通运输行业的服务监督、投诉举报、咨询服务等。全年共计接听20732件，其中报案927件，咨询1331件，投诉51件，求助546件，来电总量是原来96266的2.8倍。2016年，“12328”并入“12345”市长热线电话。

（二）路政执法类型及程序

根据《中华人民共和国公路法》《路政管理规定》，结合路政工作实际，路政执法可分为路政管理许可（另设章节记述）、行政处罚、公路赔偿和补偿、行政强制措施四种类型。

1. 行政处罚案件。⑴擅自占用、挖掘公路。⑵擅自修建跨越、穿越公路的桥梁、渡槽或者架设、埋设管线、电缆等设施。⑶从事危及公路安全的作业。⑷损坏路面机具擅自在公路上行驶。⑸车辆超限使用汽车渡船。⑹擅自在公路上超限行驶。⑺损坏、移动、涂改公路附属设施。⑻损坏、挪动建筑控制区的标桩、界桩。⑼造成公路路面损坏、污染或者影响公路畅通。⑽将公路作为试车场地。⑾造成公路损坏未报告。⑿擅自设置非公路标志。⒀擅自增设平面交叉道口。⒁在公路建筑控制区内修建建筑物、地面构筑物。⒂擅自在公路建筑区埋设管线、电缆等设施。处罚的程序包括简易程序和一般程序。

2. 公路赔偿和补偿项目。⑴公民、法人或者其他组织造成路产损坏的。⑵根据《中华人民共和国公路法》第四十四条第二项规定，经批准占用、利用挖掘公路或者使公路改线的建设单位，应当按照不低于该公路原有技术标准予以修复改建或者给予相应的补偿。赔偿和补偿的程序：当场处理程序；一般程序。

3. 行政强制措施项目。⑴对公路造成较大损害，当场不能处理完毕的车辆。⑵违反《中华人民共和国公路法》第五十四条规定，在公路用地范围内设置公路标志以外的其他标志。⑶违反《中华人民共和国公路法》第五十六条规定，在公路建筑控制区内修建建筑物、地面构筑物或者擅自埋设管（杆）线、电缆等设施。行政强制措施程序：⑴制作并送达路政强制措施告诫书。⑵听取当事人陈述和申辩。⑶复核当事人提出的事实、理由和依据。⑷经督促告诫，当事人逾期不拆除非法标志或者设施的，制作并送达路政强制措施决定书。⑸实施强制措施。⑹制作路政强制措施笔录。

办理公路赔（补）偿案件及路政处罚的，可以一并进行调查取证，分别进行处理；实施强制拆除涉及路政处罚的，可以一并进行调查取证，分别进行处理。

图 8-1-1 路政处罚、赔（补）偿简易程序图

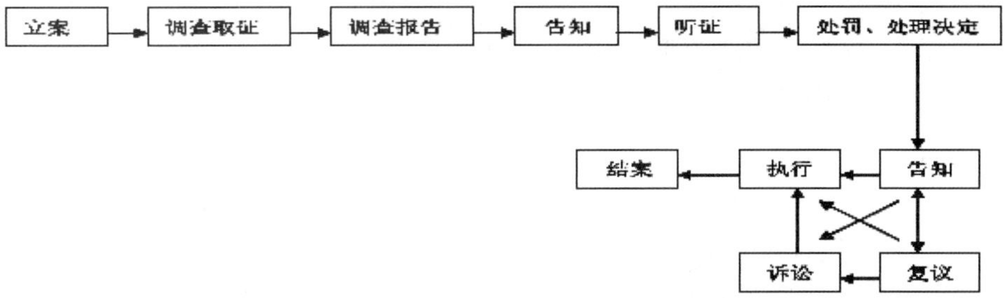

图 8-1-2 路政处罚、赔（补）偿一般程序

公路路政管理行政处罚标准和依据

表 8-1-1

违法内容	处罚依据	处罚标准	强制措施
擅自占用、挖掘公路的	《中华人民共和国公路法》第四十四条、第七十六条第一项	三万元以下罚款	责令停止违法行为
未经同意或者未按照公路工程技术标准的要求修建跨越、穿越公路的桥梁、渡槽或者架设、埋设管线、电缆等设施的	《中华人民共和国公路法》第四十五条、第七十六条第二项	三万元以下罚款	责令停止违法行为
从事危及公路安全的作业	《中华人民共和国公路法》第四十七条、第七十六条第三项	三万元以下罚款	责令停止违法行为
铁轮车、履带车和其他可能损害路面的机具擅自在公路上超限行驶的	《中华人民共和国公路法》第四十八条、第七十六条第四项	三万元以下罚款	责令停止违法行为
损坏、移动、涂改公路附属设施或者损坏、挪动建筑控制区的标桩界桩，可能危及公路安全的	《中华人民共和国公路法》第五十二条、第五十六条、第七十六条第六项	三万元以下罚款	责令停止违法行为
造成公路路面损坏、污染或者影响公路畅通的，将公路作为检验机动车辆制动性能的试车场地的	《中华人民共和国公路法》第四十六条、第五十一条、第七十七条	五千元以下罚款	责令停止违法行为
造成公路损坏未报告的	《中华人民共和国公路法》第五十三条、第七十八条	一千元以下罚款	责令停止违法行为
在公路用地范围内设置公路标志以外的其他标志的	《中华人民共和国公路法》第五十四条、第七十九条	二万元以下罚款	责令限期拆除逾期不拆除的，由公路管理部门拆除，有关费用由设置者负担
未经批准在公路上设置平面交叉道口的	《中华人民共和国公路法》第五十五条、第八十条	五万元以下罚款	责令恢复原状
在公路建筑控制区内修建建筑物、地面构筑物或者擅自埋设管线、电缆等设施的	《中华人民共和国公路法》第五十六条、第八十一条	五万元以下罚款	责令限期拆除，逾期不拆除的，由交通主管部门拆除，有关费用由建筑者、构筑者承担
涂改、伪造、租借、转让《超限通行证》，车辆型号及运输物品与《通行证》内容不一致的	《超限运输车辆行驶公路管理规定》第二十四条	处五千元以下罚款	责令停止违法行为

温州市公路行政强制执法依据统计表

表 8-1-2

序号	执法主体	执法类别	法律依据	措施种类
1	温州市公路管理局	授权	《公路安全保护条例》第六十五条第一款、第二款：违反本条例的规定，经批准进行超限运输的车辆，未按照指定时间、路线和速度行驶的，由公路管理机构或者公安机关交通管理部门责令改正；拒不改正的，公路管理机构或者公安机关交通管理部门可以扣留车辆。 未随车携带超限运输车辆通行证的，由公路管理机构扣留车辆，责令车辆驾驶人提供超限运输车辆通行证或者相应的证明。	扣押
2		授权	《公路安全保护条例》第六十七条：违反本条例的规定，有下列行为之一的，由公路管理机构强制拖离或者扣留车辆，处3万元以下的罚款：（一）采取故意堵塞固定超限检测站点通行车道、强行通过固定超限检测站点等方式扰乱超限检测秩序的；（二）采取短途驳载等方式逃避超限检测的。	扣押、其他行政强制措施
3	温州市公路管理局	授权	《公路安全保护条例》第七十二条：造成公路、公路附属设施损坏，拒不接受公路管理机构现场调查处理的，公路管理机构可以扣留车辆、工具。公路管理机构扣留车辆、工具的，应当当场出具凭证，并告知当事人在规定期限内到公路管理机构接受处理。逾期不接受处理，并且经公告3个月仍不来接受处理的，对扣留的车辆、工具，由公路管理机构依法处理。 公路管理机构对被扣留的车辆、工具应当妥善保管，不得使用。	扣押
4		授权	《浙江省公路路政管理条例》第五十三条第三款：责任人在履行处理决定前，应当将其车辆停放在公路管理机构指定的地点或者提供相应的经济担保。责任人拒绝将车辆停放在制定地点，也不提供相应经济担保的，公路管理机构可以暂扣其车辆。暂扣车辆的，应当出具由省交通行政主管部门统一印发的暂扣凭证；对暂扣车辆，应当妥善保管，不得使用。	扣押
5		授权	《浙江省公路路政管理条例》第三十六条第一款：公路路政管理人员依法对在公路上行驶的车辆进行超限运输检查时，应当确保公路安全和畅通。被检查人员应当配合，接受检查，不得强行通过。不接受检查，堵塞超限运输监测站通行车道的，由公路管理机构强行拖移。	其他行政强制措施
6		授权	《中华人民共和国行政处罚法》第三十七条第二款：行政机关在收集证据时，可以采取抽样取证的方法；在证据可能灭失或者以后难以取得的情况下，经行政机关负责人批准，可以先行登记保存，并应当在七日内及时作出处理决定。在此期间，当事人或者有关人员不得销毁或者转移证据。	其他行政强制措施（先行登记保存）
7		授权	《中华人民共和国公路法》第七十九条：违反本法第五十四条规定，在公路用地范围内设置公路标志以外的其他标志的，由交通主管部门责令限期拆除，可以处二万以下罚款；逾期不拆除的，由交通主管部门拆除，有关费用由设置者负担。	其他行政强制执行方式（强制拆除）
8		授权	《中华人民共和国公路法》第八十一条：违反本法第五十六条规定，在公路建筑控制区内修建建筑物、地面构筑物或者擅自埋设管线、电缆等设施的，由交通主管部门责令限期拆除，并可以处五万元以下的罚款。逾期不拆除的，由交通主管部门拆除，有关费用由建筑者、构筑者承担。	其他行政强制执行方式（强制拆除）
9		授权	《中华人民共和国行政处罚法》第五十一条：当事人逾期不履行行政处罚决定的，作出行政处罚决定的行政机关可以采取下列措施：（一）到期不缴纳罚款的，每日按罚款数额的百分之三加处罚款。	加处罚款

第二节　超限运输治理

超限运输，是指装载货物超过路政管理法规规定的高度、宽度、长度，以及车辆轴载质量超过规定值的运输车辆从事公路运输的行为。超限运输管理，主要包括超限运输许可、超限运输行驶管理、超限运输现场管理等三个方面。

一、超限运输治理沿革

20 世纪 80 年代，国家实施经济体制改革及对外开放政策，国民经济得到迅猛发展。但由于当时刚经历“文化大革命”，国家处于百废待兴时期，公路等社会公共设施，根本无法适应突如其来的改革浪潮。因此，超限车辆大量增加，公路遭到了前所未有的损坏，交通事故发生率大幅度提升。据国家权威部门统计，70% 的道路安全事故是因车辆超限超载引发的，50% 的群死群伤重特大交通事故与超限超载有直接的关系。

1989 年 12 月 11 日，交通部印发《超限运输车辆行驶公路管理规定》（交公字〔1989〕399 号）。该“规定”因许多条款不成熟，且在实际执行中缺乏可操作性，1991 年 4 月 3 日交通部发文宣布停止执行（交函〔1991〕231 号）。1997 年 7 月 3 日，《中华人民共和国公路法》正式颁布施行，从根本上解决了超限管理的法律依据问题。1998 年，交通部重新起草《超限运输车辆行驶公路管理规定》，规定了量化的、可操作性的具体条款。1999 年 7 月 7 日，省交通厅决定在全省开展治超运输车辆行驶公路管理专项治理。

2000 年 4 月 1 日，公路路政部门根据《超限运输车辆行驶公路管理规定》（交通部〔2000〕2 号令）和《浙江省超限运输车辆行驶公路管理规定实施办法》（浙交〔2000〕343 号），在辖区内各重要路线上开展大规模的超限管理行动。11 月 1 日，省交通厅正式启用《浙江省公路超限运输车辆通行证》《浙江省公路超限运输车辆申请表》《浙江省公路超限运输管理处理决定书》《浙江省公路超限运输管理（当场）处罚决定书》《浙江省公路超限运输管理现场笔录》等相关现场管理法律文书。2001 年 3 月，经省物价局、财政厅同意，决定对浙江省超限运输行驶公路赔（补）偿标准进行调整，规定，经公路管理机构批准的超限运输，车货总重量、车辆轴载质量超限部分按 0.2 元 / 吨 · 公里的标准缴纳赔（补）偿金；未经批准擅自上路的，由公路管理机构对超限部分进行卸载，并对已发生的超限里程按 0.6 元 / 吨 · 公里收费。因承运人拒不卸载而由公路管理机构卸载的，卸载费和管理费由承运人承担。2003 年省交通厅出台《浙江省超限（载）运输联合检测站管理办法（试行）》《浙江省超限（载）运输联合检测站建设管理检收标准》。全国七部委开展联合治理超限超载运输行动之前，温州道路运输超限超载现象普遍。据统计，2000 年 1 月至 2003 年 5 月，温州市域内共检测货车 6.5 万辆次，其中超限运输达 6.2 万辆次，超限率达 95.4%。

二、全国统一治理超限运输

2004 年 6 月 20 日，交通部、公安部等七部委在全国范围内开展治理车辆超限超载统一行动，对超限超载运输车辆进行检测、管理。当日上午 9 时，市公路管理局、市公路路政管理支队在甬台温高速公路浙闽收费站广场举行启动仪式。同日，经省政府批准，属于全省范围内设置 21 个超限运输检测站之一的甬台温高速公路苍南超限运输检测站正式挂牌成立。

2005 年 4 月 1 日起，《浙江省公路路政管理条例》施行。“条例”第三节“超限运输管理”规定，在公路上行驶的车辆的车货总质量，轴载质量，车货总长度、总宽度和总高度，不得超过以下最高限值：（一）车货总质量为40吨，其中集装箱半挂列车为46吨；（二）轴载质量：双轮组单轴的标准轴载为10吨；（三）车货总长度为18米；车货总宽度为2.5米；车货总高度为从地面算起4米，其中集装箱车货总高度为从地面算起4.2米。同年，省交通厅发布转发《2005年全国治超工作要点》。6月1日，温州路政根据省交通厅部署，按照“统一口径、统一标准、统一行动”的三统一，开展超限运输检测、管理。至2005年，全国开展治理车辆超限超载统一行动一周年。全市共检测车辆445060辆，查处超限车辆25673辆，卸货24984吨，平均超限率降到6%左右，卸载率70%以上。其中，温州大桥治超站投入交通执法人员6671人次，公安执法人员698人次，检查各种货车16991辆，查获存在超限行为车辆3173辆，超载车辆4028辆，责令卸货车辆1402辆，卸货总重9369.8吨，处罚700多人次。市高速公路路政大队、甬台温高速公路苍南超限运输检测站，104国道苍南超限运输检测站，省高速交警总队温州市高速交警支队等4家单位被评为2005年度浙江省治超工作先进单位。

2006年，充分利用全省超限运输查询系统，对所有超限运输车辆的处理处罚实行微机管理，实现了治超文书制作微机化和档案管理规范化。高速公路集中治超，重点监管车型和重点区域。针对绕道行为，严守关卡，强化路面执法。全年共检测车辆48.9万辆，查处超限超载车辆6626辆，卸货2.97万吨，全市公路平均超限率降到6%以下，卸载率达到85%以上。

2007年，制定实施超限运输长效管理办法，完善治超联席会议制度，深化浙闽联动治超。市路政监控指挥中心基本建成，路政信息平台、检验平台、标志标线以及公路路政许可电子档案建设日臻完善。

全国统一治超行动启动日（2004年6月20日） 刘晓华摄

检测车高 刘晓华摄

查处超限车辆 张品金摄

夜间查获超限车辆 张品金摄

深受超限超载运输之害（S223 仙清线永嘉段） 叶迈峰摄

夜查超限运输车辆 张品金摄

2008 年，召开全市治超联席会议，完善治理超限超载的多方联动机制，积极会同公安机关开展非法“车托”护送车辆及聚众恶意堵塞交通、冲卡拒检、暴力抗法等违法犯罪的专项整治活动。制定《温州市整合联动治超实施方案》，整合全市路政力量，在乐清、龙湾、洞头、瓯海、鹿城的重要路段、重要区域、重点点位，开展三次整合联动治超行动，取得了显著成效，有效地解决了执法力量不足、地方干预、违法驾驶员逃避治超的问题。同时，强化源头治理，如泰顺路政大队在仕阳矿山开展劝返治理，洞头路政大队对出状元岙深水港的车辆实行限重出港等。

2009 年，印发并实施《温州市公路路政重大处罚案件集体讨论制度》。以固定治超站（点）为依托，流动治超辐射管理模式更趋成熟。同时，积极应对高速公路计重收费新情况，继续完善治超联席会议机制，并强化公铁平交道口超限运输管理。全市共查处超限超载车辆 5306 辆，除绿色通道车辆、运输不可解体货物车辆外，对 3748 辆超限超载车辆实施就地卸载，卸载吨位为 43456.3 吨，卸载率为 100%。

2010 年是“十一五”的收官年。五年来，温州公路路政部门建立长效治超机制，创新整合联动治超模式，共检测车辆 349.78 万辆，查处超限车辆 58930 辆，除绿色通道车辆、运输不可解体货物车辆外，就地卸载 24769 辆，卸载率为 100%，卸货 23.78 万吨，全市平均超限率保持在 4.5% 以下。

2011 年，温州成为全省第一个市、县（市、区）政府全部出台长效治超规范性文件的地市。市、县（市、区）政府为本级行政区域内车辆超限超载长效管理工作的责任主体，市、县（市、区）长为第一责任人的责任体系基本确立。

2012 年，由政府牵头、部门合作的源头治超工作机制基本形成。建立了由十部门参加的源头治超联络员队伍，以及各部门源头治超工作信息报送制度、超限车辆涉嫌其他非法行为信息采集抄告制度等。与运管部门协作，建立了超限车辆违法情况抄告制度。是年 4 月，运管部门对 8 家运输企业，共计 100 多辆大货车作出责令停产停业一周的处罚。

2013 年，在全市范围内组织开展“路政综合管理年”活动，要求路政执法人员做到“三个不放松”：完成指标不放松，安全治超不放松，廉政治超不放松。2013 年 1—12 月，开展“路网”治超专项整治行动 4 次，各大队、治超站（所）出动执法人员 43508 人次，共检测车辆 924705 辆，查获超限运输车辆 18570 辆，查处超限运输车辆 18319 辆，卸载超限运输车辆 15181 辆，卸货 161941.047 吨，罚款 2882.358 万元，除运输不可解体和绿色通道车辆外，卸载率为 100%，超限运输率降为 2.1%，远远低于全省要求的 4%。路面治超工作走在全省前列，查处车辆占全省近半数。

同时，加强与运管部门的衔接，按照“一月一抄告，一月一报送”的工作机制，每月向运管部门报送抄告处罚信息。全年抄告超限运输车辆共591辆，抄告温州市各县（市、区）运管部门超限运输车辆共543辆，抄告浙江省内各地市运管部门超限运输车辆共1844辆，抄告浙江外省各运管部门超限运输车辆共14781辆。

2014年10月，温州市政府办公室颁发《关于进一步加强公路车辆超限超载综合治理的实施意见》（温政办〔2014〕125号），首次建立车辆超限超载运输“黑名单”制度。“实施意见”规定，列入车辆超限超载运输“黑名单”的有三类对象：第一种对象是货运车辆和货运车辆驾驶员，有7种情形列入治超黑名单：非法超限超载运输或车载货物抛洒滴漏污染公路一年内累计超过3次以上的；填报虚假资料骗取超限运输车辆通行证的；租借、转让超限运输车辆通行证的；使用伪造、变造的超限运输车辆通行证的；利用无牌、套牌或非法改装车辆进行超限运输的；以故意堵塞超限检测站通行车道、强行通过超限检测站等方式扰乱超限检测秩序的，或采取短途驳载等方式逃避检测的；经路面预设的高速称重仪检测和视频联网监控设施抓拍认定超限运输车辆，逾期不接受调查处理的。第二种对象是道路运输企业，有2种情形列入治超黑名单：所属（含挂靠）货运车辆经路面预设高速称重仪检测和视频联网监控设施抓拍的货运车辆3辆以上，逾期不接受调查处理的；违法超限超载运输的货运车辆数量累计超过本单位货运车辆总数10%的。第三种对象是治超停车场与货物驳运企业，有四种情形列入治超黑名单：非法为货运车辆超限运输装载、配载的；虚报检测数据资料，帮助违法超限运输车辆逃避卸载和处罚的；治超停车场工作人员出现强装强卸的；经检查考核不合格的，逾期不配合整改的。被列入治超“黑名单”的当事人连续一年内再无车辆超限超载不良记录的，自动解除黑名单。温州市对被列入“黑名单”的对象实行定期公布、诚信考核积分管理、责令整改等制度。同时按照“谁主管、谁负责、谁审批、谁负责”的原则，建立公路治超违法责任追究机制。

2014年下半年，温州路政部门开展治理车辆超限超载非现场执法试点工作，分别在G330鹿城超限运输检测站、S330瑞安超限运输检测站、G104乐清超限运输检测站开展试点，安装不停车动态称重系统并调试使用。该系统的安装推广，为开展超限运输非现场执法提供了有利条件，减轻了路政执法人员工作量，提高了工作效率，节省了一笔巨大行政开支。同年12月，正式开启路面治超“非现场执法”模式。温州高速路政大队通过电话和短信的方式向辖区15家单位（个人）涉嫌超限运输车辆车主发出催告。12月29日，温州某物流公司在接到催告后前来接受处理。成为温州首例治超“非现场执法”处罚案，标志着高速路政大队与高速交警建立违法超限运输车辆信息共享机制后治超“非现场执法”模式进入实质操作阶段。

2015年，路政部门开展“公路治超非现场执法推进年”活动，制定出台《关于推进公路治超非现场执法工作的通知》，加大治超非现场执法设备建设。截至2015年4月20日，“非现场执法”共查获涉嫌违法超限运输车辆33辆。

“十二五”期间，温州路政着眼长效管理，超限运输整治工作始终处于浙江省前列，呈现出三大特点：一是完善政府主导的超限运输管理机制，变部门行为为政府行为。二是完善治理超限超载多方联动机制，联合公安、运管等部门开展专项整治活动，建立浙闽省际联动治超机制，强化了治超手段，提升了管理效益。三是坚持固定治超与流动治超相结合，路面治超始终保持高压态势。全市公路平均超限超载率从70%以上下降至3%以下，路政处罚案件胜诉率和无错案率达到100%，提前办结率100%，许可正确率100%。

浙江省公路超限运输处罚标准

表 8-2-1

两轴车超限量（吨）	三轴车超限量（吨）	四轴车超限量（吨）	五轴车超限量（吨）	六轴以上车超限量（吨）	处罚标准
≤ 1	≤ 1.5	≤ 2	≤ 2.5	≤ 3	不罚款，教育发行
1 ～ 2	1.5 ～ 3	2 ～ -5	2.5 ～ 6	3 ～ 7	罚款 1000 元以下
2 ～ 3	3 ～ 5	5 ～ 7	6 ～ 8	7 ～ 10	罚款 1500 元以下
3 ～ 4	5 ～ 7	7 ～ 9	8 ～ 10	10 ～ 13	罚款 2000 元以下
4 ～ 5	7 ～ 8	9 ～ 11	10 ～ 12	13 ～ 15	罚款 2500 元以下
5 ～ 6	8 ～ 10	11 ～ 13	12 ～ 14	15 ～ 18	罚款 3000 元以下
6 ～ 7	10 ～ 11	13 ～ 15	14 ～ 16	18 ～ 21	罚款 3500 元以下
7 ～ 8	11 ～ 13	15 ～ 17	16 ～ 19	21 ～ 23	罚款 4000 元以下
8 ～ 9	13 ～ 14	17 ～ 19	19 ～ 22	23 ～ 25	罚款 4500 元以下
9 ～ 10	14 ～ 15	19 ～ 20	22 ～ 25	25 ～ 28	罚款 5000 元以下
10 ～ 11	15 ～ 17	202 ～ 2	25 ～ 28	28 ～ 31	罚款 6000 元以下
11 ～ 12	17 ～ 18	22 ～ 24	28 ～ 31	31 ～ 34	罚款 7000 元以下
12 ～ 13	18 ～ 20	242 ～ 6	31 ～ 34	34 ～ 37	罚款 8000 元以下
13 ～ 14	20 ～ 22	26 ～ 28	34 ～ 37	37 ～ 40	罚款 10000 元以下
14 ～ 15	22 ～ 23	28 ～ 30	37 ～ 40	40 ～ 43	罚款 12000 元以下
15 ～ 16	23 ～ 25	30 ～ 33	40 ～ 42	43 ～ 46	罚款 14000 元以下
16 ～ 17	25 ～ 26	33 ～ 35	42 ～ 45	46 ～ 49	罚款 16000 元以下
17 ～ 18	26 ～ 27	35 ～ 37	45 ～ 47	49 ～ 51	罚款 18000 元以下
1 ～ 819	27 ～ 28	37 ～ 39	47 ～ 49	51 ～ 53	罚款 20000 元以下
19 ～ 20	28 ～ 30	39 ～ 40	49 ～ 50	53 ～ 55	罚款 22000 元以下
>20	>30	>40	>50	>55	罚款 25000 元以下

说 明：该表来源于省交通厅浙交〔2007〕140 号文件；冲卡、暴力抗法、多次违法超限运输的，执法部门可适当加重处罚

温州干线公路治超情况统计表（2004—2015）

表 8-2-2

年 度	检测车辆	查处车辆	卸载车辆	卸货（吨）	平均超限率 %
2004	430626	3116	2490	25942.51	7%
2005	399601	4135	2772	22073.93	6.5%
2006	332992	2855	2518	27275.58	6%
2007	585638	5988	4300	62013.12	5.3%
2008	724216	6293	4293	46529.58	5%
2009	620615	4673	3252	37163.7	4.5%
2010	970248	9665	6830	14260.06	4.2%
2011	943190	7807	7071	75335	4%
2012	588920	7465	5710	57517.94	4%
2013	1571716	21292	15395	196716.38	3.2%
2014	635752	10607	8073	116511.88	3%
2015	724041	15281	8990	131890.9	3%

三、妨害公务（治超）行为查处

妨害公务，就是以暴力、威胁方法阻碍国家机关工作人员依法执行职务的行为。自开展全国统一治理超限运输行为以来，公路运输中各种妨害公务（暴力抗法）行为呈多发、易发特点，严重妨害了路政管理秩序，影响了路政实际执法效果。主要表现：耍赖阻挠执法、有意消除违法证据、非法跟踪围堵、语言威胁、超限车辆恶意闯

站、强行冲卡、组织集体闯卡等。据路政部门统计，仅2013—2015年，妨害公务行为发生多达325起。治超屡遭抗法的主要原因：受利益驱使，企图以抗法逃避处罚，对路政执法缺乏敬畏心理。2015年，市公路路政部门加强多部门间联合执法、联动治超，推广治超非现场执法模式，建立超限运输车辆“黑名单”制度，开展超限超载普法宣传，强化执法人员法治意识，暴力抗法行为发生率呈大幅下降态势。

妨害公务（治超）事件情况统计（2013—2015）

表8-2-3

年 份	妨害公务事件（起）	人员伤亡	
		死 亡	受 伤
2013	184	—	3
2014	229	3	2
2015	12	—	2

从2004年交通部等七部委联合开展全国治理车辆超限超载大行动首日发生的抗法事件，到2015年，选载14起妨害公务典型案例：

【妨害公务案例之一】 从2004年6月20日开始，交通部等七部委联合开展全国治理车辆超限超载大行动。大行动首日17时许，甬台温高速公路浙闽收费站发生130多辆货车集体“逼卡”事件，货车堵死道路造成交通瘫痪3小时。事件发生前，这些从温州开往福建方向的货车，先后聚集在苍南服务区观望，伺机而动。冲卡发生时，由于执法力量不够，根据预案要求放弃了对约50辆货车的检查，并与福建方面检查站联系。

【妨害公务案例之二】 2006年8月31日凌晨3时许，车牌号为皖S10258的大货车驶至甬台温高速公路温州大桥北收费站。经检测，显示车辆超高0.5米，现场执法人员要求该车驾驶员刘某把车辆驶至停车场卸去超高货物。刘某不配合，对执法人员展开辱骂、吐唾沫，并拳击执法人员脸部，扯破制服，划伤手臂，造成及其恶劣的影响。永嘉县乌牛派出所依法对刘某作出处以治安拘留7天的决定。

【妨害公务案例之三】 2013年5月1日下午4时许，三辆装运土石砂的超限运输车辆（车牌号赣CK0086、皖D23250、皖D3069）在洞头五岛公路行驶时，被执法人员查获。三司机对路政执法人员说：“我们是替重点工程运输的，你们查也白查。”当车辆被引导到深水港码头过磅检测时，三车司机将车辆停在路旁，锁上车头锁和车门跑人。市路政管理支队得到汇报后，立即组织人员与设备前往督办。洞头县公路路政大队进行立案调查，对肇事者超限运输和逃避检测的违法行为予以行政罚款。

【妨害公务案例之四】 2013年5月27日中午，甬台温高速公路苍南超限运输检测站（以下简称“浙闽站”）路政执法人员在G15沈海高速公路浙闽主线收费站处，拦获一辆从上海驶往福建涉嫌超限的大型货车（牌照豫PX0406）。在引导该车至浙闽站检测时，该车驾驶员李某拒不配合，恶意停留在收费站通道达两个多小时，导致收费站大堵车，引起过往车辆围观，影响恶劣。后经执法人员劝告，李某将车开至检测站台。不料，李某让随车人员下车，脚踹执法车辆的车门，导致车门凹陷。随车一名中年女子，上前向执法人员抢夺被暂扣的车辆证件，并掴了一名路政人员的耳光后逃逸。经检测，该车车货总高4.6米，超高0.6米。经过批评教育，李某接受了处罚。处理结果：当事人李某为逃避超限检测，以故意堵塞车道、破坏设施等方式，扰乱超限检测秩序，违反了《公路安全保护条例》第四十条规定，已构成违法。根据《公路安全保护条例》第六十七条之规定，责令当事人卸去超限部分货物，并对当事人李某作出罚款29000元的行政处罚。

【妨害公务案例之五】 2014年3月14日，温州大桥联合治超点在G15沈海高速公路塘下出口开展治超工作，有一肇事者持刀威胁、恐吓执法人员。联合治超点立即联系公安、媒体介入，成功平息了暴力抗法事件。当日公安机关对肇事者作出治安拘留7天的处罚。

【妨害公务案例之六】 2014年4月3日23时30左右，G330温州鹿城超限运输检测站路政执法人员在临江路段巡查时，发现一货车（车牌号豫PZ1500）有涉嫌超限运输行为，警示该车接受检查。一名路政协管员押车至治超站停车场检测，经过治超站检测广场时，驾驶员不配合调查加大油门逃逸。途中多次现金贿赂协管员，遭到拒绝。后在仰义高速公路收费站的配合下，该车被押至停车场。经检测，该车运载水泥总重82.45吨，超载27.45吨。路政部门依法作出处罚。鉴于该事件性质恶劣，责令驾驶员深刻反省，登报检讨。

【妨害公务案例之七】 2014年5月20日晚10时，泰顺县路政执法人员在仕龟公路运输检测站进行例行检查，有三辆货车（车牌号豫K97668、豫D83853、豫K63277）过站时没有停车接受检查，且关闭大灯往逆向车道行驶以逃避检查。路政执法人员在南溪设卡检查，豫K97668货车直接倒车逃逸，并把车子开成S形路线，阻止路政执法车辆超车。豫D83853货车绕道驶至南溪一村庄的花坛躲避。豫K63277货车冲卡驶至南溪路边空地，停车跑人。三辆超载货车被查获后，根据《公路安全保护条例》《浙江省公路路政管理条例》的规定，驶到福建八尺门卸货，分别作出罚款9000元、5000元和10000元的处罚。

【妨害公务案例之八】 2014年6月10日，乐清市路政执法人员在甬台温高速公路蒲岐进口巡查，发现一辆四轴水泥车涉嫌超限超载运输。该车从乐清出口下高速时，路政执法人员要求出具证件，该车驾驶员加大油门，欲强行冲卡逃逸，结果被卡在收费岛上。执法人员依法作出处罚。

【妨害公务案例之九】 2014年6月25日夜，鹿城区公路路政大队和G330温州鹿城超限运输检测站，联合交警五中队开展“严执法、优服务”专项整治联合活动。20时45分许，路政执法人员在G330线K27+300瓯江五桥附近巡查时，发现一货车（车牌号浙HN0181）涉嫌超限运输行为，警示该车接受检查。当协管员押车前往检测经治超站检测广场时，驾驶员加大油门冲卡逃逸。驶至仰义后京段，把押车协管员强行拉下车继续逃逸。经搜查，在一条小巷中查获该车辆。经检测，该车总重80.67吨，超限25.67吨。执法人员依法作出处罚，责令驾驶员作自我检讨。

【妨害公务案例之十】 2014年7月8日23时45分，G330温州鹿城超限运输检测站路政执法人员在例行检查时，发现一辆从青田方向驶往温州的四轴货车（车牌号赣G35192）有超限运输的嫌疑。路政执法人员示意该车停车接受检查。驾驶员不配合调查，倒退车辆欲逃离现场。被拦下后，驾驶员下车对路政人员进行辱骂、人身攻击、吐唾沫。凌晨1时许，一名自称是“车队队长”和“车队老板”的男子带着五六人，轮番辱骂、威胁执法人员。后经检测，该货车载重82.7吨，超载42.7吨，超限率超过100%。“车队老板”对执法人员扬言：“今天你扣我的车，明天我到你家里吃饭！”路政部门及时联系新闻媒体对该事件进行报道，20多家媒体转载，形成浓厚的舆论氛围。当地公安部门予以立案调查，对肇事司机处以行政拘留10天的处罚，路政部门对超限超载行为依法作出处罚。

【妨害公务案例之十一】 2014年9月16日晚，永嘉县公路路政部门联合运管、交警部门在G104线永嘉段开展超限超载车辆集中整治行动。一辆涉嫌超限超载半挂车（车牌号豫N25398、豫NY231挂）途经G104线永嘉桥下镇六岙村路段，为逃避检查，驾驶员杨某强行冲卡，超速疯狂逃窜。逃逸途中，因强烈碰撞造成12辆社会车辆连环相撞，并引发火灾，导致3死2伤、多辆车辆被烧毁撞毁的严重后果。经估价鉴定，该事故共造成车辆损失776737元。9月25日，永嘉检察机关批准逮捕犯罪嫌疑人杨某。庭审时，犯罪嫌疑人杨某愧疚地承认自己所驾驶的车辆核载30多吨，实际装载70吨。2015年3月30日、5月4日，温州市中级人民法院两次开庭审理永嘉“超载货车强行冲卡”案，认定杨某构成以危险方法危害公共安全罪，判决杨某无期徒刑，剥夺政治权利终身，并赔偿3名死者家属共计人民币62万元。

【妨害公务案例之十二】 2015年3月25日10时许，G330线温州鹿城段开展2015年1号综合专项整治行动，G330温州鹿城超限运输检测站路政执法人员巡查发现一辆运载水泥的6轴货车（车牌号皖S77393）涉嫌超限运输，警示接受检查，该车驾驶员不配合锁门逃逸。12时许，该车驾驶员召集12人（7名男性、5名女性），前来对路政执法人员进行围堵和肢体攻击，导致车辆逃逸和路政执法人员手部受伤。报警后，民警将肇事者带至临江派出所进行调查。经查实，该事件两名妇女妨碍公务，被临江派出所处以行政拘留5天的处罚。

【妨害公务案例之十三】 2015年4月11日晚21时20分许，一辆涉嫌超限车辆途经S223仙清线永嘉流动治超站点时，被路政执法人员拦下检查。货车驾驶员李某在路上骂骂咧咧，随意穿行，拦截私家车辆，还说想自杀。在检查过程中，李某趁执法人员不注意驾驶车辆逃窜，将车驶至永嘉乌牛三虎混凝土公司。执法人员赶到后发现，李某正在卸倒装运的石子，以消除证据。就在执法人员上前执法时，李某突然启动车辆，发生失控侧翻，导致协管员陈仙乐躲避不及半身被石子掩埋，执法同事立即上前抢救，并送往医院治疗。经检测，该货车属于四轴货车，限载40吨，运输货物达到60多吨，全车总重80多吨，超载率100%。路政部门依法作出处罚。

【妨害公务案例之十四】 2015年4月26日晚22时许，一辆满载废弃土、涉嫌超限的工程车途经S223线永嘉黄田街道瓯江五桥时，被永嘉县路政执法人员现场查获。进行询问时，突然驶来5辆私家车，下车20来个年轻人，部分人手中携带铁管，一边扬言“今天谁扣车就要杀人，要放血”，一边故意推搡、辱骂执法人员，以谁扣车就伤害其家人相威胁。后因治超站执法人员及时赶到才化解危机，将涉嫌车辆扣留调查并依法作出处理。

据以上案例剖析，在超限运输治理过程中发生妨害公务现象的原因，主要有四：⑴利益驱使是主因。由于运输行业的竞争，营运企业和运输个人为了获取更大的利益，超载运输已成为行业的一种普遍现象。⑵路政执法理念的变化。路政执法倡导以人为本，文明办案，一旦遇到超限运输对象行为粗暴，主张“骂不还口，打不还手”，助长一些行为人的嚣张气焰，还让群众质疑路政执法的能力。⑶超限运输对象法制意识淡薄。随着国家民主法制进程的加快，公民权利意识大大增强，但义务观念却相对滞后，导致一些超限运输对象走入误区。⑷社会价值观念的变化。这种变化使一些超限运输对象超越了法律的底线，一旦路政执法行为影响到其经济利益，就误以为自身的正当权益受到侵害，不惜采用暴力手段阻挠执法，直至触犯刑律。

温州路政部门查处妨害公务（治超）案的做法：⑴严格执法、文明服务。实行严格执行法律规定和文明服务兼施，树立“温州路政形象高于一切”的执法服务理念。⑵以理服人、据理力争。做到“骂不还口讲法律、打不还手明利弊”，避免发生正面冲突。⑶省际联动、协助查处。建立浙闽省际联动治超工作机制，对暴力冲卡、逃逸车辆，与省际治超检测站互通信息，联手拦截查处。⑷重视策划、强化宣传。对典型案例制定宣传策划，利用媒体扩大影响力，达到以案说法、扩大教育层面的效果。⑸公安查处、重塑威严。对涉嫌妨害公务罪的，及时向公安部门报案，依法查处，起到震慑犯罪分子、树立路政铁军威严的作用。

附：G330线鹿城段应对妨害公务案宣传策划及效果

1. 策划目的：G330线鹿城超限运输检测站在日常执法过程中，发现一些运输企业由于受利益的驱使，在运输过程中存在有意遮挡牌照、肆意违规、逃避执法等违法行为，甚至采取强行冲卡、威胁并殴打路政执法人员等暴力抗法行为，给公路安全埋下隐患。本策划结合“7·9”暴力抗法事件，充分利用媒体资源，及时跟进事件发展的不同阶段，通过以案说法，营造氛围，达到在一定程度上遏制超限运输违法行为，争取社会和市民理解和支持，为超限运输治理工作创造良好外部环境的目的。

2. 策划主题：以案说法、强化治超、关注安全、扩大效果。

3. 策划原由：见妨害公务案例之十。

4. 策划步骤：⑴联系新闻媒体曝光事件实情。第一时间联系温州新闻综合频道、温州晚报、温州都市报、温州交通之声、钱江晚报等媒体进行实地采访报道，在当地媒体形成浓厚的舆论氛围。⑵结合案例宣传超限运输危害。结合案例，以案说法，以理服人，扩大宣传效果。⑶媒体跟踪促成案件快速查处。多家媒体进行了跟踪报道，强化了依法治超的威慑力。同时促成当地公安部门引起高度重视，立案调查，依法查处。

5. 策划效果：⑴当地媒体报道力度大。据统计，本事件共刊发各级新闻媒体报道32篇(不含转发)，其中重点专题报道11篇次，媒体有：温州新闻综合频道《有话直说》栏目、温州新闻综合频道《百晓讲新闻》栏目、温州新闻综合频道《闲事婆和事佬》栏目、《都市新闻》频道，温州交通之声、浙江交通快线、台州晚报，温州晚报、钱江晚报作专题报道，温州晚报用头版大半版篇幅提示阅读。⑵主媒转载评论数量多。各大网络媒体纷纷转载，有新华网浙江频道、新浪网、中国新闻网、人民网、中国网、光明网、中国公路网等20余家主流媒体。其中，新浪网网民评论数达到1415条，温州热线点击率达3916条。⑶部门联动执法效果好。本次抗法事件借助媒体和社会舆论监督，迅速引起各方面的关注。当地公安部门及时介入，并依法对肇事司机处以行政拘留10天的处罚。公路部门借此联合交警部门开展专项治超活动，多单位多部门联合行动，通过媒体曝光恶意逃避治超的车辆，取得良好的社会反响，较好地提升了温州路政的品牌形象。

四、超限运输检测机构

截至2015年12月，经省政府批准，温州境内共有固定超限运输检测站7个，联合检查点1个，其中由国省道收费站转为超限运输检测站4个。

公路超限检测站系公路管理机构的派出机构，主要职责：⑴宣传、贯彻、执行国家有关车辆超限治理的法律、法规、规章和政策；⑵制定公路超限检测站的各项管理制度；⑶依法对在公路上行驶的车辆进行超限检测，认定、查处和纠正违法行为；⑷监督当事人对超限运输车辆采取卸载、分装等消除违法状态的改正措施；⑸收集、整理、上报有关检测、执法等数据和动态信息；⑹管理、维护公路超限检测站的设施、设备和信息系统；⑺法律、法规规定的其他职责。

2011年3月7日国务院颁布的《公路安全保护条例》第三十九条规定：“经省、自治区、直辖市人民政府批准，有关交通运输主管部门可以设立固定超限检测站点，配备必要的设备和人员。固定超限检测站点应当规范执法，并公布监督电话。公路管理机构应当加强对固定超限检测站点的管理。”“条例”为公路超限检测站的设置管理提供了充分的法律依据，并提出了更高的管理要求。2005年，国务院办公厅印发《关于加强车辆超限超载治理工作的通知》（国办发〔2005〕30号）规定：“加强监控网络建设。结合公路基础设施建设，统一规划，合理布局，建设一批标准化、规范化且通过计量检定的超限超载检测站，逐步形成全国性超限超载车辆监控网络，对超限超载车辆实行长期、有效的监控检测。”同年，省交通厅印发《浙江省公路超限运输检测站管理办法》（浙交〔2005〕334 号），分总则、职责、检测站建设、人员和装备管理、执法检查、检测站文明建设、附则等 7 章 35 条。2007 年，国家九部委印发《全国车辆超限超载长效治理实施意见》（交公路发〔2007〕596 号），规定，“建立健全路面治超监控网络。加强治超检测站点规范化建设，在全国建设一批标识统一、设施完备、管理规范、信息共享的治超检测站点和治超信息管理系统，完善全国治超路面监控网络。”

2011 年 6 月 24 日，交通运输部发布第 7 号令《公路超限检测站管理办法》（简称《办法》），自 2011 年 8 月 1 日起施行。《办法》分 6 章，共 41 条。包括总则、规划建设、运行管理、执法管理、法律责任、附则及 4 个附件。总体看，《办法》主要根据《公路安全保护条例》的要求，紧紧围绕超限检测站的规范管理，解决超限检测站怎么规划、怎么建设，建成后怎么运行以及驻站执法人员怎么开展工作的问题，是多年来实践经验的总结。主要内容：

⑴明确公路超限检测站的法律地位和工作职责。《办法》规定，公路超限检测站是指为保障公路完好、安全和畅通，在公路上设立的，对车辆实施超限检测，认定、查处和纠正违法行为的执法场所和设施。《办法》将公路超限检测站定位为公路管理机构的派出机构，专职从事路面治超工作，具体承担七项工作职责。

⑵确定公路超限检测站的布局规划要求。《办法》规定，公路超限检测站按照布局和作用，分为 I 类检测站和 II 类检测站。I 类检测站主要用于监控国道或者省道的省界入口、多条国道或者省道的交汇点、跨省货物运输的主通道等全国性公路网的重要路段和节点。II 类检测站主要用于监控港口码头、厂矿等货物集散地、货运站的主要出入路段以及省内货物运输的主通道等区域性公路网的重要路段和节点。公路超限检测站的设置应当按照统一规划、合理布局、总量控制、适时调整的原则，由省、自治区、直辖市人民政府交通运输主管部门提出方案，报请省级人民政府批准。

⑶加强公路超限检测站的信息化建设。《办法》要求，公路超限检测站应当加强信息化建设，其信息系统应符合交通运输部颁发的数据交换标准，并满足远程查询证照和违法记录信息、站内执法信息化以及部、省、站三级联网管理的需要；车辆超限管理信息系统由公路超限检测站具体负责管理和维护。同时要求，省、自治区、直辖市公路管理机构应当定期对超限运输违法信息进行整理和汇总，并抄送相关部门，由其对道路运输企业、货运车辆及其驾驶人依法处理，通过治超信息化建设，着力构建超限运输信用管理体系。

⑷明确公路超限检测站的工作方式。《办法》规定，公路超限检测站应当采取固定检测为主的工作方式。对于检测站附近路网密度较大、故意绕行逃避检测或者短途超限运输情形严重的地区，公路超限检测站可以按照省、自治区、直辖市人民政府交通运输主管部门的有关规定，利用移动检测设备等流动检测方式进行监督检查。经流动检测认定的违法超限运输车辆，应当就近引导至公路超限检测站进行处理。禁止在高速公路主线上开展流动检测。

⑸建立路政、交警等人员驻站执法的管理模式。考虑到地方管理模式的多样性以及国家建立治超长效机制的要求，《办法》第六条规定，县级以上地方人民政府交通运输主管部门可以结合本地区实际，在本级人民政府的统一领导下，会同有关部门组织路政管理、交通警察等执法人员依照各自职责，在公路超限检测站内对超限运输车辆实施联合执法。在组织管理上，坚持公路管理机构是公路超限检测站的管理部门，负责检测站的建设、运行等具体监督管理工作。在执法规范上，按照依法行政的要求，驻站执法人员应以原派驻单位的名义依照各自职责对外行使执法权。允许有上路执法权的部门派员驻站对超限运输车

辆实施联合执法，有效避免重复设站和反复检查车辆，提高公路通行能力。

⑹提出公路超限检测站的文明服务要求。《办法》规定，公路超限检测站应当在站区内设置监督意见箱、开水桶、急救箱、卫生间等便民服务设施，并保持站内外环境整洁。公路超限检测站执法人员应当按照国家有关规定佩戴标志、持证上岗，坚持依法行政、文明执法、行为规范，做到着装规范、风纪严整、举止端庄、热情服务。

⑺建立惩治和预防公路“三乱”保障体系。《办法》规定，在经批准的公路管理经费预算中统筹安排公路超限检测站的建设和运行经费，实行专款专用。公路超限检测站执法人员实施罚款处罚应当实行罚款决定于罚款收缴分离，收缴的罚款应当全部上缴国库，并禁止任何单位和个人向超限检测站执法人员下达或者变相下达罚款指标。此外，还要求对车辆进行超限检测，不得收取检测费用；对停放在检测站内接受调查处理的车辆，不得收取停车费用；需要协助卸载、分装超限货物或者保管卸载货物的，相关收费标准必须严格按照省、自治区、直辖市人民政府物价部门核定的标准执行。《办法》对公路超限检测站的布局规划及功能用途提出系统全面的要求，有助于完善路面治超监控网络，为切实落实卸货、分载措施提供了必要的执法手段保障。此外，《办法》还要求公路管理机构加强对公路超限检测站的组织管理和监督考核，实行站长负责制和站长定期轮岗交流制；并加强检测站信息化建设，对违法超限运输车辆实行联防联控，最大限度减少一线执法人员的主观臆断性。《办法》对执法纪律提出严格要求：规范和公示检测、处罚、卸载等工作流程，执法人员严禁十种行为，受理群众的投诉举报。

在超限运输检测站建设中，全市八家检测站从规范公路治超执法行为入手，要求检测站每个路政执法人员认真学习超限运输治理的相关法律法规和规定，严守治超执法纪律。在查处超限运输车辆过程中，路政执法人员严拒多起当事人不同形式的贿赂，做到公正执法、一身正气。同时，强化超限运输车辆货物卸载、驳运的监管，以及治超使（租）用社会停车场的监管，严格按照“四统一”标准，加强监督检查，对不规范行为全力督促整改。地处浙闽省际的甬台温高速公路苍南超限运输检测站，2004年建站以来，全体执法队员克服十年无站房、工作条件艰辛等困难，坚守浙江南大门，严格履职、文明服务，在治超工作中创新性地建立省际联动工作机制，遏制了冲卡逃卡和“黄牛”现象，有力地保障了公路设施和人民生命财产安全，获部、省、市多项先进荣誉。

由于监管缺失等原因，极少数超限运输检测站发生执法人员在行政执法中渎职犯罪的行为，给公路部门造成了严重的负面影响。2008年11月，G104苍南超限运输检测站从原站长、副站长到工作人员共计6人，因涉嫌滥用职权和受贿，被苍南县人民检察院提起公诉。据检察机关指控，2006年6月至2008年3月，该6人接受“黄牛”和亲友的说情，非法收受财物10万多元，对一些超限运输车辆不作处理就予以放行。经检察机关查实，这起特大渎职案致使国家公路管理应罚没款严重流失，直接经济损失达500多万元。案件发生后，市、县两级公路管理部门高度重视，对G104苍南超限运输检测站进行了彻底的整顿整改，对照检查，深刻反思；同时在全市路政执法队伍中以案说法，接受教训，健全完善预防渎职的内控机制。经过整顿整改，G104苍南超限运输检测站建立完善检测站人员岗位职责和管理办法，特别重视路政执法监督机制的建设，做到“以制度管人，以规程做事”。在日常执法中严格执行路政人员“十不准”和效能办公“四条禁令”，用行动重塑超限运输检测站的形象。至2016年，检测站先后被评为温州市“群众满意基层站所”“美丽窗口”“优秀青年突击队”和温州市学法用法“示范基层站所（服务窗口）”。

温州市固定治超检查站点设置一览表

表 8-2-4

站 名	地 址	面积（平方米）		人员（人数）		隶属部门	建站依据
		占地	建筑	职工	编制		
甬台温高速公路苍南超限运输检测站	苍南县桥墩马渡村高速旁	15199.8	2611	56	19	温州市公路管理局	20040620（浙政办函〔2008〕12号）
330国道温州鹿城超限运输检测站	G330鹿城段（K16+770）	2420	1050	24	12	鹿城区公路管理局	201304（浙政办函〔2010〕73号）
104国道苍南超限运输检测站	苍南县桥墩柳垟村	16650	2911.7	27	28	苍南县公路管理局	201404（浙政办函〔2008〕12号）
56省道（S330）瑞安超限检查站	瑞安市马屿江东村	15000	3000	23	20	瑞安市公路管理局	201509（浙政办函〔2010〕73号）
41省道（S223）永嘉超限运输检测站	S223仙清线永嘉段（K110）	6025	800	20	20	永嘉县公路管理局	201410（浙政办函〔2010〕73号）
52省道（S228）泰顺超限运输检测站	S228云寿线泰顺段（K97+800）	11666	1974	25	28	泰顺县公路管理局	200912（浙政办函〔2008〕12号）
104国道乐清超限运输检测站	乐清市城东街道定康东路662号（乐清收费站）	3000	1000	15	20	乐清市公路管理局	201303（浙政办函〔2010〕73号）
温州大桥温州联合检查点	娄桥收费站	300（借）	600（借）	14	4	温州市公路管理局	20040620（浙政办函〔2004〕93号）

第三节　路域环境整治

公路的管理水平和综合服务能力，不但要通过畅通、安全的基础设施予以体现，更需要整洁、优美的路域环境予以提升。公路路域环境综合整治是一项系统工程、社会工程，涉及范围广，参与部门多，协调难度大。从21世纪开始，公路部门通过开展“三清”整治，着力解决公路沿线“脏乱差”问题。2007年，省公路管理局全面推行公路交通标志标线规范化管理，开展以“拆、清、整、改、建、管”为内容的“三沿两侧”整治大行动。2012年，省政府统一发动全省性的“三改一拆”“四边三化”整治，路域环境整治从部门行为向政府行为、社会行为发展。温州公路部门紧紧抓住契机，坚持高规格启动，全社会参与，凝聚公路综合整治活动的强大合力，以打造“畅、安、舒、美”公路为目标，采取政府主导、各方配合、上下联动、齐抓共管的方式扎实推进，公路边“三化”综合完成率连续两年获得全省第一。2015年，公路部门又借全省开展“两路两侧”整治之机，对4条高速公路视线范围内的201个问题清单全面发起“清零”行动。温州路域环境整治取得了显著的成效。

一、路域整治沿革

1963年，平阳县政府根据国务院〔1962〕305号文件精神，颁发《关于立即制止破坏公路 违反交通管制 保障交通安全的通知》。在平阳境内针对公路路肩、边坡、路基排水沟、取土坑被占种植物等行为开展退耕还路行动，共清除路基、路肩等农作物总计341.7公里。此次行动，为新中国成立以后由政府直接介入路政管理的开端。乐清、平阳等县公路沿线也建立许多护路委员会或小组，确保公路不再受损。

1964年，温州车辆监理所（温州公路总段代管单位）与5个剧团、17个电影院（队）挂钩，正片放映前，利用幻灯向观众宣传路政和行车安全，还配合公路管理部门清除路边农作物和障碍物计 92.6 公里。至 1966 年 6 月，公路基本恢复到“路有边，水有天”的原状，路况也恢复到接近 1957 年的水平。

1977 年 7 月，温州地区公路管理总段开展历时三个月的大规模的清障护路活动，共拆除违建物 2 万平方米，收回被占公路用地。

1982 年 3 月，温州市交通局、建工局、房管局、公路总段、车辆监理所等单位联合行动，强制拆除 G104 温州汽车西站至广化桥段两侧近 2000 平方米的违章建筑，确保了温州西向进口路线的畅通。

1986 年 5 月，苍南县交通局与马站区乡政府联手，对该区范围内的 3 条公路计 39 公里和两个集镇马路市场进行整治。迁走路边违建的砖、瓦、砺灰窑等 32 处，拆除违章建筑及简易棚 64 间，清除路边堆放石条、泥沙等建筑物 380 立方米、砖瓦 29 万块，拆除路边违章大小围墙 236 米。同年 7 月，苍南县开展全线路政大整顿，清除路边简易棚 215 栋、个体贸易点 186 处、锅灶 25 个、建筑料物 220 立方米，转移 5 个中型贸易市场、10 个公路停车场，拆除违建房屋 15 间，纠正违章车辆 3200 辆次，整顿 6 个区所在地的交通秩序，接受安全教育 7600 多人次，砍除影响交通安全的杂树杂竹 28 万株。

1990 年 12 月 13 日，瑞安市人民法院依法强制拆除瑞安莘塍违章建筑 1021.8 平方米，此为温州市首例通过法庭依法执行路政管理的案件。

1995—2002 年 8 月，温州路政管理部门共查处路政案件 36479 起，各类损坏公路设施案件 9276 起，拆除违章建筑 134781 平方米、非公路标牌 54852 块，清理堆积物 286893 立方米，整治接线接坡 36816 米，整治马路市场 135 个，封闭交叉道口 159 个。投入资金 1629 万余元，更换增设标志 4047 套，漆划标线 94 万平方，有效地改善了路容路貌。

2006 年，以打好城郊“三沿”整治大会战为契机，在全市开展高速公路、国道和重要省道公路沿线环境大整治，突出抓好公路沿线违法建筑、广告牌、堆积物等治理，努力为创建文明城市破解难题服务。配合 104 国道标志标线示范路段创建，开展非公路标志大整治。制定印发《104 国道（温州段）非公路标志整治实施意见》《104 国道（温州段）非公路标志设置实施标准（试行）》，将非公路标志分 9 类分别提出整治意见，确定整治执行标准。年底，全市共拆除公路沿线违法建筑 6.6 万平方米，非公路标牌 5211 块，清理堆积物 11 万平方米，整治马路市场 237 个。

2007 年，继续深化“三沿”整治，巩固 G104 线非公路标志的整治成果，并将整治工作向其他国道、省道及重要县道公路延伸。

2009 年，全市查处路政违法案件 3663 起，路政案件查处率和结案率、行政处罚和行政许可正确率、路政处罚案件胜诉率和无错案率均为 100%。查处超限超载车辆 5306 辆，除绿色通道车辆、运输不可解体货物车辆外，3748 辆超限超载车辆实施就地卸载，卸载吨位 43 456.3 吨，卸载率为 100%。温州路政监控指挥中心（96266）受理处置报案、咨询、求助、投诉功能全面提升，全年受理来电 6435 个，路政报案 1417 起，回复率和案件查处率均达 100%。

从 2011 年 4 月起，市公路管理处启动公路沿线环境综合整治工程，253 处重点难点违法建筑等全部整治到位。全年共计拆除违法建筑 19030 平方米，清理堆积物 106225 平方米，拆除非公路标志 13816 块，整治马路市场 1156 个。

2012 年，市高速路政大队及沿线县（市、区）政府组织开展了大规模拆违整治活动，拆除高速公路建筑控制区违法建筑物 301 处计 12.2 万平方米，拆除高速公路用地内和控制区内非公路标志 470 多个，清理高速公路用地内和可视范围内的垃圾 10.3 万平方米。至本年底，温州市共查出公路边乱点 618 处，其中国省道公路乱点 354 处，完成处理 354 处；县乡道乱点 264 处，完成处理 264 处，高速公路、国省道公路沿线高炮广告等各类非公路标志全部拆除。

2013年6月9日，市高速公路路政大队联合茶山街道、城管等部门共出动90多人，动用炮头机，对G15沈海高速1757K（福建方向）三垟生态园区管委会、茶山街道山根村的大型仓库型棚屋进行集中整治。当天共清理5000余平方米。

2014年，温州公路创建G330线25.65公里、S331线64.12公里、S232线47.36公里和五岛相连公路17.156公里的公路边“三化”示范路，并实现高速公路及普通国省道公路用地范围“三化”完成率95%以上，建筑控制区范围内“三化”工作完成率达到95%以上，建筑控制区外“三化”完成率达到90%以上，确保“三化”和“三改一拆”工作继续走在全省前列。

二、“三清”整治

公路沿线“三清”，是指对公路沿线进行清理垃圾、清理违法建筑、清理违法和无序广告。实行“三清”整治能切实解决公路沿线“脏乱差”问题，提高公路沿线环境质量和视觉景观效果，是公路路政管理主要内容之一。

1999年，温州公路路政部门抓住公路体制下放的契机，对久疏管理的农村公路开展了大规模的严格整治，使县乡公路逐步纳入畅、洁、美的行列。2000年，温州公路路政部门对路边“消灾桩”及封建迷信等物件开展专项整治，在公路沿线掀起倡导科学、反对迷信的热潮。是年，全市共拆除公路违章建筑和设施1.54万平方米。2004年，乐清市全面开展“文明景观大道”建设和拆除违章建筑行动。2006年，开展高速公路、普通国省道沿线违法建筑、广告牌、堆积物大整治，全年共拆除违法建筑6.6万平方米，非公路标牌5211块，清理堆积物11万平方米，整治马路市场237个，查处违法案件2407起。2007年，浙江省公路管理局全面推行公路交通标志标线规范化管理，对非公路标志设置提出了明确的要求。是年，温州市开展了以“拆、清、整、改、建、管”为内容的“三沿两侧”整治大行动，拆除违章建筑2.76万平方米，非公路标牌7808块，清理堆积物8.522万平方米，整治马路市场234个。2008年，为强化高速公路非公路标志规划管理，出台《甬台温高速公路温州段非公路标志布局规划方案》和《温州绕城高速公路北线非公路标志设置规划方案》，全年拆除违章建筑1.15万平方米，非公路标牌5864块，清理堆积物5.5万平方米，整治马路市场243个。同时投资1800万元，设置各类标志1.5万套，漆划标线10.7万平方米。2009年，耗资1117.7万元，设置、更新各类公路标志2226套，漆划标线9.80万平方米，震动减速标线968平方米。2011年，启动公路沿线环境综合整治工程，253处重点、难点违法建筑等全部整治到位。全年拆除违章建筑1.90万平方米，非公路标牌1.38万块，清理堆积物10.62万平方米，整治马路市场1156个。乐清市拆除G104中央绿化隔离带1020只灯箱广告，6只高炮广告，集中整治75个重要点段。

2012年开始，随着全省“四边三化”工作的展开，温州公路管理部门抓住机遇，把“一种三清”（“一种”即种植绿化）作为公路边“三化”整治的重点。路政部门重点开展高速公路、普通国省道干线公路环境综合专项整治。全年拆除违章建筑5.7万平方米，非公路标牌1.3万块，清理堆积物9.6万平方米，整治马路市场1135个，拆除高速公路征地范围内大型广告牌35个，灯箱牌体广告185个，完成普通国省道干线公路标志设置（更新）3310块，漆划标线17.1万平方米。至2012年底，温州市共查出公路边乱点618处，其中国省道公路乱点354处，完成354处；县乡道乱点264处，完成264处，高速、国省道公路沿线高炮广告等各类非公路标志予以全部拆除。全市共有可绿化里程12197.95公里，已绿化里程8340.933公里，占可绿化里程68.38%。

温州公路沿线“三清”整治情况统计表（1991—2015）

表 8-3-1

年份	拆除违章建筑（平方米）	清理堆积物（平方米）	拆除非公路标牌（个）	整顿马路市场（个）	公路赔（补）偿费（元）	罚没款（元）
1991	27933.60	2699	2699	701	810250.5	2422150
1992	14071	18371	2690	234	1021380	1584510
1993	17610	26173	3976	329	1394968	2458920
1994	38908	34198.60	5310	540	2452843.5	3845990
1995	47277	48323.10	8281	661	2891017	5332180
1996	49179	54170.30	9101	740	3387951	5999580
1997	14835	63504.40	7075	1720	2534575.3	11561200
1998	17917	70672.30	7991	1897	2967802.2	13462670
1999	19416	76460.10	9037	2087	3345804.2	15324990
2000	23906	96435.70	11390	2436	3937384.2	18902290
2001	19159	97397.70	3279	215	650582.5	1668650
2002	34182.4	108527.90	4412	346	1042960.30	4496020
2003	66417.4	136598.30	5258	516	1366306.30	8283470
2004	76256.7	145234.30	5888	630	1774238.30	11449330
2005	79842.7	165748.50	6816	778	2240769.30	14501860
2006	82750.2	171546.90	7790	1115	3048702.00	17239930
2007	85372.2	176895.40	8220	1223	3370246.50	20003770
2008	91901.2	201137.20	9321	1445	4242496.50	25316470
2009	95299.2	216769.20	9830	1570	4584281.50	28085370
2010	57125	98325.8	13479	1135	5295184.62	17142500
2011	19030.50	106225.60	13816	1156	6734271.05	10864330
2012	57125	98325.8	13479	1135	5025202.80	9087230
2013	100859.2	228026.7	10827	1764	4990310.1	29226930
2014	24894	109478.4	12326	2608	4233271.4	21442810
2015	14729	45564	9564	1786	5137244.5	23112820

三、“三改一拆”与“四边三化”

为了有效维护公路路产，从 2011 年 4 月起，温州市掀起一场“三改一拆”行动。首先以“六先拆”为重点，其中第一拆就是拆除城市主次干道、主要出入口以及其他道路的违法建筑。2012 年，根据实际情况，调整“六先拆”重点，第一拆还是拆除沿路（城市道路、高速公路、国道、省道、铁路）、沿河（江）、沿山（城市山体、风景名胜区）的违法建筑，包括现行和执法检查发现的违法建筑。

2012 年 8 月 14 日，中共浙江省委、浙江省人民政府两办印发《浙江省“四边三化”行动方案》（浙委办〔2012〕87 号），提出在公路边、铁路边、河边、山边等区域开展洁化、绿化、美化行动。2013 年 1 月 30 日，温州市交通运输局召开全市国省道公路边“三化”工作会议，对公路边“三化”工作进行全面部署。市公路管理处把公路边“三化”与“三改一拆”作为全面改善公路路域环境的大好契机，作为一场重塑城市形象的攻坚战，以建设美丽温州为目标，以提升温州公路品质为根本，全面打响以“‘三化’让温州公路更美丽”为主题、以“三改一拆”为载体的公路环境整治大会战，深入推进公路沿线洁化、绿化和美化，实现公路沿线环境与自然的和谐统一。公路部门不像以往那样只是作为主管部门推进工作，而是将自己定位为“运动员”“监督员”“记录员”“信息员”和“统计员”，全面、深入、细致地参与到行动中来。截至 2013 年 6 月底，共计拆除公路边违法建（构）筑物 483 万平方米；清理垃圾、废弃物 69 万吨；拆除广告牌及违法无序非公路标志 3.58 万处；绿化里程 975 公里。

在实施“三改一拆”“四边三化”行动中，时任省委常委、温州市委书记陈德荣亲自参与对“四边三化”的监督，引起了强烈反响。各县（市、区）党政主要负责人纷纷带队检查、指导和督查。市民监督团的参与是督查“四边三化”的最大亮点。2013 年新春伊始，温州市“走四边、促三化”市民监督团大督查活动也拉开序幕。这些特别身份的监督员，手拿数码相机，从水、陆、空三路立体查看“四边三化”整治情况。有“温州航拍第一人”之称的陈斌则驾驶动力伞，在空中寻找环境盲区。地面上的卫星直播车，通过温州网向网友直播航拍画面。这次大督查，市民监督团一路监督的情况还通过3G直播的方式在网络上呈现。据统计，市民监督团前后共曝光了20多处“脏乱差”现象。3月18日，由温州市政府组织、市交通运输局牵头的“四边三化”公路边三化考核检查组，重点针对乐清市境内高速公路、G104两侧“一种三清”的现状，特别是公路两侧15米范围内的绿化种植情况、违章清理、视觉污染清理等情况进行打分。

据省交通运输厅2013年、2014年全省国省道公路边“三化”及“三改一拆”考核通报，2013年上半年，四项指标温州市获得三项完成率（按投资额）第一，即建控区内、建控区外、公路边绿化分别为104.0%、71.3%和108.3%，公路边“三化”综合完成率名列全省首位；2014年上半年，温州公路边绿化完成率(按投资额)达到693.6%(全省完成率为168.2%），公路边“三化”综合完成率再次位于全省榜首，即公路用地内、建控区内、建控区外“三化”均率先完成并名列前茅。

温州公路边“三化”和“三改一拆”工作连续两年获得第一的主要原因：从温州市委市政府到交通运输部门、公路部门，一直把“四边三化”和“三改一拆”作为重大民生问题，摆在特别突出的地位，做到主要领导上路，班子领导挂钩联系，市民参与监督。通过党政一把手上路抓督查、市县联动抓创新、全民参与抓揭疤，保持强势推进、紧督紧促的工作态势。通过机制创新，建立了领导挂钩点评制度、考核排名通报制度、末位公开承诺制度、四边区域揭疤制度、反馈督考制度和联席会议制度。至2015年底，全市已经创建8条国省道公路边“三化”暨无违建公路示范路；全市所有的国省道公路达标，基本实现全市公路

高速公路两侧整治　张品金摄

两侧“脏乱差”状况得到改观　张品金摄

高架桥下整治　张品金摄

整治后的桥下绿道　刘晓华摄

边“三化”示范路暨无违建公路全覆盖。

四、“两路两侧”专项整治

2015年5月起，浙江省政协组织对以公路干线和铁路沿线为重点的“四边三化”工作进行专项集体民主监督，对全省3800多公里高速公路和重点区域的国省道、2400多公里铁路沿线的“四边三化”情况进行了实地督查，列出了两份问题清单、3538个问题点位。在这份问题清单中，温州“两路两侧”“四边三化”问题共278个，其中属于公路两侧的201个，涉及温州市8个县（市、区）范围内沈海、温丽、绕城、诸永等4条高速公路视线范围内的乱采乱挖、广告牌残留、乱搭乱建、废品垃圾、黑臭河和垃圾河应、宗教场所、绿化缺失等7个方面。

“两路两侧”专项整治行动是继“四边三化”“三改一拆”之后的又一场环境整治战役，是对“四边三化”的深化，标准更高、要求更严，整治难度更大。对此，温州市公路部门高度重视，把“两路两侧”问题清单“清零”攻坚行动，作为推进当年迎“国检”路域环境整治工作的重要抓手，成立“两路两侧”专项整治工作组，召开会议部署疤点“清零”攻坚行动，联合相关部门对全市各条高速公路、普通国省道公路干线的“三化”问题再排查，全面摸清公路沿线特别是易反弹点的问题底数，建立详细问题台账。自7月开始，以拔钉子、啃硬骨头的决心，严格按照问题清单，迅速行动、合力推进。建立路段长责任制，按照行政区域将全市公路干线划分为12个路段和39个子单元，整合全市公路系统力量，并协调联合乡镇（街道）、村（社区）力量，建立网格化巡查机制。为了检验阶段性成效，组织3个督查组对全市问题清单“清零”攻坚行动进行全面督查。

在这次“清单”攻坚行动中，公路部门牵头承担公路两侧乱采乱挖、高速公路沿线广告牌整治的任务。甬台温高速公路乐清段是问题清单大户，共有60点处，占清单总数的1/4多，其中经过“四边三化”整治后出现反弹的广告牌是一大顽疾。在督查核查的基础上，乐清市交通、公路、行政执法局及“三改一拆”办公室联手，围绕难点重点，展开宣传攻势，对高速公路沿线的广告牌、乱采乱挖、山体裸露、黑臭河等点位实行全面整治。同时，还以此为契机，全面排查，自我加压，确定市级督办的问题点位135处，乐清市本级督办的问题点位723个，全面开展专项整治。

温州市公路部门自我加压，联合各县（市、区）对公路沿线进行“地毯式”排查。据统计，公路沿线共发现公路两侧问题清单463点处，其中高速公路106点处、国省道357点处，涉及广告牌残留、乱搭乱建、废品垃圾、黑臭河、违规堆积物等问题。全市公路系统全面建立问题清单台账，明确所属区域、线路名称、问题类别、责任单位及整改期限，开展“百日攻坚”路域环境专项整治行动。截至2015年9月20日，201个问题点位全部完成整治。

第四节　路政执法规范化

加强公路路政执法规范化建设，是推进交通运输行业法治部门建设的重要内容。2014年，交通运输部下发《关于加强公路路政执法规范化建设的若干意见》，提出公路路政执法规范化建设三大主要任务：加强公路路政执法队伍规范化建设，加强公路路政执法行为规范化建设，加强公路路政执法监督规范化建设。

一、路政执法队伍规范

建设一支政治强、素质高、业务精、纪律严

的行政执法队伍，是推动路政管理工作创新发展的基础和关键。温州公路路政部门开展执法规范化建设目的：严格规范公路路政执法行为，做到公正、文明执法，不断提升交通运输行业依法行政、执法为民的水平，更好地服务于人民群众的安全便捷出行。队伍规范化是公路路政执法规范化的首要任务。温州公路路政管理部门主要在完善规章制度、创建规范化中队、建立轮训制度、强化督查通报等方面上下功夫，提高路政管理队伍的整体综合素质，规范路政执法。

⑴ 完善内部管理规章制度。为加强执法队伍管理，严格实施“效能革命”四项禁令和路政执法人员六项禁令，在内部先后制定了《行政执法规定》《法律法规、规章宣传制度》《行政执法人员学习培训制度》《行政执法证件管理办法》《行政执法人员档案管理规定》《行政执法错案追究制度》《行政执法投诉案件实施办法》《行政执法人员着装风纪规定》《行政执法六条禁令》等十几项强化内部管理的规章制度。对于违反禁令者，规定第一次给予其停职处理，第二次立即调离执法岗位，典型案件还要同时追究其领导责任。用制度约束、规范路政执法行为，杜绝了行政执法中适用法律不准确和执法程序不规范以及个别执法人员粗放管理和执法随意性等问题。更新了队伍管理理念，激发了路政人员依法行政的自觉性，收到了显著的成效。

⑵ 创建规范化路政中队。自2004年开始，在全省率先开展“规范化中队”“规范化大队”和“星级规范化路政中队”创建活动，要求全市11个县（市、区）路政大队当年确定一个中队参加，所有路政中队必须在2005年12月底之前达标。“规范化中队”创建评定标准分硬件、软件、执法队伍、执法管理四个目标，参与创建的中队若发生公路“三乱”行为，出现路政案件行政诉讼败诉及行政复议撤销案件等情况，或者未完成年度主要工作目标任务，实行一票否决。2009年，省公路管理局推出“规范化路政中队”创建活动，温州市公路系统第一批申报17个中队，16个创建成功，达标率94%。至2011年底，温州路政37个中队共30个完成了创建任务，达标率81%。积极组织路政各大队、中队、治超站点及驻政府审批中心窗口参加“群众满意基层站所（办事窗口）”创建和评比工作。至2012初，全市路政队伍被评为省级、省厅级9家，市级、市局级9家。

⑶ 建立路政人员轮训制度。组织开展“路政学习年”“路政队伍建设年”，以及“群众满意基层站所”创建，路政队伍“三基三化”、路政队伍一体化等活动，从思想作风、工作纪律、廉政建设等方面入手，提升路政执法规范化水平，增强路政队伍的执行能力和服务能力。从2009年开始，健全和完善公路路政执法教育培训机制，实现公路路政人员轮训工作制度化。制定《温州市公路路政人员轮训工作方案》，规定公路路政人员轮训工作的总体目标，轮训内容，分类、分期开展公路路政管理人员和执法人员全员培训，全系统所有公路路政管理和执法人员，每年均要参加为期一个星期的培训。轮训内容分四个方面：一是军训。执行标准参照《解放军队列条令》《解放军内务条令》和《交通警察交通指挥手势》，开展八种队列训练。轮训邀请有关领导、军官、警官组成的考评小组，对军训成果进行检验考核。二是法律知识。主要内容：公路专业法律知识方面，重点学习《中华人民共和国公路法》《公路安全保护条例》《浙江省公路路政管理条例》《交通行政处罚程序规定》《路政管理规定》等，以及交通运输执法办案程序、执法风纪、执法规范。通用法律知识方面，重点学习《中华人民共和国行政处罚法》《中华人民共和国行政强制法》《中华人民共和国行政许可法》《中华人民共和国行政诉讼法》及行政法学基本理论等通用法律知识。每周自学不少于4小时，全年集中学习不少于5天，并做好学习笔记。各单位每月对路政人员理论测试不少于1次，集中学习结束，对路政人员进行测试，并通报测试成绩。三是执法实践。主要内容：

组织路政军训　张品金摄

规范路政执法训练　朱劲松摄

包括现场检查、调查取证、填制执法文书、执法案卷评查、示范案例分析、非现场执法、路政巡查和应急处置等。轮训坚持路政人员日常办案和各单位组织集中授课相结合，采取交叉执法、对口学习交流、联合执法和集中培训等形式，举办路政业务研讨会以及执法文书、案卷制作和执法活动比赛。四是路政内业。主要内容：重点培训档案、统计相关规范性文件、路政档案台账制作规范、相关报表制作、公文写作、执法文书制作等。方案规定，路政人员的培训情况作为年度考核、证件年审、执法评议考核及评先评优的重要内容和依据。对于无故不参加全员轮训或考试不及格经补考仍不及格的，不得上岗，已经取得执法证件的，暂扣其证件，调离执法岗位。

⑷ 建立督查通报机制。各路政执法队伍依据行政执法的相关规定，层层签订“执法责任状”，将执法责任、管理目标层层分解，落实到单位和个人，促使每个路政执法人员做到依法管理、文明执法，路政执法不越位、不错位、不缺位、不扰民。每个执法单位都建立社会监督网络，聘请社会监督员、义务监督员。设立执法人员公示栏，公开监督举报电话。市公路管理局建立领导督查通报制度，局领导班子成员每个月对各执法单位行政执法情况、完成月度目标任务情况进行督查通报。对于重点工作完成不佳的单位，直接通报到该单位所在的交通主管部门直至县（市、区）政府，提出整改措施。对在执法中违规违法人员视其情节、性质给予纪律处分，情节严重的解除执法人员合同，清除出执法队伍或开除公职，错犯法律的依法追究法律责任。通过抓队伍规范化建设，路政执法人员素质、路政执法规范程度、执法工作效率、文明执法形象、执法监督力度等都得到了明显提高，全系统路政执法管理水平上升到一个新的高度。

二、路政执法行为规范

加强公路路政执法规范化建设，规范路政执法行为，提升执法为民水平，是推进交通公路行业法治建设的重要内容。

⑴ 制定路政规范性规定。制订出台《温州市公路路政许可事项管理规程》《进一步加强治超使（租）用停车场规范监管》《超限运输车辆擅自行驶公路行政处罚文书参考样式（试行）》《温州市公路沿线非公路标志管理办法》《全市公路执法系统推广 POS 机管理办法》《温州市公路路政许可涉路施工安全评价暂行规定（试行）》《开展治理车辆超限超载非现场执法试点工作》等系列规范性文件，建立健全“法规—规章—规范性文件”三位一体的路政法制体系。

⑵ 规范路政许可。遵循依法、规范、高效、便民原则，优化许可流程，压缩许可时限，认真推行行政许可首问负责制和限时办结制，尽可能缩短实际办结时间。对不符合规定的申请，实行一次性告知，并提供必要的便利服务。全力完善国省道路政许可直接受理、许可办理全程 AB 岗、

网上书面同步规范操作三大创新机制。启动规范许可裁量权工作，梳理依据、制定标准、健全制度、网上公布。积极推行网上许可。经多方对接，公路建筑控制区危房原拆原建被温州市行政审批管理办公室确定为非许可审批事项。创新许可服务模式，进村入企提供方便。如召开“路政—电力协作恳谈会”，解决路政管理在电力施工中存在的诸多问题。

(3) 规范路政处罚。严格执行省、市有关自由裁量的规定和标准，做好自由裁量权规范工作，完善重大案件讨论机制。全力优化完善路政管理处罚系统，实现所有治超处罚案件通过处罚信息管理软件办理。积极探索将自由裁量权实施标准与系统实现对接，并落实瑞安市公路路政大队开展试点工作。着手建立法律服务基层公路部门机制。制定《温州市公路行政调解工作制度》《温州市公路系统示范执法案卷评选规程》，进一步优化案卷评查机制。严格执行罚款收缴分离制度，全市38个路政中队（所）和8个治超站（点）全部安装POS机，安装率100%。路政许可、处罚正确率保持100%，无行政复议被撤销和行政诉讼败诉案件。

(4) 规范路政强制。按省、市法制部门要求，积极做好行政强制实施主体清理及相关工作，成为温州市第一批公布的行政强制实施主体。路政系统的处罚、许可案卷制作质量多次获得省公路管理局、省交通运输厅、市交通运输局、市法制办的高度肯定，2011年获全省公路执法案卷评查第一名。探索和完善公路路政与公安交警联勤联动执法机制，联合开展高速公路巡查、疏堵保畅、救援清障、打击冲闯公路超限检测站点和公路收费站点等行动。进一步健全和完善路政与运政治超联合执法协作机制，加强路政执法管理与道路运输市场监管的衔接与配合。认真组织全市路政管理人员参加温州市人民政府法制办组织的《行政强制法》网络知识竞赛，获组织奖。

据统计，“十二五”期间，全市累计出动路政执法人员372270人次，发现违章案件33059件，查处违章案件32918件；拆除违章建筑216638平方米，清理路边堆积物587621平方米；拆除非公路标牌60012块，整治马路市场8449个；查获超限车辆53507辆，卸载超限车辆45239辆，卸货577972.1吨，行政罚款9461.275万元。对市域内高速公路、普通国省道标志投入资金9672.04万元，更新各类标志15125块，设置支路减速缓冲带15050米，漆划热熔标志861288平方米，其他安全设施17784根（块），设置双向显示的门架式可变信息标志18块。

三、路政执法监督规范

温州公路路政主管部门结合《路政文明执法管理工作规范》以及“五个严禁”等路政执法工作纪律，进一步细化和完善本地区公路路政执法工作纪律，加强对公路路政执法的监督检查，坚决查处违规上路执法、无执法资格的人员执法、趋利执法、擅自提高或降低执法标准、乱罚款和乱收费等违规违纪执法行为。首先，实行执法信息公开。进一步健全和完善相关制度，督促所属公路管理机构通过政府部门网站或在办公场所设置公示栏、电子显示屏、公众查阅室等方式，实行执法信息公开。对公路路政执法主体、执法依据、执法程序、执法监督、执法结果、当事人权利等相关信息进行全面公示，确保公路路政执法在阳光下运行。进一步推进统一公路路政执法形象建设，对外实现路政执法形象的“四个统一”，即统一执法标志、统一执法证件、统一执法工装、统一执法场所外观。其次，公布行风投诉举报电话。为了做到畅通举报投诉渠道，统一公布行风投诉举报电话、通信地址和电子邮箱地址，畅通举报投诉渠道，全面接受社会监督。加强群众举报投诉问题的核查处理，及时反馈核实处理情况，确保有效投诉答复率达到100%。实行“12328”交通运输服务监督电话与市长专线的链接，充分发挥其投诉、监督的作用。同时，建立健全公路路政执法督导检查制度，定期或不定期地组织开展督导检查。

第五节 高速公路综合管理

2013年初，针对高速公路行业监管中存在的“短板”，市公路管理局积极探索创新监管机制，推出高速公路“四合一”综合管理模式，即运用高速公路路政大队这一平台，把履行高速公路路政管理职责与履行高速公路养护行业管理、征收行业管理及服务区文明创建监管结合起来，补齐高速公路行业监管这块“短板”。

一、“四合一”模式

高速公路行业管理作为地市级公路管理机构的重要工作职责之一，长久以来存在“管理难”，原因主要有：⑴ 监管对象性质复杂。温州境内有6家高速公路经营单位，涉及央企、地方国企、民企等经营性质，不同经营性质的主体，都坚持各自的管理理念和管理方式。这种分割式、多元化的营运格局，给监管工作的对接带来了困难。⑵ 监管手段相对匮乏。当前的高速公路行业监管，在法规、政策层面，赋予地市级公路管理机构的管理手段匮乏，责权不符。⑶ 互动不够顺畅。原来的管理模式，高速公路行业监管的不同职责分别由地市级公路管理机构的不同职能处室直接负责，监管部门与各高速公路经营单位的关系缺乏紧密性，对接不够顺畅。

从温州第一条高速公路投入营运以来，高速公路交通执法机构履行单一的路政、运政、收费稽查等交通综合执法职责。随着高速公路在经济社会发展中的支撑引领作用日益凸显，消除现行高速公路行业管理体制弊端，加快推进高速公路行业监管转型发展，提升高速公路服务供给能力显得十分重要而紧迫，急需地市级公路管理机构推动管理理念从运动员向裁判员转变，厘清高速公路交通执法机构和营运公司的职责定位，主动探索和创新管理模式和机制，确保行业监管职责履行到位。2013年初，温州市公路管理局研究，决定赋予高速公路交通执法机构高速公路养护、收费、服务等行业监管职责。高速公路路政大队主动适应职能职责变化，推动管理理念由重执法向执法与监管并重转变，探索高速公路行业监管转型发展新模式。

“四合一”模式的三大支撑：⑴ 法规依据支撑。根据《中华人民共和国公路法》《公路安全保护条例》《浙江省公路路政管理条例》《浙江省高速公路运行管理办法》《浙江省高速公路养护管理若干规定（试行）》《浙江省高速公路服务区管理暂行办法》等系列法律、法规、规章以及规范性文件的有关规定，地市级公路管理机构依法开展高速公路行业管理的法律依据和政策依据充分。高速路政队伍作为地市级公路管理机构的直属机构，代表地市公路管理机构履行行业管理职责。⑵ 执法队伍支撑。截至2015年底，温州境内高速公路总里程为300公里。高速路政大队按照辖区和里程设置的6个区域管理中队和1个机动管理中队，为开展高速行业管理提供了专业的队伍和人员支撑。⑶ 工作职责支撑。高速路政管理的工作职责，既包括依法保护高速公路路产路权，制止和查处各种违法行为，也涵盖检查督促公路养护单位修复受损公路设施，监督高速公路规范施工等。在日常履职中，高速路政队伍与各高速公路经营单位互动及时且紧密，为高速公路行业管理打下了基础。

机构人员安排：⑴ 机构安排。在按照辖区和里程下设6个区域管理中队和1个机动管理中队的基础上，明确高速公路路政大队内设科室的职责，管理科履行养护行业监管牵头职责，政工科履行牵头服务区文明创建监管和征收行业监管职责。各项行业监管的具体任务，以辖区为单位，由6个区域管理中队根据大队和业务科室布置负责落实。⑵ 人员安排。明确大队各副职相对应的分管职责，对管理科、政工科配备专职工作人员，负责各项监管业务的计划编制、路公司对接、日常具体事宜牵头实施，所有中队工作人员参与日常监管和各阶段计划安排的监管。通过机构和人员的科学安排，基本形成了“科室牵头，中队实施，主导明确，点面结合，全员参与”的行业监管格局。

二、推进及效果

⑴ 以“两整治一优化”推进高速公路路政管理。超限运输专项整治：2013—2015年，高速公路路政大队查处超限运输车辆6816辆，卸载7.45万吨，处理非现场执法案件60起（2015年），全市治超处置量连续三年位居全省前列。“三化”专项整治：2013—2015年，在高速用地范围内拆除违法建筑（屋棚）5.41万平方米，拆除非公路标牌128块，清理堆积物（垃圾）18.53万平方米，整治桥下空间502处；在高速用地范围外拆除违法建筑（屋棚）5.27万平方米，拆除非公路标牌391块，清理堆积物（垃圾）2.99万平方米；各高速公路经营单位绿化补（种）植投入972万元，种植苗木9.48万株。优化便民服务：实现了两个浙江首创，即POS机处罚处理应用全覆盖和治超“调查、卸货、罚款”一站式驻点执法服务。

⑵ 以“两优先一突出”推进高速公路养护行业监管。计划优先：每年1月份召开养护计划对接会，梳理、反馈上年度路况检测不达标的路段，并要求各高速公路经营单位合理编制全年养护计划，实行监管前移、源头把控。质量优先：主动介入养护工程招投标和工程质量及其验收的监管，实行全程跟踪。突出常态督查：编制《高速公路养护日常巡检指导手册》，实行路政巡查和养护巡检的整合，通过“一月一督查、一月一通报”，实现养护督查常态化。

⑶ 以“两强化一指导”推进征收行业监管。强化征收监管机制：通过完善机构、健全机制、充分交流，建立起一整套适应征收监管的机制，并督促指导5个高速公路经营单位28个收费站点，深入推进“阳光收费”活动。强化服务质量提升：根据《浙江省公路收费站点阳光收费考核办法》，重点突出对各高速公路收费站点服务质量的督查，建立了路公司互检机制；组建阳光收费监督员队伍，配合辖区中队定期开展明察暗访。指导国家重大惠民政策的落地：优质、高效地做好节假日高速公路免费通行服务保障及“绿色通道”、“鲜活农产品”等一系列征费惠民政策落地的监管。

⑷ 以“两完善一整合”推进服务区文明创建监管。完善指导机制：围绕“四改造八提升”创建工作要求，指导各高速公路经营单位制定实际可行的创建目标，分年分阶段推进；指导目标明确的服务区精心组织实施，有序推进改造提升。完善监管机制：推出“每月一暗访、每季一明察、每季一例会”工作机制，确保服务区服务质量稳定、规范、优质。整合各方资源：按照“人人参与、文明共建”机制，督促各路公司引导广大司乘人员积极参与服务区文明创建。

推行成效：⑴ 行业监管真正入地。基本建立起以“日常监管+专项监管+工作考评”为主要方式，以“路况水平、服务质量、运行保畅”为监管重点的行业监管模式。⑵ 对接方式真正搭建。实现行业监管部门与经营单位、公路管理机构业务处室与经营单位的无缝对接，建立了五方（高速路政、地方路政、高速交警、地方交警、高速业主）联动协调机制。⑶ 工作成效真正提升。温州高速公路累计完成养护投入8.4亿元（其中，日常养护经费1.7亿元，专项工程经费6.7亿元），年均投入较之前增长了36.6%；路面PQI指数（路面使用性能指数）从2012年的92.3提升至2015年的94.0。实施路面大中修194万平方米，完成边坡处治20多处。省公路管理局多次对温州高速公路养护行业管理模式予以肯定。

第六节　标志标线管理

公路标志、标线，是公路交通安全规范畅通的设施之一，随着交通工具和道路交通的发展而出现，并逐渐形成体系。

一、公路交通标志标线体系的形成

中国近代道路交通标志和标线与发达国家相比起步较晚。1950 年开始有了《汽车管理暂行办法》《城市陆上交通管理暂行办法》等。1955 年，公安部发布《城市交通规则》，规定我国道路交通标志共有 3 类 28 种。1972 年，交通部、公安部联合发布《交通规则》，将交通标志分为警告、禁令和指示标志 3 类 34 种。20 世纪 80 年代初，交通部发布部颁标准《公路标志及路面标线》（JTJ072-82），将交通标志分为警告、禁令、指示、指路、辅助 5 类 105 种，第一次提出了路面标线标准。1986 年编制的第一部全国统一的《道路交通标志和标线》（GB5768-1986），共规定 168 种交通标志。至此，道路交通标志和标线走向规范化。

1999 年、2009 年，先后两次对《道路交通标志和标线》进行修订，最终形成 395 种交通标志和 74 种交通标线，强化了交通法规及路权概念，完善交通标志和标线的颜色，体现了交通标志和标线的国际性。交通运输部公布《公路交通标志和标线设置规范》（JTG D82-2009）（2009 年第 28 号公告），作为公路工程行为标准，自 2009 年 10 月 1 日起施行。

二、公路交通标志标线管理

公路交通标志标线作为交通安全和畅通重要设施之一，在公路建设和养护管理中所占的成本较低，但其在公路交通管理中却发挥着重要作用。规范合理设置公路交通标志标线，可有效提高公路通行能力与安全性，预防和减少交通事故的发生，并有利于节省能源、降低公害、美化路容，充分体现公路的功能。

民国 25 年（1936），永嘉县政府和乐清县政府督令保安部队、乡政府执管路政工作。当时公路行车标志牌常被人为拔弃。是年 3 月 11 日，永嘉县政府颁布《保护公路标志告示》，其中有“对拔除、捣毁公路标志者，按破坏公路认罪”的规定，此为温州公路史上第一个地方性公路路政政令。政令警告破坏、捣毁公路标志行为，一经发现一律按破坏交通罪论处。

1956 年，平阳县政府规定：“对破坏桥涵、公路标志等设施……必须立即制止，并报当地公安机关、县司法等部门按有关路政管理规定进行严肃处理。”

1998 年，浙江公路交通标志标线设置和管理工作，由公安交警部门移交交通公路部门。自此，公路交通标志标线设置和管理工作由公路管理机构（路政部门）负责。《中华人民共和国公路法》和《浙江省公路路政管理条例》明确规定，公路交通标志标线行业管理主体是公路管理机构。

温州公路交通标志标线管理工作，本着统筹规划、确保重点、分年实施、强化管理的原则开展，成效主要体现在：一是加大投入力度，提高设置标准。全市普通国省道公路交通标志标线，设置规范、齐全、醒目、清晰、完好，符合国家标准，设置率达 100%，其规范化管理水平也得到进一步提升。“十一五”、“十二五”期间（2006—2015 年），温州普通公路交通标志标线增设和维护工程共投入资金 16845.81 万元。二是强化在建公路管理。对新建、改建和大中修的国省道路段，路政部门积极介入标志标线的设计审查、交（竣）工验收，并积极协调沟通设计、项目业主、施工等单位，坚持应设必设，进一步强化公路交通标志标线行业管理力度。三是建立专业管理队伍。各县（市、区）路政部门均配备标志标线专业管理人员，通过业务技术知识的培训，全面履行公路交通标志标线管理职能。

2006年，是浙江省国省道干线公路交通标志标线规范管理实施年。根据省公路管理局《104、329国道公路标志标线规范化管理实施标准》（浙公路〔2006〕64号）要求，温州境内G104线186公里路段，列入省公路局创建公路交通标志标线规范化管理考核范围。市公路管理处成立领导小组，召开专题会议，明确将该项工作作为规范交通行为、提高通行能力、减少交通事故、美化公路环境的重要载体，纳入年度路政工作考核范围，落实专人负责。是年，G104线交通标志标线规范化管理实施工程总投入835.5万元，增设（更新）禁令、指示、警告标志1815块、指路标志239块、道口标柱704根、支路口缓冲带4566米、突起路标1069块、轮廓标9192根，新设平交口信号灯2处，漆划各类热熔标线78968平方米。同时，以此为契机，制定《104国道温州段非公路标志整治实施意见》《104国道温州段非公路标志设置实施标准（试行）》，开展非公路标志专项整治行动。共组织专项行动20余人次，出动拆违人员400余人次，拆除非公路标志2000多块。是年，市公路路政管理支队印发《关于加强非公路标牌设施安全管理的通知》（温公路〔2006〕283号），编制《农村公路标志标线等专项经费支出审查表》，严格组织国省道公路交通标志标线施工，完善工程招投标。

2007年，省公路管理局开始全面推行公路交通标志标线规范化管理工程，市公路管理处专门制定《104国道（温州段）非公路标志整治实施意见》和《104国道（温州段）非公路标志设置实施标准（试行）》。“实施标准”对非公路标志设置提出了明确要求。根据要求，温州路政支队提出“五个强化”：强化标志标线规范设置理念，强化全市指路体系方案的制订，强化部门间的沟通协作，强化标志标线行业监管，强化公路交通标志标线的日常性管理。是年，为加强县、乡公路标志标线设置规范化，逐步完善公路指路体系，专门补助30万元，在瓯海辖区完成瓯湖线、温源线共40公里标志标线的规范设置，并作为全市县、乡公路标志标线规范设置的示范路段，组织全市各县（市、区）路政大队进行现场观摩。

2008年，路政管理部门深入开展标志标线规范化路段创建活动，在文明公路创建路段、大中修工程路段和改建工程路段推广实施。全市投资1800万元，设置各类标志1.5万套、漆划标线10.7万平方米。路政部门重点考虑制定全市普通国省道公路指路标志体系优化方案，对国省道干线进行全面调查梳理，根据指路标志体系优化方案，对部分公路指路标志进行了增设、更新和地名信息的调整，共完成指路标志474块。是年，为强化高速公路非公路标志规划管理，出台了《甬台温高速公路温州段非公路标志布局规划方案》和《温州绕城高速公路北线非公路标志设置规划方案》。

2009年，温州公路部门设置更新各类公路标志2226套，漆划标线97 950万平方米，震动减速标线968平方米，耗资1117.7万元。公路标志标线维护力度加大，国省道干线公路旅游标志、限速标志和非公路标志设置管理日趋规范。编制完成《永嘉县域农村公路指路标志体系优化完善方案》，这在全省农村公路标志标线管理工作中尚属首次，得到省公路路政部门的充分肯定。翌年，投入资金600万元实施该优化工程。自此，全市农村公路指路标志体系规范化建设相继展开。组织实施公路沿线非公路标牌整治和加油站涉路专项整治，完善农村公路指路标志体系，出动路政巡查49934人次，拆除非公路标牌12497块。

2010年3月，根据省公路管理局《关于公路桥梁限载标志设置取值有关事宜的通知》（浙公路〔2008〕141号）要求，市公路管理处组织召开温州市公路桥梁限载标志设置取值专题会议，制定桥梁限制质量、限制轴重标志取值方案（农村公路桥梁限载标志参照执行）。是年，完成全市普通国省道公路428座桥梁限制质量、限制轴重标志设置1712块。

2011年，为切实提高公路路网的服务功能，拓宽公路交通信息采集和信息发布渠道，在G104线乐清、永嘉、瓯海、苍南段，增设门架式双向显示的LED可变信息标志4座8块，显示屏面积96平方米。

2012年11月，温州市政府常务会议审议并原则通过《温州市公路沿线非公路标志管理办法》。非公路标志包括指路牌、地名牌、厂（店）名牌、宣传牌、广告牌、龙门架、霓虹灯、电子显示牌（LED）、橱窗、灯箱和其他标牌设施。“管理办法”规定，非公路标志实施一路一规划。非公路标志作为公共资源，其使用权的出让应当在统一规划、规范管理的基础上，严格按规定采取招标、拍卖、挂牌等方式有偿出让。“管理部分”规定，经批准设置的公路沿线非公路标志属临时性设施，设置有效期原则上不超过5年。如遇公路建设、养护和管理需要，经营者或产权单位必须无条件自行拆除。非公路标志在设置有效期内实行年审制。“管理办法”还对公路沿线非公路标志的设置标准、维护、监管等给予明确。

2013年6月，在温州市国省道公路交通标志标线增设和工程交（竣）工会议上，省公路管理局路政部门负责人点评认为，温州公路标志标线工作一直走在全省前列。

2014年，公路部门率全省之先开展标志标线检测评估工作。委托浙江省交通规划设计研究院，对温州市域的普通国省道公路标志标线现状和质量性能进行检测及评估。检测评估单位按照规范性检查、安全性检测、技术状况评估的要求，提交检测及评估报告。是年7月15日，市公路管理局在杭州组织召开温州市普通国省道公路交通标志标线现状质量性能检测及评估报告审查会议。会议认为，温州市普通国省道公路标志标线设置与维护管理质量整体水平较好，满足设置规范、信息准确、标准统一、管理有力的要求。

2015年，随着省级财政专项资金管理改革政策的出台，首次落实县级公路管理机构为交通标志标线实施管理责任主体，改变了以往普通国省道公路交通标志标线增设和维护工程由市公路管理局实施模式。

温州市农村公路标志标线设置情况表（2009）

表8-6-1

行政区划	农村公路里程（公里）			农村公路标志标线设置里程（公里）		
	县　道	乡　道	村　道	县道（70%）	乡道（50%）	村道（30%）
鹿城区	53.66	64.519	138.996	38	32	42
龙湾区	67.946	48.216	136.45	48	24	41
瓯海区	191.621	75.752	406.022	134	38	122
洞头县	73.917	54.078	34.52	52	27	10
永嘉县	554.902	243.658	1430.842	388	122	429
平阳县	293.732	129.732	859.405	206	65	258
苍南县	411.676	80.755	748.266	288	40	224
文成县	470.241	229.685	1138.288	329	115	341
泰顺县	480.07	264.65	1024.695	336	132	307
瑞安市	303.097	176.975	1014.736	212	88	304
乐清市	375.275	197.879	636.406	263	99	191
合计	3276.137	1565.899	7568.626	2293	783	2271

表 8-6-2

温州市“十一五”“十二五”普通国省道公路标志标线增设和维护工程情况统计表（2006—2015）

序号	年份	投入资金（万元）	交通标志				交通标线			其他安全设施					平面交叉口交通信号灯设施（处）
			警令、指示、警告（块）	指路标志（块）	指路标志、更换反光膜（块）	门架式LED可变信息标志（座）	漆划各类热熔标线（平方米）	震动标线（平方米）	清除旧标线（平方米）	道口标柱（根）	支路口缓冲带（米）	突起路标（块）	轮廓标（根、块）	黄闪警示灯（只）	
1	2006	835.30	1815	217	22	—	78968	1215	4320	704	4566	1069	9192	—	2
2	2007	1217.50	2978	241	176	—	55452	1340	820	1084	2451	352	488	—	—
3	2008	1146.20	2182	126	348	—	100675	—	1050	904	3002	—	—	36	—
4	2009	1418.85	3572	161	212	—	89469	3260	—	607	1896	—	1831	14	—
5	2010	2429.52	2195	384	597	—	213229	6540	3850	1142	8753	4673	1242	10	—
6	2011	1736.00	2614	365	217	4座8块	100167	4230	5349	273	4020	1404	1183	61	3
7	2012	1814.57	3667	112	68	4座8块	130702	4960	8405	2267	2027	506	980	9	2
8	2013	2241.00	2691	98	23	1座2块	237477	7860	42702	1151	3994	412	395	4	2
9	2014	2339.00	3951	296	255	—	182393	5940	28427	6039	1777	—	237	15	2
10	2015	1667.87	700	50	28	—	210550	2240	23870	848	3180	—	1962	38	—
合计		16845.81	26365	2050	1946	—	1399082	37585	118793	15019	35666	8416	17510	187	11

第七节　路政许可审批

一、路政许可审批沿革

路政许可是指路政管理机构因为相对人的申请，依据《中华人民共和国公路法》等公路法律法规，准许相对人从事某项活动的行政行为。如准许超限运输车辆行驶公路、准许挖掘公路、准许在公路沿线开山、准许修建跨越公路的渡槽、管线等等。路政许可程序：提出申请、审查申请、颁发许可证。

2001年之前，路政许可审批具体由各县（市、区）公路管理部门负责收集相对人的申请，按照权限递交市公路管理部门路政（许可审批）机构，市公路管理部门路政（许可审批）机构在规定时间内作出许可和不予许可的审批决定。

2001年，市公路路政管理支队在温州行政审批服务中心进驻办事（审批）窗口，对涉及国省道（含高速公路）的所有公路行政许可，由服务中心窗口统一对外受理。各县（市、区）路政大队也均在当地行政审批服务中心开设办事窗口。服务事项有：涉路施工活动、占用、挖掘公路或使公路改线作业许可、跨越、穿越公路作业许可、公路用地范围内架设埋设管线等设施许可、建筑控制区内埋设管线等设施许可、增设公路平面交叉道口许可、公路用地范围内设置非公路标志以及利用公路设施悬挂非公路标志许可、超限运输车辆行驶公路许可、公路用地林木更新砍伐许可等。路政办事（审批）窗口醒目位置摆放各类路政宣传册、许可须知等资料，供申请人查阅。在窗口设置笔筒、药箱、老花镜、针线盒等常用工具箱，从细节之处体现“便民”“利民”“为民”“惠民”的服务理念。

2003年1月，市公路路政管理支队将非公路标牌的延期许可、车货总重量在60吨以下的超限运输等几项主要许可事项，授予市行政审批服务中心路政办事（审批）窗口直接办理，并将市高速公路路政大队鹿城、龙湾、瓯海三个辖区的许可事项全部进入中心办理，要求：在5-10天许可范围内尽早尽快办结；简化审批前置条件，凡法律、法规无规定需先经哪个部门审批的，办理时一律取消，以达到简化审批环节，压缩审批时间，提高工作效率，方便企业办事的目的。

2007年，经与市行政审批中心多方沟通，公路建筑控制区危房原拆原建正式被市行政审批管理办公室确定为非许可审批事项，并印发了规范表，帮助老百姓解决了实实在在的问题。启动许可档案清理工作，着手对1998—2007年的许可档案进行全面清理。

2008年，进一步规范路政许可，配合网上许可推行制定《温州市高速公路许可操作规程》和《温州市国省道许可操作规程》，建立了许可办理全程AB岗、网上书面同步规范操作、国省道路政许可直接受理三大机制，全面提升了工作效能。

2009年3月1日，市公路路政部门推出网上许可，整个许可时限缩短至12个工作日，远低于法定的20个工作日。该九类许可分别为：一、占用、挖掘公路或公路改线作业许可；二、跨越、穿越公路作业许可；三、公路用地范围内架设、埋设管线等设施许可；四、建筑控制区内埋设管线等设施许可；五、铁轮车、履带车和其他可能损害公路路面的机具行驶公路许可；六、增设公路平面交叉道口许可；七、超限运输车辆行驶公路许可；八、公路用地范围内设置非公路标志许可；九、公路用地林木更新、砍伐许可。推出网上审批后，申请当事人可将相关材料交市审批中心公路处窗口或通过“浙江交通”网站（http://www.

zjt.gov.cn/）提交许可申请完成，减少了办理者路上的奔波之苦。改变后的许可流程是：市审批中心公路处窗口受理或网上受理（审核）—公路处相关科室（含辖区路政管理大队）现场核实—公路处领导审批—窗口签发许可决定并办理相关许可手续。

2013年，出台《温州市公路路政许可管理规程》，详细规定了审批流程、审批事项、审批时限、监督管理、申报的材料等内容，为群众和社会监督提供了依据。同时，为了更好地落实市行政审批中心新一轮审批制度改革和事项清理工作，《规程》对路政许可事项进行梳理：将铁轮车、履带车和其他可能损害公路路面的机具行驶公路，公路建筑控制区危房原拆原建两项许可事项下放到各个县（市、区）公路管理机构审批；取消了利用公路桥梁、公路隧道、涵洞铺设电缆等设施，利用跨越公路的设施悬挂非公路标志等两项路政许可事项。10月，路政审批处正式进驻市行政审批中心，提出表格一次性发清、受理一次性审清、咨询一次性讲清、材料一次性收清的“四清”工作法。

2014年，根据浙江省人民政府《关于全面开展政府职权清理推行权力清单制度的通知》和《2014年深化行政审批制度改革工作要点》的要求，按照高效、规范和统一的原则，全面、系统地梳理公路行政许可事项，进一步实行整合、归并、下放和取消行政许可事项。据统计，五项行政许可事项整合归并成一个大项，取消两项行政许可事项：1. 利用公路桥梁、公路隧道、涵洞铺设电缆等设施。2. 利用跨越公路的设施悬挂非公路标志；取消1项非行政许可：公路建筑控制区危房原拆原建。同时，全部许可事项流程上挂浙江政务服务网运行，并导入行政权力事项管理系统，对入库行政审批事项重要信息，参照省政务服务网操作指南进行核对、修改。此外，对高速公路查获的超限运输案件，实行就近辖区中队处理，极大方便了驾驶员。

2014年5月，市公路管理局结合全市公路路政管理工作现状和路政许可实际情况，经过调研、摸底、整理、汇总、撰写、征求意见、修订，出台《温州市公路路政许可涉路施工安全评价暂行规定（试行）》，在浙江省率先开展公路路政许可涉路施工安全评价工作。涉路施工安全评价内容：涉及占用、挖掘公路，铁路、道路、桥梁、油（气）管道、水利工程、管线跨（穿）越公路，公路用地范围内架设、埋设管线直径0.8米（含本数）以上，公路建筑控制区内埋设直径1米（含本数）长200米以上及高压电线地埋等设施，严重超限车辆（车货总重100吨以上）行驶公路，增设或者改造平面交叉道口以及其他可能危及公路安全的作业等事项的重大公路路政许可。“安评”编制单位通过查找、分析和预测工程设计和施工过程中存在的危险、不利因素以及可能导致的危险、危害后果和程度，提出合理可行的安全对策措施，指导危险源监控和事故预防。该《规定》明确了许可事项事前、事中、事后各项工作的职责分工，许可申请人办理的事项流程更加清晰、流程更加简化，许可事项管理规程、文书制作要求更规范。实施后获得施工企业的好评。

2015年10月23日，根据审批制度改革要求，温州市公路管理局出台《关于进一步简化公路路政许可程序提高办事效率的通知》（温公发〔2015〕299号），从11月开始，从便民、利民出发，再度优化路政许可审批程序，简化审批手续，压缩审批时间，提高工作效率，方便企业办事。一是取消弱电及低压电力管线等涉路施工许可项目安全评价报告，只需由申请人填写安全和技术承诺书即可办理施工许可。二是降低部分项目报送材料的要求。如对部分确需编写安评报告的涉路施工许可项目，申请人只需委托具有相应专业资质的第三方出具安评意见简本，对于符合要求的，不再组织专门审查即可做出许可决定。三是进一步细化明确每一环节审批时限，提高审批效率。如将涉路施工许可承诺时限，从原来7～9

个工作日压缩至 5～7 个工作日。

2001—2015 年，温州行政审批服务中心路政办事（审批）窗口以“打造群众满意窗口、提升公路窗口形象”为目标，通过改进作风、创新方式、简化流程、提高效率等新举措，推出多项便民措施，受到充分肯定，获“红旗窗口”“示范窗口”共计 18 次。2015 年，被温州市人民政府评为年度温州市行政审批制度改革与创新工作先进集体。

二、路政许可审批项目及程序

路政管理许可项目：1. 因修建铁路、机场、电站、通信设施、水利工程和进行其他建设工程需要占用、挖掘公路或者使公路改线。 2. 跨越、穿越公路、修建桥梁、渡槽或者架设、埋设管线等设施，以及在公路用地范围内架设、埋设杆线或电缆等设施。3. 因抢险、防汛需要在大中型公路桥梁和渡口周围二百米范围内修筑堤坝、压缩或者拓宽河床。4. 铁轮车、履带车和其他可能损害公路路面的机具需要在公路上行驶。5. 确需在公路行驶的超过公路、公路桥梁、公路隧道或者汽车渡船的限载、限高、限宽、限长标准的车辆。6. 在公路用地范围内设置公路标志以外的其他标志。7. 在公路上增设平面交叉道口。8. 在公路两侧的建筑控制区埋设管杆线、电缆等设施。9. 更新砍伐公路用地上的树木。

许可程序：1. 申请；2. 审查；3. 核实；4. 决定。

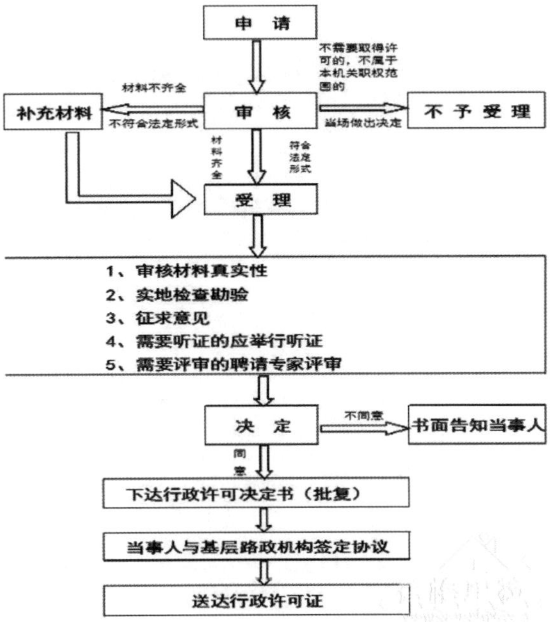

图 8-7-1　路政许可审批程序图

温州市路政管理行政许可审批项目表

表 8-7-1

许可项目	许可依据	须提供的报批资料	审批时限	法定时限
占用、挖掘公路或使公路改线作业许可	1.《中华人民共和国公路法》第四十四条 2.《中华人民共和国道路交通安全法》第三十二条 3.《公路安全保护条例》第二十七、第二十八条 4.《浙江省公路路政管理条例》第二十一条、第二十八条 5.《路政管理规定》第九条 6.《浙江省高速公路运行管理办法》第十三条	1. 申请人的资料：申请报告，单位或其他组织提供营业执照或组织机构代码证复印件、法人身份证复印件及经办人身份证复印件（盖章） 2. 申请书：含主要理由、地点（公路名称、桩号）、安全保障措施；施工期限；修复、改建公路的措施或者补偿数额 3. 符合有关技术标准、规范要求的设计和施工方案 4. 保障公路、公路附属设施质量和安全的技术评价报告 5. 处置施工险情和意外事故的应急方案 6. 涉及收费公路的，应提供收费公路管理者的意见影响交通安全的，须提供有关公安机关的意见 7. 委托办理的，需提供委托书	7 天（工作日，下同）	20 天（工作日，下同）

续表 8-7-1

许可项目	许可依据	须提供的报批资料	审批时限	法定时限
跨越、穿越公路作业许可	1.《中华人民共和国公路法》第四十五条 2.《中华人民共和国道路交通安全法》第三十二条 3.《公路安全保护条例》第二十七、第二十八条 4.《浙江省公路路政管理条例》第二十二条、第二十八条 5.《路政管理规定》第十条 6.《浙江省高速公路运行管理办法》第十三条	1. 申请人的资料：申请报告，单位或其他组织提供营业执照或组织机构代码证复印件、法人身份证复印件及经办人身份证复印件（盖章） 2. 申请书：含主要理由、地点（公路名称、桩号）、安全保障措施；施工期限；修复、改建公路的措施或者补偿数额 3. 符合有关技术标准、规范要求的设计和施工方案 4. 保障公路、公路附属设施质量和安全的技术评价报告； 5. 处置施工险情和意外事故的应急方案 6. 涉及收费公路的，应提供收费公路管理者的意见；影响交通安全的，须提供有关公安机关的意见 7. 委托办理的，需提供委托书 8. 提供维护、自检制度	7 天	20 天
在大中型公路、桥梁和渡口周围200 米范围内修筑堤坝、压缩或者拓宽河床	《中华人民共和国公路法》第四十七条第二款，交通部《路政管理规定》，浙江省《路政管理条例》	一、申请书：1. 主要理由；2. 地点（公路名称、桩号及与公路边坡的外缘或离公路界桩的距离）；3. 安全保障措施；4. 施工期限；5. 修复、改建公路的措施或者补偿数额 二、设计图纸	15 天	20 天（属交通局许可审批事项）
公路用地范围内架设、埋设管线等设施许可	1.《中华人民共和国公路法》第四十五条 2.《中华人民共和国道路交通安全法》第三十二条 3.《公路安全保护条例》第二十七、第二十八条 4.《浙江省公路路政管理条例》第二十二条、第二十八条 5.《路政管理规定》第十条 6.《浙江省高速公路运行管理办法》第十三条	1. 申请人的资料：申请报告，单位或其他组织提供营业执照或组织机构代码证复印件、法人身份证复印件及经办人身份证复印件（盖章） 2. 申请书：含主要理由、地点（公路名称、桩号）、安全保障措施；施工期限；修复、改建公路的措施或者补偿数额 3. 符合有关技术标准、规范要求的设计和施工方案 4. 保障公路、公路附属设施质量和安全的技术评价报告 5. 处置施工险情和意外事故的应急方案 6. 涉及收费公路的，应提供收费公路管理者的意见；影响交通安全的，须提供有关公安机关的意见 7. 委托办理的，需提供委托书 8. 提供维护、自检制度	7 天	20 天
建筑控制区内埋设管线等设施许可	1.《中华人民共和国公路法》第五十六条 2.《公路安全保护条例》第二十七、第二十八条 3.《浙江省公路路政管理条例》第四十六条、第二十八条 4.《路政管理规定》第十六条 5.《浙江省高速公路运行管理办法》第十三条	1. 申请人的资料：申请报告，单位或其他组织提供营业执照或组织机构代码证复印件、法人身份证复印件及经办人身份证复印件（盖章） 2. 申请书：含主要理由、地点（公路名称、桩号）、安全保障措施；施工期限；修复、改建公路的措施或者补偿数额 3. 符合有关技术标准、规范要求的设计和施工方案 4. 保障公路、公路附属设施质量和安全的技术评价报告 5. 处置施工险情和意外事故的应急方案 6. 委托办理的，需提供委托书 7. 场地租用协议或乡、村及土地、规划等部门的意见	7 天	20 天
在公路上增设或者改造平面交叉道口许可	1.《中华人民共和国公路法》第五十五条 2.《中华人民共和国道路交通安全法》第三十二条 3.《公路安全保护条例》第二十七、第二十八条 4.《浙江省公路路政管理条例》第二十四条、第二十八条 5.《路政管理规定》第十五条	1. 申请人的资料：申请报告（三份，其中含市交警支队一份），单位或其他组织提供营业执照或组织机构代码证复印件、法人身份证复印件及经办人身份证复印件（盖章） 2. 申请书：含主要理由、地点（公路名称、桩号）、道口宽度、道口纵坡、交叉角度、接线接坡宽度、同侧相邻道口间距、保留期限、道口安全保障措施等 3. 符合有关技术标准、规范要求的设计（含平面布置图）和施工方案（各三份） 4. 保障公路、公路附属设施质量和安全的技术评价报告； 5. 处置施工险情和意外事故的应急方案 6. 提供维护、自检制度 7. 涉及收费公路的，应提供收费公路管理者的意见；影响交通安全的，须提供有关公安机关的意见 8. 委托办理的，需提供委托书	7 天	20 天

续表 8-7-1

许可项目	许可依据	须提供的报批资料	审批时限	法定时限
公路用地范围内设置非公路标志以及利用公路设施悬挂非公路标志许可	1.《中华人民共和国公路法》第五十四条 2.《公路安全保护条例》第二十七、第二十八条 3.《浙江省公路路政管理条例》第二十七条、第二十八条 4.《路政管理规定》第十四条 5.《浙江省高速公路运行管理办法》第十九条	1. 申请报告和申请书：含主要理由、地点（公路名称、桩号），非公路标牌的尺寸、结构、载面面积、形状、颜色、标志内容、施工期限与保持期限等 2. 效果图、设计图 3. 保障公路、公路附属设施质量和安全的技术评价报告 4. 符合有关技术标准、规范要求的施工方案 5. 营业执照、广告经营许可证或相关证明（申请指路牌、地名牌、厂（店）名牌等小型非公路标牌提供公民、法人或其他组织的相关证明；申请广告牌应提供广告营业执照、广告经营许可证、法人身份证复印件及经办人身份证复印件（盖章）；申请公益性宣传牌为符合条件的政府或部门） 6. 提供维护、自检制度 7. 要求延续许可的，附加提供相应资质单位出具的牌体安全鉴定意见 8. 涉及收费公路的，申请人应当事先征求收费公路经营管理者的意见 9. 处置险情和意外事故的应急方案 10. 委托办理的，需提供委托书	7 天	20 天
超限运输车辆行驶公路许可	1.《中华人民共和国公路法》第五十条 2.《中华人民共和国道路交通安全法》第四十八条 3.《公路安全保护条例》第三十五条 4.《超限运输车辆行驶公路管理规定》（交通运输部令 2016 年第 62 号）第六条、第七条、第八条、第十条、第十二条 5、《浙江省公路路政管理条例》第三十条、第三十二条 6.《路政管理规定》第十三条 7.《浙江省高速公路运行管理办法》第十三条	1. 申请书（包括货物的名称、外廓尺寸和质量，车辆的厂牌型号、整备质量、轴数、轴距和轮胎数，载货时车货总体的外廓尺寸、总质量、各车轴轴荷，拟运输的起讫点、通行路线和行驶时间） 2. 承运人（单位）的道路运输经营许可证（具备大型物件经营资质）（复印件须盖核对章及单位公章） 3. 经办人的身份证件（复印件须盖核对章及单位公章） 4. 授权委托书（盖单位公章） 5. 车辆行驶证或临时行驶车牌号（复印件须盖核对章及单位公章） 备注：车货总高度从地面算起超过 4.5 米，或者总宽度超过 3.75 米，或者总长度超过 28 米，或者总质量超过 100000 千克，以及其他可能严重影响公路完好、安全、畅通情形的，还应当提交记录载货时车货总体外廓尺寸信息的轮廓图和护送方案。并征求同级公安机关交通管理部门意见（其中轮廓图和护送方案均盖单位公章） 护送方案应当包含护送车辆配置方案、护送人员配备方案、护送路线情况说明、护送操作细则、异常情况处理等相关内容	5 天	20 天
铁轮车、履带车和其他可能损害公路路面的机具行驶公路许可	1.《中华人民共和国公路法》第四十八条 2.《浙江省公路路政管理条例》第二十六条、第二十八条 3.《路政管理规定》第十二条 4.《浙江省高速公路运行管理办法》第十三条	1. 申请人的资料：申请报告，单位或其他组织提供营业执照或组织机构代码证复印件、法人身份证复印件及经办人身份证复印件（盖章） 2. 申请书：含主要理由、行驶路线及时间、有效的公路保护方案 3. 行驶车辆或机具行驶证件（复印件）和有关数据资料； 4. 车辆或机具侧面全景照片 5. 涉及收费公路的，申请人应当事先征求收费公路经营管理者的意见 6. 提供公安机关交通管理部门指定的行驶路线及时间 7. 委托办理的，需提供委托书	5 天	20 天
更新采伐护路林许可	1.《中华人民共和国公路法》第四十二条 2.《公路安全保护条例》第二十六条 3.《浙江省公路路政管理条例》第四十二条、第二十八条 4.《路政管理规定》第十七条	1. 申请人的资料：申请报告，单位或其他组织提供营业执照或组织机构代码证复印件、法人身份证复印件及经办人身份证复印件（盖章） 2. 申请书：含砍伐理由、公路及桩号、砍伐树木的位置、种类、数量、蓄积量、胸径 3. 补种方案，必须符合公路绿化工程技术标准 4. 作业方案（必须符合保障公路安全、畅通要求） 5. 涉及收费公路的，申请人应当事先征求收费公路经营管理者的意见 6. 委托办理的，需提供委托书	5 天	20 天

第九章　安全保畅

综　述

保障公路完好、安全和畅通，是公路管理的基本职责。温州公路安全问题涉及诸多因素，主要有三：一是公路基础设施相对落后。一般等级公路占较大比重，普遍存在技术等级低、整体路况水平偏低、安全设施不健全等问题。二是多山的地理环境。地处东南沿海，山海交融，山区占相当比例，且山势多险峻，安全隐患点多。三是自然灾害发生频繁。作为全国自然灾害损失比较严重的地区之一，其灾害的类型多样，如台风、暴雨、洪涝、寒潮以及地质灾害等。

公路安全管理，伴随着公路的出现而存在。而专业的公路安全管理机构，则出现在20世纪80年代末。2013年1月、2014年12月，市公路管理局增设公路安全处、公路应急抢险指挥中心两个机构。公路部门牢固树立“安全第一、预防为主、综合治理”的工作方针，通过开展“平安公路”“安全管理推进年”等活动，实行完善设施、整治隐患和建立机制并举。从2002年开始，开展省、市级道路交通事故多发点段和临水临崖高落差危险路段隐患整治，一批排查出来的安全隐患得到了有效的整治。从2004年开始，开展公路安全保障工程，相继对境内国省道干线公路及沿线设施存在的安全隐患进行全面整治，并完善了一批公路安全设施。2016年，实施交通部安全生命防护示范工程项目建设，使G322（S330）线实现了公路品质、安全水平、服务水平和管理水平的全面提升。

针对温州公路桥梁众多的特点，温州公路系统立足实际，建立安全生产教育培训制度。“十二五”期间，安全教育培训达到13398人次。认真总结以往发生桥梁安全事故的经验教训，建立以“日常巡查、经常性检查、定期检查、特殊检查”为主要内容的桥检制度和桥梁安全档案数据库，建立国省道公路桥梁分级管理和分级响应管理体系，及时组织处置桥梁安全隐患和桥梁险情。

随着交通流量的迅速增长，公路安全监管工作形势严峻。从2006年开始，公路部门依靠科技手段实行安全科技化管理，建立公路安全保障数据库，实行公路安全生产网格化管理。建立健全“重特大事故、自然灾害及突发性地质灾害应急处置”“防雨雪冰冻灾害应急处置”“‘三防’应急”“地震应急救灾”“公路隧道突发事件处置”等应急预案，印制《“三防”操作手册》《“三防”应急工作规程》和《应急管理工作手册》。同时，通过每年开展实战式的应急演练，检验应急预案的科学性、可行性和可操作性，提高全系统抢险保畅和应对突发性事件的能力。至此，温州公路“三防”工作迈入“一体化”建设阶段。

在长期的自然灾害防御和抢险过程中，温州公路安全工作总结并提炼出一套已经实践验证的行之有效的抗灾抢险经验：领导重视，落实责任；未雨绸缪，以防为主；正确研判，有效应对；抢通为先，迅速重建；协同作战，科学调度；强化宣传，营造氛围。

第一节　公路安全管理沿革

在1990年之前，温州公路安全生产管理工作尚无设立专门的管理科室，该项工作由养护部门兼管。

1978年6月，温州地区公路总段出台《道班管理制度》，其中《安全管理制度》规定：不挖“神仙洞”（路面下挖空、上悬空），不做冒险事，公路弯道不准摆石头，施工工地或危险地段要设临时标志，高空作业要戴安全帽；路料要做到桥头、弯道、窄路三不放，路基两边不能同时堆放；严禁无证开车，不开英雄车，不开赌气车，不开带病车等。1979年9月，温州地区公路总段首次开展“全国安全质量月”活动。进入20世纪80年代，公路里程有了翻倍的发展。随着公路建设机械化水平的提高，公路科技含量及质量均有所提高，行车速度随之加快。行车安全防范设施、工程机械安全操作等被提到了安全管理范畴的重点。

1987年，温州公路总段首次实行安全生产责任制，将安全生产分成机务机料安全生产、养护工程安全生产、行政内部安全工作三个部分。各部门分别由段中层技术骨干负责，实行分线负责制，责任到人。各班的安全生产工作由班长负责，全段安全生产工作由总段长负责。

1990年2月，市交通委员会同意市公路管理处增设安全科，系温州公路管理机构首次设立专业的公路安全管理机构。安全科主要职能：指导、督促全市公路行业的安全工作；组织协调全市公路“三防”及涉及公路安全畅通的自然灾害、突发事件的应急管理等工作；承担国、省道公路和大型桥梁、隧道等结构物安全运行的监管。

1997年6月24日，市公路管理处第六届职工代表大会审议通过《温州市公路管理处安全生产管理条例》《温州市公路管理处劳动管理暂行办法》等六个重要制度和条例，进一步健全了安全生产制度。该“条例”分总则、安全组织和责任、安全技术管理、安全纪律、安全教育、安全检查、事故调查和处理、奖励和处罚、附则等9个章节，对公路安全工作的各个环节作了明确的规定，是温州公路部门首个比较全面的安全生产行为准则。

1998年10月，市公路管理处印发《关于加强安全生产管理的通知》，就安全责任制、安全生产检查制度、道路作业现场安全管理和机务管理等作出明确规定。1999年，全市公路养护工作会议提出“六强调一实行”“六强化一开展”“三调查一减少”等措施。把“强调治安安全防范制度，实行公路建设治理管理‘一把手’责任制”列入“六强调一实行”的内容，“强化安全生产管理，强化‘三防’工作”列入“六强化一开展”的内容，“三调查一减少”全部为安全工作内容，即调查桥涵、隧道、高档墙、高边坡、地质不稳定、山体滑坡危险地段，调查公路料场路料质量，调查养护机车状况，减少各类事态隐患，落实限载限速安全标志。

自20世纪90年代开展全国“安全生产月（周）”和“反三违月”活动以来，公路部门逐年加强安全生产的宣传力度。进入21世纪，公路安全工作被提到空前的高度，每年成立“春运”“三防”“综合治理”等领导小组，制定预案及实施方案。2001年，市公路管理处组织开展“保障春运”安全生产周、“反三违月”和“百日安全生产”活动，制定《温州市道路安全整治工作实施意见》及《温州市公路系统“三防”工作规定》。开展雨季道路交通安全专项整治活动，加强对危桥、险路的调查和加固，以及警示牌的设置。台风暴雨期间，做到人员、机具、经费、抢险预案“四到位”。

2004年7月12日，为了贯彻《中华人民共和国安全生产法》，促进安全管理工作规范化、制度化，市公路管理处和市公路建设安全办公室联合发出《关于印发安全工作若干制度规定的通知》。该通知规定，市公路管理处每年第一季度召开一次全市安全工作会议，每季度初召开一次安全工作例会。同年8月5日，温州市安全生产委员会开展安全生产“铁网行动”。

2004—2006年，公路部门制定了《温州市公路系统公路养护安全作业规程》《温州市公路工程安全管理工作规程》《温州市公路系统各工种安全生产操作规程》，以及“消防”“三防”和自然灾害、突发事件等各类应急预案。

2011年2月16日，《公路安全保护条例》经国务院第144次常务会议通过，2011年3月7日新中国国务院令第593号公布，2011年7月1日起施行。《条例》共分总则、公路线路、公路通行、公路养护、法律责任、附则6章77条。《公路安全保护条例》施行后，1987年10月13日国务院发布的《中华人民共和国公路管理条例》同时废止。

2013年12月，市公路管理局经过对全市战备钢桥架设骨干进行严格筛选，首次正式组建一支由16人组成的钢桥架设队伍。通过架设培训演练，为完成公路桥梁抢险救灾、应对突发事件提供有力保障。

2013年1月，市公路管理局增设公路安全处为内设机构，负责温州公路的安全生产、安全隐患排查和整治、抢险指挥等工作。2014年12月，增设市公路应急抢险指挥中心（智慧公路）为内设机构，有职工10人，主要担负全市公路路网监测、应急处置、公众服务三大任务。

“十二五”，温州公路安全管理部门制定30多项安全生产制度、预案，以及规范化管理条例，通过ISO9001质量管理认证体系安全篇认证，《温州市公路养护作业安全生产规范化实施细则》和《温州市公路养护作业区安全设施设置规范化指南手册》填补了浙江省该项工作的空白。全市共投资3.4亿元，完成210座桥隧修复改造工程，基本消除四、五类危桥和A类隧道。

第二节　公路安全保障管理

从2002年开始，温州公路部门相继开展了公路安全保障工程、省市级公路交通事故多发点段和临水临崖危险点段排查治理，全市公路安全设施建设和安全隐患整治得到了很大程度的加强。

一、公路安全保障工程

2004年，交通部决定，从该年度开始在全国国道、省道干线公路和重要县道公路上开展了以“消除隐患、珍视生命”为主题的“安全保障工程”。公路安全保障工程是对影响行车安全的急弯、陡坡、连续下坡、路侧险要、桥头（宽路窄桥、弯路直桥等）、隧道、平交叉口、路面抗滑能力不足、路面标志标线等影响行车安全路段采用交通工程及交通标志等措施进行综合整治，以起到公路行车被动安全防护和主动引导警示目的的专项工程。

根据《浙江省公路安全保障工程管理办法》，公路安全保障工程分为三部分：1. 公路安全防护设施，包括钢质防撞护栏、墙式连续混凝土护栏、墙式间断混凝土护栏等；2. 公路交通标志标线，包括警告标志、禁令标志、指示标志、指路标志、道口标柱、交通标线等；3. 公路安全专项工程，包括边坡处治、挡墙加固、平面交叉处治、局部急弯陡坡路段和路面抗滑能力不足路段改善等。

2004年8月19日召开的全省公路保障工程现

场会提出，2004—2007年，浙江省交通公路部门投入8亿资金，在全省国省道干线公路和重要县道公路上实施以“消除隐患、珍视生命”为主题的“浙江省公路安全保障工程”。从2004年开始，温州实施公路安全保障工程，相继对境内国省道干线公路及沿线设施存在的安全隐患进行全面整治，着重开展了病危桥梁改造、护栏增设、事故多发路段整治、交通标志标线完善；不断探索，创新公路安保工程建设和管理措施，组织实施了国省道干线公路和农村公路危险边坡、急弯、陡坡、视距不良、临水临崖、平交道口等影响行车安全的整治和改造，大大优化了路面行车条件。是年，完成G104线、G330线和省道六东线、分泰线，以及省安委办、公安厅、交通厅联合确定的16个属于公路部门职责的道路交通事故多发点段的整治工作。2004—2007年，温州市共投入农村公路安保工程经费1.3亿多元，建成护栏墩2500公里。

2005年2月，甬台温高速公路乐清段发生地质坍塌造成交通中断，G104线柳市段车流量大增。该路段因遭雨水冲刷、高吨位车辆碾压，路面破损严重。加上连续阴雨天气，路面大量积水，存在安全隐患。为确保春节国道安全畅通，2月7日（农历腊月三十），乐清市公路管理段组织公路职工冒雨修补路面。

2006年，投资1245万元，完成安全保障工程47个，包括钢质波形护栏1.5万米，墙式连续护栏818米，墙式间断护栏3.3万个，实施边坡整治工程，修复改造病危桥52座。G104线温州段全年投资1300万元，设置标志7892块，轮廓标9861根（块），减速缓冲带5674米，漆划标线19.11万平方米。开展安全保障工程评估。同年，苍南县投入1400万元，用于完善乡村康庄工程为主的安全设施，编织农村道路交通安全网。永嘉县公路安保工程投资208万元，实施公路里程49公里。在该县行风评议中，群众对县内公路护栏墩工程质量投“不满意”票。永嘉县公路管理段出台《永嘉县公路管理段公路建设项目工程和小

督查国道路面坍塌修复工程　刘晓华摄

边坡整治　董西泽摄

实施大桥修复工程　刘晓华摄

额工程管理办法》，并决定发动全社会参与监督，鼓励举报，每举报一个劣质护栏墩奖励100元。

2007年4月24日，市公路管理处印发《温州市公路安全保障工程规范化管理实施细则》（温交〔2007〕66号）。是年，实施安保工程339.34公里，修复改造危险桥隧项目30个，处治边坡6

处，完成投资2800万元，计108个项目。全年投资2210万元，用于清理与规范公路交通限速标志，设置各类标志9871套，漆划标线12.3万平方米，全面完成省下达的标志设置和标线漆划任务。其中，G330线和S332线洞头段（灵霓公路）重点实施标志标线规范化创建。全市高速公路、国省道公路交通标志标线完好率达98%以上。开展桥梁和隧道技术状况调查和隐患排查，飞云江大桥实施重点特检。省、市公路系统隐患库隐患整改率100%。是年8月13日，湖南省凤凰县堤溪沱江大桥发生坍塌事故。据2009年1月9日湖南法院判决，该事故造成64人死亡，4人受重伤，18人轻伤，直接经济损失3974.7万元。8月下旬，温州交通部门对全市4671座桥梁以及重点工程的交通基础设施安全隐患进行长达10天的全面检查，建立全市桥梁安全档案数据库，实施动态管理。本次排查，全市有18座桥梁被定为五类桥梁，37座桥梁被定为四类桥梁，40条隧道存在不同程度的问题，但还没有影响正常车辆通行。G104线水涨大桥、清江大桥、S333线朱涂桥、瓯江五桥、灵昆大桥等大部分四、五类桥梁被列入2007年治理计划，付诸实施。是年，温州市多渠道筹措资金，大力实施农村公路安全保障工程，总投资14678.8万元。⑴整治临水临崖路段，其中省级11处，乡道18处，村道27处。⑵整治交通事故多发点（段），其中省级7处，市级26处。⑶完善安全设施，其中县道191.7公里，村道804.4公里，交通部补助项目100公里。⑷治理公路边坡，共6处。⑸修复危险桥隧，其中桥梁28座，隧道3座。⑹整治市级安全隐患点，共25处；7、完善交通标志标线，其中标志4103套，标线15841平方米。

2008年，温州市政府加快农村公路交通安全设施建设，先期安排农村公路交通安全设施建设启动资金2000万元，全年完成投资4000万元，按部颁标准完善农村公路安全设施建设200公里。同时开展桥隧普查，投资3181万元，修复危险桥隧34座。公路安全专项整治，除完成36个省、市级事故多发点段和省级临水临崖高落差路段治理项目外，设置钢制护栏35.5万米。出台《全市公路系统“安全质量年”活动设施方案》，7—9月集中开展农村道路安全整治活动，明确重点整治范围和违法行为。是年，公路行业三年“安全质量年”活动正式启动，公路部门共排查整治各类安全隐患268处，重点做好抗冰雪、抗台、抗震，确保北京奥运会及春运期间的公路安全。

2009年，全市完成公路安保、标志标线、病危桥隧改造、公路站房修缮等总投资2个多亿元，其中农村公路安保设施投入1.15亿元，为历年最多。完成安保设施总投资1.54亿元，165个项目1112公里；完成公路边坡处治总投资600万元、6处；完成危桥病隧整治总投资9336万元，改造桥梁95座（其中国省道9座、县乡道86座）；完成安全隐患点段整治127处，其中省级交通事故多发点段11处，省级临水临崖高落差危险路段整治15处，市级交通事故多发点段19处、处本级隐患库整治82处。

2010年，完成安保设施总投资1.26亿元，实施682.9公里；完成公路边坡整治投资617万元、10处；完成危桥病隧整治总投资6400万元，改造桥梁61座（其中国省道6座、县乡道55座），维修隧道9座（其中国省道1座、县乡道8座）；国省道公路交通标志标线增设和维护工程2423.79万元。同年，泰顺县抽调200多人次对全县高落差、临水临崖危险路段进行全面调查，建立了高落差、临水临崖情况数据库。乐清市开展县乡公路32条线路安全隐患排查和250多座桥梁检测工作，排查出易塌方和滑坡地质灾害点319处。瓯海区投入929万元，对南大线、温源线、高桐线、桐新线、瓯海大道、石林环线、瓯湖线等7条县道和陈北线、龙西线、环库公路等3条乡道的临水临崖路段设置钢质护栏，实现县乡道安保设施全覆盖。

2011年7月1日，国务院令第593号《公路安全保护条例》正式施行，为公路安全管理和执法提供了更全面的法规保障。温州市开展交通行业安全隐患排查整治大行动，公路部门组织对山区公路、隧道、涵洞、高挡墙、高路堤、高边坡等进行排查治理，并开展营运公路长大桥隧和钢管拱桥安全隐患排查治理。据统计，交通行业共排查隐患10619处，其中公路方面排查出隐患9832处，重大隐患1229处。由公路部门负责管理的国省道隐患共377处，重大隐患20处。公路部门将1181处重大隐患列入治理计划，计划投入资金5354万元。

2012年，制定《公路交通安全畅通专项行动实施方案》，完成省公路管理局下达的临水临崖整治项目90个，计298.54公里，其中县道4个，乡道72个，村道14个，总投资6372.7万元。完成边坡处治622万元、3处；完成危桥病隧整治总投资7978万元，其中，省级挂牌督办的危病桥项目13个，总投资2168万元。完成省级交通事故多大点段1处，省级临水临崖高落差危险路段整治14处。

2013年，完成公路危桥病隧修复改造53座，其中桥梁46座、隧道7座，总投资1.08亿元。完成省级挂牌督办的危病桥项目7个、市级挂牌督办项目13个，完成省级临水临崖高落差危险路段整治8处，普通国省道省级交通事故多发点段整治1处。完成边坡处治工程323.64万元，农村公路安保工程项目55个计200公里。完成国省道公路交通标志标线增设和维护工程总投资2066万元。同年7月，在公路桥梁定期检查中发现窄门大桥和浅门大桥的墩柱出现锈胀露筋等病害，在全省首次应用“夹克法”加固实施桥梁修复工程。

2014年，全市完成普通国省道安保工程6个，普通国省道危病桥改造15座，农村公路危病桥改造29座。在全省率先完成全市普通国省道公路交通标志标线现状质量性能检测及评估工作。8月，77省道延伸线状元大桥通过定期检查评定为4类桥梁，列入2015年度危桥改造工程，紧急启动应急维修前期工作，10月23日启动危桥改造工程施工图设计审查。12月，永嘉县15条省级挂牌农村公路临水临崖高落差危险路段整治工程、市级2个交通事故多发点整治工程通过验收。省级道路交通事故多发点段、S228云寿线泰顺段（K68+200）安装新型旋转桶式防撞护栏，既可以减少交通事故，降低事故的严重程度，又可以诱导行车视线。

2015年，实施普通国省道危病桥隧维修改造工程5座，完成农村公路桥隧修复改造19座。对普通国省道4座特大桥和15座长隧道安装视频监控系统，对长大桥隧进行实时监控。沈海高速公路温州段实施监控系统改造工程，全路段安装高清数字摄像机700多台。该高清视频监控系统的安装，有力提升了突发事件应急处置水平和清障指挥调度管控能力。

附：公路安全保障工程效果实例

2006年1月、2月、4月，文成县发生3起轿车碰撞护栏的交通事故，均未造成人员伤亡。同年12月31日，一辆从永嘉县张溪开往瓯北的大客车，驶至41省道（S333）K88+850临溪路段，右侧刮翻5个护栏墩后翻下公路，距楠溪江深潭仅3米。由于护栏墩的缓冲作用，车内24名乘客幸免于难。同年10月1日，瑞安塘下镇李某趁国庆假期驾驶面包车，带妻女及朋友8人到双桥尖山山顶聚会野炊。下午2时10分，李某酒后驾车返途经尖山盘山公路半山腰时，车头右角撞破道路边水泥防护墩，坠落在落差18米的下一级盘山公路上，又侧翻到水泥防护墩上摇摇欲坠，造成2人轻伤6人轻微伤。据现场处理事故交警介绍，如果没有防护墩阻挡产生的缓冲作用，面包车坠下高落差的盘山公路，极易造成车毁人亡。

2007年9月7日，一辆重型货车（车牌号为浙HB3299、浙HB261挂），运载水泥从江山市驶至52省道（S228）泰顺段临崖路段发生侧翻，因墙式护栏的作用，避免了货车坠落悬崖，获救1人。11月11日，车牌为浙KG1195的大货车，装载水泥从江山市驶至52省道泰顺段临崖路段时碰撞钢质护栏，驾驶员李玉海一家三口获救。11月16日，车牌号为浙 KD0635 的东风半挂货车运载密度板，从福建省邵武县驶往福建省寿宁县，途经 52 省道陡坡临崖路段急弯处（K73+330），因车辆制动失灵，车辆猛烈碰撞钢质护栏，巨大的撞击力造成车头与车身断裂，车身滚落悬崖，车头内 2 人获救。是年，52 省道安全设施共计救下 6 人。

2008 年 6 月 6 日，一辆从永嘉开往乐清虹桥的中巴车，驶至乐清境内盘山公路的转弯处时，方向操作突然失灵。当中巴车冲向落差 50 米的悬崖时，因被墙式间断防护墩（2006 年县乡硬化工程重新浇筑）阻拦，车上 14 名司乘人员仅 4 人受轻伤。6 月 8 日，瑞安市营朱线一辆面包车和轿车发生正面碰撞，冲向公路外侧的山崖，因被护栏墩阻拦，车上 4 人无碍。

二、道路交通事故多发点段整治

从 2002 年开始，省公安厅、省交通厅、省安全生产监督管理局每年对道路交通存在的隐患进行安全性评估，向社会公布全省 100 个道路事故多发点段和 100 处临水临崖高落差路段进行治理。

省、市级道路交通事故多发点段，是指省市公安、交通、安监（以下分别简称“省级三厅局”“市级三局”）共同认定，由省安全生产委员会或温州市人民政府挂牌督办的道路交通事故多发点段。2004 年，“省级三厅局”印发《浙江省省级公路交通事故整改点段工作规程（试行）》；2010 年 8 月，第一次进行修改和完善，印发《浙江省省级公路交通事故多发点段排查治理工作规程》；2015 年 2 月，省安全生产委员会对工作规程进行第二次修订。同年 5 月，市安全生产委员会印发《温州市市级道路交通事故多发点段排查治理工作规程》（温安委〔2015〕7 号）。“规程”明确了省、市级道路交通事故多发点段的条件确定、责任主体、整治督办、验收销号。

根据“规程”，省级交通事故多发点段，是指规定年限内发生一定数量的交通事故造成人员伤亡的国省道、县道的交通事故多发点段，及影响较大、问题突出的乡道、城市道路交通事故多发点段。符合下列情形之一：（一）近三年在 500 米范围内发生 3 起以上人员死亡交通事故；（二）近三年在 2000 米范围内发生 3 起以上死亡 3 人以上的交通事故；（三）一年内道路 500 米范围内因相似原因发生交通事故 12 起以上且造成 3 人以上人员受伤。市级道路交通事故多发点段，是指规定年限内发生一定数量的交通事故造成人员伤亡的国省道、县道和城市（乡村）道路交通事故多发点段。符合下列情形之一：（一）近三年在 500 米范围内发生 2 起以上人员死亡交通事故；（二）近三年在 2000 米范围内发生 2 起以上一次死亡 2 人以上的交通事故；（三）一年内道路 500 米范围内因相似原因发生交通事故 8 起以上且造成 2 人以上人员受伤；（四）其他有必要列入市级道路交通事故多发点段挂牌治理的。临水临崖高落差危险路段，指在常态下水深 1.5 米以上、临崖高落差在 8 米以上临水水库的路段。

省、市级道路交通事故多发点段，分别由“市级三局”和县级公安部门根据道路发生交通事故的情况和排查发现的道路安全隐患进行初步确定，上报“省级三厅局”或“市级三局”核定并确定，由省安委会或温州市人民政府公布挂牌督办。省、市级道路交通事故多发点段治理的责任主体：收费公路项目为收费公路经营单位，治理经费由公路经营单位负责；其他项目为所在地的县（市、区）人民政府，治理经费纳入项目所在地的县（市、区）级财政预算。

在省、市级道路交通事故多发点段治理中，责任主体根据综合整治、源头治理原则，结合邻近路段、周边路网及沿线开发情况，综合考虑人、车、路、环境和管理等多种因素，制定符合相应标准规范的省、市级道路交通事故多发点段治理方案。治理完成后，由治理责任主体组织验收，并经核查后予以销号。

省、市级道路交通事故多发点段治理工作纳入“省级三厅局”“市级三局”日常监督检查范畴，并依据各自职责，开展经常性的指导、督促和检查，确保各项措施的落实。对市级道路交通事故多发点段排查治理不及时、不彻底的，按有关规定依法严肃追究有关单位和人员的责任。

从2002年开始，市交通公路部门每年都按照“省级三厅局”和“市级三局”的部署和要求，把开展道路交通事故多发点段和临水临崖高落差危险路段整治，作为建设“平安交通”“和谐交通”的重要平台和抓手，与公安、安监部门协作，保质保量完成整治任务。

2006年，完成9个省级、17个市级事故多发点段的整治。2007年，完成《2007—2009年温州市临水临崖危险路段整治方案》，计划投资2.3亿元，全力建设公路安保工程。9月10日，市交通局发出《关于开展温州市临水临崖高落差危险路段安全设施排查的紧急通知》（温交〔2007〕175号），把除高速公路以外全市所有公路（分国、省、县、乡、村五个等级）列为排查范围，以县（市、区）为单位，逐路逐段对临水临崖高落差路段进行全面排查，进一步完善公路临水临崖高落差危险路段安全设施。在2007年省级挂牌督办的100处事故多发点（段）中，甬台温高速公路温州段（桩号K201+400～K247+700）2006年发生交通事故致12人死亡。2007年实施治理后，该路段事故死亡人数降至7人，下降41.6%。同年，完成省、市道路交通事故多发点段33处，整治省级临水临崖11处，乡道18处，村道27处。2008年，完成省级事故多发点段9处、市级事故多发点段治理项目19处，省级临水临崖高落差路段治理项目8个。2009年，完成省、市道路交通事故多发点（段）治理32处。

2011年，温州被列入省级临水临崖高落差危险路段隐患15处，市级临水临崖高落差危险路段隐患69处，市级道路事故多发点段22处。其中危险系数最高的路段是S331分泰线，因隧道为水泥路面，雨天雨水进入，路面光滑造成车辆侧滑相撞，三年内就发生122起事故，死亡1人，受伤73人；G104线瑞安塘下新渎村—肇平垟中村段，因104国道线大修，无设施，三年内就发生11起事故，死亡6人，受伤11人；G104线瑞安塘下岑头村段，因G104线大修无设施，三年内就发生15起事故，死亡6人，受伤14人。8月，温州市组织8个督查组，对全市交通安全生产隐患排查情况进行督查，重点督查道路客运和危化品运输、水路运输、桥梁隧道、在建工程、城市公交等方面的安全隐患排查治理工作。

2012年，浙江省公布100处省级重点治理的危险路段，其中交通事故多发点段16处，临水临崖高落差危险路段84处。其中，沈海高速温州南白象至平阳段G15沈海高速K1755～K1788，被列为2012年度省级重点督办事故多发点段。该段线路原本设计日均流量为2.5万辆，现日均流量达5万辆，春运时最高流量突破了7万辆。三年里每年事故接处警700起，其中2011年多达747起，死亡21人。2012年，三都岭隧道发生事故735起，占辖区路段交通事故总量的36%，被喻为“伤心岭”。G104线乐清段 K1806+450～K1806+630被列入省级道路交通事故多发点段实施整治。苍南县根据排查，公布全县8个临水临崖危险点段和15个道路交通事故多发点段，11月底按要求完成治理工作。

2013年，G330线温州鹿城段与瓯湖线交叉路口列入省级道路交通事故多发点段实施整治。2013年，乐清市有3处被列为省级临水临崖高落差危险路段，分别为珍上线K21+130～K43+970、白雁线K23+761～K35+802、南九线K0+000～K4+662，还有2处市级、4处县级道路交通事故多发点。公路部门通过对9处整治路段进行实地勘察，制定整治方案，投入资金40.37万元实施整治。通过采取增设钢质护栏、设置爆闪灯、人行横道线、橡胶减速带、减速装置、设置线形诱导标志等交通安全设施，整治成效明显。

是年，G104线永嘉段K1880+100～K1880+900、G104线乐清段K1805+100～K1805+130雁荡高速

路口、苍南县道灵宜线 K7+900 ～ K9+400 等 3 处列入省级道路交通事故多发点段进行整治。

2014 年，温州有 7 处被列入省级道路交通事故多发点段进行整治：G330 线温州鹿城段 K25+800 选岙平交口、G330 线温州鹿城段 K27+300 瓯江五桥平交口、S230 线平阳段 K89+100 ～ K89+200、S228 线泰顺段 K68+000 ～ K69+000、G104 线乐清段 K1846+500 ～ K1846+650，S10（温州绕城高速）北线仰义枢纽，龙湾永昌路永中街道口至统益物流公司前路段。列入省级临水临崖高落差危险路段 18 处：永嘉县绍山公路－高山、虹三线－绍山、梅岙线－潘垟、仙清线－大邱田、六东线－董岙等 15 处，洞头县环岛公路至金岙、鹿西码头至东臼、环岛公路至东岙顶等 3 处。本年度，将事故多发点段治理纳入“平安市县”考核内容，经费由各地财政部门保障。

三、道路安全事故应急处置

【甬台温高速公路山体崩塌】 2004 年 12 月 11 日晚 10 时 30 分左右，甬台温高速公路柳市镇荷岙村地段南侧突发达大面积山体滑坡事故，致使温州大桥白鹭屿至乐成镇一段的高速公路双向车道全部瘫痪。60 余米的山体突然崩塌，近 1.5 万立方米的石头倾泻而下，掩盖现场两幅高速公路，最大巨石足有 800 立方米。山体崩塌事故发生后，温州市委市政府立即启动应急预案，采取有效的处置措施。时任市委书记王建满、市长刘奇和陈艾华、阮晖、黄德康、陈石春、张苗根等市领导，前往塌方现场察看情况，组织抢险。市公安、交通、建设、国土资源、高速交警、路政等部门和乐清市有关单位立即派人赶到现场，迅速展开施救工作，并成立了专门的处理工作指挥部，分四个小组协调处理。温州市消防支队特勤中队携带着生命探测设备对现场进行生命迹象探测。事故现场实施控制性清理，设立 6 ～ 8 米高的防护网，对较大石块进行预裂爆破，先恢复半幅双向通车，并设置明显限速标志。事故现场清理土石方 6000 立方米。

在处治过程中，各有关单位通力合作抢险，采取了多种工程措施和监控检测手段，在最短的时间内高质量地完成了崩塌处治。本次事故没有造成人员伤亡和车辆损毁。省市专家经现场察看、调查后，得出事故原因：崩塌山体有三组较发育的节理（通常指岩层中的裂隙），而这些节理面将整个岩体切割成块；事发地段，刚好通过崩塌体的前缘，边坡开挖后，在滑坡体前缘形成了一个高陡凌空面，为崩塌体的剪出提供了条件。加上“云娜”台风等特异气候以及车辆长期来往振动，诱发了这起不可预见的地质灾害。事故发生后，高速公路温州段全线和国省道全面开展隐患检查。浙江省吸取“12·11”山体崩塌事故的教训，根据 2004 年 3 月 1 日国务院实施的《地质灾害防治条例》，今后在地质灾害易发区新建公路，都要进行地质灾害危害性评估。

【49 省道边坡巨石坍塌】 2006 年 5 月 23 日凌晨 2 时许，49 省道（S333）K23+500 处，二三十米高的陡岩峭壁发生坍塌，几块约有 60 吨的巨石坠落路面。一辆车牌号为豫 B8118 的大货车，从永嘉黄田满载小商品开往义乌，途经此处被砸中，车上部分货物被砸落，车辆砸中部位受损严重，驾驶室部分扁塌，两名河南籍人员受伤。据分析，发生该次山体坍塌与当年第 1 号台风的影响有关。事故发生后，路政、交警部门设置限制通行标志，着手组织爆破清理。之后，与当地政府研究隐患山体的治理方案。

【58 省道边坡坍塌应急避险】 2006 年 6 月上旬，连日来连续降雨，58 省道发生多处山体小塌方。7 日下午，泰顺县公路部门组织人员冒雨对彭溪段 K15 ＋ 200 处坍塌物进行清理。在现场，该县公路段养护股副股长郑小明有条不紊地指挥三名公路养护工、一名路政人员及铲车、大货车进行清理。至下午 3 时 30 分许，当清理作业进入最后阶段时，道路靠山一侧坍塌处掉落几块泥土，引起了郑小明的警觉。凭着多年的经验，他立即

通过手机向正在童东线指挥抢通的公路段段长董晓华报告。董晓华果断命令现场所有人员迅速撤至安全地带。在抢通人员和铲车、装卸车辆撤离现场不到十米处时，几十米高的山体突然滑向路面，方量约有5000立方。泥方冲击力撞塌了道路对面一幢民房的外墙，离坍塌物仅几米之隔的7名抢险人员和3台设备有惊无险。8日上午，市交通局副局长高广尘、市公路管理处副主任连真毅赶到现场慰问抢险人员，并送上5000元慰问金，对他们的安全生产意识和自我保护意识予以褒扬。本次巨大边坡坍塌事件，抢险人员和设备得以成功避险，避免了一起严重安全事故的发生，主要原因：现场组织人员警觉性强，报告及时，领导指挥处置果断。

同年5月，浙江省丽水和衢州市连续发生两起公路边坡坍塌压死共4名施工人员和过往车辆人员的重大公路养护生产安全事故。事故发生后，温州市公路管理处下发多个紧急通知，要求加强雨季养护生产安全管理，落实山洪灾害防范措施，并加强了安全督查工作。

【G104线永嘉段大塌方抢险】 2005年5月27日晚21时许，受连续阴雨天气影响，G104线永嘉瓯北山背外侧山体发生大塌方，约2000立方米泥石从山上轰然而下，公路路面被堵，车辆通行受阻。获报险情后，永嘉公路部门立即组织人员和机械设备投入抢险。经两个小时的奋战，全部清除国道路面的塌方泥石，车辆恢复正常通行。事故发生前，该山体安全隐患已引起有关部门的重视，每天有专人巡逻。塌方发生时，就有4位值勤人员在场。由于防范到位，保证了抢险的迅速展开，并无发生伤人、损车事故。

四、公路安全科技化管理

从2006—2015年，温州公路开始进入安全科技化管理阶段。全市公路系统建立公路安全保障工程信息数据库，实行安全台账电子化管理，构筑安全管理人员三级网络，建立公路桥梁分级监控和分级响应管理体系，实施公路安全生产网格化管理，开展公路安全科研课题调研。

【公路安全保障工程信息数据库】 2006年，温州市公路部门建立全市首个公路安全保障工程信息数据库。

【安全台账电子化管理】 2007年，温州市公路部门开始实施安全台账电子化管理，加强安全生产制度建设与网络建设。

【安全管理人员三级网络】 2009年，温州公路系统完成安全管理人员三级网络构筑和应急抢险保障队伍、义务消防队伍整组，257名安全生产管理“三类”人员完成入档。

【公路安全保障工程信息数据库】 2009年，建成公路安全隐患数据库，建成完善公路安全保障工程信息数据库，以及农村公路构筑安全保障网。

【公路桥梁分级监控和分级响应管理体系】 2014年，温州公路部门根据实际情况，制定了《温州市国省道公路桥梁分级监控和分级响应管理体系实施意见》，在瑞安开展桥隧专业养护试点工作，初步探索建立公路桥梁、隧道专业化养护管理模式。

【公路安全知识手册】 2014年完成《公路安全知识手册》的编写。全书共分安全意识理念篇、安全生产基础篇、养护作业安全篇、公路设施安全篇、公路三防应急篇、公路战备钢桥篇、安全事故案例篇等7篇，可提供安全生产管理人员学习参考和职工安全培训教育使用。全面推广《安全生产规范化操作系列手册》，填补了全省公路养护安全生产标准化和规范化管理的空白。

【公路安全生产网格化管理】 按照“党政同责”“一岗双责”“三个必须”及“条块结合、属地管理”的原则，结合实际，市公路管理局制定出台《温州市公路系统安全生产网格化管理暂行办法》，在全省公路系统率先实行安全生产网格化管理。结合全市公路系统大、中、小网格成员网格化管理的经验做法，正式发布《公路安全生产网格化管理手册》。管理手册分四大部分：第一部分为网格化管理办法及文件；第二部分为县（市、区）公路局、局属单位印发的行政问责办法；第三部分为县（市、区）公路局、局属单位及机关各处室安全生产网格化管理网格划分、人员落实及职责分工；第四部分为全市公路系统安全生产网格化管理大、中、小网格划分及责任人统计表。

安全生产网格化管理涉及每个单位、处（科）室、基层站（队、所）及每个工作岗位。通过实施安全生产网格化管理，明确全市公路系统安全生产管理职责，完成全市公路系统安全生产网格化管理工作目标，实现网格划分到位、人员落实到位、职责分工到位。全市公路系统11个县(市、区)公路局、75个站（所、中队）、2个局直属单位及14个局机关处室的安全生产管理网格及人员落实情况：大网格27个，网格责任人54位；中网格186个，网格责任人469位；小网格309个，网格责任人1017位。全市公路行业安全信息管理系统应用情况效果明显。截至2015年11月，温州市公路行业安全台账管理信息录入达3189条，位居全市交通系统直属单位榜首及全省公路系统前列。

【公路安全科研课题】 2010年，市公路管理局与高等院校合作完成了2个具有国内领先水平的公路安全科研项目：《公路桥梁运营期间风险评估及应急预案研究》（与同济大学合作）、《公路养护作业交通安全隐患及防治措施研究》（与浙江交通科学研究所合作）。

第三节 桥梁安全管理

一、桥梁安全管理体系与桥检

【温州市国省道公路桥梁分级监控和分级响应管理体系实施意见】 根据桥梁隐患程度，实行严格的管理措施，控制隐患发展。按照隐患类型，实行分层负责，及时治理。按照“目标明确、应对得当，有效预防桥梁突发事故”的原则，以桥梁检查为手段，对国省道重点桥梁进行细致梳理，加强隐患控制管理，建立分级响应的桥梁管控体系。2014年，出台《温州市国省道公路桥梁分级监控和分级响应管理体系实施意见》，针对不同桥梁技术状况，结合桥梁重要性，划分确定四级监控等级；针对各种突发事件及病害发展趋势，制定四个响应等级。根据桥梁病害统计数据库及桥梁检查结果，按桥梁结构、跨径、交通流量等分类、排序，每年定期发布桥梁分级监控和分级响应等级目录，要求各管养单位认真做好桥梁分级监控和分级响应工作。

【桥检制度】 2007年6月15日，位于广东省西江干流下游的G325上的九江大桥，被一艘2000吨级的运砂船撞断桥墩，酿成一宗导致200米桥面坍塌、4车坠河9人失踪、交通动脉中断的重大事故。温州江河密集、桥梁众多，九江大桥所暴露出来的问题，在温州一些桥梁中同样存在，引起了社会各界对桥梁安全的担忧。公路部门针对桥梁因重特大事故、自然灾害以及突发性地质灾害导致的桥梁坍塌事故，进行架设贝雷钢桥以及处置预案模拟演习。同时，对G104线飞云江大桥桥承载能力进行静载试验，获取系列数据后再进行技术状况评定，以了解桥梁的强度、刚度和稳定性等情况，确定桥梁技术等级。鉴于温州桥梁现状和特殊作用，公路部门确定每年对主要干线公路桥梁进行定期检测。

根据部、省《公路桥梁养护管理工作制度》《交通运输部关于进一步加强公路桥梁养护管理的若干意见》和《关于进一步加强国省道桥梁管理的若干意见》等要求，公路部门认真落实桥梁安全运行十项制度，逐步建立起以“日常巡查、经常性检查、定期检查、特殊检查”为主要内容的桥检制度，做到日常巡查每周不少于一次，经常性检查每月不少于一次，定期检查周期不少于三年一次。定期检查通过先进的仪器设备等现代检测手段，全面检查记录桥梁结构存在的病害及详情，分析桥梁病害情况，预测可能造成的影响及后果，评定桥梁继续使用的安全性。根据安全评估结果，完成桥梁技术等级评定，提出桥梁维护处治建议及具体方案，为下一步综合处治提供相关资料和决策依据。建立定期督查机制，每年对各县（市、区）公路管理局开展两次桥梁安全管理专项督查，通报检查情况，并及时跟进桥梁安全隐患的处治。

【桥梁视频监控系统】 建立普通国省道特大桥（桥面、桥下空间）和长隧道（隧道内）视频监控系统，实施桥梁运行动态监控，并与智慧公路进行无缝对接。温州市普通国省道桥隧机电设施安保工程暨温州市普通国省道特大桥梁和长大隧道视频监控系统，主要由桥梁隧道监视系统、路段卡口系统、事件检测系统等组成，分布在泰顺、文成、苍南、瑞安、永嘉、平阳和鹿城等7个县（市、区），共19座桥隧239个监控点位。卡口摄像机和球机可对设定区域进行图像监视，通过通信系统接入监控中心的集成应用系统中。卡口系统支持车辆捕获、速度测定、图像记录、车辆识别等功能；事件检测系统支持停车检测报警、拥堵检测报警、逆行检测报警、抛洒物检测报警、隧道烟雾检测报警等功能。该系统代替人眼对视频监控系统中视频图像画面进行处理和综合分析，从中得到所需要的事件信息及数据，使桥隧管养部门在事件检测分析系统中获取公路通行状况的实时数据，有助于直观地了解和掌握监控区域的实时情况，及时发现、准确处置各类突发事件和日常性问题。

二、桥梁安全隐患排查与处治

【桥梁安全档案数据库】 2007年8月13日，湖南省凤凰县堤溪大桥发生垮塌事故。8月下旬，温州市成立交通基础设施安全隐患排查治理专项行动工作督查组，对全市4671座桥梁进行为期10天的全面检查。对检查中发现存在安全隐患的桥

桥梁安全检测与修复　资料图片

梁工程，制定治理方案并限期落实，对已经确认的危桥采取交通管制措施，对在建的圬工拱桥（圬工拱桥系石拱桥以及拱圈不配钢筋的混凝土拱桥，跨越能力较小）全面停工整改。通过检查，建立全市桥梁安全档案数据库，为每一座桥建立安全“健康档案”，实施动态管理。此次排查，发现四类桥梁37座（指存在一定的安全隐患，运载能力有所下降，但还可正常使用）、五类桥梁18座（存在严重的安全隐患，运载能力大幅下降，过往车辆要在交通人员的指挥下通行）。40条隧道主要存在漏砂、漏水现象，通风、照明不够等问题，还没有影响正常车辆通行。对存在通行安全隐患的危桥、险桥，实行交通管制，禁止或限制车辆通行。对仍能维持使用的危桥，将在桥头设置醒目的限载标志，派专人值班看守。104国道水涨大桥、清江大桥、49省道朱涂桥、瓯江五桥、灵昆大桥等大部分四、五类桥梁列入当年治理计划。

【温州市公路桥梁隧道坍塌事故应急预案】2007年制定，分总则、组织机构及主要职责、预警、预防及响应、后期处置及应急保障、附则5章16条。制定该预案旨在进一步加强温州公路桥梁隧道的养护管理工作，有效应对公路桥梁隧道可能出现的坍塌事故，促进应急抢险工作的规范化、制度化，有组织、有计划、有步骤地开展抢险救灾工作，最大限度地减少公路桥梁隧道坍塌事故造成的损失。本预案适用于温州市境内国道、省道和县道公路桥梁隧道维修、检测、使用等过程中发生坍塌，可能造成人员伤亡的重大险情。其他公路桥梁隧道应急处置可参照执行。《预案》重点内容：1. 应急指挥协调组。市公路管理局成立公路桥梁隧道坍塌事故应急指挥协调组，下设技术指导、机械设备、交通安全维护、后勤协调、新闻宣传五个小组；指挥协调组视实际需要，设立专家工作组，作为咨询机构。2. 实质性应急阶段。当公路桥梁隧道发生坍塌事故，各县（市、区）指挥协调组应立即向当地政府、交通主管部门和市公路管理局报告，启动应急预案，进入实质性的响应程序、信息发布、后期处置阶段。3. 总结汇报。事故的现场抢险救援结束后，县（市、区）、市指挥协调组及时作出书面总结汇报。总结报告内容：发生事故的桥梁隧道的基本情况；调查中查明的事实；事故原因分析及主要依据；发展过程及造成的后果（包括人员伤亡、经济损失）分析、评价；采取的主要应急响应措施及其有效性；事故结论；事故责任人及其处理；各种必要的附件；调查中尚未解决的问题；经验教训和安全建议。4. 应急保障。队伍保障、通信保障、医疗保障、设备、物资保障、经费保障、监督检查。

【三角岩大桥、九丈大桥险情处置】 2009年11月20日，公路养护工在S223仙清线养护中发现三角岩大桥桥面出现沉陷、开裂现象，存在严重险情。41省道（S333）是永嘉县域内的交通大动脉，日常车流量8000辆，春节期间达到10000辆，涉及沿线人口50万，占全县人口的三分之二。险情发生后，永嘉县各级引起高度重视，发出紧急通告，对41省道三角岩大桥实行交通管制。县政府成立由县长担任组长的应急处置工作领导小组，下设交通管制组、工程建设组、桥梁检测组、宣传报道组，制定处置方案。经省公路管理局高工现场踏勘，三角岩大桥被确定为四类危桥。同时发现距离三角岩大桥3公里的九丈大桥存在同样险情。春运、年关将近，路政、运管、交警实行多部门协同管理，设立9个卡点，18人实行24小时轮班执勤，安排大客车免费接送过往群众。施工队克服了3次较强冷空气、降雨、霜冻等恶劣天气，风雨兼程，昼夜奋战，对大桥实施凿除桥面铺装、拆换第四孔全部微弯板、全桥横梁加固处理等。2月9日上午9时，41省道三角岩大桥、九丈大桥正式恢复通车。

【高楼大桥桩基严重裸露隐患处置】 2011年，连接瑞安龙湖镇与高楼镇的交通要道高楼大桥河床下陷，水位下降近9米，致使原本包裹在河床底下的大桥桩基露出水面。主因是长期以来当地违法采沙。经过江水及石子的长时间冲刷，桩基上的混凝土被破坏，钢筋裸露，存在安全隐患。发现隐患后，当地公路部门立即与省交通规划设计研究院制定修缮方案，对水上三座桥墩共6根桩基进行加固修复，并在原有的每座桥墩2根桩基的基础上，两侧各加两根桩基，增强桥墩承重能力。桥墩修复之后，通过了温州市交通工程质量监督局的验收。瑞安市对全市范围内的无序采砂进行整顿。

【排查桥梁隐患护航G20峰会】 2015年，按照统一部署，根据G20峰会保障要求，温州市公路管理局开展多次桥梁安全隐患排查工作。与高速公路经营业主开展联合检查，重点检查桥面、桥墩及桥下空间。对在检查中发现桥墩周边存在堆土较高的情况，要求高速公路经营业主组织开展检测，检查桥梁结构有无异常情况；对存在安全隐患的，应实施除险加固，限时排除隐患，确保不发生安全事故；对涉嫌违法施工、违法倾倒渣土的，积极配合相关部门进行查处。同时，组织各县（市、区）公路管理局开展本辖区公路桥隧安全隐患专项排查和整治活动，尤其是对公路桥隧用地范围内的采矿、取弃土及采砂等行为进行重点排查。通过排查，掌握情况，加强管控，整改隐患，确保桥梁运行安全。“十二五”以来，公路部门按照“突出重点、兼顾全面”的原则，建立分步推进、逐步深入的桥梁安全隐患排查检查机制。杭州G20峰会期间，温州公路处于平安畅通、生产安全的良好状态。

裸露桥墩的高楼大桥　刘晓华摄

三、桥梁安全事故

【龙港大桥被撞事故】 1998年9月21日早晨7点，宁波市鄞县“浙鄞油6”号油轮经过龙港大桥时，撞塌大桥中间桥板，油轮倾覆，桥上车辆坠落，造成甲苯外泄、4人死亡的严重事故，鳌江下游近千公顷海涂养殖的青蟹、对虾大量死亡，直接经济损失600多万元。

“浙鄞油6”号油轮撞断龙港大桥现场　资料图片

据调查，肇事油轮“浙鄞油6”装载约280吨的6只储罐甲苯，驶往离龙港大桥上游约2.5公里处的码头。油轮上有船员7人，载重吨位为387吨。油轮驶临大桥主航道时，恰逢大潮，因不熟悉主航道桥洞的通航净高，船老大林某担心船头过不了大桥，打算掉头由尾先通过桥洞，如果船尾通过后船头过不了桥洞，油轮就往回开。不料，掉转船头时遇涌潮顶托，油轮突然失去控制，顺着潮水瞬间横向猛撞大桥，致使大桥出现裂缝，桥面中间一段桥板坠落江中。事故发生后，大桥中断交通4个月，后得以修复通车。

2003年8月，浙苍机33号运输船从福建省福州装载500吨泥沙，驶往平阳县钱仓镇江边码头。在距龙港大桥下游30米处，船只因舵机液压油管忽然断裂失去控制，撞向龙港大桥，造成桥墩中部受损，桥墩底座的包铁严重变形。

【“舟海油1”号海轮撞温州大桥事故】 2003年4月8日，“舟海油1”号海轮航行至温州大桥时，因辅机故障导致舵机失灵船舶失控，撞向温州大桥主通航孔北侧主桥墩，造成直接经济损失

16万元。

【飞云江大桥被撞击事故】 2002年6月26日上午7时许，停泊在东山渔港码头的浙瑞渔1109、1110、1601、1602等7艘渔轮突然像脱缰的惊马，在潮水的作用下，向上游四五公里处的G104飞云江大桥冲去，10多分钟后撞在飞云江大桥第3、4号桥墩上，其中有几艘渔船卡在桥下。当日正是农历十六大潮期，潮水飞快地上涨。情况危急之际，周围的船老大和接警后的公安民警，以及温州飞云江海事处工作人员火速赶来。当最先接到信息的浙瑞渔1109、1110号船长赶到时，渔船的桅杆已穿破桥面，几艘船卡在桥下，无法自救。船长果断下令用修理船上的风割枪，将渔船桅杆全部割断，为最终排险赢得宝贵时间。交巡警大队飞云中队民警发现险情后，立即对大桥进行交通管制。温州飞云江海事处接到110指令后，立即组织工作人员乘快艇赶到现场，组织浙油0011大马力油轮前来增援，并强行将渔船拖离大桥。事故的原因是停泊的7艘渔轮在潮水的作用下脱离缆绳，被潮水推撞飞云江大桥，造成桥墩被撞、卡船事故。虽然大桥只是局部受损，并不影响正常运营，但会降低桥梁的使用寿命。

2007年8月13日下午，瑞安一市民发现飞云江大桥桥墩破损。瑞安市公路管理段接报后，立即派专业技术人员坐船赶到现场察看。由于恰逢涨潮期，无法观测。下午退潮后，瑞安市交通局、公路管理段会同飞云江海事处工作人员现场察看，发现大桥22号桥墩东首起隔水作用的混凝土裙边破损，损毁面呈拱形，高约1.5米，宽2米，周围有裂缝，桥墩钢筋外露，可直接看到桥墩内部的预应力混凝土结构。破损面上方有多处明显擦痕。据现场推测，大桥桥墩破损应是船舶碰撞造成，肇事船只应为排水量500吨以下的中小型船舶，在飞云江下游驶向上游时发生。飞云江大桥被鉴定为四类公路桥梁，接近危桥临界点。浙江省公路管理局委托浙江交通规划设计研究所进行维修设计，并于同年9月27日动工修复，10月5日修复完成。

【瓯南大桥施工便桥坍塌事故】 2004年7月18日，福建“宁德霞运159”号轮从福建行至鳌江，航经瓯南大桥水域时，触损施工便桥，造成施工便桥坍塌，直接经济损失约70万元。事故原因：大桥建设方施工阶段前期未按要求落实相关安全措施，错误使用航标，引发船只撞桥事故。

【瓯江五桥桥墩被撞事故】 2005年，“温挖83”船只在瓯江林福水域被洪水冲下，撞向下游的瓯江五桥而沉没，导致大桥桥墩严重受损。

【运砂船撞击东瓯大桥桥墩沉江事故】 2006年1月12日，一艘装载百吨的运沙船经市区东瓯大桥时，因大雾撞上桥墩而沉入瓯江，青田籍船老大夫妻获救。

【洞头大桥防撞墩被撞事故】 2006年11月某夜，一不明身份的船只经过洞头大桥水域，由于情况不熟悉及操作不当，在穿越桥下时将一防撞墩撞断。后该肇事船逃逸，事故没有影响大桥正常使用。

【楠溪江大桥桥墩被撞事故】 2007年12月某天，位于G104的楠溪江大桥受到轮船撞击，导致桥墩局部毁坏。该桥桥墩被撞后，其受损部位只在低潮时才被发现。被撞坏部位为桥墩裙边，宽1米左右。

【“明珠7号”邮轮刮擦温州大桥事故】 2012年5月23日上午9时54分，“明珠7号”邮轮在经过温州大桥时，邮轮烟囱与温州大桥箱梁发生刮擦。据温州市高速公路工程有限公司提供的大桥损失清单初步估算，大桥直接经济损失为243万元。5月25日，浙江省交通设计研究院检测中心出具“温州大桥‘5·23’船撞事件应急检查报告”。温州市交通运输局邀请交通运输部、省交通运输厅专家召开专家评审会，根据检测报告及专家组意见，初步判断“5·23”邮轮刮擦大桥事件对桥梁主体结构造成一定的损伤，但对大桥承载能力基本没有影响。建议下一步要求检测单位深化对船撞过程的动态模拟分析，对桥梁进行动载试验，并对大桥表面损伤部分进行修复。

经事故调查组调查，认为造成这次事故的主要原因有三：一是“明珠7号”邮轮高度与大桥通航净空高度不相符。“明珠7号”邮轮最高度为36.96米，当时潮高为4.85米，船舶吃水为2.2米，过大桥水面高度为34.76米，大桥通航净空高度为30米，故造成船舶刮擦大桥箱梁事故。二是船主企业安全意识淡薄。擅自在邮轮顶部加高约3米高的烟囱，而该行为并没有事先向当地海事部门报告。三是发生事故前采取处置措施不力。温州港引航中心依据错误的船舶高度数据编制拖带方案。拖带作业过程中，引航指挥人员对船舶高度产生怀疑时，没有采取停船核对等及时有效的避让措施，最终造成船舶顶部建筑物触损温州大桥箱梁的责任事故。

“明珠七号”邮轮由温州明珠游艇有限公司（温州港集团与美国塑胶联合集团共同出资组建）投资2亿多元，委托威华船业集团有限公司建造。该船全长158米、型宽30米，可同时容纳千余人旅游观光、住宿、就餐、娱乐等。该邮轮自身无动力装置，属于趸船，排水量为1.297万吨。当时，该邮轮拟停靠于温州港集团原轮驳公司码头（郭公山下）。

“明珠7号”邮轮撞击温州大桥现场　资料图片

第四节　公路安防工程

2015年，G322（S330）瑞东线被列为交通部公路安全生命防护工程示范项目，是浙江省唯一一条作为国道列入交通运输部公路安全生命防护工程示范项目。

一、G322（S330）瑞东线安防工程

根据交通运输部《现有公路安全生命防护工程示范项目实施方案》（交办公路〔2015〕169号），2015年，温州和杭州、金华、台州、丽水市4个路段计348公里公路列入交通运输部示范项目建设，其中温州路段为G322（原S330）K0+000～K145+06（桩号有断链，温州市100.6公里、丽水市21.8公里）。G322（S330）瑞东线安防示范项目总投资约1.25亿元，其中部省补7000万元，地方（瑞安、文成）配套5500万元，实施里程共计100.076公里（瑞安段K0+000～K44+015，计44.015公里，文成段K44+015～K100+076，计56.561公里）。

2015年12月21日，省交通运输厅印发《交通运输部公路安全生命防护工程示范项目浙江省实施方案》（浙交〔2015〕267号）。根据“实施方案”，示范项目的实施，按照“因地制宜、崇尚自然、安全可靠、集约节约、生态环保”的要求，以临崖临水、急弯陡坡、平面交叉等路段为重点，充分考虑地形地貌、技术指标和交通环境特征等因素，加强安全评估，采取针对性措施进行综合处置。通过示范项目的实施，消灭风险水平Ⅳ和Ⅴ路段，提高通行速度、运行质量和效率；形成可复制推广的从隐患排查、设计、咨询、施工至评估的公路安防工程实施经验，为全省乃至全国全面实施公路安防工程提供典型示范。

2016年上半年，该项目组织召开G332公路安全生命防护示范工程的方案设计审查会，交通部公路科学研究院及省局养护处对G322（S330）瑞

东线进行现场踏勘，对设计方案进行修改完善，省公路管理局组织施工图设计审查和修改。

2016年7月14日，交通运输部公路局养护处负责人杨亮、全国公路科学研究院副院长候德藻，省公路管理局副局长孙校伟一行，调研G322瑞东线生命安全防护示范工程项目，要求温州通过先行先试，真正实现交通部的要求，打造全省乃至全国公路安全生命防护工程的示范典型。

二、安防工程实施

公路安防工程示范项目建设，实行省、市、县三级联动，省统筹指导，市牵头协调，县具体实施。具体按照统一设计、统一审查、统一验收、统一评估的"四统一"原则建设。G322（S330）瑞东线公路安全生命防护工程示范项目，主要施工内容：交叉口整治、交通安全设施完善、桥隧路面"白改黑"、沥青路面大中修、排水设施完善、隧道病害修复和照明更换、智能监控设施完善、路域环境整治（含服务站）等。示范项目共分11个施工标段及2个监理标，其中瑞安段划分为5个施工标段（土建标、交安设施标、智能监控设施标、隧道照明及维修、路面白改黑标）和1个监理标，文成段划分6个施工标段（路面大中修标、土建标段、交安标段、智能监控设施标、隧道路面白改黑标、边坡处治项目）和1个监理标。2016年8月，工程完成招标程序后全面进场实施。

G322（S330）瑞东线公路安全生命防护示范工程投资大、任务重、时间紧。为了打造G322安防品质工程，提升示范效应，2016年2月26日，市公路管理局制定《温州市G322(原S330)交通运输部公路安全生命防护工程示范项目实施方案》（温公发〔2016〕52号），成立由主要领导任组长的公路安防工程示范项目建设领导小组。在实施安防工程建设过程中，公路部门采取四大措施抓进度、抓质量：一是全力推行"七早"工作法。即在项目前期和实施过程中做到早调研和计划、早设计和审查、早上报和批复、早招投标、早进场和实施、早督查和完工、早检测和验收。二是紧盯目标任务，倒排时间，加强管理。通过定期和不定期检查、公路季度检查、养护专项工程专项检查、领导联系点月督查，把控工程质量、进度、安全及人员、设备、材料、经费到位情况。三是以立功竞赛为抓手，结合养护施工企业信用评价制度，强化施工单位、监理单位的工程质量、进度、安全意识，确保安防示范项目品质优良。四是以设计质量评价为手段，抓好设计后续服务工作，落实驻地设计代表制度，确保每项设计变更合理、及时。工程建设过程，克服了第14号"莫兰蒂"、第17号"鲇鱼"台风强降雨对工程造成的重创和工期延后，在施工时间不足三个月的情况下，2016年底，保质保量按时完成了工程建设任务。

2017年3月31日，受浙江省交通运输厅委托，省公路管理局组织验收组，对G322（S330）瑞东线安全生命防护工程示范项目进行实地踏勘。在瑞安市召开G322瑞东线安防工程验收会议，一致同意评定该安防工程为优良工程，并通过验收。验收会要求，全面总结建设经验，建立健全一整套安防工程管理长效机制，让沿线群众有更大的获得感和满足感。

三、安防工程成效

2016年，温州公路部门通过一年的努力，成功创建G322(S330)瑞东线安全生命防护示范工程，实现了公路品质、安全水平、服务水平、管理水平及文明水平等五大类16个方面的全面提升。

（一）公路安全保障水平全面提升。⑴安全保障能力明显提升。以提升安全水平降低事故率为目标，实施平面交叉口改造5处，中分带开口部改造9处，增设中间分隔带缆索护栏23.66公里；新建紧急停车带2处；全面更新完善标志标线、诱导设施及安全设施。⑵灾害防治水平明显提升。加强对公路边坡的监测评定，采用削坡，增设挡墙、SNS柔性防护网、打设预应力锚杆、预制砼框格填土等多种方式治理危险边坡4处，其中1处危险边坡安装岩土位移直读仪进行远程实时动态监测。⑶桥隧安全管理水平明显提升。维修加固及节能改造隧道5座，全线所有桥梁总体状况良好，不存在三、四类桥，隧道达到S级。文成段王宅隧道设置一套监控视频设备，提升隧道内交通及突发应急事件的处置能力，确保桥隧安全运营。⑷应急保障能力明显提升。建成文成、瑞安县级指挥分中心2个，确保干线公路畅通。

（二）公路品质水平全面提升。⑴路况水平大幅提升。实施路面大中修，全线桥梁、隧道路面实施水泥路面“白改黑”，实施路面针对性病害修复，改造和修葺路肩、边沟等公路附属设施。⑵通行能力显著增强。除提升路况外，全线改造平交口，归并部分出入口，设置紧急停车带，完善标志标线，提供信息服务。⑶路域环境明显改善。结合美丽公路建设，督促瑞安市政府落实配套资金3000万元，用于沿线绿化的改造提升，督促文成县政府落实配套资金2500万元，用于瑞东线美丽公路的创建，全面洁化、绿化、美化路域环境，营造整洁、优美的通行环境。

（三）科技创新水平全面提升。⑴应用系列“四新”技术。结合科技创新与项目实际，项目建设应用了超粘磨耗层（桥面“白改黑”）、SMA沥青砼施工（隧道“白改黑”）、5索紧凑型缆索护栏、自攻型锚栓、桥头路基泡沫混凝土回填、轮毂测温系统、汇入交通智能警告标志、太阳能主动发光标志、有源主动发光标志、非现场执法系统等专利技术和“四新”技术，全线科技应用水平得到显著提高，是科技创新及应用的典型示范样板。其中轮毂测温系统最具科技含量。该系统利用红外线检测行驶车辆的刹车盘温度，为行驶在长下坡路段的大型货车提供安全保障。⑵实现服务管理智能化。示范项目采用了可变情报板、视频监视、公路车辆超限超载非现场执法系统等智能技术手段，重点对风险隐患点的实时监控和信息发布、诱导，促进公路出行服务管理智能化，保障公路运行的安全、畅通。⑶提升科学管理水平。建成的文成、瑞安县级指挥分中心，实现与市级数字化综合管理平台的有机整合。

生命防护工程文成山区段　王卫国摄

生命防护工程赵山渡水库段　王卫国摄

（四）公路出行服务水平全面提升。⑴指路标志体系更加完善。以指路标志、地点距离标志、警告标志和路名标志等为重点，统一设计，建设更加清晰科学的指路标志体系。⑵便民服务设施更加健全。充分挖掘和利用沿线业务管理用房和现有社会资源，为过往车辆提供停车、卫生等服务，新建服务站2个。⑶出行信息服务更加便捷。依托安防示范工程的数字化综合管理平台，积极拓展社会公众服务功能，通过沿线设置的可变情报设备等，及时提供公路气象、公路通阻、公路保护等信息，更好地满足公众的出行需求。

2017年10月，浙江省公路安全生命防护工程示范省建设效果评估会议认为，G322安防示范路达到了示范引领的效果，为下步安防工程的实施提供借鉴参考。

第五节　安全培训　应急演练

温州公路部门立足公路实际，建立了一系列安全培训机制，每年都开展形式多样、重点各异的公路安全培训，学习操作技能，剖析事故原因，总结经验教训，不断适应公路安全生产和管理的新形势。

一、公路安全生产培训

2003年，根据《中华人民共和国安全生产法》有关规定，温州公路部门制定《温州市公路系统安全生产教育培训制度》，保证公路系统从业人员具备必要的安全生产知识，熟悉有关安全生产规章制度和操作规程，掌握本岗位的安全操作技能，加快安全生产知识更新，提高安全生产知识水平，培养和造就一支德才兼备、安全知识全面和遵守有关安全生产法律法规的公路队伍。

该《教育培训制度》规定，公路系统安全生产教育培训按照两个基本原则实施：一个是坚持分级分类教育培训和分级管理的原则。新增安全管理人员和安全知识更新培训由上级部门负责，市公路管理部门做好统计上报；各单位负责组织对本单位职工的安全全员教育培训。另一个是坚持组织培训和自我教育相结合的原则。根据工作实际需要，在上级单位或部门组织集中培训的基础上，引导干部职工在岗自学，进行个性化学习，逐步实现组织教育培训和自我教育的有机结合，推进公路系统干部职工教育培训经常化、规范化。

教育培训主要内容：一是安全思想教育培训。⑴安全生产法律法规、规章制度和各工种安全操作规程教育；⑵劳动纪律和制度教育培训；⑶职业道德教育培训，包括安全生产责任制、安全检查制度、安全奖惩制度以及安全操作规程等。二是安全技术知识教育培训。安全技术由生产技术知识、安全技术知识和专业安全技术知识组成。通过教育和培训，重点掌握与岗位相关的安全知识，提高职工安全素质，增强岗位作业的安全可靠性。三是安全技能教育培训。安全技能包括岗位操作的重点、难点、注意事项和危急情况的应变措施等。教育培训学习采取各种有效形式，如脱产教育培训、专题讲座、外送培训、工作中教育培训、“三级”教育培训、事故案例教育培训、新上岗职工教育培训、违章教育培训、安全活动日、经常性安全教育培训等。各单位负责本单位职工的安全全员教育培训，每年不少于一次。

教育培训注重实效性。各单位的安全生产管理部门负责制定干部教育培训工作规划、计划和实施细则。每年初制定年度教育培训计划，落实培训经费，年终进行总结，公布培训计划完成情况。《教育培训制度》强调六点规定：（一）市公路管理局负责对公路系统各单位安全生产宣传教育、培训工作实施综合管理，并行使监督职能；（二）各单位必须开展安全宣传教育，普及安全知识，倡导安全文化，建立健全安全生产教育培训制度；（三）各单位新职工必须进行“三级安全教育”合格后方可上岗；（四）根据《中华人民共和国特种设备安全法》规定，从事特种设备作业的人员必须经过专门的安全知识与安全操作技能培训，并经考核取得资格方可上岗；（五）加强对安全管理人员的教育培训，提高掌握政策法规水平，熟悉安全管理技术知识；（六）各单位的领导必须参加全市公路系统安全教育培训。

公路安全教育培训情况统计表

表 9-5-1

年 份	培 训 内 容	人 次
2007	特殊工种和施工企业三类人员培训 513 人，安全生产月安全生产知识竞赛 228 人，送省交通管理持证培训 30 人，全员安全培训 4300 人	5071
2008	交通行业安全生产事故调查处理程序培训，筑养机械操作安全培训，安全生产管理三类人员安全证书培训，全员安全教育培训	3300
2009	组织机械操作手参加杭州公路技师学院培训 52 人，浙江交通干校安全管理资格证书培训 37 人，机械操作手培训 190 名，安全三类人员培训 900 人，村道养护作业培训 700 人，全员安全培训 1373 人	3200
2010	农村公路养护安全作业规程、公路养护安全知识培训 776 人，全系统全员安全教育培训 2424 人	3200
2011	安全管理和特种设备操作培训，全员安全教育培训	2980
2012	钢桥骨干培训 40 人安全证书换证培训 2200 人，特种设备操作手上岗持证培训 52 人	2292
2013	公路安全应急管理、战备钢桥架设基础知识、浙江交通安全管理信息系统推广使用、公路安全生产事故案例分析等	2480
2014	筑路机械设备操作培训，全员安全教育培训	2776
2015	安全管理网格化培训，养护作业安全生产规范化培训，全员安全教育培训	2870

二、公路安全事故

【材料库爆炸事故】 1960 年 6 月某日，永仙公路（现 S223）指挥部双庙前材料库发生爆炸，死 3 人，损失资金 2 万元。原因分析：责任领导对仓库储存爆炸物品的安全意识不强；仓库材料保管员缺乏工作责任心，物资堆放混乱，管理无序；值班制度不够健全。应对措施：提高对储存爆炸物的安全意识；实行爆炸物品专人专管制度，严格执行危险品保管规定，加强物品的进仓、保管、发放等管理工作。

【苯酚罐装车侧翻事故】 2004 年 7 月 16 日零时 48 分，一辆车牌照为浙 AL7528 的罐装车，从福建罗源县琯头港务码头开往乐清，途经甬台温高速公路浙闽站广场，因制动失灵与牌照为浙 CR9710 的“桑塔纳”发生撞击而侧翻，车上运输的约 30 吨苯酚泄露，导致 1 人重伤、1 人轻伤。该段高速公路封闭。经过高速路政、交警、消防、环保等多部门配合，迅速控制现场。事故发生后，附近空气受到污染，治超站路政执法人员戴着口罩坚持工作。事故还造成苍南横阳支江水域受污染，苍南 10 万居民断水一周的严重后果。经查，车主张某雇用无危险品运输资格的赵某为驾驶员，并与浙江南方塑胶制造有限公司生产部经理陈某取得联系，接受该公司运输苯酚至乐清的业务。2005 年 8 月 25 日，苍南县人民法院对“7·16”甬台温高速公路苍南段苯酚泄露案作出一审判决：被告人赵某、张某、陈某违反危险品管理规定，导致危险化学品在运输过程中发生重大事故，并在事故发生后未及时采取安全措施造成特别严重后果，其行为均已构成危险物品肇事罪。法院分别判处被告人赵某、张某和陈某有期徒刑 6 年、5 年和 4 年。原因分析：驾驶员缺乏危险品运输资格从事危险品运输；运输车辆处于长达 9 公里的长下坡路段，驾驶员忽视警示标志，驾驶操作不当。应对措施：驾驶员运输危险品必须具备危险品运输资格；驾驶危险品运输车辆必须注意警示标志，做到正确操作；设置紧急避险车道。

G15 高速公路分水关至浙闽主线站位于浙闽交界处，从坡顶到浙闽主线站长达 9 公里，共有 20 多个弯道，其中大弯道 5 处，且平均落差在 30 米以上，最大纵坡达 4.8%，地势险要、事故多发，被称为“华东第一坡”。2003 年开通至 2011 年 8 月，发生交通事故 415 起，受伤 69 人，死亡 13 人。2011 年 11 月，该路段紧急避险车道正式动工。起点位于长坡段坡底（新老两个浙闽发卡点中间位置），长 265 米，宽 9.5 米，主要由引道、制动车道、服务车道及辅助设施组成。2012年4月建成投用。

【养护拖拉机翻车事故】 2006年3月25日7时许，鹤溪农工班班长陈某驾驶农工养护拖拉机（牌号浙C04349），召集本班民工张某、周某、宋某等人到蔡鹤线K7～K8路段进行公路养护（修补路面坑洞）。13时30分许，陈某单独驾驶拖拉机下山加油便于运送石料，途经蔡鹤公路K 4+500路段时，由于操作不当，车子翻下公路右侧20余米深的悬崖，造成陈某受伤、拖拉机严重损坏的交通事故。原因分析：养护机械专业化程度低；养护作业人员专业素质不高，业务不精，操作技能水平低，应急能力缺乏。应对措施：配备专业养护机械；加强对机械操作人员的专业技能培训；机械操作人员需经过专业培训并考试合格，获得有关部门颁发的操作证或者驾驶执照、特殊工种操作证后，方可独立操作养护机械，不许操作与操作证不相符的机械设备。

【养护工被压事故】 2007年5月3日上午9时10分许，一辆车牌号浙CF4067的大货车，由瑞安开往文成方向，经S330线K9+650处，因躲避横穿行人，大货车冲过隔离带与相向出租车（车牌号浙CH1269）相撞，造成4死 4伤的重大交通事故，其中瑞安市公路管理段一名清扫工被当场压死。原因分析：大货车超速行驶，驾驶员遇紧急情况措手不及，操作不当；路面清扫养护机械化程度低，作业人员风险大。应对措施：提高驾驶员的素质，强化对违法行为的处罚力度； 提高路面保洁作业的机械化水平。

【养护工受伤事故】 2007年9月7日7时20分，瑞安市公路管理段清扫工章某在G104飞云江大桥（K1942+200）进行桥面清扫。章某逆向推行人力小板车，与一辆二轮摩托车（牌照浙CNB194）发生碰撞，造成章某受重伤。原因分析：路面人工保洁的安全，缺乏明确的规范、规定；养护作业机械化程度低，大多以人工作业为主；养护人员安全意识淡薄，不遵守交通规则，逆向行驶；摩托车驾驶员操作不当。应对措施：规范路面保洁作业行为；提高路面保洁作业机械化水平；注重公路养护人员安全培训，增强其安全意识，提高养护作业安全性；严格摩托车驾驶员考证制度，提高摩托车驾驶员素质。

【大巴车翻车压死养护工事故】 2009年1月14日下午16时20分许，乐清市芙蓉交通运输公司车牌号为浙CEZ183的营运大巴车，由芙蓉开往清江方向，途经石清线K7处，因车速过快，为避让前方同向行驶的一辆农用车，从右侧车道横冲入左侧车道后，侧翻于公路左侧边沟处，造成在该路段左侧进行边沟养护作业的临时养护工人一死二伤的交通事故。原因分析：对于养护作业控制区的限速，JTG H30-2004《公路养护安全作业规程》采用一次性限速，限速方案安全保障性低；大巴车空挡滑行，超速行驶，致使刹车效能减弱，遇紧急情况处置不及。应对措施：施工单位应按照JTG H30-2004《公路养护安全作业规程》，在养护作业控制区设置施工警示标志、限制速度标志及相应安全设施等，在车速较快路段应通过逐级减速，重复设置限速标志或其他强行限速方案限制过往车辆速度；提高驾驶员素质，强化对违法行为的处罚力度。

【养护作业控制区事故】 2009年3月12日上午8时50分，雷某驾驶车牌号为浙CX4146的车辆从瑞安开往苍南，以70时速途经甬台温高速公路福建方向K313+900快车道（该路慢车道和硬路肩施工，快车道通行，限速60时速），因左手拿手机，观看后视镜时方向失控，致使车辆偏离行驶车道后冲入右侧施工区域，造成一名养护工人当场死亡，车辆严重受损。原因分析：对于养护作业控制区的限速，JTG H30-2004《公路养护安全作业规程》采用一次性限速，限速方案安全保障性低；车辆超速行驶，遇紧急情况操作不当。应对措施：施工单位应按照JTG H30-2004《公路养护安全作业规程》，在养护作业控制区设置施工警示标志、限制速度标志及相应安全设施等，在车速较快路段应通过逐级减速，重复设置限速标志或其他强行限速方案限制过往车辆速度；提高驾驶员素质，强化对超速行驶驾驶员的处罚力度。

【临时清扫工被撞死亡事故】 2009年10月2日下午16时许，黄某驾驶车牌号为浙CLF839的小客车，途经虹桥镇G104线K1824+200路段，与正在左侧清扫路面的清江公路管理站临时清扫工万某发生碰撞，造成万某当场死亡的交通事故。原因分析： 养护作业机械化程度低，大多以人工作业为主；临时清扫工安全意识淡薄；养护作业现场无警示标志；大货车车速过快，遇紧急情况操作不当。应对措施：提高路面保洁作业的机械化水平；加强养护作业人员安全意识培养，增强上路作业者的安全意识；加大对公路养护的经费投入，提高公路养护的机械化程度；提高驾驶员素质，强化对违法行为的处罚力度。

【养护工作业被撞事故】 2010年2月12日中午12时25分许，蔡某驾驶车牌号照为浙C9682A号的小型专用客车，从平阳县鳌江镇驶往桃源乡方向，行经G104线K1964+800处（鳌江垂杨路段），车头碰撞正在进行道路养护作业的养护工人陈某，后又碰撞前方同向慢速行驶的拖拉机（牌照浙C07006）尾部，造成陈某当场死亡、小型专用客车4名乘客受伤和两车损坏的道路交通事故。原因分析：对于养护作业控制区的限速，JTG H30-2004《公路养护安全作业规程》采用一次性限速，限速方案安全保障性低；养护作业现场环境差，警示标志不明显；小型客车驾驶员注意力不集中，车速过快，遇紧急情况操作不当。应对措施：养护作业人员要严格按照JTG H30-2004《公路养护安全作业规程》规范布置作业控制区的标志标线，必要时通过限制单车道有效宽度，设置交通红绿灯等限速措施强制限速，交通量较大时还需安排路政或专业旗手指挥、组织现场交通，确保养护现场的安全；改善养护作业现场环境；提高驾驶员的素质。

【硫酸泄漏重大事故】 2016年3月15日12时许，一辆车牌号为浙H1416挂、运载31吨硫酸的槽罐车，从G104线分水关向桥墩方向行驶，途经长下坡路段桥墩交通饭店（桩号K1997+800）时，因车辆失控，连续碰撞停放在该饭店前的11辆汽车（车内无人），肇事车辆和部分被撞汽车坠入路坎溪旁，造成三人受伤和多辆汽车不同程度损坏，槽罐车部分硫酸泄漏。事故发生后，当地公路、交警、消防等部门立即启动应急预案，救援人员赶到现场展开七个小时的救援和应急处置。温州市公路管理局党委书记、局长连真毅带领相关处室赶赴事故现场指导善后工作，要求当地公路部门对该路段防护栏设置进行全面排查，加强防范，加快紧急避险车道建设进度。原因分析：驾驶员对分水关至桥墩的长下坡路段没有引起足够重视；驾驶员遇紧急情况，操作不当。应对措施：驾驶员掌握长下坡路段驾驶操作技术；注意警示标志；尽快建成避险车道。

G104线分水关至桥墩段地处山区公路长下坡地段，容易造成恶性交通事故。2016年3月，开工建设G104线K1997+700路段紧急避险车道。该紧急避险车道为上坡制动床型，全长160.58米，车道路基宽5.5米，路面宽4.5米，纵坡坡度采用15%制动坡床长98米，制动床内铺设豆砾石。总造价260万元。2016年5月建成投用。

三、应急预案

编制安全应急预案是应急救援准备工作的核心内容。应急预案在应急救援中的重要作用和地位：(1) 使应急准备和应急管理有据可依、有章可循；(2) 有利于作出及时的应急响应，降低事故后果；(3) 成为应对各种突发重大事故的响应基础；(4) 当发生超过当地应急能力的重大事故时，便于与上级应急部门的协调；(5) 有利于提高全社会的风险防范意识。

“十二五”期间，温州公路部门高度重视应急预案的编制工作，完成编制包括重特大事故和自然灾害及突发性地质灾害、隧道突发事件、防雨雪冰冻灾害、“三防”等在内的应急预案，为及时组织应对突发性灾害（事件）起到基本的应急响应和指导作用。

【重特大事故、自然灾害及突发性地质灾害应急处置预案】 2005年制定，分总则、事故报告、应急救援、调查处理、信息通报、附则6章22条。本预案所指的重特大事故是指：一次死亡三人以下（不含三人）为重大事故，一次死亡三人以上（含三人）为特大事故，事故定性的具体标准参照国家有关法规。本预案所指的重特大自然灾害及突发性地质灾害是指：因气象条件和地质原因而造成严重后果的突发性灾害，即强热带风暴、洪水、泥石流以及因地质灾害引发造成严重后果的塌方等。预案重点内容：1. 报告机制。重特大事故、重特大自然灾害及突发性地质灾害发生后，应在一小时内报告当地交通主管部门和县级行政管理机构及市公路管理局。报告内容要求：重特大事故、重特大自然灾害及突发性地质灾害发生的时间、地点、单位；事故及灾害简要经过、伤亡情况及交通通阻情况；初步原因分析。采取的应急措施和控制情况；报告单位、联系人、联系电话。2. 应急工作步骤。发生重特大事故、重特大自然灾害及突发性地质灾害后，要及时、迅速、有效地进行求援处置，遵循最大限度减少人员伤亡和损失，最快速度抢救险情疏通道路的原则，启动以下工作步骤：指挥机构投入应急处置；调集应急抢险队伍、抢险机具开展救援；做好信息通报、后勤保障工作；加强值班，明确各相关部门的职责分工；做好善后处置等工作；开展事故调查工作。

【温州市公路管理局防雨雪冰冻灾害应急处置预案】 2016年制定，主要分为主要职责，领导机构，预防和预警机制，积雪冰冻报告制度、程序及要求，险情解除后处置工作、保障措施等部分。本预案所指积雪是指因积雪、冰冻而造成公路交通安全受到严重影响、受阻，直至公路交通中断。预案重点内容：1. 领导机构。成立温州市公路管理局应急领导小组，在市政府应急办公室和市交通运输局的统一指挥下，开展应急处置工作。2. 公路积雪、积冰应急抢险措施。工作步骤：指挥系统投入工作，启动应急预案；应急抢险队伍全面铺开抢险工作；做好情况通报工作及后勤保障；加强值班，明确相关部门职责。冰冻雨雪灾害处置措施：根据不同雪量确定基本方法；公路养护、工程施工、车辆运输、油库作业的应急抢险处置；因积雪、冰冻造成公路大面积塌方、桥梁毁坏中断的应急处置；钢桥、抢险机具调运，人员调集。

【温州市公路系统“三防”工作应急预案】 2016年制定，分总则、组织指挥体系和职责、预防和预警机制、应急程序和措施、灾情报告、应急保障措施、后续工作、管理及奖惩、附则9章29条。本预案适用于温州市公路系统应对台风、暴雨、洪涝、雨雪冰冻、高温、地质灾害等各种极端天气和自然灾害引起的，需要公路部门进行应急预防和处置的事件。预案重点内容：1. 领导负责制。公路“三防”工作实行领导负责制，主要领导负第一责任，分管领导负具体责任，层层建立“三防”工作责任制，做到层层负责、人人负责。2. 预防预警应急准备。思想准备、组织准备、工程准备、预案准备、物资准备、通信准备、前期准备。3. 应急预案响应。Ⅳ级台风影响响应、Ⅲ级台风影响响应、Ⅰ级Ⅱ级台风影响响应、江河洪水预警应急响应、地质灾害预警应急响应。4. 应急保障措施。“三防”专项资金、通信与信息保障、公路工程设施和物资设备保障、应急队伍保障。5. 宣传培训与演练。加强“三防”知识宣传，提高单位干部职工的应急管理能；按照属地管理的原则，每年汛前组织培训；组织不同类型的应急演练，检验和强化应急准备和应急响应能力。

【温州市公路系统地震应急救灾预案】 2011年制定，分为主要职责，领导机构、预警和预防机制、应急响应和处置、保障措施、宣传培训与演习等内容。本预案适用于温州公路受破坏性地震损害时，在抗震救灾中公路、桥梁及隧道设施抢修、保障工作。预案重点内容：1. 领导小组。成立温州市公路管理局抗震救灾领导小组，在市政府应急办公室和市交通运输局的统一指挥下，开展地震临灾及灾后应急救助工作。2. 应急响应和处置。启动预案、临灾应急响应、灾后应急响应。3. 保障措施。做好救灾物资准备和救灾机械设备的保养；加强对重要部位（普通国省道、大桥、隧道等）的维修养护和日常值班巡查。4. 宣传培训与演习。开展交通安全常识和地震等突发事件应急知识以及预案的宣传、讲解等普及教育活动；做好地震应急管理和救援人员培训工作，有计划地实施演练。

【温州市公路隧道突发事件处置应急预案】2008年制定，分总则、组织机构及主要职责、预防和预警、应急响应、隧道应急处置预案、隧道事故救援方案、后期处置及应急保障、附则8章25条。制定该预案旨在明确桥梁突发事件的运行机制，加强公路桥梁突发事件的应急管理工作，高效有序地做好公路桥梁损毁等突发事件的处置工作，最大限度地减少桥梁突发事件造成的社会影响和财产损失。本预案适用于温州市已通过竣工验收并投入使用的公路隧道内发生的各类事故应急处置。预案重点内容：1. 工作原则。应急处置预案遵循“安全第一、预防为主、快速反应、以人为本”的原则，以快速有效处置隧道交通事故为重点，及时采取有效措施保障人员生命安全，减少国家财产损失，使灾害降低到最低限度。按“条块结合、以块为主”的工作原则，公路隧道突发事件处置实行属地负责制。2. 应急指挥协调组。市公路管理局成立公路隧道突发事件处置应急指挥协调组，下设技术指导、机械设备、交通安全维护、后勤协调、新闻宣传五个小组。指挥协调组视实际需要，设立专家工作组，作为咨询机构。3. 实质性应急阶段。当公路隧道发生突发事件，各县（市、区）指挥协调组应立即向当地政府、交通主管部门和市公路管理局报告，并启动相应的应急预案。进入实质性的响应程序、信息发布、后期处置阶段。4. 子预案。制定隧道应急处置预案六个子预案：过往车辆抛洒物处理预案、车辆抛锚处理预案、交通事故应急预案、隧道车辆事故火灾应急预案、常见化学危险品泄漏事故处理应急预案、非正常情况应急处置预案（台风应急处置预案、雪灾及冰冻应急处置预案、隧道出入口处山体滑坡应急处置预案），剖析事故潜在危险，明确应急实施步骤。5. 隧道事故救援方案。制定到达事故现场方案、现场伤员处置方案。6. 应急保障。队伍保障、通信保障、医疗保障、设备物资保障、经费保障、培训演练、监督检查。

温州公路系统出台应急预案情况表

表 9-5-2

序号	文件编号	预 案 名 称
1	温公机〔2005〕77号	温州市公路系统重特大事故、自然灾害及突发性地质灾害应急处置预案
2	温公机〔2005〕247号	温州市公路系统消防工作应急预案
3	温公养〔2007〕339号	温州市公路桥梁隧道坍塌事故应急预案
4	温公机〔2008〕107号	温州市公路隧道突发事件处置应急预案
5	温公机〔2011〕228号	温州市公路系统地震应急救灾预案
6	温公机〔2014〕246号	温州市省道公路桥梁突发事件应急预案

四、应急演练

应急预案编制得是否可行、科学，具体可操作性，需要通过演练得到检验和印证。

组织应急救援预案演练的目的，主要有四个方面：一是检验预案的实用性、可用性、可靠性；二是检验全体人员是否明确自己的职责和应急行动程序，以及反应队伍的协同反应水平和实战能力；三是提高人们避免事故、防止事故、抵抗事故的能力，提高对事故的警惕性；四是取得经验以改进所制定的行动方案。演练分为室内演练（组织指挥演练）和现场演练，包括单项演练、多项演练和综合演练。每一次演练后，应核对该计划是否被全面执行，并发现不足和缺陷。事故应急救援预案应随着条件的变化而调整，以适应新条件的要求。

温州是台风等自然灾害频袭的地区，通过实战式的应急演练，是提高公路系统的抗灾抢险保畅能力的一个重要途径。一直以来，每年开展应急演练，成为温州公路系统日常化、正常性的必修课。通过应急演练，达到了5个目的：一是检验预案。查找应急预案中存在的问题，进而完善应急预案，提高应急预案的实用性和可操作性。二是完善准备。检查应对突发事件所需应急队伍、物资、装备、技术等方面的准备情况，发现不足及时予以调整补充，做好应急准备工作。三是锻炼队伍。增强演练组织单位、参与单位和人员等对应急预案的熟悉程度，提高其应急处置能力。四是磨合机制。进一步明确相关单位和人员的职责任务，理顺工作关系，完善应急机制。五是科普宣教。通过开展应急演练，普及应急知识，提高公众风险防范意识和自救互救等灾害应对能力。

战备钢桥架设应急演练　李辉列摄

危险化学品事故应急救援演练　资料图片

战备钢桥架设在历年来的抗台抢通中发挥了重要作用。温州市地处东南沿海，河流纵横，每年夏天往往台风频繁来袭，战备钢桥架设演练成为增强温州市国防交通综合保障和快速处置能力、提高温州公路应急保畅和抢险救援水平的重头戏。

【台风应急抢险演练】　2006年6月20日上午9时正，市公路管理处在市高速公路养护中心举办G330台风应急抢险和消费演练。演练假设G330线临江段因台风和连续强降雨等影响，发生山体滑坡和路基沉陷，造成交通中断。市公路处指挥中心按“应急预案”迅速指挥和派遣公路抢险队赶赴现场抢险，安全、工程、路政有关人员随同赶赴现场，紧张组织抢险。抢险队快速抢修路面、搬运坍塌物、装载填料、铺设石料、压平路面，交通得到恢复。公路应急抢险演练结束后，还举办了消防演练。2004年以来，温州市频频遭受台风袭击，市公路管理处连续两年被温州市委市府评为抗台救灾先进单位。本次演练目的：在“三防”期间，温州市境内公路发生山体滑坡和路基沉陷等灾害，公路系统能够迅速、高效、有序地开展抢险救灾应急工作；认真总结经验，进一步完善“三防”应急预案，在今后的公路应急抢险实战中真正做到“反应快、拉得出、打得响”。

【战备钢桥架设技能培训】 2010年5月17—25日，市公路管理处组织100多名应急抢险队员，在泰顺开展战备钢桥架设技能培训暨应急预案演练。通过培训，建立了3支（文成、永嘉、泰顺）战备钢桥架设队伍，骨干力量80人。

【运营公路隧道突发事故应急处置预案联合演练】 2014年8月22日，在S331线隘门关隧道地段举行温州市运营公路隧道突发事故应急处置预案联合演练。本次应急预案演练，是模拟对发生在S331公路隘门关隧道内事故进行组织抢险。是日上午9时40分，在S331隘门关隧道内发生一起多车追尾交通事故，顿时浓烟滚滚。在此处工作的富垟公路站人员发现险情后，随即向县公路管理局汇报情况。该局领导在接到报告后立即向县应急办报告，请求110、119、120赶赴现场进行救援。9时50分，交警、路政人员赶到现场，实行交通管制，拉起警戒带，疏散现场人员。9时55分消防、卫生人员赶到现场对被困伤员展开救治。10时，随着受伤人员得到转移，公路应急抢险人员进入现场，对事故现场进行清理。10时10分，所有伤员得到有效救治和转移，事故现场清理完毕，公路恢复畅通。演练活动成功结束。泰顺山区隧道多，隧道内交通事故也时有发生。通过此次演练，检验泰顺公路抢险中心对隧道突发事件的反应能力，以及公路抢险与交警、消防、卫生等多部门的组织协调和联合作战能力。

【战备钢桥架设应急演练】 2015年5月11日开始，市公路管理局在永嘉六岙开展为期一周的战备钢桥架设应急演练活动，来自11个县（市、区）市公路局30来名安全人员参加钢桥架设培训和演练活动。本次应急演练在模拟河道上进行，背景为河道桥梁出现险情，道路中断，市公路应急抢险队伍接到指令后，立即赶赴现场，采用悬臂推出法架设交通战备钢桥。短短20分钟时间，通过抢修队伍的齐心协力和娴熟的架桥技术，一座跨度12米的钢桥成功的架设在了模拟河道上。通过本次培训和演练，队员们掌握了各种架桥流程和方法，相互配合的默契程度也得到了很大提高，确保在接到抢险命令后，能以最快的速度完成构件出库、架设钢桥、恢复交通的目的。针对部分抢险队员是首次参加钢桥架设演练，演练之前组织参训人员系统学习了《公路式钢桥使用手册》，并通过老队员们现场的讲解，提高新队员对于钢桥架设的认知水平。同年8月、9月间，温州遭受多次台风袭击，特别是超强台风“苏迪罗”的袭击，给公路设施造成了数以亿计的损失。抢险期间，公路抢险队伍充分发挥了抢险主力军的作用，第一时间抢通受损公路路段，并把应急演练的架桥技能运用到抢险之中，在文成一处乡村公路成功搭建了一座战备钢桥，临时解决了沿线村民的出行问题。

【公路事故应急处置联合演练】 2015年11月18日，市公路管理局与洞头区交通、公路、三防、公安、国土、卫计、电信、交运、街道等19家单位联合举办公路事故应急处置演练。演练假设，受连续强降雨天气影响，洞头区环岛公路铁炉头三岔路口突发公路边坡塌方，途经该处的面包车受坍塌土石方挤压变形，导致车门无法打开，造成车上1名驾驶员和2名乘客不同程度受伤，共计7名人员被困车内，交通中断。现场知情者立即拨打12328等救援电话，接到报警后，区公路管理局立即向分管领导及市公路管理局抢险指挥中心报告。市公路管理局全力以赴增援事故处置工作，同时密切注视事故现场处置动态，要求每隔15分钟向分管领导报告一次。区公路管理局接到市公路局指令后，立即启动公路塌方应急处置预案，同时报告区交通运输局、区“三防”办，分管领导立即率相关人员赶赴现场。交警、消防、卫计等部门接到区“三防”办通知后，第一时间赶到坍塌现场，密切配合，开展应急救援抢险工作。

举办这次应急演练时令虽然已过立冬，在演练举行5天前的11月13日22时50分许，在与温州毗邻的丽水市（莲都区雅溪镇里东村）发生一起重大山体滑坡，造成多幢房屋被埋、多人伤亡及经济损失，给公路防汛工作带来了很大的挑战。对此，公路部门对汛期过后的“三防”工作也再度引起高度重视。

本次演练，是温州市公路系统组织的最大规模的应急抢险综合演练，各县（市、区）公路部门派人参加观摩。举办这次应急演练的目的，在于进一步提高公路部门应对重大交通、公路事故等突发性公共事件的处置能力，检验交通公路部门突发事件应急预案的有效性和完备性。与以往不同的是，本次演练多家部门联合举办，在“三防”指挥部的统一领导下，内外联合、相互配合，提高了工作的协调性与合作性。而本次演练的最大亮点，首次通过温州公路应急抢险指挥中心平台远程指挥与指导演练，实现车载视频现场影像远程传送、单兵与数字集成对讲机现场指挥、演练现场与指挥中心远程化有效对接，在各县的应急抢险指挥中心视频上都能实时观看演练现场情况，形成了市县联动应急抢险模式。这一亮点，突显温州公路“三防”工作迈入“一体化”建设阶段。这次应急演练说明，温州公路应急演练已实现从以往的部门演练到政府部门的联合演练的转变，从过去的单兵行动到部门互相协助的转变。

第六节　公路抢险保畅

由于地理、气候等的影响，温州遭受各种自然灾害侵袭频繁。每次自然灾害侵袭后，温州市公路系统坚持“先抢通后修复、先干线后支线”的原则，启动预案，调集力量，第一时间投入抢险抢通，为灾区生产自救提供了有力的公路交通保障。

一、地质灾害概况

温州市地处东南沿海，地貌以低山丘陵为主，地质构造复杂，平原地带以软地基为主，部分软基的含水量还相当高，加之气候上属亚热带海洋性季风气候，台风频发，年降雨量普遍较高，这些都是地质灾害频发的“先天”因素。温州市作为全国自然灾害损失比较严重的地区之一，其灾害的类型多样，如台风、暴雨、洪涝、寒潮以及地质灾害等屡见不鲜。据温州市国土资源部门的调查，温州市共有大小地质灾害点1191处，绝大部分处于不稳定或稳定较差状态，直接间接威胁人口达32000多人，潜在经济损失4.8亿元以上。

根据相关部门资料排查测算，今后有可能发生地质灾害的重点公路交通地段，主要分布在金丽温高速公路、诸永高速公路等交通干道沿线、边坡稳定性较差的山区县乡级公路沿线，以及途经自然斜坡较陡、风化残坡积层较厚、火山沉积岩发育的山区等地区的线路。对于这些地段，均应提高防范意识，加强防范措施。

特别是因台风或暴雨等造成的山体滑坡（隐患），是温州市地质灾害中最为常见的类型，所占比例高达为58%，遍布全市山地、丘陵与岛屿。截至2003年的统计数字，全市共发布大小滑坡448处，其中中型8处，小型440处，发现滑坡隐患241处，其中大型1处，中型10处，小型230处。土质滑坡多与火山（沉积）岩、花岗岩地质相关，人类工程活动和强降水因素的叠加作用是温州市滑坡（隐患）产生的主要原因，而汛期和台风暴雨期是发生滑坡的高发期。据不完全统计，20世纪80年代以来，由滑坡造成的死亡人数达76人，直接经济损失约3783万元。1990年，平阳鳌江发生一起大型山体滑坡，12万立方米土石造成人员6死13重伤、损坏房屋1073间、冲埋农作物470公顷，直接经济损失达1100万元。

山体崩塌（隐患）是另一种主要地质灾害。

截至 2015 年，温州市共发生 450 处，约占地质灾害的 38%，主要分布于公路沿线、露天矿山、陡崖及高陡边坡地带。全市因崩塌造成 32 人死亡，直接经济损失 413 万元，约占突发性地质灾害的 6.7%。1999 年 9 月 4 日，永嘉桥头闸水坑村附近 G330 公路边坡发生 1200 立方米崩塌体，造成 5 人死亡，直接经济损失 100 万元。

地面沉降，也是温州平原地区主要的地质灾害，分布于龙湾、乐清、平阳、苍南等地。1954 年 2 月 3 日，温丽线清明桥至渔渡段路面大面积沉陷。原因是工程技术人员在设计中，未考虑温州特殊软土地基；阴雨时间长雨量多，表土过湿等。1956 年 4 月，平阳县城至岱口段路面局部沉陷，致使路基大面积沉陷，温州至郭庄亦有局部下沉，经数月抢修才恢复原状。这都是对软土地基因素未作科学处理造成的。

在台风、洪水、暴雨等自然灾害多发地区，作为防汛抗灾抢险基本保障的公路设施，承担着重要的交通运输职责。在受灾特别是遭受重大自然灾害袭击之时，第一时间抢通公路设施，确保公路的完好畅通，是对公路抗灾能力和养护服务水平的重要检验。

进入 21 世纪以来，温州公路部门增添了一批抢险抗灾机械设备，为最大限度地减少灾害造成的损失提供有力保障。但从地质灾害防治工作总体上看，仍然任重道远。如某些公路沿线主要是山区低等级公路，路基、边坡建设不扎实，沿线防护措施不到位，易发生小滑坡；一些依山而建的国省道路段，还存有山体滑坡、山体崩塌、泥石流、山洪冲击等隐患。由此可见，温州公路建设地质灾害的防治还有一段很长的路要走。

二、抢险保畅实例

【“云娜”台风抢险】 2004 年 8 月 12 日，第 14 号台风创浙江省雨量记录的特大暴雨，严重毁坏温州公路设施，乐清市北部灾情尤为严重，公路、桥梁被冲毁，灾民被困，救灾物资无法及

人工除雪　叶迈峰摄

抢修 G104 线苍南段　曾振国摄

机械设备投入抢险　黄道群摄

第一时间投入灾后抢险　曾振国摄

时送到灾民手中。面对灾情，乐清市公路管理段段长方孔吾在台风过后第一时间，带领100多名公路职工投入连续抢险。从14日开始，一直头顶烈日坚持一线指挥抢建便桥，抢修水毁公路，一连几天没有吃过午饭，没有睡过一个好觉，几天下来，声音沙哑，便借助手势，让驾驶员传达他的话。衣服湿了又干，干了又湿。为了争分夺秒，在仙溪便桥的抢建中，他指挥三班倒施工，没电就运来发动机挑灯夜战。他和工作组、抢险职工一起排险情、战高温、抢时间，只用了三天时间久架通便桥，比计划提前了两天。在他的带领下，乐清公路干部职工仅用一个星期就抢通了横溪头、仙溪两座重灾区的重要便桥和全部通乡公路，为重灾乡镇的抗灾抢险赢得了时间。几天后，第18号台风的连续强降雨又冲毁了横溪头便桥，方孔吾再次带领职工投入指挥抢通。在抢险期间，方孔吾没有回过在重灾区福溪水库的家，和因病动手术正处恢复期的妻子。浙江省交通厅主要领导给予了高度的赞扬，《浙江日报》《温州日报》等多家媒体报道了他的事迹。市公路管理处发出《关于在全市公路系统开展学习方孔吾同志活动的通知》（温公党〔2004〕14号）。

【超强台风“桑美”抢险】 2006年8月10日17时25分，第8号超强台风“桑美”在苍南县马站登陆，造成78省道全线瘫痪。台风登陆后，面海小港口霞关镇发生重大人员伤亡，不少伤员无法及时运出抢救。为了尽快抢通生命线，全国劳模、马站公路站站长郑月兰带领4名职工，顶风冒雨，不间断地投入抗台抢通37个小时，清理土方数千方，砍伐倒树千余根，挪出电线杆百余根，以最短的时间抢通管辖的32.1公里省道。而职工陈再新终因劳累过度因公殉职在抢险现场。超强台风“桑美”给全市公路设施遭受重创。据统计，116条线路受损，63条公路交通完全中断。公路部门启动应急预案，紧急投入抢修公路，计投入水毁修复经费4480余万元，出动抢险小分队56队次，参与抢险人员6300余人次，抢险设备260余台（套）次。市公路管理处发出《关于在全市公路系统开展向以郑月兰为站长的马站油路站学习活动的决定》（温公党〔2005〕18号）。

【“圣帕”抢险】 2007年8月中旬，9号台风“圣帕”造成温州境内42条公路中断。9月19日，13号台风“韦帕”在苍南霞关登陆，正面袭击温州，造成域内67条路线中断。10月7日，16号超强台风“罗莎”在浙闽交界处登陆，造成域内39条公路中断。三次台风正面袭击温州，给公路基础设施造成严重损坏，也给康庄工程等在建工程带来重大破坏。三次损失共计约3.38亿元（其中康庄工程1.88亿元）。但由于公路部门事前部署全面防御，抢险抢修队伍、车辆和物资到位，进入临战状态的抢险队15支560人，配备321型战备钢桥2座，抢险车辆124辆，抢险机具54台，加强主要隐患点和重点部位监控排查，加强干线畅通和乡村康庄工程在建工程管理，灾前，撤离人员4800余人、机具设备400余台（套），拆除各类广告牌体163块。灾后，公路部门又奋力组织抢修，干线公路抢通率和修复率均达到100%。

【冰雪灾害抢险】 2008年农历春节前，一场几十年罕见的冰雪灾害，导致温州市8条国省道、67条县乡道路因冰冻和大雪中断，总计受灾里程673公里。公路系统干部职工顶风雪、战严寒，全市共组织8578人次公里抢险人员，调运工业用盐759吨，石子、沙子等防滑材料551吨用于除冰；投入车辆、设备207辆（台），设置各类警示警告标志670套，投入抢险资金692.6万元。春运期间，共清理塌方11000立方米，修补路面坑洞50080平方米，清理路肩400公里，在最短时间内抢通公路。抗灾过程中，永嘉县公路管理段职工汪国杰、林圣巧在检查路况时不幸因公殉职。8—9月，7号“海鸥”、8号“凤凰”、12号“鹦鹉”和13号“森拉克”等一系列台风造成温州域内公路中断线路101条次。截至9月25日，全市累计冲毁路基9883立方米，冲毁沥青路面166745平方米，冲毁水泥砼路基4280立方米，桥涵损毁

487座（道）次，塌方815万处计152950立方米。公路系统干部职工组织应急保障抢险队17支681人，配备321型战备钢桥2座，抢险车辆124辆，抢险机具251台（套），在最短时间内抢通所有中断线路，水毁抢通率和修复率均为100%。

【山体滑坡抢险】 2010年2月15日（古历正月初二），因连日雨雪天气影响，泰顺县乡道仙岭线发生大面积山体滑坡的地质灾害。该山体滑坡从公路上方70多米处引发，面积达2万多立方米，其中最大落石达350立方米。这是多年来泰顺县最大的公路地质灾害。山体滑坡造成交通中断，阻断了8个行政村共4000多人的春节出行。公路部门立即组织抢险人员和设备冒着严寒展开紧张的抢通，仅用一天时间就从岩缝隙中打通一条紧急便道。之后，与国土、安监等部门邀请专家进行勘探，制定道路抢通和地质灾害处治方案。

【地震灾害抢险】 2014年9月12日，文成、泰顺发生地震灾情，引发大规模的公路边坡落石或滑塌，造成国省道、农村公路塌方213处26821立方米。公路部门投入538万元迅速开展地震应急处置，确保公路畅通。本年度，各县（市、区）公路局克服资金不到位、审批程序滞后、时间紧等诸多困难和压力下，投入资金4200万元，对67个农村公路安保工程项目进行处置。至11月25日，完成省级挂牌督办的道路交通事故多发点、段5处；农村公路临水临崖高落差危险路段18处；危病桥梁4座。完成市级挂牌督办的道路交通事故多发点、段10处；农村公路临水临崖高落差危险路段5处；危病桥梁11座。同时投入资金2100万元，对国省道公路标志标线进行增设和维修。

【综合灾情抢险】 2015年5月15—17日的两天三夜，文成公路职工经历了最不平凡的一个周末。15日夜20时30分，大十线K5+600路段塌方，公路职工第一时间到达现场。16日夜18时30分，S330周岙底隧道交通事故，润滑油泄漏，污染路面，公路职工紧急调运木屑，稀释机油。7月，受梅雨季又逢三连发台风（“浪卡”“灿鸿”“莲花”）

灾后抢险现场 刘晓华摄

清理倒塌广告牌 施德武摄

抢修受灾国道 曾振国摄

雨中架设战备钢桥 连政摄

影响，瑞安市、永嘉县等公路多处发生塌方，公路部门及时进行清理和抢通。8月11日、12日，第13号超强台风“苏迪罗”给文成、泰顺、平阳山区公路造成严重的损失。文成营朱线K27+100以上路段大多为盘山公路，公路技术等级低，边坡地质条件不是十分稳定，抗灾能力差，是此次台风中全县受损最严重的三条路线之一。温州市公路管理局抽调洞头、永嘉及苍南公路抢险人员组成温州公路联合抢险队，支援文成、泰顺的公路抢险工作。仅打通营朱线就清理土石方达2000方，比预计时间提前一天抢通全线。文成还组建5支社会应急抢险力量投入农村公路的抢险。共青团温州市委在微信中对公路抢险队的青年们给予“最坚实”的点赞。

【“苏迪罗”抢险】 2015年8月8—10日，超强台风“苏迪罗”给温州公路造成严重的损失。平阳公路共发生公路水毁8953处，投入各种机械抢险设备145台班，出动抢险人员1762人次。乡道以上公路中断12条，村道公路中断32条。其中省道1条、县道11条。平阳县公路管理局向温州市公路局请求援助抢通。文成县共发生公路受损239条，经济损失1.94亿元，公路中断162条。这次最强降雨在泰顺县平均降雨量达到346.1毫米，共发生公路水毁1460处，公路中断85条，经济损失7050万元。其中，县道11条，乡道17条，村道57条。自8月8日至8月11日17时，全市共发生公路水毁10880处，经济损失51234.459万元，公路中断464条（其中，省道5条、县道60条，乡道82条，村道317条），抢通188条（其中，省道4条，县道33条，乡道27条，村道124条），投入5158余人次，应急抢险设备955台（辆），抢险资金1520万元。

【“莫兰蒂”抢险】 2016年9月16日，受“莫兰蒂”影响，温州全市普降暴雨到大暴雨，局面特大暴雨。14日8时至16日8时，泰顺县面雨量达到295.1毫米，为温州市最大面雨量。泰顺县对外交通全部中断，冲毁古廊桥3座。在331省道的抢险大行动中，温州公路部门紧急调配灾情较轻的平阳、瑞安、苍南等应急力量，与泰顺抢险队一起投入抢险。在连续昼夜抢险40多小时后，打通S331线。对被山洪冲毁一时无法抢通的331省道K32+400路段，紧急调运战备钢桥。经过连续施工作业23小时后成功架设完毕。该战备钢桥宽6米、长33米，是温州在历年来救灾实战中架设的最长战备钢桥。“莫兰蒂”还造成文成县公路水毁塌方253处，S330及16条县乡道中断，经济损失逾亿元。在这次大灾救援中，武警、公安、民兵，以及数十支民间救援队予以了大力协助。据统计，全市公路水毁经济损失6.33亿元，其中国省道1.38亿元，县乡道3.07亿元，村道1.88亿元，普通国道中断1条，省道中断4条，县乡道公路中断124条。灾情发生最初两天，全市投入抢险人员5500人次，应急抢险设备417台班，调拨抢险资金2291万元。

温州市公路通阻信息汇总表

表 9-6-1

XX县（市、区）	灾害情况	交通中断统计截止时间	高速公路通阻情况				普通国省道公路通阻情况				县道				乡道				村道		应急抢险投入情况（各单位均要报）			
			现通阻情况		曾通阻情况		现中断交通		曾中断交通现已抢通		现中断交通		曾中断交通现已抢通		现中断交通		曾中断交通现已抢通		现中断	已抢通	人力（人次）	设备（台套）	车辆（台班）	抢险资金（万元）
			条（段）数	公路名称及事件描述	条（段）数	公路名称及事件描述	条（段）数	公路名称及事件描述	条（段）数	公路名称及事件描述	条（段）数	描述	条（段）数	描述	条（段）数	描述	条（段）数	描述	条（段）数	条（段）数				
XX县（市、区）或高速公路	遭受XX台风XX（如正面袭击）影响，区域大到暴雨等	XX	X	1.XX高速XX段因XX原因主线封道。2.XX高速XX段因XX原因入口封闭。3.XX高速XX段因XX原因限流。4.XX高速XX段因XX原因限速。	X	XX高速XX段恢复正常通行	X	1.XX国（省）道XX段因XX原因交通中断。2.XX国（省）道XX段因XX原因半幅通行。	X	XX国（省）道XX段恢复正常通行	X	注明县道名称	X	注明县道名称	X	注明乡道名称	X	注明乡道名称	X	X	X	X	X	X

联系人：　　　　联系电话：　　　　填报时间：　　年　月　日　时　分

填表说明：1. 台风及雨雪冰冻等灾害发生期间，高速公路通阻及抢险投入情况由高速路政大队协助市局应急抢险指挥中心完成统计并汇总至市公路局“三防”数据报送小组；其余公路通阻及抢险投入情况由各县（市、区）公路局上报至“三防”数据报送小组。2. 简讯上报格式：截至 × 月 × 日 × 时，×× 县（市、区）共发生公路灾（水）毁损失 × 万元发生公路中断 × 条，经济。其中，国道 × 条、省道 × 条、县道 × 条，乡道 × 条，村道 × 条。目前已抢通 × 条，其中，国道 × 条、省道 × 条，县道 × 条，乡道 × 条，村道 × 条。目前，已投入应急抢险人员 ×× 余人次，设备 × 来台套，应急车辆 × 来台班，抢险资金 × 万元。

温州市公路灾（水）毁损失汇总表

表 9-6-2　　统计时间范围：　年　月　日 — 年　月　日　时　分

单位名称	高速公路		普通国省道		县 道		乡 道		村 道		小 计	
	受损条数（条）	损失金额（万元）	受损条数（条）	损失金额（万元）	受损条数（条）	损失金额（万元）	受损条数（条）	损失金额（万元）	受损条数（条）	损失金额（万元）	受损条数（条）	损失金额（万元）
鹿城区公路局												
龙湾区公路局												
瓯海区公路局												
乐清市公路局												
瑞安市公路局												
永嘉县公路局												
洞头县公路局												
文成县公路局												
平阳县公路局												
泰顺县公路局												
苍南县公路局												
高速路政大队												
合 计												

联系人：　　联系电话：　　填报时间：　年　月　日　时　分

填表说明：1. 受损包括中断和未中断的公路，以条数计；2. 台风及雨雪冰冻等灾害发生期间，高速公路情况由高速路政大队协助市公路局应急抢险指挥中心完成统计，并汇总至市公路局“三防”数据报送小组；其余公路灾（水）毁损失由各县（市、区）公路局上报至市公路局“三防”数据报送小组。

温州市公路受灾及通阻情况统计表

表 9-6-3　　统计时间范围：　年　月　日 — 年　月　日　时　分

公路等级	路线名称	中断（受损）点数（处）	所在地点（县及桩号）	中断（受损）原因	是否中断	工程量	估计损失（万元）	是否正在抢修	投入机具及人员		阻车日期	抢通时间（预计抢通时间）
									人次	辆或台班		
高速公路												
国道												
省道												
县道												
乡道												
村道												

联系人：　　联系电话：　　填报时间：　年　月　日　时　分

填表说明：1. 本表各单位均需填报，原则上报两次（上级部门有需要时将增加报送），第一次在台风登陆或其他灾害发生 24 小时以内，第二次在台风等自然灾害应急响应解除后 24 小时以内。2. 台风及雨雪冰冻等灾害发生期间，高速公路情况由高速路政大队协助市公路局应急抢险指挥中心完成统计，并汇总至市公路局“三防”数据报送小组；其余公路受灾及通阻情况由各县（市、区）公路局上报至市公路局“三防”数据报送小组。

温州市公路灾（水）毁损失统计表

表 9-6-4　　　　　　　　　　　　　　　　　　　　　　　　　　　　　　　年　　月　　日

受灾项目		计量单位	序号合计	灾（水）毁数量								损失金额（万元）			
					其中						合计高速公路	其中			
				高速公路		普通国省道		农村公路				普通国省道	农村公路		
甲		乙	丙	1	2	3	4	5	6	7	8	9	10	11	12
冲毁路基		立方米 / 公里	1												
路面	沥青路面	平方米 / 公里	2												
路面	水泥路面	平方米 / 公里	3												
路面	砂石路面	平方米 / 公里	4												
桥梁	全毁	延米 / 座	5												
桥梁	局部毁	延米 / 座	6												
涵洞	全毁	道	7												
涵洞	局部毁	道	8												
隧道		延米 / 道	9												
防护工程	护坡	立方米 / 处	10												
防护工程	驳岸	立方米 / 处	11												
防护工程	驳岸	立方米 / 处	12												
坍塌方		立方米 / 处	13												
山体滑坡		处	14												
灾毁房屋		平方米 / 幢	15												
公路淹水		万平方米 / 处	16												
标志标牌		块	17												
行道树		株	18												
其他灾毁损失		万元	19												
水毁损失金额合计		万元	20												

单位负责人：　　　　　　填表人：　　　　　　联系电话：　　　　　　　　　报出日期：　　年　　月　　日　　时

填表说明：1. 本表各单位均需填报，原则上报两次（上级部门需要时将增加报送），第一次在台风登陆或其他灾害发生 24 小时以内，第二次在台风等自然灾害应急响应解除后 24 小时以内。2. 台风及雨雪冰冻等灾害发生期间，高速公路情况由高速路政大队协助市局应急抢险指挥中心完成统计，并汇总至市公路局“三防”数据报送小组；其余公路通阻及受灾情况由各县（市、区）公路局上报至市公路局“三防”数据报送小组。3. 灾毁数量分为两栏，分别按照各损毁项目单位中“/”前后的计量单位填写，仅一个计量单位时填写第一栏。

三、　抢险保畅经验

据记载，2004 年以来，几乎每年均有台风等自然灾害侵袭温州，少则一两次，多则四五次，有的直接登陆温州，有的在与温州毗邻地区登陆。如 2005 年 7 月下旬至 9 月初，短短 40 多天时间，温州市公路设施连续遭受“海棠”“麦莎”“泰利”“卡努”等台风侵袭；2006 年 8 月 10 日，第 8 号超强台风“桑美”在苍南县马站登陆；2007 年 8 月中旬，9 号台风“圣帕”、13 号台风“韦帕”（在苍南霞关登陆），16 号超强台风“罗莎”（在浙闽交界处登陆），正面袭击温州。每次台风肆虐，公路设施损失惨重。在温州市委、市政府的领导下，在交通公路部门的正确指挥下，广大公路系统干部职工众志成城、发扬公路人“特别能吃苦、特别能战斗”的精神，根据“先干线、后支线，先抢通、后抢修”的原则，按照防汛抗台预案要求，全面出击，从容应对，以最快的时间抢通全部受灾公路，为全市防台抢险、重建家园提供了有力的公路交通保障。

防台抢险保畅是温州公路部门每年的必修课。在长期与自然灾害的博弈中，温州公路部门积累了具有温州公路抗灾特色的经验。

（一）领导重视，落实责任。防台救灾，责任重于泰山。市公路部门成立了由局主要领导任组长的“三防”工作领导小组，抽调精干力量充实到“三防”工作办公室，建立“三防”应急专家组和“三防”数据报送小组，对“三防”工作进行统一调度和指挥。全系统各单位也建立相应的组织机构，坚持高标准、严要求，厘清职责边界，压实工作责任，把各项防御工作做实、做细、做好，切实将责任制贯穿到汛前准备、队伍组织、物资储备、抢险抗灾、灾后重建等各个环节，形成各司其职、各负其责的工作格局。凡接到讯、台预警，均召开紧急会议，部署防御工作，做到宁可十防九空，也要“一防到底”，以求“万无一失”。当台风来临之际，市、县两级领导总是身先士卒，带领有关处室赶赴一线指挥、督促、检查、指导抢险救灾工作。

（二）未雨绸缪，以防为主。防台防灾关键在防。台风是突发性灾害，以急应急很难保全，必须突出以防为主，未雨绸缪，防患于未然。一是完善预案。在每年5月完成应急抢险设备、物资的排查，编制应急抢险设备布局图，修订完善“三防”应急预案，做到预案与实战相符。根据应急预案要求备足水毁抢险物资和设备，与社会应急抢险力量建立联动协作机制，一旦出现公路抢险力量不足时，可随时应急调用，确保抢险之急。二是加强演练。组织全体干部职工进行技术和安全培训，加强对应急抢险队的整组和集训，结合实际工作开展不同形式的演练培训，在发生公路水毁灾害时能做出迅速而准确的反应。三是灾前检修。在台风暴雨来临前，对抢险机械设备进行一次全面的检修，落实抢险维护、救灾人员和物资保障的责任人。四是排查隐患。针对以往暴风雨对公路的影响，组织有关人员对管辖范围的公路、桥梁、库房、施工作业现场的“三防”情况进行全面检查分析，汇总形成《汛前公路重点部位巡查情况表》，建立公路安全隐患数据库，预测可能造成的危险和影响，明确防御重点，研究防御措施。全面加强公路检查，发现隐患及时设置警示标志，加强监测和采取补救措施。

（三）正确研判，有效应对。每次台风来袭前，市局及时召开防台紧急会议，做到早安排、早部署、早预防。成立督查小组，分赴各县（市、区）和有关单位督查防台措施的落实情况，督促各单位全部进入临战状态。台风期间，实行24小时值班制。台风过后，及时组织力量对受毁公路进行抢修、抢通，尽量把损失减少到最低程度。主要体现在：在动员部署上，立足于正面袭击的防御要求，做到“早研判、早动员、早启动、早准备”，始终坚持“不轻视、不侥幸、不松懈”，全面做好防台抗台的动员部署。在防御措施上，立足于科学施策，加强预警预测，强化责任到位，积极防御风雨潮“三碰头”，坚持“全面防、全力防”，全力落实各项防御措施。在组织保障上，立足于“领导带头、干部在前”，做到“领导到位、督查到位、配合到位、执纪到位”，对全局干部到岗到位、配合协作和防御工作进行全面的检查。在抢险救灾上，立足于“快行动、快见效”，做到“第一时间抢险、第一时间抢通”。灾情发生以后，不惜一切代价，调动一切力量采取一切措施，齐心协力，迅速开展水毁公路现场抢险、抢通，尽最大努力恢复公路畅通。在数据报送上，做到分级负责、分工明确，第一时间将公路通阻及水毁信息收集汇总上报，为上级部门准确掌握动态信息并作出决策提供科学依据。在灾后修复上，坚持把灾后重建作为重大民生工程来抓，以超常规的审批、服务、督导，落实人员、落实政策、落实责任，以最快的速度全力开展灾后重建。

（四）抢通为先，迅速重建。以人为本是防台抗台最核心的要求。当公路因灾中断后，老百姓出行受阻，应急救援物资无法运进，应急救援队伍不能前进，第一时间抢通公路为公路部门职责所在。应急预案启动后，抢险队伍、应急物资、应急车辆、机械设备都以最快的速度全部到位，组织技术人员研究制定抢通方案，必要时可组织

“三防”应急专家会商抢通过程中出现的技术性问题，并及时掌握和发布公路绕线方案。“云娜”“桑美”“苏迪罗”“莫兰蒂”等强台风或超强台风的侵袭，温州公路人从来不缺乏精神、勇气和担当。在台风灾害中，把以最短时间打通救灾生命线作为政治任务。坚持“先通后畅”“先抢通后完备、先干线后支线”的原则，组织力量抢修水毁公路、清除障碍物，尽快恢复交通。在一时难以抢通的情况下，先抢通便道保证车辆通行，再及时安排后续的修复。抢通过程中特别重视预防“灾后灾”的发生，避免了多起殃及抢险人员生命的“灾后灾”的发生。及时疏导被阻车辆和行人，对实行交通管制的路段坚持专人值守。对沿线路基发生缺口、坍塌、下沉、掏空等危情时，及时设置明显的临时导向、警示标志和安全设施。灾后重建中，抢修工程坚持“前期工程能为后期修复所利用”的原则，便道或便桥不影响后期的修复。同步开展公路隐患排查，重点检查桥涵、路基、边沟、上下坡及各种构造物是否处于完好状态。发现水毁险情及时予以排除；对一时无法排除或可能发生严重水毁路段的，在两端设立明显的安全警告标志和禁止通行标志，并及时向上级报告。分线路、分项目、分时期地做好公路修复计划与规划。对路基过低的，适当提高路基设计高程；对涵洞不符合要求的，有计划地进行改造和改建；对排水设施进行疏通和整修。重建原则上按原标准建设，必要时可提高标准，从而提高公路抗御自然灾害的能力。

（五）协同作战，科学调度。全市公路系统在应急抢险的过程中，合力救灾、协同作战，实现应急资源的充分利用，打造全市公路应急管理一体化，是取得抗台应急抢险工作全面胜利的有力保证。全市公路系统共有应急抢险队伍 13 支，729 人；公路“三防”应急专家 36 名；机具操作手 72 人；战备钢桥 5 座，架设队伍 1 支，30 人；挖掘机 8 台套，装载机 32 台套，发电机组 25 台套，养护巡查车 61 辆，随时能够满足“拉得出、用得上、打得赢”的备战要求。按照“属地原则”，当地公路局开展公路突发事件应急处置，需要邻县（市、区）公路局应急资源和力量支援时，由当地公路局向市公路局申请，市公路局应急抢险指挥中心进行及时的协调和调配。支援程序一旦启动，各县（市、区）公路应急力量服从市公路局应急抢险指挥中心统一调配。支援力量到达抢险位置后服从现场统一指挥，主要领导任总指挥，各分管领导任副指挥，实行分片负责，责任到人，配备现场指挥人员、路政管理人员、抢险队员和后勤保障人员等，确保各个环节井然有序。在泰顺、文成、瑞安、平阳、苍南等相邻地区，一旦发生台风灾情，灾情轻的地区都会做到以灾情最重的地区为重，在市公路局的统一指挥下抽调人员和设备，及时驰援，用实际行动诠释“公路是一家”的公路大家庭理念。

（六）强化宣传，营造氛围。在抢险一线发力抢通的同时，信息统计人员第一时间向上级主管部门报告公路通阻、水毁灾害信息及公路抢通工作的开展情况，严格执行 24 小时值班和领导带班制度。灾情发生后，各单位在紧抓抢险保通工作的同时，通讯（信息）员一方面坚持在一线采访动态报道，拍摄现场抢险图片，一方面充分利用多年合作的媒体资源，借助各级主流新闻媒体和网络的平台，宣传和报道公路抢险最初阶段的进展情况，并做好跟踪报道。特别关注、搜集和报道公路系统抢险事迹特别突出的先进人物，传递公路正能量，提升公路部门在社会的良好形象。从郑月兰、陈再新到林圣巧、汪国杰等公路抢险勇士，通过媒体的报道后，赢得了社会对公路人的尊重、点赞和感动。每次台风灾害带来重大灾情之时，公路系统的新闻宣传工作也总是紧紧聚焦抢险抢通，不辱使命，为抢险抢通工作营造良好的舆论氛围。

附：历史上公路受灾损失概况

民国 23 年（1934），当时温州已建成的公路，多数为山岭或傍山沿溪路线。是年，继干旱之后又遇暴雨洪水之灾，山区公路受损严重，水毁修复费达12万元。这是浙江省首次将水毁列为独立工程实施。

1960年月20日，因台风袭击，平阳（今苍南）桥墩水库堤坝溃决，温分线、水下线等线路共23公里路段、桥17座全毁。因此造成公路交通一时瘫痪，仅靠海、陆空军抢险救灾，作用不大。温州地委、平阳县委要求尽快修复、重建公路。区局急调施工组和道班工人日夜抢修，因劳动强度过度，一半职工劳累病倒。

1970年9月25日，第23号台风从温州过境，泰分线50%桩号路段均有大小塌方。因“文化大革命”期间领导班子瘫痪、经费不足等原因，抢修极为被动，车辆分段行驶达一个月时间，公路才被抢通。

1972年7、8月，第7、9号台风挟裹暴雨，连续两次正面袭击温州南部地区，袭击时间短、风力大、雨量集中，造成公路大面积损毁和多处山体严重塌方，上百条公路陷入瘫痪，停运一星期，部分路段停运半个月。后经公路抢险人员奋力抢修，才恢复畅通。

1973年8月，第9号台风波及温州地区7县1市，各地公路及桥梁均有损失。永嘉仙清线三角岩、九丈渡口被山洪全部冲毁，停渡4个多月。经紧急抢修才恢复畅通。

1975年8月12日凌晨1时至13日8时，第4号台风袭击温州东北部地区，最大风力11级，降雨量为200～500毫米。山洪冲毁乐清公路26公里，民间道路100多公里，冲坏桥梁61座。永嘉县仙清线九丈、三角岩渡口，以及接线工程等也惨遭毁坏，三角岩渡口停渡3个月。经抢修恢复通车

1980年8月21日下午3点，由于特大暴雨袭击，乐清县匍岭溪上游洪峰高达3米，沿溪10公里公路严重受损，匍岭至双坑公路大部被冲毁。灾后，经乐清公路部门全力抢修，恢复交通。

1981年9月22—23日，乐清县连降暴雨，降雨量达554.8毫米，为50年所罕见。全县冲垮桥梁27座，冲坏县乡公路15公里，杭温线北白象至清江路面石沙被冲刷20多公里。经县公路养护部门紧急抢修通车。

1982年9月28日，特大暴雨冲毁永嘉部分公路桥梁、涵洞、过水路面，冲毁驳坎、路面底层30余公里。珍溪口渡口汽车轮渡船被冲至上塘，船体散架报废。

1982年11月28日17—22时，乐清县遭特大暴雨袭击，几小时内大荆、清江、虹桥三区的降雨量200毫米以上，淡溪埭头水文站测得水位高达285毫米。暴雨冲毁县乡公路33.05公里/4242立方米，损坏路基4.7公里/23100立方米，冲毁挡土墙5.2公里，冲毁民间道路1380处/55.2公里，毁坏桥梁115座/460米，冲毁干线公路5公路。乐清公路部门以最短时间抢通中断路段，恢复交通。

1982年8月，受第9号、11号台风的暴雨袭击，温分线公路水毁严重。根据公路水毁情况，本着先干线后支线、先线路构造物后路面、先抢通后逐步修复的原则进行抢修，9月底完成。

1984年5月30日下午4时许，乐清遭遇大暴雨夹冰雹，引起山洪暴发，永乐公路双坑至后林路段毁坏严重。

1985年3月，温州连续降雨28天，日照仅33.9小时，公路路面湿度达89%，为35年来之最，致使平原低标高路基路面软化，发生大面积积水、沉陷、翻浆，严重影响了车辆通行。7—8月，两次台风过境，造成路基冲塌401处、涵洞冲塌29处、砂石路面受毁372.3公里。受7月29日在平阳县登陆的特大台风袭击，温分线平阳K70+000～K75+000路段，路面保护层被暴雨冲刷殆尽。对大坑小洞作临时性修补维持通车，后结合该路段改造工程进行修复。

2004年8月12日晚，第14号台风在温岭市石塘镇登陆，造成温州公路设施惨重的损失。据

统计，全市公路设施损失4亿元，受损公路142条，其中交通中断线路51条，专业公路冲毁路基197.5公里，冲毁砂石路465.5公里、油路130公里，桥梁全毁11座、局部损毁43座，涵洞全毁91道，局部损毁255道，公路塌方783处计105万立方米，乡村康庄工程损毁路面162万平方米，塌方220万立方米，损毁桥梁105座。

2005年，受第5号台风“海棠”、第9号台风“麦莎”影响，平阳县境内灵溪线、桥南线、内线、钱马线遭受严重损坏。7月22日晚7时许，“海棠”造成57省道K111平阳桃源段因山体滑坡引发严重泥石流灾害，整个路面被泥石流覆盖，长达60米，造成交通受阻。平阳县组织30多名抢险人员挑灯夜战，恢复半幅通车。投入修复资金100万元。据全市公路受损情况统计，“海棠”冲毁国省道、县乡道路基196公里计217.64万平方米，油路面309公里计172.1万平方米，砂石路面264公里计93.74万平方米，冲毁桥梁42座1050米、涵洞854道，塌方2624处166.73立方米，防护工程、标识标牌、绿化等均受到不同程度损坏，经济损失2.95亿元。合计“麦莎”损失，总经济损失5亿元。

2006年8月10日，第8号超强台风“桑美”在苍南马站登陆，造成G104线苍南段、78省道等24条公路中断，乡村康庄工程中断68条。至13日上午8时，受损的国省道、县乡道大部被抢通，全县所有乡镇交通全部抢通。至8月29日，68条康庄工程全部抢通。据统计，“桑美”给苍南公路设施造成直接经济损失1.36亿元。与苍南相邻的平阳、泰顺等县的公路设施也遭受了较大的损失。

2016年9月15日（中秋节），当年全球海域最强风暴、第14号台风“莫兰蒂”在福建厦门登陆，给温州公路设施造成严重损失。据统计，全市公路水毁经济损失6.33亿元，其中国省道1.38亿元，县乡道3.07亿元，村道1.88亿元；普通国道中断1条，省道中断4条，县乡道中断124条次。S331线泰顺段K36～K39路段，因泥石流、山洪导致多处路基损毁。淡竹垟隧道两侧出口被泥石流堵塞，导致交通中断。17日下午，市公路桥梁抢险队在S331线K31+400路基被掏空路段，架设长达33米的战备钢桥，抢通S331省道。

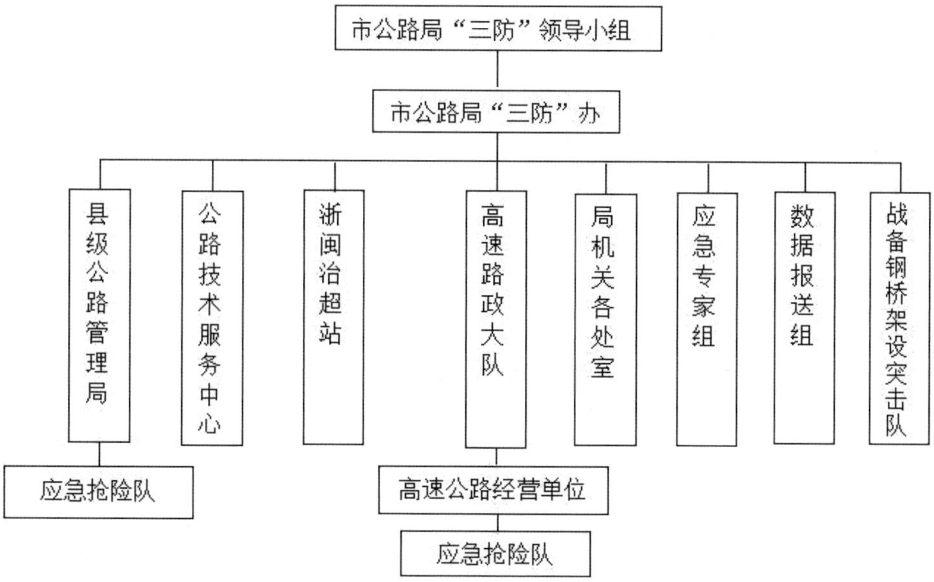

图9-6-1 温州市公路系统“三防”应急组织指挥体系网络图

温州市公路系统“三防”应急保障队伍情况表（2016）

表 9-6-5

序号	队伍名称	队伍人数	主要领导		分管领导		队长（或联络员）	
			姓名	职务	姓名	职务	姓名	职务
1	战备钢桥架设突击队	40	连真毅	书记、局长	杨长中	副局长	林庆杰	队　长
2	鹿城区公路局应急抢险队	13	陈　钧	局　长	周兆超	副局长	徐素微	科　长
3	龙湾区公路局应急抢险队	12	谢恩赐	局　长	吴靖耿	副局长	王　盟	科　长
4	瓯海区公路局应急抢险队	15	彭朝晖	局　长	金朝辉	副局长	林海静	科　长
5	洞头区公路局应急抢险队	35	林宣志	局　长	林小敏	副局长	朱加震	科　长
6	乐清市公路局应急抢险队	62	赵盈峰	局　长	王　润	副大队长	徐志峰	科　长
7	瑞安市公路局应急抢险队	55	何步光	局　长	徐建祝	总支委员	陈青化	副主任
8	永嘉县公路局应急抢险队	39	徐椒聊	书　记	徐建国	副局长	李仁勇	主　任
9	文成县公路局应急抢险队	39	叶建斌	局　长	邢小乙	副大队长	王孔建	科　长
10	平阳县公路局应急抢险队	87	于江平	局　长	林岩鸿	总　工	李德富	科　长
11	泰顺县公路局应急抢险队	54	谢永在	局　长	毛小斌	主　任	周祖慧	副科长
12	苍南县公路局应急抢险队	99	黄爱群	局　长	吴振回	副局长	李崇益	科　长
13	温州高速路政大队抢险队	86	林光夫	大队长	连　政	副大队长	叶荣伟	联络员
14	温州甬台温浙闽治超站	20	陈　然	站　长	徐晓峰	副站长	蔡凯凯	联络员
	合　计	656	—	—	—	—	—	—

温州市公路系统“三防”应急抢险机械设备汇总表（2016）

表 9-6-6

名称 / 存放地点	装载机	带推雪板装载机	挖掘机	压路机	除雪撒盐车	滑移装载机	高压清洗车	清扫车	洒水车	应急照明灯	发电机组	登高车	战备钢桥
市战备仓库	1	—	1	—	—	—	—	—	—	1	—	—	6
鹿城公路局	1	1	1	1	—	—	1	—	—		—	—	—
龙湾公路局	2	2	—	2	—	1	—	—	—	1	—	—	—
瓯海公路局	1	1	—	—	—	1	—	—	—	1	—	—	—
洞头公路局	1	1	1	1	—	1	1	2	—	1	—	—	—
乐清公路局	3	1	2	1	—	1	1	5	4	2	—	—	—
瑞安公路局	1	1	—	1	—	1	1	5	3	—	—	—	—
永嘉公路局	4	1	2	6	1	1	2	4	1	3	—	—	—
文成公路局	2	1	1	2	1	2	1	2	1	2	1	1	—
平阳公路局	2	1	1	5	—	2	1	2	—	—	—	—	—
泰顺公路局	2	2	1	—	2	1	—	—	—	—	—	1	—
苍南公路局	5	2	1	4		1	1	—	—	3	2	—	—
合计	25	14	11	23	4	12	9	20	9	14	3	2	6

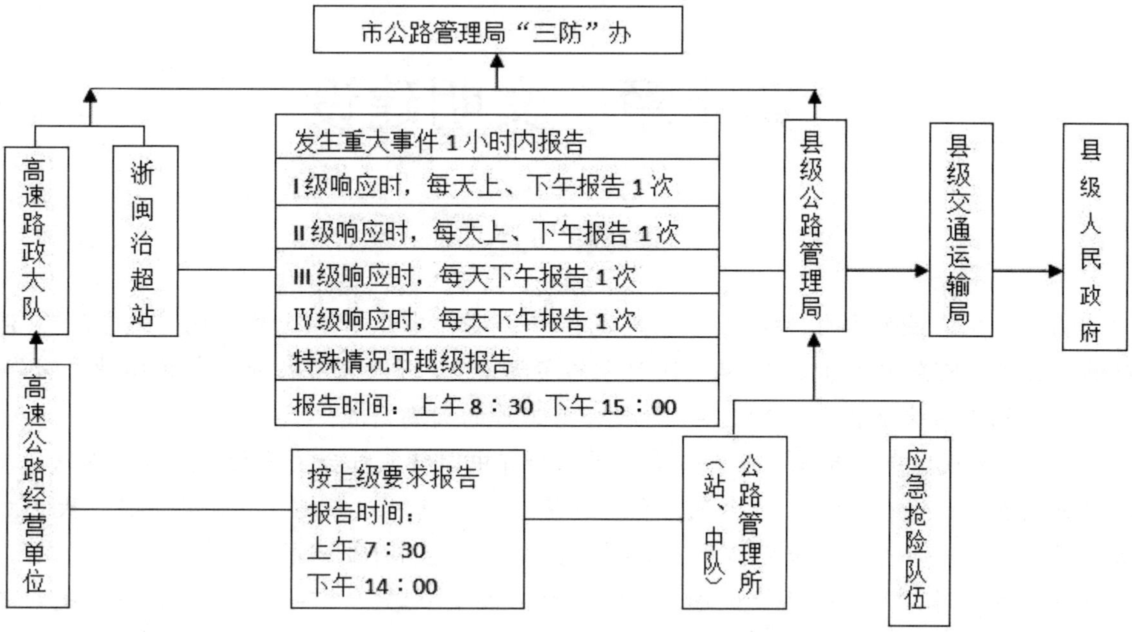

图 9-6-2 温州市公路系统“三防”应急信息流程（时限）网络图

第十章　文明建设

综　述

“文明”一词，最早出自《易经》：“见龙在田，天下文明。”（《易·乾·文言》）。温州公路系统以养好公路、服务社会为宗旨，从不同时期的实际出发，开展富有行业特色的各种文明创建活动，提高广大干部职工的综合素质，促进各个阶段公路工作的圆满完成。

20世纪80年代，先后开展“五讲四美”活动和有中国特色社会主义初级阶段基本路线教育。90年代，以爱国主义、集体主义、社会主义和“三基”“三德”“三观”教育为重点，大力加强职工思想道德教育。1995年开始，市公路管理处提出全系统向文明行业进军的目标。至“十二五”时期，围绕公路建、管、养，开展文明样板路、文明公路、五型公路、美丽（示范）公路、文明单位、文明班组、文明收费站、最美示范窗口、“双最美”等创建活动，并将行业文明创建活动纳入温州公路系统目标管理考核重要内容。行业文明创建活动培养了温州公路人爱路敬业、顽强拼搏、无私奉献的精神，培树了一批先进典型和先进人物，增强了干部职工争先创优意识、服务意识和文明意识。

“十二五”时期，全市公路系统文明单位创建全面实施提档升级工程。2015年，市公路管理局成功创建全国文明单位，成为浙江省公路系统第一家全国文明单位。截至2016年，全市公路系统文明单位创建率达100%。同时，成功创建了一批文明样板路、省市文明公路、最美公路和美丽示范公路。

温州公路行业注重行业文明与公路文化并举，两者相辅相成、相互促进。“十一五”时期，温州公路行业开始审视和重视公路文化的软实力作用。泰顺县借纪念交通50周年之际，率行业之先举办一系列公路文化活动，并在实践中不断发展、创新公路文化建设，效应凸显，被授予全国第二批交通运输文化建设示范单位。市公路管理局在继承和发扬公路行业优秀文化传统的同时，通过顶层设计，提炼以公路核心价值观为重点的行业发展理念，创新和发展既适应公路建管养特点，又具有地方特色的公路文化。

公路行业新闻宣传围绕公路重点工作，在日常报道、重点宣传、主题策划、媒体合作、微媒体利用等方面总结出一系列经验做法，为宣传公路建、管、养和精神文明建设发挥了重要作用。公路职工文学艺术创作，充分发挥文学创作的独特作用，创作出一批来自公路建管养一线的优秀文学作品。2012—2016年，全系统参加省、市交通公路文学艺术赛事获奖25人次。

第一节 思想政治教育

思想政治教育，是公路行业精神文明建设的首要内容，渗透在整个物质文明建设之中，体现在建设、养护、管理和生活的各个方面。中华人民共和国成立以来特别是中共十一届三中全会以来，温州公路系统历来重视干部职工的思想政治教育，坚持两手抓，努力培养高素质的职工队伍，建好、养好、管好公路，向社会提供一流的服务。

20世纪50年代，温州公路系统的行业文明建设主要是培养公路职工爱国、爱路、艰苦奋斗、增产节约的主人翁精神。60年代，开展学习毛泽东主席著作、学习解放军三大作风、学习雷锋，进行“讲三史”（阶级史、家庭史、公路史）、忆苦思甜教育。70年代，重点开展工业学大庆活动，学习大庆艰苦创业的精神。

1978年中共十一届三中全会后，国家实行了以经济建设为中心的改革开放政策。为了彻底肃清十年“文化大革命”动乱的流毒影响，从根本上扭转人的思想意识，重新确立有组织、有纪律、有制度的工作环境，构建团结和谐的社会氛围，最大限度地调动广大人民的积极因素，努力进行社会主义建设，中共中央作出了两个文明建设的战略部署。在不同的历史时期，分别提出了针对当时国是民情的正确决策，促进了文明建设持久、深入、健康地发展，取得了丰硕的成果。

1981—1985年，温州公路总段积极响应中共中央关于在全国范围和各行各业开展“五讲四美”（讲文明、讲礼貌、讲卫生、讲秩序、讲道德；心灵美、语言美、环境美、行为美）活动的号召，在上级主管部门和当地党委、政府的统一部署下，持续开展上至总段，下至县段、道班、养路队的学习宣传和贯彻落实活动，引导职工树立正确的世界观、人生观和价值观，一扫长期以来的“脏乱差、懒散慢”等不良风气，促进全系统良好道德风尚的形成。

1988年至1992年，根据上级部署，温州公路系统全面开展有中国特色社会主义初级阶段基本路线教育，牢记社会主义初级阶段的基本国情，深刻理解社会主义初级阶段理论。

1986年9月28日，中共十二届六中全会作出了《关于社会主义精神文明建设指导方针的决议》。根据温州市委和温州市交通委员会的部署和要求，温州公路总段组织开展决议的学习和讨论活动。

1987年1月，中共中央发出《关于当前反对资产阶级自由化若干问题的通知》，并在党内开展了反对和清除资产阶级自由化倾向活动。期间，温州公路总段组织干部职工认真学习《通知》精神，要求党员结合党章要求对照检查，消除党内自由化倾向对党员的思想影响，严格党内纪律，在政治上与党中央保持高度一致。

之后，在中央相继开展的“三个代表”重要思想教育、“三讲”（讲学习、讲政治、讲正气）活动中，温州公路总段发动全系统认真学习、深刻理会，坚持“两手抓、两手都要硬”的方针，促进精神文明建设迈上新台阶。

90年代，以爱国主义、集体主义、社会主义和“三基”（党的基本理论、基本路线、基本纲要）、“三德”（社会公德、职业道德、家庭公德）、“三观”（世界观、人生观、价值观）教育为重点，大力加强职工思想道德教育。

1992年5月，全市公路系统组织学习讨论邓小平南方谈话，理解和把握讲话的精神实质。

1995年，市公路管理处提出全系统向文明行业进军的目标。是年，聘任市人大、市政协、市纪委（监察）、市纠风办等部门有关人员为公路行业纠风监督员。

是年6月27日，市公路管理处举办“爱国、爱路、爱岗位”演讲会，开展爱国主义教育，反映公路职工立足岗位、任劳任怨、无私奉献的精神，抒发对祖国突飞猛进的公路事业的热爱之情。

是年6月，市公路管理处在全市公路系统开展以“学先进、讲奉献、比干劲、树标兵”为内容的“十岗标兵”（养护工、路面工、站长、机驾、专业技术、路政、征费、行政管理、政工、领导干部）评选活动，号召全系统干部职工远学孔繁森、近学施世贵，立足岗位，创出新业绩，再掀学习施世贵的新高潮。评选活动从1995年6月到1996年4月。参评人员必须具备较好的政治素养、工作业绩、职业道德，以及在创建104国道文明建设样板路中有突出贡献等条件。市公路处评选领导小组将在推荐的基础上，选出“十岗标兵”候选人30名，采取自下而上的民主方法 ，由职工投票产生10名，报市公路处党委评审后公布。

1996年，中共十四届六中全会通过了《中共中央关于进一步加强社会主义精神文明建设若干重要问题的决议》，为精神文明建设全面整体推进指明了方向。市公路管理处制定出台了《1996—2000年温州市公路管理处精神文明建设规划》，实行党委统一领导，党政主要领导亲自抓，各方面分工负责的领导体制和工作机制，通过建立和完善投入机制、运行机制、激励机制和例会制度，确保精神文明创建活动规范化、经常化、制度化。市公路管理处精神文明建设领导小组组长由党委书记担任，每年的创建任务逐项分解到各个部门、单位，落实到人。年初下达目标责任书，年底两个文明一起检查、一起评比、一起考核、一起奖惩，使精神文明建设形成横向到边、纵向到底的领导和队伍网络。

是年3月，市公路管理处发出《关于评选“十佳公路标兵”的通知》（温公党[1996]7号）决定，把“十岗标兵”更名为“十佳公路标兵”，从3月10日至4月20日，开展“十佳公路标兵”评选活动。

1998年，认真贯彻《爱国主义教育实施纲要》，大力推行《交通行业文明公约》，对职工普遍进行以“诚实可信、爱岗敬业、文明礼貌、秉公执法，苦练内功、甘当公仆、清正廉洁、奉献社会”为主要内容的职业责任和职业纪律的教育。

2004年，认真实践十六大报告提出的建设学习型社会、促进人的全面发展的要求，在全系统深入开展创建学习型机关和学习型单位活动。举办路政管理大专班、交通部电视中专班、处培训中心设立省交通职院温州函授站，联系武汉交通干部学院开展远程教育，鼓励职工更新知识，接受再教育。

2月2日，浙江省委、省政府召开电视电话会议在全省各地各部门开展机关效能建设。市公路管理处按照全省交通系统提出的“高效率运转、高质量服务、高要求管理”的要求和市委市政府的部署，提出要做到“七个要”，即首问要负责，接待要热情，告知要清楚，程序要规范，工作要高效，纪律要严明，奖惩要到位；对外推行首问负责制、一次性告知制、限时办结制、AB岗工作制。

2005年，根据中共中央和省、市部署，市公路管理处党委开展保持共产党员先进性教育活动，进一步规范管理，强化服务，扎实开展“为民办实事”实践活动。并以此推动文明创建水平的提升，用文明创建成果来体现先进性教育活动成效。

2006年，全系统认真组织广大干部职工学习胡锦涛总书记关于社会主义荣辱观的重要论述，对照“八荣八耻”要求，扎实开展以“明是非，知荣耻，严法纪，守道德，建和谐，促发展”为主题的社会主义荣辱观教育实践活动，大力加强职工思想道德建设。

2007年，根据部署，市公路管理处开展“治庸提速增效”作风建设年活动。通过开展作风建设年系列活动，建立完善作风建设长效机制，狠抓作风建设落实情况监督检查，切实解决在办事效率、服务质量和工作效能等方面存在的突出问题，力争在服务发展上有新的举措，在履行职能上有新的提高，在推进工作上有新的突破。

2009年，按照市交通局党委的总体部署和要求，市公路管理处成立开展深入学习实践科学发展观活动领导小组，开展学习实践科学发展观活动。学习实践活动以“创业创新提升竞争力，科学发展实现新跨越”为主题，根据“党员干部受教育，科学发展上水平，人民群众得实惠”的总体要求，着力转变不适应不符合科学发展观要求的思想观念，重点解决影响和制约科学发展的突出问题以及党员干部党性党风党纪方面群众反映强烈的突出问题。学习实践活动分学习调研、分析检查、整改落实三个阶段进行，狠抓组织领导、思想认识、方案目标、调研检查“四个到位”，认真落实学习、讨论、调研“三项任务”，紧扣班子分析检查报告和群众评议“两个重点”，紧紧围绕整改落实这一中心，提出加强队伍建设、推进公路养护管理全面协调发展的6个方面15项整改措施。

“十一五”期间，深入开展社会主义核心价值体系学习教育活动，围绕纪念改革开放30周年和新中国成立60周年，在全系统大力弘扬和培育民族精神、时代精神，进一步加强公民道德规范和《交通行业职工行为守则》等的宣传教育。建立和健全单位内部廉政制度，先后制定《党风廉政建设和反腐败工作的组织领导和责任分工》《党风廉政建设责任制考核方案》《温州市公路管理处领导干部廉洁自律制度》等，建立惩防体系，突出抓好责任落实、责任考核、责任追究三个重要环节。

2013年4月，中共中央决定，从下半年开始，用一年左右时间，在全党自上而下分批开展以为民务实清廉为主要内容的党的群众路线教育实践活动。2014年1月，市公路管理局第二批开展党的群众路线教育实践活动。活动以“为民、务实、清廉”为主题，以县处级以上领导机关、领导班子和领导干部为重点，按照“照镜子、正衣冠、洗洗澡、治治病”的总要求，全面贯彻党的十八大精神，切实加强全体党员马克思主义的群众观点和党的群众路线教育。

是年，市公路管理局机关党委成立。局机关党委在局党委的领导下，负责机关党的建设和思想政治工作，团结、组织机关广大干部职工为本局的各项工作开展服务，为机关各部门工作的顺利完成提供有力的政治保障、思想保障和组织保障。截至2015年12月，定期组织召开局党委理论中心组学习36次，培养、教育和考察入党积极分子10人。

2015年，中共中央在县处级以上领导干部中开展 “三严三实”（“严以修身、严以用权、严以律己，谋事要实、创业要实、做人要实”）专题教育，在广大党员中开展 “两学一做”（“学党章、学系列讲话，做合格党员”）学习教育。市公路管理局党委从讲政治的高度深刻认识两大学习教育的重大意义，紧密结合实际，紧扣“学”的内容、“做”的标准、“改”的要求，以党支部为基本单位、以“三会一课”等党的组织生活为基本形式、以党员教育管理制度为基本依托，组织指导各级党组织和广大党员真学实做、解决问题、发挥作用。各支部书记带头撰写学习体会，积极开展对照检查；开展自学，写心得、查问题、抓整改，互相开展学习交流，推进“两学一做”学习教育常态化制度化。

第二节 文明创建

一、文明行业（单位）创建

1986年开始，温州公路总段开展创建“以路为业，以班为家”的文明道班活动，建立“二长”（班长、工会小组长）、“六员”（政治宣传员、财务核算员、计划统计员、安全质量员、料具保管员、生活管理员）负责制。1987年实行好路率目标管理和经济承包责任制。各山区道班均给配置电视机、录音机等文娱活动用品，把养护站建成一个温馨的“家”。

1995年4月25日，温州市成立温州市创建104国道温境段文明建设样板路活动领导小组（温政办机〔1995〕49号），市政府和交通、公安、监察、规划、土地、工商、林业、财政、城管、公路、公管、交警等部门组成，下设办公室（设在市公路处）。

是年12月22日，浙江省交通厅发文表彰104国道浙境段创建文明建设样板路先进集体和先进个人。市交通委、公路管理处，永嘉县交通局、公路段，苍南县交通局、管理段，平阳县公路路政大队、永嘉县中村公路站被评为优胜单位，温州市公路路政大队，乐清市交通委、公路段、公路路政大队，瑞安市交通局、公路段、上金公路站，苍南县马路公路站、公路通行费收费站被评为先进单位，杨福桂、高广尘、吴晓、王守勤、连真毅等被评为先进个人。

是年，市公路管理处提出全系统向文明行业进军，提出分阶段创建市、省级文明单位，为全系统改革、发展和稳定提供有力的精神动力、智力支持和思想保证。自此，温州公路系统文明创建工作拉开序幕。

是年，温州公路部门率先开展创建文明公路的活动。自创建104国道部级文明建设样板路活动以来，在不间断地开展创建文明样板路活动过程中，经历了一个由点及面、由内到外，不断拓展、延伸、深化、完善的过程。温州公路好路率连年上升，1999年达到38.94%（按新标准），2000年达到了40.83%，2001年达到46.99%，2002年达到52.95%。从1995年至2002年8月，温州市路政管理部门共查处路政案件36479起，各类损坏公路设施案件9276起，拆除违章建筑134781平方米、非公路标牌54852块，清理堆积物286893立方米，整治接线接坡36816米，整治马路市场135个，封闭交叉道口159个。更换增设标志4047套，漆划标线94万平方，共投入资金1629万余元，有效地改善了路容路貌。

是年，全市公路系统开展第一届“十佳公路标兵”评选活动。翌年，对评选出来的10名长期从事公路养护、路政管理工作并作出突出成绩的公路职工进行褒奖和表彰。2001年，开展第二届“十佳公路标兵”评选活动，对获评的10名公路职工进行表彰。

是年2月，开展公路沿线“三店一站”（修理店、饮食店、商店和加油站）专项整顿，对严重占用公路留用地、影响公路安全设施、损坏公路边沟、行道树、路面等公路设施，进行整治。

1997年，建立由市本级媒体和驻温新闻媒体记者组成的新闻监管网络。

1999年以来，温州市实施“123”公路绿化工程，即建设一条国道绿色长廊，创建两个绿化文明窗口，做好三条省道创建文明样板路绿化的配套工作，种植行道树里程达197.79公里，成活率达到90%以上。

“九五”期间，全市公路系统涌现出5个省、市文明单位，10个省、市级青年文明号，15个省、市级文明收费站、路政大队和公路站等先进集体，

40多位全国、省、市劳动模范和先进个人。

2000年，温州市政府召开万人动员大会，正式提出创建全国文明城市的奋斗目标。公路部门顺应文明创建大势，力争在两年内使全市普通国省道公路干线基本实现路基标准化，路肩边坡植被化。是年，获全省创建文明样板路活动表扬单位。到2001年底，建成文明样板路370公里，2002年底达到400公里。

2002年，市公路管理处机关被评为温州市文明单位。2004年被评为浙江省文明单位，2011年获浙江省“五一”劳动奖状。

2003年，省公路管理局提出创建部级文明行业目标后，市公路管理处提出文明创建“两大目标”，认真对照省、市公路行业精神文明建设规划，查找差距，全力配合，加强文明单位和文明子行业创建工作，为本年度省公路管理局成功创建部级文明行业作出了努力。

是年，市公路管理处举办温州公路摄影大奖赛，引起社会各界的广泛关注。摄影赛共收到参赛作品300多幅，获奖作品在《温州日报》《交通时报》整版刊出，从艺术的角度向社会展现了温州公路建设、管理所取得的巨大成就和公路人的崭新面貌。

2004年3月，根据温州市委“万名干部下基层”活动的统一部署，市公路管理处6名干部分别下派乐清、瑞安、平阳、永嘉、瓯海等县（市、区）的六个行政村担任驻村指导员；是年6月29日，市公路管理处征收计财科科长项伟胜被列为温州市第四批援藏干部，赴任西藏自治区嘉黎县县委委员、县委办主任。11月，市公路管理处筹款20万元。援助和扶持嘉黎县发展经济。

2004年2月15—23日，为积极响应温州市委、市政府“全国看温州、温州学全国”的号召，市公路管理处组织考察团开展“向全国公路同行学习”考察活动。市交通局副局长兼市公路管理处党委书记、主任高广尘率考察团一行22人，分赴江苏、安徽、山东、江西等地，考察学习公路管

公路总段职工代表大会（1980年5月16日）　朱劲松摄

先进表彰大会　朱劲松摄

道德讲堂　章娴摄

开展公路文化宣贯活动　刘晓华摄

养市场化运作新机制和公路管理体制改革的经验和做法。考察行程约5000公里。

11月，市公路管理处作为温州市交通系统赴藏慰问团成员之一，派员不远千里为嘉黎县送去援助资金20万元，援助和扶持西藏民族地区发展经济。

2005年，制订《2005—2007年文明公路创建规划》和《330国道（温州段）、77省道（温强线）文明公路创建工作计划》，实施330国道温州段、77省道温强线文明公路创建。是年，温州公路部门开展以高速公路为重点的文明公路创建活动，掀起新一轮文明公路创建高潮。创建活动从公路养护管理、收费站、服务区和公路执法四个方面同步开展，全面提升公路服务品质。先后出台《关于开展以高速公路为重点的文明公路创建活动的意见》，转发《浙江省文明公路创建活动实施办法》等，有效地推动以高速公路为重点的文明公路创建活动。甬台温高速公路乐清段和南白象飞云互通段通过省级文明样板路验收。

“十五”期间，制定《温州市公路系统文明行业创建三年规划实施方案》《温州市公路系统创建文明单位（文明机关）实施方案》和创建工作活动制度、创建工作考核评分标准。在全系统广泛开展了“十佳公路标兵”“文明示范窗口”“文明执法窗口”“文明收费员”“文明班组”和“青年文明号”等评选活动。相继出台重大路政处罚案件审批、错案追究、案件备案、执法资格管理、案件质量评审、监督和检查制度。把治理公路“三乱”作为纠风工作和文明样板路创建活动的重中之重，坚持综合治理，公路“三乱”治理通过了省纠风办检查考核，实现了全市公路部门基本无“三乱”。大力实施GBM工程，相继建成G104线、G330线和已通车高速公路以及部分省道文明样板路390公里。开展公路扶贫工程和“送温暖”工程，先后拨出几十万元资金扶持挂钩结对的苍南县观美镇、瓯海区岙底村等，拨出20万元资助那曲地区嘉黎县。

2006年，市公路管理处将G330线温州段和S332温强线纳入文明公路创建路段。本年度，周密计划，加大投入，按规范要求修复公路安全设施，开展路政专项整治，实行公路桥头跳车技术改造；新植补植公路行道树，深入开展收费站创星级活动，全面提高公路服务水平。至2006年底，G330线温州段、S332顺利通过省交通厅的验收，被命名为文明公路，有16个收费站获三星级收费站称号（其中新创3个，复评13个）。本年底，温州市公路管理处机关通过省级文明单位复评，文成县公路管理段获省级文明单位称号。全市公路系统获“全国模范职工小家”称号单位2个，省、市、县级文明单位8个，省、市级青年文明号6个，市级以上先进集体36个。苍南县马站公路站抗台养护工陈再新被评为2006年“感动温州十大年度人物”“浙江交通十大感动人物特别奖”。

是年，市公路管理处在全市公路系统开展“十佳养护工”活动。

2007年，省公路管理局提出打造“五型公路”（品质型、平安型、生态型、服务型、阳光型）的发展目标，为创建文明公路提供了更广阔的发展空间和更丰富的创建内容。创建工作提出“四突出”，即突出政府创建、社会共建，突出山区特色，突出路面整治，突出花园式文明公路站建设。5月，S228线泰顺段被列入省级文明公路创建计划。通过创建，达到了形象改善、路况提升、设施完善、服务功能增强的目标，带动了沿线特色经济发展，经验收被省交通厅命名为文明公路。本年度，市公路管理处获交通部农村公路通达情况专项调查先进集体称号。是年，市公路管理处开展“作风建设年”活动，推进学习型、节约型机关建设。路政部门开展“规范化大队”创建活动，基层站所开展民主评议，创建“群众满意基层站所”活动。注重在职人员培训和人才引进，全年有632人次接受继续教育。

2008年，市公路管理处颁布《关于创建公路文明行业的实施意见》，提出全市公路系统创建文明行业的总体目标。其中，品质型公路位居“五型公路”之首，S228线泰顺段、S331线泰顺段、G104线苍南段、苍南龙金大道、S330线文成段、S230线文成段、S230线瑞安段等七条路段被评为省级文明公路；文成岦院线、瑞安马陶线、岩松线等三条县乡级公路被评为温州市级文明公路。龙金大道被列入创建省级文明公路计划，这是温州市率全省之先在农村“四自”工程公路开展省级文明创建的首条公路。是年，省公路管理局投资7760万元（其中龙港大桥540万元），对龙金大道路面进行大修。G104线苍南段、老S332线和农村公路“四自”工程龙金大道成功创建省级文明公路，农村公路永嘉坦五线、瑞安马陶线和文成学院线试点创建市级文明公路也通过考核。同时，制订《温州市公路管理系统文明行业创建考核评分细则》，作为公路文明行业考评的标准。

是年5月，市公路管理处制定《创建“星级文明公路站、星级规范化路政中队”实施方案》（温公政〔2008〕155号），在全市公路系统开展创“星级文明公路站”和“星级规范化路政中队”活动。星级分为一、二、三级，按创建考评标准考评，具体考评条件要求为 “三好”（政治思想好、工作业绩好、社会效益好）、“五优”（行风优良、队伍优秀、路况优质、管理优化、环境优美）、“五体现”（队伍建设体现新形象、制度建设体现新秩序、外业管理体现新成果、内业管理体现新水平、综合管理体现新理念）。“创建”活动实行动态管理，对已命名的（星级）文明公路站和路政规范化中队每两年复查一次。本年度，全市创建星级文明公路站9个，星级规范化路政中队14个，22个基层站队试点创建工作考核验收合格。是年，市公路管理处机关通过省级文明单位复评，获全市“双千结对共建文明”活动先进单位和全市精神文明建设先进集体称号。全国总工会授予文成县百丈漈公路站“工人先锋号”。苍南县公路管理段职工郑月兰获浙江交通创业创新先进个人称号。在抗冰雪保畅通中因公殉职的永嘉县公路管理局职工汪国杰、林圣巧获多项国家、省级荣誉。泰顺县公路管理段、瑞安市公路管理段被评为全省公路系统先进基层单位。

是年，温州公路系统“十佳养护工”活动增加“十佳路政员”评选内容，简称“双十佳”活动。评选对象：全市公路系统从事一线公路养护、路政管理工作的正式职工。每个公路管理段推荐养护员、路政员各两名（含市高速路政大队）。评选标准：政治素质高、职业道德好、业务能力强、工作业绩佳。“双十佳”候选人必须从公路养护一线和路政管理人员的正式职工中产生，由各公路段根据养护工、路政员一年来的公路养护实绩，充分酝酿和讨论，各推荐优秀养护工、路政员各两名，并在公示栏予以公示。“双十佳”评选活动，承接以前开展的“十佳公路标兵”“十佳养护工”评选活动，每两年评选一次。

温州公路系统“十佳”和“最美公路人”活动评选情况表

表10-2-1

活动名称	姓名	单位	活动名称	姓名	单位
第一届十佳公路标兵（1995）	王守勤	永嘉县管理段	第二届十佳公路标兵（2001）	吴秋华	市公路管理处机关
	许人平	市公路处机关		费云娥	平阳县公路段昆阳站
	张克萍	乐清市公路段		戴宗国	温州瓯江大桥征收所
	林富贵	洞头县公路段		严成峰	文成县公路段
	戴金文	永嘉县公路段		陈明秋	永嘉县公路段鸡笼屿站
	金武斌	温州段		胡如彪	瑞安市公路段
	郑月兰	苍南县公路段		王利农	温州交通建设集团有限公司
	赵友亮	路桥公司		颜厥车	洞头县公路段
	李长生	温州公路总段沥青油库		金德宗	永嘉县公路路政管理大队
	王叶生	泰顺县公路段		郑荣东	平阳县公路段占家埠站

续表 10-2-1

活动名称	姓名	单位	活动名称	姓名	单位
第一届十佳养路工（2006）	王信光	乐清市公路段	—		
	邢小乙	文成县公路段			
	李祖亮	泰顺县公路段			
	杜左进	平阳县公路段			
	陈钟云	龙湾区公路段			
	周锡林	瑞安市公路段			
	林金麟	瓯海区公路段			
	郑月兰	苍南县公路段			
	徐龙弟	鹿城区公路段			
	戴建平	永嘉县公路段			
第二届十佳养路工（2008）	林进光	鹿城区公路段	第二届十佳路政员（2008）	金　铎	龙湾区公路段
	林守顺	文成县公路段		叶顺河	永嘉县公路段
	郑荣东	平阳县公路段		易会兵	平阳县公路段
	陈焕飞	瑞安市公路段		徐德飞	市高速路政大队
	郑和进	瓯海区公路段		张华炜	鹿城区公路段
	李祖亮	泰顺县公路段		林希武	文成县公路段
	薛立匡	乐清市公路段		潘王峰	泰顺县公路段
	叶智勇	龙湾区公路段		王道群	苍南县公路段
	戴建平	永嘉县公路段		徐寿巧	瓯海区公路段
	张炳奎	苍南县公路段		方均雄	洞头县公路段
第三届十佳养路工（2010）	厉益光	永嘉县公路段	第三届十佳路政员（2010）	章　奇	龙湾区公路段
	徐青苗	平阳县公路段		黄志坚	永嘉县公路段
	许建民	洞头县公路段		袁思利	平阳县公路段
	沙高存	鹿城区公路段		徐德飞	市高速路政大队
	彭迎雪	文成县公路段		王卫国	文成县公路段
	李祖亮	泰顺县公路段		潘王峰	泰顺县公路段
	柯生忠	苍南县公路段		许益跃	苍南县公路段
	徐云国	瓯海区公路段		陈伯春	瓯海区公路段
	徐志峰	乐清市公路段		王　润	乐清市公路段
	楼珍明	瑞安市公路段		林建光	瑞安市公路段
最美公路人（2013）	胡建立	文成县公路局	—		
	徐志峰	乐清市公路局			
	张志胜	永嘉县公路局			
	叶剑可	雁楠办			
	夏　庆	浙闽治超站			
	易会兵	平阳县公路局			
	林建光	瑞安市公路局			
	戴秀微	鹿城区公路局			
	李启银	瓯海区公路局			
	章　奇	龙湾区公路局			
	陈德河	苍南县公路局			
	林日成	市交投集团			
	李祖亮	泰顺县公路局			
	董　伟	市高速路政大队			

2008 年 7 月，泰顺县隆重举行“泰顺交通五十周年”纪念活动，提出建立“6・19”公路文化节的倡议。自此开始，泰顺县每年均开展“6・19 公路文化节”活动。

2009 年，在创建高速公路、国省道文明公路的同时，农村公路文明创建作为一项创新工程得到开展。在龙金大道等项目进行试点创建的基础上，每县（市、区）各实施一至两条试点项目。S230 以及永嘉白雁线、洞头五岛相连等 2 条农村公路列入省级文明公路创建计划；鹿城瓯湖线、瑞安岩松线等 5 条市级公路完成创建文明公路。创建农村文明公路，主要致力于提升农村公路品质，实施农村联网公路建设，推进农村公路养护管理正常化、制度化和规范化。同年，集指挥、协调、咨询、服务为一体的管理平台——“96266”指挥中心（包括路政驻审批中心窗口）、温州市高速公路路政大队，荣获浙江交通系统群众满意基层站所创建先进单位称号。11 月 12 日，市公路管理处召开全市公路系统先进人物事迹报告会，表彰2007—2009年度全市公路系统先进工作者。

2011年4月，市公路管理处荣获“浙江省五一劳动奖状”。文成县公路管理段百丈漈公路管理站获“全国模范道班”荣誉称号。同年，创建星级文明公路站和星级规范化路政中队活动取得成果，获第一批“浙江省规范化路政中队”称号的路政中队16个；全市创建完成星级文明公路站27个、星级规范化路政中队26个。

2013年，市公路管理局党委坚持立足当前和适度超前相结合的原则，制定温州公路系统深化五型公路建设实施意见，明确温州公路今后五年科学发展的行动纲领，提出2013年度公路工作争先创优、力夺“两个第一”的工作目标。同时提出文明创建工作规划目标：市公路局机关创建全国文明单位、全系统分阶段创建省市级文明单位的创建任务，实现全系统文明单位创建晋位升档。在全市10多家正局级单位参加申报全国文明单位的严峻形势下，市公路管理局领导班子敢于自加压力，争先创优，全局上下把创建工作作为头等大事，召开创建工作推进会，确保“五个到位”，即确保组织领导到位、宣传舆论到位、责任机制到位、经费投入到位和职工参与到位。是年2月，市交通运输局发文表彰15家“交通文化建设先进单位”，公路系统占三家：市公路管理处、永嘉县公路管理段、乐清市公路管理段。

是年5月12日，市公路管理局、市公路管理支队在温州世纪广场举办“争做文明市民　共建美丽公路”公路边“三化”行动大签名活动，拉开了“美丽公路　美丽温州——温州公路在行动”大型活动序幕。本次活动共吸引2000多名市民的支持签名。

是年5月17日，市公路管理局举行全市公路系统“互看互学”“互学互比”活动现场汇报会，全市11个县（市、区）公路管理局、3家直属单位和12个市局机关处室主要负责人，晒思路、亮项目、提举措、作承诺、表决心，掀起公路工作新一轮争先创优、跨越发展的热潮。

是年7月25日，市公路管理局举办道德讲堂，温州市委常委、市委宣传部长胡剑谨，市委宣传部副部长、文明办主任邱小侠，市交通局党委委员金乐等出席会议。全市交通系统共计200多人参加。本期道德讲堂设置了做反省、唱歌曲、诵经典、鞠躬礼、学模范、发善心、做善事和送吉祥等八个环节。全市公路系统为“春泥计划”筹善款8万元。市公路管理局将以这次“道德讲堂”活动为新的起点，把道德实践活动始终贯穿到精神文明建设、争创全国文明单位建设和建设生态文明、打造美丽公路的工作实践中。2012—2015年，市公路管理局共举办道德讲堂48期。

是年8月12—14日，温州市公路管理局组织全系统考察团到湖州市学习考察公路工作。考察团实地参观了湖州公路信息服务与应急指挥中心、G318线长兴段、长兴公路管理站（拌和场地），以座谈会的形式与湖州市公路局、长兴县公路局就公路体制改革、养护管理、路政治超、应急保障、文明创建、公路文化、内部管理等工作进行了全面探讨和交流，达到学习先进、寻找差距，努力赶超的目的。

是年9月26日，为迎接中华人民共和国成立64周年，挖掘和讲述身边的“最美公路人”，温州市公路管理局举办全市公路系统“聚力美丽中国梦·争做最美公路人”主题演讲比赛。比赛邀请温州市直机关工委、团市委、市文明办、市交通运输局等相关领导担任评委。经过激烈的角逐，评出一等奖1名，二等奖2名，三等奖3名，优秀奖10名。文成、平阳、泰顺县公路管理局获优秀组织奖。是年9月，文成县公路养护工胡建立从676名候选人中脱颖而出，成为全国唯一跻身“中国好人榜·敬业奉献”的公路养护工。胡建立成功入选“中国好人榜”，是社会对公路养护工的充分肯定和褒扬。

是年10月10日，市文明办和市公路管理局联合发起“最美公路人、最美公路”网络评选活动。

中国文明网温州站、温州网、温州公路网三家网站将同时在首页显要位置公布投票链接。此次网络投票活动为10月10日0点至10月30日24点。

“双最美”评选活动，温州境内高速公路、普通国省道和农村公路均可参加。拟选出温州最美高速公路1条、国省道公路2条、农村公路3条。参评条件：⑴路面通畅，路域环境优美，无违法建筑、违法广告；⑵路况良好，行车舒适；⑶安保设施完善，无安全隐患，非现存事故多发点段；⑷已创建完成省、市级文明公路的，公路边“三化”整治工作成效显著的。“最美公路人”的具体要求：⑴面向基层一线，注重挖掘长期以来坚守基层岗位、默默无闻奉献、事迹生动感人的一线干部职工。⑵体现行业特色，重点考虑公路建设、公路养护、路政执法等群体。⑶展现行业新风。市公路管理局同时向社会征集“最美公路”摄影比赛作品。此次进入候选的“最美公路人”20人，收到参赛摄影作品200幅。对经过专家评选的20幅摄影作品，与20名“最美公路人”候选人一起，进行网络投票。12月，市公路管理局发文对全市公路系统“双最美”评选及“最美公路”摄影比赛进行表彰（温公政〔2013〕402号）：S10绕城高速温州北线、S331分泰线、S330瑞东线（文成段）、白岭线（乐清）、富察线（泰顺）、瑶李线（龙湾）被评为“最美公路”；胡建立等14人被评为温州公路系统“最美公路人”；《黄金之路》（曾振国）、《畅安舒美生态路》（夏克升 刘晓华）、《流光溢彩》（叶迈峰）、《金光映路》（管新民）、《虹桥》（佚名）、《云路》（夏克升）等6幅摄影作品分获金奖、银奖和铜奖，14幅作品获最佳入围奖。

是年，时任省交通运输厅副厅长、省公路管理局局长李良福批示：“调整后的温州市公路管理局新班子，围绕深化五型公路总要求，思路清晰、目标明确、勇于争先、敢于担当、方法得当、作风过硬，各方面工作都取得了显著的成效。”时任温州市市长陈金彪、副市长陈浩分别对温州公路专项工作作出肯定批示。

2014年，温州市公路管理局与武汉理工大学合作，开展温州公路文化课题研究。对温州公路文化整体发展战略进行顶层设计，出台了《温州公路文化调研报告》《温州公路文化实施纲要》《温州公路文化建设实用手册》。同时，坚持以服务品牌建设推进文化创新，完成了S228泰顺段、甬台温高速公路温州段示范线路创建；金丽温高速桥头服务区通过文明服务区复评验收；甬台温高速清江服务区成功创为三星级文明服务区。积极推进公路廉政文化建设，在全省公路系统率先编印了《温州公路廉政文化手册》等廉政文化丛书。

是年5月，市公路管理局在全系统组织开展“真情献爱心、公路更温馨”为主题的捐助活动，公路系统各级工会结合“最美行业”创建、“慈善一日捐”“道德讲堂”等活动，发动广大干部职工伸出援助之手，为急性淋巴白血病（高危）患者、年仅7岁的小陈玥（苍南县公路职工陈如敏之女）捐资19万元。陈家收到这笔珍贵的治疗费后，给全市公路系统全体职工写了一封感谢信，表达感激之情。

是年，G330线25.65公里、S331线64.12公里、S232线47.36公里和五岛相连公路17.156公里，成功创建公路边“三化”示范路，并实现高速公路及普通国省道公路用地范围“三化”完成率95%以上，建筑控制区范围内“三化”工作完成率达到95%以上，建筑控制区外“三化”完成率达到90%以上，确保“三化”和“三改一拆”工作继续走在全省前列。

是年，省交通运输厅表彰2014年度“交通行业百名最美”，温州公路系统：市高速公路路政大队、市公路管理局ETC管理处，分获“最美公路路政”和“最美公路服务”荣誉称号；乐清市公路养护工陈文剑获全省“交通行业百名最美”。

2015年2月28日，全国精神文明建设工作表彰暨学雷锋志愿服务大会在北京召开，市公路管理局荣膺“全国文明单位”称号，成为浙江省公路系统唯一的一家全国文明单位。是年12月2日，全国公路系统党委书记工作座谈会暨全国公路政研会第26届年会在江西南昌召开，温州市公路管理局作为全国公路系统五家全国文明单位之一应邀参加，并作文明创建经验交流。是年，全系统县级文明单位创成率100%，初步建成温州公路文化品牌。市高速公路路政管理大队被交通运输部评为“全国交通运输行业文明示范窗口”，市公路管理局被交通运输部评为“全国农村公路养护与管理先进集体”。

是年，省公路管理局授予100名公路人为2015年度“美丽公路人”荣誉称号，温州有：林健东（泰顺）、许建新（洞头）、周顺强（乐清）、汤建设（永嘉）、柯生忠（苍南）、张光盛（龙湾）、杨立群（平阳）、陈瑞浩（温州高速路政大队）、冯鹏燕（温州东收费站）、叶春飞（330国道鹿城治超站）、陈崇建（温州ETC服务处）。温州市交通运输局授予2015年度交通运输行业“最美示范窗口”称号，公路系统有：甬台温高速公路苍南超限运输检测站、文成百丈漈公路管理站、苍南马站公路管理站、泰顺司前公路管理站4家单位。

2016年3月，省公路管理局命名107个窗口单位为首批公路行业最美示范窗口，温州有：永嘉瓯北公路管理站、平阳水头公路管理所、乐清乐成公路管理所、温州市高速路政大队一中队、永嘉县公路路政大队瓯北中队、金丽温高速公路桥头服务区、温州大桥温州东收费站、甬台温高速公路平阳收费站、金丽温高速公路桥头收费站、温州市ETC服务处。

截至2016年，温州公路系统有国家级文明单位1家，省级文明单位4家，市级文明单位7家，县级文明单位2家。市公路管理局（含直属单位）荣获全国工人先锋号、全国青年文明号、浙江省五一劳动奖状、浙江省群众满意基层站所、浙江省交通系统精神文明建设十佳等各级荣誉40多项。

温州市公路系统文明单位汇总表

表10-2-2

<table>
<tr><th>序号</th><th>单　位</th><th>荣誉名称</th><th>文　号</th><th>发文年月</th></tr>
<tr><td>1</td><td>温州市公路管理局</td><td>全国文明单位</td><td>文明委〔2015〕3号</td><td>2015.2</td></tr>
<tr><td>2</td><td>泰顺县公路管理局</td><td rowspan="4">省级文明单位</td><td>浙委发〔2013〕3号</td><td>2013.1</td></tr>
<tr><td>3</td><td>文成县公路管理局</td><td>浙委〔2006〕117号</td><td>2006.12</td></tr>
<tr><td>4</td><td>温州市高速路政大队</td><td>浙文明〔2015〕5号</td><td>2015.1</td></tr>
<tr><td>5</td><td>平阳县公路管理局</td><td>浙文明〔2015〕5号</td><td>2015.1</td></tr>
<tr><td>6</td><td>鹿城区公路管理局</td><td rowspan="7">市级文明单位</td><td rowspan="5">温委办发〔2014〕45号</td><td rowspan="5">2014.3</td></tr>
<tr><td>7</td><td>乐清市公路管理局</td></tr>
<tr><td>8</td><td>瑞安市公路管理局</td></tr>
<tr><td>9</td><td>苍南县公路管理局</td></tr>
<tr><td>10</td><td>永嘉县公路管理局</td></tr>
<tr><td>11</td><td>甬台温高速公路
苍南超限运输检测站</td><td>温文明委〔2016〕2号</td><td>2016.2</td></tr>
<tr><td>12</td><td>洞头区公路管理局</td><td>温文明委〔2016〕2号</td><td>2016.2</td></tr>
<tr><td>13</td><td>龙湾区公路管理局</td><td rowspan="2">区级文明单位</td><td>温龙委发〔2015〕21号</td><td>2015.2</td></tr>
<tr><td>14</td><td>瓯海区公路管理局</td><td>瓯委办发〔2015〕12号</td><td>2015.3</td></tr>
</table>

二、 文明公路创建

（一）GBM工程（文明样板路）

1990年，交通部制定《国省干线GBM工程实施标准》，分设总则、路面、路基、桥涵等构造物、沿线设施、绿化、管理共7章48条。GBM是“公路标准化、美化”的汉语拼音（gong lu biao zhun hua mei hua）的缩写，GBM工程是具有中国特色的公路标准化、美化建设工程的简称，其主要目标：提高公路的通行能力，提高公路的抗灾能力，提高公路的科学管理水平，突出公路特有的建筑美和景观美。它是提高中国公路建设、养护和管理水平，推进公路现代化的一项重要措施。1995年3月，交通部颁发《国家干线公路文明样板路建设实施标准（试行）》。文明样板路要求路基、

104 国道创建文明样板路工作会议（1995 年） 朱劲松摄

104 国道温州段文明样板路（1996 年） 朱劲松摄

路面、桥涵构造物及附属设施达到和保持部颁《国省干线GBM工程实施标准》，围绕“畅”“洁”“绿”“美”的要求，构筑通畅、安全舒适、优美的交通环境，加强公路养护、路政管理、收费管理、工区站点和服务区的管理，确保公路无“三乱”的现象；在公路养护方面，应做到桥梁养护维护及时、无明显桥头跳车；应建立完善规范的桥梁档案，推行微机化管理，设置桥名牌、安全警示标志和安全敦。辖境于 1996 年开始全面开展创建文明样板路活动。

1996 年 4 月 25 日，温州市成立以副市长黄卫峰为组长的创建样板路活动领导小组。5 月 16 日，温州市政府召开创建活动工作会议，与沿线各县（市、区）政府负责人签订了目标责任书，实行区域负责制，5 个月要完成全线 215.5 公里的创建任务。5 月下旬，鹿城区对该区路段两侧进行全面的检查，向 150 户违章单位和个人发出通知书，要求一周内自行拆除、整改。对限期未能拆除的予以强制执行，拆除面积达 2000 多平方米。平阳县出动近百人冒着酷暑从郑楼一路清理到萧江后林，共清除 100 多处违章建筑点。7 月，利用刚刚成立的浙江首家公路路政管理支队，对国家公路用地实行管理。经过整治，长期危害 104 国道的大量永久性、临时性违章建筑被拆除，大量边沟、龙门架、堆积物及沿路市场被清理整治，公路“三乱”得到有效遏制，阻车现象基本消除。11 月，一条路面整洁、标志标线清晰、行车顺畅的 104 国道文明样板路已经形成。是年 11 月 24 日，G104 线温州段文明样板路通过交通部验收。

“九五”期间，全市以 104、330 国道为突破口，在人、财、物上实行政策倾斜，全力实施 GBM 工程和文明样板路建设，共建成文明公路 300 公里，占国省道养护公路里程的 34.56%，干线公路整体形象明显改善。

2002 年，G104 线温州段和瓯江大桥至南白象段高速公路，被列入文明公路创建路段。此年文明样板路创建重点抓公路交叉道口、接线接坡、非公路标牌的整治。全年共封闭交叉道口 69 个，整治接线接坡 3650 米，拆除非公路标牌 2608 块，清理堆积物 98110 平方米，建成路政管理文明示范村 4 个。至年底，建成文明公路 350 公里，占国省道公路养护里程的 39%。

2006—2008 年，温州在文明样板路创建的基础上，开展创建国省道文明公路创建活动，先后成功创建 330 国道、77 省道、52 省道、56 省道、58 省道等 5 条文明公路。52 省道的文明公路创建，创建单位发扬创新精神，把文明公路创建同生态文明建设有机结合起来，得到了省交通运输厅郭剑彪厅长的充分肯定。2008 年 1 月 17 日，全省文明公路工程和公路养护“四新”技术总结推广应用现场会在泰顺县召开，其创建经验得到推广。

实施文明样板路、文明公路创建过程，省交通厅、公路管理局根据全省公路创建实际，每年均下达创建项目计划和补助经费。2004 年，根据省公路管理局《关于下达2004年文明样板路建设和桥隧加固改造计划的通知》（浙公路〔2004〕108号），下达温州市文明样板路建设经费300万元，其中，41省道仙清线永嘉段7公里/100万元；57省道青岱线平阳5公里/60万元；瑞枫线瑞安6公里/110万元，岀院线文成段2k公里/30万元。2005年，78省道水霞线苍南段创建文明样板路5公里/75万元，实施路面整治；56省道瑞东线文明公路创建123.3公里/35万元。是年5月，永嘉县公路管理段向省公路管理局提出，把104国道永嘉段7个点段11.16公里列入文明样板路创建（预算创建经费1712.62万元），接受11月份交通部对干线文明样板路的检查。

在取得文明公路创建经验的基础上，针对农村公路里程大量增加、重建轻管、安全隐患多等问题，按照“建设大路网、打造五型路”的要求，从2008年开始，温州公路部门把文明公路创建的触角伸向农村公路，计划到2012年内对符合条件的农村公路全部创建文明公路，力求农村公路不但在数量上有较大的增加，在品质上也要有新的突破，为农村发展提供更便捷、更优质的交通环境。为了把农村公路文明创建工作列入正常的公路管理工作，建立了一整套农村公路文明创建的工作机制，先后制定了《关于在全市开展农村公路文明公路创建活动的意见》《农村公路文明公路养护综合质量考核标准》《农村公路文明公路收费站规范化管理考核标准》《温州市农村公路文明公路创建工程经费补助办法》。加强了对创建工作的组织领导，明确创建职责，市交通局成立由局长担任组长、分管副局长和市公路处主任担任副组长的农村公路文明公路创建工作领导小组，聘请市文明委、市纠风办领导担任顾问。各级政府也要求按照有利于协调、管理和推进工作的原则建立相应的创建组织，形成县级政府抓组织协调、交通部门和乡级政府抓创建的创建格局，明确创建工作职责，建立健全包括组织领导、规划目标、责任分解、检查考核等内容的创建工作体系，把创建工作纳入年度工作目标考核，与中心工作一起布置、一起检查、一起考核、一起奖惩。同时，对农村公路创建工作实行动态管理，文明公路新创路段每年命名一次，巩固路段二年复审一次；已获得荣誉称号的优质路况和文明公路要常创常新，加强监督检查；凡不能保持创建成果的，予以通报批评、限期整改、黄牌警告、降低星级档次直至取消荣誉称号。

2008年1月19日，全省创建文明公路现场会在泰顺县举行。是年，G104线苍南段、58省道文明公路创建通过省、市考核。12月15～18日，市公路管理局对农村公路创建文明公路工作进行检查验收，除洞头县环岛公路17.16公里因条件不具备外，苍南龙金大道（省级）、瑞安马陶线、文成岀院线、永嘉坦五线均达到文明公路创建的要求，市公路管理局给予每公里3万元的补助。经市交通局审核，对首批5条农村文明公路进行命名和表彰。

2009年，57省道、永嘉白雁线和洞头五岛相连公路列入省级农村公路文明公路创建计划。鹿城瓯湖线、瑞安岩松线等5条市级公路完成创建文明公路。

2010年，创建省级文明公路3条，194.4公里；市级农村文明公路11条，100.06公里。

2011年，创建省级文明公路2条，85.97公里。

2014年开始，根据浙江省美丽公路创建部署，温州公路开展美丽公路创建。至2016年，先后创建浙江最美公路3条。温州市公路系统开展创建美丽公路精细化管养示范路活动，2014～2015年，共创建美丽公路精细化管养示范路13条。

（二）省级文明公路

【G330温寿线鹿城段】 创建里程30.9公里，是温州连接青田、丽水的主要通道。鹿城区公路管理段精心组织，围绕公路基础设施、公路执法、收费站创星三个重点，开展文明样板公路的创建工作，2006年底通过省级文明公路验收。2012年，投资754.84万元，对G330鹿城段下岸桥、藤桥江大桥、外垟亭桥等9座桥梁进行整修。其中前盈桥、仁地桥、外垟亭桥进行拆建，提高设计荷载等级至公路2级。为了创造舒适、良好的通行条件，打造公路绿色长廊，建设生态型公路，总投资55.61万元，实施绿化完善6.19公里，补植意杨、水杉、杜英等树苗共计10169株。鹿城区公路管理段对全区所有国省道公路推广创建文明示范公路的做法。

【G104京福线苍南段】 创建里程25.26公里。由于诸多原因，该路段路况极差，路面坑坑洼洼，沿路民营作坊林立，违章建筑、占地堆物、工业垃圾和生活垃圾随处可见，严重影响道路的畅通。2008年，该路段被省交通厅列为文明公路创建计划。苍南县成立创建文明公路领导小组，对创建工作进行精心策划。工程分两个工期，2008年8月开工，各配套工程均同步展开。一期工程，总投资4206万元。重点为路面大修，工程量10.48 公里。首先在G104主车道实施路面铣刨18cm后，加铺18cm厚泡沫沥青柔性基层+下封层+6cm厚AC-16改性沥青混凝土面层；辅车道采用沥青粘层+4cm厚AC-13沥青混凝土面层。实施板块修复、路肩硬化、水泥路面灌缝、各个路口接线接坡的修复，清理水沟及碎落台，修补安保设施及破损挡土墙；对桥梁栏杆及桥面铺装，重新设置钢制护栏。完善公路水沟、桥梁涵洞加宽。对穿城镇路段设置暗沟，清理杂草，设置警示墩。二期工程灵溪至南水头段改建、维修工程，投资3566万元（其中建安投资1176万元，占合同总价的61.18%）。主要为改造路段绿化、站房修缮等。对沿线公路站、执法站点进行整修及内业整理；沿线可绿化路段进行土地租用，穿城镇路段设置花坛，厂房前实施绿化。分水关路段，投入资金230万元，主要进行路基修整、公路两侧绿化补植、路边花坛改建、分水关景观工程、路灯安装，新增标志标线、护栏、里程碑、百米桩等设施，设置墙体宣传牌，修复绿化带。整体工程于2008年12月完工通过省级文明公路验收。

【52省道（S228）云寿线泰顺段】 创建里程36.17公里，2007年5月被列入省级文明公路创建计划。泰顺县公路管理段制定创建方案，成立52省道泰顺段文明样板路创建活动领导小组，制定具体的创建进度表。创建过程中，根据浙江省打造“绿色浙江”和温州市提出建设“温州后花园”的战略方针，结合沿线丰富的林业资源和依山傍水的特点，主攻山区公路绿化精品工程。根据环境、土质、气候等条件，精选并栽植香樟、杜英、红叶李、龟甲冬青、桂花、玉兰等绿化苗木，形成颇具特色的“四季有花，常年驻绿”的公路绿化景观。与此同时，对沿线一切非公路标志、堆积物、违章建筑等进行统一清除。对于不符合公路工程技术标准的道口，以及有险情的临崖路段进行改造维修，并在沿路建造多处具有创意的公共厕所，使公路与自然、服务融为一体。本次工程共投入资金923万元。2007年12月13日，在全省文明公路验收会上，浙江省公路管理局检查组对52省道泰顺段文明样板路的创建工作予以充分肯定。认为，52省道泰顺段路面平整、边沟通畅，附属设施、绿化工程、安保工程和公路路政规范化管理等项工作均达标。浙江省交通厅厅长郭剑彪到泰顺县检查工作经过52省道时，不无感慨地说：“52省道文明公路可以与日本的公路相媲美，比日本的标准高，做法好。”52省道泰顺段文明公路的成功创建，为温州市乃至全省打造“五型公路”提供了重要的范本。

【58省道（S331）分泰线泰顺段】 创建里程59.35公里。2008年春，S331被浙江省公路管理局列入文明公路创建计划。6月5日，在温州市公路管理处的统一部署下，泰顺县公路管理段成立文明公路创建领导小组，制定系统的创建实施方案，落实人员，明确职责，合理分工，有计划、分步骤地开展文明创建工作。本次文明创建工程，实施路面大中修12公里投资近960万元，边沟、路肩加固85公里投资430万元，水毁修复投资360万元，路容路貌整治投资90万元，桥梁栏杆改防撞护栏8座投资32万元，安装钢质护栏42.7公里投资930

万元，隘门隧道修复0.3公里（包括补漏、板块修复、安装照明等）投资160万元，改造与加固桥梁2座投资300万元，标志标线投资200万元，警示柱和轮廓标投资70万元，安装爆闪等投资20万元。沿线多数路段在已经设置护栏墩的基础上，又添设了钢质护栏，大大提高了安全行车系数。沿线还设置温馨警示语，增添文明氛围，彰显人性化关怀。同时，投资23万元在沿线边坡补植大树1300株，投资180万元新增苗木96万株。本次工程总投资达3755万元。在S331线文明创建中，延续S228线文明创建的创意，充分利用原生资源，在道路两侧营造浓厚的乡土文化的氛围，如安置一些造型独特、具有公路文化内涵的大石块雕塑，艺术性地铺设一些小鹅卵石，构筑公园式的绿化美感，适度在公路挡墙上刻画展露沿线风土人文的水泥浮雕，将人文景观和自然景观融为一体。同时，在沿线村镇放置水泥涵管，砌筑涵沟，确保路基排水设施安全顺畅。在创建文明公路的过程中，在S331线大龙口设置了全国第一尊公路人雕塑，借此纪念“6·19”公路人文化节。

【56省道（S330）瑞东线文成段】 创建里程50.62公里。2001年开始，文成县公路管理段根据《浙江省文明公路创建活动实施办法（试行）》，《浙江省文明公路规范执法考核办法（试行）》等要求，对的56省道瑞东线文成段进行改造维修，为打造文明公路奠定基础。2008年3月，在温州市公路管理处的统一部署下，56省道瑞东线文成段开展创建省级文明公路活动。成立领导小组，在经过认真勘查、探讨和论证后提出创建方案。据统计，共投入创建经费2500余万元，全线处理病害18000平方米，整修路肩56公里，新设浆砌边沟13公里，维修浆砌边沟8公里；增设挡土墙15600立方米，治理事故隐患路段12处；砂改油20公里，大修15公里，线形改善（截弯取直）75处/123000立方米，高纵坡减缓1.8公里，新建包山沥青粒料拌和中心，维修改善公路站房2个。同时，清理临时建筑752平方米/15处，违章建筑186平方米/5处，控制线内各类堆积物3587平方米/362处，非公路标牌175块，公路用地内电杆38支，有碍观瞻的各类堆积物、垃圾及建筑物等167平方米/8处，马路集市3处。规范道口5处，完成示范村治理12个，刷写公路标语16处。新增设钢质波形防护栏8550米，护栏墩7850个，墙式护栏132米，护栏柱1700支、公路标志332幅，完成全线标线漆划。种植行道乔木5350棵，花木45000株，设置景点3800平方米，建成绿篱2300平方米。通过创建工作的开展，沿线建成国家级模范职工小家1个，省级文明公路站1个，省级模范职工小家2个，省级卫生单位1个，市级文明单位1个；市级青年文明号1个，市劳动模范2人。2008年12月底，创建工作获省级考核通过。

【57省道（S230）青岱线瑞安段】 创建里程40.43公里。2009年5月，瑞安市公路管理段根据路况基础差、创建资金不足的实际情况，采取循序渐进的方法，开展57省道瑞安段文明公路创建。5月份开始开展专项整治，取缔马路市场1处，拆除非公路用标志212块，清理占道堆放物91处/470余平方米，整治交叉道口4处，路产损失案件查处率达100%，结案率达100%。8月创建工程全面开工，投资1350万元。主要完成路面大中修7.5公里，改造路面5.5公里，沥青路面预防性养护10公里，修复5000平方米水泥砼板块，完善安保设施5公里，绿化30公里，设置景观点2处。修复水毁路段，解决水毁顽疾。综合整治地质灾害多发路段，加固37处边坡。工程于12月完工，并获得省级考核通过。2010年8月，在原有的基础上，新增创建里程18.634公里，投资2802万元，完成沥青路面大中修6公里，桥头跳车整治9座，路口整治2处，盖板边沟2000米、三面光边沟1500米。绿化工程，根据土质、气候条件，投入80多万元精选苗木品种，绿化补植5000平方，构造四季如花、常年驻绿的公路绿化环境，形成各具特色的公路绿化景观。工程于12月份完工。

【苍南龙金大道】 创建里程20.91公里，建于2002年1月22日，属农村“四自”工程准一级公路。由于地处软基地带，建成通车后历时7年之久，因缺乏资金长期失养，导致路面出现大面积破损、网裂、沉陷，跳车现象严重。局部路段还出现车辙、坑洞、积水，严重影响行车安全。2008年1月，龙金大道被列入创建省级文明公路计划。在作为“四自”工程的农村公路实施省级文明公路创建，这在全省尚无先例。经费由浙江省公路管理局投资7760万元（其中龙港大桥540万元），对龙金大道路面进行大修 。苍南县政府下发《苍南县龙金大道创建省级文明公路实施方案》，成立了由常务副县长挂帅，由交通、公安、国土、工商、环保、林业、宣传以及沿线乡镇组成成员单位的创建领导小组。县交通局、县公路管理段制定《创建文明公路实施意见》，也相应成立创建领导机构和工作小组，组建改造、大修工程三个指挥部，专门负责重点建设项目。层层落实创建工作责任制，建立人人有任务、事事有负责人、件件有责任制的创建保障机制。是年6月，龙金大道创建施工正式开始。工程对路面进行大修，以及对龙金大桥实施维修加固和老桥凿除工作。在配套设施建设中， 对沿路进行绿化带补植和扩容、修复照明、航标灯及安保设施等。2008年底通过省级文明公路考核。

（三）市级文明公路

【文成·峃院线】 创建里程14.2公里，温州市首批三条创建农村市级文明公路之一。2008年，根据建设“五型公路”标准，决定对农村公路峃院线开展市级文明公路创建。这是温州市在全省率先对农村公路开展市级文明公路创建活动。文成县公路管理段成立创建文明公路领导小组，制定周密的计划和安排。创建路段为峃院线K0～K14＋200（峃口至珊溪段），创建工程总投资380余万元，全线整修路肩13公里，路肩硬化7500平方米，新设（加高）浆砌边沟5.8公里；增设挡土墙4300立方米，刷写公路标语16处，维修改善公路站房1个、钢质波形防护栏115米，警示标柱352支、公路标志12幅，完成全线标线漆划。沿途共清理堆积物2138立方米，清理水沟13公里，疏通涵洞6道；整理绿化带、花坛用地15000平方米，铺填黄泥37800立方米；种植乔木2680棵，花木45000株，设置景点5个，建成绿篱13500平方米。同年12月，峃院线通过市级文明公路考核验收。

【瑞安·马陶线】 创建里程11.02公里，温州市首批三条列入创建农村市级文明公路之一。位于瑞安中部腹地，连通瑞安中部陶山、荆谷、顺泰、梅屿、马屿五个乡镇，是瑞安“五纵二横一绕”主骨架公路之一。2010年9月，投资305万元，实施创建工程。通过4个月的紧张施工，完成沥青路面中修2公里、路肩硬化7.5公里，更换2座大桥路灯42盏，完善边沟1.5公里，绿化补植9.5公里，完善安保设施0.5公里，漆划标线2974平方米。2010年12月工程完工，通过市级文明公路考核验收。

【瑞安·岩松线】 创建里程10.63公里。2009年8月，在成功完成马陶线文明创建的基础上，瑞安市公路管理段对农村公路岩松线实施创建工作。总投资415万元。原来该路段周边环境较差，沿线村镇密集，公路街道化严重，边沟不畅，接线接坡不规范，路边堆积物多，脏、乱、差现象十分严重。本次创建，完成路面大中修9.07公里、路肩硬化 8.5公里，完善安保设施2公里、边沟1250米，绿化补植10.63公里。是年12月完工，通过市级文明公路考核验收。

【永嘉·坦五线】 创建里程12公里，温州市首批三条创建农村市级文明公路之一。2010年12月，通过市级文明公路考核验收。

三、美丽公路创建

（一）浙江最美公路

2014年5月，浙江省委十三届五次全会提出建设“两美”浙江（“建设美丽浙江，创造美好生活”）的口号。同年，时任浙江省委书记夏宝龙对浙江公路发展提出了“修一条路，造一片景”的明确要求。

浙江省公路管理局明确创建美丽公路的目标：美丽公路创建应该因地制宜规划公路建设具体方案，科学合理优化省内立体路网布局，实现公路建设养护与资源综合利用的有机统一。坚持“科学”为美的态度，“经济”为美的思路、“生态”为美的理念，建设适应浙江经济社会发展需要的安全可靠、智慧高效、生态文明、服务优良、散发正能量的路网。他同时指出，创建美丽公路，应遵循“因地制宜、崇尚自然、安全可靠、科学合理、集约节约、生态环保”的24字方针。2014年，浙江省公路管理局开展首批“浙江最美公路”评选活动。

2015年7月底，为响应省委省政府建设“两美”浙江的号召，浙江省交通运输厅出台《浙江省创建美丽公路“五个一万”工程实施意见》，圈定温州泰顺县等20个美丽公路建设示范县，坚持典型引路，发挥示范作用，以点带面带动全省“美丽公路”创建。

【S331分泰线泰顺段】　见“省级文明公路创建”【58省道（S331）分泰线泰顺段】。经考评，被评为首批2013年度10条“浙江最美公路”之一。

【温州绕城高速公路】　温州绕城高速公路由绕城北线一期、绕城北线二期、绕城西南线、甬台温高速公路复线温州段（其中一部分与绕城高速公路重合）四大工程组成，途经乐清、永嘉、鹿城、瓯海、瑞安、平阳、龙湾、瓯江口新区等地。温州绕城高速是温州实现都市区半小时交通圈的关键性工程，它将温州境内所有高速公路，即沈海（甬台温）高速公路、甬台温高速复线（在建）、诸永高速公路、金丽温高速公路、龙丽温高速公路（规划待建），以及104国道、330国道、49省道、56省道、瑞枫公路、瓯海大道等重要干线全部串联起来，实现交通中转互换。2016年7月，浙江省交通运输厅向全省各地征集路况良好、线型优美、设施齐全的“美丽公路”，温州绕城高速公路被评为年度十条“2016浙江最美公路”。

【乐清白岭线】　起点中雁荡山白石，终点岭底，2008年正式建成通车，线路全长36.03公里。2010年3月，被列为温州市级交通绿道2号线最重要的组成部分。途经景色奇秀的城北山、物产丰富的淡溪，民风淳朴的岭底，全线峰雄嶂险峡深，公路绿化郁郁葱葱、秀丽多姿，建有屿山村休息点、碧湖观景平台、梅溪生态农场等11个服务系统，已成为乐清闻名遐迩的“后花园”。2013年8月，乐清公路部门投入大量人力、物力，对白岭线开展为期三个月的公路沿线环境整治活动，全面修整公路边坡、边沟、路肩。2014年1月，白岭线入选首批2013年度10条“浙江最美公路”之一，成为浙江省唯一入选的农村公路。

【洞头五岛公路（环岛公路）】　五岛公路是温州（洞头）半岛工程的重要组成部分，范围西起灵霓线东，经元觉片、三盘大桥至环岛路，总长28.6公里，其中七座桥梁全长3.04公里。2016年6月，洞头区积极参与“省级精品示范道路”创建，将创建工作列入区委区政府年度重点工作，纳入全域景区化的建设范畴，作为“三改一拆”的首要工作，明确由洞头区交通运输局牵头负责。创建过程，对沿线道路两侧实施绿道建设，公路边“三化”和环境整治。据统计，沿线开展集中性拆违治乱，拆除违章建筑、占道经营点、广告牌达87余处。通过招投标，实现道路保洁、绿化养护“一把扫帚扫到底”的市场化运作。视线范围内坟墓一律迁移，开展矿山修复、山体绿化工作。完成公路沿线民房立面改造，形成美丽风景线。道路沿线的垃圾堆放点，整治成停车泊位和绿化美化点、休闲广场等。根据沿线地域特点，自西向东打造“绿染霓屿”“花开花岗”“桃源三盘”“浪漫环岛”四个特色主题区。是年10月，经考评，洞头区五岛公路（含环岛公路）入选浙江首批20条省级精品示范道路。

（二）美丽公路精细化管养示范路

2015年，为做好五年一次的迎“国检”工作，进一步提升普通国省道干线公路管养水平，深化美丽公路创建，市公路管理局自我加压，启动2015年普通国省道美丽公路精细化管养示范路段创建工作。创建目标：实现干线公路精细化管养从点到面到全线的延伸，提高路况，改善环境。美丽公路示范路段创建分四个阶段，参照八个具体实施细则开展。四个阶段：1—4月，调研摸底阶段；5月，宣传启动阶段；5—10月，组织实施阶段；11—12月，评定总结阶段。8个具体细则：养护巡查细则、清扫保洁细则、路面养护细则、路基养护细则、桥头跳车养护细则、安保绿化及沿线设施养护细则、内业规范化细则、站房设备管理细则。通过创建，争取全市各县（市、区）都要创建一条（段）不少于连续20公里的市级普通国省道美丽公路精细化管养示范路段，合计创建283公里，加上2014年创建的100公里，总创建里程将占温州普通国省道总里程的50%以上。至2015年末，共创成美丽公路精细化管养示范路13条：S232水霞线、S331分泰线泰顺段、G330温寿线鹿城段、G104京福线乐清段、G104京福线永嘉段、G104京福线瓯海段、G104京福线平阳段、G104京福线苍南段、S330瑞东线瑞安段、S330瑞东线文成段、S228云寿线泰顺段、S332温强线龙湾段、S332温强线洞头延伸线。

温州市文明公路美丽公路创建统计表

表10-2-3

序号	名　称	创建公里数	创建时间	级 别
1	G104京福线温州段	215.5	1996	省级文明样板路
2	G330温寿线鹿城段	30.9	2006	省级文明公路
3	G104京福线苍南段	25.27	2008	
4	S330瑞东线	123.3	2005	
5	S228云寿线泰顺段	35.3	2007	
6	S230青岱线瑞安段	74.66	2009	
7	S331分泰线泰顺段	63.87	2011	
8	58省道分泰线（老线）	90.55	2008	
8	龙金大道（苍南县道）	20.91	2008	
9	G104京福线温州段	168.4	2010	
10	峃院线（文成）	14.2	2008	市级文明公路
11	马陶线（瑞安）	11.02	2008	
12	岩松线（瑞安）	10.63	2009	
13	坦五线（永嘉）	12	2010	
14	S331分泰线泰顺段	59.35	2014	浙江最美公路
15	白岭线（乐清）	36.03	2014	
16	温州绕城高速公路	140	2016	
17	五岛公路（含环岛公路）	28.6	2016	省级精品示范道路
18	S232水霞线	48.37	2015	省级畅安舒美（美丽公路）示范路
19	S232水霞线	48.37	2014	市级美丽公路精细化管养示范路
20	S331分泰线泰顺段（2条）	112.5	2014	
21	G330温寿线鹿城段	30.9	2015	
22	G104京福线乐清段	73	2015	
23	G104京福线永嘉段	26.56	2015	
24	G104京福线瓯海段	8.98	2015	
25	G104京福线平阳段	30.62	2015	
26	G104京福线苍南段	24.87	2015	
27	S330瑞东线瑞安段	49.96	2015	
28	S330瑞东线文成段	50.62	2015	
29	S228云寿线泰顺段	26.17	2015	
30	S332温强线龙湾段	18.40	2015	
31	S332温强线洞头延伸线	36.7	2015	

第三节 公路文化建设

一、公路文化建设发展历程

20 世纪 90 年代，随着公路事业的快速发展，温州公路文化建设进入初步发展阶段。该阶段主要以行业精神文明创建工作和创文明样板路活动为主，通过开展各类切合当时实际的主题活动来培养和提高公路职工的文化意识。在行业精神文明创建方面，1997 年开展以“优质服务，文明执法，塑造交通形象，树立行业新风”为主题的创建文明行业活动，1998 年在全市公路系统开展“学习施世贵，奉献在岗位”活动，大力弘扬公路人无私奉献和铺路石精神。行业精神文明创建工作做到树立行业新风和学习行业典型相结合。在创建文明样板路方面，1995 年开始，温州市积极响应交通部和省政府号召，在全市国道开展创文明样板路活动，1998 年扩展至省道，并增加对干线公路沿线加油站的清理整改和公路标志标线的整治等内容，至 2000 年样板路创建工作取得较好成果，路容路貌明显改观，充分呈现出畅、洁、绿、美的良好交通环境。文明样板路的创建工作从构想到具体实施到大范围推广，思路逐渐成熟，形式渐趋多样。

进入 21 世纪，温州公路文化建设进入发展阶段。此时期，温州公路人稳步前行，将公路文化建设与城市文明创建结合在一起，文化内容的构建涵盖精神、制度、物质、行为等方面。在精神文化方面，提出《温州市公路系统“十五”期间创建温州公路文明行业实施意见》，指出温州公路文化建设要以“服务人民、奉献社会”为宗旨，以“三文明一提高”为主题，以为社会和人民办实事为落脚点，以规范化服务，树行业新风为切入点，务虚求实，创新提高，促进两个文明建设协调发展。在制度文化方面，“十五”期间，市公路管理处大力宣传《中华人民共和国公路法》和文明样板路创建活动，制定了《温州市公路养护与管理发展纲要》《温州市公路养护管理实施办法》《温州市公路路政管理实施办法》《温州市公路绿色通道建设实施方案》《温州市公路系统安全生产管理考核办法》等，公路管养制度渐趋完善。在物质文化方面，公路养护强化预防性养护，以国省道为主，提高技术等级为主，并依靠科技进步，规范养护工程质量和强化质量监控。同时，开展公路绿化工程建设及超限运输管理工作，并推动全市公路标志标线规范化工作。在行为文化方面，随着公路文化建设的发展，公路管养人员等的工作作风得到重视。公路路政执法人员强化文明执法、规范执法，打造浙江路政温州品牌。在此期间，温州公路系统坚持建管养并重，强化管理，保障公路安全畅通，维护国家路产路权，为温州两个文明建设作出贡献。全系统涌现出一批先进单位和先进人物。由此，温州公路文化建设已经初步具备了局域影响。

2006 年，交通运输部制定了《交通文化建设实施纲要》（交体法发〔2006〕349 号）。2010 年，提出了行业核心价值体系，在全行业实施文化建设“十百千”工程。2011 年，中共十七大又把文化提到国家软实力的高度。2011 年 6 月，交通运输部印发《交通运输行业核心价值体系建设实施纲要》，进一步明确建设行业核心价值体系是行业文化建设的主要任务。

2006 年至今，温州公路文化建设迎来全新的阶段。温州市公路管理局党委明确提出以文化引领公路发展，温州公路文化在省级、市级文明公路的创建上层层推进，新增多条省级、市级文明公路，公路文化整体推进，文化体系构建趋于完善。

公路文化课题调研座谈会（2013 年） 刘晓华摄

庆祝“6·19”公路人节（2010） 刘晓华摄

2008 年泰顺交通 50 周年，先后举办了“6•19”公路人文化节、“浙江·泰顺公路文化论坛”等文化活动，并推出一系列文化产品。作为欠发达山区的泰顺县，交通公路文化从无到有，从有到特，经历了从觉醒到自信的发展过程。

2010 年 6 月 19 日晚，市公路管理处和温州电视台联合举办“公路人之歌”文艺晚会，庆祝“6•19”公路人节。整台晚会以公路系统自编自演的多种艺术形式，让昔日默默无闻的公路职工第一次登上电视舞台，展示温州公路建管养的斐然成就和公路职工的精神风貌。晚会采取现场直播的方式，在温州电视台新闻综合栏目同步播出，这在温州公路史上尚属首次。

是年，以公路文化为主干的泰顺交通文化被评为全国第二批交通运输文化建设示范单位。泰顺公路文化现象推广并影响到全国交通行业。

温州公路文化的形式、内容，开始出现较大突破。尤其以创建“6·19”公路人文化节为代表的一系列特色文化建设活动，极大地丰富了温州公路文化的内涵，增强了温州公路文化的全国影响力。在文化体系构建方面，形成了“心路相融，惠泽四方”的核心价值观，确定“畅万里路，舒万家心”作为行业使命，“至勤至诚，养路养心”作为行业精神，“坦途开拓者，追梦公路人”作为行业形象，“一点一滴拓康庄大道，一言一行争文明之先”作为职业道德，“景秀路畅贯瓯越，业兴人和最温州”作为共同愿景，推动公路行业文明建设、公路文化建设、公路党风廉政及队伍建设、路政文化建设等各个领域的文化构建，文化体系得到完善。

在前期开展公路文化建设的基础上，温州公路文化建设进入顶层设计阶段。“十二五”至“十三五”期间，温州公路文化建设分三期：一期调查研究阶段（2013 年 1 月—2013 年 7 月）。2013 年 6 月，在做好公路文化建设各项筹备工作后，与武汉理工大学政治与行政学院签约，合作开展温州公路文化课题研究。双方对温州公路行业文化建设总体情况进行全面梳理，结合公路文化建设现状，从整体发展战略、体制机制改革创新、重点文化建设领域、精神培育与意识形态引导、公共文化设施构建等多个维度进行顶层设计，为建设有温州特色的行业文化提供决策参考。双方认为，温州公路文化建设必须坚持“人无我有、人有我优、人优我转”的原则，要立足突破和创新，通过公路文化建设，提升精神，凝聚人心。7 月，武汉理工大学公路文化课题调研组一行，对温州市 11 个县级公路局开展以“公路行业核心价值体系建设、制度规范建设、物质文化建设、文化活动建设、公路队伍建设”为主要内容的专题调研。调研组采用实地察看和召开专题座谈会的形式进行交流，深度解析温州公路文化建设的现状和前景，为进一步推进和优化公路文化课题建设打下基础。二期梳理成果阶段（2013年8月—2013年12月）。在前期调研的基础上，2013年8月，课题组呈现《温州公路文化手册》等研究成果纲要，经过9次修改和对接，2013年11月19日定稿。2013年11月下旬，第三方公司介入研究成果的策划设计，12月形成文化成果设计终稿。《温州公路文化手册》在高度总结提炼温州公路文化主要特征的基础上，首次提出了“心路相融　惠泽四方”的核心价值理念，以及一系列具体的行业发展理念。三期宣贯推广阶段（2014年—2020年）。通过“温州公路文化平台建设、温州公路文化重点突破阶段、温州公路文化全面发展阶段”三个阶段的建设，搭建温州公路文化建设平台和基础，集中宣贯、推广落实温州公路核心价值体系和各种理念，重点培育行业文化子品牌。

在全系统开展公路文化建设示范单位创建，是温州公路文化建设实施纲要的总体目标要求之一，是温州公路文化平台建设后的发展、辐射载体。“十二五”至“十三五”期间，根据《温州公路文化建设示范单位创建标准（测评体系）》，把公路文化建设示范单位创建工作纳入各县（市、区）年度目标考核内容，力争实现各县（市、区）公路局达到“一县一品”的愿景目标。公路文化建设示范单位创建实行两年一评。2015年11月，温州市公路管理局组织对第一批创建公路文化建设示范单位乐清市公路管理局、永嘉县公路管理局、平阳县公路管理局、泰顺县公路管理局、市高速公路路政大队进行验收。经验收，创建单位积极践行和推广温州公路核心价值理念，并在此基础上，均融合本地公路文化，建成具有区域行业特色的公路文化展厅。同年12月，温州市公路管理局对第一批公路文化建设示范单位进行表彰。

2014年11月6日，中国交通报头版头条以《心路畅瓯越　文化“金名片”——浙江温州的文化强路方略》为题，报道温州公路文化建设历程和取得的成绩。这是该报首次在头版头条的重要位置报道温州公路工作。

二、公路文化建设课题

（一）建设成果

课题序列：2013年10月，《流程管理体系智慧化创新推动浙江公路转型发展研究》科研课题已获省公路局立项初审。

品牌序列：2013年11月，完成“心路畅瓯越—全国交通运输文化品牌”的申报。

从书序列：2013年12月，温州公路文化系列丛书出炉：

⑴《温州公路文化手册》，侧重顶层理念的构建和展示，从“理念、规范、特征、历程、品牌、形象”六个角度，集中呈现温州公路核心价值体系、建管养历程和品牌形象。

⑵《温州公路文化建设实施纲要》，侧重实效性与可操作性，重点对未来十年温州公路文化建设进行阶段性构想，并提出具体操作方案和方法，增进温州公路文化建设的前瞻性与实效性。结合温州市公路发展的实际，了解和掌握温州市公路文化建设工程和品牌培树工程中的有利条件及存在的问题；研究当前温州公路文化建设中的各种载体和途径，及其对促进人的素质提高、行业文明程度提高以及单位社会影响力提升的重要意义；进一步提出增强温州公路文化建设实效性的努力方向和具体措施，提出文化建设工作考评和文化建设效果考评体系设计框架。

⑶《温州公路文化建设调研报告》，侧重总结与提炼，主要以温州公路文化的建设过程为主要研究对象，深入开展实地调研：从农村到城市，从基层养护工人到公路管理部门决策层，从公路规划、建设到养护管理、路政管理，从行业内部作用的发挥到外部影响力的扩散，结合书面材料和实地调研，总结出温州在公路文化建设中的成绩与不足，结合地方实际寻找解决对策，以个别公路段为改进的出发点，从小处着手，逐层逐级推进，以点带面，力图打造出公路文化建设的“温州模式”，争取成为浙江省乃至全国公路文化建设的典型示范。

⑷《温州公路文化建设实施方案》和《温州公路文化建设示范单位创建标准》，侧重文化建设在全行业范围内的推广落地，主要以创建标准表格化的方式，推动文化建设工作在全行业范围的贯彻执行。

（二）创新特色

“十二五”期间，温州市公路管理局在以往文化建设探索和实践的基础上，坚持创新发展，全面深入开展公路文化体系和理论研究，进一步提升公路队伍整体素质和行业文明程度，提高以核心价值、行业理念、文化传承为体现的文化软实力，进一步扩大公路文化在公路建管养、路政执法等业务范围内的辐射功能，力争在“十二五”至“十三五”期间打造温州文化建设的温州模式。

温州公路文化的创新特色：

⑴ 顶层设计彰显思路创新。一改传统文化建设的方式方法，大胆尝试、锐意改革，首次与武汉理工大学合作开展公路文化建设研究，致力于追根溯源，统揽全局，在高层面寻求文化建设瓶颈的突破口，制定温州公路文化建设的战略发展规划。

⑵ 精心提炼彰显内容创新。系统总结前几年公路文化创建的成果，在原来的铺路石精神、老黄牛精神、里程碑精神等公路精神的基础上，精心提炼，结合公路实际和时代发展，概括提出了“心路相融、惠泽四方”的核心价值观，以及行业使命、行业精神、行业形象、共同愿景等系列新的理念和品牌，为凝聚全市公路系统力量，提振精神，引领公路发展打下了良好基础。

⑶ 凝练特色彰显过程创新。在文化建设过程中注重结合实际，以行业地域特点为中心凝练特色，多次通过座谈、审查等方式，形成自身特色并加以固化、整合，力求公路文化建设的实用性和创新性。

⑷ 标志性成果彰显结果创新。呈现出以“三个一”为主要代表的文化硕果：提炼一个文化品牌—心路畅瓯越；立项一个科研课题—《流程管理体系智慧化创新推动浙江公路转型发展研究》；编印一套文化丛书—《温州公路文化手册》《温州公路文化建设实施纲要》和《温州公路文化建设调研报告》

（三）建设规划

2014—2015年，打造温州公路文化建设平台。以出台《温州公路文化宣贯实施意见》为引领，搭建温州公路文化建设平台与基础，包括核心价值宣贯、硬件设施建设、软件平台建设等。

2016—2017 年，重点突破、培育温州公路文化行业子品牌。选择有基础、有条件的县（市、区）公路局作为公路文化的重点培养与建设对象，进行文化子品牌的重点培育和宣传推广，以期做到以点带面。

2018—2020 年，总结提炼，全面发展。主要通过公路文化建设形式创新、公路文化“一县一品”创建、公路文化建设成果巩固等措施，“十三五”期间，全市公路系统培育 3 ～ 5 个文化子品牌，创建 6 个文化建设示范单位，培养 15 ～ 20 名先进典型。

三、公路文化建设载体

【“6 · 19” 公路文化节】 2007 年、2008 年，52 省道云寿线泰顺段（S228）、新 58 省道分泰线（S331）凭借独特的生态环境、超前的服务理念、丰富的文化韵味，先后成功创建省级文明公路，

“6 · 19” 公路人雕塑 吴泉摄

被称为山区文明公路创建的“温州—泰顺模式”。两条省道成功创建省级文明公路，既为泰顺交通50周年献上了一份厚礼，也揭开了泰顺交通公路文化建设的序幕。2008年，在谋划“泰顺交通50周年”庆祝活动时，泰顺县交通局局长龚百晓、交通局副局长兼公路管理段段长董晓华形成共识，认为泰顺交通经过50年发展，值得认真思考、挖掘、提炼和总结，几代交通公路人用智慧与汗水浓缩成的交通公路文化需要传承弘扬。同年，成立交通系统交通文化建设领导小组，制定《交通系统文化建设实施方案》，提出力争用3～5年时间，建立干部职工普遍认同并自觉实践的价值理念系统、行为规范体系，建立交通文化体系。在“泰顺交通50年”庆祝活动中，推出了交通画册、文艺巡演、座谈会、纪念邮票、迎奥运“交通杯”公路自行车赛等丰富多样的文化活动。

2009年6月19日，泰顺县举办隆重的“6·19公路文化节”（“6·19”与“路要久”谐音），把交通建设、交通文化提高到“国泰”“民安”的高度（泰顺县县名寓意“国泰民安、民心归顺”之意）。文化节最大亮点即举办“浙江·泰顺公路文化论坛”，提出设立“6·19”公路文化节的倡议，得到浙、闽两省46家交通公路部门的热烈响应。整个文化节，还举办“十佳公路人”颁奖仪式、浙闽毗邻县“交通杯”乒乓球邀请赛等活动。“6·19”公路文化节的举办，向社会展示了新时代公路人的文化形象，扩大了“6·19”公路文化节的社会影响力，提升社会对公路人的关注与重视。公路人节的建立，旨在借助该平台，让广大公路人形成对公路工作的认同感和归属感，充分挖掘公路文化内涵，传承公路行业文化，弘扬“惠民、奉献、服务”交通核心价值理念，进一步凝练公路核心文化价值理念，推动公路的物质文化、精神文化、制度文化建设，并以此推动公路事业的和谐可持续发展。同年，提炼出了“开拓、奉献、创新、和谐”的泰顺交通精神和行业核心价值理念。

2010年6月19日，泰顺县创新交通公路文化建设，成功举办首届“交通文化周”活动，把文化周与文化节有机地融合，交通文化建设成果展、安全生产和廉政文化宣传活动，以及摄影、拔河、乒乓、象棋等各类赛事相继推开。交通职工还自编自导自演文艺节目。“交通文化周”活动将一些常规性工作“捆绑打包”，与交通文化活动相互融合，相互推进。交通文化建设自此也从突击性转为常态化，通过相对固定的载体每年持续不断地开展下去。泰顺县交通公路部门相继推出了一系列丰富多彩的交通公路文化产品：创作“公路人之歌”《穿越时空》，出版《泰顺交通五十年》，《泰顺文明公路》画册，《公路人》《泰顺公路文化》丛书，拍摄《风雨无阻公路魂》《山城梦路50年》《公路人是怎样炼成的》《我当一天公路人》和《大山的呼唤》等一批宣传专题片。浙江省交通运输厅厅长郭剑彪对泰顺交通公路文化建设从行业实际出发、领行业之先的创新做法，给予了高度的评价。在2009年9月召开的全国交通运输行业精神文明工作会议上，交通运输部部长李盛霖称泰顺县“6·19”公路文化节是浙江交通的一个品牌。

至此，“6·19”公路文化节逐渐成为温州公路系统的共同节日。2010年6月19日晚，温州市公路管理处在温州电视台演播厅主办“公路人之歌”文艺晚会。晚会采取温州电视台现场直播的方式，为全市公路职工和广大百姓献上一台公路文化大餐。整台晚会采取公路系统自编自演的歌舞、情景诗、音乐快板等多种艺术表演形式，展现了当代公路人的精神面貌。晚会表彰了温州市公路系统“十佳养护工”“十佳路政员”。市高速公路路政大队、甬台温高速公路浙闽超限运输检测站等每年在6月19日均举办各种文体纪念活动。

【公路人之歌】 2009年6月19日，首届“6·19”公路文化节成功推出《穿越时空—公路人之歌》。该歌曲系泰顺县公路管理段自创歌曲，也是温州市第一首公路人自己的歌曲，张黎华作词，董夫腾作曲。歌曲将泰顺公路文化以一种全新的文艺形式展现在社会大众面前。此后，泰顺

穿越时空

——公路人之歌

作词：张黎华

作曲：董夫腾

1=C 4/4

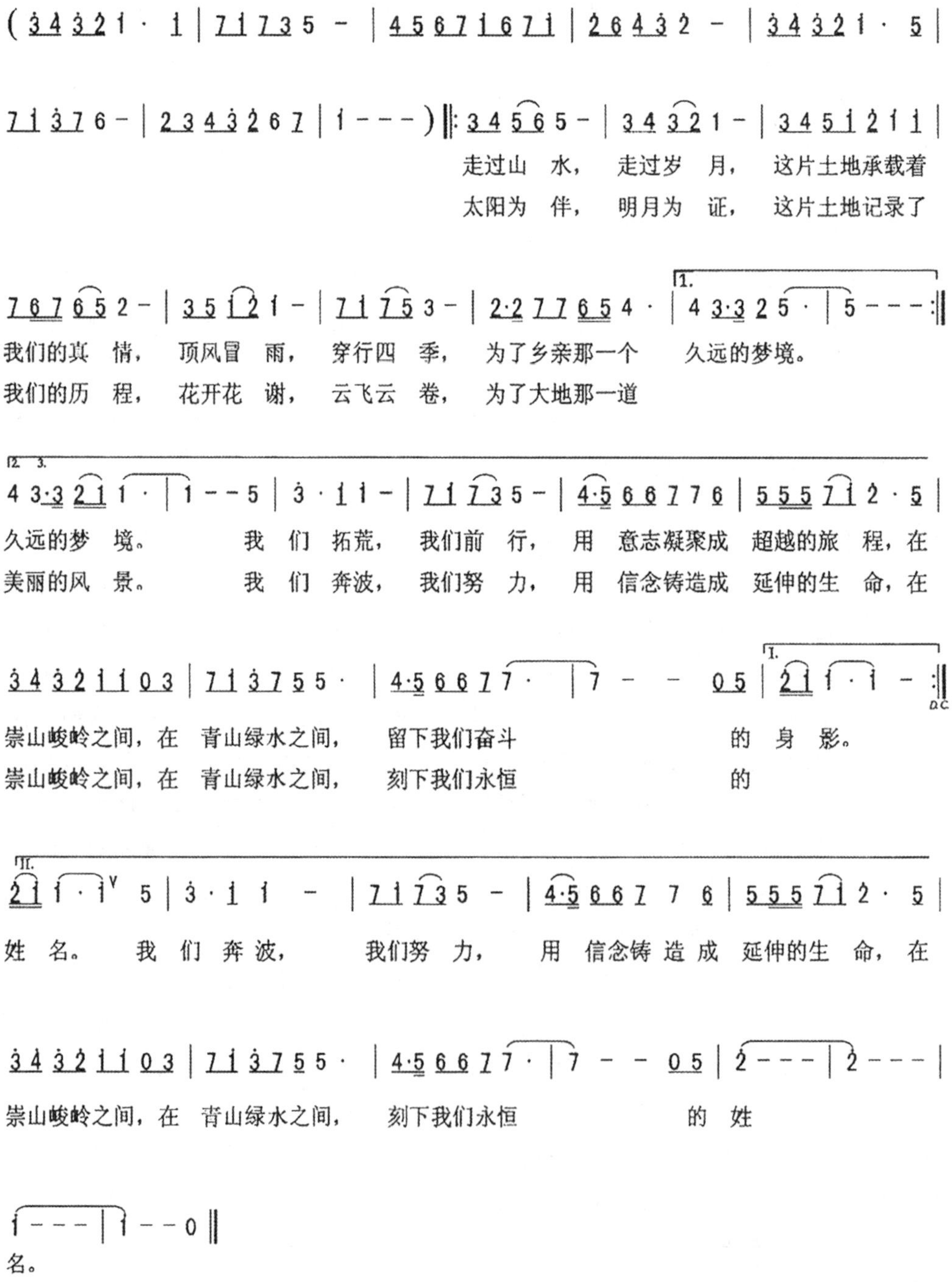

县公路管理段每次召开会议，会前必唱《公路人之歌》，全系统工作人员的手机彩铃设计为《公路人之歌》。经过多年传唱，这首歌在浙、闽两省公路部门已具一定的知晓度，成为传播泰顺公路文化乃至温州公路文化的重要载体。

【公路廉政文化】 廉政文化自20世纪90年代诞生以来，不断丰富发展，已成为反腐倡廉工作的重要内容。温州公路行业坚持思想导向，提炼并践行“大道公廉，路美人和”的温州清廉公路理念，全力打造行业廉政文化宣教模式，形成崇尚廉洁、注重诚信、尊重法制的行业风尚和文化环境，为建设清廉机关、共创清廉行业、培育清廉文化、打造清廉队伍，开创新常态下温州公路先行赶超发展新局面营造良好氛围。公路廉政文化呈现三大特色：

突出教育常态化。在学习教育方面，以月度市局党委理论学习中心组（扩大）会议为龙头，通过开设专题集中学、局领导上廉课带头学、邀请专家讲座指导学、撰写体会交流学、参观廉政教育基地现场学、观看警示教育片提醒学等形式开展学习。2013—2015年，召开中心组学习36次，局领导上廉政课11次，邀请专家讲座7次，进一步增强党员干部职工的纪律意识和廉洁意识。在载体创新方面，在开展廉政测试、清廉过节活动、廉书送基层、任前廉政谈话、助廉倡议书、制作廉政屏保和廉政桌牌等常规性活动外，创新性开展“十个廉”“十个微”活动。“十个廉”，即以会议引廉提高认识力，以读书咏廉提高学习力，以教育倡廉提高导向力，以谈话促廉提高预警力，以活动兴廉提高感染力，以领导讲廉提高执行力，以信息传廉提高执行力，以传统弘廉提高传承力，以家庭助廉提高和谐力，以制度固廉提高保障力。“十个微”，即建设廉政微平台、开设廉政微讲堂、组织廉政微展览、编印廉政微案例、实施廉政微提醒、制作廉政微动漫、感受廉政微格言、开展廉政微体验、征集廉政微建议、做好廉政微服务。通过开通微信公众平台、开办纪检讲坛、编发贪

交通公路廉政文化展览馆　吴泉摄

官忏悔书案例、开展反腐倡廉“金点子”活动、制作全省公路系统首部廉政微动漫《清廉公路》等载体，以喜闻乐见的方式提升教育的参与度、感染力，干部职工受教育率100%。

突出教育科技化。以“互联网+”为依托，建立三个平台：⑴“温州清廉公路”微信公众平台。开通全省公路系统首个党风廉政建设微信公众平台“温州清廉公路”，主要面向局机关全体、基层单位领导班子和中层干部及广大职工，每周一期，已推送70期，关注人数400多人。⑵网上廉政教育基地。在全省交通系统建设首个网上廉政教育基地，运用3D场馆实景，提升教育的鲜活性、互动性。⑶综合载体。深化办公OA系统、温州公路网、手机短信等现有载体，开展廉政教育活动。

突出行业特色化。在教育基地建设方面，以“一条公路（52省道新老路）、一个公路站（仙居老道班）、一个当地红色教育基地（白柯湾全国爱国主义教育基地）”为依托，设立“廉政三件宝”（警钟、秤砣、一碗水），建成全省首个公路廉政文化教育基地，已接待参观学习4000多人次。2015年4月28日，省公路管理局党委副书记、纪委书记洪建浦专程到公路廉政文化教育基地调研，认为该基地从实际出发开展公路廉政传统教育，形式生动，寓意深刻。在廉政书籍编制方面，结合行业实际，编制系列廉政文化书籍。《温州公路廉政文化手册》共分理念、建设、要论、故事和文学5篇，以图文并茂的方式，寓教于文、寓教于理、寓教于画。《公路交通系统

违反中央八项规定精神典型案例选编》精选全国交通公路系统100个违反中央“八项规定”精神的典型案例，配以剖析警示、法条链接，并以此为依托，开展“学百案、强作风、提效能”专题教育活动。《廉诗清品》，精选100首充满砥廉哲理的古典诗词作品，予以配图、注释，并进行砥廉哲理分析。“幸福lian”画册以“心连、笑脸、清廉”为主题，征集到笑脸400多幅，一句廉政承诺400多条。开展“家庭助廉”活动，干部家属签订承诺书公开承诺当好廉内助，有效发挥干部家属亲情监督的预防作用，从源头上构筑起了一道预防和抵制腐败的防线。

【温州市交通公路廉政文化展览馆】 2014年9月，温州市首个交通公路廉政文化展览馆正式建成，地址为温州市绿道5号线泰顺仙居古廊桥附近。2014年5月，以仙居养护道班房为依托，经过半年多的筹划、设计、改造而建成。该展览馆分3层，建筑面积300多平方米，内设展示厅5间。展览馆围绕“清风物自博，兴廉世无浊”的廉政主题，分为七大板块：⑴“历史回顾”板块。记录温州公路从“走遍天下路，最怕温州渡”到建成瓯江大桥、楠溪江大桥、飞云江大桥、清江大桥的历史跨越，展现老公路人开山辟路，用人力和双肩铸就文明公路的历程。⑵“艰苦岁月”板块。回忆20世纪八九十年代温州公路养护环境的艰苦，面朝黄土背朝天、风雨无阻、日晒夜露，是当时交通公路人的真实写照。⑶“廉政文化”板块。通过会议引廉、领导讲廉、教育倡廉、活动兴廉、制度固廉、家庭聚廉、信息传廉等形式，展现新时期党风廉政建设成果。⑷“依法行政”板块。展示温州成立浙江省第一支公路路政支队二十年栉风沐雨的发展历程。⑸“警钟长鸣”板块。列举交通公路系统的典型腐败案件，时刻提醒党员干部常修为政之德，常思贪欲之害，常怀律己之心。⑹“时代先锋”板块。介绍抗冰雪英雄汪国杰林圣巧、全国劳模郑月兰、国道卫士施世贵、“中国好人”胡建立、“公路规划师”董晓华等先进人物的事迹。⑺“辉煌之路”板块。展示温州大桥、甬台温高速、金丽温高速、洞头跨海大桥、雁楠公路、浙江最美公路S331泰顺段、交通绿道等美丽公路剪影。通过文字化、图片化的生动展示，彰显温州公路的辉煌业绩，展现公路人“为民、务实、清廉”的优良作风。展览馆内还别具匠心地设置了机具间，展示不同年代的养护工具，体现老一辈养护工人作业的艰辛。展览馆收集了老照片、不同年代的养护工作服、蓑衣、手扶拖拉机、袖珍经纬仪、计量尺等养护劳保用品、机具及文档资料合计50多件。并依据老职工描述，复原回沙机、大扫把等。开馆以来，接待来自全省交通公路系统的参观者50批2300人次。

【温州公路发展历程展示厅】 2014年12月开始筹划。经过资料收集、展厅设计、装潢布置，2015年3月8日建成后正式对外开放。地址：温州公路管理局附属楼四楼西首，占地面积150多平方米。展厅设领导关怀、机构沿革、发展历程、行业理念、最美团队、最美人物、最美公路、文明创建、发展纪事、历任领导共10个板块，以及温州域内公路沙盘。时间跨度从1922年温州出现第一条公路开始至2014年，概括地记载了92年来温州公路建设、管理、养护的艰辛而辉煌的历史。全厅反映各时代，各工种、各代表人物等图像照片326幅，大事记326条。该展示厅的建成，还为温州公路系统建设公路文化展示厅提供了样本。展示厅开放以来，共接待系统内外参观人员30多批次、1300多人次。

外系统参观温州公路发展历程展示厅 连政摄

【乐清公路文化展示厅】 2015年9月建成，面积150平方米。展厅内容有：前言、古驿道、领导关怀、机构沿革、公路发展历程、公路发展纪事、公路养护机械化发展历程、美丽公路、资质荣誉、养护管理、路政管理共11个大板块，精选大量照片，图文并茂，形象生动，展现出几代乐清公路人在管理服务、应急抢险、技能比武、“三防”演练、“四新”技术、文明创建中的精神风貌和取得的丰硕成果。展厅开放以来，共计接待系统内外参观人员15多批次、800多人次。

【永嘉公路文化展示厅】 2014年9月建成，面积180平方米。设计特色：以“永嘉公路山水画”“路字书法墙”“腾飞公路铜雕”“北斗星云门”“心路创意树”等点缀整个展示厅，既是一个美术创意馆，又是一个公路摄影展馆。展示厅分为前言、笑脸展望、领导关怀、成绩展现、荣誉展示、实物展览、图文介绍、电子视频、结束语8个板块，凝聚永嘉公路文化的各种元素，结合永嘉山水人文特色，交汇融合了永嘉公路的过去、现在和未来，记载了永嘉公路的发展历程，展示了历年来永嘉公路系统涌现出的一大批先进集体和先进人物。展厅开放以来，接待原省交通厅领导胡继祥老同志参观并题词留念、中国新华社记者、中国交通报浙江记者站、交通旅游导报、舟山市公路局等客人参观。

【平阳公路文化展示厅】 2013年7月正式对外开放，展厅选址平阳公路局大楼六楼，占地面积100多平方米。展示厅分前言、领导关怀、建设成果、文明公路创建、新时代公路人、荣誉展示、公路建设发展足迹、公路日常工作展示、平阳公路概况9个板块，记载了平阳公路的发展历程，展示了历年来平阳公路系统涌现出的一大批先进集体和先进人物，诠释了平阳公路人“团结协作、创新进取、敬业奉献、甘当路石”的行业精神，也为公路职工和各界人士了解平阳公路搭建了平台。展厅开放以来，共计接待系统内外参观人员20多批次、900多人次。

【泰顺县公路管理段志】 2010年4月，由泰顺县公路管理段编纂，主编林圣格，方志出版社出版。是泰顺县公路管理段的部门志、温州市第一部系统记录县级公路发展的志书，是泰顺公路文化建设的一项重要成果。本志以科学发展观为指导，坚持辩证唯物主义和历史唯物主义，全面、系统地记载泰顺县公路建设和养护管理发展的历史进程和现状，重点记述其管养范围内公路的建设、养护和管理工作，以及境内公路建设前不同历史时期的交通设施。本志《大事记》记述上限起于公元627年，第一章《机构沿革》记述上限起于1949年，第二章《公路建设》记述上限起于唐贞观年间。本志记述下限止于2009年8月底，个别材料的收集截至2009年12月底。中华民国纪年截至1949年9月30日。志书共设6章26节，事以类从，横排综述，随文插图列表，互为照应、补充。

【温州市公路管理局机关综合档案室】 档案是历史的真实记录，在社会实践中具有重要的参考和凭证作用。温州市公路管理局综合档案室最初形成于1962年前。当时尚无独立的档案室，档案柜仅为几只木结构文柜，无设置专职的档案管理人员，所有档案由各部门自行保存。这些分散的档案后经统一整理，并腾出一间十几平方米的办公室作为档案保管室，此为温州市公路管理

档案室智能密集架　王一波摄

局综合档案室雏形。保留下来的档案只有文书、业务、科技、会计四大类，资料不太齐全。1989年，温州市公路管理处办公楼迁至学院西路268号，综合档案室面积扩容至60平方米，档案管理工作也开始走上规范化。1991年，档案工作目标管理荣获市一级标准。2002年温州市公路管理处办公楼迁至牛山北路56号，综合档案室再次扩容至108平方米。2006年，档案工作目标管理晋升为省二级标准，2012年晋升为省一级标准，并获省级“示范数字档案室”称号。为了实现档案管理工作制度化、规范化、科学化，2014年投入30万元新建综合档案室，总面积扩容至240平方米，并完成了档案资料顺利搬迁、移库。综合档案室建成后，库房设施、软件管理跃上新台阶。截至2015年12月，档案室案卷排架399米；室藏文书档案传统卷148卷、简化件16716件；业务档案2040卷，其中养护1437卷、路政503卷；科技档案333卷，其中基建327卷、设备6卷；会计档案3908卷；特殊载体档案295件、照片档案332张。合计档案资料案卷级6429卷、简化件17011件和照片332张，移交市档案局保管档案资料645卷。档案管理人员王一波获浙江省交通运输行业“283拔尖人才”第三层次人选、浙江省首批“115”档案人才和全市档案系统先进工作者。

【温州市公路管理局职工书屋】 建于2014年9月，设在局办公楼10楼。职工书屋，创新管理模式，坚持为职工搭建学习平台与职工身体保健相结合。针对机关办公人员职业病特点，在职工书屋里设置了健康小站。通过配备健康检测设备和相关保健书籍，采用自我参与、自我管理的模式，为局机关干部职工提供一个工作之余放松、保健的场所。目前“职工书屋”共有藏书2000余册，并备有血压仪、理疗仪等近10种保健仪器，逐步形成了阅读条件较完备、保健设备较齐全、管理制度较完善的职工群众读书、阅览、保健场所。投入使用后，温州市总工会、交通运输局组织相关部门对“职工书屋”管理模式进行了观摩学习。2014年12月，职工书屋被评为浙江省工会职工书屋示范点。

【温州高速路政大队职工书屋】 建于2009年9月，配备图书3200余册、报纸杂志10余种、电子音像作品80余张。牵手“心理咨询室”配备了与职工心理有关的书籍，让职工们能够消除压力，以更饱满的热情投入工作之中。该书屋依托“走进书屋”和“每季一读”等载体，多层次、多元化创新职工书屋管理模式，全力打造高速路政文化品牌，努力促进职工和谐健康发展，成为大队文化建设、开展职工思想政治工作的主阵地。2012年，被浙江省总工会授予“职工书屋”称号。

【甬台温高速公路苍南超限运输检测站职工书屋】 建于2015年，藏书涵盖技术类、文学类、哲学类、社会科学类、自然科学类及综合类纸质图书共2000多余册，电子阅读器kindle两台。创建伊始，坚持与时俱进，创新阅读模式，纸质阅读和电子阅读相结合，是一个阅读条件完备、阅读环境良好的综合性学习平台。职工书屋满足了检测站职工的精神文化生活需要，给职工创造一个“爱读书、读好书”的良好环境，为“创建学习型单位、争做知识型职工”提供了良好的学习平台。2015年，被浙江省总工会评为浙江省工会示范职工书屋。

【永嘉县公路管理局职工书屋】 永嘉县图书馆分馆，2012年投用，设在永嘉县公路管理段6楼，共有藏书5000余册，可定期更新更换书籍，并订有各类报纸杂志。书屋制定图书借阅、管理制度，配有专职管理人员。通过书屋建设，积极打造功能合理、舒适优美、满足职工精神生活需求的学习环境，使之成为职工学习知识的“加油站”，提升素质“助推器”，文明建设的“润滑剂”。2016年7月20日，职工书屋被浙江省总工会授予“职工书屋”荣誉称号。

【《瓯越公路三部曲》】 《千村万里路》《畅美瓯越路》《行走幸福路》的统称，刘晓华著，南方人民出版社出版。《千村万里路》（2009年，31万字），以亲历者的身份，以纪实的手法，

公路三部曲 肖小华摄

记述了2003—2007温州市实施乡村康庄工程全过程，阐述了实施这一民生工程的深远意义。时任《中国交通报》总编辑杜迈驰、温州市交通局局长朱铁山分别作序，时任交通运输部部长李盛霖，浙江省副省长王建满，浙江省交通厅副厅长、省公路管理局局长郑黎明分别致贺电、贺信和题词。《畅美瓯越路》（2012年，45万字），作者从事公路交通新闻宣传工作十年重点作品集，综合第一手材料，记载温州公路在开拓进取、创新创业中走向“畅美”的历程。《行走幸福路》（2016年，18万字），记述2012—2014温州兴起的颇具规模的交通绿道建设全过程，分谋事决策、温州模式、绿道经济、经典荟萃、瓯行散记五篇。读者凭其可全面了解温州交通绿道建设过程，游者可按图索骥走绿道。“温州公路三部曲”在宣传温州公路、为志书编纂提供史料方面发挥了重要作用。2003—2015年，作者12次被评为浙江公路系统新闻宣传先进工作者，2008年被第十四届中华大地之歌征文评选组委会评为“十佳优秀新闻文化工作者”。

【《泰顺公路自驾游》】 董晓华、陈圣格主编，22万字，2012年由中国民族摄影艺术出版社出版。泰顺县人民政府县长董旭斌，温州市公路管理局党委书记、主任连真毅分别作序。本书依托泰顺纵横交错的公路交通网，向读者、游人描绘了“养在深闺人未识”的国家级生态示范区的九大自然人文景观：红军路—九峰景区、氡泉—雅阳景区、廊桥文化园—泗溪景区、仕阳—龟湖景区、三魁—下洪景区、西旸—洲岭景区、筱村—新浦景区、县城周边景区、飞云湖—乌岩岭景区，图文并茂地介绍了每个景区的风光特点、公路网络和绿道布局，以及自驾推荐线路、住宿农家乐，融公路交通、交通旅游与休闲娱乐于一体，是一本实用的自驾游指南。

第四节　宣传与文创

一、传统宣传载体

相对于新兴的网络媒体，传统的大众传播方式，主要包括报刊、户外、通信、广播、电视及自媒体以外的网络等传统意义上的媒体。公路行业自身的传统媒体，主要指行业报刊、信息简报，以及具有自身特点的工作纪事、机关宣传栏等。

【温州公路月刊】 创刊于1991年1月，由市公路管理处政工科负责出刊，编辑人员先后有刘青芝、李耕等，最初为铅字打字，每期2版，每期印刷250份。1996年1月改为电脑排版，每期4版，分别为政策要闻、养护工程、路政管理、职工文艺版。2003年，因全国报刊大整顿而停刊。2013年1月复刊，由市公路管理局信息（新闻）中心负责出刊，刘晓华编辑。该刊物属内部信息交流媒介，采取报刊的形式，每月中旬出刊，每期4版（特殊情况酌情增版），印刷1000份。版面内容设重点新闻、综合新闻、热点聚焦、公路文化四大版块，彩色印刷。主要宣传温州公路每个时期的重点工作亮点和各地工作动态，以及热

点剖析和经验做法。稿件由全系统通讯员提供，信息（新闻）中心负责市本级重要新闻的撰写，以及全系统综合类稿件的撰写和整理。主要寄送全市公路系统，省交通运输厅、省公路管理局，全省各市、县级交通运输局、公路管理局（段），以及市政府相关领导。

【养路工园地月刊】 文成县公路管理段于1986年6月创刊，系当时全市公路系统唯一的综合性刊物。有信息窗、法律知识、路标、奇花异草、工会知识、公路树、外界信息等栏目。主要宣传文成公路部门的工作动态、好人好事等。前后共刊发46期。公路段原段长、书记张杰，原书记陈德美，原副段长程学红、陈挺元，职工叶芬、邱守明、黄旭明、黄旭年等先后参与编辑工作，其中邱守明起主要作用。1996年停刊。

【公路纪事】 创建于2013年1月，由市公路管理局信息（新闻）信息中心主任负责出刊，刘晓华编辑，图文并茂，彩色打印。记录温州公路系统重要工作，内容包括公路建设、公路养护、工程进展，路政执法、安全管理、职工文化、重要会议、领导检查等。每月汇编成册，全年总编成书，用于公路行业年度考核宣传及留存档案。

【机关宣传窗】 创建于2002年，先由市公路管理处政工科负责出刊，“处改局”后由市公路管理局信息（新闻）中心，是局机关进行形象宣传、营造文明氛围的有效平台。最初为木质板块结构，后改造为铝合金框架组合的玻璃柜窗，长6米，宽1米。基本每月出版一期，内容包括重要工作部署、重要会议精神、公路建管动态、路政文明执法、抢险救灾通报、精神文明建设等。

二、新兴媒体宣传

新媒体是新的技术支撑体系下出现的媒体形态。相对于报刊、户外、广播、电视四大传统意义上的媒体，新媒体被形象地称为“第五媒体”。早在2003年，温州市公路管理处创办门户网站“温州公路网”。“十二五”期间，积极主动适应新传媒发展趋势，通过公众微信服务号、微视频和微电影等新媒体进行自媒体活动，达到宣传公路工作、展示行业形象、开展业务互动的目的。

【网站·温州公路】 2003年10月21日，温州市公路管理处门户网站“温州公路网”（www.wzglw.com）正式开通，市公路管理处政工科主管，田立新负责策划。该网站共设新闻信息、公路养护等13个子页，系统全面地展示了温州公路建管养新形象。原温州市公路管理处政工科科员田立新具体负责创建。2003—2015年，因人事变动，温州公路网站先后由田立新、刘晓华、赵冠南、项宁宇、李婕等负责更新维护，2007年、2013年先后实行两次改版。改版后的温州公路网在原网站的基础上，为提高网民互动和服务功能，增设“监督投诉”“ETC”“高速管理”“路况信息”等栏目。为了配合全系统文明创建工作，增设“文明创建”子网站，下设“创建动态”“制度建设”“创建服务”“资质荣誉”“文明公路”等栏目。同时，对网站栏目进行整合归类，如原来的“公路新闻”被分为“工作动态”“图片新闻”，并增设“国内动态”。全系统11个县（市、区）公路管理局和2家直属单位，兼有各自的门户网站。2016年12月，温州公路网归入市政府网络序列，网址：wzgl.wenzhou.gov.cn。

【微信·温州ETC】 温州高速公路不停车收费业务（ETC）微信平台。自2010年4月16日开始试运行以来，以它的快捷、环保、经济、联网等优点，受到有车族的喜欢。温州ETC业务的发展，初始主要通过传统媒体加大宣传力度的方式进行推广。随着时代的发展，“微信”打破了以往的通讯方式，温州ETC认准“微信”成本低、传播快、受众广的特点，2013年10月23日正式开通“温州ETC”微信公众账号，并于2014年1月23日通过认证，成为全国ETC管理单位中，首家通过认证的综合性服务平台。服务平台设有ETC业务、商家服务、便民服务共三大板块。其中包含ETC简介、热线电话、合作银行办理流程及网点（工商银行和中信银行）、浙江高速路况、机动车违章、驾驶员计分、快递查询、合作商户等15个子板块。同时，用户可以随时向公众平台提问，提问内容可以用文字或语音发送。对提问实行百分之百回复，或由设计系统自动回复，或由后台人员定时回复系统无法识别的提问。2014年10月，平台又推出每日“新闻三分钟”，通过强大的微信平台转发，使更多的用户在朋友的微信转发中就可以直接加入微信公众账号，进行了解和办理ETC。据统计，至2014年底，平台粉丝量已达15100人次，点击量369.8万人次，信息转发量35.3万人次。“温州ETC微信”平台在温州政务总排名中名列第14位（全市约有300多个政务微信公众账号）。

【微信·温州公路】 2015年8月开通。该平台将传统手段与新媒体有效结合，构建公路系统线上线下宣传互动平台，增强公路宣传工作的影响力和创新力。“温州公路”微信以“心路相融·惠泽四方”为理念，契合网民阅读习惯，编排形式生动活泼、新颖多样，编排内容亲民互动、快速及时，对外传递公路系统正能量，为民众了解公路工作提供平台。

【微信·温州公路工作室】 2015年下半年开通，旨在促进全市公路系统网络政务工作的制度化、规范化，高效推进中心工作，强化系统上下沟通联络。该工作室是及时发布工作通知、情况通报、经验介绍，开展检查督办、问题研究、工作汇报、共商决策等重要事项的平台，也是互看互学、互比互促的擂台。工作室的成员由市公路管理局领导班子成员、机关中层干部（副职以上）及信息宣传相关人员，直属各单位领导班子成员、办公室主任，各县（市、区）公路局领导班子成员、办公室主任组成，相关人员对发布的内容、交办的任务和提出的问题进行及时处理和回复，大大提高了办事效率。

【微信·温州清廉公路】 2015年2月，温州市公路管理局纪委监察室开通，为新常态下温州公路党风廉政建设工作传播廉政信息、接受廉政教育、培养廉政意识、弘扬廉政文化的重要窗口。平台以建设“清廉公路”为主线，践行“阳光通达，廉洁致远”“大道公廉，路美人和”的温州清廉交通廉政理念，对实现公路机关清廉高效、公路干部清廉勤勉、公路文化清廉正气、公路行业清廉诚信发挥了很好的宣传警示作用。

【微信·温州高速路政工作室】 2014年初，温州高速路政大队开通“温州高速路政工作室”微信群，与大队新浪官方微博、温州公路网站、大队微信公众平台形成联动，借助网络媒体，推动大队综合管理进入“微”时代。“微信”工作室成立以来，发挥了“可移动的信息中心”的作用，具体体现在“两个掌握”和“两个实现”，即掌握路面实时情况，掌握一线工作情况；实现信息化监控，实现影像资料即时收集。

【微信·浙闽治超站】 2014年6月13日，甬台温高速公路苍南超限运输检测站（简称浙闽治超站）的微信公众号正式通过认证，成为全国第一个通过微信公众号认证的治超站。开设有单位概况、便民服务、办事指南、法制建设、职工窗口、活动通知等板块。民众可以通过微信寻求帮助，从而进行一对一服务、个性化交流。检测站的微信平台，对内是职工交流学习的平台，对外是宣传超限法律知识、提供便民服务、展现治超站风采的阵地。

【微信·永嘉微公路】 2014 年 4 月，永嘉县公路管理局微信公众账号正式开通。这是浙江省公路系统首家县级公路管理机构开通官方微信公众账号。新设立的微信服务平台，具有路况信息发布、投诉受理反馈、实时在线交流等多项服务功能。2014 年 5 月 9 日，永嘉公路局利用“永嘉微公路”联合“中国永嘉”微信平台，开展宣传公路知识、公路法规的“公路法律法规知识有奖竞赛”活动。这是永嘉县首次采用微信互动方式开展法律法规宣传活动，整个互动期间总共有 17000 多人参与了答题活动。在 2015 年全省公路系统新闻宣传培训会上，就开展特色宣传、便民服务等情况做典型介绍。

【微电影·《路缘》】 为了响应温州市委宣传部主办温州市首届微电影节、采用微电影形式创新政务宣传载体的号召，2014 年 10 月，温州市公路管理局信息（新闻）中心提出拍摄浙江省首部农村公路题材微电影的建议，开始筹划拍摄方案，由刘晓华负责剧本创作。《路缘》通过 20 世纪 80 年代永嘉、泰顺一对青年恋人因路而发生的悲欢离合的爱情故事，反映了农村公路巨变，给百姓物质生活和情感生活带来的变化，从一个侧面赞美了富民政策和公路部门的服务精神。影片时长 30 分钟。11 月 22 日开机，26 日杀青。拍摄过程得到了永嘉、泰顺两县公路管理局的协助。12 月 10 日，举办首映式并发布。《路缘》首映后，获中共温州市委常委、宣传部部长胡剑谨批示：“《路缘》以讲故事的形式记录了山区公路的变迁，反映了农村公路建设发展给山区人民带来交通便利和发展机遇，通过微电影展播展现了公路人为民情怀和创业精神。这种宣传形式很好。”公路部门在全市公路系统组织

《路缘》海报

开展“观《路缘》、谈感想、促赶超”征文活动，并编印《康庄礼赞》征文集。经推荐，《路缘》获首届全国公路微视频大赛三等奖，宣传策划方案获 2014 年度全省公路系统优秀新闻宣传策划项目，并在全省交通运输系统、公路系统介绍宣传策划和拍摄经验。

【微动画·《超限运输的危害》】 系温州市公路路政管理支队 2015 年 5 月推出的两部微动画之一。该片为全省首部路政教育微动画，时长 1 分 50 秒。全片从超限运输严重损坏公路寿命、超限运输行车中造成重大交通事故、超限车辆尾气给环境给人身健康带来危害三个方面，将路政治超工作的重要性和老百姓的切身利益联系起来，以动画直观生动的方式呈现给大众。配乐生动、画风细腻、人物形象鲜明可爱、情节演绎简练紧凑。

【微动画·《我们是公路卫士》】 系温州市公路路政管理支队 2015 年 5 月推出的两部微动画之一。该片以廉政执法为主题，时长 1 分 10 秒。全片结合公路执法实际，将路政审批、治超过磅、停车场卸货等这三个环节中易发的廉政风险点，用动画的形式，直观生动地演绎给公众，警示教育相关路政人员及运输车主，让“易腐地带”接受社会监督。

三、行业新闻宣传

行业新闻宣传工作，是营造行业舆论环境、树立和维护行业形象、推进公路建设的重要手段，是培育行业文化的重要载体。“十二五”期间，温州

公路行业新闻宣传工作得到了高度的重视，处于有史以来要求最高、投入最大、效果最好的阶段，在各级新闻媒体刊发报道3000多篇，新闻宣传工作名列浙江省公路系统、温州市交通运输系统名列前茅。2004年、2005年、2016年度，获浙江公路系统第一名。

⑴加强组织领导，明确目标任务。公路新闻宣传工作是公路工作的重要组成部分，也是公路事业持续健康发展的重要保障。温州市公路管理局首先从组织的层面强化新闻宣传工作，成立新闻宣传工作领导小组，领导、指导和引导行业新闻宣传工作。2013年，首次设立温州市公路管理局信息（新闻）中心，由具有丰富新闻宣传工作经验的同志担任中心主任，专人专职负责，明确主要职责：结合各阶段工作重点，在全系统开展新闻报道和政务信息工作；强化与相关媒体的沟通合作，努力宣传好公路工作成效和亮点；加强对全系统新闻信息工作的指导、检查和考核，通报新闻信息工作完成情况。通过充分发挥新闻宣传的重要作用，适应经济社会发展的新形势，满足行业发展的新需求，全面增强公路行业软实力，提升公路部门的公信力和美誉度，促进公路事业又快又好发展。

⑵建立宣传阵地，强化媒体合作。坚持建立宣传阵地与强化媒体合作是温州公路行业新闻宣传工作的重要经验。首先，建设公路新闻宣传阵地，实行新闻宣传“顶层设计”。一是创办“一网一刊”。2003年市公路管理处率先“触网”，创办温州公路门户网站。2013年恢复出刊《温州公路》（月刊）。充分利用“一网一刊”，准确把握行业发展思路，充分挖掘公路新闻富矿，不断推出重点、特色、深度报道，做行业发展的风向标；熟悉新媒体，掌握网络舆情，做观察舆论的晴雨表。仅2014年重点信息获副省长、市长、副市长、市委常委等领导的肯定批示达8次。二是创新微平台。从微博、微信、QQ群等网络载体入手，听民声知民意，贴地飞行，让微宣传发挥大作用。先后开通“温州公路”“温州ETC”微信等，全系统各单位都开通了公路微信服务平台。其次，加强新闻媒体协调合作，建立监督合作互动机制。从2013年开始，与《浙江日报》《温州日报》两家党报，《中国交通报》《交通旅游导报》两家行业媒体建立合作关系，主动沟通联系，通报工作重点，提供新闻线索，谋划主题策划，征询意见建议。通过常规报道、专版宣传、开辟栏目、定点采访等形式，让不同风格、不同定位、不同覆盖面的媒体既相互呼应，又各显特色。同时，对不利于公路事业发展的“负面”报道，加强协调沟通，增进相互了解，及时化解矛盾，并督促问题妥善解决。

⑶注重新闻策划，提升宣传效果。新闻策划是信息时代最大程度整合、开发新闻资源，实现新闻价值最大化的有效手段。随着公路新闻素材的不断丰富，公路部门每年都要围绕中心工作开展新闻宣传策划，提升中心工作的影响力。通过策划，不但使重大题材的新闻报道更加厚重、前瞻性更加突出，而且使日常报道也于平淡中出新出奇，增强可听性、可看性和引导力，使公路新闻宣传本身达到“升值”的效果，为新闻宣传考核起到“加分”的作用。2013—2015年，相继推出的新闻宣传策划有《美丽公路　美丽温州—公路边“三化”主题宣传策划》《拍摄浙江首部农村公路题材〈路缘〉宣传策划》《全国首个路政宣传月主题宣传策划》，其中前两个策划获得全省公路系统新闻宣传策划优秀奖。2014年，针对治超执法“7·8”暴力事件制定的《330国道温州段暴力抗法事件宣传策划方案》，凸显了宣传策划在路政执法中的突出作用。据不完全统计，各级媒体共刊发该事件报道32篇次（不含转发），20多家网络主流媒体纷纷转载、发表评论，其中新浪网发表评论达1415条。2015年11月、12月，温州公路新闻宣传重点报道（深度报道）和宣传策划工作经验在全省公路系统新闻宣传培训班推介，信息（新闻）中心负责人参加第22次中国公路新闻宣传工作会议。

⑷实行舆情监控，增强应对能力。为了及时准确把握舆情信息，科学有效地做好舆情监控与应对

工作，妥善处置、有效化解舆情危机和消除负面影响，维护公路行业稳定和社会形象，2013年12月，市公路管理局制定了《舆情监控应对与处置实施方案（试行）》，成立舆情监控工作领导小组，下设办公室，分设舆情监控、舆情研判、舆情处置三个小组，明确了各小组的工作职责。方案确定12家新闻媒体和论坛为舆情监控重点，即《温州日报》《温州都市报》《温州晚报》《温州商报》及温州电视台、温州网、天涯社区、搜狐论坛、凤凰论坛、网易论坛、新浪论坛、温州703804论坛。建立舆情引导队伍，首次设立了新闻发言人，组建观察员队伍和评论员队伍。把编报《公路舆情报告》列为新闻宣传的考核内容，及时编报，总结得失，提炼经验。2014年编报8期《公路舆情报告》，其中新闻舆情3起、网络舆情5起，均得到妥善的处置。由网络发帖引发、媒体跟踪报道引发的"6·10"治超舆情危机，通过精心策划后，成为一次化舆情危机为整改动力、化负面影响为借机宣传的成功例子。"沥青油库违建舆情危机"因浙江卫视《今日聚焦》的违建报道引发后，公路部门及时介入，借拆违之力解决存之已久的"码头权属"之争，赢得了法院的公正判决。

⑸健全工作机制，打造优秀队伍。管理机制是检验工作成效的有效手段。立足新闻宣传实际，每年均制定《温州市公路系统新闻信息工作管理考核办法》，明确全系统各单位新闻宣传目标考核分值、考核细则、计分标准和奖惩办法，建立定期通报制度。围绕中心工作，制定《全市公路系统新闻宣传工作要点》，明确宣传工作重点。如2015年全市公路系统新闻宣传工作要点，是围绕"十二五"规划收官年明确三大要点：一是突出重点，做好四大主题宣传（美丽公路创建、农村公路"四个三千"、迎"国检"和公路边路域环境综合治理）；二是服务大局，做好行业正面宣传（"十二五"成就、最美行业创建、路政执法、文明创建成果、舆情应对）；三是夯实基础，提升公路宣传水平。落实宣传经费，配备精良设备。建立新闻宣传工作人才培养机制，努力打造一支优秀的新闻宣传队伍。

各级新闻媒体报道篇目辑要（2013—2015）

表10-4-1

序号	报道题目	媒体名称	发表日期	备注
2013年度				
1	释放争先创优正能量	浙江交通杂志	第1期	—
2	96266高效运行　温州路政春运保畅	交通旅游导报	1.12	—
3	温州公路吹响"八大战役"集结号	交通旅游导报	1.16	—
4	温州整治"四边三化"很给力	交通旅游导报	3.9	—
5	温州：携手共建森林城市	交通旅游导报	3.21	—
6	全力助推"三化"建设美丽温州	温州日报	4.25	—
7	ETC：让车辆高效便捷快速上下高速	温州日报	4.25	—
8	温州建设美丽公路亮新招	交通旅游导报	5.26	—
9	高温下坚守　治超不松懈	浙江交通杂志	5、6期	—
10	高速公路的脸在变	温州日报	6.25	—
11	构筑浙江南大门的安全"壁垒"	温州日报	6.25	—
12	温州实实在在帮企业解燃眉之急	交通旅游导报	7.04	—
13	温州公路养护工：烈日下的坚守	中央电视台	7.25	焦点访谈
14	温州公路工作会议不讲虚话空话套话	交通旅游导报	7.23	—
15	坚守大山　护卫坦途	温州日报	8.12	记者合作
16	胡建立的三次人生抉择	中国交通报	8.19	—
		中国公路杂志	第19期	—
17	大山里的养路人胡建立	温州日报	8.28	记者合作
18	温州：建设美丽路幸福路	今日浙江刊物	16期	—
19	治超站的坚守	中国公路杂志	16期	—
20	温州邀请市民监督团"寻美""揭丑"	交通旅游导报	9.4	—
21	温州综合完成率名列全省首位	交通旅游导报	9.26	—
22	温州强力治超效果凸显	交通旅游导报	10.9	—
23	抢险保通　冲在一线	中国交通报	10.10	—

续表 10-4-1

序号	报 道 题 目	媒体名称	发表日期	备 注
24	温州：三网联合启动公路“双最美”评选活动	中国公路网	10.10	—
25	雁楠公路建设有效利用土地变废为宝	温州日报	10.15	—
26	治超，让温州公路更安更畅更美	温州日报	10.22	—
27	温州公路边“三化”走在前列	浙江日报	11.5	—
28	奋力推进温州公路事业跨越发展	中国交通报	11.27	—
29	温州：公路边“三化”综合完成率居全省首位	中国交通报	11.27	—
30	一条绿道串起三个美丽村	交通旅游导报	11.28	—
31	最美公路串起最美山水	温州日报	11.29	—
32	雁楠公路建成通车	温州日报	12.1	—
33	筑就瓯越美丽公路	今日浙江刊物	第 24 期	—
2014 年度				
34	我市公路建设创下四个全省第一	温州日报	2.15	记者合作
35	普通干线公路总投资达百亿元	交通旅游导报	3.5	—
36	温州“ETC”成为国家首个微信综合性服务平台	交通旅游导报	3.20	—
37	一站式服务 无死角监管	交通旅游导报	4.26	通讯员
38	温州：市民享受 “绿道生活”	浙江交通刊物	第 4 期	—
39	温州践行党的群众路线 提升百姓出行满意度	中国交通报	4.30	—
40	温州公路省内首创许可涉路施工安全评价体	浙江省人民政府网	5.14	—
41	绿道建设同美丽乡村建设相融	交通旅游导报	5.21	—
42	温州路政全力打造“最美路政”升级版	浙江交通刊物	第 5 期	—
43	温州公路奏出“民生”“赶超”最强音	温州日报	2.14	—
44	5 年筹集 1 个亿 建农村公路	交通旅游导报	5.7	—
45	全省公路局长学习观摩温州公路养护经验	浙江交通刊物	第 7 期	—
46	温州 ECT 迈入“微时代”	浙江日报	6.25	—
47	温州公路路况渐入佳境	交通旅游导报	7.5	—
48	全省公路局长聚温学习养护经验	浙江日报	7.16	—
49	创建全国文明单位做到“五个到位”	中国公路网	7.28	—
50	温州公路治超受点赞	浙江日报	8.1	—
51	温州国省道路况大变脸	浙江日报	8.20	—
52	温州公路全力助推“两美”建设	交通旅游导报	8.20	—
53	治超，只为公路更畅更美更安	温州日报	8.28	—
54	温州公路“四边三化”综合完成率再夺桂冠	交通旅游导报	9.23	头版头条
55	温州路政创新管理模式再突破	交通旅游导报	9.27	—
56	温州农村公路建管养纳入地方政府年度考核	中国交通报	10.10	—
57	生态公路添彩国家森林城市	交通旅游导报	10.15	—
58	温州农村公路：做好强农惠农致富路	温州日报	10.17	—
59	浙江省公路局长洪秀敏检查温州公路迎国检	中国公路网	10.27	—
60	温州公路八大主题新闻宣传成效凸显	中国公路网	11.2	—
61	温州公路厉兵秣马迎接五年大国检	温州日报	11.3	—
62	三类运输对象列入治超 “黑名单”	温州日报	11.4	—
63	心路畅瓯越 文化“金名片”	中国交通报	11.6	头版头条
64	温州农村公路：强农惠农致富路	浙江日报	11.6	半版
65	温州公路厉兵秣马迎国检	浙江日报	11.12	—
66	《路缘》讲述百姓与路的故事	温州晚报	11.14	整版
67	文明创建诠释温州公路最美行业	交通旅游导报	11.16	—
68	建设美丽公路最美行业 助推温州公路先行赶超	交通旅游导报	11.17	—
2015 年度				
69	楠溪江畔多了条景观玉带	交通旅游导报	1.31	头版头条
70	公路边“三化”有了“升级版”	交通旅游导报	1.22	—
71	着力实施“五个一万”工程 全力打造温州美丽公路	温州日报	2.9	—
72	温州美丽公路创建全面铺开	交通旅游导报	2.17	—
73	“五个一万”建设美丽公路	温州日报	2.27	—
74	最美公路 助推未来	温州日报	3.2	—
75	让文明之花开得更美	温州日报	3.2	—
76	温州公路局荣膺全国文明单位	交通旅游导报	3.17	头版头条
77	温州公路局：搭建文明阶梯 建设最美公路	中国交通报	3.25	—
78	温州：适应发展新常态 开创“两美”新局面	中国交通报	3.25	—
79	温州所有大中修工程确保在 9 月收官	交通旅游导报	4.4	—
80	公路部门今年投资 10 亿强化养护	温州日报	4.12	—
81	温州路政说理性执法显温情	交通旅游导报	4.21	—

续表 10-4-1

序号	报 道 题 目	媒体名称	发表日期	备 注
82	温州公路系统捐资 19 万救助患白血病女孩	交通旅游导报	4.30	—
83	S331 浙江泰顺段：路通国泰 民安气顺	中国公路刊物	第 5 期	记者
84	温州市省级绿道网布局规划揭晓	交通旅游导报	4.9	—
85	温州公路喜摘三块“国”字号金牌	交通旅游导报	4.14	整版
86	做好“微”文章 打造“大”平台	浙江交通刊物	第 4 期	—
87	温州：举行战备钢桥架设演练做好防台应急准备	新华网	5.19	—
88	温州公路备战抗台保畅	交通 900	5.24	浙江卫视
89	温州：战备钢桥演练很生猛	交通旅游导报	5.28	—
90	温州公路“路况为王”迎国检助推赶超发展	人民网	5.28	—
91	温州公路迎国检大力推广“四新”技术	交通旅游导报	6.6	—
92	温州国省道大修工程质量两年名列浙江第一	人民网	6.15	—
93	温州积极适应新常态构建“12241”智慧公路	人民网	6.17	—
94	农村路网 富农裕农	中国交通报	6.19	通讯员
95	生态公路 诗画江南	中国交通报	6.19	通讯员
96	温州拍摄微电影《路缘》	交通 900	6.28	—
97	温州农村公路管养获全国先进	浙江日报	6.30	—
98	温州：首个全国路政宣传月凸显四大新意	浙江交通刊物	第 6 期	—
99	S331 分泰线：廊桥联络线	中国公路刊物	第 12 期	记者
100	X025 白岭线：奇秀中雁 山水画卷	中国公路刊物	第 12 期	通讯员
101	温州部署公路干线迎国检	浙江日报	7.2	—
102	温州公路迎国检坚持“三结合”	交通旅游导报	7.4	—
103	三年投入农村公路养护资金 10.8 亿元	温州日报	7.4	—
104	严阵以待 抵御超强台风“灿鸿”	中央电视台	7.11	朝闻天下
105	温州部署公路干线迎“国检”	交通 900	7.18	浙江卫视
106	绿道成了“金山银山” 温州百姓乐享红利	人民网	7.24	—
107	温州建设浙江首条 PPP 模式无收费公路	人民网	7.28	—
108	温州市政府全面部署迎国检工作	交通旅游导报	7.29	—
109	中国 ETC 的发展·温州篇	环球人物	第 7 期	人民日报社主办
110	温州公路进入“四化养护”新常态	交通旅游导报	8.6	—
111	“苏迪罗”横扫 温州合力抢险受损道路	浙江卫视	8.9	—
112	温州 464 条水毁公路已抢通 189 条	中国交通报	8.12	—
113	温州公路全力抗台保畅通	浙江日报	8.13	—
114	温州组建联合抢险队支援文泰抢通受损公路	交通旅游导报	8.15	—
115	温州公路华丽转身	中国交通报	8.26	—
116	“两路两侧”进入清零攻坚期	温州日报	8.27	—
117	温州“两路两侧”整治专项行动动作快效果好	交通旅游导报	9.7	—
118	温州 5 年购置 113 台养护新设备	交通旅游导报	9.23	—
119	温州公路全力迎国检	浙江日报	9.30	—
120	温州：确保以优良路况迎接大考	浙江交通刊物	第 9 期	—
121	温州：“两路两侧”专项整治获省领导肯定	浙江交通刊物	第 9 期	—
123	温州启动 700 只“天眼”监控高速公路安全	人民网	10.12	—
124	“五大蝶变”助推赶超发展	温州日报	10.18	—
125	温州公路实现五大蝶变迎接“国考”	交通旅游导报	10.20	整版
126	刘基故里：在绿道举办浙江“马拉松”精英赛	人民网	10.21	通讯员
127	温州公路全力打造“畅”“美”升级版	温州日报	11.2	—
128	温州建成三条省级美丽公路 打造“畅”“美”升级版	人民网	11.3	—
129	省级美丽公路纵横温州	浙江日报	11.11	—
130	温州 19 个单位联办公路“三防”应急演练	浙江日报	11.25	—
131	美丽乡村的公路致富经	中国交通报	12.4	—
132	温台模式发源地重塑国道之“新”	人民网	12.4	通讯员
133	温州多单位联办公路“三防”应急演练	中国公路刊物	第 24 期	—
134	公路局长谈美丽公路：因地制宜 重在“四美”	交通旅游导报	12.31	—

说明：本表所列新闻报道篇目除备注标注外，均为市公路局信息（新闻）中心采写。

四、职工文艺创作

职工文艺涉及文学、书画、摄影、歌舞、声乐等诸多门类。由于各种原因，公路行业的文艺创作仍处于职工自发状态，尚未形成稳定的文艺创作队伍。“十二五”期间，通过一批职工的自觉努力，职工文艺创作取得了较好的成绩，参加省、市交通运输行业文学艺术赛事获奖25人次。

2012年4月，浙江交通文学协会举办浙江交通文学艺术创作首届“梅花奖”大赛，成立浙江省交通作家协会，并确定将“梅花奖”获奖情况列入各地市新闻宣传考核加分项目。2012—2015年，加入浙江省交通作家协会的会员，既有来自浙江各地交通运输行业的年轻新锐，也有长期从事创作并具一定影响力的文坛宿将。两年一届的“梅花奖”大赛，所有参赛作品依照严格的评奖办法及打分标准，在兼顾思想性、艺术性、创新性前提下，经初评、复评和终评三轮后，最终遴选出获奖作品。经过三届的举办，“浙江交通文学艺术梅花奖”作为浙江交通文化建设的美丽品牌，在系统内引起强烈反响，成为交通运输行业文化繁荣与软实力提升的大胆尝试、有益创新和重要抓手。据统计，温州市公路系统参加1～3届“梅花奖”，共计获奖13人，其中一等奖2人，二等奖3人，三等奖4人，优秀奖4人。

2013年5月，浙江省公路管理局首次举办浙江公路“和畅杯”文学艺术大赛。温州市公路管理局发文组织全系统参与这项赛事。经评选，温州市公路系统获得文学类奖项9项，其中一等奖1人，二等奖3人，三等奖1人，优秀奖4人。温州市公路管理局获组织奖。

2012—2016年，随着“梅花奖”“和畅杯”两大文艺创作赛事的举办，全市公路系统职工文学创作的热情有所复苏，并取得较好成绩。据统计，合计获得奖项25人次，其中“梅花奖”“和畅杯”两大赛事共获奖22人次，其中，一等奖3人次，二等奖6人次，三等奖5人次，优秀奖8人次。市公路管理局刘晓华入选浙江省交通作家协会常务理事。

公路文学是公路文化的子概念。与新闻宣传相比，公路文学具有自身鲜明的特点。由于各种原因，公路文学创作长期处于少数职工唱“独角戏”和“上头热、下头冷”的状态，明显滞后于公路事业快速发展的新形势。集中表现在，组织举办具有行业特色的各项文艺创作活动不够，对职工参加各级文艺赛事的支持引导不够。主要原因：行业方面，公路发展过程中长期忽视文艺创作的独特作用，缺乏职工文学创作的有效平台，缺乏创作激励机制；职工方面，缺乏文学创作人才和创作激情，缺乏文艺创作力作等。

大建设需要大文艺，大发展催生大作品。公路行业文艺创作特别需要引起行业领导的重视，抓紧培育和扶植职工文艺创作人才，建立文艺活动阵地和激励机制，同时通过组织开展系列“职工文艺大篷车”之类的活动，来激发职工的文艺创作热情，培养广大职工高尚的审美情趣，让职工文艺创作更好地为公路发展事业服务。

温州公路系统职工文艺创作作品统计表

表10-4-2

序号	作品题目	体裁	作者	奖项等级	单位	创作赛事或发表刊物	颁奖时间
1	惠民康庄路	纪实	刘晓华	二等奖	市公路局	浙江交通首届文学艺术“梅花奖”大赛	2012.11
2	路标	散文	苏康宝	三等奖	泰顺县公路局		
3	我的援疆手记	散文	陈遵明	三等奖	泰顺县公路局		
4	天路	摄影	夏克升	一等奖	泰顺县公路局	浙江交通第二届文学艺术“梅花奖”大赛	2014.11
5	人在路上	纪实	刘晓华	二等奖	市公路局		
6	中国好人的选择	纪实	严东一	三等奖	文成县公路局		
7	跨越瓯江	摄影	张品金	三等奖	高速路政大队		
8	除大雪保畅通	摄影	叶迈峰	优秀奖	永嘉县公路局		
9	雨啊，请你停一停	现代诗	董斌贵	优秀奖	泰顺县公路局		
10	三进西湾二篇	散文	周春微	优秀奖	平阳县公路局		
11	寄往天国的家书	散文	刘晓华	一等奖	市公路局	浙江交通第三届文学艺术“梅花奖”大赛	2016.11
12	山乡造廊桥	摄影	曾振国	二等奖	苍南县公路局		
13	公路人	摄影	夏克升	优秀奖	泰顺县公路局		

续表 10-4-2

序号	作品题目	体裁	作者	奖项等级	单位	创作赛事或发表刊物	颁奖时间
14	寄往天国的家书	书信体	刘晓华	一等奖	市公路局	浙江公路“和畅杯”文学艺术大赛	2013.10
15	雨啊，请你停一停	现代诗	董斌贵	二等奖	泰顺县公路局		
16	三去西湾	散文	周春微	二等奖	平阳县公路局		
17	念奴娇·赤壁怀古	书 法	叶建亮	二等奖	高速路政大队	浙江公路“和畅杯”文学艺术大赛	2013.10
18	一路风尘一路歌	散 文	吴海杨	三等奖	平阳县公路局		
19	公路人	现代诗	徐克文	优秀奖	平阳县公路局		
20	五型雁楠：那山那水那人	纪 实	沈绍真	优秀奖	市公路局		
21	平凡成就非凡	散 文	胡悦斌	优秀奖	文成县公路局		
22	技能比武	摄 影	夏克升	优秀奖	泰顺县公路局		
23	行走幸福路	纪 实	刘晓华	一等奖	市公路局	温州市交邮系统文学艺术活动	2016.12
24	抗战伉俪	散 文		一等奖	市公路局	中国工农红军长征胜利80周年征文（温州日报）	2016.12
25	为了一个久远的梦	报告文学		—	市公路局	《浙江最美人物报告文学集》	2014.12
26	寄往天国的家书	书信体		—	市公路局	《浙江作家》2013-12 月刊	2013
27	我恨我爱你	散 文		一等奖	市公路局	浙江交通系统读书月征文比赛；《浙江作家》2015-12 月刊	2015
28	空谷幽兰	报告文学		—	市公路局	《浙江交通》刊物第 9 期	2012
29	千村万里路(路系列之一)	纪实作品		—	市公路局	南方人民出版社	2009.06
30	畅美瓯越路(路系列之二)	新闻汇集		—	市公路局	南方人民出版社	2012.04
31	行走幸福路(路系列之三)	纪实作品		—	市公路局	南方人民出版社	2016.12
32	绿道自行车赛	摄影	胡黎明 刘晓华	三等奖	市公路局	中国交通报新闻摄影大赛	2014
33	金山玉水 致富之桥	摄影	叶迈峰	优秀奖	永嘉县公路局	2015—2016《中国公路》摄影月赛	2016

第五节　人物　荣誉

市公路管理局的前身浙江省交通厅工程局温州养路段，自 1957 年 6 月成立以来，曾先后多次获得各级党委、政府及上级业务（行政）主管部门授予的各种荣誉称号，多次受到不同形式的表彰奖励。数十年来，温州公路系统几代公路人默默地创造了辉煌的业绩，获得一项项奖励和荣誉。有的不顾条件艰苦，数十年默默无闻，任劳任怨，矢志不渝地坚守在养护一线；有的在抢险救灾的关键时刻奋不顾身，恪尽职守，献出了宝贵的生命；有的继承老公路人的传统，秉承铺路修桥、积善成德的理念，在平凡的工作岗位上作出不平凡的业绩。这些奖励和荣誉，是对温州公路人在不同历史时期发扬“铺路石”“老黄牛”精神所取得的工作业绩和卓越贡献的真实记录和充分肯定，将永远是温州公路人的骄傲。因时间久远，又受“文化大革命”影响，改革开放前特别是十年“文化大革命”期间的档案资料出现“断层”，少有遗存，故只能将“文化大革命”前后有据可查的各级机构颁发的各项集体、个人荣誉分载如下，以昭前人而光后世。

一、先进人物传略

【施世贵】　乐清市水涨乡人，生于 1944 年，1968 参加公路养护工作，生前系乐清市公路段湖雾道班班长、虹桥养护管理站站长。1981 年初，施世贵从浙江台州地区温岭公路段调到乐清工作。他以班为家，辛勤工作，在班长岗位上做到身先士卒，调动职工工作积极性。湖雾班大部属山

时任温州市长钱兴中（中）主持施世贵学习会　朱劲松摄

岭路段，一遇雨期，经常山洪冲刷路基，淤塞边沟、涵洞，造成车阻，影响安全。从考勤表看出，1987年全年他仅休息4天，不拿一分加班费。所养护的杭温公路八公里（桩号K366～K374）砂石路况好路率100%。施世贵从事养护工作26年，爱国道胜过爱家。无论被调到怎样艰苦的地方，不论离家有多远，都欣然服从。他对工作兢兢业业，人手不够就让自己的独生子当临时工。1994年1月26日，施世贵在G104线虹桥镇龙泽岭路段现场搅拌沥青时，被一辆违章行驶的面包车撞倒，又被一辆大货车碾压，因公殉职，时年50岁。从事公路养护工作期间，他被评为温州市劳动模范，多次荣获省、市公路系统先进工作者和优秀共产党员光荣称号。因公殉职后，《中国交通报》《浙江日报》《温州日报》等主流媒体在重要版面刊发长篇通讯《国道基石》，报道他的先进事迹。时任温州市市长钱兴中前往乐清慰问施世贵家属。1994年7月1日，中共温州市委发文《关于开展向优秀共产党员劳动模范施世贵同志学习活动的决定》，追授施世贵为模范共产党员，并号召全市共产党员向施世贵同志学习。中共浙江省交通厅党组发文，号召全省交通系统广大共产党员、干部职工向施世贵同志学习。2008年被追授为改革开放30年浙江交通荣誉奖。施世贵因公殉职十年后，其家连遭不幸，女儿遭遇车祸身亡，儿子身患癌症。2004年5月，温州市公路管理处工会在全系统发动干部职工开展“学劳模、献爱心”活动，共捐资7.4万元。

【汪国杰】【林圣巧】　汪国杰，男，生于1956年，中共党员，退伍军人，高级技工，生前系永嘉县公路养护片片长。林圣巧，男，生于1956年，中共党员，退伍军人，高级驾驶员，生前系永嘉县公路管理段驾驶员。汪国杰、林圣巧当年一同参军、一同退伍、一同参加公路养护工作。多年来，这一对战友并肩战斗在公路养护战线，一干就是30多年。2008年春节前夕，一场罕见的冰雪灾害袭击浙南大地，持续多日的“冻雨”天气，使永嘉北部山区公路大面积受冻结冰，十六条线路受灾，三条线路被封闭，严重影响了山区群众的出行。年关在即，回乡过年的在外务工人员被阻拦在途中。2月1日，为了及时监测被冰封的公路，他俩要求下去巡查山区道路状况。巡路途中，他俩沿路测量冰冻厚度，对冰冻严重的地方进行

汪国杰

林圣巧

记录、封闭。下午2时30分许，巡查车行至县道铁金线（铁坑—金山桥）K34＋900处，因路面结冰打滑失控，坠落200多米的山谷，汪国杰和林圣巧不幸因公殉职（驾驶员胡明锋受重伤），时年均52岁。汪国杰、林圣巧先后被追授为“抗御雨雪冰冻灾害优秀共产党员”（中共中央组织部）、全国“五一”劳动奖章、全国交通系统劳模、全国交通行业抗灾保通先进个人、改革开放30年浙江交通荣誉奖等荣誉称号。

【陈再新】 男，生于1956年，生前系苍南县公路局马站公路站职工。2006年8月10日，超强台风“桑美”在马站登陆，造成霞关、马站两个沿海镇民房倒塌无数，人员伤亡较大，S232线成为抢险救灾的生命线。此时，在台风肆虐下，S232线处于全线瘫痪状态。为了尽快抢通生命线，陈再新与公路站同事们一起，在风雨中不间断地投入抢通，连续抢险长达37个小时，终因劳累、饥饿因公殉职在抢通的现场。陈再新1980年参加养护工作。当时，他把年幼的女儿交由父母看待，自己常年住在公路站，一年只回家一两次。逢年过节，经常替代同事值守。上路修补路面，深知自己“接受新科学慢”的他，总是以自己身体敦实为由，抢着操作笨重的设备。他26年如一日，真正做到他在年度总结里写的“默默无闻，爱岗敬业，以站为家，以路为业”。陈再新在超强台风登陆地奋不顾身抢通的感人事迹，经《中国交通报》《中国公路》《浙江日报》和《温州日报》等新闻媒体报道后，社会各界深受感动。2006年9月8日、9月14日，浙江卫视、温州电视台分别举办抗击超强台风“桑美”情景报告会，陈再新的女儿陈婷婷接受邀请讲述父亲的抗台抢险事迹。之后，作为温州市抗台救灾先进事迹巡回报告团成员之一，在全市11个县（市、区）作巡回报告。陈再新先后被评为“改革开放30年浙江交通荣誉奖”、“浙江交通十大感动人物”（特别奖）、“2006感动温州十大人物”。

【潘乃为】 男，生于1938年，1976年从事县乡公路养护工作，原乐清县龙西乡庄屋道班班长。由于工作认真负责，无私奉献、以身作则，他带领的道班连续12年被省、市公路主管部门评为先进集体。个人连续12年被省、市公路主管部门评为先进工作者，被评为温州市劳动模范、浙江省劳动模范，获全国“五一”劳动奖章。2000年1月因病去世。

二、先进人物专记

【郑月兰】 女，生于1962年，1979年10月参加公路养护工作，原苍南县公路管理段马站公路站站长。在岗30多年，先后辗转过六个公路站，从少女到中年，一直坚守在公路养护一线。她爱岗敬业，无私奉献，对公路养护事业倾注了大量的心血。在路上，与男同志一道，脏活、累活抢着干，公路好路率一直名列前茅。她以一个公路人的身份，与沿线的群众接下了深厚的情谊。公

路（道班）站缺临时工，她就做通丈夫的思想工作，让他到公路（道班）站做临时工，一干就是23年，直到遭遇车祸罹难。1992年，她成为温州市公路系统第一位也是唯一的一位女公路站站长。在历次抗台抢险中，她毫不畏惧，身先士卒，带领职工昼夜奋战。2005年7月19日，第5号强台风“海棠”袭击苍南，78省道因发生数以百计的塌方而中断。当晚郑月兰带领七名职工顶着狂风暴雨冒险上路巡查，大家手拉手翻过一处处坍塌物，走了整整八个小时，第一时间摸清道路受灾情况。为了尽快抢通省道，她不顾家中进水一米多深、老父亲摔伤，带领职工从塌方中间挖开了一条条通道。2006年10月，超强台风“桑美”在马站公路站所在地的马站镇登陆，造成较大的人员伤亡。在丈夫陈积进罹难不久、职工陈再新因公殉职的情况下，面对正面袭来的台风，郑月兰化悲痛为力量，带领职工用最短的时间，为重灾区群众打通了生命线。两年时间，马站公路站在郑月兰的带领下，经受了多次抗台抢险的严峻考验，充分体现了“特别能吃苦，特别能战斗”的公路人精神。市公路管理局党委发出《关于在全市公路系统开展向以郑月兰为站长的马站油路站学习活动的决定》。面对记者采访，公路站职工说：“一个女人都这样拼命，作为男人还敢落后吗？！”溪头埠站撤并后她曾有机会到机关上班，当领导征求她的意见时，她却平静地说：“我这辈子跟路有缘，还是让我在路上和大家一起干吧。”按照特殊工种提前退休的相关规定，她到了退休年龄，却千方百计要求延迟退休，继续再干养护工作。温州市总工会主席戴祝水说：“全国劳模想继续劳动是件好事，我们应该支持啊！”30多年来，郑月兰用行动践行“今生养路，无怨无悔”的诺言。荣获全国“五一”劳动奖章、浙江省劳动模范、浙江省先进女职工、全国先进女职工、全国劳动模范、全国“三八”红旗手、全国十行百佳妇女、浙江省交通行业十佳文明标兵等光荣称号，浙江省九届、十届人大代表。2011年1月退休。

【黄崇星】 男，生于1949年，1965年11月参加永嘉公路养护工作，原永嘉县公路段金竹溪道班班长。金竹溪道班在省道仙清线最高处，远离县城，且前不着村后不着店，非常偏僻。为了便于工作，1984年，黄崇星毅然把一家6口搬迁到道班安居。他以班为家，以路为业，没有菜自己种，没有粮食自己下山挑。这些生活上的困难，

在黄崇星看来都不是困难，只要多吃点苦，多受点累，还是能度过难关的。最大的困难是孩子无处上学。最后，只好将孩子送到30多里外的张溪寄读。平时，他常常放弃节假日，带领全班职工风雨无阻地干在路上。在他的带领下，公路被养护得肩平沟清。从1985年至1990年的6年时间，金竹溪道班年终好路率一直保持在100%。除了本职工作之外，平时，每当冬季大雪封山时，只要有驾驶员开车到山顶，他就热情接待，送茶送暖。几十年下来，凡经过金竹溪的驾驶员，无不为黄崇星那种热情好客的性格所感动。1989年，金竹溪道班荣获全国总工会颁发的年度“五一”劳动奖章，黄崇星被评为浙江省劳动模范；1990年，获交通部全国劳动模范。2009年3月退休。

【唐益勤】 男，生于1949年，原永嘉县中村公路站站长。33岁选择了养路作为自己的人生之路。从黑发干到白发，从鸡笼屿干到中村，在公路上打拼了整整20年。凭着农民勤劳吃苦的秉性，和养护工兄弟一起，为改变104国道、330国道永嘉段路况差、设施落后局面，打造全省文明样板路做出了突出的成绩。1987年，唐益勤担任

鸡笼屿站站长时，负责管养的330国道线凹凸不平、路况极差，好路率不到30%。当时养路条件落后，设施简陋，工人情绪低落。他知难而上，带领全站养护工人早出晚归，加班加点，连续作战。在经费奇缺的情况下，他利用自制工具，每月采路料达300多方。仅此一项，为国家节约经费10余万元。经过一年多的奋战，鸡笼屿站管养的330国道扭转了路况差的局面，好路率上升至70%。同年，他光荣地加入了中国共产党。1995年，全省开展104国道文明建设样板路创建活动，组织上派他到中村公路站担任站长，挑起104国道永嘉段的创建重任。104国道瓯北至乌牛段车辆流量大，违章占道严重，成为创建文明样板路的难点路段。盛夏是养路的最佳季节，他带领养路工人承受骄阳的蒸晒和柏油热气的煎熬，建立石护栏，清理垃圾，设埋铁管隔离桩……日夜奋战在国道两侧，攻克了一个个难关，以最短的时间，彻底改变了104国道乌牛至瓯北段的面貌，使以往“脏、乱、差”的国道一跃成为省级文明样板路。中村公路站被评为省、市104国道文明样板路创建先进集体，他本人被评为省、市文明公路创建先进个人。20年来，他以孜孜以求的敬业精神，荣获全国公路系统优秀共产党员称号（2000年浙江省公路系统唯一获此殊荣），以及全国百名优秀养路工和温州市十佳公路标兵等称号。

【胡建立】 男，生于1957年，文成县公路管理局百丈漈公路站养路工。1980年3月参加工作，先后辗转六个公路站，三次放弃条件相对优越的工作环境，坚守着大山，坚守着公路，成为温州公路系统有名的业务尖子。一次因车祸严重受伤，他谢绝到段部上班的安排，依然回到养护一线。1997年，海拔700米的石垟公路道班撤并到百丈漈道班，老站需要留下一名养护工驻守。曾担任过道班班长的胡建立，不顾地处偏僻、离家遥远，主动要求留下，负责8.2公里公路的养护任务。每天清晨，他驾着自费购买的三轮车，带着工具和狗上路，风雨无阻。日长月久，胡建立心中有本“路况图”，从养护的路段、百米桩到涵洞，都记得清楚，路况是全县最好的，大家称他为道路的“神医”。胡建立的家离石垟有50多公里，为了不影响养护工作，胡建立两个星期回家一趟。12年过去了，胡建立用养护工的执着和奉献精神，演绎了“一人一狗一扫帚”坚守道班的感人故事。退休之际，为公路养护事业奔波了36年的胡建立，希望自己能继续留守养护一线。1986年以来，荣获浙江省公路管理系统先进工作者、浙江省交通系统两个文明建设文明职工、浙江省公路管理系统文明职工标兵、温州市交通系统十路人才百名精英诚实劳动标兵，温州市劳动模范、温州市优秀共产党员等多项荣誉称号。2013年9月，获得“敬业奉献·中国好人”称号（中央宣传部、中央文明办），成为全国唯一跻身“中国好人榜”的公路养护工。2017年3月，被选为中共浙江省第十四次代表大会代表。2016年退休。

【董晓华】 男，生于1959年，原泰顺县交

董晓华（右）与时任泰顺县交通局局长龚百晓巡路 毛丽君摄

通运输局副局长兼泰顺县公路管理段段长。2005年任职以来，他工作雷厉风行，开拓创新，注重调动全体干部职工的积极性。从2007年起，他从山区实际出发，创新性地实施S228线泰顺段和新、老S331线泰顺段文明公路创建，被称为“浙江文明公路创建的温州—泰顺模式”，得到了省交通厅厅长郭剑彪的高度评价。他精心策划公路文化建设，共同倡议建立“6·19”公路文化节、创作《公路人之歌》，主持编纂浙江首本县级公路志，为泰顺交通文化被评为全国交通文化建设示范基地立下了汗马功劳。无论是日常的公路建管养，还是在抗台抢险一线，他身体力行，率先垂范。在家中父母、弟弟等多位亲人身患癌症或重病的情况下，全身心地扑在公路事业上。2011年8月，董晓华被查出患有鼻癌，但因工作繁忙，一拖再拖，术后仍坚持岗位，直到2013年4月因病退居二线。八年来，董晓华带领全体公路人实现了公路管理工作的重大突破。泰顺县公路管理段五度蝉联温州市公路工作考核第一名，获浙江省公路工作先进单位称号，先后被评为改革开放30周年浙江交通创业创新先进集体、全省农村公路养护管理工作先进单位、省市“工人先锋号”。董晓华个人获得全国交通运输行业文明职工标兵、浙江省“优秀共产党员”称号、浙江交通爱岗敬业十大楷模、浙江省抗台先进个人等荣誉。

【鲍启林】 男，生于1933年，原乐清市公路养护所养护工。他担任乡道养路工时，由于当时资金和技术的原因，乡道建设极其简陋，路面坑坑洼洼，路况非常差，遇下雨天，行车艰难，处处险情。鲍启林养护几十公里凹凸不平的乡道，月收入只有80元。20世纪80年代初，正是改革开放初期，个体经济活络。当时有人请他当泥水工，月资300元，他婉言谢绝，说：“看见车辆在公路上颠簸，自己心里就不安，哪里有心去赚大钱。”他家的责任田，全由妻子林彩妹耕种。农闲时，妻子还帮他从溪里筛出一车车石子砂去铺公路。1984年，鲍启林被评为浙江省先进养路工，1985年、1986年连续被评为市级先进生产者。

【陈亮】 男，生于1977年，大学本科，硕士，高级工程师。1999年进入温州交通建设集团，2001年调入市公路管理处养护科，具体负责路面大中修工程、桥隧养护与管理、文明公路养护工程和养护计划预算等工作。2011年7月，担任雁楠公路工程建设办公室副主任。面对政策处理复杂、工程建设难度大、工程资金吃紧等老大难问题，他制定“白天忙生产，晚上忙协商”的工作机制，组织开展克难攻坚、立功竞赛等一系列活动，带领雁楠办全体工作人员发扬“白＋黑”“5+2”的精神，早出晚归，攻坚克难。白天忙碌在工地一线，夜间召集会议协商，破解施工、技术、资金、拆迁难题。不论是台风、暴雨还是酷暑，他总是出现在工程现场，巡查工地，与技术、施工人员一起处理棘手问题。在他的工作时间表里，没有休息天，没有节假日。春节期间待在工地，雨雪天为抢工期和工人坚守在一线。检查桥梁工地被钢筋戳伤时，打完破伤风针就立即赶回工地。女儿

发高烧，他在电话中说句“实在走不开”就挂断了……两年多来，工程质量、安全、造价管理处于全市领先，多次被评为立功竞赛活动优胜单位、“平安工地”建设示范工程（工地）。2013年11月30日，雁楠公路建成通车。2013年3月开始，陈亮同时主持市公路管理局养护处的工作。为了抓好工程质量和规范小修保养，出台“普通干线公路养护质量年活动实施方案”，加强公路精细化管养，提出“七早工作法”，强化工程质量管理，引入第三方检测，实施全过程监管。2013年度普通国省道干线公路路况检测评比名列全省第二，达到了历史最好成绩。他还注重学以致用，负责或参与完成《天然岩沥青在重载沥青路面中的应用研究》《巨粒土高填方路基修筑关键技术研究与运用》等科研课题11个，积极推广纤维封层、多锤头破碎技术等“四新”技术15项，发表工作论文20多篇。被评为省、市劳动模范，浙江省青年岗位能手等。

【黄旭明】　男，生于1958年，文成县二源乡人，1979年被招为公路养护农工班。他到二源公路养护道班时，道班所负责的文成至南田的砂石路面，路况差。他吃苦耐劳，敢想敢干，与同事风餐露宿，精心养护，为实现好路率跃至100%作出了突出的成绩。1984年，他从一名普通的养护工升任道班班长。1988年，组织派他到大会道班任班长。当时，大会道班负责56省道瑞东线10多公里的养护，路况一直上不去，好路率仅40%，在全段排名末位。上任后，他带领职工只用一年时间，所养护路段的好路率提高至100%。1990年2月，他又被调至离家40里的石门道班任班长。石门是个前不着村后不着店的道班。道班所负责的12公里公路弯道多，路况差。为了打好路况翻身仗，他风里来雨里去，不顾酷暑寒冬，一心扑在公路上。是年8月20日，12号台风带来的特大暴雨袭击石门，瑞东线K110+300地段被冲毁，塌方严重，交通中断。他顾不上吃晚饭，带领职工赶往现场清理，直到午夜才饥肠辘辘地返回。有

一次，8岁的儿子患关节炎要住院治疗，他闻讯后带些钱去，请岳父、妻子陪伴儿子住院，气得妻子直埋怨他心中只有公路、道班。被评上市劳模后，市公路段工会组织劳模休养，他却谢绝了。他说，自己还年轻，这里的路况、道班离不开自己。上任两年，石门道班管辖路段的好路率又获得了100%。1993年，他调任樟台道班班长。道班负责养护56省道文成段的门面公路60多公里，大部分是砂石路面，点多面广，改善路况的压力很大，他又带领职工投入新的路况翻身仗之中。有人向他探求在如此短的时间内拿下一个个100%的“奥秘”，他说，每个人都有自己的家，只要以路为业、以班为家，一心扑在公路上，就什么困难都能克服。从事公路养护工作后，先后获得浙江省百名优秀工人、百业青年标兵、浙江交通系统文明职工、浙江省“五四”青年新长征突击手、温州市劳动模范等荣誉。1994年被选为中共温州市第七次代表大会代表。2017年7月退休。

【董平西】　男，生于1971年，中共党员，大专学历，永嘉县九丈公路管理站站长。1994年从事公路养护一线以来，经常连续多天吃在站里，干在路上。2010年冬，一场突来的大雪造成公路交通中断，他带领职工冒着严寒撒盐融雪至深夜。春运刚开始，坦五线K56处发生山体塌方，多块巨石阻断交通，他带领职工奋起抢通，确保春运安全畅通。酷暑天气，他中暑坚持上路，导致病情加重，上吐下泻不止。在坦五线清理塌方时无名指被压折，依然坚持作业。公路巡查路遇有人

被车撞倒，伤势严重，他立即把伤者送往医院抢救。在董平西的带领下，41省道、坦五线、坦三线等通往楠溪江风景区的公路，达到了畅、美、舒、安、美的要求，九丈公路站多次被上级主管部门评为“先进单位”“先进集体”“先进工会小组”。他本人被评为永嘉县劳动模范、浙江省最美公路人，先后获得温州市第二届职业技能系列比赛水泥混凝土路面接缝养护项目比赛第一名、温州市公路系统机械操作技能大赛第一名，获“温州市技能比赛技术能手”“技能带头人”称号，被温州市政府授予“金燕奖”。

三、荣誉名录

【全国文明单位·温州市公路管理局】2014年，市公路管理局被中央精神文明建设指导委员会评为全国文明单位。从90世纪90年代开始，温州市公路管理部门就提出创建文明行业的目标。20多年来，始终把文明创建列入公路发展的重要内容，从组织建设入手，大力加强文明单位创建的领导，从细胞建设抓起，增强全体干部职工的参与意识、创建意识，通过文明单位创建，不断把精神文明建设推向前进，促进公路事业的又好又快发展。特别是2013年新的领导班子成立以来，在以往文明成果的基础上，提出局机关创建全国文明单位、全系统文明创建晋级升位的奋斗目标，开展了一系列扎实有效的创建活动。一是开展道德教育。先后共举办“道德讲堂”20多期，加强全体干部职工的社会公德、职业道德、家庭美德和个人品德教育，努力形成知荣辱、讲正气、守诚信、作奉献、促和谐的良好风尚。全体干部职工参与学雷锋志愿者服务队，三年先后组织各类主题活动30余次，2014年起每月组织一期活动，累计参与人数上千人。二是注重品牌引领。从公路人的长期实践中提炼出“心路相融 惠泽四方”的核心价值观，打造公路文化建设的温州模式，呈现出以“三个一”为主要代表的文化硕果，即提炼一个文化品牌、立项一个科研课题、编印一套文化丛书。开展ISO 9001质量管理体系认证工作，建立健全一个全面的、持续改进的质量管理机制。三是坚持服务为先。选派15名领导干部参与“驻企”工作。局党委书记、局长连真毅带领110攻坚组，帮助结对企业代办事项20余起，入企宣传政策50余次，难题化解率100%。110攻坚组事迹被温州市政府列为温州市驻企服务工作先进经验。长期坚持与贫困村挂钩联系制度，先后派出10多名农村指导员帮助贫困村解决困难，谋求发展之路。四是敢于争先创优。针对公路路况瓶颈，先后提出争先创优、先行赶超、示范发展的口号，克难攻坚，创新发展，一举实现公路路况、规范化管理连续三年跃入全省公路系统先进行列的目标。大力打好公路边“三化” 硬仗，连续两年夺得公路边“三化”综合完成率全省第一。

2005年至今，市公路管理局还荣获全国创建文明行业工作先进单位、浙江省“五一”劳动奖章、省级文明单位等省部级荣誉40多项。全市公路系统涌现出一大批各级先进集体和个人。行业文明创建成绩凸显，全系统共有国家级文明单位1家，省级文明单位4家，市级文明单位5家，县级文明单位3家，文明单位创建率、创成率均达100%路。

【全国模范道班·文成县百丈漈公路管理站】位于百丈漈—飞云湖国家级风景名胜区内，1996年由石垟等五个公路站撤并组建，现有职工18人，负责文成境内一条省道、五条县道共计126公里公路的养护任务。2005年，公路站职工们战高温、抗台风，确保建成温州市首条省级文明公路。在百丈漈公路站，有一人坚守已撤道班12年的“中国好人”，有女承父业的巾帼，有青藏高原的退伍兵，有父亲是领导的小伙子。他们不顾护路艰辛、收入低微，痴心养路，在平凡的养护工作中，作出了不平凡的成绩。2008年以来，该站以“星级文明公路站”创建活动为抓手、以“模范道班”为标杆，公路养护工作一直走在全市的前列，成为温州市公路站中获奖级别最高最多的公路站。获得中华全国总工会先进职工小家、全国工人先锋号、浙江省工人先锋号、温州市劳动模范集体、浙江省交通厅文明公路站等殊荣，2011年被交通运输部命名为“全国模范道班”。

【全国工人先锋号·甬台温高速公路苍南超限运输检测站】 2004年6月成立以来，以打造浙江路政品牌为目标，以创一流工作、一流服务、一流团队为要求，建立防、管、控多功能治超体系。采取“四班三运转”工作机制，实行24小时不间断检测。通过固定站点治超带流动治超、省际多部门联动治超等方式，加大对超限运输的打击力度；通过开展专项整治行动，维持治超高压态势；通过与高速交警、地方路政、收费站和福建路政的联动治超，形成“省际互动、高普联动、部门协作”的联勤机制，并探索建立联合治理车辆超限超载的路面长效机制。2004—2015年，共检测车辆6262132辆，查处各类违法超限运输车辆35723辆，卸载29965辆（除大件、不可卸载物品外），卸货127671.08吨，收取罚款42489353元，超限率从47.89%下降至1.45%。树立优质服务意识，率先在温州交通系统中推行POS机刷卡缴纳罚款服务，简化处罚流程，设立便民服务台，设置服务评价器。2014年，被评为全国“工人先锋号”。

【全国农村公路养护和管理先进集体·温州市公路管理局】 自2011—2014年，市公路管理局围绕“明确一个主体、破解两个难点、强化三级考核、实施四项工程”的要求，贯彻、落实和具体部署农村公路管理养护年活动，市、县两级成立农村公路管理养护年活动领导机构，制定下发《温州市农村公路管理养护年活动实施方案》，真正做到责任到位、措施到位，确保实效。一是落实主体责任和资金来源。所有县级政府均承担起农村公路养护管理的主体责任，农村公路养护管理办法、考核办法、资金使用管理办法等规章制度得到进一步健全、完善与落实。农村公路养护管理资金列入财政年度一般预算，建立了稳定的资金来源，并超过省政府规定的最低标准。据统计，三年来共投入养护资金10.8亿元。市公路管理局专门成立农村公路建设处，县级陆续成立农村公路管理科，全部建立109个乡镇农村公路养护管理机构。二是全面落实管养检查考核。建立县级农村公路养护管理工作检查考核制度，争取到市本级财政每年500万元的农村公路工作考核奖励经费。三是加强行业指导与业务培训。编制了《温州市农村道公路规范化管理工作手册》《温州市农村道公路养护工作手册》，对农村公路养护与管理人员进行规范化管理与业务培训，三年培训人数1520人次。农村公路养护四项工程稳步推进。三年完成农村公路大中修工程1453.1公里，安保工程651.2公里、文明示范公路创建46.9公里、绿化工程667.3公里；保质保量完成了26个农村公路养护管理站规范化创建工作。

【全国交通运输行业文明示范窗口·温州市高速公路路政管理大队】 成立于1998年12月，隶属于市公路管理局，依法担负温州境内300公里高速公路的路政管理、养护行业管理、征收行业管理、服务区文明创建监管等“四合一”综合管理工作。大队以争创“最美”为契机，紧紧围绕文明示范窗口建设，创新高速路政定位，提出“1256（要爱我路）”总路径，通过分时段、分内容、分方式和分难度的“四分”法则，强化高速公路综合管理；全力推进公路边“三化”，建立路网保畅五方联合协调机制，有效提升温州高速路政工作效率、管理水平。同时，创设“三三四”工作法，打造“学练三个一” 学习品牌，形成干部职工汇聚正能量的大合唱。2014 年，被交通运输部评为全国交通运输行业文明示范窗口。

【中华五一劳动奖状·金竹溪公路道班】位于永嘉西北与仙居交界、海拔 1000 多米的大山深处，几乎与世隔绝。40 多年来，养护职工常年居住在道班，守护着战备公路老 41 省道，把原来“雨天见池塘，晴天见山岗”，平均好路率不到 30% 的“景阳岗”，改变为连续 6 年好路率保持在 100% 的“畅美路”。多次获得浙江省公路系统文明班组（集体）标兵、“青年文明号”等称号，1989 年荣获全国“五一劳动奖状”。1989 年，金竹溪公路道班的事迹被拍成《大路风采》，在央视一台播出。

温州公路系统先进集体荣誉名录（部分）

表 10-5-1 （排序按颁奖时间先后）

级别	获奖单位	荣誉称号	颁奖部门	颁奖年份
部级	永嘉县金竹溪道班	“五一”劳动奖状	中华全国总工会	1990
	文成县石垟养护站	职工模范小家	中华全国总工会	2000
	文成县百丈漈养护站	职工模范小家	中华全国总工会	2001
	温州市公路管理处	建党 80 周年知识竞赛优秀组织奖	中央企工委宣传部等	2001
		农村公路通达情况调查先进集体	交通部	2007
	文成县百丈漈养护站	全国工人先锋号	中华全国总工会	2008
		全国模范道班	交通部	2011
	温州市公路管理局	全国文明单位	中央文明委	2014
	温州市公路管理局	全国农村公路养护和管理先进集体	交通运输部	2014
	温州市高速公路路政管理大队	全国交通运输行业文明示范窗口	交通运输部	2014
	甬台温高速公路苍南治超检测站	全国工人先锋号	中华全国总工会	2014
	温州市公路管理局战备仓库	国防交通物资储备优秀仓库	国家交通战备办公室	2014
省级	永嘉县公路段中村养护站	浙江省劳模集体	浙江省人民政府	1953
	温州养路段第二十二道班	浙江省先进单位	浙江省人民政府	1956
	温州运输局温岭工区	浙江省先进集体	浙江省人民政府	1958
	文成县公路段大垟培道班	“七五”期间浙江省劳动模范集体	浙江省人民政府	1986—1990
	温州市公路管理处	浙江省文明单位	浙江省委	2005
	文成县公路管理段	浙江省文明单位	浙江省委	2006
	洞头县公路管理段	浙江省劳模集体	浙江省人民政府	2009
	平阳县公路管理局	浙江省文明单位	浙江省委	2014
	文成县公路管理局	浙江省劳模集体	浙江省人民政府	2014
	温州市高速公路路政管理大队	浙江省文明单位	浙江省人民政府	2014
省属部门	文成县公路段	浙江省公路系统先进单位	浙江省交通厅	1977
	泰顺公路段豆腐岭道班	“工业学大庆”标兵	浙江省公路局	1977
	文成县公路段	浙江省公路系统先进单位	浙江省交通厅	1978
	文成县公路段大垟培道班	浙江省公路系统先进道班	浙江省公路局	1982
	交通局直属双桂道班	浙江省公路系统先进道班	浙江省公路局	1983
	永嘉公路段金竹溪道班	浙江省公路系统先进道班	浙江省公路局	1984
	交通局直属十源道班	浙江省公路系统先进道班	浙江省公路局	1984
	文成县公路段	浙江省公路系统先进道班	浙江省公路局	1985
	交通局直属双桂道班	浙江省公路系统先进道班	浙江省公路局	1986
	文成县公路段二源农工班	浙江省公路系统先进道班	浙江省公路局	1986
	文成县公路段	浙江省公路系统先进道班	浙江省公路局	1986
	交通局直属叶胜道班	浙江省公路系统先进道班	浙江省公路局	1986
	文成县公路段双桂道班	浙江省公路系统先进道班	浙江省公路局	1986
	永嘉县金竹溪道班	浙江省交通系统两个文明建设先进单位	浙江省交通厅	1987
	永嘉县金竹溪道班	浙江省“七五”模范集体	浙江省总工会	1992

续表 10-5-1

级别	获奖单位	荣誉称号	颁奖部门	颁奖年份
省属部门	洞头县公路管理段	浙江省模范集体	浙江省总工会	1994
	文成县百丈漈养护站	浙江省文明公路站	浙江省交通厅	1997
	永嘉县金竹溪公路养护站	青年文明号	共青团浙江省委等	1997
	文成县公路段	浙江省文明单位	浙江省委	1998
	永嘉县中村公路养护站	浙江省模范集体	浙江省总工会	1999
	平阳公路管理处工会	浙江省模范职工之家	浙江省总工会	1999
	温州市公路管理处	全省创建文明建设样板路活动表扬单位	浙江省交通厅	2000
	乐清公路龙西道班班长	浙江省公路系统先进道班	浙江省公路局	2000—2012
	温州大桥收费站	创建文明行业工作先进单位	浙江省文明委	2003
	温州市公路管理处	浙江省公路系统新闻报道先进单位	浙江省公路管理局	2003—2007
	温州市公路管理处	全国跨区机收工作先进单位	农业部	2004
	文成县百丈漈养护站	浙江省工人先锋号	浙江省总工会	2008
	温州市公路管理处	浙江省“五一”劳动奖状	浙江省总工会	2011
	乐清市路政管理大队一中队	浙江省规范化路政中队	浙江省公路管理局	2011
	乐清市路政管理大队二中队	浙江省规范化路政中队	浙江省公路管理局	2011
	温州市高速公路不停车收费管理处	高速公路不停车收费发展优秀单位	浙江省交通运输厅	2011
	永嘉县公路管理段	惠民服务模范集体	浙江省交通运输厅	2012
	泰顺县公路管理局	浙江省文明单位	浙江省委	2013
	永嘉县公路管理段	先进单位	浙江省交通运输厅	2013
	温州市公路管理局 ETC 管理处	浙江省运输行业百名最美团队	浙江省交通运输厅	2014
	温州市高速公路路政管理大队	浙江省运输行业百名最美团队	浙江省交通运输厅	2014
	温州市高速路政大队一中队	浙江省运输行业百名最美团队	浙江省交通运输厅	2014

温州市公路系统先进个人荣誉名录（部分）

表 10-5-2　　（排序按颁奖时间先后）

级别	姓名	所属单位和职务	荣誉称号	颁奖部门	颁奖年份
国家级	郑月兰	苍南县溪头埠养护站站长	全国劳动模范	国务院	2000
部级	高启然	泰顺县公路管理段副段长	第三季度“安全优质百日赛”奖章	交通部	1978
	黄崇星	永嘉县金竹溪道班班长	交通部全国劳动模范	人事部、交通部	1990
	潘乃为	乐清县龙西道班班长	全国“五一”劳动奖章	中华全国总工会	1995
	郑月兰	苍南县溪头埠养护站站长	全国“五一”劳动奖章	中华全国总工会	1998
			全国先进女职工	全国妇联	1999
	唐益勤	永嘉县中村养护站站长	全国优秀养路工	交通部等	1999
			全国公路系统优秀共产党员	交通部	2000
	郑月兰	苍南县溪头埠养护站站长	全国“三八”红旗手	全国妇联	2001
	郑月兰	苍南县溪头埠养护站站长	全国十行百佳妇女	全国妇联	2002
	汪国杰	永嘉县公路管理段职工	全国“五一”劳动奖章	中华全国总工会	2008
	陈　隆	文成县公路管理段	全国新长征青年突击手	中华全国总工会	2008
	林圣巧	永嘉县公路管理段职工	全国交通系统劳动模范	国家人事部、交通部	2008
	董晓华	泰顺县公路管理段段长	全国交通运输行业文明职工标兵	交通部	2010—2011
	胡建立	文成县百丈漈养护站职工	中国好人	国家文明委	2014
省级	刘化忠	温州养路括苍渡班长	浙江省先进生产者	浙江省人民政府	1958
	章新法	文成县公路段	浙江省劳动模范	浙江省人民政府	1982
	黄崇星	永嘉金竹溪道班班长	浙江省劳动模范	浙江省人民政府	1989
	潘乃为	乐清龙西道班班长	浙江省劳动模范	浙江省人民政府	1995
	郑月兰	苍南溪头埠养护站长	浙江省劳动模范	浙江省人民政府	1998
	陈　亮	温州公路管理局养护处副处长	浙江省劳动模范	浙江省人民政府	2014

续表 10-5-2

级别	姓 名	所属单位和职务	荣 誉 称 号	颁 奖 部 门	颁奖年份
市级	郭鸿武	公路局温州中心站	温州市工业劳动模范	温州市人民政府	1954
	赵沛界	文成县公路段党支部副书记	温州市劳动模范	温州市人民政府	1977
	陈怀振	文成公路段大垟培道班班长	温州市劳动模范	温州市人民政府	1982—1983
	曾自登	温州公路总段泰顺公路段	温州市劳动模范	温州市人民政府	1983
	来嗣涌	温州公路总段	温州市劳动模范	温州市人民政府	1983
	施世贵	乐清市虹桥养护管理站站长	温州市劳动模范	温州市人民政府	1986
	张寿居	永嘉县公路段书记、段长	温州市劳动模范	温州市人民政府	1989
	黄旭明	文成县大会道班班长	温州市劳动模范	温州市人民政府	1990
	林正明	温州市公路管理处副主任	温州市劳动模范	温州市人民政府	1993—1994
	潘乃为	乐清市龙西道班班长	温州市劳动模范	温州市人民政府	1994
	胡建立	文成县百丈漈养护站	温州市劳动模范	温州市人民政府	1998
	唐益勤	永嘉县中村公路站站长	温州市劳动模范	温州市人民政府	1999
	于江平	平阳县公路管理段	温州市劳动模范	温州市人民政府	2007
	徐德飞	温州市高速路政管理大队	温州市劳动模范	温州市人民政府	2007—2008
	陈 亮	温州市公路管理局养护处副处长	温州市劳动模范	温州市人民政府	2013
	柯生忠	苍南县溪光养护站站长	温州市劳动模范	温州市人民政府	2013
省属部门	陈选跃	乐清县公路段职工	浙江公路系统生产先进工作者	浙江省公路局	1977—1978
	曾自登	泰顺县公路道班工人	浙江公路系统先进生产工作者	浙江省交通厅	1982
	余加良	乐清县公路段职工	浙江公路系统生产先进工作者	浙江省交通厅	1984
	李纪岳	乐清县公路段职工	浙江公路系统生产先进工作者	浙江省交通厅	1984
	鲍启林	乐清县公路养护工人	浙江省先进养路工	浙江省交通厅	1984
	齐兆昌	泰顺县公路道班工人	浙江公路系统生产先进工作者	浙江省交通厅	1986
	林运权	泰顺县公路道班工人	浙江公路系统生产先进工作者	浙江省交通厅	1986
	黄旭明	文成县大会道班班长	浙江“百优”工人	浙江省总工会	1988
	王守勤	永嘉县公路管理段段长	创建文明样板路先进个人	浙江省交通厅	1995—1998
			全省“百日”劳动竞赛活动先进个人		2006
	郑月兰	苍南县溪头埠养护站站长	浙江省先进女工	浙江省妇联	1998—1999
	吴志发	平阳县公路管理段段长	浙江交通公路系统创建行业先进个人	浙江省交通厅 浙江省公路管理局	2003、2004
	刘晓华	温州市公路管理处（局）宣传干事、信息中心主任	浙江公路系统新闻宣传先进工作者	浙江省公路管理局	2004—2009 2011—2016
			浙江交通运输系统新闻宣传先进工作者	浙江省交通运输厅	2011
	于江平	平阳县公路管理段副段长	浙江公路系统迎接交通部全国干线公路检查先进个人	浙江省公路管理局	2005
	陈再新	苍南县公路段养护工	浙江交通十大感动人物（特别奖）	浙江省文明办、总工会、交通厅	2007
	林岩鸿	平阳县养护管理科长	浙江农村公路通达情况专项调查先进个人	浙江省交通厅	2007
	林小敏	洞头县公路管理段	浙江农村公路调查先进个人	浙江省公路管理局	2007
			全省公路系统“建设大路网 打造五型路”先进个人	浙江省公路管理局	2008—2012
	吴志发	平阳县公路管理段段长	浙江公路系统“建设大路网 打造五型路”先进个人	浙江省公路管理局	2008—2012
	林剑武	乐清市公路管理段副股长	浙江优秀农村工作指导员	浙江省委、省政府	2009
	董晓华	泰顺县交通运输局副局长兼公路管理段段长	浙江优秀共产党员	浙江省委	2011
			浙江交通运输系统爱岗敬业楷模	浙江省交通运输厅	2013
	陈 蕾	乐清市公路管理段副股长	浙江交通运输系统“安全隐患排查治理”活动先进个人	浙江省交通运输厅	2011
	郑荣东	平阳县水头公路管理所所长	浙江公路系统“十一五”模范公路养护工	浙江省交通运输厅	2012
	徐志峰	乐清市公路管理段	浙江公路系统“建设大陆网 打造五型路”（2008-2012）先进个人	浙江省公路管理局	2013
	陈文剑	乐清市柳白公路管理所站长	浙江运输行业百名最美人物	浙江省文明办	2014

第十一章　科技教育

综　述

温州公路的建设、管理、养护，离不开科技的支撑。1953 年，浙江省开始推广木材防腐技术处理和石灰三合土铺设路面技术。在杭温线和丽青温线的修复工程中，尝试推广“木材混凝土桥面”试验桥。改造后的桥梁，抗压强度大、防水性能好，使用寿命长达 20 年。这是中华人民共和国成立以后温州市也是全国在公路建设方面首次推广较成功的革新技术。同年，丽青温线大中修时，大胆采用“级配路面”铺筑获得成功。1964 年 7 月，温州公路总段建立路材试验室，规定所有沙石泥料、水泥钢材、钢筋水泥混凝土物件等，经取样试验合格后方可使用。

1978 年全国科学大会以后，特别是进入 21 世纪以来，温州公路工程大力推广应用先进科学技术和“四新”技术取得丰硕成果。高速公路和干线公路路面管理、公路桥梁管理、交通量数据管理以及养护统计管理，均被纳入专项系统管理，实现网络化、信息化。G104 线路面大修工程，首次应用泡沫沥青冷再生场拌技术，成为浙江省交通运输行业首批节能降耗示范项目。

市公路管理局领导班子转变发展理念，在管理、养护、施工中全方位实施以“四新”技术为重点的科技创新、应用，桥头跳车病害快速治理获得突破。2014 年，省公路管理局在温州举办全省公路预防性养护现场会，全省 11 个市公路局长和专业养护人员，现场观摩和学习预防性养护工程推广应用“四新”技术的做法和经验。

2015 年，公路部门围绕科技管理、节能减排、公路绿化、绿道建设、技术指导和服务，开展《公路隧道 LED 照明光效与视觉功效研究》《流程管理体系智慧化创新推动浙江公路转型发展研究》《温州地区公路沥青路面老化演变规律及预防性养护研究》《公路隧道 LED 光源照明等效性研究》《橡胶沥青应力吸收层在“白改黑”养护工程中的应用研究》《瑞安市飞云江五桥钢桥面（正交异性板）铺装研究》《营运公路桥头软基综合处理对策研究》等多个课题研究，全年下达科技成果推广应用计划 21 项，完成 28 个“四新”技术应用项目结题报告。“十二五”期间，温州公路开展课题研究 10 项，其中研究成果达国际先进水平 2 项、获浙江公路学会科学技术三等奖 1 项、获温州市科学技术进步三等奖 2 项；推广和应用“四新”技术 23 项、涉及养护专项工程项目 100 多个。

“十二五”期间，温州市公路管理局审时度势，实施“智慧公路”建设，以适应信息时代的需要和公路现代化、信息化管理的需要。计划通过六年时间的建设，完成“12241”建设任务。运用科技手段，从路与车的最佳结合入手，最大限度地提高公路利用率，使道路交通向智能化方向发展，实现科技治路、科技管路和科技兴路。

第一节　公路课题研究

公路建设、养护质量和水平的提高依赖于科学技术的进步。温州公路科研发展大致分为两个阶段：21 世纪之前为第一阶段，前期对公路养护管理中的新技术、新工艺应用处于自发状态，后期开始转为自觉状态，主要参与省交通厅、公路管理局组织的重点科研项目，承担部分科研任务并取得一定的成果。21 世纪之后为第二阶段，主要表现为两个方面：积极参与省交通厅、公路管理局组织的重点科研项目，承担部分科研任务并取得突出成绩；自主开展公路课题研究，内容涉及公路施工工艺、路面结构技术革新、公路路面修筑技术研究、新型材料在公路工程施工中的应用等，部分重要科研项目获得省级科研成果奖，对温州公路的科学发展起到了积极的作用。以下为“十一五”“十二五”时期温州公路部分研究课题。

【天然岩沥青在重载沥青路面中的应用研究】项目采用元素分析、红外光谱、核磁共振、热分析等先进的测试分析方法，研究了岩沥青以及岩沥青改性沥青结构与组成，探讨了岩沥青对基质沥青改性机理；基于灰色关联理论分析了岩沥青改性效果影响因素及显著性；提出了湿法岩沥青改性沥青生产关键控制参数。系统评价了湿法和干法岩沥青改性沥青混合料的路用性能；通过大量调研分析、室内试验、理论计算和现场测试，并结合 104 国道、41 省道、330 国道、318 国道、杭甬高速等实体工程应用，系统研究了岩沥青多种应用工艺并评估了实际应用效果；依托研究成果，编制了岩沥青应用技术指南，形成岩沥青改性沥青路面成套技术和示范工程。

项目主要成果：⑴应用元素分析、红外光谱、组分分析、热分析等现代测试分析技术剖析了天然岩沥青的组成与结构，揭示了天然岩沥青改性机理，为岩沥青工程应用提供了理论基础。⑵基于灰色关联分析理论，系统分析了岩沥青改性沥青性能影响因素及其敏感性，对于岩沥青选择及工程应用质量控制具有重要指导意义。⑶根据室内测试和工程应用，建立了岩沥青、岩沥青改性沥青以及岩沥青复合改性沥青技术指标体系和技术标准，对于保障岩沥青工程应用质量具有重要参考价值。⑷全面评价了岩沥青改性沥青混合料用性能及其影响因素，系统比较了干法工艺和湿法工艺岩沥青混合料性能差异，对于理解岩沥青混合料工程性质、完善岩沥青应用技术具有重要意义。⑸依托实体工程，掌握了岩沥青改性沥青生产技术、岩沥青与 SBS 复合改性沥青生产技术、岩沥青干法和湿法施工技术等关键技术；岩沥青在多条国省道和高速公路得到成功应用，起到了示范和引领作用。⑹拓展和丰富了沥青改性技术，依托研究成果形成了岩沥青应用技术指南，取得了良好的社会经济效益。

项目完成单位：温州市公路管理局、浙江省公路管理局、同济大学；研究时间：2008 年 1 月—2009 年 6 月；参与研究人员：王守勤、侯利国、张银华、徐建伟、王建平、胡益铸、马建青、陈亮、盛国俊等 21 人。

【养护工程中对国省道已建桥梁桥头基础处理技术研究】　桥头跳车是道路工程中常见病害，在软土地基条件下设计等级不高的国省道尤为严重。本项目通过资料调研与现场调研，提出了桥头跳车产生机理，本着控制差异沉降的处治原则，提出了采用桥头跳车病害处治技术措施。通过大量调研分析、室内试验、理论计算和现场测试，并依托实体工程应用，系统研究了桥头设置深层的混凝土过渡板的处治方法、超轻质新型填料换填地基的处治方法、泡沫珠混凝土填料换填的处治方法、深层注浆快速处治方法等桥头病害处治方法。该项目以浙江省沿海地区的台州、温州国省道桥梁桥头沉降处置为依托工程，对桥头设置深层水泥混凝土过渡板、泡沫珠混凝土填料换填、EPS换填和桥头基础深层注浆等四种处置方法进行了分析比较及试验研究，并修筑了实体工程；开展了桥头跳车的行车安全性评估工作。项目通过对养护工程中对国省道已建桥梁桥头基础的处理方法的研究及典型104国道台州路桥黄岩典型桥头处理方法的工程应用及试验研究分析，提出了深层混凝土过渡板及泡沫珠混凝土处置方法，尤其是埋设深层混凝土板，借助板的整体作用，分散了车辆荷载作用的地基应力，不但可以减小沉降量，使路桥差异沉降可以从突变转化为渐变，从而缓解桥头“跳车”，而且处治费用较为经济。

项目创新点：⑴提出了采用设置深层混凝土过渡板的桥头跳车处置方法。⑵提出了泡沫珠混凝土作为一种轻质填筑材料应用于桥头跳车的处置并提出了相应的施工工艺。⑶提出了桥头跳车病害深层注浆快速处治技术、关键设计方法和施工工艺。项目研究成果总体达到国际先进水平。

项目完成单位：温州市公路管理局、台州市公路管理局、同济大学、浙江大学；研究时间：2008年1月—2009年7月；参与研究人员：王守勤、侯利国、张银华、马建青、王建平、陈亮、胡益铸等20人。

【公路桥梁营运期间风险评估及应急预案研究】 温州市现有公路桥梁4000多座，经排查，仍有一定数量的病害危险桥梁在役。建立和完善在役桥梁的突发事故预防体系，并研究建立事故处置应急预案是一项非常紧迫的任务。项目研究前期调研也表明，风险评估和风险管理方法系统的融合了目前结构分析、系统分析、逻辑分析、不确定方法等前沿技术，正在成为国际上突发事件应对和管理的主流方法。因此，基于风险评估方法和温州地区特点，开展温州市公路桥梁风险评估及突发事故预防和处置应急预案研究具有重要的理论价值和实用意义。该项目根据课题目标要求，结合温州公路系统的实际，调查运营桥梁的现状，建立常规桥型运营期间风险评估方法以及风险管理策略，体现以预防为主和及时有序应急处置的原则，确保运营桥梁的安全畅通；并探索风险评估方法在地区公路网重要设施突发事件管理中应用的具体方法。该项目在对已有桥梁事故等调查统计的基础上，研究了包括构件识别、构件易损概率估算、技术状态等级修正、风险事态基础概率确定、环境修正概率确定等因素，建立了以桥梁结构特性、技术等级、周边环境、风险事态及在路网的重要性等内容的桥梁运营期的风险评估方法，并对温州地区的典型桥梁结构进行了例行评估、预警评估和抢修评估，完成了运营风险管理手册的基本框架。

项目创新点：⑴建立了可用于桥梁运营过程风险评估的定量分析方法和应急预案。⑵提出了路网通达重要性和恢复重要性系数，建立了桥梁对路网重要性的评价方法。项目研究成果总体达到国内领先水平。

项目完成单位：温州市公路管理局、同济大学；研究时间：2008年6月—2009年6月；参与研究人员：张银华、陈显春、胡益铸、周一勤、叶明亮、余善荣、王朝晖等16人。

【公路养护作业交通安全隐患及防治措施研究】 经过几十年的大力投资建设，中国公路交通网日趋完善。然而，随着公路里程的不断延伸、汽车保有量的大幅度增长以及既有公路使用年限的增加，公路养护日益成为公路管理部门所面临的重要任务。加强对养护作业区的安全管理，规范养护作业人员的作业行为，排除公路养护作业的安全隐患，确保公路养护人员的安全，减小公路养护作业对交通的影响，是目前亟待研究和解决的一大难题。项目针对温州市公路养护作业现状和存在的问题，提出了建设和实施公路养护安全文化、完善相关养护作业规范、提出安全避险控制方法和措施等，并研制开发了集成便携式养护作业安全保障器，编写了《温州公路养护作业交通组织设计指南》。研究成果在104国道永嘉段和县道坦五线得到了实际应用。

项目创新点：⑴《温州公路养护作业交通组织设计指南》细化了现行相关规程，为公路养护作业安全管理提供了依据。⑵研发了“安保器”产品，提出了“安保服”设计思路，对提高公路养护作业交通安全性具有重要作用。项目研究成果总体达到国内领先水平。

项目完成单位：温州市公路管理局、浙江省交通科学研究所；研究时间：2009年6月—2010年12月；参与研究人员：余善荣、迟凤霞、陈显春、许云飞、张银华、胡益铸、王朝晖等14人。

【多雨地区山区公路病害调研及抗灾对策研究】 公路水毁常常具有流域性成灾特性，已经成为山区公路畅通的关键性制约因素之一，严重影响公路交通的正常运营，给公路工程和社会经济发展带来巨大的损失。由于山区公路等级低，环境条件差，台风暴雨又是浙江省的基本气候环境，在无法避免灾害性天气来临的前提下，如何减少公路水毁对人民生命财产和公路工程造成的危害是当前急需解决的问题。公路水毁的原因除公路本身的抗灾能力外，水文条件和地质环境条件是控制性因素。地形地貌条件决定流域的地表水流特性，地层岩性决定坡面和沟谷水流的泥沙含量，连续的强降雨过程决定水流的动力学特性。由于一次强降雨过程而 导致的区域性交通的全面受阻或中断，对地区经济发展及人民生活造成严重影响。针对当前公路水毁防治存在的问题，应从工程技术的经济合理性层面对公路水毁进行预防和治理，从而达到提高公路水毁防灾技术水平和减少水毁防治成本的目的。该项目通过对温州地区气候、水文、地质等基础资料和既有水毁工程的调研，分析了多雨地区山区公路水毁灾害的发育特征、形成条件、成因机理；根据山区公路突发性灾害发生的可能后果和影响范围、地点及应急方式，制定了分级应急预案。从典型灾害的防护和治理两个方面提出了主要的工程防治措施；重点进行了基于互联网应用的山区公路灾害防治和应急救援数据库开发研究，提供了及时、准确传送多雨地区山区公路灾害相关信息的手段。

该项目基于互联网应用B/S（浏览器/服务器）架构的山区公路灾害防治和应急救援数据库开发研究，在公路灾害的上报、评估、决策、应急的网络化管理等方面具有创新性。该项目研究成果具有良好的社会经济效益，总体达到国内先进水平。

项目完成单位：温州市公路管理局、浙江省交通科学研究所；研究时间：2010年6月—2012年6月；主要研究人员：胡益铸、张银华、迟凤霞、盛国俊、詹伟、钱登朝、陈华、陈亮、王建平、王一波等21人参与研究。

【小位移弹性无缝伸缩缝装置在中小桥梁修复中的应用研究】 伸缩缝是相邻梁间以及梁端与桥台北墙之间设置的伸缩缝，其主要作用是保障桥梁结构物在温度、温度、荷载等作用下能够自由形变，为车辆行驶提供平顺、舒适的表面。伸缩缝损坏是国省道中小桥梁常见病害，严重影响行车舒适性和桥梁使用寿命，并可造成交通安全隐患。项目在调查研究中小桥梁弹性无缝伸缩缝病害的基础上，对弹性体无缝伸缩缝的结构设计、混合料技术指标、施工工艺等关键技术开展研究，分析了弹性体无缝伸缩缝力学响应，提出了弹性体无缝伸缩缝技术指标要求，形成了弹性体无缝伸缩缝材料及结构设计方法，编制了弹性体无缝伸缩缝设计与施工技术指南，并通过实体工程应用得以验证。

项目创新点：⑴建立了弹性体无缝伸缩缝与桥面铺装层界面法向应力计算方法，提出了弹性体无缝伸缩缝结构设计方法。⑵提出了弹性体无缝伸缩缝混合料技术要求和设计方法，并经加速加载试验（MML3）对弹性体伸缩缝性能进行验证。⑶提出了温拌型弹性体无缝式伸缩缝专用沥青胶结料配方。项目研究成果总体达到国际先进水平。

项目完成单位：温州市公路管理局、同济大学；研究时间：2011年6月—2013年9月；参与研究人员：张银华、连真毅、陈亮、钱登朝、王建平、盛国俊、陈华、陈显春等16人研究。

【巨粒土高填方路基修筑关键技术研究与应用】 山区公路常常需要频繁跨越V形冲沟，高填深挖不可避免，路堤填料往往来源于隧道弃渣，巨粒土渣料变异性大、级配复杂、可控性差，加之冲沟地带地形条件恶劣，使得修筑的巨粒土高填方路堤面临一系列的工程技术问题：一是巨粒土高填方路基的设计尚无规范可依，巨粒土高填方路基变形稳定的设计计算方法、路基沉降及不均匀沉降控制、填方施工质量控制与施工质量管理等都是工程中需要解决的关键技术难题；二是巨粒土高填方路堤常处在山间沟谷和斜坡地段。这些地段由于地质、地貌条件复杂，使得修筑的巨粒土高填方路堤常常出现：边坡局部坍塌、滑动，填方沉降及不均匀沉降等问题。这些问题一旦发生，轻者导致路面结构过早破坏，重者中断交通并导致水土流失。因此，掌握V形冲沟地带高填方路基变形规律，减小沉降变形，提高路基稳定性，确保施工运营安全，已成为山区公路建设亟待解决的问题。该课题以浙江省温州市乐清雁荡山至永嘉楠溪江公路工程为主要依托，开展巨粒土高填方路堤稳定与施工控制技术的专题研究。项目从隧道弃渣巨粒土填料性质入手，研究了巨粒土填料的物理力学性质，得出了巨粒土隧道渣料作为路基填料的适应性和可行性；分析了路堤原地面结合方式、压实度、土工格栅对V型冲沟巨粒土高填方路基变形影响；基于强度折减有限元法对V型冲沟二维和三维模型进行了稳定性分析。提出了巨粒土高填方路基、格宾挡墙施工的关键技术及施工控制要点，编制了设计及施工技术指南，并通过实体工程应用得以验证。

项目创新点：⑴通过室内大三轴剪切试验研究了巨粒土隧道渣料作为路基填料的适应性和可行性。⑵针对V形沟谷边坡采用格宾挡墙的特殊地形，从二维、三维的角度分析了高路堤稳定性及变形状况，分析了V型冲沟地带三维效应对高路堤整体的影响。⑶依托工程项目格宾挡墙高度达35米，在国内外格宾挡墙相关研究应用中，尚属首创。项目研究成果具有良好的社会和经济效益，总体达到国际先进水平。

项目完成单位：温州市公路管理局、温州市乐清雁荡山至永嘉楠溪江、公路工程建设办公室、重庆交通大学；研究时间：2011年7月—2014年6月；参与研究人员：连真毅、陈亮、叶剑可、缪存雀、陈凌浩、赵小勇、杜荣光等20人。

【公路隧道LED照明光效与视觉功效研究】 隧道属于交通事故多发地段，受其狭窄空间和行车视距的限制，隧道事故发生率为其他路段的3倍以上。国际照明委员会（CIE）的调查报告表明，交通事故与照明条件有着密不可分的关系，良好的道路照明至少能使交通事故率降低30%。但隧道照明需要消耗大量电能，以浙江省为例，年公里隧道照明消耗的电量约为33.85 万千瓦时。隧道照明用电已成为隧道运营成本的重要组成部分，很多交通隧道在日常使用中因不堪电费负担，不得不降低照明标准，从而埋下隧道行车安全隐患。因此，采用更加高效、节能的隧道照明新技术和方法显得尤为迫切。隧道采用LED 照明不仅可有效提高隧道的照明安全等级，而且具有十分重要的节能减排意义。但中国现行的公路隧道照明规范仅以亮度指标作为指导隧道照明设计的依据，缺乏面向LED 光源属性和保障其长期运行可靠性的科学评价方法和控制技术指标，这极大地制约了LED 在隧道照明中的推广应用。当前针对LED 照明光效和视觉功效的研究均采用恒定的背景亮度来模拟隧道照明环境，忽略了实际隧道行车所必然存在的视觉明、暗适应过程。此外，LED为热敏元件，良好的散热性能和有效的热管理是保障隧道LED 灯具长期可靠性的前提。但在隧道LED 灯具长期可靠性研究方面，已有研究未充分考虑隧道特殊环境对LED 灯具散热特性和需求的影响。本项目开展公路隧道LED 照明光效与视觉功效研究，并依托实体工程进行示范应用和验证，可为隧道实施LED 照明系统节能改造提供技术参考依据，具有重要的现实意义。项目针对LED半导体发光机理和性能上的特殊性，开展了隧道照明安全和LED灯具长期运行可靠性等方面的研究；通过LED视觉功效试验，研究隧道LED光源光谱组成、色温等对反应时间、瞳孔变化等视觉功效指标和隧道实际照明视觉光效的关联与影响；采用CFD模拟与试验相结合，研究公路隧道环境对LED灯具散热特性对长期可靠性的影响；研究成果在依托工程S330瑞东线塔石岭隧道以及其他10余条隧道工程中得到了LED长期可靠性和照明光效的应用。

项目主要创新点：⑴提出了视觉适应过程中LED光源色温对视觉功效的影响及适用于公路隧道各照明段的光源色温指标。⑵提出了基于视觉疲劳的均匀度控制指标和基于耐久性的隧道LED灯具安装高度。⑶开发了具有强散热效率和弱方向敏感性的无基板镂空翅片式公路隧道LED三维散热结构。本项目研究已完成了项目合同书规定的任务，研究成果具有较好的社会经济效益和推广应用价值，研究成果总体达到国内领先水平。

项目完成单位：温州市公路管理局、浙江大学、瑞安市公路管理局、温州市交通规划设计研究院；研究时间：2013年1月—2014年12月；主要研究人员：连真毅、陈显春、钱登朝、陈亮、郑建州、诸葛温君、陈华、朱守铲等21人参与研究。

【流程管理体系智慧化创新推动浙江公路转型发展研究】 公路转型发展是一个系统工程，围绕着这一主题，全国许多省份许多地区开展了多种实践。从实践的方式与效果来看，多是侧重于以科技研发、技术操作等硬件开发为切入点，带动公路转型发展。除了在硬件上进行改造和升级之外，更需要软件的嵌套与支撑。正是在这样一个认识基础之上，本项目提出通过流程管理体系的智慧化升级来带动浙江公路转型发展的思路，重点旨在建立浙江省公路文化建设的流程管理体系。公路转型发展需要具体的流程与环节来达成，而过程设计的科学、合理与否将直接决定公路文化建设的资源投入与最终效果。因此，建立从目标关联到指标体系设计到具体流程再到信息平台，正是要构建一整套完整的公路转型发展流程管理体系智慧化的建设过程，这是本项目的目标与成果也是本项目的创新之处。除此之外，结合浙江省部分地区的实际情况，建立起公路转型发展流程管理体系智慧化示范点，也是本项目的具体应用与成果，用以指导浙江省公路转型发展。并在此基础之上，以创新性、前瞻性为原则，提炼出具有全国领先水平的公路转型发展流程管理体系。

本项目提出通过流程管理体系的智慧化升级来带动浙江公路转型发展的思路，研究探讨浙江“智慧公路”建设的流程管理体系。具体如下：⑴总结与提炼了浙江公路转型发展方向。提出了由分散转型向协同转型、由以路为本向以人为本、由高耗公路向生态公路、由智能化向智慧化的四个方面的方向。⑵提出了浙江公路流程管理智慧化指标体系。依据提出的四个方向，设计与分析了可实现、可量化、可考察的具体指标体系，在此基础上提出不同层次和层面的指标筛选技术与方法，以供不同浙江省不同发展程度的区域选择使用。⑶对浙江公路管理体系流程进行分析与挖掘，具体包含管理体系分析和流程管理分析与挖掘两个部分。前者从公路管理职能、部门结构和资源情况进行了分析，后者从参与者角色、复杂性等方面进行了分析，提供了不同的挖掘与分析工具及方法。⑷浙江公路流程管理体系智慧化再造与优化，通过对流程活动的拆解和关联，将其子流程分为规划、项目建设、路政服务、公路养护和应急管理5个部分，在智慧化集成、物联网、互联网等技术嵌套的支撑下，对子流程进行了具体的设计与构建。⑸浙江公路流程管理智慧化支持体系，对流程管理智慧化创新的保障机制及技术支撑进行了简要探讨，此外还提供了实现智慧化的工具箱，以便为不同条件的地区提供各种可选方案。⑹对温州特色的公路文化进行总结与提炼，作为公路转型发展的文化内核，用以支撑温州公路流程管理再造与创新。

项目主要成果：⑴形成了主报告《流程管理体系智慧化创新推动浙江公路转型发展研究报告》。⑵编制了《温州公路流程管理操作手册》。⑶编制了《流程管理体系智慧化创新推动公路转型发展的“温州模式”设计》。⑷编制了《温州公路文化建设调研报告》《温州公路文化手册》《温州公路文化建设实施纲要》。

项目完成单位：温州市公路管理局、武汉理工大学；研究时间：2014 年 1 月—2015 年 12 月；参与研究人员：连真毅、陈良辉、李 耕、王 伟、杨长中、黄跃华、王朝晖、赵冠南、刘晓华等 16 人。

【温州地区公路沥青路面老化演变规律及预防性养护研究】 根据温州地区的气候特点，在公路沥青路面现场建立其老化特性研究试验段进行现场试验研究，结合相应的室内试验研究结果，揭示各个因素对沥青路面老化的影响规律并进行老化因素耦合分析，建立沥青路面老化演变分析模型，预测沥青路面使用阶段老化演变进程，同时研究各种预防性养护措施对不同老化程度沥青路面的再生恢复效果，研究建立温州地区公路沥青路面预防性养护决策体系与养护方法。

项目主要成果：⑴研究提出了沥青路面内部温度与外部气象监测要素的预测模型，分析确定了温州地区道路沥青的 PG 等级为 PG64-10，提出了温州地区沥青路面沥青混合料高温抗车辙动稳定度控制指标建议值。⑵分析沥青性能随温度和紫外线累积作用下的老化变化规律和不同应用情况下的沥青老化程度合适的评价指标。⑶ 通过室内试验分析了沥青混合料的劈裂强度、抗压强度、回弹模量值、动稳定度、劲度模量、破坏拉应变沥青混合料性能指标随老化时间变化规律，并研究了不同空隙率下沥青路面老化变化规律，表明路面空隙率对沥青路面老化影响比较大。⑷分析评价了温州地区现场试验段沥青路面老化程度和演变规律。⑸提出采用针入度比作为沥青路面老化程度评价指标，并给出了相应的控制标准建议值，为沥青路面预防性养护时机确定提供了参数。

省公路局总工程师朱汉华（中）调研 104 国道温州段大修技术课题（2014） 叶迈峰摄

项目完成单位：温州市公路管理局、长沙理工大学；研究时间：2015 年 1 月—2016 年 12 月；参与研究人员：连真毅、陈华、王朝晖、杨长中、陈亮、诸葛温君、何必想、叶剑可、王元俊、林孝焰、缪存雀等 22 人。

【公路隧道 LED 光源照明等效性研究（在研）】本项目将提出适用于公路隧道照明光源的等效穿透性指标、等效安全性指标和等效照明光效指标，可有效提升雾霾等恶劣环境下的隧道照明安全等级，降低隧道照明能耗，为公路隧道 LED 照明改造提供技术参考依据，具有十分显著的社会经济效益。

【橡胶沥青应力吸收层在“白改黑”养护工程中的应用研究（在研）】 橡胶沥青应力吸收层是以推迟反射裂缝的发生时间为主要目的而设置在路面结构中的一种特殊的结构层，它在延缓或抑制复合式路面的反射裂缝扩展方面具有优越性，尤其是旧水泥混凝土路面沥青加铺层结构采用的一种重要技术方案。课题首先进行了橡胶沥青室内配合比试验，确定出橡胶沥青的级配及油石比。然后进行室内路用性能试验，重点进行了橡胶沥青的黏弹性试验、改性机理分析、SCB三点弯曲试验、复合小梁疲劳试验；接着对橡胶沥青的路面进行了数值模拟分析，对橡胶沥青提高路面的抗裂机理给出了参数选择依据。最后，通过铺设试验路段，验证橡胶沥青的配合比设计的有效性，得到橡胶沥青施工工艺和施工控制方法。

【瑞安市飞云江五桥钢桥面（正交异性板）铺装研究（在研）】 项目根据飞云江大桥自然条件和结构特点，对具有普遍性的正交异性板钢桥面铺装层设计进行相应研究和优化，评定现有设计方案的铺装层设置的性能。针对飞云江五桥交通量预测、钢桥面构造特点以及该桥桥址区温湿多雨、多台风的气候条件，通过实桥调查、铺装层使用状况和病害分析、理论分析和计算，研究确定飞云江五桥正交异性板钢桥面铺装层设计的合理性和耐久性，提出针对该桥钢桥面铺装层的设计补充方案或新的设计方案。

【营运公路桥头软基综合处理对策研究（在研）】 本项目将采用有限元模型模拟分析和实际工程实践，探讨桥头软基变形协调特性，分析增设下隔板方法对于抑制桥头软基不均匀沉降问题的可行性，总结营运公路软基沉降所引发的桥头跳车作用机理，以及揭示软土地基蠕变特性下的变形协调性均具有重要意义。

附：协助参与课题

1.《桥梁水下结构检测与安全评估体系开发与应用研究》课题，浙江省交通运输厅2012年科研项目。

2.《已建公路桥头跳车监测检测和运营条件下的处治技术研究》课题，浙江省交通运输厅2014年科研项目。

3.《隧道照明远程智能监控与节能技术研究》课题，浙江省交通运输厅2014年科研项目。

4.《公路路政业务数据日常巡查采集及融合技术研究》课题，浙江省交通运输厅2015年科研项目。

“十二五”期间温州公路系统科研成果统计表

表11-1-1

序号	课 题	合作单位	主要研究人员	研究时间	成果应用	科技等级
1	间断式公路护墙形式研究	温州市公路管理局、浙江大学		2005.10—2008.7		达到国内领先水平
2	养护工程中对国省道已建桥梁桥头基础处理技术研究	温州市公路管理局、台州市公路管理局、同济大学、浙江大学	王守勤、侯利国、张银华、马建青、王建平、陈亮、胡益铸等20人	2008.1—2009.7	缓解桥头跳车	总体达到国际先进水平
3	天然岩沥青在重载沥青路面中的应用研究	温州市公路管理局、浙江省公路管理局、同济大学	王守勤、侯利国、张银华、徐建伟、王建平、胡益铸、马建青、陈亮、盛国俊等21人	2008.1—2009.6	对巨粒土高填方路基的适应性	总体达到国际先进水平
4	公路桥梁营运期间风险评估及应急预案研究	温州市公路管理局、同济大学	张银华、陈显春、胡益铸、周一勤、叶明亮、余善荣、王朝晖等16人	2008.6—2009.6	建立了桥梁运营过程风险评估及应急预案	达到国内领先水平
5	公路养护作业交通安全隐患及防治措施研究	温州市公路管理局、浙江省交通科学研究所	余善荣、迟凤霞、陈显春、许云飞、张银华、胡益铸、王朝晖等14人	2009.6—2010.12	研制开发了集成便携式养护作业安全保障器	达到国内领先水平，获2011年度温州市科学技术奖三等奖

续表 11-1-1

序号	课　题	合作单位	主要研究人员	研究时间	成果应用	科技等级
6	多雨地区山区公路病害调研及抗灾对策研究	温州市公路管理局、浙江省交通科学研究所	胡益铸、张银华、迟凤霞、盛国俊、詹伟、钱登朝、陈华、陈亮、王建平、王一波等21人	2010.6—2012.6	互联网应用山区公路灾害防治和应急救援数据库开发。	达到国内领先水平
7	小位移弹性无缝伸缩缝装置在中小桥梁修复中的应用研究	温州市公路管理局、同济大学	张银华、陈亮、连真毅、钱登朝、王建平、盛国俊、陈华、陈显春等16人	2011.6—2013.9	解决了弹性体无缝伸缩缝结构设计方法	达到国际先进水平
8	巨粒土高填方路基修筑关键技术研究与应用	温州市公路管理局、温州市雁楠公路工程建设办公室、重庆交通大学	连真毅、陈亮、叶剑可、缪存雀、陈凌浩、赵小勇、杜荣光等20人	2011.7—2014.6	提出了巨粒土高填方路基、格宾挡墙施工的关键技术及施工控制要点	达到国际先进水平，获2014年度浙江省公路学会科学技术奖三等奖
9	公路隧道LED照明光效与视觉功效研究	温州市公路管理局、浙江大学、瑞安市公路管理局、温州市交通规划设计研究院	陈显春、连真毅、钱登朝、陈亮、郑建州、诸葛温君、陈华、朱守铲等21人	2013.1—2014.12	开发了具有强散热效率和弱方向敏感性的无基板镂空翅片式公路隧道LED三维散热结构	达到国内领先水平
10	流程管理体系智慧化创新推动浙江公路转型发展研究	温州市公路管理局、武汉理工大学	连真毅、陈良辉、李耕、王伟、杨长中、黄跃华、王朝晖、赵冠南、刘晓华等16人	2014.1—2015.12	研究探讨浙江“智慧公路”建设的流程管理体系	达到国内领先水平
11	温州地区公路沥青路面老化演变规律及预防性养护研究	温州市公路管理局、长沙理工大学	连真毅、陈华、王朝晖、杨长中、陈亮、诸葛温君、何必想、叶剑可、王元俊、林孝焰、缪存雀等22人	2015.1—2016.12	建立了2个公路沥青路面老化演变长期监测点，并做了两段沥青路面预防性养护技术试验段	通过验收
12	公路隧道LED光源照明等效性研究	温州市公路管理局、浙江大学	钱登潮	2015.6—	提出适用于公路隧道照明光源的等效穿透性指标、等效安全性指标和等效照明光效指标	在研
13	橡胶沥青应力吸收层在“白改黑”养护工程中的应用研究	温州市公路管理局、浙江大学	陈亮	2015.6—	采用橡胶沥青应力吸收层对旧路面进行处理，减缓旧路面中的裂缝向上反射	在研
14	瑞安市飞云江五桥钢桥面（正交异性板）铺装研究	温州市公路管理局、瑞安市飞云江五桥工程建设指挥部、中铁大桥局集团武汉桥梁科学研究院有限公司、中交第一公路勘察设计研究院有限公司、中交第二公路工程局有限公司	章方彬	2015.06—	研究确定飞云江五桥正交异性板钢桥面铺装层设计的合理性和耐久性，提出针对该桥钢桥面铺装层的设计补充方案或新的设计方案。	在研
15	营运公路桥头软基综合处理对策研究	温州市公路管理局、温州市交通规划设计研究院	连真毅	2015.06—	通过项目研究，完善及补充桥头软土地基变形协调控制应用，系统建立下隔层治理桥头跳车的新技术。	在研

第二节 公路“四新”技术

1954年5月26日，中华全国总工会公布《关于在全国范围内开展技术革新运动的决定》，一场技术革新运动在全国各行各业迅速展开。温州公路行业发掘职工智慧，集思广益，在公路建设和养护管理的过程中修旧利废，大胆尝试，创造出许多革新成果，推动了公路的技术进步。1978年全国科学大会以后，温州公路科研攻关，科技发展很快，公路工程推广应用先进科学技术也取得显著成果。“九五”期间，建设部提出将重点推广四个方面的新技术，后来以“新技术、新材料、新工艺、新设备”为内容的“四新”技术，成为公路建设、管理和养护中运用最为广泛的科技手段。

一、公路建设技术革新

温州独特的软土地基特征，给公路工程建设带来了诸如桥头跳车、路基沉降等系列技术难题，以及公路养护管理中的难题。

所谓软土，从广义上讲，就是强度低、压缩性高的软弱土层，是淤泥、淤泥质土、软黏性土的总称。软土地基具有孔隙比和天然含水量大、压缩性高、透水性弱、抗剪强度低、灵敏度高等主要特征，因而具有失稳的机理。在软土地基上修筑路基，若不加处理或处理不当，就会造成地基失稳，使构造物沉降过大或不均匀沉降，对构造物造成不同程度的危害，导致公路破坏或不能正常使用。软土的特性主要表现为天然含水率高、孔隙比大。由于其成因类型不同，厚度不一，性质各异，因此不能一律对待，首先应查明各地区特点和地质、土质条件，有针对性地采取有效对策，做出合理的处理。在软土地基修筑堤防工程，必须解决好地基的强度和稳定性、变形、渗漏和溶蚀、振动液化与振沉等问题。

在20世纪五六十年代，处于新中国成立初期，公路工程建设者对独特地质条件下的公路工程建设技术问题考虑不细，处理不周，致使发生严重的危害，成为温州公路工程建设的重要教训。⑴温丽线路面大面积沉陷事件。发生时间：1954年2月3日。施工单位华东公路局认为，路面未设4%拱度，为路面积水造成。而实际是设计中未考虑温州特殊的软土地基，加上阴雨时间长，雨量多，表土过湿等原因，故造成该沉陷事件。后在修复新建设计时又出现多次失误，直至解决了软地基问题，才避免了公路再次沉陷。⑵朱涂大桥垆坶土事件。温丽线朱涂大桥，于1953年1月开工，原定9月底建成，10月1日通车。但因基桩移位，承载力不足而变更设计，预算工程款从14.8万元增至55.8万元。耗用钢材142.63吨，铁件13吨，水泥345.4吨，木材840.7立方米，块、片、卵石2961.5立方米，沥青38吨，油毛毡65筒。后到北京丰台钢筋水泥预制厂购进22米长桩作基桩后才建成，时间已是1955年12月14日，原来9个月的工期被延长至33个月。这是浙江省有史以来在同等规模工程中耗钱物最多、工期最长的工程之一。其主要原因是在设计时没有发现，桥址正落在瓯江上游流沙沉积层粉砂黏土垆坶（注：垆坶土，变称壤土。由适当比例的砂粒、砂粉粒和黏粒所组成的土壤。一般土性疏松，通气、透水、保水、保肥，耕作方便，适宜作物生长）的特殊软土基础上。该事件说明，在温州筑路、建桥，必须充分认识当地平原软土基础的特殊性。⑶平阳岭脚至岱口段路面局部沉陷事件。1956年4月，丽水运输处温福运粮大队运送军粮至福建连江口，日车辆密度超过100辆次（当时用的车辆是苏联进口的“万国”牌大马力牵引车），时速为5公里。

途经后林至桥墩段，平阳岭脚至岱口段发生路基大面积沉陷、路面局部沉陷，温州至郭庄也有局部下沉，经数月抢修才恢复原状。该事故原因除了运输车辆超载慢行之外，最主要的原因是，在建筑道路时未对温州特殊的软土地基进行科学处理。

温州公路最早利用新技术、新工艺是在“文化大革命”前的1965年。是年1月25日，温州公路总段召开首次工程技术研究会议，总结学习苏联和其他国家的公路设计、施工、管理的先进经验和教训，提倡学习外国先进经验与自我创新相结合，革命干劲与实事求是的科学态度相结合，要求设计人员“下楼出院”调查研究，设计工作从战备和温州软土基础的特殊性出发。之后，许多新技术、新工艺得到了利用与推广。1966年，交通部推荐苏南路桥技术人员创造的双曲拱新型桥，温州公路总段设计人员认为，其基础设计适合苏南，不适合温州，而改为“阔台大基础”。温州的做法却被省交通厅工程局否定，结果连连出现质量事故。1968年，在全国双曲拱桥经验交流会上，专家认为温州的特殊软土基础用“阔台大基础”是正确的，具有独创意义。至此，温州公路总段与省交通厅工程局取得了共识。经过16年的实践探索，处理温州特有的软土基础理论与实践已成熟。同济大学与华东公路研究所等，大体上以温州公路养护部门技术人员积累的数据和经验作依据进行理论描述。21世纪初期，温州开始大规模的高速公路工程建设，建设规模日益扩大，难度不断提高，对软土处治提出了更高的要求。公路工程技术人员高度重视软土地基的科学处理，引进、发展了多种软土处理技术，积累了一定的经验，同时也还存在一些问题。至今，还没有从根本上完全解决好软土处治这一难题。

【木船并排成车渡船】 1957年，永嘉沙岩公路通车时，汽车到了三角岩、九丈渡口却无法过江。在当时的条件下，用3艘大小相同的木船并排平行联成一体，然后用长木料铆接组成趸船，在船面铺设两条行车道。船长8米，宽5米，能荷载旅客、货车1～2辆。渡工4人以上，人力划行。直到1979年仙清公路九丈段改道通车后，人力汽车渡船停止使用。

【砂桩砂垫层基础石拱桥技术】 1960年10月，杭温线坳桥工程竣工，这是省内软土基修建1孔15米净跨中型石拱桥的研究项目。完工后编印了《坳桥砂桩砂垫层基础石拱桥技术总结》。

【砂石路面改造】 1961年8月，G104线南水头段300米砂石路路面改造为水泥混凝土路面，此为温州砂石路面改造为高级路面之始。

【“罗定式”路面】 1963年6月，温分线、温强线推广“罗定式”路面养护，并挑选40名道工参加技术培训。至年底，养护“罗定式”路面91.6公里。

【“福厦式”路面】 1964年 6月，温州公路总段在温丽线桥头道班召开有主任、工程师、技术员、领工、班长等402人参加的现场交流会，实验筑建温州第三代砂石路面（福厦式）0.6公里。是年，共完成“福厦式”路面180.45公里。

【路材试验室】 1964年7月，温州公路总段建立路材试验室，规定所有沙石泥料、水泥钢材、钢筋水泥混凝土物件经取样试验合格后方可使用。

【钻孔灌注桩】 1981年，温州市东屿电厂扩建2.5万千瓦施工预制场地。由于该地有较厚的软土基，运煤栈道注桩深度要达到34米，工程很难完成。当时，温州市航运管理处的陈梓西、万志新、黄崇金、支木兴等科技人员经反复试验，采用钻孔灌注方法，达到温州市软土基础灌注能力的最高水平。1982年11月，该工艺获温州市科技成果一等奖。至今，该工艺仍在许多桥梁、码头等基础工程中广泛应用。

【HMP-W（Y）型热熔标示涂料】 1984年12月，乐清县交通涂料厂引进日本芳香族石油树脂，渗用国内松香改性物等原料，试制成功高固体特种交通标志划线涂料。同时还研究成HMP-BS型底漆和涂料配套。1985年，该产品被评为浙江省科技进步四等奖。

【粉煤灰作路面基层】 由杭州市公路工程处、浙江省交通学校和省工程（公路）管理局合作研究成功。经现场测试证实，这种半刚性基层具有整体强度大、水稳定性好、延长路面使用周期、施工工艺简单等优点，同时能变废为宝，收到节约堆场用地和改善环境污染的效果。该项目获浙江省交通厅1986年度科技进步三等奖，项目试验总结报告获浙江省公路学会1986年度优秀论文三等奖。1983年，温州首次在辖区部分国省道改建工程中实施。

【临时解决桥梁超荷承载妙法】 温州地区干线公路在20世纪60年代至70年代初建的永久性桥梁，多数是按汽—13（标准车后轴重9.1吨，加重车后轴重12.35吨）设计，拖—60（履带车，每条履长5米，宽0.7米，压强6吨/延米）验算。70年代中期之后，才开始按汽—20设计，挂—100验算。到了80年代，随着社会经济的发展，各地新建水电站工程越来越多，一些大型变压器的运输过桥情况增多，桥梁承载力不足的矛盾凸显。以下两个实例，为重型车辆通过板拱或双曲拱提供有价值的参照和经验。

1983年12月中旬，一辆自重63吨装载一台80吨变压器的重车，要经过G104线（桩号K2+084）三板桥。重车的平板部分9轴，轴距1.8米，自重41吨，加载后其轴重为9.67吨，重车的牵引部分为吨A吨RA813型，三轴，自重22吨，轴重为7.33吨。而三板桥建于1971年1月，按拖—60标准设计，为一孔净跨22米，等截面空腹式圆弧形双曲拱桥，矢跨比1/6，7肋，全宽7.4米。为此，温州公路部门根据图纸，验算了桥梁有关力学要素，采取利用桥梁拱脚截面正弯矩影响线的面积稍大于负弯矩影响线面积的特点，在全桥外加一定的均布荷载，由此产生拱脚上缘压应力，与最不利位置的验算负载所产生的拱脚上缘拉应力叠加，从而减小了部分拉应力，达到改善拱脚上缘受力条件，使超重大平板车安全通过。

1987年5月16日，有一台同型号变压器要通过灵（溪）金（乡）线（3K+700）处的渡龙桥。该桥建于1968年，时为6孔，第1、6 两孔为无横隔板双“吨”梁，其余均为有横隔板4“吨”梁。1975年，水利部门对老桥实施改造加固，由原来6孔扩为9孔，上部结构换双“吨”梁为三“吨”梁。增加的三孔为矩形板及空心板，下部结构对6# 墩（原为3# 墩）增加上、下游斜撑各3根。虽这次变压器型号一样，但这次装运车辆是日野平板车，其平板部分自重35吨，7条轴，轴距1.6米，加变压器载重，轴重16.4吨，较83年那次增加34%。牵引部分自重34吨，4轴每轴重8.5吨，轴重增加16%。平板部分轴距减小，说明荷载趋向集中，对桥梁极为不利。本想采取1983年三板桥方案。可当时正值雨季，河水上涨，淹没了桥梁拱脚，施工十分困难。便采用第二方案，即利用桥台基础砼襟边的宽度（40厘米），向上现浇混凝土至第一腹拱下，强制嵌固部分拱脚，使拱的净跨径缩短。所不同的是上次是临时加载，以9厘米粉煤灰碎石混合料+8M/M钢板；本次是加铺7厘米沥青碎石为永久加载。加铺沥青碎石后，起到了提高桥面平整度，解决了桥面漏水。在牵引车部分过桥后，平板部分作用在右半拱，产生对左半拱脚上缘的拉应力有成倍的超过允许值。为此，用两台三轮压路机(共24吨)作用在正弯矩区间上，使之桥面压力均衡，重车安全通过。

【多功能自动调温沥青洒布机】 1989年3月，平阳县公路段职工试制成功自动调温沥青洒布机。该机压力大，采用油气混合加压输送燃烧加温，自动调温，使沥青保持在180摄氏度上下，并兼有融化和洒布的综合能力，喷洒沥青利用率可提高10%，同时具有洒水、除虫等功能。该产品荣获1990年第二届广州国际专利新技术新产品展览会铜奖、温州市首届专利发明优秀奖。

【钢混连续钢构施工】 在建造瓯越大桥时，考虑到传统的钢筋混凝土结构已难以满足瓯江通航要求，建设者采用了钢混连续钢构施工的新工艺，第一次使用中国自主研造的吊机，吊起80米长整体钢箱梁并成功装搭。

【旋挖成孔灌注桩】 瓯江水域地质复杂，水底打桩常会遇到一些不可预测的难题。瓯越大桥在建时遇到特殊情况，使水底打桩作业既费时又费力，工程进度严重受阻。为解决这一难题，建设者采用“旋挖成孔”的新技术，实现了2天完成3根基桩的功效。旋挖成孔灌注桩，适用于对噪音、振动、泥浆污染要求严的场地施工，成孔直径一般为600～3000毫米，一般最大孔深达76米。多用于大型建（构）筑物（如大型立交桥、工业与民用建筑）基础桩、抗浮桩及用于基坑支护的护坡桩等。

二、公路“四新”技术推广应用

在公路工程建设和养护中，研究、推广和应用新技术，是预防和治理工程质量、建设养护通病问题的有力保障。改革开放以来特别是21世纪以来，温州公路事业得到突飞猛进的发展，国内外先进的新技术、新工艺、新材料、新设备在公路工程设计、 施工和养护、管理中得到广泛应用，这不仅提高了公路工程建设的科学技术含量，同时也大大改善了公路工程建设的质量。同时，温州公路部门依托“四新”技术推广应用实践和大量翔实的数据资料，建立起不同时期比较规范的档案资料，为在以后的公路建设、管理、养护工作中推广应用“四新”提供了科学依据。20世纪90年代，电子计算机作为公路工程设计和工程管理的辅助工具，广泛地应用到实际工作中，也收到了明显的效益。

“十二五”期间，随着公路维修工程科学技术的发展，“四新”技术在公路大中修工程中得到了广泛的应用。温州公路系统在公路大中修工程中主要实施的“四新”技术有：纤维碎石封层、微表处MS-3、沥青路面裂缝灌缝工程、水泥砼路面“白改黑”碎石化、Superpave沥青混合料设计法、水泥稳定碎石再生技术、泡沫沥青再生技术，以及隧道照明节能改造、隧道照明远程智能监控、自发光节能交通照明、橡胶沥青及橡胶沥青混合料等。公路大中修工程应用“四新”技术，有效延长了养护周期和服务寿命，保证和提升了建养工程质量，使路面旧料得到充分利用，既保护了环境，又节约了养护成本。

在积极探索实践，取得成功经验的基础上，温州公路部门温州公路部门注重通过现场会的形式，充分发挥示范、引导作用，在全系统大中修工程、小修保养中全面推广和应用“四新”技术。2013年6月20日，市公路管理局在永嘉县举行全市国省道公路养护座谈会暨小修保养现场会。各县（市、区）公路管理段（局）主要领导、分管养护副段（局）长及市公路局相关处室人员共计50多人参加会议。与会人员在S223仙清线K61路段现场观摩了多功能养护车沥青路面坑洞修补和沥青路面灌缝机灌缝机械化操作。永嘉、瑞安、苍南、泰顺公路管理段（局）作了经验介绍。浙江省公路管理局养护处处长朱定勤把温州公路历年来路况检测数据与全省公路数据作对比，就如何在大中修工程、小修保养中推广和应用“四新”技术等作了细致的指导。2014年6月19—20日，浙江省公路管理局在温州召开全省公路预防性养护现场会，来自全省11个地市的公路局长和养护专业人员，现场观摩G104线瓯海段K1922+700纤维碎石封层施工，参观S331分泰线同步碎石封层施工、路易宝BMP翻新剂应用和小修保养坑洞修补作业，对开槽灌缝、就地热再生、坑槽喷补、超表处预防性养护工艺进行了现场观摩。省公路

国内外专家向媒体介绍“四新”技术推广应用情况 叶迈峰摄

管理局局长李良福充分肯定温州在大中修工程、小修保养中推广和应用“四新”技术的做法，认为，此次现场会准备充分，现场观摩内容丰富，技术有新亮点，新技术可学习可借鉴可推广，要求各地市对照新技术、经验，做好落实。

“四新”技术在打造“绿色公路”中也得到广泛应用。温州市成立绿色公路领导小组，建立健全绿色公路、节能减排管理和考核办法，层层落实节能减排目标考核任务，并抓住公路养护大中修工程的关键环节，全面推动温州公路“绿色、低碳、环保”发展。以 2014 年为例，普通国省道干线公路路面大中修工程共 10 个工程项目，合计里程 75.72 公里，投资 2.2 亿，应用“四新”技术有 4 项，分别为沥青路面纤维碎石封层技术、泡沫沥青再生技术、水泥砼路面“白改黑”技术、水泥稳定碎石再生技术，实现旧料回收率达 100%，旧料循环利用率达 95.01%。大中修工程中铣刨原有道路、病害处治等产生沥青砼旧料 38397 立方米，利用量达 34440 立方米，循环利用率为 89.69%；水泥砼旧料 36692 立方米，利用量达 36599 立方米，循环利用率为 99.74%；水稳基层产生旧料 20651 立方米，利用量达 19925 立方米，循环利用率为 96.47%。其中，旧料就地再生利用主要用于泡沫沥青再生、水泥稳定再生等，其余部分回收再利用，主要用于其他工程项目路基填筑等。

【*纤维碎石封层*】 功能：纤维碎石封层技术具有良好的应力吸收和分散能力、超强的防水效果、防止反射裂缝和增加旧路面的耐磨作用，能有效延缓路面损坏，提升公路路况，使原有的被动应急的养护方式向预防性、周期性转变。特点：⑴良好的应力吸收和分散能力。具有网络缠绕独特结构的纤维沥青碎石封层，由于纤维本身高抗拉伸强度和高弹性模量的特征，有效地提高了封层的抗拉、抗剪、抗压和抗冲击强度。利用纤维沥青碎石封层进行应力吸收层施工，铺设于旧沥青面层作为磨耗层，旧沥青面层与新沥青面层或新建公路基层和新建沥青面层之间的黏结层，兼具极高的张力和弹性，加之独特的结构，对外界应力具有超强的吸收和分散功能。一方面它能吸收摊铺层中的应力或车辆荷载产生的局部集中应力，重新分散和分布，通过纤维沥青碎石封层大面积的分散减少了下层承受的张力，并有效抑制了裂缝的产生；另一方面，它能吸收和分散旧沥青路面原有裂缝或基层的反射应力，消除旧沥青路面裂缝尖端产生的应力集中，以有效抑制反射裂缝的出现，有效阻止因车载负荷过重造成的路面破坏，极大地提高了道路的使用寿命。⑵高耐磨性。纤维沥青碎石封层设备施工后，紧接其后进行碎石集料撒布，撒布后的集料进入由纤维与沥青结合料形成的网状结构中，压实成型后集料被结合料网状结构紧紧裹覆，形成了一个复合的力学嵌锁体系，纤维、结合料和骨料紧密相连，有效抑制了骨料的滑移、脱落。因此，采用纤维沥青碎石封层进行磨耗层施工，能极大地提高路面的耐磨性，延长路面使用寿命。⑶高防水性。具有独特的网络结构和综合力学性能的纤维沥青碎石封层用作沥青路面耐磨层和养护施工，由于高弹性模量值，延伸力强，其抗拉强度远远大于温度变化带来的收缩拉应力或拉应变，降低了面层的低温脆裂层，有效抑制了沥青路面常规裂缝（低温收缩裂缝）的产生，从而避免沥青路面遭受水损害。⑷施工快捷性。纤维沥青碎石封层车在一台设备上同时完成两层改性乳化沥青洒布、一层纤维撒布，紧接其后的碎石撒布器进行一层碎石撒布，经碾压成型，就即刻完成纤维沥青碎石封层施工。这种连续施工工艺在正常施工情况下，每天能完成 1 万～ 3 万平方米，从而极大地缩短沥青路面的养护时间，减少交通干扰，缩短了开放交通的时间。应用：2014 年，G104 瓯海段 10.1 公里列入预防性养护工程，实施纤维碎石封层技术，工程量达 15.2 平方米。“十二五”期间，普通国省道共实施纤维碎石封层技术 112.388 公里。

【*微表处 MS-3*】 性能：微表处是由专用设备将聚合物改性乳化沥青、集料、填料、水、添加剂等按照设计配比，在常温下经强力搅拌后形成的稀浆混合料，采用矩形摊铺槽摊铺到原路面上形成的薄层罩面新技术。稀浆混合料是一种有机材料沥青及水硬性材料水泥形成的复合有机水硬性新材料。复合材料中，乳化沥青需要破乳脱水表现出结合力，水泥则需要经过水化过程结晶固化，两相互成条件，形成立体网状的微观结构，产生有机和无机材料的双重优势，因而提高其高温稳定性和耐久性。优点：⑴微表处罩面比热沥青混凝土罩面具有更好的封水效果，有效防止路表水下渗，从而更好地保护路面结构，延长路面的使用寿命。⑵微表处罩面可以通过提高路面宏观构造深度和摩擦系数，改善原路面因磨损、老化、光滑等病害引起的抗滑能力不足问题。⑶微表处采用的聚合物改性乳化沥青，增强了胶结料与集料间的黏附力。同时硬质集料增强了抗磨耗性能。⑷微表处使用改性乳化沥青，可缩短施工时间，施工速度快、成型快，缩短了开放交通时间。⑸常温施工，降低能耗，不释放有害气体，真正实现节能减排。微表处罩面使用寿命可以长达 3 ～ 5 年。1987 年，该项目获浙江省科技进步奖。应用：在 1982 年之后，温州曾多次引用该成果。2015 年，在 G330 线鹿城段、瓯海大道、S223 线永嘉段路面预防性养护工程中应用，实施里程 20.5 公里。

【沥青路面裂缝灌缝工程】 沥青路面裂缝是路面的主要病害之一。出现裂缝若不及时维修处治，地表水易浸入路面基层，造成基层松软，强度下降，经行车重复碾压，路面很快出现破损，影响行车，增加维修费用。由于裂缝维修处治受材料、机械、气候等条件的影响，施工烦琐，效果不理想，费用高，近几年一般公路很少进行灌缝养护，而高等级公路较为重视，把裂缝处治作为日常养护的一个项目，但费用较高。针对裂缝对路面的危害性，采取裂缝灌缝处治技术是目前解决路面病害的有效方法，也是加强路面预防性养护的有效措施。通过沥青路面裂缝灌缝新技术的推广应用，不仅可减低养护费用，耐久性明显提高，降低劳动强度，而且可以缩短施工工期，减少对交通的影响，取得了良好的经济效益和社会效益，具有明显节能减排作用，已在温州公路小修保养中全面投入使用。

【桥头跳车深层注浆加固技术】 攻关：桥头跳车是道路工程中常见病害，在软土地基条件下建成的国省道尤为严重。温州公路部门通过资料调研与现场调查，根据桥头跳车产生机理，本着控制差异沉降的处治原则，提出了多种技术措施。根据浙江省交通运输厅科研计划，温州市公路管理处与同济大学联合开展养护工程中对国省道公路干线已建桥梁桥头基础的处理研究。通过大量调研分析、室内试验、理论计算和现场测试，并依托实体工程应用，提出了深层注浆快速处治方法。该方法替代了传统的“逐年加铺”或“开膛破肚”的维修方式。根据传浆理论模型，确定了最大传浆半径和最佳注浆布孔间距，采用太沙基－维固结沉降理论，提出了注浆最佳深度设计方法，形成了桥头跳车病害深层注浆快速处治技术关键参数设计方法和施工工艺。处治：2008 年，以 G104 京福线瓯海段呈二桥为试验工程，采取 4 种不同方法对 4 个桥头进行处治，总投资 55 万。通过一年的沉降观测，深层注浆加固方法效果明显。2009 年，G104 京福线瓯海段 12 座桥梁、瑞安段 9 座桥梁、永嘉段 10 座桥梁、乐清段 7 座桥梁、G330 线鹿城段 4 座桥梁桥头跳车采用深层注浆加固技术处理桥头软基。通过 4 年沉降结果观测，大部分桥梁桥头沉降量为 13 ～ 15 毫米，总体效果良好。2013 年，对 G104 线瓯海段五汇桥、下呈二桥、沈岙桥桥头跳车进行深层注浆加固技术处理。2014 年，对 G104 线鹿城段全线桥梁桥头跳车进行深层注浆加固技术处理。

【水泥砼路面“白改黑”碎石化】 功能：多锤头碎石化技术，是将原有的旧水泥路面彻底打碎，完全消除原有路面存在的病害，释放面板下空洞的隐患，将打碎的混凝土面板直接作为基层或底基层，再加铺新的面层，是旧水泥路面改造的理想方法。该项技术彻底解决反射裂缝问题，且工程造价低，施工周期短，既节约了基层材料，又节约了资金、资源，减少浪费，符合建设节约型社会和国家可持续发展的战略决策，也避免了大量建筑垃圾的产生及减少温室气体排放，有利于保护生态平衡。应用：从2005年开始，温州市在G104鹿城段、G104瑞安段水泥路面实施“白改黑”碎石化技术。2013年，G104乐清段实施“白改黑”3.176公里，节缩造价458万。2014年，G104乐清段实施路面“白改黑”16.155公里，节缩造价1295万；G104平阳段投入3400万元，实施“白改黑”4.615公里。2015年，G104乐清段实施“白改黑”16.305公里路面，节缩造价1711万元。

【Superpave沥青混合料设计法】 功能：Superpave沥青混合料设计法是一种全新的沥青混合料设计法，其中混合料体积设计使用旋转压实机（SGC）并根据体积设计要求选择沥青用量。应用：2015年，G104平阳段和S330瑞安段路面大中修，应用Superpave沥青砼新技术。在实施中组织有关单位和专家召开咨询审查会，就Superpave应用技术与江苏省交通科学研究院进行对接交流，为下一步更好地开展该项技术在养护工程中的应用提供支持。

【水泥稳定碎石再生技术】 功能：水泥稳定碎石再生技术，作为一种新兴的路面再生技术，充分利用了旧路面现有资源，通过添加水泥再用于路面形成新型的路面基层，这样，既能满足路面强度指标要求，又在提高环境保护方面具有积极的意义。优点：⑴成本低。由于全部利用了旧的铺层材料，从而减少了道路维修或改造时旧铺层材料的挖除、运输、废置和新材料的购置，大大降低成本。采用水泥就地冷再生与传统方式相比，随着再生层厚度的不同，可降低成本约20%～46%，厚度越厚，降低成本越多。⑵效率高。机械施工一次性可以完成铣刨、破碎、添加、拌和及摊铺，从而简化了施工程序，缩短施工工期，每日施工可完成5000～8000平方米的工作量。⑶质量好。可以根据不同道路旧铺层材料的实际情况进行设计，选择不同的添加剂，配比准确，可以保证再生材料的优秀品质和施工质量，形成施工成型厚而均匀的黏结层，保证了维修后道路的使用期限。⑷污染少。使用传统的维修方法，沥青路面废弃量十分巨大，对环境造成污染。大量新材料的开采，也会造成资源减少和环境的破坏。采用冷再生技术则可完全避免这些问题。它不仅可以节约大量投资，更有利于环境保护，因此被称之为“绿色”施工技术。应用：2014年，在S330文成段路面大中修工程中实施8公里，共产生旧料10373立方米，全部回收利用。2015年，S330瑞安段实施4.725公里、回收利用旧料9103立方米；S330文成段实施3.15公里，回收利用旧料3424立方米；S223永嘉段实施1公里，回收利用旧料8082立方米；鹿城区外大线（乡道）和石林环线（县道）实施4.375公里，回收利用旧料5121立方米。

【泡沫沥青再生技术】 功能：泡沫沥青冷再生技术，作为节材与材料资源合理利用技术领域的低碳节能技术，是利用再生设备（就地、厂拌）对旧沥青路面铣刨材料喷入泡沫沥青并进行拌和，形成泡沫沥青混合料，再经过摊铺、碾压成型，最终形成路面结构的路面再生工艺。由于利用了路面旧料，是一种“资源节约、环境良好”的沥青路面养护技术。特点：⑴具有柔性性质，用其取代半刚性基层可以有效减少反射裂缝。⑵可以和冷、湿材料黏结，在阴雨等不利天气下正常施工，而且泡沫沥青混合料搅拌好后可以立即压实，并开放交通，工期短。⑶路面标高可以不抬高或抬高较少，可以有效解决路面大中修工程中一直往上加高所带来的一系列问题。⑷其强度和耐疲劳等路用性质接近粗粒式沥青混凝土。与传统的直接加铺、铣刨加铺方案相比，泡沫沥青再生技术具备明显的社会效益。其克服了传统的“开膛破肚”式的维修，明显地缩短了工期，节约了造价，并且对旧路面材料全部原位利用，避免了废旧材料堆弃污染环境的问题，保护了环境，真正实现了资源循环利用和可持续发展。应用：2008年，G104线苍南段路面大修工程，温州市首先推广应用厂拌泡沫沥青再生技术10.2公里。从再生柔性基层使用5年情况观察，路面技术状况保持良好，没有出现路面明显的沉陷、网裂、车辙和坑洞现象；再生混合料强度高，稳定性好，适合各种路面大中修柔性基层；废旧材料利用高，达到70%左右，节能环保。2013年，G330线鹿城段、S330线瑞安段、S330永嘉段路面大中修工程，分别实施4.86公里、4.94公里、5.32公里。2014年，G330线鹿城段、S330线瑞安段在路面大中修工程中，分别实施4公里、7.7公里。

【隧道照明节能改造】 功能：LED隧道照明节能技术，作为交通安全照明节能技术领域的技术成果，近年来被广泛应用于隧道照明节能改造。LED照明主要特点有节能化、健康化、艺术化和人性化，具有很多传统光源所不能比拟的优势。优势：⑴不需要充气，不使用玻璃外壳，抗冲击性好，抗震性好，不易破碎，便于运输。⑵灯源单元较小，使得布灯更为灵活，而且能够更好地实现夜景照明中“只见灯光不见光源”的效果。⑶能够较好地控制发光光谱组成，从而能够很好地用于博物馆以及展览馆中的局部或重点照明。⑷理论上具有与传统光源相比更高的发光效率，理论上LED的发光效率大于200流明/瓦（光通量单位），从而具有相当巨大的节能潜力。⑸寿命更长，实验室寿命可达100000小时，开关次数大于100000次，并且启动速度非常快。⑹可以通过控制半导体发光层半导体材料的禁止带幅的大小，从而发出各种颜色的光线，且彩度更高。⑺光源中不添加汞，有利于保护环境，可以回收利用。⑻LED发光具有很强的方向性，从而可以更好地控制光线，提高系统的照明效率。⑼使用低压直流电，具有负载小、干扰弱、安全的优点。⑽发光无紫外线，有利人体健康，且不吸引蚊虫。应用：“十二五”期间，温州市完成普通国省道、农村公路桥梁、隧道改造LED灯具共计4078套。其中：2012年，洞头Y814活水潭隧道48套，S330线瑞安段塔石岭隧道、瑞湖线大岭背隧道（左）550套，永嘉县1013套，S330线文成段859套。2013年，S332线龙湾茅竹岭隧道158套，洞头C602口筐隧道66套，S223线永嘉小坑1号隧道、双溪口隧道130套，G104线平阳九凰山隧道右线270套。2014年，G104线平阳九凰山隧道左线220套。2015年，S232线苍南鹤顶山隧道共更换LED-120W灯566套，LED-50W灯56套，并安装隧道节能控制系统。S331线泰顺隘门关隧道142套。

【隧道照明远程智能监控】 功能：该技术根据安全行车的照明要求，将隧道灯光在白天、夜间、多云、节假日等多个模式之间自动切换，从而实现光照强度在60%～100%之间自动调节，避免了因过度照明的浪费现象，照明能耗降低15%。同时，该系统在无人值守的状态下通过远程智能监控技术实现隧道照明的日常管理，节约了人力物力，其使用及维护成本降低70%～80%。应用：2013年12月31日，S330文成段上岙岭、樟岭、包渡3座隧道完成电气电线等照明设施的节能改造，成为温州市首批完成照明系统节能改造的公路隧道。2015年12月19日，这项隧道照明远程智能监控技术课题通过了浙江省公路管理局组织的专家验收。

【自发光节能交通照明】 功能：通过安装在公路两侧和路面上的自发光反光组合式警示柱、自发光反光组合柱式轮廓标、弯道护栏反光自发光组合诱导标、隧道自发光照明指示标、应急逃生标、公路建筑物自发光立面警示标、桥梁墩柱自发光防撞警示标、自发光地名标、自发光施工警告标牌等，为夜间行人及无照明交通工具，在公路（桥、隧）上通行提供安全照明警示。特点：⑴安装方便。自发光节能标识可以安装在任何需要提供夜间安全指示警示的地方，在公路上只需固定在路沿、金属护栏、隧道壁、隧道口、混凝土防护墙、路侧挡墙、桥梁墩、柱、台、未设护栏需要有光亮指示警示等部分，即可为夜间行人、非机动车（船）提供安全指示，或在临水、临崖等危险路段提供夜间警示。⑵节能环保。该产品无须投入能源，使用碱土铝酸盐夜光材料，经检测无任何污染，且余晖亮度比国内现有同类材料增加60%，预估使用寿命8年。在使用寿命期内无须检修保养，且保持发光，不会出现不发光故障，只需对表面附着灰尘进行冲洗即可，在雨淋、水浸泡后不影响效果。⑶投入成本低。公路每公里安装成本3万元左右，隧道每公里安装成本40万元左右。与普通的照明设备相比，成本节约90%以上，且免去线路铺设、后期维护等投入。⑷指示警示效果良好。在夜间为无照明交通工具和行人通行提供指示警示可视距离不小于150米。在隧道无光源环境下常人可视距离不小于100米。应用：2013年，乐清白芙线K3+300～K10+320应用自发光节能交通照明。2014年，文成峃院线K11+150～K13+950、一花线K28+300～K31+800、泰顺大金线K0+000～K8+600应用自发光节能交通照明。

【橡胶沥青及橡胶沥青混合料】 功能：橡胶沥青即橡胶粉改性沥青，是指采用废旧轮胎经粉碎后制成的胶粉（橡胶粉细度一般为20～80目），作为改性剂，通过特殊的生产工艺得到，能够改善混合料性能的沥青结合料，简称AR。生产时一般采用间歇式橡胶沥青生产设备生产。应用：1984年起，橡胶乳化沥青工艺开始在温州部分干线公路油路改造中实验应用。1986年9月，温州公路总段董传福等技术人员，在梅岙段试铺橡胶乳化沥青路面成功，并在全国推广橡胶乳化沥青经验交流会上作经验介绍。

【NovaChip超薄磨耗层工艺】 功能：NovaChip超薄磨耗层起源于20世纪70年代的法国，主要作为沥青路面的表面层得以应用，施工厚度为16～20毫米。2002年开始引入中国。截至2007年12月，NovaChip超薄磨耗层已经在中国铺筑约320万平方米，目前浙江省内仅杭金衢高速公路在2009年、2010年间实施了12.3万平方米。NovaChip超薄磨耗层具有抗滑、抗车辙、抗磨耗、降低噪音和减少水雾的优良性能，在摊铺、碾压后30分钟即可开放交通，达到了快速施工、快速养护的目的。应用：2011年11月，温州首次在金丽温高速公路永嘉段（桩号K41+100～K39+800）应用NovaChip超薄磨耗层工艺。

【浇筑式沥青混凝土】 因大桥桥面普通铺装容易出现裂缝、坑洞等问题，瓯越大桥在铺装桥面时，采用德国进口设备铺装，在完成喷砂除锈、防水层施工后，铺设2层沥青，其中下层铺设浇筑式沥青混凝土。此项工艺在浙江省属首次使用。

【全封闭隔声屏障系统】 2015年12月，瓯越大桥直通温州市区。为了处理声污染，决定采用全封闭声屏障的方案。隔音效果相当于把桥与居民的间距拉开200米。全封闭隔声屏障系统，由铝镁合金穿孔板、钢丝网、无碱憎水玻璃布、双层吸收棉、直立锁边铝镁锰合金屋面板、铝单板等七层组成。其中，发挥重要吸声作用的是双层吸声棉，厚度达100毫米，能吸收近90%的噪音，可降低20分贝左右。

【BMP沥青路面翻新】 功能：BMP沥青路面翻新剂是一种高科技单组分的沥青路面再生养护剂，由石油蒸馏液、改性沥青、翻新剂、阻燃剂和渗透剂等合成。它能恢复路面损失的沥青，将路面已老化的沥青再生，封闭路面孔隙及微小裂缝，恢复路面原有性能，同时对路面起到封水保护作用，是一种优良的路面预防性养护材料。特点：BMP翻新剂是一种以轻质沥青组分和再生剂为主的材料，能使沥青中的轻质油酚、胶质等恢复到正常的水平，并长期稳定地存在于沥青中，大幅度地减缓了沥青的老化和磨耗，恢复了路面的弹塑性和柔性。BMP翻新剂是一种沥青基材料，能补充沥青面层磨耗的沥青，并恢复路面的性能和黝黑的外观。BMP翻新剂渗透力强，能渗透至路面层10～20毫米（取决于原路面压实度），对沥青胶结料的长久保持、稳定以及保证路面的翻新深度起到了重要作用。应用：2014年，在G104线、G330线、S330线、S331线和S230线等国省道，实施预防性养护项目7个/64.4公里计67万平方米，投资2670万元。采用的预防性养护技术有纤维碎石封层、同步碎石封层、微表处和路易宝BMP溶剂反应型沥青路面翻新剂4种。

第三节 智慧公路

智慧公路是公路现代化建设新阶段的总体目标定位。作为温州市智慧交通和智慧城市的重要组成部分，温州智慧公路是公路适应信息时代的需要，是实现公路现代化信息化管理的需要，是公路应对突发事件和惠民的需要，也是公路管理部门今后一个重要的研发课题。

一、智慧公路规划

2011年4月13日，交通运输部印发《交通运输“十二五”发展规划》（交规划发〔2011〕191号）提出，“继续推进交通运输各行业的信息化建设，建立综合运输信息采集和共享机制，切实加强信息资源的开发利用，促进各运输方式信息系统对接和资源共享。” 2013年9月24日，交通运输部办公厅印发《关于推进交通运输信息化智能化发展的指导意见》提出，“完善交通运输信息化智能化发展规划，制定总体功能框架和政策制度安排，明确实施路径、建设任务、技术体系和建设运营模式。加强不同运输方式、不同层级、不同区域以及与其他行业之间信息化智能化发展理念、建设目标和主要建设任务的有机衔接。”浙江省交通运输厅先后出台《公路、水路交通信息化“十二五”发展规划》《浙江省公路信息化“十二五”发展规划》等一系列指导文件。浙江省公路管理局制定《浙江省公路综合管理与信息服务系统（智慧公路）规划方案》，对浙江省公路信息化建设的总体架构、需要实现的功能、步骤工期做出了科学、全面、宏观而具前瞻性的规划。

“十二五”期间，温州公路发展趋势：以高速公路为骨架、国省道干线公路为主体、县乡村公路为基础的公路交通网络已经基本形成，加快建立健全公路网运行监测、协调管理和应急处置平台，保障国家高速公路和重点干线公路以及重要站点的稳定运行，提高公路网安全性能和服务水平以及应急处置能力，为人民群众提供安全、便捷的出行服务，已成为“十二五”及今后各级公路管理部门面临的一项重要工作任务。2013年12月，温州市交通运输局印发《温州市“智慧交通”（交通运输系统）行动纲要（2014—2016）》，对温州“智慧交通”做了顶层设计，明确把“智慧公路”作为“智慧交通”的重点建设行业级平台之一，同时对“智慧公路”与交通行业其他系统的界面和数据共享方式做了规划。2015年5月，温州市公路局把智慧公路纳入公路发展顶层设计，编制了《温州市公路综合管理与服务信息系统（智慧公路）规划（2015—2020）》，计划六年时间投资1.38亿元，全面打造温州智慧公路。

作为首批国家智慧城市试点的温州市，正在全面规划建设智慧城市，智慧公路也是“智慧城市”之“智慧交通”的重要组成部分。2015年12月，温州公路智慧交通数字公路平台（智慧公路二期），被列为2015年度温州市政府投资信息化建设项目优先推荐项目（温信组办〔2014〕6号）和温州市建设信息惠民国家试点城市三年行动计划（2015—2017）（温政办〔2015〕101号）。2017年3月，温州市公路应急指挥平台（智慧公路三期）被列为2017年度温州市市本级政府投资信息化建设项目计划（温发改产〔2017〕100号）。

根据《温州市公路综合管理与服务信息系统（智慧公路）规划（2015—2020）》，智慧公路建设以服务公路管理者和使用者为目标，按照预防与应急并重、日常管理与应急处置相结合的原则，充分整合利用现有资源，采用先进的信息化

利用远程指挥功能举办各种应急演练　刘晓华摄

技术和手段，以实用、先进、可靠为要求，实现温州市国省道干线公路的监控管理、应急指挥、决策辅助、出行服务、公路业务管理智能化，保障温州市国省道公路网的安全、畅通。

建设任务：遵循“以需促用，以用促建”的原则，根据温州公路信息化发展现状，用六年时间，完成“12241”的建设任务，最终形成以一个市级中心11个县级分中心为主体框架的智慧公路体系。“12241”，即建设一套应用体系（主要指智慧公路应用体系），两类支撑平台（计算机网络系统为重点的硬件支撑平台、以数据库系统为重点的软件支撑平台），完善两类传输网络（交通内网的维护和升级、外场信息感知与发布设备所需的传输网络），完善四种信息采集手段（完善外场感知与发布系统、梳理现有业务系统数据、理顺交通相关部门信息共享机制、畅通人工获取信息渠道），完善一套运维管理制度（建立完善公路管理与运营保障体系）。

建设目标：力争用五年时间，通过“12241”的建设，完成以下目标：⑴完成温州公路信息化的基础设施建设。具体包括基本覆盖境内国省道的外场信息采集发布设备、完善的三级通信网络、各类软硬件支撑平台、安全系统建设、与其他部门的互联互通和数据共享建设、管理制度建设等。⑵整合现有公路行业各业务系统资源，通过改造和完善现有系统，实现公路行业各业务系统的信息共享和信息传递，提高公路行业业务管理水平，逐步实现业务的融合与联合处置。⑶整合公路行业数据资源和了解公众出行需求，逐步建立基于GIS的综合信息服务系统，为公众出行提供准确、完善的信息服务，提升温州市公路信息服务水平。⑷建设公路各类信息子系统，逐步完善温州市公路网信息系统的建设，实现对温州市公路网交通运行状况和气象状况的综合监控和应急处置，提升温州市公路网交通管理水平。⑸建设各类公路信息系统平台，汇集其他交通和社会信息资源，为交通规划、交通状态预测、应急事件处置流程优化和评估、交通流诱导、公路建设等提供决策辅助性分析。⑹为远期温州市公路管理局信息化的进一步发展奠定软硬件基础。

建设成效：⑴为温州公路网安全畅通提供信息化管理手段。实现对路网的监测、监控，全面掌握全市公路网基础设施和交通运行状况。通过信息化检测手段发现各类影响交通畅通的恶劣气候和交通事件，通过各类信息发布手段合理的引导和分配交通流，避免恶劣天气、各类交通事件对交通造成的影响，提高交通通信效率，增强交通安全，保障重大节假日及通行高峰期期间的路网畅通。⑵为温州公路网应急处置提供信息化支持。实现对应急管理机构、应急队伍、物资设备、通信保障等人力、物力、财力资源的统一的信息管理，提供信息共享、业务协同和统一指挥，协调事件处理各部门共同对发现的各类影响交通畅通的事件进行处理，提高事件处理效率。⑶为温州公路乃至温州交通的建设、管理等决策提供辅助性决策分析。通过对采集的各类数据进行数据挖掘等数据分析，掌握温州公路网运行规律和影响交通的各类事件的规律、交通量发展规律和发布规律，为温州市公路网的规划、建设和管理提供决策支持。同时，通过与温州市政府、温州市交通运输局相关平台的信息共享，为政府部门实行行业管理及监管的信息化，建设、管理、决策的科学化提供有效的数据支撑。⑷为公众提供完善的出行服务，提高公众服务水平，提升温州公路整体形象。公众可利用公路局务网站、微信公众号、服务热线以及公路沿线可变信息标志等多种形式，及时获得路况、气象、施工占道、交通管制等出行相关信息，从而更加合理地规划出行方式，提高通行效率。

二、智慧公路建设

2014年7月，市公路管理局完成了《温州公路应急指挥与信息服务系统工程可行性研究报告及建设方案》。2014年11月6日，温州智慧公路一期项目开始启动建设。该项目包含省、市、县三级视频会议系统、路网监测系统、执法监控系统、应急处置与指挥系统、12328公众服务系统等多个平台。2014年12月2日，召开智慧公路（公路综合管理与服务信息系统）规划（2015—2020）评审会。规划编制单位浙江省交通规划设计研究院，根据温州市公路信息化发展现状以及智慧公路发展形势与需求制定了总体规划，对应用体系建设、软硬件支撑平台、传输网络、感知与发布系统建设以及实施步骤和工期等进行了详细的编制。2014年底，初步完成集公路应急指挥、路网检测监控、信息共享等功能为一体的温州公路应急指挥与信息服务系统工程建设。

2015年3月24日，“智慧公路”硬件交接工作顺利完成，4月份完成一期软件开发，5月进入试运行阶段。9月，按照一期项目建设内容要求，基本达到预期建设目标，主要实施了路网监测系统、监控执法系统、应急处置与指挥系统、信息传输与发布系统、信息整合与共享系统建设，实现了集信息共享、实时路网监测、应急指挥处置、信息惠民服务、推进管理创新等五大功能于一体的应急智慧和信息服务工作。截至2015年9月，全市公路系统投入智慧公路建设资金3700多万元，其中市本级2655万元，县级1045万元。11月6日，由温州市相关部门和专家组成的验收组，通过了对温州公路应急指挥与信息服务系统的验收。智慧公路项目从启动建设到验收，历时一年。市公路管理局专门编印“智慧公路画册”与“智慧公路简易操作手册”，机关处室人员可以直接上办公电脑对各系统进行操作，及时获取所需信息资源。

截至2015年底，智慧公路项目通过汇聚不同外场设备，形成统一的监测监控网络。全市已有8路高速公路视频、18路龙门架监控视频、40台路政执法车载视频、59台单兵执法装备、10路战备仓库视频、6个治超站27路监控视频、4个非现执法监控视频等共计148路接入智慧公路平台。

2016年5月11日，市公路管理局召开智慧公路建设推进会，参会人员就目前局本级和各县（市、区）智慧公路建设、运维应用、存在问题以及如何进一步推广智慧公路平台应用等进行了探讨。至此，温州智慧公路平台已共享接入S10温州绕城高速、S26诸永高速、S26a诸永高速（瓯越大桥）等共200多路高速视频，争取到24个流量检测设备设置在干线公路重要路段。会议通报了各县（市、区）智慧公路建设情况，督促加快推进智慧公路建设。据《通报》，平阳县公路应急指挥中心已实行24小时值班运转，乐清市已完成应急指挥中心建设，永嘉县完成104国道高边坡检测系统设备安装和软件部署后接入智慧公路平台，龙湾区完成外场设备安装和调试后进入软件开发阶段，瓯海、泰顺、苍南均已启动智慧公路建设；普通国省道特大桥梁和长大隧道视频监控系统，投资500多万布设253个视频监控点；温州智慧公路二期项目已通过市府办电子政务处项目审查，计划投入241万元。全市公路系统路网监测和应急指挥一体化管理正在逐步完善。会议强调，加强各县（市、区）公路局督导服务，通过定期通报、领导联系点制度、现场督查调研等多种途径，全力推进全市智慧公路建设；强化责任，认真查找智慧公路平台运行中的短板，及时发现问题，跟踪落实，确保整改到位，功能提升；强化智慧公路应用，树立标杆，宣传先行，发挥示范引领作用，切实为公路管理转型服务。

2016年5月31日，智慧公路二期项目通过温州市财政审核，正式获得市发改委批准立项（温发改立〔2016〕30号）。该项目主要包括外场视频监控系统、外场气象监测系统、三维实景应用系统、后端配套服务器及视频等基础支撑系统，以及整合完善现有业务系统等建设内容，总投资约241.9万元。主要建设内容有：⑴完善外场视频监控系统。在重要国省道新建37个视频监控点位（兼顾流量采集），实现监控、录像、抓拍、控制、传输、存储、回放、查询、视频事件检测、画面及硬件故障报警等功能；⑵建设实景三维系统。在目前使用二维GIS的基础上，建设G322瑞东线（原S330瑞东线）的实景三维系统，采集公路实景影像数据，并集成到路网监测监控平台中，提供更直观易用的实景可视化环境。⑶开发气象监测功能。在S223线永嘉段和G104线苍南段的气象灾害敏感路段建设能见度检测、温湿度、路面结冰检测点位，并在路网监测监控平台进行气象监测功能开发，汇集公开气象数据以及公路气象检测点位的气象信息，提供数据管理、查询、显示、图表处理、报警等功能。⑷增设巡检检测取证功能。在平台上部署事件检测系统及视频质量诊断系统，实现对所有摄像机异常情况的巡检和平台内视频交通事件检测取证。⑸升级完善移动APP。在原有功能的基础上，增加电子地图、事件上报下派以及部分业务办理功能。该项目建成后，将充分发挥公路应急指挥功能，推进大数据应用共享，有利于提升公路运行监控能力，多方位为广大公众提供出行服务。

第四节　职工教育 专技人才培育

一、职工教育培训

1981年，中共中央、国务院《关于加强职工教育工作的决定》（中发〔1981〕8号）指出：“职工教育是开发智力、培养人才的重要途径，是持续发展国民经济的可靠保证。”4月，浙江省交通厅按照浙江省人民政府的部署，召开全省交通行业职工教育座谈会，确定成立教育机构，配备专职干部，实行分级管理和全员培训的办法。7月，浙江省温州地区养路总段成立教育科，配备专职干部2名，一名副职领导分管职工教育工作。9月，浙江省工程管理局召开全省各地区公路总段和直属单位的职工教育座谈会，传达贯彻中共浙江省委“全省职工教育会议”精神。会后，为了贯彻宣传好“决定”精神，进一步搞好公路系统职工教育工作，浙江省温州地区养路总段开始开展思想动员、制定教育计划，并提出确保完成各项工作的具体措施。职工教育总的任务是：“面向四化、面向生产，大力提高职工队伍素质，为公路建设事业培养各类人才。”至此，温州公路职工教育工作逐步有序地开展起来。

进入20世纪80年代以后，职工教育和技术技能培训工作逐步规范，各道班实行“学习日”制度，组织职工学文化、学技术，进行“双补课”，成为职工教育工作的重点。各县公路部门根据生产需要，有计划地对道班长及生产骨干进行系统的技术技能培训，或组织参加上级部门举办的专业培训，确保了各项生产任务的完成。同时配合专业技术人员职称评定和聘任，加强了对专业技术人员继续教育和培训、考核工作。

1988年10月，经温州市教委批准，温州公路总段创办温州公路总段职工学校，1994年10月改名为温州市公路管理处职工学校。该校开设公路养护技术、筑路机械、操作、驾驶、机务管理、道班长岗位培训等专业培训科目。学校专为各县（市）公路段职工进行短期轮训。1990年底有兼职教师10名。学校还担负形势教育和基本国情教育任务。1995年前，温州市公路管理处选址泰顺县雅阳镇承天村，创办泰顺氡泉公路职工培训中心。该校占地约7000平方米，建筑面积750平方米。2012年进行扩建，按三星级宾馆建设，设计采用简欧式风格，建筑面积3000平方米，投资800万元，建成后作为全市公路职工技术培训的基地。2002年，温州市公路管理处选址乐清县雁荡镇下灵岩村，创办雁荡灵岩公路职工培训中心。2003年进行改建，占地6.8公顷，建筑面积2707平方米，工程投资771万元（浙江省公路管理局补助541.8万元，地方配套229.2万元）。

1997年6月，市公路管理处第六届职工代表大会通过的《温州市公路管理处职工教育若干规定》：本单位在职职工根据工作、生产需要，享受参加各种职工教育的权利，履行服务本单位的安排，按照要求完成学业，用其所学为本单位服务的义务；为鼓励自学成才，凡参加大、中专全国自学考试的，取得国家承认学历的毕业证书者，按有关规定发给奖金。

进入2000年以后，市公路管理处继续实行持证上岗制度，坚持先培训、后上岗。同时鼓励干部职工参加自学考试和学历教育。职工就读于各类函授学校或参加自考的有30多人。

结合“安全生产月”和“反‘三违’月”（违章指挥、违章操作、违反劳动纪律）等活动的开展，市公路管理处逐步加强了安全生产的教育培训。从2005年开始，每年都要根据不同安全工作重点举办安全生产全员培训，建立健全安全培训机制。至2015年底，全市公路系统接受安全生产培训人员1200多人次。

从2009年开始，随着路政管理队伍的不断壮大，每年分类、分期开展公路路政管理人员和执法人员全员培训，全系统所有公路路政管理和执法人员，每年均要参加为期一个星期的培训，实现公路路政人员轮训工作的正常化、规范化、制度化。每次轮训制定《温州市公路路政人员轮训工作方案》，规定公路路政人员轮训工作的总体目标，轮训内容，健全和完善公路路政执法教育培训机制。至2015年底，全市路政执法人员参加轮训3500人次。

坚持职工技能教育培训与劳动竞赛活动相结合，是温州公路系统开展职工教育工作的一贯做法。1964年6月，温州公路总段在温丽线桥头道班举行有主任、工程师、技术员、领工、班长等402人参加的大型现场交流会，实验筑建温州第三代砂石路面（罗定式）0.6公里。是年，全市共建成“罗定式”路面91.6公里，“福厦式”路面180.45公里。2014年4月14—17日，温州市公路管理局组织各县（市、区）公路管理局和高速公路经营单位有关桥梁养护技术人员赴杭参加由交通运输部公路局主办的2013—2014年度桥梁养护工程师第十一期培训班，培训内容有桥梁常见病害特点及处置、桥梁养护管理有关法律问题、桥梁养护管理基础知识与养护检查工作、桥梁技术状况评定等。

职工技能教育培训在专业技能比赛中取得突出的成绩。2009年，温州公路系统组织代表队，参加浙江省公路系统养护机械操作技能比武，获团体优胜奖。2013年9月24日，温州市公路管理局在乐清市举办2013年全市公路系统养护机械操作技能比武竞赛。乐清的叶胜友和朱加新、洞头的柯友谊，分获装载机、压路机和挖掘机的操作竞赛冠军，他们将代表温州市参加浙江省公路系统第三届筑路机械操作技能竞赛。9月29日，全省公路系统第三届筑路机械操作技能比赛圆满结束。本次技能大比武，全省11个市的公路局（处）和省交通集团公司派出代表队参加比赛。参赛选手均通过层层选拔产生，代表了目前全省一线养护职工的最高职业技能水平。竞赛分挖掘机、装载机和压路机以及理论考试等项目。经过激烈角逐，温州市公路管理局获得团体三等奖。

“十二五”期间，全市公路系统先后组织以提高劳动者工作技能为主的各类岗位技能培训30多期，受训干部职工共计3500多人次；共有100多人参加了不同专业的自学、函授、远程等学历考试。经系统教育培训，全系统干部职工队伍综合素质和专业技能均有不同程度的提高，确保了公路事业不断发展和各项工作任务的完成。

二、专技人才培育

国家的专业技术职称评定制度是在一定历史条件下形成的。温州公路部门坚持正确的政策导向，引导专业技术人员努力做好本职工作，注重工作实绩，为优秀中青年人才脱颖而出创造条件。通过历年来对学术、技术、专业水平及业绩的评审，激励专业技术人员的进取精神，促进了人才的成长，从中发现了大批中青年优秀人才。通过对专业技术职务的聘任，稳定了专业技术人员队伍，提高了专业技术人员的社会地位。

“十二五”，温州市公路管理局的人才培养，实行专业技术人才培养与公开招聘相结合，首次向社会规模招聘高学历人才（研究生）11 名。通过坚持“两条腿走路”的原则，人才队伍结构层次日趋优化，对促进公路行业发展和科技创新发挥了重要的作用。

1979 年，温州市交通邮电系统开始组建职称评审委员会。至 1983 年，相继成立了公路工程技术初级评审委员会、水运工程技术初级评审委员会、汽车机械工程技术初级评审委员会、负责审定全市从事公路、桥梁、水运、汽车机械工程技术人员专业技术职务任职资格。1988 年 1 月，成立会计、统计两项专业技术初级评审委员会，限于评审本系统专业人员。中级和高级职称由市、省职称评定主管部门评定。

据统计，2016 年 12 月，温州市公路管理局有专业技术职称人员 69 人，其中，高级及以上职称人员 22 人，中级职称人员 26 人，初级职称人员 21 人。温州交通建设集团有限公司共拥有专业技术职称人员 308 人，被聘技术职称人员 192 人，其中事业编制 75 人，企业编制 117 人。

2016 年 12 月，温州交通建设集团有限公司在编员工合计 309 人，其中专业技术人员 203 人；技术工人及管理人员等106 人。在专业技术人员中，按职称级别分，正高级 1 人，副高级 29 人，中级 62 人，初级 111 人；按用工编制分，事业在编 74 人，企业在编 129 人。

温州市公路管理局在职专技人员名单（2016）

表 11-4-1

序号	姓 名	专业技术资格	晋升时间	序号	姓 名	专业技术资格	晋升时间
1	连真毅	高级工程师	2015.12	25	王 伟	工程师	2008.9
2	王雨来	高级政工师	2008.12	26	王 罗	网络应用工程师	2006.2
3	陈显春	正教授级高工	2010.12	27	赵小勇	工程师	2012.12
4	杨长中	高级会计师	2000.12	28	连 政	经济师	2016.11
5	诸葛温君	高级工程师	2002.2	29	徐德平	会计师	2004.6
6	李 耕	高级经济师	2009.12	30	王 颖	工程师	2009.9
7	单 勤	高级经济师	2011.12	31	林 莉	经济师	2009.11
8	赵 芍	高级经济师	2005.12	32	陈崇建	工程师	2010.9
9	盛国俊	高级工程师	2007.12	33	朱静仲	会计师	2009.5
10	王朝晖	高级工程师	2003.12	34	贾文珺	经济师	2013.7
11	王建平	高级工程师	2009.12	35	陈凌浩	工程师	2013.7
12	陈 亮	高级工程师	2009.12	36	林孝焰	工程师	2013.7
13	林无瑕	高级统计师	2003.12	37	温 禾	工程师	2013.11
14	叶剑可	高级工程师	2009.12	38	王元俊	工程师	2013.11
15	王建煌	高级经济师	2014.12	39	金 起	工程师	2014.9
16	陈时红	高级经济师	2016.10	40	肖小华	政工师	2015.10
17	钱登朝	高级工程师	2014.12	41	何必想	工程师	2012.8
18	王一波	副研究馆员	2009.12	42	张 帆	经济师	2012.11
19	陈 华	高级工程师	2006.12	43	陈德购	统计师	2012.10
20	杜荣光	高级工程师	2014.12	44	刘云凌	经济师	2003.11
21	缪存雀	高级工程师	2014.12	45	张建泽	工程师	2003.9
22	刘晓华	高级政工师	2016.12	46	曾余力	工程师	2013.10
23	金海峰	政工师	2000.11	47	李 睿	工程师	2014.12
24	黄 晓	会计师	2000.6	48	吴驰骋	助理会计师	1996.9

续表 11-4-1

序号	姓 名	专业技术资格	晋升时间	序号	姓 名	专业技术资格	晋升时间
49	王美兴	工程师	2006.6	60	郑建微	助理经济师	2005.2
50	张小清	助理工程师	1994.12	61	卢婷婷	助理工程师	2014.12
51	程安海	助理经济师	2001.2	62	杨丽筱	助理经济师	2015.3
52	张丽静	助理会计师	2008.9	63	缪志前	助理经济师	2015.10
53	林 炜	助理会计师	2008.12	64	徐尔曼	助理工程师	2016.10
54	应莉敏	助理工程师	2010.12	65	张钟开	助理经济师	2016.10
55	蔡凯凯	助理工程师	2010.12	66	虞翼品	助理工程师	2016.1
56	叶荣伟	小学教师	2000.12	67	王宗格	助理工程师	2016.12
57	盛树青	助理工程师	2013.12	68	肖 卫	助理经济师	2016.12
58	陈 旭	助理工程师	2015.3	69	潘春媚	技术员	1991.8
59	虞筱敏	助理经济师	2015.3		—	—	—

温州交通建设集团有限公司事业在编专技人员统计表（2016）

表 11-4-2

序号	姓 名	专业技术资格	晋升时间	序号	姓 名	专业技术资格	晋升时间
1	徐登票	教授级高工	2013.12	36	谢作永	工程师	2005.9
2	郑建晓	高级工程师	2007.12	37	项方方	工程师	2008.7
3	周红星	高级工程师	2009.12	38	费云清	工程师	2008.7
4	陈 万	高级工程师	2012.12	39	季建东	工程师	2015.9
5	胡 建	高级工程师	2014.12	40	曹文林	工程师	2015.9
6	叶佰建	高级工程师	2011.12	41	金亦锋	工程师	2008.7
7	吴确敏	高级工程师	2010.12	42	王 璇	工程师	2009.9
8	厉 锋	高级工程师	2012.12	43	徐若男	工程师	2012.10
9	徐 晖	高级工程师	2008.12	44	董晓雯	会计师	2002.5
10	许武文	高级工程师	2011.12	45	朱瑞蓉	经济师	2013.2
11	张荣敦	高级工程师	2007.12	46	邵 忠	助理工程师	2004.11
12	陈继展	高级工程师	2013.12	47	王云殊	助理工程师	2003.9
13	郭显锋	高级工程师	2005.12	48	苏士武	助理工程师	2005.10
14	郑守仕	高级工程师	2014.12	49	邵敬斌	助理工程师	2003.9
15	戈小尊	高级工程师	2014.12	50	张 毅	助理工程师	2014.12
16	张朝者	高级工程师	2008.12	51	徐顺林	助理工程师	2010.12
17	李锡通	高级工程师	2003.12	52	周小娜	助理工程师	2014.12
18	吴高素	高级工程师	2007.12	53	潘肖航	助理工程师	2000.11
19	赵友亮	高级工程师	2004.12	54	陈延装	助理工程师	2001.10
20	吴志永	高级工程师	2010.3	55	虞学庚	助理工程师	2007.10
21	林学用	高级工程师	2016.12	56	陈和平	助理工程师	2004.8
22	陈书彬	高级工程师	2016.12	57	叶 迅	助理工程师	2000.8
23	吴国浩	高级会计师	2011.4	58	张利中	助理工程师	2000.11
24	申凤莲	工程师	2014.9	59	陈国强	助理工程师	2004.11
25	徐德眉	工程师	2008.7	60	陈云飞	助理工程师	2014.12
26	鲁军瑛	工程师	2010.9	61	梁 果	助理工程师	2005.5
27	陈忠欣	工程师	2003.9	62	梁 萌	助理工程师	1998.12
28	叶光良	工程师	1998.9	63	徐丽君	助理会计师	2000.5
29	苏士升	工程师	2008.7	64	赵涟漪	助理会计师	2010.12
30	余 琼	工程师	2009.9	65	王淑华	助理会计师	2001.5
31	蔡飞盛	工程师	2010.9	66	陈永利	技术员	1997.12
32	应顺度	工程师	2008.7	67	王小东	技术员	1997.12
33	徐三豹	工程师	2008.7	68	杨剑武	技术员	1997.12
34	唐建兴	工程师	2012.10	69	吴金松	技术员	1997.12
35	朱德快	工程师	2004.9	70	徐丏忠	技术员	2000.11

续表 11-4-2

序号	姓 名	专业技术资格	晋升时间	序号	姓 名	专业技术资格	晋升时间
71	黄发进	技术员	1997.12	123	沈德瞭	助理工程师	2014.12
72	林方好	技术员	2011.12	124	戴汇钞	助理工程师	2012.12
73	杨坚钢	技术员	2001.10	125	陈聪聪	助理工程师	2015.12
74	郑一凡	技术员	2001.11	126	杨　希	助理工程师	2013.12
75	王继学	高级工程师	2012.1	127	郑康君	助理工程师	2005.9
76	王海明	高级工程师	2006.12	128	施德喜	助理工程师	2014.12
77	金林海	高级工程师	2013.12	129	郑思西	助理工程师	2014.12
79	丁　立	高级工程师	2014.12	130	郑高糯	助理工程师	2015.12
80	朱如荣	高级工程师	2012.12	131	蔡炜桦	助理工程师	2009.10
81	冷文彬	高级工程师	2012.4	132	程豪纬	助理工程师	2012.12
82	刘少虎	高级工程师	2003.12	133	刘勤兵	助理工程师	2014.12
83	聂风云	工程师	2014.9	134	章　薇	助理工程师	2013.12
84	诸葛幼君	工程师	2013.10	135	李育清	助理工程师	2013.12
85	叶　群	工程师	2010.9	136	叶礼锦	助理工程师	2013.12
86	邓星荣	工程师	2005.9	137	麻丽剑	助理工程师	2013.12
87	李万龙	工程师	2005.1	138	邵欢玲	助理工程师	2015.12
88	周建秋	工程师	2014.9	139	张龙清	助理工程师	2015.12
89	胡旭兵	工程师	2013.10	140	姜泽林	助理工程师	2014.12
90	赵　瑜	工程师	2013.10	141	刘骏杰	助理工程师	2014.12
91	戴顺侠	工程师	2011.10	142	吴绍听	助理工程师	2012.12
92	郇艳宏	工程师	2010.9	143	吴玉林	助理工程师	2013.12
93	陈智发	工程师	2015.12	145	费晓霞	助理工程师	2012.12
94	郭文炜	工程师	2011.10	146	陈志阳	助理工程师	2012.12
95	张太东	工程师	2014.9	147	陈尊常	助理工程师	2015.12
96	田　伟	工程师	2013.10	148	牟伦平	助理工程师	2014.12
97	曹华勋	工程师	2015.9	149	林启勤	助理工程师	2014.12
98	周红专	工程师	2014.10	150	陶朝表	助理工程师	2013.6
99	周卫文	工程师	2012.6	151	赵汉智	助理工程师	2011.12
100	吴思庆	工程师	2015.9	152	刘　征	助理工程师	2015.12
101	陈　胜	工程师	2004.9	153	朱如安	助理工程师	2000.11
102	陈松周	工程师	2008.7	154	李　立	助理工程师	2015.12
103	李夏波	工程师	2004.9	155	宋凯伦	助理工程师	2015.12
104	陈云海	工程师	2015.9	156	邱正茂	助理工程师	2015.12
105	李亚杰	工程师	2016.9	157	陈选龙	助理工程师	2015.12
106	徐文明	工程师	2016.9	158	谭时欢	助理工程师	2015.12
107	徐维銮	工程师	2016.9	159	张治东	助理工程师	2015.12
108	朱志望	工程师	2016.9	160	周选招	助理工程师	2008.11
109	徐桐俊	工程师	2016.9	161	潘元隆	助理工程师	1995.9
110	许秋艳	会计师	2012.12	162	徐定区	助理工程师	2008.7
111	尹　雪	会计师	2004.5	163	何彩芬	助理工程师	2008.11
112	潘建兰	会计师	2013.10	164	胡框框	助理工程师	2010.11
113	王　静	会计师	2014.10	165	徐文浩	助理工程师	2007.10
114	曾凡彬	会计师	2005.5	166	白碧杰	助理工程师	2008.11
115	张美丽	经济师	2012.11	167	陈未知	助理会计师	2007.5
116	杨　婧	经济师	2016.3	168	孙　虎	助理会计师	2011.5
117	姜恩特	工程师	2016.9	169	钱　峰	助理会计师	2014.12
118	谢礼庆	工程师	2016.9	170	李　琼	助理会计师	2011.12
119	张金强	工程师	2016.9	171	胡文乐	助理会计师	2009.10
120	叶礼旭	工程师	2016.9	172	张亮亮	助理会计师	2014.12
121	吴朋飞	工程师	2016.9	173	项茜茜	助理会计师	2014.12
122	陈颖颖	助理工程师	2014.12	174	叶　伟	助理会计师	2015.12

续表 11-4-2

序号	姓 名	专业技术资格	晋升时间
175	余定琴	助理会计师	2014.12
176	周 祺	助理会计师	2013.12
177	张 玮	助理会计师	2010.12
178	朱小平	助理会计师	2011.5
179	臧青风	助理会计师	2013.1
180	朱斌斌	助理经济师	2009.6
181	叶彬彬	助理工程师	2016.12
182	李忠国	助理工程师	2016.12
183	陈强龙	助理工程师	2016.12
184	陈 鹏	助理工程师	2015.12
185	吴梦生	助理工程师	2014.12
187	叶信杨	助理会计师	2014.12
188	周士雨	助理工程师	2016.12
189	周章耀	助理工程师	2016.12
190	金新孟	助理工程师	2016.12
191	陈迪运	助理工程师	2016.12
192	陈少华	助理工程师	2016.12
193	张 斌	助理工程师	2016.12
194	温正佳	助理工程师	2016.12
195	许楠炯	助理工程师	2016.12
196	殷加盘	助理工程师	2016.12
197	陈进贴	助理工程师	2016.12
198	王玲芬	技术员	2016.12
199	胡 莹	技术员	2016.12
200	林佳策	技术员	2016.12
201	卢茂林	技术员	2016.12
202	林海涛	技术员	2016.12
203	陈 旺	技术员	2016.12

温州公路系统省级以上刊物发表专业论文情况统计表（部分）

表 11-4-3

序号	题 目	刊物名称	发表时间（期数）	作者
1	桥面铺装过早破损的成因和修复技术方案实例	黑龙江科技信息	2007 年第 1 期下	周小明
2	破损桥面铺装拆除时桥面板受力复核计算实例		2007 年第 2 期上	
3	浅谈水泥砼路面的施工工艺		2007 年第 3 期上	
4	废旧轮胎橡胶粉改性沥青的应用浅探	科技咨询导报	2007 年第 8 期	
5	浅谈公路土石方造价编制经验	中国建筑科技与经济管理	2008.3(2 期)	董巧静
6	新技术在地基加固施工中的应用		2008.3(2 期)	
7	浅谈水泥混凝土路面断板防治措施		2008.3(2 期)	
8	预应力变截面连续箱梁浇筑施工应注意的问题		2008.1(1 期)	
9	试析旧沥青混凝土路面的现场冷再生施工	科技促进发展	2009 年第 12 期	李德鹏 林祖寿
10	试析战略环境评价的发展应用	管理观察	2009 年 8 月上旬刊	林祖寿 李德鹏
11	S223 永嘉段边坡处治实例	中国建筑科技与经济管理	2009 年 3 月	黄有辉 李仁勇
12	高等级公路桥头跳车产生的原因及防治措施	中国新技术新产品	2009 年第 22 期	周益新
13	预应力管桩施工工艺与质量控制	城市建设	2010 年 9 月	李仁勇 黄有辉
14	小议水泥混凝土路面早期断板的缩缝切割处理	民营科技	2010 年 7 月	周益新
15	预制混凝土构件裂缝成因分析及预防措施	价值工程	2010 年第 5 期	郑 晓 陈俊利
16	浅谈钻孔灌注桩的常见病害	中国科技博览	2010 年第 29 期	陈俊利 郑 晓
17	关于水泥混凝土路面工程可靠性的研究	中国房地产业	2012.2 总第 305 期 /2 月刊	黄斌赟 潘 源
18	浅谈公路养护内业管理			潘 源 黄斌赟
19	沥青路面养护管理浅析			周寿汉 张 坚
20	浅谈水泥混凝土路面常见病害及防治措施	赤子	2012 年 1 月下旬刊	张 坚 周寿汉
21	山区公路养护工程中的质量管理探研	科技致富向导	2012 年第 33 期	罗进福 王 义
22	浅析普通公路养护管理特点及优化措施	赤子	2012 年第 21 期	王 义 罗进福
23	水泥砼路面唧泥和脱空病害研讨	江西建材	2014 年第 14 期	刘 可 李德鹏
24	浅议公路养护工程中路基的养护	商品与质量	2014 年 4 月号	李德鹏 刘 可
25	雁楠公路高填方路基设计方案稳定性评价	中外公路	2014,34(6):5—8	王 腾 胡庆贺 陈 亮 缪存雀
26	折线地基上路堤变形规律及安全状况评价	重庆交大学报（自然科学版）	2015 年 1 期	王 腾 陈 亮 朱洪洲 缪存雀
27	雁楠公路高路堤结构设计及整体稳定性分析	公路工程	2015, 40(3): 162—166	缪存雀 陈 亮 叶剑可 高 放

附　录

一、重要文献辑存

（一）浙江省公路“四自”工程管理暂行办法

（浙江省人民政府浙政发〔1996〕160号）　1996年9月1日）

第一章　总则

第一条　为了进一步认真贯彻“自行贷款，自行建设，自行收费，自行还贷”的“四自”方针，确保工程质量和施工路段道路的畅通，规范运营管理，促进“四自”工程建设顺利发展，根据国家有关规定，特制定本办法。

第二条　本办法适用于经省政府批准的公路“四自”工程项目。

省交通厅是全省公路“四自”工程的行业主管部门，必须加强对“四自”工程的规划、建设、收费、运营等管理。各级政府交通主管部门负责本辖区内“四自”工程的管理。

第三条　实施“四自”工程的项目，必须符合我省公路网规划；其规模和筹资方式必须符合交通部、财政部、国家计委交公路发［1994］686号文的规定，即利用贷款（包括需偿还的集资和实行股份制经营）建成的公路（包括桥梁、隧道），并符合下列条件之一的工程项目：

（一）长度超过10公里的封闭(包括部分封闭)型的汽车专用公路；

（二）平原微丘区超过40公里的山岭重丘区超过20公里的一般二级公路；

（三）长度超过300米的公路桥梁。改渡为桥的，可适当放宽到桥长超过200米；

（四）长度超过500米的公路隧道。

第四条　“四自”工程项目不管采用何种筹资和建设方式，均由县级以上人民政府的有关职能部门负责监督、管理、组织和协调。其产权属国家所有，根据“贷款建设，收费还贷”的原则，收取的通行费首先用于还贷，投资者的合法经营权受国家法律的保护。

第二章　前期工作

第五条　各地要求列入“四自”工程的项目经省交通厅审核后报省政府审定。经省政府批准实施的“四自”工程项目，除需省计经委转报国家计委审批外，视同批准立项。

第六条　工程可行性研究报告必须委托有相应资质的设计单位或咨询机构编制。大中型项目的可行性研究报告由项目所在地计（经）委会同交通主管部门联合上报省计经委和省交通厅，并由省计经委或委托省交通厅组织评估，符合条件的由省计经委审批或转报国家计委审批；其余小型项目的可行性研究报告由省计经委委托省交通厅审批。

第七条　“四自”工程项目的初步设计，经各市（地）、县（市）政府（行署）上报后，由省计经委或委托省交通厅组织审查批复。

第八条　实行中外合资经营的项目均须严格按交通部《关于外商投资建设、经营港口、公路项目有关问题的通知》（交计发［1993］572号）的规定执行，应先将各个环节（意向书、协议、合同等）的进展情况以书面形式向省交通厅报告同意后，再按国家有关“三资”企业审批程序报批。

国内合资合作经营项目的意向书、协议、合同等也须先报经省交通厅同意，再按有关规定办理审批手续。

第九条 “四自”工程项目要积极引入竞争机制，实行公开招标。招投标具体管理工作按交通部《公路工程施工招标投标管理办法》和《浙江省建设项目招标投标管理条例》规定实行公开招投标，大中型项目评估结果报省计经委审批或转报国家计委，小型项目评标结果报省交通厅审批。

第十条 “四自”工程项目必须实行施工监理制，开工前必须组建或委托社会监理单位组建项目施工监理机构，其机构及人员先报所在市（地）工程质量监督机构或市（地）交通局（委）初审后，报省交通工程质量监督机构审批，否则不能开工。

第十一条 完成前期工作后的“四自”工程方可列入年度投资计划实施。大中型项目的年度投资计划由项目所在地计（经）委上报省计经委和省交通厅，并经省交通厅审查后由省计经委统一下达。

第三章 工程实施

第十二条 工程项目的开工报告按省政府关于基本建设新开工项目审批程序的有关规定办理。

第十三条 重大变更设计（路面结构改变，路基、桥梁宽度，路线、桥、隧道长度等变更），工程项目须上报原设计批准部门审查同意后方可组织实施。

第十四条 省政府对全省“四自”工程项目每年进行一次全面检查，并将检查情况予以通报。

市（地）政府（行署）对管辖的“四自”工程项目每季进行一次检查，检查情况报省政府并抄送省交通厅。

省交通厅会同各市（地）、县交通主管部门对“四自”工程进行督促、检查、帮助。列入省重点工程的，由省重点办会同省交通厅加强管理。

第十五条 所有开工的“四自”工程项目均应加强现场管理，老路拓宽工程必须做好施工路段的“三度一排”工作，配备必要的交通管理人员，实行昼夜24小时值勤，确保车辆正常通行。省、市（地）两级交通主管部门对老路拓宽工程施工现场管理要加强经常性的检查和督促。

第十六条 “四自”工程项目与其他工程项目一样实行“政府监督、施工监理、企业自检”，参加“四自”工程建设的施工企业必须具有与承担的工程相适应的自检实验设备和自检人员，并按公路工程质量检验评定标准实行全面自检。

市（地）工程质量监督机构对本地“四自”工程每月进行定期质量监督，每半年进行一次质量大检查；省交通工程质量监督机构平时进行不定期质量监督抽查，每年组织一次“四自”工程质量大检查。

第十七条 “四自”工程项目竣工后，必须按有关规定整理好各种施工、竣工档案资料，并准备好工程施工、设计总结、质监报告及工程竣工决算，按照交通部《公路工程竣工验收办法》组织交工、竣工验收。工程项目竣工验收由初步设计审批部门组织。

“四自”工程项目竣工后，在交工验收前要求上报工程竣工文件和工程竣工决算。

第四章 运营管理

第十八条 “四自”工程的养护工作必须由当地公路部门统一管理，工程交工验收后交公路部门接养，按照《浙江省干线公路养护与管理办法》组织实施。

第十九条 “四自”工程的路政工作必须严格执行《中华人民共和国公路管理条例》及实施细则的有关规定，纳入当地公路管理部门统一管理。

第二十条 “四自”工程收费工作由省交通厅统一领导，省公路稽征局具体管理指导。各级交通主管部门是车辆通行费征收的行业管理部门。有关收费管理规定另行制订。

“四自”工程养护和路政管理费用由省交通厅另行规定，在收取的车辆通行费中列支。

第二十一条 对不符合收费规定的站点及收费还贷基本结束和已满收费年限的站点，省交通厅可提出合并、撤销的建议，报省政府批准后实施。省交通部门可对“四自”工程项目进行赎买和参股。

“四自”工程经营权的转让须经省交通厅的评估和批准。

第五章 奖励与监督

第二十二条 对实施“四自”工程的先进单位和个人进行评比表彰。评比办法由省交通厅另行制定。

第二十三条 “四自”工程项目未委托有相应设计资质的单位进行工程可行性研究及初步设计的，不组织评估及会审。

第二十四条 “四自”工程项目违反基本建设程序的，不予立项。

第二十五条 招标投标管理机构和其他部门的工作人员，在招标投标工作中玩忽职守、滥用职权、泄露机密、营私舞弊、索贿受贿的，由其所在单位给予行政处分；情节严重，构成犯罪的，由司法机关依法追究刑事责任。

第二十六条 “四自”工程项目未建立施工监理机构或未经省交通工程质量监督机构批准的，不准开工。

第二十七条 省、市（地）两级交通工程质量监督机构都要建立通报制度，对工程质量好的施工单位予以表彰。对存在下列问题之一的施工单位予以通报批评：（1）擅自转包工程的；（2）合同规定的管理人员和施工机械不到位的；（3）未按规范、图纸等要求施工的；（4）施工现场、施工路段管理不善造成严重阻车的。情节严重、造成重大损失的，取消其施工资格，在一定期限内不准承包省内干线公路工程项目，企业资质不能升级。

第二十八条 对由于施工监理单位未履行合同造成工程质量事故的，应追究监理单位的责任，按合同规定予以赔偿、降级以至收缴监理资质证书。对由于监理工程师未履行职责造成工程质量事故的，应给予必要的处理，损失严重的应给予行政处分、取消监理工程师资格；情节特别严重、构成犯罪的，依法追究刑事责任。

第二十九条 老路拓宽工程对施工现场管理不善造成阻车的，可以责令施工单位停工整顿。整顿好后方可复工；整顿无效的，可取消其施工资格。

第三十条 无主要竣工资料的工程，将不予交工验收或暂缓交工验收；对竣工资料不完整或整理不规范的，在评定工程质量等级时将视具体情况予以扣分，并按规定限期补充完善。

第三十一条 擅自“搭车”收费、提高收费标准者，一经查出，由交通主管部门会同有关部门依法进行处理；对负有责任的主管领导，建议有关部门给予行政处分和通报批评。

第六章 附则

第三十二条 以前有关规定与本办法不一致的，以本办法为准。国家有新规定的，按新规定执行。

第三十三条 本办法由省交通厅负责解释。

第三十四条 本办法自公布之日起执行。

（二）温州市农村公路管理办法

（温州市人民政府温政令〔2014〕148 号 2014 年 9 月 25 日）

第一章 总则

第一条 为加强和规范全市农村公路建设、养护与管理工作，保护农村公路路产路权，保障农村公路完好、安全、畅通，根据《中华人民共和国公路法》、《公路安全保护条例》和《浙江省农村公路养护与管理办法》等有关规定，结合本市实际，制定本办法。

第二条 本办法适用于温州市所辖行政区域内的农村公路建设、养护与管理。

第三条 本办法所称农村公路，是指按照国家、省公路工程技术标准修建，并按照国家和省有关规定验收合格的县道、乡道和村道。

第四条 农村公路建设、养护与管理应当坚持建设、管理、养护并重的原则，建立“统一领导、分级监管、以县为主、乡村尽责”的管理体制。

第二章 工作职责

第五条 市人民政府领导全市农村公路的建设、养护与管理工作，建立绩效考核机制和监督机制，将各县（市、区）人民政府的农村公路建设、养护与管理工作，纳入政府年度考核。

市发改、公安、财政、人力社保、国土资源、规划、住建、交通运输、农业、林业、水利、审计、环境保护等有关部门，在各自职责范围内共同做好农村公路建设、养护与管理的相关工作。

第六条 市交通运输主管部门是全市农村公路建设、养护与管理工作的主管部门，主要履行下列职责：

（一）贯彻执行国家、省、市有关农村公路建设、养护与管理的法律、法规和政策；

（二）制订全市农村公路建设、养护与管理发展规划，会同县（市、区）人民政府审批农村公路建设、养护与管理发展规划。

第七条 市公路管理机构应当履行下列职责：

（一）负责全市农村公路的行业管理，做好农村公路建设、养护与管理的业务指导与服务工作；

（二）受市交通运输主管部门委托，负责编报全市农村联网公路建设、村道技术改造年度建设计划，负责统计、上报、下达全市农村公路年度养护计划，监督、指导农村公路建设和养护计划的实施；

（三）将按照国家、省有关规定验收合格的农村公路，纳入公路养护管理范围。

第八条 县（市、区）人民政府是所辖行政区域内农村公路建设、养护与管理的责任主体，主要履行下列工作职责：

（一）全面负责所辖行政区域内的农村公路建设、养护与管理工作；

（二）制订并落实所辖行政区域内农村公路工程、养护、路政、安全及资金管理等具体实施办法，建立健全农村公路建设、养护与管理工作机构和机制；

（三）规定所属部门以及乡镇人民政府（街道办事处）在农村公路建设、养护与管理工作中的具体职责，并实行年度工作考核；

（四）组织协调所辖行政区域内农村公路建设、养护与管理中的重大问题；

（五）依法确定村道两侧公路用地和公路建筑控制区范围。

第九条 县（市、区）交通运输主管部门应当履行下列职责：

（一）具体负责所辖行政区域内农村公路建设、养护与管理工作，负责农村公路建设和养护工程质量、安全的监督和管理；

（二）具体负责所辖行政区域内的农村公路路政管理工作，依法制订农村公路路政管理的相关制度；

（三）编制、修订所辖行政区域内农村公路建设、养护与管理发展规划，审核农村公路年度养护建议计划，并对计划执行情况进行监督，编制农村公路年度建设计划；

（四）依据核定的行政等级，具体负责将新建农村公路纳入相应的养护管理范围。

第十条 县（市、区）公路管理机构应当履行下列职责：

（一）承担所辖行政区域内县道的养护管理、乡村道养护的行业管理以及农村联网公路建设的监管工作；

（二）具体履行县乡道公路路政管理职责，负责指导乡镇人民政府（街道办事处）做好村道公路路政管理工作；

（三）负责编报农村公路年度养护建议计划，并按批准的计划组织实施；

（四）做好乡镇人民政府（街道办事处）、养护作业单位（责任人）有关农村公路养护与管理的业务指导、培训和服务；

（五）做好乡镇（街道）农村公路的业务指导和监督工作。

第十一条 乡镇人民政府（街道办事处）是所辖行政区域内村道建设、乡村道养护与管理的实施主体，主要履行下列工作职责：

（一）做好乡、村道日常养护与管理工作；

（二）组织建立乡村道公路路政管理协管机制，协助做好县乡道公路路政管理工作；

（三）具体履行村道公路路政管理职责，建立健全各项管理制度，严格管理，维护好路产路权，保障村道公路畅通，依法做好村道两侧公路用地和公路建筑控制区的日常管理工作；

（四）负责农村联网公路等村道建设的实施管理；

（五）县（市、区）人民政府确定的其他工作职责。

第十二条 养护作业责任单位（责任人）应当履行下列职责：

（一）按照相关技术规范和标准、合同的约定，负责农村公路的养护作业，使农村公路经常处于良好的运行状态；

（二）按照国家和省、市有关公路养护安全作业规定进行规范作业，确保公路通行和人身安全；

（三）服从各级交通运输主管部门及公路管理机构的指挥、调度，做好农村公路的有关应急抢险工作。

第三章 养护管理

第十三条 各级交通运输主管部门要推进农村公路养护市场化工作，逐步建立农村公路市场化分类运行机制。

第十四条 县（市、区）公路管理机构应当每年组织一次及以上针对乡镇农村公路养护、管理人员的技术培训工作。

第十五条 各级公路管理机构做好农村公路交通量调查和数据库管理工作，编报各类养护报表和各类统计数据的采集、整理工作。

第十六条 县（市、区）公路管理机构和乡镇人民政府（街道办事处）应当加强和规范农村公路养护与管理工作，保障农村公路完好、安全、畅通。

第十七条 路基各部分应当保持完整，各部分尺寸保持规定要求，无损坏变形，处于完好状态。

第十八条 路面养护采取预防性、经常性的保养和维修措施，及时处治路面出现的各种病害，保持路面平整良好、横坡适度、路容整洁、排水畅通，具有足够的强度和抗滑性能。

第十九条 桥梁、隧道保持状态完好，桥面平整，无明显桥头跳车，伸缩缝和泄水孔无堵塞，栏杆、扶手和引道护栏（柱）无损坏；隧道洞内洞外排水畅通，无渗漏水现象，照明、通风等设施开启正常。

第二十条 农村公路安全设施完好，里程碑、百米桩齐全，定期做好绿化管护工作。

第四章 工程管理

第二十一条 市公路管理机构主要对农村公路养护工程管理（包括路面大中修、临水临崖安全设施、危险边坡处治、桥隧维修改造以及水毁修复等养护专项工程，下同）和农村联网公路的年度计划执行情况进行监督、检查和考核。

第二十二条 县（市、区）公路管理机构应当科学合理编制农村公路养护工程和农村联网公路年度建议计划。建立农村公路养护工程和农村联网公路建设工程项目库及项目储备制度。

第二十三条 交通运输主管部门和公路管理机构应当制定工程管理制度，严格执行基本建设程序，并做好下列工程管理工作：

（一）各级交通运输主管部门和公路管理机构要加强计划管理，维护计划的科学性、严谨性；

（二）各级交通运输主管部门负责全市农村公路建设和养护工程市场的监督、管理，制订农村公路建设市场评价体系和监督检查制度；

（三）市公路管理机构负责农村公路养护工程实施与农村联网公路建设的指导和监督，督促工程任务完成；

（四）县（市、区）交通运输主管部门负责农村公路养护工程的设计审查、预算批复、交（竣）工验收；

（五）县（市、区）公路管理机构负责农村联网公路等村道建设的设计审查、预算批复。

第二十四条 县（市、区）交通质量监督部门负责农村公路建设和养护工程的质量与安全监督管理。

第二十五条 乡镇人民政府（街道办事处）应当加强农村联网公路等村道建设的工程质量、安全、进度管理，按期完成年度计划。

第二十六条 县（市、区）公路管理机构与乡镇人民政府（街道办事处）应当建立健全农村公路应急抢修机制，及时抢通、修复水毁，并加强水毁抢修路段的管理。

第五章 路政管理

第二十七条 县（市、区）公路管理机构应当严格履行法定职责，加强对县乡道公路、公路建筑控制区等路政管理区域的路政巡查和执法检查，依法及时制止、纠正和查处各类违反公路法律、法规和规章的违法行为。

村道的路政管理职责，由乡镇人民政府（街道办事处）参照《公路安全保护条例》的规定执行。

第二十八条 县（市、区）人民政府应当根据保障公路运行安全和节约用地的原则以及公路发展的需要，组织交通运输、国土资源等部门划定农村公路建筑控制区的范围。

农村公路建筑控制区的范围，从公路用地外缘起向外的距离标准为：

（一）县道不少于 10 米；

（二）乡道与村道不少于 5 米。

公路弯道内侧、互通立交以及平面交叉道口的建筑控制区范围根据安全视距等要求确定。

第二十九条 县（市、区）交通运输主管部门或者乡镇人民政府（街道办事处）可以根据保护乡道、村道的需要，在乡道、村道的出入口设置必要的限高、限宽设施，但是不得影响消防和卫生急救等应急通行需要，不得向通行车辆收费。

第三十条 农村公路标志标线的设置应当规范、齐全，符合国家标准。县（市、区）公路管理机构负责县乡道公路标志标线的设置和维护；乡镇人民政府（街道办事处）负责所辖行政区域内村道标志标线的设置和维护。县（市、区）公路管理机构应当加强对村道标志标线设置的指导工作。

县（市、区）公路管理机构应当依照规范化管理要求，完善所辖行政区域内县乡道指路体系建设，确保指路信息准确。

第三十一条 县（市、区）公路管理机构、乡镇人民政府（街道办事处）应当监督施工单位按照国家标准有关规定在施工路段设置施工标志并采取安全防护措施，施工现场管理到位。

第三十二条 发生在农村公路上违反路政管理规定的行为，由县（市、区）公路管理机构或者其委托的乡镇人民政府（街道办事处）依照《中华人民共和国公路法》、《浙江省公路路政管理条例》等法律、法规和规章的规定实施行政处罚。

第六章 安全管理

第三十三条 县（市、区）人民政府是所辖行政区域内农村公路安全管理的责任主体，应当建立健全农村公路建设与养护安全生产的管理制度。

第三十四条　县（市、区）人民政府应当建立农村公路安全协调机制和管理网络，并做好安全生产教育、培训、宣传和检查等工作，采取措施预防重大安全生产责任事故发生。根据应急预案及时处置重大自然灾害和突发公共事件，保障农村公路安全畅通。

第三十五条　农村公路建设与养护工作应当严格执行工程建设和养护作业安全操作规程及相关规定。

第七章　资金管理

第三十六条　农村公路的建设、养护与管理资金以县乡自筹为主，省级补助为辅。

第三十七条　县（市、区）人民政府应当积极筹措并落实农村公路建设、养护与管理资金，农村公路建设、养护与管理支出列入年度财政预算。县级中央燃油税返还经费（原拖拉机与摩托车养路费部分）应当全部纳入农村公路养护资金。

第三十八条　农村公路资金的使用、管理和审计实行分级负责、逐级监督管理，坚持专款专用，主要用于农村公路建设、养护工程、安全保障（应急抢险、应急演练、隐患治理等）、日常养护与管理及考核等工作。

第八章　工作考核

第三十九条　市交通运输主管部门负责指导、监督全市农村公路工作的检查考核，考核对象为各县（市、区）交通运输主管部门，市公路管理机构负责具体实施。县（市、区）交通运输主管部门负责对所辖行政区域内乡镇人民政府（街道办事处）农村公路工作的检查考核，县（市、区）公路管理机构具体负责实施。

第四十条　农村公路工作考核办法由市交通运输主管部门会同市财政部门另行制订。

第四十一条　市级财政部门每年安排一定的资金，对考核优良的单位予以一定奖励，用于县（市、区）农村公路建设、养护与管理。

第九章　附则

第四十二条　本办法自 2014 年 11 月 1 日起施行。

（三）关于进一步加强公路车辆超限超载综合治理的实施意见

（温州市人民政府办公室温政办〔2014〕125 号　2014 年 10 月 17 日）

为有效遏制违法超限超载行为，切实保护公路桥隧设施安全，保障人民群众生命财产安全，根据《中华人民共和国公路法》、《中华人民共和国道路交通安全法》、《公路安全保护条例》和国务院《关于加强道路交通安全工作的意见》（国发〔2012〕30 号）、浙江省人民政府《关于印发进一步加强车辆超限超载长效管理工作意见的通知》（浙政办发〔2009〕185 号）等有关规定，结合我市公路车辆超限超载长效管理工作实际，经市政府同意，制定本意见。

一、总体要求

以科学发展观为指导，树牢以人为本、安全发展的理念，建立完善"政府主导、分级负责、属地管理、联合执法、综合治理、标本兼治"的公路车辆超限超载长效管理机制，促进货运车辆超限超载交通事故逐年下降，公路通行环境明显改善，公路桥隧安全运行得到有效保障，为温州经济社会发展、人民群众平安出行创造良好公路交通环境。

二、主要措施

（一）加强科技治超。要按照"统一规划、分步实施、市县联动、联合建网"的原则，统一建设公路治超电子监控系统，开展高速公路出入口电子监控系统建设，适时将高速公路计重收费系统与公路治超电子监控系统联网，完善治超信息共享平台建设，加强超限超载车辆路面监控。

（二）强化车货源头监控体系建设。

1. 加强非法改装、拼装、报废车辆监管。各级道路运输管理部门应加强货运车辆技术检测监督检查，发现车辆非法改装的，应当责令恢复原状；各级公安交警部门在路面执法检查或者车辆登记、年检时，发现非法拼装或报废车辆的，依法予以收缴，强制报废；各级市场监管、道路运输管理部门要加强汽车经销企业、汽车维修场所监督检查，发现违法经营或无证经营的，要依法查处、取缔；各级质监部门要加强汽车生产企业的监督检查，对违法生产行为依法予以查处。

2. 加强货物源头综合监管。各级治超办要全面排查货运车辆、站场、生产经营企业等公路车辆超限超载车货源头基本情况，落实源头单位管理责任，加强货物源头装载行为监管。道路运输管理部门应组织开展道路运输站（场）、货物集散地车辆装载行为监督检查；经信、港航管理部门应加强纳入行业管理范围的码头货物运输装载行为监管；安监部门应督促危化品生产、经营和矿山企业对出运货物实施计重管理，规范运输车辆的装载行为；国土资源部门应加强矿山企业装载行为的监督管理；住建部门应加强建筑工地、商品混凝土生产企业行业管理，监督车辆实施计重管理和联网监控；城管与执法部门在办理建筑垃圾处置核准时，应当加强渣土车辆运输线路审查，切实加强运输渣土车辆违法超限超载起运地监管；各乡镇（街道）要指定部门和人员加强辖区内矿山、码头和其他场所货物装载的监管。

各县（市、区）公路路政、道路运政要全面完成管辖区域内货运车辆、站场、生产企业等情况调查、登记工作；每年开展一次调查，排查信息由县（市、区）公路治超办汇总后次年1月10日之前报市治超办，市治超办联系电话（传真）：0577-88608876，电子邮箱：2084852296@qq.com。

3. 加快信用评价体系建设。各个职能部门要按照各自工作职责加快建立道路运输单位（个人）、生产经营企业信用评价体系建设。信用评价结果要与运力投放、政府资金补贴等有关激励约束机制挂钩。

4. 完善治超信息抄告制度。全市各治超领导小组成员单位应当认真落实《全国治理车辆超限超载信息管理工作制度》，在日常执法中，除按照本单位职责依法进行处罚外，还应当及时向各级治超办抄告车辆超限超载相关信息。

（三）加快建立车辆超限超载运输“黑名单”制度。

1. 货运车辆和货运车辆驾驶员有下列情形的，列入治超黑名单：非法超限超载运输或车载货物抛洒滴漏污染公路一年内累计超过3次以上的；填报虚假资料骗取超限运输车辆通行证的；租借、转让超限运输车辆通行证的；使用伪造、变造的超限运输车辆通行证的；利用无牌、套牌或非法改装车辆进行超限运输的；以故意堵塞超限检测站通行车道、强行通过超限检测站等方式扰乱超限检测秩序的，或采取短途驳载等方式逃避检测的；经路面预设的高速称重仪检测和视频联网监控设施抓拍认定超限运输车辆，逾期不接受调查处理的。

2. 道路运输企业有下列情形的，列入治超黑名单：所属（含挂靠）货运车辆经路面预设高速称重仪检测和视频联网监控设施抓拍的货运车辆3辆以上，逾期不接受调查处理的；违法超限超载运输的货运车辆数量累计超过本单位货运车辆总数10%的。

3. 治超停车场与货物驳运企业有下列情形的，列入治超黑名单：非法为货运车辆超限运输装载、配载的；虚报检测数据资料，帮助违法超限运输车辆逃避卸载和处罚的；治超停车场工作人员出现强装强卸的；经检查考核不合格的，逾期不配合整改的。

4. 治超领导小组各成员单位对涉及治超“黑名单”的相关信息，应及时上报治超办。县（市、区）治超“黑名单”管理工作由县（市、区）治超办负责协调、汇总，并上报市治超办。全市各级治超办按照部门职责，将汇总后的信息材料提交各级治超领导小组成员单位依法处理。

5. 治超“黑名单”应当定期向社会公告。全市各级治超办应将列入“黑名单”的当事人每月在各成员单位网站和当地的主要媒体上公告，接受社会监督。被列入治超“黑名单”的当事人连续一年内再无车辆超限超载不良记录的，自动解除黑名单。

6. 凡被列入治超“黑名单”的货运车辆驾驶员由道路运输管理机构落实诚信考核积分管理，并一次计 10 分；公安交通管理部门对照《道路交通安全违法行为记分分值》关于驾驶货车载物超过核定载质量计分标准，纳入交通违法计分。有关单位应将扣分信息材料报各级治超办，并在各成员单位网站和当地的主要媒体上公告，接受社会监督。

7. 列入黑名单的道路运输企业，由道路运输管理机构责令进行整改；一年内，仍有严重违法超限运输行为记录的，由道路运输管理机构依法责令该企业停业整顿；对列入治超“黑名单”的道路运输企业，将超限违章经营情况，包括每次违章经营的时间、地点、车辆、责任人、违章事实、查处机关及行政处罚决定书等记入道路运输企业质量信誉档案，作为质量信誉考核依据。

8. 公路管理机构应当与列入黑名单的治超停车场、货物驳运企业，解除有关治超停车保管与货物驳运协议。

9. 当事人对列为“黑名单”提出异议的，可以向各级治超办提出复核，复核应当在 7 个工作日内完成。

（四）建立公路治超违法责任追究机制。

1. 县（市、区）人民政府是公路车辆超限超载综合治理的责任主体，具有超限超载执法监管职能的市、县（市、区）有关部门是各自管理事项的责任部门。要按照“谁主管、谁负责，谁审批、谁负责”的原则，依法履行职责，落实监管责任，将超限超载综合治理工作作为责任部门实绩考核的重要内容，考评结果作为部门综合考核评价的重要依据。

2. 县（市、区）人民政府或相关执法部门未依法全面履职，造成管辖区域内发生重特大交通事故或者造成公路路桥严重损毁的，追究相关责任人责任；情节严重的，按照司法程序处理。在路面执法、车货源头监管等方面未尽职履责，造成严重后果的，依纪依规追究直接责任人的责任。对公路车辆超限超载综合治理成效显著的，进行通报表彰，在市级资金补助和基本建设项目等方面优先安排。

3. 各级治超办应当组织对各成员单位综合超限工作开展情况进行定期考核与通报，同时要建立相关奖惩、问责等配套制度。

三、工作保障

（一）加强领导，明确职责。市治超领导小组负责组织、协调和部署全市治理车辆超限超载工作；各县（市、区）治超领导小组负责本辖区组织、协调和部署治理车辆超限超载工作。各级治超办的主要职责是：协调、指导公路车辆超限超载综合治理工作，解决治超办成员单位公路车辆超限超载联合执法监管重大问题；制定、实施公路车辆超限超载综合治理统一行动计划和治超突发事件应急预案；负责收集、整理公路车辆超限超载工作任务，分类抄告治超办各成员单位，并抓好督促落实；开展公路车辆超限超载综合治理执法监督检查和年度考核；每季度组织召开 1 次公路超限超载综合治理联席会议，必要时可临时召开。

全市各级治超领导小组成员单位，要按照省政府《关于进一步加强车辆超限超载长效管理工作的意见》（浙政办发〔2009〕185 号）和温州市人民政府办公室《关于进一步加强车辆超限超载长效管理工作的通知》（温政办〔2011〕114 号）

明确的职责，各负其责、密切配合，形成合力。各治超领导小组各成员单位，应当确定分管领导、经办处（科）室、联络人员和联系电话，分别报市或县（市、区）治超办。

（二）加强协调，完善机制。各县（市、区）人民政府要建立由公路路政、道路运政、公安交警等单位组成的公路车辆超限超载联合执法队伍，并指定牵头单位。公安机关要积极协助做好现场执法保障工作，各部门必须配备足够执法人员参与路面联合执法，具体负责本地区国省道和农村公路超限超载路面执法，实行“一支队伍、统一管理，联合执法、分别处理”。市治超办每年组织全市公路车辆超限超载综合执法统一行动不少于 4 次。各县（市、区）公路治超办要按照市治超办的要求，组织公路路政、道路运政、公安交警等执法部门开展统一检查，每次统一行动的持续时间不少于 3 天。

（三）夯实基础，强化保障。各级治超工作相关经费应依法纳入地方财政预算，各级财政部门要给予积极支持。要加强执法力量建设，根据公路里程、机动车保有量、社会运输增长量等情况，研究增加相应的执法人员力量。公安部门要切实维护超限运输检测站（点）周边的治安和交通秩序，依法加大对黑恶势力和“车托”的打击力度，依法查处阻碍执法人员履行职责、执行职务或者侵犯执法人员人身权益等违法犯罪行为；对纠集人员、蓄意占道、恶意堵车、集体冲卡、破坏超限运输检测站（点）设施、以威胁恐吓手段迫使执法人员放行车辆的暴力抗法者，依法从重从快严厉打击，构成犯罪的，依法追究刑事责任。执法部门要结合各自特点，广泛开展车辆超限超载运输危害、治理必要性以及治超法律法规的宣传，使公路车辆超限超载综合治理工作得到社会各界的广泛认同、参与和监督。

二、工作经验材料

创建全国文明单位汇报材料

温州市公路管理局是承担全市公路养护管理、公路建设行业管理、公路路政管理、公路行业安全等行政职能的全额拨款事业单位。现有内设处室 11 个、直属机构 2 个，编制数 196 人。

市公路管理局自 2005 年取得省级文明单位称号后，经过九年的创建历程，期间多次通过复评，先后获得全国创建文明行业工作先进单位、全国工人先锋号、浙江省“五一”劳动奖状、浙江省群众满意基层站所、浙江省青年文明号、浙江省交通系统精神文明建设十佳、温州市精神文明建设先进集体等部、省、市级荣誉 40 多项，精神文明建设取得了良好成绩，主要表现在以下几个方面：

一、坚持“四个纳入、三级联创”，领导重视组织保障到位。

坚持“四个纳入、三级联创”的原则，即将文明单位创建纳入全局发展规划、纳入年度工作目标、纳入领导决策议题、纳入财务专项预算，发挥局机关、直属机构、各县（市、区）公路局三级联创优势，对文明单位创建工作进行统一规划部署、统一组织实施，确立了文明创建在单位发展规划中的突出地位。局机关成立了文明办、创建全国文明单位领导小组、明确专兼职创建人员，制定创建方案、计划，结合行业特点明确创建重点，多次召开系统创建动员部署大会，营造了浓厚的创建氛围。同时在经费方面给予充分保障，完成了庭院改造工程、文化景观提升工程、大型 LED 显示屏设置、建成机关文化长廊等，并对道德讲堂、党员活动室、职工书屋、健康小站、文体活动室等硬件进行改造升级，构造美观宜人的内外环境。

在创建工作中，除规定动作外，特别针对遵德守礼、核心价值观等多个道德传承载体，多渠道宣贯创建标准和意义。在传统节日期间开展“我们的节日”“6•19”公路人节、文化体育等主题活动，弘扬中华优秀传统文化和爱国主义教育。先后启动了“创建全国文明单位‘小贴士’短信平台”，设立“创建全国文明单位”专栏，开通金点子征集活动，编印《争创全国文明单位应知应会手册》《争创全国文明单位工作简报》《笔洒春秋》，组织“行业精神文明建设知识测试”，印发《建立全国文明单位创建工作台账资料收集实施方案》等，取得了明显成效。

目前，创建工作以党、政、工、团四套机构为主体，发挥党委的核心作用和局人事处（文明办）的协调功能，形成“横向到边、纵向到底”的创建网络和“责任到人、落实到点”的责任机制，确保21项测评内容稳步推进。系统广大干部职工广泛参与，以主人翁的责任感投身创建、践行文明，创建全国文明单位已成为全局共识。

二、推进“三项品牌、七大重点”，创建工作特色结合到位。

在文明创建过程中紧贴实事，不断创新思路，挖掘自身亮点。通过9年的创建，结合工作实际，归纳形成了“三项品牌”和“七大重点”，取得了阶段性成效。

“三项品牌”具体包括：

1. 公路文化品牌。在文明创建活动中，充分发挥文化的引领作用，积极与高校合作，对温州公路文化进行顶层设计，提炼了一个文化品牌—心路畅瓯越，立项了一个科研课题—《流程管理体系智慧化创新推动浙江公路转型发展研究》，编印了一套文化丛书—《心路畅瓯越》，并在全市公路系统开展了主题宣贯和文化建设示范单位培树工作，真正形成“文化引领行业发展，文化助推文明创建”的良好局面。

2. 规范管理品牌。在全系统创新开展公路管理ISO 9001质量体系认证工作，编制《ISO 9001质量管理体系文件汇编》，形成6大篇90小篇工作规范并严格运行。目前全系统培养了一大批精通公路管理业务的内审员，为日常工作的文明规范和动态管理奠定了扎实基础。

3. 文明群体品牌。自2013年在全市公路系统全面开展文明单位晋位升档活动以来，各单位先后印发创建方案、实施计划，明确领导小组，晋位升档工作成效明显。目前，全系统共有省级文明单位3家、市级文明单位7家、县（区）级文明单位1家，市高速路政大队和平阳县公路管理局今年9月份已顺利通过省级文明单位验收。全系统文明单位创建率达100%，文明单位群体雏形尽显，文明之花在全系统竞相绽放。

“七大重点”具体包括：

1. 深入开展道德讲堂和经典诵读活动。局机关制定“道德讲堂”活动安排表、管理制度和规定流程，设有固定场所，人人参与做反省、唱歌曲、学模范、诵经典、发善心、鞠躬礼、做善事、送吉祥。2012—2014年共举办“道德讲堂”“经典诵读”20多期。2014年，与各县（市、区）公路局联动，做到每月举办一期道德讲堂和道德经典诵读活动，通过箴言诵读、交流等方式，在全系统营造浓厚的活动氛围。其中，2013年7月与市文明办联合举办的全市第六期“道德讲堂”活动，共有来自局本级、市交通系统各兄弟部门、各县（市、区）公路局、市民群众两百余人参加。市委常委、宣传部部长胡剑谨，市委宣传部副部长、市文明办主任邱小侠等领导出席了会议。在八个规定环节中，以“畅享公路情 放飞中国梦暨春泥计划爱心捐赠活动”为主题的“做善事”环节把活动推向高潮，活动效果良好，以实际行动践行了公路人“心路相融惠泽四方”的核心价值观。

2. 学雷锋志愿服务常态化推进。广泛深入开展学雷锋志愿者活动，人人争做“雷锋”，传递道德正能量。全局180名干部职工参与学雷锋志愿者服务队，注册人数达到在岗人员的100%，有明确的制度规范。2014年起每月组织一期学雷锋和志愿者服务专项活动，真正做到了学雷锋志愿服务活动的制度化和常态化。2012年以来，先后组织各类主题活动60余次，累计参与人数上千人，内容涉及宣传公路安全保护条例、干一行爱一行、学典型等岗位学雷锋活动载体，也涉及共建和谐社区、签名寄语、网络讨论、美德倡议等公益活动。特别是2013年与市文明办联合举办的以“最美公路最美温州—温州公路在行动”的公路边“三化”宣传活动，参与人数众多，积极为温州争创全国文明城市助力，扩大了社会影响。

3. 文明有礼培育和网络志愿者传播特色突出。结合文明有礼培育，制定实施方案、文明守则、考核办法，重点突出勤俭节约教育、孝敬教育、文明旅游素质教育、礼仪教育等，营造单位内部团结谦让、和谐相处的良好氛围。今年6月份，又推出了“礼仪堂”文明传播系列活动，中央文明网、温州市文明网进行了专题报道，彰显了全体公路人奋发向上的精神面貌。同时成立网络文明传播志愿者小组，深入开展文明风尚传播活动。2013年以来，先后开展了“关注温州红日亭现象”“做一个心灵富豪”“四不”文明行动、“保护温州母亲河”等30多次网络文明传播专项活动，广大志愿者通过微博传播、撰写博文、参与微话题讨论、微点评等方式，积极传播文明。在2013年10月16日的全市网络文明传播志愿者工作会议上，作为全市唯一一家省级文明单位做典型发言，受到市文明办的高度好评。

4. “一牌一桌”活动相得益彰。结合公路文化宣贯侧重开展“遵德守礼”和“文明餐桌”行动。比如充分利用大型LED彩色显示屏、庭院绿化、电梯、走廊、会议室等分别设置不同内容的“遵德守礼”指示牌，营造了浓厚的道德文化宣传氛围。“文明餐桌”方面，积极开展“光盘行动—我节约我行动”专项活动，通过设置文明餐桌提示卡、装裱“光盘行动”宣传画等，积极推进勤俭节约活动，中央文明网、温州市文明网对此进行了专题报道。2014年4月与市机关事务管理局主动对接，积极参与温州市“文明餐桌”行动示范食堂评选活动，在全市食堂分组考核中排名第一。

5. 诚信建设制度化工作成效初显。出台诚信建设制度、签订诚信承诺书，明确指导思想、建设目标、工作措施和保障机制等。日常工作突出“两个重点”，一是以政务诚信建设为重点，通过政务公开、权力清单公开等方式，充分发挥单位在诚信建设制度化上的示范引领作用；二是以职工教育培训为重点，特别结合路政执法轮训加强信用岗位教育，培养专业化队伍。诚信理念和诚信知识的大力宣贯与普及，有效提升了全体干部职工的诚信意识，为扩大公路行业诚信建设的社会影响积极助力。

6. 培育和践行社会主义核心价值观。结合“我们的节日”，侧重孝敬教育、礼仪教育、提升公民旅游素质等内容，先后利用温州公路网站、大型彩色LED显示屏、温州公路群、全市公路文明创建群等网络载体，开展了《兴国之魂，强国之基——培育和践行社会主义核心价值观的思考》、《培育和实践社会主义核心价值观》等主题教育活动，在单位显著位置设置24字核心价值观，大力宣贯社会主义核心价值观的深刻含义。同时结合温州公路文化宣贯工作，在全系统就温州公路的核心价值观、行业精神等进行专题宣讲，以实际行动践行社会主义核心价值观，为温州公路事业先行赶超发展凝聚正能量。

7. 深化中国特色社会主义和中国梦学习教育，加强学习型单位建设。自2013年以来，以党委理论中心组学习为载体，先后出台学习制度、实施意见，特别结合党的群众路线教育实践活动，重点学习习近平总书记系列重要讲话，每月组织一次集中学习，通过政策教育、解读热点问题等形式真正实现党员干部领学。积极通过公路门户网站、红色教育基地参观学习等职工乐于参与的方式，开展以“中国梦”为主题的各类教育活动，用中国特色社会主义理论体系武装党员群众，坚定道路自信、理论自信和制度自信，为实现温州公路先行赶超发展提供强大的思想保障。同时制定读书学习活动方案，明确必读书目，并经常性开展班子成员读书心得交流、“亮笔记、晒体会”、“心系群众助推赶超”演讲等各类主题活动，学习型单位建设成效明显。

三、开展“三项行动、三项服务”，创建工作社会责任到位。

在文明单位创建过程中，时刻谨记社会责任，充分发挥职能特色，积极落实上级工作任务，热心参与社会公益服务，主要体现为“三项行动、三项服务”。

“三项行动”具体包括：

1.“四边三化”和“三改一拆”。全力开展公路边清障拆违、拆除沿线高炮广告、非公路标牌，积极打造“畅、洁、绿、美”的公路环境，2013、2014公路边“三化”综合完成率连续两年获全省第一，有效助推全国卫生城市创建。

2. 交通绿道（绿化）建设。绿道提升项目工程、公路绿化工作稳步推进，展示新貌。今年以来，公路边绿化完成率（按投资额）达693.6%，名列全省第一，公路边区域建设成绿树葱茏的生态线，有效助推全国森林城市创建。

3. 农村公路建设。实现通村率100%，通乡率100%。“十二五”期间共完成农村联网公路建设572公里，投资6.2亿元，有效助推温州大都市区路网建设。

“三项服务”具体包括：

1. 结对帮扶。按要求与自然村、社区结对，选派优秀业务骨干驻村等，先后投入结对资金百万元。2012、2013年连续被评为全市双千结对共建文明工作先进集体、全市精神文明建设先进集体，有效助推温州全国文明城市创建。

2. 驻企服务。响应市委号召，选派15名优秀干部参与驻企服务，被市委编为第110攻坚组。入企宣传政策上百次，难题化解率100%。局110攻坚组帮扶经验在《温州市驻企服务工作集锦》中刊登，并在温州电视台瓯江先锋栏目专题报道。

3. 公路产品。每年投资10亿元以上，加强全市14300公里的公路管养工作，大力推进高速公路不停车收费服务、优化指路体系建设、公路执法全方位覆盖移动pos机等，为群众提供“通达、快捷、经济、安全”的公路产品，做好服务民生文章。

创建全国文明单位以来，先后开展了“最美行业”“最美公路、最美公路人”评选，“群众满意基层站所”“青年文明号”“五型机关”“五星争创”等专项创建，还开展了演讲比赛、巡回宣讲、扶贫共建、环境整治等专项活动，形成了良好的创建氛围，真正实现了内外兼修、神形兼备、文明自觉，涌现出一大批的先进集体和优秀人物：市局战备仓库获“全国优秀仓库”，文成县公路管理局获“浙江省模范集体”，雁楠公路第六合同段项目部获“浙江省重点建设工程立功竞赛先进集体”，高速路政大队一中队获省级“青年文明号”，局机关工会被评为温州市“职工小家”，局技协被评为温州市职工技术协作先进集体，养护工胡建立先后被评为“中国好人”“浙江省党员闪光言行之星”，局机关陈亮获“省级劳动模范”荣誉称号等。先进典型的培树，让全体干部职工学有榜样，感有方向。

创建全国文明单位，既是一份荣誉，更是一份责任；既是多年来的集大成，也是再出发的新起点。我们坚信，在温州创建全国文明城市的旗帜下，我局将在文明创建的征途上一路攀登，再创佳绩。

三、宣传策划方案

摄制微电影《路缘》策划方案

微电影作为近年刚刚兴起的深受人们喜欢的一种崭新的宣传平台，具有传播主体广泛、传播方式开放、传播渠道多样等特点，具有很强的生命力，既推动了微电影的发展，也提升了行业的形象，加深了人们对某个行业的了解，实现了微电影发展和行业传播的双赢。用微电影的形式宣传政务工作，已经成为目前媒体传播的一种新趋势。

温州农村公路在“十一五”“十二五”期间发生了巨大变化，用微电影形式反映这一巨变，可以达到宣传社会民生、提升行业形象的双重效果。

一、背景分析

1. 中央层面。习近平总书记多次强调，没有农村的小康也就没有全面的小康；要进一步把农村公路建好、管好、护好、运营好。2013 年 12 月 23 日至 24 日召开的中央农村工作会议提出，中国要强，农业必须强；中国要美，农村必须美；中国要富，农民必须富。

2. 浙江层面。从 2015 年起到 2017 年，我省将实施农村公路“四个一万”工程，即提升农村公路技术等级 1 万公里、实施大中修 1 万公里、实施安保工程 1 万公里、建设港湾式停靠站 1 万个。

3. 温州层面。温州市政府出台《农村公路管理办法》;2015 年至 2017 年，温州市农村公路计划完成总投资 44 亿元，重点实施“四好”农村公路“三年六大专项行动”（联网通达行动、改造提升行动、科学养护行动、安保提速行动、规范管理行动、均等服务行动）。同时，温州市委宣传部主办温州市首届微电影节，并成立温州市微电影协会，微电影已经成为创新政务宣传的重要载体。

鉴于上述分析，如何围绕新形势、新要求，最大效果地宣传好农村公路，成为公路部门宣传工作面临的一大任务。

二、优势分析

1. 丰富的创作素材。自从实施康庄工程以来，温州农村公路得到了快速的发展。截止目前，全市农村公路达到 13000 多公里。农村公路实实在在地给广大农村带来了有史以来最大的变化。发生在农村公路上的生动事实比比皆是，成为随手沾来、取之不尽的宣传素材，对这些有来源有出处的素材通过艺术的加工，具有很强的说服力甚至震撼力。

2. 扎实的宣传基础。公路部门一直都非常重视宣传工作，过去对宣传公路人甘当铺路石、默默奉献的精神，近年来对宣传“惠民、服务、奉献”的核心价值理念，都积累了很多的经验。同时公路文化建设作为公路“软实力”，得到了高度的重视。微电影作为一种独特的公路宣传和公路文化现象，将更好地丰富公路文化建设的内涵。

3. 较好的人脉资源。与社会影视传媒行业建立了较好的人际关系，拥有一对的人脉资源，可以化资源为优势，为我所用。

三、影片定位

1. 主题：以农村公路建设给温州农村带来巨大变化为故事背景而创作的主旋律影片，并融入践行“惠民、服务、奉献”核心价值理念的公路人形象，是一部思想性、艺术性和观赏性相统一的影片。

2. 选点：温州市具有“七山二水一分田”，泰顺、永嘉县均属于山区县，山区特色既有相似之处，也有不同之处，前者以天然的纯山区为主要特色，后者以美丽的山水为主要特色。选择泰顺、永嘉两地作为拍摄场景，非常符合影片的主题定位。同时，从表现影片背景上，既体现了不可多得的山区自然风光，也展现了美丽的楠溪江旖旎景观，为影片画面增添了一份别致的自然美。

3. 品质：目前市场上拍摄一部微电影投资千差万别，有万元的小制作，自编自导自拍，类似于DV拍摄剪辑，属于自娱自乐性质。多则投入几十万，按照拍电影规格和要求组建拍摄团队，与拍摄电影的最大区别在于片子长短。基于农村公路建设是一个严肃的主题，对影片有较高的质量要求和目标要求，因此必须选择第二种的制作方法开展拍摄和制作工作，确保影片的思想性、艺术性和观赏性。可以通过联合 的形式，降低拍摄成本。

4. 目标：(1) 在国内若干知名网站上线。(2) 在各级电视台播出。(3) 制作光盘在全省交通公路系统赠看。(4) 参加相关微电影赛事力争获奖。(5) 作为公路宣传和公路文化建设的一个创新。

四、情节手法

1、情节思路。九十年代，泰顺籍退伍军人张顺家中连遭不幸：父母出山罹难，妹妹山路坠崖，自己在去与恋人见面的路上遭遇车祸两人失联。是康庄工程政策和公路部门的帮助，让张顺和村民们彻底改变了命运。如今康庄公路又被改造成绿道，拉开了美丽公路建设的大幕。张顺也在游览绿道之时，与失联20年的恋人邂逅，当年因路失联的一对恋人，再次因路而聚。情节安排上，围绕“相爱—遭难—造路—团聚”的主线展开，巧妙地把“路通百业兴”和公路人的服务、为民等内容展现出来。

2. 作品风格。众所周知，影视作品是由语言、字幕、画面和音乐构成的一门综合艺术，其表现风格是由具体情节内容所决定。由于本片悲欢离合的内容，造成故事情节跌宕起伏的意境，有力地表达了农村公路对解决“三农”的紧迫性和重要性。因而，在制作过程中根据四者的密切配合，使影片整体风格表现的张驰有度，在人生命运的转化中产生一种较强的感染力。

3. 表现手法。新闻记者是生活的记录者，是历史的记载者。影片开头采取记者采访记录的表现手法引出故事，既符合故事情节的安排，也符合历史事实的记载。影片通过泰顺、永嘉两地时空的转换，表达路远难行造成的相见难，暗示悲剧发生的必然性。故事最后，男女主人公团聚，由记者通过旁白告知观众农村公路建设成果和即将迎来的新浪潮。整个故事，通过记者本土特色的旁白，交代故事的发生整个过程，力求通俗易懂、自然生动。

五、团队组建

1. 合作单位。在考察调研温州3家影视（广告）公司的基础上，考虑到温州市微电影协会是温州市微电影的最高权威，以及温州瓯土文化传媒有限公司具有丰富的影视人脉资源，拟定与两家单位联合摄制。摄影、灯光、录音、化妆等人员及设备，由两家单位负责组建和筹备。

2. 影片导演。在调研温州相关影视公司导演实力的基础上，根据影片定位和要求，确定邀请具有较好拍摄制作经验的国内知名导演樊春雷执导。

3. 演职人员。邀请专业男演员吴庆建（北京）担任男主人公。多次在国内获得大奖的部队文艺人员周迎嫦（温州籍）担任女主角。邀请浙江交通十大楷模之一的董晓华（原泰顺县交通运输局副局长兼公路段段长）、浙江最美公路人董平西（永嘉县九丈养护站站长）和部分公路职工出演，为影片增添更多的公路元素。此外，市公路局确定出品人、编剧、监制、制片主任、外联主任等工作分工。

4. 协拍单位。泰顺县公路管理局、永嘉县公路管理局作为协拍单位，负责协作落实选点、拍摄过程中的后勤保障工作，以及相关道具的协作落实。

5. 支持单位。拍摄过程中，积极寻求与拍摄相关的单位和企业的支持和协助（实际协助单位16家）。

六、时间节点

考虑到年内时间紧迫的实际情况，拍摄制作宜早不宜迟、宜快不宜慢。计划安排：10月份出剧本；11月份上、中旬组建团队；11月下旬开机拍摄并进入后期制作。拍摄阶段约一个星期，后期制作约12天。12月中旬举办首映式。

七、经费落实

由市公路局信息（新闻）中心提出预算方案，经局党委会研究决定。

八、首映安排

参加对象。拟定12月中旬在市公路局举办首映式，邀请省公路局、温州市委宣传部、温州市微电影协会、温州市文广新局、温州市交通运输局等单位领导参加，市公路局机关全体干部职工、直属单位及各县（市、区）公路局派员参加。也可根据地市公路局要求，邀请部分地市公路局相关人员出席。

宣传造势。从影片拍摄到首映式前后，在报刊、电视、网络等传媒中组织一定规模的宣传，造好声势，不断扩大影响力。宣传造势着重抓住三大亮点：一是抓住浙江省首部农村公路题材微电影的亮点；二是抓住故事情节跌宕起伏、悲喜交加的亮点；三是抓住专业演员与公路干部职工联演的亮点。

（2014年10月）

四、报刊文章选载

（一）温州：与五次台风搏斗中打赢砂改硬仗

“县级以上砂石路面在2005年内全部砂改油，是省交通厅向省政府作出的庄严承诺。如果我们没有保质保量保时完成这项任务，怎么向省厅、省政府和温州人民交代！”这是温州市公路管理处分管砂改油工程副主任王守勤接受记者采访时说出的一句让人激奋的话。

2005年悄然过去，但对温州公路系统的广大干部职工来说，是一个谱写公路事业历史新篇章的一年。他们凭着“特别能吃苦、特别能战斗”的精神，运用共产党员先进性教育的成果，在短短的40多天时间里，相继与五次台风展开生死博弈，与严重的自然灾害抢夺时间，打赢了1132公里的砂改硬仗，为人民交上了一份满意的答卷。

翻开薄薄的一年温州砂改史，让人看到了尴尬、艰巨、困难与惨象，更看到了信念、意志、力量与抗争……

三个特征凸现任务艰巨性

改革开放以来，温州的交通发展速度迅速，高速公路、铁路、航空、港运的大交通渐成网络，撑起温州经济的重头产业。但区域发展极不平衡也是不争的事实：全市山区、半山区面积占68%，人口占37.5%，至今仍有139个欠发达乡镇，人口165万，普遍处于交通不便的尴尬境地。除通乡通村公路外，全市县道以上砂石路面里程达到1132.6公里，其中省道砂石路26.8公里，县道砂石路1105.8公里（包括列入康庄工程实施砂石路面改造315.3公里）。温州昔日的盛名与交通瓶颈制约现状这种尴尬，让每一位温州公路人深感肩头担子的沉重。

省交通厅提出力争用一年时间完成县道以上砂石路面硬化工程，这是继交通“六大工程”之后的又一项“民心工程”“德政工程”，也为建设“三个温州”带来了新的历史机遇。

但从调研后的总体情况看，温州需要改造的县道以上砂石路面呈现3个特征：一是比重大，1132公里县道以上砂石路面里程约占全省的近1/6，总量排全省第三；二是现有公路的技术等级低，大部分为四级及等外公路；三是线路分布疏散、不平衡，涉及全部11个县（市、区），且绝大多数地处偏远、交通流量不大的贫困山区，其中泰顺、永嘉、文成3个县的砂石路面里程均在200公里以上，占全市县道以上砂石路面总里程的64%，这些县的砂改任务比一些地、市还要重。在一年时间内完成全部县道以上砂石路面改造，其任务的艰巨性可见一斑。

公路部门的“一号工程”

温州市把这项工程作为坚持贯彻落实科学发展观的重要举措和交通“六大工程”内涵的拓延，作为提高全市整体路网的畅通能力和服务水平，繁荣城乡经济文化与物资交流的重要机遇，成立了领导小组与办公室。年初，温州市公路部门明确把改造工程作为2005年的“一号工程”，层层部署，分解任务，落实责任，制定进度时间表，先后于3月、8月、10月专门召开全市路面改造工程工作会议，对每个阶段的工作进行部署、总结和指导，及时破解难题。

全市硬化办共抽调89名硬化工程管理人员，其中市级硬化办7人、县级82人，明确职责分工、工程招标等7项内容，先后制定“工作职责”“管理规定”“廉政建设十不准”等规章制度，出台有关“工程考评奖励办法”，编印全市路面改造工程电子地图和工作手册，编制工作计划和以月为单位的全市总体进度计划表。近百名硬化管理人员还担负着对工程进行定期检查和督导任务。

提前一个月完成招投标

严格按照有关技术规范标准，落实资质设计单位进行工程设计。年初统一组织专家评审组，全部完成了对各县（市、区）砂石路面改造工程设计方案的审查工作。同时根据山区路窄坡陡、地处偏远的实际，对文成、永嘉县的设计方案进行了优化和完善，近乎全部实施了水泥路结构。

施工队伍的力量与素质，对工程的施工质量与进度起着举足轻重的影响。温州按照招投标管理办法，遵循公开、公平、公正和诚实信用的原则，紧锣密鼓地开展招投标工作，择优选择施工单位。硬化任务最重、线路最长的泰顺县于2月初率先完成招投标工作。3月下旬，全市11个县（市、区）全部完成了硬化工程的招投标工作，比原计划提前了一个月，为工程建设赢得了宝贵的时间。

“无障碍”施工为工程加速

善弈者谋势。5月底工程全面开工后，在任务重、时间紧的情况下，温州市各地纷纷采取措施，实行特事特办，实施工程“无障碍”施工，谋交通发展的“大势”。苍南县、瑞安市对开辟石料场以及爆破审批等有关手续实施简化，泰顺、文成、永嘉、平阳等县（市、区）相继出台特事特办、炸药审批、杆线迁移、免税等政策，或享受“康庄工程”同样的优惠政策。同时，当地政府和农民对工程予以了大力支持，许多线路实行全封闭施工。

设备和材料是工程顺利进行的重要条件。在维护好现有机具设备的技术状况的同时，投资760

万元购置16台（套）施工机械；预购7900吨的沥青储备，为改造工程提供强有力的物资保障。文成县针对工程水泥用量的实际情况，由指挥部统一采购3.5万吨水泥，既保证了水泥质量和供货，还节省40多万元资金。该市还想方设法克服一度出现的沥青断货、材料大幅提价的难题，把由此带来的工程停工、造价提高等影响降到最低限度。

由于砂改工程大多在山区、库区和贫困地区，给配套资金的筹措带来了不少困难。各地通过多种办法破解筹措难题，或从财政中挤，或向社会筹集；有的以文件形式予以明确落实，有的根据工程进度及时划拨。全市共落实县道改造工程地方配套资金9035万元，确保了工程的正常进行。

“百日”大会战与台风抢时间

罕见的自然灾害是一场严峻的考验。八月、九月正是施工的黄金季节，在40多天时间里，温州市在多次强降雨后又连续遭受五次台风袭击，损失惨重。据统计，改造工程被冲毁路基120.4公里、基层55公里、路面133.9公里，挡墙坍塌579处计63770立方米，坍方1056处计460374立方米，共计损失7800万元。

连续灾情耽误了工程施工时间多达50天。在时间决定成败的关键时刻，温州市交通公路部门和硬化办及时调整进度，以周为单位合理倒排计时，正确处理好工期与安全、质量的关系，展开了一场与台风抢夺时间的“百日”施工大会战。上至交通公路部门领导，下到施工人员上下联动，劲往一处使，心往一处想，抓住晴好天气，不惜代价，想尽办法把耽误的时间赶回来。中秋之夜领导与施工人员一起在工地度过，项目负责人胡卫星吃住在工地连续四个月，工程不完成誓不回家。

进入严冬后，施工时间所剩不多，全市仍有六条灾情异常严重的线路，眼看难以在年底完成。心急如焚的省、市交通公路部门领导一次次赶到现场指导、鼓劲。于是，一个个硬化工地上出现了挑灯夜战抢时间的感人场面。文成石驮线多处道路中断，材料无法运进，惊动了省公路局领导。经与海事部门联系实行飞云江水运，四个班组坚持连夜水运，陆地肩挑背扛，把数以百吨的材料运进工地。泰顺大交线提出一天要干三天的活，施工人员放弃所有休假日，昼夜奋战。每个到工地检查指导的领导看到这种情景，无不感动万分。到12月底，六条线路主体工程终于拿了下来。

众志成城抗台灾，争分夺秒赶进度，无疑成为温州市砂改工程中的最大亮点。

安全和质量一个不能少

“我们绝不要以牺牲安全和质量为代价的进度。”这是温州市正确处理安全、质量和进度三者关系的最好注脚。

安全责任重于泰山。温州市硬化办印发了《关于加强我市砂石路面改造工程安全生产管理工作的通知》，制定了《温州市县道砂石路面改造工程安全生产管理制度》和《公路建设系统安全管理工作台账》，经常组织学习《公路建设安全管理暂行规定》等安全管理文件，并定期进行安全大检查。同时，从工程的标底制作、招投标评审专家的确定、开标评标等，纪委监察部门实施全程监督，每个工程均签订工程承包、质量责任、廉政保障和安全生产等合同。

为了确保工程质量，业主与各中标单位签订优良工程责任书，制定相应的检查监督计划与具体的质量管理办法与制度，建立健全三级质保体系，所有项目都纳入市质量监督和社会监理范围。并每月与质监站联合开展一次工程大检查，对检查中发现的问题及时发放整改意见书限期整改。一些公路沿线的群众也积极地参与工程建设监督，打电话到指挥部反映工程质量问题。市质监站监督、工程技术人员监管、专业监理人员监理与群众监督，构成一个多层次、大网络的工程质量监管体系，也成为砂改工程的亮点之一。

一次公路队伍意志的检验

实行县道以上砂石路面改造，其效益无以言喻：山区群众出行更加方便、快捷、安全了，交通瓶颈难题在逐渐破解；对公路部门自身而言，在很大程度上减轻养护劳动强度，改善养护作业环境，把养护工人从砂石路的灰尘中解放出来。

更令人欣慰的是，经过短短几个月的硬化战役，公路队伍经受了一场特殊的洗礼。在多次的台风袭击面前，公路系统的干部职工同甘共苦，攻坚克难，把原先不可预计的50余天停工时间抢回来，把增加水毁修复的额外工程“啃”下来，公路队伍在紧急应对自然灾害上经受了一次很好的检验，体现了“特别能吃苦、特别能战斗”的公路人精神，受到了温州市委、市府的充分肯定，公路系统有一批单位和个人分别被评为全市抗台先进集体和先进个人，泰顺县公路段段长董晓华被评为全省抗台救灾先进个人。

组建时间不久的养护公司也在这场实战中得到了锻炼，公路施工经验、机械技术装备和队伍建设等方面都上了一个新的台阶，为今后能更好参与市场竞争打下了良好的基础，也为养护市场化创造了有利条件。

有人说，在中国，有两项运动项目最没有悬念，一个是足球，一个是乒乓球。而对温州公路人来说，2005年的这场砂改硬仗，在严峻考验中把悬念变成了“打赢”的事实。一年县道砂改史，一场意志的考验，一首筑路的赞歌……

（原载2006年1月19日《交通旅游导报》，作者陈勇、刘晓华）

（二）走康庄大道　建小康农村

温州乡村康庄工程建设巡礼

《尔雅·释宫》曰：五达谓之康，六达谓之庄。康庄大道即为宽阔平坦、四通八达的道路，寓意光明的前途。自2003年下半年开始，一场承载着这一美好寓意的“乡村康庄工程”建设洪流，作为此后“139富民攻坚计划”的重要交通项目，在我市各级党委、政府的重视、支持下，交通部门精心组织认真实施，相关部门及社会各界大力支持，广大农民群众积极参与，正以其源源不竭的能量，席卷温州5000多个乡村，取得了令人瞩目的重大成果。推荐阅读

乡村康庄工程，给欠发达地区的穷村带来了发展机遇，更把一条条水泥路铺到偏僻农家的门口，圆了百万农民兄弟世世代代梦寐以求的“康庄”梦……

瓶颈制约区域经济　抓住机遇致力“富民”

曾几何，一向以民营经济著称的温州，不少乡村由于地处偏僻、交通闭塞，有过一段“出行难、发展难”的艰难经历：泰顺县叶山村的百姓把山上的毛竹扛下十几里山路，再运到集镇上出售，一根毛竹按30斤计算，扣去运输的费用，还卖不到一根甘蔗的价钱。出产“东魁”杨梅的文成县仰山乡，全乡2000多亩杨梅，由于交通不便，杨梅外运成本高，经济效益一直不高，“欠发达乡”的帽子挥之不去。瑞安市沙洲村村民对过去没有路靠渡船的那段历史更是深有感触，有流传的俗语为证：“养女别嫁沙洲，晴天没水吃，下雨滑溜溜”……

没有欠发达地区的小康，就没有温州全面的小康；没有区域的协调发展，就没有全社会的和谐。由于历史、地理等原因，“我市139富民攻坚计划”实施前，在全市262个乡镇中，欠发达的乡镇就达139个，占全市乡镇总数的一半多，占全省总数的三分之一多。2003年，对农村公路状况进行摸底调查显示：我市共有6049个村，其中3000多个村多数只通了机耕路，另有300多个

村还没有机耕路，需要改造或新建的通乡通村公路里程达六七千公里。

要致富，先修路。而修路又谈何容易，巨额的投资，像一道无形的屏障，无情地阻挡着落后、闭塞的偏僻农村与城乡的一体化发展。解决欠发达乡出路难，成为我市在迈向全面小康社会征程中必须要跨越的一道“坎”。

好雨知时节。2003年6月，省委、省政府做出实施“乡村康庄工程”的重大决策，计划通过5年的努力，让广大农民兄弟真正走上沥青路、水泥路。

温州市委市府紧紧抓住这千载难逢的机遇，2003年7月，成立乡村康庄工程建设领导小组和温州市乡村康庄工程建设办公室，标志着我市的康庄工程建设正式启动。市府把乡村康庄工程建设纳入为民办实事之一，后来又列为"139富民攻坚计划"的重要交通建设项目，计划在5年内投入乡村公路建设资金1.8亿元。各地层层成立康庄工程建设领导小组，举行动员大会，市、县（市、区）、乡（镇）、村，形成共识，上下联动，掀起抓住机遇大建康庄工程的热潮。

层层制定优惠政策　全力破解资金难题

乡村康庄工程实行一系列资金优惠政策：省级给予前所未有的的资金补助，市级以奖代补给予资金补助，各县（市、区）也纷纷出台配套补助政策。仅泰顺、文成、永嘉三个欠发达县的省、市补资金每公里达28万元。乡村只需投入少部分的资金，就可以享受康庄工程所带来的种种好处。

下面一组县（市）优惠政策的数字，足见政府重视的力度——

泰顺县出台《乡村康庄工程建设补助办法》，每年安排贴息资金100万元，并对完工的康庄工程按项目投资款的2.5%予以补助，对通村公路路面硬化5公里以上的乡镇，予以5～10万元的奖励。政策处理，林业、水利、土地、广电、公安、电信等部门捆成一股绳，简化审批手续，实行特事特办。民爆物品实行“一卡通”；电力、广电、电信实行“无偿搬迁、无费架设”。文成县实行以奖代补政策，对按计划完成的通村路面工程每公里补助1万元，县财政对建安税征收采取先征后返的办法，用于补助康庄工程建设。对采石点、民爆物品实行优先审批，减免规费。洞头县对工程建设涉及的问题一律适用简易程序，从财政收入中拨出3500万元，占总投资的61%。县政府还对提前完成康庄工程的乡村予以返回乡村自筹款50%的奖励。乐清市对乡道改造每公里补助达到25万元，通村公路每公里7万～12万元。对一些欠发达乡镇，由交通局签订协议无息借款。永嘉县为切实减轻农民负担，工程测量、设计费一律由县财政统一支付。

踊跃捐资、争上项目的动人情景，在瓯江南北的偏僻落后的乡村更是随处可见。没有摊派、没有强制，全凭着群众发自内心的强烈渴望和火样热情。

在泰顺山区，不少村民自愿出卖家中的牲畜、口粮参加捐款。他们说，政府给村里建水泥路这样的好事，几辈子也等不来，不能再失去这样的好机会了。南山村村委会主任陈书明以个人信誉作担保，向信用社贷款5万元垫补缺口资金。为了减少因补偿耕地带来的资金缺口，赤坑村村委会主任罗振权把自己唯有的2亩耕地全给“赔”上了。他说：路不通，什么都白搭；路通了还能饿死人？！

在文成侨乡，华侨捐资建设家乡康庄工程的热潮层出不穷。东溪乡康庄工程项目所需自筹资金250多万元全是由华侨、侨眷和热心人士帮助筹集的，其中旅荷华侨胡绍光一人就捐资60万元。玉壶镇枫树龙村华侨捐资100万元，资助枫树龙至茶叶坑通村公路改造。

在瑞安市，陶山镇华侨郑品海个人出资30.5万元，支持建造通村公路“海霞桥”。卓庄村村委会主任姚禧治个人认捐4万，并动员经商、办厂的朋友共筹资47.4万元。据统计，仅龙湖4个乡镇个人捐款1万元以上的就有82人，计180多万元。

社会的扶持同样让人动容。瓯海区革命老区石榜山村康庄工程因资金缺口无法开工，区府领导带领8家企业单位组成扶贫小组，到该村捐资了25万元。温州市扶贫经济开发区向龙湾区双昆村捐资6万元。平阳企业主龚大金独捐70万元，瑞安企业主余洪斌、余建勇向欠发达的泰顺县竹里乡捐资7万元。

据统计，市、县、乡、村四级自筹资金达2.23亿元，其中村级自筹资金就达1.16亿元。

众志成城攻坚“双百” 进度质量多方监管

自2003年下半年开始，在文成、泰顺的崇山峻岭，在苍南、平阳的乡间小路，在洞头海岛，在瑞安、乐清的广袤平原，数百支施工队伍深入千村百镇，拉开了如火如荼的建设场面。

康庄工程实施点多、面广、线短、分散，施工队伍力量不足，成为影响工程进度和质量的重要因素。对此，及时召开现场会，以点带面，典型示范，明确乡镇责任主体，把康庄工程建设业绩列入乡镇干部的考核内容。苍南县提出实现“双百”（等级公路通乡、通村率和通乡、通村公路路面硬化率两项均达到100%)“没有退路，志在必得”。平阳县实行县四套班子领导与31个乡镇挂钩，公示工程进度。瑞安市对一些线路长、难度大的工程实行10万～20万的重奖。永嘉县召集康庄工程建设任务重或进度滞后的16个乡镇主要领导，分析问题，对症下药。

我市台风频繁，康庄工程屡遭重创。各地在灾害重、时间紧、任务急的情况下，做到力度不减、计划不变，组织力量倒计时安排工程建设。

市康庄办对进度和质量更是紧抓不懈。每月通报进度情况，每季度召开主任例会，通报情况，指出问题，研究措施，提出对策，布置任务。同时组织抽调技术人员组成乡村康庄工程质量监督组，在质检部门的配合下，到各地进行定期巡查监督。发现进度缓慢，经常召集有县政府、交通局、乡镇和施工单位参加的现场会，加强日常的质量监督检查，发现问题书面责令限期整改。永嘉县溪下乡康庄工程发生严重的质量问题，有关方面毫不手软，对1.2公路路面全部进行返工。

市人大、市政协每年都要组织人大代表和政协委员视察康庄工程，对工程进度和质量提出了许多好的的建议和要求。每次视察都是对康庄工程建设的一次检验，既是动力也是压力，促使各级增强责任感和使命感。

义务“监工”是康庄工程质量监督的一大亮点。在每个建设康庄工程的村庄，几乎都有乐当义务“监工”的村民，仅文成县就有300多名义务监工。64岁的老华侨胡振明，从意大利回乡过年，带头捐资15万元后就把国外生意交给子女经营，先后5次改签返回意大利的机票，整整当了1年的“监工”。

突出“平安”理念是康庄工程建设的重要特色。康庄工程与安保工程实行“同步设计、同步审查、同步施工、同步验收”，经费在省交通厅每公里补助5000元的基础上，全市共投入安保资金6371.9万元。在安全管理方面，订章立制，层层签定责任书，开展以施工单位安全管理、施工现场安全隐患整治为重点的专项整治。同时在落实计划、工程招投标、资金使用、质量鉴定、计量支付等环节上加强廉政管理，杜绝腐败现象的发生。

2004年，海岛县洞头仅提出用1年时间完成3年的任务，。这一年，洞头全县84个行政村全部通上了水泥路，与鹿城、龙湾区一道在全市率先实现了“双百”目标，分别获得500万元重奖。

这是一组可圈可点的数据：截止2007年底，全市完成通乡公路724.5公里，完成通村公路建设（康庄工程）路基改造、路面硬化达到11260.1公里；鹿城、龙湾、洞头、瓯海、苍南、平阳、乐清、瑞安8个县（市、区）先后实现“双百”目标，5747个行政村通上等级公路，5626个行政村路面得到硬化，通村率、硬化率分别达到95.0%和93.0%，比2002年底提高了39.16个百分点和42.51个百分点；比原计划提高10个百分点和21个百分点。完成投资29亿多元，受益人口超过100万。

凸现民心德政效应　开启百业兴旺之门

随着一条条乡村康庄路的开通，数以百万的农民兄弟走上了水泥路、沥青路。让农民兄弟乐不可支的是，公交车开进了山村，不少农民也能像城里人一样开始坐享公交交通的便利，出行难得到了彻底的改善。乡村康庄工程建设优化了我市路网结构，促进了农村客运网络的发展，使农民兄弟在家门口坐上"方便车"、"经济车"、"安全车"的梦想成为现实。

而"路通民富"、"路通民活"、"路通百业兴"，在原本偏僻的山村更是得到了淋漓尽致的演绎。

十八垄是永嘉县乌牛镇北部山岭中的一个村庄，早时村民走的是一条羊肠小道。后来村民出钱出力修了一条两米宽的机耕路，一遇会车就像顶牛，是典型的通路不通车的村。2003年下半年列入省康庄工程试点项目。半年后的出茶季节，我省第一条乡村康庄工程在这里建成了，不少新昌客户纷纷驾车前来购卖茶叶，茶叶的价格也提高了。现在村民下山只需20分钟就足够了。十八垄的村民真切地感受到，三条不同的路，带给他们的是三种完全不同的结果。

乡村康庄公路拉近了偏僻山村与市场中心的距离，降低了农副产品运输成本，提高了农业综合效益。文成县第一个实现村村通水泥路的仰山乡对此深有感触。在该乡塘山村路口矗立着一块"功德碑"，它在诉说着康庄公路给村民带来的种种好处。康庄工程通车后，村民项海洋说的第一句话是"我的杨梅再也不用担心烂掉了。"几年前，项海洋种植的"东魁"杨梅获第一届温州杨梅评比冠军，但苦于村中的机耕路难以运输。通了康庄路，客商来了，价格也上去了。该村1000多亩"东魁"每年就给农民增值160多万元。全乡杨梅基地全部出产时，估计年产值将达1000万元，该乡仅此一项人均收入约为2500元。

康庄工程建设大大推动了旅游业的发展。当一条宽敞、整洁的水泥路替代了往日通往平阳县山门镇的砂石路时，一批批游客纷至沓来，比康庄路建成前提高了几十倍，西湾乡是平阳县有名的旅游景区，康庄公路刚修好，这里的风景区便成了投资者的香饽饽，计划招商引资2亿元，建设旅游服务中心和牛背山休闲度假中心。

乡村康庄公路推进了农业进产业化程。瑞安市营前乡71公里康庄公路建成后，将各村的茶叶基地连成一片，形成了茶叶产业化格局，集市贸易日益繁荣，原来仅20元一斤的青炒茶叶卖到40～50元，一斤干茶叶价格200元。苍南县中魁等村是温州唯一能种荔枝的村，过去公路不通，荔枝贱卖；现在通了康庄公路后，2000多亩荔枝效益突显，村民还办起荔枝旅游节，发展观光农业。

"化干戈为玉帛"是康庄工程意想不到的效应之一。苍南县中魁和顶魁两个相邻村，过去因田事发争斗，康庄工程使两个村的书记、主任坐在一起研究、磋商，他们说："这是为了子孙后代。"港头村与士金兜村建国前发生了争斗，康庄工程也使他们抛弃前嫌，握手言和。

5年乡村康庄工程建设任务圆满完成了，农村公路建设又紧锣密鼓地展开了。老百姓这样评价康庄工程：有人说，康庄工程是一项德政工程，因为它把"修桥造路，造福子孙"的古训演绎得淋漓尽致；有人说，康庄工程是一项民心工程，因为它真正体现了"民本和谐"这一温州精神的实质；有人说，康庄工程是农村的又一次革命，因为它实现了数以百万农民兄弟不再行路难、出行难的夙愿……

（原载2008年1月31日《温州日报》）

附：温州乡村康庄工程建设纪事

2003 年

7 月 23 日，温州市政府成立温州市乡村康庄工程建设领导小组。8 月 5 日，温州市交通局成立温州市乡村康庄工程办公室。

9 月 15 日，召开全市康庄工程办公室主任会议，与各县（市、区）签订年度康庄工程责任书。

9 月 26 日，温州市政府出台《温州市乡村康庄工程实施意见的通知》。

10 月 18 日，召开全市乡村康庄工程动员大会，市政府与各县（市、区）签订了 2003—2007 年乡村康庄工程建设责任书。

2004 年

4 月 19 日，温州市政府出台《温州市乡村康庄工程以奖代补资金管理办法》。

4 月 27 日，温州市交通局出台《温州市乡村康庄工程建设资金贴息管理办法（试行）》和《温州市乡村康庄工程检查考评办法（试行）》

8 月 17 日，省公路局副局长、康办副主任汪银华到温州检查工作。

9 月 30 日，市康办召开会议，布置落实迎接交通部农村公路建设资金审计调查的相关工作。

12 月，洞头、鹿城、瓯海成为我市首批实现〞双百〞目标的县（区）。

2005 年

3 月 9 日，市纪委领导到市康办调研康庄工程廉政建设保障情况。

6 月 8 日，市康办组织到衢州、金华两地学习取经。

6 月 28—29 日，在苍南县召开全市乡村康庄工程建设暨安全设施现场会。

7 月 27—28 日，在洞头县举办全市乡村康庄工程质量监督、档案管理培训班。

9 月 19 日，《康庄之路》电视专题片在温州电视台聚焦“三农”栏目播出。

9 月 27 日，市人大常委会领导带领部分人大常委会委员、人大代表，分南、北两片视察乡村康庄工程。

11 月 10 日，市政协领导率领部分政协委员到瑞安、文成视察康庄工程。

2006 年

3 月、4 月，市康办组织各县（市、区）康庄工程工作人员赴黑龙江省和广西壮族自治区考察学习。

5 月 10 日，市康庄办举办全市乡村康庄工程绩效评价基本调查培训班。

5 月 11 日，省交通厅副厅长薛振安、省公路局副局长杨才古一行三人来温对建设社会主义新农村有关公路建设情况进行调研。

7 月 28 日，市政府召开全市乡村康庄工程和乡道硬化工程建设推进会。

10 月 16 日，《浙江日报》以较大篇幅报道苍南县、洞头县、鹿城区康庄工程建设成果。

2007 年

1 月 5—10 日，省康庄办副主任江晓美率领检查组来温进行年终检查，并对“双百”县（市、区）进行验收。

4 月 18，市交通局监察室主任到瑞安、平阳、文成检查康庄工程廉政建设。

8 月 29 日，市康办召开全市临水临崖、高落差危险地段排查布置会。

11 月 29 日，在瑞安市召开全市康庄工程廉政建设座谈会。

12 月 10—14 日。市康庄办对瑞安、永嘉、文成、泰顺县（市）进行年度乡村康庄工程建设检查。

（三）普惠民生“五型”路

2011年1月以来，一个声音——“三生融合·幸福温州”不断回荡在温州大地。

站在转型升级、科学发展的重要节点上，勤劳、智慧、敢为天下先的温州公路人，以“特别能吃苦、特别能战斗、特别能奉献”的英勇气概和甘当铺路石的朴质无华精神，肩负起全力践行“三生融合”建设的责任，走出跨越发展、幸福建设的新思路。

五年来，“五型公路”创建有声有色。以“全省一流，全国领先”为目标，以“建设大路网，打造五型路”为主线，温州着力推进公路事业科学发展。通过品质型、平安型、生态型、服务型、阳光型公路建设，用现代化公路发展理论武装干部职工，带来了工作理念的新变化、工作水平的新提升、队伍素质的新提高，树立了公路部门良好的社会新形象，为温州公路注入新的生机活力。

五年来，温州公路升级转型可圈可点。温州公路从传统公路沿着清晰的路径转型为现代公路。作为产业集聚大通道、城乡连接的纽带，温州公路俨然跟“服务民生”紧密结合在一起—公路建到哪里，那里的经济就随之升温；公路宽到哪里，那里的产业就随之蓬勃；公路美到哪里，那里的新农村建设就随之腾飞……融三生，建五型，创幸福，已经为温州要率先实现物质富裕精神富有的“两富”新战略奠定了坚实有力的基础。

五年来，温州公路发展取得了瞩目成绩：公路文化深入人心，全省首创“6•19”公路人节；文明公路创建走出特色，成功创建了山区文明公路的样板路；公路总里程达14045公里，为百姓铺上条条致富路；全力打造公路森林通道，全省率先绿道网建设……串串动听音符汇聚成一曲“五型公路”惠民生的和谐旋律。

生态优：建设“幸福温州”的先行官

注重形象，建设生态，推动城市的可持续发展，这是温州公路人责无旁贷的历史使命。五年来，他们掀起了精细化养护、大中修工程和农村公路建设的高潮，以文明创建、迎国检、绿道网建设等为载体，积极打造品质型、生态型公路，擦亮了城市窗口，推动了城乡交通一体化发展。

文明创建，公路雕琢成“艺术品”

如今，在温州境内，不管你行走在新58省道上，还是经过104国道，或是驾车在五岛相连公路上，都会被如诗似画的风景所吸引，原来，那里的路本身就是一道靓丽的风景线。

曾经有一位上海女游客来到泰顺，刚过分水关进入泰顺境内，就被秀丽风景深深吸引。那里，风景秀丽的各式景观石、神态各异的“生肖公里牌”、栩栩如生的公路人雕像、与自然融为一体的生态公厕，一起勾画出新58省道沿线的美景，给她的视觉带来了别样享受。之后，她不断介绍亲朋好友过来度假旅游，一起享受这与大上海截然不同的美。

这几年，温州境内14条公路被成功创建为省级文明公路，老58省道文明公路创建还被誉为“开创浙江省文明公路创建的‘温州—泰顺模式’”。此外，还有22条公路被创建为市级文明公路，文明公路已遍及各个县市，处处彰显“畅、洁、绿、美、安、优”。

打造生态型公路，公路成为传递“幸福温州”的最佳窗口。近年来，除了精雕细琢打造文明公路外，公路部门依托各级党委政府，加大了公路绿化建设和绿化带的增值补植，加强了沿线绿化改造，努力实施“森林通道”和绿化工程。

温州公路部门还积极参与温州市域绿道网建设，配合开展绿域规划。“雁山楠水，这条路穿越两大国家级风景区，太有特色了。我们打算做足山水文章，弘扬谢灵运山水文化，打造集交通与旅游休憩为一体的乡间公路，让这条路成为温州最美的公路。”拿着今年设计出来的雁楠公路绿道景观策划设计方案，温州市公路管理处主任、雁楠公路工程办公室主任张银华向记者介绍起把雁楠公路打造成一条最美公路的愿景。

建设中的雁楠公路，是省重点工程，预计在2013年底通车。它串联起温州最美山水—雁荡山和楠溪江的一条“黄金线”。记者了解到，按照打造绿道网的设想，他们将在雁楠公路沿线风景秀丽的地方设立观景台、戏水区，供游客游玩，同时在沿途设立驿站、农家乐、漫步道、文化站等，以起到娱乐、健身、文化教育等特色功能。此外，沿途空地上还可设立露营地，增加游客活动空间。雁楠公路建成后，原白雁线部分路段将失去原先的交通效用，雁楠办准备将这些道路设立为自行车慢行道，使废弃的路线成为一条别具风情的游览路线，到时游客可以骑车游历名山、名水、古村落。

政府主导，104国道“旧貌换新颜”

104国道犹如一条巨龙，自北向南穿越整个瓯越大地，并以近200公里的里程成为温州第一长路，是大温州的重要交通枢纽，浙南百姓出行的黄金通道。殊不知，因历史遗留等诸多问题，在2010年前，位于乐清和瓯海境内的部分路段出现了严重的质量问题，影响了百姓出行。

104国道是温州交通主干道，也是城市的重要窗口，如果不提高104国道温州段的整体通行条件，就会破坏温州公路的整体形象，交通一体化统筹发展就很难推进。温州公路系统勇于肩负重任，承担起这历史遗留下来的使命，千辛万苦排除万难，为推动城市的可持续发展尽心尽责。

“解决104国道质量问题，政府起到了主导作用。”温州市公路处相关负责人一语道破了解决问题关键。在2010年，温州市政府牵头召开了两次迎国检大会，都把104国道瓯海段和乐清段的大中修工程作为重点进行讨论和研究。此外，除了温州市政府重视迎国检外，各县市政府和相关部门也很重视迎国检工作。各级政府还将迎国检工作纳入年度工作目标，最大限度地支持这项工作。据不完全统计，温州各级地方政府配套投入2个多亿用于迎国检国省道养护。如乐清市政府安排2000万元用于104国道迎国检和文明公路创建；瑞安市政府安排2500万元用于路面整治工程；温州市政府、温州市交通局、温州市公路处和瓯海区政府共同垫资3000多万元，省公路局出资3500万元，用于104国道瓯海段路面大修工程。

正是在各级政府部门的关心支持下，迎国检工作从部门行为上升到政府行为，从而消除了104国道大中修过程中碰到的“拦路虎”，各项工程顺利推进，104国道温州段“旧貌换新颜”。2011年，在顺利接受了“国检”的同时，还被评为了省级文明公路，温州市公路管理处被评为“十一五”国检路况质量先进单位、“十一五”国检规范化管理先进单位等荣誉。

从2008年开始，温州公路部门就在各县（市、区）全面启动了国省道大中修工程，着重提升公路品质，积极做好城市建设的先行官。

扎根基层，“编织”出绿色康庄网

以前，通往山区的道路，大部分是村民自己踩出来的泥土路，每逢刮风下雨等恶劣天气道路坑坑洼洼没法走，“出行难”对山区百姓生活带来不便，也阻碍了当地经济的发展。因此，山区通公路的呼声非常高。

康庄工程从2003年启动之后，农村公路一条条建起来，极大了方便百姓出行。但是，2008年以来的康庄路逐渐难建起来，成为一根根硬骨头，因为大部分待建路都是通往山区，不仅建设环境恶劣，而且造价也相当高。

为此，根据山区农村公路点多、面广、地点偏远等特点，温州市农村公路工作办公室加强了农村公路建设管理，扎根基层，深入山区，平均每年下乡督查、检查达一百个工作日以上。他们切实做到了精力向一线集中，问题在一线解决，措施在一线落实。

功夫不负有心人。至2011年底，温州市共完成农村公路建设总投资15亿多元，通村公路建设路基改造、路面硬化达到4538.3公里，农村联网公路建设554.2公里，全市具备建路条件的行政村实现“双百”目标。2006—2008年，连续三年被温州市人民政府评为“温州市重点工程建设先进单位”。

更令人欣喜的是，2011年底，温州市农村公路工作办公室荣获了由省政府颁发的全省农村公路工作先进集体。该成绩来之不易，这是迄今为止温州农村公路建设者获得的最高荣誉。

如今，温州康庄工程把一条条水泥路铺到偏僻农家的门口，给他们发展带来了机遇，圆了农民兄弟世世代代梦寐以求的“康庄”梦。康庄“双百”目标实现后，他们又在2011年完成农村公路建设投资2亿元，超额完成2011年省厅和市政府的考核任务。

随着农村公路里程的不断增加，管养工作至关重要。2009年，温州市在全省率先争取到了农村公路养护市级补助。目前，温州各县级农村公路养护管理办法全部出台，为转型进入以农村公路养护管理为工作重点打下扎实基础。

生产兴：推进“创业创新”的最佳环境

只有坚持创业，才能改变面貌，才能壮大经济；只有坚持创新，才能与时俱进，永葆活力。创业创新推动城市进步。作为公路部门，只有强化公路整治、强化公路治超，才能美化公路环境，为大家提供顺畅、安全的交通，才能助力创业创新，助推“两富”实现。

精细养护，无限商机被催生

“回来考察后方知家乡的路变了，公路不但宽阔通畅，而且网络健全，路边上都已安装了钢质护栏，每天还有很多养护工在养路护路，开车很放心。我们在56省道附近启动了厂房建设，前景一片看好。”面对为何选择回家创业的提问，文成县巨鼎食品有限公司负责人、旅意华侨吴斌明摇晃着手上的全县生态产业园规划效果图，感慨万千。

这个四十出头、外貌朴实憨厚的大峃镇人，是十万多在外创业的文成华侨中，回到家乡建厂房、投资实体民营企业的代表人物。当时因交通通行条件差，早在1991年他就独自前往意大利创业。2009年，多年没回家的吴斌明开始将目光转向国内市场，准备做农副产品进出口生意。

车子畅行在回家的通村公路上时，吴斌明已经感受到了完全不一样的气息。“这种变化简直可以用翻天覆地来形容，通村公路延伸到了每个村庄。公路管养水平很高，连一个坑洞都没发现，这跟欧洲国家的公路没啥差别。”所以，当文成县生态产业园相关负责人找到他，希望他回乡投资带动百姓致富时，他心动了。今年，他准备投资6000多万元进行厂房建设，预计到明年年底投产。

近年来，温州公路确实发生了“大变脸”，公路通行条件逐年好转，公路通行能力大幅提高，一条条道路都成为顺畅的放心路。这主要原因是温州公路部门进行了环境整治行动和公路长效治超行动，使公路脏、乱、差现象得到遏制，超限率也大幅下降。如今，温州地区基本形成了干支衔接、布局合理、联接城乡的公路交通网络，这也吸引了大批温商回乡投资开办民营企业，为家乡建设起到了关键作用。

很多工业园区、经济产业带也沿着畅通公路而如雨后春笋般冒出来。如泰顺县已经出台《泰顺县58省道产业带发展规划（2008—2020）》，产业带里的彭月生态工业园区已初具规模；文成县56省道附近，生态产业园正在逐渐壮大；洞头五岛相连公路边上，瓯江口产业集聚区（包括状元岙港区）日趋成熟……

破难攻坚，剑指美化公路环境

从6月开始，温州市区内高速公路进出口的35个广告牌近期内已分批逐步拆除，大家从温州市区三大高速收费站（温州东、温州南、温州西）上下高速时基本上看不到广告牌。此外，由温州市高速路政大队排查出的在温州市区高速公路用地范围外，造成沿线杂乱无章状况的65个广告牌，也已抄送给执法局，由当地政府组织人员，在近期进行全面拆除……这是记者近日从高速公路沿线环境整治推进会上获悉的。

温州现有四条高速公路征地范围以外可视范围内现有500多个广告牌。这其中大量存在于公路建控区外的广告牌，不但严重影响了高速公路环境美观，还给温州城市建设带来了负面影响。温州市公路部门从今年年初开始就启动了高速公路沿线环境综合整治工作，其中主要一项工作就是“整治规范高速公路非公路标志”。

这项工作引起了省委常委、温州市委书记陈德荣的高度重视。他作出批示：“广告泛滥是影响我市视觉形象的重要因素，加强整治和管理是必须的”，并提出明确要求：“凡到期的广告，特别是市区出入口及市区过境的应进行拆除。”

广告牌整治雷厉风行。从今年初到5月底，温州公路部门破难而上，拆除高速公路征地范围内灯箱牌体广告185个。5月18日，温州市交通运输局局长黄荣定亲自到场指挥拆除工作，果断拆除了温州东收费站附近的3个高炮广告牌。为进一步美化高速公路沿线综合环境，优化非公路标志设置规划，温州市又对原规划共计638个广告点位进行了修编，修编后拟调整为150个以下点位，目前已经上报市有关部门审查。同时，《温州市公路沿线非公路标志管理办法》也将于近日出台。在公路部门完成了排查，提出了规划修编和拆除具体意见后，陈德荣再次批示表扬温州公路部门的工作，称此做法“很好”。

五年来，温州公路部门每年都开展公路沿线环境综合整治破难攻坚专项行动，整治时间之长、整治难度之高、整治工作量之大，均居全省前列。这项工作的强势推进，不仅优化了公路环境，提升了城市品位，还使公路真正成为传递“幸福温州”的最佳窗口。

联动治超，严把浙江南大门

温州是民营经济的发源地，民营经济非常活跃，这也带动了货运业的发展。但是大量的超限运输车不仅严重破坏了公路，还影响了公路通行环境，在社会上造成了不良影响，阻碍了城市的发展。如何打造“货畅其流、人便其行”的通行环境，摆在了温州公路部门的面前。

位于浙江和福建两省交界处的苍南县，每天都有大量的货车在公路上行驶，超限运输比较严重。从2009年2月开始，浙闽联动治超变双方联动为多方联动，由原先省际两站互动增加为五站五动，即除了104国道苍南超限运输检测站和104国道福鼎超限运输检测站两站联动外，还新增泰顺路政大队治超站、高速浙闽治超检查站和闽浙治超检查站。这种做法，便于从多方面加强经验交流和信息互通，及时通报各地冲卡车辆情况，并第一时间启动联动治超模式，为长效治超工作打下良好基础。

除了省际之间联动治超外，温州辖区内各路政大队也经常会进行市县内联动治超，保障道路的安全畅通。如在去年8月温州市范围内开展的温州路政整合联动治超1号行动中，按规定，甬台温高速公路苍南超限检查站、104国道苍南超限检查站一组，重点严守温州南大门，杜绝超限车通过省际交界公路进出我省，同时两个治超站以固定站带动流动治超，扩大整治辐射范围；鹿城路政大队、瓯海路政大队一组，重点严管辖区内超限车辆经过公铁平交道口，及辖区内干线公路超限车辆；龙湾路政大队、洞头路政大队一组，重点严查77省道、五岛相连公路及桥梁……五天时间，全市就查处超限车辆443辆。

为了抓好源头治超，强化对货运企业的监管，温州路政支队与市运管局建立了违法车辆抄告制度，依据《公路安全保护条例》，首批8家运输企业因超限运输被运管部门处罚。

温州路政支队相关负责人："我们以保畅通、促平安为抓手，按照'政府领导、部门联动、齐抓共管'的原则，深入开展经常性、持久性的整合联动整治行动。其目的是集中解决超限车辆上路行驶损坏公路、公路桥梁的违法行为，创造和谐、安全、畅通、有序的环境，为打造温州大都市快速交通网尽心尽职。"

生活美：给力"两富"温州新战略

生活包括物质生活和精神生活。为了推动百姓实现"物质富裕、精神富有"的生活，温州公路部门从细节着手，将每条路都以"精品工程"高标准来实施，打造服务型公路，推动了"幸福温州"的建设。同时温州公路人注重文化建设，树立公路文化品牌，推动公路事业发展。

不断升级，细节铸就品质

如今，不论驱车行驶在瑞安境内的56省道还是瑞枫公路上，除了平坦，司乘人员往往感慨其干净整洁。据了解，公路保洁得到瑞安市政府的大力支持，市政府多次召开协调会，确定资金来源和补助标准。据悉，2011年投入财政资金800万元，专门用于104国道、56省道、飞云三桥连接线及瑞枫、高桐、马陶等6条公路保洁，平均每平方米不少于3元，这是瑞安有史以来最大一笔公路保洁年度专项支出。

此外，他们以现有六个公路养护站为支撑点，建立了覆盖全市各主要公路的保洁网络。在征求各方意见建设的基础上，制定了《瑞安市国省道及重要县乡公路保洁考核管理暂行办法》，全面推行定人、定时、定路段的公路"三定"保洁工作制度，确保作业范围不重叠、不断档，单一路段日均保洁时间不少于八小时。

按市政标准去养护公路，得到了社会各界的高度好评。如今，温州其他各县市区也出台了相关政策，在政府支持下采购公路清扫车等设备，保障了公路的畅洁。

公路安全与公路畅通一样，是最大的民生。2008年以来，温州公路部门以提高全市公路安全保障能力和应急保障能力为立足点，大力开展"平安型"公路创建，危桥危隧改造和隐患边坡整治全部完成，完善了乡道以上临水临崖安全设施的设置，部分路段设置了钢质护栏和防撞墩，实现了公路"双保险"。

如今，行车在省道、县乡道甚至是有些通村公路上，整齐醒目的标志标线、安全美观的各种防护栏不时映入眼帘，一种安全感便会油然而生。除了公路沿线村民出行有"保险"外，随着公路安保设施的不断完善，交通事故相应减少了，路政人员和养护工的工作也更加安心、放心了。

便民惠民，百姓出行更便捷

2010年底，永嘉县农村公路指路体系接受了相关部门的验收。这项工程总投资500多万元，在永嘉62条784多公里的县乡公路上设置了各式指路标志557套。这为外地游客到楠溪江风景区旅游指明了方向。

据悉，随着永嘉境内农村公路的不断增加，已初步形成了网络化。然而县乡公路指路标志存在诸多不足：许多县乡道路公路网指路标志未设计到位，给不熟悉周围公路网情况的外地驾驶员带来不便；指路标志规格不齐、信息要素不准确、净空达不到规范、图案与实际有出入、设计数量不足等现象，更与优美的楠溪江格格不入。

永嘉县乡道主要分布在山区，多、散且险。公路部门经过五个月的紧张施工后，终于完成了农村公路指路体系。现在，游客们到永嘉境内游玩，只要看看公路指路标志，就能轻松找到自己要去的地方，再也不会因迷路而影响旅游的心情了。

如今，温州境内的高速公路和国省道指路体系都已建成，此外各县（市、区）的农村公路指路体系都在不断完善中。

另一便民举措，就是快速推进ETC项目，为广大群众出行提供了真正的便捷。今年6月，温州市提早半年在全省率先完成了2012年ETC发行任务。截至8月9日，共发行26322套，位居全省前列。

“自开展ETC工作以来，我们创新思路、多管齐下，通过依靠政府推广、整合资源、优质服务，全力推进了ETC业务开展，做到了‘五个全省率先’，即率先推出ETC一站式服务；率先在市级行政审批中心设立咨询窗口，制定联席会议制度；率先完成省下达全年发行任务；率先印制第一张标注ETC站点的便民地图；机关事业单位公车ETC办理数量全省率先。”温州市公路处相关负责人如是说。

凝聚人心，树立文化品牌

“责任胜于能力，英勇人物吴斌的先进事迹告诉我们什么才是真正的责任。我们公路系统也有无数个像吴斌这样的无名英雄……我骄傲，我是公路人。”今年6月18日，一场激烈的演讲比赛在温州高速路政大队会议室举行，永嘉县公路管理段代表胡孝义正在演讲，题目是《青春奉献公路 责任铸就和谐》。

这是今年温州公路文化宣传月的内容之一。来自全系统的12名优秀公路人，围绕“心在路上路在心中”暨行业价值观大讨论主题参加了演讲。

除了这项活动外，温州公路系统还开展了“主题征文”“五型公路经验交流会”“行业价值观大讨论”“推优评先”等活动，从而充分展示温州公路建管养成就，积极弘扬了“特别能吃苦、特别能战斗、特别能奉献”的公路人精神。

据悉，每年6月，温州都会举办一场公路文化盛宴。由温州市公路处主办的“公路文化宣传月”活动，已经成为公路人展现自我的最佳舞台，丰富了公路人的精神生活。2010年的“公路人之歌”文艺晚会更是精彩纷呈，将当年的温州公路文化“六个一”活动推向了高潮。本次晚会规模之大，是温州公路史上的第一次，共有近300人参加演出，通过电视台直播后，得到了社会各界的好评。

而泰顺公路文化建设已走在了全省前列。设立“6•19”公路人节，发起“关于设立“6•19”公路文化节”倡议书，在公路旁立起高大威武、令人崇敬的公路人雕像，谱写公路人之歌《穿越时空》，自编泰顺公路人之书《公路人》，各项公路文化活动有声有色展开。

五年来，温州市公路管理处获得了省级文明单位、浙江省五一劳动奖状及全省交通系统精神文明建设十佳单位等荣誉。

百尺竿头须进一步。围绕着“服务民生、服务百姓”，温州正倾力打造“五型公路”，编织“1650”大都市快速交通网，构建国家级交通枢纽，积极打造内畅外联的公路交通网络。

（原载2011年7月22日《交通旅游导报》，作者项宁宇）

（四）五型雁楠：那山那水那人

温州雁楠公路工程采访纪实

总投资9个多亿，总长45公里，省重点工程、二级公路、双车道……所有这些，在高速公路遍及神州大地、动车呼啸浙南大地的今天，且非关系国计民生的交通主动脉，雁楠公路—这条寻常省道，似乎不值一谈。

但在2013年通车后，如果你来到这里一看到这里的山，这里的水，这里的村庄，与志在中国第一品牌的山水绿道……相信你一定会惊艳于她的美丽、她的现代，刮目相看了！

其实即便是现在，只要你沿施工现场走上一段，置身于深山翠谷溪流间，看到已具雏形的公路，接触雁楠的建设者和沿路村民，你也会由衷地赞叹：追求品质，注重平安，力求生态，谋求致富，确保阳光，这是一条名副其实的“五型公路”！

雁楠公路名片

（乐清雁荡至永嘉楠溪江公路）

连接温州雁荡山和楠溪江两个国家级风景区的交通干线，省重点工程。

起点为乐清雁荡镇上塘村与104国道相接处，途经乐清芙蓉镇、永嘉鹤盛镇，终点至永嘉枫林镇，与诸永高速枫林互通连接线相连。主线全长约45.405公里，采用二级公路技术标准建设。工程同步建设石桅岩和龙湾潭两条支线，全长共7.168公里（其中石桅岩支线3.267公里，龙湾潭支线3.901公里）。

工程全线共需征用土地1451.3亩，拆迁房屋约2.85万平方米，概算总投资为9.013亿元。工程共分五个土建合同段、一个路面合同段，2010年3月30日全面开工建设，建设工期三年。

工程建成后，将大大缩短雁荡山和楠溪江风景区的距离，实现雁荡山、楠溪江两大旅游区一体化，对促进永嘉、乐清旅游事业及经济社会发展，完善温州交通网络，加强国防交通战备等有着十分重要意义。

寻常省道的漂亮答卷

2010年6月，即雁楠公路开工建设三个月后，雁楠办（雁楠公路工程建设办公室）将原在市公路处大楼的办公室迁到了乐清市虹桥镇。

在虹桥安营扎寨，表明雁楠办干部职工的新姿态，抵近指挥使他们从此告别朝九晚五的安稳，但却能更迅捷地到达工地现场，因为雁楠公路起点就在离虹桥镇不远的雁荡镇上塘村。

不久后温州国资领域建设项目机制体制改革的新决策，证明了这次搬迁的正确性。在“三生融合，幸福温州”新愿景统领下，温州市委市政府作出了推进温州科学发展的多项重大决策。2011年上半年，雁楠公路工程成建制划归市公路管理处（原属市高速公路工程建设总指挥部），8月1日市府办发文成立了雁楠办，并组建以张银华（市公管处书记、主任）为主任，张强（高工）为常务副主任，陈亮（高工）为副主任的领导班子，8月17日雁楠办正式挂牌。

雁楠公路工程紧锣密鼓地加快建设，在召开多个现场协调会的同时，有关领导频频亲临雁楠工程：

2012年2月12日上午（周日），永嘉县委书记盛秋平率永嘉有关部门负责同志冒雨到雁楠公路施工现场调研，深入了解工程进展情况，解决工程障碍和难点；

2012年3月29日，陈浩副市长到雁楠公路工程施工现场，检查指导工程建设工作；

2012年6月8日，温州市委委员、市交通运输局局长黄荣定督查雁楠公路工程建设；

此间，曾任市交通局长、温州市副市长的市人大常委会副主任陈宏峰也一直关注这个工程……市交通运输局局长黄荣定多次到现场检查工程进展情况，强调大家务必保持交通人的忧患意识、争先意识、精品意识、实干意识；副局长蒋理江则多次出席有关会议并讲话，务必要做好“五个抓”：抓政策处理、抓要素突破、抓建设载体、抓主体工程、抓宣传报道。

各级领导视察督查时，在强调质量、安全的同时，几乎都提到了这一点：那便是雁楠公路要早日建成通车，为当地旅游事业及经济社会发展做出积极贡献。

在强调科学发展观的今天，雁楠公路在经济社会发展中有着不同寻常的意义。这不仅因为她直接连通雁荡山楠溪江两大国家级景区，将两地现有基本上是四级甚至等外公路的路程缩短整整65公里；不仅因为她将带动当地旅游休闲业的发展，为沿线村民创造就业机会，产生多重效益；而且，这条仅长45公里的二级省道，还将成为目前温州唯一的接轨国际绿道文化的新型公路！极大提升人们的生活品质。

雁楠办主任张银华说，这是市公路处接手的第一个公路建设项目，处党委对此高度重视，必须要建成一个“样板工程”。张的两位副手，主持日常工作的常务副主任张强与副主任陈亮将“样板工程”具体化为“打造温州最美公路”。无论是“样板”或者“最美”，其内涵都是省厅提出的总要求“五型公路”：品质型、平安型、生态型、致富型、阳光型！

“五型公路”是一个从规划设计、施工建设、环境保护，到运营效果、廉政建设，对公路建设进行全方位全过程覆盖的最高标准。

令人欣慰的是，2012 年盛夏，笔者走访施工关键期的雁楠公路沿线，在对运筹帷幄的决策者、现场施工的建设者及沿线乡镇村民的采访中，得到的信息是：多方支持，上下团结，攻坚克难，他们交出了一份漂亮答卷！

雁楠绿道：中国山水绿道第一品牌

在全球工业化不断推进、地球村环境危机日益严峻的形势下，绿道理念在世界范围内应运而生，并出现了许多理论成果和成功实践。

在国内绿道的实践上，广东又一次开风气之先。2010 年起，广东计划用三年左右时间，在珠三角地区率先建成总长约 1690 公里的 6 条区域绿道，串联 200 多处森林公园、风景名胜区、滨水公园和历史文化遗迹等（并连接广佛肇、深莞惠、珠中江三大都市区，构建珠三角绿道网），在这里，人们与青山绿水亲密接触，可以远足，休闲，健身……

据说，温州市书记陈德荣（省委常委、副省长）年前到广东考察时，在广东省委书记汪洋安排下考察体验了已建成的广州绿道，很是赞赏。不久，根据市委市府部署，市交通局制订了市域绿道网建设总体设计规划……

市领导在雁楠公路开工之初，就提出要将其建成“生态路、环保路、景观路”，至于怎样体现上述九字，早年曾参与温州大桥与多条高速公路建设的雁楠办常务副主任张强坦言，最初他心中没数……

但 20 余年筑路生涯已使张强成长为一名独当一面、具有前瞻眼光的路桥建筑领域高工，在见证温州路桥交通发展的同时，他也看到了现代人生活、出行方式的变化，意识到我们已进入汽车时代、休闲时代、自驾游时代……今天建造的现代公路应当与时俱进，应有提供多种服务的功能，为现代人改变了的生活出行方式创造条件……

他的团队也是一批思想前卫、勇于创新、技术精湛的年轻人，副主任陈亮是公路处一位精通业务“德艺双馨”的高工。他说，陈书记赞赏的城市绿道使他们心中一亮：在雁荡山和楠溪江两大国家级景区里实践绿道理念，岂不得天独厚，自然天成！“绿道”理念将雁楠公路建设管理者的创新意识提升到了全新高度。

于是，通过网上搜索、现场考察，张强与他的团队在联系了上海、苏州、广州多家设计公司后，经多次沟通洽谈后，2011 年底，杭州潘天寿环境艺术设计研究院成为他们合作者，承担雁楠公路绿道景观策划设计任务。

潘天寿研究院是一家具有很高资质的环境艺术景观设计单位，对历史与地域文化的充分了解，使他们对雁楠公路艺术创作空间有了充分预判，2012 年春节假期还没结束，就派出精干团队前来调研，之后又投入骨干力量，倾力设计。

依托于雁荡山、楠溪江两大著名景区，雁楠公路沿线丰富的自然、人文资源极大地激发了设计者创作灵感，几个月后，他们拿出了一个计划投资 3000 万元、融合国际化设计理念和传统文化思想的雁楠绿道景观策划设计方案。

据设计，雁楠绿道完成后，这条仅有 45 公里的省道，将有多个可供远眺山岚风光的观景台，多个与溪涧碧水零距离亲密的戏水区，沿途还有许多驿站、农家乐，有漫步道、自行车道、文化站、露营地等，适应现代人变化了的生活出行方式，提供多种休闲、健身、远足服务。

5 月下旬，雁楠办邀请省内外专家在温召开评审会，该方案获得高度评价。

他们说，雁楠绿道是一个将雁楠公路与沿线

自然、人文景观等优质资源充分交融结合构成有机整体的绿道系统。雁山楠水之间所具有的诗画文化、瓯越风俗、古村古宅、名胜旧迹的资源优势是无与伦比的，又有谢灵运曾为之沉醉忘情的山水风光，雁楠绿道将是休闲、自驾、健身等各种体验式旅游的绝佳风景走廊，是浙南民俗风情面向世界的一个最美窗口，完全具有创造中国山水绿道第一品牌、世界绿道知名品牌的潜质。

张强充满神往地介绍正在建设中的雁楠绿道，他的兴奋与成就感是有理由的，因为这里有许多就是他的创意。他说，这些设施有新建的，有的则是利用现有资源“点石成金”而成。如自行车慢行道，就是利用原白雁线稍加整修改建，因为雁楠公路建成后这些路段就不再具有交通功能了；沿线大量的农家乐则是以市场化方式依靠民间资金发展的，通车后的超旺人气将给深山村民创造就业机会；他们还将一段早已废弃的山道点化成为“永乐古道”，为现代人实现体验古代山民生活的梦想。

从事绿道研究的国内专家对雁楠绿道给予了很高评价：中国绿道建设刚刚起步，广东的绿道建设迈开了探索的第一步。雁楠公路的绿道建设是中国第一次把公路建设与生态保护、产业开发、文化发展等综合事业相结合的典型性案例，堪称绿道建设实践和理论研究的示范性工程，雁楠公路绿道的建成，必将对今后的公路建设理念产生巨大的影响。

雁楠团队：“五型”的使命与职责

面对这么一个天生丽质的工程，温州交通局的目标是，不仅在经济上要成为传统的优良工程，而且政治、生态、文化都要上去，要成为“五型工程”！

今年6月8日，市委委员、交通运输局局长黄荣定将雁楠工程作为“进村入企”大走访工作点之一，来到上日川桥工地现场，查看施工情况，听取雁楠办及乐清、永嘉两段指挥部的情况汇报，提出了工程进度、工程质量、开展“廉政文化进工地”等方面要求。

雁楠办主任张银华说，雁楠公路工程是一个大合唱，一个需要上下配合、各方支持的系统工程，乐清、永嘉两地都成立了各有十几人的指挥部。筑路不仅是民生，而且也是政治。作为工程的具体实施者，张强与陈亮表现了温州交通人所特有的使命感与责任意识。他们把雁楠工程与“三生融合，幸福温州”、与新农村建设、与落实科学发展观联系在一起。

从工程所要追求的“五型”目标出发，雁楠办从开工的第一天起，就不忘营造路地共建气氛。在沿途重点村镇，雁楠公路工程的巨幅彩色宣传牌、大红标语随处可见；在各标段的施工点、工棚，则树立着施工告示牌、蓝色的施工承诺制标牌……在雁楠工程绵延45公里的工地上，营造了一个争创“五型工程”的浓厚氛围。

他们首先是确立“以人为本”的理念。“交通让生活更美好”，我们是为民筑路，修筑公路造福百姓。在筑路的每个环节上，他们总是努力地追求品质、平安、生态、致富、阳光，以使“五型”成为现实。

征迁，是建设工程最为棘手的问题，雁楠办的“五型”使命意识十分生动地体现在这上面。雁楠工程经过的部分区域经济富裕，土地紧缺，人口稠密，征地、拆迁、安置的难度可想而知。在此，他们首先真切关心有关村民切身利益的事务，借工程之便主动做好水、电、道路“三改”和农田灌溉设施改移事务，从而赢得群众信任。在此同时，他们还与两地指挥部、沿线各乡镇、村居干部一起，特别细致、富有人情味地做好了两项工作：一是认真宣传，二是严格依法办事。

2011年他们走村入户与村民协商沟通1358次，召开85次村两委和乡镇的政策处理协调会，深入细致地做好群众工作。在这些“走村入户”与“协商沟通”中，他们该走了多少路，说了多少话啊！他们还向沿线学校师生发放了大量宣传资料，通过媒体宣传雁楠公路工程的社会意义。征地和拆迁时则严格按程序依法办事，凡征地和房屋拆迁前都在各村召开村民大会，进行宣传发动，然后又委托专业机构进行评估张榜公布，并在征迁前将补偿经费如数兑现到户。

乐清市指挥部副指挥洪波是位从事路桥建设数十年的老交通人，他说乐清段工程关系两个镇32个村，用地584亩，他们在去年6月30日前就全部完成了征迁政策处理，并且无一人上访，这是史无前例的！

乐清筋竹村是一个有9个自然村、3000多人口的芙蓉镇第一大村，一个月就完成了近百亩田地、山地的政策处理，并迁坟60余座……曾在北京经商的村支书孔庆敏说，老大难问题能顺利解决，就是因为工作做得细、做到家。他们先是召开村双委扩大会就征迁补偿方案统一思想，之后又召开党员、妇女代表、退离休干部会议，还曾专门召开林氏村民代表会议，最后方案在村民大会上就水到渠成地顺利通过了。

在生态型、致富型上，雁楠办可说是到了刻意追求的程度。在线路走向、桥隧选址、配套设施建设等方面，他们总是尽量听取意见，维护民生利益，充分考虑生态保护。在永嘉东皋镇霞岭根村，他们听取村民意见，截弯取直铲掉了一个山头，这一变还为村里增加了32亩土地。对此，现年61岁的村委会主任滕世玉说，土地增加了，他们村的新农村建设也就有了新思路。又如芙蓉镇有个村一段公路的走向，也是为考虑附近学校交通安全而改道的。

为使“交通让生活更美好”成为深山村民的真切体会，在有条件的地方，他们利用工程之便，想方设法，以自身的专业优势为村民创造致富条件。如永乐交界的巨坑庵村有一条溪涧，溪涧上是鹅卵石砌墙的民居……他们觉得在青山翠竹白云的衬托下，这里富有耕读文明神韵，完全可以开发三产，于是就利用施工产生的石料平整出一块空地，并建议村干部建一条水街，将来村民在这里可找到就业门路……

他们十分珍视沿线自然景观保护，雁楠公路经过永嘉一个村时，路中间有一棵上百年的枫树，他们就多投资几十万元，改变原施工方案，保护了这棵百年古枫。为避免深挖路基对山体环境的影响，他们就增加了桥梁和隧洞数量，现在短短45公里的雁楠公路上有28座桥（大桥8座，中桥11座）6个隧道（最长的达1500米），这显然增加了施工难度和建设成本，但却最大限度地保护了原始生态和植被。

对那些必须开挖的山体则是及时进行景观复原。在公路经过的石桅岩景区和龙湾潭森林公园区域的多处路段，原设计是混凝土挡墙，但建成后发现与周边风景不相协调，他们就到外地购买块石，贴上后立马改变了环境观感，效果非常理想。

工程质量和安全自然是他们优先考虑的核心问题，雁楠公路所经地段地质复杂，桥隧众多，施工难度较大，对此，他们凭借多年路桥建设经验，驾轻就熟地采取了以下措施：

质量——

一是强化施工质量的现场巡检制度。实行例行巡检与专项检查相结合，加大巡检、抽查力度。严把重要原材料质量关、工序控制关，发现问题及时通报，不合格的材料坚决清除出场，不合格的成品坚决返工。二是严格做好技术交底。在路基、桥梁和隧道工程大规模施工展开之前，就做好施工图技术数据的复测和校核，及时纠正偏差。同时专门组织各施工、监理单位主要技术人员进行技术交底。三是严格按照图纸施工，不折不扣执行设计变更程序。较大、重大设计变更均需报上级主管部门批准。

此外还开展专家技术咨询活动，为工程质量把关；充分发挥第三方试验检测作用，对全线原材料、路基、桥梁和隧道施工过程及时进行抽检；积极开展标化工地建设等。

安全——

以“安全生产零事故”为目标，他们推出了多项措施：一是加强制度建设。按文件要求补充完善相关安全管理制度，按制度要求建立健全安全规章制度，实现用制度管理安全、用制度约束行为的目的。二是安装远程视频监控。投入金额约为25万元安装视频探头，使安全主管部门通过现场视频同步了解掌握施工现场安全生产情况。此外还开展“三防”应急预案演练、安全隐患排查治理工作、安全教育培训工作、平安工地达标活动等。因为这方面的出色工作，雁楠公路工程被评为市公路处2011年度安全生产优秀单位。

阳光——

在廉洁问题上，兼任雁楠办主任的市公路处一把手张银华有着强烈的预警意识，他十分看重“阳光雁楠”目标与交通人的清廉。他说，我们路桥建设者肩上的担子是沉重的，做一个光荣的交通人不容易，工程在建时各级领导常前来慰问鼓劲，工程顺利完成是正常的；如果是豆腐渣工程，一旦出了问题就要秋后算账，工程质量实行的是终身负责制，即使退休了也还要追究你的责任！在雁楠办成立的第一天起，他们就开展廉政建设教育，加强制度建设，强调管理层要严格自律。公路处与雁楠办，雁楠办与各标段都签订了相关责任书。他强调要建章立制，用制度管人、管钱、管权，工程建设的每一个环节都要按规章制度办，严格控制工程费用开支，每一张发票都要经得起审计。招投标、材料采购、设计变更等都要严格按规定程序办，从而构筑反腐倡廉的制度体系。

雁楠精神：只争朝夕写春秋

从2010年3月正式开工到今天，屈指算来，雁楠工程已经历了两年半时间，截至今年7月底，总计已完成工程投资6.2亿元，占总投资68.8%。到今年底必须完成的任务是：永嘉段全线贯通，并完成路面主体60%的施工任务；乐清段完成土建工程的70%。做好绿道规划设计，做好交、机电和绿化的设计完善，并完成后续工程的招投标……

从进度要求可以看出，经历了900多个日日夜夜的雁楠公路，已处于收官阶段，建成在望。

对雁楠办、乐清永嘉两地指挥部及各标段所有建设者来说，这900多个日日夜夜是难忘的。动员征迁、用地报批、工程建设，抓进度抓质量抓安全……每天都会有新问题，每天都要与困难作斗争，所历艰难无数，辛劳难以尽言。

进度与质量始终是考量路桥工程最主要的指标。为此，他们推出并落实了四项措施：一是制订科学的计划目标。他们深入到基层，根据年度计划投资任务，与段指挥部、施工、监理、设计等单位协商，对各项计划任务进行层层分解，并加强考核，落实责任；二是强化协调沟通机制。通过工地例会、现场办公会议、专题会议等，及时发现并研究解决工程建设存在的各种疑难杂症，确保各段施工按预定目标推进；三是强化激励机制。在全线开展立功竞赛活动，比进度、比质量、比安全、比效益、比队伍建设的“五比” 活动；四是建立法人约谈制度。通过约见承包人、监理人等相关单位负责人，敦促他们加大人员、机械、物资投入，紧抓施工黄金季节，合理科学安排施工……

但这并不等于就可高枕无忧了，天有不测之风云，你还得应对意外事变。

2011年10月，雁楠办借助市委市政府东风，在全线开展“百日攻坚”行动，有效地推进了各项工作，形势一派大好。今年2月7日，他们召开“百日攻坚”总结表彰大会并部署2012年度工作，欲一鼓作气乘趁而上。不料之后的几个月里，温州几乎天天下雨，淅沥不止的雨水令雁楠办领导与各标段经理们寝食不安。

工期不能拖，怎么办？此时市委开展“破难攻坚”行动，于是他们决定采取两项措施以抢回工期：一是发文给各标段，敦促不误工期，同时约谈法人，再次强调增加人、财、设备投入，加强施工管理；二是他们成立督查组，亲临现场与施工单位一起，商讨合理安排组织施工，有针对性地解决各标段各不相同的问题难点。此外，他们还加强对工程的巡查，规定一周不少于两次，每月组织一次专项进度、质量、安全方面巡查，每季一次综合性的检查。

在各标段配合下，这些举措立竿见影取得效果。在永嘉鹤盛乡负责第三标段的路港集团项目经理余兴国不无自豪地说，今年初他那里下了67天的雨，但他们采取投入二三十台大型设备，加大人员、资金投入等多项措施，现在路、桥、隧各项工程都能按上级要求如期完成！三标段项目副经理孟常勇说，那段时间，他们合理安排、灵活调整施工起了很大作用，如下雨时他们就在隧道里施工，或做其他一些准备工作。

当然，这一切就意味着雁楠办工程管理者与所有干部职工要有更多的思考，更多地深入工地，更多的付出，更多的辛劳……

筑路不像一般工厂企业，雁楠的生产车间在绵延几十公里的群山溪涧傍，他们往往是一大早披着霞光出去，一个点一个点地巡视，发现解决问题，直到暮色苍茫万家灯火时才能回返……从开工之初的雁楠公路指挥部，到现在的雁楠办；从原在市区的公管处，到现在的乐清虹桥镇，日复一日，春夏秋冬，他们告别朝九晚五，还经常五加二、白加黑地干，为了这个工程，他们度过了900多个日落日出。

张强说，这对他及他的同事实在是很不容易的，因为大家都是30出头、建立家庭没多久的年轻人，谁家没有照顾长辈、接送小孩的事务？

这两年多来，当头的责任与压力更使他一刻也没敢松懈！进度，质量，安全……哪一项都没让他少操心，如履薄冰的安全问题更是到了提心吊胆的地步，手机24小时开机，如果在休息时间响起，便会产生条件反射的一阵紧张！但这一切，他觉得这是必需的。自己19岁开始干这行，在领导与温州路桥建设界前辈的教育培养下成长，现在又主持这项重要工程，他必须要做好做完美，要对得起自己的职责，要对历史、对百姓负责……

同是70后的陈亮也是这样，陈亮原在公路处任工程科副科长，他说自己是从农村出来的人，大学读的就是这个专业，毕业后在一线工棚做起，看到了这项工作的平凡与艰辛，看到了交通人像铺路石一样的可贵品格。因此，他对筑路工人怀有深深的敬意，对浸润着青春热血的职业、对洒满汗水的道路，都怀有一种特殊感情，对无私奉献的交通人。他说，一项公路工程从开工到建成，建成后两年保质期，再到验收、结算，少说也要五六年时间，人的一生中其实没几个工程可做的，因此他们得认真做好每一个工程，要只争朝夕啊！

他办公桌上摆着一尊“6•19”公路人节塑像——一个头戴工帽、手持扫把的养路工，他说天天看到这个塑像，就会提醒自己的职责和使命。他说很庆幸雁楠办是一个具有奉献精神、很敬业年轻团队，大家很团结很认真地为一个目标而奋斗，因此辛苦之中自有一种温馨和谐的感觉。雁楠办工程科六位同志就是这样的一个团队。科长叶剑可今年36岁，孩子才上幼儿园；副科长缪存雀负责安全、技术管理，好几次感冒了也还坚持在工地；陈凌浩原是路政大队副中队长，现是一般科员，为搞好质量与现场管理，几乎每天都在工地；负责合同、计量的徐笑微是科里唯一的女同志，她也经常与男同志一起下工地；大学毕业刚分配来的徐戴立，还没谈对象，几乎每天都待在虹桥。最近，他们把原乐清公路段工程科长陈钦毅也请来帮忙，他是有着三十多年经验的老交通人，一来就忙不迭地说要到现场去看看……

当然，为雁楠做出奉献的，还有一线施工队的众多职工，雁楠办领导者说，那些在室外工地的筑路工人是最辛苦的。他们远离都市，长年工作在野外的深山旷谷中，住在工棚，吃在食堂，确实艰苦。忙碌在永嘉鹤盛乡三标段的项目副经理孟常勇就是一个代表，长着一脸络腮胡子的老孟看上去40多岁，他是衢州人，去年以来，为工程进度他将近有一年时间没回过家，直到今年7月才抽空回家待了几天 又匆匆赶回来。他说“工地上有那么多事，不时有人来找你商量事情，实在走不开……”笔者几次联系采访，他都在工地上，他说他们做工程的人是没有双休日概念的，每天都在工地上……

正是因为有这样的理念，这样的团队，这样的施工队伍，雁楠公路工程能解决一个又一个难题，顺利抵达“收官”的今天。

但“行百里者半九十”，雁楠公路建成在望，他们面临的困难与问题却还很多，质量与安全自是一刻也不可懈怠的，此外世界性经济疲软所带来的人工费、材料费大幅上涨、导致施工成本大幅增加给他们带来影响，却是始料未及的。但对于温州交通人来说，曾经沧海难为水，对于这些新问题，他们有信心有智慧有能力交出一份漂亮的答卷。

7月底8月初，骄阳如火，工程正处紧张的攻坚阶段，而第九号台风“苏拉”也直奔温州而来，为进度、为安全、为质量，为“五型雁楠”目标，雁楠办的人又要奔赴各自岗位了！

时序进入2013年初，雁楠公路大会战开始了！2013年，一条集交通与旅游休闲为一体的“温州最美公路”、温州北部绿道第一路，就会呈现在人们的面前……

（原载《大路飞歌》，2013年11月浙江大学出版社，作者沈绍真，温州日报高级记者）

（五）“五大蝶变”走前列

“十二五”温州公路先行赶超发展巡礼

砺志攻坚铸坦途，奋起赶超战犹酣。

“十二五”，温州公路人在历史欠债多、路况水平低的情况下，以“创先争优、先行赶超”的毅力实现一个个新突破，以“奋勇拼搏，甘于奉献”的品格，在浙南大地构筑现代化的公路交通网络。去年开始，温州公路系统围绕迎“国检”中心工作，以美丽公路“五个一万”工程建设为引领，再跨公路发展事业新台阶。

“十二五”收官在即，温州公路正以“畅、美、安、惠、新”“五大蝶变”迎接五年一次的大“国检”。

温州市公路管理局党委书记、局长连真毅表示，在即将到来的“十三五”，温州公路人将以“干实谋新”为使命担当，以“先行赶超”为方向引领，当好先行官、争做排头兵，打造美丽公路，全力构建“通达、智慧、高效、惠民、舒美”的现代综合公路路网体系

畅之变——

路况水平从落后跃入全省前列

从坑洼到平坦，从简陋到丰富，从通达到畅美，温州公路实现了一个又一个“畅”的嬗变。这个嬗变，首先来自于路况之变。近年来，“路况为王”作为养护管理工作的全新理念，无不深入到温州公路系统从领导到养护工的脑海里，瓯越大地响起了大打路况翻身仗的铿锵足音。

104国道贯穿温州南北7个县（市、区），长达196公里。随着国道沿线经济的发展和车流量的成倍增长，这条老国道早已不堪重负。国道畅通，职责所在！要提升路况水平，实施大中修势在必行。几年来，104国道从乐清段到苍南段，随处可见一场场如火如荼的大中修场面。仅2015年，温州市国省道路面大中修工程达17个，里程约200公里，总投资约4亿元，为历年投资规模最大、项目最多、施工周期最短的一年。

乐清是104国道从台州进入温州的第一县

（市），境内全长72.647公里，约占温州段里程数的三分之一，素有“工业走廊”之称。有些路段因建造年份久、交通流量大，路面破损非常严重。因此，在温州2015年公路大中修工程“名单”上，对该段投入约1.5亿元，实施大修和预防性养护达30多公里。为了以优质的路况迎“国检”，乐清公路人发扬“5+2”“白加黑”的精神，排计划、抢进度、保质量，拿下了这个乐清公路养护有史以来投资最大的工程。

“以前，104国道柳市段多个路段坑坑洼洼，开车经过都担心轮胎爆胎。现在路修好后，开车轻松多了。”国庆节期间，经常开车往返于柳市镇与乐清市区的市民张晓军告诉记者。

这是温州干线公路迎“国检”的一个例子。为改善路况，备战国检，年初，温州公路系统就将公路大修工程计划纳入“一盘棋”，通过开展技能大比武、立功竞赛、举办养护现场会等活动，全面推行“六早工作法”，形成了以各县（市、区）齐头并进、互比赶超的火热势头。

通过富有成效的养护管理实践，温州公路养护工作“形散神聚”，全市“高屋建瓴”，而各地又不失特色。

以公路文化著称的泰顺县，以绿化和公路文化为特色，先后成功创建了境内S331、S228两条省道共一百多公里的文明公路，不仅造就了“畅、安、舒、美”的公路通行条件，还成了泰顺经济发展的金名片。作为典型示范，泰顺经验带动了温州全市的公路养护工作。

“温州市各级政府将保洁资金列为一般性财政预算，每年都投入固定经费，确保保洁工作的长效化。”温州市公路部门相关负责人介绍，通过在普通国省道养护管理中加大人力、设备、资金的投入比例，公路保洁常态化、补洞规范化、灌缝专业化、修复科学化的“四化养护”，成为公路养护的新常态。

机械化养护，让温州公路人尝到了现代化科技养护的甜头。记者了解到，“十二五”，温州公路系统在日常养护中着重在机械化、规范化、专业化、科学化养护上投入资金和精力，共计购进养护设备113台。昔日的“扫路工”，开始变身为现代设备的“操作手”。

2014年，温州公路规范化管理从全省中下游提升到全省第一，路况水平跃入全省先进行列，公路路面使用性能指数PQI值从2010年底的87.0，提升到2014年底的90.4。

美之变——

实现多点开花、内外兼修的蜕变

省级最美公路S331分泰线、“美丽公路建设示范县”、省级美丽公路创建示范路S232水霞线、省级最美公路乐清白岭线……温州美丽公路建设按照“绿水青山就是金山银山”的发展理念，围绕实施美丽公路“五个一万”工程的重点，一个“多点开花”、内外兼修的美丽蜕变，正在瓯越大地变成现实。

S331分泰线的美是有目共睹的。这条省道从工程建设到文明创建，就十分注重路与经济的融合、路与生态的融合、路与文化的融合。在今年7月召开的全市迎“国检”动员大会上，温州市委副书记、代市长徐立毅赞美她“比城市道路还要好”。有位杭州游客在微博上赞誉公路人“把公园建在路上”，直称自己的泰顺之游是公路之游。

如果说这条省道的美已有详述，那么就让我们走进今年成功创建省级美丽公路的S232水霞线吧——

沿着S232水霞线行车，一片片紫色马鞭草花田绚丽夺目，一条具有浙南民居特色的新街，错落有致的农家庭院，透出江南山乡特有的诗情画意。当美丽乡村遇上美丽公路，苍南灵溪镇桃湖村和桥墩镇八亩后村正依托美丽省道，大打环境美、民居美、人文美、生活美的牌子，吸引着八方来客。

美丽公路在向县乡道延伸。作为县道的乐清白岭线，全长约36公里，沿线设有休息点、观景平台、露营点、生态农场等11个“服务区”，并且每个点都有完善的绿化设施、停车场地以及公厕和户外健身设施。4000多万的改造提升，使昔日沉寂的山区公路，瞬间成为乐清的美丽“后花园”，游人如织。2013年，浙江省第一次表彰“浙江最美公路”时，白岭线成功当选。“这条县道的效益，竟超过了投资超过几倍的乐清中心公园。”乐清市领导如是称赞。

人们发现，除了创建“最美公路”“美丽公路”外，几乎一夜之间，温州公路都在发生“美”的蜕变，变靓、变绿、变洁。这该得益于大规模的“四边三化”“两路两侧”整治行动。

“从温州市委、市政府到交通运输部门、公路部门，一直把‘四边三化’和‘三改一拆’作为重大民生问题摆在特别突出的地位。”温州市公路管理局局长连真毅告诉记者，通过“党政一把手上路抓督查、市县联动抓创新、全民参与抓揭疤”的举措，全市的路域环境得以大幅改善。

在整治大行动中，温州公路部门创新和总结出“三六六”工作法。“强化三抓、建立六制、当好六员”机制，不仅助力温州公路部门在“国检”前对整治任务、内容、步骤、措施和节点时间有更好的全局把控，更形成了自上而下的强有力的组织结构、考核机制和惩奖办法，更在解决一些重点、难点等历史遗留问题上实现突破。

今年7月开始，温州公路部门开展“两路两侧”专项整治大行动，对高速公路202处问题清单发起“清零”攻坚。

据统计，开展“三化”行动以来，温州公路系统共出动人员20多万人次，累计清理垃圾、废弃物 40.28 万吨，绿化里程达2200公里，国省道公路边“三化”及“三改一拆”综合完成率连续两年获全省第一。

“到2015年底，全市所有的国省道公路全部达到“三化”示范路暨无违建公路创建标准。”继2014年底温州全市创建成8条国省道公路边“三化”暨无违建公路示范路之后，温州公路部门又提出了更高的目标。

安之变——

铸造一道值得信任的公路平安网

未雨绸缪，织密防护之网；消灭隐患，筑牢安全之基；勇于担当，严守保通之责。

安全是对公路服务的最根本保障。一组组数字，反映出五年来温州公路系统安全保障能力的不断提升，构筑了一道值得信任的安全屏障。

在桥梁安全管理上，温州公路系统总投资3.7亿元，共完成234座病危桥隧修复加固改造工程，全市干线公路已基本消除四、五类危桥和A类隧道；，，相当于我国山东省到广东省的里程；，累计完成省级事故多发点段治理49处，市级事故多发点段治理140处，完成率100%。

沿海的地理位置，让温州公路提高“三防”抢险应急能力显得尤为重要。公路部门制定公路“三防”预案，整合系统资源，购置应急设备，组建应急保障队伍，建立了北片以乐清、永嘉公路局为中心，南片以苍南、泰顺公路局为中心的互相支撑体系。实战是对应急能力的最好检验。2015年8月超强台风[]“苏迪罗”造成公路中断400多条。全系统公路人不畏艰难，以最短的时间完成了艰难的抢险任务。五年来，公路应急能力在历次抗台抢险中得到了最有力的验证。

温州公路部门还大胆探索，通过“三化一网”（实行安全生产标准化、网格化、信息化，构建公路安全生产监管工作责任网），实现“横向到边、纵向到底、责任全覆盖、监管无盲区”的安全生产管理网格，建立一套行之有效的安全生产长效管理机制：在全省公路系统率先实施安全生产标准化管理，填补了全省公路养护安全生产标准化和规范化管理的空白；在全省公路系统首个实行安全生产网格化管理，基本达到远程掌控全市公路系统安全生产管理动态，实行安全生产管理由“固定式、台账式”向“动态化、信息化”的转变；整合现有的安全信息网络化软件及智慧公路平台，实现公路安全监管网络化、远程化，公路安全管理迈入“互联网+”时代。

为进一步提高全市高速公路、国省道公路交通标志标线的规范化程度，温州公路部门还积极开展国省道干线标志标线使用状况检测、公路事故多发点（段）、急弯、陡坡等危险点标志标线的设置和维护管理，加强农村公路标志标线的设置和维护管理，构筑起一道百姓平安出行的大路网

惠之变——

弹好执法与服务“协奏曲”

“心路相融　惠泽四方”，这是温州公路部门在顶层设计公路文化建设中提炼出了的核心价值理念。一个“惠”字，淋漓尽致地体现温州公路人的价值追求。在公路管理工作中如何做好“惠”的文章，成为温州公路人必须作出完美解答的一道必答题。温州公路部门从弹好执法与服务“协奏曲”着手，着力解答这道必答题。

温州的民营经济发达，因利益的驱使，车辆超限超载运输屡禁难止，不仅成为公路健康发展的“痼疾”“顽症”，也为人民群众行车安全带来了极大的隐患。如何确保公路安全，成为检验公路设施能否真正惠泽百姓的一道重要的民生考题。

路虽远行则将至，事难成做则必成。继 2014 年温州的治超处置量名列全省第一后，温州公路路政部门继续围绕迎“国检”的中心工作，唱好严格执法与文明服务的“协奏曲”。一方面，出台相关治超规定和办法，建立黑名单制度，增强机制约束力；开展专项整治和多方联动，保持高压态势，增强整治威慑力。另一方面，积极在各治超站开展“严执法、优服务”和“安全宣传月”活动，特别是在今年第一个“全国路政宣传月”中，创新宣传方法，通过让驾驶员现身说法、与涉路企业面对面交心、创作路政治超微动漫等办法，增强宣传感染力。

而在治超站建立文明服务的“爱心驿站”，让治超执法工作融入人性化元素，做到“刚柔并济”，则是温州公路“温情执法，服务为民”的一大亮点。目前，温州全市 7 个治超站均建立“爱心驿站”，设有饮水机、便民小药箱，工具箱等，为过往的驾驶员员免费提供便利，暖化超限司机。

此外，温州全市路政执法还在全省率先实现了 POS 全覆盖，真正实现了罚缴分离，大大便利了当事人，提高了执法效率。

农村公路是强农惠农富农的“先行官”。通过公路部门的积极努力，温州市政府出台《温州市农村公路管理办法》，首次明确了农村公路养护管理的主体责任，健全了三级管理机构。五年建成，，工程，2015 年，温州市公路管理局被评为“全国农村公路养护和管理先进集体”。同时，立足打造幸福温州金名片，根据交通绿道规划，创新绿道建设理念，三年建成交通绿道网 2200 公里，让市民乐享时尚的“绿道生活”。

ETC 服务是一项利民利路的新生事物。五年来，公路管理部门勇于开拓，广于合作，勤于宣传，精于载体，从无到有到全覆盖，从建设到推广到创新，从管理到服务到公益，创下了“十项全省第一”的佳绩，摸索出了一套温州 ETC 发展模式。目前，全市 28 个高速公路收费站全部开通 ETC 车道，开通全国首家 ETC 微信公众平台。五年总发行量达到 13.2 万户，名列全省前列。

从文明执法到农村公路，再到 ETC 推广，温州公路人自始至终把“惠民”和“服务”融入其中，交上一份“惠泽四方”的满意答卷。

质之变——

锤炼形于外质于内的行业“美质”

好的东西，总是慧于心而秀于言，质于内而形于外。

良好的耐久性和安全性，是公路设施“美质”的内在要求。温州公路部门转变发展理念，以科技为抓手，将科技创新应用于管理、养护、施工的各个方面，特别是在预防性养护工程中大量推广以纤维碎石封层、同步碎石封层、微表处和路易宝 BMP 溶剂反应型沥青路面翻新剂等为重点的“四新”技术，实现国省道路况的良性循环。五

年推广应用“四新”技术23项，用于养护专项工程项目达100多个。

去年6月，全省公路预防性养护现场会在104国道瓯海段举办，来自全省公路系统的公路人纷纷在现场观摩学习纤维碎石封层新技术。而在几年前，这条属于“四自”工程的国道，每天交通量达五六万辆，超过了原设计流量的两倍。加上失管，路况坑坑洼洼，深受沿线群众诟病。实行政府回购后，公路部门接管后，在首次预防性养护中实施这种全新的技术。

“与传统的公路养护技术相比，纤维碎石封层新技术可以大幅提高路面防水、防裂、防老化、抗滑和耐磨性能，延长路面使用寿命。”施工技术总工康德泉告诉记者，104国道瓯海段约10公里被列入预防性养护工程，现场施工的整套设备从美国和法国引进，邀请了美国技术专家到现场进行监管指导。

科技兴路蔚然成风。近年来，温州公路部门逐步建立起科学规范的公路日常养护和养护工程管理评价决策体系，掀起全面推行“四新”技术的热潮，打响一场场路况仗。据统计，先后开展以巨粒土高填方路基修筑关键技术研究与应用、公路隧道LED照明光效与视觉功效研究等10个课题，其中有2项研究成果达国际先进水平。

行风之美，是公路精神“美质”的外在表现。“敢为天下先”是温州人的秉性，它也是涵养温州公路人以“创”致胜、以“先”致远的原动力。“十二五”期间，温州公路部门提出“创先争优”“先行赶超”的口号，在全省公路系统创下了一项又一项佳绩：成功创成首家全国文明单位，连续两年获得年度考核规范化管理第一名，顶层设计公路行业文化建设，提炼温州公路核心价值理念，率先开展ISO 9001质量管理体系认证，全国首家通过微信认证的ETC综合性服务平台，拍摄浙江首部农村公路题材微电影……

一个个荣誉撑起了一个昂首阔步、走在前列的公路团队。而温州市公路管理局结合行业实际，创新性地开展党风廉政建设，落实党风廉政主体责任，为温州公路走在前列提供了强有力的保障。

“十二五”对于温州公路人而言，既是挑战与突破的五年，也是积累与沉淀的五年。“十二五”对于温州公路人而言，既是挑战与突破的五年，也是积累与沉淀的五年。百尺竿头，更进一步。温州公路人将再接再厉，充满信心地走向希望和挑战并存的“十三五”。

（原载2015年10月21日《交通旅游导报》，作者郑宗祥、刘晓华）

（六）从文化自觉、文化自信到文化自强
全面解读交通文化建设泰顺样本

【编者按】

中共十七届六中全会，吹响了推动社会主义文化大发展大繁荣的进军号。全会强调：“培养高度的文化自觉和文化自信，提高全民族文明素质，增强国家文化软实力，弘扬中华文化，努力建设社会主义文化强国。”

在新的历史起点上，抓住文化大发展大繁荣的历史机遇，用实际行动增强文化自觉和文化自信，提升交通文化软实力，为实现建设社会主义文化强国的战略目标作出更大的贡献，是交通系统的当务之急。而在这方面，泰顺交通文化无疑是全省交通系统的标杆和样本。

本文作者站在全新的高度，以见地独到的视角、饱蘸情感的笔触，深度剖析了泰顺交通文化短短的发展历程。在当前全省交通系统正在掀起认真贯彻党的十七届六中全会精神的热潮时，“泰

顺样本”，对各地加强交通文化建设，建立交通行业核心价值体系，全面引领交通科学发展，具有很好的启迪意义和示范作用。

从温州往西，再从浙闽交界的分水关进山，一条正在建设中的文化公路引领记者走进“浙南屋脊”—泰顺。短短四年时间，从“泰顺交通50年”“6•19”公路文化节，到定期举办“交通文化周”活动；从创建文明公路，到打造“文化公路”；从推出系列文化产品，到追求交通核心价值理念，到以文化引领交通科学发展……交通文化从“沙洲”变成“绿洲”，一跃成为全省的标杆样本、全国的示范单位。

金秋十月，乘着北京吹来的推动社会主义文化大发展大繁荣的东风，记者走进泰顺，强烈地感受到如火如荼的交通文化建设背后那高度的文化自觉、文化自信和由此带来的文化自强。

文化自觉——落后交通的觉醒与奋起

“遥闻前山相对语，跨溪绕涧数里程”，这一度是对落后的泰顺交通的形象诠释。要探究泰顺交通文化建设渊源，不得不追溯到曾经落后闭塞的这段交通历史。

翻开泰顺交通史：地处浙南边陲的泰顺，境内崇山旷谷，山高路险，历史上山民依靠古道、古廊桥翻山跨涧与外界沟通。史载始建于唐贞观年间的三条桥，为县西南入闽要津。明景泰三年（1452）正式置县后，从县城通往山外的有泰顺温州大路、泰顺至桐山大路等六条官道，乡间道路更是多不胜数。清代中叶之后，随着飞云江航运业的兴起，水路交通成为物资出入运输的主要方式。

“泰顺交通走过了五十余载春秋，历经了三次跨越式发展。”泰顺县交通局局长龚百晓在记者面前侃侃而谈。上世纪五十年代后期数万大军劈山开路，1958年7月1日泰顺的第一条公路分泰公路建成通车，此为跨越一；此后，泰顺掀起了公路建设的一个小高潮，经过两代人的努力，1995年底，实现了乡乡通公路，群众出行问题得到基本解决，肩挑步行的历史基本结束，此为跨越二；到了21世纪初，抢抓历史机遇，依靠各方力量，掀起了公路建设的大高潮，52省道泰顺段改建、新58省道先后完成，县乡道路面消灭砂石路面，全部行政村通上水泥路，绘就“521”交通圈蓝图，此为跨越三。

交通既是“财富之脉”，也是“文明之母”。深厚的历史积淀，飞快的发展速度，孕育了丰富的交通文化。说起泰顺交通文化的苏醒，泰顺县交通局局长龚百晓、副局长兼公路段段长董晓华，无疑是最早伸手触摸的交通人。他们两人，一个曾经在县领导身边从事秘书工作，对文化有着独特的见地；一个在乡镇担任过党政一把手，还在泰顺廊桥协会担任主席，对文化更是情有独钟。当对交通文化、公路文化这样的新概念的基本定义还在争论不休时，绝大部分干部职工并不清楚应该怎样来表述这一概念，而他们两人就意识到，随着经济社会的发展，人们对交通的要求已不仅仅停留在快速通行上，还要求公路更加安全、更加有品位、更加有人文气息、更加绿色环保。当泰顺交通遇上千年难遇的发展机遇时，两人对文化理解的不谋而合，颇有“英雄所见略同”之感。

交通文化意识一旦苏醒，就会走上自觉的探索之旅，龚百晓、董晓华的看法也很快在探索实践中得到了验证。

万事开头难。2007、2008年，通过交通人的艰辛创业，52省道泰顺段、老58省道凭着独特的生态环境、超前的服务理念、丰富的文化韵味，先后成功创建省级文明公路，赢得了山区文明公路创建“温州—泰顺模式”的美称。它不但为泰顺交通50周年献上了一份厚礼，也为泰顺交通文化建设揭开了序幕。

2008年是泰顺交通50周年。在谋划庆祝活动时，龚百晓认为，五十年交通发展，有太多东西值得思考、挖掘、提炼和总结，几代交通人用智慧与汗水浓缩成的精神需要传承弘扬。其实，在此前的文明公路创建过程中，被职工称为文明公路“总设计师”的董晓华，就把公路文化渗透其中，让山里山外人眼前一亮。交通局领导班子也很快形成共识：通过探索交通文化建设，树立以文化引领交通科学发展的理念，传承和弘扬五十年交通实践积淀下的深厚文化，用文化内聚人心、外树形象。

一个欠发达县，交通建设资金尚且捉襟见肘，哪来钱搞交通文化建设？龚百晓找到了一个行之有效的筹资渠道，即“四个一点”：从办公经费中挤一点、从年度部门预算中安排一点、各单位经费结余款中拿一点、向企业“化缘”一点。三年多来，筹集了150万余元资金用于交通文化建设。

“泰顺交通50年”庆祝活动如火如荼开展。交通画册、文艺巡演、座谈会、纪念邮票、迎奥运“交通杯”公路自行车赛，纷纷登台。丰富多彩的活动，在小小的山城产生了前所未有的影响力，这更加增强了交通局党委班子的信心。

从模糊到清晰、从微弱到繁盛、从感性到理性，随着交通文化从苏醒走向自觉，泰顺交通文化建设掀开了第一页。

文化自信——焕发文化载体创新活力

交通文化在它自身生长的土壤中长期处于冬眠状态，直到“十一五”其“软实力”才开始逐渐被交通人所认识。由于在具体建设中没有现成的模式可仿效，由此带来的一系列难题也摆在了龚百晓的面前。

泰顺交通人是怎样去破解这一道道必解的难题的呢？答案是两个字：自信。

“尊敬的郭厅长：您好！我是一名山区交通局长。今天，我想以书信形式向您汇报我对交通文化的一些思考。”2009年5月11日，龚百晓给浙江省交通运输厅厅长郭剑彪写了一封信，阐述了自己对交通文化的独特看法，并就交通文化建设可否设计永久性载体提出建议：“教师有教师节、护士有护士节，环卫工人还有城市美容师的美称，交通作为国民经济最重要的基础设施和基础产业，交通人、公路人却没有自己的节日，这与我们的行业价值行业文化不相符……由此，我建议在每年6月19日设立‘6•19’公路人节（谐音路要久），以此为载体开展形式多样的交通文化活动，在全系统倡导统一的行业价值理念。”

这不是一封普通的基层来信，字里行间透露出一位山区交通局长对交通文化建设的自悟和自信。郭剑彪厅长看了这封信后特别激动，作出批示，并批转给储雪青副厅长，对泰顺交通文化建设领风气之先的创新做法给予了高度评价。

在这里，我们可以循着泰顺交通文化发展轨迹，去寻觅融入和贯穿于泰顺交通发展过程的那种高度的文化自信：

——自信，贯穿于全系统“一把手挂帅”抓文化。从交通局到公路段、运管所、长运公司均成立交通文化建设领导小组，全是一把手挂帅，把交通文化建设正式纳入精神文明建设的轨道，制定《泰顺县交通系统文化建设实施方案》，提出力争用3-5年时间，建立干部职工普遍认同并自觉实践的价值理念系统、行为规范体系，建立遵循文化发展规律、具有时代特征、行业特点，涵盖具有泰顺交通行业特色的精神、行为、制度、物质等内容的交通文化体系。

——自信，贯穿于一呼百应的“公路文化节”倡议。就在龚百晓给郭剑彪厅长写信一个月后的6月19日，“6•19”公路文化节在山城泰顺隆重举行，省交通运输厅副厅长兼公路局局长李良福为文化节写下“路通国泰、民安气顺”八个大字。把交通建设、交通文化提高到“国泰”“民安”的高度，实在令人鼓舞。整个文化节，“十佳公路人”颁奖文艺会演、浙闽毗邻县“交通杯”乒乓球邀请赛，节目纷呈。文化节最大的亮点就是举办“浙江·泰顺公路文化论坛”，提出设立“6•19”公路文化节的倡议，得到浙、闽两省46家交通公路部门的热烈响应。一时，泰顺交通文化建设形成了小高潮。

这一年，交通局开门纳谏，广纳意见，提炼出了“开拓、奉献、创新、和谐”的泰顺交通精神和行业核心价值理念。这个理念也秉承了“惠民、奉献、服务”的浙江交通行业核心价值理念。

——自信，贯穿于文化载体的不断创新过程。设立公路人节涉及多方因素，怎样把交通文化建设通过相对固定的载体持续不断地开展下去，龚百晓、董晓华和领导班子成员又开始了新的思考。这种思考很快变成了现实：2010 年 6 月，推出了首届“交通文化周”活动，交通文化建设成果展、安全生产和廉政文化宣传活动相继推开，摄影、拔河、乒乓、象棋等各类赛事鸣锣开赛。交通职工还自编自导自演，演出了一场闭幕晚会。本以为交通人的节日，只有交通人唱独角戏，没想到有很多当地百姓参与。龚百晓深有感触地说，这说明交通文化已经深入人心了。2011 年 6 月，第二届“交通文化周”活动如期举办。近两年来，交通局每年都创新一些载体，将一些常规性工作“捆绑打包”，与交通文化活动相互融合，相互推进。通过探索和实践，泰顺交通人找到了一个属于自己的交通文化建设平台—“交通文化周”活动，交通文化建设自此也从突击性转为常态性。对此，时任泰顺县县长张洪国表示，将“交通文化周”活动与交通中心工作、行业管理工作紧密结合，能够提升整个交通的管理层次，丰富整个区域的文化内涵，以文化引领一个地方的经济社会发展。

——自信，贯穿于和盘托出的系列文化产品。三年交通文化建设，交通文化产品丰富多彩，不断丰富交通文化内涵：成功创作的歌曲《穿越时空》，成为每个公路人会唱的“公路人之歌”；《泰顺交通 50 年》《泰顺文明公路》画册，精彩的画面展现了山区交通的前世今生；《公路人》《泰顺公路文化》丛书，把一个个鲜活而感人的公路人形象和公路文化融为一体；《风雨无阻公路魂》《山城梦路 50 年》《公路人是怎样炼成的》《我当一天公路人》和《大山的呼唤》等一批专题片的拍摄、播出，诠释公路人的创业精神和公路文化的发展历程。

自信，终使交通文化水到渠成、成绩斐然。在 2009 年 9 月召开的全国交通运输行业精神文明工作会议上，“6•19”公路文化节的做法被写入交通运输部李盛霖部长的工作报告。从厅长的批示到部长的报告，以及各地纷至沓来的学习取经，这是对文化自信的再好印证。到 2010 年，这种高度自信带来的交通文化探索和实践，让泰顺县交通局一跃成为全国第二批交通运输文化建设示范单位。

文化自强——引领交通事业科学发展

劳伦斯•米勒说：“未来将是全球竞争的时代，在这个时代能够获得成功的，无一例外将都是文化的成功”。交通文化建设既关系到眼前交通发展的质量，也事关交通发展未来的目标。

“泰顺是一个欠发达山区，近年来交通发生了巨大的变化，但仍是全省交通最为落后的县之一。目前，泰顺是唯一一个不在温州 1 小时交通圈之内的县，也是全省离省城杭州最远的一个县，还是一个无高速、无国道、无铁路的‘三无’县”。龚百晓这样剖析泰顺交通的“短板”。

有认识才有创新。交通局领导班子不满足于一时的成就，决心以文化来统一全行业的价值观，以文化来引领交通科学发展，留下一条持续发展的思路，给历史留下深邃的思考，这是比任何有形的东西更为珍贵的。

交通文化从自觉、自信走向自强，实现以文化来引领交通科学发展，它不仅仅是对某个领域的要求，更是对全系统的要求。这对交通文化建设提出了新的挑战和更高的要求。

如果说此前交通文化建设关注更多的是职工的文化生活，那么，在走向自强的过程中，泰顺县交通局开始重视把交通文化全方位渗入到交通工程规划建设、行业管理、交通服务、廉政建设等方面，以文化来引领各项交通工作的科学发展。如工程建设设计，树立“作品”意识，提高创新能力，应用文化元素、赋予文化理念，设计出一批揉融文化内涵、创新特色、与自然环境协调的标志性公路、桥梁、隧道“精品”；如行业管理领域，用1-2年时间，围绕公路、运管和质监，挖掘文化元素，提炼共性品质，组织制定体现服务宗旨和交通精神的各类工作流程、行为规范和职业道德守则；如交通服务领域，充分发挥各类文明创建载体在文化建设中的作用，推动交通服务向特色服务、品位服务和人文服务发展，并提炼职工普遍认同和自觉遵守的、体现社会责任意识并具有自身特色的价值理念。特别是在廉政文化建设方面，公路部门独具匠心地在办公场所设置了“三件宝”：警示做事要公平、公正、公开的“一碗水”，告诫“天地之间有杆秤，那秤砣就是老百姓”的“一杆秤”，提醒每个干部职工警钟长鸣的“一口钟”。“一碗水端平，一杆秤铭心，一口钟长鸣”，用如此形象的廉政文化来诠释交通廉政建设，让干部职工“入耳入脑入心”，这是公路段长董晓华的独创。

任何一种文化离不开质的依托，文化走向自强更离不开质的依托。

2009年底，泰顺在全国范围内征集“泰顺交通”标识，经过多番对比、遴选，一幅标识从大量征集到的作品中脱颖而出。这副标识，无论从字母的选取、数字的组合，还是绿色的色调、流畅的环弧，完美地诠释了新时代泰顺交通运输的特色，交通人对“路要久”“民要安”的孜孜追求，以及交通行业核心价值理念。目前，该标识已广泛应用于办公场所的布设和办公用品上。

作为质的依托，打造一条全国一流的文化公路，一直是龚百晓和董晓华等一批交通人的愿望。新58省道连接沈海高速公路分水关，是贯穿泰顺东西的一条交通主干道，曾被称为“生态之路、环保之路、希望之路、发展之路”。2010年12月，泰顺交通人又谋划起文化公路的创建，邀请有关民俗文化、民间工艺、景观设计、文化创意等专家学者进行论证探讨。目前，投资达600万元的文化公路创建紧锣密鼓，计划年内完成。新58省道从此还将是一条融生态环境和廊桥文化、民俗文化于一体的绿色、生态、文化走廊，全国一流的“文化公路”。

文化自强引发的“文化效应”在蔓延——

“这是创业的团队，这是创新的团队，这是战斗的团队。”这样评价泰顺交通人，一点也不为过。这里的交通人从没有像今天这样充满凝聚力，从没有像今天这样充满战斗力。截至2010年底，全县公路总里程达到2025公里，公路网面积密度达115公里/百平方公里，超省平均值，实现了村村通硬化路的目标，成功构建了“521”交通圈。创造这一不凡业绩的交通人，他们在日常工作中埋头苦干、风雨无阻、默默无闻，抗击冰雪冲锋在前，抗台保畅不畏艰难。公路养护从全市倒数走到全省前列，浙江交通创业创新先进集体、温州市模范集体、“工人先锋号”……这一个个荣誉，无不在向人们诠释交通文化沐浴、浸润下前所未有的团队凝聚力和战斗力。

此情此景，令温州交通系统的一位局长感触良多。他说，文化兴，则交通兴；文化的高度决定了交通发展的高度。实践证明，驱动泰顺交通发展的强劲动力，其实就是先进的交通文化与交通建设的高度融合。

“泰顺的交通文化建设不仅在浙江很有影响力和感染力，而且还走进了全国交通的前列。‘6·19’公路文化节不仅是泰顺县的一个品牌，而且还成为浙江省的一个品牌。”2010年11月召开的全国交通局长运输管理培训班如是评价。在这个培训班上，龚百晓向来自全国的百位交通局长介绍了泰顺交通文化建设的经验。今年5月30日，在全省交通运输行业精神文明建设工作会议上，龚百晓作为唯一的县级单位代表作“文化引领交通科学发展”的典型发言。

今年11月初，正值金秋，《中国公路》杂志社主编王惠民从首都北京来到浙南泰顺，专题调研交通文化建设时激动地表示，在当前推动社会主义文化大发展大繁荣的新形势下，一定要通过

《中国公路》这一载体，深入挖掘和广泛宣传泰顺交通文化建设的主要做法和经验成效，供全国交通系统借鉴、学习。

“走过山水，走过岁月，这片土地承载着我们的真情，顶风冒雨，穿行四季，为了乡亲那一个久远的梦境。我们拓荒，我们前行，用意志凝聚成超越的旅程，在崇山峻岭之间，在青山绿水之间，留下我们奋斗的身影……”伴着《公路人之歌》记者走进了交通文化展示厅。站在这个揭牌于今年“交通文化周”活动的展示厅，不禁生发出不少感想：机遇眷恋创业者，交通文化“泰顺样本”步上探索之路至今才4年，其实践的前瞻性和历史的机遇，让她完全契合了金秋十月来自北京的文化东风；在今后的探索、实践和自强道路上，相信她是“一本永远读不完的书、一幅永远绘不完的画、一首永远唱不完的歌、一条永远走不完的路……”与其说，记者真切地感受到泰顺交通五十余年的发展成果，不如说真切地倾听到了交通人走向文化自强的那一阵阵铿锵而有力的脚步声！

这脚步声让记者强烈地感悟到：有了“文化自觉”，才能有“文化自信”；有了“文化自信”，才能有“文化自强”，——这就是四年泰顺交通文化走过的成功之路！

（原载2011年第5期《浙江交通》杂志，作者刘晓华）

（七）国道之魂
记因公殉职的乐清公路道班班长施世贵

一生应当这样度过：当他回首往事时，不因虚度年华而悔恨，也不因碌碌无为而羞耻。这样在他临死的时候就能够说：“我已把我整个生命和全部精力都献给了最壮丽的事业——为人类的解放而斗争。”

雷锋同志在生前也曾说过：“人的生命是有限的，但是为人民服务是无限的，我要把有限的生命投入到无限的为人民服务之中去。”

施世贵是浙江乐清水涨乡人，中共党员，今年50岁，生前是乐清公路段虹桥公路养护管理站（道班）站长，1968年参加公路养护工作以来，26年如一日，以路为业，以班为家，扎根在国道线上，为公路交通事业默默无闻地奉献着自己的一切，在平凡的工作岗位作出不平凡的事迹。他曾先后荣获温州市劳动模范，省、市公路系统先进工作者，优秀共产党员等光荣称号，曾当选为乐清市党代会代表。1994年1月26日上午，施世贵在104国道虹桥镇龙泽岭路段现场施工时，被一辆违章行驶的面包车撞倒、又被一辆大货车碾压，不幸以身殉职。他用自己的毕生精力，血肉之躯浇筑一条“生命之路”！

最后的里程碑

1994年1月26日，这是施世贵的一个普通工作日，也是他生命历程中的最后一天。

那天，他像往常一样，一大早便从离站30公里的水涨乡家中启程，匆匆赶往虹桥镇上班。到站时，离上班还有一个多小时，他清理了办公室，打扫了站里的院子，还把昨天夜里刚从林场里买回的一捆小树苗扛到附近的石料场栽种好。接着，又去检查当天要用的机具设备。他发现道工阿喜开的那辆拖拉机离合器坏了，便动手修了起来。刚买来当早点的两个麦饼，只吃了一个，另一个等修好拖拉机以后再吃吧，他随手塞进口袋里。

谁也不知道，这天，他本该出席乐清市交通系统优秀共产党员表彰大会的，后听说当天上午，市公路管理处的领导要到基层慰问，他就想，来就来吧，我还是干我的。施世贵戴起了那顶心爱的桔红色的标志帽，和养路工们一起上路了。

上午9点半左右，施世贵和工友们正在104国道虹桥镇龙泽岭路段修补路面。他挥动铁铲，使劲地抄伴着灼热油亮的沥青石子。这种累活，本来完全可以由年青人或临时工干的，年已半百的施世贵坐镇指挥，但施世贵总是闲不住带头干。他全神贯注，使劲把沥青、石子抄得均匀些，更均匀些，这样似乎更放心些。他目不转睛地抄拌着……

突然，乐清农业银行清江营业所一辆违章超车的面包车，如脱缰的野马，向施世贵的身后冲撞而来。施世贵猝不及防，身子被撞后，一下子倒向抄拌车的左侧，倒在了一辆大货车的挂斗下，大货车挂斗的轮子无情地碾过了他的身躯……鲜血，殷红的鲜血染红了刚刚被他和工友们修补过的沥青路面。

施世贵再也没有站起来。他，永远地倒在了为之沤心沥血奋斗了26个春秋的国道线上。

工友们悲哭着、呼号着——

“老班长，您昨天下午要是在清江大桥附近路面上按时收工，我们今天还会在上坡路段修补路面，那辆面包车就撞不上你了！可您说油罐车上还有些沥青没用完，冷却了明天要重新加温，既费时又费钱，干脆加加班，把那20多米长路段上的坑洞补完再走……”

“老班长，您要是安安定定地坐在乐清市交通系统优秀党员表彰大会的会场上，你也就不会倒下了……”

“老班长，你要是到了路上，站在一边指挥，不用亲自抄拌，或者把兜里的那只麦饼吃完了再干，迟一分钟，迟半分钟，你也就不会……”

纵然有一百个、一千个假设，也无法让老班长再昂然挺立在104国道上。是啊，老班长已经把自己的英魂铸入每段国道上，铸入每段国道的里程碑上了……

“没有意见，没有困难，服从组织分配”

1981年初，施世贵从浙江台州地区温岭公路段调到乐清工作，最初在朴头岭道班。朴头岭道班位于一个偏僻的小山坳里，由于没有自来水，也没有电，生活、工作条件异常艰苦，道班的许多养路工纷纷提出要调动工作。在困难面前，施世贵认真做思想工作。为了稳定军心，他带领大家打出了一口水井，办起了食堂，还为道班接上了电，大家终于安下心来。三年后，人称温州“北大门”的湖雾岭道班急需加强力量。这个道班养护的路段，与台州地区温岭市公路段大溪道班养护的路段接壤，当时是全省国道线为数不多的砂石路面。而与湖雾道班交界北面的温岭大溪道班，是全国公路系统的先进集体，路养得平平整整。两个道班的路况，优劣分明，人称“三八线”。

施世贵和工友们拼死累活地风里来、雨里去，精心施工，精心养护。有一年，为了赶修一段路面，大年三十老施和工友们还一身泥灰泡在路上。有一年春节，湖雾路段一个涵洞被砂石塞住了，路面排水受阻。这种事，本来可以雇临时工清理疏通。“雇民工又费钱又费时，还是我自己来吧。”施世贵自个钻进涵洞，一干就是半天。因洞太小，工具用不上，他就用手抠着、挖着。双手抠破了，直淌鲜血，他全然不顾，硬是把8米长的一大截涵洞疏通了。因涵洞内严重缺氧，当他挣扎着爬出洞口时，眼前突然一阵发黑，晕倒在洞口……

1987年8月的一天，台风呼啸，天下大雨，湖雾岭山体出现了大面积的塌方，四五百立方的岩石伴着泥沙把整条公路封得严严实实，当时正值夜晚七点多。“险情就是命令”“赶快疏通国道”。施世贵冒着山体还在继续塌方的危险，义无反顾地带头冲了上去。他和工友们连续冒雨奋战三个小时，终于抢出了一条汽车通道。

在施世贵的模范带领下，湖雾路段终于改观了。从1985年起，湖雾道班连续几年都被评为浙江省公路系统先进集体。

1989年，湖雾段国道改建成水泥路面，养护工作移交给另一家单位。上级领导把施世贵调往离家十几公里外的上埠头道班当班长。调动工作时，征求他的意见，问他家庭有什么困难。“没有意见，没有困难，服从组织分配。”憨厚、朴实的老施说。其实，他心里很清楚，自己要去的上埠头道班，连道班房也没有。等道班房建好了再去吗？国道上每天数千辆至上万辆车辆通过，没人负责养护，能行吗？施世贵二话没说，就带领工友们在一家糖厂遗弃的破工棚里安了“窝”，搭起了锅灶。这破棚开伙还凑合，实在没法避风躲雨，也住不下道班几号人。附近，宽敞整洁的民房有的是，可每月数百元的房租，老施就是舍不得。他还是老脾气——节省每一分钱，放在养护国道线上。于是，他就在那糖厂里，找到一间租金最低的破旧房子，安了“家”。

就这样，上埠头道班养护的10公里路段，被施世贵他们理得平平整整、熨熨贴贴。破烂不堪的路面再也不是坑坑洼洼、满目疮痍了。

每天一起床，施世贵就注意气象预报，久而久之，摸索出一条以天气变化采取不同养护办法的“养路经”来。注意勤添砂、勤回砂、勤梳匀、勤除粉。每天坚持全线清扫回砂一次，路面养护做到勤防、勤治、勤巡视。雨季到来之前，先做好排水的各项准备，对松散的路面，及时备足黄泥和砂石路料。他的精心养护，工友们看在眼里，记在心里，称他是“砂石路的工程师”。每次省、市公路大检查时，道班的养护成绩总是名列前茅。

“妻子瘫痪，国道不能瘫痪！”

新的使命又等待着施世贵。

1991年8月，段领导找到施世贵：“老施，虹桥道班需要加强工作，想让你去当班长，不知——”领导话还没讲完，施世贵还是两句老话：“没有意见，没有困难。”明眼人知道，虹桥到他家里有30公里，他离家越来越远了，他要在下班后帮妻子照料那一亩多责任田，也就不可能了。

施世贵调到虹桥道班一年半以后，也就是从1993年4月起，工友们发现，不知怎么的，老施开始“恋家”了。下班后，无论多晚，都要风尘仆仆地往家里赶。第二天一大早，又总是急匆匆地提早上班，一来一去的车票就得10来元。（注：这些车票直到施世贵殉职时，也没向公家报一分钱）为公家的事，国道线上的钱从来不乱花一分钱的老施，怎么会一大把一大把扔在路上呢？施世贵没有说，工友们问他也不讲“真相”，公路段领导也不知道怎么回事儿。反正，他一如既往地做到最早一个上班，最晚一个下班，最苦、最累、最重、最脏的活儿抢着干。他把道班依旧管得井井有序，任务超额完成。而且，自己道班的事干完了，还“伸手”向段领导要额外工作。

后来，工友们才发现，他那贤惠勤劳的妻子正卧病在床。她因腰椎骨脱位并伴有严重肝、胃疾病病倒了，生活不能自理。年迈的老母亲远在温岭，也重病瘫痪在床。老施一直感到很内疚，早就想去看看，可就是工作忙。每晚回家照料妻子，一到家脱去满是泥灰、沥青味的工作服，便替妻子送饭、端尿、推拿、按摩，还得照料那一亩多的责任田。可实在没法“恋家”时，只得花钱请帮工来干农活。

道班人员少，去请临时工要价很高。再说，有些民工刚到道班，看到老施“拼命三郎”似的劲头，还没干就害怕三分，有的干脆打“退堂鼓”。有段时间，因任务紧，工程量大，民工紧缺，他干脆把姨夫、表兄等亲朋好友动员来干临时工，并讲好这“苦力活”，一天只拿15块工钱。

1993年4月，施世贵又作出决定，让正在学习修理钟表手艺的独生子施海江，到道班当“苦力工”。要知道老施妻子卧病在床，正需要海江来照顾。老施却只认一个理：“妻子瘫痪，国道无论如何不能瘫痪！”

21岁的海江似乎非常理解父亲的心情，二话没讲，就顺从地提起行装跟爸爸走了。一见海江到来，工友们好不惊讶，有人好心地对老施说：“你为什么把儿子叫来？他学钟表技术，明年出师，可开店赚大钱。你非要他干苦力，这不是在断送他的前途吗？！”老施却淡然一笑：“没办法，民工雇不到。”人们知道老施的倔脾气，不愿多讲，只在叹气。海江上路干起了民工活，一天也只拿15元钱的民工工资，如不上路干活一分钱也没有。这在全国闻名的富镇虹桥，几十万元、百万元户比比皆是，这15元一天的工钱，是何其微薄啊！

虹桥道班有一台压路机，一辆小四轮汽车，三辆拖拉机。驾驶员人手不够，到大忙季节，往往应付不过来。到外面雇驾驶员，非常有限的养路经费又吃不消。于是，老施自己掏钱让儿子施海江学驾驶，学好后到道班开拖拉机上路。

施世贵虽然“官衔”很小，但他在虹桥公路站为自己安排一间称心如意的宿舍，还是很容易的。可是忙季到来，外地民工来了没地方住，他不愿花钱到外面租房，而是对他们说：“来，就跟我住在一起。”于是，他跟儿子海江住的清清爽爽的一间15平方的房子，又安插进三张床铺，而自己索性与儿子挤在一张床上。尤其是夏天，人一多又闷又热，老施怕民工晚上休息不好，不声不响地拿来家里的一台电风扇给民工们使用，连电费也自己掏腰包。

海江的舅舅在外地办铸造厂，一年可赚一二十万元，看施世贵干了近三十年养路工，家里只有一台十四寸黑白电视机，多次提出让父子俩和他一起办厂。施世贵何尝不需要钱，母亲、妻子生病治疗需要钱，家里盖房需要钱，全家五六口人生活离不开钱。但是，他还是毫不动心地对海江舅舅说：“我和海江都不能去，国道线离不开我，我更离不开国道线！”

施世贵以身殉职后，我们来到了乐清市水涨后洋门村的施世贵家里，他那病魔缠身的妻子杨连香含泪告诉我们，老施已有十几个年没在家里过了。每当大年三十晚上，别人家高高兴兴吃分岁酒，村头鞭炮“噼噼啪啪”震天响，我和女儿海飞、儿子海江左等右盼，就不见他回家。他说，工友们都回家过年了，道班里不能没人值班，万一有个车阻什么的，我好去应付。据乐清公路段的同志统计，施世贵自1981年调到乐清公路段以来，包括星期天和节假日在内，每年平均休息仅仅十来天，相当于比一般职工多干一年半工作，而他从没有拿过一分钱的加班费。施世贵处处吃苦在前，享受在后，抢最重最累的活干。一百多公斤重的斩石机轧板，他怕民工们搬运安装不内行，万一砸坏了，就要损失几百元。他硬是自己搬，自己装。一次，他的一个手指头被斩板压扁了，疼痛难忍，他稍加包扎又冲了上去。沥青路面大中修时，喷沥青的活又热又累又脏，刺激性的气味呛得人睁不开眼，加上喷管内压力大，弄不好还会发生皮肤被高温烧伤的危险，施世贵二话没讲，硬是自己上去喷。

“我愿跟着老班长一起干”

1992年冬，养路稍空闲一些的时候，施世贵带领大家帮当地搞了点工程建设，共收入2000多元。这钱如何处置？老施建议：“过去我们站不像站，家不像家，连个像样开会的地方也没有，不如用这笔钱改善一下站里的环境。”大家一致赞同。于是，职工们买来了沙发、茶几、茶具等。每当大家在井然有序、整洁大方的站会议室开会、娱乐时，想到仅一墙之隔的老班长房间，却是那样狭窄、简朴，心中涌起一股感激之情……

在施世贵这位老班长的带领下，从1991年以来，虹桥道班完成任务出色，公路好路率高，年年被评为浙江省公路系统先进集体。

施世贵付出的心血和代价，得到了可贵的报偿——凝聚力！

班里原有个别不团结、生产积极性不高的职工。老施来了之后，以身作则模范带头，道班的被动局面很快就被扭转过来，面貌焕然一新。有时，大家还主动和老施去支援白溪、水涨、乐成道班。

班里一名原本停薪留职去经商的司机，了解到老班长的言行，感动了，毅然改变主意：“我愿跟着老班长一起干，外面有更多的钱好赚，我也不去了。”

我们的采访，一次又一次被施世贵的事迹所

感动。湖雾道班青年养路工陈朝华流着热泪，向我们诉说着老班长如何帮助他从后进转为先进的经历。小陈在湖雾道班跟施世贵干了五六年，是个拖拉机司机，平时工作吊儿郎当，常常偷懒，脾气发作时还经常打老婆，道工们见他厌烦，虽几经教育起色不大。老施却不一样，工作上处处帮助他，生活上时时关心他。每次收工后，老施总是对小陈驾驶的拖拉机进行检查，发现毛病立即修理。次日清晨，他最早赶到道班，将小陈的拖拉机加好油、水。小陈家里责任田农活没人干，老施常常主动帮他干。两口子吵架时，老施赶到他家，苦口婆心地做工作。俗话说，榜样的力量是无穷的。小伙子终于回心转意，从一个落后分子连续三年评上市、县公路系统先进工作者。老施殉职时，小陈因事在外未能参加老班长的追悼会。回来得知后，这位刚强的小伙子整整哭了一夜。第二天上午，又赶到老班长的坟前痛哭了一场。

人们在整理施世贵的遗物时，发现最好的衣服竟是一件三十来元的茄克衫，一双下雨天上路的胶鞋竟有七八个补丁。而红色荣誉证书、奖状有厚厚的一大叠，有市级劳动模范，省、市公路系统先进工作者，优秀共产党员，双文明先进个人……施世贵，一个养护工，他不会讲什么豪言壮语，也没有干出一番惊天动地的大事业，就在他平凡而普通的工作岗位上，人们仿佛看到了他那不朽的灵魂！

施世贵的感人事迹经新闻媒体报道后，在全社会引起了强烈反响。温州市总工会、市交通委党委分别作出决定，在全市广大职工和交通邮电系统开展向施世贵同志学习活动。温州市委发文追授施世贵为模范共产党员，并号召全市共产党员向施世贵同志学习，中共浙江省交通厅党组发文，号召全省交通系统广大共产党员、干部职工向施世贵同志学习。

一个向施世贵学习的活动正在瓯越大地展开……

（原载1994年《中国交通报》《浙江日报》《浙江交通报》《温州日报》，获浙江省“五一”好新闻一等奖，作者沈利民、水寿杰、彭松生）

（八）这辈子跟路有缘
记全国劳模郑月兰的“路缘”

郑月兰的身边珍藏着一大摞荣誉证书、奖章，其中有几个小巧的锦盒，里面是一枚枚奖章：全国劳动模范，全国“三八”红旗手……一枚枚，都闪着金色的光。这些奖章，是她从豆蔻年华开始从事公路养护工作二十七个春秋的见证，渗透了辛勤的血汗和悲喜的泪水。

从“一枝花”到“女站长”

少女时的郑月兰很俊秀，被乡亲们称为“一枝花”。1979年，17岁的郑月兰接过父亲的扫帚、畚箕和锄头，成为一名养路工。进入道班的第一天，她就和男同事们一起上路了，以后每天都是一身上一身汗。为了养好路，只读了两年小学的她，积极学习养护知识。郑月兰家住龙港农民城附近，改革开放伊始，编织生意很红火，丈夫让她辞去养路这种“不是女人干的活”，去做编织生意赚钱。不料郑月兰就是不同意，反倒做起丈夫的工作来。因站里缺人手，她就动员丈夫跟她上路做帮工。谁知，这一跟就是23年，直到在斑马线上遭遇不测。

1992年，郑月兰成为温州市公路系统第一位公路站女站长。由于长期管养不当，她接手的河西站负责的十几公里路是全县路况最差的。盛夏，郑月兰带领职工顶着烈日排水、填坑、铺路、喷药、除草。夏天过去了，郑月兰的脸被晒得黝黑，双手被药剂腐蚀得斑斑点点，而站里的好路率步入全县先进行列。

郑月兰先后在六个公路站工作，她养护的路被村民称为“放心路”。郑月兰每调离一个公路站，都有不少村民为她送行。

2005年年初，溪头埠站撤并后，郑月兰曾有机会到机关上班。当领导征求她的意见时，郑月兰那黝黑的脸没有兴奋的神情。从花季到中年，她以路为业、以站为家。没有过多考虑，她平静地说：“我这辈子跟路有缘啊！一天不上路就浑身不自在，还是让我在路上和大家一起干吧！”2005年4月，郑月兰调到苍南县最偏僻、养护任务最重的马站公路站任站长，匆忙的身影出现在78省道上。

“郑月兰比男人还拼得凶啊！”

78省道穿过浙江苍南县通往沿海集镇霞关镇，其中32．1公里路段由马站公路站养护。郑月兰来到马站公路站不久，正遇上台风“海棠”侵袭。2005年7月19日，“海棠”来袭的当夜，郑月兰带领职工打着手电筒，冒着狂风暴雨走了一整夜，巡路、抢险，两天两夜没合眼，最终抢通了道路。

超强台风“桑美”对她和同事们来说是一场更严峻的考验。2006年8月10日，“桑美”登陆马站镇，全镇一片汪洋，省道完全中断，路上到处是塌方、树枝、电线杆。为了尽快抢通省道，运送受伤群众，台风还在肆虐，郑月兰便带着同事们上路清障了。“早一分钟抢通道路，就给伤员多一些挽回生命的希望。”郑月兰这样想着。重灾中的灾区已买不到食物，艰难的抢通使她和她的同事筋疲力尽、饥肠辘辘……养路工陈再新在连续抢险37个小时后，砍伐倒树时从铲车上倒栽了下来，再也没有醒来。在这之前的两个月，郑月兰失去了跟随自己当“编外养路工”的丈夫。在超强台风面前没有屈服的郑月兰，抱着陈再新，眼泪却止不住地往下流。此时，她明白：养护也好、抢险也罢，都要付出牺牲的代价。

省道抢通了，一百多名受伤百姓通过郑月兰他们抢通的道路，被顺利送到医院，得到及时救治。

抗台抢险的纪实片在播放，有人说：“郑月兰比男人还拼得凶啊！”

“今生这辈子跟路有缘啊！”

说起家人，郑月兰的心里总有一种愧疚感。

郑月兰的家在平阳县，从公路站回家要绕几十公里路，转两次车。她的母亲过早去世，年逾八旬的父亲长年患病，而她却难得有时间回家照顾。2002年台风期间，郑月兰正在路上组织抢通，突然接到父亲发病休克的消息，段领导安排她回家照料几天，不料次日一大早，郑月兰的身影又出现在抢险现场。2006年，台风“桑美”造成她的家里进水，屋顶的瓦片都被掀掉了，她回不了家，老父亲只得自己找人帮着修理。父亲理解女儿：“月兰虽不是我亲生的，但她比亲生女儿还要好。”

沉默寡言的丈夫陈积进总是默默地支持郑月兰。二十多年前，在郑月兰的劝说下，丈夫放弃生意到了公路站，收入甚微，但他没有半句怨言。郑月兰忙着抢通，丈夫会把午餐送到她面前；夫妻俩一起从路上回到站里，丈夫总是抢先下厨房；郑月兰几个月回不了家，丈夫会担起全部家务。2006年6月10日，回家料理家务的陈积进遭遇车祸，不幸遇难。从公路站赶回家的郑月兰内心充满了悲伤和愧疚。

郑月兰有个女儿，她每天把女儿的照片带在身边，想念时就拿出来看看。女儿中学毕业后选学公路桥梁养护专业，如今也在公路系统上班。2005年下半年，抗台抢通和抢灌油路完成后，在同一系统正作的母女俩直到年底才得以相见。看着又黑又瘦的母亲，女儿的泪水霎时蒙住了双眼。

养路工的收入不多，有人对郑月兰说：“月兰，一天到晚风里来雨里去，每个月才一千多块钱的工资，何苦呢？干脆辞职做生意吧！”她却说：“钱是好，但我今生这辈子跟路有缘啊！”

（原载2007年1月25日《中国交通报》，作者刘晓华）

（九）寄往天国的家书

今年父亲节期间，流行着这样一段微博：“每家都有一位动物，体型巨大，却很温顺，很会法术，有时又很笨，他们拼命干活，累了也不说，他们很坚强，也很脆弱……”

这些奇怪的动物就是：父亲。当父亲是男人的时候，他们很富有或许也很贫穷，他们很高贵或许也很卑微，他们很正经或许也很猥琐。然而，当男人一旦成了父亲，他们就什么都不是了，他们只是一座伟岸的山峰，能给家挡风遮雨，能给家人倚靠歇息。

我采访过一群失去养护工父亲的子女们。对他们而言，自从父亲走了之后，再也无人可以挡风遮雨、再也无人可以倚靠歇息。每次默默地听着他们的倾诉，心灵总有一种揪心痛的震撼。倾诉中我发现：在他们的心中，都尘封着一封封寄不出去的家书，—或倾诉或思念或埋怨或感恩的家书。烽火连三月，家书抵万金，而这一沓沓无法寄往天国的家书何止是“抵万金”！我是一百个一千个愿意，愿意为这些父子、父女做一回信使，让身在天国的父亲们看到这一封封留着斑斑泪痕、饱含深情的家书—

收信人：祖父施世贵，乐清市虹桥养护管理站站长，在104国道养护作业时因公殉职（1994年），享年50岁。

寄信人：孙女施佳宇，17岁，乐清市中学生。

爷爷，我恨您。难道您真的就这么不愿意，看看襁褓中的孙女，用您的粗糙的双手抚摸一番孙女的娇嫩脸庞，牵扶着孙女踉踉跄跄学步，看着孙女在咿呀学语中长大……

在我的脑海里，我对您的了解，只是奶奶和爸爸给我说起的一些记忆的碎片。我所看到的您，唯有那张挂在墙上开始发黄的工作照。奶奶说，这是您平生唯一的一张照片。

五十来岁的您，是个长年风里来雨里去的国道养路工，直至因公殉职时，整整养了26年的路。奶奶说，您爱国道胜过爱家。在单位，不论被调离到怎样艰苦的地方，不论离家有多远，您都会欣然答应，绝不抱怨。养护作业时，累活脏活，您总是第一个抢着干。人手不够时，您就把即将学成手艺的独生子，也就是我的爸爸，都拉来当苦力使。您把单位作为自己的家。可是，您对奶奶有那么好吗？你知道吗，爷爷，您对家人有着太多的歉疚了，连过年过节都很难见到您的人影，全家人几乎很少在一起吃过团圆饭。

1994年1月26日，是个令奶奶全家痛心疾首的日子，在没有任何预兆的情况下，两辆车先后无情地撞向您，而您那时正在国道上埋头作业……

您就这样走了。什么也没留下。奶奶说，您留下了一双补丁叠补丁的胶鞋，和一台十四寸的黑白电视机，这就是您留给奶奶的唯一遗产。后来我发现奶奶在骗我，其实您留给了奶奶一包很珍贵的遗产，只是奶奶小心地把它藏在箱底不让我看。现在我长大了，才知道，那是您的一大摞荣誉证书，上面写满了“市级劳模”“先进工作者”。

爷爷，您走后，爸爸也当上了公路人。妈妈说，爸爸对工作的态度，简直和您是一个模子出来的。连妈妈怀我的时候，爸爸也很少在家。可是，就在您走后的第13个年头，在我10岁的那个深冬，那个窗外下着鹅毛大雪的深夜，身患绝症的爸爸也走了！我恨天公的不公，在我最需要爷爷、爸爸的时候，却让你们离开了我。

爷爷、爸爸，你们是我的最敬和最亲。每次坐车经过104国道乐清段，我就仿佛看到你们的身影。我常常会做同样一个梦，梦里您拉着爸爸，步履从容地走在104 国道上。可你们为什么不是走在回家的路上呢？爷爷，我恨您，可我怎么就恨不起来呢？爷爷，我真的好想恨您啊……

收信人：父亲陈再新，苍南县马站养护工，在遭遇超强台风“桑美”侵袭的公路抢险中因公殉职（2006年），享年50岁。

寄信人：女儿陈婷婷，31岁。

爸爸，时光流逝，一转眼您走了快七年了。在您离开的日子里，爸爸，您知道女儿无时无刻不在想念您吗？您就这样一句话也没留给女儿就走了，我多么希望这只是一场噩梦……

那是2006年8月11日的傍晚时分，准确地说是17点40分，一场名“桑美”的超强台风让我失去了最亲最爱的爸爸您。那一刻，您是躺在刚刚抢通的78省道上，生命永远停留在50岁的年轮里。

爸爸，冥冥之中，不知是上天的安排还是父女的感应，那天，我从永康单位请了假要回家看望您。一路来，我想着几个月没见的您的模样，想着见到您的情景。啊，那是一种多么幸福的感受啊！

手机的铃声打断了我的思绪。电话是表姐打来的，她告诉我一个天要塌下来的坏消息：爸爸出事了。这时的我，恨不得立即飞到您的身边，可回家的路是那么漫长。

终于到家了，叔叔黯然地对我说：“婷婷，你爸爸可能已经不行了。”我突然脑中一片空白，当场就晕倒了。这对我来说，不啻天塌地蹦。在去马站的路上，我一直在车上大哭。爸爸，您不会出事的，我是回来看您的啊！女儿已好几个月没看到您了。

天黑时分，在刚刚抢通的通往霞关镇的78省道上，我终于看到了您。爸爸，您怎么啦？爸爸，您怎么会躺在路上？只见您的身旁是一摊的血，您的手上还紧紧握着一把柴刀……“爸爸！爸爸……”我跪在地上歇斯底里地喊您，告诉您我回来了，您再也没有回答，没有惊喜，没有笑了……

爸爸，我连您生前的最后一面都没见到，您怎忍心这样离我而去？爸爸，您在世上只短短活了五十年，我们父女的缘分也就短短的二十三年，等女儿有能力尽孝时，您怎能就这样离开您最疼爱的女儿？

后来，我从很多媒体报道上知道，您是在连续抢险37个小时后，在省道砍伐倒树时，因劳累过度和极度饥饿而坠车的……

爸爸，我清楚地记得，您和妈妈分开后，我是在爷爷奶奶的呵护下长大的。而您在站里，一年中没几次回家，就是过年也常常在站里过，您说“站里需要值班”。后来我才知道，那是您主动要求替同事分担。您的工友说，您是站里身材最敦实的，养护作业时，操作那台笨重的平板振动器成了您的专利。每当想起这些，我的心像刀割啊！

从那以后，每年的父亲节和您的生日，就成了我心中永远的痛。每当想您的时候，只能对着您的遗照独自哭泣。每次听到有人说“台风来了”，我的神经就会绷得紧紧的，那不堪回首的场面又会出现在眼前。

爸爸，您走后不久，女儿成了我们陈家第三代公路人。我一定像当年您接过爷爷的班一样，去接好您的班，让您含笑于九泉之下。

收信人：父亲汪国杰，永嘉县公路养护工，在遭遇百年未遇的南方雨雪冰冻灾害巡路时因公殉职（2008年），享年52岁。

寄信人：儿子汪艳宏，31岁。

爸爸，五年了。五年前一个冬日的下午，您永远地离开了我们。您走得是那样的匆忙，没有留下只言片语。

2008年2月1日下午，当我接到母亲的电话时，那嘶哑的声音让我心里一惊。当听到您巡路的车辆翻下山时，我不敢相信电视上出现的生离死别竟发生在我的身上。一时间，我仿佛感到天塌下来。我和母亲、姐姐赶到殡仪馆，看着您赤裸的身子躺在冰冷的推车上，我的眼泪再也忍不住了。

我多想问：父亲，您冷吗？父亲，我给您穿上衣服吧。看着您朴素的衣裤，我才发现，作为儿子的我没有给您买过像样的衣服，我自责不已。对着您安详的脸，看着您额头上、鼻梁上深深的凹陷，我的心在颤抖。我抱紧您，脸颊紧贴着您的脸颊，我知道这是我最后一次与您的身体接触。我祈祷，祈祷您能安详地到另一个世界去，也暗暗地向您承诺：我一定照顾好母亲和姐姐……

父亲，您和当年的战友林圣杰叔叔是在南方百年未遇的雨雪冰冻灾害中，因检查路况而倒在县道铁金线上的。您和自己的战友用鲜血真正诠释了“生死与共”。

父亲，您是个铁道兵，对公路有着极深的感情。您和林圣杰叔叔退伍后，共同选择了毕生热爱的公路行业，在公路养护岗位上一干就是三十年。您是个工程测量师，常常外出测量，少则一两天，多则一个礼拜。记得有一天，您在吃晚饭时说，那天扛着测量工具险些滚下山去。在乱石纷纷坠落之际，幸好抓住根小树枝才站住。妈妈和我们都吓出一身冷汗，而你的脸上却是那么地淡定，仿佛在说别人的故事。

平时，您话少，但总能给我以启迪。“不要说不行，别人能做到的，你也能做到。”这是您留给我印象最深的一句话。这句话，使我遇到困难时增添了信心和勇气。

2008 年 7 月，我也加入了公路这个大家庭，成为一名公路新兵，从事治超工作。在前行的路上，您就是我最好的路标！您听到儿子的话了吗，我的最亲爱的父亲？

收信人：父亲林圣杰，永嘉县公路养护工，在遭遇百年未遇的南方雨雪冰冻灾害巡路时因公殉职（2008 年），享年 52 岁。

寄信人：儿子林芋森，31 岁。

今年 2 月 1 日，天气还是那么冷。

又是您的祭日，像往年那样，我和母亲要去您出事的地点看看您。母亲还是带着装香烛的袋子出门，袋子里还有一小扇您最喜欢的松糕。

车子往楠溪江的方向开去，一路上母亲没怎么讲话。您走后，母亲越来越沉默寡言了。我也不知道该和母亲说点什么，只能看着窗外景物飞逝，心却有些迷茫。

车子一路向前，车内依然沉闷着。我从后视镜里看着母亲，神情木讷。这就是才五十几岁的母亲吗？爸爸，自从您出事后，我不只一次看见母亲，独自在房间里对着您的遗像念念叨叨。五年了，母亲依然走不出失去您所带来的悲痛。

江南的二月，尽管已是早春，但车外仍是冬日的样子。公路右边是楠溪江，溪水很少，有些地方接近断流，显得毫无生气。路左边是寂静山林，夹杂着开路时留下来的山崖，岩色黯淡，阴森可怖。

对了，父亲，阿姐今年还是没有来，她说她不想带着小绍誉流泪。我知道，她其实比我们更难受，那次我看到她站在窗前，机械地在咀嚼着沾了眼泪的饭粒。

车子走了很久，还是没有到您出事的地方。是路途真的太远，还是母亲与我的沉默，拉长了路上的时间。在您生前，母亲就曾抱怨过，您工作的地方太远，每次上班都要过几天才回家。而现在，母亲抱怨的内容被放大了无数倍，因为您那一次上班，再也没有回家了。

五年前的春节前夕，那场百年罕见的南方雨雪冰冻灾害从天而降，却没有阻拦住那些赶着回家团聚的匆匆步履。我多少次在假设，当您和汪国杰叔叔的巡路车经过急弯，如果路面不结冰，如果车胎装了防滑链，如果路况稍微好点，如果……如果哪怕是您偷会儿懒，躲在办公室的暖暖空调下打个盹，那么所有的一切，就不会是今天的样子了。

我和母亲下了车，一阵冷风吹过，让人不禁浑身哆嗦。我搓搓手，帮母亲在路边点起了香烛，摆上了松糕。

父亲，我们又来看您了。

父亲，天国是不是没有这样刺骨的寒风，是不是没有冰冻的路面。母亲烧起的香烛和纸钱，能让您感觉到些许温暖吗？父亲，再吃一口母亲做的白米松糕吧，那是您最喜欢的抗饥饿良品。父亲，如果今天不是您的祭日，这该是您第 57 个生日了吧？母亲和我，祝在天国的您生日快乐……

收信人：父亲陈积进，苍南县马站公路站养护临时工，遭遇车祸不幸罹难（2006 年），享年 51 岁。

寄信人：女儿陈玲玲，31 岁。

2006 年 6 月的第二个周末，您独自从站里回家，因为家里有很多事等着您。不曾想到，您在斑马线上遭遇了噩梦般的车祸。

“家里事忙好了明天就回站”，这本是您每次回家给妈妈说的话，想不到却成了你的遗言。从此，我再也得不到父亲的宠爱，母亲再也得不到您的关照了。

爸爸，您 1981 年和妈妈成家后，您开店做生意，而妈妈 17 岁就接替外公做了公路养护工。我们家住在龙港农民城附近，您想动员妈妈辞去这“不是女人干”的职业一道做生意。结果，反倒是您经不住妈妈的劝说，放下生意到道班打杂、做民工，还得一人揽下农活和家务活。就这样，您一头连着公路站，一头牵着家庭，成为温州公路系统唯一的一名养护“家属工”。多少个寒来暑往，在灵溪、南水头、河西、溪头埠和马站等道班、公路站，都留下您和妈妈的身影。这期间，妈妈得到了难计其数的荣誉，县里、市里、省里的，直至荣获全国三八红旗手、全国五一劳动奖章、全国劳动模范等一顶顶桂冠……

溪头埠公路站撤并时，组织考虑到妈妈长期在一线，想让妈妈到机关上班。妈妈问您时，可您说：“我跟你在站里干了二十多年了，你去了机关我怎么办？”就这样，妈妈放弃了机关上班的机会，到苍南最偏僻、条件最差的马站公路站当站长。当时，我为此哭过、埋怨过，我真的不明白：究竟是什么魔力，让摸爬滚打二十多年的您和妈妈，无法割舍这份痴情？

2005 年 7 月 19 日，“海棠”台风给公路设施造成很大损坏。您和妈妈及全站养护工修复了近两个月，接着又投入路面硬化工程。四个月后，出现在我面前的您和妈妈，一个原本瘦小的身躯越发消瘦了，一个瘦而黑，一对黑眼圈。我无法相信，这就是我至亲至爱的爸爸妈妈，泪水刹那间涌上我的眼眶……

岁月匆匆，您与妈妈妇唱夫随，一干就是二十三年。多少次当记者采访您这位“贤内助”时，您不是躲得远远的，就是局促不安地说：“应该的，应该的”。可又有多少人知道，妈妈的一枚枚“军功章”的背后，渗透了您多少心血和汗水啊！

2004 年 4 月，我成了陈家第三代公路人。不善言辞的您逢人就说：“我女儿也是公路人了！”

爸爸，我怎么总会在梦中看到您，看到您总是走在公路上。其实，我知道您就是走在自己的心路上。因为公路就是您的心路。爸爸，您放心吧，您没走完的心路，女儿一定会为您继续走下去的。

又是一年的父亲节。父亲节，对更多人来说，是感恩的节日；而对这些公路养护工的子女们来说，却也是思念的节日、缅怀的节日。是啊，父爱是一本无字的大书，它没有多少华美的章节，有的仅仅是那无法用言语表达的，朴实无华和绵延不绝的亲情，对养护工父亲尤为如此。

有一位在公路系统长期关注养护工安全状况的人告诉我：他做过这样一个调查，在我们身边，几乎每年都有那些身穿橘红色养护服的养护工倒在路上。我无法去验证他的话，但我却看到这样一个事实：有这样五名养护工，或血染国道，或舍身探路，或魂系省道，或妇唱夫随……他们都在以公路人和父亲的双重身份，载负着养护之重、生活之重和生命之重！正是这些上有父母、下有子女的“卑微”抑或“猥琐”的养护工，为了履行天职，他们献出了汗水，献出了亲情，直至献出了生命……

“身既死兮神以灵，子魂魄兮为鬼雄。”可敬的养护工父亲们，你们在天国还好吗？天国也有父亲节吗？子女们托白云捎去的思念、祝福，你们收到了吗？在这个父亲节，我想告诉你们，你们虽然永别了挚爱的养护事业，但无论是风平路静，还是高温酷暑，无论是狂风暴雨，还是寒冬腊月，橘红色永远是每条公路的一道风景，那路更绿、更美、更畅了。啊，我突然发现，其实你们从来就没有离开路……

作于2013年6月

（原载《大路飞歌》，2013年11月，浙江大学出版社。获浙江交通首届“梅花奖”一等奖、浙江公路“和畅杯”一等奖，作者刘晓华）

五、历史人物 诗文

1. 路与人物

【王羲之与南塘街】 王羲之（321—379），晋代第一豪族琅琊王氏的第四代子孙。被时人誉为“飘如游云，矫若惊鸿”的王羲之，东晋永和三年（347年）出任永嘉太守。其五马出行换船到南塘赏荷的风流轶闻，成为“南塘旧以荷花名”的最早注脚。唐代温州刺史张又新是记录书圣南塘赏荷故事的第一人：“时清游骑南徂暑，正值荷花百里开。民喜出行迎五马，全家知是使君来”（《百里芳》）。对此，历代方志也都有载，如宋《方舆胜览》卷九《瑞安府》“百里荷花”条：“《郡志》：自百里坊至平阳屿一百里皆荷花，王羲之自南门登舟赏荷即此也。”宋《永嘉志》：“南湖旧时荷花百里，王羲之尝游于此，父老竞携壶相候。”明《弘治温州府志》：“南塘在城南瑞安门外，即南塘路，连瑞安，自瑞安门运河七十九里。旧时驿路百里荷花正在此塘畔也”，“南湖出瑞安门外为南郭。……出南湖大湖直抵瑞安，延袤七十余里，王羲之登舟赏荷即此。” 景以名人传，以致千年之后的清代，人们仍津津乐道王羲之的南塘赏荷游。如清初大文学家朱彝尊于清康熙二年在温凭吊题咏的《吴桥巷》：“闻说吴桥港，荷花百里开。当年王内史，五月棹船回。”又如清同治温州知府戴文俊的《瓯江竹枝词》：“荷花百里远生香，五马辉煌七宝装。父老相看风日美，提壶先自下南塘。”更有甚者，清初处州知府周茂源到南塘作体验游后，就直接将南塘称之为“王右军莲塘”了。

【谢灵运与104国道】 谢灵运（385—433），东晋和南朝宋代人。祖籍陈郡阳夏（今河南太康县），出生于会稽始宁（今浙江上虞县谢塘镇）。原为陈郡谢氏士族，东晋名将谢玄之孙。因从小寄养在钱塘杜家，故乳名为客儿，人称谢客。15岁时从钱塘（今杭州）到京师建康（今江苏南京），袭封康乐公，故人称谢康公、谢康乐。东晋义熙元年（405），谢灵运21岁，任琅琊王大司马行参军，开始进入仕途。义熙二年（406）追随豫州刺史刘毅。义熙八年（412）四月，转任卫军从事中郎。十月，刘毅被刘裕打败，自缢身亡。十一月，谢灵运改随刘裕，任太尉参军。义熙九年（413）随刘裕回京，改任秘书丞。义熙十一年（415），任咨议参军，后转中书侍郎。次年改任世子中军咨议，黄门侍郎。义熙十四年（418），刘裕在彭城（今江苏徐州）建宋国，谢灵运任黄门侍郎。元熙元年（419），谢灵运由彭城返京，任世子左卫率。元熙二年（420），刘裕建宋朝，称武帝，改元永初，东晋遂亡。刘裕降先朝封爵，谢灵运被降为康乐县候，任散骑常侍。永初三年（422），刘裕死，少帝即位，谢灵运因受权臣徐羡之、傅亮等排斥，出任永嘉郡（今温州）太守，时年38岁。

永初三年（422）八月十二日，谢灵运到达永嘉上任。在郡任职仅一年，他遍游郡内名山胜水，鼓励士子向学，提倡读书。鼓励庶民植桑养蚕，兴修水利。在永嘉期间，他创作了许多诗歌，成为中国文学史上山水诗派的开创者。山水诗乃成中国文学史上的一大流派。刘宋代晋，降公爵为候。宋少帝时，出为永嘉太守，不久辞官，东归会稽。元嘉三年（426），谢灵运召集数百家丁，开始修凿一条从剡溪通临海的通道，这就是最早的104国道重要的一段路线。文帝时，为临川内史。元嘉十年（433）以与农民起义事有牵连，49岁的谢灵运获罪被诛于广州，墓葬于今江西省万载县。

【洪守一与南塘大道】 洪守一（1769—1868），字观亭，号贯之。祖籍安徽歙县，在温州经商后定居瑞安城关。清道光二十四年（1844），捐银四千余两，与胡学全、胡学全、胡永息、蔡梦兰、潘森等合力，发动温瑞塘河村民，疏浚塘河40余里，建石桥50余座，历时三年。知县孙源为之撰写《重建瑞安官塘碑记》。道光二十九年（1849），捐银千两重建被飓风损坏的塘口横跨塘河的石桥。后又独力修建飞云江自城关西门至礁石段塌损江堤20多处，乡人感其义，官府奏加六品衔义士。终年92岁。

【陈百川与茅竹岭沿海大路】 陈百川（1863～1937年），字济源，原籍永嘉中塘，后定居城区朔门屯前。清光绪年间，参加武科考试，先中武贡，驻任茅竹岭龙湾炮台防守官佐，后中武举，殿试中武进士。历任金乡卫、温州卫等水师防务管带，升任统领，曾代统督。陈百川乐善好施，时人称为“屯前陈大老”。因不满军阀争斗，弃官经商，置办汽船金宝山号（后改名“大德”），从事航海营运。民国25年（1936），陈百川思温州城区茅竹岭（今龙湾区）居瓯江南岸，为城区至永强的交通必经之道，该岭高约130余尺，年老斑白者和年幼者行旅十分艰难，早年已萌发改筑此路之念，曾将该岭西山脚沿江岸至东面山坡开阔150余丈。当时因财力有限，未实现所愿。后经营航运致富，愿布衣素食，独自出资2400银圆，发起改筑状元桥至茅竹岭沿海大路，自茅竹岭东边炮台湾至西边岭脚计250丈，开拓宽度1丈4尺，中段依山筑“百川亭”，开淡水井一口，供路人歇息及渔民取水之用。

【叶会炳与安澜亭码头】 叶会炳（1890—1945），号虎如，永嘉渠口乡渠口村人。民国8年（1919）毕业于温州旧制中学（今温州中学）。在实业救国思潮影响下，先后在渠口提倡开田扩种，兴修水利。民国14年（1925）和李毓蒙先生共同创办温州第一所铁工厂。民国22年（1933），楠溪至永嘉县城（今温州市区）以舴艋为主要交通工具，安澜亭码道还是极简陋的江岸，若遇风浪，小船无避风之所，常舟覆人亡。叶会炳念及船民生命财产安危，为首发动楠溪两港知名人士，投股兴建永楠码道，开发柏株浦，作小船避风之港。后，叶会炳又向国营招商局请求，将朔门招商码头趸船东移永楠。进而叶会炳见港口物资集散的发展趋势，继续发起投股集资，于永楠码头毗邻，又建振华码头（今粮食仓库码头）。叶会炳曾任两码头工程的总经理，克勤克俭、任劳任怨，被民众尊称为“虎如先生”。抗日战争期间，永楠、振华两个码头部分仓库、趸船被日机炸毁。民国34年（1945），温州流行霍乱病，因叶会炳与其父叶子桢均为老中医，在为患者治病时被传染，时年7月病逝。

【黄宗元与温州桥梁】 黄宗元（1914—1990），又名悌杯，浙江松阳县人。1937年毕业于之江大学（今浙江大学）经济系土木科。翌年2月始，先后从事四川、福建、西康、陕西等省公路桥梁勘测、施工。1946年起任浙江省交通管理处公路局工程师。1949年7月担任华东支前指挥所浙江公路分所分队长，参加浙闽两省境内公路和桥梁修建。在主修中孔跨径30米的吉水大桥时，首次成功采用了贝雷式钢梁桥面，在岸上拼搭成型拉装就位的新工艺。1950年12月被评为二等功臣，次年初晋升为工程师。1953年在丽水承建船寮等桥时，克服施工机具缺乏的困难，试制木板桩作沉箱围堰，靠人工开挖，边挖边沉至岩石基础7米的新技术成功。这是浙江省桥梁建筑史上的创举。1955年负责杭温线黄岩大知打桩和桥面工程，又创水上打预制圆形桩和浮运混凝土沉台桥面钢梁，拖拉安装技术新工艺。1957年5月，黄宗元沿瓯江踏勘，并从民间码头不易淤积经验中得以启迪，进行用直线式取代锯齿式，在安澜亭建汽车轮渡码道，既减少淤积，又提供中小客轮停靠。1958年后，他常驻深山冷岙，负责监督龙庆公路的改线、改造工程，坚持科学管理和计件工资制，使职工开掘土石方超出定额一倍以上。1962年6月至1983年9月，先担任温州区公路运输局和温州养路总段主任工程师兼测设组长、温州区公路总段副总段长，指导设计建造大中小型桥梁250余座，先后引进和推行双拱桥、悬砌拱桥、钻孔管柱桥、空心版梁等新技术，首倡试建石台基础桥，工程质量合格率达95%以上。1981年2月1日获高级工程师职称。黄宗元一生以俭奉廉，克己奉公。"文化大革命"期间被诬陷为"反动学术权威"，抄家挨斗，但仍以工程技术为重，坚持原则建路建桥。1989年，他已垂老体衰扶杖而行，组织上三次动员搬迁新居而被推辞。1990年5月病逝。

【陈梓西与瑞文公路】　陈梓西（1920—1990），四川省中江县人，民国30年（1941）7月就读于贵州平越交通大学，民国35（1946）5月毕业于唐山工程学院土木工程系，是年6月起从事公路工程工作。解放后先后担任浙江公路局工务员、代理段务、副分队长、队长、一级技术员等职。1957年3月为浙江省交通厅工程局工程师。10月起先后在温州瑞文公路修建委员会、温州专署交通运输管理局任工程师。"文化大革命"期间，坚持从事公路、桥梁、码头建设。1981年2月，他年逾花甲，仍担负起温州交通工程设计室主任职务，带领年青工程技术人员克服设备差、人员缺的困难，艰苦创业。1981年在温州东屿电厂输煤系统基础工程设计中，试制成功钻孔灌注桩，达到全市软土基础灌注能力最高水平，获1982年度温州市科技成果一等奖。1982年晋升为高级工程师。同年，被选为温州市第六届人民代表和浙江省第六届人民代表。1983年10月起先后担任温州市交通局、温州市交通委员会总工程师。1984年设计了新颖的台州坎门活动钢桥。在全市重要的公路、码头、桥梁等工程设计中，他亲自踏勘直接参加测设、绘图，多次带病在现场指挥施工。1984年被授予市级劳动模范。1985年12月，66岁高龄加入中国共产党。次年被评为市级机关优秀共产党员。1987年，他与年青工程师王晓铮等在洞头大门岛、平阳南麂岛码头工程中，首创"钻孔灌柱桩"新技术。1987年退休后，他仍然热心科技工作，担任市科协常委、市交通运输协会顾问。1990年3月16日患急病逝世。

【陈岩与平阳驿道】　陈岩，字仲石，慕贤东乡半山（今平阳鳌江区务垟乡半山村）人。尝独举家资，为筑县东驿道数十里（今平阳坡南至鳌江江口渡三十华里），世人称陈氏东塘。

【吴伯云与温州公路】　吴伯云，浙江仙居人，民国37年（1948）在浙江省公路局桥工队任职。从民国38年（1949）起，先后参加杭温公路、丽温公路、温分公路的测量设计。1954年为配合解放一江山岛，在40天限期内负责完成了柳市至黄华战备公路的测设修建任务。1956—1957年，参加泰分公路、温瑞公路及景泰省道的测设并组织施工。1958年开始，先后担任省内一些重要桥梁、码头工程的指挥或副指挥。在临海大桥工程中，他采用预应力钢筋混凝土后张发，为全省首例。1966年，利用业余时间编写《预应力砼桥梁工艺规程》和《桥梁施工岗位责任制》，在全国推广应用。1973年，参加西非、赤道几内亚的援外建设。回国后，曾担任宁波北仑港公路工程副总指挥。1982年起，先后担任了瓯江大桥、楠溪江大桥、飞云江大桥的工程处主任、指挥和总工程师。在瓯江大桥建设中，与其他工程技术人员一起，采用“钳岩管柱桩”新工艺，使工程提前半年完成。1990年。年逾古稀的吴伯云仍担任清江大桥指挥部顾问、高级工程师。

【胡希读与捐资造桥】 胡希读先生是文成县的一位华侨眷属，原系文成县玉壶镇小学退休教师，曾担任过该校校长。退休后曾捐赠25万元助建教学楼，并与多位贫困生结对帮扶。2014年，玉壶镇政府迁至新办公大楼，群众到镇政府办事却要绕好多路，极不方便。年已92岁高龄的胡希读先生出资500万元建桥。该桥建成后，将成该镇百姓来往两岸的主要通道，连接狮岩寨风景区，并与全镇绿化欧式公园及配套设施总体规划匹配。

【林祥与三江渡船】 林祥（1509—1591），号壹峰，永嘉罗浮人。明代时，清水埠至三江没有固定的渡船，来往行人常常在楠溪江两岸等待渡船。于是，林祥设了义船，沿江接送村民，并置义楼，为居停之所。他还拨出山地若干公顷，作为渡工与守楼者的工钱。他一生建造不少道路和桥梁。明嘉靖戊午年（1558），倭寇入温州，他登城守卫，并奉道台檄募兵，抵抗倭寇。

2. 路与碑文

【《奉宪》碑文（瑞安·霞岙渡口）】 月云江之名，留传久矣。岸分南北，源接东西，既远货之皆通，亦近人之必渡。过此江者，每视为闽浙两省之通衢焉。庚午冬，司事戴瑞英，□衿耆谢贺云、黄训、林元湊等原彼岸而同登，信有堤之可能筑。光理□户缘积千金，共邀匠氏以经营，惟篙师之利弊，其渡江之船计一十四只。司事暨衿耆等禀请示谕后，协保协定：凡属行舟次序，轮之者，三日为期。若当过客往来渡之者，三人成众，船登一客费取三文。此诚，近悦远来渡之美举，亦即同心共济之，良规也。而船户等亦议于每年八月初一日，友约同行，船联四只，筵开二席，词闹三台。对流水以生财，庆安澜之护福。风虽非晋，理合于今，是盖有志竟成，无求不遂。碑刊千古，蚨助一缗，为目前共守章程。冀事后无生衅隙，滑滑不息，井井有条。倘教顶替有人，总依旧例，莫道撑持自我另创新规。事在人为，同乐波恬与海晏。言堪石著，还期地久而天长矣！

清同治九年立

【《疏治河道示禁勒石》（温州·虞师里）】 清同治二年，永嘉知县陈宝善为治理温州市区虞师里一带河道所立《疏治河道示禁勒石》。此碑以条目形式，非常具体地细列温瑞塘河保护的条约，目的是“为勒石示禁以清河道而垂久远事”。内容如下：1. 巷底湖尾，系引三溪水源入脉，实为湖之咽喉，所有玉带桥西北一带邻湖居民，毋得私用砖石叠砌以阻来源。2. 近湖处所不准掘造坑厕并开沟倾注秽水。已成者，由该地绅士集资购买，以便另行改造。3. 各剃铺盥水、酒食铺泔水及一切瓦片、石块、污秽不洁之物，不得倾弃湖内。4. 各篾铺茅竹、篾片，不准私浸湖内。5. 蓄养毛猪、鸡、鸭等物不准沿途纵放，以致污物入湖；来往要路亦不准摊晒糟糠、石莲以及堆积瓦石等物，致碍行人。6. 湖岸树桥，不准数间接连，上用板屋搭盖，桥上亦不得浣洗秽物，已成者即拆去，嗣后永不准再搭，如违提究。7. 该处行店，凡遇开张日期或除夕、元夜，门首不准焚烧柴木，致令损裂石板，如敢故违，公同鸣究。8. 异地客商寓歇各栈，栈主务须晓以示禁条款，违者惟栈主是问。此碑堪称是最具可操作性的环保禁约，即便用今日眼光视之，仍具有一定的借鉴作用。

【《二宜亭》碑文（平阳·顺溪）】 南雁铁障峰旁有亭翼然，夏宜迎凉、冬宜延旭、宜寒宜焕，因宜斯名，此殆天然灵境以贻来者。予莅斯邑二栽余矣，宜民宜人本予素志。特不敢徇一二人之私，重告吾民凿圆枘。宜于此心，不宜彼，登斯亭，得毋幸地之灵而笑予之拙也，今予将去平边，陈君少文以二宜亭额属予题跋，爰缀数语兼志吾缺。时在丁巳（1917年）春日。民国初年江都张朝辅题并跋

【瓯江大桥落成碑记（鹿城·仰义练墩）】 温州是浙南沃壤，东瓯名镇，自然环境，人文条

件优越，发展前景美好。惟陆上交通受瓯江阻隔，货运稽迟，行旅不便。因而瓯江建桥，是全市人民长期来梦寐以求的愿望，也是振兴温州的急务。

党的十一届三中全会以后，我们国家进入了一个新的历史时期，中共浙江省委、浙江省人民政府，于百业待兴之际，将温州瓯江大桥列为全省重点建设项目之一，由省交通设计院设计，省公路工程一队、二队与省港工程队联合施工，于1982年春破土动工，1984年9月中旬全面建成。前后历时二年半，化工35万，投资1200余万元，比原计划提前半年竣工。在建桥过程中，省、市领导关怀重视，有关方面和当地群众积极支持，全体工程技术人员、工人、干部在水深浪急、地质复杂的困难条件下，冒酷暑，顶严寒，艰苦奋斗，努力拼搏，做到了高速、优质、安全，为我省建桥史上所罕见。

大桥距市区17.3公里，南起市郊练墩，北迄永嘉陆岙，主桥长726米，含引桥全长1300米，宽12米，桥面可并驶三辆重型卡车，桥下候潮可通500吨级海轮。白天，红日辉映，宛如长虹卧空，入夜，灯火齐明，又似银河飘落。桥的南堍树“鹿城之春”大型雕塑。桥的北岸，辟公园筑“落虹亭”，为大桥恢宏气象，增添秀色，使温州河山分外妖娆。

大桥于新中国成立35周年前夕通车。节日盛典，喜庆并来，瓯江南北，一片欢腾。为此，省委书记王芳为大桥题词，市委书记袁芳烈为“落虹亭”书额。万古天堑，已成通途。泽及当代，福贻未来，特勒石树碑，以志纪念。至希各界群众，恒念工程艰辛，善加维护，使大桥青春常驻，永镇瓯江，为温州人民造福。温州市人民政府 公元一九八四年九月二十五日立。

【雁楠绿道记（雁楠公路）】 乐清永嘉，浙南形胜之地。乐清雁荡，永嘉楠溪，山奇水秀。昔雁山楠水，崇山峻岭阻隔，咫尺天涯。谢灵运吟唱楠水而不得登雁山；徐霞客踏遍雁山而未曾涉楠水，乃千古憾事。

今憾事不再，雁山楠水联为一体，皆雁楠绿道之功。雁楠绿道，东起乐清上塘，西至永嘉枫林，连绵百里，天堑变通途。雁山楠水之奇绝，自此融会贯通；沿途万种景致风情，如散珠乱玉金线串接，而今从容可探；驱车绿道，一路诗情画意，满途野趣佳境。雁山楠水间，有路若此，谢公霞客当慰矣。

雁楠绿道始建于己丑冬（2009年12月3日），历时三年，壬辰年（2012年）竣工，谨记之。

【雁楠绿道百字碑文（永嘉）】 雁楠绿道始建于己丑冬，东起乐清上塘，西至永嘉枫林，穿山跨水，连绵百里，天堑变通途。绿道逶迤，恰似金线，串接乱珠散玉。自此雁山楠水之绝，皆从容可探。驱车绿道，一路诗情画意，满途野趣佳境，更有众多古村名胜、瓯越民俗可怀古可玩味；古道幽然可漫步可健身，驿站营地可美食可休闲，岂不快哉！雁山楠水间，有路若此，谢公霞客当慰矣。（教授、浙江大学景观艺术研究院院长、杭州潘天寿环境艺术设计研究院院长 朱仁民）

【安阳渡亭碑（文成）】 位于文成县境内，岁辛丑，余自鹿城挂帆回里。舟泊溪口之渡口，晨起登岸，高瞻远瞩，兴味正覆不浅。西行数步，有亭数椽，因小憩焉，见夫隔水呼渡者，靡靡然。背负肩担，往来不绝。少顷，悉来集于亭。群相与语曰：“此地，南通邑城，西连泰邑，且可迂回达括苍，赴闽省，真要道也！奈无仁人长者，建一义渡，致舟人索钱喧杂，兼之舴艋几于朽腐，上漏下湿，艰险不可言状。即是处，可以坐息或不无渴极思饮之，惨为缺感事耳！”余闻之恻然良久，因念吾祖父，素欲措一久远计而未克，遂今因余之责也！归语诸弟辈，果帷轩鼓舞，汲汲焉欲成其事。余曰：“先人非吾而不为也，良以其地，数十有余里，非有善其事者，必不能使后世无弊。是以事逐中止耳！吾辈且徐俟之，毋轻举也。”是岁春，陈君克宣，踵门以募捐劝余，思陈君夙称长厚，必能善其事者，乃商之弟辈，舍祖父所治五十四都周字号之腴田。大清道光二是二年仲

秋月　王邦玺

【永缙古道济根岭道路碑记（永嘉）】　窃以道途残竭，尚念扫除野径荆榛，施剪伐缘。此大路底自济岭脚，外至天窗路。前辈信士，造以山畔，往来尚多峻岭，过客每致岐叹。兹约同人改修，溪边出入，都属平坦，行人屡称如砥之安，计其数，皆远近揆以宜，故纠正以砌石，须集腋以成裘，业经厥工告竣成，涌涌福泽，穷诚非独立堪支持，记姓名于碑石矣。清·光绪戊寅年无射月立 首事赵来木

【牛乌岭路亭碑（乐清）】　总统褒题／志洁行芳　先祖母洪施氏青年守节，孝养翁姑，久为乡帮人士推仰。民国初年，承袁大总统褒奖，赐题“志洁行芳”四字，建造坊表，续以时局关系，未能实行。兹奉母命，筑此路亭，聊表私人孝思，并便行旅憩息。云尔中华民国二十六年荷月吉旦，媳妇洪徐氏，命男鹤恭建，姻待生徐之骐题跋，晚周藩敬书。

【《重修万桥记》（乐清）】　事创者固难，继者亦不易。昔万氏东平公创此桥也，倾囊运石填港为基，横阔三十余丈，直深二百余寻。将就始被洪潮冲坏。公复运填，已成，继遭山溜冲激。公终不惮其难，再运石二千余舟以固之，累成四柱，跨木为梁，公自镌碑记之，肇名万桥。起于宋元祐二年丁卯，讫于癸酉，期间挫折艰辛，言不胜状者，非公莫能任也。故曰创者固难。垂六十年，烬于火时，叔永公亦捐己资，架以石嗣，□□元及明，风潮齿蚀，几不能支。宣德初，则呈则洪诸公会族发帑方修条，有蒲城千兵魏迪公，决欲增饰，遂倡捐银八千余两，令军士广募众缘，相与落成，化四柱为五洞，树阑楯于两旁，形势穹窿，似长龙之吸涧，越九戚，正统间工毕勒石。迄今四百余年，墩柱参差，脊梁凸凹，往来颠仆者不一其人。惟希火公目击心伤，不恶坐视，毅然首书，率同志诸公，募捐鸠资，赞襄其事，事将经始，惟以良匠未得为虑，适有太平邑志松道人，精于砌甃，不取工资，公即信任焉。于是鸠群工，运群材，沐雨栉风勿恤也，披星戴月勿顾也，即梯山航海亦勿敢辞也。经二载，光绪二十年告竣。计阔一丈四尺零，长二十一丈有奇，雁齿井井，狮象颙颙，较之古迹更为殊焉。故又曰继者亦不易也。是为记。国学生竹溪胡养中瑾撰　万希根书 皇清光绪二拾市岁次甲午春月

【《重建东魁桥记》（苍南 清·徐恕）】　《春秋传》曰：水涸成桥，王制司空，以时平易道路。故徒杠与梁，岁举不废，诚以行旅照攘，使勿登之垣夷，势且襄裳裹足。郑国桥以乘与济人，君子讥之，有油然已。邑之金舟乡东魁里，有孔道焉。中介大河，其水汇江以南八乡之流而下注于海。河广以深，波澜壮阔。居民编竹为筏，左右牵鞭以渡，险而且劳，后之者迟之又久而始济，涉者病之。乾隆丙之夏，余量移来止，巡行其地，进里民而询厥由。胜国时先有桥矣，顺治间海氛迁弃，桥遂以圮，阅今百有余年，未获兴复，余惟是地当通衢。闾阎之作息，行道之往来，所关甚巨。笱持筏为安，非特长民者之责，抑亦乡士夫之羞也。于时义士谢一聪者，踊跃兴起，力肩厥任，捐佰金为倡。一时禾善者解囊景从，酬钱七皂余缗。鸠工庇材，经始于是岁之秋，至丁丑冬落成。更于桥侧构亭以为憩足之所。而南首支河小桥亦就役焉。工竣余案临慰劳，见夫桥长四十余大，为间者以三十计。上铺石板，支以杙橛，坚固平稳，蜿蜒水上，洵如长虹卧波。而行其中者，飘飘然有凭空凌风之致焉。遂晋首事而劳之，曰：“美哉，桥乎。昔以险，今以平。昔以劳，今以逸。昔以踯躅而不遑，今以夷犹而自肆。肩摩踵接，听忻忻然原出其涂。令以不才，实尸居此，敢以为好义者劝。”里民厥角而前曰：“否！否！桥之废今百余年矣，官数十易，而兴复蔑闻。我候甫下车，即为庶民子来远近市义乎，是候之功也。”复以锡名为请，余询血各何苦？对曰：“里名东魁桥因之。亭曰‘余福’，支桥曰‘余粮’。我齐小民，惧其不文而贻请也，盍更诸。”余曰：“‘东’，生方也。‘魁’，文明之宿也。文明当生方，其

文教振兴之象乎！‘余粮’楼公顷，岁之所以恒丰也。积善余庆，俗之所以归厚也。借此数善，奚病费文，宜乃血贯。”里民又作而起曰：“先有是桥，而邑志不载。废记无稽，昨耕者熊获血时桥额，阅其残镌，乃崇祯间陈候诸晶奎者修建，然言之无文，不足远行，故志失焉。今我候修志，而桥适成。小人袭西山之石，请锡以鸿文、付之剞劂，载入邑乘以志上下交孚之盛传于永永，候其诺哉。”余嘉其意之诚而虑之远也，乃书此以付之，乾隆戊寅（1758）八月日记。

3. 路与传说

【红岩隧道传说】　久前，张村有个泥瓦匠小伙名张石，长得精干。他能用鹅卵石修砌墙体，尤其是用鹅卵石铺设路面，图案变化多端，花鸟虫草、丽山秀水、人物肖像，栩栩如生、光彩夺目，令人惊叹不已。离张家村百里之外有个雪溪村，村里有个富人叫胡有财，听说张石的手艺后，便请他为自己的大院砌墙、铺路。五年后，一座由鹅卵石铺路、鹅卵石砌墙，再配以斗拱青瓦、雕梁画柱、规模庞大、细节精致的院落建成了，取名“胡氏大院”。胡家有女叫胡鹃。建房五年，胡鹃经常为张石端饭送水，暗生爱慕之情。胡有财得知此事，大院圆工那天，便对张石说：“你想娶我女儿，先拿二百两黄金做聘礼，给你三年时间。”三年时间转眼即逝，张石靠着自己的高超手艺和吃苦耐劳，终于赚足二百两黄金。他翻过九十九道山，跨过九十九道河，迫不及待地赶到朝思暮想的胡村时，却得知胡娟两年前已跳崖自尽。原来，两年前，胡有财看着女儿整天为思念张石而茶饭不思，就以父母之命，强行将她嫁于邻村一大户人家为媳。胡娟趁新婚之夜出逃，满腔怨情无处诉，便上了殉情崖，一跃而下……张石直奔殉情崖，站在胡娟跳崖之处往下看，悬崖半腰处岩石上分明站着他朝思暮想的胡娟，急忙抬腿追去。正在此时，突然狂风肆虐，乌云急聚，闪电撕裂天宇，一声惊雷炸开崖顶，两股洪水直泻而下，冲击在凸岩上，然后又分流而去。雨过天晴，人们看到了殉情崖上多了一道瀑布，而原先黛黑色的崖壁，都成了暗红色。有人说那瀑布就是张石和胡娟的化身，而那暗红色的崖壁则是他们的鲜血染成。从此，人们就改叫殉情崖为红岩。2000 年 8 月，建设 S228 云寿线红岩隧道时，公路人用整块岩石打造了一座小巧玲珑的石拱桥，引瀑布下两支溪流从石桥下合流。石桥取名为“连理桥”，寓意张石和胡娟从此能比翼双飞，连理同枝，也祈愿天下有情人终成眷属。

4. 路与诗词

【《从斤竹涧越岭溪行》】　猿鸣诚知曙，谷幽光未显。岩下云方合，花上露犹泫。逶迤傍隈隩，迢递陟陉岘。过涧既厉急，登栈亦陵缅。川渚屡径复，乘流玩回转。苹萍泛沉深，菰蒲冒清浅。企石挹飞泉，攀林摘叶卷。想见山阿人，薜萝若在眼。握兰勤徒结，折麻心莫展。情用赏为美，事昧竟谁辨。观此遗物虑，一悟得所遣。（南北朝　谢灵运）

【《过分水关》】　连山行到顶，便作异乡人。流水分南北，征途判浙闽。殊音难共语，僮仆自相亲。长日崎岖路，翻怜老迈身。（清　乐清　赵贻瑄）

【《松山》】　梯尽瓯闽万叠山，山中喜见浙中天。好抛灵运崎岖屐，直上林宗散诞船。旷野夜收桑柘雨，平湖晓浸芰荷烟。宦游惯作东吴客，相望何人立水边。（宋绍兴进士 林仰）

【《分水岭》】　呜咽泉流万仞峰，断肠从此各西东。谁知不作多时别，依旧相逢沧海中。（南宋绍兴进士 黄公度）

【《船屯渔唱》】　界破瓯闽万叠烟，分流一派到关前。莫忘东晋关山险，曾记兵过至德年。（清 平阳 张綦毋）

【《和张无垢胡澹庵二先生清江亭记》　一静心境融，飞跃昭上下。大道元不磨，人情自荣谢。两翁投遐荒，浩然独余暇。悲此当道狐，羞彼立伏马。命义俯仰间，谁复论冬夏。一笑清江滨，瓦杯胜琼斝。丙子复丙辰，居然百载下。青山招我来，寒燠任更谢。寤寤古人心，处变亦如暇。纷纷艳孔张，翕翕啧贾马。世道长江流，何人屹中夏。漆室空兴嗟，且酌宜城斝。（南宋 乐清 刘黻）

【《谢灵运塑像赋诗》】 家乡建楠溪江大桥，桥头堡立起谢灵运塑像时，感而赋诗。橙红色的人生橙红色的梦，在澹荡的春光中频频跳动，不要惊破诗人的残梦啊！吩咐园里的鸣禽池上的风。我在你梦中得句的春草池边成长， 又在你头颅落地的海珠桥畔栖身，我多么想在梦中拥抱你啊，从刀光剑影中感受你胸口的微温。（中山大学教授、著名学者 王季思）

【《萧家渡》】 纷更人事异前朝，古渡千年尚姓萧。敞目适中亭上望，一江南北往来潮。

（清 乐清 赵话）

六、公路基本词汇

【“公路”来历】 公路是指连接城市、乡村和工矿基地之间，按照国家技术标准修建的，由公路主管部门验收认可，主要供汽车行驶并具备一定配套设施的道路。田间或农村自然形成的小道，不属于公路范畴。在中国，“公路”一词，最早出现在《诗经》（魏风·汾沮洳）：“美无度，殊异乎公路。”这里的公路是指当时掌管路车（国君车辆）的官员称呼，而不是路。《新唐书·崔祐甫传》：“而元载用事，非贿谢不与官，划塞公路，纲纪大坏。”此处公路也不是指路，而是指官场晋升途经。可见中国为现代道路命名的“公路”一词，是从国外引进舶来品。1769 年，法国人居纽创制世界上第一辆蒸汽机三轮汽车，这是孕育公路的开始。1815 年，苏格兰人马克首创碎石路面，从此揭开了近代公路的历史。1854 年，法国巴黎开始铺设沥青路面，开启公路发展的历史新阶段。1865 年，英国开始修筑水泥路面。1886 年，德国人卡尔·苯茨获得内燃机汽车发明专利，被视为近代“汽车元年”。从此世界各国开始大批量生产汽车，促进了公路事业的迅猛发展。中国最早的公路建于 1908 年，起于广西龙州（今崇左市龙州县）至鸭水滩（原计划修至那堪，因工程艰巨未果），全长 17 公里。该公路开创者是当时的广西提督苏元春。1928 年 4 月，浙江省省道局和兼管县道建设的建设厅合并，省道局原班机构改名为省公路局，明确规定：凡通行汽车的省道和县道统称公路，均由省公路局主管。“公路”一词自此开始。

【道路 公路】 道路是供各种车辆（无轨）和行人通行的工程设施。按其使用特点分为城市道路、公路、厂矿道路、林区道路及乡村道路等，以其公共交通之路得名。其中，连接城市、乡村、工矿基地，主要供汽车行驶并具备一定技术标准和设施的道路称公路。

【公路类型】 公路按使用性质可分为：国家级公路、省级公路、县级公路和乡、村级公路，以及专用公路五个行政等级。一般把国道和省道称为干线，县道以下称为支线。国道是指具有全国性政治、经济意义的主要干线公路，包括重要的国际公路、国防公路，连接首都与各省、自治区、直辖市首府的公路，连接各大经济中心、港站枢纽、商品生产基地和战略要地的公路。省道又称省级干线公路。在省公路网中，具有全省性的政治、经济、国防意义，并经省、市、自治区统一规划确定为省级干线公路。省道由全省（自治区、直辖市）公路主管部门负责修建、养护和管理。国道中跨省的高速公路由交通部批准的专门机构负责修建、养护和管理。县道是指具有全县（县级市）政治、经济意义，连接县城和县内主要乡（镇）、主要商品生产和集散地的公路，以及不属于国道、省道的县际间公路。县道由县、市公路主管部门负责修建、养护和管理。乡道是指主要为乡（镇）村经济、文化、行政服务的公路，以及不属于县道以上公路的乡与乡之间及乡与外部联络的公路。乡道一般由当地人民政府负责修建、养护和管理。专用公路是指专供或主要供厂矿、林区、农场、油田、旅游区、军事要地等与外部联系的公路。专用公路由专用单位负责修建、养护和管理。也可委托当地公路部门修建、养护和管理。

【公路网】 指一定区域内根据交通的需要，由各级公路组成的一个四通八达的相互联络、交织成网状分布的公路系统。它由不同道路功能和不同技术等级的公路组成，以适应该区域内城市和乡村之间，居民区、工业区、农业区和商业区之间，以及公路和其他运输方式（铁路、水运、航空、管道）之间，区域内与区域外之间，其他区域经过本区域的过境交通等的公路交通运输的需要。其中包括辐射公路、环形公路、绕行公路等三种形态公路组成。辐射公路：在公路网中，自某一中心向外呈辐射状伸展的公路。环形公路：在公路网中，围绕某一中心呈环状的公路。绕行公路：为使行驶车辆避开城镇或交通障碍路段而修建的分流公路。

【公路等级】 公路根据使用任务、功能和适应的交通量分为高速公路、一级公路、二级公路、三级公路、四级公路五个等级。高速公路为专供汽车分向、分车道行驶并全部控制出入的干线公路。四车道高速公路一般能适应按各种汽车折合成小客车的远景设计年限，年平均昼夜交通量为 2500 ～ 55000 辆；六车道高速公路一般能适应按各种汽车折合小客车的远景设计年限，年平均昼夜交通量为 45000 ～ 80000 辆；八车道高速公路一般能适应按各种汽车折合成人客车的远景设计年限，年平均昼夜交通量为 60000 ～ 100000 辆。除高速公路以外的干线公路、集散公路、地方公路，分四个等级。一级公路为供汽车分向、分车道行驶的公路，一般能适应按各种汽车折合成小客车的远景设计年限，年平均昼夜交通量为 1500 ～ 30000 辆。二级公路一般能适应按各种车辆折合成中型载重汽车的远景设计年限，年平均昼夜交通量为 3000 ～ 7500 辆。三级公路一般能适应按各种车辆折合成中型载重汽车的远景设计年限，年平均昼夜交通量为 1000 ～ 4000 辆。四级公路一般能适应按各种车辆折合成中型载重汽车的远景设计年限，年平均昼夜交通量为：双车道 1500 辆以下，单车道 200 辆以下。选用公路等级应根据公路网的规划，从全局出发，按照公路的使用任务、功能和远景交通量综合确定。

【公路远景设计年限】 各级公路远景设计年限：高速公路和一级公路为 20 年，二级公路为 15 年，三级公路为 10 年，四级公路一般为 10 年，也可根据实际情况适当调整。对于不符合本标准规定的已有公路，应根据需要与可能的原则，按照公路网发展规划，有计划地进行改建，提高通行能力及使用质量，以达到相关等级公路标准的规定。采用分期修建的公路，必须进行总体设计，使前期工程在后期仍能充分利用。

【公路主要技术指标】 公路的主要技术指标有：计算行车速度、行车道宽度、路基宽度、极限最小平曲线半径、停车视距、最大纵坡、桥涵设计车辆荷载及桥面车道数。计算行车速度：即设计车速，是表明公路等级与使用水平的控制性指标，是公路几何设计所采用的车速。行车道宽度：公路上供车辆行驶的路面面层的宽度，一般指行车道宽度。路基宽度：在一个横断面上两路肩外缘之间的宽度。极限最小平曲线半径：在平面线型中，路线转向处曲线的总称包括圆曲线和缓和曲线，称作平曲线。为保证车辆按设计车速安全行驶，对平曲线半径所规定的最小值。停车视距：汽车行驶时，驾驶员自看到前方障碍物时起，至到达障碍物前安全停止，所需的最短距离。最大纵坡：根据公路等级与自然条件等因素所限定的路线纵坡最大值。最大纵坡是公路纵断面设计的重要控制指标，直接影响到路线的长短、使用质量、运输成本和工程造价。桥涵设计车辆荷载：由国家标准规定作为桥涵设计依据的若干等级标准车辆和车队。有计算荷载（汽车荷载）和验算荷载（履带车和平板挂车）。

【公路主要组成部分】 公路的主要组成部分有路基、路面、桥梁、涵洞、渡口码头、隧道、绿化、通讯、照明等设置及其他沿线设施组成。

【路面结构和主要功能】 路面是用各种筑路材料分层铺筑在公路路基上供车辆行驶的层状构造物。其主要功能承受行车和各种自然因素如风、霜、雨、雪、日照等的共同作用，使之能有足够的强度、稳定性平整度和粗糙度，以保证车辆在路上安全、舒适、快速行驶。

【公路用地范围规定】 从公路边沟外缘起，没有边沟的，从公路坡脚线外缘起，国道不少于20米，省道不少于15米，县道不少于10米，乡道不少于5米的区域内公路建筑控制区范围。在上述范围内，除公路防护、养护需要和必要的农田设施建设外，禁止修建建筑物和构筑物；需要埋设管线、电缆等设施的，应当事先经交通主管部门批准。大中型公路桥梁和渡口周围200米，高路堤等特殊路段两侧200米，公路隧道上方和洞口外100米，公路两侧100米范围内，禁止挖砂、采石、采矿、倾倒废弃物，禁止进行爆破作业及其他危及公路、公路桥梁、公路隧道、公路渡口安全的活动。在上述桥梁、渡口、高路堤、隧道、洞口的范围内和公路两侧20米范围内禁止取土。

【公路桥梁分类】 桥梁按使用性质分公路桥、公铁二用桥、人行桥、拖拉机桥、过水桥（渠道桥）等；按跨径大小和多跨总长分小桥、中桥、大桥；按行车道位置分上承式桥、中承式桥、下承式桥；按承重构件受力情况分桥梁、板桥、刚构桥、吊桥、组合体系桥（系杆拱桥、斜拉桥）；按使用年限分永久性桥、半永久性桥、临时性桥；按使用年限分泄洪桥（高水位桥）、浅水桥（低水位桥）、开启桥、浮桥；按材料性能分木桥、圬工桥、钢筋砼桥、预应力桥、钢桥。

【拱桥和双曲拱桥】 拱桥与双曲拱桥均属拱桥体系的桥梁。拱桥在纵面内以拱作为上部结构的主要承重构件的桥梁；双曲拱桥是纵向由拱肋，横向由一个或多个拱波组成的拱桥，其外形在纵横两个方向均呈曲线形。

【上承式、中承式、下承式桥梁】 主要根据行车道的位置来判断。当桥面系位于上部结构上部，则称上承式桥梁，如梁桥、拱桥；桥面系位于上部结构中部的桥梁称中承式桥梁；当桥面系位于上部结构下部，则称下承式桥如系杆拱桥。随着公路等级的提高，除正交桥梁外，现常见的有斜桥、弯桥、坡桥。正桥—桥梁的纵轴线与其墩台轴线相垂直的桥梁。斜桥—桥梁纵轴线与其墩台轴线不相垂直的桥梁。弯桥—桥面中心线在平面上为曲线的桥梁，即位于平曲线上的桥梁。坡桥—位于路线纵坡上的桥梁。桥涵分类：特大桥 $L \geqslant 500$，$L0 \geqslant 100$ 大桥，$L \geqslant 500$ $L0 \geqslant 40$；中桥 $30<100$，$20 \leqslant L0<40$；小桥 $8 \leqslant L \leqslant 30$ $5<10$，涵洞 $L<8$ $L0<5$（L为多孔跨径总长，单位米；L0为单孔跨径，单位米）。

涵洞按建筑材料分砖涵、石涵、砼涵和钢筋砼涵；按涵洞断面形式分管涵、板涵、箱涵、拱涵。按涵顶填土情况可分为明涵—涵顶无填土和暗涵—涵顶填土大于50厘米；涵洞按水力性能分无压涵、半压力涵和压力涵。选择上述涵洞类型时尖考虑净空断面的大小、地基的状况、施工条件及工程造价等。

【道路交叉类别】 两条或两条以上道路交会称之为道路交叉。道路与道路交叉一般分为平面交叉与立体交叉两类。道路与道路在同一平面内的交叉简称平交；道路与道路在不同高度上的交叉叫立体交叉，简称立交。

【公路立体交叉及类型】 公路立体交叉的主要规定：高速公路与其他各级公路交叉，应采用立体交叉。立体交叉分为简单立交，即分离式立交，上下层道路之间互不连通的交叉。上下层道路之间用匝道路互相连通的交叉叫互通式立体交叉。互通式立体交叉又分为菱形交叉、喇叭形立交、环形立交、苜蓿叶形立交、定向立交。

【公路服务设施】 公路服务设施包括公路（特别是高速公路）沿线必要的地点建立为行车服务的一般服务性设置，以便驾驶人员和旅行者获得旅行途中的休息、添加燃料及供应饮食等。

【护栏按受力特性分类】 护栏按受力特性一般分为三类：一是刚性护栏，如砼或钢筋砼护栏；二是半刚性护栏，如波形梁护栏；三是柔性护栏，如缆索护栏。 按其设置位置可分为路侧护栏、中央分隔带护栏、桥梁护栏。隔离栅是以金属网片绷紧在支撑结构上的栅栏。高速公路与一级汽车专用公路两侧均应设隔离栅，用以阻止人畜进入公路界，以及防止非法侵占公路用地。

【防眩设施】 防眩设施是指设置在中央分隔带的构造物，它是防止夜间行车的驾驶人员不受对向来车前灯眩光干扰。

【常用交通标志类型】 一般有警告标志、禁令标志、指示标志、指路标志、辅助标志、可变信息标志等。

【路面标线】 路面标线包括行车道中心线、车道分界线、车道边缘线、停车线、减速让行线、人行横道线、导流标线等。

【公路建设与环境保护】 汽车行驶时排出大量的废气及噪音，对环境造成污染，公路沿线要通过种树植草，以利吸收有毒废气，减少对环境的危害。边坡植草还能保护路基边坡土壤，减少水土流失，同时又能美化路容。

【公路路线编号规则】 公路路线编号由一位公路管理等级代码和三位数字构成。国道按首都放射、北南纵线、东西横线分别顺序编号。以首都为中心的放射线由一位标识码“1”和两位路线顺序号构成，如G104；由北向南的纵线由一位标识码“2”和两位路线顺序号构成，如G201；由东向西的横线由一位标识码“3”和两位路线序号构成，如G330。省道在各省、自治区、直辖市界内按省会（首府）放射线、北南纵线、东西横线分别顺序编号。县、乡、专用公路及其他公路以各省、自治区、直辖市公路管理区域为基础分别顺序编制。均由三位路线顺序构成；顺序号不足三位数字时，在前位充“0”。 编号区间：公路路线编号区间，国道为G101～G199、G201～G299、G301～G399；省道为S101～S199、S201～S299、S301～S399；县、乡、村、专用公路及其他公路的代码分别为X、Y、C、Z、Q。

【路拱】 即路面的横向断面做成中央高于两侧，具有一定坡度的拱起形状。路面表面做成直线或抛物线型，其作用是利用路面横向排水。是扩建和改建的快速路、主干路、次干路及支路机动车道与非机动车道一般路段的路拱横坡和路拱曲线设计。路拱优点：有利于排水。路拱缺点：不利行车。

【工赈筑路】 即招收失业或受灾等原因而造成生活困难的人参加工作，用劳力换取一定的收入，以代替政府对他们的救济。郑观应在《盛世危言·开矿》中说：“用人工，则贫民自食其力，以工代赈，莫便于斯。” 民国10—11年（1921—1922），浙江省发生严重水灾，受灾县达55个，占全省县数的72%，绍兴、台州、温州三地灾情尤为严重。在此情况下，中华全国道路建设协会浙江分会决定实行以工代赈办法，修筑浙闽正线萧（山）绍（兴）的路基土方。后因经费中辍，无以为继。

【戡乱筑路】 民国36年（1947）7月，国民党军队重点进攻山东、陕甘宁解放区的军事战略被粉碎以后，国民政府悍然颁布“戡乱总动员令”，并电斥浙江省“绥靖”工作迟滞不进，原因之一是交通停顿。于是，省公路局根据省保安司令部提出的路线，制订了《浙江省戡乱军事公路计划》。这是以配合反共为中心的军事筑路计划。计划新建公路6条计520公里。是年11月，衢州绥靖公署向浙江省政府提出急修8条公路，简称

“绥靖八线”。在8条公路中，温州区域占2条，即沿海线（杭温线）、丽（水）温（州）线。

【剿匪路线】 民国37年（1948）3月，国民党国防部核定“绥靖八线”中的一至五线为浙江省所谓“剿匪路线”：一是沿海线（杭温线），二是丽（水）温（州）线，三是龙（泉）庆（元）线，四是临（海）永（康）线，五是桐（庐）孝（丰）线。

【工兵筑路】 民国5年（1916），时仍浙督兼省长的吕公望，曾布置第一师兵工筑路。当时浙军第一师驻防温州和台州一带，市长童保暄是台州人，即在浙闽正线黄岩至泽国段组织兵工修筑路基土方。开工不久，新任浙督杨善德命令第一师去福建参加反粤战争，兵工筑路即行停止。民国10年（1921）6月，孙中山先生发表了兵工计划宣言，一时舆论所向，认为把多余的兵用于筑路，化冰为工，是善举良策。

【商资筑路】 民国3—7年（1914—1918），第一次世界大战期间，由于战事不断，西方列强暂时顾不及对中国的侵略，因此中国的民族工商业也暂时得以稳定和发展。战争结束后，西方侵略势力又卷土重来，中国民族工商业被迫转入萎缩和萧条。就在这种背景下，一部分资金就流入投资公路运输行业来了。民国7—9年（1918—1920年），北洋政府陆续公布了《修治道路条例》《修治道路施行细则》《修治道路收用土地章程》《商办道路规则》《商办桥梁规则》，及修治道路奖励条文，为商人投资筑路打开了门户。民国10年（1921），中华道路协会成立，宣传国民筑路（商资筑路）。浙江省省道局也于民国12年（1923）颁布《浙江省修筑省道地方团体及商人承筑条例》，规定地方团体修筑省道，由省给予补助。商办公司投资承筑者，不给补助，但给予专利营业权，由省道局审查报请省长批准立案发给执照。商办公司投资筑路由此兴起。

【三省联络公路】 民国20年（1931）11月，全国经济委员会筹备处成立，接替铁道部掌管全国公路建设事宜。翌年（1932）12月，该会正式成立，开始督造公路，首先进行的是苏、浙、皖三省联络公路。民国21年（1932）1月28日，上海保卫战打响，十九路军奋起抵抗。3月，上海失守，国民政府与日本侵略军签订了淞沪停战协定。随后，下令修建苏浙皖间6条公路，线路均在南京周围，限8个月完成。5月2日，全国经济委员会召开会议，讨论六线工程。8月，成立三省道路专门委员会，督造六线工程，称为“三省联络公路”。六线工程中与浙江有关的就有5条：京杭路、沪杭路、苏嘉路嘉王段、杭徽路、宣长路长泗段。以上5条线路（浙境内工程）实际施工只有4条，由全国经济委员会拨借基金252916元，占工程经费概算的32%。这些工程的完成，促进了浙江北部公路交通的发展。

【边防路】 民国20年（1931），国民党三次“围剿”失败后，闽浙赣边区的红军得以发展。闽浙赣边区“剿共”司令赵观涛向浙江省政府提出修建为“剿共”军事服务的所谓“边防路”。赵观涛提出修建的路线有：第一条，干线由开化华埠经桐村至濠岭关，支线由十八跳至白沙关；第二条，干线由下邓沅、溪口、苏庄、塘头村、平坟至白云庵皖境，支线从苏庄经富户、荒川口、界头接赣境；第三条，干线由江山峡口经保安、二十八都至风岭，接闽省蒲城。这些路线基本集中在开化、江山两县境内。

【复原路线】 1938年6月11日，为防日寇进犯，国民党第三战区下令破坏公路，温分防司令部派工兵和地方当局一起，将泽（国）清（乐清）温（州）、永（嘉）瑞（安）平（阳）、龙（泉）永（嘉）等公路全线破坏。专业和民众养护组织均解散。民国34年（1945）8月15日，日本帝国主义宣布无条件投降。当月，浙江省交通、驿运管理处就派员前往接收，同时组织力量开始抢修上述被毁路线。这些因抗战而人为被毁、之后又抢修恢复功能的路线统称为“复原路线”。后因战事不断，资金不足，直到民国38年（1949）4月，温州仅完成三界桥至乐清一段路基。

【流芳建筑】 鼓励地方人士或团体以资财

兴筑某路之全线或一段，或一桥，即以其人或团体之名命名路或桥，或用别种名誉奖励。如建于1994年2月的G104线温州景山段的“三维立交桥”，即用企业名称命名的桥梁（拍卖形式）。

【农余建筑】　利用农闲时节，以组织剩余佃力（向地主或官府租种土地的农民）参加筑路，或用其他办法参加筑路。

【“罗定式”公路】　所谓“罗定式”公路，即在养护公路路面时，同时对路肩、边沟、桥涵、标志、绿化等方面也加强养护，因而使路况得以全面改善。这是在1963年由广东省罗定工区创建的工作方法。当年，广东省委第一书记陶铸在检查广东各地区工作之后，提出“全省公路部门要向罗定工区学习，把全省公路养得像罗定县一样的好”。1963年4月，交通部在罗定县召开养路会议，决定开展“学罗定、整修‘罗定式’公路”运动。

【公路路面磨耗层】　1957年2月6日，新华社新闻稿评述“一五”计划时对公路养护作了详细评述，称把汽车运输成本、物耗降低和车速提高，点位于公路技术状况改善所致。其中提到北方改造土路，南方加铺磨耗层、保护层，在1955年前只有浙江、福建实施，以后推广到全国24个省、区。1982年6月28日，交通部在兰州召开的全国公路养护会议纪要中提到“六十年代以来，继续推行群众创造的改造土路，加铺级配磨耗层和回砂养护经验”。对于公路路面磨耗层、保护层，温州、丽水养护老工人有几种说法：一是温丽线职工利用瓯江及其各支流的砾石、溪砂资源，在养护实践中创造的；二是丽水段副段长朱清建、工程师王靖华共创的；三是苏联经验传入；四是由温州、丽水公路养护职工创造后，先推广到福建、福州、福安地区，再延展到全国。以上说法迄今未找到历史文献记载验证。但可以肯定，它是温丽线养护职工率先推行的。首创者，很可能是梅岙工区领工吴什寿、工长徐育松。磨耗层保护现今仍在使用，继而发展到沥青路面磨耗层保护，并编入路桥工程学教科书。

【拖挂运输】　拖挂运输是“大跃进”的产物。1958年6月，工农业生产“大跃进”开始，中央提出“元帅（钢铁）升帐，交通先行”的口号，交通部提出公路“六化”标准要求。7月成立区局工程队，充当先行官，负责温州地区新建、改建公路和手车道路测量、设计和施工任务。8、9月间，金华区公路运输局为解决“大跃进”中运量与运力的矛盾，局长高国璋鼓励工人、技术人员参与改革、创新活动，利用汽车的储备功能试制多轴斗式挂车的拖挂化运输成功，并推广到全国，车长和重吨位汽车增加一倍以上，超长、超重车崛起，对公路的通行标准提出了新的要求。是年11月11日，交通厅在温州召开列车化运输现场会，对公路提出一长、二宽、三平、四直、五实的要求，具体要求公路直线距离不小于500米，路基宽度不小于20米，纵坡不大于6%，弯道半径不小于30%，路面荷载发布均匀。在当时没有增加资金、材料的情况下，在短期内不可能达到上述要求。嗣后列车化运输不成功而停止。1962年，交通部对挂车进行统一定型，限定主挂车载重比1∶1.2为限，1∶1.5以上多轴挂车停止使用，第一期公路改建从此告一段落。

【“四自”工程】　“四自”工程，即实行“自行贷款、自行建设、自行收费、自行还贷”政策的公路建设工程，也叫政府贷款公路。改革开放30年，最大影响温州公路发展进程之一的是“四自”工程。“四自”工程，不但改变了温州公路建设的单一化投资体系，第一次将社会资金引入到交通建设上来，而且让温州公路交通在短期内突破了资金瓶颈，为温州公路进入发展快车道打下了基础。当年，走在改革开放前列的广东省，创出“收费还贷”建公路的方法。1992年12月，浙江省经实地考察广东公路建设模式后，开始对交通投资体制进行改革。在浙江省政府《关于加快交通基础设施建设的通知》中，提出了由地方政府以“四自”的办法，提前建设国家和省近期难以安排而中长期规划又必须实施的交通基础设施。

温州最早采用“四自”工程的项目，是1995年1月11日开工的时称中国最长公路桥—温州大桥工程项目。“四自”工程建设之初，温州公路建设的主要任务是“打通卡口，消除瓶颈，缓解交通紧张状况”。温州在实践中探索和积累了“四自”工程建设的一些成功做法和经验，如政策处理采取“政治动员、经济补偿、行政干预”三管齐下的做法，资金筹措采取“沿线乡镇集一点，人民贡献一点、财政解决一点，银行贷款一点”的“四个一点”做法等。“四自”工程为温州公路交通助推经济社会发展发挥了重要的作用。

【现代交通“五大建设”】 中共十八大以来，浙江交通加速大港口、大路网、大航空、大水运、大物流等现代交通五大建设，努力构建“通达、便捷、经济、安全”的现代综合交通运输体系，浙江交通网实现由经济社会发展“瓶颈制约”向“总体适应”跨越。

【“五型公路”】 2008年，省公路管理局在全省公路工作会议提出“建设大路网，打造五型路”的战略目标，并在实践中不断丰富发展“五型公路”内涵。“五型公路”是指品质型、平安型、生态型、服务型、阳光型公路，涵盖了公路建、管、养、征、精神文明和廉政建设等各方面工作，是一个内容相互关联的有机整体。⑴“品质型公路”位居“五型公路”之首，要求立足升级扩容，打造与其他现代化交通方式全面对接，公路网络全面完善、公路等级全面提升、公路通行能力全面提高、公路路况全面改善，在功能与质量上满足多样化公路交通需求的公路公共产品。⑵“平安型公路”，要求把公路安全贯穿于设计、建设、养护、运营、监管等全过程，坚持安全第一，实行综合治理。⑶“生态型公路”，要求公路建设改变粗放的发展模式，顺应时代发展大势，立足区域生态优势，建设资源节约型和环境友好型社会。⑷“服务型公路”，即以社会认可和群众满意度为工作衡量标准，确保公路为公众提供及时、准确、全方位的惠民便民服务。⑸“阳光型公路”，要求公路行业公开透明，廉洁奉公。

【“三抓三培育”】 在公路行业推行抓功能完善、抓品质提升、抓规范管理；培育特色化服务典范、培育品牌化服务模式、培育专业化服务团队。

【“双最美”】 2013年10月10日至10月30日，市公路管理局与市文明办联合发起“最美公路人、最美公路”网络评选活动，中国文明网温州站、温州网、温州公路网三家网站同时在首页显要位置公布投票链接。是年12月，对评选结果进行发文表彰。

【“六个一”】 2013年，省交通运输厅农村公路工作领导小组办公室印发《浙江省乡级农村公路管理机构规范化建设指导意见》（浙交农路办〔2013〕4号），提出乡级农村公路管理机构规范化建设“六个一”要求，即农村公路管理站要落实一个专门机构，组建一个养护队伍，安排一处办公场所，筹措一笔管养经费，健全一个运行机制，完善一套内业台账。

【“四好”农村路】 2014年3月4日，习近平总书记就农村公路作出重要指示，要求农村公路建设要因地制宜、以人为本，与优化村镇布局、农村经济发展和广大农民安全便捷出行相适应，要进一步把农村公路建好、管好、护好、运营好，逐步消除制约农村发展的交通瓶颈，为广大农民脱贫致富奔小康提供更好的保障。“四好”即建好、管好、护好、运营好。“四好”也成为对公路建设管理工作的要求。

【“四边三化”】 2012年上半年，省委、省政府决定，在公路边、铁路边、河边、山边等区域（简称“四边区域”）开展洁化、绿化、美化的行动，简称“四边三化”行动。其中，“三化”包含四项指标，即公路边用地内“三化”完成率、建控区内“三化”完成率、建控区外“三化”完成率和公路边绿化完成率。通过“四边三化”行动，自2012年6月至2014年12月，全省国省道公路边一定区域（边界为高速公路用地外缘起向外200米、普通国省道公路用地外缘起向外100米）

和铁路线路安全保护区内影响环境的“脏乱差”问题得到全面整治，“四边三化”水平显著提升。具体目标：公路边：国省道公路两侧宜林地段绿化率达到95%以上，平均单侧绿化宽度达到15米以上。铁路边：铁路两侧宜林地段绿化率达到95%以上，平均单侧绿化宽度达到10米以上。河边：累计完成河道整治约2000公里，完成河道保洁约3000公里，主要河道两岸宜林地段绿化率达到95%以上，新增河岸绿化1000公里。山边：国省道公路、铁路、航道两侧1000米范围内省、市、县“十二五”矿产资源规划明确需治理的矿山治理率达到80%以上。此外，建设森林通道1万公里以上、建成森林村庄4000个以上、完成交通沿线林相改造100万亩以上；国省道公路、铁路两侧1000米范围内的区域全面创建成“烟尘控制区”。

【“三改一拆”】　2013年初，省政府决定，2013—2015年，在全省深入开展旧住宅区、旧厂区、城中村改造和拆除违法建筑的三年行动，简称“三改一拆”。通过三年努力，旧住宅区、旧厂区和城中村改造全面推进，违法建筑拆除大见成效，违法建筑行为得到全面遏制。

【“两路两侧”】2015年5月起，省政协组织对以公路干线和铁路沿线两侧为重点的“四边三化”工作进行专项集体民主监督，对全省3800多公里高速公路和重点区域的国省道、2400多公里铁路沿线的“四边三化”情况进行实地督查，列出了两份问题清单、3538个问题点位。在问题清单中，温州共有问题278个，其中属于公路两侧的201个，涉及8个县（市、区）范围内沈海、温丽、绕城、诸永等4条高速公路视线范围内的乱采乱挖、广告牌残留、乱搭乱建、废品垃圾、黑臭河和垃圾河应、宗教场所、绿化缺失等七个方面。截止2015年9月，温州问题清单基本完成整治。“两路两侧”专项整治行动，是继“四边三化”“三改一拆”之后的又一场环境整治战役，是对“四边三化”行动的深化。

【美丽公路“五个一万”工程】　2015年7月，省交通运输厅出台《浙江省创建美丽公路“五个一万”工程实施意见》（浙交〔2015〕174号），明确实施美丽公路“五个一万”工程和一系列鼓励措施，完善全省路网体系，提高管理、养护水平，全面打造“便捷、畅通、安全、舒适”的美丽公路，构建适应浙江经济社会发展需要的公路路网体系，使公路交通工作继续保持全国先进行列，为“两美”浙江建设提供有力支撑。根据实施意见，浙江将打造一批规划、设计、建设、运营的示范项目，建设一批示范窗口，树立一批示范人物。围绕美丽公路“五个一万”工程，同步开展“设施美、窗口美、人物美、行风美”建设，全面提升公路基层窗口文明服务、规范管理水平，形成美丽公路建设长效机制。

【美丽公路示范项目】　2015年5月，省交通运输厅印发《关于创建美丽公路示范项目的通知》，选定了一批美丽公路规划、设计、建设、养护示范项目，作为创建规划设计优秀、工程质量优良、营运环境优美、行车安全舒适的示范。美丽公路之美，美在内外兼修。即不仅体现在线形优美、道路畅通、行车安全、路况良好、环境自然，还要体现在管理服务的优质。美丽公路是生态文明建设的具体实践，是“文明公路”“生态公路”“绿色公路”的进一步升华。美丽公路的基本内涵是：在公路建设中，通过对与公路周边环境相关的因素进行系统的研究、规划和管理，使公路不仅具有输送人流、物流、信息流，支撑和引导社会经济发展的作用，还要具备改善、美化周围自然环境、丰富人文内涵、提升出行幸福感的功能。因此，美丽公路应该具备通达、便捷、绿色、低碳、安全、美观、幸福与文明的特点，即“舒、安、畅、美”。美丽公路示范项目旨在提升设计理念，加强现代工程管理，倡导精细养护，将自然、生态、质量、安全、人文、景观等要素融入公路项目的规划、设计、施工、养护等各个阶段，打造出设计美、施工美、养护美的“三美公路”。S232水霞线列入2015年浙江省美丽公路养护示范项目。

【“三化一网”】 “十二五”期间，市公路管理局以安全生产标准化建设为抓手，以安全生产网格化管理为载体，以安全生产信息化建设为手段，着力构建公路安全生产监管工作责任网（简称“三化一网”），实现“横向到边、纵向到底，责任全覆盖，监管无盲区”的安全生产管理网格，探索出一套行之有效的安全生产长效管理机制。通过制定一系列制度举措，在省内率先实施安全生产标准化管理，在全省公路系统首创网格化管理。在全市公路安全生产实现标准化、网格化的基础上，整合现有的安全信息网络化软件及“智慧公路”平台，加大公路安全信息化建设力度，努力实现“互联网 + 温州公路安全”管理模式，助力温州公路安全管理迈入“互联网 +”时代。

【“七早工作法”】 2015 年，市公路管理局提出“七早工作法”，即早调研和计划、早设计和审查、早上报和批复、早招投标、早进场和实施、早督查和完工、早检测和验收。“七早工作法”的提出，旨在实施普通国省道干线公路大中修工程中，克服一直以来存在的“工程慢”现象，超前谋划布局，提前做好前期工作，为按时完成年度目标任务赢得先机。

【“三三四”工作法】 2014 年初，市高速公路路政大队在转变工作作风时总结出的工作方法，即“三好三声四结合”。具体内容为，“三好”：门好进、话好听、事好办；“三声”：来有问声、问有答声、离有送声；“四结合”：即时服务和超前服务相结合、努力服务和善于服务相结合、热情服务和优化服务相结合、重点服务与跟踪服务相结合。

【“心路相融　惠泽四方”】 2014 年以来，经过多年的实践总结和工作体会，温州市公路管理局在对公路文化进行顶层设计时，提炼出温州公路核心价值观——“心路相融　惠泽四方”，以及一系列行业价值理念。心路相融，即心在路上，路在心中，心与路相融相依、和谐共进。《周书·谥法》：“爱民好与曰惠，柔质慈民曰惠。”惠泽四方，即通过建设安畅完美的公路设施，使四海通达、百业俱兴、万民受惠。“心路相融　惠泽四方”，秉承浙江公路“人在路上　路在心中”的价值观，成为温州公路发展的根本目标和永恒的价值追求。

【“五微”】 公路部门利用微信的形式，开展微党课、微心愿、微服务、微典型、微活动等五种微型活动。

【PPP 模式】 指政府与私人组织之间为了合作建设城市基础设施项目，或是为了提供某种公共物品和服务，以特许权协议为基础，彼此之间形成一种伙伴式的合作关系。该模式将政府的部分责任，以特许经营权方式转让给社会主体（企业），政府与社会主体建立“利益共享、风险共担、全程合作”的共同体关系。与当年探索“四自”工程一样，温州对 PPP 模式的探索率全国之先。2015 年起，温州试水 PPP 模式，公布了首批 52 个 PPP 项目，计划总投资 1645.1 亿元，项目涉及市政、交通、能源、水利、教育、医疗、文化创意、体育、养老等领域。国家发改委网站专门开辟 PPP 项目库专栏，面向全社会公开发布 PPP 推介项目，其中不少项目落地温州。2015 年 11 月，温州市单体投资额最大的 PPP 项目—总投资达 136 亿元的瓯江口一期市政工程正式开工。这是 PPP 模式温州探索的一个缩影。截至 2016 年上半年，温州共向社会公布了 104 个 PPP 项目，计划总投资共计 2300 亿元，其中 19 个项目已签约落地。

索　引

后 记

温州现代公路已有近百年历史，尚无一部公路志书传世。市公路管理局把握第二轮修志大势，秉承公路文化传统，经过三年半时间的努力，终于完成修编浙江公路系统地级市第一本公路志——《温州市公路志》。

2013年，根据市交通运输局部署，市公路管理局承担《温州市交通志（1991—2012）》公路篇的编纂任务，市局信息（新闻）中心负责编纂工作。当时，浙江公路系统地级市公路志空白，县级公路志书唯有《泰顺县公路管理段志》。鉴于此，信息（新闻）中心建议，趁本次编纂交通志公路篇的契机，编纂一本属于温州公路人的志书。该建议很快得到了市公路局主要领导的采纳和支持。

2014年3月27日，市公路局成立《温州市公路志》编纂委员会（温公发〔2014〕131号），市局党委书记、局长连真毅任主任，副局长黄跃华，党委委员、办公室主任林光夫任副主任。各县（市、区）公路局分管领导、处室负责人任委员，下设办公室，林光夫任主任（兼），刘晓华任副主任。明确由市局信息（新闻）中心负责志书修编工作，聘赵明阳（负责材料搜集和编写）、李婕（负责资料收录和联络）组成修编室，并确定下属单位和直属单位分管负责人和资料员，建立编纂工作网络和QQ联系群。5月，举办公路志编纂业务培训会，强调编纂《温州市公路志》的重要意义，要求全系统认真把握编纂要求，圆满完成协编工作。培训会特邀泰顺县公路局介绍志书编纂的做法和经验。自此，公路志修编工作正式展开。

资料是志书的生命，是志书编纂的基础。与其他一些志书的编纂相比，公路史料搜集的难度尤大。究其因，一是长期以来公路行业更多注重铺路架桥、惠泽民生，早期公路资料大多处于散管状态，加上行业整体文化素质严重偏低，从未系统地编纂过史稿、志稿；二是几十年来公路系统负责人及骨干变化很大，大多数人对以前的档案及资料没有经手，且不大熟悉；三是21世纪初期温州公路事业开始处于发展最快时期，资料繁杂，内容复杂，需要去粗取精、去芜存菁；四是编志力量匮乏，人手不足，确定“史改志”后，仅主编一人独担具体编纂工作。尽管如此，修编人员锱铢积累、披沙炼金，搜集到数百万文字的史料。期间，修编室还承担了建设温州公路发展历程展示厅的史料搜集工作。

《温州市公路志》的编纂，经历了从“志”到“史”、再从“史”到“志”的转变过程。2013年3月，最初提出编纂“公路志”。但在广收博采过程中，修编人员发现，不少史料因囿于志书体例而无法入志，便请示改志为史，由赵明阳负责史稿的编写。经过全系统协编人员的共同努力，2016年3月，初稿基本完成，共8卷32章，约80万字。同月，在全系统部署初审工作。6月，根据全系统反馈的初审意见，由刘晓华负责史稿的修改、删略和补充。8月30日，召开《温州市公路史》评审会。会上，温州市政府地方志办公室领导、专家等参会人员，充分肯定了史稿编纂取得的成绩，同时提出易史为志提升规格、争取列入温州市地方志序列的建议。市公路局从公路文化发展战略考虑，决定再易史为志，由刘晓华担任志书主编。9月，在全系统进行二次评审的同时，着手“史改志”工作。

公路志的修编，在没有任何编纂经验的情况下，编纂人员参阅了诸多全国各地出版的公路志书，参加全市二轮志书编纂业务培训，向授课专家请教。在吸收史稿成果的基础上，根据志书编纂要求，主要从四个方面开展“史改志”的编纂工作：一是调整体例结构。重新确定志书的体例，包括志书类型、编纂宗旨、指导思想、内容范围、起讫断限、篇目结构、层次布局、排列分类、规矩格式以及文字体裁等。改史稿的卷篇结构为章节结构，把史稿的8卷32章101节结构，调整为志书的11章46节。二是删补史稿内容。通过压缩、合并、增补、删减、充实、修改及订正，纠错补漏，删繁就简，重点解决史实缺漏、交叉重复、文字错讹等问题。同时创新形式，新辟“建设史话”，力避重要史料无法入志的现象。全书共删略约8万文字，增补约10万文字。三是突出特色内容。篇目设计时，立足行业特色和地域特点，对交通绿道、高速公路综合治理、路域环境整治、普通公路服务站、智慧公路、ISO 9001质量管理、公路文化顶层设计、舆情处置等具有行业创新特色的内容，采取独设章节的办法，适当升格。四是成败得失并述。志属信史，修编时既记述各项工作取得的成绩，也把一些重要失误或问题随文记述，以真正起到资政当下、垂鉴后世的作用。

为了确保高质量完成志书修编工作，市公路局把志书修编工作列入年度目标考核内容。由于时间紧、人手少，加之史料匮乏，头绪繁杂，志书修编采取“一年抵两年”的做法，夙夜在“志”，从无丝毫懈怠。三百多个日夜，出差、双休、节假日，稿随人走，笔耕不辍。每每秉烛夜书，或熬至深夜，或通宵达旦，备尝艰辛。至2017年6月底，终于完成100万字评审稿的编纂工作。7月初，经局长办公会议研究，原则同意报送温州市政府地方志办公室审核。与此同时，送审稿发至全系统进行第三次评审。对志稿进行修订完善后，始正式交由方志出版社审核。再根据各方审核意见进行最后的修改定稿。至此，《温州市公路志》的编纂工作方告一段落。2017年5月，志书的印刷出版委托浙江华诚工程招标代理有限公司实行招投标，温州北大方印务公司中标。

《温州市公路志》从建议到成书，仅花三年半时间，与国内同类志书相比，时间紧凑，修编严谨，精益求精。它的出版，得益于市公路局领导的高度重视和市志办的大力支持，得益于全市公路系统协编人员（包括退休人员）的共同努力。在编纂过程中，市公路管理局党委书记、局长，公路志编委会主任连真毅高度重视志书修编环节，经常过问进展情况，提出修编要求，落实志书经费，并为修编人员减负。志书的编纂工作得到了市志办的支持和肯定，魏仕阔、毛少甫、张声和、陈建敏等领导、专家，对志书的编纂修改提出了建设性的意见和建议，并同意把志书纳入温州市地方志丛书系列。全系统协编人员按照要求搜集、筛选资料，考证史实，采撷珠玑，及时完成修编室交办的任务。被聘为顾问的退休老领导、老同志，认真负责，悉心指导，出谋划策，并积极提供资料。原《温州市公路史》执行主编赵明阳历经两年时间编纂而成的史稿，为志书的修编提供了大量的基础史料。

今天，这部凝聚着全体参编人员辛勤劳动与汗水的志书即将付梓了。谨此，向支持关心编纂工作的有关领导、专家、顾问，以及全系统参编人员，一并表示衷心的感谢！

由于成书时间紧促、史料匮乏，加之编者水平有限，书中疏漏甚至谬误难免，敬请读者不吝指正。

编　者

二〇一七年九月